D1665373

JUS PUBLICUM

Beiträge zum Öffentlichen Recht

Band 155

Christian Winterhoff

Verfassung –
Verfassunggebung –
Verfassungsänderung

Zur Theorie der Verfassung und der
Verfassungsrechtserzeugung

Mohr Siebeck

Christian Winterhoff, geboren 1971; Studium der Rechtswissenschaften in Göttingen; seit 2003 Rechtsanwalt mit dem Schwerpunkt öffentliches Recht, insbesondere Verfassungsrecht; 2004 Promotion; 2005 Habilitation; Privatdozent an der Universität Göttingen.

ISBN 978-3-16-149141-2
ISSN 0941-0503 (Jus Publicum)

Die Deutsche Bibliothek verzeichnet diese Publikation in der Deutschen Nationalbibliographie; detaillierte bibliographische Daten sind im Internet über *http://dnb.d-nb.de* abrufbar.

© 2007 Mohr Siebeck Tübingen.

Das Buch wurde von Gulde-Druck aus der Garamond-Antiqua gesetzt, auf alterungsbeständiges Werkdruckpapier gedruckt und von der Buchbinderei Spinner in Ottersweier gebunden.

Meinem Vater

Vorwort

Die vorliegende Untersuchung, die im Sommersemester 2005 von der Juristischen Fakultät der Georg-August-Universität Göttingen als Habilitationsschrift angenommen wurde, ist in ihrem Kern auf ein Promotionsvorhaben zurückzuführen. Bei der Suche nach einem geeigneten Dissertationsthema wurde ich im Jahre 1996 auf die interessante Verfassungsentwicklung in der Republik Südafrika aufmerksam. Dort entstand zu diesem Zeitpunkt gerade die schließlich 1997 in Kraft getretene Verfassung, deren Inhalt durch die Übergangsverfassung von 1994 in Gestalt von 34 »constitutional principles« zum Teil vorgeben war. Zudem sollte die Verfassung erst Geltung erlangen, nachdem das von der Übergangsverfassung installierte Verfassungsgericht ihre Vereinbarkeit mit jenen constitutional principles bestätigt hatte. Diesen zumindest ungewöhnlich anmutenden Prozeß der Verfassungschöpfung wollte ich in meiner Doktorarbeit verfassungstheoretisch einordnen.

Das Promotionsvorhaben scheiterte. Mein Doktorvater und akademischer Lehrer, Herr Professor Dr. Christian Starck, befand, die von mir nach einigen Jahren vorgelegte Ausarbeitung sprenge den Rahmen einer Dissertationsschrift. Er stellte mir anheim, das Thema liegenzulassen, eine neue Doktorarbeit zu schreiben und meine Überlegungen zur Verfassungsrechtserzeugung, die sich zwischenzeitlich weit von dem Vorgang der südafrikanischen Verfassungsentstehung entfernt hatten, zu einem späteren Zeitpunkt im Rahmen eines Habilitationsverfahrens wiederaufzugreifen. Und so geschah es. Die Arbeit ist nun auf dem Stand von Januar 2005. Später Erschienenes konnte noch vereinzelt nachgetragen werden.

Herzlich danken möchte ich an dieser Stelle Herrn Professor Starck. Er war es, der meine Vorliebe für das Öffentliche Recht und hier speziell für das Verfassungsrecht geweckt und meinen wissenschaftlichen Werdegang nach Kräften gefördert hat. Ohne ihn gäbe es die nun publizierte Habilitationsschrift nicht. Für die überaus zügige Erstellung der Habilitationsgutachten danke ich außerdem Herrn Professor Dr. Werner Heun und Herrn Professor Dr. Peter-Tobias Stoll. Dank ihrer Hilfe konnte das Habilitationsverfahren noch im Sommersemester 2005 abgeschlossen werden. Dankbar bin ich ferner meinen ehemaligen Kollegen vom Lehrstuhl Starck, mit denen ich besonders vor meinem Umzug nach Hamburg im Jahr 2000 so manches Mal über meine Arbeit diskutiert habe. Namentlich erwähnen will ich vor allem Herrn Professor Dr. Karl-Eberhard Hain und Herrn Professor Dr. Thomas Schmitz.

Besonderer Dank gebührt zudem meiner lieben Frau Gundel Winterhoff. Sie hat das nun vorliegende Werk nicht nur mehrfach korrekturlesend durchlitten, sondern mir auch immer den nötigen seelischen Beistand geleistet. Letzteres gilt auch für meine liebe Mutter, Frau Christa Winterhoff, die mich auf jede erdenkliche Art und Weise unterstützt hat.

Gewidmet ist diese Arbeit meinem Vater Albert Winterhoff. Von ihm stammt das juristische Blut in meinen Adern, und von ihm habe ich so vieles gelernt, das nicht nur zu meinen juristischen Erfolgen beigetragen hat. Leider konnte er die Fertigstellung der vorliegenden Abhandlung nicht mehr miterleben, weil er im Jahre 2000 verstorben ist.

Hamburg, im September 2006 Christian Winterhoff

Inhaltsverzeichnis

Abkürzungsverzeichnis

a.A.	anderer Ansicht
a.a.O.	am angegebenen Ort
Abg.	Abgeordneter
Abs.	Absatz
a.E.	am Ende
a.F.	alte Fassung
Anm.	Anmerkung
AöR	Archiv des öffentlichen Rechts
Art.	Artikel
AStL	Allgemeine Staatslehre
Aufl.	Auflage
BayVBl.	Bayerische Verwaltungsblätter
BayVerfGH	Bayerischer Verfassungsgerichtshof
Bd.	Band
Ber.	Bericht
bes.	besonders
BGB	Bürgerliches Gesetzbuch
BGBl.	Bundesgesetzblatt
BGH	Bundesgerichtshof
BGHZ	Entscheidungen des Bundesgerichtshofs in Zivilsachen
BK	Bonner Kommentar zum Grundgesetz
BV	Bundesverfassung der Schweizerischen Eidgenossenschaft vom 29. Mai 1874
BVerfG	Bundesverfassungsgericht
BVerfGE	Entscheidungen des Bundesverfassungsgerichts
B-VG	Bundesverfassungs-Gesetz der Republik Österreich
BWG	Bundeswahlgesetz
bzw.	beziehungsweise
d.	der/des
DDR	Deutsche Demokratische Republik
ders.	derselbe
d.h.	das heißt
Diss.	Dissertation
DÖV	Die Öffentliche Verwaltung
dt.	deutsch
DVBl.	Deutsches Verwaltungsblatt

ErgLexR	Ergänzbares Lexikon des Rechts
etc.	et cetera
EuGRZ	Europäische Grundrechte-Zeitschrift
EuR	Europarecht
EvStL	Evangelisches Staatslexikon
evtl.	eventuell
f, ff	folgende
F.A.Z.	Frankfurter Allgemeine Zeitung
Fn.	Fußnote
form.	formell
fr.	französisch
FS	Festschrift
GG	Grundgesetz
ggf.	gegebenenfalls
grds.	grundsätzlich
HbDStR	Handbuch des Deutschen Staatsrechts
HbVerfR	Handbuch des Verfassungsrechts der Bundesrepublik Deutschland
Hervorh.	Hervorhebung
hg./hrsg.	herausgegeben (von)
h.L.	herrschende Lehre
h.M.	herrschende Meinung
Hrsg.	Herausgeber
HStR	Handbuch des Staatsrechts der Bundesrepublik Deutschland
i.d.R.	in der Regel
i.e.	id est (das heißt)
i.e.S.	im engeren Sinne
insbes.	insbesondere
i.S.	im Sinne
ital.	italienisch
i.V.m.	in Verbindung mit
JöR	Jahrbuch des öffentlichen Rechts
jur.	juristisch
Jura	Juristische Ausbildung
JuS	Juristische Schulung
JZ	Juristenzeitung
Kap.	Kapitel
KPD	Kommunistische Partei Deutschlands
KSZE	Konferenz für Sicherheit und Zusammenarbeit in Europa (heute: OSZE)
lit.	littera (Buchstabe(n))
mat.	materiell

M/D	Maunz/Dürig, Grundgesetzkommentar
M/K/S	v. Mangoldt/Klein/Starck, Grundgesetzkommentar
MüKo	Münchener Kommentar zum BGB
m.w.N.	mit weiteren Nachweisen
nBV	Bundesverfassung der Schweizerischen Eidgenossenschaft vom 18. April 1999
NdsVBl.	Niedersächsische Verwaltungsblätter
n.F.	neue Fassung
NJW	Neue Juristische Wochenschrift
Nr.	Nummer
NV	Niedersächsische Verfassung vom 19. Mai 1993
NVwZ	Neue Zeitschrift für Verwaltungsrecht
o.ä.	oder ähnliches
Rdnr.	Randnummer
RGBl.	Reichsgesetzblatt
RGZ	Entscheidungen des Reichsgerichtes in Zivilsachen
ROW	Recht in Ost und West
RV	Verfassung des Deutschen Reiches vom 16. April 1871
S.	Seite; Satz
s.	siehe
s.a.	siehe auch
SBZ	Sowjetische Besatzungszone
sc.	scilicet (nämlich)
SED	Sozialistische Einheitspartei Deutschlands
s.o.	siehe oben
sog.	sogenannte(r)
Sp.	Spalte
sten.	stenographisch
StGB	Strafgesetzbuch
st. Rspr.	ständige Rechtsprechung
StuW	Steuer und Wirtschaft
s.u.	siehe unten
ThürVBl.	Thüringer Verwaltungsblätter
u.	und
u.a.	unter anderem; und andere
UN/UNO	United Nations Organisation (Vereinte Nationen)
u.ö.	und öfter
Urt.	Urteil
US/USA	Vereinigte Staaten von Amerika
usw.	und so weiter
u.U.	unter Umständen

v.	vom/von
Verf.	Verfasser
VerwArch	Verwaltungsarchiv
vgl.	vergleiche
vM/K	von Münch/Kunig, Grundgesetzkommentar
VNV	Vorläufige Niedersächsische Verfassung vom 13. April 1951
VVDStRL	Veröffentlichungen der Vereinigung der Deutschen Staatsrechtslehrer
w.N.	weitere Nachweise
WRV	Weimarer Reichsverfassung vom 11. August 1919
ZaöRV	Zeitschrift für ausländisches öffentliches Recht und Völkerrecht
z.B.	zum Beispiel
ZfP	Zeitschrift für Politik
ZG	Zeitschrift für Gesetzgebung
ZRP	Zeitschrift für Rechtspolitik
z.T.	zum Teil

Hinsichtlich weiterer Abkürzungen wird auf Hildebert Kirchner/Cornelie Butz, Abkürzungsverzeichnis der Rechtssprache, 5. Auflage, Berlin 2003, verwiesen.

Einleitung

Verfassung – Verfassunggebung – Verfassungsänderung: Auf den ersten Blick
scheint es, als bestünde in bezug auf diese für das Verfassungsrecht wie für die
Verfassungstheorie fundamentalen Begriffe weitgehend Klarheit. Insbesondere
dann, wenn das Augenmerk auf das Grundgesetz und das seiner Auslegung ge-
widmete Schrifttum gerichtet wird, entsteht schnell der Eindruck, diesbezüglich
gebe es keinen weiteren Erörterungsbedarf: Das Grundgesetz ist fraglos Verfassung, und auch hinsichtlich der Konturen der verfassungsstaatlichen Verfassung
im allgemeinen herrscht in den meisten Punkten Einvernehmen. Weiter ist das
Grundgesetz ausweislich seiner Präambel zwar durch eine Betätigung der verfassunggebenden Gewalt des Deutschen Volkes entstanden. Ansonsten besteht aber
insofern wenig Anlaß, sich mit dem Thema Verfassunggebung zu beschäftigen,
als das Grundgesetz sich während der nunmehr über fünfzigjährigen Dauer seiner Geltung praktisch bewährt hat und selbst der Untergang der DDR sowie die
Wiedervereinigung der beiden Teile Deutschlands nicht als Triebfedern für einen
neuerlichen verfassunggeberischen Akt zu wirken vermochten. Näher als eine
vertiefte Auseinandersetzung mit dem Phänomen Verfassunggebung liegt angesichts dieses Befundes gewiß eine Beschäftigung mit dem Institut der Verfassungsänderung und speziell den der Revisionsgewalt durch Art. 79 Abs. 3 GG gezogenen Grenzen. Entsprechende Untersuchungen gibt es bereits in nicht eben
geringer Zahl[1], so daß die Erforderlichkeit weiterer Studien nicht ohne weiteres
einsichtig ist.

Doch wie so oft trügt der erste Eindruck: Obwohl der verfassunggeberische
Akt im Falle des *Grundgesetzes* über fünfzig Jahre zurückliegt, sind die daran an-
knüpfenden verfassungstheoretischen Fragen bis heute keineswegs abschließend
geklärt. So wurden dem Grundgesetz bis in die neunziger Jahre hinein Defizite
hinsichtlich der Modalitäten seiner Entstehung bescheinigt (sog. Geburtsmakel-

---

[1] Eine eingehende Analyse des Art. 79 Abs. 3 GG und der durch diese Verfassungsbestimmung für unabänderlich erklärten Grundsätze hat in jüngerer Vergangenheit *Hain*, Die Grundsätze des Grundgesetzes, Baden-Baden 1999, vorgenommen. Weitere monographische Abhandlungen zum Thema Verfassungsänderung stammen u.a. von *Haug, Ehmke, Siegenthaler, Bryde,
Tosch* und *Hufeld* (genauere Angaben im Literaturverzeichnis). Verwiesen sei auch auf die Kommentierungen des Art. 79 GG, die mittlerweile teils schon den Charakter »kleiner Monographien« angenommen haben, so z.B. die Kommentierungen von *Dreier* (in: ders., GG, Band 2),
Hoffmann und *Evers* (jeweils in: Bonner Kommentar), *Bryde* (in: v. Münch/Kunig, GG, Band 3)
sowie von *Hain* (in: v. Mangoldt/Klein/Starck, GG, Band 2).

theorie)[2], was schon für sich genommen die Frage aufwirft, ob bei der Verfassungschöpfung ein bestimmtes Verfahren eingehalten werden muß. Hinzu kommt, daß eine Betätigung der (gesamtdeutschen) verfassunggebenden Gewalt vom Parlamentarischen Rat in Gestalt des Art. 146 GG a.F. zum Regelungsgegenstand des Grundgesetzes gemacht worden ist. Damit war und – nicht zuletzt in Anbetracht des seit 1990 geltenden Art. 146 GG n.F. – ist unter der Geltung des Grundgesetzes auch die Verfassunggebung wenngleich nicht Gegenstand der politischen Tagesordnung, so doch gängiges und notwendiges Thema der wissenschaftlichen Betrachtung.[3]

In gleicher Weise gilt dies für die Ebene des *Landesverfassungsrechts*: Wer die Entstehung der Verfassungen in den deutschen Ländern in den Blick nimmt[4], wird sich schon bald mit der schwierigen Aufgabe einer theoretischen Einordnung der gliedstaatlichen Verfassungschöpfung konfrontiert sehen: Kann angesichts der Homogenitätsklausel des Art. 28 Abs. 1 GG sowie der Verbindlichkeit des Grundgesetzes für die Länder im Zusammenhang mit der Entstehung von Landesverfassungen überhaupt von »Verfassunggebung« die Rede sein? Und wie verhält es sich, wenn die Verfassungsordnung eines Landes einer grundlegenden Neugestaltung unterzogen wird, indem die vorhandenen Verfassungsorgane eine neue Verfassung verabschieden – so geschehen etwa in Niedersachsen, wo die Verfassung von 1993 im Verfahren der Verfassungsrevision, wie es in der Vorläufigen Niedersächsischen Verfassung von 1951 geregelt war, ins Werk gesetzt worden ist[5]: Liegt hier Verfassungsänderung vor, obwohl eine formell neue Verfassung mit anderer Bezeichnung und neuem Geltungsdatum die bisherige Verfassung abgelöst hat? Eingedenk dieser Unsicherheiten erscheint auch im Kontext des Landesverfassungsrechts eine dogmatische Auseinandersetzung mit dem Phänomen Verfassunggebung und insbesondere seiner Abgrenzung zur Verfassungsänderung unabdingbar.

Darüber hinaus ist mit den Begriffen Verfassung, Verfassunggebung und Verfassungsänderung ein auch unter *internationalem Blickwinkel* interessantes und relevantes Thema angesprochen. Als Beispiel für einen zu zahlreichen Fragen Anlaß gebenden Akt nationalstaatlicher Verfassungschöpfung mag Südafrika dienen, dessen gegenwärtige Verfassung auf eine ungewöhnliche Entstehungsgeschichte zurückblicken kann: Die Verfassung ist erst in Kraft getreten, nachdem das Johannesburger Verfassungsgericht ihre Konformität mit 34 unabänderlichen

---

[2] So z.B. von *Schneider*, HStR VII, § 158 Rdnr. 37. Zur Geburtsmakeltheorie vgl. auch *Isensee*, HStR VII, § 166 Rdnr. 32ff, sowie M/K/S/*v. Campenhausen*, Art. 146 Rdnr. 11f, jeweils mit zahlreichen weiteren Nachweisen.

[3] Davon zeugen u.a. die Monographien von *Murswiek, Steiner, Böckenförde, Isensee, v. Wedel, Stückrath, Alvarez* und *Boehl* sowie die diversen Abhandlungen von *Henke* (genauere Angaben im Literaturverzeichnis).

[4] Dies tun beispielsweise *Boehl* und *Storr* in ihren Dissertationen (genauere Angaben im Literaturverzeichnis).

[5] Zu diesem Fall unten E. IV. 1. d).

Verfassungsprinzipien (»constitutional principles«) bestätigt hatte. In Gestalt dieser Verfassungsprinzipien hatte die Übergangsverfassung aus dem Jahre 1994 den Inhalt der endgültigen Verfassung bereits in seinen Grundzügen vorgegeben. Ebenso war in ihr das Verfahren geregelt, in dem die Verfassung von 1997 geschaffen worden ist.[6] Das in Südafrika praktizierte mehraktige Verfahren der Verfassungschöpfung wirft unter verfassungstheoretischen Aspekten eine Vielzahl von Fragen auf. Schon die Mitwirkung des Verfassungsgerichts als solche ist erklärungsbedürftig: Bei Verfassungsgerichten handelt es sich gewöhnlich um Institutionen, die nach Art eines Gerichts über die Einhaltung einer bestehenden, bereits geltenden Verfassung wachen. Nicht unüblich ist auch, daß verfassungsändernde Gesetze gerichtlich auf ihre Verfassungsmäßigkeit hin untersucht werden können. In Südafrika hat das Verfassungsgericht jedoch kein bloß verfassungs*ändernd*-*es* Gesetz überprüft. Vielmehr hat es eine formell *neue*, an die Stelle der bisherigen Konstitution tretende Verfassung an verfassungsrechtlichen Maßstäben gemessen, die Bestandteil gerade der zu ersetzenden Verfassung waren. Zudem war das Verfassungsgericht insofern in den Prozeß der Verfassungsrechtserzeugung eingebunden, als das Inkrafttreten der neuen Verfassung unter der (aufschiebenden) Bedingung ihrer verfassungsgerichtlichen Billigung stand. Üblich ist bei Rechtsnormen hingegen – nicht zuletzt aus Gründen der Gewaltenteilung – eine Kontrolle erst nach Abschluß des Rechtsetzungsprozesses.

Vor dem Hintergrund dieser wohl auffälligsten Besonderheiten der südafrikanischen Verfassungsentstehung stellen sich weitere Fragen: Hat es in Südafrika Fortschritte bei der »Konstitutionalisierung der verfassunggebenden Gewalt«[7] gegeben, die so weit reichen, daß nicht nur das Verfahren der Verfassungschöpfung sowie der Verfassungsinhalt (partiell) vorgegeben sind, sondern sogar ein Verfassungsgericht über die Einhaltung dieser Vorgaben wacht? Ist nunmehr (endlich?) die vollständige Integrierung der verfassunggebenden Gewalt in den Verfassungsstaat gelungen, so daß Südafrika sogar die Schweiz in den Schatten stellt, der bescheinigt wird, einen bahnbrechenden Beitrag zur Abschaffung der ungebundenen verfassunggebenden Gewalt geleistet zu haben?[8] Oder hat im Jahre 1997 in Südafrika gar keine Verfassunggebung stattgefunden? Ist die dortige Verfassung statt dessen durch einen – freilich besonders weitgehenden – Akt der verfassungsändernden Gewalt hervorgebracht worden? Dies wäre jedenfalls eine plausible Erklärung für die Mitwirkung des Verfassungsgerichtes. Indes – kann durch Verfassungsänderung eine neue, die bisherige Verfassung ablösende Verfassung geschaffen werden? Möglicherweise führt die überkommene und in Deutschland geläufige Differenzierung zwischen Verfassunggebung und Verfassungsänderung im Falle Südafrikas aber auch in die Irre, weil sie gar nicht univer-

---

[6] Zur südafrikanischen Verfassungsentstehung näher unten E. IV. 3. e).
[7] Eine solche halten z.B. *Häberle*, AöR 112 (1987), 54 (57, 67, 89f u.ö.), sowie *Schneider*, HStR VII, § 158 Rdnr. 29 u.ö., für möglich.
[8] In diesem Sinne *Häberle*, AöR 112 (1987), 54 (80f).

sell anwendbar ist. Das Beispiel Südafrika könnte belegen, daß sich nicht jeder konkrete Akt der Verfassungschöpfung mit der dualistischen Schablone von Verfassunggebung oder Verfassungsänderung erfassen läßt. Erweist sich die nämliche Differenzierung damit als nur bedingt brauchbar oder gar als überholt?

Teils ähnliche Fragen, teils aber auch solche gänzlich anderer Art tauchen auf, wenn die internationale Betrachtung um den Aspekt *supranationaler* Organisationen erweitert wird. Namentlich die Diskussion über die einstweilen gescheiterte Europäische Verfassung[9] läßt es angezeigt erscheinen, die Lehre von der Verfassunggebung erneut aufzugreifen sowie Überlegungen zum Wesen einer »Verfassung« anzustellen. Neue, im Rahmen nationalstaatlicher Rechtsordnungen nicht virulente Fragen verlangen nach einer Antwort: Kann ein Staatenverbund bzw. eine supranationale Union[10], die nicht selbst Staat ist, überhaupt eine Verfassung haben, oder ist die Staatsqualität der sich konstituierenden Einheit unabdingbares Kennzeichen einer Verfassung?[11] Gibt es daneben weitere Merkmale, die für eine Verfassung zwingend sind? Und wer ist ggf. für die Schaffung einer Europäischen Verfassung zuständig? Muß die Verfassungschöpfung in einem bestimmten Verfahren erfolgen, und ist dabei der Inhalt einer künftigen Verfassung der Europäischen Union in irgendeiner Form ganz oder teilweise vorgegeben? Oder vermag ein möglicher europäischer Verfassunggeber frei von formellen wie von materiellen Determinanten zu agieren?

Die vorstehend im nationalen wie im internationalen Kontext aufgeworfenen Fragen sollen und können im folgenden nicht sämtlich und in extenso beantwortet werden; dies gilt insbesondere im Hinblick auf die mit der Europäischen Verfassung im Zusammenhang stehenden Fragen. Allein die Anzahl und auch die Zielrichtung jener Fragen deuten jedoch offenkundig darauf hin, daß das verfassungstheoretische Fundament, von dem jede Stellungnahme zu einem der angeschnittenen Themen ausgehen muß, einer genaueren Betrachtung bedarf. Ohne stabilen theoretischen Unterbau werden konsistente und befriedigende Lösungen kaum zu finden sein. Die demnach notwendigen verfassungstheoretisch-abstrakten Überlegungen anzustellen und damit den Boden für eine wissenschaftlich fundierte Behandlung nicht nur der hier aufgegriffenen konkreten Problemstellungen zu bereiten, ist das Ziel der vorliegenden Arbeit.

Hauptanliegen des Verfassers ist es, im Hinblick auf die Differenzierung zwischen Verfassunggebung und Verfassungsänderung theoretische Klarheit zu schaffen. Geklärt werden soll insbesondere, ob die nämliche Differenzierung *allgemeingültig* in dem Sinne ist, daß sie in jeder beliebigen Verfassungsordnung Anwendung finden kann, worin die *Unterschiede* zwischen Verfassunggebung und Verfassungsänderung bestehen und anhand welcher *Kriterien* sich beide Ar-

---

[9] Zu deren Ausarbeitung und dem Verfahren der Verfassungschöpfung vgl. *Oppermann*, DVBl. 2003, 1165 ff; *ders.*, DVBl. 2004, 1264 ff.
[10] So die Kategorisierung der Europäischen Union durch *Schmitz*, Integration, S. 113 ff.
[11] Zu dieser Fragestellung ausführlich *Herbst*, S. 19 ff, 168 ff, 209 ff.

ten der Verfassungsrechtserzeugung gerade in atypischen Fällen, wie etwa dem der südafrikanischen Verfassungsentstehung, voneinander abgrenzen lassen. Mit Hilfe dieser Untersuchungen werden zugleich die Voraussetzungen dafür geschaffen, daß konkrete Vorgänge der Verfassungsrechtserzeugung bzw. die darauf bezogenen verfassungsrechtlichen Normerzeugungstatbestände richtig eingeordnet und gewürdigt werden können.

Da die Beurteilung einiger Aspekte der Differenzierung zwischen Verfassunggebung und Verfassungsänderung davon abhängt, welche Eigenschaften einer »Verfassung« zugeschrieben werden und welchen Stellenwert diese Eigenschaften haben, kann auch auf dahingehende Überlegungen im Rahmen dieser Arbeit nicht verzichtet werden. Sie bilden einen eigenständigen Abschnitt, der den Ausführungen zur Verfassunggebung und Verfassungsänderung vorangestellt ist.

Hauptteil

Hauptgegenstand dieser Arbeit ist die Unterscheidung zwischen Verfassunggebung und Verfassungsänderung, also die Differenzierung zwischen zwei verschiedenen Kategorien der Erzeugung neuen Verfassungsrechts. Beiden Kategorien eignet ein gemeinsamer Bezugspunkt: die »Verfassung«. Es ist die »Verfassung«, die durch den Prozeß der Verfassunggebung erzeugt wird. Und es ist ebenso die »Verfassung«, die im Verfahren der Verfassungsänderung alteriert werden darf. Verfassunggebung kann mithin nur dann vorliegen, wenn tatsächlich eine »Verfassung« (oder zumindest »Verfassungsrecht«) geschaffen worden ist. Und von Verfassungsänderung kann nur dann die Rede sein, wenn schon zuvor eine »Verfassung« existent war.

Ob dieser Bezogenheit beider Kategorien der Verfassungsrechtserzeugung auf die »Verfassung«, d.h. aufgrund der engen logischen Verknüpfung von Verfassung, Verfassunggebung[1] und Verfassungsänderung[2], welche »Verfassung« einerseits als Produkt der Verfassunggebung bzw. Gegenstand der Verfassungsänderung erscheinen läßt, sich andererseits aber auch dahin auswirkt, daß die wesensmäßigen Konturen von Verfassunggebung und Verfassungsänderung überhaupt nur vor der Folie ihres gemeinsamen Objektes »Verfassung« offenbar werden[3], ist es angezeigt, das Augenmerk zunächst auf die Eigenheiten der »Verfassung« zu richten (A).[4] Erst danach kann näher auf die beiden verschiedenen Arten der Verfassungsrechtserzeugung, auf Verfassunggebung (B) und Verfassungsänderung (C), eingegangen und der Versuch einer Zuordnung unternommen werden (D, E).

---

[1] Besonders betont wird die Konnexität von Verfassung und Verfassunggebung bei *Stern* I, S. 146, wo es heißt: »Verfassung und verfassunggebende Gewalt stehen mithin im engsten Zusammenhang; sie sind einander zugeordnet.« Vgl. ferner *v. Wedel*, S. 18.

[2] Die »notwendige enge(n) Verbindung« von Verfassung und Verfassungsänderung wird etwa von *Ehmke*, S. 11, hervorgehoben.

[3] So auch *Tosch*, S. 21, der darauf hinweist, daß »bei verschiedenen Verfassungsbegriffen mit verschiedenen Verfassunggebern zu rechnen ist«. Pointiert ebenfalls *Isensee*, Mythos, S. 67: »Mit dem Begriff der Verfassung ändert sich der Gegenstand der Verfassunggebung.« Vgl. ferner *Steiner*, S. 230, m.w.N.

[4] Ebenso *v. Wedel*, S. 18, sowie *Alvarez*, S. 29: »Eine Untersuchung der Lehre der verfassunggebenden Gewalt setzt eine Beschäftigung mit dem Begriff der Verfassung voraus. (...) Beide Begriffe sind einander zugeordnet.«

A. Verfassung

Die Analyse und Beschreibung des Charakters von Verfassungsnormen wird zu den »härtesten Nüsse(n) der Rechtswissenschaft« gezählt.[1] Von dem Bemühen einer wissenschaftlichen Durchdringung des Verfassungsbegriffs legen zahllose Abhandlungen Zeugnis ab. In Anbetracht der Zielsetzung dieser Arbeit kann es hier nur darum gehen, die Wesensmerkmale der »Verfassung« insoweit offenzulegen, als sie für die konzeptionelle Unterscheidung zwischen Verfassunggebung und Verfassungsänderung von Belang sind und ihre Kenntnis für ein korrektes Verständnis beider Arten der Verfassungsrechtserzeugung notwendig ist. Dabei ist zu berücksichtigen, daß sich die Differenzierung zwischen Verfassunggebung und Verfassungsänderung vor dem Hintergrund einer langen geschichtlichen Entwicklung jenes tatsächlich-rechtlichen Phänomens herausgebildet hat, das bald als »πολιτέια«, bald als »lex fundamentalis«, »Constitution« oder eben als »Verfassung« in die staatswissenschaftliche Ideenwelt Eingang gefunden hat. Im Zuge dieser Entwicklung war auch das Verfassungsverständnis Wandlungen unterworfen, wie z.B. *Böckenförde* hervorhebt:

Der Begriff der Verfassung »hat (...) zu verschiedenen Zeiten eine verschiedene politische und rechtliche Bedeutung gehabt. Diese Bedeutungen haben sich entwickelt und verändert je nach der politisch-sozialen Gesamtsituation, in der die Verfassung Geltung erlangte und ihre Wirksamkeit entfaltete. Hinzu getreten sind die von der jeweiligen Situation nicht unbeeinflußten, ebenfalls sich verändernden Verfassungstheorien und -ideologien, d.h. die Vorstellungen *über* die Verfassung.«[2]

Der Begriff der »Verfassung« erscheint angesichts dieser Feststellung als kontextabhängig in zeitlicher und überdies wohl auch räumlicher Hinsicht.[3] Je nach temporalem und lokalem Kontext können mit einer »Verfassung« unterschiedliche Eigenschaften assoziiert werden, was dazu führt, daß jeder begrifflich-definitorischen Aussage zum Wesen der »Verfassung« eine gewisse Relativität anhaftet. Zur Fundierung und näheren Entfaltung dieser Auffassung ist im folgenden zuerst die geschichtliche Entwicklung der »Verfassung« und ihrer Vorläufer in Umrissen nachzuzeichnen, wobei das antike Griechenland, England, Nordamerika, Frank-

---

[1] So *Kastari*, Normativität, S. 49.
[2] *Böckenförde*, Verfassung, S. 29; Hervorhebung dort.
[3] Vgl. etwa *Hesse*, Grundzüge, Rdnr. 1, der auf die Existenz »zeitlicher und räumlicher Besonderheiten« einzelner Verfassungen aufmerksam macht.

reich und Deutschland exemplarisch herausgegriffen werden sollen (I). Sodann gilt es, näher auf die Kontextabhängigkeit des Phänomens »Verfassung« einzugehen und zu versuchen, der Unmöglichkeit der Bildung einer allgemeingültigen Verfassungsdefinition auch rechtstheoretisch hinreichend Rechnung zu tragen (II). Abschließend werden dann die nach modernem Verständnis für eine »Verfassung« typischen Merkmale zu behandeln sein (III).

I. Wichtige Stationen der geschichtlichen Entwicklung der »Verfassung«

1. Der Begriff der Politeia im antiken Griechenland

Die ideengeschichtlichen Wurzeln der Verfassung reichen zurück bis in die Antike.[4] Im griechischen Staats- und Verfassungsdenken findet sich in Gestalt der »πολιτεία« (Politeia) ein historischer Urahn der modernen Verfassung. Politeia – ein Terminus, der verwandt ist mit »πολίτης« (Bürger) und mit dem in seiner Bedeutung umstrittenen »πόλις« (Stadt/Staat) – ist dabei ein mehrdeutiger Ausdruck und steht einerseits für die Teilhabe des einzelnen an der Polis im Sinne des Bürgerrechts, meint andererseits aber auch die Gesamtheit und Gemeinschaft der Bürger, sprich die Bürgerschaft als solche. Darüber hinaus bezeichnet Politeia auch die Ordnung, unter der die Bürger im Staat leben, sowie die Form der Herrschaftsausübung. In diesem letztgenannten Kontext läßt sich Politeia mit »Verfassung« übersetzen.[5]

Aus der aufgezeigten Vieldeutigkeit des Begriffs der Politeia resultiert eine gewisse terminologische Verwirrung, was verschiedenartige Bewertungen des antiken griechischen und speziell des aristotelischen Verfassungsbegriffs erklärt. So wird *Aristoteles* zum Zwecke der Charakterisierung seines Verfassungsverständnisses teilweise mit folgender Passage zitiert:

»Eine Verfassung ist eine Ordnung des Staates hinsichtlich der verschiedenen Ämter und vor allem des wichtigsten von allen. Das wichtigste ist überall die Regierung des Staates, und diese Regierung repräsentiert eben die Verfassung.«[6]

---

[4] Zu den hier nicht näher behandelten Begriffen der römischen Rechtslehre (»mos maiorum«, »rem publicam constituere« und daraus abgeleitet »constitutio«, »status rei publicae«) vgl. *Mohnhaupt*, Verfassung, S. 1 (10ff); *Schambeck*, Verfassungsbegriff, S. 211 (213f); *Zweig*, S. 11ff; *Kyriazis-Gouvelis*, JöR 39 (1990), 55 (58).

[5] Zur Bedeutung der Politeia und den verwandten Begriffen vgl. ausführlich *Mohnhaupt*, Verfassung, S. 1 (6ff), m.w.N.

[6] *Aristoteles*, Politik, Drittes Buch, 1278 b 8; zitiert nach *Mohnhaupt*, Verfassung, S. 1 (8, Fn. 40), der wiederum die Übersetzung von *Olof Gigon* zugrunde legt. Angeführt wird diese Passage außer von *Mohnhaupt*, a.a.O., auch von *Isensee*, HStR I, § 13 Rdnr. 129 mit Fn. 190.

Aus dieser Aussage ergebe sich, daß Politeia die konkrete Daseinsweise eines Staates und die Form seiner Herrschaft bezeichne[7], also den Staat in seiner konkreten politischen Existenz.[8] Damit erweise sich der aristotelische Verfassungsbegriff als *realitätsbezogen* und *deskriptiv*, als etwas Seinsmäßiges, als einen Status beschreibend. Er umfasse demgegenüber nicht etwas Rechtssatzmäßiges oder normativ Gesolltes, d.h. »Verfassung« werde nicht als die Verfassung aufgefaßt, die das Gemeinwesen »hat«, sondern als die Verfassung, in der es »ist«.[9]

Andererseits wird aber auch auf deutliche Anhaltspunkte für ein Verständnis der Verfassung als juristisches Organisationsprinzip hingewiesen[10], etwa unter Bezugnahme auf eine andere (vollständigere) Definition des *Aristoteles* zur Politeia:

»Denn Verfassung ist die Ordnung des Staates (...) hinsichtlich der Fragen, wie die Regierung aufgeteilt ist, welche Instanz über die Verfassung entscheidet und was das Ziel jeder einzelnen Gemeinschaft bildet. Die Gesetze sind aber getrennt von den Vorschriften, die die Verfassung charakterisieren, und geben die Richtlinien, nach denen die Regierenden zu regieren und Übertretungen abzuwehren haben.«[11]

In dieser Textstelle werde scharf zwischen der die Grundlage des Staates bildenden Politeia und den einfachen Gesetzen unterschieden und damit die Verfassung in einen rechtlichen Zusammenhang gestellt.[12] Die Politeia werde überdies auch an anderer Stelle als *normative Grundordnung* gekennzeichnet, als Sollenssatz, mit dem die einfachen Gesetze in Einklang stehen müßten.[13] Damit werde die

---

[7] So *Isensee*, HStR I, § 13 Rdnr. 129.

[8] *Schmitt*, Verfassungslehre, S. 4. Im Hinblick auf die erwähnte Vieldeutigkeit von Politeia sei angemerkt, daß *Schmitt* diesen Begriff in dem auf *Aristoteles* bezogenen und dessen Auffassung wiedergebenden Abschnitt mit »Staat« übersetzt: Der Staat (Politeia) sei die Ordnung des natürlich gegebenen Zusammenlebens von Menschen einer Stadt oder eines Gebietes (S. 4). Auf diese Weise kennzeichnet *Schmitt* die aristotelische Politeia als einen seinsmäßig vorhandenen, also vorgefundenen Zustand. Wenn er dann aber äußert: »Der Staat *hat* nicht eine Verfassung, ›der gemäß‹ ein staatlicher Wille sich bildet und funktioniert, sondern der Staat *ist* Verfassung, d.h. ein seinsmäßig vorhandener Zustand (...)«, sich diesbezüglich auf *Aristoteles* beruft und diesen dadurch als Vertreter eines deskriptiven Verfassungsbegriffs identifiziert, beruht dies freilich darauf, daß *Schmitt* »Staat« und »Verfassung« als mögliche Übersetzungen von Politeia kontextunabhängig einander gleichsetzt und dadurch deskriptiv zu verstehende Aussagen des *Aristoteles* zur Politeia in ihrer Bedeutung als »Staat« pauschal auch auf die Politeia als »Verfassung« bezieht, obwohl sich in den Schriften des griechischen Gelehrten durchaus Passagen finden, die auf ein (auch) normatives Verständnis der Politeia hindeuten, wie sogleich auszuführen sein wird.

[9] Vgl. *Isensee*, Mythos, S. 59f; *ders.*, HStR I, § 13 Rdnr. 129f; *Schmitt*, Verfassungslehre, S. 4f.

[10] Vgl. ausführlich *Zweig*, S. 8. *Zweig* weist vor allem nach, daß *Aristoteles* die Politeia in Anlehnung an die schon bei Platon auftretende Differenzierung zwischen Verfassung und Gesetz (vgl. S. 6f) als »rechtliche Herrschaftsordnung«, als »Ordnung des Staatsvolkes und namentlich eine Zuständigkeitsnorm« für die staatlichen Gewalten auffaßt (S. 7f).

[11] *Aristoteles*, Politik, Viertes Buch, 1289 a 15; zitiert hier und im folgenden nach *Mohnhaupt*, Verfassung, S. 1 (7).

[12] In diesem Sinne *Jellinek*, AStL, S. 506.

[13] Vgl. *Aristoteles*, Politik, Viertes Buch, 1289 a 13. Siehe auch *Zweig*, S. 9, mit weiteren Hinweisen auf entsprechende Äußerungen des *Aristoteles*, sowie *Kyriazis-Gouvelis*, JöR 39 (1990),

Überordnung der Verfassung über die einfachen Gesetze von *Aristoteles* eindeutig klargestellt und die Rechtsordnung überhaupt auf die Unterscheidung von fundamentalen und nicht fundamentalen Gesetzen aufgebaut.[14]

Wie diese unterschiedlichen Interpretationen seiner Ausführungen deutlich machen, ist im Werk des *Aristoteles*[15] bereits eine Ambivalenz des Verfassungsbegriffs vorgezeichnet, die sich noch lange Zeit fortsetzen sollte: Es herrscht ein Dualismus von deskriptivem und normativem Verständnis, nach dem »Verfassung« einerseits – so wie noch heute vor allem im gesundheitlich-medizinischen Bereich üblich[16] – als Zustand und Beschaffenheit, andererseits hingegen als ein System zumeist höherrangiger Rechtsnormen besonderer Qualität aufgefaßt wird.

2. Erste Verwendungen von »Verfassung« im deutschsprachigen Raum

Im deutschsprachigen Raum fanden die Ausdrücke »Verfassung« und »verfassen« seit dem 13. Jahrhundert zunehmend Verbreitung, und zwar zunächst dort, wo Vereinbarungen über die gütliche Beilegung eines Streits rechtlicher Natur mit rechtlichen Mitteln in Rede standen.[17] Später, seit Ende des 15. Jahrhunderts, wurde mit »Verfassung« und »verfassen« das Merkmal der Textabfassung und Textzusammenfassung in Verbindung gebracht und damit das der Sicherheit und Klarheit des geltenden Rechts dienende Element der *Schriftlichkeit* hervorgehoben.[18] Daneben wurde das »Verfassen« auch als eine Tätigkeit des neuen Ordnens und Gestaltens, sprich: des Systematisierens des überkommenen Rechtsstoffs aufgefaßt.[19] »Verfassung« erscheint in diesem Zusammenhang einmal als schriftliche Abfassung und gleichzeitig als Ergebnis dieser Tätigkeit, als Inbegriff des schriftlich zusammengefaßten Regelungsgehaltes.[20]

Die Bezeichnung »Verfassung« war dabei zunächst primär für schriftliche Niederlegungen kleinerer Organisationseinheiten gebräuchlich, etwa bei der Bildung von »Bünden« und »Reichskreisen« durch Stände, Städte und kleine Herrschaf-

---

55 (58). Zur Politeia als höherer Ordnung des Staates und den von ihr zu unterscheidenden »nomoi« ferner *Schambeck*, Verfassungsbegriff, S. 211 (212f).

[14] *Kyriazis-Gouvelis*, JöR 39 (1990), 55 (58).

[15] Weitere Äußerungen des *Aristoteles* zur Politeia sind zitiert bei *Winkler*, S. 1ff.

[16] Vgl. *Mohnhaupt*, Verfassung, S. 1 (1f); *Walz*, S. 35.

[17] Vgl. *Mohnhaupt*, Verfassung, S. 1 (22), im Hinblick auf eine Urkunde vom 21. Dezember 1346, in der sich die Herren von Falkenstein, Hanau und Eppstein mit den Reichsstädten Frankfurt, Friedberg und Gelnhausen über die Kompetenzen eines von ihnen eingesetzten Schiedsgerichtes einigten.

[18] So betont die Wormser Stadtrechtsreformation von 1498 die Notwendigkeit, »... gesetze und ordenung zu machen, auch die unser voraltern ... in schriften zuvervassen«; zitiert nach *Mohnhaupt*, Verfassung, S. 1 (23); vgl. auch S. 49ff daselbst.

[19] Vgl. die bei *Mohnhaupt*, Verfassung, S. 1 (24f), erwähnten Beispiele.

[20] *Mohnhaupt*, Verfassung, S. 1 (51, 61).

ten.[21] Seit Beginn des 17. Jahrhunderts hielt der Ausdruck »Verfassung« auch auf höherer staatlicher Ebene Einzug und kennzeichnete seither einzelne, bestimmte Herrschaftsbeziehungen in den Blick nehmende Verträge, Vereinbarungen oder Gesetze der Fürstenhäuser bzw. Dynastien.[22] Die als »Verfassung« bezeichneten Regelungen betrafen indes lediglich *Teilbereiche der Ausübung staatlicher Gewalt.*[23] Denn staatliche Herrschaft wurde seinerzeit als kraft natürlichen bzw. göttlichen Rechts vorgegeben erachtet und bedurfte daher keiner positiven rechtlichen Begründung bzw. ganzheitlichen Ausgestaltung.[24] Parallel zu dem zuvor beschriebenen rechtlichen Gehalt von »Verfassung« fand dieser Terminus allerdings auch im 17. Jahrhundert weiterhin in der überkommenen Bedeutung »Beschaffenheit« oder »Zustand« Anwendung.[25]

3. Die Herausbildung ranghöheren Rechts in Frankreich und England

Eine deutliche Tendenz in Richtung eines ausschließlich normativen Verständnisses von »Verfassung«[26] setzte im Mittelalter und in der frühen Neuzeit vor dem Hintergrund naturrechtlicher Vorstellungen ein. Das Naturrecht als norma superior wurde als Grundlage allen menschlichen (Rechts-)Handelns und mithin als für die Menschen verbindlich und unverfügbar angesehen.[27] Damit erschienen zum einen bestimmte, kraft natürlichen Rechts vorgegebene Inhalte als der menschlichen Disposition entzogen, während zum anderen die Vorstellung von einer Hierarchie der Gesetze, von der Höherrangigkeit bestimmter Normen hier ihren Ausgang nahm.[28]

---

[21] Ausführlich *Mohnhaupt*, Verfassung, S. 1 (53 ff).

[22] In der Hauptsache beinhalteten sie Regeln über die Erbfolgeordnung; vgl. dazu *Mohnhaupt*, Verfassung, S. 1 (59 ff); *Hofmann*, S. 270.

[23] Eine einheitliche, umfassende, alle hoheitlichen Entscheidungsbefugnisse in sich vereinigende und mit dem Anspruch der Souveränität auftretende Staatsgewalt war zu dieser Zeit noch nicht bekannt, und infolgedessen ebensowenig eine Charakterisierung der »Verfassung« als Gesamtregelung über die Organisation und Ausübung politischer Entscheidungs- und Herrschaftsgewalt; vgl. dazu *Böckenförde*, Verfassung, S. 29 (29 ff); *Grimm*, Zukunft, S. 34. Deutlich auch *Jellinek*, AStL, S. 521: »Die Vorstellung, daß von einem Zentrum aus der einheitliche Staat seine grundlegende Gestaltung und seine grundsätzliche Abgrenzung gegen das Individuum empfangen sollte, ist in ihnen nicht vorhanden.«

[24] Siehe nur *Böckenförde*, Verfassung, S. 29 (32); *Hartung*, S. 62 f; *Grimm*, Zukunft, S. 14, 34, 37 f.

[25] *Mohnhaupt*, Verfassung, S. 1 (66 ff, 71 ff).

[26] In den Worten *Grimms*, Zukunft, S. 35 f, ist diese Tendenz gekennzeichnet durch einen Übergang vom Seins-Begriff der Verfassung zu einem normativen Verständnis: »Verfassung« nicht mehr als rechtlich geprägter Zustand, sondern als den Zustand prägende Norm.

[27] Vgl. *Starck*, Vorrang, S. 33 (34 f).

[28] Vgl. *Starck*, Vorrang, S. 33 (35).

a) Frankreich: lois fondamentales

Einen ersten Schritt unternahm diesbezüglich *Jean de Terre-Rouge* um 1418 in einer Schrift über die Thronfolge in Frankreich. Er betonte erstmals »das Element der Unveränderlichkeit der festgelegten Thronfolgebestimmungen für das Königreich. Diese den ›öffentlichen Zustand‹ ordnende Rechtsregel ist der Dispositionsbefugnis des Königs entzogen und steht somit über ihm.«[29] In der Folgezeit wurde dementsprechend im Hinblick auf die Veränderbarkeit von Gesetzen zunehmend zwischen zwei Rechtssphären unterschieden, nämlich zwischen Gesetzen betreffend die monarchische Regierungsform einerseits und solchen, die sich auf die Privatrechtsordnung beziehen, andererseits. Nur in letztere sei der Monarch einzugreifen befugt, während ihm Änderungen der ersteren verwehrt seien: »Quantum vero ad imperii leges attinet, cum sint cum ipsa maiestate coniunctae, Principes nec eas abrogare, nec iis derogare possunt: cuiusmodi est lex Salica, regni huius firmissimum fundamentum«.[30] In Frankreich bürgerte sich für derartige, auch gegenüber dem König unverbrüchliche Gesetze seit dem ausgehenden 16. Jahrhundert die Bezeichnung »lois fondamentales« ein.[31]

b) England: fundamental laws und constitution

Eine vergleichbare Art von Gesetzen besonderen Ranges fand derweil in England unter dem Begriff »fundamental laws« Eingang in die staatsrechtliche Wissenschaft.[32] Den fundamental laws wurde eine den Herrscher an rechtliche Grundsätze oder Regeln bindende Wirkung zugesprochen, ja die Herrschaft wurde als auf diesen Fundamentalnormen beruhend angesehen.[33] Neben den fundamental laws trat seit dem Beginn des 17. Jahrhunderts immer öfter der Begriff »constitution« in Erscheinung, zunächst als Synonym sowohl für die Fundamentalgesetze als auch für den zustandsbeschreibenden Terminus »form of government«, später – im Singular – als Oberbegriff für die aus der Summe der fundamental laws bestehende Gesamtordnung.[34] In Verbindung mit der Vertragstheorie[35] entstand dar-

---

[29] So *Mohnhaupt*, Verfassung, S. 1 (16f), bezogen auf die Ausführungen von *Terre-Rouge*. Das bei *Mohnhaupt*, a.a.O., zu findende Originalzitat lautet: »Regi non licet immutare ea quae ad statum publicum regni sunt ordinata.« Vgl. auch *Zweig*, S. 26.

[30] *Bodin*, Republica (1622), S. 139 (I 8); zitiert nach *Mohnhaupt*, Verfassung, S. 1 (38).

[31] Verwendet wurde diese Bezeichnung erstmals 1576 von *Gentillet*; *Bodin* selbst gebrauchte den Begriff »leges imperii«; vgl. dazu *Mohnhaupt*, Verfassung, S. 1 (38); *Hofmann*, S. 275.

[32] Zu England ausführlich *Stourzh*, Verfassungsbegriff, S. 1 (3ff, 19ff). Siehe ferner *Mohnhaupt*, Verfassung, S. 1 (44ff); *Grimm*, Verfassung, S. 100 (102f); *Zweig*, S. 29ff; *Starck*, Vorrang, S. 33 (35ff); *Jellinek*, AStL, S. 508ff, letzterer auch zu Frankreich.

[33] Vgl. *Mohnhaupt*, Verfassung, S. 1 (44). Den fundamental laws wurde also bereits eine die staatliche Herrschaft begründende und nicht nur beschränkende Kraft beigemessen; auch vom Bestehen einer einheitlichen Staatsgewalt wurde ausgegangen.

[34] *Stourzh*, Verfassungsbegriff, S. 1 (18ff); *Mohnhaupt*, Verfassung, S. 1 (44ff); *Grimm*, Verfassung, S. 100 (102f); *Boehl*, Verfassunggebung, S. 28. In diesem begrifflichen Sinne ist der 1688 im Parlament erhobene Vorwurf zu verstehen, »that king James the second, having endeavoured to

aus die Idee einer *vertraglich begründeten*, das Verhältnis zwischen Herrscher und Untertanen regelnden *höheren Ordnung*, welche die Rechtsbasis für die Akte speziell der gesetzgebenden Gewalt bilde und deshalb deren *Zugriff entzogen* sei.[36] Auf der Basis dieser Vorstellungen entstanden im Jahre 1647 das »Agreement of the People«[37] sowie das »Instrument of Government« von 1653.[38] Das auf *Cromwell* zurückgehende »Instrument of Government« sollte allerdings, nicht zuletzt wegen des schon bald einsetzenden Siegeszuges der Parlamentssouveränität[39], die erste und bis heute einzige geschriebene Verfassung Englands bleiben.[40]

---

subvert the constitution of the kingdom, by breaking the original contract between the king and people, ... having violated the fundamental laws ...«; zitiert nach *Mohnhaupt*, a.a.O., S. 47.

[35] Zur Vertragstheorie ausführlich *Jellinek*, AStL, S. 201ff; *Krüger*, S. 154f; *Zippelius*, AStL, § 15 II (S. 119f) sowie § 17 I 1 und III 1 (S. 128ff, 136ff). Die Wurzeln dieser Lehre reichen ebenfalls zurück bis in die Antike. Sie dient einerseits der Begründung der staatlichen Existenz überhaupt, andererseits – weniger weitgehend – der Begründung der Herrschaft im (bereits bestehenden) Staate. Im letzteren, herrschaftsbegründenden Sinne wurde die Vertragstheorie im England des 17. Jahrhunderts herangezogen. Die Vertragstheorie wurde später u.a. von *Hobbes, Locke, Rousseau* und *Pufendorf* weiterentwickelt. *Pufendorfs* Modell zur Rechtfertigung des Staates und staatlicher Herrschaft basiert etwa auf einem Dreischritt: In einem ersten Schritt schließen sich die Individuen durch einen Gesellschafts- bzw. Staatsvertrag zu einer Nation, zu einem Volk zusammen (pactum unionis), begründen dann eine Herrschaftsordnung und setzen die Staatsform fest (decretum oder constitutum) und unterwerfen sich endlich in einem dritten Schritt dieser staatlichen Herrschaft (pactum subiectionis). Vgl. dazu *Isensee*, Mythos, S. 87f; *Grimm*, Verfassung, S. 100 (101); *Jellinek*, AStL, S. 211; vgl. auch *Schmitt*, Verfassungslehre, S. 62; *Badura*, HStR I, § 23, Rdnr. 48ff; *Herbst*, S. 43ff, 61ff; *Schmidt-Aßmann*, Verfassungsbegriff, S. 36f, 40 (bezogen auf *Pütter*); zur Vertragsidee auch *Schambeck*, Verfassungsbegriff, S. 211 (214f); *Frotscher/Pieroth*, Rdnr. 121f.

[36] Siehe *Zweig*, S. 30f, 39ff, 45ff; *Jellinek*, AStL, S. 510f; *Mohnhaupt*, Verfassung, S. 1 (45f); *Badura*, HStR VII, § 163 Rdnr. 2; *Boehl*, Verfassunggebung, S. 29ff.

[37] Vgl. dazu *Jellinek*, AStL, S. 510f; *Zweig*, S. 38ff; *Starck*, Vorrang, S. 33 (36f); *Badura*, HStR VII, § 163 Rdnr. 2. Das Agreement of the People sollte auf vertraglicher Basis durch Beitritt der Bürger zustande kommen, als oberstes, auf der Macht des Volkes beruhendes Gesetz Vorrang vor den Acts of Parliament genießen und der Nation gewisse, auch für die Volksvertretung unverfügbare Rechte reservieren, also generell jenseits der Jurisdiktion des Parlamentes angesiedelt sein. Es sollte dem Zugriff der Gesetzgebung auch insofern vollständig entrückt sein, als Möglichkeiten zu seiner Änderung nicht vorgesehen waren. Nach Ansicht von *Zweig*, S. 41 mit Fn. 7, wären Änderungen deshalb nur bei Zustimmung aller vertragschließenden Teile, sprich: des gesamten Volkes, möglich gewesen.

[38] Dazu *Jellinek*, AStL, S. 512; *Zweig*, S. 43ff; *Badura*, Artikel »Verfassung«, EvStL II, Sp. 3739; *Grimm*, Verfassung, S. 100 (103); *Schambeck*, Verfassungsbegriff, S. 211 (215); *Boehl*, Verfassunggebung, S. 31f. Zur Änderbarkeit des Instrument of Government siehe *Zweig*, S. 46f.

[39] Zu historischer Entwicklung und Inhalt des Grundsatzes der Parlamentssouveränität vgl. *Hood Phillips/Jackson*, S. 41ff, 49ff; *Wade*, S. 28ff; *Wade/Phillips*, S. 55ff; *de Smith*, S. 73ff; *Yardley*, S. 31ff.

[40] Vgl. *Jellinek*, AStL, S. 512; *Hofmann*, S. 271; *Preuß*, Verfassung, S. 7 (12); *Badura*, Artikel »Verfassung«, EvStL II, Sp. 3739. Der Grund dafür besteht darin, daß die Idee einer höherrangigen geschriebenen Verfassung mit der Annahme rechtlicher Souveränität des Parlamentes unvereinbar ist. Auch der im England des 17. Jahrhunderts seit dem Urteil des Richters Sir *Edward Coke* aus dem Jahr 1610 durchaus geläufige Gedanke einer richterlichen Normenkontrolle am Maß-

4. Die Anerkennung von leges fundamentales in Deutschland

In Anlehnung an Frankreich und England kam um die Wende zum 17. Jahrhundert in Deutschland der Begriff »lex fundamentalis« bzw. »Grundgesetz« als Bezeichnung für rechtliche Regelungen auf, die das Verhältnis zwischen Herrscher und Ständen zum Gegenstand hatten und einerseits auf die Begrenzung der Herrschermacht, andererseits auf die Sicherung der Ständerechte abzielten.[41] Bestimmungen dieser Art wurde ein *höherer Rang* hinsichtlich Dauerhaftigkeit und Unverbrüchlichkeit zugebilligt; namentlich auch der Herrscher wurde als ihnen untergeordnet betrachtet.[42] Diese besondere, mit dem bisher anerkannten Grundsatz »princeps legibus solutus«[43] unvereinbare Bindungswirkung fand ihren Grund in dem tatsächlichen oder fiktiven *Vertragscharakter* der leges fundamentales[44], mithin in dem auch für den Monarchen verbindlichen Rechtssatz »pacta sunt servanda«.[45]

Die der einseitigen Disposition des jeweiligen Herrschers entzogenen[46], meist schriftlich fixierten[47] leges fundamentales bzw. Grundgesetze wurden hinsichtlich ihres Regelungsgegenstandes insofern immer umfassender, als sie schon nach einiger Zeit nicht mehr nur die Gewährung einzelner Ständeprivilegien zum Inhalt hatten, sondern das *gesamte* Rechtsverhältnis zwischen Herrscher und Landständen betrafen.[48] Auch auf der Ebene des Reiches setzte sich die Kategorie der leges fundamentales durch. Fortan wurde bestimmten sog. Reichsgrundgesetzen ein im Vergleich zum einfachen Gesetzesrecht höherer Rang zugesprochen[49], etwa den Wahlkapitulationen[50] Kaiser Karls V. von 1519, dem Augsburger Religionsfrieden (1555) und dem Westfälischen Frieden (1648).[51]

---

stab höherrangigen Rechts wurde mit dem Siegeszug der Parlamentssouveränität obsolet; vgl. dazu *Starck*, Vorrang, S. 33 (35f); *Stourzh*, Verfassungsgerichtsbarkeit, S. 37 (49f).

   [41] *Starck*, Vorrang, S. 33 (37f); *Scheuner*, Verfassung, S. 171; *Grimm*, Zukunft, S. 33; *Hartung*, S. 91.

   [42] *Mohnhaupt*, Verfassung, S. 1 (62ff); *Starck*, Vorrang, S. 33 (37f).

   [43] In diesem Sinne die Souveränitätslehre *Bodins*; vgl. dazu *Grimm*, Zukunft, S. 33.

   [44] Vgl. dazu *Jellinek*, AStL, S. 507f, 511f; *Zweig*, S. 25f; *Starck*, Vorrang, S. 33 (38); *Grimm*, Zukunft, S. 34; *Schmidt-Aßmann*, Verfassungsbegriff, S. 38f (bezogen auf *Pütter*), und S. 42f (bezogen auf *Häberlin*); *Hofmann*, S. 271f, 277.

   [45] *Starck*, Vorrang, S. 33 (38); *Mohnhaupt*, Verfassung, S. 1 (64); *Grimm*, Verfassung, S. 100 (101); *Jellinek*, AStL, S. 512. *Hofmann*, S. 277, ruft in Erinnerung, daß die Gültigkeit dieser Regel und damit die Verbindlichkeit der rechtsetzenden Vertragsschlüsse letztlich nur mit göttlichen und natürlichen Geboten begründet werden konnte.

   [46] *Hofmann*, S. 277; *Starck*, Vorrang, S. 33 (43); *Grimm*, Zukunft, S. 33; *Zweig*, S. 26.

   [47] Begründen läßt sich die Tendenz zur schriftlichen Fixierung derartiger Übereinkünfte mit ihrem Vertragscharakter; vgl. *Jellinek*, AStL, S. 511.

   [48] Mitunter waren die das Verhältnis zwischen Herrscher und Ständen betreffenden Regeln zusammen mit Bestimmungen über die Territorialregierung in einem einzigen Schriftstück niedergelegt; vgl. *Mohnhaupt*, Verfassung, S. 1 (75ff).

   [49] *Mohnhaupt*, Verfassung, S. 1 (78f); *Böckenförde*, Verfassung, S. 29 (31f).

   [50] Wahlkapitulationen legten für jeden Kaiser und die Reichsstände die jeweils ausgehandelten Rechte und Pflichten neu fest; vgl. *Forsthoff*, S. 17f; *Hartung*, S. 35.

   [51] Zu weiteren Reichsgrundgesetzen vgl. *Hofmann*, S. 276; *Hartung*, S. 27.

Die der Regulierung und Begrenzung der nach wie vor vorausgesetzten Herrschaftsgewalt[52] dienenden einzelnen Grundgesetze wurden schon bald nicht
mehr nur isoliert, sondern als in einem Regelungszusammenhang stehende Gesamtheit betrachtet. Der Begriff »Verfassung« avancierte in der Folgezeit zum
Oberbegriff für dieses als komplexe Einheit begriffene Gefüge einzelner positiver
Grundgesetze[53] und gewann damit eine neue Bedeutung.

5. Die amerikanische Verfassungsentstehung

Hatte sich mit dem in England und Deutschland seit dem 17. Jahrhundert etablierten Gebrauch von »Verfassung« als Oberbegriff für die Vielzahl der nebeneinander geltenden positiven Grundgesetze bereits die Entwicklung eines neuen
Verfassungsverständnisses angekündigt[54], das »Verfassung« als einheitliche Gesamtregelung der Organisation, Ausübung und Begrenzung staatlicher Herrschaftsgewalt begreift[55], so wurde der in dieser Hinsicht entscheidende Schritt
erstmals in den nach Unabhängigkeit strebenden englischen Kolonien in Nordamerika getan: die Verwirklichung der Idee eines einheitlichen geschriebenen
Fundamentalgesetzes, der Verfassungsurkunde.[56]

a) Die Verabschiedung von Menschenrechtserklärungen und Organisations-
regeln und ihre Kodifizierung in einer einheitlichen Urkunde

Im Zuge ihrer Loslösung vom englischen Mutterland wurden in den Kolonien
Menschenrechtserklärungen verabschiedet und ebenso wie die grundlegenden
Regeln über die Organisation der neu entstehenden Staaten in Gestalt von Gesetzen schriftlich niedergelegt.[57] Die erste und für die anderen auf ihre Unabhängigkeit bedachten Kolonien vorbildhafte Erklärung der Rechte war die »Virginia Bill
of Rights« vom 12. Juni 1776. Neben sie trat in einer gesonderten Urkunde die

---

[52] Vgl. *Böckenförde*, Verfassung, S. 29 (32); *Hartung*, S. 62f; *Grimm*, Zukunft, S. 34, 38: Der
Fürst wurde seinerzeit als originär legitimierter, vom gesellschaftlichen Konsens unabhängiger
Herrscher begriffen. Herrschaft wurde als ein von Gott übertragenes Amt angesehen.

[53] *Mohnhaupt*, Verfassung, S. 1 (79f); *Schmidt-Aßmann*, Verfassungsbegriff, S. 41 (bezogen
auf *Häberlin*).

[54] *Grimm*, Zukunft, S. 39, macht zu Recht auf die noch immer großen Unterschiede zwischen
den damaligen Selbstbeschränkungen staatlicher Herrschaft und dem heutigen Verfassungsverständnis aufmerksam: »Weder hatten sie herrschaftsbegründenden Charakter noch bezogen sie
sich überhaupt auf das sogenannte innere Staatsrecht, d.h. die Hoheitsrechte und das Verhältnis
von Staat und Nation, sondern nur auf das Verhältnis von Staatsgewalt und Individualrechten,
und auch insoweit banden sie den Herrscher nicht aus der Position höherrangigen Rechts.«

[55] Vgl. *Böckenförde*, Verfassung, S. 29 (32f).

[56] *Wahl*, HStR I, § 1 Rdnr. 2, hebt hervor, daß gerade die geschlossene systematische Zusammenfassung der politischen Grundnormen in einer einheitlichen Verfassungsurkunde bis dato
kein Vorbild kannte. Zur Bedeutung der amerikanischen Unabhängigkeitsbewegung für das moderne Verfassungsverständnis umfassend *Boehl*, Verfassunggebung, S. 28ff; ferner *Unruh*, S. 60ff.

[57] *Schmitt*, Verfassungslehre, S. 14; *Jellinek*, AStL, S. 518f.

»Constitution of Virginia« vom 29. Juni 1776, welche Regelungen über die obersten Organe des Staates und die Ausübung der Staatsfunktionen enthielt.[58] Schon die zeitlich nächste Rechteerklärung wurde mit dem »frame of government« genannten Organisationsteil in einer einheitlichen Urkunde zusammengefaßt.[59]

Eine Betrachtung dieser Gegebenheiten läßt bereits einige Wesensmerkmale der amerikanischen Verfassungen[60] erkennen: Es handelt sich um *schriftlich* niedergelegte, in *Gesetzesform*[61] gegossene und in einem *einheitlichen* Dokument[62], der Verfassungsurkunde, zusammengefaßte Rechtsnormen, die nicht nur Teilbereichen des öffentlichen Lebens gelten[63], sondern eine den gesamten Staat umfassende Ordnung bilden und damit eine *Gesamtordnung* und *Gesamtentscheidung* im Hinblick auf das staatliche Leben verkörpern.[64]

b) Die Höherrangigkeit des Verfassungsrechts

Ähnlich wie den in Europa bekannten Fundamentalgesetzen[65] eignet einer Verfassung nach amerikanischer Anschauung ein rechtshierarchisch höherer Rang. Allerdings liegt der Annahme einer Höherrangigkeit des Verfassungsrechts eine andere rechtliche Konstruktion zugrunde. Überdies differieren die rechtlichen Folgerungen, die aus der exponierten Stellung der Verfassung im Gefüge der Rechtsnormen gezogen werden.

aa) Die Begründung der Höherrangigkeit des Verfassungsrechts

Der besondere Rang der Verfassung resultiert anders als nach der bisherigen europäischen Lehre[66] nicht aus der Annahme eines zwischen Herrscher und Volk ge-

---

[58] Vgl. *Menger*, Rdnr. 187; *Frotscher/Pieroth*, Rdnr. 25 ff; *Stern* I, S. 64; *Jellinek*, AStL, S. 518.

[59] Es handelt sich dabei um die Verfassung von Pennsylvania vom 28. September 1776; dazu *Frotscher/Pieroth*, Rdnr. 28; *Grimm*, Verfassung, S. 100 (105); vgl. auch *Schambeck*, Verfassungsbegriff, S. 211 (215 f); *Jellinek*, AStL, S. 518.

[60] Auch die amerikanische Bundesverfassung vom 17. September 1787 mit der Grundrechtsergänzung von 1791 (vgl. *Stern* I, S. 64) weist entsprechende Eigenschaften auf.

[61] *Schmitt*, Verfassungslehre, S. 14; *Jellinek*, AStL, S. 518 f; *Preuß*, Verfassung, S. 7 (15).

[62] In Europa existierte hingegen bislang eine Vielzahl von gesondert niedergelegten leges fundamentales bzw. lois fondamentales, die formell keine rechtstechnische Einheit bildeten; s. o. A. I. 3. b) und 4.

[63] In Europa enthielten die Grundgesetze demgegenüber lange Zeit nur partielle Regelungen; s. o. A. I. 2. und 4.

[64] *Schambeck*, Verfassungsbegriff, S. 211 (216); *Starck*, Vorrang, S. 33 (41); *Grimm*, Zukunft, S. 38. Voraussetzung für diesen Gesamtordnungscharakter war freilich die Zusammenfassung der bis dato in Europa noch nicht als Einheit betrachteten, sondern verstreuten Hoheitsrechte und ihre Verdichtung zu einer umfassenden und einheitlichen Staatsgewalt.

[65] S. o. A. I. 3. a) und b) sowie 4.

[66] Hinzuweisen ist allerdings auf die englische Verfassungsgeschichte, in der es in Gestalt des »Agreement of the People« und des »Instrument of Government« ebenfalls schon zu Versuchen einer Verfassung des Gemeinwesens auf der Grundlage der Volkssouveränität gekommen war; vgl. dazu oben A. I. 3. b) sowie *Boehl*, Verfassunggebung, S. 31 f.

schlossenen Vertrages, sondern liegt in den speziellen amerikanischen Vorstellungen vom Ursprung des Verfassungsrechts begründet: Während ihrer Zugehörigkeit zu England existierten in den Kolonien sog. Charten, Freibriefe, Privilegien etc., in welchen die Grundzüge der Regierung und Verwaltungsorganisation der in Nordamerika gegründeten Siedlergemeinschaften niedergelegt waren.[67] Zum einen beruhten diese Charten[68] auf einer Gewährung durch die englische Krone und galten deshalb als für die Kolonisten verbindliches Recht im Rahmen der englischen Rechtsordnung.[69] Zum anderen kam in ihnen der Gedanke eines Grundvertrages der Staatsglieder zum Ausdruck, d.h. eines vertragsförmigen Zusammenschlusses der Individuen zu einem Gemeinwesen, wobei dieser Vertrag auch die Festsetzung der in dem entsprechenden Gemeinwesen geltenden Rechtsordnung zum Inhalt hatte.[70]

Mit dem Nachlassen der Bindungen zu England gewann unter den Siedlern das Bewußtsein vom Vertragscharakter der Charten langsam die Oberhand und obsiegte endgültig zu dem Zeitpunkt, als die 13 Kolonien die Unabhängigkeit von England betrieben und schließlich auch erklärten (4. Juli 1776).[71] Im Moment des revolutionären Bruchs mit England kam es zu einem Wegfall der bis dahin bestehenden Herrschaftsgewalt. In dieser Vakuum-Situation war *keine vorgegebene Herrschaftsgewalt* mehr zu erkennen.[72] Staatliche Herrschaft mußte vielmehr

---

[67] *Jellinek*, AStL, S. 515; *Schambeck*, Verfassungsbegriff, S. 211 (215); *Menger*, Rdnr. 180ff; *Boehl*, Verfassunggebung, S. 32ff; *Herbst*, S. 39ff; *Bryde*, S. 46.

[68] Zu den verschiedenen Kolonietypen und sich daraus ergebenden Differenzierungen siehe *Frotscher/Pieroth*, Rdnr. 19f.

[69] *Zweig*, S. 54f; *Starck*, Vorrang, S. 33 (40); *Grimm*, Zukunft, S. 54; *Boehl*, Verfassunggebung, S. 32f.

[70] Zu diesem Aspekt *Jellinek*, AStL, S. 516; *Schambeck*, Verfassungsbegriff, S. 211 (215); *Zweig*, S. 53; *Preuß*, Verfassung, S. 7 (15f); *Boehl*, Verfassunggebung, S. 34. *Menger*, Rdnr. 181, verweist diesbezüglich beispielhaft auf die im November 1620 mit der »Mayflower« nach Amerika gelangten englischen Protestanten, die »einen der ganz seltenen ›echten‹ Gesellschaftsverträge« (Hervorhebung dort) geschlossen hätten: »Unter Anrufung Gottes vereinbarten sie darin den Zusammenschluß zu einem ›civil body political‹, ›for our better ordering and preservation and furtherance‹ (um unser Zusammenleben besser zu ordnen, uns zu schützen und unsere Ziele zu fördern), beschlossen sie, für dieses Gemeinwesen von Zeit zu Zeit gerechte und gleiche Gesetze, Verordnungen, Verfügungen und Satzungen zu erlassen und Ämter einzusetzen, so wie es für das gemeine Wohl der Kolonie am dienlichsten erscheine und versprachen, den von ihnen geschaffenen Rechtssätzen und Behörden allen schuldigen Gehorsam zu leisten.«

[71] Vgl. *Boehl*, Verfassunggebung, S. 33f.

[72] Dies deshalb, weil sich die Ausgangslage in Amerika von derjenigen in Europa unterschied, wo die Herrschaft des Monarchen bisher als *kraft göttlichen oder natürlichen Rechts vorgegeben* betrachtet worden war und ihm in Gestalt der leges fundamentales lediglich gewisse Beschränkungen seiner a priori vorhandenen Machtposition vertraglich hatten abgerungen werden können. Zur Zeit der amerikanischen Verfassungschöpfungen war der Glaube an die Unverfügbarkeit der staatlichen Herrschaftsordnung hingegen bereits verblaßt. Die Bedeutung dieses Umstandes für die Entwicklung der modernen Verfassung hebt *Grimm*, Zukunft, S. 37, hervor: »Die moderne Verfassung zeichnet sich durch den Anspruch aus, politische Herrschaft nach Zustandekommen und Ausübungsweisen in einem allen anderen Rechtsnormen übergeordneten Gesetz umfassend und einheitlich zu regeln. Wenn das darin zum Ausdruck kommende Bedürfnis

gleichsam aus dem Nichts neu geschaffen werden.[73] Unter Anlehnung an die bestehenden Charten und damit an die Vertragsidee wurden deshalb Verfassungen ausgearbeitet, deren Aufgabe es war, staatliche Herrschaft – verstanden als im Auftrag des Volkes auszuübende Angelegenheit[74] – rechtlich *neu zu begründen*. Diese Verfassungen wurden in Anwendung der Vertragstheorie jeweils als Grundvertrag aller mit allen interpretiert[75], der den verfassungsinhärenten Herrschaftsauftrag begründe und die Konditionen seiner Wahrnehmung festsetze.[76] Erschienen somit das souveräne Volk als Quelle der Verfassung[77] und jegliche Staatsgewalt als durch die Verfassung konstituiert, so mußte sich daraus zwangsläufig[78] auch eine *Höherrangigkeit* der Verfassung[79] in dem Sinne ergeben, daß sie

---

nach gebändigter politischer Herrschaft auch keineswegs neu ist, so konnte es doch erst unter bestimmten neuzeitlichen Voraussetzungen in Gestalt der Verfassung befriedigt werden. Als planmäßige Festsetzung der Legitimationsbedingungen von Herrschaft hing die Verfassung zum einen davon ab, daß die politische Ordnung ein *möglicher Gegenstand menschlicher Entscheidung* geworden war. Dieser Fall trat in der jüngeren Geschichte erst mit der Erschütterung des Glaubens an die göttliche Einsetzung und Ausformung weltlicher Herrschaft ein, wie die Glaubensspaltung sie bewirkte«; Hervorh. v. Verf.

[73] *Wahl*, HStR I, § 1 Rdnr. 2, identifiziert die völlige Neubegründung einer politischen Ordnung als vorrangige Aufgabe der amerikanischen Verfassungen. Auch *Grimm*, Zukunft, S. 12, 44f, 54, weist darauf hin, daß in Amerika eine Herrschaft kraft (menschlichen) Auftrages an die Stelle der Herrschaft aus originärem oder göttlichem Recht treten mußte. Eine solche Herrschaft kraft Auftrages setze einen Konstitutionsakt voraus; denn beauftragte Staatsgewalt verlange stets einen legitimierenden Rechtssatz, durch den der Auftrag erteilt werde und der daher im Range notwendig über der beauftragten Gewalt und den von ihr ausgehenden Rechtssätzen stehe. Allerdings sei allein auf dieser Basis die Entwicklung zur modernen Verfassung noch nicht präjudiziert gewesen, da der Herrschaftsauftrag auch unbedingt und unwiderruflich erteilt werden könne, wodurch eine absolute Herrschaft wenn auch nicht originären, so doch derivativen Charakters begründet würde. Vgl. in dem hiesigen Zusammenhang auch *Boehl*, Verfassunggebung, S. 33f, 39f; *Stourzh*, Individualrechte, S. 155 (156f).

[74] Zur amerikanischen Verfassunggebung unter den Bedingungen der Volkssouveränität vgl. *Boehl*, Verfassunggebung, S. 39ff; *Unruh*, S. 73ff.

[75] Ebenso *Unruh*, S. 87f, der die allgemeine Bindungswirkung der Verfassung darauf zurückführt, daß »das Volk insgesamt als mit sich selbst einen Vertrag schließende Partei begriffen wurde«. *Unruh* verweist in diesem Zusammenhang auf die Fed. Pap. Nr. 44 (Madison), S. 283, wo sich ein eher versteckter Rekurs auf die Lehre vom Gesellschaftsvertrag finde. Weiterführende Nachweise bezüglich der für die amerikanische Verfassungstheorie bedeutsamen und maßgeblich von *Locke* beeinflußten Variante der Theorie vom Gesellschaftsvertrag sowie zur Situation in Frankreich bei *Unruh*, S. 87f Fn. 147 sowie S. 163. Siehe ferner *Stourzh*, Individualrechte, S. 155 (158f), wo ebenfalls der der amerikanischen Verfassungsentstehung zugrunde liegende »Konstruktion des Gesellschaftsvertrages« Bezug genommen wird.

[76] *Grimm*, Zukunft, S. 55; *Preuß*, Verfassung, S. 7 (16f). Vgl. auch *Menger*, Rdnr. 187, der einen Teil der Präambel der Verfassung von Massachusetts (1780) zitiert: »Die politische Körperschaft wird gebildet durch die freiwillige Vergesellschaftung der Individuen. Sie erfolgt durch einen Gesellschaftsvertrag, durch den das ganze Volk mit jedem Bürger und jeder Bürger mit dem ganzen Volke übereinkommen, daß alles durch gewisse Gesetze zum gemeinen Besten regiert werden soll. Es ist daher Pflicht des Volkes, sich eine Verfassung zu geben.«

[77] Deutlich in diesem Sinne *Wahl*, HStR I, § 1 Rdnr. 2: »Das neue Legitimitätsprinzip der Volkssouveränität bildete eine einheitliche Grundlage für die Verfassung.«

[78] Vgl. *Starck*, Vorrang, S. 33 (43): »Der Vorrang der Verfassung hat sich als die logische Kon-

für die Staatsgewalt unverfügbar ist und die staatlichen Organe nur auf der Grundlage der Verfassung und nur in dem von ihr gezogenen Rahmen agieren dürfen.[80]

Die amerikanischen Verfassungen nahmen demnach den seit Etablierung der leges fundamentales bekannten Vorranggedanken auf, begründeten die Vorrangigkeit der Verfassung allerdings nicht mit der Figur eines Vertrages zwischen Herrscher und Volk, sondern mit der Annahme eines Vertrages der Individuen untereinander, der die staatliche Herrschaft überhaupt erst begründet. Außerdem erstreckten sie den Vorranggedanken auf die gesamte rechtliche Grundordnung des Staates, nicht nur auf gewisse Teilbereiche.[81]

bb) Die Konsequenzen der Höherrangigkeit des Verfassungsrechts

Die den amerikanischen Verfassungen zugrunde liegenden und soeben referierten Vorstellungen vom Charakter staatlicher Herrschaft und vom Verfassungsursprung spiegeln sich im Modus der historischen Verfassungschöpfung, im Verfahren der Verfassungsänderung sowie in den Rechtsfolgen von Verfassungsverstößen wider.

Die Verfassungstexte wurden entsprechend dem Grundsatz der Volkssouveränität von Verfassungskonventen entworfen, denen vom Volk ein besonderes Mandat zur Verfassungschöpfung übertragen worden war.[82] Teilweise wurden die Verfassungsentwürfe auch den Bürgern der einzelnen Staaten in Volksabstimmungen zur Annahme vorgelegt.[83]

Verfassungsänderungen waren und sind in den amerikanischen Gliedstaaten nur unter besonderen Voraussetzungen zulässig, etwa der Erzielung einer qualifizierten Mehrheit im zuständigen Legislativorgan oder der doppelten Beschlußfassung in zwei aufeinanderfolgenden Legislaturperioden. Teils ist auch im Ver-

---

sequenz aus dem Umstand erwiesen, daß die Verfassung die Staatsgewalt einrichtet, gliedert und begrenzt sowie deren Aufgaben, Verfahren und Befugnisse regelt. Alle Tätigkeit der Staatsgewalt findet auf Grund oder im Rahmen der Verfassung statt (...).«

[79] *Boehl*, Verfassunggebung, S. 33, weist darauf hin, daß bereits die von der englischen Krone erlassenen Charten aus Sicht der Kolonisten »höheres Recht« waren, den Siedlern der Gedanke der Höherrangigkeit bestimmten Rechts also schon vertraut war.

[80] *Zweig*, S. 56f; *Starck*, Vorrang, S. 33 (40, 43); *Henkin*, Verfassung, S. 213 (221); *Stourzh*, Verfassungsgerichtsbarkeit, S. 37 (55ff); *Herbst*, S. 42f; *Möllers*, S. 1 (6f); *Unruh*, S. 80f, 88; *Grimm*, Verfassung, S. 100 (104). Bei *Grimm*, a.a.O., findet sich auch ein in dem hiesigen Kontext interessantes Zitat von *Thomas Paine*, The Rights of Man, 1791: »A constitution is a thing antecedent to a government, and a government is only the creature of a constitution. The constitution of a country is not the act of its government, but of the people constituting a government.«

[81] Der letztgenannte Aspekt wird deutlich herausgestellt von *Starck*, Vorrang, S. 33.(41).

[82] Zur Praxis der amerikanischen Verfassungserzeugung durch Konvente ausführlich *Boehl*, Verfassunggebung, S. 36ff.

[83] Die erste ihre Geltung auf eine Volksabstimmung zurückführende Verfassung ist die von Massachusetts (1780); vgl. *Jellinek*, AStL, S. 517; *Frotscher/Pieroth*, Rdnr. 28; *Menger*, Rdnr. 187; *Boehl*, Verfassunggebung, S. 48f.

fahren der Verfassungsänderung eine unmittelbare Beteiligung des Volkes vorgesehen.[84] Ebenso wie die gliedstaatlichen Verfassungen kennt die noch heute geltende amerikanische Bundesverfassung von 1787[85] ein spezielles Verfahren der Verfassungsänderung, das nur von einer Zweidrittelmehrheit im Kongreß oder von den gesetzgebenden Körperschaften einer Mehrheit von zwei Dritteln der Einzelstaaten initiiert werden kann und nur dann erfolgreich ist, wenn die Zustimmung von drei Vierteln der Einzelstaaten erzielt wird.[86]

In den USA wurde die Erzeugung von Verfassungsrecht auf diese Weise zum Gegenstand eines speziellen, besondere Anforderungen stellenden Legislativverfahrens gemacht und ließ sich infolgedessen verfahrenstechnisch von der einfachen Gesetzgebung scheiden.[87] Besonders durch die *Erschwerung der verfassungsändernden Gesetzgebung* wurde der rechtshierarchisch höhere Rang des Verfassungsrechts gesichert; denn die Legislative könnte sonst, obwohl konstituierte und damit per definitionem unter der Verfassung stehende Gewalt, im Rahmen der einfachen Gesetzgebung über die Verfassung disponieren, sich also zum Herren über die Verfassung aufschwingen, und vermöchte insbesondere die ihr verfassungsrechtlich auferlegten Beschränkungen abzuschütteln.[88]

Der besondere Rang des Verfassungsrechts diente darüber hinaus als Anknüpfungspunkt für die Begründung neuartiger[89] Beschränkungen der gesetzgebenden Gewalt: Überschreitet die Legislative die ihr von der Verfassung eingeräumten Kompetenzen, handelt sie mithin ohne ausreichende verfassungsrechtliche Ermächtigung, so sind die entsprechenden Gesetze nach amerikanischer Auffas-

---

[84] Vgl. *Jellinek*, AStL, S. 519ff, mit entsprechenden Nachweisen.

[85] Zu ihrer Bedeutung für die Lehre von der verfassunggebenden Gewalt *Boehl*, Verfassunggebung, S. 52ff.

[86] Vgl. Art. V der US-Verfassung 1787 (*Franz*, S. 35); dazu auch *Starck*, Vorrang, S. 33 (44); *Bryde*, S. 46.

[87] *Jellinek*, AStL, S. 520; *Wahl*, Staat 20 (1981), 485 (489); *Menger*, Rdnr. 187, unter Hinweis darauf, daß der durch besondere formelle Qualitäten gekennzeichnete Begriff der Verfassungsgesetzgebung auf *John Locke* zurückzuführen sei. Zum Einfluß weiterer europäischer Gelehrter auf die amerikanische Verfassungsentwicklung vgl. *Boehl*, Verfassunggebung, S. 34f.

[88] Zur Sicherung des Verfassungsvorrangs durch Erschwerungen der verfassungsändernden Gesetzgebung besonders prägnant *Starck*, Vorrang, S. 33 (43); *Kirchhof*, HStR I, § 19 Rdnr. 31f; *Haug*, S. 149. Allgemein läßt sich die Regel formulieren: Wenn eine im obigen Sinne rechtshierarchisch höherrangige Verfassung die verfaßten Gewalten zur Verfassungsrevision ermächtigt, dann muß deren Befugnis zur Verfassungsänderung von der Erfüllung besonderer Voraussetzungen abhängig sein, damit sich die verfaßten Gewalten nicht ohne weiteres »ihrer« Verfassung bemächtigen und dadurch deren Vorrang zum Einsturz bringen können. Überdies ist die Erschwerung von Verfassungsänderungen auch wegen der Konsensfunktion der Verfassung geboten; denn die Verfassung dient als Grundlage für die Austragung politischer Gegensätze und bedarf deswegen möglichst weiter Zustimmung der politischen Konkurrenten; so *Grimm*, Zukunft, S. 22.

[89] Zu der im England des 17. Jahrhunderts für möglich gehaltenen, nach dem Siegeszug der Parlamentssouveränität jedoch nicht praktizierten richterlichen Normenkontrolle oben A. I. 3. b) Fn. 40.

sung als *verfassungswidrig* und deshalb *nichtig* anzusehen[90], wobei die Feststellung der Nichtigkeit dem obersten Gericht obliegen soll.[91]

c) Die Gewährleistung besonderer Verfassungsinhalte:
Menschenrechte und Gewaltenteilung

Auf der Grundlage der Vorstellung, die Staatsgewalt gehe vom Volke aus und werde den staatlichen Organen lediglich zur Ausübung übertragen, und in Anbetracht der schlechten Erfahrungen der amerikanischen Siedler mit dem englischen Parlament[92] wird ferner verständlich, warum in Gestalt der *Menschenrechte* inhaltliche Vorgaben für das Staatshandeln geschaffen wurden, warum also die *Statuierung materieller Bindungen* zum gängigen Bestandteil amerikanischer Verfassungen werden konnte: Die als ursprünglich frei gedachten Individuen unterwerfen sich der von ihr begründeten und ihre Freiheit potentiell bedrohenden Staatsgewalt nur um den Preis der Gewährleistung gewisser unantastbarer Rechte, die in den Menschenrechtsteil der jeweiligen Verfassung aufgenommen werden[93] und die

---

[90] *Wahl*, Staat 20 (1981), 485 (485, 489f). Vgl. auch *Boehl*, Verfassunggebung, S. 29, 35. *Starck*, Vorrang, S. 33 (48), verweist in diesem Zusammenhang auf *Alexander Hamilton*, der sich im Jahre 1788 in The Federalist Nr. 78 wie folgt geäußert hat: »Es gibt keinen Grundsatz, der auf einleuchtenderen Argumenten beruht als der, daß jeder Beschluß einer bevollmächtigten Behörde, der dem Sinn der Vollmacht, unter der sie handelt, widerspricht, ungültig ist. Daher kann ein Gesetzesbeschluß, welcher der Verfassung widerspricht, nicht gültig sein. Dies leugnen, hieße behaupten, daß der Beauftragte höher stehe als der Auftraggeber.«

[91] Die richterliche Normenkontrolle wurde vom Supreme Court der Vereinigten Staaten endgültig im Fall *Marbury* vs. *Madison* (1 Cranch 137, 177 = 2 Law Ed. U.S. 60, 73) aus dem Jahre 1803 anerkannt. Abgedruckt ist die zentrale Aussage des Vorsitzenden Richters *John Marshall* bei *Wahl*, Staat 20 (1981), 485 (488). Näher dazu sowie zur Entwicklung der richterlichen Normenkontrolle ausführlich *Stourzh*, Verfassungsgerichtsbarkeit, S. 37 (37ff, 66ff).

[92] Sie empfanden dessen Gesetze oftmals als Bedrohung ihrer Freiheit und hatten erleben müssen, daß auch ein Parlament Unrecht tun kann; vgl. *Grimm*, Zukunft, S. 55f; *Henkin*, Verfassung, S. 213 (219); *Wahl*, Staat 20 (1981), 485 (490); *Boehl*, Verfassunggebung, S. 30f.

[93] So erklärt das »Concord Town Meeting« (Massachusetts 1776), »that a constitution in its proper idea intends a system of principles established to secure the subject in the possession and enjoyment of their rights and privileges, against any encroachments of the governing part«; zitiert nach *Grimm*, Verfassung, S. 100 (105). Daneben steht auch der Gedanke, daß derartige Menschenrechte unveräußerlicher Natur seien und deshalb gar nicht zur (vertraglichen) Disposition des einzelnen stünden. *Frotscher/Pieroth*, Rdnr. 25, zitieren diesbezüglich Artikel 1 der Virginia Bill of Rights, in dem es heißt, alle Menschen seien »von Natur aus gleichermaßen frei und unabhängig und besitzen gewisse ihnen innewohnende Rechte, deren sie, wenn sie in eine staatliche Gemeinschaft (state of society) eintreten, ihre Nachkommenschaft durch keinen Vertrag berauben oder entkleiden können, nämlich den Genuß von Leben und Freiheit, mit den Mitteln zum Erwerb von Besitz und Eigentum und zum Streben und der Erlangung von Glück und Sicherheit«. Nach Auffassung von *Grimm*, Zukunft, S. 42f, liegt dieser Entwicklung ein inhaltlicher *Wandel der Vertragstheorie* zugrunde: Ursprünglich auf die Begründung einer unbeschränkten Staatsmacht und die Abtretung sämtlicher natürlicher Rechte der Individuen an den Staat gerichtet, sei nun die Idee in den Vordergrund getreten, die natürlichen, als vorstaatlich aufgefaßten Rechte der Individuen in den staatlichen Zustand zu übernehmen und dem Staat zum Schutz anzuvertrauen. Vgl. ferner *Henkin*, Verfassung, S. 213 (219f).

von der Verfassung konstituierte Staatsgewalt von Anfang an rechtlich begrenzen.[94]

Um einen effektiven Schutz der Freiheit des einzelnen sicherzustellen, die Staatsmacht zu begrenzen und insbesondere deren Mißbrauch zu verhindern, sehen die amerikanischen Verfassungen darüber hinaus in Anlehnung an die im wesentlichen auf *John Locke* und *Charles de Montesquieu* zurückzuführende *Gewaltenteilungslehre*[95] die Aufteilung der Staatsgewalt auf voneinander getrennte Gesetzgebungs-, Vollziehungs- und Rechtsprechungsorgane vor.[96]

d) Resümee

Für die Verfassungsidee sind von der amerikanischen Unabhängigkeitsbewegung zahlreiche neue Impulse ausgegangen: Die Verfassung wird nicht mehr als Gesamtheit unverbunden nebeneinander stehender und nur Teilbereiche der Ausübung staatlicher Herrschaft erfassender Fundamentalgesetze betrachtet, sondern bildet in Gestalt einer einheitlichen Verfassungsurkunde ein rechtstechnisches Ganzes, das eine den gesamten Staat umfassende Ordnung darstellt. Sie entsteht nicht durch den Vertrag eines apriorischen Herrschers mit dem Volk, den Ständen o.ä., sondern beruht auf einem Vertrag der Individuen untereinander, welcher die staatliche Herrschaft rechtlich überhaupt erst begründet. Gegenüber den staatlichen Gewalten kommt der Verfassung deshalb ein höherer Rang zu, der sich vor allem in der fehlenden oder beschränkten Befugnis der Staatsorgane zur Disposition über die Verfassung sowie – anders als bis dahin in Europa – in der Nichtigkeit verfassungswidriger Rechtsakte äußert. Schließlich rückt mit der Gewährleistung von Menschenrechten und ihrer Effektuierung durch einen gewaltenteiligen Staatsaufbau der Aspekt einer besonderen inhaltlichen Ausgestaltung der Verfassung in den Blickpunkt.[97]

---

[94] *Starck*, Vorrang, S. 33 (41); *Grimm*, Zukunft, S. 12f, 47f, jeweils auch zum folgenden. Ferner *Herbst*, S. 52.

[95] Vgl. zur Historie der Gewaltenteilungslehre umfassend das Werk von *Kägi*, Gewaltenteilung, sowie *Lange*, Staat 19 (1980), 213ff. Ferner *Menger*, Rdnr. 152ff; *Kyriazis-Gouvelis*, JöR 39 (1990), 55 (59ff).

[96] Vgl. z.B. Art. 5 der Virginia Bill of Rights: »Gesetzgebende, ausführende und richterliche Gewalt müssen getrennt sein ...«; zitiert nach *Menger*, Rdnr. 187.

[97] *Schambeck*, Verfassungsbegriff, S. 211 (216), resümiert im Hinblick auf Amerika treffend: »In gleicher Weise fanden dabei die Idee einer höheren Ordnung des Staates, (...) die Notwendigkeit einer den gesamten Staat umfassenden Ordnung an Stelle der Regelung von Teilrechtsbereichen des öffentlichen Lebens des Staates, die Lehre vom Gesellschaftsvertrag, die Forderung nach Demokratie, (...) und das Jahrhunderte alte Verlangen nach Anerkennung und Schutz der Grundrechte des einzelnen ihren positiv-rechtlichen Ausdruck.«

6. Das Verfassungsverständnis im Zeitalter der Französischen Revolution

a) *Die Grundlegung eines neuen Verfassungsverständnisses durch Vattel*

In Frankreich deutete sich unterdessen bereits im Vorfeld der Französischen Revolution eine ähnliche Entwicklung an, für die *Emer de Vattel* in seinem Werk »Le Droit de gens« (1758) die theoretische Basis geschaffen hat. Ausgehend von dem auch in Deutschland und England an Boden gewinnenden Verständnis der »Verfassung« bzw. »Constitution« als Bezeichnung für die Gesamtheit der selbständig nebeneinander geltenden Fundamentalgesetze[98] beschrieb er den Inbegriff dieser Grundgesetze (»lois fondamentales«) als »réglement fondamental«, das zu schaffen nur die Nation als ganze berechtigt sein könne.[99] *Vattel* nahm an, daß die Nation zuerst die »Constitution« ins Werk gesetzt und dann die mittels dieser Constitution begründeten staatlichen Funktionen einzelnen Personen anvertraut habe[100], von deren Auftragssphäre die Fundamentalgesetze ausgenommen sein müßten[101]:

---

[98] Dazu schon oben A. I. 3. b) bzw. 4. Bei *Vattel*, § 29, heißt es in diesem Zusammenhang: »(...) Les Loix qui sont faites directement en vue du bien public sont des Loix Politiques; et dans cette classe, celles qui concernent le Corps même et l'essence de la Société, la forme du Gouvernement, celles en un mot, dont le concours forme la Constitution de l'Etat, sont les Loix Fondamentales.« Zu deutsch (Übersetzung von *Euler*): »(...) Die unmittelbar im Hinblick auf das öffentliche Wohl erlassenen Gesetze sind die politischen Gesetze. Die hierunter fallenden Gesetze, die den Körper selbst und das Wesen der Gemeinschaft, die Regierungsform, die Art und Weise der Ausübung der öffentlichen Gewalt angehen, kurz gesagt, *die Gesetze, die in ihrem Zusammenwirken die Verfassung des Staates bilden, sind die Grundgesetze*«; Hervorhebungen v. Verf. Vgl. zum Ganzen auch *Mohnhaupt*, Verfassung, S. 1 (91f); *Hofmann*, S. 277f.

[99] *Vattel*, § 27: »Le réglement fondamental qui détermine la manière dont l'Autorité Publique doit être exercée, est ce qui forme la Constitution de l'Etat. En elle se voit la forme sous laquelle la Nation agit en qualité de Corps Politique (...). Cette Constitution n'est dans le fonds autre chose, que l'établissement de l'ordre dans lequel une Nation se propose de travailler en commun à obtenir les avantages en vue desquels la Société politique s'est établie.« Zu deutsch: »Das Grundgesetz (*Hofmann*, S. 278, übersetzt: grundlegende Reglement), das die Art und Weise der Ausübung der öffentlichen Gewalt bestimmt, bildet die *Verfassung des Staates*. In ihr zeigt sich die Form, unter der eine Nation in ihrer Eigenschaft als politischer Körper handelt (...). Diese Verfassung ist im Grunde nichts anderes als die Aufstellung des Systems, nach welchem eine Nation gemeinschaftlich für die Erlangung der Vorteile arbeiten will, zu deren Erreichung die politische Gemeinschaft errichtet worden ist«; Hervorhebungen von *Euler*.

[100] *Vattel*, § 31: »(...) Il est donc manifeste que la Nation est en plein droit de former elle-même sa Constitution, de la maintenir, de la perfectionner, et de régler à sa volonté tout ce qui concerne le Gouvernement, sans que personne puisse avec justice l'en empêcher. Le Gouvernement n'est établi que pour la Nation (...)«. Zu deutsch: »(...) Es ist also offensichtlich, daß die Nation voll und ganz berechtigt ist, selbst die Verfassung aufzustellen, zu schützen, zu verbessern und nach eigenem Belieben alles, was die Regierung betrifft, zu regeln, ohne daß irgend jemand sie daran hindern darf. Die Regierung ist nur für die Nation eingesetzt (...)«. Vgl. ferner das im Text folgende Zitat.

[101] Vgl. dazu außer der nachfolgend zitierten Passage auch *Zweig*, S. 28; *Mohnhaupt*, Verfassung, S. 1 (91f).

»Die von uns aufgestellten Grundsätze zwingen uns zu der Entscheidung, daß die Autorität dieser Gesetzgeber nicht so weit reicht, daß also die Grundgesetze für sie unverletzlich sein müssen, wenn die Nation ihnen nicht ganz ausdrücklich die Befugnis zu ihrer Änderung übertragen hat.[102] Denn die Staatsverfassung muß dauerhaft sein, und da die Nation sie zuerst errichtet und alsdann die *gesetzgebende Gewalt* gewissen Personen anvertraut hat, sind die Grundgesetze von dem ihnen erteilten Auftrag ausgenommen. (...) Schließlich ist es allein die Verfassung, von der diese Gesetzgeber ihre Gewalt herleiten. Wie könnten sie sie ändern, ohne das Fundament ihrer Autorität zu zerstören?«[103]

Vattel begründete auf diese Weise einen Vorrang der Nation und also der »Constitution« gegenüber allen staatlichen Gewalten, und zwar indem er insbesondere die gesetzgebende von der ihr übergeordneten verfassungschaffenden Gewalt abgrenzte. Er entzog damit der bis dahin üblichen Vertragskonstruktion der lois fondamentales[104] den Boden.[105]

b) Die Umwälzung der Staatsordnung im Zuge der Französischen Revolution

Praktische Relevanz gewann diese Verfassungstheorie im Zuge der Französischen Revolution, wobei allerdings auch die Einflüsse der amerikanischen Verfassungsentstehung eine gewichtige Rolle gespielt haben dürften.[106] Nachdem sich die zur Bewältigung der in Frankreich herrschenden schweren wirtschaftlichen, politi-

---

[102] *Vattel* hält also ein Recht der staatlichen Organe zur Verfassungsänderung grundsätzlich für denkbar, äußert sich aber nicht zu den Anforderungen an ein entsprechendes Verfahren.

[103] So *Vattel*, §34, der überschrieben ist mit »Die gesetzgebende Gewalt kann die Verfassung nicht ändern«; zitiert nach *Euler*; Hervorhebung dort. Die Originalüberschrift lautet: §34: »De la Puissance Législative, et si elle peut changer la Constitution.« Die zitierte Textpassage lautet im Original: »Les principes que nous avons posés nous conduisent certainement à décider, que l'autorité de ces Législateurs ne va pas si loin, et que les Lois fondamentales doivent être sacrées pour eux, si la Nation ne leur a pas donné très expressément le pouvoir de les changer. Car la Constitution de l'Etat doit être stable: Et puisque la Nation l'a prémièrement établie, et qu'elle a ensuite confié la *Puissance Législative* à certaines personnes, les Loix fondamentales sont exceptées de leur Commission. (...) Enfin, c'est de la Constitution que ces Législateurs tiennent leur pouvoir; comment pourroient-ils la changer, sans détruire le fondement de leur Autorité?«

[104] Zu dieser Konstruktion, die auf der Annahme eines Vertragsschlusses zwischen dem apriorisch vorhandenen Herrscher und dem Volk, Ständen o.ä. beruhte, s.o. A. I. 3. a) und b) sowie 4. Entsprechend der neuartigen Konstruktion verändert sich auch die Begründung der Höherrangigkeit der lois fondamentales bzw. der Constitution: Sie sind für die staatlichen Gewalten nicht deshalb unabänderlich, weil sie auf einem Vertrag zwischen Herrscher und Volk beruhen, an den auch ersterer gebunden ist, sondern genießen einen besonderen Rang kraft des Vorrangs der Nation als höchster Instanz gegenüber aller Staatsgewalt.

[105] Vgl. *Mohnhaupt*, Verfassung, S. 1 (92). *Grimm*, a.a.O., S. 105, macht darauf aufmerksam, daß »Constitution« bei *Vattel* allerdings noch nicht auf einen bestimmten Inhalt oder eine bestimmte Form festgelegt gewesen sei.

[106] *Grimm*, Verfassung, S. 100 (105f), spricht von einer »Rezeption des amerikanischen Verfassungsbegriffs«. Einen Vorbildcharakter attestiert *Jellinek*, AStL, S. 517f, 521, den amerikanischen Verfassungen. Ähnlich *Schambeck*, Verfassungsbegriff, S. 211 (215f); *Scheuner*, Verfassung, S. 171 (172); *Boehl*, Verfassunggebung, S. 62f; *Bryde*, S. 47f; *Hofmann*, S. 266, m.w.N. Die Frage nach der Bedeutung amerikanischer Einflüsse offenhaltend *Stern* I, S. 65.

schen und sozialen Krise[107] einberufenen Generalstände (Etats Généraux)[108]
nicht auf einen bestimmten Modus der Beschlußfassung hatten verständigen können[109], erklärte sich trotz eines ausdrücklichen königlichen Verbotes der Dritte
Stand am 17. Juni 1789 zur Nationalversammlung und am 6. Juli 1789 zur Verfassunggebenden Nationalversammlung (Assemblée Nationale Constituante).[110]
Damit hatte die Revolution begonnen.

Am 14. Juli 1789 erfolgte der Sturm auf die Bastille.[111] Die Nationalversammlung schaffte durch Beschluß vom 4. August 1789 die Feudalherrschaft samt aller
Vorrechte des Adels gegen den Widerspruch des Königs ab[112] und verabschiedete
am 26. August 1789 die Erklärung der Menschen- und Bürgerrechte[113], welche
unverändert in die am 3. September 1791 beschlossene erste nachrevolutionäre
Verfassung[114] Eingang fand.[115] Diese enthielt damit ebenso wie die amerikanischen Verfassungen einen staatsorganisatorischen sowie einen Grundrechtsteil.

c) Die theoretische Fundierung der Französischen Revolution durch die Lehren des Abbé Sieyes

Mit der Theorie *Vattels* als Basis, der Realisierung der amerikanischen Unabhängigkeit vor Augen und unter Rückgriff auf das Gedankengut vor allem *Montes-
qieus* und *Rousseaus*[116] wurde die Französische Revolution insbesondere vom

---

[107] Vgl. *Menger*, Rdnr. 192; *Sieyes* (dt.), Einleitung, S. 3f.

[108] Dieses Gremium bestand aus Vertretern der drei Stände Geistlichkeit/Klerus, Adel und
Dritter Stand (Tiers Etat) als einer Art »Auffangstand« für den Rest der Bevölkerung und trat am
5. Mai 1789 in Versailles mit dem Ziel zusammen, durchgreifende Reformen zu beraten und zu
beschließen. Es hatte seit 1614 nicht mehr getagt, so daß seine Einberufung um so mehr als Ausdruck der krisenhaften Lage in Frankreich gewertet werden kann. Vgl. in diesem Kontext *Menger*, Rdnr. 193; *Frotscher/Pieroth*, Rdnr. 53; *Sieyes* (dt.), Einleitung, S. 3.

[109] König, Klerus und Adel plädierten für eine Abstimmung »nach Ständen«, was Klerus und
Adel zu einer 2:1-Mehrheit verholfen hätte, während der Dritte Stand »nach Köpfen« abstimmen
lassen wollte, was seine Positionen zumindest potentiell mehrheitsfähig gemacht hätte; vgl. dazu
Frotscher/Pieroth, Rdnr. 55.

[110] *Menger*, Rdnr. 196ff; *Frotscher/Pieroth*, Rdnr. 56; *Sieyes* (dt.), Einleitung, S. 20; *Boehl*, Verfassunggebung, S. 64.

[111] *Menger*, Rdnr. 196; *Frotscher/Pieroth*, Rdnr. 57.

[112] *Frotscher/Pieroth*, Rdnr. 57, 68; *Grimm*, Zukunft, S. 50.

[113] *Frotscher/Pieroth*, Rdnr. 57ff; *Menger*, Rdnr. 198, beide auch zum Inhalt der Menschenrechtserklärung.

[114] Zur Entstehung der Verfassung von 1791 vgl. *Frotscher/Pieroth*, Rdnr. 68ff; *Menger*,
Rdnr. 198f; durch diese, auf dem Gedanken der Volkssouveränität beruhende Verfassung wurde
eine konstitutionelle Monarchie begründet.

[115] Zur weiteren verfassungsgeschichtlichen Entwicklung in Frankreich vgl. *Frotscher/Pie-
roth*, Rdnr. 74ff; *Menger*, Rdnr. 201ff.

[116] Zum ideengeschichtlichen Hintergrund vgl. *Hain*, S. 37f; *Frotscher/Pieroth*, Rdnr. 54;
Menger, Rdnr. 170ff; speziell zu *Rousseau* umfassend *Schmidt-Aßmann*, Verfassungsbegriff,
S. 62ff.

Abbé *Emmanuel Joseph Sieyes* (1748 bis 1836)[117] aktiv mit getragen und theoretisch fundiert.[118] Mit seiner berühmt gewordenen Schrift »Qu'est-ce que le Tiers
état«[119] aus dem Jahre 1789 verfolgte der Abbé mit Blick auf den Dissens über den
Abstimmungsmodus in den Generalständen konkrete politische Ziele: Es ging
Sieyes primär darum, die herausragende Bedeutung des Dritten Standes und
gleichzeitig die Entbehrlichkeit der Mitwirkung des Königs[120] sowie der beiden
anderen Stände darzutun, den König als verfaßtes Organ in die neue Staatsordnung einzugliedern und das alleinige Mandat der Nationalversammlung zu begründen, über eine neue Verfassung zu entscheiden.[121]

Im Verfolg dieser Ziele differenzierte *Sieyes* zwischen den *pouvoirs constitués*
als verfaßten Gewalten und dem *pouvoir constituant* als der verfassunggebenden,
die Verfassung erst schaffenden Gewalt.[122] Träger der verfassunggebenden Gewalt sei die Nation[123] bzw. das Volk[124] als dem Staat vorausliegende Erscheinung:
Die Nation existiere unabhängig von einer Verfassung[125] und stehe als *pouvoir*

---

[117] Zu seiner Person vgl. *Sieyes* (dt.), Einleitung, S. 14ff. Zu der hier präferierten Schreibweise
seines Namens ohne Akzent siehe *Alvarez*, S. 30 Fn. 4; *Hain*, S. 38 Fn. 24, jeweils m.w.N.

[118] Vgl. *Sieyes* (dt.), Einleitung, S. 20ff. Zur Verfassungskonzeption des Abbé vgl. *Schmidt-
Aßmann*, Verfassungsbegriff, S. 70ff.

[119] Zu deutsch: »Was ist der dritte Stand«. Zu den hier verwendeten Ausgaben und Übersetzungen vgl. das Literaturverzeichnis.

[120] Hintergrund für dieses Ansinnen war insbesondere die Weigerung des Königs, dem Beschluß zur Abschaffung der Feudalherrschaft vom 4. August 1789 zuzustimmen, was bis dato für
erforderlich gehalten worden war.

[121] Zu diesen Motiven vgl. *Isensee*, Mythos, S. 26; *Frotscher/Pieroth*, Rdnr. 68; *Stückrath*,
S. 189f.

[122] *Sieyes* (fr.), S. 180f: »Ces loix sont dites *fondamentales*, non pas en ce sens, qu'elles puissent
devenir indépendantes de la volonté nationale, mais parce que les corps qui existent et agissent
par elles, ne peuvent point y toucher. Dans chaque partie la constitution *n'est pas l'ouvrage du
pouvoir constitué, mais du pouvoir constituant*. Aucune sorte de pouvoir délégué ne peut rien
changer aux conditions de sa délégation. C'est ainsi et non autremet, que les loix constitutionelles
sont *fondamentales*.« Zu deutsch (*Sieyes* (dt.), S. 80f): »Diese Gesetze (sc. die Organisation und
Tätigkeit der gesetzgebenden Versammlung und der ausführenden Körperschaften regelnden
Gesetze) werden *Grundgesetze* genannt, nicht in dem Sinne, daß sie von dem Nationalwillen unabhängig sein können, sondern weil die Körperschaften, welche durch dieselben existieren und
handeln, sie nicht antasten können. Die Verfassung ist in beiden Teilen *nicht das Werk der gesetzten, sondern der gesetzgebenden Macht*. Keine übertragene Macht kann an den Bedingungen ihrer Übertragung etwas verändern. Auf diese Art und nicht anders sind die Verfassungsgesetze
Grundgesetze«; Hervorhebungen teilweise vom Verfasser. Statt von gesetzter und gesetzgebender Macht könnte man entsprechend der heutigen Terminologie auch von *verfaßter* und *verfassunggebender* Gewalt sprechen. Aus der zitierten Textstelle ergibt sich außerdem, daß *Sieyes* der
Verfassung die Qualität eines Gesetzes beimißt.

[123] *Sieyes* (fr.), S. 177: »Si nous manquons de constitution, il faut en faire une; la nation seule en
a le droit.« Zu deutsch (*Sieyes* (dt.), S. 77): »Wenn wir keine Grundverfassung haben, so muß man
eine erarbeiten. Die Nation allein hat das Recht dazu.«

[124] *Sieyes* verwendet »Nation« und »Volk« laut *Isensee*, Mythos, S. 27, synonym.

[125] *Sieyes* (fr.), S. 180: »La nation existe avant tout, elle est l'origine de tout. Sa volonté est toujours légale, elle est la loi elle-même. Avant elle et au-dessus d'elle il n'y a que le droit *naturel*.« Zu
deutsch (*Sieyes* (dt.), S. 80): »Die Nation existiert vor allem anderen; sie ist der Ursprung von allem.

constituant immer über der Verfassung.[126] In Gestalt der Verfassung erteile das Volk bestimmten Organen *Herrschaftsaufträge*, und nur vermöge dieser Auftragserteilung seien jene Organe zur Ausübung staatlicher Herrschaftsgewalt befugt.[127] Außerhalb des Auftragsverhältnisses dürften die Staatsorgane nicht agieren, so daß die Verfassung gleichermaßen als *Grundlage und Grenze allen staatlichen Handelns* fungiere.[128] Weil die staatlichen Gewalten allesamt aus der

---

Ihr Wille ist immer legal; sie ist das Gesetz selbst. Vor ihr und über ihr gibt es nur das natürliche Recht.« Vgl. dazu auch *Isensee*, Mythos, S. 27. Eine Hervorhebung verdient der Umstand, daß in diesem Punkt ein wichtiger Unterschied zur amerikanischen Vorstellungswelt liegt: Die Nation muß nicht, wie unter den ganz anderen Verhältnissen und theoretischen Grundannahmen der Amerikaner, erst geschaffen werden, und sie bedarf daher auch nicht notwendigerweise einer Konstitution, um politisch handlungsfähig zu sein. Aufschlußreich in diesem Kontext *Preuß*, Verfassung, S. 7 (21): »So wie in der dominierenden amerikanischen Theorie das selbstinteressierte Individuum der unhintergehbare Ausgangspunkt des politischen Denkens ist, so ist ›gleichsam als Urgrund [...] die Nation vor allem anderen da, bedarf als aprioristische Wesenheit keiner weiteren Ableitung und Begründung‹.« Vgl. ferner S. 21f: »Anders als in den Ländern, in denen sich ›das Volk‹ als Träger des pouvoir constituant erst aus einer unorganisierten Vielheit von Individuen zur politischen Einheit konstituieren, sich seiner Macht als pouvoir constituant erst bewußt werden muß – dies geschieht in der Regel in einem revolutionären Aufbruch –, ist das Bewußtsein von dem Vorhandensein des pouvoir constituant in der Nation seit der Französischen Revolution selbstverständlicher Bestandteil französischen politischen Denkens.«

[126] *Sieyes* (fr.), S. 182: »Non seulement la nation n'est pas soumise à une constitution, mais elle ne *peut* pas l'être, mais elle ne *doit* pas l'être, ce qui équivaut encore à dire qu'elle ne l'est pas.« Ferner S. 187: »La nation est toujours maîtresse de réformer sa constitution.« Zu deutsch (*Sieyes* (dt.), S. 82): »Die Nation ist nicht nur keiner Verfassung unterworfen, sie kann und darf es auch nicht sein, was soviel heißt, daß sie es nicht ist.« Ferner S. 87: »Die Nation ist immer Herrin, ihre Grundverfassung umzugestalten.« Vgl. auch das Zitat in Fußnote 122 sowie *Grimm*, Verfassung, S. 100 (106).

[127] Vgl. bereits das Zitat in Fußnote 122 (»übertragene Macht«) sowie die in der folgenden Fußnote zitierte Passage.

[128] Nachdem sich die Individuen in einer ersten Phase zur Nation vereinigt und sich die Nation in einem zweiten Schritt zur Willens- und Handlungseinheit erhoben und damit staatliche Formen angenommen habe, erfolge der hier interessierende dritte Schritt, den *Sieyes* (fr.), S. 178f, wie folgt beschreibt: »Les associés sont trop nombreux et répandus sur une surface trop étendue, pour exercer facilement eux-mêmes leur volonté commune. Que font-ils? Ils en détachent tout ce qui est nécessaire, pour veiller et pourvoir aux soins publics; et cette portion de volonté nationale et par conséquent de pouvoir, ils en confient l'exercice à quelques-uns d'entre eux. Nous voici à la troisième époque, c'est-à-dire, à celle d'un *gouvernement exercé par procuration*. (...) La communauté ne se dépouille point du droit de vouloir; c'est sa propriété inaliénable; elle ne peut qu'en commettre l'exercice. (...) Il n'appartient donc pas au corps des délégués de déranger les limites du pouvoir qui lui a été confié. On conçoit que cette faculté serait contradictoire à elle-même.« Zu deutsch (*Sieyes* (dt.), S. 78f): »Die Gesellschaftsmitglieder sind zu zahlreich und leben auf einer zu ausgedehnten Fläche, als daß sie ihren gemeinschaftlichen Willen problemlos selbst ausüben könnten. Was tun sie? Sie erübrigen das, was nötig ist, um für die öffentlichen Bedürfnisse zu sorgen, und sie vertrauen diesen Teil des nationalen Willens, d.h. die nationale Macht und deren Ausübung, einigen unter sich an. Hier haben wir die dritte Epoche, nämlich die Epoche einer *durch Vollmacht ausgeübten Regierung*. (...) Die Gemeinschaft tritt nicht ab das Recht zu wollen; denn dies ist ihr unveräußerliches Eigentum, und sie kann nur dessen Ausübung übertragen. (...) Die Gesamtheit der Abgeordneten kann die Grenzen der ihr anvertrauten Macht demnach nicht verrücken. Es ist deutlich, daß dies ihrem Charakter widersprechen würde«; Hervorhe-

Verfassung hervorgingen, von dieser erst erzeugt und begründet würden und sich nicht selber hervorzubringen vermöchten[129], könnten die staatlichen Organe darüber hinaus auch *nicht* zur *Änderung* der sie konstituierenden Verfassung berufen und befähigt sein.[130] Mit diesen Thesen revolutionierte *Sieyes* – abgesehen von ihrer praktischen Wirkmächtigkeit – das französische Verfassungsverständnis und legte zugleich einen wichtigen Grundstein für die Entwicklung einer modernen Verfassungstheorie.

d) Weitere Eigenheiten des französischen Verfassungsverständnisses im Gefolge der Revolution

Außer dem besonderen Gedankengut des Abbé *Sieyes* und speziell der Vorstellung, die Verfassung sei den staatlichen Organen übergeordnet, setzte sich im Zu-

---

bungen jeweils im Original. Vgl. auch das Zitat in Fußnote 122 sowie *Grimm*, Verfassung, S. 100 (106).

[129] Vgl. *Sieyes* (fr.), S. 179f: »Il est impossible de créer un corps pour une fin sans lui donner une organisation, des formes et des lois propres à lui faire remplir les fonctions auxquelles on a voulu le destiner. C'est ce qu'on appelle la *constitution* de ce corps. Il est évident qu'il ne peut pas exister sans elle. Il l'est donc aussi que tout gouvernement commis doit avoir sa constitution; et ce qui est vrai du gouvernement en général, l'est aussi de toutes les parties qui le composent. Ainsi le corps des représentants, à qui est confié le pouvoir législatif ou l'exercice de la volonté commune, n'existe qu'avec la manière d'être que la nation a voulu lui donner. Il n'est rien sans ses formes constitutives; il n'agit, il ne se dirige, il ne commande que par elles.« Zu deutsch (*Sieyes* (dt.), S. 79f): »Es ist unmöglich, eine Körperschaft zu einem bestimmten Zweck zu schaffen, ohne ihr Organisation, Formen und Gesetze zu geben, welche sie zur Erfüllung der Leistungen befähigen, für die man sie bestimmt hat. Das ist es, was man die *Grundverfassung* (Konstitution) dieser Körperschaft nennt. Es ist deutlich, daß sie ohne dieselbe nicht existieren könnte. Es ist also auch einleuchtend, daß jede Regierung ihre Grundverfassung haben muß. Und was von der Regierung im allgemeinen wahr ist, gilt auch von allen Teilen, woraus sie besteht. Also hat die Versammlung (der Körper) der Stellvertreter, der die gesetzgebende Gewalt oder die Vollziehung des gemeinschaftlichen Willens anvertraut ist, nur diejenige Form der Existenz, welche die Nation ihr geben wollte. Sie ist nichts ohne ihre Grundverfassung. Nur durch sie läßt sie sich leiten, handelt und befiehlt sie«; Hervorhebung jeweils im Original.

[130] Siehe bereits die Zitate in Fußnote 122 und 128 sowie *Isensee*, Mythos, S. 29; *Grimm*, Verfassung, S. 100 (106). Die Möglichkeit, die pouvoirs constitués – ggf. unter erschwerten Voraussetzungen – zur Änderung der Verfassung zu ermächtigen, bedenkt *Sieyes* im Gegensatz zu *Vattel* (s. o. A. I. 6. a)) anscheinend nicht. So äußert er zur Verfassungsänderung: »Die Nation ist immer Herrin, ihre Grundverfassung umzugestalten« (siehe das Zitat oben in Fußnote 126). An anderer Stelle (*Sieyes* (fr.), S. 187) heißt es: »Un corps soumis à des formes constitutives ne peut rien décider que d'après sa constitution. Il ne peut pas s'en donner une autre«; ferner S. 189: »(...) qu'une représentation extraordinaire peut seule toucher à la constitution ou nous en donner une«. Zu deutsch (*Sieyes* (dt.), S. 87): »Eine an Grundgesetze gebundene Versammlung kann nur nach ihrer Verfassung entscheiden. Sie kann sich nicht eine andere geben«; ferner S. 89: »(...) daß allein eine außerordentliche Repräsentation die Grundverfassung *verändern* oder uns eine *geben* darf«; Hervorhebungen v. Verf. Eine *außerordentliche* Repräsentation ist nach *Sieyes* (dt.), S. 84, indes gerade dadurch gekennzeichnet, daß sie nicht aus den *gewöhnlichen* Stellvertretern eines Volkes, also den Organen besteht, die nach den Grundsätzen der Verfassung als Organe der verfaßten Gewalt tätig werden, woraus sich ergibt, daß *Sieyes* die Möglichkeit einer Verfassungsänderung durch die regulären pouvoirs constitués nicht in Erwägung zog. Vgl. zu dieser Thematik auch *Starck*, Vorrang, S. 33 (43).

ge der Französischen Revolution die Auffassung durch, die schriftliche Niederlegung der grundlegenden Bestimmungen in einer einheitlichen Urkunde sei einer Verfassung genauso wesenseigen wie die Gewährleistung von Menschenrechten und die Geltung des Gewaltenteilungsprinzips.[131] Positiv-rechtlichen Ausdruck fand die letztgenannte Anschauung in Art. 16 der Erklärung der Menschen- und Bürgerrechte vom 26. August 1789, wo es heißt:

> »Toute société, dans laquelle la garantie des droits n'est pas assurée, ni la séparation des pouvoirs déterminée, n'a point de constitution.«[132]

Praktisch nicht in Gänze durchsetzen konnte sich hingegen der von *Sieyes* vertretene Standpunkt, Verfassungsänderungen durch die verfaßten Gewalten seien denknotwendig ausgeschlossen.[133] So konnte die Verfassung von 1791 immerhin im Grundsatz von pouvoirs constitués alteriert werden. Allerdings waren Verfassungsänderungen an die Bedingung geknüpft, daß drei aufeinanderfolgende Legislaturen den einstimmigen Wunsch nach Änderung eines Verfassungsartikels äußerten, während erst eine vierte gesetzgebende Körperschaft mit einer um 249 vergrößerten Mitgliederzahl[134] als Revisionskammer endgültig über den Änderungsvorschlag befinden sollte.[135] Damit wäre innerhalb der nächsten zwei Legislaturperioden jegliche Änderung der Verfassung unmöglich gewesen.[136] Die nachfolgenden Verfassungen von 1793 und 1795 durften demgegenüber – eher auf der Linie des Abbé – nur im Wege einer Volksabstimmung geändert werden.[137]

---

[131] Vgl. *Grimm*, Verfassung, S. 100 (106); zu der insoweit gleichen amerikanischen Grundauffassung s.o. A. I. 5.

[132] Zu deutsch: »Eine jede Gesellschaft, in der weder die Gewährleistung der Rechte zugesichert noch die Gewaltenteilung festgelegt ist, hat keine Verfassung«; Übersetzung von *Frotscher/Pieroth*, Rdnr. 58. Zur Erklärung der Menschen- und Bürgerrechte bereits unter A. I. 6. b).

[133] Eine Erklärung für die diesbezügliche Abweichung von der Lehre des Abbé *Sieyes* wird in Titel VII, Art. 1 Verfassung 1791 gegeben: »Die verfassunggebende Nationalversammlung erklärt, daß die Nation das unveräußerliche Recht hat, ihre Verfassung zu ändern; jedoch in Anbetracht dessen, daß es dem nationalen Interesse angemessener ist, die Artikel, deren Unzuträglichkeit die Erfahrung lehren wird, nur mit den *in der Verfassung selbst vorgesehenen Mitteln* zu reformieren, beschließt sie, daß [eine Änderung] durch die Revisionsversammlung in folgender Form vorgenommen werden soll«; zitiert nach *Franz*, S. 369; Hervorh. v. Verf.

[134] Die zusätzlichen 249 Mitglieder waren an der einfachen Legislativtätigkeit nicht zu beteiligen, so Titel VII, Art. 8 Verfassung 1791.

[135] Titel VII, Art. 2 bis 8 Verfassung 1791; vgl. dazu *Jellinek*, AStL, S. 523f; *Starck*, Vorrang, S. 33 (44).

[136] *Jellinek*, AStL, S. 523; *Frotscher/Pieroth*, Rdnr. 72. Da es allerdings schon 1792 zu einer Verfassungskrise kam, in der sich König und Legislative gegenseitig blockierten, und die Verfassung von 1791 schließlich gänzlich scheiterte, konnte ihr aufwendiger Revisionsmechanismus niemals praktisch angewendet werden.

[137] Vgl. z.B. Art. 115ff Verfassung 1793; siehe auch *Jellinek*, AStL, S. 524; *Menger*, Rdnr. 202; *Frotscher/Pieroth*, Rdnr. 82.

e) Resümee

Als »Verfassung« angesehen wurde im Zeitalter der Französischen Revolution eine von der *Nation* als *pouvoir constituant* erlassene einheitliche Urkunde, die als Gesamtregelung[138] die *Grundlage für die Ausübung aller staatlichen Gewalt* darstellt, d.h. alle staatlichen Organe rechtlich konstituiert[139] und mit Befugnissen versieht. Die »Verfassung« wurde als die ranghöchste Rechtsnorm betrachtet, die für alle staatlichen Gewalten als *pouvoirs constitués* verbindlich ist[140] und grundsätzlich[141] nur durch die Nation selbst geändert oder abgeschafft werden kann. Als wichtiges Verfassungsmerkmal wurde desgleichen der Gesichtspunkt der Begrenzung der Staatsmacht namhaft gemacht, der speziell durch die gewaltenteilige Staatsorganisation und den Schutz von Menschen- und Bürgerrechten zum Ausdruck kommt.[142]

7. Die weitere Entwicklung des Verfassungsverständnisses im Zeitalter nach amerikanischer Unabhängigkeit und Französischer Revolution

Trotz der theoretisch eingehend fundierten Fortentwicklung des Verfassungsbegriffs im Zuge des amerikanischen Unabhängigkeitsstrebens wie der Französischen Revolution und ungeachtet der in Amerika dauerhaften Etablierung des neuen Verständnisses von staatlicher Herrschaft als Auftragsangelegenheit konnten sich diese »modernen« Auffassungen in der politischen Wirklichkeit Europas zunächst nicht auf ganzer Linie durchsetzen.

a) Die französische Charte Constitutionnelle von 1814

Hatte sich Frankreich mit den Verfassungen von 1795 und 1799[143] bereits schrittweise und mit der Inthronisierung Napoléons im Jahre 1804 endgültig von den

---

138 Vgl. *Stern* I, S. 63.

139 Staatliche Organe werden also nicht mehr als vorfindlich verstanden, staatliche Herrschaft nicht mehr als vorgegeben erachtet; vgl. *Böckenförde*, Verfassung, S. 29 (42ff).

140 *Jellinek*, AStL, S. 522.

141 Als Ausnahme sei auf den besonderen Änderungsmechanismus in der Verfassung von 1791 hingewiesen, ferner auf die von *Vattel* angedachte Möglichkeit einer Verfassungsänderung durch verfaßte Gewalten.

142 *Grimm*, Verfassung, S. 105f; *Böckenförde*, Verfassung, S. 29 (42ff).

143 Auf das Scheitern der Verfassung von 1791 folgte der Versuch einer demokratischen und republikanischen Neukonstituierung, der allerdings erfolglos blieb, weil die bereits einer Volksabstimmung unterzogene neue (zweite) Verfassung niemals in Kraft trat. Am 22. August 1795 wurde eine dritte Verfassung, die sog. Direktoratsverfassung, verabschiedet, welche die Herrschaft einem fünfköpfigen Direktorium überantwortete, weniger demokratisch ausgerichtet war als ihre Vorgängerinnen und auch nicht mehr auf die Nation als Ganze, sondern nur den direkte Steuern zahlenden Teil der Bevölkerung zurückgeführt wurde. In einem Staatsstreich unter Leitung Napoléons und Mitwirkung des Abbé *Sieyes* am 9. November 1799 wurde die Regierung gestürzt und eine neue (vierte) Verfassung, die Konsulatsverfassung, in Kraft gesetzt, welche dem Streben Napoléons nach Alleinherrschaft den Weg ebnete, das in der Krönung Napoléons zum

Verfassungsvorstellungen der Französischen Revolution verabschiedet, so entsprach auch die im Zeitalter nach den Befreiungskriegen und nach dem Sturz Napoléons erlassene Verfassung diesen Vorstellungen nur bedingt. Die französische »Charte Constitutionnelle« von 1814 war zwar eine einheitliche, auf die umfassende Regelung der Organisation, Ausübung und Begrenzung[144] staatlicher Herrschaftsgewalt gerichtete Urkunde, basierte aber nicht auf der verfassunggebenden Gewalt des Volkes. Sie gründete sich statt dessen ebenso wie die vorrevolutionäre Herrschaft auf das *monarchische Prinzip*[145]: In der Charte Constitutionnelle gestand der König dem Volk freiwillig das Recht zur Mitwirkung an der Ausübung der Staatsgewalt zu, die als kraft göttlichen bzw. natürlichen Rechts dem König originär zustehend betrachtet wurde. Die Verfassung erschien mithin als vom Monarchen fakultativ eingegangene *einseitige Beschränkung* seiner Machtvollkommenheit durch Übertragung einiger, an sich ihm zustehender Machtbefugnisse auf andere Staatsorgane[146] und durch die Begründung einer diesbezüglichen rechtlichen Bindung an die Verfassung.[147] Aufgrund dieser Charakteristika, d.h. der Gewährung durch den Monarchen, ist die Charte Constitutionnelle zum Typ der *oktroyierten*, dem Volk einseitig vom Herrscher auferlegten Verfassungen zu zählen.[148]

b) *Das deutsche Verfassungsverständnis im beginnenden 19. Jahrhundert*

In der deutschen staatswissenschaftlichen Theorie wurde unterdessen trotz der aufmerksam verfolgten Geschehnisse in Frankreich eine Zeitlang an dem überkommenen Verständnis festgehalten und »Verfassung« bzw. »Konstitution« weiterhin nicht die Bedeutung eines konsistenten, einheitlichen Systems von Normen zugeschrieben, sondern die einer Summation von einzelnen, nebeneinander

---

Kaiser (1804) seinen Abschluß fand. Zur Geschichte dieser französischen Verfassungen *Frotscher/Pieroth*, Rdnr. 74 ff; *Menger*, Rdnr. 201 ff.

[144] Das Prinzip der Gewaltenteilung war in ihr allerdings nur rudimentär realisiert, vgl. *Frotscher/Pieroth*, Rdnr. 87.

[145] Ersichtlich ist dies schon aus ihrer Bezeichnung als »Charte Constitutionnelle« und den ersten Worten der Vorrede: »Von der göttlichen Vorsehung berufen ...«; zitiert nach *Frotscher/Pieroth*, Rdnr. 86. Vgl. auch *Jellinek*, AStL, S. 526; *Forsthoff*, S. 107; *Boehl*, Verfassunggebung, S. 68.

[146] Die Befugnisse der Volksvertretung erschienen somit als durch die Verfassung begründet, die Herrschaft des Monarchen hingegen als vorgegeben und der Verfassung vorausgehend. Insoweit eignete der Charte Constitutionnelle folglich keine herrschaftsbegründende, sondern eine lediglich herrschaftsbeschränkende Funktion.

[147] Vgl. *Menger*, Rdnr. 237; *Frotscher/Pieroth*, Rdnr. 86, 89; *Böckenförde*, Verfassung, S. 29 (33ff); *Grimm*, Zukunft, S. 59f; *Schambeck*, Verfassungsbegriff, S. 211 (217); *Jellinek*, AStL, S. 526f. Letzterer merkt an, daß in der Charte Constitutionnelle Vorschriften über die Möglichkeit ihrer Änderung fehlten; in der Praxis wurden laut *Jellinek* Änderungen durch einfaches Gesetz vorgenommen.

[148] Zu dieser Kategorie siehe *Grimm*, Verfassung, S. 100 (123f); *Scheuner*, Verfassung, S. 171 (174); *Badura*, Artikel »Verfassung«, EvStL II, Sp. 3740; *v. Beyme*, S. 26.

stehenden Regeln: »Verfassung« als Inbegriff der leges fundamentales.[149] Zunehmend gewann aber auch in Deutschland die Idee einer einheitlichen Urkunde als Verkörperung eines Verfassungsvertrages Anhänger.[150] Daneben wurden langsam auch inhaltliche Anforderungen an eine Verfassung sichtbar: Menschenrechte, Gewaltenteilung und die Existenz einer Volksvertretung als Kriterien für die Freiheitlichkeit wurden schon bald als dem Verfassungsbegriff immanent empfunden.[151] Einer Regierungsform, in der die Freiheit nicht in dieser Weise gesichert war, wurde die Bezeichnung »Verfassung« teilweise verweigert.[152]

In der Staatspraxis war hingegen das Vorbild der Charte Constitutionnelle als Verfassung einer konstitutionellen Monarchie von großem Einfluß.[153] So wurden nach diesem Muster etwa die Verfassungen von Bayern (1818)[154], Baden (1818)[155], Hessen-Darmstadt (1820) und Sachsen-Weimar (1816) sowie später Preußen

---

[149] Eingehend *Grimm*, Verfassung, S. 100 (107 ff.), m.w.N.

[150] Vgl. *Grimm*, Verfassung, S. 100 (110, 120 f.).

[151] Siehe auch dazu statt vieler *Grimm*, Verfassung, S. 100 (111). Mit der materiellen Anreicherung des Verfassungsbegriffs nahm gleichzeitig die Überwindung der Vertragstheorie ihren Ausgang: Je mehr Inhalte einer Verfassung als im vorhinein feststehend, nämlich als naturrechtlich determiniert angesehen wurden, desto weniger Raum verblieb für die Annahme einer vertraglichen Aushandlung der Verfassung; denn eine solche wird sinnlos, wenn die Verfassung weniger als Ergebnis einer inhaltlich freien Übereinkunft denn als Beurkundung vorgegebener Inhalte betrachtet wird; vgl. auch dazu *Grimm*, Verfassung, S. 100 (113 f). Nicht im Einklang mit der Theorie vom Verfassungsvertrag befanden sich auch die Anhänger eines historisch-evolutionären Verfassungsbegriffs; vgl. dazu ebenfalls ausführlich *Grimm*, Verfassung, S. 100 (121 ff).

[152] So *Grimm*, Verfassung, S. 100 (111, 121).

[153] Hinzuweisen ist an dieser Stelle allerdings auch auf die Bestimmungen der Bundesakte von 1815 (*Huber*, Dokumente I, Nr. 29) und Art. 57 der Wiener Schlußakte von 1820 (*Huber*, Dokumente I, Nr. 30), in dem das Prinzip landständischer Verfassungen mit einem Monarchen als Oberhaupt des Staates mit folgenden Worten festgeschrieben wurde: »Da der deutsche Bund, mit Ausnahme der freien Städte, aus souveränen Fürsten besteht, so muß dem hierdurch gegebenen Grundbegriffe zufolge die gesamte Staats-Gewalt in dem Oberhaupte des Staats vereinigt bleiben, und der Souverain kann durch eine landständische Verfassung nur in der Ausübung bestimmter Rechte an die Mitwirkung der Stände gebunden werden.« Vgl. dazu auch *Kriele*, Staatslehre, § 80 (S. 280); *Boehl*, Verfassunggebung, S. 69.

[154] Die Bayerische Verfassung vom 26. Mai 1818 ist abgedruckt bei *Huber*, Dokumente I, Nr. 51. Deutlich im Hinblick auf das monarchische Prinzip Tit. II, § 1 dieser Verfassung: »Der König ist das Oberhaupt des Staats, vereiniget in sich alle Rechte der Staatsgewalt, und übt sie unter den von Ihm gegebenen in der gegenwärtigen Verfassungs-Urkunde festgesetzten Bestimmungen aus.« Zur Möglichkeit von Verfassungsänderungen Titel X, § 7: »Abänderungen in den Bestimmungen der Verfassungs-Urkunde oder Zusätze zu derselben können ohne Zustimmung der Stände nicht geschehen. Die Vorschläge hiezu gehen allein vom Könige aus, und nur wenn Derselbe sie an die Stände gebracht hat, dürfen diese darüber berathschlagen. Zu einem gültigen Beschlusse in dieser höchst wichtigen Angelegenheit wird wenigstens die Gegenwart von drey Viertheilen der bey der Versammlung anwesenden Mitglieder in jeder Kammer und eine Mehrheit von zwei Drittheilen der Stimmen erfordert.«

[155] *Huber*, a.a.O., Nr. 52/53. Zur Verfassungsänderung § 64: »Kein Gesetz, daß die Verfassungsurkunde ergänzt, erläutert oder abändert, darf ohne Zustimmung einer Mehrheit von zwei Drittel der anwesenden Ständeglieder einer jeden der beiden Kammern gegeben werden«; nach § 74 Abs. 3 Satz 2 ist dabei die Anwesenheit von drei Vierteln der Mitglieder erforderlich.

(1848)[156] durch einen *Oktroi* des jeweiligen Landesherrn begründet.[157] Andere Verfassungen wurden nicht einseitig auferlegt, sondern ergingen in der Form eines Vertrages zwischen Monarch und Volk bzw. Volksvertretung (*paktierte Verfassungen*[158]), etwa die Verfassungen von Württemberg (1819)[159], Sachsen (1831)[160], Preußen (1850)[161] und die des Norddeutschen Bundes (1867).[162]

c) Die Eigenschaften deutscher Verfassungen im beginnenden 19. Jahrhundert

Oktroyierte und paktierte Verfassungen beruhten – nicht zuletzt unter dem Eindruck des Art. 57 der Wiener Schlußakte[163] – gleichermaßen auf dem monarchischen Prinzip.[164] Sie zielten auf eine *rechtliche Begrenzung* der vorhandenen, in der Person des Monarchen bestehenden Staatsgewalt, nicht auf deren Begründung.[165] Ferner hatten beide Arten von Verfassungen gemeinsam, daß Änderun-

---

[156] *Huber*, a.a.O., Nr. 163. Zur Verfassungsänderung Art. 106: »Die Verfassung kann auf dem ordentlichen Wege der Gesetzgebung abgeändert werden, wobei in jeder Kammer die gewöhnliche absolute Stimmenmehrheit genügt.«

[157] Siehe *Menger*, Rdnr. 239; *Frotscher/Pieroth*, Rdnr. 258f; *Forsthoff*, S. 108ff; *Hartung*, S. 197f, 255; vgl. auch *Stern* I, S. 66f. *Grimm*, Zukunft, S. 59f, hebt hervor, daß diese Verfassungen anders als die alten Herrschaftsverträge nicht nur im Verhältnis zwischen Monarch und (einzelnen) Ständen, sondern universal galten.

[158] Dazu und generell zu der Unterscheidung zwischen oktroyierten und vereinbarten Verfassungen *Huber*, Verfassungsgeschichte I, S. 318f; *Schambeck*, Verfassungsbegriff, S. 211 (217f); *Frotscher/Pieroth*, Rdnr. 264; *Wahl*, HStR I, § 1 Rdnr. 9, 30; *Böckenförde*, Verfassung, S. 29 (36ff); *Badura*, Artikel »Verfassung«, EvStL II, Sp. 3740; *v. Beyme*, S. 26ff.

[159] *Huber*, Dokumente I, Nr. 54/55. Zur Verfassungsänderung § 176 Satz 2: »Wenn jedoch von Abänderung irgend eines Punktes der Verfassung die Rede ist, so ist die Beistimmung von zwei Drittheilen der anwesenden Mitglieder in beiden Kammern nothwendig.«

[160] *Huber*, a.a.O., Nr. 57. Zur Verfassungsänderung § 152: »Anträge auf Abänderungen oder Erläuterungen in den Bestimmungen der Verfassungsurkunde, oder auf Zusätze zu derselben, können sowohl von dem Könige an die Stände, als von den Ständen an den König gebracht werden. Zu einem gültigen Beschlusse in dieser Angelegenheit wird die Uibereinstimmung beider Kammern und in jeder Kammer die Anwesenheit von drei Viertheilen der verfassungsmäßigen Zahl der Mitglieder, so wie eine Stimmenmehrheit von zwei Drittheilen der Anwesenden erfordert (...).«

[161] *Huber*, a.a.O., Nr. 168. Nach Art. 107 reichte zur Verfassungsänderung weiterhin wie bei der Verfassung von 1848 die absolute Stimmenmehrheit aus.

[162] Vgl. *Böckenförde*, Verfassung, S. 29 (38), der auch auf die Besonderheit hinweist, daß die Verfassung des Norddeutschen Bundes nicht nur auf einem Vertrag zwischen Monarchen und Volksvertretung, sondern zugleich auch auf einem Vertrag der beteiligten Fürsten und freien Städte untereinander beruhte; vgl. ferner *Menger*, Rdnr. 239; *Frotscher/Pieroth*, Rdnr. 258ff, 264; *Forsthoff*, S. 108; *Hartung*, S. 199f, 267ff; *Stern* I, S. 67.

[163] Vgl. das Textzitat unter A. I. 7. b) Fn. 153.

[164] Dazu *Wahl*, HStR I, § 1 Rdnr. 13f, 29; *Huber*, Verfassungsgeschichte I, S. 318f, 651ff.

[165] Vgl. *Huber*, Verfassungsgeschichte I, S. 653, der hervorhebt, daß das damalige Bundesrecht »dem Staatsoberhaupt die Position des echten Souveräns, von dem alle Staatsgewalt ausging«, zusicherte und daß »die Staatsgewalt dem Landesherrn unmittelbar zukam«. Ferner *Möllers*, S. 1 (9ff), sowie *Wahl*, HStR I, § 1 Rdnr. 7, der betont, es sei anders als in den USA und Frankreich »um die rechtliche Bindung eines sich reformierenden Staates, nicht um die theoretische und praktische Begründung einer neuen Ordnung« gegangen.

gen nur entsprechend dem jeweils in ihnen selbst festgesetzten Verfahren, nämlich unter Beteiligung der Volksvertretung und nicht einseitig[166] durch den König[167], vorgenommen werden durften.[168] Aufgrund der notwendigen Beteiligung
des Parlamentes an Verfassungsänderungen sowie – im Falle paktierter Verfassungen – darüber hinaus sogar an ihrer Entstehung wurde es, wie zuvor in Amerika[169] und Frankreich[170], auch in Deutschland üblich, Verfassungen wie anderen
Parlamentsakten *Gesetzesqualität*[171] beizumessen.[172] Vom sonstigen Gesetzes-

---

[166] Für die *paktierten* Verfassungen ergab sich dies einerseits wie bei den leges fundamentales
(s. o. A. I. 4.) bereits aus ihrer vertraglichen Begründung und andererseits aus dem Gedanken, die
Verfassung selbst sei »souverän«, während die beiden konstituierenden Gewalten, Monarch und
Volk, nach dem Inkrafttreten der Verfassung als bloße Staatsorgane *unter* derselben stünden, sich
der Verfassung also unterworfen hätten. Zu letzterem *Böckenförde*, Verfassung, S. 29 (37f), unter
Hinweis auf *Wilhelm Eduard Albrechts* Rezension von Maurenbrechers Grundsätzen des heutigen deutschen Staatsrechts, Göttingische gelehrte Anzeigen 1837, S. 1492 und 1512. Vgl. auch
Bryde, S. 48.
[167] Daß nach ihrem Inkrafttreten für den Monarchen keine Möglichkeit zur einseitigen Änderung selbst der *oktoyierten* Verfassungen bestand, heben *Böckenförde*, Verfassung, S. 29 (34, 35f),
Wahl, HStR I, § 1 Rdnr. 14, und *Grimm*, Zukunft, S. 60, hervor. Daß den oktoyierten Verfassungen ein die Souveränitätsfrage letztlich offenlassender Kompromißcharakter eignet, wird daran
deutlich, daß sie einerseits kraft monarchischer Machtvollkommenheit erlassen wurden, andererseits entsprechend den in ihnen enthaltenen Vorschriften aber nur unter Mitwirkung der
Volksvertretung geändert werden durften. Wäre der Monarch souverän, könnte er sich über das
Erfordernis der Beteiligung der Volksvertretung hinwegsetzen und die Verfassung einseitig zu-
rücknehmen. Wäre demgegenüber das Volk Träger der verfassunggebenden Gewalt, könnte es
die bestehende Verfassung seinerseits umstoßen, den König absetzen und eine neue Verfassung
erlassen. Wer im Sinne einer Möglichkeit zur alleinverantwortlichen Änderung oder Abschaffung der Verfassung souverän ist, blieb nach dem verfassungsrechtlichen Regelungssystem mithin offen und hätte sich erst im Falle eines nicht einvernehmlich lösbaren Konfliktes zwischen
Monarch und Volk entschieden. Während sich der besagte Kompromißcharakter bei den oktroyierten Verfassungen erst aus ihrem Inhalt, nämlich der Beschränkung königlicher Machtaus-
übung durch die Begründung von Mitwirkungsbefugnissen der Volksvertretung ergibt, ist er bei
den paktierten Verfassungen schon aufgrund der Entstehungsmodalitäten offensichtlich: Sie
wurden durch eine Vereinbarung von Fürst und Volk begründet und ließen damit sogar die Frage
nach dem Träger der verfassunggebenden Gewalt letztlich unbeantwortet. Vgl. zum Ganzen
Schmitt, Verfassungslehre, S. 63f; *Forsthoff*, S. 108; *Böckenförde*, Verfassung, S. 29 (35ff); *Wahl*,
HStR I, § 1 Rdnr. 9f, 14, 30; *ders.*, Staat 20 (1981), 485 (494f); *Starck*, Vorrang, S. 33 (49f); *Kriele*,
Staatslehre, § 80 (S. 280).
[168] Dies ergab sich nicht nur aus den Verfassungen selbst, sondern auch aus Art. 56 der Wiener
Schlußakte, der vorsah, die »in anerkannter Wirksamkeit bestehenden landständischen Verfassungen können nur auf verfassungsmäßigem Wege wieder abgeändert werden«. Dazu auch
Boehl, Verfassunggebung, S. 69. Zu den einzelnen, die Möglichkeit von Verfassungsänderungen
betreffenden Bestimmungen vgl. die Nachweise zu den verschiedenen Verfassungen unter A. I. 7.
b).
[169] S. o. A. I. 5. a) sowie *Stern* I, S. 63, 65.
[170] S. o. A. I. 6. c).
[171] Mit der Gesetzesqualität der Verfassung ließ sich im übrigen auch rechtstechnisch begründen, daß dem Monarchen kein Recht zur einseitigen Verfassungsänderung zukomme, worauf
Grimm, Verfassung, S. 100 (124f), hinweist.
[172] Vgl. *Schmitt*, Verfassungslehre, S. 14; *Schambeck*, Verfassungsbegriff, S. 211 (218); *Grimm*,
Verfassung, S. 100 (124, 128). Die Rechtsfigur des Vertrages wurde im Fall der paktierten Verfas-

recht unterschieden sich die Verfassungsnormen dabei durch die Zusammenfassung in einer *besonderen Urkunde* und durch das verfahrenstechnisch erschwerte Verfahren ihrer Abänderung.

Dem Gegenstande nach wurde die Verfassung auf die *Staatsform* bezogen, so daß sie Bestimmungen über den Träger der obersten Gewalt und über die Modalitäten der Ausübung staatlicher Herrschaft zum Inhalt haben mußte.[173] Allerdings waren die entsprechenden Festsetzungen in der politischen Praxis keineswegs vollständig in den mittlerweile üblich gewordenen Verfassungsurkunden enthalten, sondern fanden sich mitunter auch außerhalb derselben in einfachen Gesetzen. Die Verfassungsurkunden wiesen demgegenüber oftmals in gewissem Umfang andere als die oben beschriebenen Inhalte auf, weshalb sich die Erkenntnis einstellte, daß der nach dem Regelungsgegenstand definierte Begriff der Verfassung sich nicht zwangsläufig mit dem tatsächlichen Inhalt der Verfassungsurkunde zu decken braucht: Die Differenzierung zwischen *Verfassung im materiellen* und *Verfassung im formellen Sinne* war entstanden.[174]

8. Wichtige Stationen der deutschen Verfassungsentwicklung seit 1848

Weitere wichtige Stationen der Verfassungsentwicklung in Deutschland werden durch die Frankfurter Paulskirchenverfassung vom 28. März 1849, die Verfassung des Deutschen Reiches vom 16. April 1871, die Weimarer Reichsverfassung vom 11. August 1919 und schließlich das Bonner Grundgesetz vom 23. Mai 1949 markiert, dessen Struktur als bekannt vorausgesetzt werden darf und daher nicht Ge-

---

sungen folglich zunehmend nur noch zur Begründung ihres Zustandekommens herangezogen, während die Rechtsform des Gesetzes in den Vordergrund trat, sobald die Verfassung Geltung erlangt hatte; so *Schmitt*, a.a.O., und *Böckenförde*, Verfassung, S. 29 (36 f). *Grimm*, a.a.O., S. 124, schreibt in diesem Zusammenhang: »Die vertragliche Konstruktion bot vielmehr unter den Bedingungen des absoluten Staates die Möglichkeit, den Interessen der Untertanen verfassungsrechtliche Relevanz zu verleihen und auf dieser Grundlage die Verfassungszustände des Ancien Régime zu kritisieren. In Wahrheit zielte sie also auf Inhalt, nicht auf Genese. Unter diesen Umständen ist aber ein tatsächlicher Vertragsschluß nicht erforderlich, wie Kant klar erkannte. Die Vertragsidee fungiert vielmehr nur als ›Probierstein der Rechtmäßigkeit eines jeden öffentlichen Gesetzes‹. Daher besaß sie für die erst zu erkämpfende Verfassung rechtspolitische Bedeutung, angesichts der schon errungenen traten andere Probleme, namentlich die Durchsetzung und Sicherung der Verfassung, in den Vordergrund. (...) Insbesondere geht es ihm (sc. *Rotteck*) darum, die einmal gewährte Verfassung gegen die einseitige Änderung oder Rücknahme durch die Fürsten abzuschirmen.« D.h. die Vertragstheorie dient zur Rechtfertigung der Beteiligung der Volksvertretung an der Verfassungsentstehung und der Einflußnahme auf ihren Inhalt, während nach dem Inkrafttreten der Verfassung ihre Einordnung als Gesetz die Beteiligung der Volksvertretung an Verfassungsänderungen sicherstellte.
[173] *Grimm*, Verfassung, S. 100 (126), zitiert eine zeitgenössische Definition von *Heinrich Zoepfl*: »Die Verfassung ist der Inbegriff der in einem Staate hinsichtlich der Beherrschungs- und Regierungsform, d.h. hinsichtlich der Organisation der Staatsgewalt und der Volksrechte und ihres gegenseitigen Verhältnisses geltenden Rechtsgrundsätze.«
[174] Vgl. statt vieler *Grimm*, Verfassung, S. 100 (126 f). Zu dieser Differenzierung noch näher unten A. III. 1.

genstand der folgenden Ausführungen sein wird.[175] In dieser verfassungsgeschichtlichen Entwicklung spiegeln sich Wandlungen des Verfassungsverständnisses wider, die auf eine immer größere Annäherung an die französisch-amerika-
nischen Vorstellungen hinauslaufen.

a) Die Paulskirchenverfassung vom 28. März 1849

Als besonders fortschrittlich erwies sich in dieser Hinsicht die in der Frankfurter
Paulskirche von einer demokratisch gewählten[176] Nationalversammlung ausgear-
beitete Verfassungsurkunde vom 28. März 1849.[177] Die alle Bereiche staatlicher
Herrschaft umgreifende[178] Paulskirchenverfassung berief sich als erste in der
deutschen Geschichte auf die *verfassunggebende Gewalt des Volkes*[179], sollte also
wie die französischen und amerikanischen Vorbilder auf der Grundlage der
Volkssouveränität beruhen.[180] Staatliche Herrschaft wurde dementsprechend
nicht als vorgegeben und der Verfügungsgewalt des Volkes entzogen erachtet,
sondern als einer positiven Grundlegung bedürftig[181]: Die Verfassung sollte die

---

[175] Allerdings ist kaum zu übersehen, daß das Grundgesetz das heute in Deutschland herrschende allgemeine Verfassungsverständnis insofern maßgeblich beeinflußt hat, als viele seiner
Eigenschaften für generell verfassungstypisch gehalten werden. Die Eigenschaften des Grundgesetzes werden daher an späterer Stelle, nämlich im Zusammenhang mit den Verfassungsmerkmalen (s.u. A. III. 2. und 3.), zumindest mittelbar zu thematisieren sein.

[176] Hinsichtlich der Wahlberechtigung verfuhr man bei diesen Wahlen in Anbetracht der damaligen Verhältnisse relativ großzügig: Etwa 85% der volljährigen männlichen Bevölkerung, also etwa 20% der gesamten Einwohnerschaft, waren wahlberechtigt. Dazu und generell zu den
Wahlen ausführlich *Hildebrandt*, S. 29ff; *Kühne*, S. 49f; siehe auch *Frotscher/Pieroth*, Rdnr. 289;
Menger, Rdnr. 263f; *Wahl*, HStR I, § 1 Rdnr. 17.

[177] Der Verfassungstext ist abgedruckt bei *Huber*, Dokumente I, Nr. 102.

[178] Es handelte sich also um eine auf die – als Einheit verstandene – Staatsgewalt bezogene *Gesamtregelung*, und zwar erstmals um eine Regelung für die Gesamtheit der Einzelterritorien. In
diesem Sinne etwa *Kühne*, S. 148, m.w.N: »Sie ist die erste vollständige ... Reichsverfassung bzw.
bundesstaatliche Vollverfassung Deutschlands.« Zu der Wirkung einer solchen, alle Bereiche
staatlicher Herrschaft umgreifenden Regelung vgl. *Wahl*, HStR I, § 1 Rdnr. 18: »Damit war ein
Grad an inhaltlicher Verrechtlichung des politischen Prozesses angestrebt, der jedenfalls der
Exekutive und dem Kaiser nicht erlaubt hätte, mit Rechtsargumenten aus dem Gefüge der rechtlichen Vermittlung auszubrechen und sich auf vor- oder außerkonstitutionelle Befugnisse oder
auf umfassende Globaltitel zu berufen.«

[179] Hervorgehoben wurde dies in der Eingangsformel der Verfassung: »Die deutsche verfassunggebende Nationalversammlung hat beschlossen und verkündigt als Reichsverfassung«. Zu
der gleichwohl nicht unstrittigen Frage nach dem Träger der verfassunggebenden Gewalt siehe
Stern I, S. 68 Fn. 38, m.w.N.

[180] *Wahl*, HStR I, § 1 Rdnr. 17; *Frotscher/Pieroth*, Rdnr. 297; *Menger*, Rdnr. 262; *Hartung*,
S. 186. *Kühne*, S. 49, m.w.N., spricht von einem »Verfassungswerk, das mindestens seiner Entstehung nach ›die erste demokratische Verfassung Deutschlands‹ ist«. *Wahl*, a.a.O., bemerkt, daß im
Gegensatz zu den älteren Verfassungen eine Vereinbarung mit dem Monarchen gerade nicht beabsichtigt gewesen sei. Zur Bedeutung des Begriffs der Volkssouveränität s.u. A. I. 8. c) Fn. 223
und Fn. 225.

[181] In der Frankfurter Nationalversammlung wurde der zu erarbeitenden Verfassung also eine
herrschaftsbegründende Wirkung beigemessen. Naturrechtliche Vorstellungen und die Idee ei-

Aufgabe der Herrschaftskonstituierung haben, die rechtlichen Befugnisse des als Reichsoberhaupt fungierenden Kaisers[182] und der anderen Staatsorgane nicht nur begrenzen[183], sondern überhaupt erst *begründen*.[184]

Diesem Verständnis entsprachen die in der Paulskirchenverfassung enthaltenen Regelungen zur *Verfassungsrevision* insofern, als die staatlichen Organe die Verfassung nur unter besonderen Bedingungen hätten ändern dürfen[185]: Verfassungsändernde Gesetze sollten nur in Anwesenheit von zwei Dritteln der Mitglieder beider Häuser beschlossen werden und hätten in jedem der beiden Häuser bei zwei in zeitlichem Abstand aufeinander folgenden Abstimmungen einer Stimmenmehrheit von zwei Dritteln der Anwesenden sowie grundsätzlich der Zustimmung des Reichsoberhaupts bedurft.[186]

Die Verfassung enthielt Elemente der Gewaltenteilung[187] und einen Grundrechtskatalog[188], der ebenso wie die gesamte Verfassung für die einzelstaatlichen Legislativen[189] und den Reichsgesetzgeber *verbindlich*[190] und sogar gerichtlich durchsetzbar sein sollte.[191] Ansonsten war die Paulskirchenverfassung zwar im Grundsatz demokratisch strukturiert, stellte dem Parlament jedoch einen mit

---

ner vertraglichen Verfassungsbegründung hatten demgegenüber stark an Einfluß verloren; vgl. *Grimm*, Verfassung, S. 100 (128 f); *ders.*, Zukunft, S. 14.

[182] Vgl. §§ 68 ff Paulskirchenverfassung.

[183] Vgl. § 80 der Paulskirchenverfassung: »Er (sc. der Kaiser) übt die gesetzgebende Gewalt in Gemeinschaft mit dem Reichstage unter den verfassungsmäßigen Beschränkungen aus.«

[184] Vgl. § 73 der Paulskirchenverfassung: »Der Kaiser übt die ihm *übertragene* Gewalt (...) aus«; Hervorh. v. Verf. Siehe auch *Wahl*, HStR I, § 1 Rdnr. 17: »Allein die Verfassung bildete die Grundlage der angestrebten Vermittlung zwischen Volk und Monarchen. Vor allem war das Kaisertum durch die Verfassung begründet«. Vgl. ferner *Frotscher/Pieroth*, Rdnr. 297; *Kühne*, S. 532.

[185] Zu dem Umstand, daß sich die Vorstellung von einer herrschaftsbegründenden und -beschränkenden Funktion der Verfassung sowie der daraus resultierenden Überordnung der Verfassung über die staatlichen Organe nur schwerlich mit einer unbeschränkten Revisionskompetenz jener Organe vereinbaren läßt, siehe bereits oben A. I. 5. b) bb).

[186] Vgl. § 196 der Paulskirchenverfassung.

[187] Vgl. *Kühne*, S. 349 ff, 433 ff; *Frotscher/Pieroth*, Rdnr. 313.

[188] §§ 130–189 Paulskirchenverfassung; siehe dazu ausführlich *Kühne*, S. 159 ff; vgl. auch *Frotscher/Pieroth*, Rdnr. 305 f, 315 ff; *Wahl*, HStR I, § 1 Rdnr. 19.

[189] Vgl. § 130: »Dem deutschen Volke sollen die nachstehenden Grundrechte gewährleistet sein. Sie sollen den Verfassungen der deutschen Einzelstaaten zur Norm dienen, und keine Verfassung oder Gesetzgebung eines deutschen Einzelstaates soll dieselben je aufheben oder beschränken können.« Siehe ferner § 194 der Paulskirchenverfassung: »Keine Bestimmung in der Verfassung oder in den Gesetzen eines Einzelstaates darf mit der Reichsverfassung in Widerspruch stehen.«

[190] Zur Verbindlichkeit der in der Paulskirchenverfassung enthaltenen Grundrechte vgl. *Scheuner*, Grundrechte, S. 633 (647 ff), der in diesem Zusammenhang die Bedeutung des mit den Grundrechten, die am 21. Dezember 1848 angenommen wurden, zugleich beschlossenen Einführungsgesetzes hervorhebt, das der Reichsverweser am 27. Dezember 1848 verkündete.

[191] Der intendierte Vorrang des Verfassungsrechts auch gegenüber dem Reichsgesetzgeber (dazu *Kühne*, S. 185 f, 198 ff) und seine gerichtliche Durchsetzbarkeit lassen sich aus § 126 lit. a) ablesen, wonach das Reichsgericht u. a. zuständig sein sollte für Klagen »wegen Verletzung der Reichsverfassung durch Erlassung von Reichsgesetzen«.

substantiellen Befugnissen versehenen Kaiser als Konterpart gegenüber und ver-
minderte dadurch den Spielraum der Volksvertretung in nicht unerheblichem
Maße.[192] Mit dem Scheitern der Revolution von 1848/49 ging die Paulskirchenverfassung jedoch gewissermaßen ihres Fundamentes verlustig und konnte niemals Wirkung entfalten.[193]

b) Die Verfassung des Deutschen Reiches vom 16. April 1871

Die Reichsverfassung vom 16. April 1871[194] erscheint aus Sicht der Paulskirchenverfassung in vielerlei Hinsicht als rückschrittlich, was jedoch vor dem Hintergrund der seit dem Scheitern der Revolution 1848/49 irreversiblen Verfassungs-
realitäten begreiflich wird.[195] Sie beruhte anders als die Verfassung von 1849 nicht
(ausschließlich) auf der verfassunggebenden Gewalt des Volkes[196], sondern als
Vertrag zwischen mehreren Fürstentümern und Reichsstädten einerseits[197] sowie

---

[192] Vgl. *Böckenförde*, Verfassung, S. 29 (43); *Kühne*, S. 470 ff, 477: paritätische, zweieinheitli-
che Staatsleitung von Fürst und Volk; *Wahl*, HStR I, § 1 Rdnr. 17 f: vielfältiges Zusammenspiel
von Rechten und Gegenrechten von Parlament und Kaiser, angelegt auf möglichst weitgehende
Parität zwischen Fürst und Volk; *Frotscher/Pieroth*, Rdnr. 302, 313.

[193] Zum Scheitern der Revolution vgl. *Kühne*, S. 47 f; *Frotscher/Pieroth*, Rdnr. 318 ff; *Hartung*,
S. 186 ff; *Menger*, Rdnr. 275 f.

[194] Durch das Gesetz betreffend die Verfassung des Deutschen Reiches vom 16. April 1871
wurde die bereits am 1. Januar 1871 in Kraft getretene, aus mehreren unverbunden nebeneinander stehenden Einzeldokumenten bestehende Reichsverfassung (RV) in einer einheitlichen Urkunde zusammengefaßt. Bei diesen Einzeldokumenten handelt es sich um die sog. November-
verträge (abgeschlossen zwischen dem Norddeutschen Bund und Baden, Bayern, Hessen-
Darmstadt sowie Württemberg mit dem Ziel der Schaffung eines »Deutschen Bundes«, dessen
Verfassung weitgehend der des Norddeutschen Bundes entsprechen sollte) sowie um die von den
süddeutschen Staaten bestätigten Beschlüsse von Bundesrat und Reichstag des Norddeutschen
Bundes im Hinblick auf Änderungen der gemeinsamen Verfassung (Umbenennung des »Deut-
schen Bundes« in »Deutsches Reich« und Einführung der Bezeichnung »Deutscher Kaiser«).
Dazu *Huber*, HStR I, § 2 Rdnr. 1 Fn. 1; *Frotscher/Pieroth*, Rdnr. 372, 383; *Menger*, Rdnr. 285;
Hartung, S. 273 f; *Boehl*, Verfassunggebung, S. 72 f. Abgedruckt sind die entsprechenden Dokumente bei *Huber*, Dokumente II, Nr. 219 ff, 231 ff, 261.

[195] So *Huber*, HStR I, § 2 Rdnr. 11.

[196] Vgl. *Boehl*, Verfassunggebung, S. 73, m. w. N.

[197] Vgl. den Vorspruch der Verfassung: »Seine Majestät der König von Preußen im Namen des
Norddeutschen Bundes, Seine Majestät der König von Bayern (...) schließen einen ewigen Bund
zum Schutze des Bundesgebietes und des innerhalb desselben gültigen Rechtes, sowie zur Pflege
der Wohlfahrt des Deutschen Volkes. Dieser Bund wird den Namen Deutsches Reich führen und
wird nachstehende Verfassung haben.« Durch den Zusammenschluß der ehemals souveränen
Einzelstaaten wurde mithin ein Bundesstaat konstituiert; so *Menger*, Rdnr. 290 ff; *Frotscher/Pie-
roth*, Rdnr. 411 ff. *Huber*, HStR I, § 2 Rdnr. 9, kennzeichnet das Verfassungsbild dieser Präambel
wie folgt: »Die in ihren Fürsten und Senaten repräsentierten Einzelstaaten erschienen als das
Fundament des Reichs; dieses selber gab sich kund nicht als ein originär entstandener, in eigenem
Seinsgrund wurzelnder neuer Gesamtstaat, sondern als das ›Bündnis‹ längst bestehender Einzelstaaten. Auch die verfassunggebende Gewalt des Reiches ruhte nach dieser Lesart bei den durch
ihre Oberhäupter handelnden Einzelstaaten, nicht bei der Deutschen Nation.« Dieses Verfassungsbild entspricht wegen der Beteiligung auch des Volkes an der Verfassungsentstehung freilich nicht der Wirklichkeit, so *Huber*, a.a.O., Rdnr. 10.

zwischen eben diesen und der Nation andererseits[198] auf dem hergebrachten *Vereinbarungsprinzip*.[199] Dem entsprach die Verteilung der staatlichen Gewalt auf die Reichsorgane[200] Bundesrat[201], Kaiser[202] und Reichstag[203], wobei der Volksvertretung in größerem Maße als im Rahmen der bislang geltenden[204] Verfassungen substantielle Mitwirkungsrechte eingeräumt waren.[205] Die Verfassung enthielt keinen Grundrechtsteil.[206] Sie bedurfte zu ihrer Abänderung einer einfachen Mehrheit im Reichstag und einer qualifizierten Mehrheit im Bundesrat.[207]

Die in gewissem Umfang formell *erschwerte Abänderbarkeit* der Verfassung[208] wurde jedoch *mitnichten* als Ausdruck ihrer *Höherrangigkeit* gegenüber dem einfachen Gesetzesrecht bzw. dem Gesetzgeber betrachtet:

»Die in der Verfassung enthaltenen Rechtssätze können zwar nur unter erschwerten Bedingungen abgeändert werden, aber eine höhere Autorität als anderen Gesetzen kommt ihnen nicht zu. Denn es gibt keinen höheren Willen im Staate als den des Souveräns, und in diesem

---

[198] *Huber*, HStR I, § 2 Rdnr. 10: »Am Verfassungswerk nahm neben den Fürsten und Senaten, also der obrigkeitlichen Exekutive, die Nation als gleichberechtigter Inhaber der verfassunggebenden Gewalt teil, und zwar sowohl das Volk der Einzelstaaten, vertreten durch die Landesparlamente, als auch und vor allem das Gesamtvolk, vertreten durch die Reichstage 1867 und 1870/71. Neben den Landesobrigkeiten entschieden die Landtage, neben den Einzelstaaten entschied die durch die Reichstage repräsentierte Nation über die Herstellung deutscher Einheit und Freiheit.«

[199] Dazu statt vieler *Huber*, HStR I, § 2 Rdnr. 7, 10ff. Durch den Kompromiß einer Verfassungsvereinbarung zwischen Obrigkeit und Volk wurde wie bei den Verfassungen des süddeutschen Frühkonstitutionalismus die Souveränitätsfrage letztlich offengehalten, so *Schmitt*, Verfassungslehre, S. 63ff. Positiver äußert sich *Huber*, a.a.O., Rdnr. 13, der diesbezüglich von einer »sachgerechte(n) Basis für das zu schaffende Verfassungssystem« spricht. Siehe auch *Schambeck*, Verfassungsbegriff, S. 211 (217). Die Frage, ob staatliche Herrschaft und speziell die Macht des Monarchen durch die Verfassung erst *begründet* oder als *originär bestehend* nur näher bestimmt und umgrenzt wurde, ist im Kaiserreich ganz überwiegend im Sinne der letzten Alternative beantwortet worden; vgl. *Grimm*, Verfassung, S. 100 (132f, 134). Damit korrespondierte, daß auch von einer Überordnung der Verfassung gegenüber den staatlichen Organen und insbesondere gegenüber der Legislative nicht ausgegangen wurde; dazu alsbald im Text.

[200] Ein Überblick über die Reichsorgane und ihre jeweiligen Befugnisse findet sich bei *Frotscher/Pieroth*, Rdnr. 391ff.

[201] Der Bundesrat war konzipiert als Vertretung der Mitglieder des Bundes, vgl. Art. 6ff RV.

[202] Deutscher Kaiser war der jeweilige König von Preußen. Zu den aus dem monarchischen Prinzip folgenden Befugnissen des Kaisers vgl. Art. 11ff RV.

[203] Vgl. Art. 20ff RV.

[204] Die Paulskirchenverfassung bleibt insofern außer Betracht.

[205] Zu den Mitwirkungsbefugnissen des Reichstages vgl. *Huber*, HStR I, § 2 Rdnr. 43ff.

[206] *Menger*, Rdnr. 289; *Frotscher/Pieroth*, Rdnr. 409.

[207] Art. 78 RV: »Veränderungen der Verfassung erfolgen im Wege der Gesetzgebung. Sie gelten als abgelehnt, wenn sie im Bundesrate 14 Stimmen gegen sich haben.« Die Gesamtstimmenzahl im Bundesrat betrug 58, so daß für den Erfolg eines Revisionsvorhabens 45 Stimmen gewonnen werden mußten, was einer Mehrheit von mehr als drei Vierteln entsprach.

[208] Daß das primäre Wesensmerkmal einer Verfassung in der zweiten Hälfte des 19. Jahrhunderts zumeist in deren formell erschwerter Abänderbarkeit erblickt wurde, während die grundlegende Bedeutung des Verfassungsinhaltes und ihr Bezug zum Vorrechtlich-Politischen in Vergessenheit gerieten, betonen *Grimm*, Verfassung, S. 100 (134f), sowie *Wahl*, HStR I, § 1 Rdnr. 20.

Willen wurzelt gleichmäßig die verbindliche Kraft der Verfassung wie der Gesetze. Die Verfassung ist keine mystische Gewalt, welche über dem Staat schwebt, sondern gleich jedem anderen Gesetz ein Willensakt des Staates und mithin nach dem Willen des Staates veränderlich.«[209]

In Anlehnung an diese Einschätzung wurden unter Beachtung des Art. 78 RV erlassene Gesetze, die sich im Einzelfall und ohne den Verfassungstext zu ändern in Widerspruch zur Verfassung setzten und deshalb »materiell verfassungswidrig«[210] waren, als sog. *verfassungsdurchbrechende Gesetze* meistenteils für zulässig befunden.[211] Sogar der Verstoß einfacher, ohne Einhaltung der formellen Voraussetzungen einer Verfassungsänderung beschlossener Gesetze gegen den Inhalt der Reichsverfassung sollte rechtlich folgenlos bleiben, da nach überwiegender Auffassung »die Frage, ob ein Gesetz ohne Abänderung der Verfassung und ohne Anwendung der dieserhalb vorgeschriebenen Formen hätte erlassen werden dürfen, der Nachprüfung durch den Richter entzogen« war.[212] Die Berufung auf die Verfassungswidrigkeit eines Gesetzes war also mangels richterlicher Normenkontrolle[213] lediglich als politisches Argument bedeutsam.[214]

---

[209] So, exemplarisch für das damalige, rechtspositivistisch geprägte Verfassungsverständnis, *Laband*, S. 39. Siehe auch *Meyer/Anschütz*, S. 644, 743; *Badura*, Prüfungsrecht, S. 321 (330). Die Verfassung wurde somit wie jedes einfache Gesetz als Emanation der ihr vorausliegenden Staatsgewalt angesehen, nicht als deren Grundlage; dazu *Grimm*, Verfassung, S. 100 (134).

[210] So explizit *Laband*, S. 38.

[211] Vgl. *Laband*, S. 40: »Der Satz, daß Spezialgesetze stets mit der Verfassung im Einklang stehen müssen und niemals mit ihr unvereinbar sein dürfen, ist lediglich ein Postulat der Gesetzgebungspolitik, aber kein Rechtssatz«; des weiteren äußert *Laband*, a.a.O.: »Auch der Reichsverfassung gegenüber gilt daher der Grundsatz lex posterior derogat priori«, sofern nur Art. 78 RV Beachtung finde. Vgl. zu verfassungsdurchbrechenden Gesetzen auch *Meyer/Anschütz*, S. 661f, 689f; *Menger*, Rdnr. 293, 304; *Hartung*, S. 274; *Wahl*, Staat 20 (1981), 485 (493); *Badura*, Artikel »Verfassung«, EvStL II, Sp. 3753f. Aufschlußreich ebenfalls M/D/*Maunz*, Art. 79 Rdnr. 2f, Dreier/*Dreier*, Art. 79 I Rdnr. 16ff, sowie M/K/S/*Hain*, Art. 79 Rdnr. 6, die auf terminologische Differenzen bei der Verwendung des Begriffs »Verfassungsdurchbrechung« aufmerksam machen; dazu ausführlich auch *Hufeld*, S. 15ff, 24ff. Für die hiesigen Zwecke reicht es aus, den Begriff der »Verfassungsdurchbrechung« mit *Maunz*, a.a.O., als Synonym für »Verfassungsänderung ohne Verfassungs*text*änderung« zu verwenden, ohne daß näher auf die umstrittenen Einzelheiten und insbesondere den materiellen Aspekt des Begriffs (vgl. *Hufeld*, S. 17ff) eingegangen werden müßte.

[212] So *Laband*, S. 51, unter Hinweis auf RGZ 9, 235. Die Prüfung der Verfassungsmäßigkeit von Reichsgesetzen oblag nach damaliger Ansicht vielmehr dem Kaiser, der die Gesetze im Zusammenwirken mit dem Reichskanzler auszufertigen hatte (Art. 17 RV). Bestätigte er die Verfassungsmäßigkeit eines Reichsgesetzes, so wurde »damit in formell unanfechtbarer und rechtswirksamer Weise konstatiert, daß das Gesetz verfassungsmäßig zustande gekommen ist« (*Laband*, S. 44). Diesem »Urteil« des Kaisers hätten sich die Gerichte zu fügen und das Gesetz anzuwenden. Für ein eigenständiges Prüfungsrecht der Gerichte bleibe im Hinblick auf die Funktion des Kaisers als Wächter und Hüter der Reichsverfassung kein Raum; so *Laband*, S. 44ff, 50f. Außerdem wurde der Grundsatz lex posterior derogat legi priori auch im Verhältnis zwischen Verfassung und einfachem Gesetz für anwendbar befunden, vgl. *Meyer/Anschütz*, S. 662, 743, sowie die Nachweise in der vorangehenden und der folgenden Fußnote.

[213] Dazu allgemein *Badura*, Prüfungsrecht, S. 321 (329f); *Frotscher/Pieroth*, Rdnr. 410; *Huber*, HStR I, § 2 Rdnr. 38. Typisch für das damalige Verfassungsverständnis ist die das Nichtbestehen

c) Die Weimarer Reichsverfassung vom 11. August 1919

Nachdem in Anbetracht der sich abzeichnenden Niederlage Deutschlands im Ersten Weltkrieg qua Verfassungsänderung (u.a. Ergänzung des Art. 15 RV) der Übergang vom konstitutionellen Staate zur parlamentarischen Demokratie mit monarchischer Spitze[215] beschlossen worden[216] und es im Gefolge dieser als unzureichend und verspätet empfundenen systemimmanenten Reform zu revolutionären Unruhen gekommen war[217], wurden am 19. Januar 1919 Wahlen zu einer

---

eines richterlichen Prüfungsrechts begründende Argumentation von *Meyer/Anschütz*, S. 743 f: »Nicht dagegen ist zu prüfen, ob die Landesgesetze mit der Landesverfassung, die Reichsgesetze mit der Reichsverfassung materiell im Einklang stehen. Denn nach deutscher (…) Auffassung ist die Verfassung im Verhältnis zu den einfachen Gesetzen keine Norm höherer Ordnung; sie erscheint nicht als Ausdruck eines von der Legislative verschiedenen, ihr übergeordneten Organwillens, sondern sie ist und gilt als Akt der Legislative selbst. Die Verfassung steht nicht über der gesetzgebenden Gewalt, sondern zu ihrer Disposition. Sie ist keine Macht, die über dem einfachen Gesetz so hoch stünde, wie dieses etwa (…) über einer Verordnung (…) und welcher der Richter infolgedessen mehr gehorchen müßte als dem Gesetz. Die Verfassung ist für die gesetzanwendenden Instanzen, auch für die Gerichte, nicht mehr und nichts anderes als ein einfaches formelles Gesetz. Weicht ein nach der Verfassung erlassenes Gesetz von ihr ab, so ist, gemäß dem Grundsatz lex posterior derogat priori, dieses Gesetz, nicht die Verfassung anzuwenden, letztere gilt insoweit als geändert. Ob es in einem solchen Falle mit Recht oder Unrecht unterlassen worden ist, die besondere Form der Verfassungsänderung (…) zu beobachten, ist eine Frage, welche die gesetzgebenden Faktoren unter sich auszumachen haben, der Nachprüfung des Richters ist sie entzogen.«

[214] Dies betonend *Wahl*, Staat 20 (1981), 485 (497). Da Verfassung und einfaches Gesetz als gleichrangige Willensakte des Staates angesehen wurden, erschienen verfassungsrechtliche Festlegungen mithin in gewissem Sinne als für den Gesetzgeber rechtlich unverbindliche Programmsätze.

[215] So sollte u.a. der bislang vom Kaiser ernannte Reichskanzler zu seiner Amtsführung fortan des Vertrauens des Reichstages bedürfen. Das Recht des Kaisers zur Kriegserklärung und zum Friedensschluß sollte von der Zustimmung von Bundesrat und Reichstag abhängig gemacht werden, ebenso weitere seiner Amtshandlungen von der Gegenzeichnung des Reichskanzlers. Vgl. zu der in Rede stehenden Verfassungsänderung vom 28. Oktober 1918 RGBl. S. 1274 sowie *Huber*, Dokumente III, Nr. 206. Siehe ferner *Huber*, Verfassungsgeschichte V, S. 584 ff; *Frotscher/Pieroth*, Rdnr. 462 ff; *Menger*, Rdnr. 334 f; *Kühne*, S. 130; *Apelt*, S. 32 f; *Hartung*, S. 308 f, 311 f.

[216] Motive dafür waren einerseits entsprechende Forderungen des US-Präsidenten *Wilson*, der die Aufnahme von Friedensverhandlungen von einer Entmachtung des Kaisers abhängig gemacht hatte, und andererseits der Versuch, im Inneren das Parlament für den verlorenen Krieg verantwortlich zu machen; vgl. dazu *Frotscher/Pieroth*, Rdnr. 465; *Menger*, Rdnr. 335.

[217] Bei der Marine brachen Meutereien aus, welche Aufstände im ganzen Lande nach sich zogen. Im Zuge der revolutionären Bewegung gründeten sich allenthalben sogenannte Arbeiter- und Soldatenräte, welche die politische Führung auf lokaler Ebene übernahmen. Unter dem Druck der Ereignisse entschloß sich der Kaiser am 9. November 1918 zur Abdankung, und noch am Nachmittag desselben Tages wurde die Republik ausgerufen; vgl. zu dieser Entwicklung *Frotscher/Pieroth*, Rdnr. 468 ff; *Menger*, Rdnr. 335 ff; *Apelt*, S. 36; *Hartung*, S. 309, 311 f; *Schneider*, HStR I, § 3 Rdnr. 1. Damit war die erste Entscheidung über die neue Staatsform (faktisch) gefallen und gleichzeitig klargestellt, daß die nun erforderliche neue Verfassung nicht mehr auf dem monarchischen oder dem Vereinbarungsprinzip beruhen würde. Gegenstand heftiger politischer Auseinandersetzungen war indes die Frage, ob die neue Republik als parlamentarische Demokratie oder nach sowjetischem Vorbild als Räterepublik konstituiert werden sollte. Damit einhergehend war auch zu klären, ob die neue Verfassung von einer gewählten verfassunggebenden

verfassunggebenden deutschen Nationalversammlung abgehalten.[218] Von dieser
Nationalversammlung, an deren Wahl erstmals auch Frauen teilnehmen durften[219], wurde eine neue Verfassung verabschiedet[220], die am 11. August 1919 von
Reichspräsident *Ebert*[221] ausgefertigt wurde und am 14. August 1919 in Kraft
trat.[222]

Korrespondierend mit der Verabschiedung durch eine vom Volk gewählte verfassunggebende Nationalversammlung anerkannte die als »Weimarer Reichsverfassung« bezeichnete neue Verfassung in ihrem ersten Artikel das Prinzip der
Volkssouveränität[223], indem sie feststellte: »Die Staatsgewalt geht vom Volke

---

Versammlung oder einer auf Räte-Basis gebildeten Konstituante auszuarbeiten sei; dazu näher
Schneider, HStR I, § 3 Rdnr. 2; *Frotscher/Pieroth*, Rdnr. 472f. In dem als landesweite Vertretung
der revolutionären Räte gebildeten, vom 18. bis 20. Dezember 1918 tagenden Reichskongreß der
Arbeiter- und Soldatenräte setzten sich die gemäßigten Kräfte durch; es wurde beschlossen,
Wahlen zu einer verfassunggebenden deutschen Nationalversammlung abzuhalten.

[218] Zum Wahlergebnis und der parteipolitischen Zusammensetzung der Nationalversammlung *Apelt*, S. 51; *Schneider*, HStR I, § 3 Rdnr. 7; *Frotscher/Pieroth*, Rdnr. 477.

[219] *Schneider*, HStR I, § 3 Rdnr. 4, 6; *Frotscher/Pieroth*, Rdnr. 473, 477; *Menger*, Rdnr. 338;
Apelt, S. 40f, 49f; *Hartung*, S. 313f.

[220] Zu den Verfassungsberatungen, die auf der Grundlage eines Verfassungsentwurfs des
Staatsrechtslehrers *Hugo Preuß* stattfanden, und ihrer Vorbereitung vgl. *Schneider*, HStR I, § 3
Rdnr. 9ff, 13ff; *Kühne*, S. 131ff; *Apelt*, S. 56ff, 82ff. Die neue Verfassung wurde am 31. Juli 1919
mit einem Abstimmungsergebnis von 262 gegen 75 Stimmen bei einer Enthaltung von der Nationalversammlung angenommen. *Schneider*, HStR I, § 3 Rdnr. 16, weist darauf hin, daß von den
420 Abgeordneten der Nationalversammlung nur 338 an der Schlußabstimmung teilnahmen.
Siehe auch *Menger*, Rdnr. 342; *Apelt*, S. 124; *Hartung*, S. 319.

[221] *Ebert* war bereits vor dem Inkrafttreten der neuen Verfassung auf der Grundlage des von
der Nationalversammlung im Februar 1919 erlassenen Gesetzes über die vorläufige Reichsgewalt zum Reichspräsidenten gewählt worden, und zwar nicht vom Volk, wie später in Art. 41
WRV vorgesehen, sondern von der Nationalversammlung; vgl. *Menger*, Rdnr. 350; *Apelt*, S. 69.

[222] *Apelt*, S. 124; *Hartung*, S. 320.

[223] Zum Prinzip der Volkssouveränität ausführlich *Böckenförde*, HStR I, § 22 Rdnr. 2ff, der
hervorhebt, Grundgedanke der Volkssouveränität sei das Erfordernis einer rechtfertigenden
Herleitung (Legitimation) politischer Herrschaftsgewalt, und diese Legitimation könne nur vom
Volk selbst, nicht von einer Instanz außerhalb des Volkes ausgehen. Das Prinzip der Volkssouveränität sei deshalb primär auf die *Trägerschaft* der Staatsgewalt gerichtet und habe zum Inhalt,
daß (zumindest) die Errichtung und Organisation der politischen Herrschaftsgewalt auf das
Volk selbst rückführbar sein müsse. Die Verfassung als rechtlicher Ursprung staatlicher Herrschaftsgewalt müsse demnach auf das Volk zurückführbar sein, d.h. die *verfassunggebende Gewalt des Volkes* sei eine *notwendige Erscheinungsform des Prinzips der Volkssouveränität*. Beachtet werden muß allerdings, daß das Prinzip der Volkssouveränität als solches ein außerhalb des
positiven Rechts anzusiedelndes Phänomen ist und der »Verfassung« insofern vorausgeht. Verfassungsrechtliche Bestimmungen können das Prinzip der Volkssouveränität folglich lediglich
anerkennen, was z.B. in Art. 20 Abs. 2 Satz 1 GG geschieht; dazu *Böckenförde*, HStR I, § 22
Rdnr. 4; *Sachs/Sachs*, Art. 20 Rdnr. 27. Auf der anderen Seite hängt es immer von der näheren po-
sitiv-verfassungsrechtlichen Ausgestaltung und Begrenzung ab, in welchem Umfang die dem
Prinzip der Volkssouveränität innewohnenden theoretischen Postulate in einer konkreten Verfassungsordnung aufgenommen und anerkannt worden sind; auch dies betonend *Böckenförde*,
a.a.O. Zum Verhältnis zwischen verfassunggebender Gewalt und Volkssouveränität auch
Herbst, S. 36ff.

aus.« Auch an der Ausübung der durch die Verfassung rechtlich *begründeten* staatlichen Herrschaft[224] wurde das Volk beteiligt[225]: Als Wege demokratischer Willensäußerung waren in der Weimarer Reichsverfassung die Wahl des Reichstages[226] und des Reichspräsidenten[227] vorgesehen, daneben auch Volksbegehren und Volksentscheid.[228]

Verfassungsänderungen waren gemäß Art. 76 Abs. 1 Satz 1 WRV »im Wege der Gesetzgebung« möglich. Änderungsgesetze benötigten im Reichstag eine Mehrheit von zwei Dritteln der abgegebenen Stimmen bei Anwesenheit von mindestens zwei Dritteln der gesetzlichen Mitgliederzahl und im Reichsrat eine Mehrheit von zwei Dritteln der abgegebenen Stimmen.[229] Auch durch Volksbegehren

---

[224] Vgl. dazu Art. 5 WRV: »Die Staatsgewalt wird (...) auf Grund der Reichsverfassung (...) ausgeübt.«

[225] Die Beteiligung des Volkes auch an der *Ausübung* der politischen Herrschaftsgewalt im Rahmen einer demokratischen Staats- und Regierungsform geht über den soeben referierten Gehalt der Volkssouveränität (Inhaberschaft der verfassunggebenden Gewalt durch das Volk) hinaus, ist aber in deren Grundidee bereits angelegt: Die *Demokratie* erscheint als *Konsequenz und Verwirklichung des Prinzips der Volkssouveränität*, knüpft an dieses an und findet in ihm seine Grundlage und Rechtfertigung; so *Böckenförde*, HStR I, § 22 Rdnr. 8. Hinsichtlich der Entscheidung über die Staats- und Regierungsform sind die Festlegungen in konkreten Verfassungen im Gegensatz zu denen über den Träger der verfassunggebenden Gewalt freilich auch dann konstitutiv, wenn in diesem Zusammenhang der Begriff der Volkssouveränität Verwendung findet. Festzuhalten ist somit, daß der Terminus »Volkssouveränität« in zwei verschiedenen Konnotationen verwendet wird: einmal im Hinblick auf den Verfassungsursprung und damit die Begründung staatlicher Herrschaft, und zum anderen in bezug auf die Staats- und Regierungsform, wie sie durch eine geltende Verfassung festgelegt wird, d.h. in bezug auf die Modalitäten der Ausübung staatlicher Herrschaft; deutlich in diesem Zusammenhang *Unruh*, S. 9f.

[226] Art. 22 WRV. Eine Neuerung gegenüber der vorangegangenen Verfassung in ihrer Gestalt bis 1918 bestand darin, daß die Regierung, bestehend aus Reichskanzler und Reichsministern, zu ihrer Amtsführung des Vertrauens des Reichstages bedurfte (Art. 54 WRV), also ein parlamentarisches Regierungssystem eingeführt wurde; dazu *Schneider*, HbVerfR, § 13 Rdnr. 3ff; *Zippelius*, AStL, § 41 II (S. 436ff); *Maunz/Zippelius*, § 11 IV 2 (S. 73f); *Ipsen*, Staatsrecht, Rdnr. 470ff; *Frotscher/Pieroth*, Rdnr. 489.

[227] Art. 41 WRV. Der Reichspräsident wurde also nicht vom Parlament, sondern direkt vom Volk gewählt. Er besaß das Recht zur Parlamentsauflösung (Art. 25 WRV) und verfügte im Ausnahmefall über sehr beträchtliche Sonderrechte (Art. 48 WRV), wobei er wegen seiner Befugnis zur Auflösung des Reichstages faktisch einer nur beschränkten parlamentarischen Kontrolle unterlag. Ein allgemeiner Überblick über das Regierungssystem der WRV findet sich bei *Frotscher/Pieroth*, Rdnr. 481ff, 487ff; ausführlichere Darlegungen zu leitenden Grundsätzen und Institutionen der WRV bei *Schneider*, HStR I, § 3 Rdnr. 21ff, 47ff.

[228] Art. 73–75 WRV; zur Mitwirkung des Volkes an Verfassungsänderungen sogleich im Text.

[229] Art. 76 Abs. 1 Sätze 2 und 3. Da dem Reichsrat auch im Verfahren der Verfassungsänderung nur ein Einspruchsrecht zustand (vgl. Art 74 WRV), war genau genommen nicht seine Zustimmung erforderlich, sondern nur die Nichterhebung eines Einspruchs. Art. 76 Abs. 1 Satz 3 WRV sollte dabei zum Ausdruck bringen, daß mehr als ein Drittel der Stimmen im Reichsrat erforderlich ist, wenn Einspruch erhoben werden soll, oder anders formuliert: Verfassungsänderungen nur zustande kommen, wenn mehr als zwei Drittel der Stimmen gegen die Einspruchserhebung votieren. Vgl. zu der insofern ungeschickt formulierten Vorschrift des Art. 76 Abs. 1 Satz 3 WRV *Anschütz*, Art. 76 Anm. 6 (S. 406ff).

und anschließenden Volksentscheid konnten Verfassungsänderungen herbeigeführt werden[230], sofern die Mehrheit der Stimmberechtigten dafür plädierte.[231]

Trotz der besonderen, gegenüber der Reichsverfassung von 1871 verschärften[232] Anforderungen an verfassungsändernde Gesetze wurde ein *Vorrang der Verfassung* gegenüber dem einfachen Gesetzesrecht von einflußreichen Teilen der Staatsrechtslehre weiterhin nachdrücklich *negiert*.[233] Desgleichen wurden Geset-

---

[230] Art. 76 Abs. 1 Satz 4 WRV. Vgl. dazu *Thoma*, HbDStR, Bd. 2, § 71, S. 184.

[231] Verfassungsänderungen durch Volksentscheid setzten also anders als solche im Verfahren der normalen Gesetzgebung nicht die Erzielung einer Zweidrittelmehrheit voraus, sondern bedurften nur der Zustimmung einer einfachen Mehrheit – allerdings nicht der Abstimmenden, sondern der Abstimmungsberechtigten. Daß für Verfassungsänderungen durch Volksentscheid insofern weniger strenge Mehrheitserfordernisse galten als für von Reichstag und Reichsrat betriebene Änderungen der Verfassung, läßt sich darauf zurückführen, daß das Volk dem Prinzip der Volkssouveränität gemäß als Träger der verfassunggebenden Gewalt betrachtet wurde. Dieser Umstand bleibt nämlich, wie ohne Vorgriff auf die späteren Ausführungen schon jetzt bemerkt werden kann, nicht ohne Folgen für die Ausgestaltung der Revisionskompetenz: Sind Verfassungsänderungen durch die verfaßten Gewalten üblicherweise nur unter erschwerten Voraussetzungen, namentlich bei Erzielung qualifizierter Mehrheiten, zulässig, weil die Verfassung anderenfalls zur Disposition der staatlichen Organe stünde und diese imstande wären, sich ohne weiteres über die Entscheidungen des Verfassunggebers hinwegzusetzen (s. o. A. I. 5. b) bb)), so stellt sich die Lage bei Verfassungsänderungen im Wege der Volksgesetzgebung schon deshalb anders dar, weil das Volk, obwohl es in den von der Verfassung vorgegebenen Bahnen und mithin als verfaßte Gewalt handelt, mit dem (als außerhalb der Verfassung gedachten) Volk als Subjekt der verfassunggebenden Gewalt personell identisch ist. Unter diesen Umständen erweist sich die Notwendigkeit einer besonderen Erschwerung von Verfassungsänderungen als sehr viel weniger dringlich denn im Falle der Revisionskompetenz besonderer, vom Träger der verfassunggebenden Gewalt verschiedener Organe; denn daß die Verfassung zur Disposition des Volkes steht – wenn nicht im Verfahren der Verfassungsänderung, dann jedenfalls im Wege der Verfassunggebung –, ist unter der Prämisse der Volkssouveränität ohnehin ein Datum. Vgl. in diesem Zusammenhang auch *Thoma*, HbDStR, Bd. 2, § 71, S. 154, der in bezug auf das Revisionssystem der WRV meint, die maßgeblichen Persönlichkeiten der Nationalversammlung seien sich vermutlich darüber im klaren gewesen, »daß man die überwiegende Mehrheit eines freien Volkes durch Verfassungsartikel doch nicht hindern könnte, sich die Verfassung zu geben, die sie haben will, notfalls unter Bruch des geschriebenen Rechts«. Näheres zu den angesprochenen Zusammenhängen, insbesondere zur Verfassungsänderung als einer systemimmanenten, der Vermeidung neuerlicher Verfassunggebung dienenden Möglichkeit der Erzeugung neuen Verfassungsrechts und zur Beteiligung des Volkes an der Verfassungsrevision, in den folgenden Abschnitten, besonders unter C. I., II. 2.; D. III. 1. c) und 3. a) ee) sowie E. III. 1. b).

[232] Unter der Reichsverfassung von 1871 bedurften Verfassungsänderungen im Reichstag lediglich einfacher Mehrheit und nur im Bundesrat einer qualifizierten Mehrheit (Art. 78); s. o. A. I. 8. b). In der WRV war hingegen, wie im Text ausgeführt, das Erfordernis einer doppelt qualifizierten Mehrheit vorgesehen.

[233] Als repräsentativ gelten kann die Auffassung von *Anschütz*, Art. 76 Anm. 1: »›Die Verfassung kann im Wege der Gesetzgebung abgeändert werden‹. Dieser Satz galt schon im alten Recht (aRVerf Art. 78 Abs. 1). Er bedeutet, daß Verfassungsgesetz und einfaches Gesetz *Willensäußerungen einer und derselben Gewalt, der gesetzgebenden Gewalt*, darstellen. Der Gedanke einer besonderen, von der gesetzgebenden Gewalt verschiedenen und ihr übergeordneten verfassunggebenden Gewalt ist, im Gegensatz zu Nordamerika, dem deutschen Staatsrecht nach wie vor fremd. *Die Verfassung steht nicht über der Legislative, sondern zur Disposition derselben*, mit der Maßgabe, daß die Legislative gegebenenfalls verpflichtet ist, die für Verfassungsänderungen vorgeschriebenen besonderen Formen zu wahren«; Hervorhebungen v. Verf.

ze mit *verfassungsdurchbrechendem* Charakter auch unter der Weimarer Verfassung meist für zulässig gehalten.[234] Die Möglichkeit einer *richterlichen Prüfung* von Gesetzen im Hinblick auf ihre Vereinbarkeit mit der Verfassung zählte zu den umstrittensten verfassungsrechtlichen Fragen der 20er Jahre des letzten Jahrhunderts.[235] Die Befürworter einer richterlichen Normenkontrolle und damit eines Vorranges der Verfassung gegenüber dem Gesetzgeber setzten sich dabei langsam durch[236], stießen aber bis in die Endphase der Weimarer Republik auf entschiedenen Widerspruch.[237]

Vor dem Hintergrund des in der Weimarer Staatsrechtslehre umstrittenen Verhältnisses zwischen Verfassung und einfachem Gesetz wurde speziell der Zweite Hauptteil der Reichsverfassung, überschrieben mit »Grundrechte und Grundpflichten der Deutschen«[238], zum Gegenstand intensiver wissenschaftlicher Auseinandersetzungen. Er enthielt, nach verschiedenen Lebensbereichen gegliedert[239], eine Vielzahl von Verbürgungen, deren rechtliche Qualität höchst unterschiedlich war.[240] Die Bindung des Gesetzgebers an die verschiedenen[241] im

---

[234] Zur »stillschweigenden« Verfassungsänderung ohne Textänderung und möglichen Einschränkungen ihrer Zulässigkeit vgl. *Anschütz*, Art. 76 Anm. 2; *Schmitt*, Verfassungslehre, S. 99, 106 ff; *Thoma*, HbDStR, Bd. 2, § 71, S. 155 ff; *Jellinek*, HbDStR, Bd. 2, § 73, S. 187 f. Ferner *Apelt*, S. 247 f; *Kägi*, Grundordnung, S. 116; *Hufeld*, S. 46 ff; *Hesse*, Grundzüge, Rdnr. 39, 697 ff; *Ipsen*, Staatsrecht, Rdnr. 1016 ff; *Schneider*, HStR I, § 3 Rdnr. 81 f.

[235] Vgl. dazu die Nachweise bei *Anschütz*, Art. 70 Anm. 4, 5, sowie in den Literaturhinweisen zu Art. 70 WRV; *Badura*, Prüfungsrecht, S. 321 (328 ff).

[236] Bahnbrechend war in dieser Hinsicht das Urteil des Reichsgerichts vom 4. November 1925 (RGZ 11, 320), in dem ein richterliches Prüfungsrecht unzweideutig anerkannt wurde. Zur Durchsetzung der richterlichen Normenkontrolle in der Weimarer Republik näher *Badura*, Prüfungsrecht, S. 321 (330 ff); *Starck*, Grundrechte, S. 145 (154 f).

[237] Z.B. von *Anschütz*, dessen Begründung für das Nichtbestehen eines Prüfungsrechts derjenigen *Labands* ähnelt: Der Reichspräsident habe im Rahmen seiner Befugnis zur Ausfertigung der Gesetze (Art. 70 WRV) ein Prüfungsrecht im Hinblick auf die formelle und materielle Verfassungsmäßigkeit (so *Anschütz*, Art. 70 Anm. 2). Die Ausfertigung »begründet eine für die, welche das Gesetz zu befolgen und anzuwenden haben, *unwiderlegbare Vermutung*, eine praesumtio iuris et de iure für die Echtheit des Gesetzestextes und die Formrichtigkeit des stattgehabten Gesetzgebungsverfahrens« (Art. 70 Anm. 3). Die Frage eines richterlichen Prüfungsrechtes sei demnach wie unter dem Regime der Reichsverfassung von 1871 zu verneinen. Als Grund dafür komme in Betracht aber »nicht nur das Wesen und die Wirkung der Ausfertigung, sondern vor allem auch die Tatsache, daß die Reichsverfassung dem einfachen Gesetz gegenüber *keine Norm höheren Ranges darstellt, der die rechtsanwendenden Instanzen mehr zu gehorchen haben als dem Gesetz*« (Art. 70 Anm. 4). Der Richter sei dem Gesetz unterworfen, es sei für ihn bindend. Er dürfe prüfen, ob das Gesetz ordnungsgemäß verkündet worden und noch in Kraft sei, nicht aber die Vereinbarkeit eines Reichs- bzw. Landesgesetzes mit der entsprechenden Verfassung thematisieren (Art. 102 Anm. 3); alle Hervorhebungen v. Verf.

[238] Art. 109–165 WRV.

[239] Nämlich: 1. Die Einzelperson, 2. Das Gemeinschaftsleben, 3. Religion und Religionsgesellschaften, 4. Bildung und Schule, 5. Das Wirtschaftsleben.

[240] Vgl. etwa die Kategorisierung bei *Schmitt*, HbDStR, Bd. 2, § 101, S. 590 ff, sowie in seiner Verfassungslehre, S. 163 ff: Freiheitsrechte des Einzelmenschen (z.B. Art. 114, 115, 117, 118, 123, 124); politische Rechte des Staatsbürgers (z.B. Art. 22, 128, 125, 160); Rechte des einzelnen auf Leistungen sozialer und kultureller Art (= Ansprüche erst aus einem Gesetz, Beispiele bei

Zweiten Hauptteil der Verfassung enthaltenen Verbürgungen wurde kontrovers diskutiert[242], größtenteils aber verneint, so daß vielen der dortigen Bestimmungen lediglich der Charakter von unverbindlichen Programmsätzen zugebilligt wurde.[243]

Schmitt, HbDStR, Bd. 2, § 101, S. 594); Rechte und Ansprüche öffentlicher Körperschaften als solcher gegen den Staat (z. B. Art. 137 Abs. 5 und 6, 138); Einrichtungsgarantien (Institutsgarantien und institutionelle Garantien); Garantien des status quo einer bestimmten Rechts- oder Sachlage oder bestimmter Ansprüche (z. B. Art. 138, 173, 174, 178 Abs. 2).

[241] *Schmitt*, HbDStR, Bd. 2, § 101, S. 582f, *Apelt*, S. 295ff, und *Stern*, HStR V, § 108 Rdnr. 28f, heben hervor, daß die Heterogenität der Vorschriften auf die Kompromißhaftigkeit der von der verfassunggebenden Nationalversammlung getroffenen Entscheidung zurückzuführen sei. Ob seiner Heterogenität, Inkohärenz und Pleonexie sei der Zweite Hauptteil der WRV oft als »interfraktionelles Parteiprogramm« bezeichnet worden, so *Schmitt*, a.a.O., S. 583.

[242] Vgl. dazu etwa *Schmitt*, HbDStR, Bd. 2, § 101, S. 597ff; *Thoma*, Grundrechte, S. 31ff; *Apelt*, S. 297ff; *Starck*, Grundrechte, S. 145 (154ff). Besonders hervor stach die sich mit Blick auf Art. 109 WRV (Gleichheitssatz) stellende Frage, ob nur die Gesetzesanwendung oder auch die Gesetzgebung selbst dem Gleichheitsgedanken verpflichtet sei. Die »Gleichheit vor dem Gesetz im Sinne des Art. 109 der Reichsverfassung« war Gegenstand der Tagung der Deutschen Staatsrechtslehrer im Jahr 1926. Vgl. dazu den Bericht von *E. Kaufmann*, VVDStRL 3 (1927), S. 2ff, der auch die Gesetzgebung als durch Art. 109 WRV gebunden erachtete, den in dieser Hinsicht restriktiveren Mitbericht von *Nawiasky*, a.a.O., S. 25ff, sowie die Aussprache über die vorgenannten Berichte, a.a.O., S. 43ff. Zu Art. 109 WRV auch *Schmitt*, HbDStR, Bd. 2, § 101, S. 593.

[243] Vgl. dazu *Wahl*, HStR I, § 1 Rdnr. 36; *Schneider*, HStR I, § 3 Rdnr. 34; *Stern*, HStR V, § 108 Rdnr. 29; *Frotscher/Pieroth*, Rdnr. 497; *Kühne*, S. 187f; *Apelt*, S. 297ff; *Schmitt*, HbDStR, Bd. 2, § 101, S. 598ff. Die geringe Wirkkraft der Grundrechte resultierte allerdings nicht nur aus der allgemeinen Schwäche der Verfassung gegenüber dem Gesetzgeber (Fehlen eines durchsetzbaren höheren Ranges der Verfassung gegenüber dem einfachen Gesetz), sondern auch aus der spezifischen Auslegung des Zweiten Hauptteils der WRV. So wurde etwa eine unmittelbare, nicht durch einfaches Gesetz vermittelte Geltung der Art. 109ff WRV nur ausnahmsweise angenommen, d.h. die dortigen Verbürgungen wurden mehr als Appell an die Legislative denn als aktuell geltendes Recht ausgelegt. Außerdem wurde vielfach davon ausgegangen, daß die Grundrechte aufgrund der in ihnen enthaltenen Gesetzesvorbehalte insofern leerliefen, als sie dem Belieben des Gesetzgebers anheimgestellt seien und deshalb letztlich nur den Grundsatz der Gesetzmäßigkeit der Verwaltung beinhalteten. Exemplarisch in dieser Hinsicht *Hensel*, HbDStR, Bd. 2, § 84, S. 315ff, dem zufolge Verfassungsrecht im Grundsatz (einfaches) Gesetzesrecht bricht; aber »durch Beifügung eines sogenannten ›Gesetzesvorbehalts‹ kann die Verfassung dem Gesetzgeber (aber auch nur diesem!) gestatten, das Verfassungsrecht im einfachen Gesetzgebungswege zu differenzieren oder gar abzuändern bzw. zu durchbrechen«. Vgl. in diesem Kontext auch *Schmitt*, HbDStR, Bd. 2, § 101, S. 585ff. Erst langsam setzten sich differenziertere Auffassungen durch. So wurde herausgearbeitet, daß der Gesetzgeber in dem ihm durch die Gesetzesvorbehalte eröffneten Tätigkeitsbereich gewissen Beschränkungen unterliege (z. B. Verbot der Grundrechtseinschränkung durch Einzelfallgesetz, dazu *Thoma*, Grundrechte, S. 36f; Unantastbarkeit des Wesens des jeweiligen Grundrechts, vgl. *Hensel*, HbDStR, Bd. 2, § 84, S. 316 Fn. 2; *Schmitt*, HbDStR, Bd. 2, § 101, S. 591f). Auch wurde angenommen, daß im Hinblick auf die Geltungskraft der Grundrechte zwischen verschiedenen Gruppen zu differenzieren sei (vgl. *Thoma*, Grundrechte, S. 33ff; *Schmitt*, HbDStR, Bd. 2, § 101, S. 575ff), und zwar zwischen:

1. verfassungskräftigen Grundrechten ersten Grades, die nur erschwert, nämlich im Wege der Verfassungsänderung abänderbar seien, z. B. Art. 109, 110 Abs. 2, 112 Abs. 3, 116, 118 Abs. 2, 126, 128 Abs. 2, 142 Satz 2, 159 WRV;

2. verfassungskräftigen Grundrechten zweiten Grades, die im Ausnahmezustand suspendiert werden könnten (vgl. Art. 48 Abs. 2 WRV), z. B. Art. 123 WRV;

9. Zusammenfassung

Der Begriff der Verfassung (bzw. entsprechende fremdsprachliche Begriffe) war in der abendländischen Staatslehre und Philosophie schon lange vor der amerikanischen Revolution bekannt.[244] Seine Wurzeln reichen bis in die Antike zurück. Trotzdem läßt sich nur schwerlich auf einen juristisch präzisen Punkt bringen, was genau »Verfassung« ist, welche Eigenschaften ein Sachverhalt also aufweisen muß, um »Verfassung« sein zu können.

Charakteristisch ist von Anfang an ein Dualismus von Seinsbegriff und Sollensbegriff[245]: »Verfassung« wurde einerseits als ein den politischen Zustand eines Staates umfassend wiedergebender Erfahrungsbegriff verwendet (sog. realitätsbezogener, ontologischer oder deskriptiver Verfassungsbegriff). Andererseits wohnte dem »Verfassen« und der »Verfassung« schon bald auch ein rechtsnormatives Element inne: Verfassungen wurden begriffen als rechtliche Regelungen primär zur Ausgestaltung von Herrschaftsverhältnissen. Dieses normative Verfassungsverständnis überwog seit dem Mittelalter[246], ohne jedoch die Assoziation mit den realen Machtverhältnissen vollständig zurückdrängen zu können.[247]

---

3. reichsgesetzeskräftigen Grundrechten, die durch Reichsgesetz eingeschränkt werden könnten, z.B. Art. 111, 112 Abs. 1, 117, 123 Abs. 2, 151 Abs. 3 WRV;

4. lediglich gesetzeskräftigen Grundrechten, die auch durch Landesgesetz beschränkbar seien, z.B. Art. 114, 115 WRV.

Weiterhin stieß die herrschende Ansicht, daß auch die verfassungskräftigen Grundrechtsbestimmungen durch verfassungsänderndes Gesetz ohne weiteres alteriert, durchbrochen oder aufgehoben werden könnten (so noch *Thoma*, HbDStR, Bd. 2, § 71, S. 153 ff; *ders.*, Grundrechte, S. 38 ff), zunehmend auf Widerspruch namentlich von *Schmitt*, Verfassungslehre, S. 25 f, 102 ff, 163, und weiteren Staatsrechtslehrern (erwähnt sind diese bei *Schmitt*, HbDStR, Bd. 2, § 101, S. 600 f). Schließlich wurde in späterer Zeit davon ausgegangen, daß eine Vermutung für die unmittelbare, nicht nur gesetzesvermittelte Anwendbarkeit der in der WRV enthaltenen Grundrechte streite, vgl. *Apelt*, S. 298 f. Zum Ganzen auch *Kägi*, Grundordnung, S. 131 ff.

[244] Dies betont auch *Boehl*, Verfassunggebung, S. 27; bei ihm findet sich ebenfalls ein kurzer Überblick über die geschichtliche Entwicklung des Verfassungsverständnisses.

[245] Dazu außer den Darlegungen unter A. I. auch ausführlich *Karpen*, JZ 1987, 431 (431 f, 439 ff).

[246] Dazu auch *Grimm*, Zukunft, S. 11, 35, der treffend von einem Übergang vom Seins- zum Sollensbegriff der Verfassung spricht.

[247] So feierte z.B. der ältere, zuständliche Verfassungsbegriff eine Wiederauferstehung in Gestalt der sozio-ökonomischen Verfassungsbegriffe, die in Erinnerung rufen, daß zwischen der rechtlichen Verfassung und der Realität ein Wechselbezug in dem Sinne besteht, daß sich eine nach rechtlichen Maßstäben wirksame Verfassung nur insofern realiter Geltung verschaffen kann, als sie mit den bestehenden Machtverhältnissen im Einklang steht: »Was auf das Blatt Papier geschrieben wird, ist ganz gleichgültig, wenn es der realen Lage der Dinge, den tatsächlichen Machtverhältnissen widerspricht«, so das Verfassungsverständnis von *Lasalle*. Dazu *Grimm*, Verfassung, S. 100 (131 f); *Tosch*, S. 35 ff; *Scheuner*, Verfassung, S. 171 (173): »Verfassung und politische Wirklichkeit stehen in einer Spannung, die ein gewisses Maß nicht überschreiten darf.« Zu diesen und ähnlichen Verfassungsbegriffen (außer *Lasalle* auch *Somló, Schmitt, Smend* u.a.) siehe *Tosch*, S. 35 ff; *Haverkate*, Verfassungslehre, S. 6 ff.

Mit einer »Verfassung« in Verbindung gebracht wurden seit dem 13. Jahrhundert das Element der Schriftlichkeit sowie das systematische Abfassen des überkommenen Rechtsstoffs. Trotz ihrer Bezogenheit auf die Ausübung staatlicher Herrschaft erschien eine Verfassung jedoch noch nicht als eine Gesamtordnung, sondern konnte immer nur partielle, bestimmte Herrschaftsbeziehungen einzelner Rechtssubjekte betreffende Regelungen zum Gegenstand haben. Mit der Anerkennung herrschaftsbegrenzender, auf einem Vertragsschluß zwischen Herrscher und Ständen beruhender Fundamentalgesetze rückte sodann der Gesichtspunkt der Höherrangigkeit entsprechender Normen – einschließlich ihrer Verbindlichkeit auch dem Herrscher gegenüber – stärker in den Blick. Die Gesamtheit dieser als unverbunden nebeneinander stehend gedachten Grundgesetze wurde in der Folge als »Verfassung« bezeichnet.

Im weiteren Verlauf der Geschichte kam – ausgehend vor allem von Amerika und Frankreich – ein anderes Verständnis auf: Unter »Verfassung« verstand man in einer einheitlichen Urkunde, der Verfassungsurkunde, zusammengefaßte Bestimmungen, welche ihre Geltung nicht einem Vertrag zwischen Herrscher und Volk, sondern einem Vertrag der Individuen untereinander verdankten. Der Verfassung wurde nicht nur ein die staatliche Herrschaft rechtlich begrenzender, sondern vielmehr ein im Rechtssinne herrschaftsbegründender Charakter zugeschrieben. Sie erschien deshalb als ein allen Staatsorganen übergeordnetes, Organisation, Ausübung und Begrenzung staatlicher Herrschaft nach Art einer Gesamtordnung umfassend regelndes Gesetz[248], wobei die Herrschaftsbegrenzung in erster Linie durch die Gewährleistung unantastbarer Menschen- und Bürgerrechte sowie eine gewaltenteilige Staatsorganisation bewirkt wurde. Gewaltenteilung und Menschenrechtsgewährleistung, d.h. bestimmte Verfassungsinhalte, wurden zudem bisweilen per se zu zwingenden Verfassungsbestandteilen erklärt. Als verfassungsspezifisch galt fortan auch, daß Verfassungsänderungen erschwert, alle Aktivitäten staatlicher Organe einer (verfassungs-)gerichtlichen Kontrolle unterworfen und im Falle ihrer Verfassungswidrigkeit nichtig sind.

Das neue Verfassungsverständnis erfuhr später dadurch eine Modifizierung, daß die Vorstellung von der vertraglichen Begründung der Verfassung zurückwich und der Ursprung der Verfassung statt dessen im Prinzip der Volkssouveränität bzw. in der verfassunggebenden Gewalt des Volkes erblickt wurde. Bevor sich dieses Verfassungsverständnis auch in Europa verbreiten konnte, war dort allerdings lange Zeit noch das monarchische Prinzip von prägendem Einfluß: Verfassungen wurden als Ausdruck einer einseitig eingegangenen, bestenfalls zwischen Fürst und Volk vereinbarten Beschränkung monarchischer Machtvollkommenheit aufgefaßt. Bewerkstelligt wurde diese Machtbeschränkung u.a. durch

---

[248] *Grimm*, Zukunft, S. 34f, hebt eine dreifache Funktions- und Geltungsausweitung des neuen Verfassungsbegriffs hervor: herrschaftskonstituierend (nicht nur herrschaftsbegrenzend), umfassende Regelung (nicht nur Teilbereiche der Ausübung staatlicher Herrschaft), universale Geltung (Geltung nicht nur für einzelne Herrschaftsunterworfene).

die Übertragung bestimmter Rechte auf die Volksvertretung. Ausgehend von dieser Prämisse war für die Annahme einer herrschaftsbegründenden Funktion der Verfassung kein Raum.[249] Ebensowenig wurde der Verfassung ein besonderer Rang gegenüber dem einfachen Gesetz bzw. dem Gesetzgeber zugebilligt.

II. Die Schwächen einer begrifflichen Verfassungsdefinition und die Alternative eines typologischen Verfassungsverständnisses

Die Betrachtung der historischen Entwicklung hat zu der Erkenntnis einer gewissen Kontextabhängigkeit des Phänomens »Verfassung« bzw. der Merkmale geführt, die jeweils als für eine »Verfassung« kennzeichnend erachtet werden (1). Es stellt sich deswegen die Frage, ob es überhaupt eine allgemeingültige Verfassungsdefinition geben kann. Zunächst ist auf die Möglichkeit einer positiv-rechtlichen Verfassungsdefinition einzugehen (2). Sodann sollen die Methoden, die bei der Begriffsbildung im allgemeinen angewandt werden, in den Blick genommen und versucht werden, aus diesen Methoden rechtstheoretisch-kategoriale Schlußfolgerungen zu ziehen (3). Dabei wird sich die Vorzugswürdigkeit eines typologischen Verfassungsverständnisses erweisen (4).

1. Die zeitliche und räumliche Kontextabhängigkeit und damit Relativität der »Verfassung«

Die Entwicklung dessen, was wir heute unter »Verfassung« verstehen, ist keineswegs geradlinig und kontinuierlich vonstatten gegangen.[250] Vielmehr sind im Laufe der Zeit mit einer »Verfassung« in verschiedenen Ländern – nicht zuletzt unter dem Einfluß der dort jeweils obwaltenden tatsächlichen Verhältnisse – ganz unterschiedliche formelle und inhaltsbezogene Merkmale in Verbindung gebracht worden:

– Einer »Verfassung« kam in den nordamerikanischen Kolonien angesichts des nach der Unabhängigkeit von England eingetretenen Machtvakuums quasi von selbst die Aufgabe der rechtlichen (Neu-)Begründung staatlicher Herrschaft zu. In Deutschland konnte eine »Verfassung« demgegenüber bis zum Ende des Ersten Weltkrieges lediglich eine Begrenzung der als bestehend vorausgesetz-

---

[249] An dieser Stelle zeigt sich mit aller Deutlichkeit, daß verschiedene Vorstellungen über das Verhältnis von staatlicher Herrschaft und Verfassung das Verfassungsverständnis in erheblichem Maße beeinflussen.
[250] Dies zeigt sich insbesondere dann, wenn der Blick nicht auf ein einzelnes Land beschränkt wird, sondern mehrere Länder in die geschichtlichen Studien einbezogen werden.

ten staatlichen Macht qua Etablierung einer rechtlichen Bindung des Monarchen herbeiführen.

– Entsprach im England zur Zeit *Cromwells* das Verfassungsverständnis in etwa dem späteren amerikanischen, so setzte sich nach der Glorious Revolution (1688) das Prinzip der Parlamentssouveränität und mit ihm die Idee eines rechtlich allmächtigen Parlamentes durch – ein System, in dem für eine geschriebene und im amerikanischen Sinne höherrangige Verfassung kein Platz ist.

– Waren nach dem Geist der Französischen Revolution u.a. das Prinzip der Volkssouveränität, die Unterworfenheit aller staatlichen Gewalt und die Gewährleistung von Menschenrechten untrennbar mit dem Begriff der Verfassung verbunden, so beruhte die Deutsche Reichsverfassung von 1871 auf dem Vereinbarungsprinzip, hatte keinen gegenüber dem Gesetzgeber höheren Rang und entbehrte schließlich in Gänze eines Grundrechtskataloges.

– Während die Verfassungen der USA und der Bundesrepublik Deutschland als normative Verfassungen die staatliche Herrschaft rechtlich organisieren und steuern, handelte es sich bei den Verfassungen kommunistischer Staaten wie der UdSSR und der DDR um sog. semantische Verfassungen, die den politischen Prozeß bestenfalls zutreffend beschrieben, keinesfalls aber sachlich beeinflußten.[251]

Schon aus diesen wenigen Beispielen erhellt besonders nachdrücklich, was sich bereits im Verlauf der vorangegangenen Betrachtungen immer wieder angedeutet hat: Die »Verfassung« steht in einem *konkreten politisch-sozialen Kontext*, der seinerseits auf das Phänomen Verfassung zurückwirkt.[252] In bezug auf die Frage: »Was ist eine Verfassung?« kann der Fragesteller folglich je nach Zeitpunkt und Ort seines Auskunftsersuchens nicht mit identischen Antworten rechnen, sondern muß sich auf mitunter sehr verschiedene Aussagen einstellen.[253] Die »Verfas-

---

[251] Zur Unterscheidung zwischen normativen und semantischen Verfassungen sowie zu den Eigenheiten kommunistischer Verfassungen näher *Isensee*, HStR I, § 13 Rdnr. 122, 124; *ders.*, HStR IX, § 202 Rdnr. 54f; *Brunner*, HStR I, § 10 Rdnr. 5ff, 12ff; *v. Wedel*, S. 58f; *Burdeau*, Staat 1 (1962), 389 (392).

[252] *Hesse*, HbVerfR, § 1 Rdnr. 1, spricht plastisch von der »Einbettung der Verfassung in die politisch-soziale Wirklichkeit«, weshalb bei der Betrachtung einer jeden Verfassung die Einsicht in ihre besondere »Geschichtlichkeit« unverzichtbar sei. Siehe auch *ders.*, Grundzüge, Rdnr. 1.

[253] Dies gilt zum einen hinsichtlich des Stellenwertes hochabstrakter Verfassungsmerkmale. Als Beispiel kann auf das Merkmal »Verfassungsurkunde« verwiesen werden. So verfügt England zwar über keine geschriebenen, in einer einheitlichen Urkunde niedergelegten Fundamentalgesetze. Gleichwohl geht die Staatsrechtslehre im Vereinigten Königreich mit großer Selbstverständlichkeit davon aus, daß England wenn auch keine geschriebene, so doch immerhin eine ungeschriebene »Verfassung« habe. Vgl. z.B. *Hood Phillips*, S. 1ff; *ders./Jackson*, S. 17ff; *de Smith*, S. 27ff (überschrieben sind die dortigen Ausführungen mit: »The British Constitution«). Hier erscheint das Merkmal »einheitliche, geschriebene Urkunde«, anders als etwa in den USA, nicht als zwingend für eine »Verfassung« und damit nicht als eines der Merkmale, die eine »Verfassung« ihrem Wesen nach ausmachen. Zum anderen sind unterschiedliche Antworten auch im Hinblick auf die Art der Konkretisierung hochabstrakter Verfassungsmerkmale zu erwarten. Als

sung« erweist sich somit als *räumlich und zeitlich kontextabhängiges und damit relatives Phänomen*[254], was die grundsätzliche Frage aufwirft, ob sich überhaupt juristisch exakt und allgemeingültig definieren läßt, was eine »Verfassung« ist.[255] Jede Verfassungsdefinition müßte entweder die aufgezeigte Kontextabhängigkeit in räumlicher und zeitlicher Hinsicht zumindest partiell außer acht lassen und würde sich dann lediglich auf bestimmte Länder und/oder einen abgegrenzten Zeitraum beziehen – dann mangelte es ihr an Allgemeingültigkeit – oder wäre, sofern sie alle temporal und lokal bedingten Auffassungsunterschiede berücksichtigte, derart allgemein und unbestimmt, daß ihr Erkenntniswert gegen Null tendierte.[256]

Wenn aber bei der Untersuchung, was »Verfassung« ist, eine Beschränkung auf einen bestimmten Kontext fast unumgänglich erscheint, um eine praktikable Definition zu erhalten[257], so ist weiter klärungsbedürftig, auf *welchen* Kontext dabei abzustellen ist und *wie* die Kontextabhängigkeit einer entsprechenden Verfassungsdefinition zum Ausdruck gebracht werden kann. Die Fragen, mit welcher Methodik überhaupt bestimmt werden kann, was eine »Verfassung« ist, und was beim Umgang mit einer entsprechend gewonnenen Verfassungsdefinition zu beachten ist, müssen von daher den Ausgangspunkt für alle weiteren Überlegungen bilden.

Beispiel mag die »erschwerte Abänderbarkeit« dienen. Selbst wenn man dieses hochabstrakte Merkmal als konstitutiv für eine Verfassung anerkennt, können Differenzen im Hinblick auf den nötigen Grad der Erschwerung bestehen: Reicht eine Änderungserschwerung wie in der Reichsverfassung von 1871 (s.o. A. I. 8. b)) oder wie in der Weimarer Reichsverfassung (s.o. A. I. 8. c)), um einem Normensystem Verfassungsqualität beimessen zu können, oder muß diesbezüglich eher die französische Verfassung von 1791 (s.o. A. I. 6. d)) als Maßstab herangezogen werden? Vgl. in diesem Zusammenhang auch unten A. III. 2. b) cc).

[254] Vgl. bereits *Hegel*, Vorlesungen über Rechtsphilosophie 1818 bis 1831: »Was eine Verfassung sein soll, ist ein Resultat alles Vorhergehenden, niemand steht außer seiner Zeit, die Grundsätze pp. sind jedesmal ein Resultat der Zeit«; zitiert nach *Würtenberger*, Wiedervereinigung, S. 95 (108). Vgl. ferner *Böckenförde*, Verfassung, S. 29; *Herbst*, S. 169; *Möllers*, S. 1 (3f); *Dreier*, DVBl. 1999, 667 (672 u.ö.).

[255] Die Frage nach der Existenz eines allgemeingültigen Verfassungsbegriffes braucht freilich nicht aufzuwerfen, wer innerhalb eines geltenden Verfassungssystems denkt. So ist es beispielsweise alleiniges Ziel der entsprechend benannten Habilitationsschrift *Unruhs*, den »Verfassungsbegriff des Grundgesetzes« offenzulegen; vgl. dazu *Unruh* Eingrenzung der Problemstellung, S. 1 ff.

[256] Vgl. dazu auch die Ausführungen unter A. II. 3. a) cc) sowie *Larenz/Canaris*, S. 283, wo das logische Gesetz Erwähnung findet, »daß je größer der Umfang (der Anwendungsbereich), desto geringer der Inhalt (der Aussagegehalt) des abstrakten Begriffs«.

[257] In diesem Sinne auch *Stern* I, S. 74f, der feststellt, wenn der Verfassungsbegriff weltweit gelten solle, »könnte Verfassung lediglich als Grundordnung der staatlichen Herrschaft definiert werden – ein Begriff, der wenig aussagekräftig wäre« und von dem *Stern* meint, daß er »kein ›Rechtsinhaltsbegriff der Verfassung‹« wäre. *Stern* setzt dann fort: »Will man den Verfassungsbegriff aussagefähiger machen, kann man von der konkreten Situation und den historischen Entwicklungen in der Staatenwelt nicht absehen.« Auch hier wird also die räumlich-zeitliche Kontextabhängigkeit hervorgehoben. Näher zu *Sterns* Vorgehensweise unten A. II. 3. c) aa) (1) Fn. 341.

2. Die Möglichkeit einer positiv-rechtlichen Verfassungsdefinition?

Erheblich erleichtert würden die Bemühungen um eine Ermittlung des Wesens der »Verfassung«, wenn sich eine verbindliche positiv-rechtliche Verfassungsdefinition auffinden ließe. Eine solche Legaldefinition von »Verfassung« könnte grundsätzlich auf zwei verschiedenen Rechtsebenen anzutreffen sein, nämlich auf verfassungsrechtlicher (a) und auf Ebene des Völkerrechts (b).

a) Die Selbstkennzeichnung einzelner Normensysteme als »Verfassung«

Als nicht von vornherein ausgeschlossen erscheint es, die Selbstkennzeichnung einzelner Normensysteme als »Verfassung« im Sinne einer positiv-rechtlichen Verfassungsdefinition zu interpretieren und zur Grundlage für eine präzise Begriffsbildung zu machen. Dies könnte gelingen, indem die Merkmale eines sich selbst als »Verfassung« definierenden Normensystems herauspräpariert und dann mit ihrer Hilfe Rückschlüsse auf den Begriff der »Verfassung« gezogen werden.[258] Solche Rückschlüsse müßten aber je nach dem ihnen zugrunde liegenden Normganzen mehr oder weniger unterschiedlich ausfallen[259], weil – zumindest potentiell – »jede Verfassung ihren eigenen Verfassungsbegriff hat«.[260] Das Abstellen auf lediglich eine einzige derartige positiv-rechtliche Verfassungsdefinition vermag deshalb nur wenig zum Gelingen einer temporal und lokal allgemeingültigen Bestimmung des Wesens der »Verfassung« beizutragen.[261]

---

[258] So könnten etwa nach einer eingehenden Analyse der sich selbst als »Verfassung« bezeichnenden Verfassung des Deutschen Reiches vom 16. April 1871 bestimmte ihrer Eigenschaften benannt und daraus Folgerungen für den Verfassungsbegriff gezogen werden. Ein Beispiel möge diese induktive Vorgehensweise demonstrieren:
1. Schritt: Merkmale der Reichsverfassung von 1871 = Beruhen auf Vereinbarungsprinzip, Regelung der Staatsorganisation, keine Grundrechte, kein rechtlicher Vorrang vor dem Gesetzesrecht;
2. Schritt: Das durch diese Merkmale gekennzeichnete Normensystem nennt sich und ist »Verfassung«;
3. Schritt (Folgerung): »Verfassung« wird definiert als auf dem Vereinbarungsprinzip beruhende Regelung der Staatsorganisation ohne Grundrechte und ohne Vorrang vor dem Gesetzesrecht.

[259] Nach den jeweiligen Selbstdefinitionen handelt es sich z.B. bei den Konstitutionen von Bayern (1818), Württemberg (1819), dem Deutschen Reich von 1871 und der Weimarer Republik (1919) gleichermaßen um »Verfassungen«, obwohl sie sich im Hinblick auf Geltungsgrundlage – Oktroi des Landesherrn, Vereinbarung, Volkssouveränität – und Inhalt erheblich voneinander unterscheiden; dazu im einzelnen oben A. I. 7. b) und c); 8. b) und c).

[260] So *Schmitt*, Ein Jahr nationalsozialistischer Verfassungsstaat, Dt. Recht. Zentralorgan d. Bundes National-Sozialistischer Dt. Juristen 4, 1934, S. 27; zitiert nach *Grimm*, Verfassung, S. 100 (139). Vgl. auch *Badura*, Artikel »Verfassung«, EvStL II, Sp. 3737.

[261] In diesem Sinne etwa *Doehring*, AStL, Rdnr. 30, der – allerdings in anderem Zusammenhang – äußert: »So sind die *Verfassungsordnungen der Staaten zu unterschiedlich*, um Allgemeingültigkeit erzeugen zu können«; Hervorhebung dort. Vgl. auch *Stern* I, S. 74: »Daß diese (sc. die Verfassungen) ebenso vielgestaltig sind, wie die Staaten selbst, ist einsichtig.«

Ausgehend von der Selbstdefinition einer positiven Verfassung läßt sich indes nicht nur – wie gezeigt – kein *allgemeiner*, sondern auch kein (rechtlich) allgemein*verbindlicher* Verfassungsbegriff entwickeln. Während z.B. »Gesetz« ist, was die in einer ranghöheren Rechtsnorm festgelegten Merkmale erfüllt, »Gesetz« insofern also rechtlich verbindlich definiert ist[262], handelt es sich bei dem hier in Rede stehenden Phänomen um die *Selbst*kennzeichnung einer Verfassung, d.h. um eine Verfassungsdefinition auf Verfassungsebene, die nur für die betreffende Verfassungsordnung, mangels rechtshierarchischer Überordnung aber nicht für andere Verfassungsordnungen oder gar für die Gewinnung eines allgemeinen Verfassungsbegriffs verbindlich sein kann.[263] Unter Berufung auf eine einzelne positiv-rechtliche Verfassungsdefinition kann mithin keine abschließende Gewißheit darüber erzielt werden, was eine »Verfassung« ist. Eine entsprechende Selbstdefinition ist im wahrsten Sinne des Wortes *nicht allgemein-verbindlich*.[264] Vielmehr ist es sogar denkbar, daß das, was sich »Verfassung« nennt, – gemessen an dem nach Maßgabe der noch folgenden Überlegungen zu entwerfenden Verfassungsbild – nicht wirklich »Verfassung« ist.[265]

Bezieht man hingegen alle oder zumindest eine größere Anzahl der sich selbst als »Verfassung« charakterisierenden Normensysteme in die Überlegungen ein, so mögen diese Selbstdefinitionen zwar eine gewisse Orientierung bieten. Jedoch bleibt es – unabhängig von der fehlenden rechtlichen Allgemeinverbindlichkeit einer solcherart gewonnenen Verfassungsdefinition – bei dem schon geschilderten Problem[266]: Eine entsprechende Definition des Verfassungsbegriffs wäre entweder derart allgemein, daß sie als weitgehend unbrauchbar erschiene, oder aber

---

[262] Freilich beschränkt sich die Gültigkeit einer konkreten Definition auf die jeweils in Rede stehende Rechtsordnung.

[263] Vgl. dazu auch *Walz*, S. 10: »Es gibt umgekehrt keinen Staatstyp, der für sein Strukturgesetz das Verfassungsmonopol beanspruchen könnte.« Zu einem mit der Fragestellung nach der Verbindlichkeit einer Selbstdefinition verwandten Problemkreis, der juristischen Wirkkraft von »Selbstbindungen«, s.u. D. II. 3. a) aa).

[264] Aus der Selbstkennzeichnung der Reichsverfassung von 1871 als »Verfassung« können mithin keine Folgerungen dahin abgeleitet werden, daß eine »Verfassung« immer eine auf dem Vereinbarungsprinzip beruhende Regelung der Staatsorganisation ohne Grundrechte und ohne Vorrang vor dem Gesetzesrecht sein muß bzw. umgekehrt, daß jede auf dem Vereinbarungsprinzip beruhende Regelung der Staatsorganisation ohne Grundrechte und ohne Vorrang vor dem Gesetzesrecht »Verfassung« ist. Auch ist die in der RV zum Ausdruck kommende Begriffsfestlegung für andere Verfassungsordnungen wie für den Verfassungstheoretiker keinesfalls in irgendeiner Weise verbindlich.

[265] Insofern besteht die Möglichkeit einer falsa demonstratio, die zwar innerstaatlich unschädlich ist, weil die Falschbezeichnung keine unmittelbaren Rechtsfolgen zeitigt, im Hinblick auf den allgemeinen Bedeutungsgehalt des Begriffs »Verfassung« aber unnötig Verwirrung stiften kann. Die beschriebene Möglichkeit einer falsa demonstratio besteht im übrigen mutatis mutandis auch in bezug auf den Staatsbegriff: Auch ein Gebilde, das sich gemäß seiner Rechtsordnung als Staat begreift, muß völkerrechtlich nicht zwangsläufig als Staat zu qualifizieren sein; vgl. *Doehring*, AStL, Rdnr. 27, 31.

[266] S.o. A. II. 1. a.E.

so sehr auf konkrete Sachverhalte zugeschnitten[267], daß das Wesen der »Verfassung« von ihr nicht allgemeingültig wiedergegeben würde.

b) Die Möglichkeit einer völkerrechtlichen Verfassungsdefinition

Ferner kann das Völkerrecht daraufhin befragt werden, ob es eine – notwendigerweise auf mehrere oder alle Staaten bezogene – definitorische Festlegung des Verfassungsbegriffs bereithält. Eine positive Antwort ist indessen nicht zu erwarten. Allenfalls im Hinblick auf einzelne Verfassungsmerkmale lassen sich völkerrechtliche Mindeststandards ausmachen[268], nicht aber findet sich eine allgemeingültige Begriffsbestimmung.[269] Da es eine völkerrechtliche Verfassungsdefinition – sei es in Gestalt schriftlich fixierten Völkerrechts oder in Gestalt gewohnheitsrechtlicher Völkerrechtssätze bzw. allgemeiner Rechtsgrundsätze[270] – momentan nicht gibt und wegen der Unterschiede im Selbstverständnis der verschiedenen Staaten in absehbarer Zeit wohl auch nicht geben wird, muß ein methodisch anderer, das Augenmerk nicht auf positiv-rechtliche oder überhaupt rechtsverbindliche Definitionen richtender Ansatz gewählt werden, um dem Wesen der »Verfassung« auf die Spur zu kommen.

3. Verfassungsbegriff oder Verfassungstypus? – die Bestimmung des Verfassungswesens auf empirischer Grundlage sowie die Konsequenzen für das Verfassungsverständnis

Was in einem abstrakt-generellen Sinne »Verfassung« ist, kann nach dem Ausgeführten nicht einer positiv-rechtlichen oder sonst rechtsverbindlichen Legaldefinition entnommen werden. Erkenntnisse über das Wesen der »Verfassung« können statt dessen nur durch die Anschauung einer Mehrzahl konkreter Objekte, d.h. solcher Normensysteme gewonnen werden, die sich selbst als »Verfassung« begreifen oder gemeinhin als solche charakterisiert werden. Nur aus einer Begutachtung der Eigenschaften dieser Anschauungsobjekte, einer Analyse der Häufigkeit ihres Vorkommens sowie einer sich anschließenden abstrahierenden Verallgemeinerung und Gewichtung dieser Eigenschaften können wissenschaftlich

---

[267] Wobei obendrein klärungsbedürftig wäre, anhand welcher Kriterien eine Beschränkung des Kreises der auffindbaren Selbstdefinitionen vorzunehmen ist; siehe ebenfalls oben A. II. 1. a.E.

[268] Diesbezüglich kann etwa an die völkerrechtlichen Menschenrechtsgewährleistungen gedacht werden. Auch wird das Bestehen bestimmter völkerrechtlicher Bindungen der verfassunggebenden Gewalt angenommen (dazu unten B. II. 5. a) aa) und b) bb)), welche zwangsläufig auf den Begriff der »Verfassung« zurückwirken. Näher zu den verfassungsrechtlichen Gehalten des Völkerrechts *Uerpmann*, JZ 2001, 565ff; *Hobe*, EuR 2003, 1 (2f).

[269] Auch gibt es keine »Weltverfassung« im Sinne einer sämtliche Staaten verfassenden Konstitution; dazu *Doehring*, Völkerrecht, Rdnr. 5.

[270] Zu den verschiedenen völkerrechtlichen Rechtsquellen vgl. überblicksartig *Schweitzer*, Rdnr. 100ff.

fundierte Einsichten bezüglich Wesen und Funktion der »Verfassung« hervorgehen.

Weil sich die »Verfassung« jedoch als räumlich und zeitlich kontextabhängiges Phänomen erwiesen hat[271], die Festlegung eines bestimmten Kreises von Anschauungsobjekten und der gewählte Zeithorizont sich also auf das jeweilige Ergebnis auswirken, ist ein Verfassungsverständnis angezeigt, das von der gängigen begriffsorientierten Auffassung abweicht: »Verfassung« erscheint nicht als mit Hilfe bestimmter Kriterien eindeutig definierbares, begrifflich ein für alle Mal festgelegtes, sondern als kontextabhängiges und damit relatives Phänomen, dem sich mit den üblichen Methoden der Begriffsbildung und -anwendung nur unzureichend beikommen läßt. Zur näheren Begründung dieser Thesen soll zunächst auf die methodologische Differenzierung zwischen Begriff und Typus[272] eingegangen werden (a), bevor dann verdeutlicht wird, inwiefern diese Differenzierung zu einem richtigen Verständnis des Phänomens »Verfassung« beitragen kann (b, c).

a) Die methodologische Differenzierung zwischen »Begriff« und »Typus«[273]

aa) Wesen und Handhabung des »Begriffs«

Für einen »*Begriff*« *im strengen Sinn*[274] ist die Möglichkeit charakteristisch, ihn durch die vollständige Angabe der ihn kennzeichnenden Merkmale eindeutig zu

---

[271] S.o. A. II. 1.

[272] Es sei an dieser Stelle darauf hingewiesen, daß der Terminus »Begriff« im bisherigen Verlauf dieser Arbeit untechnisch, d.h. nicht vor dem Hintergrund der im folgenden zu behandelnden Differenzierung zwischen »Begriff« und »Typus«, verwendet worden ist.

[273] Der Terminus »Begriff« ist im juristischen Kontext durch eine vielfältige Verwendungsweise mit großer Variationsbreite gekennzeichnet. Es wird u.a. zwischen abstrakten und konkreten, generalisierenden und individualisierenden, qualitativen, quantitativen und komparativen Begriffen unterschieden; vgl. zur ersten Orientierung den lexikalischen Abriß von *Christensen*, Artikel »Begriff, Begriffsbildung«, ErgLexR, 2/60. Um das unzulängliche Modell begriffsjuristischer Subsumtion zu überwinden und den Einfluß wertorientierten Denkens und damit subjektiver Einflüsse auf die Jurisprudenz sichtbar zu machen, wurde die Unterscheidung zwischen »Begriff« und »Typus« herausgearbeitet. Protagonisten dieser Differenzierung sind vor allem *Engisch*, *Larenz* und *Leenen*, deren Konzeption im folgenden vorgestellt und den weiteren Ausführungen zugrunde gelegt werden soll. Ihre Lehre hat Anhänger gefunden (u.a. *Pawlowski*, Methodenlehre, Rdnr. 78f, 146ff; *ders.*, Einführung, Rdnr. 225ff), aber auch Ablehnung erfahren (u.a. *Christensen*, Artikel »Begriff, Begriffsbildung«, ErgLexR, 2/60, S. 3; *F. Müller*, Rdnr. 230f; differenzierend *Bydlinski*, S. 545ff, 548ff).
Eine eingehende Auseinandersetzung mit den letztgenannten Autoren kann im Rahmen dieser Arbeit nicht erfolgen, da es in diesem Abschnitt lediglich darum geht, die Relativität und Wertungsabhängigkeit jeder Aussage zum Wesen der »Verfassung« offenzulegen, wozu die Anknüpfung an die terminologische Differenzierung zwischen »Typus« und »Begriff« geeignet erscheint: »Typus« und »Begriff« werden hier als Chiffren für zwei (im Hinblick auf die Sichtbarkeit des Einflusses von Wertungen) einander entgegengesetzte Denk- und Argumentationsformen verwendet, die in verschiedene Verfassungskonzeptionen münden. Nur soviel sei zu den Kritikern bemerkt: Zwar mag in Gestalt des »komparativen Begriffs« auch auf der Ebene des Be-

definieren.[275] Ein Begriff wird demnach durch eine sämtliche seiner Merkmale erfassende Definition abschließend umschrieben. Der Sinn einer solchen, einen Begriff exakt festlegenden Definition besteht darin, daß »nur dann und immer dann«, wenn sämtliche Merkmale der Definition an irgendeinem Objekt anzutreffen sind, dieses Objekt unter den Begriff subsumiert werden kann, d.h. zur

---

griffs eine Abstufung von Eigenschaften möglich und die strikte Trennung von »Begriff« und »Typus« insofern nicht in letzter Konsequenz haltbar sein (darauf weisen *Christensen* und *F. Müller*, jeweils a.a.O., hin; vgl. ferner *Drüen*, StuW 1997, 261 (265)). Dem ist jedoch entgegenzuhalten, daß »Begriff« in Anlehnung an *Larenz/Canaris*, S. 37, 42 mit Fn. 91, hier im *engen*, klassifikatorischen Sinne verstanden wird, so daß jene Kritik nicht trifft: Die Möglichkeit einer Merkmalsabstufung auf Begriffsebene wird nicht geleugnet, nur liegt dann kein »Begriff« im strengen Sinne mehr vor, sondern eine nach hiesiger Auffassung durchaus mögliche Mischform zwischen »Begriff« und »Typus«. Die grundsätzliche gedankliche Trennbarkeit von »Begriff« und »Typus« wird durch die entsprechende Argumentation *Christensens* und *F. Müllers* jedenfalls nicht in Frage gestellt. Vgl. in diesem Zusammenhang ferner die Nachweise in der folgenden Fußnote sowie *Leenen*, S. 49 ff, der die Differenzierung zwischen den Denkformen »Begriff« und »Typus« ihrerseits als typologische Unterscheidung ansieht. Der Einwand *Winklers*, S. 420, der »Typus« stehe bei *Engisch, Larenz* und *Leenen* in einem spezifisch materiell-rechtlichen Kontext, d.h. unter der Perspektive eines zivil- oder strafrechtlichen Tatbestandes, ist zwar nicht unberechtigt, hindert aber nicht daran, den Typusgedanken auf die Ebene der allgemeinen Staatslehre und des Staatsrechts zu übertragen, wie nicht zuletzt die Studien *Jellineks* zeigen (dazu unten A. II. 3. a) cc)). Die Ausführungen *Engischs*, Konkretisierung, S. 237 – 266, beschränken sich im übrigen nicht auf Typen im positiven Recht, diese werden vielmehr erst S. 266 ff behandelt. Verfassungstypen finden sogar ausdrücklich Erwähnung (S. 265 unten).

[274] Zu dem Umstand, daß die folgenden Ausführungen zur Differenzierung zwischen »Begriff« und »Typus« auf einem engen Verständnis von »Begriff« aufbauen, siehe bereits die Ausführungen in der vorangegangenen Fußnote sowie *Engisch*, Konkretisierung, S. 264, der zwischen Begriff im weiteren und Begriff im engeren Sinn unterscheiden möchte und den Typus der ersteren Kategorie zuordnet (sog. »Typusbegriff«), aber als Gegensatz zum Begriff im engeren Sinn ansieht; dazu auch *Leenen*, S. 36.

[275] Vgl. *Larenz/Canaris*, S. 37 f, 41 ff, 265 ff (entsprechend *Larenz*, S. 194 f, 200, 432 ff); *Engisch*, Konkretisierung, S. 241 ff, jeweils auch zum folgenden. Differenzierend *Leenen*, S. 28 ff, 32 ff, der zwar von der Existenz eindeutiger Begriffe im Sinne der Logik ausgeht, diesen aber im Bereich der Rechtswissenschaft nur untergeordnete Bedeutung beimißt. Rechtsbegriffe seien wegen ihrer Wertbezogenheit insgesamt »deutungsbedürftig« und folglich nicht eindeutig wie Begriffe im Sinne der Logik. Die Verschiedenheit von Begriff und Typus in der juristischen Methodik macht *Leenen* deshalb nicht an dem Gegensatz Eindeutigkeit – Deutungsbedürftigkeit fest. Er differenziert statt dessen innerhalb der deutungsbedürftigen Rechtsbegriffe zwischen »›offenen‹ (wertausfüllungsbedürftigen und Typusbegriffen) und ›geschlossenen‹ (Rechtsbegriffen i.e.S.)«. Letztere seien zwar insofern deutungsbedürftig, als ihr Sinngehalt erst durch *Auslegung* ermittelt werden müsse, wobei zwischen Begriffskern und Begriffshof unterschieden werden könne. Die Frage der Zuordnung eines Lebenssachverhaltes zu dem Begriff sei aber durch bloße Subsumtion, also ein formallogisches Urteils- und Schlußverfahren, zu beantworten, weshalb die Entscheidung nur auf »aut-aut«, nicht aber auf »mehr oder minder« lauten könne. Letzteres sei dagegen wegen der Abstufbarkeit der Merkmale (dazu sogleich im Text) für den Typus kennzeichnend. Eine streng logische Entweder-oder-Entscheidung sei dem Typus fremd, so daß dieser gegenüber dem Begriff durch eine größere Offenheit charakterisiert sei. *Leenen* hebt auf diese Weise die Deutungsbedürftigkeit aller juristischen Termini hervor und zieht die Unterscheidung zwischen Begriff und Typus heran, um Methode und Umfang der Deutungstätigkeit systematisch erfassen zu können.

Klasse der durch ihn bezeichneten Objekte gehört.[276] Ausgehend von der Definition kann somit durch eine isolierte Betrachtung der einzelnen definitionsmäßigen Merkmale ermittelt werden, ob ein Sachverhalt dem Begriff unterfällt, ohne daß diese Subsumtion grundsätzlich Raum für subjektive Wertungen ließe.[277]

bb) Wesen und Handhabung des »Typus«

(1) Das Wesen des »Typus« und seine Unterschiede gegenüber dem »Begriff«

Anders verhält es sich mit der Kategorie des »Typus«: Für einen Typus ist nicht wie für einen Begriff die Summierung einzelner, isoliert zu betrachtender Merkmale[278], sondern die Verbindung der einzelnen Merkmale zu einem »Gesamtbild« prägend.[279] Die verschiedenen Eigenschaften werden nicht jeweils für sich ge-

---

[276] So *Larenz/Canaris*, S. 37 f; vgl. auch S. 283 zum Stellenwert begrifflich notwendiger Merkmale in Rahmen der Subsumtion: »Ihr Vorliegen oder Nichtvorhandensein allein entscheidet dann über die Anwendung des Begriffs auf einen Sachverhalt. Der Gedanke, eines dieser Merkmale könne, zumindest in einem ›Zwischenbereich‹, bis zu einem gewissen Grade durch ein anderes ersetzt werden, hat in dieser Weise des Denkens keinen Raum. Für das Denken in abstrakten Begriffen gibt es kein ›mehr oder weniger‹, sondern nur ein ›entweder-oder‹«; ebenfalls in diesem Sinne *Leenen*, S. 38 f.

[277] *Leenen*, S. 45: »Die Begriffsanwendung kann aber grundsätzlich ohne Rückgriff auf die Wertung erfolgen; die Frage nach dem Vorliegen der Begriffsmerkmale vertritt die Wertungsfrage«. *Larenz/Canaris*, S. 264, zu einem System abstrakt-allgemeiner Begriffe: »Die Frage nach der zutreffenden Wertung wird nämlich in einem solchen System, solange man in seinem Rahmen bleibt, durch die nach der zutreffenden Subsumtion verdrängt.« Vgl. auch *Larenz/Canaris*, S. 43, 47 sowie S. 36 (zur Gesetzesanwendung): »Daß es in der ›Anwendung‹ der Norm um eine Wertung geht, tritt allerdings dann nicht in die Erscheinung, wenn der Tatbestand der Norm in wertungsfreien Tatsachenbegriffen formuliert ist, unter die der zu beurteilende Sachverhalt durch ein logisches Verfahren ›subsumiert‹ werden kann. Ein solches Verfahren erfordert die Feststellung, daß sämtliche den Begriff bildende Merkmale in dem zu beurteilenden Sachverhalt anzutreffen sind. Kann diese Feststellung getroffen werden, dann folgt daraus nach den Regeln der Logik, daß der Sachverhalt dem Begriff unterfällt.« Trotz alledem kann freilich auch der Umgang mit Begriffen nicht völlig wertungsfrei sein. So spielen bereits bei der Begriffs*bildung* Wertgesichtspunkte eine nicht zu unterschätzende Rolle, jedoch treten sie nicht so stark in das Bewußtsein wie bei der Typusbildung (dazu sogleich im Text). Des weiteren ist mit *Leenen*, S. 28 ff, 32 ff, darauf hinzuweisen, daß (speziell juristische) Begriffe in gewissem Maße auch immer deutungs- und somit auslegungsbedürftig sind, was im Vorfeld des eigentlichen Subsumtionsvorgangs gewisse Wertungsspielräume eröffnet (vgl. dazu Fußnote 275 in diesem Abschnitt). In diesem Sinne auch *Larenz/Canaris*, S. 36 f: »Es ist daher eine Täuschung zu glauben, die Anwendung selbst solcher Normen, deren Tatbestand begrifflich ausgeformt ist, erschöpfe sich in dem logischen Vorgang der ›Subsumtion‹. Bevor es dazu kommen kann, findet bereits eine Beurteilung statt, die keineswegs immer wertungsfrei ist.« Und überdies finden sich Begriffe in dem hier in Rede stehenden strengen Sinne in der Jurisprudenz weit weniger häufig als gemeinhin angenommen wird (auch dazu bereits Fußnote 275 in diesem Abschnitt). Dementsprechend kann mit *Larenz/Canaris*, S. 282, konstatiert werden: »Der Anteil der Subsumtion im strengen Sinne der Logik an der Gesetzesanwendung ist weit geringer, als man früher angenommen hat und die meisten Juristen glauben.«

[278] *Leenen*, S. 47, spricht im Hinblick auf Begriffe treffend von einer additiven Verbindung der Merkmale zur Merkmalssumme.

[279] Vgl. zum Typus ausführlich *Larenz/Canaris*, S. 41 ff, 290 ff (entsprechend *Larenz*, S. 200 ff,

nommen betrachtet, sondern machen in ihrem Zusammenwirken den Typus aus, charakterisieren ihn in ihrer Gesamtheit, ohne deshalb sämtlich vorliegen zu müssen.[280] Das Fehlen einer einzelnen typusspezifischen Eigenschaft schließt die Zuordnung eines bestimmten Sachverhaltes zum Typus mithin nicht aus, weil die verschiedenen Merkmale für sich allein genommen nur die Bedeutung von Kennzeichen oder Indizien haben. Die einzelnen Merkmale können insofern bei verschiedenen dem Typus zuzurechnenden Objekten in jeweils unterschiedlichem Maße – »mehr« oder »weniger« – gegeben sein; sie sind häufig abstufbar und bis zu einem gewissen Grade gegeneinander austauschbar, d.h. der Mangel an einer bestimmten Eigenschaft kann grundsätzlich durch das Vorliegen anderer Eigenschaften kompensiert werden.[281]

(2) Insbesondere: die Bildung von Typen

Das durch einen Merkmalskomplex geprägte Erscheinungsbild eines Typus ist regelmäßig aus der Erfahrung gewonnen[282]: Typen werden gebildet durch das gedankliche Festhalten jener Merkmale, die in verschiedenen Tatbeständen wiederkehren und sich decken, also als »typisch« erkannt werden, sowie durch Weglassen der nur vereinzelt auftretenden Eigenschaften (sog. individualisierende Merkmale).[283] Die Bildung eines Typus erfolgt mithin auf *empirischer Grundlage*, nämlich durch *vergleichende Betrachtung* einer Mehrzahl konkreter Erscheinungen und Hervorhebung ihrer Gemeinsamkeiten.[284] Die auf diese Weise erkannten und benannten »typischen« Merkmale mehrerer vergleichbarer Sachverhalte charakterisieren in ihrer Gesamtheit den jeweiligen Typus. Welche Eigenschaften als »typisch« erkannt werden, mit anderen Worten: wie man einen Typus konturiert, hängt dabei von der gewählten empirischen Basis ab: Je nach Zahl und Güte der

---

443ff); *Leenen*, passim; *Pawlowski*, Methodenlehre, Rdnr. 146ff; *ders.*, Einführung, Rdnr. 225ff; *Wolff*, Studium Generale 5 (1952), 195ff, sowie weitere Autoren im Jahrgang 1952 der Zeitschrift »Studium Generale«; *Engisch*, Konkretisierung, S. 237ff, 308f (auf S. 240 vergleicht *Engisch* den Typus bildhaft mit einem »Bauplan«).

[280] Besonders deutlich diesbezüglich *Leenen*, S. 36: Beim Typus seien die »einzelne(n) Züge nicht konstitutiv erforderlich«.

[281] So *Larenz/Canaris*, S. 42; *Engisch*, Konkretisierung, S. 241ff; *Leenen*, S. 34, der den Typus als »elastisches Merkmalsgefüge« bezeichnet. Von einem Begriff mit alternativen Begriffsmerkmalen, unter den ein Sachverhalt bereits dann subsumiert werden kann, wenn er eines der alternativen Merkmale aufweist (ein Beispiel für einen solchen Begriff findet sich bei *Larenz/Canaris*, S. 40), unterscheidet sich der Typus durch die Abstufbarkeit seiner Merkmale und die Nichtanwendbarkeit der »Nur dann und immer dann«-Regel; dazu sogleich unter A. II. 3. a) bb) (3).

[282] Vgl. *Larenz/Canaris*, S. 290f, 293f (entsprechend *Larenz*, S. 444f, 447f). An diese aus der Erfahrung gewonnenen Erscheinungsbilder knüpft der Gesetzgeber häufig an, indem er sie näher umgrenzt und den Eintritt bestimmter Rechtsfolgen von ihrem Vorliegen abhängig macht. Der Typus ist in diesen Fällen gleichermaßen gesetzlich fixiert *und* aus der Erfahrung gewonnen.

[283] Vgl. *Zippelius*, AStL, § 2 III 1 (S. 12).

[284] *Jellinek*, AStL, S. 36, spricht deshalb vom »empirischen Typus« in Abgrenzung zum »Idealtypus«; zu letzterem s.u. A. II. 3. c) cc) (1) (b) und (c). Siehe auch *Engisch*, Konkretisierung, S. 246; *Leenen*, S. 43.

Vergleichsfälle werden sich mehr oder weniger, diese oder jene Merkmale als typisch erweisen.

(3) Insbesondere: die Zuordnung konkreter Sachverhalte zum Typus

Ob ein bestimmter Sachverhalt einem Typus zuzuordnen ist, kann angesichts des lediglich indiziellen Charakters der einzelnen Merkmale[285] nicht allein davon abhängen, ob er *alle* typusspezifischen Merkmale aufweist oder nicht. Vielmehr kommt es darauf an, ob die als »typisch« angesehenen Merkmale *in solcher Zahl und Stärke* vorhanden sind, daß der Sachverhalt »im ganzen« dem Erscheinungsbild des Typus entspricht[286], was trotz des Fehlens einzelner typischer Eigenschaften der Fall sein kann.[287] Ein Typus läßt sich folglich *nicht* wie ein Begriff *definieren*, d.h. vermittels einzelner, jeweils unverzichtbarer Kriterien eindeutig und trennscharf festlegen, sondern nur unter Würdigung des spezifischen Zusammenspiels der verschiedenen Merkmale *beschreiben*. Unter eine solche Typusbeschreibung kann dementsprechend auch *nicht subsumiert* werden[288], da grundsätzlich kein Einzelmerkmal zwingend und unersetzlich ist. Anders als beim Begriff findet die »Nur dann und immer dann«-Regel beim Typus keine Anwendung.[289] Ob ein bestimmter Sachverhalt einem Typus zugeordnet werden kann, läßt sich infolgedessen nicht anhand objektiver Kriterien durch einen formallogisch zwingenden Schluß eindeutig ermitteln, sondern nur im Rahmen einer *wertenden Betrachtung* der jeweils vorliegenden Merkmalsganzheit entscheiden.[290]

(4) Der Einfluß von Wertungen bei der Bildung und Handhabung von Typen

Wie ein Blick auf die vorangegangenen Ausführungen zeigt, eröffnet sich beim Umgang mit Typen in zweifacher Hinsicht eine Möglichkeit bzw. sogar Notwendigkeit, persönliche Einschätzungen und Wertungen einfließen zu lassen: Zum einen ist bereits für die abstrakte Typusbildung (Frage: Welche Merkmale sind für ein bestimmtes Phänomen typisch und insofern typuskonstituierend?) die jeweilige empirische Grundlage von großem Einfluß, deren Auswahl dem Betrachter obliegt und sich allein nach dessen persönlichen Zielsetzungen richtet. Verschiedene Betrachter können deshalb durchaus voneinander abweichende Vorstellun-

---

[285] S.o. A. II. 3. a) bb) (1).
[286] Siehe *Leenen*, S. 35, der das Erfordernis einer solchen »Gesamtbetrachtung« betont.
[287] Vgl. *Larenz/Canaris*, S. 42; *Engisch*, Konkretisierung, S. 241 ff; *Leenen*, S. 34, 36.
[288] Vgl. *Engisch*, Konkretisierung, S. 243, 263 mit Fn. 103; *Drüen*, StuW 1997, 261 (264).
[289] So *Larenz/Canaris*, S. 42.
[290] Vgl. dazu *Leenen*: »Typologische Zuordnung ist Vergleich eines Einzelfalls mit dem Typus unter bestimmten Wertgesichtspunkten« (S. 39); Zuordnung als »ein wertendes, kein rein logisches Verfahren« (S. 44 mit Fn. 68); siehe auch S. 62 ff. Ferner *Larenz/Canaris*, S. 44: »Die Zuordnung zum Typus ist daher ein Verfahren wertorientierten Denkens«; siehe auch S. 297 sowie *Drüen*, StuW 1997, 261 (264 f).

gen vom Gehalt eines bestimmten Typus entwickeln.[291] Zum anderen setzt auch die Zuordnung eines konkreten Objektes zu einem bereits gebildeten Typus (Frage: Liegen in einem konkreten Fall typische Merkmale in ausreichender Zahl und Stärke vor?) eine Würdigung der jenem Objekt anhaftenden Merkmale voraus, wobei speziell beim Fehlen einzelner typischer Eigenschaften Raum für eine Wertung dahingehend besteht, ob die vorhandenen typischen Merkmale in ihrem Zusammenwirken (noch) dem Erscheinungsbild des Typus entsprechen.

cc) Die Bedeutung von Typen im Bereich der allgemeinen Staatslehre

Von besonderer Bedeutung sind Typen im Bereich der allgemeinen Staatslehre, einer Disziplin, die darauf abzielt, trotz der Individualität jedes Staatswesens allgemeine, in allen oder immerhin einer größeren Zahl von Staaten wiederkehrende Elemente zu erkennen[292], zu benennen sowie die Staaten und ihre Institutionen danach zu klassifizieren.[293] *Jellinek* widmet den Typen aus diesem Grunde in seiner »Allgemeine(n) Staatslehre« einen eigenen Abschnitt, dessen Inhalt hier ausschnittsweise wiedergegeben werden soll, weil die folgenden Überlegungen zum Wesen der Verfassung nicht zuletzt auf der Typuslehre *Jellineks* aufbauen. Zu dem ob seiner Grundlage[294] »empirischer Typus« genannten Typus schreibt *Jellinek*:

> »Er bedeutet eine Zusammenfassung von Merkmalen der Erscheinungen, die ganz von dem Standpunkt abhängt, den der Forscher einnimmt. Er ordnet die Mannigfaltigkeit der Erscheinungen, indem er das Gemeinsame in ihnen logisch heraushebt. So wird er durch eine Abstraktion gewonnen, die sich im Kopf des Forschers vollzieht, der gegenüber die ungebrochene Fülle der Erscheinungen das Reale bleibt. Aufgabe der Wissenschaft vom Staate, insoweit ihr Objekt nicht ausschließlich der einzelne Staat bildet, ist es nun, diese empirischen Typen staatlicher Verhältnisse zu finden. (...) Gefunden werden diese empirischen Typen auf induktivem Wege, also durch sorgfältige Vergleichung der einzelnen Staaten, ihrer Organisation, ihrer Funktionen.«[295]

Besonders eindringlich weist *Jellinek* darauf hin, wie sehr die Wahl der Vergleichsgrundlage die Gestalt des durch Komparation gebildeten Typus beeinflussen könne:

---

[291] Vgl. in diesem Kontext *Leenen*, S. 43. Allgemein zur Notwendigkeit von Wertungen bei einer rechtsvergleichenden Vorgehensweise *Starck*, JZ 1997, 1021 (1029).

[292] Vgl. *Jellinek*, AStL, S. 34: »Die Aufgabe einer Wissenschaft vom Staate und den staatlichen Institutionen überhaupt ist es nun, diese typischen Elemente in den staatlichen Erscheinungen und ihren gegenseitigen Beziehungen aufzusuchen.«

[293] Vgl. zu Zielen und Methodik der allgemeinen Staatslehre z.B. *Jellinek*, AStL, S. 3ff, 33ff; *Zippelius*, AStL, §§ 1, 2; *Herzog*, AStL, S. 15ff. Zur Bedeutung der Rechtsvergleichung im Rahmen der allgemeinen Staatslehre siehe *Starck*, JZ 1997, 1021 (1024, 1027); *Doehring*, AStL, Rdnr. 14ff.

[294] Zur Typusbildung s.o. A. II. 3. a) bb) (2).

[295] *Jellinek*, AStL, S. 36f. Siehe in diesem Kontext auch *Starck*, JZ 1997, 1021 (1027): »Begriffe der allgemeinen Staatslehre wie Gewaltenteilung, Rechtsetzung, Rechtsquellen oder Menschenrechte, Normenkontrolle, gerichtlicher Rechtsschutz sind rechtsvergleichende Metabegriffe.«

»Wer Staaten und staatliche Einrichtungen der verschiedensten Kulturstufen und der entlegensten Zeiten miteinander vergleicht, erhält entweder gar keine oder nur ganz farblose, jeglicher Bestimmtheit entbehrende Typen.«[296]

Jellinek zieht daraus die Konsequenz, daß die »Induktion auf jene Staaten, welche einem gemeinsamen geschichtlichen Boden entsprossen sind«, zu beschränken sei, da sich nur in diesem Falle »eine weitgehende Übereinstimmung in Struktur und Funktion der Staaten nachweisen« lasse.[297] Die auf diese Weise bereits *lokal* eingegrenzte, der Typusbildung dienende Vergleichsgrundlage sei jedoch wegen der dynamischen Natur des Staates weiter zu verkleinern: Das Wesen des Staates »ist nicht ein für alle Zeiten festes, sondern ändert sich, bildet sich um, indem es sich dem ganzen Umwandlungsprozesse anschmiegt, den die Menschheit in ihrer Geschichte durchmacht. Um daher ein reich entfaltetes typisches Bild vom Staate zu erhalten, muß man gleichzeitige oder doch zeitlich nicht weit auseinanderliegende staatliche Gebilde miteinander vergleichen«[298], d.h. die empirische Grundlage auch in *zeitlicher* Hinsicht beschränken. Speziell der abschließende Finalsatz (»Um ... zu erhalten«) läßt deutlich werden, daß die *Bildung eines Typus* und damit die Auswahl der ihm zugrunde liegenden empirischen Basis maßgeblich *von dem jeweils verfolgten (wissenschaftlichen) Zweck abhängig ist*.[299]

Schließlich hebt *Jellinek* hervor, daß aus der dynamischen Natur des Staates »pro futuro die Veränderlichkeit des Typus«[300] folge:

»Die Typen selbst sind somit in den Fluß des historischen Geschehens gestellt; sie variieren nach den besonderen geschichtlichen Umständen, komplizieren sich, spalten sich in Arten und Unterarten«.[301] »Abweichungen (sc. vom Typus) nach verschiedenen Richtungen werden stattfinden, wie das im Wesen des empirischen Typus liegt, da dieser eben gewonnen wird durch die Heraushebung der gemeinsamen Merkmale, welche die große Mehrzahl der Einzelfälle darbietet.«[302]

b) Die empirische Ermittlung des Verfassungswesens

Vor dem Hintergrund der vorstehenden generellen Ausführungen zum Unterschied zwischen »Begriff« und »Typus« und speziell zur Bedeutung von Typen im Bereich der allgemeinen Staatslehre ist die Aufmerksamkeit nun erneut der Frage zuzuwenden, auf welche Weise herausgefunden und charakterisiert werden kann, was eine »Verfassung« ist, und inwiefern entsprechende Aussagen wer-

---

[296] *Jellinek*, AStL, S. 37.
[297] *Jellinek*, AStL, S. 38.
[298] *Jellinek*, AStL, S. 38.
[299] Auch der eingangs zitierte Satz: »Er bedeutet eine Zusammenfassung von Merkmalen der Erscheinungen, *die ganz von dem Standpunkt abhängt, den der Forscher einnimmt*« (Hervorh. v. Verf.) weist deutlich in diese Richtung. Vgl. diesbezüglich auch *Leenen*, S. 43; *Larenz/Canaris*, S. 266.
[300] *Jellinek*, AStL, S. 39.
[301] *Jellinek*, AStL, S. 39.
[302] *Jellinek*, AStL, S. 39f.

tungsabhängig sind.[303] Wie unlängst dargelegt, kann es keine allgemeinverbindliche positiv-rechtliche oder sonst rechtsverbindliche Verfassungsdefinition geben.[304] Das Wesen der »Verfassung« läßt sich deshalb – ganz im Sinne der Ausführungen *Jellineks* – nur auf *empirischer Grundlage* herausarbeiten, nämlich durch *vergleichende Betrachtung* ähnlicher Gegebenheiten in verschiedenen Staaten.[305] Dabei werden Gemeinsamkeiten und Unterschiede ersichtlich, bestimmte häufig wiederkehrende Eigenschaften entdeckt (z.B. Schriftlichkeit, Gesetzesform) und als »typisch« für eine »Verfassung« erkannt, während andere nur vereinzelt auftreten und insofern vernachlässigt werden können.[306]

Der Inhalt dieses Kataloges verfassungstypischer Eigenschaften unterliegt zeitbedingt (und auch bedingt durch den jeweiligen räumlichen Zuschnitt der Vergleichsgrundlage) beständigen Änderungen[307], sei es, daß sich bei der Vergleichs-

---

[303] Eine Parallele zu der hiesigen Thematik findet sich übrigens in den Bemühungen, das Wesen des Staates zu ergründen und einen Staatsbegriff zu bilden. Auch dort fällt eine allgemeingültige Festlegung schwer, wenn sie nicht sogar gänzlich ausgeschlossen ist; vgl. dazu *Mohnhaupt*, Verfassung, S. 1 (3 mit Nachweisen in Fn. 8); *Fleiner-Gerster*, § 11 Rdnr. 10ff. *v. Hippel*, AStL, S. 9ff, hält zwar einen »universalen Staatsbegriff« für möglich, bescheinigt diesem aber gleichzeitig eine »relative Inhaltslosigkeit« und befürwortet deshalb eine Beschränkung der Betrachtung auf bestimmte Zeitabschnitte. *Doehring*, AStL, verneint die Möglichkeit einer einheitlichen Begriffsverwendung unter Hinweis auf die Diskrepanz zwischen verfassungsrechtlichem und völkerrechtlichem Staatsbegriff (Rdnr. 27f) und unter Berufung auf die großen Unterschiede zwischen den Verfassungsordnungen der Staaten (Rdnr. 30f). *Kriele*, Staatslehre, § 16 (S. 52f), äußert: »Es gibt keine absolute, aus irgendwelchen Prämissen ableitbare Definition des Staates. Wie bei den meisten grundlegenden Rechtsbegriffen, kann man auch die Geschichte des Staatsbegriffs nur im Zusammenhang mit der *politischen Funktion des Begriffs* verstehen«; Hervorhebung dort. *Kriele* plädiert deshalb für einen abstrakten, von Inhalten weitgehend entleerten Staatsbegriff (S. 53ff). Im Zusammenhang mit dem »demokratischen Verfassungsstaat« ist bei *Kriele*, Staatslehre, § 1, 1 (S. 1f), § 17 (S. 60), interessanterweise von einem »Staatstypus« die Rede: »Deshalb legt unsere Betrachtung im wesentlichen einen *konkret-allgemeinen* Staatsbegriff zugrunde, indem sie den *Typus* des demokratischen Verfassungsstaates zu beschreiben versucht. Diese Typenbeschreibung ist insofern *konkret* und nicht abstrakt, als sie die Staaten, die nicht zu diesem Typus gehören, außer Betracht läßt. Sie ist aber insofern *allgemein* und nicht speziell, als sie das vielen Staaten Gemeinsame berücksichtigt. (...) Einen Staatsbegriff als ›konkret-allgemeinen Begriff‹ kennzeichnen bedeutet also zugestehen, daß er nicht alle Staaten trifft«; Hervorhebungen dort. Eine allgemeine Differenzierung nach Staatstypen nimmt auch *Zippelius*, AStL, im Zweiten Teil seines Lehrbuches ab S. 167ff vor. Anders als bei den Bemühungen um die Ergründung des Wesens der »Verfassung« stellt sich die Lage in bezug auf die Bildung eines Staatsbegriffs aber insofern abweichend dar, als die Staatseigenschaft Anknüpfungspunkt für konkrete Rechtsfolgen sein kann. So weist *Doehring*, AStL, Rdnr. 33f, auf mögliche völkerrechtliche Rechtsfolgen hin, die einen universalen (völkerrechtlichen) Staatsbegriff verlangten, z.B. Parteifähigkeit von »Staaten« in Verfahren vor dem Internationalen Gerichtshof sowie UNO-Mitgliedschaft von »Staaten«.

[304] S.o. A. II. 2.

[305] Allgemein zur Rechtsvergleichung in öffentlichen Recht *Starck*, JZ 1997, 1021ff.

[306] Daß sich jede »Verfassung« wenigstens in einzelnen Hinsichten als Unikat erweisen kann, streicht auch *Badura*, Artikel »Verfassung«, EvStL II, Sp. 3737, heraus: »Jede Verfassung trägt Züge geschichtlicher und kultureller Einmaligkeit«.

[307] Auch daß die Bedeutung dessen, was unter »Verfassung« verstanden wird, je nach dem historischen und räumlichen Kontext variiert, daß also je nach Zeit und Ort verschiedene Eigen-

arbeit neue Merkmale als typisch erweisen[308], sei es, daß bisher typische Merkmale seltener anzutreffen sind, d.h. untypisch werden und insofern aus dem Katalog herausfallen.[309] Dieser Umstand erklärt auch die als Resultat der historischen Betrachtungen bereits diagnostizierte Kontextabhängigkeit des Phänomens »Verfassung«[310]: Sie beruht darauf, daß das Wesen der »Verfassung« nur empirisch-vergleichend und damit zwangsläufig unter Bezugnahme auf eine bestimmte tatsächliche Anschauungsgrundlage ermittelt werden kann. Die »Verfassung« erweist sich somit im Ergebnis als durch einen Katalog typischer Merkmale charakterisierbares und aufgrund seiner Abhängigkeit von der jeweiligen empirischen Basis changierendes Phänomen, was zu der Frage überleitet, ob es angesichts dieser Variabilität einen einheitlichen Verfassungs*begriff* (im strengen Sinne[311]) überhaupt geben kann.

aa) *Die prinzipielle Möglichkeit der Begriffsbildung auf empirischer Grundlage*

Wenn Einsichten in Wesen und Funktion der »Verfassung« auch aus der Erfahrung gewonnen werden, so steht dies allein der Annahme eines Verfassungsbegriffs nicht zwingend entgegen; denn die Bildung von Begriffen auf empirischer Grundlage erscheint nicht als prinzipiell ausgeschlossen[312], könnte doch die vergleichende Betrachtung mehrerer Sachverhalte zu dem Ergebnis führen, daß bestimmte Eigenschaften nicht nur regelmäßig und damit typischerweise, sondern ausnahmslos immer gegeben sind. Daraus ließe sich ggf. folgern, daß diesen Eigenschaften die Rolle *unverzichtbarer Begriffsmerkmale* zukommt, daß ihr vollständiges Vorliegen für die Zugehörigkeit eines Sachverhalts zu der in Rede stehenden Gattung also konstitutiv ist.[313] Da zudem auch Mischformen zwischen Typus und Begriff grundsätzlich denkbar sind, etwa dergestalt, daß sich einige Merkmale begrifflich verfestigt haben und deshalb unverzichtbar, andere dagegen nur üblicherweise anzutreffen sind, ihr Vorliegen für sich genommen aber nicht zwingend ist[314], ließe sich auch dem Umstand Rechnung tragen, daß möglicher-

---

schaften mit einer »Verfassung« in Verbindung gebracht wurden und werden, entspricht in Gänze den Feststellungen *Jellineks* zu den Eigenheiten von Typen; dazu oben A. II. 3. a) cc).

[308] Z.B. der Vorrang der Verfassung gegenüber aller staatlichen Gewalt (auch und vor allem gegenüber dem Gesetzgeber), wie er sich zunächst in Amerika etablieren und später auch in Europa als Verfassungscharakteristikum durchsetzen konnte; s.o. A. I. 5. b); 6. c) sowie 8. b) und c), letztere zur Reichsverfassung 1871 und zur Weimarer Reichsverfassung, denen anders als dem Grundgesetz von 1949 noch kein Vorrang in dem beschriebenen Sinne zukam.

[309] So beispielsweise die Vorstellung vom Vertragscharakter der Verfassung; s.o. A. I. 3. b); 4.; 5. b) aa); 6. a); 7. b); 8. b) sowie 9.

[310] S.o. A. II. 1.

[311] Zu dem hier zugrunde liegenden engen Verständnis von »Begriff« s.o. A. II. 3. a) aa).

[312] Oft wird das typologische, auf empirischer Grundlage beruhende Denken sogar als Vorstufe für die Begriffsbildung angesehen; vgl. die diesbezüglichen Nachweise bei *Leenen*, S. 63 sowie S. 109.

[313] Vgl. aber unten A. II. 3. b) cc).

[314] *Larenz/Canaris*, S. 44 (entsprechend *Larenz*, S. 203): »›Typus‹ und ›Begriff‹ sind im übri-

weise nur einige wenige Merkmale immer wiederkehren: Was »Verfassung« ist, könnte, wenn auch nicht hinsichtlich aller Merkmale, so doch immerhin partiell begrifflich definierbar sein.

bb) Die Bedeutung der Vergleichsbasis

Ob sich bei der empirischen Analyse bestimmte Eigenschaften als stets vorhanden herausstellen, was Voraussetzung für die Bildung einer begrifflichen oder zumindest partiell begrifflichen Verfassungsdefinition mit »Begriffskern« und »Typushülle« ist, wird indessen von der Breite der gewählten empirischen Grundlage beeinflußt: Betrachte ich nur die gegenwärtig im nordamerikanisch-mitteleuropäischen[315] Rechtskreis[316] geltenden Normensysteme, so erscheinen beispielsweise eine demokratische Staatsform, die Gewährleistung von Grundrechten und eine gewaltenteilige Staatsorganisation, weil durchgängig vorhanden, als so typische Verfassungsmerkmale, daß sie sich grundsätzlich zu Begriffsmerkmalen verdichtet haben könnten. Richte ich mein Augenmerk dagegen auf alle als »Verfassung« bezeichneten Erscheinungen im gesamten 20. und beginnenden 21. Jahrhundert, so erweisen sich die erwähnten Merkmale zwar vielleicht noch als typisch, mangels ständiger Präsenz keinesfalls aber als potentiell zwingend. Ein mit Hilfe jeweils per se unverzichtbarer Merkmale zu definierender Verfassungs*begriff*[317] kann auf empirischer Basis folglich allenfalls dann gebildet werden, wenn die Vergleichsgrundlage dahingehend begrenzt wird, daß nur einer bestimmten Auswahl von Staaten die Funktion von Anschauungsobjekten zukommt.

cc) Die fehlende Nachweisbarkeit obligatorischer Verfassungsmerkmale

Obwohl angesichts der vorangegangenen Überlegungen die Bildung eines Verfassungs*begriffs* auf der Grundlage einer lokal und/oder temporal eingegrenzten Vergleichsbasis nicht als prinzipiell ausgeschlossen erscheint, spricht doch eines entschieden gegen ein begriffliches Verfassungsverständnis: Selbst wenn sich bei entsprechender Beschränkung der Induktion gewisse Eigenschaften als immer

---

gen keine starren Gegensätze, sondern lassen wiederum Übergänge zu. So haben wir gesehen, daß ein durch abschließend gedachte Merkmale definierter Begriff *ein* Merkmal enthalten kann, das seinerseits in der Weise eines Typus ›offen‹ ist. (...) Auf der anderen Seite kann ein Typus durch die Festlegung einiger unverzichtbarer Merkmale (neben anderen, die nur symptomatisch sind) einem Begriffe angenähert werden«. Ebenso *Leenen*, S. 54, 59, auf der Grundlage seiner These, die Unterscheidung zwischen Begriff und Typus sei ihrerseits typologischer Natur, weshalb Abstufungen möglich seien.

[315] Mit Ausnahme Englands.

[316] Zur Bildung von Rechtskreisen im Wege der Rechtsvergleichung unter Berücksichtigung der sozialen und kulturellen Ambiance vgl. *Starck*, JZ 1997, 1021 (1026, 1028).

[317] Entsprechendes gilt für die vorstehend (s.o. A. II. 3. b) aa)) angesprochene Möglichkeit einer Mischform von Begriff und Typus mit einigen begrifflich verfestigten Merkmalen.

vorhanden und damit in höchstem Maße verfassungstypisch herausstellen, heißt
dies nicht, daß es sich dabei um obligatorische Begriffsmerkmale einer »Verfassung« handelt. Allein aus dem Umstand, daß ein bestimmtes Merkmal bei den als
»Verfassung« charakterisierten Sachverhalten ständig anzutreffen ist, kann nicht
darauf geschlossen werden, daß dieses Merkmal bei einer »Verfassung« ausnahmslos immer vorliegen muß, weil Schlüsse vom Sein auf ein Sollen bzw. Müssen generell unzulässig sind.[318]

Daß bestimmte Merkmale so gewichtig sind, daß das Fehlen eines einzigen von
ihnen die Einstufung eines Sachverhaltes als »Verfassung« ausschließt, läßt sich
folglich selbst bei entsprechend verkleinerter empirischer Basis nicht nachweisen,
ist zwar vielleicht sehr naheliegend, jedoch *logisch nicht zwingend.* Die Annahme,
gewisse Eigenschaften seien für eine »Verfassung« absolut unverzichtbar, ist vielmehr Ergebnis einer *Wertung,* nicht einer wertneutralen, formallogischen
Schlußfolgerung. Daß die »Verfassung« als Begriff im strengen Sinne definiert
werden kann oder sich wenigstens einige ihrer Merkmale begrifflich verfestigt haben, läßt sich deshalb auch unter Berufung auf die empirisch belegte Häufigkeit
des Auftretens einiger Merkmale nur *behaupten, nicht aber beweisen.*

dd) Die Relativität der »Verfassung« und damit eines jeden Verfassungsbegriffs

Jeder Versuch, einen durch per se zwingende Merkmale definierbaren Verfassungs*begriff* zu begründen, fußt somit einerseits auf einer bestimmten *Auswahl
der Vergleichsgrundlage* und andererseits auf einer *Bewertung der Wichtigkeit
einzelner Verfassungsmerkmale.* Keiner dieser beiden Schritte im Rahmen der Begriffsbildung wird anhand vorgegebener, objektiver Kriterien vollzogen. Beide
erfolgen vielmehr nach Maßgabe persönlicher Festsetzungen und Einschätzungen des jeweiligen Betrachters[319], so daß die Konturen eines entsprechenden Verfassungsbegriffs – überspitzt formuliert – in doppelter Hinsicht in das Belieben
des Forschenden gestellt sind.[320] Dies ist um so bemerkenswerter, als es in hohem
Maße von dem jeweils *verfolgten Zweck* abhängig ist, welche Vergleichsgrundlage herangezogen wird und wie die einzelnen Eigenschaften gewichtet werden.[321]

---

[318] Vgl. in diesem Zusammenhang etwa *Kelsen,* S. 196, *Alexy,* S. 157, sowie *Doehring,* AStL,
Rdnr. 22 ff, der eindringlich auf die Notwendigkeit einer systematischen Trennung von »Sein«
und »Sollen« hinweist. *Kriele,* Staatslehre, § 1, 3 (S. 4), schreibt im Hinblick auf die Grundauffassung der »positivistischen« Schule der allgemeinen Staatslehre zum Verhältnis von Sein und Sollen: »Es kann nämlich logisch keinen Schluß vom Sein auf ein Sollen geben: daraus, daß etwas ist,
folgt nicht unmittelbar, daß etwas sein soll.«

[319] Allgemein zur Bedeutung des »Vorverständnisses« *F. Müller,* Rdnr. 268 ff, m. w. N.

[320] Positiver formuliert könnte man hier von einer gewissen »Souveränität des Fragestellers«
sprechen.

[321] Siehe bereits oben A. II. 3. a) cc) zur Auffassung *Jellineks.* Vgl. außerdem *Kriele,* Staatslehre, § 1, 3 (S. 5): »Bei der soziologisch-empirischen Fragestellung ist entscheidend, was man aus
der Fülle der Wirklichkeit bemerkt und als *relevant* hervorhebt; das hängt nicht von empirischen, sondern von normativen Gesichtspunkten ab, von den ›erkenntnisleitenden Interessen‹

So muß der Begriffsbildung nicht notwendig ein wissenschaftlicher Zweck zugrunde liegen. Gelegentlich werden etwa als »verfassungstypisch« erkannte oder bei den zum Vergleich herangezogenen Sachverhalten sogar stets vorzufindende Merkmale zu unverzichtbaren Begriffsmerkmalen erhoben, um bestimmten *politischen* Forderungen Ausdruck zu verleihen, diese gleichsam in die »Verfassung« zu inkorporieren.[322]

Prominentes historisches Beispiel für eine derartige Vorgehensweise ist Art. 16 der französischen Erklärung der Menschen- und Bürgerrechte von 1789[323], welcher die Gewährleistung von Grundrechten und eine gewaltenteilige Staatsorganisation zu begrifflichen und damit zwingenden Verfassungsmerkmalen erhebt, indem Gesellschaften, denen es an jenen »Errungenschaften« gebricht, abgesprochen wird, eine Verfassung zu haben.[324] Im Ansatz ähnlich verhält es sich mit modernen Auffassungen, welche die Bezeichnung »Verfassung«, quasi als eine Art auszeichnendes »Gütesiegel«, solchen Normensystemen vorbehalten wollen, die bestimmte inhaltliche Anforderungen erfüllen.[325] Die »Verfassung« droht dadurch, selbst wenn das jeweils verfolgte Anliegen noch so berechtigt sein mag, zu einem politischen Kampfbegriff[326], zum Maßstab für die Bewertung der politischen Legitimität von Staaten zu werden.[327]

(Habermas)«; Hervorhebungen dort. *Tosch*, S. 49: »Die Bildung des materiellen Verfassungsbegriffs fällt je nach der angestrebten Erkenntnis unterschiedlich aus.« Siehe auch *Starck*, JZ 1997, 1021 (1026): »Die Methoden der Rechtsvergleichung variieren nach Zweck, Gegenstand und geographischem Umfang der geplanten Vergleichung.« Zwangsläufig variieren mit den Methoden auch die Resultate der Rechtsvergleichung, was die Relativität der durch sie gewonnenen Erkenntnisse unterstreicht; ferner *Larenz/Canaris*, S. 297f.

[322] Deutlich zu einem derart politisierten Verfassungsbegriff *Tosch*, S. 33: »Gegensätzliche Verfassungsideale der verschiedenen politischen Kräfte werden zum Begriffsmerkmal der Verfassung erhoben. Jeder kann der Verfassung ihre Verfassungsqualität absprechen, wenn sie seinen Idealen nicht entspricht.« *Badura*, Artikel »Verfassung«, EvStL II, Sp. 3741, hebt hervor, daß ein solcher Verfassungsbegriff eine bestimmte Form der Verfassung, einen bestimmten Verfassungsinhalt und eine bestimmte Methode der Verfassunggebung postulieren kann.

[323] Dazu schon oben A. I. 6. d), wo auch der Text abgedruckt ist.

[324] Vgl. *Schmitt*, Verfassungslehre, S. 36: »Aus politischen Gründen wird als ›wahre‹ oder ›echte‹ Verfassung oft nur das bezeichnet, was einem bestimmten Ideal von Verfassung entspricht.« Bei *Schmitt*, S. 36ff, finden sich auch weitere Beispiele für eine solche Vorgehensweise, ebenso bei *Tosch*, S. 33f.

[325] So etwa *Schneider*, HStR VII, § 158 Rdnr. 15, 32, der es offenbar als rechtlich relevantes Kriterium ansieht, ob ein bestimmtes Rechtssystem »diese Bezeichnung verdient« und auf dieses Kriterium insbesondere im Zusammenhang mit der Wahrung der Menschenwürde und dem Schutz der Menschenrechte rekurriert, wenn er die Frage aufwirft, ob eine im Hinblick auf die genannten materialen Anforderungen defizitäre Staatsgrundordnung »überhaupt den Namen einer Verfassung verdient«. Vergleichbar die Vorgehensweise von *Häberle*, AöR 112 (1987), 54 (87), der im Hinblick auf die Gewährleistung von Menschenrechten und den Gewaltenteilungsgrundsatz äußert: »Eine Verfassungsurkunde, die diese beiden Prinzipien nicht enthielte bzw. immanent mitdächte, verdient den Namen ›Verfassung‹ nicht und sie ist auch in der Sache keine ›Verfassung‹.«

[326] So *Badura*, Artikel »Verfassung«, EvStL II, Sp. 3741, im Zusammenhang mit der konstitutionellen Bewegung des 17. bis 19. Jahrhunderts. Ferner *Schmitt*, Verfassungslehre, S. 36.

Daß die Konturen eines Verfassungs*begriffs* nur in beschränktem Maße festliegen und deshalb je nach dem mit der Begriffsbildung verfolgten Zweck ganz unterschiedliche Definitionen gefunden werden können, unterstreicht nicht nur die bereits erwähnte »Souveränität des Fragestellers«[328], sondern zeugt zugleich von der *Relativität* eines jeden, wie auch immer definierten Verfassungs*begriffs*: Einen einzigen, absoluten, einheitlichen, allein richtigen, eben *den* Verfassungsbegriff kann es nicht geben[329], weil die Begriffsdefinition je nach dem verfolgten wissenschaftlichen oder auch politischen Zweck, der entsprechend ausgewählten empirischen Basis und der persönlichen Bewertung einzelner Eigenschaften un-

---

[327] Deutlich die politische Funktion eines solchen Verfassungsbegriffs hervorhebend *Isensee*, HStR I, § 13 Rdnr. 121; siehe auch *Haverkate*, Verfassungslehre, S. 8. Vgl. auch *Herbst*, S. 188: »Eine *begriffliche* Notwendigkeit, die demokratische Legitimation in die Definition von ›Verfassung‹ hineinzunehmen, besteht nicht«; Hervorhebung dort. Kritisch im Hinblick auf das erwähnte Beispiel aus Frankreich auch *Sachs/Sachs*, Einführung Rdnr. 2: »Qualitative Anforderungen an den Inhalt einer Verfassung, wie sie zumal der berühmte Art. 16 der französischen Menschenrechtserklärung von 1789 aufstellte, sind von ihren Begriffsmerkmalen zu unterscheiden.« Eine offenbar abweichende Würdigung des Aussagegehaltes von Art. 16 der Menschenrechteerklärung findet sich bei *Kyriazis-Gouvelis*, JöR 39 (1990), 55 (65), der davon ausgeht, daß durch Art. 16 »der Schutz der Rechte als Grundlage oder als Bestandteil – noch nicht als ihr Begriffsmerkmal – gefordert« wird. Zur Indienstnahme der »Verfassung« für bestimmte politische Ziele siehe noch näher unten A. II. 3. c) cc), besonders (1) (c) und (2).

[328] Vgl. in diesem Zusammenhang *Tosch*, S. 21, auch zum folgenden: »Es kann niemandem verwehrt werden, Begriffe so zu definieren, wie er sie im weiteren Verlauf seiner Forschungen zu verwenden gedenkt. Während die Auslegung eines im Gesetz vorgefundenen Begriffes falsch oder richtig sein kann, ist die wissenschaftliche Begriffsbildung frei. Der Begriff: ›Das Grundgesetz‹ kann fehlerhaft aufgefaßt werden, der Begriff: ›Verfassung‹ der Verfassungstheorie nicht falsch, sondern nur unzweckmäßig definiert werden. Ein Wissenschaftler, der einen Begriff geschaffen hat, muß für die Abgrenzbarkeit von anderen Begriffen sorgen. Lassen sich klare Abgrenzungsmerkmale nicht finden, ist der Begriff unbrauchbar und verhindert klare Erkenntnisse.« Allgemein zur Autonomie der Begriffsbildung *Röhl*, S. 35 f.

[329] Die Unmöglichkeit der Bildung einer absoluten, allgemeingültigen Verfassungsdefinition offenbart sich bisweilen auch anhand einschränkender Zusätze zu einer solchen Definition. So heißt es z. B. bei *Jellinek*, AStL, S. 505: »Die Verfassung des Staates umfaßt demnach *in der Regel* Rechtssätze, welche die obersten Organe des Staates bezeichnen, die Art ihrer Schöpfung, ihr gegenseitiges Verhältnis und ihren Wirkungskreis festsetzen, ferner die grundsätzliche Stellung des einzelnen zur Staatsgewalt.« *Grimm*, Zukunft, S. 11 bzw. S. 15, äußert zur Verfassung: »Sie ist das dem Souverän zugeschriebene, die Staatsorgane bindende und insofern vorrangige, *meist* in einer Urkunde zusammengefaßte und erschwert änderbare Recht. (…) Seine (sc. verfassungsrechtliche) Normen sind *gewöhnlich* nicht nur formeller, sondern auch inhaltlicher Natur«; Hervorhebungen jeweils vom Verfasser. *Leenen*, S. 66, der allgemein auf die Verbreitetheit derartiger einschränkender Zusätze aufmerksam macht, bemerkt dazu: »Wo eine unmittelbar begrifflich definierende, nicht typologisch beschreibende Festlegung versucht wird, finden wir doch in aller Regel den einschränkenden Zusatz bloß ›grundsätzlicher‹ Geltung. ›Dieses für den Juristen so charakteristische Wörtchen‹ (Verweis auf *Canaris*) soll darauf hinweisen, daß ›bei ganz abweichender Gestaltung‹, ›im Einzelfall‹ oder wie die Formulierungen jeweils lauten, auch etwas anderes gelten könne, obwohl dieser Einzelfall durchaus das begriffliche Merkmal aufweist. Damit aber ist deutlich, daß es sich bei dem in einer solchen ›Definition‹ genannten Erfordernis doch nicht um ein begriffliches Merkmal, sondern um einen (…) typologischen Zug handelt. Auch da, wo scheinbar eine unmittelbare begriffliche Festlegung vorliegt, haben wir es in Wirklichkeit zumeist (noch) mit typologischem Denken zu tun.«

terschiedlich ausfallen wird.[330] Resultat aller Bemühungen um eine begriffliche Umschreibung des Wesens der Verfassung kann also immer nur *ein* Verfassungsbegriff, d. h. ein relativer Verfassungsbegriff nach Art einer individuellen Nominaldefinition[331] sein.

c) Verfassungstypus versus Verfassungsbegriff: die Vorzüge eines typologischen Verfassungsverständnisses

Mit Blick auf die soeben angestellten Überlegungen kann vermerkt werden, daß sich ein streng begriffliches Verfassungsverständnis Einwänden ausgesetzt sieht: Eine aus mehreren, jeweils per se zwingenden Merkmalen bestehende begriffliche Definition, die eindeutig und abschließend festlegt, was »Verfassung« ist, und die als Basis für die Überprüfung der Verfassungsqualität konkreter Sachverhalte im Wege eines formallogischen Subsumtionsverfahrens im Sinne der »Nur dann und immer dann«-Regel fungiert[332], kann nur um den Preis einer Mehrzahl subjekti-

---

[330] Dies erklärt auch die Vielzahl der verschiedenen in der Literatur nachzuweisenden Verfassungs*begriffe*. Vgl. dazu etwa *Tosch*, S. 21, *Zippelius*, AStL, § 8 II (S. 54 ff), *Hesse*, Grundzüge, Rdnr. 2, sowie *Mohnhaupt*, Verfassung, S. 1 (2): »Die Hinführung und Anknüpfung der historischen Entwicklungslinien an den modernen Begriffsgehalt (sc. der Verfassung) ist durch den *Mangel an Eindeutigkeit* eben dieses Begriffes erschwert. An einem feststehenden oder überwiegend anerkannten ›Verfassungs‹-Begriff fehlt es jedenfalls in der deutschen staats- und verfassungsrechtlichen Literatur«, was nach dem Ausgeführten auch kaum verwunderlich ist. Vgl. ferner *Mohnhaupt*, a.a.O., S. 3: »Die moderne Verfassungsdiskussion unterscheidet zwischen einem juristischen und außerjuristischen Verfassungsbegriff, wobei jedoch die entsprechenden Merkmale sich in den Definitionsversuchen überlagern. Philosophische, historische, politologische und soziologische Begriffsbestimmungen sind vom *Gegenstand der Betrachtung* und dem disziplinär bestimmten wissenschaftlichen *Interesse des Betrachters* bestimmt«; Hervorhebungen v. Verf. Insofern konstatiert *Mohnhaupt* nicht zu Unrecht »die sich ständig ausweitende definitorische Breite des Verfassungsbegriffs«. Übersichten über die verschiedenen in der Literatur vertretenen Verfassungsbegriffe finden sich bei *Tosch*, S. 21 ff; *Schmitt*, Verfassungslehre, S. 1 ff; *Stern* I, S. 69 ff; *Maunz/Zippelius*, § 5 II (S. 29 ff).

[331] Als »Nominaldefinition« wird eine bloße Festsetzung des künftigen Sprachgebrauchs bezeichnet, die nicht wahr oder falsch sein kann, sondern nur zweckmäßig oder unzweckmäßig im Hinblick auf das mit der Begriffsbildung verfolgte Ziel; vgl. *Christensen*, Artikel »Begriff, Begriffsbildung«, ErgLexR, 2/60; *Röhl*, S. 26 ff. Wenn eine Verfassungsdefinition auf empirischer Grundlage unter Berücksichtigung des überkommenen Sprachgebrauchs entwickelt wird, handelt es sich dabei freilich zunächst um eine Realdefinition – eine analytische Definition. Indem der Wissenschaftler jedoch an dem hergebrachten Begriffsverständnis festhält und es auch für sich selbst als verbindlich übernimmt oder indem er den auf Grundlage eigener empirischer Studien anders konturierten Begriff seinen weiteren Ausführungen zugrunde legt, wird aus der analytischen bzw. Realdefinition gleichzeitig implizit eine Nominaldefinition. Dazu und zu den erwähnten Arten von Definitionen ausführlich *Röhl*, S. 25 ff, 35 f. Kritisch hinsichtlich der Möglichkeit, mit Hilfe einer Nominaldefinition Erkenntnisse zu gewinnen, auch *Larenz/Canaris*, S. 47: »Da es Nominaldefinitionen sind, erfolgt ihre Bildung durch eine Festsetzung des Gesetzgebers oder durch Übereinkunft. Eben weil sie Nominaldefinitionen sind, die Wertungsbezüge ›abschneiden‹, sind Erkenntnisse mit ihrer Hilfe nicht zu erwarten. Sie geben niemals mehr her, als was man zuvor, im Wege der Definition, in sie hineingelegt hat.«

[332] Zum Wesen von Begriffen im strengen Sinn s. o. A. II. 3. a) aa).

ver Setzungen gebildet werden. Diese beziehen sich in erster Linie auf die Auswahl der für die Begriffsbildung herangezogenen Vergleichsgrundlage und, da aus der Häufigkeit des Auftretens bestimmter Eigenschaften nicht auf die logische Notwendigkeit ihres Vorliegens in allen Fällen geschlossen werden kann[333], auf die Bestimmung der Merkmale, die als Begriffsmerkmale für eine »Verfassung« zwingend sein sollen.

Ein Verfassungs*begriff* ist indes nicht nur relativ und bezüglich seiner Konturen variabel, sondern auch *methodisch angreifbar* und latent *gefährlich*[334]: Durch einen Verfassungs*begriff* wird allzu leicht die Illusion hervorgerufen, das Wesen der »Verfassung« sei strikt rational und wertungsfrei bestimmbar. Ebenso hat es den Anschein, einzelne Sachverhalte könnten diesem Verfassungs*begriff* durch bloße Subsumtion eindeutig zugeordnet werden. Es besteht deshalb die Gefahr, daß die Erforderlichkeit und der große Einfluß von Wertungen verdeckt und besondere Begründungserfordernisse umgangen werden.

aa) Die offensichtliche Relativität eines Verfassungstypus

Wie sich ergeben hat, sind Aussagen zum Wesen der »Verfassung« zwangsläufig relativ und nur auf der Grundlage subjektiver Festsetzungen und Wertungen möglich. Diese Relativität haftet notwendigerweise jeder diesbezüglichen Äußerung an – gleich, ob es sich um eine solche begrifflicher Art handelt oder um eine typologische Beschreibung. Die Relativität aller Aussagen zu den Eigenschaften einer »Verfassung« kommt bei einem Verfassungs*typus* allerdings schon kategorial deutlich zum Ausdruck, während ein Verfassungs*begriff* eher absolut erscheint und dazu verleiten kann, die ihm zugrunde liegenden Wertungen nicht offenzulegen und zu rechtfertigen.[335] Daß sich der »Typus« als dem »Begriff« überlegene Kategorie erweist, das Wesen der »Verfassung« also angemessener mit einem Typusverständnis erfaßt werden kann, währenddessen ein begriffliches Verständnis Gefahren in sich birgt[336], läßt sich anhand von drei Fragen illustrieren, die im Zu-

---

[333] S.o. A. II. 3. b) cc).

[334] Dies jedenfalls dann, wenn man sich der Aussage *F. Müllers*, Rdnr. 269, anschließt und die Nachprüfbarkeit juristischer Argumentationen für notwendig hält: »Die Forderung nach juristischer Objektivität kann nicht im Sinn eines Idealbegriffs erhoben werden; wohl aber als Forderung nach *überprüfbarer, diskutierbarer Rationalität* der Rechtsarbeit (...)«; Hervorh. v. Verf. Ähnlich auch *Häberle*, Verfassungslehre, S. 6.

[335] Zu dieser Tendenz vgl. *Haverkate*, Normtext, S. 17, im Zusammenhang mit der Begriffsjurisprudenz des 19. Jahrhunderts: »Man steckt in einen Begriff hinein, was man dann, wenig überraschend, aus ihm herausliest. *Die eigentlichen Wertungen verstecken sich hinter Begriffsfassaden.* Und nicht selten erstarrt das begriffsorientierte Denken; die früher einmal getroffenen und im Allgemeinbegriff festgehaltenen (oder versteckten) Wertungen werden allzu leicht unbesehen übertragen auf andere Fallgruppen, auf die sie vielleicht gar nicht passen. *Der Begriff setzt sich absolut*; er wird nicht als Lösungsansatz in einer bestimmten geschichtlichen Situation angesehen, sondern bekommt einen überzeitlichen Wert«; Hervorhebungen v. Verf. Siehe auch *Röhl*, S. 35f, 47ff.

[336] Die von einem Verfassungs*begriff* ausgehenden Gefahren bestehen im übrigen nicht allein

sammenhang mit der Handhabung eines Verfassungs*begriffs* bzw. Verfassungs*typus* auftreten:

– Welche Merkmale kennzeichnen eine Verfassung?
– Gibt es obligatorische Verfassungsmerkmale?
– Hat ein konkreter Staat eine Verfassung?

(1) Welche Merkmale kennzeichnen eine »Verfassung«?

Zunächst läßt sich die Überlegenheit eines Verfassungs*typus* gegenüber einem Verfassungs*begriff* im Hinblick auf die Frage nachweisen, welche Merkmale eine »Verfassung« in abstracto ausmachen. Anders als ein Verfassungs*begriff* geriert sich ein Verfassungs*typus* nämlich nicht als tendenziell absolut: Einem Typus steht gleichsam auf die Stirn geschrieben, daß er seine Konturen einer Sammlung typischer Merkmale verdankt, die im Wege vergleichender Betrachtung einer Mehrzahl von konkreten Anschauungsobjekten[337] sichtbar gemacht worden sind.[338] Weil für die Typusbeschreibung auf das Typisch-Sein von Merkmalen abgestellt wird, drängt sich zwangsläufig die Frage auf, *wo*, d.h. für *welche* Anschauungsobjekte, diese Merkmale typisch sind. Die Frage nach den jeweiligen Bezugsobjekten ist in der Kategorie des Typus demzufolge mitgedacht[339], so daß sie nicht nur bei der Typusbildung beantwortet werden muß, sondern sich darüber hinaus auch vor jeder Anwendung eines Typus erneut zur Klärung empfiehlt.

Weiter ist aufgrund der vergleichenden Vorgehensweise bei der Typusbildung offensichtlich, daß es von der Zahl und Art der Vergleichsobjekte abhängt, wie viele und welche Eigenschaften als typisch vermerkt werden können und insofern als für einen bestimmten Typus kennzeichnend erscheinen. Ein Verfassungs*typus*

---

darin, daß die bei der Begriffsbildung und -anwendung im Rahmen eines Subsumtionsverfahrens erforderlichen Wertungen verschleiert werden können, sondern werden insbesondere auch dann akut, wenn aus einem vermeintlich feststehenden, in Wahrheit aber wertungsabhängigen »Begriff« konkrete Rechtsfolgen abgeleitet werden sollen. Diese Gefahr und die diesbezüglichen Vorteile eines typologischen Verständnisses betont *Leenen*, S. 177: »(...) wenn auf die hinter den Denkformen jeweils stehenden *Wertungen* zurückgegriffen wird, kann die ›Typenjurisprudenz‹ den Kardinalfehler der Begriffsjurisprudenz vermeiden, aus bloßen Denkformen materiale Ergebnisse deduzieren zu wollen«. Beispiele für eine derartige Vorgehensweise sind leicht zu finden: So werden aus *dem* Verfassungsbegriff vielfach bestimmte Bindungen der verfassunggebenden Gewalt bei der Verfassungschöpfung abgeleitet; s.u. B. II. 5. a) aa) und b) cc). Ebenso wird unter Berufung auf den Begriff der »Verfassung« das Bestehen bestimmter ungeschriebener Schranken der Verfassungsrevision propagiert; zu einer solchen Auffassung siehe etwa C. II. 5. b) dd); allgemein zur Ableitung ungeschriebener Revisionsschranken aus dem Verfassungsbegriff s.u. E. I. 2. a) aa).

[337] Siehe *Winkler*, S. 419: »Der Begriff ›Typus‹ ist naturgemäß ein pluraler Begriff, dh er setzt eine *Mehrzahl von Objekten* voraus, die er als eine Einheit erfaßt«; Hervorh. v. Verf.
[338] Allgemein zur Bildung von Typen s.o. A. II. 3. a) bb) (2).
[339] Vgl. *Leenen*, S. 40. Insofern ist ein Typus der Realität näher als ein Begriff, oder, mit *Engisch*, Konkretisierung, S. 262, »auf die eine oder andere Weise (...) ›konkreter‹ als der Begriff«.

ist deshalb ohne weiteres als relative Größe identifizierbar; daß sich die Auswahl
der Vergleichsbasis auf sein konkretes Erscheinungsbild auswirkt, liegt offen zutage.[340] Auch aus diesem Grunde muß derjenige, der einen Verfassungs*typus* bildet, regelmäßig angeben, welche Staaten als Anschauungsobjekte herangezogen
werden, welcher Zeithorizont Berücksichtigung findet und aus welchen Gründen dies geschieht.[341] Ebenso ist der Typusanwender gehalten, die entsprechenden Überlegungen nachzuvollziehen und sich dadurch selbst Rechenschaft über
das Ausmaß der Relativität eines vorgefundenen Typus abzulegen. *Der Einfluß*
persönlicher Festsetzungen und damit die Relativität der jeweiligen Aussage zum
Wesen der »Verfassung« ist bei einem Verfassungstypus somit kategorial offenkun-
dig.[342]

---

[340] Offen zutage liegt der Umstand, daß der Inhalt eines Verfassungstypus von der vorgenommenen Eingrenzung der empirischen Basis beeinflußt wird, freilich nur für denjenigen, der die
hier geschilderten Charakteristika von Typen verinnerlicht hat und in der Praxis anzuwenden
weiß. Zumindest der im Umgang mit Typen Geübte wird aber dann, wenn er auf einen bestimmten Typus trifft, stets den folgenden, stichwortartig wiedergegebenen Gedankengang anstellen,
in dessen Verlauf, ausgehend vom Wesen eines jeden Typus, mehrere Fragen an den konkret vorliegenden Typus zu richten sind: Typus – Gesamtheit typischer Merkmale – Welche Merkmale
sind typisch? – Wo sind sie typisch? – Warum wurde die Vergleichsbasis entsprechend gewählt? –
Inwieweit beeinflußt die gewählte Vergleichsbasis das Ergebnis und damit die konkrete Typusbeschreibung? Wird dieser Gedankengang mit Blick auf den konkreten Typus nachvollzogen, so
führen die drei letzten Denkschritte notwendigerweise zur Aufdeckung seiner Kontextabhängigkeit und damit Relativität. Vgl. zu dem Umstand, daß zumindest dort, wo im Schrifttum von
Typen die Rede ist, gewisse Kenntnisse betreffend den Umgang mit Typen unterstellt werden
können, auch *Engisch*, Konkretisierung, S. 266: »(...) man zur Vermutung neigen möchte, daß
diejenigen, die sich des ›Typus‹ in gelehrten Untersuchungen bedienen, dies mit einiger Bewußt-
heit tun«.

[341] Vorbildlich insofern *Stern* I, S. 74f, wenngleich er nicht zwischen »Typus« und »Begriff«
differenziert und seine Ausführungen deshalb sprachlich auf den Begriff der Verfassung bezogen
sind: »Jeder Versuch, einen Verfassungsbegriff zu bilden, muß berücksichtigen, daß die Verfassungsidee universell ist. Von den Staaten der Erde besitzen – soweit ersichtlich – die meisten eine
geschriebene Verfassung. Daß diese ebenso vielgestaltig sind, wie die Staaten selbst, ist einsichtig.
Der Verfassungsbegriff kann sich daher nicht ohne weiteres am Ideal parlamentarisch-rechts-
staatlicher grundrechtsverbürgender Demokratie orientieren, *wenn er weltweit gelten will. In*
dieser Allgemeinheit könnte Verfassung lediglich als Grundordnung der staatlichen Herrschaft
definiert werden – ein Begriff, der *wenig aussagekräftig* wäre.« »(...) Will man den Verfassungsbegriff *aussagefähiger* machen, kann man von der konkreten Situation und den historischen Entwicklungen in der Staatenwelt nicht absehen. Verfassungsbegriff und Verfassungsverständnis der
westlichen Welt sind darum anders als im kommunistischen *Osten* und auch in weiten Teilen der
Entwicklungsländer. Für die Darstellung des deutschen Staatsrechts ist daher der *Verfassungsbe-*
griff der europäisch-amerikanischen Staatenwelt zugrunde zu legen. Er ist der Boden, auf dem
seit dem Konstitutionalismus auch die Verfassungen in Deutschland entstanden sind«; Hervorhebungen v. Verf. *Stern* beschränkt die Induktion im Interesse der Gewinnung eines aussagekräf-
tigen Verfassungsbegriffs also *ausdrücklich* auf den europäisch-amerikanischen Rechtskreis und
begründet diese Beschränkung der empirischen Basis mit dem Ziel seines Lehrbuches, das deutsche Staatsrecht darzustellen, das in der Tradition des besagten Rechtskreises stehe.

[342] Vgl. dazu allgemein schon oben A. II. 3. a) bb) (4) i. V. m. (2) sowie eingehend *Leenen*, S. 43,
m. w. N.: Die Bildung von Typen erfolge durch Betrachtung der Wirklichkeit unter einem bestimmten Blickwinkel, einem *bestimmten Aspekt.* Zuvor müsse aus dem Sein bereits eine Aus-

Von einem Verfassungs*begriff* wird demgegenüber beides verdeckt; denn während bei einem Verfassungs*typus* der Bezug zu den jeweils zugrunde liegenden konkreten Vergleichsobjekten sowie den bei diesen wiederkehrenden Eigenschaften gewahrt wird und in Erinnerung bleibt[343], was dazu führt, daß die Relativität einer jeden typologischen Verfassungsbeschreibung ohne weiteres ersichtlich ist, wird bei der Begriffsbildung völlig von den Anschauungsobjekten abstrahiert[344]: Nachdem bestimmte Eigenschaften der Anschauungsobjekte erkannt, mit einem einer höheren Abstraktionsebene zuzuordnenden Namen bezeichnet und schließlich zu isolierten Begriffsmerkmalen verfestigt worden sind, gerät der Bezug zu den Anschauungsobjekten, die jene Eigenschaften in ihrer Gesamtheit aufweisen, aus dem Blick.[345] Der einmal gebildete Begriff ist von den ihm zugrunde liegenden konkreten Gegebenheiten abgelöst und führt ein »Eigenleben«[346], so daß er nicht als abhängig von und relativ zu den Anschauungsobjekten, sondern als absolut erscheint.[347]

---

wahl *ähnlicher* Erscheinungen getroffen worden sein, die dann näher betrachtet würden. Konsequenz: »Da Erkennen von Ähnlichkeiten einen Vergleichsmaßstab, einen Bezugspunkt voraussetzt, müssen die ausgesonderten Erscheinungen zunächst unter irgendeinem Aspekt als bedeutsam empfunden worden sein. Das aber heißt, daß letztlich Bedeutungsgesichtspunkte typenkonstitutiv sind: Typen können ohne ihren Bedeutungs- oder Wertgesichtspunkt nicht gedacht werden«, was jedem, der mit Typen umgeht, klar sein muß. Dieser Sinnbezug von Typen bringt es laut *Leenen*, S. 47, mit sich, daß »die möglichen Werte der einzelnen, an sich beliebig ausprägbaren Züge sich nie isoliert bestimmen lassen, sondern nur in ihrer gegenseitigen Verbundenheit und Abhängigkeit Bedeutung haben«.

[343] Treffend *Engisch*, Konkretisierung, S. 261: Der Typus sei »das Ergebnis einer ›komparativ-anschaulichen‹ Abstraktion«.

[344] Zu den Unterschieden zwischen Begriffs- und Typusbildung vgl. *Engisch*, Konkretisierung, S. 261f.

[345] Vgl. *Larenz/Canaris*, S. 265f, 291f (entsprechend *Larenz*, S. 445), zu den sog. abstrakten Begriffen. Nach *Leenen*, S. 47f, sind Begriffe durch abstrakte, d.h. aus ihrer Verbindung gelöste Merkmale gekennzeichnet.

[346] Von einer »Verselbständigung der Begriffe« spricht *Röhl*, S. 53. Anders als dem im Umgang mit Typen Geübten (s.o. Fn. 340 in diesem Abschnitt) stellt sich dem Begriffsanwender die Frage nach den konkreten Gegebenheiten, auf denen sein Begriff basiert, also nicht mit besonderer Vordringlichkeit. Der Begriff erscheint vielmehr als abstrakte und vorgegebene Größe, über deren Entstehung und mögliche Relativität er nicht notwendigerweise nachzudenken braucht.

[347] So insbesondere *Haverkate*, Normtext, S. 17 (siehe das Zitat unter A. II. 3. c) aa) Fn. 335). Die Gefahr einer Absolut-Setzung von Begriffen erscheint um so realer, als die Begriffsbildung nicht denknotwendig auf Grundlage der *Vergleichsmethode* (Komparation mehrerer realer Objekte) vonstatten gehen muß, sondern auch ein *einziges Objekt* zum Ausgangspunkt nehmen oder auf das reale Vorhandensein eines solchen Objekts gänzlich verzichten kann, wodurch die Relativität des so gewonnenen Begriffs noch stärker aus dem Blick gerät. Dazu *Engisch*, Konkretisierung, S. 241f: »Der Allgemeinbegriff als solcher setzt im Prinzip das *reale* Vorkommen der unter ihn fallenden Objekte (im weitesten Sinne) überhaupt nicht oder doch nur als *möglich* voraus. (...) Dagegen haben in der Tat der Durchschnittstypus und der Häufigkeitstypus ihrem unmittelbaren Sinn und Gehalt nach zur Voraussetzung, *daß* Objekte der fraglichen Art realiter in Erscheinung getreten sind und daß *an* ihnen die ›typischen‹ Merkmale durchschnittlich oder häufig vorkommen«; Hervorhebungen dort.

Die Frage nach den Bezugsobjekten ist deshalb bei einem Verfassungs*begriff*, anders als bei einem Verfassungs*typus*, nicht kategorial mitgedacht; sie stellt sich nicht gewissermaßen von selbst, trotzdem sie natürlich auch von einem aufmerksamen Begriffschöpfer bzw. Begriffsanwender aufgeworfen werden kann.[348] Einer begrifflichen Verfassungsdefinition ist mithin nicht auf den ersten Blick anzusehen, daß die Festlegung der Definitionsmerkmale auf der Grundlage einer bestimmten empirischen Anschauungsbasis erfolgt und somit von deren Eingrenzung abhängig ist.[349] *Ein begriffliches Verfassungsverständnis trägt dementsprechend dazu bei, daß der Stellenwert persönlicher Festsetzungen und damit die Relativität des Phänomens »Verfassung« in Vergessenheit geraten.* Dies hat zur Folge, daß die im Hinblick auf die Auswahl der Vergleichsgrundlage gebotenen Begründungen überwiegend unterbleiben bzw. von späteren Begriffsanwendern nicht hinterfragt werden, und fördert insofern einen unkritischen Umgang mit dem scheinbar definitorisch feststehenden Rechtsinstitut »Verfassung«.[350]

Dem Wesen der »Verfassung« als kontextabhängiger Größe eher adäquat erscheint folglich ein Verständnis als Typus, das deren Relativität schon kategorial deutlich zutage treten läßt und daher die Gewähr dafür bietet, daß die angesichts unvermeidbarer subjektiver Festsetzungen erforderlichen Begründungen nicht »unterschlagen« werden.

(2) Gibt es obligatorische Verfassungsmerkmale?

Weiterhin zeigt sich die Angemessenheit eines Verfassungs*typus* in Anbetracht der Frage, welchen Stellenwert die einzelnen Verfassungsmerkmale haben und ob einige von ihnen per se zwingend sind; denn ein Verfassungs*typus* läßt, anders als

---

[348] Auch bei der Bildung bzw. der Anwendung eines schon vorhandenen Verfassungs*begriffs* *können* demnach die ausgewählten Vergleichsobjekte und der Grund ihrer Heranziehung durchaus angegeben bzw. nachvollzogen werden. Dies erscheint jedoch nicht als Notwendigkeit und wird deshalb meistens unterbleiben. Eine positive Ausnahme bildet insofern *Stern* I, S. 74f; dazu Fn. 341 in diesem Abschnitt. Bei einem Verfassungs*typus* treten die besagten Offenbarungs- und Begründungserfordernisse hingegen wegen der Technik seiner Bildung, dem Vergleich einer Mehrzahl von Anschauungsobjekten, weitaus stärker ins Bewußtsein als bei der Bildung von Begriffen, so daß die angesprochenen Klarstellungen regelmäßig vorgenommen werden *müssen*.

[349] Zusammenfassend *Leenen*, S. 64: »(...) während für die Begriffsbildung die Umsetzung der leitenden Wertgesichtspunkte in die Auswahl der Begriffsmerkmale charakteristisch ist, denen man dann die bei der Auswahl maßgeblichen Wertungen häufig nicht mehr ansieht, zumindest nur mehr indirekt entnehmen kann«.

[350] Wenn z.B. in Lehrbüchern definiert wird, was unter »Verfassung« zu verstehen ist, finden sich dabei regelmäßig keinerlei Anhaltspunkte für die Relativität der vorgenommenen Definition, so z.B. bei *Badura*, Staatsrecht, Rdnr. A 7; *Ipsen*, Staatsrecht, Rdnr. 767ff. Bestenfalls werden die Aussagen auf eine konkrete Verfassung bezogen und dadurch relativiert, so etwa bei *Schmalz*, Staatsrecht, Rdnr. 3f, und *Degenhart*, Rdnr. 1, 258, deren Aussagen deutlich auf das Grundgesetz bezogen sind. Kritisch insofern auch *Hesse*, Grundzüge, Rdnr. 2: »Das jeweils zugrundeliegende Verständnis des heutigen Staates und der heutigen Verfassung wird oft eher vorausgesetzt als explizit begründet.«

ein Verfassungs*begriff*, den obligatorischen Charakter einzelner Merkmale als begründungsbedürftige Ausnahme erscheinen.

Wie bereits hervorgehoben worden ist[351], können einzelne Verfassungsmerkmale unter Berufung auf die Gesetze der Logik nicht als zwingend apostrophiert werden, und zwar selbst dann nicht, wenn sie sehr häufig bzw. sogar immer anzutreffen sind oder wenn allgemeiner Konsens hinsichtlich der Unabdingbarkeit ihres Vorliegens herrscht. Die Feststellung der Unverzichtbarkeit einzelner Verfassungseigenschaften ist vielmehr das logisch keineswegs vorgegebene Ergebnis einer wertenden Betrachtung und bedarf deshalb einer besonderen Begründung.[352] Sofern nicht alle, sondern nur einige der an den Anschauungsobjekten festgestellten Merkmale als für eine »Verfassung« konstitutiv charakterisiert, den verschiedenen Eigenschaften also ein unterschiedlicher Stellenwert beigemessen werden soll, muß einer solchen Differenzierung zwischen obligatorischen und fakultativen Verfassungsmerkmalen zudem eine Gesamtbetrachtung *aller* Merkmale vorangegangen sein, die eine derartige Merkmalsgewichtung überhaupt erst ermöglicht. Ohne eine Untersuchung sämtlicher Merkmale und eine Würdigung ihres Zusammenspiels[353] fehlt es nämlich an einem Maßstab für die Bewertung einzelner Verfassungseigenschaften hinsichtlich ihrer Bedeutung und ihres Gewichts im »Chor« der Merkmale. Die Frage, ob ein einzelnes Merkmal für eine »Verfassung« unentbehrlich ist, läßt sich nur vor dem Hintergrund einer *wertenden Begutachtung des Zusammenwirkens aller Merkmale* beantworten. Erweist sich dabei eine bestimmte Eigenschaft als überragend wichtig oder sogar gänzlich unverzichtbar, so bedarf eine dahingehende Feststellung jedoch, weil sie nichts anderes als Ergebnis einer subjektiven Wertung und insofern relativ ist[354], einer *Offenlegung* der vorgenommenen Bewertungen und einer eingehenden *Begründung* derselben.

Dieses Gesamtbetrachtungs-, Offenlegungs- und Begründungserfordernis ist einem Verfassungs*typus* immanent, weil es sich bei einem Typus um die Verbindung verschiedener Einzelzüge mit für sich genommen nur indiziellem Charakter zu einem »Gesamtbild« handelt.[355] Geht man von einem typologischen Verfassungsverständnis aus, steht daher von vornherein fest, daß das spezifische Zu-

---

[351] S.o. A. II. 3. b) cc).

[352] Im Ergebnis wie hier *Herbst*, S. 171 f, 188.

[353] Deutlich auf den Gesichtspunkt des Zusammenwirkens der verschiedenen Merkmale hinweisend *Stern* I, S. 71, unter Bezugnahme auf *Hesse*, Grundzüge, Rdnr. 2 ff, und *Maunz/Zippelius*, § 5 II 2: »Tatsächlich lassen sich aus diesem Grundordnungscharakter der Verfassung wesentliche Aspekte des Verfassungsbegriffs ableiten, die allerdings nicht verabsolutiert werden dürfen, sondern *erst in ihrer Zusammenschau das Wesen der Verfassung ausmachen*«; Hervorh. v. Verf. Ähnlich *Kägi*, Grundordnung, S. 41: »Der Sinn der normativen Verfassung – und darin liegt das Ueberdauernde der Idee der Verfassung – beruht in folgenden, *unter sich zusammenhängenden Momenten*«; Hervorh. v. Verf.

[354] S.o. A. II. 3. b) cc) und dd).

[355] S.o. A. II. 3. a) bb) (1).

sammenwirken aller verfassungstypischen Merkmale für das Erscheinungsbild der »Verfassung« ausschlaggebend ist, während für die Annahme eo ipso unabdingbarer Einzelmerkmale grundsätzlich kein Raum bleibt. Nur ausnahmsweise kann sich aus der wertenden Gesamtbetrachtung aller Verfassungseigenschaften die Unverzichtbarkeit eines einzelnen oder auch mehrerer Merkmale ergeben. Eine solche Ausnahme muß aber besonders begründet werden, und zwar sowohl deswegen, weil der Verfassungs*typus* durch die Annahme unverzichtbarer Verfassungsmerkmale partiell einem Verfassungs*begriff* angenähert wird[356], als auch aus dem Grunde, daß die Verabsolutierung einzelner Merkmale und damit die Differenzierung zwischen verschiedenen Arten von Verfassungsmerkmalen ersichtlich auf einer nicht objektiv vorgegebenen Gewichtung dieser Merkmale beruht.

Dem begrifflichen Denken ist die Notwendigkeit einer Gesamtbetrachtung in dem beschriebenen Sinne hingegen fremd.[357] Bei einem Verfassungsbegriff richtet sich das Augenmerk lediglich isoliert auf die einzelnen Definitionsmerkmale, die in der Summe festlegen, was eine »Verfassung« ist.[358] Weil dabei jeder definitionsmäßigen Eigenschaft die Rolle eines unverzichtbaren Begriffsmerkmals zukommt, erscheint es gerade *nicht* als begründungsbedürftige *Ausnahme*, sondern als die nicht weiter zu begründende *Regel*, daß bestimmte Merkmale für eine »Verfassung« obligatorisch sind.

Während im Rahmen eines typologischen Verfassungsverständnisses die Unverzichtbarkeit einzelner Verfassungsmerkmale also besonders dargetan werden muß, nachdem in einem ersten, seinerseits begründungsbedürftigen Schritt die das Wesen der »Verfassung« in ihrer Gesamtheit prägenden Eigenschaften benannt worden sind[359], genügt bei einem Verfassungs*begriff* ein einziger Schritt: Mit der Begriffsbildung in Gestalt der Festlegung der Definitionsmerkmale wird zugleich darüber entschieden, daß jedes einzelne Merkmal zwingenden Charakters ist. Einem Verfassungs*begriff* wohnt somit anders als einem Verfassungs*typus*

---

[356] Zu möglichen Mischformen von Typus und Begriff s.o. A. II. 3. b) aa).

[357] Aus diesem Grunde birgt ein begriffliches Verfassungsverständnis neben der nachfolgend beschriebenen noch weitere Gefahren in sich: Weil eine vergleichende Betrachtung aller Merkmale nicht geboten ist, kann es dazu kommen, daß Verfassungseigenheiten, die sich gerade aus dem Zusammenspiel mehrerer Merkmale ergeben, völlig außer Betracht bleiben. Außerdem ist es möglich, daß die Bedeutung einzelner Eigenschaften besonders hoch eingeschätzt wird, ohne daß der Blick vergleichshalber auf alle anderen Züge und ihr Zusammenwirken gerichtet worden ist. Die Heraushebung oder gar Verabsolutierung bestimmter Verfassungseigenschaften erfolgt dann nicht auf der Grundlage einer Gesamtschau aller Merkmale, deren Ergebnis möglicherweise eine bestimmte Gewichtung dieser Merkmale ist, sondern aufgrund anderer, von außen an die »Verfassung« herangetragener Kriterien und Vorstellungen. Diese Vorgehensweise ist für subjektive Einflüsse deshalb um so anfälliger und gleichzeitig um so schwieriger kontrollier- und kritisierbar, weil die besagten Kriterien und (ggf. politischen Ideal-)Vorstellungen nicht ohne weiteres erkennbar sind und auch nur in den seltensten Fällen offengelegt werden dürften. Vgl. in diesem Kontext auch unten A. II. 3. c) cc) (2) (b).

[358] S.o. A. II. 3. a) aa).

[359] Siehe zuvor A. II. 3. c) aa) (1).

nicht das Erfordernis einer eigenständigen Begründung der Unverzichtbarkeit bestimmter Verfassungsmerkmale inne. Weil statt dessen ausschließlich auf den »begrifflichen« Charakter dieser Merkmale verwiesen wird, der Vorgang der Begriffsbildung aber seinerseits nicht unbedingt dazu angetan ist, die Offenlegung persönlicher Festsetzungen und Wertungen zu fördern[360], setzen sich eventuell bestehende Begründungsdefizite fort und potenzieren sich sogar, wenn bestimmte Verfassungseigenschaften unter Berufung auf ihre Begriffsnotwendigkeit für zwingend erklärt werden. Ein typologisches Verfassungsverständnis empfiehlt sich mithin auch deshalb, weil durch die Verwendung eines Verfassungs*begriffs* verschleiert werden kann, daß jede Gewichtung der verschiedenen Merkmale und speziell die Deklarierung einzelner Eigenschaften als zwingend für eine »Verfassung« subjektiven Wertungen entspringt. Dies leistet Begründungsdefiziten Vorschub.

(3) Hat ein konkreter Staat eine »Verfassung«?

Besonders deutlich tritt die begründungsstrukturelle Überlegenheit eines Verfassungs*typus* gegenüber einem Verfassungs*begriff* hervor, wenn die Verfassungsqualität eines konkreten Sachverhaltes zur Prüfung steht, und zwar vor allem dann, wenn der Sachverhalt Anlaß zu der Frage gibt, ob »Verfassung« auch das sein kann, was eines zur Zeit der Betrachtung in dem entsprechenden Rechtskreis allgemein üblichen Verfassungsmerkmals entbehrt.

Bei Zugrundelegung eines typologischen Verfassungsverständnisses ist diesbezüglich eine Reihe von Überlegungen erforderlich: Da die typischen Eigenschaften für sich genommen nur den Charakter von Kennzeichen oder Indizien haben, ist es trotz des Fehlens eines typischen Merkmals nicht von vornherein ausgeschlossen, einen konkreten Sachverhalt dem einschlägigen Typus zuzuordnen.[361] Weil für die Möglichkeit einer Zuordnung vielmehr relevant ist, ob typische Merkmale in solcher Zahl und Stärke vorhanden sind, daß der Sachverhalt »im ganzen« dem Erscheinungsbild des Typus entspricht, muß über die Zuordnungsfrage im Rahmen einer *wertenden* Betrachtung der jeweils vorliegenden Merkmalsgesamtheit entschieden werden. Demgemäß ist im Zuge einer Gesamtschau zu analysieren und bewerten, welche verfassungstypischen Eigenschaften vorhanden sind, wie diese Eigenschaften zusammenwirken, wie sich das Fehlen des in Rede stehenden Merkmals auf das Zusammenspiel der übrigen Merkmale auswirkt (woraus sich zugleich ergibt, von welchem Gewicht das fehlende Merkmal für das Gesamtbild der »Verfassung« ist) und ob der Mangel durch das Vorliegen anderer Eigenschaften kompensiert werden kann. Für die Frage, ob trotz des Fehlens einzelner verfassungstypischer Eigenschaften vom Vorliegen einer »Verfassung« ausgegangen werden kann, gibt es auf der Basis eines typologischen Verfassungsverständ-

---

[360] Dazu ebenfalls oben A. II. 3. c) aa) (1).
[361] S.o. A. II. 3. a) bb) (3), auch zum folgenden.

nisses folglich keine eindeutige und logisch feststehende Antwort.[362] Die Feststellung, daß einem bestimmten Sachverhalt (keine) Verfassungsqualität zukommt, ist vielmehr Ergebnis komplexer Deliberationen und Abwägungen, die von persönlichen Einschätzungen nicht unbeeinflußt sind bzw. sein können.[363] Schon allein deshalb, weil dies bei einem Typus offensichtlich ist, erfordert jede derartige Feststellung eine sorgfältige und nachvollziehbare *Begründung*.

Vor der Folie eines streng begrifflichen Verfassungsverständnisses stellt sich die (Nicht-)Einstufung eines bestimmten Sachverhalts als »Verfassung« hingegen als klare Angelegenheit dar: Weil die Zuordnung eines konkreten Sachverhaltes zu einem Begriff im Rahmen eines Subsumtionsverfahrens erfolgt und voraussetzt, daß der Sachverhalt alle Definitionsmerkmale des entsprechenden Begriffs aufweist, kann ein hinsichtlich eines oder mehrerer Definitionsmerkmale defizitärer Sachverhalt nicht dem Begriff unterfallen.[364] Ein Staat, dessen rechtlicher Grundordnung es an einem – und sei es auch nur einem einzigen – Merkmal gebricht, das Bestandteil der Verfassungsdefinition ist, verfügt demnach über keine »Verfassung«. Einer besonderen, über die Subsumtion hinausgehenden Begründung bedarf ein solches Urteil auf der Grundlage eines Verfassungs*begriffs* nicht, weil es als eindeutig und logisch zwingend erscheint. Damit wird suggeriert, daß die Verfassungsqualität konkreter Gegebenheiten im Wege eines grundsätzlich *wertneutralen*, formallogischen Subsumtionsvorgangs beurteilt werden kann.[365]

Auf den Vorgang der Begriffsbildung wirft dies indes ein noch helleres Licht, weil dementsprechend mit der Entwicklung einer Verfassungsdefinition qua Benennung der verschiedenen Begriffsmerkmale zugleich mittelbar darüber entschieden wird, welche konkreten Sachverhalte als »Verfassung« anzusehen sind. Die Begriffsbildung ist aufgrund dieser Folgewirkungen von einer im Vergleich zur Typusbildung viel größeren Tragweite. Die mit einem begrifflichen Verfassungsverständnis verbundenen Gefahren, die sich aus einer möglichen Verschleierung subjektiver Setzungen und eventuellen Begründungsdefiziten bei der Begriffsbildung ergeben[366], erlangen dadurch eine noch gewaltigere Dimension: Nicht nur, daß bestimmte Eigenschaften allein unter Berufung auf ihren begriffli-

---

[362] Charakteristisch für das typologische Denken ist nämlich, daß konkrete Sachverhalte dem Typus »mehr« oder »weniger« entsprechen, wohingegen die Kategorie des »Entweder-Oder« im Rahmen eines typologischen Ansatzes keinen Platz hat; s.o. A. II. 3. a) bb) (1) sowie aa) mit Fn. 275.

[363] Siehe bereits oben A. II. 3. a) bb) (4) i.V.m. (3). Daß dem so ist, beruht nicht zuletzt darauf, daß Typen immer unter bestimmten Wertgesichtspunkten gebildet werden (s.o. A. II. 3. a) bb) (3) sowie b) cc) (1) (a)), woraus sich das ergibt, was *Strache*, Das Denken in Standards, Berlin 1968, S. 57, konstatiert: »Die Entscheidung der Frage, ob ein Gegenstand dem Typus zuzurechnen ist oder aus dem Typusbereich ausgeschlossen werden muß, bedarf jeweils einer an dem für die Typenbildung relevanten Bedeutungsgesichtspunkt orientierten verstehenden Beurteilung«; zitiert nach *Leenen*, S. 44 Fn. 68.

[364] S.o. A. II. 3. a) aa).

[365] Zur grundsätzlichen Wertungsfreiheit des Subsumtionsvorgangs s.o. A. II. 3. a) aa) a.E.

[366] Dazu oben A. II. 3. c) aa) (1).

chen Charakter und mithin ohne eigenständige Begründung als per se zwingend apostrophiert werden können.[367] Darüber hinaus lassen sich sogar konkrete Sachverhalte als (Nicht-)«Verfassung« charakterisieren, und zwar wiederum *ohne gesonderte Begründung* und nur unter Hinweis auf ihre (Nicht-)Subsumierbarkeit unter einen bestimmten, vorgeblich feststehenden Verfassungs*begriff*.[368] Dieser macht somit als unmittelbare Grundlage für juristische Deduktionen weitere wertende Überlegungen sowie Begründungen entbehrlich[369] und läßt den Deduktaten den Ruch logischer Unanfechtbarkeit zuteil werden. Werden die der Begriffsbildung zugrunde liegenden Setzungen und Wertungen nicht offengelegt und begründet, was nach den bisherigen Erkenntnissen nicht eben fernliegend ist[370], bleibt demzufolge völlig im Dunklen, daß jede Aussage zur Verfassungsqualität bestimmter Sachverhalte zu einem Gutteil auf subjektiven Wertungen basiert und keineswegs objektiv vorgegeben ist. Schlimmstenfalls kann also *ohne jede Aufdeckung und Rechtfertigung persönlicher Einschätzungen* verfassungsjuristisch argumentiert werden, weil aus dem einmal gebildeten Verfassungsbegriff alles weitere logisch abgeleitet werden kann.

Genau dies ist der Ansatzpunkt für die hier vorgetragene Kritik an einem begrifflichen Verfassungsverständnis: Es besteht die nicht nur theoretische Gefahr, daß der Stellenwert subjektiv beeinflußter Prämissen zu keinem Augenblick sichtbar wird und Wertungen überhaupt nicht begründet werden, weder bei der Begriffsbildung noch – und dies ist der Kategorie des »Begriffs« immanent – bei der Begriffsanwendung. Mit Blick auf konkrete Sachverhalte bestätigt und erhärtet sich folglich die Feststellung, daß ein Verfassungs*begriff* mit einem besonderen Risiko behaftet ist, dem Risiko, daß Wertungen hinter der Begriffsfassade nicht erkennbar sind und notwendige Begründungen unterbleiben. Ein Verfassungs*typus* weist derartige Nachteile nicht auf, weil die Zuordnung konkreter Sachverhalte zum Typus auf der Basis einer wertenden Gesamtbetrachtung aller vorhandenen verfassungstypischen Merkmale erfolgt, welcher das Erfordernis einer besonderen Begründung immanent ist.

bb) Verfassungstypus und Verfassungsbegriff im Lichte des Postulats methodischer Ehrlichkeit

Ausgangspunkt für die vorstehenden Überlegungen ist die Erkenntnis gewesen, daß alle Aussagen zu den Eigenschaften einer »Verfassung« relativ sind[371]: Welche

---

[367] Zu diesem Kritikpunkt bereits oben A. II. 3. c) aa) (2).

[368] Zu dem Umstand, daß es einen absoluten, einheitlichen, eben *den* Verfassungsbegriff nicht geben kann, schon oben A. II. 3. b) dd).

[369] Zu diesem Charakteristikum eines Begriffs oben A. II. 3. a) aa) sowie *Leenen*, S. 45, der bezogen auf die Begriffsanwendung feststellt: Die »Frage nach dem Vorliegen der Begriffsmerkmale vertritt die Wertungsfrage«.

[370] S.o. A. II. 3. c) aa) (1).

[371] S.o. A. II. 3. c), Einleitung zu aa).

Merkmale als kennzeichnend für eine »Verfassung« erscheinen, ist von einer subjektiven Festsetzung abhängig, nämlich der jeweiligen zeitlich-räumlichen Eingrenzung der empirischen Basis. Resultat einer subjektiven Wertung ist sodann, wie die einzelnen Merkmale gewichtet werden, insbesondere, ob einige von ihnen als für eine »Verfassung« obligatorisch anzusehen sind. Schließlich spielen die entsprechenden Wertungen – zumindest mittelbar – auch bei der Beurteilung der Frage eine Rolle, ob ein bestimmter Staat eine »Verfassung« hat.

Dieser Wertungsabhängigkeit und damit Relativität aller auf das Phänomen »Verfassung« bezogenen Stellungnahmen wird durch einen Verfassungs*typus* in größtmöglichem Umfang Rechnung getragen, weil ein typologisches Verfassungsverständnis die Erkennbarkeit subjektiver Ingerenzen gewährleistet und besondere Begründungserfordernisse mit sich bringt. So bedürfen die Auswahl der Vergleichsgrundlage im Rahmen der Typusbildung, die Gewichtung der einzelnen Merkmale und insonderheit die Charakterisierung einzelner Eigenschaften als zwingend sowie Aussagen zur Verfassungsqualität konkreter Sachverhalte jeweils einer eigenständigen, Wertungen offenlegenden und eine Plausibilitätskontrolle ermöglichenden Begründung.

Wo bei einem Verfassungs*typus* drei Begründungen[372] vonnöten sind, reicht bei einem Verfassungs*begriff* eine einzige, die ihrerseits oft defizitär sein oder gänzlich fehlen wird: Die Sachverhaltszuordnung erfolgt durch Subsumtion und verlangt daher nicht nach einer eigenständigen Begründung. Dasselbe gilt, obwohl logisch keineswegs vorgegeben, für die Erhebung bestimmter Eigenschaften zu obligatorischen Verfassungsmerkmalen. Beides läßt sich aus dem einmal gebildeten Verfassungs*begriff* ableiten. Die Methode der Herleitung dieses Verfassungs*begriffs* und seine Abhängigkeit von subjektiven Setzungen werden indes oftmals im Ungewissen bleiben, weil anders als bei einem Verfassungs*typus* keine kategorial bedingten Offenlegungs- und Begründungserfordernisse bestehen. Ein begriffliches Verfassungsverständnis lädt denjenigen, der es darauf anlegt, mithin regelrecht dazu ein, zunächst – in einer nur schwer nachvollziehbaren Weise – persönliche Wertungen und vielleicht sogar politische Grundanschauungen in die Bestimmung der Begriffsmerkmale einfließen zu lassen, um sodann aus dem entsprechend konturierten Verfassungs*begriff* dem Anschein nach eindeutige, objektiv feststehende und logisch unanfechtbare Folgerungen auch im Hinblick auf konkrete Sachverhalte ableiten zu können. Ein Verfassungs*begriff* birgt insofern just die Gefahr in sich, die allgemein von begriffsjuristischem Denken ausgeht:

---

[372] Sofern allerdings ein typisches Merkmal für unabdingbar gehalten wird, wodurch der Verfassungstypus einem Verfassungsbegriff angenähert würde (s.o. A. II. 3. c) aa) (2)), wären ggf. nur noch zwei Begründungen nötig; denn wenn einem Sachverhalt das für zwingend erachtete Verfassungsmerkmal fehlt, braucht gerade nicht mehr eigens begründet zu werden, daß der Sachverhalt nicht »Verfassung« ist, weil sich dies bereits ohne weiteres aus dem Fehlen des begrifflichen Merkmals ergibt.

»Man steckt in einen Begriff hinein, was man dann, wenig überraschend, aus ihm herausliest. Die eigentlichen Wertungen verstecken sich hinter Begriffsfassaden.«[373]

Ein begriffliches Verfassungsverständnis kann in Anbetracht dieser Risiken nur bedingt im Interesse einer auf methodische Ehrlichkeit und Klarheit bedachten Wissenschaft[374] liegen, da es allzu leicht Eindeutigkeit und Objektivität suggeriert, wo sich in Wahrheit in nicht unerheblichem Umfang das Subjektive Bahn bricht. So vertretbar die Eingrenzung der empirischen Basis und die Bewertung einzelner Verfassungsmerkmale hinsichtlich ihrer Gewichtigkeit auch sein mag, und selbst wenn bezüglich dieser Wertungen oder darauf aufbauender konkreter Schlußfolgerungen allgemeiner Konsens besteht[375]: *Jede Eingrenzung des Kreises der Vergleichsobjekte ist rechtfertigungsbedürftig. Logisch nicht zwingende Ableitungen beruhen auf Wertungen. Wertungen müssen als solche kenntlich gemacht werden und dürfen nicht unausgesprochen im Hintergrund eines Begriffes stehen.*[376] *Sie sind vielmehr in besonderer Weise begründungsbedürftig.*[377]

Obwohl diesen Anforderungen prinzipiell auch mit einem Verfassungsbegriff genügt werden kann, nämlich sofern über die bei der Begriffsbildung vorgenommenen Festsetzungen und Bewertungen hinreichend Rechenschaft abgelegt wird, erscheint ein typologisches Verfassungsverständnis besser geeignet, weil einem Verfassungs*typus* die entsprechenden Offenlegungs- und Begründungserforder-

---

[373] So *Haverkate*, Normtext, S. 17. Siehe auch *Röhl*, S. 35 f sowie S. 57: »Unter dem Deckmantel einer Definition wird in den Begriff hineingesteckt, was man gerne herausholen möchte. Dazu benutzt man undefinierte Begriffe oder Begriffe, die für andere Zwecke oder sozusagen zweckfrei definiert wurden. Dieses Verfahren baut auf Zirkelschlüssen auf und ist deshalb indiskutabel.«

[374] Zu diesem Anspruch ausführlich *F. Müller*, Rdnr. 268 ff.

[375] Zu dem Erfordernis, auch allgemein Konsentiertes mit einer Begründung zu versehen, vgl. *Boehl*, Verfassunggebung, S. 130, unter Zitation von *Graf Kielmansegg*, FS Hennis, S. 397 (398): »Auch realer, legitimitätsstiftender Konsens ›entbindet das theoretische Denken nicht von der Pflicht zu fragen, auf welche guten Gründe sich solcher Konsens stützen könnte‹.«

[376] So auch *F. Müller*, Rdnr. 269: »Die Forderung nach Objektivität meint nicht das Beseitigen, sondern das *Offenlegen* der erforderlichen und der tatsächlich erfolgenden *Wertungen*«; Hervorhebungen dort. Ferner *Häberle*, Verfassungslehre, S. 6, sowie *Henke*, Staat 7 (1968), 165 (170 f): »Eine wissenschaftliche Auseinandersetzung ist nur möglich, wenn alle Aussagen der Widerlegung ausgesetzt werden. Daraus folgt, daß die subjektiven Setzungen, soweit sie in wissenschaftlichen Aussagen enthalten sein sollten, als Setzungen offenbart werden müssen, wenn diese Aussagen wissenschaftlich ernst genommen werden sollen, denn nur so ist der Umfang ihrer Nachprüfbarkeit feststellbar. Darum gibt man heute seine Prämissen an, ehe man eine Behauptung aufstellt. Ein zweites Ziel ist es, wissenschaftliche Aussagen streng logisch abzuleiten, ebenfalls um der Nachprüfbarkeit willen. Solche Ableitungen haben irgendwo einen unabgeleiteten, gesetzten Anfang, das Axiom. Wird dieser Anfang als Setzung offenbart, dann ist wiederum klargestellt, wieweit die Aussage, nun ihre richtige Ableitung, nachprüfbar ist.«

[377] Deutlich *Starck*, JZ 1997, 1021 (1029): »So unverzichtbar hiernach Wertungen bei der Rechtsvergleichung für Zwecke der Praxis sind, so wichtig ist es, sich über den Wertungsrahmen Rechenschaft zu geben.« Siehe auch das Zitat von *F. Müller*, oben A. II. 3. c) Fn. 334, sowie seine Äußerung in Rdnr. 5, wo es im Hinblick auf Fragen der juristischen Methodik heißt, es handele sich um »Strukturüberlegungen wissenschaftlicher Problembehandlung und transparenter, Kontrolle und Diskussion ermöglichender Rationalität«.

nisse kategorial innewohnen. Dadurch ist gewährleistet, daß einerseits die Relativität des Phänomens »Verfassung« stets im Bewußtsein bleibt und daß andererseits – auch und vor allem – mißbräuchliche Deduktionen aus dem »Wesen der Verfassung« vermieden werden.[378]

cc) Die Möglichkeit einer Differenzierung zwischen Verfassungsnormaltypus und Verfassungsidealtypus als weiterer Vorzug eines typologischen Verfassungsverständnisses

Die Vorzüge des typologischen Denkens sind damit noch nicht erschöpft. Denn auch dem nicht immer völlig unberechtigten Anliegen, bei der Festlegung, was »Verfassung« ist, in gewissem Umfang *politische Legitimitätsvorstellungen* zu berücksichtigen und die Bezeichnung »Verfassung« somit – nach Art eines Gütesiegels – Gemeinwesen mit bestimmten für »gut« erachteten Strukturen vorzubehalten[379], wird ein Verfassungs*typus* besser gerecht als ein Verfassungs*begriff*. Abgesehen von den bereits in ihrer positiven Rolle gewürdigten Offenlegungs- und Begündungserfordernissen[380] stehen nämlich im Rahmen der Lehre von den Typen angemessene kategoriale Differenzierungsmöglichkeiten zur Verfügung, um das Phänomen »Verfassung« einerseits in rein *deskriptiver* Hinsicht beschreiben zu können[381], ohne daß damit die Vorstellung eines irgendwie erstrebenswerten Zustandes verbunden wäre, andererseits der »Verfassung« aber auch den Charakter eines *normativ Gesollten* und damit die Rolle eines Vorbildes für eine bestimmte Ausgestaltung staatlicher Herrschaft verleihen zu können. Die Rede ist von der Differenzierung zwischen deskriptiven und normativen Typen.

---

[378] Gegen ein begriffliches Verfassungsverständnis wohl auch *Herbst*, S. 171f, 188. Auch *Möllers*, S. 1 (3 ff) geht typisierend vor, obgleich Ergebnis der von ihm vorgenommenen »zugespitzte(n) Typisierung« ein Verfassungs*begriff* sein soll.

[379] Zu derartigen Tendenzen schon oben A. II. 3. b) dd). Vgl. in diesem Zusammenhang auch *Kriele*, Staatslehre, § 1, 3 (S. 4 f), der sich für eine »kritische Staatslehre« ausspricht, welche sich an einer Vermittlung von Sein und Sollen orientiert und demnach nur empirisch-beschreibend vorgeht, sondern auch die »Warum-Frage« aufwirft und die Gründe für die Entstehung bestimmter Strukturen kritisch würdigt. Ähnlich *Doehring*, AStL, Rdnr. 8: »(...) Letzteres bedeutet, daß die Staatslehre als Teil der Rechtswissenschaft durch die Frage nach dem *Sollen* bestimmt und so gehindert ist, bei der Betrachtung des *Seins* stehen zu bleiben«; Hervorhebungen dort.

[380] S. o. A. II. 3. c) aa) und bb).

[381] Damit ist freilich keine Anknüpfung an das ältere zuständliche Verfassungsverständnis gemeint, wonach »Verfassung« als ein den politischen Zustand eines Staates umfassend wiedergebender Erfahrungsbegriff verwendet wurde (sog. realitätsbezogener, ontologischer oder deskriptiver Verfassungsbegriff; s. o. A. I. 1. a. E., 2. sowie 9.). Vielmehr geht es hier darum, die »Verfassung«, die ein Staat *hat* und nicht die »Verfassung«, in der er *ist* (s. o. A. I. 1.), also die »Verfassung« als Inbegriff zumeist höherrangiger Rechtsnormen besonderer Qualität zu beschreiben, ohne daß damit ein politisches Werturteil zum Ausdruck gebracht wird.

(1) Die verschiedenen Arten von Typen

Innerhalb der Kategorie der deskriptiven Typen kann zwischen »Verfassungsnormaltypus« und »Verfassungsidealtypus« differenziert werden. Strikt davon zu unterscheiden ist der »normative Verfassungsidealtypus«.

(a) Der deskriptive Verfassungsnormaltypus

Der auf empirischer Grundlage gebildete Verfassungstypus dient primär der wissenschaftlichen Erkenntnis.[382] Die bei Bildung und Anwendung eines solchen deskriptiven *Normaltypus*[383] notwendig vorhandenen persönlichen Festsetzungen und Wertungen[384] beschränken sich auf das für die wissenschaftliche Erkenntnis unabdingbare Minimum, indem politische Grundüberzeugungen und Legitimitätsvorstellungen des jeweiligen Betrachters bei Auswahl der Vergleichsgrundlage und Bewertung der Merkmalsgesamtheit nach Möglichkeit[385] zurückgestellt, einzelne Merkmale jedenfalls nicht anhand der Kategorien »politisch positiv« oder »politisch negativ« beurteilt und gewichtet werden. Von einem Verfassungsnormaltypus in diesem Sinne war in den bisherigen Ausführungen die Rede.

(b) Der deskriptive Verfassungsidealtypus

Im Interesse der wissenschaftlichen Erkenntnis kann von diesem Normaltypus weiter abstrahiert werden, indem bestimmte in der Wirklichkeit beobachtete charakteristische Züge gedanklich herausgehoben werden, während andere typische Merkmale unberücksichtigt bleiben. Einzelne Elemente des Normaltypus werden dadurch in Gedanken isoliert und als reine, unvermischte Typen konstruiert, die dazu dienen, »gewisse für sie jeweils ›typische‹ Abläufe am Modell zu verdeut-

---

[382] Vgl. generell zur Bedeutung von Typen im Bereich der allgemeinen Staatslehre oben A. II. 3. a) cc) sowie *Wolff*, Studium Generale 5 (1952), 195 (196). Die von praktischen Zwecksetzungen freie wissenschaftliche Erkenntnis ist allgemein Hauptanliegen einer rechtsvergleichenden Vorgehensweise, vgl. *Starck*, JZ 1997, 1021 (1023f).

[383] Die Terminologie ist uneinheitlich, teilweise wird dem »Idealtypus« als Gegensatz auch der sog. Realtypus gegenübergestellt; siehe *Engisch*, Konkretisierung, S. 241; *Wolff*, Studium Generale 5 (1952), 195 (198); *Bydlinski*, S. 544. Das Fehlen eines einheitlichen Sprachgebrauchs bemängelt *Leenen*, S. 19, 25 ff.

[384] Treffend *Starck*, JZ 1997, 1021 (1029), allgemein zur Bedeutung von Wertungen für die wissenschaftlicher Erkenntnis dienende Rechtsvergleichung: »Schon die rein theoretischen Zielen dienende Rechtsvergleichung, wie sie z.B. der Allgemeinen Staatslehre oder der Rechtsphilosophie zugrunde liegt, bei der es allein um wissenschaftliche Ordnung und Erkenntnis geht, braucht Kategorien, die nicht frei von Wertungen sind.« Siehe auch *Zippelius*, AStL, §1 II 2 (S. 5f), sowie oben A. II. 3. a) bb) (4).

[385] Daß dies niemals in Gänze geschehen, die politisch-weltanschauliche Grundeinstellung des jeweiligen Betrachters bei der Typusbildung und -anwendung also nie völlig ausgeblendet werden kann, liegt in der Natur des Menschen begründet und ist insofern ein Datum. Dementsprechend formuliert *F. Müller*, Rdnr. 270: »Die Forderung *möglichst weitgehender* Rationalität der Rechtsbildung folgt aus der Unmöglichkeit ihrer vollständigen Rationalität«; Hervorhebung dort.

lichen und danach die in der Realität angetroffenen Mischformen durch Vergleich mit den ›reinen‹ Typen besser zu verstehen«.[386] Ein derartiger *logischer Idealtypus*[387] braucht freilich in keiner empirischen Erscheinung in Reinheit verwirklicht zu sein. Jedoch ist dies auch nicht ausgeschlossen, d.h. eine konkrete Verfassung kann durchaus als idealtypisches Modell für bestimmte Abläufe und Zusammenhänge herangezogen werden.[388] So kann beispielsweise der amerikanischen Bundesverfassung von 1787[389] der Charakter eines Modells für die moderne, auf der Idee der Volkssouveränität beruhende Verfassung beigemessen werden[390], mit dessen Hilfe sich Besonderheiten anderer Verfassungen besser erkennen und einschätzen lassen. Mit Blick auf die US-Verfassung und komplementär auf den entgegengesetzten Idealtypus, den Typus der auf der alleinigen Souveränität des monarchischen Herrschers basierenden Verfassung, erscheinen etwa die im Deutschland des 19. Jahrhunderts zu findenden vereinbarten Verfassungen[391] als weder dem einen noch dem anderen Idealtypus entsprechende Mischformen, deren Eigenheiten sich auf dieser Grundlage besser verstehen lassen.[392]

Im Hinblick auf einen solchen Verfassungsidealtypus gilt es festzuhalten, daß er grundsätzlich zu den *deskriptiven* Typen zählt, d.h. mehr oder weniger idealisiertes *Abbild* der Wirklichkeit ist, nicht aber *Vorbild* im Sinne erstrebenswerter Muster.[393] Sowohl der Verfassungsnormaltypus als auch der »deskriptive Verfassungsidealtypus« dient mithin der wissenschaftlichen Kenntlichmachung des Wesens der Verfassung, ohne gleichzeitig der Durchsetzung politisch-ideologischer Wunschvorstellungen dienstbar zu sein.

---

[386] So *Larenz/Canaris*, S. 292 (entsprechend *Larenz*, S. 446); ferner *Engisch*, Konkretisierung, S. 255f mit Fn. 77.

[387] Zum logischen Idealtypus im Sinne *Max Webers* vgl. *Larenz/Canaris*, a.a.O.; *Zippelius*, AStL, § 2 III 2 (S. 13f); *Engisch*, Konkretisierung, S. 252ff.

[388] Vgl. *Jellinek*, AStL, S. 43 mit Fn. 1, in der es heißt: »Zwei Gattungen solcher Idealtypen sind zu unterscheiden. Entweder ist der Typus freies Gebilde der Spekulation (...), oder es werden vorhandene Staaten oder einzelne ihrer Institutionen zu einem Idealtypus umgebildet«. Diese Äußerung ist allerdings auf den sogleich (A. II. 3. c) cc) (1) (c)) zu behandelnden normativen Idealtypus bezogen, während *Jellinek* auf die Existenz eines rein deskriptiven Idealtypus nicht eingeht. Siehe auch *Engisch*, Konkretisierung, S. 240, 254.

[389] Zu ihren Eigenschaften oben A. I. 5.

[390] Natürlich können auch andere Verfassungsordnungen als idealtypisch angesehen werden. Nach der Auffassung von *Stern* I, S. 65, wurde z.B. »das französische Modell zum europäischen Idealtypus«.

[391] S.o. A. I. 7. b) und c), 8. b).

[392] So wird bei dieser an Idealtypen orientierten Betrachtungsweise z.B. nicht nur deutlich, daß es sich bei den vereinbarten Verfassungen überhaupt um Mischformen handelt, sondern auch erkennbar, daß dieser Mischcharakter Ausdruck eines die Souveränitätsfrage letztlich unentschieden lassenden Kompromisses zwischen Herrscher und Volk ist; dazu schon oben A. I. 7. c) Fn. 167 sowie 8. b) Fn. 199.

[393] Siehe die Nachweise in den Fußnoten 386f (in diesem Abschnitt).

(c) Der normative Verfassungsidealtypus

(aa) Das Wesen des normativen Verfassungsidealtypus

Scharf von diesen beiden Typen zu trennen ist der *axiologische* oder *normative Idealtypus*[394], der nicht ein Seiendes oder eine davon abgehobene Modellvorstellung beschreibt, sondern sich auf etwas Seinsollendes bezieht[395]: Ihm ist die Vorstellung eines Wertvorzuges inhärent, er zielt nicht (nur) auf Erkenntnis und Verstehen, sondern ist *Wertmaßstab* des Gegebenen mit Vorbildfunktion:

»Was ihm entspricht, ist gut und hat das Recht, sich durchzusetzen und dazusein; was ihm nicht entspricht, ist zu verwerfen und zu überwinden.«[396]

Der normative Verfassungsidealtypus verkörpert also einen erstrebenswerten Idealzustand in bezug auf die Ausgestaltung staatlicher Herrschaft. Auch in dieser Hinsicht läßt sich exemplarisch auf die Verfassung der Vereinigten Staaten von 1787 verweisen, die nicht nur als deskriptiv-idealtypisches Modell für eine dem Grundsatz der Volkssouveränität verpflichtete Verfassung angesehen werden kann, sondern auch als Inbegriff einer »guten« Verfassung, der Vorbildcharakter für andere Gemeinwesen zukommt. Und in der Tat wurden insbesondere das Beruhen jener Verfassung auf der verfassunggebenden Gewalt des Volkes, ihre herrschaftskonstituierende Funktion, die Gewährleistung von Menschenrechten sowie die gewaltenteilige und demokratische Staatsorganisation schon bald in vielen Ländern als vorbildlich und *politisch erstrebenswert* empfunden.[397] In der Folgezeit mußten sich daher andere staatliche Ordnungen an der als mustergültig bewerteten US-Verfassung messen lassen, avancierte diese also zum Maßstab für die Beurteilung der politischen Legitimität von Staaten. Strukturell abweichend verfaßte Staaten sahen sich daraufhin früher[398] oder später[399] mit der Forderung konfrontiert, die eigene Verfassungsordnung entsprechend dem amerikanischen

---

[394] Dazu *Jellinek*, AStL, S. 34ff; *Larenz/Canaris*, S. 292f (entsprechend *Larenz*, S. 446); *Zippelius*, AStL, § 2 III 2 (S. 13f); *Engisch*, Konkretisierung, S. 252ff.

[395] Im Hinblick auf den Verfassungsstaat deutlich den normativen vom deskriptiven Typus trennend *Isensee*, HStR I, § 13 Rdnr. 125: »Sein polares Gegenbild ist der totalitäre Staat. In dieser Polarität gewinnt der Typusbegriff (›freiheitlicher‹) Verfassungsstaat eine politische Funktion. Ansonsten hat er wissenschaftlich-deskriptiven Charakter als Staatstypus«.

[396] So *Jellinek*, AStL, S. 35, zum Wesen des normativen Idealtypus.

[397] Im Hintergrund dieser positiven Bewertung steht die *staatsphilosophisch-politische Überzeugung*, daß das Volk möglichst weitgehend an der staatlichen Herrschaft zu beteiligen sei, ihm gleichzeitig aber auch Schutz vor staatlichen Übergriffen gewährt werden müsse. Zum Stellenwert politischer Wertungen beim normativen Idealtypus sogleich im folgenden Abschnitt.

[398] So etwa Frankreich, wo wenige Jahre nach der amerikanischen Unabhängigkeit im Zuge der Revolution von 1789 immer wieder auf die fortschrittlichen Verfassungen in den USA und insbesondere die dortigen Vorstellungen von der Volkssouveränität verwiesen wurde. Zum diesbezüglichen Vorbildcharakter der amerikanischen Verfassungen s. o. A. I. 6. b) mit entsprechenden Nachweisen.

[399] So beispielsweise Deutschland im Zuge der letztlich gescheiterten Revolution von 1848/49. Zum Einfluß amerikanischer Vorstellungen auf die Paulskirchenverfassung s. o. A. I. 8. a) m. w. N.

Ideal umzugestalten. Der US-Verfassung kam somit infolge des Umstandes, daß ihr die Funktion eines normativen Idealtypus beigemessen wurde, im politischen Kampf um die Änderung der bestehenden Machtverhältnisse und um die Ausgestaltung staatlicher Herrschaft eine nicht unerhebliche Bedeutung zu.[400]

(bb) Die gesteigerte Wertungsabhängigkeit und damit Relativität des normativen Verfassungsidealtypus

Ohne daß noch weitere Beispiele angeführt werden müßten, ist bereits erkennbar, daß subjektive Einschätzungen bei der Bildung eines normativen Verfassungsidealtypus einen anderen Stellenwert haben als bei den deskriptiven Verfassungstypen: Während persönliche Festsetzungen und Wertungen bei den letztgenannten Typen auf das aus Gründen wissenschaftlicher Erkenntnis unabdingbare[401] Mindestmaß beschränkt sind[402], werden beim normativen Verfassungsidealtypus über dieses Minimum hinaus Wertungen vorgenommen. Diese zusätzlichen, aus reinen Erkenntnisgründen nicht angezeigten Wertungen stehen im Zusammenhang mit der Frage, welche Merkmale als positiv zu erachten und für eine vollkommene, vorbildliche Verfassung kennzeichnend sind, d.h. wie eine »gute« Verfassung auszusehen hat.

---

[400] Zur Beeinflussung der europäischen Entwicklung durch amerikanische Vorbilder vgl. *Jellinek*, AStL, S. 517f, 521; *Boehl*, Verfassunggebung, S. 62f; *Schambeck*, Verfassungsbegriff, S. 211 (215f); *Scheuner*, Verfassung, S. 171 (172); *Bryde*, S. 47f; *Hofmann*, S. 266, m.w.N. Eine ähnliche Wirkung wie von der US-Verfassung ging von der französischen Verfassung von 1791 aus. So stellt etwa *Stern* I, S. 65, fest, daß »das französische Modell zum europäischen Idealtypus« und insofern für die weitere Entwicklung richtunggebend wurde. Allgemein zum französischen Verfassungsverständnis des 18. Jahrhunderts oben A. I. 6. Die Verfassung von 1791 trug bei der Ausgestaltung der staatlichen Herrschaft nicht nur dem Gewaltenteilungsgedanken Rechnung, sondern beinhaltete auch einen Menschenrechtskatalog, und zwar in Gestalt der Menschenrechtserklärung von 1789, die Verfassungsbestandteil war. Damit entsprach die Verfassung den in Art. 16 der Menschenrechtserklärung formulierten Anforderungen, wonach eine »Verfassung« den Grundsatz der Gewaltenteilung und die Gewährleistung von Menschenrechten zum Inhalt haben muß; zu Art. 16 schon oben A. I. 6. d) sowie II. 3. b) dd). In der genannten Bestimmung schlug sich die *politische Forderung* des Dritten Standes nach der Gewährleistung von Menschenrechten und einer gewaltenteiligen Staatsorganisation nieder. Und in eben dieser Dimension, d.h. als politisches Postulat und nicht als wissenschaftliche Begriffsbestimmung oder Typusbeschreibung, war Art. 16 und mit ihm die gesamte französische Verfassung in erster Linie für die weitere europäische Verfassungsentwicklung richtungweisend.
[401] Dazu, daß bei der Typusbildung im allgemeinen und – aufgrund der Tatsache, daß sich das Wesen der Verfassung nicht gänzlich wertungsfrei beschreiben läßt – bei der Bildung von Verfassungstypen im besonderen stets Wertungen im Spiel sind, s. o. A. II. 3. a) bb) (4) bzw. 3. b) aa) (4).
[402] Bei der Bildung eines deskriptiven Normaltypus sind natürlich weniger Wertungen vorzunehmen als bei der Bildung eines deskriptiven Idealtypus, weil beim Idealtypus bestimmte Merkmale herausgehoben und andere vernachlässigt werden, was eine wertende Auswahl erforderlich macht. Jedoch finden Wertungen jeweils nur in dem geringstmöglichen Umfang statt, d.h. auch bei der Entwicklung eines deskriptiven Verfassungsidealtypus werden nur die Wertungen vorgenommen, die notwendig sind, um ein der wissenschaftlichen Erkenntnis dienendes Verfassungsmodell entwickeln zu können.

Des weiteren fällt auf, daß die Art der Wertungen beim normativen Verfassungsidealtypus nicht dieselbe ist: Anders als bei den deskriptiven Typen, wo sie streng auf die empirische Grundlage bezogen sind und die Auswahl der Vergleichsobjekte sowie die Würdigung der bei diesen festgestellten Eigenschaften betreffen, werden Wertungen bei der Bildung eines normativen Verfassungsidealtypus vorwiegend abgelöst und unabhängig von der empirischen Basis vorgenommen, weil bloße Empirie für die Beurteilung der Wertigkeit und Güte bestimmter Strukturen nichts oder nur wenig hergibt. Jede derartige Einschätzung erfordert vielmehr (auch) *politische* Wertungen[403], wobei es nicht zuletzt wegen des Standortes der Verfassung im Grenzbereich von Recht und Politik[404] in hohem Maße von der politischen Vorprägung des jeweiligen Betrachters abhängig ist, was diesbezüglich als gut und wünschenswert angesehen wird.[405] Aus diesem Grunde dürfte z.B. die US-Verfassung, die sich auf die verfassunggebende Gewalt des Volkes gründet und eine republikanische Konstitution ist, von überzeugten Befürwortern der Monarchie anders als von Anhängern der Volkssouveränität und des Republikanismus kaum als optimale und vorbildhafte Verfassung klassifiziert werden.[406]

Die Maßstäbe für die Bewertung der Qualität von Verfassungen werden demzufolge weniger durch eine Betrachtung mehrerer Vergleichsobjekte und ihrer Eigenschaften gewonnen, sondern eher von außen an die zur Beurteilung stehenden Sachverhalte herangetragen: Sie entspringen zu einem Gutteil dem politischen Kalkül des jeweiligen Betrachters. Für einen normativen Verfassungsidealtypus ist somit charakteristisch, daß mehr gewertet wird, als aus zwingenden wissenschaftlichen Gründen geboten ist, und daß jene Wertungen in hohem Maße von der weltanschaulichen Grundhaltung des Bewertenden abhängig sind; zu den unvermeidbaren gesellen sich *additionale politische, (rechts-)wissenschaftlich nicht indizierte Wertungen.*

Mit der Begründung eines normativen Verfassungsidealtypus wird der Boden neutraler, empirisch-beschreibender wissenschaftlicher Argumentation verlassen

---

[403] Deutlich *Tosch*, S. 33: »Die Postulate, die an die Verfassung herangetragen werden, sind politischen Ursprungs (...)«. Vgl. auch *Schmitt*, Verfassungslehre, S. 36 f.

[404] Exemplarisch sind insofern die klassisch gewordenen Aussprüche, Verfassungsrecht sei »politisches Recht« bzw. »geronnene Politik«. Zum Thema Verfassungsrecht als politisches Recht umfassend *Isensee*, HStR VII, § 162; dort, Rdnr. 1, auch Nachweise zur Verwendung der angeführten Redewendungen; ferner *Kägi*, Grundordnung, S. 127 ff; *Böckenförde*, Staatsrecht, S. 11 (15 f); *Möllers*, S. 1 (1 f).

[405] Treffend in diesem Sinne, wenn auch auf den normativ-idealen *Staats*typus bezogen, *Jellinek*, AStL, S. 36: »Wie alle Spekulationen, ruht auch die vom idealen Staatstypus in letzter Linie auf dem Boden subjektiver Überzeugungen, zwischen denen vielfach eine Übereinstimmung unter den Subjekten unmöglich ist. *Die Idealtypen sind daher im Grunde nicht Objekt des Wissens, sondern des Glaubens*, daher auch politischer Doktrinarismus so auffallende Ähnlichkeit mit religiösem Fanatismus zeigt«; Hervorh. v. Verf. Zur Rolle des »Vorverständnisses« allgemein *F. Müller*, Rdnr. 268 ff.

[406] Weitere diesbezügliche Beispiele bei *Schmitt*, Verfassungslehre, S. 37.

und in die Sphäre des Politischen übergewechselt[407]: Politische Indifferenz ist dem normativen Verfassungsidealtypus wesensfremd, weil Aussagen über die Vorbildlichkeit bestimmter Konstitutionen ohne eine politische Bewertung ihrer Strukturen nicht möglich sind. Bei seiner Bildung können mithin nicht nur, sondern *müssen* sogar additionale politische Wertungen vorgenommen werden, die je nach dem politischen Standpunkt des Betrachters unterschiedlich ausfallen können und den normativen Verfassungsidealtypus deshalb *um ein Vielfaches relativer* machen als die ihrerseits schon nicht absoluten deskriptiven Typen. War im Zusammenhang mit dem deskriptiven Verfassungsnormaltypus bereits von der Relativität des Phänomens »Verfassung« die Rede[408], so ist im Hinblick auf den hier behandelten normativen Verfassungsidealtypus mithin ein gesteigertes Maß an Relativität zu konstatieren. Der normative Verfassungsidealtypus mag seinen Wert im Meinungskampf auf dem Feld der Verfassungs*politik* sowie in den politischen Wissenschaften haben. Für *rechtswissenschaftliche* Deliberationen zum Wesen der »Verfassung« bietet er aus den genannten Gründen keinen tauglichen Anknüpfungspunkt.[409]

(2) Die Unterscheidbarkeit von deskriptiven und normativen Typen als weiteres Argument für ein typologisches Verfassungsverständnis

(a) Die Möglichkeit einer theoretischen Kategorisierung von Aussagen zum Wesen der »Verfassung« als Vorzug typologischen Denkens

Unter Zugrundelegung eines typologischen Ansatzes kann, wie zuvor beschrieben, zwischen deskriptivem Verfassungsnormaltypus und -idealtypus auf der ei-

---

[407] Vgl. in diesem Kontext *Haverkate*, Normtext, S. 2: »Von einer ›rationalen‹ *juristischen* Argumentation, von einer wissenschaftlich redlichen Begründung einer Entscheidungsmaxime läßt sich nur unter einer Voraussetzung sprechen: Vorgefasste Meinungen über die Wünschbarkeit eines Ergebnisses dürfen die Argumentation nicht bestimmen. Die Begründung und das zu Begründende, die Argumentationsmethode und das Ergebnis müssen jedenfalls im Ansatz geschieden sein. Die Methode soll das Ergebnis hervorbringen und rechtfertigen, nicht das gewünschte Ergebnis die Methodenwahl bestimmen«; Hervorh. v. Verf.

[408] S. o. A. II. 3. c) aa) i. V. m. c) dd).

[409] So auch *Tosch*, S. 34, zu einem idealisierten Verfassungsbegriff: »Der politischen Verwendungsfähigkeit eines verfassungsrechtlichen Idealbegriffs entspricht seine rechtswissenschaftliche Unbrauchbarkeit.« Ebensowenig ist im Hinblick auf das Wesen des Staates (s. o. A. II. 3. b) Fn. 303) ein normativer Idealtypus rechtswissenschaftlich brauchbar: »Doch die Aufgabe der Rechtswissenschaft auf diesem Gebiet kann es *nicht* sein, den ›besten‹ Staatstyp zu entdecken oder die ›beste‹ Staatsform ausfindig zu machen. Einen Idealtypus des Staates schlechthin gibt es nicht, weil der Staat den Menschen zu dienen hat und ihren subjektiven Wertvorstellungen. Werturteile bleiben auch in dieser Beziehung voluntaristisch, emotional und irrational. Erst wenn der jeweils durch ein solches notwendigerweise subjektives Werturteil zu bestimmende Zweck eines Staates determiniert ist, kann die Frage nach der diesem Zweck am ehesten entsprechenden Staats- oder Regierungsform gestellt werden;« so *Doehring*, AStL, Rdnr. 4; Hervorhebungen dort. Was die »beste« Verfassung ist, hängt gleichermaßen von derartigen subjektiven Präferenzen ab. Vgl. diesbezüglich auch das Zitat von *Jellinek* in Fußnote 405 (in diesem Abschnitt).

nen sowie normativem Verfassungsidealtypus auf der anderen Seite differenziert werden. Damit besteht die theoretische Möglichkeit, die mannigfachen rechtsliterarischen Äußerungen zum Wesen der »Verfassung« verschiedenen Kategorien zuzuordnen und sich dieser Kategorien auch bei künftigen Beschreibungen des Phänomens »Verfassung« zu bedienen.

Geht es um schon vorhandene Stellungnahmen, so lassen sich selbige vor dem Hintergrund der in Rede stehenden Differenzierung angemessen würdigen: Je nachdem, ob nur das aus Gründen wissenschaftlicher Erkenntnis notwendige Minimum an Wertungen oder darüber hinausgehend additionale politische, von der empirischen Grundlage abgelöste Wertungen vorgenommen worden sind, erscheinen die entsprechenden Ausführungen entweder als rein verfassungstheoretische oder als tendenziell verfassungspolitische, ein Verfassungswunschbild entwerfende Darlegungen und können demgemäß eingeordnet und beurteilt werden. Die theoretische Unterscheidung zwischen den drei Arten von Verfassungstypen ermöglicht insofern eine gezielte und kritische Analyse existierender Abhandlungen über die »Verfassung« und dient vor allem der Entblößung politischer Agitation im Gewand juristischer Argumentation.

Sollen neue Thesen zum Verfassungswesen aufgestellt werden, ist der Wissenschaftler angesichts der verschiedenen Sorten von Verfassungstypen zunächst gehalten, sich selbst Gewißheit über die Art seiner Aussagen zu verschaffen, was der unbewußten Vermengung notwendiger und wissenschaftsfremder Festsetzungen und Wertungen entgegenwirkt. Außerdem muß er wegen der Mehrzahl von Verfassungstypen auch nach außen hin Rechenschaft darüber ablegen, ob er ein deskriptives oder ein normatives (Ideal-)Bild der »Verfassung« zu zeichnen gedenkt, was einen kritischen und gewinnbringenden Diskurs in bezug auf seine Thesen überhaupt erst ermöglicht.

Generell zuzugeben ist allerdings, daß sich die Unterscheidung zwischen deskriptiven und normativen Typen in der Praxis sehr schwierig gestalten kann, da die Übergänge zwischen wissenschaftlich indizierten und additionalen politischen Wertungen fließend sind und sich überdies auch beim Umgang mit deskriptiven Typen nicht gänzlich ausschließen läßt, daß es zu politisch motivierten Wertungen kommt. Selbst wenn aber wissenschaftlich-empirische Festlegungen und Bewertungen sowie verfassungspolitische Idealvorstellungen des jeweiligen Betrachters praktisch nicht selten miteinander vermengt werden und in dieser Melange nicht mehr eindeutig voneinander geschieden werden können, sind deskriptiver und normativer Verfassungstypus zumindest in theoretischer Hinsicht klar unterscheidbar. Diese *theoretische Abgrenzbarkeit* von deskriptiver und normativer Betrachtungsweise zeichnet ein typologisches Verfassungsverständnis aus, weil sie eine systematische, an vorgegebenen Maßstäben orientierte Begutachtung von Charakterisierungen des Phänomens »Verfassung« ermöglicht und dadurch zu einem Gewinn an Rationalität in der wissenschaftlichen Auseinandersetzung führt.

*(b) Das Fehlen kategorialer Differenzierungsmöglichkeiten und die kryptische
Wirkung eines »Idealverfassungsbegriffs« als Nachteile begrifflichen Denkens*

Während auf Typusebene die allgemein anerkannte Möglichkeit besteht, theoretisch zwischen drei verschiedenen Arten von Typen zu unterscheiden, und sich
Äußerungen zu den Eigenschaften einer idealen Verfassung deswegen einer speziellen Kategorie zuordnen lassen, stehen im Rahmen begrifflichen Denkens keine vergleichbaren kategorialen Differenzierungsmöglichkeiten zur Verfügung.
Es ist zwar ohne weiteres denkbar, in die Begriffsbildung bestimmte Idealvorstellungen einfließen zu lassen und den jeweiligen Verfassungsbegriff auf diese Weise
»politisch aufzuladen«.[410] Einer eigenständigen methodischen Kategorie kann
solch ein *idealisierter Verfassungsbegriff* gleichwohl nicht zugeordnet werden,
weil die Figur eines »Idealbegriffs« nicht zu den gängigen Begriffsarten zählt.[411]
Eine der auf Typusebene möglichen Differenzierung vergleichbare Abstufung
zwischen »Verfassungsnormalbegriff«, deskriptivem sowie normativem »Verfas-
sungsidealbegriff«, d.h. die Bildung unterschiedlicher Kategorien von Aussagen
zum Wesen der »Verfassung«, erscheint auf der Grundlage eines begrifflichen
Verfassungsverständnisses als ausgeschlossen.[412] Ein normativ idealisierter Verfassungs*begriff* läßt sich folglich selbst theoretisch kategorial nicht von einem
deskriptiven Verfassungs*begriff* abheben. Beide stehen vielmehr gewissermaßen
auf einer Stufe, d.h. dieser ist ebenso wie jener einfach »Begriff«.[413]
Das Fehlen entsprechender kategorialer Differenzierungsmöglichkeiten hat
zur Folge, daß sich die ohnehin mit einem begrifflichen Verfassungsverständnis
verbundenen Nachteile[414] in Anbetracht politisierter Verfassungsdefinitionen

---

[410] Siehe bereits oben A. II. 3. b) dd) mit Beispielen für eine solche Vorgehensweise.

[411] Vgl. zu den bekannten und allgemein anerkannten Begriffsarten statt vieler *Christensen*,
Artikel »Begriff, Begriffsbildung«, ErgLexR, 2/60. Die in der Literatur vereinzelt zu findende
Rede von einem »Idealbegriff der Verfassung« (so etwa *Schmitt*, Verfassungslehre, S. 36ff; *Tosch*,
S. 33ff) vermag nichts daran zu ändern, daß ein solcher »Idealbegriff« nicht zu den gebräuchli-
chen Begriffsarten zählt.

[412] Im Hinblick auf einen Staats*begriff* (s.o. A. II. 3. b) Fn. 303) unterscheidet *Kriele*, Staatslehre, § 17 (S. 57ff), jedoch zwischen dem völkerrechtlichen (wertfreien) und dem verfassungspolitischen, postulatorischen Verfassungsbegriff, der ethische Ansprüche an den Staat zu Definitions-
merkmalen mache.

[413] Selbst wenn man die Figur des sog. komparativen Begriffs bemüht, die Abstufungen zulassen und einen Vergleich im Sinne eines »Mehr oder Weniger« ermöglichen soll (vgl. *Christensen*,
Artikel »Begriff, Begriffsbildung«, ErgLexR, 2/60, sowie oben A. II. 3. a) Fn. 273), müßte das
Phänomen »Verfassung« ob seiner Relativität wohl bereits in der rein deskriptiven Dimension
durch einen komparativen Begriff erfaßt werden. Dabei dürfte es auch bleiben, wenn politische
Ideale in den Begriff der »Verfassung« inkorporiert werden: »Verfassung« im rein deskriptiven
wie im politisch »angereicherten« Sinne müßte gleichermaßen als komparativer Begriff angesehen werden, ohne daß der unterschiedliche Stellenwert von Wertungen angemessen zum Ausdruck käme. Möglich ist es freilich, einen politisierten Verfassungsbegriff der Klarheit halber –
wie *Schmitt*, Verfassungslehre, S. 36ff, und *Tosch*, S. 33ff – als »Idealbegriff« zu bezeichnen, auch
wenn eine solche Terminologie in der Begriffslehre nicht üblich ist.

[414] S.o. A. II. 3. c) aa) und bb).

weiter potenzieren: Nicht nur, daß ein normativ idealisierter Verfassungsbegriff allein aufgrund seines Begriffscharakters tendenziell absolut erscheint und wie jeder Verfassungsbegriff die – notwendigerweise bestehende – Relativität aller Aussagen zum Wesen der »Verfassung« nicht erkennen läßt.[415] Darüber hinaus sieht man einem derartigen, kategorial vom deskriptiven Verfassungsbegriff nicht unterscheidbaren Begriff auch in keiner Weise an, daß sich in ihm die verfassungspolitischen Wunschvorstellungen des jeweiligen Begriffschöpfers niedergeschlagen haben, daß er also ebenso wie der normative Verfassungsidealtypus durch ein *gesteigertes Maß an Relativität* gekennzeichnet ist.[416] Während einem normativen Verfassungsideal*typus* somit wie jedem Verfassungstypus – aufgrund seiner kategorialen Eigenständigkeit allerdings mit besonderem Nachdruck – regelrecht auf die Stirn geschrieben steht, daß er seine Konturen nicht zuletzt subjektiven Festsetzungen und Wertungen verdankt und nicht politisch indifferent zu sein vermag, kann bei einem politisch »angereicherten« Verfassungs*begriff* das durch seine größere Wertungsabhängigkeit bedingte Mehr an Relativität leicht hinter der eindeutig und wertungsindifferent wirkenden einheitlichen Begriffsfassade verborgen bleiben. Die *kryptische Wirkung* eines normativ-idealisierten Verfassungsbegriffs ist folglich ungleich größer als die eines deskriptiven Verfassungsbegriffs.[417] Die Gefahr, daß die erforderliche Offenlegung und Begründung persönlicher Einschätzungen unterbleibt, wiegt insofern um so schwerer.[418]

---

[415] S.o. A. II. 3. c) aa) und bb) i.V.m. b) dd).

[416] S.o. A. II. 3. c) cc) (1) (c) (aa). In der Konsequenz dieses hohen Grades an Wertungsabhängigkeit, der für einen »Idealverfassungsbegriff« kennzeichnend ist, liegt es im übrigen, daß es »ebensoviele Verfassungsbegriffe wie politische Prinzipien und Überzeugungen« geben muß; in diesem Sinne *Tosch*, S. 34.

[417] Dies gälte im übrigen auch dann, wenn der »Idealbegriff« zu den etablierten Begriffsarten gehörte, weil Begriffe schlechthin kategorial keinen Anlaß zur Offenlegung und Begründung persönlicher Festsetzungen und Wertungen geben, wie Typen dies tun. Die Gefahr einer Verschleierung der Relativität politisch beeinflußter Aussagen zum Wesen der Verfassung bestünde also in jedem Fall.

[418] Daß die Gefahr einer heimlichen Idealisierung des Verfassungsbegriffs in der Tat real ist, wird beispielsweise bei *Ehmke* deutlich. So führt *Ehmke*, S. 87f, aus, »daß ein zu weit gefaßter Verfassungsbegriff für die Staats- und Verfassungstheorie jeden Sinn verliert« bzw. zur Verkennung »ihre(r) eigentliche(n) Bedeutung« führe. Deshalb müsse das Wesen der Verfassung in ihrer Funktion einer »Beschränkung und Rationalisierung der Macht« erblickt werden. Dies habe zur Folge, daß u.a. folgende Merkmale für eine »Verfassung« unabdingbar seien: Schriftlichkeit (S. 88), Gewährleistung bestimmter Grundrechte (S. 103ff), Gewaltenteilung (S. 118ff). Daß diesem Standpunkt (zumindest auch) staatstheoretisch-politische Idealvorstellungen zugrunde liegen, läßt sich nur schwerlich von der Hand weisen. Daß *Ehmke* für seine weiteren Überlegungen somit von einem idealisierten Verfassungsbegriff ausgeht, wird in seinen Ausführungen allerdings nicht unmittelbar deutlich. Auch ist mit *Tosch*, S. 34, der sich kritisch mit den Abhandlungen *Ehmkes* (und denen von *Loewenstein*) auseinandersetzt, festzustellen: »Die zitierten Autoren gaben keine Begründung dafür an, warum nur Elemente des bürgerlichen Rechtsstaates zu ihrem Verfassungsbegriff gehören.« Die auch im Zuge begrifflichen Denkens durchaus mögliche Offenlegung und Begründung von Wertungen ist bei *Ehmke* also weitgehend unterblieben. Weil aus dem entsprechend gebildeten, mehr oder weniger heimlich idealisierten Verfassungsbegriff auch noch konkrete rechtliche Folgen abgeleitet werden, nämlich bestimmte Beschränkungen

Eine um so stärkere Betonung verdient deshalb das oben Ausgeführte[419]: Wertungen müssen als solche erkennbar sein und dürfen nicht unausgesprochen im Hintergrund eines Begriffes stehen. Sie sind vielmehr in besonderer Weise begründungsbedürftig. Dies gilt auch und vor allem für (verfassungs-)politische Bewertungen, weil politische Ziele, und seien sie noch so berechtigt, nicht verdeckt im Wege rechtswissenschaftlicher Begriffsbildung verfolgt werden dürfen. Diesem Postulat methodischer Ehrlichkeit kann auch in bezug auf das Anliegen, das Bild einer idealen, der bestmöglichen Verfassung zu entwerfen, durch einen typologischen Ansatz besser entsprochen werden als durch begriffliches Denken; denn in Gestalt der verschiedenen Arten von Verfassungstypen stehen für die Einordnung von Aussagen zur »Verfassung« je nach dem Grad ihrer Wertungsabhängigkeit drei eigenständige theoretische Kategorien zur Verfügung. Speziell beim normativen Verfassungsidealtypus ist kategorial offenkundig, daß die politisch-weltanschauliche Grundhaltung des Betrachters von großem Einfluß auf die jeweils angenommenen Eigenschaften einer optimalen Verfassung ist. Ein begriffliches Verfassungsverständnis kann diese Transparenz hingegen aus den genannten Gründen nicht in gleicher Weise gewährleisten, sondern trägt eher dazu bei, daß subjektive Setzungen unsichtbar bleiben und dementsprechend nicht ausreichend begründet werden. Auch im Interesse eines wissenschaftlich korrekten Umgangs mit politischen Wertungen gebührt einem typologischen Verfassungsverständnis folglich der Vorzug gegenüber einer streng begrifflichen Vorgehensweise.

4. Zusammenfassung

Was (im verfassungstheoretischen Sinne) eine »Verfassung« ist, kann weder einer rechtsverbindlichen Legaldefinition entnommen noch sonst in allgemeingültiger Weise definiert werden. Jede diesbezügliche Aussage beruht auf der Betrachtung einer bestimmten Anzahl von Anschauungsobjekten, die sich selbst als »Verfassung« begreifen oder gemeinhin als solche qualifiziert werden. Welche Eigenschaften dabei als für eine »Verfassung« kennzeichnend erscheinen, hängt von der zeitlichen und räumlichen Eingrenzung der herangezogenen Vergleichsgrundlage und einer Würdigung der jeweils vorgefundenen Merkmale ab. Da es weder für die Auswahl der empirischen Basis noch für die Beurteilung und Gewichtung der einzelnen Merkmale feststehende, objektive Kriterien gibt, erfolgt beides nach Maßgabe subjektiver Festsetzungen und Einschätzungen des jeweiligen Betrach-

---

des verfassungsändernden Gesetzgebers (dazu unten C. II. 5. b) dd)), lassen sich am Beispiel der Auffassung *Ehmkes* die mit einem begrifflichen Verfassungsverständnis verbundenen Gefahren besonders eindrucksvoll illustrieren; zur Kritik an *Ehmkes* Theorie zu den Grenzen der Verfassungsänderung noch unten E.I. 2. a) aa).

[419] S.o. A. II. 3. c) bb).

ters. Ergebnis persönlicher Wertungen und logisch nicht zwingend ist insbesondere die Feststellung, daß bestimmte Merkmale für eine »Verfassung« obligatorisch seien. Die »Verfassung« erweist sich folglich als ein vom temporalen und lokalen Kontext abhängiges und damit relatives Phänomen, das nicht charakterisiert werden kann, ohne daß es zu bestimmten subjektiven Setzungen und Einschätzungen kommt.

Der Kontextabhängigkeit und Relativität des Phänomens »Verfassung« kann grundsätzlich auch im Rahmen eines begrifflichen Verfassungsverständnisses Rechnung getragen werden. Dies setzt allerdings voraus, daß die im Zuge der Begriffsbildung vorgenommenen Festsetzungen und Wertungen offenbart und eingehend begründet werden. Einem Verfassungs*begriff* ist jedoch nicht auf den ersten Blick anzusehen, daß ihm bestimmte Festlegungen und Wertungen zugrunde liegen. Die notwendigen Offenlegungen und Begründungen werden deshalb oftmals unterbleiben. Dies ist problematisch, weil aus dem einmal gebildeten Begriff alles weitere ohne gesonderte Begründung abgeleitet werden kann. Gefährlich ist ein Verfassungs*begriff* insbesondere dann, wenn bei der Definitionsfestlegung bestimmte politische Idealvorstellungen Pate gestanden haben. Zudem droht bei einem begrifflichen Verfassungsverständnis aus dem Blick zu geraten, daß gerade auch das Zusammenspiel der einzelnen Merkmale das Wesen einer »Verfassung« ausmacht.

Minimieren lassen sich die mit einem begrifflichen Verfassungsverständnis verbundenen Risiken, wenn die Kategorie des Typus in den Dienst der Verfassungstheorie gestellt wird. Die Abhängigkeit von subjektiven Festsetzungen und Wertungen und damit seine Relativität sind bei einem Verfassungs*typus* kategorial offenkundig. Dies führt dazu, daß Begründungen weniger leicht »unterschlagen« werden können. Auch das Erfordernis einer Gesamtbetrachtung des Zusammenwirkens aller Merkmale, das der willkürlichen Heraushebung einzelner Eigenschaften entgegenwirkt, sowie die Notwendigkeit, den zwingenden Charakter bestimmter Merkmale und die (Nicht-)Zuordnung konkreter Sachverhalte zum Typus jeweils gesondert zu begründen, führen zu einer Steigerung der Rationalität und einer verbesserten Nachprüfbarkeit entsprechender Thesen. Da sich ein typologisches Verfassungsverständnis zudem auch dann bewährt, wenn bei der Charakterisierung des Verfassungswesens politisch-legitimatorische Idealvorstellungen Berücksichtigung finden, ist es gegenüber einem begrifflichen Verfassungsverständnis vorzugswürdig.

Die Zugrundelegung eines typologischen Verfassungsverständnisses hat folgende Konsequenzen: Wird ein Verfassungs(normal)typus gebildet, so ist anzugeben, auf welche empirische Basis bei der Typusbildung Bezug genommen wird, und zu begründen, warum die Vergleichsgrundlage entsprechend ausgewählt worden ist. Eingedenk des Umstandes, daß sich die diesbezüglichen Festlegungen nicht zuletzt nach dem mit der Typusbildung verfolgten Zweck richten, gibt es keinen einheitlichen, sondern eine Vielzahl möglicher Verfassungstypen, die auf jeweils unterschiedlicher empirischer Grundlage fußen. Diese Typen werden mal enger, mal weiter gefaßt sein[420] und häufig – entsprechend dem mit der Typusbildung verfolgten Zweck – lediglich Teilaspekte des Phänomens »Verfassung« in den Blick nehmen.[421]

Jeder Verfassungstypus ist durch eine Reihe typischer Merkmale gekennzeichnet, die in ihrem spezifischen Zusammenwirken das Erscheinungsbild der »Verfassung« ausmachen. Im Rahmen dieses Merkmalsgefüges ist grundsätzlich kein Merkmal für sich genommen zwingend. Vielmehr kann das Fehlen einer einzelnen verfassungstypischen Eigenschaft prinzipiell durch das Vorliegen anderer verfassungsspezifischer Eigenschaften kompensiert werden, sofern aufgrund des Zusammenspiels dieser Eigenschaften das Gesamtbild der »Verfassung« gewahrt bleibt. Soll ausnahmsweise einer bestimmten Eigenschaft die Qualität eines obligatorischen Merkmals beigemessen werden, so ist dies in besonderer Weise begründungsbedürftig, weil sich eine derartige Behauptung zum einen nicht auf die Gesetze der Logik berufen kann, sondern einer Merkmalsbewertung entspringt, und weil ein Verfassungstypus dadurch zum anderen einem Verfassungsbegriff angenähert wird.

Die Zuordnung konkreter Sachverhalte zum Typus, d.h. die Beantwortung der Frage, ob ein bestimmter Staat eine »Verfassung« hat, kann angesichts der Abstufbarkeit der Merkmale eines Typus nicht durch ein formallogisches Subsumtionsverfahren erfolgen. Statt dessen muß im Rahmen einer wertenden Betrachtung untersucht werden, ob der Sachverhalt verfassungstypische Eigenschaften in solcher Zahl und Stärke aufweist, daß er im ganzen dem typischen Erscheinungsbild der »Verfassung« entspricht. Das Ergebnis einer solchen Gesamtwürdigung der vorhandenen Merkmale bedarf einer eingehenden Begründung, weil es nicht zuletzt Resultat subjektiver Wertungen ist. Auch jenseits der Einordnung konkreter Sachverhalte ist es mit einem typologischen Verfassungsverständnis unvereinbar,

---

[420] Von der diesbezüglichen Konturierung eines Typus hängt es ab, wie viele praktische Anwendungsfälle es gibt. Je nachdem, ob man einen Verfassungstypus enger oder weiter faßt, fallen nur wenige oder viele bzw. sogar alle Staaten darunter und haben dann eine »Verfassung«. Diesen Zusammenhang hat bereits *Jellinek*, AStL, S. 505, erkannt. Er bemerkt, jeder dauernde Verband bedürfe einer Ordnung, der gemäß sein Wille gebildet und vollzogen, sein Bereich abgegrenzt, die Stellung seiner Mitglieder in ihm und zu ihm geregelt wird. »In diesem Sinne hat notwendig jeder Staat eine Verfassung. Ein verfassungsloser Staat wäre Anarchie.« Bei den Kulturvölkern bilde aber eine rechtlich anerkannte, aus Rechtssätzen bestehende Ordnung die Verfassung, die *Jellinek* dann wie unter A. III. 3. a) beschrieben definiert. In diesem Sinne hat aber gerade nicht jeder Staat eine Verfassung. Vgl. ferner *Stern* I, S. 61f, 74f; *Haverkate*, Verfassungslehre, S. 6ff.

[421] Vgl. dazu etwa *Zippelius*, AStL, § 8 II (S. 56f), der freilich in begrifflichen Kategorien denkt: »Neben den Begriffen der Verfassung im materiellen und im formellen Sinn hat die Staatstheorie noch andere Verfassungsbegriffe geprägt. Damit hat man aber regelmäßig nur einzelne, sich oft ergänzende Aspekte des komplexen Sachverhalts hervorgehoben, als welcher die Verfassung sich darstellt«. Im Anschluß an diese Aussage ordnet *Zippelius* die Verfassungsbegriffe u.a. *Kelsens*, *Schmitts* und *Smends* entsprechend ein. Vgl. auch *Hesse*, Grundzüge, Rdnr. 2.

nach Art begrifflicher Deduktionen aus dem einmal bestimmten Wesen der »Verfassung« ohne weitere Begründung konkrete Rechtsfolgen abzuleiten.[422]

Von rechtswissenschaftlichem bzw. verfassungstheoretischem Interesse sind lediglich der Verfassungsnormaltypus und der deskriptive Verfassungsidealtypus. Anhand dieser Typen kann analysiert werden, ob die Grundordnung eines Staates als »Verfassung« anzusehen ist und ob sie einer bestimmten Kategorie von Verfassungen zugeordnet werden kann; mit ihrer Hilfe lassen sich atypische Züge einzelner Grundordnungen ausfindig machen und in ihrer Eigentümlichkeit verstehen. Den normativen Verfassungsidealtypus, in dem sich bestimmte politische Wertvorstellungen manifestieren, gilt es hingegen aus juristischen Überlegungen auszugrenzen und den Deliberationen anderer Wissenschaftszweige vorzubehalten.

III. Der Verfassungstypus des demokratischen Verfassungsstaates: Überblick über die verfassungstypischen Eigenschaften

Im vorangegangenen Abschnitt der vorliegenden Arbeit hat die Relativität des Phänomens »Verfassung« im Zentrum der Aufmerksamkeit gestanden. Es ist aufgezeigt worden, von welchem Einfluß persönliche Wertungen und Setzungen bei der Bildung eines Verfassungs*begriffs* sind und wie sich die Verschleierung subjektiver Ingerenzen sowie die Entstehung von Begründungsdefiziten durch typologisches Denken vermeiden lassen. Nach diesem abstrakten Plädoyer für ein typologisches Verfassungsverständnis sind nun die Eigenschaften zu benennen, die für eine »Verfassung« typisch sind, aus deren Zusammenspiel sich also das charakteristische Erscheinungsbild einer »Verfassung« ergibt (2, 3). Bevor dies geschehen kann, sind indes noch einige Klarstellungen und einführende Hinweise erforderlich (1).

1. Einführung

Zuallererst ist daran zu erinnern, daß es sich bei den nachstehend aufgeführten Eigenschaften mit Blick auf den hier zugrunde gelegten typologischen Ansatz *nicht* um Elemente einer Verfassungsdefinition im begrifflichen Sinne handelt. Den erwähnten Merkmalen kommt deshalb grundsätzlich kein zwingender Charakter in dem Sinne zu, daß nur dann und immer dann eine »Verfassung« vorliegt, wenn jene Merkmale sämtlich gegeben sind.[423] Ob einige der genannten Eigenschaften

---

[422] Zu solchen deduktiven Ableitungen aus dem »Begriff« oder dem »Wesen« der Verfassung beispielsweise unten B. II. 5. b) cc) sowie E. I. 2. a) aa).

[423] Sofern nachfolgend als Beleg für die Typizität einer Eigenschaft auf die Ausführungen be-

von derart großem Gewicht im »Chor« der Merkmale sind, daß sie ausnahmsweise als unverzichtbare Verfassungsmerkmale bewertet werden müssen[424], kann in dieser Arbeit aufgrund ihres anders gelagerten thematischen Schwerpunktes weitgehend offengelassen werden. Geklärt zu werden braucht lediglich die Frage, ob einzelne Eigenschaften insofern obligatorisch sind, als ihr Vorhandensein Voraussetzung für die Möglichkeit einer theoretischen Differenzierung zwischen Verfassunggebung und Verfassungsänderung ist. Auf diese Frage wird an späterer Stelle zurückzukommen sein.[425] Zunächst ist somit lediglich eine Beschreibung der für eine »Verfassung« typischen Züge vorzunehmen, die das möglicherweise unterschiedliche Gewicht dieser Züge außer acht läßt. Die Aufmerksamkeit wird dafür jedoch immer wieder auf das Zusammenwirken der verschiedenen Verfassungseigenschaften zu richten sein.

Des weiteren ergibt sich aus dem hier verfochtenen typologischen Verfassungsverständnis, daß es mit einer unkommentierten Aufzählung der typischen Verfassungsmerkmale nicht sein Bewenden haben kann; denn die Frage nach seinen jeweiligen Bezugsobjekten ist bei einem Typus kategorial mitgedacht und kann daher nicht unbeantwortet bleiben.[426] Bevor auf die typischen Verfassungseigenschaften eingegangen wird, muß also darüber Auskunft erteilt werden, wo diese Eigenschaften typisch sind, d.h. auf welche empirische Basis der nachfolgend beschriebene Verfassungstypus Bezug nimmt, und warum eine entsprechende Eingrenzung der Vergleichsgrundlage vorgenommen worden ist. Dazu ist folgendes zu bemerken: Hauptgegenstand der vorliegenden Arbeit ist die Differenzierung zwischen Verfassunggebung und Verfassungsänderung. Ausgangspunkt für alle diesbezüglichen Überlegungen muß der derzeitige Stand der Wissenschaft sein. Es kommt darauf an, wie die Unterscheidung zwischen Verfassunggebung und Verfassungsänderung heutzutage aufgefaßt wird, wobei das Interesse schwerpunktmäßig auf den Meinungsstand in Deutschland konzentriert werden soll. Weil Verfassunggebung wie Verfassungsänderung auf die »Verfassung« als ihr Produkt bzw. ihren Gegenstand bezogen sind, besteht zwischen beiden Arten der Verfassungsrechtserzeugung und der »Verfassung« ein unauflösbarer Zusammenhang.[427] Dieser äußert sich besonders augenscheinlich darin, daß aus dem Wesen der »Verfassung« bisweilen bestimmte Vorgaben für den Akt der Verfassunggebung[428] bzw. Beschränkungen für die verfassungsändernde Gewalt[429] ab-

---

stimmter Autoren verwiesen wird, ist allerdings zu berücksichtigen, daß die angeführten Autoren oftmals einem begrifflichen Verfassungsverständnis anhängen und deshalb von einem zwingenden Charakter des jeweiligen Merkmals ausgehen.

[424] Zu dieser auch im Rahmen eines typologischen Verfassungsverständnisses bestehenden Möglichkeit s.o. A. II. 3. c) aa) (2).

[425] S.u. D. III. 3. b) dd), besonders (2) (c), sowie ff).

[426] S.o. A. II. 3. c) aa) (1) und bb) sowie 4.

[427] Vgl. bereits die Einleitung zum Hauptteil dieser Arbeit.

[428] Vgl. dazu näher unten B. II. 5. a) aa) sowie b) cc).

[429] Dazu im einzelnen unten C. II. 5. b) dd) sowie E. I. 2. a) aa).

geleitet werden. Was unter »Verfassung« verstanden wird, wirkt sich mithin unmittelbar auf die Lehre von der Verfassunggebung bzw. -änderung aus, d.h. jede
Stellungnahme zum Wesen und gegenseitigen Verhältnis von Verfassunggebung
und Verfassungsänderung steht im Kontext eines bestimmten Verfassungsverständnisses.[430] Verfassung, Verfassunggebung und Verfassungsänderung müssen
daher immer aus einer *einheitlichen Perspektive* betrachtet werden.

Wenn in bezug auf die Differenzierung zwischen Verfassunggebung und Verfassungsänderung der aktuelle Stand der wissenschaftlichen Auseinandersetzung
wiedergegeben und gewürdigt werden soll, ist folglich auch im Hinblick auf die
»Verfassung« darauf abzustellen, welche Eigenschaften gegenwärtig als typisch
angesehen werden, wobei das Augenmerk wiederum vorrangig der deutschen
Lehre gelten soll. Damit steht fest, daß Grundlage für den im Anschluß zu skiz-
zierenden Verfassungstypus das *zur Zeit in Deutschland* herrschende, allerdings
nicht auf das Grundgesetz fixierte, sondern von diesem losgelöste Verfassungsverständnis sein muß. Aufzuführen sind diejenigen Eigenschaften, die momentan
in Deutschland in einem allgemeinen Sinne für verfassungstypisch erachtet werden. Dabei darf nicht übersehen werden, daß das moderne deutsche Verfassungsverständnis seinerseits in einem übergeordneten Kontext steht, nämlich im Kontext einer Entwicklung, die mit amerikanischer Unabhängigkeit und Französi-
scher Revolution begonnen und mit der Herausbildung des »demokratischen
Verfassungsstaates«[431] ihren – zumindest vorläufigen – Abschluß gefunden hat.[432]
Der Anwendungsbereich des anschließend zu beschreibenden Verfassungstypus
ist infolgedessen nicht auf Deutschland beschränkt, sondern ungleich weiter gefaßt: Vorgestellt wird der Verfassungstypus des demokratischen Verfassungsstaates schlechthin[433] und damit nicht ein spezifisch deutsches Verfassungsverständ-

---

[430] Deutlich im Hinblick auf die Verfassungsänderung *Ehmke*, S. 11: »(...) weil die Frage nach
den Grenzen der Verfassungsänderung eine Beantwortung der grundlegenden Frage voraussetzt,
was eine Verfassung und ein Verfassungsstaat eigentlich sind«. Aus diesem Grund ergibt sich für
Ehmke im Rahmen der Themenstellung seiner Arbeit die Notwendigkeit, immer auch die
»staats- und verfassungstheoretische Grundeinstellung« derjenigen Staatsrechtslehrer zu beleuchten, die das Bestehen bestimmter Schranken der Verfassungsrevision propagieren (S. 11f).

[431] Zum Wesen des demokratischen Verfassungsstaates vgl. *Starck*, Verfassungsstaat, S. 1ff;
Haverkate, Verfassungslehre, S. 8ff; *Häberle*, AöR 112 (1987), 54 (55 u.ö.); *Isensee*, HStR I, § 13
Rdnr. 121ff, 125; *ders.*, Mythos, S. 11; *Badura*, Artikel »Verfassung«, EvStL II, Sp. 3737, 3745f;
Stern I, S. 79ff; *Karpen*, JZ 1987, 431; *Grimm*, Zukunft, S. 13; *Kägi*, Grundordnung, S. 95.

[432] Vgl. zu dieser Entwicklung ausführlich *Kriele*, Staatslehre, §§ 24ff (S. 76ff); ferner *Isensee*,
HStR I, § 13 Rdnr. 121, jeweils m.w.N.

[433] Mit dem Terminus »demokratischer Verfassungsstaat« ist in erster Linie ein bestimmter
Staatstypus gemeint; dies betonend *Isensee*, HStR I, § 13 Rdnr. 125; *Hesse*, Grundzüge, Rdnr. 2
Fn. 2. Als demokratischer Verfassungsstaat wird – stark vereinfacht – ein Staat bezeichnet, in dem
die Staatsgewalt in allen ihren Erscheinungsformen entsprechend der Idee einer Herrschaft des
Rechts an die Verfassung gebunden ist und der den Prinzipien der Demokratie, der Menschenrechte und der Gewaltenteilung verpflichtet ist. Bei diesem Staatstypus handelt es sich grundsätzlich um einen wissenschaftlich-deskriptiven Typus. In der Polarität zum totalitären Staat gewinnt der Typus »demokratischer Verfassungsstaat« allerdings eine politische Funktion, d.h. er

nis oder gar der »Verfassungsbegriff des Grundgesetzes«.[434] Aus diesem Grunde
wird der Blick im Verlauf der folgenden Darlegungen vergleichshalber auch immer wieder auf andere demokratische Verfassungsstaaten zu richten sein.

Schließlich ist darauf hinzuweisen, daß bei der Schilderung der verfassungstypischen Eigenschaften entsprechend der gängigen Praxis zwischen formellen und
materiellen Verfassungsmerkmalen unterschieden wird.[435] Diese modellhafte

taugt auch zum normativen Idealtypus; in diesem Sinne deutlich *Isensee*, HStR I, § 13 Rdnr. 125;
zu den verschiedenen Arten von Typen oben A. II. 3. c) cc) (1).
Weil sich die genannten Eigenheiten eines demokratischen Verfassungsstaates notwendigerweise in seiner Verfassung widerspiegeln, korrespondiert mit diesem Staatstypus ein bestimmter
Verfassungstypus: der Verfassungstypus des demokratischen Verfassungsstaates; vorbildlich zwischen »Staatstypus« und »Verfassungstypus« unterscheidend wiederum *Isensee*, HStR I, § 13
Rdnr. 121 ff. Wegen der großen politisch-legitimatorischen Überzeugungskraft der entsprechenden Verfassungskonzeption kann auch dem Verfassungstypus die Funktion eines normativen
Idealtypus zukommen. *Isensee*, HStR I, § 13 Rdnr. 122 f, spricht in diesem Zusammenhang vom
»Leitbild der Verfassung« und vom »Leitbild des Verfassungsstaates«, die weltweit Wirkung ge-
zeitigt hätten. Nicht zuletzt ist der Verfassungstypus des demokratischen Verfassungsstaates
aber auch – nicht nur theoretischer, sondern auch realisierter – *deskriptiver Verfassungsidealtypus*, d.h. idealtypisches Modell für eine demokratisch-freiheitliche und rechtsstaatliche Verfassungsordnung. Diese Dimension des Verfassungstypus ist die Grundlage für die folgenden Ausführungen: Vorgestellt werden diejenigen Merkmale, die für die »Verfassung« eines demokratischen Verfassungsstaates typisch sind, ohne daß damit eine Bewertung der erwähnten Eigenschaften anhand der Kategorien »gut« oder »schlecht« verbunden wäre. Da es sich bei dem nachfolgend entworfenen Verfassungsbild um einen (deskriptiven) Idealtypus handelt, muß freilich
um so stärker betont werden, was bereits eingangs hervorgehoben worden ist: Ein Sachverhalt
braucht die genannten Merkmale nicht sämtlich aufzuweisen, um »Verfassung« zu sein. Gebricht
es ihm an einem oder mehreren Merkmalen, handelt es sich ggf. zwar nicht um die »Verfassung«
eines demokratischen Verfassungsstaates, möglicherweise aber immerhin um eine »einfache Verfassung«, die zwar nicht dem Verfassungstypus des demokratischen Verfassungsstaates, wohl
aber dem Verfassungsnormaltypus zugeordnet werden kann. Dieser Verfassungsnormaltypus ist
gegenüber dem deskriptiven Verfassungsidealtypus durch ein Weniger an Merkmalen gekennzeichnet und daher durch die nachfolgende idealtypische Beschreibung mit umfaßt. Da das Fehlen eines oder auch mehrerer der nachfolgend aufgeführten typischen Merkmale somit nicht zur
generellen Verneinung der Verfassungsqualität eines Sachverhaltes führt, besteht nicht die Gefahr, daß die »Verfassung« des Verfassungsstaates als Idealzustand mit »Verfassung« schlechthin
gleichgesetzt wird. Kritisch gegenüber einer solchen Gleichsetzung der Verfassung mit einem bestimmten Verfassungsideal *Stern* I, S. 72, 74; *Haverkate*, Verfassungslehre, S. 8, 11 f; *Isensee*,
HStR I, § 13 Rdnr. 121, 130; *Walz*, S. 13.

[434] Dazu näher die gleichnamige Habilitationsschrift *Unruhs*. Soweit selbige in dieser Arbeit
im Hinblick auf einzelne Verfassungsmerkmale in Bezug genommen wird, ist deswegen stets zu
bedenken, daß *Unruhs* Ausführungen nicht die Verfassung schlechthin betreffen, sondern sich
auf die grundgesetzliche Verfassungsordnung beziehen. Da das Grundgesetz seinerseits jedoch
in der Tradition des demokratischen Verfassungsstaates steht (so auch *Unruh*, S. 1 u. ö.), ist der
von *Unruh* analysierte »Verfassungsbegriff des Grundgesetzes« im Ergebnis deutlich universa-
ler, als der Titel der Arbeit vermuten läßt.

[435] Zwischen Verfassung im formellen und Verfassung im materiellen Sinne unterscheiden et-
wa *Schmalz*, Staatsrecht, Rdnr. 2 ff; *Maunz/Zippelius*, § 5 II 2 (S. 31 f); *Degenhart*, Rdnr. 2, 258;
Sachs/Sachs, Einführung Rdnr. 2, 7 ff; *Alvarez*, S. 41 f; *Stückrath*, S. 261; *Isensee*, HStR I, § 13
Rdnr. 136 ff; *Bryde*, S. 59.

Unterscheidung[436] dient einem besseren Verständnis des komplexen Phänomens »Verfassung«; sie kann und soll nicht darüber hinwegtäuschen, daß eine strikte Trennung von formellen und materiellen Kriterien in letzter Konsequenz gar nicht durchführbar ist.[437]

2. Typische formelle Verfassungseigenschaften

Typische formelle Merkmale einer »Verfassung« sind die schriftliche Fixierung in einer einheitlichen Urkunde, die Gesetzesqualität, die Selbstkennzeichnung als »Verfassung«, der Ausschluß der Geltung der Lex-posterior-Regel, das Verbot von Verfassungsdurchbrechungen, die erschwerte Abänderbarkeit sowie der Vorrang der Verfassung.

a) Schriftlichkeit, Gesetzesqualität, einheitliche Verfassungsurkunde, Selbstkennzeichnung

Verfassungsrecht ist regelmäßig geschriebenes, positives Recht[438], das seiner Form nach dem Gesetzesrecht angehört[439] und normative Kraft entfaltet.[440] Eingebürgert hat sich seine weitgehende Konzentrierung in einem einheitlichen Schriftstück, der Verfassungsurkunde[441], wenngleich auch abweichende Gestal-

---

[436] Für ein abweichendes Unterscheidungsmodell plädiert *Unruh*, S. 9 ff u. ö., der zwischen »Strukturelementen« und »materialen Elementen des Verfassungsbegriffs« differenzieren will.

[437] Auf diesen Aspekt wird im Rahmen der Beschäftigung mit den einzelnen Verfassungsmerkmalen noch näher einzugehen sein. Kritisch gegenüber einer strikten Unterscheidung zwischen der Verfassung im formellen und im materiellen Sinne u.a. auch *Hofmann*, S. 261 ff; *Hesse*, HbVerfR, § 1 Rdnr. 3 Fn. 4.

[438] *Schambeck*, Verfassungsbegriff, S. 211 (220); *Stern* I, S. 103, 109 ff; *Hofmann*, S. 261, 264; *Hesse*, Grundzüge, Rdnr. 32 ff; *Kirchhof*, HStR I, § 19 Rdnr. 3; *Schmitz*, Integration, S. 422 f. Problematisch und umstritten ist die Existenz ungeschriebenen Verfassungsrechts, speziell von Verfassungsgewohnheitsrecht; dazu *Tomuschat*, Verfassungsgewohnheitsrecht, passim; *Stern*, a.a.O.; *Badura*, HStR VII, § 160 Rdnr. 9 ff; *Isensee*, HStR VII, § 162 Rdnr. 64, jeweils m.w.N.

[439] *Schambeck*, Verfassungsbegriff, S. 211 (220); *Badura*, Artikel »Verfassung«, EvStL II, Sp. 3737, 3742, 3747 f; *ders.*, HStR VII, § 160 Rdnr. 1 ff; *Isensee*, HStR I, § 13 Rdnr. 122, 136; *ders.*, HStR VII, § 162 Rdnr. 30; *ders.*, Mythos, S. 10; *Herzog*, AStL, S. 310; *Tosch*, S. 72. Siehe auch oben A. I. 7. c) zur Abkehr von der Vertragsvorstellung und der Entwicklung hin zu einem Verständnis der Verfassung als Gesetz. Zur Vertragsqualität der Europäischen Verfassung vgl. *Herbst*, S. 210 ff. Zur Rückführung der Verfassung von Bosnien-Herzegowina auf einen völkerrechtlichen Vertrag (Daytoner Friedensabkommen) vgl. *Šarčević*, JöR 50 (2002), 493 (496 ff).

[440] *Starck*, HStR VII, § 164 Rdnr. 1 ff; *Stern* I, S. 70 f, 78; *Sachs/Sachs*, Einführung Rdnr. 1 a; *v. Wedel*, S. 59 f; *Karpen*, JZ 1987, 431 (431 f); *Kyriazis-Gouvelis*, JöR 39 (1990), 55 (55, 61 f); *Bachof*, S. 25 f; *Badura*, HStR VII, § 159 Rdnr. 1; *ders.*, HStR VII, § 160 Rdnr. 2.

[441] *Sachs/Sachs*, Einführung Rdnr. 7; *Badura*, Staatsrecht, Rdnr. A 7; *ders.*, HStR VII, § 159 Rdnr. 1; *Isensee*, HStR I, § 13 Rdnr. 122; *ders.*, Mythos, S. 10; *Stern* I, S. 64, 74 f, 78; *Hofmann*, S. 261 f, 264 f; *Tosch*, S. 72; *Alvarez*, S. 41; *Steiner*, S. 22; *Möllers*, S. 1 (7, 39); *Unruh*, S. 12 f; *Linck*, DÖV 1991, 730 (731); *Anzon*, JöR 49 (2001), 103 (105); *Kirchhof*, HStR I, § 19 Rdnr. 3; *Schambeck*, Verfassungsbegriff, S. 211 (225); *Grimm*, Zukunft, S. 11 f.

tungen vorkommen[442] und insbesondere materielles Verfassungsrecht[443] nicht selten auch außerhalb der einheitlichen Verfassungsurkunde existiert.[444] Verbreitet und damit verfassungstypisch ist ferner eine Selbstkennzeichnung der Verfassungsurkunde als »Verfassung«, sei es in der Überschrift, sei es in einzelnen ihrer Bestimmungen.[445]

b) Erhöhte formelle Gesetzeskraft: Besonderheiten der Änderung und Aufhebung von Verfassungsbestimmungen

Weiterhin zeichnen sich Verfassungen vielfach durch eine erhöhte formelle Gesetzeskraft aus[446], die ihren grundsätzlichen Anspruch auf dauerhafte Geltung unterstreicht.[447] Bewirkt wird diese vergrößerte Gesetzeskraft und damit gesteigerte Bestandskraft von Verfassungen typischerweise durch einen Ausschluß der Geltung der Lex-posterior-Regel, das Verbot von Verfassungsdurchbrechungen und eine verfahrensmäßige Erschwerung von Verfassungsänderungen. Aus ana-

---

[442] Vgl. diesbezüglich *Schambeck*, Verfassungsbegriff, S. 211 (220): »Die Form bestimmt damit das Gesetz zur Verfassung. Diese Form kann sich in einem oder *mehreren Gesetzen*, auch in Bestimmungen ausdrücken, die in einfachen Gesetzen oder in Staatsverträgen enthalten sind. Alle Gesetze und Bestimmungen, die diesen qualifizierten Voraussetzungen entsprechen, sind zur Verfassung im formellen Sinn zu zählen«; Hervorh. v. Verf. Als Beispiel für die Existenz von *Normen mit formell verfassungsrechtlichem Charakter außerhalb der eigentlichen Verfassungsurkunde* verweist *Schambeck*, a.a.O., S. 225, auf das österreichische Verfassungsrecht, das von einer »formellen Verfassungspluralität« gekennzeichnet sei. Zu Österreich siehe auch *Winkler*, S. 7ff. Hinzuweisen ist auch auf Italien, wo es außer der am 1. Januar 1948 in Kraft getretenen Verfassungsurkunde auch sog. Verfassungsgesetze (»leggi costituzionali«), d.h. außerhalb der Verfassungsurkunde stehende, aber gleichwohl mit Verfassungsrang ausgestattete Gesetze gibt, auf die in der Verfassungsurkunde an mehreren Stellen Bezug genommen wird (vgl. Art. 71, 116, 137, 138). *Sachs/Sachs*, Einführung Rdnr. 7, betont, daß außerhalb der Verfassungsurkunde stehendes formelles Verfassungsrecht generell »die dort (sc. in der Verfassungsurkunde) genannten Anforderungen für sonstiges formelles Verfassungsrecht erfüllen« müsse. Ebenso im Hinblick auf das Nebeneinander von Verfassungsurkunde und sonstigen Verfassungsgesetzen *Tosch*, S. 72. Zwischen *Verfassungsurkunde* als Bezeichnung für ein einheitliches konkretes Gesetz und *Verfassungsgesetzen* als einer Reihe mehrerer, nicht einheitlicher konkreter Gesetze verfassungsrechtlicher Natur differenziert auch *Herzog*, AStL, S. 310. Siehe ferner *Bachof*, S. 26.

[443] Zu den typischen Verfassungsinhalten näher unten A. III. 3.

[444] In Deutschland z.B. das Wahlrecht und Teile des Geschäftsordnungsrechts des Bundestages und anderer Verfassungsorgane; vgl. *Sachs/Sachs*, Einführung Rdnr. 9; *Isensee*, HStR I, § 13 Rdnr. 140; *Stern* I, S. 73, 95, 107f; *Bryde*, S. 75ff. Allgemein zu diesem Thema *Tosch*, S. 74ff; *Alvarez*, S. 42; *Bachof*, S. 26; *Herzog*, AStL, S. 310; *Schambeck*, Verfassungsbegriff, S. 211 (223ff). Siehe auch unten A. III. 3. a).

[445] Auf dieses Charakteristikum hinweisend *Sachs/Sachs*, Einführung Rdnr. 7; *Schmitz*, Integration, S. 426; *ders.*, EuR 2003, 217 (231). Letzterer hält die Selbstkennzeichnung sogar für ein »unverzichtbares formelles Verfassungsmerkmal«.

[446] Dieses Merkmal besonders stark betonend *Jellinek*, AStL, S. 534.

[447] Den Zusammenhang von erhöhter formeller Gesetzeskraft und der intendierten Dauerhaftigkeit des Verfassungsrechts hebt insbesondere *Stern* I, S. 72, hervor; ferner *Kirchhof*, HStR I, § 19 Rdnr. 3. Zum Anspruch auf dauerhafte Geltung und seiner Funktion als Verfassungskennzeichen näher unten A. III. 2. d) sowie 3. f).

lytischem Interesse sollen diese Verfassungsmerkmale zunächst getrennt voneinander betrachtet werden[448], obwohl sie untereinander und darüber hinaus auch mit dem Vorrang der Verfassung[449] in einem funktionalen Zusammenhang stehen und häufig, wie z.B. unter der Geltung des Grundgesetzes, in einer spezifischen Kombination auftreten.[450]

aa) Ausschluß der Geltung der Lex-posterior-Regel

Eine üblicherweise anzutreffende Eigenheit des Verfassungsrechts im Hinblick auf sein Verhältnis zum einfachen Gesetzesrecht ist die Unanwendbarkeit der Kollisionsregel *lex posterior derogat legi priori*.[451] Die bereits im römischen Recht bekannte Lex-posterior-Regel[452] betrifft das Verhältnis einander widersprechender Rechtsnormen[453] gleichen Ranges.[454] Sie besagt, daß eine ältere Gesetzesnorm

---

[448] Dazu im folgenden A. III. 2. b) aa) bis cc). Unter theoretischen Gesichtspunkten bietet sich eine isolierte Betrachtung vor allem deshalb an, weil auf der Grundlage eines typologischen Verfassungsverständnisses keines der Merkmale als per se zwingend erscheint, jedes Merkmal grundsätzlich also auch unabhängig von den anderen Merkmalen vorliegen kann. Außerdem erschließt sich das Zusammenwirken der genannten Eigenschaften und ihr Bezug zum Vorrang der Verfassung um so besser, wenn zunächst eine separate Betrachtung stattgefunden hat. Vgl. in diesem Zusammenhang auch A. III. 2. b) aa) Fn. 451 sowie A. III. 2. b) cc) Fn. 463.

[449] Dazu unten A. III. 2. c).

[450] Zu ihrem Zusammenwirken untereinander vgl. A. III. 2. b) dd); zu ihrer Verbundenheit mit dem Vorrang der Verfassung siehe unter A. III. 2. c) und d).

[451] Deutlich in diesem Sinne *Hofmann*, S. 263f; *Linck*, DÖV 1991, 730 (731); vgl. auch *Boehl*, Verfassunggebung, S. 29, 31. Daß es aufgrund des regelmäßig bestehenden und noch zu behandelnden Vorrangs der Verfassung (s.u. A. III. 2. c)) in der Mehrzahl der Fälle an der *Gleichrangigkeit* von kollidierendem Verfassungs- und Gesetzesrecht und damit an einer Voraussetzung für die Anwendbarkeit der Lex-posterior-Regel (dazu sogleich im Text) mangelt, bleibt bei den folgenden Ausführungen zunächst unberücksichtigt. Zwar ist die Nichtanwendbarkeit der Lex-posterior-Regel mit der Folge, daß Verfassungsnormen nicht implizit durch den späteren Erlaß widersprechenden Rechts derogiert werden können (auch dazu sogleich im Text), meist aufs engste mit dem Vorrang (und der formell erschwerten Abänderbarkeit) des Verfassungsrechts verknüpft und in funktionalem Zusammenhang damit zu sehen: Wegen des Vorrangs der Verfassung verdrängt die Lex-superior-Regel die Lex-posterior-Regel. Jedoch muß die Nichtgeltung der Lex-posterior-Regel nicht zwangsläufig auf einer Höherrangigkeit des Verfassungsrechts beruhen. So erscheint es beispielsweise nicht von vornherein als undenkbar, daß eine nicht vorrangige »Verfassung« vorschreibt, daß Verfassungsänderungen nur explizit und damit bewußt erfolgen dürfen (allerdings könnte die rechtliche Verbindlichkeit einer entsprechenden Verfassungsbestimmung in Frage gestellt werden, weil es sich möglicherweise nicht um eine heteronom begründete Verpflichtung des verfassungsändernden Gesetzgebers handelt; zur Rechtsverbindlichkeit autonom auferlegter Verpflichtungen siehe unten D. II. 3. a) aa) (2)).

[452] Zu den historischen Wurzeln vgl. *Liebs*, S. 111; Deutsches Rechtslexikon, Artikel »lex posterior derogat legi priori«, S. 905; *Hofmann*, S. 264, Fn. 12.

[453] Allgemein zur Kollision von Rechtsnormen und zur Lösung derartiger Kollisionsprobleme *Röhl*, S. 571ff; *Koller*, S. 193ff; *Engisch*, Einführung, S. 209ff; *Schmalz*, Methodenlehre, Rdnr. 70ff; speziell zu Normwidersprüchen im Verfassungsrecht *Grosskreutz*, passim.

[454] Sie betrifft also Fälle der sog. Selbstderogation, während die im Verhältnis verschiedener Normerzeugungsstufen zueinander bestehende sog. Fremdderogation sich nach der Regel *lex*

nicht nur ausdrücklich durch ein Gesetz jüngeren Datums aufgehoben werden kann[455], was auch ohne Bezugnahme auf eine Kollisionsregel ohne weiteres einleuchtet, sondern daß das spätere Gesetz im Kollisionsfall dem früheren Gesetz auch ohne dessen ausdrückliche Aufhebung vorgeht.[456] Verfassungen zeichnen sich demgegenüber meistenteils dadurch aus, daß sie allein *explizit* und damit durch einen *bewußten* Akt der zur Verfassungsänderung berufenen Instanz geändert oder aufgehoben werden dürfen[457], nicht aber implizit und ggf. unbewußt durch den späteren Erlaß eines inhaltlich abweichenden Gesetzes.[458] Die Lex-posterior-Regel findet mithin auf Verfassungen typischerweise insofern keine Anwendung, als späteres Recht dem Verfassungsrecht im Kollisionsfall nicht automatisch, d.h. auch ohne ausdrücklichen Aufhebungs- oder Änderungsakt vorgeht.[459]

bb) Verbot von Verfassungsdurchbrechungen

Die vorstehend thematisierte Unanwendbarkeit der Lex-posterior-Regel hat zur Folge, daß spätere Gesetze, die sich stillschweigend und möglicherweise unbewußt in Widerspruch zur Verfassung setzen, deren Geltung unberührt lassen. Änderungen des verfassungsrechtlichen Normenbestandes müssen vielmehr explizit und damit bewußt vorgenommen werden. Eine andere Frage ist es, ob eine

---

superior derogat legi inferiori richtet. Vgl. dazu *Achterberg*, ZG 1 (1986), 221 (226ff); *ders.*, Artikel »Konkretisierung des Rechts«, ErgLexR 2/270, S. 4; *Röhl*, S. 571.

[455] Eine solche ausdrückliche und *bewußte* Außerkraftsetzung wird als »formelle Derogation« bezeichnet, so *Koller*, S. 114. Vgl. auch *Achterberg*, Artikel »Konkretisierung des Rechts«, ErgLexR 2/270, S. 4, der zwischen bewußter Derogation durch Aufhebung und unbewußter Derogation durch Erlaß einer kollidierenden Norm unterscheidet.

[456] *Engisch*, Einführung, S. 210f; *Liebs*, S. 111; *Koller*, S. 114; *Schmalz*, Methodenlehre, Rdnr. 73f; *Röhl*, S. 571; Deutsches Rechtslexikon, S. 905. Eine Ausnahme besteht freilich im Verhältnis des früheren speziellen zum späteren allgemeinen Gesetz: *Lex posterior generalis non derogat priori speciali*.

[457] Zu dem meist noch hinzutretenden Erfordernis einer Verfassungstextänderung und dem Umstand, daß Verfassungsänderungen fast ausnahmslos ein formell erschwertes Verfahren zu durchlaufen haben, s.u. A. III. 2. b) bb) und cc).

[458] Dies im Rahmen einer Charakterisierung der Verfassung im formellen Sinne betonend *Linck*, DÖV 1991, 730 (731): »Somit gilt also nicht der Grundsatz ›lex posterior derogat legi priori‹; vielmehr muß der einfache Gesetzgeber zuerst die Verfassung ändern, bevor er eine von ihr abweichende gesetzliche Regelung beschließen will. Er wird somit dazu gezwungen, sich über die Tragweite seines gesetzgeberischen Handelns in besonderer Weise bewußt zu werden und es öffentlich zu legitimieren.« Vgl. ferner *Hofmann*, S. 263f. Daß implizite Verfassungsänderungen unzulässig sind, wird in Irland besonders deutlich, wo gemäß Art. 46 Abs. 3 der Verfassung jede eine Verfassungsänderung bewirkende Gesetzesvorlage als ein »Gesetz zur Änderung der Verfassung« gekennzeichnet sein muß.

[459] Sofern die Lex-posterior-Regel nicht gilt und Verfassungsänderungen gleichzeitig formell erschwert sind, was typischerweise der Fall sein wird (s.u. A. III. 2. b) cc)), muß es somit auch als ausgeschlossen angesehen werden, daß eine Verfassung stillschweigend durch ein späteres Gesetz modifiziert wird, das zwar nicht als verfassungsänderndes Gesetz beschlossen worden ist, jedoch zufällig die dafür vorgesehenen Formerfordernisse erfüllt, etwa mit einer Zweidrittelmehrheit im Parlament verabschiedet worden ist.

solche Änderung in einem *separaten Gesetz* außerhalb der Verfassungsurkunde erfolgen darf oder ob das Verfassungsgesetz selbst, d.h. der *Verfassungstext*, entsprechend modifiziert werden muß. Verfassungsänderungen, die sich nicht im Verfassungstext widerspiegeln (sog. Verfassungsdurchbrechungen[460]), werden heute vielfach für unzulässig gehalten, so daß auch das Verbot von Verfassungsdurchbrechungen als verfassungstypisch angesehen werden kann.[461] Im Zusammenwirken mit dem Ausschluß der Lex-posterior-Regel führt die Unzulässigkeit von Verfassungsdurchbrechungen dazu, daß von den Normen einer Verfassung gemeinhin nur nach einer *ausdrücklichen Änderung des Verfassungstextes* abgewichen werden darf.[462]

cc) Formell erschwerte Abänderbarkeit

Unabhängig vom Ausschluß der Lex-posterior-Regel und vom Verbot von Verfassungsdurchbrechungen[463] ist für Verfassungen eine formell erschwerte Abän-

---

[460] Zur Verfassungsdurchbrechung schon oben A. I. 8. b) und c) im Zusammenhang mit der Reichsverfassung von 1871 und der Weimarer Reichsverfassung. Dort ist bereits darauf hingewiesen worden, daß der Begriff der Verfassungsdurchbrechung in seinen Einzelheiten unklar und umstritten ist und hier in einem formellen Sinne als Bezeichnung für »Verfassungsänderung ohne Verfassungstextänderung« Verwendung findet. Zu den terminologischen Unklarheiten vgl. insbesondere M/D/*Maunz*, Art. 79 Rdnr. 1 ff, M/K/S/*Hain*, Art. 79 Rdnr. 6, Dreier/*Dreier*, Art. 79 I Rdnr. 16 ff, sowie ausführlich *Hufeld*, S. 15 ff, 24 ff.

[461] In diesem Sinne z.B. *Linck*, DÖV 1991, 730 (731 f), der das Verbot von Verfassungsdurchbrechungen als generelles formelles Verfassungsmerkmal ansieht und daher feststellt: »Verfassungsänderungen dürfen danach nur durch Änderungen am Text der Verfassung – und sei es auch mit einfacher Mehrheit – vorgenommen werden.« Für den Fall, daß eine Verfassung ausdrücklich kein Verbot von Verfassungsdurchbrechungen statuiere, sei ein solches Verbot deshalb in sie »hineinzuinterpretieren« (S. 732). Vgl. in diesem Zusammenhang außer Art. 79 Abs. 1 GG und den einschlägigen Vorschriften zahlreicher Landesverfassungen z.B. Art. 287 der Portugiesischen Verfassung und Art. 141 der Niederländischen Verfassung. Anders offenbar M/D/*Maunz*, Art. 79 Rdnr. 5, wo es in bezug auf den Satz »keine Verfassungsänderung ohne Verfassungstextänderung« heißt: »nicht unlösbar mit dem Rechtsstaat verbunden, was schon daraus folgt, daß es rechtsstaatliche Verfassungen gibt und gab, z.B. die von Weimar, die ihn nicht kennen«. Ähnlich U/C/*Rubel*, Art. 79 Rdnr. 16: »Der historische und internationale Vergleich zeigt, daß rechtsstaatliche Verfassungen nicht zwingend eine solche Regelung voraussetzen.«

[462] Vgl. auch dazu in vorbildlicher Deutlichkeit *Linck*, DÖV 1991, 730 (731 f). Sind Verfassungsdurchbrechungen unzulässig, ist notwendigerweise auch die Geltung der Lex-posterior-Regel ausgeschlossen, weil das Erfordernis einer Verfassungstextänderung bewirkt, daß es keine impliziten und unbewußten Abänderungen der Verfassung durch spätere Gesetze geben kann.

[463] Daß die bereits behandelten Verfassungseigenschaften theoretisch unabhängig vom Merkmal der erschwerten Abänderbarkeit auftreten können, sei kurz demonstriert: Einerseits können trotz verfahrensmäßiger Erschwerung implizite Verfassungsänderungen zulässig sein. So ist grundsätzlich denkbar, daß die Lex-posterior-Regel auf eine Revisionsvorhaben erschwerende Verfassung anwendbar ist, diese also durch ein Gesetz, das zwar nicht auf ihre Revision abzielt, zufällig aber gemäß den für Verfassungsänderungen geltenden Bestimmungen, beispielsweise mit mehr als zwei Dritteln der Stimmen, verabschiedet worden ist, wirksam geändert werden kann. So vertrat etwa *Laband*, S. 40, zur Reichsverfassung von 1871 die Auffassung: »Auch der Reichsverfassung gegenüber gilt daher der Grundsatz lex posterior derogat priori«, sofern nur Art. 78 RV Beachtung finde, der ein spezielles Verfahren für die Verabschiedung verfassungsän-

derbarkeit in dem Sinne typisch, daß verfassungsändernde Gesetze ein im Vergleich zur regulären Gesetzgebung besonders aufwendiges Legislativverfahren zu durchlaufen haben.[464] Daß die Verfassungsrevision auf diese Weise vom Verfahren der einfachen Gesetzgebung abgehoben und ihm gegenüber erschwert wird, ist Ausdruck der erhöhten formellen Gesetzeskraft von Verfassungen[465] – eine Eigenschaft, die *Jellinek* als das »wesentliche rechtliche Merkmal von Verfassungsgesetzen« betrachtet wissen wollte.[466]

---

dernder Gesetze vorsah; siehe im einzelnen oben A. I. 8. b). Andererseits erscheint es auch nicht als völlig undenkbar, daß trotz Möglichkeit einer Verfassungsänderung im Wege einfacher Gesetzgebung die Geltung der Lex-posterior-Regel von Verfassungs wegen ausgeschlossen ist mit der Folge, daß eine Verfassungsänderung explizit als solche gewollt sein muß; diese Möglichkeit in Erwägung ziehend auch *Linck*, DÖV 1991, 730 (731f). Die in Rede stehenden Verfassungseigenschaften müssen einander folglich nicht immer in derselben Weise zugeordnet sein, sondern sind unterschiedlich kombinierbar. Entsprechendes gilt für das Verbot von Verfassungsdurchbrechungen: Verfassungsänderungen ohne Verfassungstextänderung können trotz formeller Erschwerung der Verfassungsrevision für zulässig befunden werden (so etwa unter der Geltung der Reichsverfassung von 1871 und der Weimarer Reichsverfassung; s.o. A. I. 8. b) und c)). Ebenso ist es aber möglich, daß Verfassungsdurchbrechungen laut Verfassungsanordnung verboten sind, obwohl Änderungen der Verfassung im Wege der einfachen Gesetzgebung vorgenommen werden dürfen; in diesem Sinne auch *Linck*, DÖV 1991, 730 (731). Die Frage, ob eine Verfassungstextänderung erforderlich ist, steht also mit der Frage, ob das Änderungsgesetz in einem speziellen Verfahren verabschiedet werden muß, nicht in einem unauflösbaren Zusammenhang.

[464] Die verfahrensrechtliche Erschwerung der verfassungsändernden Gesetzgebung gegenüber der einfachen Gesetzgebung wird heute ganz allgemein als verfassungstypisch angesehen, vgl. *Stern* I, S.72, 78, 154f, 159; *Sachs/Sachs*, Einführung Rdnr. 8; *Dreier/Dreier*, Art.79 II Rdnr. 11; *vM/K/Bryde*, Art.79 Rdnr. 1; *U/C/Rubel*, Art.79 Rdnr. 24; *Isensee*, HStR I, §13 Rdnr. 136; *ders.*, HStR VII, § 162 Rdnr. 36; *Kirchhof*, HStR I, § 19 Rdnr. 3, 31; *Badura*, Staatsrecht, Rdnr. A 7; *ders.*, Artikel »Verfassung«, EvStL II, Sp. 3747, 3753f; *ders.*, HStR VII, § 160 Rdnr. 3; *Steiner*, S.22; *Bachof*, S.26; *Winkler*, S. 6, 8f; *Tosch*, S.72; *Alvarez*, S.41; *Herzog*, AStL, S.310; *Ipsen*, Staatsrecht, Rdnr. 770, 1010f; *Kyriazis-Gouvelis*, JöR 39 (1990), 55 (62); *Elster*, Verfassung, S.37 (38); *Hofmann*, S.262; *Henke*, verfassunggebende Gewalt, S.32; *Schambeck*, Verfassungsbegriff, S.211 (220); *Grimm*, Zukunft, S.11f; *Kaufmann*, Staat 36 (1997), 521 (522); *Dreier*, JZ 1994, 741 (742, 744); *Bryde*, S.42ff; *Martines*, S.235f, 368f.

[465] Überdies sind auch das Verbot von Verfassungsdurchbrechungen und die Nichtgeltung der Lex-posterior-Regel als Ausdruck der erhöhten formellen Gesetzeskraft von Verfassungen anzusehen; in diesem Sinne auch *Linck*, DÖV 1991, 730 (731); vgl. näher unten A. III. 2. b) dd). Abänderungen einer Verfassung dürfen deshalb üblicherweise nur durch ausdrückliche Alteration der Verfassung im Wege der Verfassungstextänderung erfolgen. Jedoch sei nochmals darauf hingewiesen, daß auch implizite und/oder Abänderungen ohne Verfassungstextänderung zulässig sein können, da der Ausschluß der Lex-posterior-Regel und das Verbot von Verfassungsdurchbrechungen nach dem hiesigen Verfassungsverständnis nur *typische* Verfassungsmerkmale sind und grundsätzlich nicht immer vorzuliegen brauchen.

[466] So *Jellinek*, AStL, S.534. Ähnlich zum Stellenwert der erschwerten Abänderbarkeit *Badura*, HStR VII, § 160 Rdnr. 3: »Das charakteristische rechtliche Merkmal«; ferner *Boehl*, Verfassunggebung, S.29. Weniger absolut und damit sinngemäß zu einem typologischen Verfassungsverständnis tendierend, nämlich an einem per se zwingenden Charakter des Verfassungsmerkmals »erschwerte Abänderbarkeit« zweifelnd *Stern* I, S.72: »Das Wesen der Verfassung ist damit (sc. mit der erschwerten Änderbarkeit) nicht hinreichend beschrieben, zumal erneut zu fragen bleibt, ob Verfassungsurkunden, die eine derartige ›erhöhte formelle Gesetzeskraft‹ nicht genießen, niemals Verfassung im Rechtssinne sein können«; ähnlich *Sachs/Sachs*, Einführung Rdnr. 8:

Eine Erschwerung gegenüber dem regulären Gesetzgebungsverfahren besteht oftmals darin, daß Verfassungsänderungen vom Erreichen einer qualifizierten Mehrheit[467] in einem oder mehreren beschlußfassenden Organen[468] abhängig gemacht werden, wobei entweder auf die Mehrheit der Abstimmenden abgestellt[469] oder die gesetzliche Mitgliederzahl der zuständigen Organe in Bezug genommen werden kann.[470] Die Palette derartiger Erschwernisse, die der Verfassung eine erhöhte Bestandskraft verleihen[471], ist damit aber noch nicht erschöpft.[472] Sie ist

»wohl auch keine denknotwendige Bedingung für die Annahme formellen Verfassungsrechts, aber in höchstem Male typisch«.

[467] Weit verbreitet und damit typisch ist hierbei wiederum das Erfordernis einer Zweidrittelmehrheit, so z.B. in Deutschland (Art. 79 Abs. 2 GG), Belgien (Art. 195 Abs. 5), Luxemburg (Art. 114 Abs. 5), Portugal (Art. 286 Abs. 1) und in den Niederlanden (Art. 137 Abs. 4). Keine derartige Erschwerung verfassungsändernder Gesetze gibt es dagegen in Italien (vgl. Art. 64 Abs. 3, 72 Abs. 4, 138 Abs. 1 der Verfassung von 1948).

[468] Als Beispiel für eine Verfassung, die Verfassungsänderungen von der Zustimmung mehrerer Organe abhängig macht, sei außer Deutschland (vgl. Art. 79 Abs. 2 GG) Italien genannt, wo gemäß Art. 70, 138 der Verfassung von 1948 Verfassungsänderungen der Zustimmung sowohl der Abgeordnetenkammer als auch des Senates bedürfen.

[469] So z.B. in den Niederlanden, wo gemäß Art. 137 Abs. 4 der Verfassung für die Annahme einer Verfassungsänderung die Zweidrittelmehrheit der abgegebenen Stimmen in beiden Kammern erforderlich ist. Eine Mehrheit von zwei Dritteln der abgegebenen Stimmen ist auch gemäß Art. 44 Abs. 1 des Österreichischen Bundesverfassungs-Gesetzes erforderlich.

[470] So z.B. in Art. 79 Abs. 2 GG, Art. 286 der Portugiesischen Verfassung sowie Art. 110 Abs. 2 und 3 der Griechischen Verfassung.

[471] Darauf, daß diese erhöhte Bestandskraft für eine Verfassung notwendig sei, weil sie anderenfalls, d.h. bei einfacher Abänderbarkeit, ihre Funktion als rechtliche Grundordnung des Staates (dazu unten A. III. 3. a)) nicht erfüllen könne, macht *Hesse*, Grundzüge, Rdnr. 40, aufmerksam. Daß die erschwerte Abänderbarkeit auch unter dem Gesichtspunkt des Minderheitenschutzes bzw. aufgrund der Konsensfunktion der Verfassung bedeutsam sei, stellen *Bryde*, S. 47ff, 54, bzw. *Grimm*, Zukunft, S. 22, heraus.

[472] Angesichts der Vielzahl von Möglichkeiten, Verfassungsänderungen im Vergleich zum normalen Gesetzgebungsverfahren zu erschweren, zeigt sich ein weiterer Vorzug eines typologischen Verfassungsverständnisses, welcher mit der Abstufbarkeit der Merkmale eines Verfassungstypus (dazu oben A. II. 3. a) bb) (1)) in Verbindung steht: Nicht nur, daß das verfassungstypische Merkmal »formell erschwerte Abänderbarkeit« bei einer »Verfassung« grundsätzlich nicht immer vorzuliegen braucht, weil sein Fehlen durch andere typische Merkmale kompensiert werden kann. Darüber hinaus spricht für einen typologischen Ansatz auch der Umstand, daß sich die Frage, ob »erschwerte Abänderbarkeit« vorliegt, bisweilen gar nicht eindeutig im Sinne eines »ja« oder »nein«, sondern nur im Sinne eines »mehr« oder »weniger« beantworten läßt. Jedenfalls kann das Verfahren der Verfassungsrevision gegenüber dem regulären Gesetzgebungsverfahren in größerem oder kleinerem Ausmaß erschwert sein: »Mehr erschwert« sind Verfassungsänderungen z.B., wenn in zwei aufeinanderfolgenden Legislaturperioden Abstimmungen mit jeweils qualifizierter Mehrheit vorgesehen sind, »weniger erschwert« hingegen, wenn nur eine einzige Abstimmung notwendig ist und dabei kein erhöhter Grad an Zustimmung erzielt werden muß. Überdies gibt es Erschwerungsmodalitäten, die häufiger vorkommen, d.h. ihrerseits typisch sind (z.B. qualifizierte Mehrheiten), und solche, die eher selten auftreten, d.h. atypisch sind (z.B. die Änderungsvorschriften der französischen Verfassung von 1791, s.o. A. I. 6. d)). Dies alles spricht dafür, die »formell erschwerte Abänderbarkeit« nicht bloß als typisches Verfassungsmerkmal aufzufassen, sondern die besagte Verfassungseigenschaft auch selbst in einem typologischen Sinne zu begreifen, nämlich dahingehend, daß die »erschwerte Abänderbarkeit« ih-

weitaus größer[473] und reicht vom Erfordernis eines gesteigerten Anwesenheits-
quorums[474] über die Notwendigkeit wiederholter Abstimmungen[475], ggf. in aufeinanderfolgenden Legislaturperioden[476], bis hin zur Erforderlichkeit einer
Volksabstimmung[477] oder – in Bundesstaaten – der Zustimmung einer bestimmten Anzahl von Gliedstaaten.[478] Darüber hinaus können bestimmte Verfassungsprinzipien sogar jeglicher legalen Änderung entzogen sein.[479] Was das Verhältnis

rerseits Resultat des Zusammenwirkens regelmäßig mehrerer Sub-Merkmale ist und deshalb
mehr oder weniger stark ausgeprägt sein kann. Ein solcher Ansatz hat nicht nur den Vorteil, daß
erklärt werden kann, warum innerhalb der erschwert änderbaren Systeme eine Abstufung zwischen verschiedenen Graden der Änderungserschwerung möglich ist, sondern läßt auch erkennbar werden, daß das Phänomen »Verfassung« ein komplexes Gefüge von Merkmalen unterschiedlicher Abstraktionsebenen ist, das mit einem Blick allein auf das »Ob« einer erschwerten
Abänderbarkeit oder das Vorhandensein anderer Merkmale auf höchster Abstraktionsebene nur
unzureichend erfaßt ist.

[473] Zahlreiche Erschwerungsmöglichkeiten listen *Jellinek*, AStL, S.531, *Friedrich*, S.158ff,
Starck, Vorrang, S.33 (43ff), und *Bryde*, S.52ff, im Laufe ihrer Ausführungen auf. Zu Erschwer-
nissen in den historischen deutschen Landesverfassungen *Meyer/Anschütz*, S.661f mit Fn.12.

[474] Vgl. etwa Art.44 Abs.1 des Österreichischen Bundesverfassungs-Gesetzes.

[475] So z.B. in Italien, wo Abgeordnetenkammer und Senat zweimal im Abstand von mindestens drei Monaten über Vorlagen zu befinden haben, die auf Änderungen der Verfassungslage
abzielen (Art.138 Abs.1 Ital. Verf.).

[476] Die Erschwerungsvarianten »gesteigertes Anwesenheitsquorum« und »wiederholte Abstimmung in aufeinanderfolgenden Legislaturperioden« finden sich, kombiniert mit dem Erfordernis einer qualifizierten Mehrheit und der Zustimmung mehrerer Organe, in Art.195 der ko-
ordinierten belgischen Verfassung vom 17. Februar 1994 (veröffentlicht im belgischen Staatsblatt
vom selben Tage). Diese Bestimmung sieht vor, daß die beiden gesetzgebenden Kammern von
Rechts wegen aufgelöst sind, wenn sie eine Verfassungsbestimmung für revisionsbedürftig erklärt haben, sodann Neuwahlen stattfinden, und daß die neu gewählten Kammern im Einvernehmen mit dem König mit einer Mehrheit von zwei Dritteln der abgegebenen Stimmen entscheiden, wobei mindestens zwei Drittel der Mitglieder jeder Kammer anwesend sein müssen. Ähnliche, eine doppelte Abstimmung mit dazwischenliegenden Wahlen vorsehende Revisionsvorschriften finden sich z.B. in der Dänischen (Art.88) und in der Luxemburgischen Verfassung
(Art.114). In den Niederlanden sieht Art.137 Abs.3 der Verfassung vor, daß das Parlament nach
der Verabschiedung eines Gesetzes, mit dem eine Verfassungsänderung vorgeschlagen wird (vgl.
Art.137 Abs.1), aufgelöst wird. Erst nachdem Neuwahlen erfolgt sind, wird dann über die Verfassungsänderung beraten (Art.137 Abs.4).

[477] In Italien sieht etwa Art.138 Abs.2, 3 der Verfassung von 1948 vor, daß auf Antrag von entweder 500.000 Wahlberechtigten, einem Fünftel der Mitglieder einer der beiden gesetzgebenden
Kammern oder von fünf Regionalparlamenten über die Änderungsvorlage ein Referendum zu
erfolgen hat, es sei denn, dem verfassungsändernden Gesetz ist in beiden gesetzgebenden Kammern jeweils eine Zustimmung von mehr als zwei Dritteln der Stimmen zuteil geworden. Sogar
obligatorischer Bestandteil des Revisionsverfahrens ist ein Volksentscheid beispielsweise in Dä-
nemark (§88 der Dänischen Verfassung), in Irland (Art.46 Abs.2, 47 der Irischen Verfassung)
und im Freistaat Bayern (Art.75 Abs.2 Satz 2 der Bayerischen Verfassung).

[478] Vgl. z.B. Art.V der US-Verfassung; Art.123 der Schweizer Bundesverfassung von 1874.

[479] Vgl. z.B. Art.79 Abs.3 GG; Art.139 der Italienischen Verfassung; Art.89 Abs.5 der Französischen Verfassung; Art.288 der Portugiesischen Verfassung; Art.110 Abs.1 der Griechischen
Verfassung. Als weitere Beispiele für Verfassungsvorschriften, denen zufolge die Revisionskompetenz materiell beschränkt ist, werden bei Sachs/*Lücke*, Art.79 Rdnr.1 Fn.3, genannt: Art.281
der Verfassung von Guatemala; Art.134 der Verfassung von Kambodscha; Art.64 der Verfassung
von Kamerun; Art.136 der Verfassung von Mexiko; Art.131, 132 IV der Verfassung von Nami-

der verschiedenen Erschwerungsmechanismen angeht, so ist es sowohl möglich, einzelne dieser Barrieren miteinander zu kombinieren[480], als auch unterschiedliche Hürden für die Änderung verschiedener Verfassungsabschnitte zu errichten[481] oder überhaupt nur bestimmte Verfassungsteile mit einer erhöhten Bestandskraft zu versehen.[482]

Der besondere Stellenwert, der dem Merkmal der formell erschwerten Abänderbarkeit und speziell dem Grad der Änderungserschwerung[483] beigemessen wird, äußert sich auch darin, daß zum Zwecke einer Typisierung von Verfassungen oftmals an die jeweiligen Revisionsvorschriften und damit an die Frage ange-

---

bia; Art. 135 der Russischen Verfassung; Art. 157 der Ukrainischen Verfassung. Die Unabänderlichkeit bestimmter Verfassungsinhalte ist selbstverständlich keine Ausprägung der *formell* erschwerten Abänderbarkeit von Verfassungen, sondern ist nur der Vollständigkeit halber im Zusammenhang mit den hier im Vordergrund stehenden formellen Änderungserschwerungen angesprochen worden.

[480] So ausdrücklich *Bryde*, S. 51, 55. Als Beispiel wird dort u. a. auf die USA hingewiesen, wo Verfassungsänderungen die Erzielung einer Zweidrittelmehrheit in beiden Häusern und die Zustimmung von drei Vierteln der Einzelstaaten voraussetzen. Vgl. auch Fußnote 476 in diesem Abschnitt zum Verfahren der Verfassungsänderung in Belgien. Interessant ist in diesem Zusammenhang ferner der Revisionsmechanismus der Verfassung der Freien und Hansestadt Hamburg. Deren Art. 51 Abs. 2 schreibt vor: »Zu einem die Verfassung ändernden Gesetz der Bürgerschaft sind zwei übereinstimmende Beschlüsse erforderlich, zwischen denen ein Zeitraum von mindestens dreizehn Tagen liegen muß. Beide Beschlüsse müssen bei Anwesenheit von drei Vierteln der gesetzlichen Mitgliederzahl und mit einer Mehrheit von zwei Dritteln der anwesenden Abgeordneten gefaßt werden.«

[481] Beispiel: Änderungen der spanischen Verfassung können grundsätzlich mit einer in beiden Kammern zu erreichenden qualifizierten Mehrheit vorgenommen werden (Art. 167). Änderungen des Grundrechtsteils und bestimmter anderer Verfassungsbestimmungen bedürfen dagegen zusätzlich einer Volksabstimmung (Art. 168). Vgl. dazu auch *Alvarez*, S. 122 f.

[482] So konnte z. B. die Südafrikanische Verfassung von 1983 gemäß Art. 99 Abs. 1 grundsätzlich im Wege des normalen Gesetzgebungsverfahrens geändert werden. Lediglich zur Änderung des Art. 89, der u. a. die Gleichbehandlung des Englischen und des Afrikaans betraf, war gemäß Art. 99 Abs. 2 eine Mehrheit von zwei Dritteln der Mitglieder jedes Hauses erforderlich. Für die Änderung einiger anderer Artikel mußte gemäß Art. 99 Abs. 3 hingegen eine Mehrheit der gesetzlichen Mitgliederzahl erzielt werden. Zu diesem zwischen drei verschiedenen Gattungen von Verfassungsnormen differenzierenden Revisionssystem vgl. *Carpenter*, Introduction, S. 349 ff.

[483] Die Frage, welche Anforderungen an das Merkmal »erschwerte Abänderbarkeit« konkret zu stellen sind, sprich: wie sehr die Verfassungsänderung gegenüber der einfachen Gesetzgebung erschwert sein muß, wird interessanterweise von der Mehrzahl der Autoren offengelassen oder unter Hinweis auf einzelne Beispiele umgangen. Immerhin abstrakte Anhaltspunkte für die Beantwortung dieser Frage lassen sich den Ausführungen von *Kirchhof*, HStR I, § 19 Rdnr. 31 f, entnehmen: »Eine ausdrückliche Gestattung der Verfassungsänderung durch das normale (einfache) Gesetzgebungsverfahren würde dem Verfassungsgesetz seinen Vorrang nehmen. Deshalb gehört es zur Idee der Verfaßtheit, für das Verfassungsgesetz einen prinzipiellen Bestand und eine erschwerte Abänderbarkeit vorzusehen. (...) Würde der verfassungsändernde Gesetzgeber die Verfassung beliebig ändern können, so wäre damit der Geltungsanspruch der Verfassung zurückgenommen (...), so beanspruchte das Verfassungsgesetz nicht mehr Rechtsverbindlichkeit, sondern würde nur stets erneut um die aktuelle Zustimmung der zur Verfassungsänderung befugten Staatsorgane werben. Wirksamkeitsgrund einer solchen Verfassung auf Widerruf wäre die Untätigkeit des änderungsbefugten Gesetzgebers.«

knüpft wird, wie leicht bzw. schwer eine Verfassung geändert werden kann: Verfassungen, die ohne jede Einschränkung durch den einfachen Gesetzgeber oder in einer nur geringfügig (formell und ggf. materiell) erschwerten Weise alteriert werden dürfen, werden als flexible, biegsame oder bewegliche Verfassungen bezeichnet. Den Gegenpol bilden die rigiden oder starren Verfassungen[484], welche für die Verfassungsrevision (mehr oder weniger hohe) rechtliche Hürden errichten und mithin die Wahrscheinlichkeit künftiger Verfassungsänderungen durch restriktive Revisionsbestimmungen reduzieren.[485]

---

[484] Zu solchen Verfassungstypisierungen je nach der Leichtigkeit ihrer Abänderbarkeit siehe *Jellinek*, AStL, S. 534f; *Bryde*, S. 42ff; *Hesse*, Grundzüge, Rdnr. 36ff; *Ipsen*, Staatsrecht, Rdnr. 1012f; *Friedrich*, S. 156ff; vM/K/*Bryde*, Art. 79 Rdnr. 1; AK/*Vismann*, Art. 79 Rdnr. 3; bezogen auf die italienische Sicht der Dinge auch *Martines*, S. 235f. Im Sprachgebrauch bestehen allerdings, wie im Text angedeutet, gewisse Unterschiede bei der Abgrenzung der verschiedenen Verfassungstypen: Als »flexible« Verfassungen werden in Anlehnung an *Bryce* oftmals nur solche Normensysteme bezeichnet, die *ohne jede Erschwerung* zur Disposition der normalen Gesetzgebungsgewalt stehen, während jedes *irgendwie* – und sei es auch nur geringfügig – gegenüber der einfachen Gesetzgebung *erschwerte* Änderungsverfahren dazu führe, daß es sich um eine »rigide« Verfassung handele. Diesem auf *Bryce* zurückgehenden überkommenen Sprachgebrauch folgt z. B. *Bryde*, S. 42ff. Es ist freilich ebenso möglich, das Gegensatzpaar flexibel – rigide in einem weiteren Sinne aufzufassen und von einer »flexiblen« Verfassung auch dann zu sprechen, wenn zwar ein erschwertes Änderungsverfahren vorgesehen ist, die entsprechenden Hemmnisse jedoch so geartet sind, daß sie in rechtstechnischer Hinsicht nicht allzu schwer überwunden werden können. Mutmaßlich gerade, um solche terminologischen Unklarheiten zu umgehen, wird deshalb bisweilen die Rede von der »flexiblen« oder »rigiden« Verfassung vermieden und an ihrer Statt zwischen »beweglicher« und »starrer« Verfassung unterschieden, so z. B. von *Hesse* und *Ipsen*, jeweils a.a.O.

[485] Mit Blick auf die Vielzahl von unterschiedlich kombinierbaren Möglichkeiten, Verfassungsänderungen im Vergleich zur einfachen Gesetzgebung zu erschweren, sei zu den terminologischen Differenzen bezüglich der Abgrenzung von rigiden und flexiblen Verfassungen folgendes bemerkt: Auch auf Grundlage der überkommenen, auf *Bryce* zurückgehenden Terminologie sind innerhalb der beiden Gruppen von Verfassungen weitere Abstufungen möglich und nötig. So ist das Grundgesetz aufgrund seines Revisionsmechanismus (Art. 79) unter Zugrundelegung der klassischen Terminologie zwar ebenso eine »rigide« Verfassung wie die amerikanische Bundesverfassung angesichts der Regelungen in ihrem Artikel V. Wirft man jedoch einen Blick auf die Art der rechtlichen Hürden, die von verfassungsändernden Gesetzen überwunden werden müssen, sowie auf die Revisionspraxis – unter dem Grundgesetz haben bis heute mehr als 50 Verfassungsänderungen stattgefunden, während die US-Verfassung im Laufe ihrer mehr als zweihundertjährigen Geltung weniger als 30 Änderungen erfahren hat –, so ergibt sich, daß beide Verfassungen, obwohl gleichermaßen zur Gruppe (der im klassischen Sinne) rigiden Verfassungen zählend, *in unterschiedlichem Maße rigide* sind. Es bietet sich vor diesem Hintergrund an, die Rigidität oder Flexibilität einer Verfassung nicht nur anhand des Umstandes zu beurteilen, *ob* das Verfahren der Verfassungsänderung gegenüber dem der einfachen Gesetzgebung rechtlich erschwert ist, sondern eine entsprechende Beurteilung insbesondere auch davon abhängig zu machen, *wie* die jeweiligen Hemmnisse *beschaffen*, d. h. von welcher Qualität sie sind und wie sie sich in der Praxis auswirken.

Das Vorstehende sei anhand der Revisionsvorschriften des Grundgesetzes exemplifiziert, wobei ausschnittsweise auf Formulierungen *Brydes*, S. 57, zurückgegriffen werden soll, um zu belegen, daß auch *Bryde* als Anhänger der Terminologie von *Bryce* bei der Zuordnung des Grundgesetzes zu einer der beiden Gruppen von Verfassungen nicht um eine Gesamtbetrachtung aller Revisionsvorschriften herumkommt: Art. 79 Abs. 3 allein läßt das Grundgesetz nach Auffassung

dd) *Typische Kombination der vorgenannten Merkmale*

Die vorstehend behandelten Verfassungseigenschaften stehen insofern in einem funktionalen Zusammenhang, als Nichtgeltung der Lex-posterior-Regel, Verbot

---

von *Bryde* »als besonders, ja absolut rigide« erscheinen. Weiter heißt es dann jedoch: »Im Kontrast zu diesem im internationalen Vergleich (nahezu) einmaligen Ewigkeitsanspruch steht das GG im Hinblick auf das Normalverfahren für Verfassungsänderungen nach Abs. I und II in der Gruppe eher leicht zu ändernder Verfassungen.« Die formellen Erschwerungen der Verfassungsrevision für sich genommen (Art. 79 Abs. 1 und 2 GG) sprechen also nach der Auffassung *Brydes* dafür, das Grundgesetz als eine wenig rigide oder sogar relativ flexible Verfassung einzustufen. Ob das Grundgesetz eher zur Gruppe der flexiblen oder zu der der rigiden Verfassungen tendiert, kann *Bryde* somit überhaupt erst aufgrund einer Würdigung des Zusammenwirkens der verschiedenen Bestimmungen zur Verfassungsänderung (Art. 79 Abs. 1, 2 und Art. 79 Abs. 3 GG) entscheiden. Er gelangt dabei zu dem Ergebnis, daß das Grundgesetz zwar eine rigide Verfassung sei, dies aber nur in einer »relativ schwach ausgeprägten Form« (S. 57).

Eingedenk der Tatsache, daß somit selbst Anhänger der klassischen Abgrenzung von flexibler und rigider Verfassung zu gewissen Relativierungen ihrer Auffassung gezwungen sind und zur Beantwortung der Frage nach der Rigidität oder Flexibilität einer Verfassung nicht ausschließlich auf das »Ob« einer Änderungserschwerung rekurrieren, sondern auch und vor allem deren Intensität berücksichtigen, erscheint ein anderes Verständnis angemessener, nämlich ein Verständnis, das die Unterscheidung zwischen rigiden und flexiblen Verfassungen in einem weiteren und gleichzeitig typologischen Sinne auffaßt: Da Verfassungsänderungen heutzutage fast ausnahmslos irgendwie erschwert sind, dürfte es sinnvoller sein, prinzipiell auch solche Verfassungen zu den »flexiblen« zu zählen, in denen Verfassungsänderungen gegenüber der einfachen Gesetzgebung zwar in einem gewissen Umfang, aber nicht derart rechtstechnisch erschwert sind, daß sie nur noch unter äußersten Schwierigkeiten realisiert werden können. Das *Ausmaß der Änderungserschwerung* wird dadurch zum Hauptkriterium für die Unterscheidung zwischen den in Rede stehenden Arten von Verfassungen. Betont man im Rahmen solcher Verständnisses den typologischen Charakter der Gegensätzlichkeit von Rigidität und Flexibilität, wird damit zugleich der Erkenntnis Rechnung getragen, daß zwischen mehr oder weniger flexiblen bzw. rigiden Verfassungen abgestuft werden kann, daß also eine Verfassung nicht entweder absolut starr oder völlig biegsam ist, sondern rigide und flexible Züge in sich vereinen kann. Weiterhin ist es ein Vorteil typologischen Denkens, daß für einen Typus immer das Zusammenwirken aller seiner Merkmale charakteristisch ist. Es liegt deshalb auf der Hand, daß im Zuge der Überprüfung, ob eine konkrete Verfassung rigide oder flexibel ist, eine wertende Betrachtung des gesamten Revisionssystems inklusive des Zusammenwirkens seiner Teilelemente notwendig ist, d.h. daß nicht nur das »Ob«, sondern auch das »Wie« der Revisionserschwerung in die Überlegungen einbezogen werden muß.

Für die Zuordnung einer konkreten Verfassung zu einer der beiden Gruppen heißt dies freilich, daß sie nicht immer ohne jeden Zweifel möglich ist. Vielmehr ist als Resultat einer Bewertung des Revisionssystems auch denkbar, daß eine Verfassung im Grenzbereich zwischen dem Typ der rigiden und dem Typ der flexiblen Verfassung anzusiedeln ist und deshalb keinem der beiden Typen eindeutig zugeordnet werden kann. Aufgewogen wird diese Unsicherheit allerdings durch die Vorteile eines typologischen Verständnisses und insbesondere die Notwendigkeit einer eingehenden Begründung entsprechender Kategorisierungen. Im Konzept einer derartigen Abgrenzung von flexibler und rigider Verfassung hätte im übrigen auch das *Bryce*'sche Verständnis vom Wesen einer flexiblen Verfassung seinen Platz: als (deskriptiver) Idealtypus der flexiblen Verfassung, als Prototyp einer Verfassung mit dem größtmöglichen Maß an Flexibilität. Den entgegengesetzten Idealtypus bildete dann eine Verfassung, die völlig unabänderlich und damit durch maximale Rigidität gekennzeichnet ist. Graphisch läßt sich das Verhältnis zwischen rigider und flexibler Verfassung wie folgt darstellen:

von Verfassungsdurchbrechungen und erschwerte Abänderbarkeit gleichermaßen zur erhöhten formellen Gesetzeskraft von Verfassungen beitragen.[486] Um die
Bestandskraft einer Verfassung zu erhöhen, bietet es sich daher an, die verschiedenen Eigenschaften miteinander zu kombinieren. Dies kann etwa in Gestalt von
Revisionsvorschriften geschehen, die vorsehen, daß verfassungsändernde Gesetze mit einer qualifizierten Mehrheit zu verabschieden sind und daß der Verfassungstext ausdrücklich geändert werden muß. Diese Ausgestaltung des Zusammenwirkens der drei Eigenschaften[487] erscheint jedenfalls unter dem Blickwinkel
des deutschen Bundes- und Landesverfassungsrechts als in besonderer Weise verfassungstypisch.

c) Vorrang der Verfassung

Verfassungstypisch ist ferner der Vorrang der Verfassung[488]: In Anbetracht ihrer
Qualität als Fundamentalgesetz kommt der Verfassung in einer positiven Rechtsordnung die höchste Autorität zu.[489] Sie enthält ranghöchste Rechtsnormen und

Typus der flexiblen Verfassung		Typus der rigiden Verfassung
	Übergangsbereich	
sehr flexibel wenig flexibel		wenig rigide sehr rigide
(keine Änderungserschwerung)		(unabänderl. Verfassung)

Festzuhalten ist danach: Eine konkrete Verfassung ist im Regelfall nicht absolut »rigide« oder
»flexibel«, sondern immer *mehr oder weniger* rigide, in bestimmter Hinsicht flexib*ler* oder weniger flexibel als andere Verfassungen. In diesem komparativ-typologischen, primär auf den Grad
der Änderungserschwerung rekurrierenden Sinne sollen die Ausdrücke »flexibel« und »rigide«
auch im weiteren Verlauf dieser Arbeit Verwendung finden.

[486] So auch *Linck*, DÖV 1991, 730 (731).

[487] In der Möglichkeit einer solchen merkmalsübergreifenden Betrachtung liegt ein weiterer
Vorzug des hier vertretenen typologischen Verfassungsverständnisses. Mit Hilfe eines Verfassungsbegriffs ließe sich das in Rede stehende Zusammenwirken der verschiedenen Merkmale
hingegen nicht richtig erfassen. Vielmehr würden alle drei Züge entweder nur für sich genommen, als beziehungslos nebeneinander stehende Begriffsmerkmale, oder aber als Teilelemente eines einheitlichen, übergeordneten Begriffsmerkmals »formell erhöhte Gesetzeskraft« betrachtet;
als dessen Teilaspekte würden sie höchstwahrscheinlich aus dem Blick geraten bzw. von Anfang
an nicht zum Gegenstand der Aufmerksamkeit werden.

[488] Vgl. zum Vorrang der Verfassung *Wahl*, Staat 20 (1981), 485 ff; *ders.*, HStR I, § 1 Rdnr. 35;
Isensee, HStR I, § 13 Rdnr. 126, 136; *ders.*, HStR VII, § 162 Rdnr. 36 ff; *Badura*, Artikel »Verfas-
sung«, EvStL II, Sp. 3747; *ders.*, HStR VII, § 160 Rdnr. 3 ff; *Starck*, Vorrang, passim; *ders.*, HStR
VII, § 164 Rdnr. 9 ff; M/K/S/*ders.*, Überschrift Rdnr. 5; *Stern* I, S. 80; *Hofmann*, S. 263 f; *Ipsen*,
Staatsrecht, Rdnr. 781 ff; *Hesse*, HbVerfR, § 1 Rdnr. 14; *Haverkate*, Verfassungslehre, S. 12 ff;
Möllers, S. 1 (42 ff); *Unruh*, S. 11; *Grimm*, Zukunft, S. 11 f; *Anzon*, JöR 49 (2001), 103 (105);
Schmitz, EuR 2003, 217 (234). *Stern* I, S. 105, weist in diesem Zusammenhang zutreffend darauf
hin, daß sich der Verfassungsvorrang nicht nur aus Wesen und Bedeutung der Verfassung ergeben
kann, sondern möglicherweise in Gestalt spezieller Bindungsklauseln zugleich ausdrücklich in
der Verfassung angeordnet ist. Als Beispiele für derartige Bindungsklauseln führt er Art. 1 Abs. 3,
20 Abs. 3 und 82 Abs. 1 GG an.

[489] Damit läßt sich die Zulässigkeit von Verfassungsdurchbrechungen jedenfalls nicht mehr
mit dem Argument rechtfertigen, der Verfassung komme keine höhere Autorität zu als anderen

bindet als vorrangiger Rechtssatz alle Träger staatlicher Gewalt[490], auch und vor allem den Gesetzgeber.[491] Verfassungsrecht kann daher durch einfaches Gesetzesrecht weder aufgehoben noch wirksam abgeändert werden[492]; denn der Vorrang der Verfassung fiele in sich zusammen, wenn die verfassungsgebundene Legislative befugt wäre, im Wege normaler Gesetzgebung über die Verfassung zu disponieren, und damit die ihr auferlegten Bindungen ohne weiteres wieder abschütteln könnte.[493] Ausprägung und Voraussetzung des Vorrangs ist insofern die erschwerte Abänderbarkeit der Verfassung[494], durch die der Geltungsvorrang der Verfassung auch gegenüber dem Gesetzgeber gesichert wird.[495]

Der Vorrang der Verfassung wirkt sich weiterhin darauf aus, was mit einem der Verfassung widersprechenden einfachen Gesetz geschieht[496]: Eine vorrangige

---

Gesetzen (so *Laband*, S. 39, in bezug auf die Reichsverfassung von 1871; s. o. A. I. 8. b)) bzw. sie stehe nicht über der Legislative, sondern zur Disposition derselben (so *Anschütz*, Art. 76 Anm. 1, im Hinblick auf die Weimarer Reichsverfassung; siehe das Zitat unter A. I. 8. c) Fn. 233). Zwingend mit dem Vorrang der Verfassung verbunden ist das Verbot von Verfassungsdurchbrechungen allerdings nicht, weil der Verfassungsvorrang das Gebot einer Verfassungstextänderung nicht voraussetzt, sondern lediglich nahelegt.

[490] *Badura*, Artikel »Verfassung«, EvStL II, Sp. 3737, 3747. *Starck*, HStR VII, § 164 Rdnr. 9f, weist darauf hin, daß der Vorranggedanke eng mit der auf der Volkssouveränität beruhenden verfassunggebenden Gewalt des Volkes verbunden ist: Das Volk begründet mittels der Verfassung die Staatsgewalt und verleiht den Staatsorganen Kompetenzen. Konsequenterweise muß die durch die Verfassung eingerichtete Staatsgewalt dann auch an die Verfassung gebunden, diese den Staatsorganen also übergeordnet sein; dazu bereits oben A. I. 5. b) aa).

[491] Dem Vorrang der Verfassung korrespondiert folglich der Nachrang des Gesetzes und damit zugleich der Nachrang des Gesetzgebers, so *Wahl*, Staat 20 (1981), 485 (487).

[492] *Hesse*, HbVerfR, § 1 Rdnr. 14; *Isensee*, HStR VII, § 162 Rdnr. 39. Die Lex-posterior-Regel ist also auf eine vorrangige Verfassung nicht anwendbar, und zwar deshalb nicht, weil sie wegen der Höherrangigkeit des Verfassungsrechts durch die Regel *lex superior derogat legi inferiori* verdrängt wird.

[493] Vgl. *Starck*, Vorrang, S. 33 (43); *Kirchhof*, HStR I, § 19 Rdnr. 31f; *Tosch*, S. 72; siehe auch oben A. I. 5. b) bb). Zur Sicherung des Verfassungsvorrangs durch das Widerstandsrecht, eine gewaltenteilige Staatsorganisation, unabhängige Gerichte sowie durch verfassungsgerichtliche Normenkontrolle vgl. *Starck*, Vorrang, S. 33 (45ff).

[494] *Hofmann*, S. 263; *Starck*, HStR VII, § 164 Rdnr. 9; *ders.*, Vorrang, S. 33 (43f); *Kirchhof*, HStR I, § 19 Rdnr. 3, 31f; *Badura*, HStR VII, § 160 Rdnr. 3.

[495] Auf der anderen Seite wurde die formell erschwerte Abänderbarkeit keineswegs immer als Ausdruck der Vorrangigkeit einer Verfassung betrachtet, wie sich anhand der Reichsverfassung 1871 und besonders der Weimarer Verfassung belegen läßt; siehe oben A. I. 8. b) und c) sowie *Wahl*, Staat 20 (1981), 485 (492f), und *Badura*, HStR VII, § 160 Rdnr. 4f. Während der Vorrang der Verfassung also, sofern die Verfassung überhaupt im Wege der Gesetzgebung oder sonst systemimmanent geändert werden darf (zur Verfassungsänderung als systemimmanenter Art der Verfassungsrechtserzeugung s. u. C. II. 2.), stets mit einer irgendwie erschwerten Abänderbarkeit verbunden sein muß, kann ein erschwertes Revisionsverfahren auch in einer nicht vorrangigen Verfassung vorgeschrieben sein; kritisch diesbezüglich allerdings *Ipsen*, Staatsrecht, Rdnr. 782f.

[496] Zur Verdeutlichung: Im vorstehenden Absatz ist die Frage behandelt worden, welche Folgen es für die Verfassung hat, wenn sich ein Gesetz zu ihr in Widerspruch setzt: Sie wird dadurch weder aufgehoben noch abgeändert. Hier geht es nun darum, wie sich die Unvereinbarkeit mit der Verfassung auf das entsprechende Gesetz auswirkt. Die Frageperspektive ist also eine andere, sie ist nicht auf die Verfassung, sondern auf das Schicksal des Gesetzes bezogen. Mit den ver-

Verfassung ist dem Gesetzesrecht auch insofern übergeordnet, als verfassungswidrige Gesetzesnormen nichtig oder zumindest vernichtbar sind.[497] Die Effekti-
vität dieses Geltungsvorrangs der Verfassung vor dem Gesetzesrecht wird dabei
zunehmend durch die Möglichkeit (verfassungs-)gerichtlicher Normenkontrolle[498] gewährleistet bzw. gesteigert.[499] Die Verfassung wird in diesem Fall zum juristischen Maßstab für die gerichtliche Beurteilung staatlichen Handelns.[500]

d) Resümee

Zusammenfassend kann unter formellen Gesichtspunkten festgehalten werden,
daß eine Verfassung typischerweise aus gesetzlichen Normen besteht, die in einer
einheitlichen, sich selbst als »Verfassung« bezeichnenden Urkunde schriftlich
niedergelegt sind. Von anderen Gesetzen unterscheiden sich diese Normen üblicherweise durch ihre erhöhte formelle Gesetzeskraft, die zumeist Ausdruck eines
Vorrangs der Verfassung und damit ihrer Höherrangigkeit gegenüber sonstigem
staatlichen Recht und ihrer Verbindlichkeit für alle Staatsorgane ist.

Sofern eine Verfassung in diesem Sinne vorrangig ist, bleibt dies wegen der spezifischen Verknüpfung des Vorrangkonzepts mit anderen formellen Verfassungseigenschaften nicht ohne Folgen für die Rechtsstellung des Gesetzgebers: Verfassungsvorrang setzt formell erschwerte Abänderbarkeit der Verfassung voraus[501],
schließt automatisch die Geltung der Lex-posterior-Regel[502] und regelmäßig die

---

schiedenen Frageperspektiven korrespondieren die Lex-posterior-Regel und das Konzept vom
Vorrang der Verfassung: Erstere bezieht sich auf die Frage, ob das jüngere Gesetz das ältere Gesetz (z.B. die Verfassung) derogiert, d.h. was mit dem älteren Gesetz passiert. Sofern das ältere
Gesetz nicht derogiert wird, weil die Lex-posterior-Regel nicht gilt, ist über das Schicksal des
jüngeren Gesetzes noch nichts ausgesagt. Darauf nimmt der Vorrang der Verfassung Bezug. Hier
geht es darum, was dem jüngeren Gesetz widerfährt, wenn es mit dem älteren Gesetz (der Verfassung) kollidiert: Es ist wegen des Verfassungsvorrangs nichtig. Lex-posterior-Regel und Vorrang
der Verfassung bilden im Hinblick auf ihre jeweilige Frageperspektive mithin zwei Seiten derselben Medaille.
[497] *Stern* I, S. 81 mit Fn. 101; *Wahl*, Staat 20 (1981), 485; *Isensee*, HStR VII, § 162 Rdnr. 38. Zur
Nichtigkeitslehre und Vernichtbarkeitslehre vgl. *Battis*, HStR VII, § 165 Rdnr. 30ff, m.w.N.
[498] Zur geschichtlichen Entwicklung des richterlichen Prüfungsrechts in Deutschland vgl.
Battis, HStR VII, § 165 Rdnr. 23ff; *Badura*, Prüfungsrecht, S. 321 (328ff).
[499] Vgl. *Starck*, Vorrang, S. 33 (47ff); *Boehl*, Verfassunggebung, S. 29. Daß das Konzept einer
Rangordnung der Rechtsnormen und damit die Idee eines Vorrangs der Verfassung interdepen-
dent mit dem Dogma der Nichtigkeit verfassungswidrigen Rechts und der Existenz eines richterlichen Prüfungsrechts verbunden seien, heben *Wahl*, Staat 20 (1981), 485, *Battis*, HStR VII, § 165
Rdnr. 24, und *Kägi*, Grundordnung, S. 113, 182, hervor. *Battis*, a.a.O., spricht in diesem Zusammenhang von einer »unauflösliche(n) Einheit« der drei Elemente. Wie eng die Verbindung in der
Tat ist, lehrt der Blick auf die Reichsverfassung von 1871 und die Weimarer Reichsverfassung, wo
ein Vorrang der Verfassung (zunächst) nicht anerkannt war, verfassungswidrige Gesetze daher
nicht als nichtig angesehen wurden und Richtern die Möglichkeit einer entsprechenden Überprüfung vorenthalten wurde; s.o. A. I. 8. b) und c).
[500] So *Wahl*, Staat 20 (1981), 485 (486).
[501] S.o. A. III. 2. c).
[502] Dazu oben A. III. 2. b) aa) i.V.m. c).

Zulässigkeit von Verfassungsdurchbrechungen aus.[503] Darüber hinaus ist verfassungswidriges Recht wegen des Vorrangs der Verfassung nichtig oder verfassungsgerichtlich vernichtbar. Konsequenz dieser Eigenheiten ist eine erhöhte Bestandskraft des Verfassungsrechts, d.h. eine gewisse Resistenz gegenüber Angriffen auf seine Geltung von seiten der Staatsorgane und damit eine tendenziell größere Dauerhaftigkeit.[504]

3. Typische materielle Verfassungseigenschaften

Zu den typischen Regelungsgegenständen und Inhalten einer Verfassung ist folgendes zu bemerken:

a) *Überblick: die Verfassung als rechtliche Grundordnung des Staates und ihre typischen Inhalte*

Ihrem Inhalt nach ist die Verfassung zuallererst[505] auf den Staat bezogen[506]: Der Staat ist Voraussetzung und Gegenstand der Verfassung, er erhält durch sie seine konkrete Form und Gestalt als verfaßter Staat.[507] Die – inhaltlich bestimmte – *Verfassung im materiellen Sinne*[508], die nicht mit jener im formellen Sinne dek-

---

[503] S.o. A. III. 2. b) bb) i.V.m. c).

[504] Den Aspekt der intendierten Dauerhaftigkeit der Verfassungsgeltung betonen *Kirchhof*, HStR I, § 19 Rdnr. 3f; *Stern* I, S. 72, 86ff; *Linck*, DÖV 1991, 730 (731); *Schambeck*, Verfassungsbegriff, S. 211 (220); *Kägi*, Grundordnung, S. 51ff, 77; *Kempen*, NJW 1991, 964 (965). Siehe dazu auch unten A. III. 3. f).

[505] Zum Ausgreifen der Verfassung auf die Gesellschaft, z.B. durch die Gewährleistung wertsetzender Grundrechte, wodurch die Verfassung von der Grundordnung des Staates zur Grundordnung des Gemeinwesens wird, s.u. A. III. 3. d).

[506] So Sachs/*Sachs*, Einführung Rdnr. 1; *Walz*, S. 10. Auch wenn der Blick auf den rechtlich-normativen Bereich beschränkt wird (zu dem abweichenden deskriptiv-zuständlichen Verfassungsverständnis s.o. A. I., vor allem 1., 2. sowie 9.), handelt es sich bei vielen entsprechend bezeichneten Regelwerken, z.B. der sog. Kommunalverfassung, wegen ihrer fehlenden Staatsbezogenheit mithin nicht um Verfassungen im materiellen (und auch nicht im formellen) Sinne; vgl. *Stern* I, S. 73, auch zum Problem sog. Teil- oder subkonstitutioneller Verfassungen; dazu auch *Wahl*, Staat 20 (1981), 485 (508ff). Zu der in jüngerer Zeit ausgiebig diskutierten Frage nach einer »Verfassung« für die Europäische Union (bzw. zu den zwei Sub-Fragen, ob die bestehenden Verträge und ob die einstweilen gescheiterte Europäische Verfassung Verfassungscharakter haben) siehe *Herbst*, S. 168ff; *Möllers*, S. 1 (18ff); *Schmitz*, Integration, S. 365f; *ders.*, EuR 2003, 217ff; *Kaufmann*, Staat 36 (1997), 521ff; *Hobe*, EuR 2003, 1 (6ff); *Anzon*, JöR 49 (2001), 103 (111ff), jeweils mit zahlreichen Nachweisen, sowie Sachs/*Sachs*, Einführung Rdnr. 1 Fn. 3.

[507] Ausführlich *Sachs*, ZG 1991, 1 (4ff); *Kirchhof*, HStR I, § 19 Rdnr. 18ff, 51ff; *Scheuner*, Verfassung, S. 171 (172); *Schmitt Glaeser*, S. 18; *Isensee*, Mythos, S. 10; *ders.*, HStR I, § 13 Rdnr. 1ff, 8ff; *Walz*, S. 10. *Isensee*, a.a.O., Rdnr. 123, weist darauf hin, daß die Verfassung wegen ihrer Staatsbezogenheit sogar zum Symbol der Staatlichkeit schlechthin geworden sei. Ihm diesbezüglich folgend *Boehl*, Staat 30 (1991), 572 (582). Daß der Staat andererseits nicht als etwas Vorfindliches vorausgesetzt werden dürfe, sondern daß die Herstellung der politischen Einheit des Staates ständiger und stets aufgegebener Prozeß sei, stellt *Hesse*, Grundzüge, Rdnr. 6ff, heraus. Siehe auch *Isensee*, HStR I, § 13 Rdnr. 110f.

[508] Dazu aus der umfangreichen Literatur *Herzog*, AStL, S. 309f, 320; *Stern* I, S. 72ff, 78;

kungsgleich zu sein braucht[509], läßt sich deshalb als »rechtliche Grundordnung des Staates« charakterisieren[510] und umfaßt nach einer – auch heute noch gebräuchlichen[511] – Formulierung *Jellineks*[512] »in der Regel die Rechtssätze, welche die obersten Organe des Staates bezeichnen, die Art ihrer Schöpfung, ihr gegenseitiges Verhältnis und ihren Wirkungskreis festsetzen, ferner die grundsätzliche Stellung des einzelnen zur Staatsgewalt«.[513]

Als materiell verfassungstypisch eingestuft werden außerdem Festsetzungen über anderweitige grundlegende Strukturen der staatlichen Ordnung (z.B. Gewaltenteilung, föderativer Aufbau), Staatszielbestimmungen (etwa Sozialstaatlichkeit, Umweltschutz) sowie sonstige Einlassungen über die Zwecke, in deren Dienst der Staat seine Herrschaftsgewalt stellt und aus denen er seine Rechtfertigung ableitet bzw. Legitimation erfährt[514] (beispielsweise Friedenssicherung, Wohlfahrtsförderung).[515] Eine »Verfassung« beinhaltet somit typischerweise Rechtsvorschriften über die Organisation und Ausübung der Staatsgewalt, bestimmt die Rechtsposition des einzelnen im Staat und enthält sonstige grundlegende[516] Maßgaben für die Entwicklung des Staatswesens und seines Rechts.[517]

Sachs/Sachs, Einführung Rdnr. 2, 9; *Maunz/Zippelius*, § 5 II 2 a) (S. 31); *Zippelius*, AStL, § 8 II (S. 55); *Hesse*, HbVerfR, § 1 Rdnr. 2ff; *ders.*, Grundzüge, Rdnr. 16ff; *Isensee*, HStR I, § 13 Rdnr. 139; *ders.*, Mythos, S. 10f; *Schmalz*, Staatsrecht, Rdnr. 2; *Degenhart*, Rdnr. 1f, 258; *Tosch*, S. 48ff, 70ff; *Bachof*, S. 26; *Bryde*, S. 60; *Karpen*, JZ 1987, 431 (433ff); *Kyriazis-Gouvelis*, JöR 1990, 55 (55f, 63ff); *Linck*, DÖV 1991, 730; *Kempen*, NJW 1991, 964 (965); *Alvarez*, S. 38f, 41f; *Schambeck*, Verfassungsbegriff, S. 211 (221ff); *Badura*, HStR VII, § 159 Rdnr. 1ff; *ders.*, Artikel »Verfassung«, EvStL II, Sp. 3737, 3742f; *Starck*, HStR IX, § 208 Rdnr. 18; *Elster*, Verfassung, S. 37 (38ff); *Denninger*, Verfassung, S. 95 (97).

[509] Siehe bereits oben A. III. 2. a). Vgl. auch *Herzog*, AStL, S. 310: »Es dürfte in der gesamten Geschichte der geschriebenen Verfassungen wohl kaum ein Beispiel für eine Verfassung geben, die nicht auch wesentliche Fragen des materiellen Verfassungsrechts ausgeklammert und damit der Regelung durch den einfachen Gesetzgeber überlassen hätte.« Umgekehrt enthalten Verfassungsurkunden oftmals Bestimmungen, die sich anhand der sogleich im Text darzulegenden Kriterien kaum als Verfassungsrecht im materiellen Sinne einstufen lassen dürften; vgl. *Herzog*, a.a.O., sowie *Bryde*, S. 59. Für die Schweiz ebenso *Häfelin/Haller*, Rdnr. 22f.

[510] Grundlegend *Kägi*, Grundordnung, passim, vor allem S. 39ff, 59ff, 152ff.

[511] Vgl. nur *Stern* I, S. 73, der diesen Verfassungsbegriff als »mit geringfügigen Modifikationen (...) herrschend« bezeichnet; ferner *Hesse*, HbVerfR, § 1 Rdnr. 2f; *Linck*, DÖV 1991, 730; *Sachs*, ZG 1991, 1 (4ff).

[512] *Jellinek*, AStL, S. 505.

[513] Prägnant auch *Starck*, HStR IX, § 208 Rdnr. 18: Die Verfassung regelt »Kreation, Kompetenzen und Verfahren der Staatsorgane sowie Rechte der Menschen gegenüber dem Staat«; *Sachs*, ZG 1991, 1 (3), spricht von organisatorischen und materiellen Verfassungsgehalten. Zu erinnern ist an dieser Stelle an den Umstand, daß die relativierende Ausdrucksweise *Jellineks* (»in der Regel«) als Beleg für die Notwendigkeit eines typologischen Verfassungsverständnisses gewertet werden kann; s.o. A. II. 3. b) dd) Fn. 329.

[514] Zu diesem Aspekt *Isensee*, HStR I, § 13 Rdnr. 137.

[515] Zu den erwähnten weiteren verfassungstypischen Inhalten vgl. *Karpen*, JZ 1987, 431 (433); *Maunz/Zippelius*, § 5 II 2 a) (S. 31); *Zippelius*, AStL, § 8 II 1 (S. 55); *Schambeck*, Verfassungsbegriff, S. 211 (221); *Sachs*, ZG 1991, 1 (3f); *Herzog*, AStL, S. 320; *Haverkate*, Verfassungslehre, S. 6; *Scheuner*, Verfassung, S. 171 (172).

[516] Eine Verfassung enthält üblicherweise niemals alle Regelungen mit den genannten Inhal-

b) Herrschaftsbegründende Funktion der Verfassung

Was die Verfassung als Organisationsstatut angeht[518], so beschränkt sich ihre Aufgabe gemeinhin nicht darauf, das System staatlicher Herrschaft qua Schaffung verschiedener Staatsorgane, Abgrenzung der Jurisdiktionsbereiche dieser Organe und durch die Instituierung bestimmter Formen staatlichen Handelns näher auszugestalten. Vielmehr werden rechtliche Handlungsbefugnisse des Staates durch die Verfassung überhaupt erst begründet[519]: Es gibt keine Rechtstitel »vor« und »außerhalb« der Verfassung, die zu rechtmäßigem Handeln staatlicher Organe ermächtigen könnten.[520] In bezug auf die staatlichen Kompetenzen sind die verfassungsrechtlichen Festlegungen also konstitutiv. Sie sind auf die Hervorbringung der vorher gar nicht bestehenden rechtmäßigen staatlichen Gewalt gerichtet und haben insofern eine herrschaftsbegründende Funktion.[521]

c) Herrschaftsbeschränkende Funktion der Verfassung

Wie sich aus dem Vorstehenden bereits ergibt, ist die Verfassung dem Gedanken einer Herrschaft des Rechts verpflichtet.[522] Ausprägungen dieses Konzepts einer Rechtsherrschaft[523] und damit zugleich einer herrschaftsbeschränkenden Funktion der Verfassung sind die Verfassungsgebundenheit aller staatlichen Gewalten,

---

ten, sondern jeweils nur die grundsätzlichen und wesentlichen Bestimmungen, während sie Einzelheiten der Ausgestaltung durch den Gesetzgeber überläßt; vgl. *Herzog*, AStL, S. 309; *Stern* I, S. 89f; *Kägi*, Grundordnung, S. 59; *Bryde*, S. 60f. Auf der anderen Seite enthalten Verfassungen freilich oftmals auch Festsetzungen, die strenggenommen nicht unbedingt zu den grundlegenden zählen, sondern die allein um ihrer erschwerten Abänderbarkeit willen, d.h. um sie der Disposition der einfachen Mehrheit zu entziehen, in die Verfassung eingefügt wurden; dazu *Stern* I, S. 76ff; *Schmitt*, Verfassungslehre, S. 18f; *Kägi*, Grundordnung, S. 59f.

[517] Vgl. *Kirchhof*, HStR I, § 19 Rdnr. 3; *Stern* I, S. 72f; *Badura*, HStR VII, § 159 Rdnr. 1; *Bryde*, S. 60.

[518] Zur Organisationsfunktion der Verfassung siehe *Hesse*, HbVerfR, § 1 Rdnr. 7f; *Stern* I, S. 82ff.

[519] *Sachs*, ZG 1991, 1 (5f), weist treffend darauf hin, daß dies nicht durch eine einheitliche Norm geschieht, die die Staatsbefugnisse als solche konstituiert, sondern durch die Summe der einzelnen Kompetenznormen.

[520] So *Böckenförde*, Verfassung, S. 29 (43); *Sachs*, ZG 1991, 1 (5f); *Denninger*, Verfassung, S. 95 (97); *Unruh*, S. 10.

[521] Vgl. dazu *Sachs*, ZG 1991, 1 (5f); Sachs/*ders.*, Einführung Rdnr. 5; *Hesse*, HbVerfR, § 1 Rdnr. 7, 27; *ders.*, Grundzüge, Rdnr. 27; *Stern* I, S. 82; *Isensee*, HStR I, § 13 Rdnr. 126, 137; *Böckenförde*, Verfassung, S. 29 (42ff); *Murswiek*, Wiedervereinigungsgebot, S. 25; *v. Wedel*, S. 27; *Kirchhof*, HStR I, § 19 Rdnr. 20; *Denninger*, Verfassung, S. 95 (97); *Grimm*, Zukunft, S. 11ff; *Kägi*, Grundordnung, S. 42; *Burdeau*, Staat 1 (1962), 389 (394).

[522] Dazu *Isensee*, HStR I, § 13 Rdnr. 126f; *Haverkate*, Verfassungslehre, S. 6ff; *Kägi*, Grundordnung, S. 14.

[523] Zur engen Verbindung der Verfassungsidee des demokratischen Verfassungsstaates mit dem Rechtsstaatsprinzip siehe *Alvarez*, S. 42ff; *Schmidt-Aßmann*, HStR I, § 24 Rdnr. 28ff; *Benda*, HbVerfR, § 17 Rdnr. 18ff; *Schambeck*, Verfassungsbegriff, S. 211 (219). Verfassungsstaatlichkeit und Rechtsstaatlichkeit sind wegen dieser inneren Verbundenheit stets im Zusammenhang zu sehen.

die grundsätzliche Begrenztheit staatlicher Kompetenzen und eine – zumindest im Ansatz – gewaltenteilige Staatsorganisation.

aa) *Verfassungsgebundenheit der staatlichen Gewalten*

In einem inneren Bezug zur Verfassungsidee steht nicht nur der soeben beleuchtete Aspekt der rechtlichen Konstituierung staatlicher Machtbefugnisse, sondern auch der Gedanke einer umfassenden rechtlichen Gebundenheit aller Staatsorgane an die in der Verfassung enthaltenen Vorschriften.[524] Die Verfassung gibt insbesondere, und zwar wegen ihrer Verbindlichkeit für die rechtsetzenden Organe einschließlich des parlamentarischen Gesetzgebers, anderen Rechtsnormen die Regel der Erzeugung vor[525] und bildet deren Geltungsmaßstab.[526] Hierin spiegelt sich ein weiteres, neben ihrer herrschaftsbegründenden Wirkung wichtiges Kennzeichen moderner Verfassungen wider, nämlich ihre *herrschaftsbeschränkende* Funktion.[527]

---

[524] Eingehend *Haverkate*, Verfassungslehre, S. 6 ff; vgl. auch schon oben A. III. 2. c) im Zusammenhang mit dem Vorrang der Verfassung. An dieser Stelle tritt besonders augenscheinlich hervor, daß die Differenzierung zwischen »Verfassung im formellen Sinne« und »Verfassung im materiellen Sinne« nur einen modellhaften Charakter haben und nicht strikt durchgehalten werden kann. Denn die Bindung aller staatlichen Gewalten an die Verfassung resultiert einerseits aus dem *Inhalt* der Verfassung, etwa der Existenz spezieller Bindungsklauseln oder den sogleich im Text erwähnten Rechtserzeugungsregeln. Diesbezüglich schreibt *Isensee*, HStR VII, § 162 Rdnr. 37: »Das Verfassungsgesetz überragt alle sonstigen Normen der staatlichen Rechtsordnung schon *kraft seines Gegenstandes*. Es enthält die Regeln der Rechtserzeugung. (...) Als Recht der Rechtserzeugung – norma normans – ist es den Normen vorgeordnet, die nach seinen Kriterien zustande kommen«; Hervorh. v. Verf. Diese Erwägungen lassen eine Behandlung der Bindungsthematik unter materiellen Gesichtspunkten angeraten erscheinen. Andererseits basiert die Bindung aller Staatsorgane an die Verfassung – scheinbar (vgl. aber unten A. III. 3. f)) ohne jeden Zusammenhang mit dem Verfassungsinhalt – auf dem Vorrang der Verfassung, der gewöhnlich als formelles Verfassungsmerkmal eingestuft wird. Dementsprechend finden sich sehr ähnliche Ausführungen *Isensees* zur besonderen Qualität verfassungsrechtlicher Normen an anderer Stelle im Handbuch des Staatsrechts (§ 13 Rdnr. 136) unter der Überschrift: »*Formelle Verfassung: Staatsgrundgesetz*«. Der Blick auf den Bindungsaspekt belegt somit, daß die Unterscheidung zwischen formellen und materiellen Verfassungseigenschaften in gewissem Umfang »künstlich« ist und vorrangig einem besseren Verständnis des komplexen Phänomens »Verfassung« dient, weshalb auch hier an ihr festgehalten wird.

[525] *Isensee*, HStR VII, § 162 Rdnr. 37, weist auf die Besonderheit hin, daß die Verfassung nicht nur anderen Rechtsnormen die Regel der Erzeugung vorgebe, sondern zugleich die einzige Norm sei, die Zulässigkeit und Verfahren der eigenen Abänderbarkeit regele.

[526] *Sachs*, ZG 1991, 1 (7); *Kempen*, NJW 1991, 964 (965); *Stern* I, S. 104 f; *Schambeck*, Verfassungsbegriff, S. 211 (220); *Isensee*, HStR I, § 13 Rdnr. 136; *Kägi*, Grundordnung, S. 61.

[527] Vgl. *Kempen*, NJW 1991, 964 (965); *Hesse*, HbVerfR, § 1 Rdnr. 3, 7; *Isensee*, HStR I, § 13 Rdnr. 137, 139; *Sachs*, ZG 1991, 1 (5 f); *Kyriazis-Gouvelis*, JöR (39) 1990, 55 (64 f); *Burdeau*, Staat 1 (1962), 389 (394); *Badura*, Artikel »Verfassung«, EvStL II, Sp. 3737, 3744 f; *Starck*, HStR VII, § 164 Rdnr. 4; *Denninger*, Verfassung, S. 95 (97); *Stern* I, S. 93 f; *Kägi*, Grundordnung, S. 43 ff, jeweils auch zum folgenden.

bb) Gewaltenteilung, Limitierung staatlicher Kompetenzen

In ihrer Funktion als Instrument zur Herrschaftsbeschränkung dient die Verfassung der rechtlichen Begrenzung staatlicher Macht und damit dem Schutz individueller wie gesellschaftlicher Freiheit. Um der Erreichung dieser Zielsetzungen willen wird die Verfassung zumeist dafür Sorge tragen, daß es nicht zu einer Konzentration staatlicher Machtbefugnisse in einer Hand kommt, und deswegen ein System der Trennung und gegenseitigen Hemmung der Gewalten einführen. Entsprechend diesem Prinzip der *Gewaltenteilung*, das sich in zahlreichen Verfassungen verwirklicht findet und insofern verfassungstypisch ist[528], werden gesetzgebende, ausführende und rechtsprechende Gewalt regelmäßig dem Grundsatz nach in funktionaler, organisatorischer und personeller Hinsicht voneinander separiert, gleichzeitig aber auch in gewissem Umfang miteinander verschränkt.[529]

Des weiteren widerspräche es dem Ziel einer rechtlichen Begrenzung der staatlichen Gewalt, wenn die Staatsorgane mit unbedingten und schrankenlosen Handlungsbefugnissen ausgestattet würden. Eine Verfassung begründet daher prinzipiell keine unbegrenzten, sondern von vornherein limitierte Kompetenzen für die staatlichen Organe, knüpft die Ausübung dieser Befugnisse an bestimmte rechtliche Formen und bindet sie an die Einhaltung rechtlich geordneter Verfahren.[530] Sie errichtet auf diese Weise Schranken für das staatliche Handeln, macht es berechenbar, vorhersehbar und kontrollierbar.

d) Regelung der Rechtsstellung des Individuums durch die Gewährleistung von Grundrechten

Häufig anzutreffender Gegenstand verfassungsrechtlicher Normierungen ist im modernen demokratischen Verfassungsstaat weiterhin die Regelung des Grundverhältnisses von Bürger und Staat in Gestalt der Verbürgung subjektiver Rechte

---

[528] Zur Gewaltenteilung als Verfassungsmerkmal vgl. *Kempen*, NJW 1991, 964 (965); *Starck*, HStR IX, § 208 Rdnr. 18; *Kyriazis-Gouvelis*, JöR (39) 1990, 55 (64f); *Stern* I, S. 72, 93f; *Badura*, HStR VII, § 159 Rdnr. 11; *Haverkate*, Verfassungslehre, S. 8f; *Isensee*, HStR I, § 13 Rdnr. 121; *Denninger*, Verfassung, S. 95 (97); *Unruh*, S. 14f; *Kägi*, Grundordnung, S. 14, 43, 56. Bereits an früherer Stelle (s. o. A. I. 6. d) sowie II. 3. b) dd)) erwähnt worden ist Art. 16 der Erklärung der Menschen- und Bürgerrechte von 1789, der die Gewaltenteilung zu einem (unverzichtbaren) Begriffsmerkmal der Verfassung erhebt. Ebenfalls in diesem Sinne wird Art. 16 gedeutet von *Haverkate*, Verfassungslehre, S. 8; *Stern* I, S. 93; *Tosch*, S. 22, 33; abweichend im Hinblick auf die dort gleichfalls genannten Grundrechte *Kyriazis-Gouvelis*, JöR 39 (1990), 55 (65).

[529] Zum Gewaltenteilungsprinzip vgl. ausführlich *Kägi*, Gewaltenteilung, passim; *Hain*, S. 347ff, 354ff; *Fastenrath*, JuS 1986, 194ff; *von Hippel*, Gewaltenteilung, passim; *Sinemus*, Gewaltenteilung, passim; *Lange*, Staat 19 (1980), 213ff; *Achterberg*, Funktionenlehre, passim; *Stern* II, S. 511ff. Vgl. ferner die verschiedenen Beiträge in *Isensee*, Gewaltenteilung.

[530] So vor allem *Stern* I, S. 79; *Hesse*, HbVerfR, § 1 Rdnr. 7, 27; *ders.*, Grundzüge, Rdnr. 26ff, besonders Rdnr. 31.

des Individuums gegenüber der Staatsgewalt.[531] Die Gewährleistung wenigstens
eines Mindestbestandes an *Grundrechten*[532], die für den Staat als negative Kompetenznormen wirken[533] und damit gleichermaßen der Machtbeschränkung wie
der Freiheitssicherung dienen, erweitert den früher auf die Staatsorganisation beschränkten Wirkungskreis der Verfassung und läßt selbige zur politischen Herr-
schafts- *und* individuellen Freiheitsordnung avancieren.[534] Die Verfassung gewinnt damit zugleich die Qualität einer Wertordnung[535] und mithin die Tendenz,
in den gesellschaftlichen Bereich überzugreifen. Diese Tendenz wird nicht selten
durch weitere auf das nichtstaatliche Leben zielende Bestimmungen außerhalb
des Kanons der klassischen Abwehrgrundrechte[536] verstärkt, was die Verfassung
von der rechtlichen Grundordnung des Staates zur Grundordnung des Gemeinwesens schlechthin werden läßt.[537]

---

[531] Die Gewährleistung von Grundrechten ist also eine der Möglichkeiten, die in der Verfassungsdefinition *Jellineks* (s.o. A. III. 3. a)) erwähnte Festsetzung der »grundsätzliche(n) Rechtsstellung des einzelnen gegenüber der Staatsgewalt« vorzunehmen.

[532] Daß Grundrechte zum heute gängigen Inhalt von Verfassungen gehören, wird hervorgehoben von: *Starck*, HStR IX, § 208 Rdnr. 18; *Kempen*, NJW 1991, 964 (965); *Kyriazis-Gouvelis*,
JöR (39) 1990, 55 (64f); *Schambeck*, Verfassungsbegriff, S. 211 (221); *Stern* I, S. 72, 75f, 94f; *Alvarez*, S. 39f; *Haverkate*, Verfassungslehre, S. 6ff; *Isensee*, HStR I, § 13 Rdnr. 121, 139; *Karpen*, JZ
1987, 431 (433); *Denninger*, Verfassung, S. 95 (97); *Unruh*, S. 15f; *Kägi*, Grundordnung, S. 14, 43,
56. Erwähnt sei in diesem Zusammenhang wiederum auch Art. 16 der französischen Menschenrechtserklärung von 1789. Allgemein zu rechtshistorischen Perspektiven *Hofmann*, S. 266ff.

[533] Vgl. *Denninger*, Verfassung, S. 95 (97), sowie *Kyriazis-Gouvelis*, JöR 39 (1990), 55 (65), der
darauf hinweist, daß diese Aussage natürlich nur die klassischen Abwehrgrundrechte betrifft
und die sog. Grundrechte der zweiten und dritten Generation sowie leistungsrechtliche Ausle-
gungen von Abwehrgrundrechten nicht mit einbezieht. Diesbezüglich spricht *Kyriazis-Gouvelis*
von »positiven Schranken der staatlichen Gewalt«. Allgemein zu negativen Kompetenznormen
Sachs, ZG 1991, 1 (6).

[534] So *Stern* I, S. 76, 94f. *Stern* hält a.a.O. bezüglich der Verfassung des demokratischen Verfassungsstaates (nicht allgemein für das Wesen der Verfassung!) fest, daß Herrschafts- und Freiheitsordnung in einem untrennbaren Zusammenhang stünden: »Sie sind unzertrennliche Gehal-
te. Der früher rein organisationsbezogene Verfassungsgedanke wurde durch Einbeziehung der
Grundrechtsidee zur modernen Verfassungsidee verschmolzen.«

[535] Zu diesem Aspekt *Stern* I, S. 76, 96f; *Karpen*, JZ 1987, 431 (433, 435); *Ehmke*, S. 96, 133f;
Alvarez, S. 38; *Hesse*, Grundzüge, Rdnr. 3; *Kägi*, Grundordnung, S. 47; *Badura*, HStR VII, § 159
Rdnr. 6, 29ff.

[536] Beispielsweise soziale Grundrechte oder auf den gesellschaftlichen Bereich bezogene
Staatszielbestimmungen.

[537] In diesem Sinne *Hesse*, HbVerfR, § 1 Rdnr. 9ff, 27ff; *ders.*, Grundzüge, Rdnr. 11ff, 17f; *Badura*, HStR VII, § 159 Rdnr. 6; *Stern* I, S. 73, 76f, 80, 95, 97; *Kyriazis-Gouvelis*, JöR 39 (1990), 55
(63); *Scheuner*, Verfassung, S. 171 (172); *Grimm*, Zukunft, S. 11. Zur Integrationsfunktion der
Verfassung, also ihrer von *Smend* aufgedeckten Funktion als die politischen und gesellschaftlichen Kräfte zusammenführendes Instrument, vgl. außer *Smend*, S. 18ff, 75ff, auch *Stern* I, S. 73,
90ff; *Isensee*, HStR I, § 13 Rdnr. 138; *Alvarez*, S. 37f; *Karpen*, JZ 1987, 431 (432f); *Hesse*,
HbVerfR, § 1 Rdnr. 5f.

e) Volkssouveränität als Konsequenz der Grundrechtsidee

Logische Konsequenz der die Grundrechtsidee tragenden Annahme, alle Menschen seien von Natur aus frei und gleich und deshalb Träger unveräußerlicher Rechte[538], ist die Erhebung der individuellen Freiheit und Gleichheit zum allgemeinen Konstitutionsprinzip des Staates[539] mit der Folge, daß seine Verfassung nicht ohne die Mitwirkung der ihr schließlich unterworfenen Menschen Geltung erlangen kann. Ausdruck dieser Vorstellung ist das Prinzip der verfassunggebenden Gewalt des Volkes[540], das seinerseits die herrschaftsbegründende Funktion der Verfassung und die Möglichkeit einer verfassungsrechtlichen Beschränkung der staatlichen Herrschaft zu erklären vermag.[541]

Ausgehend von der Prämisse der gleichen Freiheit jedes einzelnen ist der Verfassungsinhalt ferner insofern präjudiziert, als die staatliche Willensbildung notwendigerweise auf den freien Willen der Bürger Bezug nehmen, d.h. »von unten nach oben« erfolgen muß. Auch eine demokratische Staatsorganisation und damit das Recht der Bürger, auf staatliche Entscheidungen Einfluß nehmen zu können, erweist sich insofern als typisches Kennzeichen moderner Verfassungen.[542] Das Prinzip der Volkssouveränität, das einerseits – vorverfassungsmäßig – dem Volk die Position des Trägers der verfassunggebenden Gewalt zuweist und andererseits – verfassungsrechtlich – in Gestalt eines demokratisch organisierten

---

[538] Zu diesen naturrechtlichen Vorstellungen, die auch in Art. 1 Abs. 2 GG deutlich zum Ausdruck kommen, vgl. M/K/S/*Starck*, Art. 1 Rdnr. 126, m.w.N.

[539] Auf diese Konsequenz aufmerksam machend *Haverkate*, Verfassungslehre, S. 7; *Stern* I, S. 75f; *Hofmann*, S. 281.

[540] Siehe *Kägi*, Grundordnung, S. 49: »Die Idee der Verfassung beinhaltet, unverlierbar und unabdingbar, die Bestimmung der Staatsordnung ›von unten‹. Diese Legitimierung ist geradezu der ›Probierstein der Rechtmäßigkeit der Staatsverfassung‹ (Kant); alle rechtmäßige Macht ist ›geliehene Macht‹ (Nicolai Hartmann). Ausdruck dieser Idee ist das Prinzip der verfassunggebenden Gewalt des Volkes.« Wie *Kägi* auch *Stern* I, S. 75; *Isensee*, Mythos, S. 21f; *Unruh*, S. 9f; *Anzon*, JöR 49 (2001), 103 (105). Näher zum Träger der verfassunggebenden Gewalt unten B. II. 4.

[541] Darauf, daß die herrschaftsbegründende Funktion der Verfassung und auch ihr Vorrang in einem ebenso engen Zusammenhang mit der Identifizierung des Volkes als Träger der verfassunggebenden Gewalt stehen wie die herrschaftsbeschränkende Funktion der Verfassung, ist bereits mehrfach hingewiesen worden: Miteinander verbunden sind die verschiedenen Verfassungsmerkmale durch die Vorstellung, die Staatsgewalt sei eine im Auftrag des Volkes auszuübende Angelegenheit und werde im Rechtssinne mit dem Erlaß einer Verfassung durch das Volk überhaupt erst begründet. Folgerichtig muß die Verfassung für die Staatsorgane verbindlich sein, und zwar auch und gerade insofern, als jene Organe nur im Rahmen der ihnen übertragenen Befugnisse agieren dürfen und von daher verfassungsrechtlichen Beschränkungen ihrer Jurisdiktion unterliegen. Herrschaftsbegründende und herrschaftsbeschränkende Kraft der Verfassung wurzeln also gleichermaßen in der verfassunggebenden Gewalt des Volkes. Vgl. zu den angesprochenen Zusammenhängen näher oben A. I. 5. b) aa) sowie III. 2. c) mit Fn. 490 unter Hinweis auf *Starck*, HStR VII, § 164 Rdnr. 9f.

[542] Vgl. *Haverkate*, Verfassungslehre, S. 7f; *Stern* I, S. 75f, 95; *Karpen*, JZ 1987, 431 (431, 433, 435); *Isensee*, Mythos, S. 21f; *Unruh*, S. 14; *Kägi*, Grundordnung, S. 48ff.

Staatswesens in Erscheinung tritt[543], sowie die Grundrechte als Manifestation unveräußerlicher Freiheitspositionen des Menschen stehen folglich sowohl untereinander als auch im Verhältnis zum Institut der Verfassung in einem nur schwer auflösbaren Zusammenhang[544]; sie sind in ihrem Zusammenwirken für das Wesen der Verfassung des demokratischen Verfassungsstaates in besonderer Weise prägend.[545] Hinzu treten als weitere charakteristische Merkmale die gewaltenteilige Staatsorganisation und die Rechtsbindung der Staatsgewalt[546], welche wegen ihrer freiheitssichernden Wirkung[547] ebenfalls einen engen Bezug zu den Grundrechten, der Volkssouveränität und der diesen gemeinsam zugrunde liegenden Idee der Freiheit und Gleichheit aller Menschen aufweisen.[548]

f) Dignität des Verfassungsrechts und sein Anspruch auf Dauerhaftigkeit

Aus der besonderen Qualität des Verfassungsinhaltes, die sich aus der grundlegenden Bedeutung der verfassungsrechtlichen Bestimmungen für die Gestalt des Staates wie für die Stellung des einzelnen ergibt[549], und dem Umstand, daß die Verfassung dem Grundgedanken einer Herrschaft des Rechts verpflichtet ist[550], resultiert eine weitere Eigenart des Verfassungsrechts: Die Verfassung als rechtliche Grundordnung des Staates oder sogar des Gemeinwesens erhebt den prinzi

---

[543] Zu diesen beiden Erscheinungsformen der Volkssouveränität s.o. A. I. 8. c) Fn. 223 und Fn. 225.

[544] Auch wenn die Idee der unveräußerlichen Freiheit und Gleichheit jedes Menschen das gemeinsame gedankliche Fundament für das Prinzip der Volkssouveränität und die Gewährleistung von Grundrechten bildet, besteht zwischen diesen beiden Säulen des Verfassungsgebäudes demokratischer Verfassungsstaaten kein Junktim im Sinne einseitiger oder gegenseitiger Abhängigkeit. Es mag zwar nicht eben logisch konsequent sein, in einem undemokratischen Staat umfangreiche Grundrechte zu gewährleisten oder umgekehrt in einem demokratischen Staat den Bürgern Grundrechte weitgehend vorzuenthalten. Doch abgesehen von den logischen Brüchen, die solchen Konstruktionen anhaften und zwangsläufig eine unausgeglichene Statik entsprechender Verfassungsgebäude bewirken, können Grundrechte auch in einer nicht dem Grundsatz der Volkssouveränität verpflichteten Verfassung gewährleistet sein. Desgleichen ist es keineswegs ausgeschlossen, daß die Verfassung eines demokratischen Staates außer einigen wenigen Mitwirkungsrechten keine Grundrechte beinhaltet. Volkssouveränität und Grundrechte stehen somit zwar in einem engen inneren Zusammenhang, doch ist ihre Konnexität nicht so stark ausgeprägt, daß sie nicht unabhängig voneinander Kennzeichen konkreter Verfassungen sein könnten.

[545] *Stern* I, S. 75f, 94f; *Haverkate*, Verfassungslehre, S. 6ff; *Isensee*, Mythos, S. 11, 21f; *Hofmann*, S. 281.

[546] *Haverkate*, Verfassungslehre, S. 7ff; *Isensee*, Mythos, S. 11; *Kempen*, NJW 1991, 964 (965); *Karpen*, JZ 1987, 431 (433ff).

[547] S.o. A. III. 3. c) aa) und bb).

[548] Vgl. in diesem Zusammenhang auch *Grimm*, Zukunft, S. 13, der in bezug auf die notwendigen Eigenschaften einer »Verfassung« unterstreicht, daß sich für die Anhänger des Verfassungsstaates »die normativ-urkundliche Form, die herrschaftsbegründende und -begrenzende Funktion und der grundrechtlich-gewaltenteilende Inhalt zu einer untrennbaren Einheit« verbunden hätten.

[549] S.o. A. III. 3. a).

[550] S.o. A. III. 3. c).

piellen Anspruch auf dauerhafte Geltung und zielt damit auf eine Verstetigung des Staates und seiner politischen Entwicklung.[551] Gleichzeitig fehlt es indes an einer Instanz, die die Einhaltung des Verfassungsrechts letztlich erzwingen könnte, weshalb bisweilen von einer »Selbstgewährleistung« der Verfassung die Rede ist.[552]

Ebenso wie sein Anspruch auf dauerhafte Geltung beruhen auch die besonderen Formqualitäten des Verfassungsrechts auf der hohen Dignität des Verfassungsinhaltes.[553] Speziell die meist zu verzeichnende erschwerte Abänderbarkeit[554] und der Vorrang der Verfassung[555] bestehen um der Sicherung ihres Inhaltes willen.[556] Die formellen Eigenheiten des Verfassungsrechts weisen also einen engen Bezug zum Verfassungsinhalt auf[557], was bei einer isolierten Betrachtung formeller und materieller Aspekte des Verfassungsrechts stets im Bewußtsein bleiben sollte[558] und den Modellcharakter der Differenzierung zwischen Verfassung im formellen Sinne und Verfassung im materiellen Sinne nochmals unterstreicht.[559]

g) Resümee

In materieller Hinsicht läßt sich die Verfassung als herrschaftsbegründende und herrschaftsbeschränkende rechtliche Grundordnung des Staates wie des Gemeinwesens beschreiben. Sie enthält üblicherweise neben den grundlegenden Rechtsvorschriften über die Organisation und Ausübung der Staatsgewalt Festlegungen

---

[551] *Kägi*, Grundordnung, S. 51 ff, 77, 111; *Hofmann*, S. 262 ff; *Kempen*, NJW 1991, 964 (965); *Kirchhof*, HStR I, § 19 Rdnr. 3 f; *Stern* I, S. 72, 86 f; *Isensee*, HStR I, § 13 Rdnr. 136 f, 139 f; *Linck*, DÖV 1991, 730 (731); *Schambeck*, Verfassungsbegriff, S. 211 (220); *Wipfelder*, BayVBl. 1983, 289 (290); *Dreier*, JZ 1994, 741 (742, 744).

[552] So *Hesse*, HbVerfR, § 1 Rdnr. 19; *Kirchhof*, HStR I, § 19 Rdnr. 11; vgl. ferner *Isensee*, HStR VII, § 162 Rdnr. 53 ff; *Siegenthaler*, S. 161 f; *Brenner*, Staat 32 (1993), 493 (494).

[553] Die besondere Dignität des Verfassungsinhaltes wird betont von: *Kägi*, Grundordnung, S. 59 ff; *Stern* I, S. 76, 81; *Wahl*, Staat 20 (1981), 485 (515); *Isensee*, HStR I, § 13 Rdnr. 139; *Badura*, Artikel »Verfassung«, EvStL II, Sp. 3737.

[554] S. o. A. III. 2. b) cc).

[555] S. o. A. III. 2. c).

[556] Deutlich *Hofmann*, S. 262 ff, besonders S. 264; *Kägi*, Grundordnung, S. 52, 59 ff, 109, der auf S. 59 ausdrücklich feststellt: »Die erhöhte formelle Gesetzeskraft war lediglich der Ausdruck der Wesentlichkeit des Inhaltes«. Ferner *Kempen*, NJW 1991, 964 (965); *Stern* I, S. 80 f, 86 f, 89; *Steiner*, S. 85; *Bryde*, S. 59; *Henke*, verfassunggebende Gewalt, S. 32; *Ipsen*, Staatsrecht, Rdnr. 782 f.

[557] In dieses Beziehungsverhältnis läßt sich auch der zuvor erwähnte Anspruch der Verfassung auf dauerhafte Geltung einordnen: Die besonderen Formqualitäten des Verfassungsrechts sind Ausdruck der intendierten Dauerhaftigkeit seiner Geltung, welche ihren rechtfertigenden Grund in der besonderen Dignität der verfassungsrechtlichen Festlegungen findet.

[558] So auch *Hofmann*, S. 262 ff, insbesondere S. 264; *Wahl*, Staat 20 (1981), 485 (515); vgl. außerdem *Schambeck*, Verfassungsbegriff, S. 211 (218 f); *Kägi*, Grundordnung, S. 39 f, 47, 53; *Haug*, S. 149 ff; *Bryde*, S. 61.

[559] Dazu schon oben A. III. 1. a. E. sowie 3. c) aa) Fn. 524.

hinsichtlich der Staatsziele und der Staatsform sowie der Rechtsposition des einzelnen im Staat[560] – meist und zuvörderst in Gestalt der Gewährleistung von Grundrechten. In staatsorganisatorischer Hinsicht regelt die Verfassung die Einrichtung der Staatsorgane und weist ihnen mit konstitutiver Wirkung rechtliche Handlungsbefugnisse zu, die grundsätzlich begrenzt und nach Maßgabe der verfahrensmäßigen und inhaltlichen Vorgaben der Verfassung auszuüben sind. Als materiell verfassungstypisch erscheint ferner eine gewaltenteilige und demokratische Staatsorganisation. Schließlich ist der prinzipielle Anspruch des Verfassungsrechts auf dauerhafte Geltung zu nennen, der sich aus der besonderen Dignität des Verfassungsinhaltes ableitet.

---

[560] Hinsichtlich der in obigem Satz bislang erwähnten Eigenschaften könnte sogar in Erwägung gezogen werden, daß sie sich begrifflich verfestigt haben, also nicht bloß typisch, sondern für eine Verfassung zwingend sind. Resultat einer solchen Auffassung wäre ein gemischt typologisch-begriffliches Verfassungsverständnis, das konstruktiv durchaus im Rahmen des Möglichen läge; dazu oben A. II. 3. b) aa). In jedem Fall ist zuzugeben, daß sich ein rein typologisches Verfassungsverständnis im Hinblick auf die angesprochenen materiellen Verfassungsmerkmale weit weniger aufdrängt als in bezug auf die formellen Verfassungseigenschaften, die sich durch einen höheren Grad an Variabilität und Abstufbarkeit auszeichnen. Spätestens wenn der Blick auf die Gewaltenteilung, Demokratie oder die Grundrechte gerichtet wird, vermag typologisches Denken allerdings wieder mehr zu überzeugen als eine begriffliche Argumentation, weil bezüglich der genannten Merkmale mit guten Gründen bezweifelt werden darf, daß sie allesamt schlechthin zwingend für eine Verfassung sind: Auch einer rechtlichen Grundordnung, die sich z.B. der Gewährleistung von Grundrechten enthält, kann die Verfassungsqualität nicht ohne weiteres abgesprochen werden, sondern allenfalls die Qualität der »Verfassung eines demokratischen Verfassungsstaates«; vgl. dazu oben A. III. 1. mit Fn. 433. Außerdem rückt bei den in Rede stehenden Merkmalen der Gesichtspunkt des »Mehr« oder »Weniger« verstärkt in den Vordergrund: In einer Verfassung ist z.B. das Gewaltenteilungsprinzip regelmäßig nicht entweder völlig strikt oder überhaupt nicht realisiert, sondern mehr oder weniger verwirklicht. Die mit einem typologischen Verfassungsverständnis verbundene Abstufbarkeit der Merkmale und überdies die Möglichkeit einer wertenden (und zu begründenden!) Merkmalsgewichtung erweisen sich auch insoweit als für eine Charakterisierung des Phänomens »Verfassung« angemessener denn ein begriffliches Verständnis. Ähnliche Bemerkungen hinsichtlich der Merkmalsgewichtung und der Abstufbarkeit der materiellen Merkmale finden sich etwa bei *Schambeck* und *Tosch*. *Schambeck*, Verfassungsbegriff, S. 211 (221), meint etwa: »Diese Merkmale (sc. Organisation, Grundrechte, Zweckbestimmungen) machen *in unterschiedlichem Ausmaß* die Verfassung im materiellen Sinn aus«; Hervorh. v. Verf. *Tosch*, S. 71, konstatiert: »Der Gegenstand, den die Verfassung regelt, kann nach Zeit und Ort unterschiedlich sein. (...) Die Grenze des materiellen Verfassungsrechts ist nach ›unten‹ offen.« Nicht übersehen werden darf schließlich, daß die Gruppe der materiellen und die Gruppe der formellen Verfassungseigenschaften nicht jeweils für sich genommen betrachtet werden dürfen, weil gerade das Zusammenwirken der verschiedenen formellen und materiellen Merkmale das Wesen der »Verfassung« bestimmt. Insofern ist eine gruppenübergreifende Analyse und auch Gewichtung der Verfassungseigenschaften angezeigt – ein Umstand, dem mit Hilfe typologischer Denkformen problemlos und sehr viel besser als mit Hilfe eines Verfassungs*begriffs* Rechnung getragen werden kann.

B. Verfassunggebung

Nachdem die Überlegungen zu den Eigenschaften einer »Verfassung« abgeschlossen sind, gilt es nun, die Entstehung von Verfassungsrecht in den Blick zu nehmen.[1] Diesbezüglich werden gemeinhin zwei Tatbestände voneinander abgegrenzt: Verfassunggebung und Verfassungsänderung. Diese Unterscheidung beruht – grob skizziert – darauf, daß neues Verfassungsrecht einerseits nach Maßgabe einer geltenden Verfassung und mithin systemimmanent (Verfassungsänderung), andererseits aber auch unabhängig von einer bestehenden Verfassung erzeugt werden kann (Verfassunggebung). Um genauere Erkenntnisse erzielen und konkrete Fälle der Verfassungschöpfung richtig beurteilen zu können, sind die Eigenheiten von Verfassunggebung (B) und Verfassungsänderung (C) zunächst einer allgemeinen Betrachtung zu unterziehen. Die Beantwortung der Frage, in welchem Verhältnis beide Kategorien zueinander stehen und wie sie voneinander abzugrenzen sind, wird dabei vorläufig zurückgestellt; sie bleibt den letzten Abschnitten dieser Arbeit vorbehalten (D, E). Verfassunggebung und Verfassungsänderung werden vorerst isoliert voneinander betrachtet, ohne daß die Existenz der jeweils anderen Art der Verfassungsrechterzeugung und die sich daraus ergebenden Implikationen in die Überlegungen einbezogen würden. Bei den sich anschließenden Darlegungen zur Verfassunggebung bleibt deswegen unberücksichtigt, daß Verfassungsrecht auch durch Verfassungsänderung geschaffen werden kann. Um diese aus darstellerischen Gründen einstweilen notwendige Beschränkung des Blickwinkels zu erreichen, wird den folgenden Ausführungen die Annahme zugrunde gelegt, daß sich der verfassunggeberische Akt auf die erstmalige Schaffung einer Verfassung oder auf die Begründung einer Verfassung bezieht, deren Vorgängerin bereits untergegangen war.

I. Gegenstand und Geschichte der Lehre von der Verfassunggebung

1. Einführung und Gegenstand der Lehre von der Verfassunggebung

Über lange Zeit hinweg hatte die Auffassung vorgeherrscht, der Mensch werde in eine gottgegebene Ordnung hineingeboren, die menschlicher Verfügbarkeit ent-

---

[1] Zur Abfolge der in dieser Arbeit angestellten Überlegungen siehe oben Einleitung vor A.

zogen sei.[2] Auch und gerade die Verfassung als politische Herrschaftsordnung galt danach kraft göttlichen oder auch natürlichen Rechts, so daß sich die Frage nach ihrer Entstehung dem Menschen nicht stellte.[3] Mit dem Aufkommen eines mehr anthropozentrischen Weltbildes[4] setzte sich die Erkenntnis durch, daß die Verfassung nicht durch Gottes Entscheidung ein für allemal (vor-)gegeben, sondern ihre Schaffung dem Menschen in eigener Verantwortung aufgegeben sei.[5] Nachdem die Verfassung somit als Gegenstand bewußter menschlicher Entscheidung erkannt worden war[6], wurde zugleich offenbar, daß sich um sie ein Geflecht bislang ungefragter Fragen rankt: Wo liegt ihr Ursprung, wenn sie doch nicht auf Gott zurückführbar ist? Wer ist zu ihrem Erlaß berufen, wie entsteht die Verfassung, und nicht zuletzt: Warum gilt sie überhaupt, worin liegt ihr Geltungsgrund, und insbesondere: Wie läßt sich ihr Vorrang auch gegenüber dem demokratischen Gesetzgeber[7] rechtfertigen? Auf diese Fragen[8] sucht die Lehre von der Verfassunggebung[9] Antworten zu finden.

---

[2] S.o. A. I., vor allem 2., 4., 5. b) aa).

[3] Vgl. *Henke*, verfassunggebende Gewalt, S. 19f; *Schmitt*, Verfassungslehre, S. 77; *Gutmann*, S. 51; siehe auch *Kägi*, Grundordnung, S. 71f.

[4] Bei *Henke*, verfassunggebende Gewalt, S. 19ff, ist diesbezüglich von der »Säkularisierung« der Staatsgewalt sowie der verfassunggebenden Gewalt die Rede.

[5] *Kaufmann*, Staat 36 (1997), 521 (524), spricht von der »säkularen Totalverfügbarkeit« der Rechtsordnung.

[6] Zur Bedeutung dieses Umstandes für die Verfassungsidee und die Lehre von der Verfassunggebung siehe *Grimm*, Zukunft, S. 37; *Henke*, verfassunggebende Gewalt, S. 19ff; *Kaufmann*, Staat 36 (1997), 521 (524); *Schneider*, HStR VII, § 158 Rdnr. 18.

[7] Zum Vorrang der Verfassung oben A. III. 2. c).

[8] Deutlich gestellt werden diese Fragen von *Böckenförde*, verfassunggebende Gewalt, S. 90 (90f), und von *Boehl*, Verfassunggebung, S. 13, der deshalb später auch vom »Antwortcharakter der Lehre von der verfassunggebenden Gewalt« spricht (S. 78 Fn. 15). Siehe ferner *Isensee*, Mythos, S. 9f; *Schneider*, HStR VII, § 158 Rdnr. 1, 13f; *Alvarez*, S. 47; M/K/S/*Starck*, Präambel Rdnr. 14; *Kirchhof*, HStR I, § 19 Rdnr. 7ff, 15f.

[9] Im Schrifttum wird überwiegend auf die »verfassunggebende Gewalt« abgestellt und dadurch zumindest sprachlich das die Verfassunggebung betreibende *Subjekt* in den Vordergrund gerückt. Im hiesigen Zusammenhang geht es jedoch primär um die Abgrenzung zwei verschiedener Kategorien der Verfassungsrechtserzeugung. Verfassunggebung und Verfassungsänderung unterscheiden sich zwar, wie noch zu zeigen sein wird, *auch*, aber bei weitem *nicht nur* durch ihr jeweiliges Subjekt, so daß dem verbreiteten Sprachgebrauch insoweit mit Vorsicht zu begegnen ist. Kritisch gegenüber dieser »urheberorientierten« Betrachtungsweise auch *Herbst*, S. 23ff, 88ff. Auf eine weitere sprachliche Unschärfe sei ebenfalls bereits an dieser Stelle hingewiesen: Der Terminus »verfassunggebende Gewalt« und synonym »pouvoir constituant« kann einerseits ein Subjekt, einen bestimmten Akteur bezeichnen (z.B. verfassunggebende Gewalt = Volk), andererseits aber auch die einem bestimmten Subjekt zukommende Befugnis meinen (verfassunggebende Gewalt = Recht zur Verfassunggebung). Zu den daraus resultierenden sprachlichen Verwirrungen vgl. *Boehl*, Verfassunggebung, S. 86f. Sie lassen sich zu einem Gutteil umgehen, wenn man das Augenmerk nicht primär auf die »verfassunggebende Gewalt« und insbesondere die Mehrdeutigkeit des Begriffs der »Gewalt« richtet, wie *Boehl*, Verfassunggebung, S. 87, dies tut, sondern unter gedanklicher Abstrahierung von dem Subjekt nach dem Wesen der »Verfassunggebung« fragt, d.h. danach, ob den jeweiligen Ausführungen ein rechtliches oder ein politisch-

Die Antworten sind indessen nicht immer einheitlich, sondern bisweilen grundverschieden. Die Ursache für die Vielgestaltigkeit der Lehrmeinungen zur Verfassunggebung liegt darin, daß entsprechende Aussagen wie in kaum einem anderen Rechtsgebiet auf bestimmten Grundprämissen beruhen, die nur in den seltensten Fällen gesondert dargelegt und begründet oder aber – wenigstens – als unerörterte Prämissen offenbart werden.[10] Dabei ist die Kenntnis dieser Prämissen einerseits für das Verständnis des verfassungschöpferischen Vorgangs unentbehrlich, geht es doch u.a. um die Frage, ob sich die Verfassunggebung auf eine bestimmte rechtliche Ermächtigungsgrundlage zurückführen läßt. Und andererseits werden aus jenen Grundannahmen oftmals konkrete Folgerungen abgeleitet, die ohne Bezug zu den jeweiligen Prämissen nicht angemessen gewürdigt werden können. In vielen Fällen müssen die jeweils zugrunde gelegten Prämissen deshalb aus den rechtsliterarischen Einlassungen zur Verfassunggebung regelrecht herauspräpariert werden, was teils nur mit Mühe möglich und teils auch in Gänze ausgeschlossen ist, weil sie mitunter nicht einmal angedeutet werden bzw. zwar erkennbar sind, dann aber durch mit ihnen unvereinbare Aussagen implizit in ihr Gegenteil verkehrt werden.

Um die Abhängigkeit der Aussagen zur Verfassunggebung von bestimmten Prämissen[11] deutlich zu machen und gleichzeitig die Basis für eine eigene Stellungnahme zum Wesen der Verfassunggebung und ihrem Verhältnis zur Verfassungsänderung zu schaffen, werden nach einem kurzen geschichtlichen Überblick (2) im folgenden nicht, wie dies in thematisch ähnlich gelagerten Abhandlungen häufig geschieht, die Auffassungen einzelner Verfassungstheoretiker separat wiedergegeben.[12] Statt dessen wird der Versuch unternommen, den Vorgang der Verfassunggebung unter verschiedenen Aspekten zu beleuchten[13] und in diesem Rahmen den verschiedenen Grundauffassungen Rechnung zu tragen, ohne die Interdependenz zwischen den jeweiligen Prämissen und konkreten Aussagen zur Verfassungschöpfung aus den Augen zu verlieren (II).

2. Die Geschichte der Lehre von der Verfassunggebung

Von der geschichtlichen Entwicklung der Lehre von der Verfassunggebung legen derart viele, mitunter recht ausführliche Abhandlungen Zeugnis ab[14], daß ihnen

---

faktisches Verständnis der Verfassunggebung zugrunde liegt. Auf diesen Aspekt wird im Verlauf der folgenden Ausführungen besonderer Wert gelegt werden.

[10] Die letztgenannte Vorgehensweise findet sich bei *Steiner*, S. 18, 33; zu seiner Auffassung näher unten B. II. 2. c) bb).

[11] Daß eine solche Abhängigkeit besteht, betont auch *Storr*, S. 46 f.

[12] Exemplarisch insofern *Alvarez*, S. 47 ff; ferner *Gutmann*, S. 37 ff, 61 ff.

[13] Im Ansatz ähnlich *Stückrath*, S. 187 ff.

[14] Siehe nur *Zweig*, S. 5 ff; *Gutmann*, S. 37 ff; *Alvarez*, S. 47 ff; *Henke*, verfassunggebende Gewalt, S. 48 ff; *Isensee*, Mythos, S. 26 ff; *Hain*, S. 35 ff; *Stern* I, S. 143 ff; *Schneider*, HStR VII, § 158 Rdnr. 9 ff; *Roellecke*, JZ 1992, 929 (931 f); *Kempen*, NJW 1991, 964 (964 f).

an dieser Stelle nicht eine weitere hinzugefügt werden soll. Es mag deshalb mit einigen punktuellen Hinweisen auf die Ansichten zweier besonders gewichtiger Theoretiker dieser Lehre sein Bewenden haben, bevor auf den heutigen Gehalt der Lehre von der Verfassunggebung eingegangen wird.

a) *Emmanuel Joseph Sieyes und die Unterscheidung zwischen pouvoir constituant und pouvoir constitué*

Als geistiger Vater und praktischer Wegbereiter der Theorie von der verfassunggebenden Gewalt des Volkes wird oft der Abbé *Emmanuel Joseph Sieyes*[15] angesehen[16], obgleich dieser bei der Ausarbeitung seiner Theorie auf älteres Gedankengut zurückgreifen[17] und insbesondere auch an die amerikanische Revolution anknüpfen konnte.[18] Die Kerngedanken seiner bis heute fortwirkenden[19] Argumentation sind bereits oben ausführlich wiedergeben und mit Fundstellennachweisen belegt worden.[20]

Zur Erinnerung: Im Zentrum steht für *Sieyes* die Nation. Sie allein habe das Recht, die Verfassung zu erarbeiten, welche die Organisation und Tätigkeit der gesetzgebenden Versammlung und der ausführenden Körperschaften regele. Diese übten Befugnisse aus, die ihnen von der Nation mittels der Verfassung zur Ausübung übertragen seien, ohne an Bedingungen und Umfang dieser Übertragung etwas ändern zu können. Sie seien als *pouvoirs constitués* an die Verfassung gebunden, ihre Zuständigkeiten aus dieser abgeleitet, während die Nation als *pouvoir constituant* gerade nicht der von ihr selbst geschaffenen Verfassung unterworfen sei; denn die Nation könne sich weder an bestimmte verfassungsmäßige Formen binden noch dürfe sie dies. Vielmehr verbleibe sie stets im Naturzustand, weshalb die Nation als *pouvoir constituant* auch jederzeit die Möglichkeit habe, ihre Verfassung umzugestalten.[21]

Als grundlegend für die weitere Entwicklung der Lehre von der Verfassunggebung erwies sich vor allem die von *Sieyes* mit den Termini *pouvoirs constitués* und

---

[15] Zu ihm, seinem epochemachenden Werk »Qu'est-ce que le Tiers état« und dem historischen Hintergrund bereits oben A. I. 6. c).

[16] Vgl. die Nachweise bei *Boehl*, Verfassunggebung, S. 17 (Fn. 18) und S. 24 (Fn. 1). Darstellungen der Lehre *Sieyes'* bei *Alvarez*, S. 51 ff; *Herbst*, S. 66 ff; *Isensee*, Mythos, S. 26 ff; *Gutmann*, S. 37 ff; *Hain*, S. 38 f; *Hofmann*, S. 288 ff; *Merkel*, S. 161 ff.

[17] *Henke*, Staat 31 (1992), 265 (267 Fn. 1), und *Schneider*, HStR VII, § 158 Rdnr. 9, weisen diesbezüglich auf das römische Recht hin, letzterer auch auf *Althusius*; siehe auch *Isensee*, Mythos, S. 26.

[18] Dazu vor allem *Boehl*, Verfassunggebung, S. 17 ff, 25 ff, der ausführlich die Ursprünge der Vorstellung von einer besonderen »constituent power« in Nordamerika aufzeigt; ferner *Alvarez*, S. 49 f; *Hain*, S. 37 f; *Schneider*, HStR VII, § 158 Rdnr. 10.

[19] So *Badura*, Artikel »Verfassung«, EvStL II, Sp. 3743.

[20] S. o. A. I. 6. c); dort finden sich auch die einschlägigen Originalzitate, auf deren nochmalige wörtliche Wiedergabe hier verzichtet wird.

[21] Zur Auffassung des Abbé *Sieyes* zum Wesen der Verfassungsänderung unten C. I. 1.

pouvoir constituant sprachlich auf den Punkt gebrachte Unterscheidung zwischen den verfassungsgebundenen Staatsorganen und dem seiner Meinung nach von jeder Verfassungsform unabhängigen Subjekt der Verfassungserzeugung. Und ferner die Tatsache, daß auf der Basis seiner Ausführungen ausschließlich die Nation als derartiges Subjekt in Betracht kommt. Damit gab *Sieyes* auch eine Antwort auf die Frage nach dem Geltungsgrund der Verfassung: Sie gilt, weil die Nation es will.[22]

b) *Carl Schmitt und die Lehre von der verfassunggebenden Gewalt*

In Deutschland wurde die Unterscheidung zwischen *pouvoir constituant* und *pouvoir constitué* im Jahre 1909 von *Egon Zweig* aufgegriffen[23] und eingehend beschrieben, nicht aber wesentlich weiterentwickelt.[24] Dies blieb *Carl Schmitt* vorbehalten[25], der in seiner Verfassungslehre[26] den Begriff der *verfassunggebenden Gewalt* als Pendant zum *pouvoir constituant* in das Vokabular der deutschen Rechtssprache einführte[27] und das dahinterstehende Theoriegebäude erheblich modifizierte.[28]

Ausgangspunkt seiner Lehre von der verfassunggebenden Gewalt ist die Unterscheidung zwischen (positiver) Verfassung und Verfassungsgesetz.[29] Für *Schmitt* ist das Wesen der Verfassung nicht in einem Gesetz oder einer Norm enthalten[30]; die Verfassung sei keine *Norm*, sondern Gesamt-*Entscheidung* über Art und Form der politischen Einheit.[31] Von ihr seien die Verfassungsgesetze abzugrenzen, die erst aufgrund der Verfassung gälten und eine Verfassung voraussetz-

---

[22] *Sieyes* (fr.), S. 183: »De quelque manière qu'une nation veuille, il suffit qu'elle veuille; toutes les formes sont bonnes, et sa volonté est toujours la loi suprême.« Zu deutsch (*Sieyes* (dt.), S. 83): »Gleichviel, auf welche Art eine Nation will, es ist genug, daß sie will. Alle Formen sind gut, und ihr Wille ist immer das höchste Gesetz.«

[23] *Zweig*, Die Lehre vom Pouvoir Constituant, Ein Beitrag zum Staatsrecht der französischen Revolution, Tübingen 1909.

[24] So das übereinstimmende Urteil von *Maunz*, DÖV 1953, 645 (645 Fn. 1), *Henke*, verfassunggebende Gewalt, S. 24 Fn. 9, *Gutmann*, S. 42 Fn. 1, und *Alvarez*, S. 55.

[25] Darstellungen der Lehren Schmitts bei *Alvarez*, S. 32ff, 55ff; *Herbst*, S. 80ff; *Hain*, S. 42ff; *Steiner*, S. 69ff; *Isensee*, Mythos, S. 60ff; *Merkel*, S. 132ff; *Kempen*, NJW 1991, 964 (964f); *Henke*, Staat 19 (1980), 181 (182ff); im Hinblick auf die Abgrenzung zur Verfassungsänderung auch *Ehmke*, S. 33ff; *Murswiek*, verfassunggebende Gewalt, S. 171ff.

[26] *Carl Schmitts* Verfassungslehre erschien erstmals 1928 und erfuhr seitdem zahlreiche (unveränderte) Neuauflagen; die hier zitierte stammt aus dem Jahre 1993 (8. Auflage).

[27] So *Scheuner*, DÖV 1953, 581 (584); *Gutmann*, S. 41f; *Alvarez*, S. 55; *Boehl*, Verfassunggebung, S. 15f; *Kempen*, NJW 1991, 964; *Wiederin*, AöR 117 (1992), 410 (413).

[28] Vgl. *Steiner*, S. 216; *Alvarez*, S. 55ff.

[29] *Schmitt*, Verfassungslehre, S. 1ff, 11, 20ff, 76, 96. Die Konsequenzen der Unterscheidung zwischen Verfassung und Verfassungsgesetz für die Grenzen der Verfassungs(gesetz)änderung werden unten C. II. 1. sowie 5. b) aa) dargestellt.

[30] S. 21, 23.

[31] S. 20ff, 75.

ten.[32] Jedes Gesetz als normative Regelung bedürfe zu seiner Gültigkeit im letzten Grunde einer ihm vorhergehenden politischen Entscheidung, die von einer politisch existierenden Macht oder Autorität getroffen werde.[33] Im Hinblick auf das Verfassungsgesetz sei deshalb eine ihm vorausliegende, grundlegende *politische Entscheidung* erforderlich, die zu treffen der verfassunggebenden Gewalt aufgegeben sei.[34] Diese politische Entscheidung sei die Verfassung, während das Verfassungsgesetz auf die ausführende Normierung jener Entscheidung gerichtet sei.[35]

Die verfassunggebende Gewalt bringt nach *Schmitt* nicht das Verfassungsgesetz hervor[36], sondern ist ausschließlich auf die Verfassung bezogen und demnach zu definieren als der »politische Wille, dessen Macht oder Autorität imstande ist, die konkrete Gesamtentscheidung über Art und Form der eigenen politischen Existenz zu treffen, also die Existenz der politischen Einheit im ganzen zu bestimmen«.[37] Die Verfassunggebung und ihr Produkt, die Verfassung, sind danach Betätigung bzw. Ausfluß eines existentiell vorhandenen Willens, also einer seinsmäßigen Größe[38], und erscheinen damit als außerrechtliche, rein faktische Phänomene. Daraus ergibt sich für *Schmitt* zwanglos die *rechtliche* Ungebundenheit und auch Bindungsunfähigkeit der verfassunggebenden Gewalt[39], von der auch *Sieyes* ausgegangen war.[40] Die Entscheidung über die Verfassung ist nach diesem Verständnis, anders als bei *Sieyes*, nicht einem bestimmten Subjekt, nämlich der Nation bzw. dem Volk, zugeordnet, sondern jeweils der Instanz, die zur praktischen Durchsetzung einer Verfassung in der Lage ist.[41] Hinsichtlich des Geltungsgrundes der Verfassung befinden sich *Sieyes* und *Schmitt* dagegen insofern wieder im Einklang, als beide die Verfassung auf einen bestimmten Willen zu-

---

[32] S. 22, 76.

[33] S. 22.

[34] S. 23, 9f, 75f.

[35] S. 76, 22. Soweit das Verfassungsgesetz inhaltlich über diese Grundentscheidung hinausgehende Einzelheiten normiere, habe dies »nur eine juristisch-technische Bedeutung: Schutz gegen Abänderung durch erschwerte Abänderbarkeit« (S. 76, ferner S. 12, 18).

[36] Vgl. z.B. S. 85 im Hinblick auf die Entstehung der Weimarer Verfassung. Siehe auch *Steiner*, S. 217: »*C. Schmitt* kann das Wirken der verfassunggebenden Gewalt als formlos begreifen, da sie nicht unmittelbar in den notwendig formalisierten Vorgang der Schöpfung von Verfassungs*recht* einbezogen ist«; Hervorhebung dort. Ferner *Isensee*, Mythos, S. 61.

[37] S. 75f.

[38] S. 9, 21ff, 76, 87.

[39] S. 79, 76, 82.

[40] Einen Vergleich der Lehren *Sieyes'* und *Schmitts* nehmen *Steiner*, S. 216ff, und *Alvarez*, S. 55ff, vor.

[41] Dies ergibt sich bereits aus *Schmitts* Definition der verfassunggebenden Gewalt, die auf die tatsächlich bestehende politische Macht oder Autorität abstellt. In einer Demokratie ist deshalb das Volk, in einer Monarchie der Monarch Träger der verfassunggebenden Gewalt, so *Schmitt* auf S. 23. Hinzuzufügen ist: Dies gilt nur, solange nicht jeweils andere Mächte faktisch in der Lage sind, die bestehende Verfassungsordnung zu beseitigen. Dementsprechend kann nach *Schmitt* auch die Organisation einer »Minderheit« Subjekt der verfassunggebenden Gewalt sein (S. 81). Allgemein zu den Subjekten der verfassunggebenden Gewalt *Schmitt*, Verfassungslehre, S. 77ff.

rückführen: *Sieyes* auf den der Nation, *Schmitt* auf den »existierenden politischen Willen(s) desjenigen, der sie gibt«.[42]

II. Moderne Ansichten zur Lehre von der Verfassunggebung

Mit der Auffassung des Abbé *Sieyes* und *Carl Schmitts* Lehre von der verfassunggebenden Gewalt sind zwei grundlegende Modelle zur Erklärung des Phänomens Verfassunggebung vorgestellt worden, die für die Entwicklung neuerer Theorien richtungweisend waren und zudem ein besseres Verständnis dieser meist um ein demokratisches Verständnis der Verfassunggebung bemühten Theorien ermöglichen. Der heutige Stand der Wissenschaft wird im folgenden wiedergegeben, wobei nacheinander auf die unterschiedlichen Ansichten zu Bezugspunkt (1), Wesen (2), Subjekt (4) und Grenzen (5) der Verfassunggebung sowie zum Geltungsgrund der vom pouvoir constituant geschaffenen Verfassung (3) eingegangen werden soll.[43]

1. Der Bezugspunkt der Verfassunggebung

Das Ziel der Verfassunggebung scheint eindeutig zu sein: die Schaffung einer Verfassung. Aber bereits hinsichtlich dieses Bezugspunktes bestehen Auffassungsunterschiede. Sie betreffen die Frage, ob das Produkt der Verfassunggebung unmittelbar Rechtssatzqualität hat oder diese erst durch einen zusätzlichen Transformationsakt erlangt. Ausgelöst werden diese Meinungsunterschiede dadurch, daß teils im Sinne *Carl Schmitts* zwischen »Verfassung« und »Verfassungsgesetz« differenziert, teils eine solche Unterscheidung aber abgelehnt wird.

Auf der Grundlage des dezisionistischen Verfassungsverständnisses *Schmitts*, der die Verfassung als politische Entscheidung und das Verfassungsgesetz als deren ausführende rechtliche Normierung betrachtet, entsteht durch Verfassunggebung ausschließlich die Verfassung, nicht aber das Verfassungsgesetz. Verfassunggebung ist nach seiner Ansicht *nicht* unmittelbar auf die Erzeugung *rechtlicher Normen* ausgerichtet, sondern auf die Hervorbringung einer politischen Entscheidung.[44] Anders bei *Sieyes*: Er macht keinen Unterschied zwischen Verfas-

---

[42] S. 22; ferner S. 9.

[43] Aufgrund der kaum mehr zu übersehenden Fülle der Stellungnahmen zu einzelnen Aspekten der Lehre von der Verfassunggebung kann die folgende Darstellung nicht den Anspruch auf eine vollständige Erfassung des Schrifttums erheben. Auch soll nicht die Auffassung aller berücksichtigten Autoren hinsichtlich sämtlicher behandelten Gesichtspunkte dargelegt werden. Vielmehr geht es darum, die verschiedenen Grundsätze zum Wesen der Verfassunggebung und die sich daraus jeweils ergebenden Konsequenzen für den Vorgang der Verfassungserzeugung vorzustellen. Die Ansichten einzelner Verfassungstheoretiker werden dabei nur exemplarisch in Bezug genommen.

[44] Siehe bereits oben B. I. 2. b); ferner *Alvarez*, S. 55f, 85.

sung und Verfassungsgesetz, so daß der *pouvoir constituant* seiner Auffassung nach unmittelbar Verfassungs*recht*setzung betreibt.[45]

Die von *Schmitt* propagierte strikte Separierung von Verfassung und Verfassungsgesetz lenkt zwar das Augenmerk zu Recht darauf, daß dem Verfassungsgesetz mehr als jeder anderen Norm eine politische Entscheidung zugrunde liegt[46], hat aber gleichwohl kaum Anhänger gefunden[47], da sie als zu starr empfunden wird und nicht berücksichtige, daß sich die Entscheidung der verfassunggebenden Gewalt in einer Norm niederschlagen müsse, um konstituierend wirken zu können. Die Verfassung gehe zwar aus einer politischen Entscheidung hervor, als Ergebnis dieser Entscheidung sei sie aber zugleich ein System von Rechtsnormen.[48] Nach heute ganz überwiegender Auffassung ist Verfassunggebung deshalb *Verfassungsrechtsetzung* und die Verfassung als Produkt der Verfassunggebung ihrer Form nach (geschriebenes) Gesetz.[49] Verfassunggebung bezeichnet demnach den Vorgang der Hervorbringung des Verfassungsgesetzes[50], das üblicherweise in einer einheitlichen Urkunde niedergelegt ist und über eine erhöhte

---

[45] S.o. A. I. 6. c) Fn. 122; deutlich in diesem Sinne auch *Steiner*, S. 217f; *Hofmann*, S. 287ff.

[46] Dies betonen auch *Gutmann*, S. 46; *Alvarez*, S. 34f; *Stern* I, S. 71.

[47] Ihr angeschlossen hat sich *Henke*, verfassunggebende Gewalt, S. 11f, 24ff, 32ff; in bestimmten Hinsichten unterscheidet sich seine Theorie jedoch von der Lehre *Schmitts*; vgl. dazu *Steiner*, S. 77ff; *Alvarez*, S. 60ff. Nachdem *Henke* seine Auffassung in Staat 7 (1968), 165 (167, 170ff), bestätigt hat, modifiziert er in Staat 19 (1980), 181 (202f), seine Terminologie, wenn er die »Verfassung im politischen Sinn« der »Verfassung als Rechtsnorm« gegenüberstellt; inhaltlich ändert sich dadurch an der Unterscheidung zwischen Verfassung und Verfassungsgesetz aber nichts, wie seine Ausführungen zur Verfassunggebung (S. 204ff) belegen: Im politischen Sinne sei Verfassunggebung im Sinne *Schmitts* zu verstehen (S. 204f), im rechtlichen Sinne dagegen auf das Verfassungsgesetz bezogen, was für *Henke* bedeutet: »Die verfassunggebende Gewalt im Rechtssinn ist keine Urgewalt des Volkes, sondern eine rechtliche Befugnis des dafür bestellten Organs, also des Parlaments (...)« (S. 206), d.h. Verfassunggebung im Rechtssinne ist für *Henke* nichts anderes als Verfassungsänderung, also Änderung des Verfassungsgesetzes (S. 207). Dies wird auch in seiner letzten Äußerung zur Verfassunggebung in Staat 31 (1992), 265 (270, 276ff), deutlich: »Darum ist ›verfassunggebende Gewalt‹ primär ein politischer oder politologischer Begriff und allenfalls sekundär, um eine wichtige, zur Politik hin offene Stelle der Verfassung zu bezeichnen, ein juristischer Begriff für die begrenzte *verfassungsändernde* Kompetenz des Gesetzgebers« (S. 269f, Hervorh. v. Verf.). *Henke* muß allerdings eingestehen, daß durch die Identifizierung der Verfassungsänderung als Betätigungsform der verfassunggebenden Gewalt dieser »Begriff« eher verwirrend« ist (a.a.O.).

[48] Zur Kritik an *Schmitt* vgl. *Alvarez*, S. 34f; *Stern* I, S. 71; *Gutmann*, S. 46; *Tosch*, S. 40ff; *Bachof*, S. 25f mit Fn. 42; *Doehring*, AStL, Rdnr. 304ff; bereits in Weimarer Zeit gegen *Schmitt*: *Thoma*, HbDStR, Bd. 2, §71, S. 154f; *ders.*, Grundrechte, S. 38ff.

[49] *Stern* I, S. 146; *Schneider*, HStR VII, §158 Rdnr. 14; *Badura*, Artikel »Verfassung«, EvStL II, Sp. 3743; *ders.*, Staatsrecht, Rdnr. A 8; *Heckel*, HStR VIII, §197 Rdnr. 54; *Steiner*, S. 22, 82ff; *Roellecke*, JZ 1992, 929 (932); *H. Götz*, NJW 1958, 1020 (1021); *Bachof*, S. 25f; auf die Perspektive des Grundgesetzes bezugnehmend ebenso *Murswiek*, verfassunggebende Gewalt, S. 172.

[50] Verfassungsgesetz wird hier und im folgenden nicht im Sinne *Schmitts* als etwas von der Verfassung Verschiedenes, sondern im Sinne der h.L. verstanden, die nicht zwischen Verfassung und Verfassungsgesetz differenziert und deshalb »Verfassung« mit »Verfassungsgesetz« gleichsetzt.

Bestandskraft verfügt.[51] Die Verfassunggebung bezieht sich danach in besonderer Weise auf die Schaffung der Verfassung im formellen Sinne.[52]

2. Das Wesen der Verfassunggebung

a) Die Sondersituation der Verfassungsgenese: das Nichtbestehen eines rechtsordnungsimmanenten Ableitungszusammenhanges

Richtet sich die Verfassunggebung auf die Hervorbringung des Verfassungsgesetzes und damit auf die Schaffung von Recht, so läge es nahe, auch auf diesen Vorgang die sonst geltende Grundregel der Rechtserzeugung anzuwenden. Sie besagt, daß sich innerhalb des Stufenbaus der Rechtsordnung jede (rechtmäßige) Rechtsnorm auf eine höhere Norm zurückführen läßt[53] und dieser ihre Geltung verdankt.[54] Doch dieses Ableitungsprinzip versagt im Fall des Verfassungsgesetzes: Die Verfassung hat keine (Rechts-)Norm mehr über sich. Sie gibt als ranghöchstes Gesetz der Legislative die Regeln der Rechtserzeugung, doch regelt sie damit nicht die Erzeugung ihrer selbst.[55] Ihre Geltung läßt sich, anders als die sonstiger staatlicher Rechtsakte, nicht rechtsordnungsimmanent begründen, d.h. sie läßt sich aus keiner ihr übergeordneten *positiven staatlichen Rechtsnorm* ableiten.[56]

---

[51] S.o. A. III. 2., vor allem b) und c).

[52] So *Steiner*, S. 22, 83ff; *Alvarez*, S. 42; *Viehoff*, S. 13; *v. Wedel*, S. 22; *Isensee*, Mythos, S. 30, 58; *Badura*, Artikel »Verfassung«, EvStL II, Sp. 3743.

[53] *Boehl*, Verfassunggebung, S. 80, spricht treffend von einem »System von Ableitungen«.

[54] Grundlegend für dieses Konzept eines Stufenbaus der Rechtsordnung war die Reine Rechtslehre *Kelsens* (dazu sogleich unter B. II. 2. c) aa)). Vgl. ferner *Alexy*, S. 154ff; *Isensee*, Mythos, S. 9; *Böckenförde*, verfassunggebende Gewalt, S. 90 (91); *Boehl*, Verfassunggebung, S. 79f; *Burckhardt*, Organisation, S. 167; *Doehring*, Völkerrecht, Rdnr. 2ff. *Boehl*, a.a.O., weist eindringlich darauf hin, daß in diesem Zusammenhang zwei verschiedene Gesichtspunkte auseinandergehalten werden müssen, nämlich der *Entstehungsaspekt* und der *Geltungsaspekt*. Ersterer bezieht sich auf die Frage, nach welchen Regeln Recht geschaffen wird, betrifft in dem hier interessierenden Kontext also das Wie der Verfassungserzeugung, während der Geltungsaspekt auf die Frage nach dem Geltungsgrund einer Rechtsnorm bzw. der Verfassung Bezug nimmt.

[55] *Kelsen*, S. 203; *Isensee*, Mythos, S. 9; *Hofmann*, S. 287; *Henke*, Staat 7 (1968), 165 (168f); *Böckenförde*, verfassunggebende Gewalt, S. 90 (91); *Anzon*, JöR 49 (2001), 103 (106). Im Sinne *Boehls*, Verfassunggebung, S. 79f, betrifft diese Aussage den Entstehungsaspekt, während der im obigen Text folgende Satz auf den Geltungsaspekt abstellt. *Boehl* selbst resümiert (S. 80f): »Historisch vor und systematisch über der Verfassung als der höchsten Norm der Rechtsordnung gibt es kein positives Recht, das die Entstehung der Verfassung regeln könnte und von dem diese ihren Geltungsanspruch ableiten könnte.«

[56] *Stern* I, S. 148ff; *Kirchhof*, HStR I, § 19 Rdnr. 10f; *Heckel*, HStR VIII, § 197 Rdnr. 60; *Henke*, verfassunggebende Gewalt, S. 11f; *ders.*, Staat 19 (1980), 181 (198); *Roellecke*, JZ 1992, 929 (933); *H. Götz*, NJW 1958, 1020 (1021); *Isensee*, Wiedervereinigung, S. 63 (69); *Böckenförde*, verfassunggebende Gewalt, S. 90 (93); *Badura*, Artikel »Verfassung«, EvStL II, Sp. 3743; *Tosch*, S. 80ff, 83; *Doehring*, Völkerrecht, Rdnr. 3; *Schmitt Glaeser*, S. 30; *Boehl*, Staat 30 (1991), 572 (575); *Kaufmann*, Staat 36 (1997), 521 (524); *Burckhardt*, Organisation, S. 207; *ders.*, Kommentar, Art. 1, II. 2. (S. 6).

Diese Eigenart der Verfassungsentstehung[57] wird in den Blick genommen, wenn der verfassunggebenden Gewalt bescheinigt wird, vor jeder staatlichen Rechtsordnung vorhanden zu sein[58] oder sie als eine der Verfassung vorausliegende Größe[59], als vorverfassungsmäßige[60] oder sogar extrakonstitutionelle[61] Gewalt bezeichnet wird. Der Begriff der verfassunggebenden Gewalt erscheint somit als Antwort auf die Frage nach dem Ursprung der Verfassung und damit zugleich nach dem Ursprung des Staates und des Rechts.[62] Vor diesem Hintergrund verwundert es kaum, daß Wesen und juristische Einordnung der Verfassunggebung auch in neuerer Zeit Gegenstand wissenschaftlicher Kontroversen sind, deren Eckpunkte bereits durch die Positionen *Sieyes'* und *Schmitts* vorgezeichnet sind.

b) Die Positionen Sieyes' und Schmitts

Für *Sieyes* handelt es sich bei der Betätigung des pouvoir constituant nicht um einen außerrechtlichen, sondern um einen gewissermaßen vor(positiv)rechtlichen Vorgang:

> »Wenn wir keine Grundverfassung haben, so muß man eine erarbeiten. Die Nation allein hat das *Recht* dazu.«[63]

Sieyes sieht die Nation demnach von Rechts wegen als Träger der verfassungserzeugenden Gewalt, spricht ihr also eine *rechtliche Befugnis* zur Verfassungschöpfung zu, wodurch der pouvoir constituant zu einem *Rechtsbegriff* wird.[64]

Schmitt erblickt dagegen in Akten der verfassunggebenden Gewalt anders als *Sieyes* keinen rechtlichen Vorgang. Verfassunggebung sei auf die Hervorbringung einer politischen Entscheidung gerichtet und damit ein rein existentielles Phänomen. Eine rechtliche Befugnis zur Verfassunggebung gebe es nicht, und es bedürfe ihrer auch nicht. Vielmehr sei die jeweils faktisch bestehende Machtlage ausschlaggebend dafür, wer eine Verfassung ins Werk setzen könne. Nur auf den *exi-*

---

[57] Eine gute Beschreibung dieser Sondersituation bei der Entstehung einer Verfassung findet sich bei *Boehl*, Staat 30 (1991), 572 (574f).

[58] M/D/*Maunz*, Präambel Rdnr. 12.

[59] *Böckenförde*, verfassunggebende Gewalt, S. 90 (91, 94, 99); ihm folgend *Boehl*, Staat 30 (1991), 572 (577).

[60] *Stern* I, S. 146; M/K/S/*Starck*, Präambel Rdnr. 14; *Boehl*, Verfassunggebung, S. 105; ders., Staat 30 (1991), 572 (577); *Schneider*, HStR VII, § 158 Rdnr. 2 (»präkonstitutionell«) und Rdnr. 16; *Henke*, Staat 7 (1968), 165; *Storr*, S. 49 (»vorkonstitutionell«).

[61] *Stern* I, S. 151; *Bartlsperger*, DVBl. 1990, 1285 (1298ff); *Würtenberger*, Wiedervereinigung, S. 95; *Blumenwitz*, ZfP 39 (1992), 1 (8). Ausdrücklich gegen die Kennzeichnung der verfassunggebenden als extrakonstitutionelle Gewalt *Schneider*, HStR VII, § 158 Rdnr. 2 (»keineswegs begriffsnotwendig ›extrakonstitutioneller‹ Natur«) und Rdnr. 17; abweichend auch *Häberle*, AöR 112 (1987), 54 (57, 80ff, 84f). Vgl. auch *Steiner*, S. 173ff.

[62] So *Henke*, Staat 19 (1980), 181 (194). Vgl. auch *Boehl*, Verfassunggebung, S. 78f.

[63] S. o. A. I. 6. c) Fn. 123; Hervorh. v. Verf.

[64] Ebenso *Steiner*, S. 178ff; 216ff; *Alvarez*, S. 51, 56, 83; BK/*Evers*, Art. 79 Abs. 3 Rdnr. 78.

stierenden politischen Willen des entsprechenden Subjektes komme es an. Die verfassunggebende Gewalt bestehe insofern vor, über und neben der Verfassung[65] und sei *rechtlich nicht faßbar*.[66]

Verfassunggebung wird mithin bald als rechtliches, auf einem zumeist naturrechtlich begründeten Kompetenztitel basierendes Geschehen betrachtet, bald als mit den Kategorien des Rechts nicht greifbarer, rein tatsächlicher Vorgang interpretiert. Auf der einen Seite wird der verfassunggebenden Gewalt ihr Ort somit bei den Vorgängen der Verfassungsentstehung und -begründung im Bereich des rechtlichen Dürfens, auf der anderen Seite im Bereich des faktischen Könnens angewiesen.[67] In Anlehnung an diese beiden Grundpositionen werden in neuerer Zeit folgende Ansichten zum Wesen der Verfassunggebung vertreten:

c) *Verfassunggebung als rechtliches Phänomen in Ausübung einer rechtlichen Kompetenz*

Teilweise wird Verfassunggebung auf eine rechtliche Befugnis zurückgeführt und dementsprechend als Rechtsvorgang qualifiziert.

aa) *Die Reine Rechtslehre*

Unter Bezugnahme auf die strukturellen Eigenheiten der staatlichen Rechtsordnung betrachten die Anhänger der von *Kelsen* begründeten »Reinen Rechtslehre« die Schaffung einer Verfassung als rechtlichen Vorgang. Die Reine Rechtslehre versteht Recht als geschlossenes System von Rechtsnormen, in dem jede Norm von einer jeweils höheren Rechtsnorm abgeleitet sei. Sie konstruiert auf diese Weise einen Stufenbau der Rechtsordnung mit hierarchischen Vorrang- und Nachrangbeziehungen zwischen den einzelnen Rechtsnormen. Die Geltung der Verfassung als ranghöchstes staatliches Gesetz kann jedoch, wie oben[68] aufgezeigt, nicht mehr aus einer ihr übergeordneten positiven staatlichen Rechtsnorm abgeleitet werden. Insoweit verweist *Kelsen* auf eine überpositive Ursprungsnorm, die von ihm als »Grundnorm« bezeichnet wird.[69] Deren Existenz wird

---

[65] *Schmitt*, Verfassungslehre, S. 84, 91; bezüglich der sonstigen Aussagen wird auf oben B. I. 2. b) verwiesen.

[66] Unrichtig insofern BK/*Evers*, Art. 79 Abs. 3 Rdnr. 78, wo es heißt, »weil die verfassunggebende Gewalt *rechtlich befugt* sei, jederzeit tätig zu werden« (Hervorh. v. Verf.) und als Referenz für diese Aussage die soeben im Text wiedergegebene Sentenz *Schmitts* bemüht wird.

[67] So *Boehl*, Verfassunggebung, S. 85, im Hinblick auf die modernen Auffassungen. Er fährt fort (S. 85f): »Hier wird verfassunggebende Gewalt als Sollens-Begriff, dort als Seins-Begriff eingeführt; das eine Mal ist verfassunggebende Gewalt ein normativer Begriff, das andere Mal ein deskriptiver Begriff für ein existentielles Phänomen, das normative Folgen haben soll.« Vgl. ferner *Stückrath*, S. 188ff.

[68] B. II. 2. a).

[69] Sie besagt für den Verfassungsstaat: »Man soll sich so verhalten, wie die Verfassung vorschreibt« bzw. »man soll den Befehlen des Verfassunggebers gehorchen«, so *Kelsen*, S. 204, 206.

freilich ohne Begründung vorausgesetzt[70], so daß ihr ein rein hypothetischer Charakter eignet. Verfassunggebung stellt sich für *Kelsen* folglich als Betätigung einer rechtlichen, nämlich durch die Grundnorm erzeugten Kompetenz dar; sie sei notwendige Stufe im Rechtserzeugungsprozeß und unterscheide sich ihrer Natur nach in nichts von den niederen Stufen der Rechtserzeugung. Eine besondere verfassunggebende Gewalt ist für *Kelsen* deshalb kein Thema.[71]

bb) Naturrechtlich orientierte Auffassungen

Andere Autoren gehen bei ihren Erörterungen zum Thema Verfassunggebung mehr oder weniger explizit von einer naturrechtlichen Grundlage der Verfassungschöpfung aus und bejahen das Bestehen einer rechtlichen Zuständigkeit oder Befugnis zur Verfassunggebung.[72] Häufig wird dabei auf den – (natur)rechtlich interpretierten[73] – Grundsatz der Volkssouveränität abgestellt.[74] So ist für

---

[70] Vgl. *Kelsen*, S. 197, 201 ff, 206 u. ö.

[71] Darstellungen der Reinen Rechtslehre speziell im Hinblick auf die Verfassunggebung finden sich bei *Isensee*, Mythos, S. 18 ff; *Alvarez*, S. 65 ff, 86; *Haug*, S. 87 ff; *Steiner*, S. 38 ff; *Alexy*, S. 154 ff. Vgl. insbesondere die Ausführungen von *Tosch*, S. 56 ff, 92 f, der die rechtliche Verbindlichkeit verfassunggeberischer Akte, die in den Bereich der soziologischen Wirklichkeit gehörten, auch selbst auf eine Grundnorm zurückführt. Eine auf die Verfassungsänderung ausgerichtete Schilderung gibt *Ehmke*, S. 27 ff.

[72] So außer den nachfolgend gesondert Aufgeführten auch *Viehoff*, S. 15, 19 ff, 37, der sich auf das »apriorische Recht« beruft. *Sachs/Huber*, Art. 146 Rdnr. 11, spricht von einer »Zuständigkeit der verfassunggebenden Gewalt« für Entscheidungen, die den Art. 79 Abs. 3 GG transzendieren, was für ein rechtliches Verständnis der Verfassunggebung spricht. Bestätigt wird diese Vermutung durch *Hubers* Thesen in ThürVBl. 1994, 1 (3), wo er dem Volk das »Recht« zuspricht, »sich über die durch Art. 79 Abs. 3 GG gezogenen Grenzen hinwegzusetzen« und ein »konstitutionelles Selbstbestimmungsrecht« des Volkes bejaht (S. 8). Bei *Würtenberger*, Wiedervereinigung, S. 95 ff, heißt es auf S. 99, Art. 146 GG n. F. normiere ein überpositives Recht, während auf S. 101 vom Selbstbestimmungsrecht des Volkes die Rede ist, ohne daß ganz klar wird, ob das völkerrechtliche oder ein naturrechtliches Selbstbestimmungsrecht gemeint ist. Die Ausführungen auf S. 102 sprechen eher für letzteres, obgleich die mehrfache Rede von den »Legitimitätsbedingungen« des Verfassungsstaates Zweifel aufkommen läßt, ob *Würtenbergers* Thesen zur Verfassunggebung überhaupt ein rechtliches Verständnis zugrunde liegt. Auch die Judikatur des Bundesverfassungsgerichtes ist teilweise von naturrechtlichem Gedankengut geprägt. Die einschlägigen Ausführungen betreffen allerdings nicht schlechthin das Wesen der Verfassunggebung, sondern beschäftigen sich lediglich mit eventuellen Beschränkungen der verfassunggebenden Gewalt. Auf die entsprechenden Urteile wird deshalb im weiteren Verlauf dieser Arbeit einzugehen sein, s. u. B. II. 5. a) bb) und b) aa).

[73] *Storr*, S. 44 f, macht darauf aufmerksam, daß das Prinzip der Volkssouveränität nicht nur als rechtliche, sondern auch als politische Größe aufgefaßt und damit gleichermaßen zur Begründung der Rechtsqualität wie zur Untermauerung der nur politischen Natur des Vorgangs der Verfassunggebung herangezogen werden könne. Insofern kann nicht ganz ausgeschlossen werden, daß die nachfolgend aufgeführten Staatsrechtslehrer entgegen der hier vorgenommenen Einordnung keine natur*rechtlich* orientierte Auffassung vertreten. Die von ihnen verwendeten Formulierungen weisen in jedem Fall deutlich auf ein solches Verständnis der Verfassunggebung hin.

[74] Die Frage nach dem Subjekt der Verfassunggebung wird dadurch freilich gleich mitbeantwortet. Näheres dazu unter 4.

Maunz die verfassunggebende Gewalt eine »permanente *Befugnis* des Volkes« bzw. die »*Zuständigkeit* und Kraft« des Volkes, eine Verfassung zu schaffen[75], womit er sich wohl in die Tradition des Abbé *Sieyes* stellt.[76] Ebenfalls von einer »Befugnis« zur Verfassungserzeugung sprechen *Stern*[77], *Schneider*[78] und *Randelzhofer*.[79] Nach *Stern* liegt die verfassunggebende Gewalt »beim Volk kraft der Volkssouveränität, ist also extrakonstitutionell«[80], während *Schneider* ihren möglichen naturrechtlichen Ursprung dahinstehen läßt[81] und seine Ausführungen schwerpunktmäßig der rechtlichen Begrenzung der verfassunggebenden Gewalt widmet.[82] *Randelzhofer* erwähnt dagegen explizit ein »Recht des pouvoir constituant zur Verfassungsgebung«.[83] Noch deutlicher äußert sich *Storost*: »Die verfassunggebende Gewalt, also das Recht, eine solche Entscheidung zu treffen, ist eine unteilbare und unveräußerliche Rechtsposition des Volkes selbst.«[84]

Nach der Auffassung *Gutmanns* steht die verfassunggebende Gewalt »einheitlich dem Volk zu und ist unteilbar«.[85] An anderer Stelle formuliert er deutlicher: »Die *Zuständigkeit* des Volkes auch in Ausübung der verfassunggebenden Gewalt muß eine *normative* sein.«[86] Damit gibt sich *Gutmann* deutlich als Anhänger eines rechtlichen Verständnisses der Verfassunggebung zu erkennen. Die Ausführungen *Steiners* zum pouvoir constituant basieren auf einem »demokratische(n) Verständnis der Verfassunggebung«.[87] Sie begreifen »die verfassunggebende Gewalt des Volkes als rechtliche Gewalt« und qualifizieren »demgemäß bereits die Entstehung der Verfassung (...) als rechtlichen Vorgang«.[88] Die »Rechtsqualität der verfassunggebenden Gewalt«[89] wird von *Steiner* freilich nicht begründet, da er die Geltung des demokratischen Prinzips als eines vorkonstitutionellen

---

[75] *Maunz*, DÖV 1953, 645, bzw. M/D/*Maunz*, Präambel Rdnr. 12; Hervorhebung jeweils vom Verfasser. Wie *Boehl*, Verfassunggebung, S. 86, zu Recht hervorhebt und sich auch aus der zweiten hier wiedergegebenen Formulierung ergibt, geht *Maunz* allerdings von einer Doppelnatur der verfassunggebenden Gewalt aus und charakterisiert sie als rechtliche Befugnis *und* als politischen Willen (vgl. M/D/*Maunz*, Art. 70 Rdnr. 4) bzw., wie im Text zitiert, als »Zuständigkeit und Kraft«.

[76] So auch *Alvarez*, S. 84.

[77] *Stern* I, S. 146.

[78] *Schneider*, HStR VII, § 158 Rdnr. 15.

[79] *Randelzhofer*, Wiedervereinigung, S. 141 (153).

[80] *Stern* I, S. 151.

[81] *Schneider*, HStR VII, § 158 Rdnr. 15.

[82] Vgl. etwa Rdnr. 15 und besonders Rdnr. 24, wo er die Frage aufwirft, »was also letztlich das Volk zur Ausübung der verfassunggebenden Gewalt *berechtigt*« (Hervorh. v. Verf.), diese Frage letztlich aber unbeantwortet läßt.

[83] *Randelzhofer*, Wiedervereinigung, S. 154, 155.

[84] *Storost*, Staat 29 (1990), 321 (325).

[85] *Gutmann*, S. 58. Aus der zitierten Passage schließt *Alvarez*, S. 84, darauf, daß *Gutmann* von einer rechtlichen Befugnis zur Verfassunggebung ausgeht.

[86] S. 96; Hervorhebungen v. Verf.

[87] *Steiner*, S. 18f, 26.

[88] S. 26.

[89] S. 29, 31.

Rechtssatzes, der auch im vorverfassungsmäßigen Bereich anwendbar sei[90], seiner Arbeit als »unerörterte Prämisse« zugrunde legt.[91]

Murswiek, dem es in seiner Doktorarbeit darum geht, die Auffassung des Grundgesetzes von der verfassunggebenden Gewalt darzulegen[92], geht vom Bestehen einer »unveräußerliche(n) Rechtsposition«[93] des deutschen Volkes zur Entscheidung über seine Verfassung aus. Er bejaht das Bestehen einer »überpositive(n) Kompetenz«[94] des Volkes und damit einer »rechtliche(n) Befugnis zur Verfassunggebung«[95], so daß sich Verfassunggebung für ihn »nicht nur (als) rein faktischer, sondern auch (als) ein rechtlicher Vorgang«[96] darstellt.

cc) Völkerrechtlich orientierte Auffassungen

Auch für *Kempen* ist Verfassunggebung »Ausübung eines Rechts« und nicht »außerrechtlicher oder vorrechtlicher Vorgang«.[97] Allerdings bedient er sich zur Begründung dieser These keiner naturrechtlichen Argumentationen, sondern greift statt dessen auf das Selbstbestimmungsrecht der Völker und damit auf die Ebene völkerrechtlicher Rechtssätze[98] zurück: Verfassunggebung sei »nichts anderes

---

[90] S. 25, 41.

[91] S. 18, 33.

[92] Die Bezogenheit seiner Studien auf die deutsche Verfassungsordnung wird bereits im Titel seiner Arbeit deutlich: »Die verfassunggebende Gewalt nach dem Grundgesetz für die Bundesrepublik Deutschland«; die folgenden Seitenangaben beziehen sich auf dieses Werk.

[93] S. 30, 41.

[94] S. 98, 144ff, 155f, 184.

[95] S. 72f, 155.

[96] S. 59.

[97] *Kempen*, NJW 1991, 964 (965).

[98] Die Idee der Selbstbestimmung der Völker wurde zwar bis nach dem Zweiten Weltkrieg vielfach als rein *politische* Maxime ohne rechtliche Bindungswirkung betrachtet, jedoch besteht heute weitgehende Übereinstimmung hinsichtlich ihrer *Rechts*qualität; vgl. diesbezüglich *E. Klein*, deutsche Frage, S. 35, 56f; *Veiter*, Selbstbestimmungsrecht, S. 9 (9f, 29ff); *Kimminich*, Selbstbestimmungsrecht, S. 37 (37ff, speziell S. 39); *ders./Hobe*, Völkerrecht, Kap. 3.1.8 (S. 113); *Ipsen*, Völkerrecht, §27 Rdnr. 1ff; *Tomuschat*, ZRP 1993, 248; *Hillgruber/Kempen*, ROW 33 (1989), 323 (323ff); *Alvarez*, S. 99; *Storr*, S. 132ff; *Quaritsch*, HStR VIII, §193 Rdnr. 20; *Oeter*, ZaöRV 52 (1992), 741 (743); auch das BVerfG sieht das Selbstbestimmungsrecht als Teil der heute geltenden universalen Völkerrechtsordnung an, vgl. BVerfGE 77, 137 (161ff). Zur Anerkennung der Rechtsverbindlichkeit des Selbstbestimmungsrechts maßgeblich beigetragen hat dessen Verankerung in den Menschenrechtspakten der Vereinten Nationen (Internationaler Pakt über bürgerliche und politische Rechte sowie Internationaler Pakt über wirtschaftliche, soziale und kulturelle Rechte, beide beschlossen von der Generalversammlung der Vereinten Nationen am 19. Dezember 1966, veröffentlicht in BGBl. 1973 II, S. 1534 bzw. S. 1570), deren gleichlautender Art. 1 Nr. 1 besagt: »Alle Völker haben das Recht auf Selbstbestimmung. Kraft dieses Rechts entscheiden sie *frei* über ihren politischen Status und gestalten in Freiheit ihre wirtschaftliche, soziale und kulturelle Entwicklung.« Die hier wiedergegebene amtliche bundesdeutsche Übersetzung ist fehlerhaft, richtigerweise müßte es heißen: »entscheiden sie *in Freiheit*«; vgl. dazu *Veiter*, Selbstbestimmungsrecht, S. 9 (30); *Alvarez*, S. 100 Fn. 398. Von Bedeutung waren in diesem Zusammenhang weiterhin diverse UN-Resolutionen (besonders die Resolutionen 1514 [XV] von 1960 und 2625 [XXV] von 1970), Entscheidungen des Internationalen Gerichtshofs sowie der

als die Inanspruchnahme des Rechts auf Selbstbestimmung«.[99] Begründet wird diese Auffassung[100] mit der Unterscheidung verschiedener Dimensionen des Selbstbestimmungsrechtes[101]: Indem es die autonome Bestimmung des eigenen politischen Status garantiere, wirke es nicht nur nach außen und schütze vor Fremdbestimmung durch andere Völker bzw. Staaten (externes oder äußeres Selbstbestimmungsrecht)[102], sondern schließe als sog. inneres oder internes Selbstbestimmungsrecht notwendigerweise auch das Recht zur Entscheidung über die eigene Verfassung mit ein.[103] Das Selbstbestimmungsrecht begründe in-

---

Eingang des Selbstbestimmungsrechts der Völker in die Helsinki-Schlußakte der KSZE von 1975 (abgedruckt im Bulletin des Presse- und Informationsamtes der Bundesregierung 1975, S. 967 ff), wo es in Korb 1, Prinzip VIII heißt: »Kraft des Prinzips der Gleichberechtigung und des Selbst-bestimmungsrechts der Völker haben alle Völker jederzeit das Recht, in voller Freiheit, wann und wie sie es wünschen, ihren inneren und äußeren politischen Status ohne äußere Einmischung zu bestimmen und ihre politische, wirtschaftliche, soziale und kulturelle Entwicklung nach eige-nen Wünschen zu verfolgen.« Weitere Nachweise zur Entwicklung des Selbstbestimmungs-rechts und Abdruck einschlägiger Textquellen bei *Veiter*, Selbstbestimmungsrecht, S. 9 (23 ff); *E. Klein*, deutsche Frage, S. 30 ff; *Quaritsch*, HStR VIII, § 193 Rdnr. 8 ff.

[99] So *Kempen*, NJW 1991, 964 (965).

[100] Sie wird sinngemäß ebenso vertreten von *Alvarez*, S. 108, der die verfassunggebende Ge-walt als »Recht des Volkes, dessen Ursprung durch das Völkerrecht geregelt wird«, ansieht; vgl. ferner S. 103, 105 f. Ähnlich auch *Blumenwitz*, ZfP 39 (1992), 1 (6). Auch in der auf das völker-rechtliche Selbstbestimmungsrecht bezogenen und nicht primär auf Fragen der Verfassungge-bung eingehenden Literatur finden sich entsprechende Überlegungen, so z.B. bei *Quaritsch*, HStR VIII, § 193 Rdnr. 2; *Tomuschat*, ZRP 1993, 248; *Hillgruber/Kempen*, ROW 33 (1989), 323 (326); *E. Klein*, deutsche Frage, S. 14; für »diskutabel« hält *Murswiek*, Staat 23 (1984), 523 (534), diesen Ansatz.

[101] Zu den verschiedenen Erscheinungsformen des Selbstbestimmungsrechtes siehe *Ipsen*, Völkerrecht, § 27 Rdnr. 10 f, § 29 und § 30; *Kimminich/Hobe*, Völkerrecht, Kap. 3.1.8 (S. 118); *E. Klein*, deutsche Frage, S. 12 ff, 43 ff; *Quaritsch*, HStR VIII, § 193 Rdnr. 2 ff; *Hillgruber/Kempen*, ROW 33 (1989), 323 (324 ff); *Murswiek*, Staat 23 (1984), 523 (527 f, 532 ff); *Oeter*, ZaöRV 52 (1992), 741 (753 ff); *Isensee*, Mythos, S. 15. Der diesbezügliche Sprachgebrauch ist allerdings nicht einheitlich, vgl. dazu die Hinweise bei *Hillgruber/Kempen*, ROW 33 (1989), 323 (325 Fn. 29); *Alvarez*, S. 103.

[102] In dieser Dimension gewährt das Selbstbestimmungsrecht jedem Volk die Entscheidung über die eigene staatliche Existenz. Es erlaubt dem Volk etwa, einen eigenen, unabhängigen Staat zu konstituieren, sich in freier Assoziation mit einem anderen unabhängigen Staat zu verbinden, sich in einen unabhängigen Staat zu integrieren oder jeden anderen politischen Status frei zu wählen (so die erwähnten UN-Resolutionen 1514 und 2625; vgl. auch *Kimminich*, Selbstbestim-mungsrecht, S. 37 (40 ff)). Alles andere als abschließend geklärt ist freilich die Frage, ob und ggf. unter welchen Umständen einem Volk, das Teil eines aus mehreren Völkern bestehenden Staates ist, aus dem Selbstbestimmungsrecht die Befugnis zur Sezession erwächst; vgl. dazu *Doehring*, Völkerrecht, Rdnr. 791 ff, 798; *Kimminich/Hobe*, Völkerrecht, Kap. 3.1.8 (S. 115, 118); *E. Klein*, deutsche Frage, S. 44, 46 ff; *ders.*, Selbstbestimmungsrecht, S. 107 (113 ff); *Murswiek*, Staat 23 (1984), 523 (539 ff); *Hillgruber/Kempen*, ROW 33 (1989), 323 (324); *Quaritsch*, HStR VIII, § 193 Rdnr. 23.

[103] Darüber hinaus wird die innere Selbstbestimmung unter Berufung auf den engen geistigen Zusammenhang, in dem das Konzept der Selbstbestimmung mit der Idee der Volkssouveränität sowie der Gewährleistung von Menschenrechten stehe (in diesem Kontext wird das Selbstbestim-mungsrecht z.B. gestellt von *Oeter*, ZaöRV 52 (1992), 741 (743 f); *E. Klein*, deutsche Frage, S. 11 ff; *Murswiek*, Staat 23 (1984), 523 (533 f); *Alvarez*, S. 99, 107), bisweilen auch extensiv im Sin-

sofern ein Recht auf eigenständige und selbstverantwortliche Verfassunggebung[104], was diese zum Rechtsvorgang werden lasse.

d) *Verfassunggebung als außerrechtliches, nicht auf eine rechtliche Kompetenz zurückführbares Phänomen*

Nach anderer Auffassung gibt es kein Recht zur Verfassunggebung, wobei auch
diese These mit unterschiedlichen Akzenten vertreten wird.

aa) *Die Auffassung der Rechtspositivisten*

Für die Anhänger des Rechtspositivismus liegt auf der Hand, daß es keine rechtliche Befugnis zur Verfassunggebung gibt, gehen sie doch davon aus, daß mit dem
verfassunggeberischen Akt die staatliche Rechtsordnung erst begründet wird und
vorher kein Recht, auch kein vorstaatliches Recht, existiert. Die verfassunggebende Gewalt sei deshalb lediglich ein sozialer Machtfaktor.[105]

bb) *Die Auffassung Henkes*

Henke steht im Hinblick auf das Verfassungsverständnis in der Tradition *Carl
Schmitts*. Es ist von daher zu berücksichtigen, daß seinen Ausführungen – auch
denjenigen jüngeren Datums – die Unterscheidung zwischen »Verfassung« und
»Verfassungsgesetz« zugrunde liegt.[106] Verfassunggebung[107] ist bei ihm deshalb
lediglich auf die Hervorbringung der Verfassung als politische Größe bezogen,
woraus sich zwangsläufig Konsequenzen für deren Wesen ergeben. *Henke* stellt
fest, der Ursprung der Verfassung liege ebenso wie der Anfang oder Grund aller
juristischen Legitimität »im Bereich der Wirklichkeit, aber jenseits der Grenze
methodischer juristischer Arbeit«. Bei Ausführungen über die Verfassungsentstehung handele es sich mithin um »metajuristische Überlegungen«, da überpositi-

---

ne eines Rechts der Völker auf eine demokratisch organisierte innerstaatliche Herrschaftsordnung gedeutet, was allerdings nicht ohne Widerspruch geblieben ist; vgl. zu dieser, mit den hier
interessierenden Fragen nicht unmittelbar verbundenen Thematik *Hillgruber/Kempen*, ROW
33 (1989), 323 (325ff); *Oeter*, ZaöRV 52 (1992), 741 (760ff).

[104] In diesem Sinne *Tomuschat*, ZRP 1993, 248; *Alvarez*, S.103; *Quaritsch*, HStR VIII, § 193
Rdnr. 2, demzufolge das »innere« Recht auf Selbstbestimmung »das Recht des Volkes auf freie
Entscheidung über den eigenen ›politischen Status‹, über Art und Form der politischen Einheit«
enthält und »insoweit identisch mit der verfassungebenden Gewalt des Volkes« ist. Vgl. ferner
die anderen in der Fußnote 100 Genannten. Auch *Würtenberger*, Wiedervereinigung, S. 95 (101),
spricht im Zusammenhang mit der Verfassunggebung vom »Selbstbestimmungsrecht des Volkes«, ohne daß allerdings ein Bezug zum Völkerrecht hergestellt würde.

[105] Zu Argumentation und Anhängern des Positivismus vgl. *Alvarez*, S.63ff, 85; *Ehmke*,
S.13ff, 19ff; *Steiner*, S.31ff; *Karpen*, JZ 1987, 431 (438).

[106] S.o. B. II. 1. mit Fn.47.

[107] Wie a.a.O. dargestellt, erscheint für *Henke* auch die Verfassungsänderung als Betätigung
der verfassunggebenden Gewalt. Hier ist jedoch die verfassungsgesetzunabhängige Schaffung
von Verfassungsrecht gemeint.

ves Recht »mit dem begrifflichen und methodischen Instrumentarium der Jurisprudenz nicht faßbar« sei.[108] Verfassunggebung vollziehe sich daher »außerhalb
jeden Rechts« und sei insofern »reine Politik«.[109] Nur die Verfassungsänderung
gehöre »zugleich dem Bereich des Rechts« an.[110]

cc) Verfassunggebung als (auch) politischer Vorgang

Auch unter den Autoren, die der *Schmittschen* Differenzierung zwischen »Verfassung« und »Verfassungsgesetz« nicht folgen und der Verfassung Rechtsnormqualität beimessen, finden sich Gegner einer rechtlichen bzw. rein rechtlichen Interpretation der Verfassungsentstehung.[111] *Haug* spricht sich etwa mit Blick auf
die Lehre von der Grundnorm gegen ein Verständnis der Verfassungsentstehung
als Rechtsvorgang aus: »Denn am Anfang der Staatsverfassung und damit des
Staates ist keine *Norm*, auch keine *hypothetische* Ursprungsnorm, sondern der
auf das Ziel des sozialen Zusammenlebens gerichtete *Wille* realer Menschen.«[112]
Die entscheidende Frage sei deshalb diejenige, wie es »um die Legitimität, um die
ethische Rechtfertigung der verfassunggebenden höchsten Macht oder Gewalt«
bestellt sei.[113] Der Vorgang der Verfassungschöpfung erscheint bei *Haug* somit als
Übergang vom Naturzustand in die Rechtsform, nicht aber selbst bereits als
rechtlicher Vorgang.[114] *Ehmke* dürfte diesen Standpunkt teilen, wenn er sich dagegen ausspricht, die »verfassunggebende Gewalt ›voraus-zusetzen‹«[115] und statt
dessen das Augenmerk auf den politischen Vorgang der Aktualisierung der ver-

---

[108] *Henke*, Staat 19 (1980), 181 (198); ähnlich *ders.*, Staat 31 (1992), 264 (269f, 276ff); vgl. auch
schon *Henke*, verfassunggebende Gewalt, S. 11f, 32.

[109] *Henke*, verfassunggebende Gewalt, S. 209; *ders.*, Staat 19 (1980), 181 (198f, 209).

[110] *Henke*, verfassunggebende Gewalt, S. 206; *ders.*, Staat 19 (1980), 181 (206).

[111] So außer den nachfolgend gesondert Aufgeführten auch: *Storr*, S. 51: »Die verfassunggebende Gewalt ist eine vorrechtliche Gewalt.« Des weiteren *Kaufmann*, Staat 36 (1997), 521 (524):
»An der Spitze der Normenpyramide wartet seither die Aufgabe, die höchste Norm ihrerseits zu
rechtfertigen – ein rechtlich nicht mehr einlösbarer Begründungszwang, für den sich in Gestalt
der verfassunggebenden Entscheidung eine *politische* Lösung findet«; Hervorhebung dort.
Kaufmann, a.a.O., spricht deshalb vom »außerrechtlich rechtschöpfenden Verfassunggeber«.
Ferner *Magiera*, Wiedervereinigung, S. 141 (144): »Verfassungshoheit ist die faktische Macht zur
Verfassunggebung in dem Sinn, daß eine ursprüngliche, aus keiner weiteren Rechtsquelle ableitbare, Rechtsordnung für den betreffenden Staat geschaffen wird«; *Dietlein*, Jura 1994, 57: »Als
Staaten besitzen die Länder die Macht zur Verfassungsgebung.« Unklar *Sachs/Huber*, Präambel
Rdnr. 23, wo über den Träger der verfassungebenden Gewalt geäußert wird, er sei »zunächst historischer und politischer Bezugspunkt der Verfassungsordnung. Er verleiht ihr Legitimation
und Legitimität«, während es in Rdnr. 24 heißt: »Die verfassunggebende Gewalt als ›Grenzbegriff des Verfassungsrechts‹ *bleibt* jedoch auch im Rahmen der Verfassungsordnung eine rechtliche Größe, wie sich nicht zuletzt aus Art. 146 ergibt«; Hervorh. v. Verf. Rechtliche Größe *bleiben*
kann sie indes nur, wenn sie auch zuvor bereits eine solche war.

[112] *Haug*, S. 89; Hervorhebungen dort. Ähnlich *v. Wedel*, S. 24.

[113] A.a.O., S. 91; Hervorh. v. Verf.; im Originaltext ist die gesamte Passage kursiv gedruckt.

[114] Vgl. a.a.O., S. 156f; siehe auch S. 160, wo *Haug* im Hinblick auf die ursprüngliche Verfassungschöpfung von der Bindung an das »vorherrschende Legitimitätsprinzip« spricht.

[115] *Ehmke*, S. 87.

fassunggebenden Gewalt des Volkes gerichtet wissen will. Indem er konstatiert, es gebe bestimmte Grenzen für den Verfassungsgesetzgeber, »die er entweder faktisch nicht überschreiten kann oder aber nicht überschreiten darf, ohne seine *Legitimität* zur Verfassunggebung zu verlieren«[116], läßt *Ehmke* durchblicken, daß sich Verfassunggebung für ihn nicht als rechtlicher Vorgang darstellt, da anderenfalls auch *rechtliche* Grenzen existieren müßten.

H. Götz hebt in seinen Ausführungen zur verfassunggebenden Gewalt den revolutionären Charakter des pouvoir constituant hervor, der stets über der Verfassung stehe, verneint eine »rechtliche Zuständigkeit des Volkes« zur Verfassunggebung und urteilt schließlich, die Schaffung der Verfassung sei »ein juristisch nicht weiter lösbares Problem«.[117] Diese Einschätzung teilen *Roellecke* und *Isensee*. Ersterer bescheinigt der Lehre von der verfassunggebenden Gewalt, den Widerspruch zwischen dem rechtlichen Zuhöchstsein der Verfassung und der Unmöglichkeit einer rechtlichen Begründung dieser Höchstrangigkeit zu verhüllen. Er stellt deshalb fest: »Sie (sc. die verfassunggebende Gewalt) ist vom Recht aus nicht beobachtbar. Jedem Versuch, sie rechtlich zu erfassen, entzieht sie sich.«[118] *Isensee* meint, eine rechtliche Begründung der Verfassungsgeltung könne weder unter Berufung auf das Völkerrecht noch durch naturrechtliche Argumentationen gelingen.[119] Verfassunggebende Gewalt könne man »nicht als Kompetenz qualifizieren, weil sie nicht rechtlich gefaßt und nicht rechtlich faßbar ist«[120] und die Frage nach dem Ursprung der Verfassung »nur historisch, nicht aber rechtlich beantwortet werden« könne. Die verfassunggebende Gewalt sei lediglich eine »Denkfigur«, die der Ausklammerung dieser Frage diene[121], »ein juristischer Kunstgriff, um die höchste Norm der staatlichen Rechtsordnung jenseits dieser Ordnung zu fundieren und den progressus in infinitum zu vermeiden«.[122] Er plädiert deshalb dafür, die Doktrin des pouvoir constituant »in das verfassungshistorische Museum« zu überweisen und durch eine Lehre von der Rechtfertigung, der Geltung und der Wirksamkeit der Verfassung zu ersetzen.[123]

Aus der nicht selten konstatierten fehlenden rechtlichen Erfaßbarkeit der Verfassunggebung werden aber auch andere, weniger weitgehende Schlußfolgerungen gezogen. So äußert beispielsweise *Badura*: »Die *Lehre vom pouvoir constitu-*

---

[116] A.a.O.; Hervorh. v. Verf.

[117] *H. Götz*, NJW 1958, 1020 (1021f). Auch *Scheuner*, DÖV 1953, 581 (582ff), betont stark den revolutionären Charakter der verfassunggebenden Gewalt. Er wendet sich gegen ihren »demokratischen Radikalismus« und spricht nur im Hinblick auf die Verfassungsänderung von einer »Befugnis«, was gegen die Annahme einer rechtlichen Kompetenz zur Verfassunggebung sprechen dürfte.

[118] *Roellecke*, JZ 1992, 929 (933); zustimmend *Kaufmann*, Staat 36 (1997), 521 (524f).

[119] *Isensee*, Mythos, S. 14ff.

[120] A.a.O., S. 79.

[121] *Isensee*, HStR VII, § 166 Rdnr. 46.

[122] *Isensee*, HStR VII, § 166 Rdnr. 46.

[123] *Isensee*, Mythos, S. 72f, 105.

ant[124] ist tatsächlich nicht eine Lehre von Kompetenzen zur Rechtserzeugung, hier von *Kompetenzen zum Erlaß einer Verfassung*, sondern eine auf dem Konzept der Volkssouveränität fußende Doktrin von der *Legitimität* einer Verfassung.«[125] Lediglich im Hinblick auf den demokratischen Verfassungsstaat bezeichnet *Badura* die verfassunggebende Gewalt an anderer Stelle als das »unverlierbare und unübertragbare *Recht des Volkes*«[126], fügt aber auch dort einschränkend hinzu, ansonsten sei diese Gewalt keineswegs »eine rechtlich definierte.«[127] Einen ähnlichen, das Augenmerk auf die Legitimität der Verfassungsentstehung richtenden Standpunkt vertritt *Schuppert* in einem englischsprachigen Beitrag zum Thema »The Constituent Power«. Für ihn stellt sich die Lehre von der verfassunggebenden Gewalt des Volkes nur als »shorthand for the democratic legitimation theory of the sovereignty of the people« dar, nicht als »legal competence«.[128]

Daß die verfassunggebende Gewalt »nicht als bloß hypothetische und auch nicht allein als naturrechtliche«, sondern als »*auch reale politische Größe*« aufzufassen sei, unterstreicht *Böckenförde* unter Berufung darauf, daß die einmal gegebene Verfassung fortdauernd vom Volk getragen werden müsse, um in Geltung bleiben zu können.[129] Verfassunggebende Gewalt ist für ihn deshalb »diejenige (politische) Kraft und Autorität, die in der Lage ist, die Verfassung in ihrem normativen Geltungsanspruch hervorzubringen, zu tragen und aufzuheben«.[130] Im Ergebnis ähnlich, aber mit stärkerer Akzentuierung ihrer Doppelnatur charakterisiert *Boehl* das Wesen der verfassunggebenden Gewalt. Unter anderem in Anlehnung an *Maunz* und *Böckenförde*[131] vertritt er den Standpunkt, daß die beiden Grundsätze zum Wesen der verfassunggebenden Gewalt – rechtliches oder außerrechtliches Verständnis – einander nicht unvermittelt gegenüber stünden, sondern sich wegen der »Ambivalenz des staatsorganisationsrechtlichen Begriffs der

---

[124] Hervorhebung von *Badura*.

[125] *Badura*, Staat und Gesellschaft, S. 1 (9); weitere Hervorhebungen v. Verf. Ähnlich *Herbst*, S. 29, 102 u.ö., der die »Theorie der Verfassunggebung« als »Theorie der *Legitimation* bzw. *Legitimität* von Verfassungen*« verstanden wissen will (Hervorhebungen dort).

[126] *Badura*, Artikel »Verfassung«, EvStL II, Sp. 3745.

[127] A.a.O., Sp. 3743.

[128] *Schuppert*, S. 37 (39, 41 f).

[129] *Böckenförde*, verfassunggebende Gewalt, S. 90 (93); Hervorh. v. Verf.

[130] *Böckenförde*, verfassunggebende Gewalt, S. 94. Ähnliche Auffassungen werden vertreten von M/K/S/*Starck*, Präambel Rdnr. 15; *Heckel*, HStR VIII, § 197 Rdnr. 47, 53, 56 ff; *ders.*, Einheit, S. 23 ff. Interessanterweise hat *Böckenförde* in dem ein Jahr später als die zitierte Abhandlung, nämlich 1987 erschienenen ersten Band des Handbuchs des Staatsrechts (HStR I, § 22 Rdnr. 7) seine Definition ergänzt und die verfassunggebende Gewalt »als die dem Volk (im Sinne einer vor-verfassungsmäßigen Kompetenz) zukommende Kraft und Autorität (…)« bezeichnet, worauf *Boehl*, Verfassunggebung, S. 86, hinweist. Zu *Boehls* Einschätzung der verfassunggebenden Gewalt sogleich im Text.

[131] Zu deren Auffassungen s.o. B. II. 2. c) bb) bzw. d) cc); daneben beruft sich *Boehl* auch auf *Heller* und *Stern*.

›Gewalt‹ (des ›pouvoir‹)« kombinieren ließen.[132] Er definiert die verfassunggebende Gewalt deshalb als »die Kraft und Autorität sowie die dieser korrespondierende vor-verfassungsmäßige Kompetenz des Volkes, die Verfassung hervorzubringen (Entstehungsaspekt), zu tragen (Legitimationsaspekt) oder aufzuheben (Revolutionsaspekt)«.[133]

3. Der Geltungsgrund der vom pouvoir constituant geschaffenen Verfassung

Mit den divergierenden Ansichten zum Wesen der Verfassunggebung korrespondieren verschiedene Antworten auf die Frage, wie sich die Geltung der vom pouvoir constituant geschaffenen Verfassung begründen läßt. Sie seien um eines besseren Verständnisses willen kurz skizziert.[134]

a) Die rechtliche Begründung der Verfassungsgeltung

Für *Sieyes* gilt die Verfassung, weil die Nation, die ein Recht zur Verfassunggebung habe, es so wolle.[135] Dieses Recht auf Verfassunggebung muß auf einer der Verfassung übergeordneten Rechtsquelle beruhen, welche gleichermaßen die Nation zur Verfassungschöpfung berechtigt und der Geltung der von der Nation erlassenen Verfassung zugrunde liegt. Als solche Rechtsquelle kommt nach der Konzeption *Sieyes'*, übrigens ebenso wie bei der Begrenzung der Befugnisse des pouvoir constituant[136], nur das natürliche Recht in Betracht.[137] Die Verfassungsgeltung läßt sich nach dieser Auffassung also auf eine naturrechtliche Grundlage zurückführen: Die Verfassung gilt, weil das Naturrecht ihre Geltung anordnet. Die Begründung der Verfassungsgeltung durch die anderen Befürworter eines naturrechtlichen Verständnisses der Verfassunggebung[138] erfolgt entsprechend. Die Reine Rechtslehre bemüht dagegen die (hypothetische) Grundnorm, während

---

[132] So *Boehl*, Verfassunggebung, S. 86f; ähnlich *Stückrath*, S. 191.

[133] *Boehl*, a.a.O., S. 91. Die Begründung eines solchen Sowohl-als-auch-Charakters der verfassunggebenden Gewalt als Kraft/Autorität *und* Befugnis/Kompetenz fällt bei *Boehl* allerdings relativ knapp aus (vgl. S. 86f).

[134] Mit dieser Vorgehensweise wird im übrigen dem insbesondere von *Boehl*, Verfassunggebung, S. 79f, formulierten Anliegen Rechnung getragen, die Frage nach der Verfassungsentstehung von der Frage nach dem Grund der Verfassungsgeltung gedanklich zu unterscheiden (dazu schon oben B. II. 2. a)). Als Grund für diese Trennung führt *Boehl* u.a. an, daß für diejenigen Theorien, die »den Geltungsgrund der Verfassung in deren ständiger Bewährung, Integrationsleistung und aktuellem Verfassungskonsens finden«, die Modalitäten der Verfassungsentstehung von allenfalls nachrangiger Bedeutung seien; näheres dazu sogleich unter c).

[135] S.o. B. I. 2. a).

[136] Dazu unten B. II. 5., speziell b) aa).

[137] Das Naturrecht wird von *Sieyes* auch ausdrücklich als der Nation vorausliegend erwähnt, s.o. A. I. 6. c) Fn. 125: »Die Nation existiert vor allem anderen; sie ist der Ursprung von allem. (...) Vor ihr und über ihr gibt es nur das natürliche Recht.«

[138] S.o. B. II. 2. c) bb).

andere den Geltungsgrund der Verfassung im völkerrechtlichen Selbstbestimmungsrecht erblicken.[139]

b) Die Dezision der verfassunggebenden Gewalt bzw. soziale Machtfaktoren als Geltungsgrund der Verfassung

Schmitt begründet die Verfassungsgeltung dagegen mit dem Willen des jeweiligen Trägers der verfassunggebenden Gewalt: »Die Verfassung gilt kraft des existierenden politischen Willens desjenigen, der sie gibt.«[140] Einer rechtlichen Ermächtigung zur Verfassungschöpfung bedürfe die verfassunggebende Gewalt demgegenüber nicht; denn: »Was als politische Größe existiert, ist, juristisch betrachtet, wert, daß es existiert.«[141] In ähnlicher Weise sieht *Henke* »die Geltungsgrundlage des Verfassungsgesetzes und der Verfassung in einer menschlichen Entscheidung« und nicht in einer Norm.[142] Auch für die Anhänger des Positivismus wird eine Verfassung nicht kraft einer ihr dem Range nach übergeordneten Befugnis erlassen. Ihre Geltung kann danach nicht rechtlich begründet, sondern nur auf den Willen bestimmter sozialer Machtfaktoren zurückgeführt werden.

c) Die Verfassungslegitimität als Geltungsgrund der Verfassung

Andere Stimmen in der Literatur gehen mit der vorgenannten Richtung zwar insoweit konform, als sie einer rechtlichen Begründung der Verfassungsgeltung ablehnend gegenüberstehen, die Suche nach einem rechtlichen Geltungsgrund der Verfassung also für verfehlt halten. Gleichzeitig lassen sie es aber auch nicht mit der Rückführung der Verfassung auf bloße politische Faktizität bewenden, son-

---

[139] Zu beiden Auffassungen oben B. II. 2. c) aa) bzw. cc).

[140] *Schmitt*, Verfassungslehre, S. 22. Als Vorgriff auf die anschließend unter c) vorgestellte Auffassung sei zur Bedeutung der Legitimität einer Verfassung aus der Sicht *Schmitts* folgendes angemerkt: Eine Verfassung ist für ihn »legitim, d.h. nicht nur als *faktischer* Zustand, sondern auch als *rechtmäßige Ordnung anerkannt*, wenn die Macht und Autorität der verfassunggebenden Gewalt, auf deren Entscheidung sie beruht, anerkannt ist« (S. 87). Im gleichen Zuge relativiert *Schmitt* aber die Bedeutung des Legitimitätskriteriums, wenn er schreibt: »Sie (sc. die die Verfassung ausmachende politische Entscheidung) bedarf keiner Rechtfertigung an einer *ethischen* oder juristischen Norm, sondern hat ihren Sinn in der politischen Existenz. (...) Die besondere Art politischer Existenz *braucht und kann sich nicht legitimieren*« (S. 87). Insofern spielt die Legitimität einer Verfassung für *Schmitt*, trotzdem er ihr in seiner Verfassungslehre ein ganzes Kapitel widmet, im Grunde keine Rolle, wie er denn auch klar zum Ausdruck bringt: »Nur aus geschichtlichen Gründen und unter dem Gesichtspunkt der Unterscheidung von dynastischer und demokratischer Legitimität kann man daher von der Legitimität einer Verfassung sprechen. In Wahrheit handelt es sich dabei um die Frage der Existenzform einer politischen Einheit« (S. 88).

[141] *Schmitt*, a.a.O.

[142] *Henke*, verfassunggebende Gewalt, S. 11f, 165. Anders als bei *Schmitt* spielt jedoch bei *Henke* die Legitimität der Verfassung eine größere Rolle, siehe S. 11, 157 und im Hinblick auf das Verfassungsgesetz S. 37, 149, 154; ferner *ders.*, Staat 19 (1980), 181 (209ff), betreffend die politische Legitimation der Verfassung. Zum Ganzen auch *Steiner*, S. 75f.

dern legen besonderen Wert auf den Gesichtspunkt der Verfassungslegitimität.[143] Ausgangspunkt ihrer Argumentation ist die Annahme, daß jedes Recht nach einer Rechtfertigung verlange, also begründungs- und legitimationsbedürftig sei.[144] Dies gelte für die Verfassung als höchste Norm der Rechtsordnung in besonderem Maße.[145] Aus der Tatsache, daß sich die Verfassung nicht auf eine andere, ihr übergeordnete Rechtsnorm zurückführen lasse, ergebe sich die Notwendigkeit, die Verfassungsgeltung aus *vorrechtlichen* Gegebenheiten zu begründen und zu legitimieren.[146] Die nach politisch-ethischen Kriterien zu beurteilende *Legitimität* der Verfassung erscheint dabei als Voraussetzung für ihren Geltungs*anspruch* und ihre Geltungs*kraft* (Wirksamkeit)[147], d.h. die Verfassung gilt deshalb und wird befolgt, weil sie als legitim empfunden wird. Die Lehre von der Verfassunggebung wird auf der Grundlage dieses Verständnisses zu einer Doktrin von der Verfassungslegitimität.[148]

Legitimation kann einer Verfassung einerseits infolge der Modalitäten ihrer Entstehung, insbesondere der Einhaltung eines bestimmten Verfahrens oder ihrer Rückführung auf den Willen eines bestimmten, in seiner Rolle als Verfassungschöpfer allgemein anerkannten Subjektes, zufließen.[149] Legitimationsstiftend kann sich andererseits der Verfassungsinhalt auswirken, d.h. es besteht die Möglichkeit, ergänzend[150] oder anstelle der vorgenannten Anknüpfungspunkte auf

---

[143]   Zum Unterschied zwischen »Legitimität« und »Legitimation« *Isensee*, Mythos, S. 75; *Steiner*, S. 28f; *Alvarez*, S. 154ff; *Stückrath*, S. 264; *Stern* I, S. 149; dort auch Ausführungen zur Bedeutung von Legitimität: »Mit der Legitimität wird vielmehr nach ›letzten Verbindlichkeitsgründen‹ gefragt. Es geht um die Richtigkeit, Rechtfertigung und Anerkennung des Inhalts der Verfassung und mit ihr zugleich des Staates überhaupt.« Ausführlich zur Legitimation auch *Zippelius*, AStL, § 16 (S. 122ff).

[144]   *Böckenförde*, verfassunggebende Gewalt, S. 90 (91); *Roellecke*, JZ 1992, 929 (933); *Schneider*, HStR VII, § 158 Rdnr. 31; *Alvarez*, S. 70, 153ff; *Kaufmann*, Staat 36 (1997), 521 (524).

[145]   So *Boehl*, Verfassunggebung, S. 130.

[146]   Vgl. *Böckenförde*, verfassunggebende Gewalt, S. 90 (91).

[147]   Zur Unterscheidung von »Geltung« und »Wirksamkeit« siehe *Isensee*, Mythos, S. 13f, 74f; *Steiner*, S. 27; ferner *Burckhardt*, Organisation, S. 170ff.

[148]   Zu diesem Ansatz vor allem *Isensee*, Mythos, S. 74ff, der freilich einer Ersetzung der Doktrin von der verfassunggebenden Gewalt durch eine »Lehre von der Rechtfertigung, der Geltung und der Wirksamkeit der Verfassung« das Wort redet (S. 105); *Böckenförde*, verfassunggebende Gewalt, S. 90 (93f, 99f); *Herbst*, S. 28ff, 100ff; *Heckel*, HStR VIII, § 197 Rdnr. 57ff; *Badura*, Staat und Gesellschaft, S. 1 (9); *ders.*, Artikel »Verfassung«, EvStL II, Sp. 3743, 3746; *Stern* I, S. 148f; *Karpen*, JZ 1987, 431 (437ff); *Schuppert*, S. 37 (38f, 41ff); M/K/S/*Starck*, Präambel Rdnr. 15f; ausführlich auch *v. Beyme*, S. 5f, 26ff, 48ff.

[149]   Vgl. dazu im einzelnen unter B. II. 4. zum Subjekt und 5. a) zum Verfahren der Verfassunggebung.

[150]   Das Bundesverfassungsgericht tendiert zu einer Kombination verschiedener Legitimitätskriterien, z.B. in BVerfGE 5, 85 (379): »Die Ordnung in der Bundesrepublik ist legitim. Sie ist es nicht nur deshalb, weil sie auf demokratische Weise zustande gekommen und seit ihrem Bestehen immer wieder in freien Wahlen vom Volke bestätigt worden ist. Sie ist es vor allem, weil sie – nicht notwendig in allen Einzelheiten, aber dem Grundsatze nach – Ausdruck der sozialen und politischen Gedankenwelt ist, die dem gegenwärtig erreichten kulturellen Zustand des deutschen Volkes entspricht. Sie beruht auf einer ungebrochenen Tradition, die – aus älteren Quellen gespeist –

die der Verfassung ihres Inhaltes wegen zuteil werdende Anerkennung durch die ihr Unterworfenen[151] zu rekurrieren und mit dieser Anerkennung den Geltungsanspruch sowie die Geltungskraft der Verfassung zu begründen.[152] Weil in dem letztgenannten Fall regelmäßig die jeweils kraft praktischer Bewährung aktuell bestehende Zustimmung zum Verfassungsinhalt in den Blick genommen wird[153], führt diese Vorgehensweise dazu, daß die Frage nach der Verfassungsgeltung nicht nur unter Bezugnahme auf den singulären Akt der ursprünglichen Verfassungschöpfung beantwortet wird[154], sondern der Antwort ein dynamisches Element innewohnt: Die Verfassung gilt danach (und wird als verbindlich anerkannt), weil und solange sie von den ihr Unterworfenen für legitim gehalten und deshalb »getragen« wird.[155]

---

von den großen Staatsphilosophen der Aufklärung über die bürgerliche Revolution zu der liberal-rechtsstaatlichen Entwicklung des 19. und 20. Jahrhunderts geführt und der sie selbst das Prinzip des Sozialstaates, d.h. das Prinzip der sozialen Verpflichtung hinzugefügt hat. Die sich hieraus ergebenden Wertsetzungen werden von der übergroßen Mehrheit des deutschen Volkes aus voller Überzeugung bejaht. Hieraus erwächst dieser Ordnung die innere Verbindlichkeit, die das Wesen der Legitimität ausmacht.«

[151] Daß für die Ermittlung der Verfassungslegitimität auf die Anerkennung durch die Verfassungsunterworfenen, sprich auf das Volk abgestellt wird, beruht darauf, daß die Anhänger der Legitimitätslehre ganz überwiegend den Grundsatz der Volkssouveränität als Legitimationsideal heranziehen, was natürlich auch für die Fragen nach Subjekt und Verfahren der Verfassunggebung sowie für den Verfassungsinhalt nicht ohne Folgen bleibt; s.u. B. II. 4. b) bb) zum Subjekt, 5. a) aa) und cc) zum Verfahren und 5. b) ee) und ff) betreffend den Verfassungsinhalt.

[152] Insbesondere *Isensee*, Mythos, S.83ff, äußert sich kritisch im Hinblick auf Subjekt und Verfahren der Verfassunggebung als »Probiersteine« der Verfassungslegitimität: »Die gegenwärtige Legitimität hängt nicht ab von den Modalitäten des anfänglichen Zustandekommens der Verfassung.« Seiner Meinung nach ist diesbezüglich nicht der Akt ihres Erlasses, sondern ausschließlich ihr Inhalt maßgeblich. Anhand dieser Auffassung läßt sich auch der Sinn der von *Boehl*, Verfassunggebung, S.79f, propagierten Unterscheidung zwischen Geltungs- und Entstehungsaspekt der Lehre von der verfassunggebenden Gewalt aufzeigen: Unter Zugrundelegung der Auffassung *Isensees* erscheint die Frage nach dem Geltungsgrund eben gerade nicht als eine solche nach dem (legitimen) Ursprung der Verfassung. Beide Fragen sind vielmehr nicht identisch, da die Verfassungsgeltung *Isensee* zufolge in keinem unmittelbaren Zusammenhang mit der Verfassungsentstehung steht. Durch die Differenzierung zwischen Geltungs- und Entstehungsaspekt kann dieser Eigenheit hinreichend Rechnung getragen werden.

[153] Hieraus leitet *Boehl*, Verfassunggebung, S.79, ein Argument für eine ergänzende Heranziehung der verschiedenen Legitimitätsaspekte ab; denn auch in der Situation des verfassungsrechtlichen Neubeginns, in der von ständiger Bewährung und einer darauf beruhenden Anerkennung der Verfassung noch nicht die Rede sein könne, müsse bereits eine Beurteilung der Verfassungslegitimität möglich sein. Dazu kann indes nicht nur auf das Verfahren der Verfassungserzeugung, sondern auch schon auf den – freilich in der Praxis noch nicht bewährten – Verfassungsinhalt abgestellt werden.

[154] Deutlich *Hesse*, Grundzüge, Rdnr. 42: »Verfassunggebung ist in dem, was sie ist und in dem, was sie schafft, verkannt, wenn sie als einmaliger *Willensakt* der ›verfassunggebenden Gewalt‹ verstanden wird«; Hervorhebung dort.

[155] Vgl. zu dieser Auffassung vor allem *Isensee*, Mythos, S. 80ff, 105; *Böckenförde*, verfassunggebende Gewalt, S. 90 (93, 99f); *Heckel*, HStR VIII, § 197 Rdnr. 58f; *ders.*, Einheit, S. 23ff; *Boehl*, Verfassunggebung, S. 95ff; *Hesse*, Grundzüge, Rdnr. 41ff; *Möllers*, S. 1 (5, 32). Konsequenz dieses dynamischen Verständnisses der verfassunggebenden Gewalt ist es, daß sie sich mit dem Akt der

4. Das Subjekt der Verfassunggebung

Auch was die Frage nach dem Subjekt der Verfassunggebung, dem Träger der verfassunggebenden Gewalt, anbelangt, ergeben sich je nach Standpunkt zum Wesen der Verfassungschöpfung unterschiedliche Einschätzungen, die wiederum überblickshalber vorgestellt werden sollen.[156]

a) Die rechtliche Begründung der Subjektqualität

Hält man Verfassunggebung für einen rechtlichen Vorgang, für die Ausübung einer rechtlichen Kompetenz, so ergibt sich notwendigerweise aus der entsprechenden Kompetenznorm, wer für die Wahrnehmung der Befugnis zur Verfassungschöpfung zuständig ist. So ist für *Sieyes* die Nation und nur die Nation Inhaber des natürlichen Rechtes, sich eine Verfassung zu geben.[157] Ebenso wird in neuerer Zeit auf der Grundlage naturrechtlicher Argumentationen[158], insbesondere naturrechtlicher Interpretationen des Grundsatzes der Volkssouveränität, oder auch apriorisch davon ausgegangen, nur das Volk sei zur Verfassunggebung berechtigt, es sei alleiniger und ausschließlicher Träger der verfassunggebenden Gewalt.[159] Zu einem identischen Ergebnis kommen diejenigen, die das Selbstbestimmungsrecht der Völker zur Grundlage eines Rechts auf Verfassunggebung erklären. Das völkerrechtliche, nach außen gerichtete Selbstbestimmungsrecht finde im Recht auf den Erlaß einer Verfassung seine Entsprechung im Inneren. Und Träger des äußeren wie des inneren Selbstbestimmungsrechts sei jeweils das Volk.[160] Für die Anhänger der Reinen Rechtslehre entstehen Verfassungen nach Maßgabe der Grundnorm, die auch eine Aussage über die Zuständigkeit zur Verfassunggebung enthalte. Sie sei allerdings auf keinen bestimmten Normerzeuger festgelegt, d.h. das Volk *könne* der durch die Grundnorm berufene Verfassungschöpfer sein, *müsse* es aber keineswegs.[161]

Verfassunggebung nicht erschöpft, sondern fortdauernd als Quelle des aktuellen Geltungserfolges der Verfassung tätig ist; dazu des näheren unten D. II. 2. a) cc) (1).

[156] Zu der Frage, wer im Hinblick auf eine europäische Verfassung als Träger der verfassunggebenden Gewalt in Betracht kommt, vgl. *Hobe*, EuR 2003, 1 (7ff), mit einem Überblick zu den verschiedenen Auffassungen. Zur Frage der Existenz eines Volkes auf Ebene der Europäischen Union auch *Schmitz*, EuR 2003, 217 (219ff).

[157] S.o. B. I. 2. a) und A. I. 6. c).

[158] Zu den hier nicht im einzelnen aufgeführten Ansichten *Steiner*, S. 36ff, mit umfangreichen Nachweisen.

[159] So z.B. *Maunz*, DÖV 1953, 645; M/D/*ders.*, Präambel Rdnr. 12; *Bachof*, S. 36; *Storost*, Staat 29 (1990), 321 (325, 327); *Gutmann*, S. 58; *Steiner*, S. 18, 25f, 29ff, 83 (dort allerdings – relativierend – begründet mit der historisch engen Verbindung von verfassunggebender Gewalt und Staatsvolk) u.ö.; *Murswiek*, verfassunggebende Gewalt, S. 29ff, 98ff, 146ff, 156 u.ö. Ferner *Herzog*, AStL, S. 312; *Bartlsperger*, DVBl. 1990, 1285 (1298f); *Huber*, ThürVBl. 1994, 1 (3, 8).

[160] So *Kempen*, NJW 1991, 964 (965); *Alvarez*, S. 105ff; *Blumenwitz*, ZfP 39 (1992), 1 (6); *Hillgruber/Kempen*, ROW 33 (1989), 323 (326); *Tomuschat*, ZRP 1993, 248 (248f); vorsichtig in diese Richtung tendierend auch *Murswiek*, Staat 23 (1984), 523 (534); vgl. auch *Isensee*, Mythos, S. 15f.

[161] Siehe die entsprechenden Nachweise bei *Steiner*, S. 38f.

b) Die außerrechtliche Begründung der Subjektqualität

Vor dem Hintergrund eines außerrechtlichen Verständnisses ist die Frage nach dem Subjekt der Verfassunggebung hingegen nicht durch eine Rechtsnorm vorentschieden[162], so daß für die Bestimmung des Trägers der verfassunggebenden Gewalt andere, den Kosmos des Rechts transzendierende Begründungen herangezogen werden müssen.

aa) Die Bestimmung des Trägers der verfassunggebenden Gewalt nach der Machtlage

Bewegt man sich auf den Pfaden *Schmitts,* nach dessen Meinung die verfassunggebende Gewalt der »politische Wille« ist, »*dessen Macht oder Autorität imstande ist,* die konkrete Gesamtentscheidung über Art und Form der eigenen politischen Existenz zu treffen«[163], kann kein Subjekt ausfindig gemacht werden, das stets zur Verfassunggebung berufen wäre. Wer Träger der verfassunggebenden Gewalt ist, erscheint als reine Machtfrage.[164] Ähnlich äußert sich *H. Götz,* wenn er zum Subjekt der verfassunggebenden Gewalt denjenigen Machtträger erklärt, »der sich im Staate durchzusetzen vermag. Wer das ist – das Volk, der Monarch oder eine Minderheit –, kann nie ex ante, sondern nur ex post mit Sicherheit gesagt werden. Alle Ausführungen über das Subjekt des pouvoir constituant können nur deskriptiv aus der Erfahrung berichten oder politische Postulate verkünden. Eine a priori bestehende Volkszuständigkeit in bezug auf die Verfassungsgebung kann nicht angenommen werden.«[165] Ihm hat sich mit der Begründung, eine allgemeine Aussage über den Träger der verfassunggebenden Gewalt auf Grund eines Rechtssatzes sei ausgeschlossen, *Tosch* angeschlossen. Sogar eine »Militärjunta« komme beispielsweise als Träger der verfassunggebenden Gewalt in Betracht.[166] Auch nach Auffassung von *Schmitz* ist die »Institution der Verfassung offen für Verfassunggeber verschiedener Art«.[167]

bb) Das Volk als Träger der verfassunggebenden Gewalt

Nach anderen Auffassungen ist dagegen das Volk einzig denkbares Subjekt der verfassunggebenden Gewalt. So übernimmt *Henke* zwar die Differenzierung

---

[162] So *Tosch,* S. 89.

[163] *Schmitt,* Verfassungslehre, S. 75; Hervorh. v. Verf.

[164] Siehe bereits oben B. I. 2. b); ferner *Schmitt,* Verfassungslehre, S. 94: »Im Wege einer Revolution kann (...) auch die bisher bestehende Art der verfassunggebenden Gewalt (...) beseitigt werden. Durch eine demokratische Revolution z.B. kann die verfassunggebende Gewalt des Monarchen, durch einen Staatsstreich oder eine monarchistische Revolution die verfassunggebende Gewalt des Volkes beseitigt werden.«

[165] *H. Götz,* NJW 1958, 1020 (1021f).

[166] *Tosch,* S. 89, 98.

[167] *Schmitz,* EuR 2003, 217 (234).

zwischen Verfassung und Verfassungsgesetz, weicht aber im Hinblick auf das
Subjekt der Verfassunggebung von *Schmitt* ab, indem er der verfassunggebenden
Gewalt die Staatsgewalt gegenüberstellt.[168] Beide seien strikt voneinander zu
trennen. Erstere sei auf die Schaffung der Verfassung, letztere auf die Hervorbringung des Verfassungsgesetzes gerichtet. Während die Staatsgewalt nicht unabdingbar einem bestimmten Träger zugeordnet sei, liege die verfassunggebende
Gewalt unveräußerlich in der Hand des Volkes.[169]

»Die verfassunggebende Gewalt ist begrifflich verfassunggebende Gewalt des
Volkes«, nur das Volk komme als ihr Träger in Betracht, meint auch *Böckenförde*.
Er beruft sich darauf, daß der Begriff der verfassunggebenden Gewalt »nach seinem Ursprung und Inhalt (...) ein demokratischer und revolutionärer Begriff
(ist), der nur im Zusammenhang einer *demokratischen* Verfassungstheorie seinen
Platz hat«, weshalb er etwa auf einen Monarchen nicht übertragbar sei.[170] Darüber hinaus ergibt sich auch aus *Böckenfördes* These, die Verfassung müsse permanent vom Volk getragen werden, daß nur das Volk Träger der verfassunggebenden Gewalt sein kann.[171]

Daß eine Antwort auf die Frage nach dem Träger der verfassunggebenden Gewalt nicht einer Rechtsnorm[172] oder allein den faktischen Machtverhältnissen
entnommen werden könne, wird auch von den sonstigen Vertretern der Legitimi-
tätsdoktrin betont.[173] Das Subjekt der verfassunggebenden Gewalt müsse vielmehr unter maßgeblicher Berücksichtigung von Legitimitätsgesichtspunkten bestimmt werden. Ob die verfassunggebende Gewalt ausschließlich einem bestimmten Subjekt zusteht oder mehrere potentielle Träger existieren, richtet sich
mithin danach, was diesbezüglich zum Zeitpunkt der Verfassungschöpfung als le-

---

[168] *Henke*, verfassunggebende Gewalt, S. 11f, 17f, 30, 32ff, auch zum folgenden.
[169] Auf der Grundlage dieses Dualismus von verfassunggebender Gewalt und Staatsgewalt
kann *Henke* ohne weiteres erklären, warum in praxi zahlreiche Verfassungsgesetze nicht vom
Volk oder seinen Vertretern, sondern von anderen, oft demokratisch nicht legitimierten Instanzen erlassen werden: Diese seien schlichtweg Träger der Staatsgewalt und hätten mit dem Verfassungsgesetz den verfassunggebenden Willen des Volkes nachzuvollziehen. Täten sie das nicht,
berühre das nicht die Geltung, sondern nur die Legitimität des Verfassungsgesetzes; vgl. *Henke*,
verfassunggebende Gewalt, S. 33f, 36ff, 152f, 162f.
[170] *Böckenförde*, verfassunggebende Gewalt, S. 90 (94ff); ähnlich *Steiner*, S. 83.
[171] A.a.O., S. 93 und oben B. II. 2. d) cc). Ähnlich auch *v. Wedel*, S. 23f.
[172] Auch einer geltenden Verfassung lassen sich nach dieser Ansicht keine Aussagen zum Subjekt des pouvoir constituant entnehmen. Vgl. in diesem Kontext *Boehl*, Verfassunggebung, S. 92f:
»Genaugenommen läßt sich dabei natürlich nicht vom Subjekt der verfassunggebenden Gewalt
›in‹ der Demokratie sprechen. Wird Demokratie im staatsrechtlichen Sinne als Staats- und Regierungsform verstanden, so ist die Entscheidung für die Demokratie vielmehr ihrerseits ein Akt der
verfassunggebenden Gewalt. Die Bestimmung des Trägers der verfassunggebenden Gewalt muß
also jedenfalls der in der Verfassung dokumentierten Entscheidung über die Staats- und Regierungsform logisch und historisch vorausliegen und kann nicht umgekehrt aus ihr hergeleitet
werden.«
[173] Zu dieser Auffassung bereits oben B. II. 2. d) cc) und 3. c).

gitim empfunden wird.[174] Auf ein bestimmtes Subjekt der verfassunggebenden Gewalt ist die in Rede stehende Auffassung[175] demnach nicht a priori festgelegt.[176] Aufgrund der großen Überzeugungskraft und weitverbreiteten Anerkennung des demokratischen Ideals der Volkssouveränität gehen allerdings viele ihrer Anhänger davon aus, daß unter Legitimitätsgesichtspunkten heutzutage ausschließlich das Volk als Träger der verfassunggebenden Gewalt[177] in Betracht komme.[178]

c) Die Differenzierung zwischen Innehabung und Ausübung der verfassunggebenden Gewalt

Hinzuweisen bleibt noch auf die Tatsache, daß insbesondere auf der Grundlage einer angenommenen Subjektstellung des Volkes zwischen Innehabung und Ausübung der verfassunggebenden Gewalt differenziert wird. Der Träger dieser Gewalt und speziell das Volk brauche als pouvoir constituant nicht unmittelbar selbst tätig zu werden, sondern könne mit dieser Aufgabe bestimmte Organe betrauen, sich also repräsentativer Verfahren bedienen.[179]

---

[174] Plastisch formuliert wird dies von *Kirchhof*, HStR I, § 19 Rdnr. 17: »Wer das Subjekt der verfassunggebenden Gewalt ist, (…) ist keine Frage des Erkennens, sondern des Anerkennens.«

[175] Anhänger dieser Legitimitätslehre sind *Badura*, Staat und Gesellschaft, S. 1 (9); *ders.*, Artikel »Verfassung«, EvStL II, Sp. 3743ff; M/K/S/*Starck*, Präambel Rdnr. 15f; *Schuppert*, S. 37 (38f, 41ff); *Heckel*, HStR VIII, § 197 Rdnr. 57ff; *Zippelius*, AStL, § 9 III 2 (S. 65ff); *Boehl*, Verfassunggebung, S. 92ff. Kritisch im Hinblick auf den Träger der verfassunggebenden Gewalt und überhaupt den Modus der Verfassungsentstehung, obwohl ansonsten Vertreter der Legitimitätslehre, indes *Isensee*, Mythos, S. 83ff; seiner Meinung nach ergibt sich die Legitimität der Verfassung nicht aus dem Akt ihres Erlasses und damit einem bestimmten Verfahren respektive Subjekt der Verfassunggebung, sondern ausschließlich aus dem Inhalt der Verfassung.

[176] Entspricht der Schöpfer einer Verfassung den jeweils vorherrschenden Vorstellungen über die Eigenschaften eines Verfassunggebers, so fließt der von ihm geschaffenen Verfassung aus diesem Grunde Legitimation zu, die um ihrer Geltung und Wirksamkeit willen erforderlich ist; vgl. dazu B. II. 3. c).

[177] Daß diese ausschließliche Subjektstellung des Volkes abhängig ist vom Fortbestand der gegenwärtigen Legitimationsideale, wird von *Boehl*, Verfassunggebung, S. 94, betont: »Die Lehre von der verfassunggebenden Gewalt des Volkes setzt vielmehr die tatsächliche Durchsetzung und Anerkennung der Volkssouveränität als vorrechtliches, politisches Legitimationsprinzip voraus.«

[178] In diesem Sinne *Heckel*, HStR VIII, § 197 Rdnr. 46, 57ff; *Schuppert*, S. 37 (39); *Badura*, Staat und Gesellschaft, S. 1 (9); *ders.*, Artikel »Verfassung«, EvStL II, Sp. 3746 (bezogen auf den demokratischen Verfassungsstaat); *Stern* I, S. 75, 147; *Karpen*, JZ 1987, 431 (438); *Schneider*, HStR VII, § 158 Rdnr. 19f; *Häberle*, AöR 112 (1987), 54 (55ff, 85f); ebenso *Alvarez*, S. 69ff, 80ff, 94ff, der entsprechende Überlegungen unabhängig von seiner völkerrechtlichen Lösung anstellt.

[179] Dazu näher *Stern* I, S. 147f; *Steiner*, S. 97ff; *Murswiek*, verfassunggebende Gewalt, S. 34ff, 44, 58f, 72ff, 159; *Alvarez*, S. 133ff; *Boehl*, Verfassunggebung, S. 112f; *ders.*, Staat 30 (1991), 572 (578); *Schneider*, HStR VII, § 158 Rdnr. 12, 20ff; M/K/S/*Starck*, Präambel Rdnr. 19; *Schmitt*, Verfassungslehre, S. 58f, 91; siehe auch unten E. IV. 2. Abweichend offenbar *Badura*, Artikel »Verfassung«, EvStL II, Sp. 3745, wo es heißt: »Die Kompetenz einer *verfassunggebenden Versammlung* zur Aufzeichnung der Verfassungsurkunde besteht nur kraft Repräsentation und ist nicht Ausübung der verfassunggebenden Gewalt des Volkes«; Hervorhebung dort.

5. Die Grenzen der Verfassunggebung

Naturgemäß ebenso kontrovers wie das Wesen der Verfassunggebung ist die Frage, ob es rechtliche Determinanten für die Verfassungschöpfung gibt. Die Existenz solcher Bindungen der verfassunggebenden Gewalt wird im Hinblick auf das *Verfahren* der Verfassunggebung einerseits und den *Inhalt* der zu schaffenden Verfassung andererseits diskutiert, so daß sich zwischen *formellen* und *materiellen* Determinanten unterscheiden läßt. Ihren Ursprung können diese freilich nicht in vorhandenen positiven staatlichen Rechtsnormen finden.[180] Für die gesetzlichen und untergesetzlichen Normen ergibt sich dies bereits daraus, daß sie im Range unter der Verfassung stehen und deshalb keine verbindlichen Festsetzungen für die Verfassungschöpfung enthalten können.[181] Aber auch die Verfassung selbst kann aus rechtslogischen Gründen Verfahren und Inhalt der Verfassunggebung nicht bindend vorschreiben[182], da sie durch einen Akt der verfassunggebenden Gewalt überhaupt erst hervorgebracht wird und zuvor nicht existiert.[183] Insofern muß zur Begründung von Bindungen der verfassunggebenden Gewalt auf überpositives Recht oder andere vom positiven staatlichen Recht unabhängige Konstruktionen zurückgegriffen werden.

a) Formelle Determinanten der Verfassunggebung

In formeller Hinsicht wird über das Bestehen rechtlicher, die Modalitäten der Verfassungserzeugung betreffender Vorgaben und insbesondere darüber gestritten, ob ein demokratisches Verfahren der Verfassunggebung rechtlich zwingend ist. Beides wird teils bejaht, teils geleugnet. Alternativ dazu wird versucht, verfahrensmäßige Beschränkungen der verfassunggebenden Gewalt mit Hilfe außerrechtlicher Argumentationsansätze herzuleiten.

---

[180] Vgl. *Alvarez*, S.77, 86; *H. Götz*, NJW 1958, 1020 (1021); *Bachof*, S.34f; *Tosch*, S.80; *Gutmann*, S.58; *Murswiek*, verfassunggebende Gewalt, S.157, 175, 177, 258; *Maunz*, DÖV 1953, 645; *Stern* I, S.148ff; *Steiner*, S.120; *Badura*, Artikel »Verfassung«, EvStL II, Sp.3743, 3746; *Isensee*, HStR VII, §166 Rdnr.21; *Zippelius*, AStL, §9 III 2 (S.66f); *Schmitt Glaeser*, S.30f; *Storr*, S.48f; *Kaufmann*, Staat 36 (1997), 521 (524); Sachs/*Huber*, Präambel Rdnr.16; *Boehl*, Verfassunggebung, S.80f, 104ff, 128; *ders.*, Staat 30 (1991), 572 (575, 581).

[181] Besonders deutlich in diesem Sinne *Steiner*, S.120.

[182] So im allgemeinen *Schmitt*, Verfassungslehre, S.79, 83, 88ff; *Alvarez*, S.77, 86; *H. Götz*, NJW 1958, 1020 (1021); *Henke*, verfassunggebende Gewalt, S.25; *Bachof*, S.35; *Steiner*, S.178; *Murswiek*, verfassunggebende Gewalt, S.135, 182, 188ff, 242; *Tosch*, S.80; *Böckenförde*, verfassunggebende Gewalt, S.90 (107); *Boehl*, Verfassunggebung, S.81, 105; *ders.*, Staat 30 (1991), 572 (578f); *Unruh*, S.384; M/D/*Maunz*, Präambel Rdnr.15; *Randelzhofer*, Wiedervereinigung, S.141 (153); *Kirchhof*, HStR I, §19 Rdnr.15; *Heckel*, HStR VIII, §197 Rdnr.49, 84f; *Schuppert*, S.37(42); *Ossenbühl*, DVBl. 1992, 468 (471).

[183] Dies im besonderen betonend *Boehl*, Staat 30 (1991), 572 (578f); *ders.*, Verfassunggebung, S.105; *Böckenförde*, verfassunggebende Gewalt, S.90 (107). An dieser Stelle sei daran erinnert, daß die Verfassunggebung in diesem Teil der Arbeit isoliert betrachtet wird und den Ausführungen deshalb die Annahme zugrunde liegt, daß bisher keine Verfassung existiert hat oder eine Vorgängerverfassung bereits untergegangen ist.

aa) Das Bestehen verfahrensrechtlicher oder quasiverfahrensrechtlicher Bindungen der verfassunggebenden Gewalt

Sofern Verfassunggebung auf eine rechtliche Befugnis zurückgeführt wird, liegt es nahe, die entsprechende Ermächtigungsgrundlage auch daraufhin zu untersuchen, ob sie Bedingungen für das Verfahren der Verfassungschöpfung statuiert. Wenn man Verfassunggebung etwa als Betätigung des völkerrechtlichen Selbstbestimmungsrechts in seiner nach innen gerichteten Ausprägung betrachtet[184], lassen sich daraus Konsequenzen auch für den Vorgang der Verfassungserzeugung ableiten: Aus dem Umstand, daß das Volk als Träger des inneren Selbstbestimmungsrechtes imstande sein müsse, seinen verfassunggebenden Willen frei auszuüben, folge die Notwendigkeit eines demokratischen Verfahrens der Verfassunggebung.[185] In analoger Weise könnten auch bestimmte naturrechtliche Prinzipien für das Verfahren der Verfassunggebung verbindlich sein. Schließlich ist die Möglichkeit in Betracht zu ziehen, daß sich auf Grundlage langandauernder politischer Übung ein Gewohnheitsrecht der Verfassunggebung entwickelt hat, das für die verfassunggebende Gewalt verbindlich ist.[186]

Neben diesen im eigentlichen Sinne verfahrens*rechtlichen* Begrenzungen wird im Schrifttum vom Bestehen anders gearteter formeller Bindungen ausgegangen. Derartige, bisweilen ebenfalls als rechtliche Beschränkungen der verfassunggebenden Gewalt apostrophierte Determinanten werden auf unterschiedliche Weise hergeleitet. *Schneiders* diesbezügliche Argumentation ist eine mehrstufige: Der pouvoir constituant sei ausgestattet mit der »Befugnis, eine Verfassungsordnung zu schaffen und zu gestalten«.[187] Insofern sei die verfassunggebende Gewalt »schon von vornherein durch ihren Gegenstand: die Verfassung, begriffsnotwendig geprägt, reguliert und begrenzt«: »Gerichtet auf die Erzeugung eines Rechts- und Verfassungssystems, das diese Bezeichnung verdient, bedarf die verfassunggebende Gewalt ihrerseits einer Regulierung und Ordnung, ohne die sie gerade nicht imstande wäre, ihre Aufgabe zu erfüllen, weil aus reiner Willkür und Beliebigkeit sowohl in bezug auf die Verfassungssubstanz als auch im Verfahren der Verfassunggebung niemals eine rechtliche Grundordnung des politischen Gemeinwesens hervorgehen kann.« Nachdem damit für *Schneider* bewiesen ist, daß es positiv-rechtlicher Verfahrensregeln bedarf, ein »normativ-vorverfassungsrechtliches Regelwerk«[188] für die Verfassunggebung unentbehrlich ist, kann er die dahingehende These anhand des von ihm angenommenen Subjekts der Verfassunggebung gleichermaßen präzisieren und bestätigen: Ist – seiner Meinung nach

---

[184] Dazu bereits oben B. II. 2. c) cc) und 4. a).
[185] So *Alvarez*, S. 106f; *Hillgruber/Kempen*, ROW 33 (1989), 323 (325ff).
[186] In Erwägung gezogen wird dies von *Steiner*, S. 42f, 104; *H. Götz*, NJW 1958, 1020 (1022); auch *Boehl*, Verfassunggebung, S. 110, spricht im Hinblick auf die Verfassungserzeugung von »Rechtsgewohnheit«.
[187] *Schneider*, HStR VII, § 158 Rdnr. 15, auch zum folgenden.
[188] A.a.O., Rdnr. 5.

notwendigerweise – »die verfassunggebende Gewalt dem Volke zugewiesen, muß auch die Verfassunggebung selbst demokratischen Grundsätzen entsprechen«.[189] Da das Volk als Träger der verfassunggebenden Gewalt überdies »keine homogene ›Ganzheit‹ darstellt«, müsse »die für die Schaffung einer Verfassung erforderliche Handlungs- und Wirkungseinheit erst hergestellt werden«. »Dies wiederum kann nur mit rechtlichen Mitteln geschehen, was bedeutet, daß praktisch die Prinzipien der Demokratie und des Rechtsstaates schon immer mitgedacht werden müssen, wenn von der verfassunggebenden Gewalt des Volkes die Rede ist.«[190] Aus diesem Grund sei die verfassunggebende Gewalt des Volkes »immer schon eine rechtlich ›vorgeordnete‹, normierte Gewalt«.[191] Daneben verweist *Schneider* noch auf die Notwendigkeit der allgemeinen Anerkennung von Verfassungsnormen[192] und leitet insofern aus der »Rechtsstaatlichkeit der späteren Verfassung gewisse ›Vorwirkungen‹« ab, »die ebenfalls der Allmacht des pouvoir constituant Grenzen setzen«.[193]

Ausgangspunkt einer vergleichbaren Theorie *Häberles* ist das Modell des demokratischen Verfassungsstaates[194], das er prägnant als »Typus Verfassungsstaat« bezeichnet.[195] Diesem Typus entnimmt *Häberle* u.a. verfahrensmäßige Vorgaben für die Betätigung der verfassunggebenden Gewalt: »Sie folgen daraus, daß sich ›Verfassunggebung‹ auf die Konstituierung eines konkreten Beispiels für den abstrakteren Typus ›Verfassungsstaat‹ beziehen muß: Andernfalls wären Wort und Begriff ›Verfassunggebung‹ irreführend und nichtssagend, ein bloßer Formalakt.«[196] Indem er also die Verfassunggebung ausschließlich auf den Typus Verfassungsstaat bezieht und dadurch untrennbar mit diesem verbindet, kann er von den im Verfassungsstaat üblichen Verfahren der Verfassungserzeugung auf das »prozessuale Minimum an verfahrensrechtlichen Wegen, auf denen bzw. in denen sich die verfassunggebende Gewalt äußert«, schlechthin folgern. Dies setzt *Häberle* in den Stand, etwa im Hinblick auf die Entstehung des Grundgesetzes zu konstatieren, diese »unterschreitet m.E. das typischerweise vom ›Verfassungsstaat‹ als solchem geforderte Verfahrensminimum«, was nur »ausnahmsweise«, in »atypischen Fälle(n)« erlaubt sei, wenn »der neue Zustand ›näher‹ am *Typus* Verfassungsstaat ist als der frühere«, also beispielsweise »wenn sich ein Volk auf den Weg von einem totalitären oder autoritären Staat *zu* einem demokratischen Ver-

---

[189] A.a.O., Rdnr. 20f, ferner Rdnr. 19, 33; ebenso ist wohl *Alvarez*, S. 94f, 130f, zu verstehen.
[190] A.a.O., Rdnr. 20.
[191] A.a.O., Rdnr. 24.
[192] Vgl. a.a.O., Rdnr. 26: »Denn die Legitimität der Ausübung der verfassunggebenden Gewalt richtet sich nach den gleichen Kriterien wie ihre Zuordnung zu einem bestimmten Subjekt.«
[193] A.a.O., Rdnr. 31.
[194] Dazu die Einführung von *Starck* zu seinem Buch »Der demokratische Verfassungsstaat«, S. 1ff. Vgl. auch schon oben A. III. 1.
[195] *Häberle*, AöR 112 (1987), 54 (55ff, 84ff u.ö.); ferner *ders.*, Verfassungslehre, S. 10ff.
[196] *Häberle*, AöR 112 (1987), 54 (86f); Hervorhebungen, auch im folgenden, dort. Ähnlich *ders.*, Verfassungslehre, S. 234f.

fassungsstaat macht«.[197] Regelmäßig müsse die Verfassunggebung dagegen in einem der gängigen demokratischen Verfahren vollzogen werden.[198] Allerdings vermeidet es *Häberle*, diese und andere Beschränkungen der verfassunggebenden Gewalt als Grenzen *rechtlicher* Art zu kennzeichnen. Im Gegenteil: »Es handelt sich um erfahrungswissenschaftlich aus der Praxis gewonnene Prinzipien, die für eine sich als Kulturwissenschaft verstehende Verfassungslehre legitim sind. Die umschriebenen ›Grenzen‹ der verfassunggebenden Gewalt sind *Ausdruck* verfassungsstaatlicher *Kultur*« und seien somit jedenfalls im demokratischen Verfassungsstaat hinsichtlich ihrer normativen Kraft rechtlichen Normen vergleichbar.[199]

bb) Das Nichtbestehen verfahrensrechtlicher Bindungen der verfassunggebenden Gewalt

Von anderer Seite wird die Existenz formell-rechtlicher Determinanten für die Verfassunggebung dagegen in Abrede gestellt. Dies geschieht meist, aber nicht immer vor dem Hintergrund eines außerrechtlichen Verständnisses der Verfassunggebung. Bereits *Sieyes* als historischer Wegbereiter der Lehre vom pouvoir constituant ist davon ausgegangen, daß die Nation nicht der von ihr geschaffenen Verfassung unterworfen sei, sondern stets im Naturzustand verbleibe.[200] Daraus ergibt sich für ihn ohne weiteres die Formfreiheit der Verfassunggebung.[201] Im Hinblick auf verfahrensrechtliche Vorgaben naturrechtlicher, d.h. vor-positivrechtlicher Provenienz, die er entsprechend seiner Konzeption als für den pouvoir constituant verbindlich ansehen müßte, lassen sich seinen Ausführungen keine Anhaltspunkte entnehmen.[202]

In konsequenter Weiterverfolgung seiner Theorie von der Verfassunggebung als politischer Entscheidung verneint *Schmitt* das Bestehen irgendwelcher rechtlicher Vorgaben für das Verfahren der Verfassunggebung: »Ein geregeltes Verfahren, durch welches die Betätigung der verfassunggebenden Gewalt gebunden wä-

---

[197] A.a.O., S. 82f, 85. Interessant ist in *Häberles* Formulierungen auch die Betonung des Typusansatzes durch die Rede von einem »typischerweise« einzuhaltenden Verfahren der Verfassunggebung und »atypischen«, nur »ausnahmsweise« zulässigen Abweichungen von diesem Verfahren.

[198] Zu den typischen Formen demokratischer Verfassunggebung ausführlich *Steiner*, S. 93ff.

[199] A.a.O., S. 88, 90; vgl. ferner *Häberle*, Verfassungslehre, S. 8, 187, 192ff u.ö. Darauf, daß *Häberles* Konzeption eine »kulturwissenschaftlich arbeitende Verfassungs*lehre*« (S. 84) zugrunde liegt, aus der keine rechtswissenschaftlichen Schlüsse gezogen werden können, macht auch *Randelzhofer*, Wiedervereinigung, S. 141 (153 Fn. 40), aufmerksam.

[200] S.o. B. I. 2. a).

[201] *Sieyes* (dt.), S. 83: »Gleichviel, auf welche Art eine Nation will, es ist genug, daß sie will. Alle Formen sind gut, und ihr Wille ist immer das höchste Gesetz.« Siehe dazu bereits oben B. I. 2. a) Fn. 22.

[202] Die in der vorangegangenen Fußnote zitierte Passage spricht vielmehr gegen das Bestehen wie auch immer gearteter Verfahrensvorgaben für Betätigungen des pouvoir constituant.

re, kann es nicht geben.«[203] Wohl aber habe »die Praxis der modernen Demokratie« gewisse »Übungen und Gewohnheiten« entwickelt[204], die *Schmitt* sodann näher behandelt.[205] Ebenso wie *Schmitt* leugnen die Anhänger des Positivismus in folgerichtiger Anwendung ihrer Lehre, daß die Verfassunggebung von Rechts wegen an ein bestimmtes Verfahren gebunden sei.[206]

Auch in neuerer Zeit wird häufig davon ausgegangen, daß die verfassunggebende Gewalt in formeller Hinsicht keinen Rechtsbindungen unterliege[207]: *Maunz* differenziert danach, ob die neue Verfassung einem verfassungsrechtlichen Vakuum nachfolgt oder eine noch intakte Verfassung ersetzen soll. Im ersten Falle sei es lediglich möglich, daß »vorkonstitutionelle Kräfte irgendwelche Bindungen (...) verfahrensmäßiger Art aufstellen«, welche jedoch »von der verfassunggebenden Gewalt überspielt werden« könnten, »und zwar, indem sie unbeachtet bleiben«.[208] In der (zweiten) Konstellation einer noch geltenden Verfassung seien deren verfahrensrechtliche Vorgaben nur für die Staatsorgane als konstituierte Gewalten rechtlich verbindlich, nicht aber sei durch sie die verfassunggebende Gewalt eingeschränkt. *Maunz* resümiert daraufhin, daß es für die Verfassunggebung »keine bindende Form und keine geltende Verfahrensvorschrift geben kann«.[209] Zu einem entsprechenden Ergebnis gelangt *Murswiek* auf der Grundlage seiner Prämisse, das Grundgesetz gehe vom Bestehen einer überpositiven Kompetenz des Volkes zur Verfassunggebung aus: Diese könne »ohne Bindung an Formen« wahrgenommen werden.[210] Ebenso negiert *Isensee* die Existenz eines zwingenden Verfahrenskriteriums: »Gäbe es eine vorab schon geltende Erzeugungsregel, so bildete diese

---

[203] *Schmitt*, Verfassungslehre, S. 82; vgl. auch S. 90.

[204] *Schmitt*, Verfassungslehre, S. 84. *Steiner*, S. 21, spricht in dieser Hinsicht von einer »gesicherten Verfahrenstradition«; auf S. 93 heißt es dann: »Eine an den rechtlichen Merkmalen des Verfahrens der Verfassunggebung orientierte Typenlehre kann die geschichtlichen Techniken der Verfassungserzeugung zunächst auf zwei Grundformen zurückführen: zum einen auf die plebiszitäre und zum anderen auf die repräsentative Form der Verfassunggebung.« Zu den verschiedenen Arten der Ausübung des pouvoir constituant auch *v. Beyme*, S. 32ff; *Boehl*, Verfassunggebung, S. 119ff.

[205] *Schmitt*, Verfassungslehre, S. 84ff.

[206] Vgl. zu den entsprechenden Ansichten *Alvarez*, S. 93, mit Nachweisen.

[207] So außer den nachfolgend Genannten auch *H. Götz*, NJW 1958, 1020 (1022); *Gutmann*, S. 58; *Tosch*, S. 82 (siehe aber auch S. 103); *Unruh*, S. 384; Sachs/*Huber*, Präambel Rdnr. 16 sowie Art. 144 Rdnr. 2; Sachs/*Lücke*, Art. 79 Rdnr. 3. Ferner *Henke*, verfassunggebende Gewalt, S. 25: »Die verfassunggebende Gewalt des Volkes kann weder rechtlich geregelt noch organisiert werden. Ihre Betätigung ist an keine Form und an kein Verfahren gebunden«; siehe außerdem ebendort, S. 38, 152ff; *ders.*, Staat 19 (1980), 181 (209); *ders.*, Staat 7 (1968), 165 (172); schließlich *Boehl*, Verfassunggebung, S. 114f: »Verfahrensregeln, durch welche die Betätigung der verfassunggebenden Gewalt (positiv-)rechtlich gebunden wäre, kann es nicht geben«; siehe auch schon *ders.*, Staat 30 (1991), 572 (580f).

[208] *Maunz*, DÖV 1953, 645 (646). Zustimmend *Bachof*, S. 34; *Stern* I, S. 148. Vgl. zur Bedeutung derartiger Rechtsvorschriften noch unten D. III. 1. d) aa).

[209] *Maunz*, DÖV 1953, 645 (646); ebenso M/D/*ders.*, Präambel Rdnr. 12.

[210] *Murswiek*, verfassunggebende Gewalt, S. 149, 240; ferner S. 258: »an kein Verfahren gebunden«.

die Verfassung vor jeder Verfassung.«[211] *Isensee* äußert sich aber nicht nur skeptisch im Hinblick auf *rechtliche* Vorgaben für den Gang des verfassunggeberischen Prozesses, sondern lehnt auch eine Beurteilung des Verfahrens der Verfassungserzeugung anhand von *Legitimitätskriterien* ab, wie es der ansonsten von ihm präferierten Legitimitätslehre entspricht.[212] Seiner Meinung nach gibt es überhaupt »kein zwingendes Verfahrenskriterium«; denn die »gegenwärtige Legitimität hängt nicht ab von den Modalitäten des anfänglichen Zustandekommens der Verfassung«.[213] Entscheidend sei vielmehr »der spätere reale Erfolg: die freie Zustimmung der Bürger« und mithin ausschließlich der Verfassungsinhalt.[214]

Auch das Bundesverfassungsgericht geht im Südweststaaturteil von der formellen Indeterminiertheit der Verfassunggebung aus.[215] In den Leitsätzen des Urteils heißt es: »Eine verfassunggebende Versammlung hat einen höheren Rang als die auf Grund der erlassenen Verfassung gewählte Volksvertretung. Sie ist im Besitz des ›pouvoir constituant‹. Mit dieser besonderen Stellung ist es unverträglich, daß ihr von außen Beschränkungen auferlegt werden.«[216] Und weiter: »Ihre Unabhängigkeit bei der Erfüllung dieses Auftrages (sc. der Schaffung einer Verfassung) besteht nicht nur hinsichtlich der Entscheidung über den Inhalt der künftigen Verfassung, sondern auch hinsichtlich des Verfahrens, in dem die Verfassung erarbeitet wird.«[217]

cc) Legitimitätsgesichtspunkte als Determinanten für das Verfahren der Verfassunggebung

Andere Theorien der Verfassungserzeugung, die mit den vorstehend erwähnten Auffassungen insoweit konform gehen, als sie die Existenz rechtlicher Vorgaben für das Verfahren der Verfassunggebung verneinen, heben die diesbezügliche Be-

---

[211] *Isensee*, Wiedervereinigung, S. 63 (68); deutlich auch *ders.*, HStR VII, § 166 Rdnr. 33: »Die Geburtsmakeltheorie folgt einem zirkulären Verständnis des demokratischen Prinzips, dem sie die verfassunggebende Gewalt unterwirft, die diesem Prinzip erst normative Geltung vermittelt. Entweder erhebt sie dabei verfassungspolitische Ideale zu überverfassungsrechtlicher Verbindlichkeit, oder aber sie mißt das Zustandekommen des Grundgesetzes an Regeln, die erst mit ihm in Kraft getreten sind. Auf jeden Fall verkennt sie verfassungstheoretisch wie -historisch die Situation des Anfangs, weil eine demokratische Verfassung nicht notwendig schon eine demokratische Ordnung voraussetzen kann.« Ähnlich *Boehl*, Verfassunggebung, S. 92f, 105.

[212] Siehe sogleich unter B. II. 5. a) cc).

[213] *Isensee*, Mythos, S. 83 (dazu bereits oben B. II. 4. b) bb) Fn. 175); ebenso *ders.*, Wiedervereinigung, S. 63 (68); ähnlich, wenn auch weniger rigoros, *Zippelius*, AStL, § 9 III 2 (S. 67f).

[214] *Isensee*, Mythos, S. 84f; historische Beispiele zur Belegung dieser These bei *v. Beyme*, S. 52. Hingewiesen sei an dieser Stelle darauf, daß sich die Ausführungen *Isensees* auf den Geltungsaspekt konzentrieren: Ihm geht es um die Erklärung der Verfassungsgeltung mit Hilfe des Gesichtspunkts der Legitimität. Der Entstehungsaspekt bleibt bei seinen Aussagen insofern außer Betracht. Zur Differenzierung zwischen Geltungsaspekt und Entstehungsaspekt oben B. II. 2. a) Fn. 54.

[215] BVerfGE 1, 14 (61).

[216] BVerfGE 1, 14, Leitsatz 21.

[217] BVerfGE 1, 14, Leitsatz 21 lit. c).

deutung von Legitimitätsgesichtspunkten besonders hervor. So ergeben sich im Hinblick auf den Modus der Verfassungserzeugung laut *Starck* Grenzen für die verfassunggebende Gewalt aus »historischen und moralischen Kategorien«, die als politisch wirksame Legitimitätskriterien Maßstäbe für die Verfassunggebung seien. Da sich in Europa und Nordamerika in praxi die Idee der Volkssouveränität als Legitimationsideal durchgesetzt habe, herrschten dort demokratische Verfahren der Verfassungserzeugung vor, was der so geschaffenen Verfassung Legitimation zukommen lasse.[218] Eine ähnliche Position nimmt *Badura* ein, wenn er im Hinblick auf die Lehre von der verfassunggebenden Gewalt des Volkes äußert, sie stelle »gewisse Mindestbedingungen für eine nach demokratischen Grundsätzen *legitime* Verfassunggebung auf«.[219]

b) Materielle Determinanten der Verfassunggebung

Auch zu der Frage, ob die verfassunggebende Gewalt bei der Verfassungschöpfung Bindungen materieller Art unterliegt, werden verschiedene Ansichten vertreten. Bald wird mit unterschiedlicher Begründung davon ausgegangen, dem pouvoir constituant sei der Inhalt der von ihm zu schaffenden Verfassung zumindest partiell rechtlich vorgegeben. Bald wird dagegen bestritten, daß von Rechts wegen materielle Determinanten für die Verfassunggebung bestehen. Schließlich wird auch in diesem Kontext das Bestehen außerrechtlicher Bindungen der verfassunggebenden Gewalt betont.

aa) Die inhaltliche Bindung der verfassunggebenden Gewalt an natürliches bzw. übergesetzliches Recht

Wer Verfassunggebung als Betätigung einer naturrechtlichen Befugnis charakterisiert, kann inhaltliche Bindungen der verfassunggebenden Gewalt unter Berufung auf die entsprechende Befugnisnorm begründen.[220] *Sieyes* als prominenter Vertreter eines naturrechtlichen Verständnisses der Verfassunggebung hat sich zwar mit den materiellen Grenzen des pouvoir constituant nicht näher befaßt. Gleichwohl läßt sich vermuten, daß er im Grundsatz von einer naturrechtlichen Gebundenheit der Nation bei der Verfassunggebung ausgeht, wenn er formuliert: »Vor ihr und über ihr gibt es nur das natürliche Recht.«[221]

---

[218] So deutlich M/K/S/*Starck*, Präambel Rdnr. 15f; gegen die Möglichkeit einer rechtlichen Festlegung bestimmter Verfahren der Verfassungserzeugung, aber für das Abstellen auf Legitimitätsgesichtspunkte sprechen sich auch *Randelzhofer*, Wiedervereinigung, S. 141 (153), sowie *Schuppert*, S. 37 (42f), aus.

[219] *Badura*, Artikel »Verfassung«, EvStL II, Sp. 3745; Hervorh. v. Verf. Ebenso *Kirchhof*, HStR I, § 19 Rdnr. 15; *Alvarez*, S. 130f, 155ff.

[220] Eine Aufzählung möglicher überpositiver Normen findet sich bei *Henke*, Staat 19 (1980), 181 (189).

[221] S.o. A. I. 6. c) Fn. 125. Wie hier wird *Sieyes* verstanden von *Gutmann*, S. 39; *Hofmann*, S. 288f; *Alvarez*, S. 87.

Maunz nimmt an, daß der Verfassunggeber »bei der Verfassungschöpfung an die gleichen rechtlichen Grenzen gebunden ist, die für jedes staatliche Recht überhaupt bestehen« und erkennt diese »immanente(n) Begrenzungen« darin, daß »vorstaatliche und überstaatliche Rechte« der verfassunggeberischen Entscheidung entzogen seien.[222] Insbesondere gelte dies für die überstaatlichen Menschenrechte.[223] *Gutmann* stimmt ihm diesbezüglich zu und nennt insbesondere »die vor- und überstaatlichen Menschenrechte, die Würde des Menschen und die Freiheit der Person« als »das dem Staat vorausliegende Recht«, welches auch bei der Verfassunggebung zu beachten sei.[224] Von einer Bindung der verfassunggebenden Gewalt an die »materialen Gerechtigkeitswerte« bzw. »materialen Grundnormen«, aus denen bestimmte Mindesterfordernisse im Hinblick auf den Verfassungsinhalt abzuleiten seien, geht *H. Götz* aus, ohne diese Mindesterfordernisse allerdings selbst näher zu benennen. Er begründet diese materielle Determiniertheit der verfassunggebenden Gewalt mit der These, die »Verfassungsautonomie besteht nämlich nur im Rahmen der übergesetzlichen Bindungen«, wozu er die »allein verbindlichen überpositiven Rechtsgrundsätze(n)« gezählt wissen will.[225] Mit ähnlichen, oft wenig konkreten Formulierungen begründen auch zahlreiche weitere Autoren inhaltliche Maßstäbe für die Verfassunggebung.[226]

In der Tradition naturrechtlicher Lehren steht auch das Bundesverfassungsgericht. Im Südweststaaturteil führt es über die Kompetenzen einer verfassunggebenden Versammlung aus: »Sie ist nur gebunden an die jedem geschriebenen

---

[222] *Maunz*, DÖV 1953, 645 (646).

[223] M/D/*Maunz*, Präambel Rdnr. 12; vgl. auch a.a.O., Art. 79 Rdnr. 25.

[224] *Gutmann*, S. 74, 77ff.

[225] *H. Götz*, NJW 1958, 1020 (1021f); er verweist diesbezüglich u.a. auf BVerfGE 1, 14ff und 3, 225ff, sowie auf *Bachof*, S. 31.

[226] Vgl. beispielsweise *Kägi*, Grundordnung, S. 158: »Die ›ewigen‹ Ordnungen und Werte muss auch der Staat beachten; es gibt gewisse ›Grundrechte‹ und Prinzipien, die vor- und überstaatliche Geltung besitzen«. *Bachof*, S. 31, erwähnt »übergesetzliche Bindungen« des Verfassunggebers und sieht diesen verpflichtet, die »Konstitutionsprinzipien jedweder Rechtsordnung« zu beachten, »sich vom Streben nach Gerechtigkeit leiten« zu lassen, »willkürliche Regelungen« zu vermeiden und die »kardinalen Gebote des (...) nach Zeit und Ort möglicherweise verschiedenen Sittengesetzes« zu beachten, »sie mindestens nicht bewußt« zu verleugnen (S. 28). *Heckel*, HStR VIII, § 197 Rdnr. 82, äußert: »Verfassunggebende Gewalt findet ihre Grenze in elementaren, der Verfassung vorausliegenden Rechtsgrundsätzen, deren Verletzung einer politischen Entscheidung den Charakter der Rechtsnorm nimmt«; diese Rechtsgrundsätze seien jedoch überwiegend völkerrechtlich positiviert. *Würtenberger*, Wiedervereinigung, S. 95 (102), meint: »Art. 79 Abs. 3 besitzt einen naturrechtlichen Kerngehalt, der die verfassunggebende Gewalt jenseits des positiven Rechts bindet«. *Badura*, Artikel »Verfassung«, EvStL II, Sp. 3747, verlangt eine Orientierung an »den Prinzipien der Rechtsvernunft, der Gerechtigkeit und der Rechtssicherheit« sowie an dem »aus der Verfassungstradition heraufgeführten Standard der Rechtskultur« und bemüht auch den »Rechtsbegriff« als solchen. Vgl. ferner *Steiner*, S. 51f; *Wipfelder*, BayVBl. 1983, 289 (292). Hinzuweisen bleibt abschließend auf den Umstand, daß materielle Beschränkungen der verfassunggebenden Gewalt oftmals multikausal begründet werden, weshalb einige der angeführten Formulierungen auch in die Nähe anderer, im folgenden vorgestellter Argumentationsansätze weisen.

Recht vorausliegenden überpositiven Rechtsgrundsätze (...). Im übrigen ist sie ihrem Wesen nach unabhängig. Sie kann sich nur selbst Schranken auferlegen.«[227] In dem die Wirksamkeit des Art. 117 Abs. 1 GG betreffenden Urteil spricht das Bundesverfassungsgericht von »äußersten Grenzen der Gerechtigkeit«, die auch »ein ursprünglicher Verfassungsgeber« zu beachten habe[228], indes nicht ohne hinzuzufügen: »Die Wahrscheinlichkeit, daß ein freiheitlich demokratischer Verfassungsgeber diese Grenzen irgendwo überschritte, ist freilich so gering, daß die theoretische Möglichkeit originärer ›verfassungswidriger Verfassungsnormen‹ einer praktischen Unmöglichkeit nahezu gleichkommt.«[229] Einen restriktiveren Umgang mit derartigen Grenzen deutet das Bundesverfassungsgericht allerdings an, wenn es sich wegen der »Vielfalt der Naturrechtslehren, die zutage tritt, sobald der Bereich fundamentaler Rechtsgrundsätze verlassen wird«, dagegen ausspricht, diese zum Prüfungsmaßstab für die von ihm zu treffende Entscheidung zu erheben.[230]

bb) Die inhaltliche Bindung der verfassunggebenden Gewalt an das Völkerrecht

Auch dem Völkerrecht werden verschiedentlich inhaltliche Schranken für die Verfassunggebung entnommen.[231] So wird die verfassunggebende Gewalt auf die Einhaltung von »Mindesterfordernisse(n) an Rechtlichkeit«[232] bzw. die Beachtung der »allgemeinen Regeln des Völkerrechts«[233] oder der »zwingenden Sätze des Völkerrechts«[234] verpflichtet. Noch konkreter wird von Teilen des Schrifttums die Schaffung einer »demokratischen Staatsordnung«[235] verlangt. Es werden völkerrechtliche Bindungen an die – vor allem vertraglich verbürgten[236] – Men-

---

[227] BVerfGE 1, 14, Leitsatz 21 lit. a) bzw. S. 61 des Urteils; ähnlich zuvor bereits BayVerfGH, VGHE 2, 45 bzw. DÖV 1950, 470 (475).

[228] BVerfGE 3, 225 (232); ähnlich im Hinblick auf Art. 117 Abs. 1 GG auch Anhang zu BGHZ 11, S. 34 (40ff).

[229] BVerfGE 3, 225 (233).

[230] BVerfGE 10, 59 (81). Vgl. in dem hiesigen Zusammenhang auch BVerfGE 23, 98 (106); 84, 90 (121) – Enteignungen 1945/49: »grundlegende Gerechtigkeitspostulate«; allgemein zu Fällen extremen staatlichen Unrechts siehe BVerfG, Beschluß vom 24. Oktober 1996, JZ 1997, 142 mit Anm. *Starck*. Zu einem weiteren Ansatz des Bundesverfassungsgerichtes, den Gestaltungsspielraum der verfassunggebenden Gewalt inhaltlich zu beschränken, siehe unten B. II. 5. b) cc).

[231] So allgemein außer den nachfolgend Genannten: *Heckel*, HStR VIII, § 197 Rdnr. 83; *ders.*, Einheit, S. 32; *Tomuschat*, VVDStRL 49 (1990), 70 (90); *ders.*, HStR VII, § 172 Rdnr. 70, 73; *Magiera*, Wiedervereinigung, S. 141 (149); entsprechende Andeutungen auch bei *Murswiek*, verfassunggebende Gewalt, S. 143, 183; *Stern* I, S. 150.

[232] *Kempen*, NJW 1991, 964 (966).

[233] *Gutmann*, S. 73; *Alvarez*, S. 108; *Ehmke*, S. 92f (bezogen auf die Verfassungsänderung).

[234] So etwa *Boehl*, Verfassunggebung, S. 106; *Hobe*, EuR 2003, 1 (2f); *Dreier*, DVBl. 1999, 667 (673).

[235] *Blumenwitz*, ZfP 39 (1992), 1 (6); ebenso *Isensee*, Mythos, S. 15; *Hillgruber/Kempen*, ROW 33 (1989), 323 (325ff).

[236] Zu denken ist in diesem Zusammenhang nicht nur an die bereits erwähnten Internationa-

schenrechte[237] ebenso angenommen wie an gewisse Kerngehalte der Rechtsstaatlichkeit.[238]

cc) Die begrenzende Wirkung des Rechtsbegriffs und des Begriffs der Verfassung bzw. der Verfassunggebung

Ein anderer Weg zur Herleitung inhaltlicher Richtlinien für die Verfassunggebung wird – oft in Ergänzung anderer Begründungen – beschritten, wenn bestimmte Begriffe »beim Wort genommen« und aus ihnen Folgerungen abgeleitet werden. So wird etwa dem Begriff »Recht« eine limitierende Wirkung insofern attestiert, als beispielsweise grob ungerechte Maßnahmen kein »Recht« sein könnten. Diese allgemeinen Grenzen des »Rechts« entsprächen den Grenzen der Verfassunggebung, da diese ja auf die Hervorbringung von Verfassungs*recht* gerichtet sei.[239] Methodisch ähnlich gehen diejenigen vor, die auf den Begriff der »Verfassung« abstellen und auf dieser Grundlage Grenzen der Verfassunggebung entwickeln.[240] In diesem Sinne hat das Bundesverfassungsgericht bereits im Südweststaaturteil im Hinblick auf die Befugnisse einer verfassunggebenden Versammlung ausgeführt: »Ihr Auftrag ist *gegenständlich beschränkt.* Sie ist nur berufen, die – im formellen Sinne verstandene[241] – Verfassung des neuen Staates und die Gesetze zu schaffen, die notwendig sind, damit der Staat durch seine Verfassungsorgane wirksam handeln und funktionieren kann.«[242]

---

len Pakte über bürgerliche und politische Rechte sowie über wirtschaftliche, soziale und kulturelle Rechte aus dem Jahre 1966 (vgl. dazu oben B. II. 2. c) cc) Fn. 98), sondern vor allem auch an die (Europäische) Konvention zum Schutz der Menschenrechte und Grundfreiheiten (EMRK) vom 4. November 1950, BGBl. 1952 II S. 686, nebst diversen Zusatzprotokollen. Erwähnenswert ist ferner die Allgemeine Erklärung der Menschenrechte vom 10. Dezember 1948, bei der es sich allerdings nicht um einen Vertrag, sondern um einen Beschluß der Generalversammlung der Vereinten Nationen handelt.

[237] *Isensee,* Mythos, S. 15; *Alvarez,* S. 108f; *Schneider,* HStR VII, § 158 Rdnr. 32; *Quaritsch,* HStR VIII, § 193 Rdnr. 2; *Dreier,* DVBl. 1999, 667 (673); *Hobe,* EuR 2003, 1 (2).

[238] So *Alvarez,* S. 109.

[239] So u.a. *Bachof,* S. 28; *Unruh,* S. 385; *Badura,* Artikel »Verfassung«, EvStL II, Sp. 3747; *Heckel,* HStR VIII, § 197 Rdnr. 82 (vgl. das Zitat oben B. II. 5. b) aa) Fn. 226), der eine Verbindung zur naturrechtlichen Lehre herstellt, wenn er einer politischen Entscheidung den Charakter einer Rechtsnorm abspricht, wenn sie gegen elementare Rechtsgrundsätze verstößt. *Jellinek,* Grenzen, S. 14ff, leitet daraus ab, daß nichts Unmögliches verlangt werden dürfe, und nennt als die Grenze menschlichen Verstehens. Anklänge für eine solche Auffassung auch bei *Maunz,* DÖV 1953, 645 (646); BVerfGE 3, 225 (232f); 23, 98 (106); vgl. auch BVerfG, JZ 1997, 142 (144f), zu Fällen einfachgesetzlichen staatlichen Unrechts (Schießbefehl).

[240] In Anwendung dieser Methode begründet *Schneider,* HStR VII, § 158 Rdnr. 15ff, 30ff, bereits verfahrensrechtliche Beschränkungen der verfassunggebenden Gewalt (dazu oben B. II. 5. a) aa)), darüber hinaus aber auch Bindungen inhaltlicher Art, wie besonders in Rdnr. 32 deutlich wird, wo *Schneider* die Frage aufwirft, ob eine bestimmten materialen Anforderungen nicht entsprechende Staatsgrundordnung »überhaupt den Namen einer Verfassung verdient«. Weiter zu *Schneider* sogleich unter B. II. 5. b) ff).

[241] So BVerfGE 1, 14 (61).

[242] BVerfGE 1, 14, Leitsatz 21 lit. b); Hervorh. v. Verf.

Weitergehende Schranken der verfassunggebenden Gewalt lassen sich begründen, wenn das Wesen der Verfassung als rechtliche, mit Anspruch auf dauerhafte Geltung versehene Grundordnung des Staates und ihr staatsbegrenzender Charakter herangezogen werden.[243] Der »Verfassung« als dem Produkt der Verfassunggebung werden insofern inhaltliche Maßstäbe für den Vorgang der Verfassungschöpfung entnommen.[244] Die auf diese Weise gewonnenen materiell-rechtlichen Determinanten sind freilich in hohem Maße variabel und fallen, je nachdem, was unter »Verfassung« im einzelnen verstanden wird, unterschiedlich aus.[245]

dd) Das Nichtbestehen materiell-rechtlicher Bindungen der verfassunggebenden Gewalt

Den bisher vorgestellten Auffassungen wird nicht selten entgegengehalten, eine rechtliche Verpflichtung der verfassunggebenden Gewalt zur Beachtung bestimmter inhaltlicher Prinzipien bei der Verfassungschöpfung könne es nicht geben. So verneint *Schmitt* – ebenso wie das Bestehen verfahrensrechtlicher Bindungen oder die Zuständigkeit eines bestimmten Subjektes – unter Berufung auf das Wesen der verfassunggebenden Gewalt die Existenz rechtsverbindlicher Anforderungen an den Verfassungsinhalt.[246] In dieser Hinsicht folgen ihm u.a. *Henke*[247], *Tosch*[248] und *Storr*.[249] Auch *Murswiek*, nach dessen Meinung das Grundgesetz eine überpositive Kompetenz des Volkes zur Verfassunggebung voraussetzt, gelangt trotz dieses naturrechtlichen Ansatzes zur Annahme einer materiellen Unbegrenztheit der verfassunggebenden Gewalt. Er begründet dies damit, daß eine materiell begrenzte Kompetenznorm ihrerseits bereits den Charakter einer Verfassung hätte, weil sie »die verfassunggeberische Entscheidung des Volkes insoweit vorweg(nähme) wie die Schranken der Kompetenz reichen«. Folge: »Soll also die gesamte Verfassung auf einer rechtlichen Kompetenz (der ›verfassunggebenden Gewalt des Volkes‹) beruhen, dann ist das nur möglich, wenn diese Kom-

---

[243] So etwa die Vorgehensweise von *Kempen*, NJW 1991, 964 (965).

[244] Neben *Schneider* und *Kempen*, jeweils a.a.O., ebenso M/K/S/*Starck*, Präambel Rdnr. 15; *Böckenförde*, verfassunggebende Gewalt, S. 90 (107f); *Blumenwitz*, ZfP 39 (1992), 1 (7).

[245] Eine Aufzählung möglicher inhaltlicher Determinanten und kritische Anmerkungen zu dieser Vorgehensweise finden sich bei *Storr*, S. 49f. Zur Kritik auch noch unten D. II. 3. a) aa) Fn. 170. Indes werden aus dem Wesen der Verfassung abgeleitete Beschränkungen der verfassunggebenden Gewalt nicht immer als solche *rechtlicher* Art ausgegeben. Vielmehr ist teilweise auch in diesem Zusammenhang eine Bindung an Legitimitätskriterien gemeint (dazu sogleich im Text unter ff)). Der außerrechtliche Charakter entsprechender Determinanten wird etwa von M/K/S/*Starck*, Präambel Rdnr. 15f, deutlich hervorgehoben.

[246] *Schmitt*, Verfassungslehre, S. 21ff, 87f.

[247] *Henke*, verfassunggebende Gewalt, S. 11f, 24f, 152ff (besonders 156f); *ders.*, Staat 19 (1980), 181 (209).

[248] *Tosch*, S. 82: »Der Verfassunggeber kann Rechtsnormen beliebigen Inhalts setzen.«

[249] *Storr*, S. 48ff. Ebenso auch Sachs/*Lücke*, Art. 79 Rdnr. 3.

petenz materiell unbeschränkt ist.« Deshalb setze das Grundgesetz ausschließlich die verfassunggebende Gewalt des Volkes voraus, und zwar als materiell unbegrenzte Kompetenz.[250]

ee) Die begrenzende Wirkung des Typus »demokratischer Verfassungsstaat«

Auf der Basis seines empirisch-kulturwissenschaftlichen Ansatzes gewinnt *Häberle* auch inhaltliche Maßstäbe[251] für die Verfassunggebung. Er verweist auf den im Zuge dieser Arbeit schon mehrfach erwähnten Art. 16 der französischen Erklärung der Menschen- und Bürgerrechte von 1789[252], bescheinigt diesem, »ein kultureller ›Klassikertext‹ des *Typus* Verfassungsstaat« zu sein, und erhebt über den Umweg einer Identifizierung von Verfassung und demokratischem Verfassungsstaat die Gewährleistung von Menschenrechten und den Gewaltenteilungsgrundsatz zum unabdingbaren, der verfassunggebenden Gewalt vorgegebenen Kernbestand einer jeden Verfassung: »Eine Verfassungsurkunde, die diese beiden Prinzipien nicht enthielte bzw. immanent mitdächte, verdient den Namen ›Verfassung‹ nicht und sie ist auch in der Sache keine ›Verfassung‹. Dieses inhaltliche Minimum bildet eine Mindestgrenze, besser Konkretisierung der verfassunggebenden Gewalt des Volkes«.[253] Bei diesen Ableitungen aus dem Typus Verfassungsstaat handelt es sich freilich um Beschränkungen kultureller, nicht um solche rechtlicher Art, wobei beide hinsichtlich ihrer Wirkkraft allerdings durchaus vergleichbar seien.[254]

ff) Die inhaltliche Bindung der verfassunggebenden Gewalt an Legitimitätskriterien

Die Anhänger der Legitimitätslehre vermögen im Hinblick auf den Verfassungsinhalt zwar ebenfalls keine Gebundenheit des pouvoir constituant an rechtliche Vorgaben zu erkennen, legen aber besonderen Wert auf die Feststellung, daß die verfassunggebende Gewalt trotz rechtlicher Ungebundenheit nicht beliebig oder gar willkürlich agieren könne[255], weil insofern bestimmte Legitimationsideen wirksam seien.[256] So weist beispielsweise *Böckenförde* darauf hin, daß die häufig

---

[250] *Murswiek*, verfassunggebende Gewalt, S. 148, 157.
[251] Zu *Häberles* formellen Folgerungen aus dem »Typus Verfassungsstaat« oben B. II. 5. a) aa).
[252] S. o. A. I. 6. d) sowie II. 3. b) dd).
[253] *Häberle*, AöR 112 (1987), 54 (87); *ders.*, Verfassungslehre, S. 235.
[254] Dazu ebenfalls oben B. II. 5. a) aa). In ähnlicher Weise stellt *Würtenberger*, Wiedervereinigung, S. 95 (102), auf den Typus Verfassungsstaat ab, wenn er von einer »Verfassung im Geiste der Ideen des Verfassungsstaates« spricht. Er setzt diesen Ansatz indes auch sprachlich deutlich in Bezug zur Legitimitätslehre, indem er auf die »Legitimitätsbedingungen des westlichen Verfassungsstaates« rekurriert. Ähnlich auch *Isensee*, Mythos, S. 53.
[255] Vgl. z.B. *Boehl*, Verfassunggebung, S. 106ff, m.w.N.
[256] Dieser Ansatz findet sich auch bei dem ansonsten naturrechtlich argumentierenden *Maunz*, wenn er in M/D, Präambel Rdnr. 12 und ähnlich in Rdnr. 14 formuliert: »Das Volk ist bei

naturrechtlich begründeten inhaltlichen Schranken der Verfassunggebung[257] in Wahrheit keine rechtlichen Leitlinien, sondern lediglich Legitimitätsmaßstäbe für die Verfassunggebung seien: Überpositive Rechtsgrundsätze seien »(noch) nicht Teil des positiven Rechts, sondern eben vor-positiv; sie liegen dem positiven Recht voraus und verleihen ihm die erforderliche Legitimation«. Es handele sich insofern um ethische Rechtsgrundsätze und außerrechtliche Normativitäten. »Sie sind es, die den positiven Rechtssätzen sittliche Verpflichtungskraft verleihen – oder entziehen. (...) Ihren Sitz haben sie im ethisch-sittlichen Bewußtsein der Gesellschaft (der Bürger). Von dort wirken sie als Quellen und Richtpunkte des positiven Rechts, ohne aber schon dessen Teil zu sein.«[258] Auf dieser Linie liegt auch *Starck*, wenn er bemerkt, die Tatsache, daß die verfassunggebende Gewalt rechtlich unbeschränkt sei, bedeute nicht, daß sie »inhaltlich völlig unbegrenzt ist«. Wie auch hinsichtlich des Verfahrens ergeben sich seiner Meinung nach Grenzen »vor allem aus historischen und moralischen Kategorien und dem Begriff der Verfassunggebung selbst«[259]. Inhaltliche (Legitimitäts-)Kriterien ließen sich vor allem dem weithin anerkannten Prinzip »der Volkssouveränität und dem angestrebten Produkt, der Verfassung als rechtlicher Grundordnung des Staates« entnehmen.[260] *Starck* verabsäumt schließlich nicht, darauf aufmerksam zu machen, daß diese politisch wirksamen Legitimitätskriterien »keine allgemeine Gültigkeit in zeitlichem und räumlichem Sinne« beanspruchten.[261]

Eine Mittelstellung zwischen Naturrechtslehre und Legitimitätstheorie nimmt offenbar *Stern* ein, wenn er aus dem Erfordernis der Verfassungs*legitimität* gewisse *rechtliche* Bindungen der verfassunggebenden Gewalt ableiten will: »Folgt man der Legitimitätsidee, so kann eine völlige Rechtsfreiheit nicht angenommen werden. Aber die Rechtsbindung kann sich nur auf oberste, allgemein anerkannte Rechtsprinzipien erstrecken, auf die wichtigsten unserer Rechtskultur gemeinsamen Rechtsgrundsätze.«[262] Diesbezüglich verweist *Stern* auf die von Art. 79 Abs. 3 GG geschützten Grundsätze. *Schneider* gewinnt inhaltliche Vorgaben für die Verfassunggebung nicht nur aus dem Verfassungsbegriff, sondern auch aus der Kraft bestimmter Legitimationsideale. So äußert er, es könne sich »kein Ver-

---

der Verfassunggebung den historisch gewachsenen und anerkannten Wert- und Rechtsvorstellungen verpflichtet (BVerfGE 1, 61)«.

[257] Vgl. oben B. II. 5. a) aa) und b) aa).

[258] So *Böckenförde*, verfassunggebende Gewalt, S. 90 (110); ähnlich *Karpen*, JZ 1987, 431 (438); *Alvarez*, S. 89; *Boehl*, Verfassunggebung, S. 108 ff. *Murswiek*, verfassunggebende Gewalt, S. 99, 137 f, 223 f, weist darauf hin, daß sich Existenz und Inhalt des Naturrechts nicht objektiv erkennen ließen, weshalb eine Bindung des pouvoir constituant an »das Naturrecht« oder »das überpositive Recht« gar nicht möglich sei.

[259] Zu letzterem bereits oben B. II. 5. b) cc).

[260] M/K/S/*Starck*, Präambel Rdnr. 15 f; ebenfalls in inhaltlicher Hinsicht auf Legitimitätskriterien abstellend *Randelzhofer*, Wiedervereinigung, S. 141 (153); *Isensee*, Mythos, S. 85; *Unruh*, S. 385; *Ehmke*, S. 87: »Bindung an legitimierende Werte und Zielsetzungen«.

[261] M/K/S/*Starck*, Präambel Rdnr. 16.

[262] *Stern* I, S. 150.

fassunggeber erlauben, Werte und Grundüberzeugungen außer acht zu lassen, die heute zum festen Normenbestand der Völkergemeinschaft gehören. Dazu zählen vor allem die Wahrung der Menschenwürde und der Schutz der Menschenrechte, an die jede verfassunggebende Gewalt gebunden ist.«[263] Eine weitere inhaltliche Beschränkung der verfassunggebenden Gewalt beruht seiner Meinung nach darauf, daß »ihre Zuordnung zum Volk nach dem Grundsatz der Volkssouveränität zugleich nicht nur ein demokratisches Verfahren der Verfassungserzeugung, sondern auch eine demokratische Struktur der Verfassung selbst mitbedingt«.[264]

Trotz aller Unterschiede in der Formulierung ist den geschilderten Auffassungen, worauf *Boehl* hinweist[265], die Grundtendenz gemein, von einer Bindung der verfassunggebenden Gewalt an außerrechtliche Normativitäten auszugehen, die zwar mangels positiv-rechtlicher Natur[266] nicht justizförmig durchsetzbar und erzwingbar seien, gleichwohl aber eine nicht zu unterschätzende Kraft entfalteten, weil sie ob ihrer legitimitätsstiftenden Funktion niemand ohne nachteilige Folgen verletzen könne.[267] Da die Mißachtung der verbreiteten Legitimationsideale zum Ausbleiben von Verfassungskonsens, in letzter Konsequenz sogar zum Scheitern des Verfassunggebungsprozesses führen und damit rechtliche Folgen zeitigen könnte, ließe sich in einem übertragenen Sinne von einer Obliegenheit[268] des pouvoir constituant sprechen, derartigen außerrechtlichen Normativitäten hinreichend Beachtung zu schenken.[269]

---

[263] *Schneider*, HStR VII, § 158 Rdnr. 32; seine Formulierungen sind dabei allerdings in gewisser Weise ambivalent, da sie nicht eindeutig erkennen lassen, ob *Schneider* nicht doch auch von einer *rechtlichen* Natur dieser materiellen Determinanten ausgeht, wie das Abstellen auf den »Normenbestand der Völkergemeinschaft« nahelegen könnte.

[264] *Schneider*, HStR VII, § 158 Rdnr. 33; im Ergebnis ebenso *Alvarez*, S. 95, der darüber hinaus auch die Rechtsstaatlichkeit als verfassungsnotwendig ansieht.

[265] *Boehl*, Verfassunggebung, S. 109 ff.

[266] Interessant ist *Boehls* Hinweis auf die Parallelität der geschilderten Ansicht mit der Verfassungslage in Großbritannien, dessen »Verfassung« im Grundsatz »keine Rechtsqualität« habe, »sondern aus ›Conventions‹, also bloßem Herkommen, Staatspraxis, Parlamentsbrauch« bestehe (S. 109). Naheliegend ist in diesem Zusammenhang die Hervorhebung einer weiteren Parallele: Vor dem Hintergrund der Geltung des Grundsatzes der Parlamentssouveränität haben englisches Parlament und Verfassunggeber nach der hier referierten Auffassung die Gemeinsamkeit, daß sie keinen positiv-rechtlichen Bindungen unterworfen sind, ihr Tun also nur anhand politisch-moralischer Maßstäbe beurteilt werden kann.

[267] Vgl. *Boehl*, S. 111; *Tosch*, S. 81. Ferner *Herbst*, S. 102.

[268] Zum (zivilrechtlichen) Begriff der Obliegenheit siehe Palandt/*Heinrichs*, Einleitung vor § 241 Rdnr. 13, MüKo/*Kramer*, vor § 241 Rdnr. 49, sowie Soergel/*Teichmann*, vor § 241 Rdnr. 7 f m. w. N., wo zum Wesen einer Obliegenheit ausgeführt wird: Charakteristisch für sie ist, »daß dem ›Berechtigten‹ regelmäßig weder Erfüllungsanspruch noch Klage- und Vollstreckungsmöglichkeit noch der Verletzungsschadensersatzanspruch zustehen, dem Belasteten vielmehr für den Fall der Nichtbeachtung andere Rechtsnachteile in Aussicht gestellt sind«.

[269] *Boehl*, Verfassunggebung, S. 111, macht allerdings zutreffend darauf aufmerksam, daß die Annahme einer Bindung der heute überwiegend dem Volk zugewiesenen verfassunggebenden Gewalt an die im Volk vorhandenen Wertvorstellungen sich am Rande des Tautologischen bewegt. Zu der verwandten Frage, inwiefern im Rahmen der Verfassungschöpfung agierende Organe materiell-rechtlichen Bindungen unterliegen, s. u. E. IV. 2. b).

gg) Sonstige inhaltliche Bindungen der verfassunggebenden Gewalt

Neben den erwähnten Ansätzen zur materiellen Beschränkung der verfassunggebenden Gewalt[270] werden zahlreiche weitere Aspekte angeführt, auf die hier nur
kursorisch eingegangen werden kann. So wird die Ansicht vertreten, auch die
Verfassunggebung stehe unter dem »Vorbehalt des Möglichen«, woraus sich zeitliche und räumliche Schranken ergäben.[271] Überdies sei die verfassunggebende
Gewalt gehindert, tatsächlich oder politisch-ethisch unmögliche Regelungen zu
treffen.[272] Des weiteren wirkten die »Grenze des menschlichen Verstehens«[273],
die »gemeinsame geschichtliche Vergangenheit«[274] bzw. eine »bestimmte geschichtliche Situation«[275] und die »geographische Lage«[276], die »wirtschaftlichen
und gesellschaftlichen Verhältnisse des politischen Gemeinwesens«[277] oder auch
»sachlogische Strukturen moderner Staatlichkeit«[278] als Schranken für die verfassunggebende Gewalt[279], deren Wesen im übrigen durch eine besondere »Situa-
tionsbezogenheit« geprägt sei.[280]

III. Resümee

Als Ergebnis der bisherigen Ausführungen kann festgehalten werden, daß es zu
fast allen Fragen, die sich im Zusammenhang mit dem Phänomen Verfassunggebung stellen, keine einheitliche Meinung gibt. Weitgehend unumstritten ist ledig-

---

[270] Bisweilen werden auch mehrere dieser Ansätze miteinander kombiniert. So erwähnt beispielsweise *Boehl*, Staat 30 (1991), 572 (579f), die »jedem positiven Recht vorausliegenden überpositiven Rechtsgrundsätze«, das Völkerrecht, die Beschränktheit des Auftrages der verfassunggebenden Gewalt und die aus einer Selbstbindung resultierenden Beschränkungen des pouvoir
constituant.

[271] Vgl. *Kirchhof*, HStR I, § 19 Rdnr. 24.

[272] *Kirchhof*, HStR I, § 19 Rdnr. 26f; hinsichtlich der politisch-ethischen Unmöglichkeit hebt
Kirchhof die »Gewährleistung von Menschenwürde und Leben« besonders hervor; weiterhin
heißt es bei ihm: »Dennoch würden die heute erkannten und anerkannten ethischen Standards
Versuche einer Verfassunggebung zurückweisen, die individuelle Freiheit, Gleichheit und Exi-
stenzsicherung prinzipiell gefährdeten.« Ähnlich *Badura*, Artikel »Verfassung«, EvStL II,
Sp. 3747; *Jellinek*, Grenzen, S. 17, 19ff.

[273] *Jellinek*, Grenzen, S. 18; *Gutmann*, S. 73; *Kirchhof*, HStR I, § 19 Rdnr. 25; *Badura*, Artikel
»Verfassung«, EvStL II, Sp. 3747: keine »widersprüchlichen oder sinnlosen Regeln«.

[274] *Gutmann*, S. 72f.

[275] *Ehmke*, S. 87. Vgl. auch *Scheuner*, Verfassung, S. 171 (173).

[276] *Ehmke*, S. 87; *Gutmann*, S. 73.

[277] *Gutmann*, S. 73.

[278] *Heckel*, HStR VIII, § 197 Rdnr. 80.

[279] Kritisch in bezug auf die genannten Argumentationsweisen *Murswiek*, verfassunggebende
Gewalt, S. 224ff, der hervorhebt, daß aus derartigen ontologischen Grundgegebenheiten logisch
jedenfalls keine *rechtlichen* Beschränkungen des pouvoir constituant abgeleitet werden könnten.

[280] Ausführlich dazu *Heckel*, HStR VIII, § 197 Rdnr. 65ff, m.w.N.; *ders.*, Einheit, S. 27f;
Schneider, HStR VII, § 158 Rdnr. 25; *Gutmann*, S. 102. Vgl. auch *Murswiek*, verfassunggebende
Gewalt, S. 208f, sowie Aubert/*Wildhaber*, Art. 118 Rdnr. 20, zur Lehre in der Schweiz.

lich, daß Verfassunggebung unmittelbar Verfassungsrechtsetzung ist. Anders verhält es sich hinsichtlich der Frage, ob Verfassunggebung als Betätigung einer rechtlichen Kompetenz angesehen werden kann. Verfassunggebung wird zum Teil auf eine naturrechtliche oder völkerrechtliche Befugnis oder eine hypothetische Grundnorm zurückgeführt und insofern als Rechtsvorgang betrachtet, während anderenteils das Bestehen eines derartigen Rechts auf Verfassunggebung vehement geleugnet, Verfassunggebung mithin als politisch-faktischer Vorgang charakterisiert wird. Aus den divergierenden Grundauffassungen zum Wesen verfassunggeberischer Akte ergeben sich weitere Meinungsverschiedenheiten. So ist unklar und umstritten, wie sich die Verfassungsgeltung begründen läßt, wer als Träger der verfassunggebenden Gewalt zur Schaffung einer Verfassung berufen ist und welche verfahrensmäßigen sowie inhaltlichen Bindungen bestehen.

C. Verfassungsänderung

Nachdem die Verfassunggebung einer allgemeinen Betrachtung unterzogen worden ist, steht nun eine nähere Befassung mit der zweiten Kategorie der Verfassungsrechtserzeugung an, der Verfassungsänderung.[1] Das Verhältnis beider Kategorien zueinander soll wie bei den Darlegungen zur Verfassunggebung vorläufig offenbleiben.

I. Gegenstand und Geschichte der Lehre von der Verfassungsänderung

Trotz ihres grundsätzlichen Anspruchs auf dauerhafte Geltung[2] kann sich im Laufe der Zeit die Notwendigkeit ergeben, eine Verfassung in Einzelheiten zu modifizieren oder auch im Hinblick auf die in ihr enthaltenen Grundentscheidungen umzugestalten.[3] Die Änderung einer bestehenden Verfassung läßt sich prinzipiell in zweierlei Weise interpretieren[4], nämlich einmal als erneute Betätigung der verfassunggebenden Gewalt oder aber als Akt einer davon verschiedenen verfassungsändernden Gewalt.

1. Die Verfassungsänderung als neuerliche Betätigung des pouvoir constituant

Einerseits ist es möglich, die Revisionsgewalt als Teil eines einheitlichen, gleichermaßen auf Neuschaffung wie nachträgliche Änderung der Verfassung gerichteten pouvoir constituant zu begreifen.[5] In diesem Sinne schreibt *Sieyes* der Nation als

---

[1] Als Synonym zu »Verfassungsänderung« wird im folgenden der Terminus »Verfassungsrevision« verwendet.

[2] Dazu oben A. III. 3. f); siehe auch schon A. III. 2. d) a.E.

[3] Vgl. nur *Kägi*, Grundordnung, S. 109ff, *Stern* I, S. 100, 154, *Bryde*, S. 50, *Herzog*, AStL, S. 316, und *Brenner*, Staat 32 (1993), 493 (495), die mit der Hervorhebung des Erfordernisses hinreichender Verfassungselastizität verfassungstheoretisches Gemeingut wiedergeben.

[4] Eine anschauliche Darstellung dieser Möglichkeiten findet sich bei *Herzog*, AStL, S. 316f; vgl. ferner *Bryde*, S. 52.

[5] Für einen solchen Ansatz spricht, daß nachträgliche Änderungen auf dem gleichen Wege zu geschehen hätten wie dereinst die Schaffung der Verfassung, was prima facie nicht ohne weiteres fernliegend ist. In diese Richtung tendierend *Bryde*, S. 52.

dem Träger der verfassunggebenden Gewalt zugleich die alleinige Befugnis zu, die von ihr gegebene Verfassung im nachhinein zu alterieren. Auch zu diesem Zwecke müsse sich die Nation einer »außerordentlichen Repräsentation«, d.h. anderer als ihrer »gewöhnlichen Stellvertreter« bedienen, da letztere pouvoirs constitués seien und die Verfassung als Grundlage ihrer Befugnisse nicht antasten könnten.[6] Nach dieser Konzeption entsprechen sich Verfassunggebung und Verfassungsänderung insofern, als beide nicht von verfaßten Gewalten nach Maßgabe der Verfassung vollzogen werden, sondern *verfassungsunabhängige Betätigungen eines einheitlichen pouvoir constituant* darstellen.[7] Die Funktion der Verfassungsänderung wird mithin zur verfassunggebenden Gewalt gerechnet[8]; eine eigenständige verfassungsändernde Gewalt gibt es demnach nicht.

2. Die Verfassungsänderung als verfassungsgebundene Maßnahme von pouvoirs constitués

Andererseits ist es denkbar, Neuschaffung einer Verfassung und Änderung einer bestehenden Verfassung stärker voneinander abzugrenzen und verschiedenen Instanzen zuzuordnen, so daß die verfassunggebende Gewalt und das Recht zur Verfassungsrevision nicht in einer Hand liegen. Eine solche Aufspaltung der Zuständigkeiten zur Verfassungsrechtserzeugung läßt sich erreichen, wenn besondere Organe der verfaßten Gewalt, d.h. von der Verfassung konstituierte und ihr unterworfene Organe, in der Verfassung zu nachträglichen Änderungen derselben ermächtigt werden, der verfassunggebenden Gewalt ein solches Recht aber vorenthalten und ihre Funktion dadurch auf den Akt der ursprünglichen Verfassungschöpfung reduziert wird.[9]

Eine entsprechende Andeutung, daß pouvoirs constitués zur Verfassungsänderung ermächtigt werden können, findet sich bereits bei *Vattel*, der zwar wie *Sieyes* die Staatsorgane regelmäßig nicht für berechtigt hält, über die Grundgesetze (lois fondamentales) zu verfügen, diesen Grundsatz aber mit der Einschränkung versieht: »wenn die Nation ihnen nicht ganz ausdrücklich die Befugnis zu ihrer Änderung übertragen hat«.[10] Dieser von *Vattel* nur als Ausnahme angedachte Weg wurde in der Verfassungswirklichkeit aus Praktikabilitätsgründen häufig be-

---

[6] Zur Einordnung der Verfassungsänderung bei *Sieyes* s.o. A. I. 6. c) Fn. 130. Zu der ähnlichen Auffassung *Condorcets*, der gleichwohl dafür plädiert, in die Verfassung Vorschriften über die Verfassungsänderung aufzunehmen, vgl. *Hain*, S. 39f.

[7] Auf der Grundlage seiner Betrachtungen zum französischen Verfassungsrecht in diese Richtung tendierend außer *Sieyes* auch *Leisner*, S. 1ff, 345ff; auf S. 444 ist auch im Hinblick auf die Verfassungsänderung im System des Grundgesetzes von »abgeleitete(r) Verfassunggebung« die Rede. Ferner zu derartigen Ansätzen *Steiner*, S. 202ff.

[8] So die Charakterisierung dieser Auffassung durch *Hain*, S. 40.

[9] Auch in diesem Fall bleibt natürlich ein dynamisches Verständnis der Verfassunggebung in dem oben B. II. 3. c) a.E. sowie unten D. II. 2. a) cc) (1) beschriebenen Sinne möglich.

[10] S.o. A. I. 6. a) mit Fn. 102.

schritten.[11] So begründeten beispielsweise die französische Verfassung von 1791[12] und zuvor bereits mehrere amerikanische Verfassungen einschließlich der Bundesverfassung[13] ein Recht der verfaßten Gewalten zur Verfassungsänderung und schufen damit ein verfassungsimmanentes und zugleich verfassungsgebundenes[14] Abänderungsverfahren.

In Deutschland war es wiederum *Carl Schmitt*, der nicht zu betonen müde wurde, daß Verfassunggebung und Verfassungsänderung »qualitativ verschieden« seien[15], da die »auf Grund eines Verfassungsgesetzes zugewiesene und geregelte Befugnis, verfassungsgesetzliche Bestimmungen zu ändern« als »gesetzlich geregelte Zuständigkeit (...) prinzipiell begrenzt« sei. Er nannte es deshalb »unrichtig«, eine derartige Änderungsbefugnis »als verfassunggebende Gewalt oder ›pouvoir constituant‹ zu bezeichnen«.[16] Aus der Verfassungsbindung des verfassungsändernden Gesetzgebers ergebe sich vielmehr dessen Stellung als pouvoir constitué.[17]

Eine Verfassungsrevision stellt sich nach dieser Konzeption anders als bei *Sieyes* nicht als Betätigung eines der Verfassung vorausliegenden pouvoir constituant dar, sondern wird von verfassungsunterworfenen Staatsorganen in Ausübung einer speziellen, in der Verfassung enthaltenen Kompetenz ins Werk gesetzt: *Verfassungsänderung als verfassungsgebundene Funktion von pouvoirs constitués*, die von Betätigungen der verfassunggebenden Gewalt strikt abzugrenzen ist. Die Funktion der Verfassungsänderung wird mithin nicht zur verfassunggebenden Gewalt gerechnet, sondern einer eigenständigen, der verfassungsändernden Gewalt zugewiesen.

---

[11] Vgl. vor allem *Bryde*, S. 52; ferner *Starck*, Vorrang, S. 33 (43 f). Die Vorteile dieser Vorgehensweise bestehen darin, daß Änderungen der Verfassung durch besondere Organe schneller zu bewerkstelligen sind und im Rahmen der geltenden Verfassungsordnung erfolgen, also nicht das Tätigwerden extrakonstitutioneller Kräfte erfordern. Siehe auch oben A. I. 6. d) mit Fn. 133.

[12] Dazu oben A. I. 6. d).

[13] Dazu oben A. I. 5. b) bb).

[14] Um das Schicksal einer Verfassung nicht dem Belieben der zu ihrer Änderung berufenen Staatsorgane zu überlassen, sind Änderungsvorhaben regelmäßig an die Einhaltung eines erschwerten Verfahrens (siehe bereits oben A. I. 5. b) bb) und III. 2. b) cc)) und mitunter auch an die Beachtung bestimmter inhaltlicher Verfassungsprinzipien geknüpft (vgl. z. B. Art. 79 Abs. 3 GG). Beides ist nur möglich, weil die zuständigen Staatsorgane bei Verfassungsänderungen, ebenso wie bei allen anderen Maßnahmen, ihnen von der Verfassung eingeräumte und deshalb prinzipiell begrenzte Kompetenzen wahrnehmen. Zur herrschaftsbegründenden und -beschränkenden Funktion einer Verfassung s. o. A. III. 3. b) und c).

[15] So *Schmitt*, Verfassungslehre, S. 26.

[16] *Schmitt*, Verfassungslehre, S. 98, ferner S. 26 und S. 102 f.

[17] Vgl. *Hain*, S. 42, im Zusammenhang mit der Lehre *Schmitts*.

3. Der heutige Stellenwert und die fortwährende Bedeutung der verschiedenen theoretischen Grundstandpunkte zum Wesen der Verfassungsänderung

Mit der Charakterisierung der Verfassungsänderung entweder als verfassungstranszendente Betätigung des pouvoir constituant oder als verfassungsimmanente Maßnahme von pouvoirs constitués sind zwei theoretische Grundstandpunkte markiert, von denen der erste durch die Verfassungspraxis obsolet geworden zu sein scheint[18]: In aller Regel enthalten neuere Verfassungen Bestimmungen über die Verfassungsänderung, in denen von der Verfassung konstituierten Organen eine Änderungsbefugnis eingeräumt, d.h. eine Revisionsmöglichkeit im Rahmen der Verfassung eröffnet wird.[19] Derartige verfassungsimmanente Abänderungsverfahren machen den Rückgriff auf außerhalb der Verfassung stehende Instanzen wie den pouvoir constituant entbehrlich[20] und gewährleisten eine ausreichende Flexibilität der Verfassungsordnung. Aus diesen Gründen ist bei der im folgenden vorzunehmenden Charakterisierung der Verfassungsänderung die heute allgemein für richtig befundene Auffassung zugrunde zu legen, wonach die Verfassungsänderung nicht als Betätigung der verfassungsunabhängig agierenden verfassunggebenden Gewalt, sondern als qualitativ von der Verfassunggebung verschiedene Befugnis verfassungsgebundener pouvoirs constitués anzusehen ist.[21]

Gleichwohl ist die von einem einheitlichen pouvoir constituant ausgehende und damit die Verwandtheit von Verfassunggebung und Verfassungsänderung betonende Lehre nach wie vor von theoretischem Interesse, obschon die dahinter stehende Problematik heute im Gewand neuer Fragen und dogmatischer Figuren

---

[18] Darauf, daß die Übertragung der Zuständigkeit zur Verfassungsrevision auf den verfassungsändernden Gesetzgeber verfassungstheoretisch keineswegs eine Selbstverständlichkeit ist, macht *Bryde*, S. 52, aufmerksam; denn gemäß dem gedanklichen Konzept der Verfassung als einer alle staatliche Gewalt bindenden Grundordnung erscheint es eigentlich ausgeschlossen, die Organe der verfaßten Gewalt zur Verfassungsänderung und damit zur Disposition über die ihren eigenen Befugnissen zugrunde liegenden Rechtsnormen zu ermächtigen. *Bryde* bezeichnet es deshalb als »eher inkonsequent, wenn die Verfassungsänderung zwar nicht dem einfachen Gesetzgeber zugestanden, aber auch nicht dem souveränen Verfassunggeber vorbehalten, sondern einem besonderen Verfassungsänderungsverfahren überantwortet wird, also einer ›verfassungsändernden Gewalt‹, die gleichzeitig konstituierte und über die Verfassung verfügende Gewalt ist (pouvoir constituant constitué)«. Vgl. ferner Dreier/*Dreier*, Art. 79 II Rdnr. 1.

[19] In diesem Sinne z.B. *Haug*, S. 155; *Herzog*, AStL, S. 317; *Badura*, Artikel »Verfassung«, EvStL II, Sp. 3753; *Bryde*, S. 52.

[20] Deutlich *Ehmke*, S. 87: »Sinn der Bestimmungen über die Verfassungsänderung ist es gerade, einer potentiell verfassunggebenden Gruppe genügend Spielraum zu gewähren, die Verfassung auf verfassungsmäßigem Wege zu ändern.«

[21] Vgl. nur *Badura*, HStR VII, § 160 Rdnr. 3; *Stern* I, S. 151f; *Maunz/Zippelius*, § 6 III 1 (S. 41); *Herzog*, AStL, S. 316f; M/D/*Maunz*, Art. 70 Rdnr. 4; *Boehl*, Staat 30 (1991), 572 (578f); *Scheuner*, DÖV 1953, 581 (584); *Schmitt Glaeser*, S. 38; *Tosch*, S. 111ff, 115; *Ehmke*, S. 85ff; *Murswiek*, verfassunggebende Gewalt, S. 163ff, 186; *Alvarez*, S. 76ff; *Gutmann*, S. 53ff; *Kägi*, Grundordnung, S. 160f; *Viehoff*, S. 35; *Schmitz*, Integration, S. 456. Vgl. auch die Nachweise bei *Steiner*, S. 160 Fn. 66.

auftaucht: Inwiefern unterscheiden sich Verfassunggebung und Verfassungsänderung voneinander, wenn Verfassungsmodifikationen nach der einschlägigen Änderungsklausel einer Volksabstimmung und damit der Zustimmung des vielfach als Träger der verfassunggebenden Gewalt angesehenen Subjektes bedürfen?[22] Und wie im besonderen, wenn im Zuge einer sog. Totalrevision auch identitätsberührende Umgestaltungen einer Verfassung zulässig sind? Und wird nicht vielleicht die verfassunggebende mit dem Inkrafttreten der Verfassung zur verfassungsändernden Gewalt – in diesem Fall wäre die von *Sieyes* vertretene Position lediglich verkehrt herum formuliert, weil in Wahrheit nicht die Befugnis zur Verfassungsänderung Teil der verfassunggebenden Gewalt wäre, sondern umgekehrt diese in jener aufginge. Auf diese, das Problem der Abgrenzung und überhaupt Abgrenzbarkeit von Verfassunggebung und Verfassungsänderung betreffenden Fragen wird in einem späteren Stadium dieser Arbeit einzugehen sein.[23]

II. Moderne Ansichten zur Lehre von der Verfassungsänderung

Spart man den schwierigen Komplex der Grenzziehung zur Verfassunggebung aus, was hier vorläufig geschehen soll, bestehen im Hinblick auf Bezugspunkt, Wesen, Subjekt und rechtliche Grenzen der Verfassungsänderung sowie hinsichtlich des Geltungsgrundes des im Wege der Verfassungsrevision erzeugten Verfassungsrechts kaum Meinungsverschiedenheiten.[24]

1. Der Bezugspunkt der Verfassungsänderung

Anders als bei der Verfassunggebung ist der Bezugspunkt der Verfassungsänderung unstreitig: Während dort auf Grundlage der bisweilen vorgenommenen Differenzierung zwischen Verfassung und Verfassungsgesetz die Verfassunggebung teils ausschließlich auf die Hervorbringung der Verfassung als *politischer* Ent-

---

[22] Vgl. *Böckenförde*, verfassunggebende Gewalt, S. 90 (106), der die in dieser Konstellation bestehende Ähnlichkeit von Verfassunggebung und Verfassungsänderung betont. Auch *Bryde*, S. 52, geht davon aus, daß »das Verfahren der Verfassungsänderung« in unterschiedlichem Ausmaß »an das der Verfassunggebung angepaßt« sein kann. *Bryde*, S. 53 f, weist auf eine weitere Parallelität von Verfassunggebung und Verfassungsänderung hin. Im Zusammenhang mit Verfassungsänderungen in bundesstaatlich organisierten Staaten, denen regelmäßig ein bestimmter Anteil von Gliedstaaten zustimmen müsse, heißt es bei ihm, dies »nähert den Prozeß der Verfassungsänderung dem der Verfassunggebung« an, weil auch bei der Verfassunggebung i.d.R. die zu Gliedstaaten werdenden Entitäten zustimmen müßten.

[23] S.u. D. III. 3. a) ee) und E. III. 1. b) zur Beteiligung des Volkes an der Verfassungsrevision; D. III. 3. b) cc) (2) und ee) (2) zur Totalrevision; D. II. 2. zum Schicksal der verfassunggebenden Gewalt nach dem Inkrafttreten der Verfassung.

[24] Die folgende Darstellung orientiert sich zwecks besserer Vergleichbarkeit an der oben im Zusammenhang mit der Verfassunggebung verwendeten Gliederung.

scheidung, teils aber auch unmittelbar auf die Verfassungs*recht*setzung bezogen wird[25], betrifft die Verfassungsänderung unabhängig von dieser Streitfrage *verfassungsgesetzliche Bestimmungen* und damit Rechtsnormen. Für diejenigen, die nicht zwischen Verfassung und Verfassungsgesetz differenzieren und der Verfassung deshalb Rechtsnormqualität beimessen, ist dies eine Selbstverständlichkeit.[26] Für *Schmitt* als den Wegbereiter der besagten Differenzierung ergibt sich dagegen aus dem Verhältnis des Verfassungsgesetzes und der von diesem konstituierten Staatsorgane zur Verfassung, daß nur die verfassungsgesetzlichen Bestimmungen im Wege der Verfassungsänderung angetastet werden dürfen; denn eine den Organen der konstituierten Gewalt »durch verfassungsgesetzliche Normierung erteilte Befugnis, die ›Verfassung zu ändern‹, bedeutet, daß einzelne oder mehrere verfassungs*gesetzliche* Regelungen durch andere verfassungs*gesetzliche* Regelungen ersetzt werden können, aber nur unter der Voraussetzung, daß Identität und Kontinuität der *Verfassung* als eines Ganzen gewahrt bleiben«.[27] Die Verfassung selbst als (politische) Grundlage des Verfassungsgesetzes bleibt danach außerhalb der Reichweite der verfaßten Gewalt. Sie zu ändern vermag nach *Schmitt* nur die verfassunggebende Gewalt.[28] *Verfassungsänderung bedeutet danach immer Verfassungsgesetzänderung und damit Änderung der Verfassung im formellen Sinne.*[29]

---

[25] Siehe im einzelnen oben B. II. 1.

[26] Für die Anhänger dieser ganz überwiegend vertretenen Ansicht sind mithin sowohl Verfassunggebung als auch Verfassungsänderung unmittelbar auf das Verfassungsgesetz bezogen und damit Verfassungs*recht*setzung. Zu entsprechenden Nachweisen siehe oben B. II. 1.

[27] *Schmitt*, Verfassungslehre, S. 103; Hervorhebungen v. Verf.

[28] In der Terminologie *Schmitts* sind Änderungen der »Verfassung« somit ausschließlich durch Verfassunggebung möglich. Nur Änderungen des »Verfassungsgesetzes« seien mit der Bezeichnung »Verfassungsänderung« gemeint, wobei dieser Begriff seinen Bezugspunkt nicht hinreichend erkennen lasse, was seinen Ursprung in der verbreiteten Gleichsetzung von Verfassung und Verfassungsgesetz finde; vgl. *Schmitt*, Verfassungslehre, S. 99. Auf der Linie *Schmitts* auch *Henke*, verfassunggebende Gewalt, S. 42: »Das, was im allgemeinen unter Verfassungsänderung verstanden wird, nämlich die Änderung des Verfassungsgesetzes, ist nichts anderes als ein Gesetzgebungsakt des Verfassungsgesetzgebers. (...) Die ›Verfassungsänderung‹ ist also kein Akt der verfassunggebenden Gewalt, sondern ein Akt der gesetzgebenden Staatsgewalt.« Verschiedentlich (z.B. auf S. 42; siehe auch die oben B. II. 1. Fn. 47 wiedergegebenen Aussagen) bezeichnet *Henke* allerdings nicht nur Alterierungen des Verfassungsgesetzes, sondern auch Änderungen der Verfassung selbst als »Verfassungsänderungen«, obwohl dieser Fall nach seiner Konzeption als Betätigung der verfassunggebenden Gewalt angesehen werden muß. *Henke* trägt dadurch nicht unerheblich zur Begriffsverwirrung bei.

[29] *Isensee*, Mythos, S. 13: »Die Revision bezieht sich auf Wortlaut und Inhalt des Verfassungsgesetzes.«; *ders.*, HStR VII, § 166 Rdnr. 14; *Steiner*, S. 22, 89f, 173ff; *Murswiek*, verfassunggebende Gewalt, S. 163, 172 u.ö.; *M/D/Maunz/Dürig*, Art. 79 Rdnr. 22f; *Stern* I, S. 152ff; *Kirchhof*, HStR I, § 19 Rdnr. 1f, 31ff; *Schneider*, HStR VII, § 158 Rdnr. 42, 44f; *Badura*, HStR VII, § 160 Rdnr. 3, 16f; *ders.*, Artikel »Verfassung«, EvStL II, Sp. 3753; *ders.*, Staatsrecht, Rdnr. F 59; *Alvarez*, S. 77; *Gutmann*, S. 53f; *Tosch*, S. 107; *Herzog*, AStL, S. 317; *Elster*, Verfassung, S. 37 (38f); *Maunz/Zippelius*, § 6 III 1 (S. 41); *Haug*, S. 155.

2. Das Wesen der Verfassungsänderung

Verfassungsänderungen können auf den Inhalt oder auch nur den Text[30] sowohl einzelner verfassungsgesetzlicher Bestimmungen als auch größerer Teile der Verfassungsurkunde bezogen sein.[31] Dabei liegen nicht nur entsprechende Modifikationen bestehender Verfassungsartikel, sondern auch deren ersatzlose Streichung bzw. die Hinzufügung gänzlich neuer Regelungen im Rahmen des Zulässigen.[32] Zuständig für Verfassungsrevisionen ist nicht die verfassungsunabhängig agierende verfassunggebende Gewalt, d.h. nicht jene Instanz, die die Verfassung ursprünglich geschaffen hat.[33] Vielmehr räumen Revisionsbestimmungen das Recht zur Verfassungsänderung Organen ein, die erst durch die geltende Verfassung installiert worden und an die Verfassung gebunden sind.[34] Verfassungsänderungen werden also durch pouvoirs constitués, durch konstituierte, aufgrund einer verfassungsrechtlichen Ermächtigung handelnde Organe bewirkt.[35] Das Recht zur Vornahme von Verfassungsänderungen ist folglich eine von der Verfassung begründete und in ihrem Rahmen verbleibende Zuständigkeit.[36] Die Ausübung dieser Kompetenz kann deshalb an die Einhaltung formeller und materieller Bedingungen, z.B. das Durchlaufen eines bestimmten Verfahrens oder die Beachtung gewisser inhaltlicher Grundsätze, geknüpft werden.[37]

---

[30] Vgl. *Tosch*, S. 107; *Isensee*, Mythos, S. 13. Reine Textänderungen können etwa aus redaktionellen oder aus Klarstellungsgründen vorgenommen werden wie z.B. die Änderung des Art. 1 Abs. 3 GG im Jahre 1956, als der Ausdruck »Verwaltung« durch »vollziehende Gewalt« ersetzt wurde, um keine Zweifel an der Grundrechtsbindung der neu geschaffenen Streitkräfte aufkommen zu lassen.

[31] Bezieht sich die Verfassungsänderung auf alle oder doch einen Großteil der verfassungsgesetzlichen Bestimmungen, so spricht man häufig von einer »Totalrevision«. Diese Art der Verfassungsrevision gibt zu weiteren Überlegungen zum Verhältnis von Verfassunggebung und Verfassungsänderung Anlaß, wie unten D. III. 3. b), speziell cc) (2), zu zeigen sein wird.

[32] Deutlich *Tosch*, S. 107f; *Alvarez*, S. 78. Dies kommt auch zum Ausdruck, wenn der verfassungsändernden Gewalt bescheinigt wird, zu »Änderungen oder Ergänzungen« der Verfassung berechtigt zu sein; in diesem Sinne *Herzog*, AStL, S. 317; *Badura*, HStR VII, § 160 Rdnr. 16; *Wiederin*, AöR 117 (1992), 410 (413); vgl. nicht zuletzt auch Art. 79 Abs. 1 Satz 1 GG.

[33] S.o. C. I. 2. und 3., auch zum folgenden. Zu anderen Auffassungen, die von einer Metamorphose der verfassunggebenden zur verfassungsändernden Gewalt ausgehen und insofern die Identität von verfassunggebender und verfassungsändernder Gewalt unterstellen, andeutungsweise oben C. I. 3. sowie ausführlich unten D. II. 2. c).

[34] *Herzog*, AStL, S. 317; *Isensee*, HStR VII, § 166 Rdnr. 14; *Maunz/Zippelius*, § 6 III 1 (S. 41); *Kirchhof*, HStR I, § 19 Rdnr. 31; *Gutmann*, S. 53; *v. Wedel*, S. 80f; *Stern* I, S. 151f; *Alvarez*, S. 77; *Boehl*, Staat 30 (1991), 572 (579).

[35] *Zippelius*, AStL, § 9 III 2 (S. 68); *Isensee*, Mythos, S. 13; *Badura*, HStR VII, § 160 Rdnr. 17; *Schuppert*, S. 37 (45); *Herzog*, AStL, S. 317; *Bachof*, S. 35f; *Kirchhof*, HStR I, § 19 Rdnr. 31; *Tosch*, S. 113; *v. Wedel*, S. 80f; *Murswiek*, verfassunggebende Gewalt, S. 163; *ders.*, Wiedervereinigungsgebot, S. 15, 29; *Unruh*, S. 433f.

[36] So *Badura*, HStR VII, § 160 Rdnr. 17; *Viehoff*, S. 35; *Unruh*, S. 434.

[37] Vgl. *Isensee*, Mythos, S. 13; *Maunz/Zippelius*, § 6 III 1, 2 (S. 41f); *Bachof*, S. 35; *Ossenbühl*, DVBl. 1992, 468 (470f); *Tosch*, S. 113; *Gutmann*, S. 53f, 102; *Steiner*, S. 22; *Murswiek*, Wiedervereinigungsgebot, S. 26. 29; *Alvarez*, S. 77; *Ehmke*, S. 133; *Boehl*, Staat 30 (1991), 572 (574f).

Verfassungsänderung liegt somit vor, wenn eine bestehende Verfassung aufgrund einer entsprechenden Ermächtigung nach ihren eigenen Vorgaben, d.h. unter Einhaltung der von der Verfassung selbst aufgestellten Vorschriften, durch Organe der verfaßten Gewalt geändert wird.[38] Im Vergleich zur Verfassunggebung fällt auf, daß die Verfassungsrevision in der Verfassung selbst zugelassen ist und insofern systemimmanente Weiterentwicklungen der Verfassung ermöglicht.[39]

3. Der Geltungsgrund des im Wege der Verfassungsänderung erzeugten Verfassungsrechts

Mit Blick auf die vorstehenden Ausführungen zum Wesen der Verfassungsänderung läßt sich ohne weiteres auch die Frage beantworten, warum im Wege der Verfassungsrevision erzeugtes Verfassungsrecht gilt: Es gilt ebenso wie andere Rechtsnormen, weil die Verfassung als ranghöchste Rechtsnorm seine Geltung anordnet.[40] Anders als bei der Verfassunggebung brauchen zur Begründung der Verfassungsrechtsgeltung keine das positive Recht transzendierenden Argumentationen bemüht zu werden, weil die Verfassungsänderung als systemimmanentes Phänomen im Rahmen der bestehenden Legalordnung verbleibt, durch Verfassungsrevision erzeugtes Verfassungsrecht seine Geltung also aus der bisherigen Verfassung ableiten kann.[41]

4. Der Träger der verfassungsändernden Gewalt

Auch über den Träger der verfassungsändernden Gewalt sind schon Feststellungen getroffen worden: Verfassungsrevision ist Sache von pouvoirs constitués, d.h. von der Verfassung konstituierter und an sie gebundener Staatsorgane.[42] Welche Organe zuständig sind, richtet sich nach den Festlegungen der jeweiligen Revi-

---

[38] Besonders prägnant zum Wesen der Verfassungsänderung *Isensee*, Mythos, S. 13; *Bryde*, S. 20; *Badura*, HStR VII, § 160 Rdnr. 16f; *ders.*, Staatsrecht, Rdnr. F 59.

[39] Die Charakterisierung der Verfassungsänderung als »systemimmanent« findet sich bei *Ossenbühl*, DVBl. 1992, 468 (470); *Isensee*, Wiedervereinigung, S. 63 (64), spricht bezogen auf Art. 79 GG von »grundgesetzimmanent«.

[40] Zu diesem Ableitungszusammenhang schon oben B. II. 2. a). Vgl. ferner *Siegenthaler*, S. 163, sowie *Boehl*, Verfassunggebung, S. 80, der auch darauf hinweist, daß die Geltungsanordnung natürlich unter der Voraussetzung steht, daß die Rechtsnormen durch die kompetenten Verfassungsorgane in dem verfassungsrechtlich festgelegten Verfahren unter Beachtung verfassungsrechtlicher Grenzen und Inhaltsvorgaben erlassen worden sind.

[41] *Tosch*, S. 110f; *Ossenbühl*, DVBl. 1992, 468 (471): »Verfassungsänderungen halten sich demzufolge im System der bisherigen Verfassung«; ähnlich *Isensee*, Wiedervereinigung, S. 63 (64); *ders.*, HStR VII, § 166 Rdnr. 14; *Badura*, HStR VII, § 160 Rdnr. 16f; *Ehmke*, S. 134; *Siegenthaler*, S. 163; *Sachs*, JuS 1991, 985 (986).

[42] S. o. C. II. 2.

sionsermächtigung.[43] In der Regel werden die gesetzgebenden Organe mit dem Recht zur Verfassungsänderung betraut sein[44], obgleich auch die Mitwirkung anderer, nicht an der Gesetzgebung beteiligter Organe keineswegs ausgeschlossen ist.[45]

5. Die Grenzen der Verfassungsänderung

Die Begründung rechtlicher Vorgaben betreffs Verfahren und Inhalt von Verfassungsänderungen bereitet im Vergleich zu den gleichgelagerten Fragen bei der Verfassunggebung insofern weniger Probleme, als Verfassungsgesetze in aller Regel entsprechende Verfahrensregeln und bisweilen auch inhaltliche Richtlinien bereit halten.[46] Unklarer wird die Situation, wenn sich das Verfassungsgesetz entsprechender Festlegungen enthält oder nur in geringem Umfang Bindungen der verfassungsändernden Gewalt vorsieht.[47]

a) Geschriebene Schranken der Verfassungsänderung

Bei der Verfassungsrevision handeln Staatsorgane aufgrund einer entsprechenden Ermächtigung in der geltenden Verfassung. Die Kompetenz zur Verfassungsänderung wird durch die Verfassung nicht nur begründet, sondern kann gleichzeitig auch mehr oder weniger rechtlich begrenzt werden.[48] Dies geschieht, indem die Verfassung für die Kompetenzausübung ein bestimmtes Verfahren vorschreibt sowie den Revisionsorganen ggf. die Beachtung gewisser inhaltlicher Vorgaben zur Pflicht macht, also die Zulässigkeit einer Verfassungsänderung formellen und materiellen Bedingungen unterwirft. Begrenzungen der verfassungsändernden

---

[43] *Tosch*, S.113: »(...) die Revisionsklausel, bestimmt das Organ, das zu Verfassungsänderungen berufen ist«; ähnlich *Haug*, S.155.

[44] Vgl. *Herzog*, AStL, S.317; *Maunz/Zippelius*, §6 III 1 (S.41); M/D/*Maunz/Dürig*, Art.79 Rdnr.23; *Badura*, Staatsrecht, Rdnr. F 59.

[45] Speziell zur Beteiligung des jedenfalls in Deutschland nicht unmittelbar an der Gesetzgebung mitwirkenden Volkes an Verfassungsänderungen (Zustimmung durch Referendum) s.u. D. III. 3. a) ee) und E. III. 1. b).

[46] Voraussetzung für eine rechtliche Beschränkbarkeit der Verfassungsrevision ist indes die Trennung der verfassungsändernden Gewalt als pouvoir constitué von der verfassunggebenden Gewalt als pouvoir constituant, sofern man diesen als omnipotent und nicht rechtlich begrenzbar betrachtet; vgl. dazu *Ehmke*, S.85, *Hain*, S.41, und oben C. I. 2.

[47] Eine Typologie der Schranken der Verfassungsänderung findet sich bei BK/*Evers*, Art.79 Abs.3 Rdnr.41ff.

[48] Siehe *Badura*, HStR VII, §160 Rdnr.3: »Begriff der verfassungsrechtlich begründeten und begrenzten verfassungsändernden Gewalt«; vgl. ferner a.a.O. Rdnr.17; *Schuppert*, S.37 (45ff); *Zippelius*, AStL, §9 III 2 (S.68); *Linck*, DÖV 1991, 730 (733); *Tosch*, S.113; *Henke*, verfassunggebende Gewalt, S.42; *Bachof*, S.36; *Gutmann*, S.53f; *Kägi*, Grundordnung, S.161; *Alvarez*, S.77; M/D/*Maunz*, Art.70 Rdnr.4; Dreier/*Dreier*, Art.79 III Rdnr.47, jeweils auch zum folgenden. Siehe auch schon oben A. III. 3. b) und c).

Gewalt lassen sich aus diesem Grunde primär dem zu ändernden Verfassungsgesetz selbst entnehmen.[49]

In *verfahrensrechtlicher* Hinsicht wird die Handlungsfreiheit der gemeinhin
für Verfassungsänderungen zuständigen Legislativorgane üblicherweise dadurch
begrenzt, daß ein besonderes, gegenüber der einfachen Gesetzgebung erschwertes Verfahren durchlaufen werden muß[50], wenn an der geltenden Verfassung Er-
neuerungen vorgenommen werden sollen.[51] Seltener, wenngleich im Vordringen
begriffen, sind *inhaltliche* Beschränkungen der Revisionsgewalt in der Hinsicht,
daß gewisse Verfassungsprinzipien dem Zugriff des verfassungsändernden Gesetzgebers schlechthin entzogen und dadurch im Rahmen der geltenden Verfassungsordnung unabänderlich werden.[52] Der Umfang derartiger unantastbarer
Verfassungsgehalte variiert freilich in nicht geringem Maße.[53] Werden formelle
und/oder materielle verfassungsrechtliche Vorgaben bei einem Revisionsvorhaben mißachtet, handelt es sich nicht mehr um eine erlaubte Verfassungsänderung.[54]

b) Ungeschriebene materielle Schranken der Verfassungsänderung

Legt das Verfassungsgesetz für die Verfassungsrevision explizit keine Grenzen inhaltlicher Art fest, so daß der Gestaltungsspielraum der zur Verfassungsänderung
berechtigten Organe materiell unbeschränkt zu sein scheint, richtet sich das Augenmerk des Verfassungsexegeten zwangsläufig auf die Frage, ob es ungeschriebene Grenzen der Verfassungsänderung gibt. Das gleiche gilt, sofern die im Verfassungstext enthaltenen Beschränkungen generell oder im Hinblick auf einen
konkreten Fall als nicht ausreichend empfunden werden.[55] Vor diesem Hintergrund kann es kaum verwundern, daß auf verschiedene Weise immer wieder versucht worden ist, verfassungstextunabhängige Limitierungen der verfassungsändernden Gewalt zu begründen. Einige Begründungsansätze sollen im folgenden
kurz vorgestellt werden, um danach zu klären, auf welche allgemeinen Prinzipien

---

[49] Vgl. die in der vorangegangenen Fußnote Genannten sowie *Henke*, verfassunggebende Gewalt, S. 42; zu den entsprechenden Bestimmungen älterer deutscher Verfassungen BK/*Evers*,
Art. 79 Abs. 3 Rdnr. 1 ff.

[50] Zu Einzelheiten oben A. III. 2. b) cc).

[51] *Maunz/Zippelius*, § 6 III 1, 2 (S. 41 f); *Herzog*, AStL, S. 317; *Alvarez*, S. 77; *Badura*, HStR
VII, § 160 Rdnr. 3, 17; *Kirchhof*, HStR I, § 19 Rdnr. 31 f; *Heckmann*, DVBl. 1991, 847 (850).

[52] Vgl. *Kirchhof*, HStR I, § 19 Rdnr. 31 ff; *Maunz/Zippelius*, § 6 III 1 (S. 41 f).

[53] Vgl. die oben A. III. 2. b) cc) in Fn. 479 angeführten Verfassungsbestimmungen.

[54] Zur Figur der »verfassungswidrigen Verfassungsänderung« siehe näher unten E. IV. 2. a)
aa).

[55] So wird etwa auch unter der Geltung des Grundgesetzes die Frage diskutiert, ob über die
Grenzen des Art. 79 Abs. 3 hinaus Beschränkungen des verfassungsändernden Gesetzgebers bestehen. Dies bejahend etwa *Bryde*, S. 237, m.w.N; ferner *Ehmke*, S. 98 f. Anders aber die h.M., vgl.
etwa Sachs/*Lücke*, Art. 79 Rdnr. 21; BK/*Evers*, Art. 79 Abs. 3 Rdnr. 94 f; M/K/S/*Hain*, Art. 79
Rdnr. 37; J/P/*Pieroth*, Art. 79 Rdnr. 6; wohl auch *Badura*, HStR VII, § 160 Rdnr. 18, 28.

bei der Herleitung ungeschriebener Schranken der Verfassungsrevision zurückgegriffen wird und – als Vorgriff auf spätere Ausführungen – was die Annahme
derartiger Beschränkungen für das Verhältnis von Verfassunggebung und Verfassungsrevision bedeutet.

aa) Der Begrenzungsansatz Schmitts: Unantastbarkeit der Verfassung,
Änderbarkeit nur des Verfassungsgesetzes

An prominenter Stelle ist wiederum *Carl Schmitt* zu erwähnen, dessen Begren-
zungskonzept auf der von ihm propagierten Unterscheidung zwischen »Verfassung« und »Verfassungsgesetz« beruht.[56] Seiner Meinung nach bezieht sich, wie
oben bereits dargelegt[57], die durch das Verfassungsgesetz begründete Befugnis
der konstituierten Gewalten zur Verfassungsänderung ausschließlich auf die Mo-
difikation verfassungs*gesetzlicher* Normen. Die Verfassung selbst als dem Verfassungsgesetz vorausliegende, von der verfassunggebenden Gewalt getroffene politische Gesamtentscheidung über Art und Form der politischen Einheit sei der
Disposition der verfassungsändernden Organe entzogen. Die Änderungsbefugnis bestehe insofern »nur unter der Voraussetzung, daß Identität und Kontinuität
der Verfassung als eines Ganzen gewahrt bleiben«.[58] Die »grundlegenden politischen Entscheidungen, welche die Substanz der Verfassung ausmachen«, dürften
daher im Wege der Verfassungsänderung nicht angetastet werden, da solche Änderungen »einen Verfassungswechsel, nicht eine Verfassungsrevision« bewirk-
ten.[59] Für den Fall der Weimarer Reichsverfassung erkennt *Schmitt* die vom Verfassunggeber getroffenen »grundlegenden politischen Entscheidungen« in der
Entscheidung für die Demokratie, die Republik, die Bundesstaatlichkeit, für eine
grundsätzlich parlamentarisch-repräsentative Form der Gesetzgebung und Regierung sowie in der Entscheidung für den bürgerlichen Rechtsstaat.[60]

bb) Der Begrenzungsansatz Kelsens: rechtliche Unantastbarkeit
nur der vorausgesetzten Grundnorm

Zu einer viel umfassenderen Freiheit des verfassungsändernden Gesetzgebers gelangt demgegenüber *Hans Kelsen* auf der Grundlage seiner Reinen Rechtslehre[61]:

---

[56] Dazu oben B. I. 2. b) sowie II. 1. *Herzog*, AStL, S. 318, mutmaßt übrigens, daß die Differenzierung zwischen Verfassung und Verfassungsgesetz im wesentlichen durch das Ziel motiviert
ist, dem verfassungsändernden Gesetzgeber den Zugriff auf die Grundprinzipien der Verfassung
zu verwehren, *Schmitt* sie also zweckgerichtet entwickelt hat, um die Beschränktheit der verfassungsändernden Gewalt nachzuweisen.

[57] S. o. C. II. 1.

[58] *Schmitt*, Verfassungslehre, S. 103.

[59] *Schmitt*, Verfassungslehre, S. 26, 105.

[60] *Schmitt*, Verfassungslehre, S. 23 f, 103 ff. Eine Darstellung der Auffassung *Schmitts* zu den
Grenzen der verfassungsändernden Gewalt findet sich auch bei *Ehmke*, S. 33 ff.

[61] Dazu oben B. II. 2. c) aa); 3. a); 4. a).

Nur die »Verfassung im rechtslogischen Sinn, die vorausgesetzte Grundnorm« und das von ihr bestimmte Subjekt der Verfassungserzeugung stünden nicht zur Disposition staatlicher Rechtsetzung, weil in der Grundnorm die »Identität des Staates« ruhe. Rechtliche Schranken für die Verfassungsrevision bestünden deshalb nur insoweit, als die Revision nicht die Geltung einer *anderen* Grundnorm und insbesondere die verfassungserzeugende Befugnis eines anderen Organs voraussetzen dürfe. Derartige Verfassungsänderungen verstießen nämlich gegen die (bislang) vorausgesetzte Grundnorm und seien infolgedessen als Verfassungsbruch unrechtmäßig. Sie unterbrächen die Identität der Rechtsordnung, so daß in diesem Falle »von einem neuen Staate gesprochen werden« könne. Sonstige Änderungen der positiv-rechtlichen Verfassung dürften von den zuständigen Stellen dagegen vorgenommen werden, weil solche Änderungen auf die Grundnorm »zurückgeführt, von dieser delegiert und so gleichsam in nuce schon vorweggenommen« würden.[62]

cc) Der Begrenzungsansatz Haugs: objektive Werte bzw. Gerechtigkeit als Schranken der Verfassungsrevision

Hans Haug rekurriert zur Begründung von Schranken der Verfassungsrevision dagegen auf »die Sphäre der Idealität, der objektiven Werte, die wir im Begriff ›Gerechtigkeit‹ zusammenfassen«[63] und die »kraft objektivem Gegeben- und An-sich-sein und kraft subjektivem Verstehen und Einsehen als *Sollens*forderungen an die Seinswirklichkeit herantreten«.[64] Im Mittelpunkt seiner Schrankenkonzeption stehen folglich »Werte, die die Gerechtigkeit dem Verfassungsgesetzgeber zur Verwirklichung aufgibt«.[65] Sein Ergebnis formuliert *Haug* nach alledem wie folgt: »Eine Verfassungsrevision, die das Unrecht einführen will, stößt an die absolute Schranke der Gerechtigkeit, – das ist der Kernsatz der Antwort, die wir in dieser Arbeit zu begründen suchten.«[66]

dd) Der Begrenzungsansatz Ehmkes: Grenzen der Verfassungsänderung aus dem materialen Zusammenhang der Verfassung

Horst Ehmke begründet, ausgehend von einem Verständnis der »Verfassung als eines materialen Ganzen«[67], »Grenzen der Verfassungsänderung«[68] auch jenseits

---

[62] Die Äußerungen aus verschiedenen Werken *Kelsens* wurden zitiert nach *Ehmke*, S. 27 ff; dort auch eine ausführliche Darstellung seiner Auffassung zu den Grenzen der Verfassungsrevision. Siehe auch *Bryde*, S. 228.
[63] *Haug*, S. 233.
[64] S. 191; Hervorhebung dort.
[65] S. 234.
[66] S. 236; außer Werten spricht *Haug* auch gewissen »Realien« eine die verfassungsändernde Gewalt begrenzende Funktion zu (S. 237 ff).
[67] *Ehmke*, S. 84, 89 ff, 101 ff u. ö.
[68] Eine Zusammenfassung seiner Ergebnisse findet sich auf S. 136 f.

positiver verfassungsgesetzlicher Anordnung[69]: Weil das Recht zur Verfassungsänderung »nur eine Befugnis zur Änderung, nicht aber eine Kompetenz zur Aufhebung oder Beseitigung der Verfassung« darstelle, ergäben sich »aus dem materialen Zusammenhang der Verfassung« Begrenzungen der verfassungsändernden
Gewalt, die der Verfassung gleichsam immanent seien. *Ehmke* nennt diese Grenzen der Verfassungsänderung folglich »verfassungsimmanente Schranken«.[70]

Zum einen beruhten diese Schranken auf einem Verständnis der Verfassung als
»Beschränkung und Rationalisierung der Macht«.[71] Verfassungsänderungen, die
dieser Zielsetzung zuwiderliefen und die »Aufgabe der Verfassung, mittels Beschränkung der Macht Würde, Recht und Freiheit des Menschen zu schützen«,
vereitelten, seien unzulässig.[72] Dem Zugriff des verfassungsändernden Gesetzgebers unter der Geltung des Grundgesetzes entzogen seien deshalb u.a. zahlreiche
Grund- und Staatsbürgerrechte, der Grundsatz der Mitwirkung der Parteien an
der politischen Willensbildung, das parlamentarische Regierungssystem sowie
bestimmte Ausprägungen des Gewaltenteilungsprinzips.[73] Zum anderen ergäben
sich Grenzen der Verfassungsänderung aus dem Umstand, daß die Verfassung
auch der »Anregung und Gewährleistung eines freien politischen Lebensprozesses« diene.[74] *Ehmke* nennt diesbezüglich u.a. das Verbot verfassungsändernder
Gesetze, die das »Verfassungsleben sprengen« bzw. das Gemeinwesen zerreißen,
Verfassungsänderungen gegen den Willen der parlamentarischen Opposition ermöglichen oder das parlamentarische Budgetrecht abschaffen.[75]

Ferner bejaht *Ehmke* die Existenz gleichzeitig verfassungstranszendenter und
-immanenter Grenzen der Verfassungsänderung. So berechtigten die Revisionsnormen nicht zur Beseitigung der aktuellen Geltungsgrundlage einer Verfassung,
z.B. zur Abschaffung des Grundsatzes der verfassunggebenden Gewalt des Volkes, wenn die Verfassung auf diesem Grundsatz basiere.[76] Schließlich seien gewisse Bekenntnisse des Verfassunggebers »zu bestimmten unaufgebbaren Berufen
und Zielsetzungen eines politischen Gemeinwesens« verfassungsänderungsfest.[77]

---

[69] Zum von *Ehmke* angenommenen Verhältnis von ausdrücklichen und ungeschriebenen
Schranken der Verfassungsänderung siehe S. 99f.

[70] S. 89ff; daneben bildet *Ehmke* die Kategorie der verfassungstranszendenten, außerhalb der
Verfassung liegenden Schranken und nennt wirtschaftliche und technische Momente, die geographische Lage sowie die allgemeinen Regeln des Völkerrechts als Beispiele (S. 91f).

[71] S. 103ff.

[72] S. 105.

[73] S. 103ff, 112ff, 118ff.

[74] S. 101, 123ff.

[75] S. 123ff, 128ff.

[76] So *Ehmke*, S. 93. Bemerkenswert ist die Ähnlichkeit dieser Ausführungen mit der Argumentation *Kelsens*: kein Austausch der Grundnorm und des von dieser eingesetzten Subjektes;
dazu oben C. II. 5. b) bb).

[77] S. 93. Als Beispiele nennt *Ehmke* die in der (alten Fassung der) Präambel des Grundgesetzes
enthaltenen Zielsetzungen: Wahrung der nationalen und staatlichen Einheit, Dienst für den Frie-

ee) Allgemeines zu Herleitung und Bedeutung
ungeschriebener Revisionsschranken

(1) Das Grundprinzip für die Herleitung ungeschriebener
Schranken der Verfassungsrevision

Die im vorigen nachgezeichneten Argumentationen zur Herleitung ungeschriebener Grenzen der Verfassungsänderung basieren mit Ausnahme der wertorientierten Konzeption *Haugs* ebenso auf einer Zuordnung der verfassungsändernden Gewalt zu den pouvoirs constitués wie die meisten weiteren Konstruktionen zur Schrankenbegründung. Ihnen liegt der allgemeine Gedanke zugrunde, daß die verfassungsändernde Gewalt anders als die verfassunggebende Gewalt durch die Verfassung eingesetzt, also eine aus der Verfassung abgeleitete und von ihr rechtlich definierte Zuständigkeit sei und deshalb die Grundlagen dieser Verfassung zu wahren habe[78]; denn keine Ermächtigungsvorschrift dürfe so verstanden werden, als ob sie zur Beseitigung der ermächtigenden Rechtsordnung die Hand reiche.[79] Unterschiede bestehen lediglich in der Formulierung dieser Erkenntnis und im Hinblick auf den Umfang der daraus abgeleiteten Beschränkungen der Revisionsgewalt: Ob man von der Wahrung der Identität bzw. des Wesens der Verfassung[80], ihrer Kontinuität[81], der Unantastbarkeit ihrer Substanz[82], der in ihr enthaltenen grundlegenden politischen Entscheidungen, Grund-, Fundamental- bzw. elementaren Prinzipien[83] spricht, ob man auf den Austausch ihrer aktuellen Geltungsgrundlage bzw. des ihr zugrunde liegenden Konstitutionsprinzips[84] und den materialen Zusammenhang der Verfassung abstellt[85] oder im Wege der Verfassungsrevision nur Änderungen einzelner Verfassungsbestimmungen, nicht

---

den in der Welt als gleichberechtigtes Glied in einem vereinten Europa. Hier läßt sich eine Parallelität zur Auffassung *Schmitts* (s. o. C. II. 5. b) aa)) nur schwerlich verkennen.

[78] Vgl. *Badura*, HStR VII, § 160 Rdnr. 26; *ders.*, Artikel »Verfassung«, EvStL II, Sp. 3754; *Zippelius*, AStL, § 9 III 2 (S. 68); M/K/S/*Hain*, Art. 79 Rdnr. 42. Für die Ansicht *Kelsens* gilt Entsprechendes mit der Abweichung, daß ihm zufolge alle staatlichen Rechtsetzungsbefugnisse aus der Grundnorm ableitbar sind und die Grundnorm deshalb rechtlich nicht angetastet werden darf.

[79] So ausdrücklich *Herzog*, AStL, S. 318, im Zusammenhang mit der Lehre *Schmitts*.

[80] Außer *Schmitt* und *Kelsen*, jeweils a. a. O., stellen auf die Verfassungsidentität ab: *Alvarez*, S. 78; *Murswiek*, verfassunggebende Gewalt, S. 18 f; M/D/*Maunz/Dürig*, Art. 79 Rdnr. 23; *Hesse*, HbVerfR, § 1 Rdnr. 24; *ders.*, Grundzüge, Rdnr. 702; *Heckmann*, DVBl. 1991, 847 (851); *Ossenbühl*, DVBl. 1992, 468 (470f); Sachs/*Lücke*, Art. 79 Rdnr. 2; *Huber*, ThürVBl. 1994, 1 (2, 8); *Bryde*, S. 232ff.

[81] Auf die Verfassungskontinuität berufen sich *Schmitt*, a. a. O.; *Hesse*, HbVerfR, § 1 Rdnr. 24; *Heckmann*, DVBl. 1991, 847 (851); *Ossenbühl*, DVBl. 1992, 468 (470f).

[82] So *Schmitt*, a. a. O.; *Gutmann*, S. 54.

[83] In diesem Sinne *Schmitt*, a. a. O.; *Alvarez*, S. 78; *Gutmann*, S. 54; *Herzog*, AStL, S. 317f; *Murswiek*, verfassunggebende Gewalt, S. 18 f; *Zippelius*, AStL, § 9 III 2 (S. 68); M/D/*Maunz/Dürig*, Art. 79 Rdnr. 23; *Kägi*, Grundordnung, S. 161.

[84] Außer *Kelsen* und *Ehmke*, jeweils a. a. O., auf diesen Gesichtspunkt abstellend auch *Murswiek*, verfassunggebende Gewalt, S. 19 f.

[85] So *Ehmke*, a. a. O.

aber die Aufhebung oder Beseitigung der Verfassung als Ganzes für zulässig hält[86]
– im Ergebnis laufen alle genannten Auffassungen darauf hinaus, daß *die* Verfassung, die die Revisionsorgane eingerichtet und mit der Revisionskompetenz ausgestattet hat, im Wege der Verfassungsänderung zwar inhaltlich modifiziert, nicht
aber beseitigt werden darf. Offen bleibt dabei allein, wie zu bestimmen ist, was *die*
Verfassung ist.

Der Blick auf dieses allen Beschränkungsansätzen gemeinsame Grundprinzip
macht deutlich, daß sich die verschiedenen Auffassungen ähnlicher sind, als es zunächst scheint, und sich sogar kombinieren lassen: So kann beispielsweise die
»Identität« einer Verfassung ebenso anhand der in ihr enthaltenen Fundamental-
prinzipien wie durch das ihr zugrunde liegende Konstitutionsprinzip (z.B. den
Grundsatz der verfassunggebenden Gewalt des Volkes) und überdies auch durch
den materialen Zusammenhang verschiedener Verfassungsteile bestimmt werden.

(2) Die Bedeutung ungeschriebener Revisionsschranken für die Abgrenzung von Verfassunggebung und Verfassungsänderung

Wichtiger für den Fortgang dieser Arbeit als das Ringen um die richtige Formulierung der möglicherweise unabhängig von einer expliziten verfassungsrechtlichen Anordnung bestehenden Revisionsschranken ist indessen die Einsicht, daß
durch jede Begründung derartiger Beschränkungen eine bestimmte *Grenzziehung zwischen Verfassunggebung und Verfassungsänderung* vorgenommen
wird[87]: Bestehen für die Ausübung der Revisionskompetenz bestimmte inhaltliche Schranken, müssen diese von den zuständigen Organen beachtet werden.[88]
Was die verfassungsändernden Organe nicht dürfen, weil es die ihnen von der
Verfassung gezogenen Grenzen überschreitet, kann oder darf[89] nur der Verfassunggeber.[90] Sollen also jene inhaltlichen Schranken mißachtet und demnach *die*

---

[86] Vgl. wiederum *Ehmke*, S. 90: »Die Befugnis zur Verfassungsänderung stellt nur eine Befug-
nis zur *Änderung*, nicht aber eine Kompetenz zur *Aufhebung* oder *Beseitigung* der Verfassung
dar«; Hervorhebungen v. Verf. In diesem Sinne ferner *Kägi*, Grundordnung, S.161;
M/D/*Maunz/Dürig*, Art.79 Rdnr.23; *Gutmann*, S.54; *Hesse*, Grundzüge, Rdnr.702f, unter
Hinweis auf BVerfGE 30, 1 (24); siehe auch *Murswiek*, verfassunggebende Gewalt, S.184; Sachs/
Lücke, Art.79 Rdnr.2.

[87] Deutlich *Gutmann*, S.54; ferner *Alvarez*, S.78; den Zusammenhang von Verfassunggebung
und Grenzen der Verfassungsänderung deutet auch *Ehmke*, S.85, an.

[88] Vgl. *Gutmann*, S.53f.

[89] Ob der Verfassunggeber lediglich »kann« oder sogar »darf«, hängt davon ab, ob man von einer permanenten rechtlichen Befugnis zur Verfassunggebung ausgeht oder von einer entsprechenden politisch-faktischen Möglichkeit neuerlicher Verfassunggebung. Dazu näher unten D.
II. 2.

[90] Als »Vorbehalt des Verfassunggebers« für bestimmte Entscheidungen wird dies bezeichnet
von *Heckmann*, DVBl. 1991, 847 (851); vgl. auch M/D/*Maunz/Dürig*, Art.79 Rdnr.23, wo ausgeführt wird, daß bestimmte Verfassungsinhalte »dem Verfassungs*gesetzgeber* entzogen und nur
der Disposition des Verfassung*gebers* vorbehalten werden«; Hervorhebungen dort. Ähnlich

Verfassung, die zur Verfassungsrevision ermächtigt, durch eine materiell andere Verfassung ersetzt werden, ist dies nicht im Wege der Verfassungsänderung möglich, sondern nur durch Verfassunggebung.[91] Die materiellen Schranken der Verfassungsänderung, gleich ob geschrieben oder ungeschrieben, markieren insofern die Grenzen der Handlungsbefugnis der Revisionsorgane und damit gleichzeitig die Linie, jenseits derer Verfassungsänderung aufhört und Verfassunggebung anfängt. Daraus ergibt sich, daß mit der Bejahung der Existenz ungeschriebener Revisionsschranken zugleich die Entscheidung getroffen wird, Verfassunggebung und Verfassungsänderung *immer* auch oder ggf. sogar vorrangig anhand *materieller* Kriterien[92] voneinander zu unterscheiden.[93]

An dieser Stelle braucht nicht auf weitere Einzelheiten eingegangen zu werden. Es genügt vorläufig die Erkenntnis, daß die Frage, ob und in welchem Umfang es ungeschriebene materielle Grenzen der Verfassungsänderung gibt, nicht unabhängig von der allgemeineren Frage nach der Grenzziehung zwischen Verfassungsänderung und Verfassunggebung beantwortet werden kann.[94] Auf den Pro-

---

Sachs/*Lücke*, Art. 79 Rdnr. 2, 20; Sachs/*Huber*, Art. 146 Rdnr. 12; *ders.*, ThürVBl. 1994, 1 (7); *Wittekindt*, S. 88 f.

[91] Vgl. z. B. *Gutmann*, S. 54; *Heckmann*, DVBl. 1991, 847 (851); *Hesse*, HbVerfR, § 1 Rdnr. 24.

[92] Für eine materielle Abgrenzung spricht sich beispielsweise *Gutmann*, S. 54, aus. Ebenso wohl *Maunz*, DÖV 1953, 645. Auf der Grundlage dieser Auffassung ist es möglich, die expliziten sowie ungeschriebenen inhaltlichen Schranken der Revisionsermächtigung als dem *Begriff der Verfassungsänderung immanent* zu betrachten: Verfassungsrevision ist danach nur das, was diesseits der Grenzen der Änderungsbefugnis verbleibt. Was die der Revisionsgewalt auferlegten Beschränkungen mißachtet, ist dagegen nicht Verfassungsänderung, sondern Verfassunggebung. So sinngemäß z. B. *Hesse*, HbVerfR, § 1 Rdnr. 24, im Hinblick auf die durch Art. 79 Abs. 3 umschriebene materielle Identität des Grundgesetzes: »›Verfassungsänderungen‹, welche diese Identität aufheben und damit Diskontinuität bewirken würden, sind unzulässig. Es handelt sich in Wahrheit um *Verfassunggebung*, eine Ersetzung der bisherigen durch eine neue Verfassung«; Hervorhebung dort. Allerdings kann nicht jede wegen Überschreitung der Revisionsgrenzen verfassungswidrige Verfassungsänderung automatisch Verfassunggebung sein. Zur Figur der »verfassungswidrigen Verfassungsänderung« noch näher unten E. IV. 2. a) aa); zur Bedeutung materieller Kriterien für die Abgrenzung von Verfassunggebung und Verfassungsänderung s. u. E. II. 2. b) cc) und c) sowie auch D. I. 2. b).

[93] Anders verhält es sich, wenn die Existenz ungeschriebener inhaltlicher Schranken der Verfassungsrevision verneint wird; denn in diesem Fall lassen sich Verfassunggebung und Verfassungsänderung unter materiellen Gesichtspunkten nur dann voneinander unterscheiden, wenn die Verfassung bestimmte Grundsätze explizit der Verfügungsgewalt der Revisionsorgane entzieht. Vgl. dazu näher unten D. III. 3. a) ff) Fn. 498 sowie Einleitung zu E.

[94] Dies läßt sich besonders gut erkennen, wenn es hinsichtlich der Schranken der Verfassungsrevision heißt, im Wege der Verfassungsänderung dürften die Verfassung bzw. einzelne ihrer Bestimmungen zwar *geändert*, nicht aber die Verfassung als Ganzes *aufgehoben* oder *beseitigt* werden (siehe die Nachweise unter C. II. 5. b) ee) (1) Fn. 86). Gegenständliche Beschränkungen der Revisionsgewalt werden auf diese Weise dem durch Abgrenzung von dem konträren Phänomen Verfassunggebung gebildeten Begriff der Verfassungsänderung entnommen: Da eine geltende Verfassung durch Verfassunggebung außer Kraft gesetzt und durch eine andere Verfassung ersetzt werden kann oder sogar darf, kann sich die Verfassungsänderung nach dieser Argumentation nicht ebenfalls auf die Schaffung einer neuen Verfassung beziehen, sondern muß auf Änderungen der alten beschränkt sein. In diesem Sinne deutlich z. B. *Bryde*, S. 233: »Begrifflich setzt

blemkreis ungeschriebener Schranken der Verfassungsrevision wird in einem späteren Abschnitt dieser Arbeit zurückzukommen sein.[95]

Ändern eine fortbestehende Identität voraus«, was zu dem Ergebnis führen müsse, »daß den Trägern der Revisionsgewalt zwar ›Ändern‹, nicht aber eine neue Verfassunggebung erlaubt ist«.
  [95] S.u. E. I.

D. Die Differenzierung zwischen Verfassunggebung und Verfassungsänderung

Nachdem die Eigenheiten von Verfassunggebung und Verfassungsänderung auf den vorangegangenen Seiten getrennt voneinandner beschrieben worden sind, sollen nun die Gemeinsamkeiten und Unterschiede beider Arten der Verfassungsrechterzeugung thematisiert werden (I). Im Anschluß daran wird ein Versuch der Zuordnung von Verfassunggebung und Verfassungsänderung unternommen und der Frage nachgegangen, ob die Differenzierung zwischen verschiedenen Arten der Verfassungsrechtserzeugung in dem Sinne allgemeingültig ist, daß sie in jeder konkreten Verfassungsordnung vorgenommen werden kann bzw. sinnvoll ist (II, III).

I. Verschiedene Aspekte der Differenzierung zwischen Verfassunggebung und Verfassungsänderung

Die nachfolgende Betrachtung der Gemeinsamkeiten und Unterschiede von Verfassunggebung und Verfassungsänderung beginnt mit einer kurzen Gegenüberstellung bereits behandelter Aspekte (1). Danach soll auf weitere Gesichtspunkte eingegangen (2) und sodann vor dem Hintergrund der bis dahin erzielten Ergebnisse eine vorläufige Charakterisierung von Verfassunggebung und Verfassungsänderung vorgenommen werden (3).

1. Zusammenfassende Gegenüberstellung bereits behandelter Aspekte[1]

a) Der Bezugspunkt von Verfassungsänderung und Verfassunggebung

Sowohl Verfassungsänderung als auch Verfassunggebung beziehen sich nach heute weitgehend einhelliger Meinung unmittelbar auf die Hervorbringung von Verfassungs*recht*, d.h. auf die Schaffung verfassungsgesetzlicher Bestimmungen. In dieser Hinsicht besteht kein Unterschied zwischen Verfassungsrevision und Verfassunggebung.

---

[1] Die nachfolgende Gegenüberstellung orientiert sich aufbautechnisch an den obigen Ausführungen zur Verfassunggebung (B. II. 1. bis 5.) und zur Verfassungsänderung (C. II. 1. bis 5.).

b) Das Wesen von Verfassungsänderung und Verfassunggebung

Verfassungsänderungen werden aufgrund einer verfassungsrechtlichen Ermächtigung von Organen der verfaßten Gewalt nach Maßgabe der in der Verfassung enthaltenen Vorschriften vorgenommen. Verfassungsänderungen sind mithin rechtsordnungsinterne, durch Vorschriften des positiven staatlichen Rechts zugelassene und begrenzte Maßnahmen, kurz: Rechtserzeugungsvorgänge im Rahmen der geltenden Verfassungsordnung.

Für die Verfassunggebung läßt sich hingegen in keiner positiven staatlichen Rechtsnorm eine rechtliche Ermächtigungsgrundlage auffinden.[2] Verfassunggebung erfolgt nicht in Ausübung einer durch positives staatliches Recht begründeten und begrenzten Kompetenz, sondern rechtlich ungeregelt, sofern nicht im überstaatlichen oder überpositiven Recht eine entsprechende Kompetenznorm ausfindig gemacht werden kann. Verfassunggebung vollzieht sich somit nicht im Rahmen, sondern außerhalb der staatlichen Rechtsordnung und ohne Rücksicht auf die Vorschriften des positiven staatlichen Rechts. In diesem Sinne ist Verfassunggebung ein außerrechtlicher Vorgang.

c) Der Geltungsgrund des neu geschaffenen Verfassungsrechts

Das im Wege der Verfassungsänderung geschaffene Verfassungsrecht findet seinen Geltungsgrund in der zur Verfassungsrevision ermächtigenden Bestimmung der geänderten Verfassung. Es gilt kraft verfassungsrechtlicher Anordnung seiner Geltung.

Durch Verfassunggebung erzeugtes Verfassungsrecht verdankt seine Geltung dagegen nicht positiv-rechtlicher Anordnung, sondern entweder einem dahingehenden Willen bestimmter politisch-faktischer Kräfte oder der Anerkennung seiner Legitimität durch die Verfassungsunterworfenen; ggf. kann seine Geltung auch auf überstaatliches bzw. überpositives Recht zurückgeführt werden. Jedenfalls liegt der Geltungsgrund außerhalb der staatlichen Rechtsordnung.

d) Die Zuständigkeit zur Verfassungsrechtserzeugung

Welche Staatsorgane für die Vornahme von Verfassungsänderungen zuständig sind, ergibt sich aus der jeweiligen Revisionsbestimmung der änderungsbedürftigen Verfassung. Die Verfassungsänderungskompetenz ist durch die Verfassung bestimmten Organen rechtsverbindlich zugewiesen.

Eine positiv-rechtlich begründete Zuständigkeit einer bestimmten Instanz zur Verfassunggebung besteht demgegenüber nicht. Allenfalls völkerrechtliche oder naturrechtliche Rechtssätze könnten die Verfassunggebungskompetenz eines be-

---

[2] Die Möglichkeit, daß eine bestehende Verfassung neuerliche Verfassunggebung erlaubt, ist bisher nicht berücksichtigt worden; s.o. Einleitung zu B.

stimmten Subjekts begründen. Ansonsten müssen diesbezüglich außerrechtliche Argumentationen bemüht werden.

e) Das Bestehen positiv-rechtlicher Bindungen bei der Verfassungsrechtserzeugung

Verfassunggebung und Verfassungsänderung unterscheiden sich im Hinblick auf die bei der Schaffung neuen Verfassungsrechts bestehenden rechtlichen Bindungen formeller und materieller Art: Bei der Verfassungsrevision als verfassungsimmanentem Änderungsverfahren sind die zuständigen Organe rechtlich zur Einhaltung der in der Verfassung enthaltenen Festsetzungen verpflichtet.

Die verfassunggebende Gewalt agiert dagegen frei von verfahrens- oder inhaltsbezogenen Vorgaben rechtlicher Natur, es sei denn, solche werden oberhalb der staatlichen Ebene anzusiedelnden Rechtssphären entnommen.

2. Weitere Aspekte der Differenzierung zwischen Verfassunggebung und Verfassungsänderung

Die Unterschiedlichkeit von Verfassunggebung und Verfassungsänderung gründet sich nicht nur auf die bereits behandelten Gesichtspunkte. Beide Arten der Verfassungsrechtserzeugung werden im verfassungstheoretischen Schrifttum zusätzlich auch mit Hilfe des Merkmals der Derivativität bzw. Originarität der Verfassungsrechtserzeugung (a), anhand des Aspekts der verfassungsrechtlichen Kontinuität bzw. Diskontinuität (b) sowie der Legalität bzw. Illegalität der Rechtsetzung (c) charakterisiert und gegeneinander abgegrenzt.[3] Verfassunggebung wird überdies oftmals mit revolutionärer Verfassungschöpfung gleichgesetzt (d).

a) Die Differenzierung zwischen derivativer und originärer Verfassungsrechtserzeugung

Die Befugnis zur Änderung einer geltenden Verfassung beruht auf einer entsprechenden Ermächtigung und ist insofern eine aus der Verfassung abgeleitete Kompetenz. Die Ausübung dieser Befugnis ist von Verfassungs wegen einem bestimmten Organ zugewiesen sowie verfahrensrechtlichen und ggf. inhaltlichen Bindungen unterworfen. Voraussetzung für die Geltung des im Wege der Verfassungsrevision geschaffenen Verfassungsrechts ist die Beachtung der diesbezüglich in der jeweiligen Verfassung enthaltenen Vorgaben. Das verfassungsgemäß verabschiedete neue Verfassungsrecht gilt, ebenso wie das einfache Gesetzesrecht, kraft verfassungsrechtlicher Anordnung seiner Geltung. Dieser Befund wird in den Blick genommen, wenn in bezug auf die geänderten Verfassungsnor-

---

[3] Auch im Hinblick auf diese Gesichtspunkte wird vorläufig davon ausgegangen, daß eine Verfassung im Zeitpunkt der Verfassunggebung nicht besteht bzw. bereits untergegangen ist.

men von *derivativer Geltung* gesprochen und die Verfassungsänderung als *derivative Verfassungsrechtserzeugung* bezeichnet wird.

Verfassunggebung vollzieht sich demgegenüber nicht kraft einer verfassungsrechtlichen oder sonst positiv-rechtlichen Ermächtigung. Die Ausübung der verfassunggebenden Gewalt ist insoweit weder formell- noch materiell-rechtlichen Bindungen unterworfen, deren Beachtung Geltungsvoraussetzung für das durch Verfassunggebung geschaffene Verfassungsrecht sein könnte. Das Verfassungsrecht gilt nicht kraft Anordnung seiner Geltung durch eine positive Rechtsnorm, sondern *originär*, ohne in einem rechtlichen Ableitungszusammenhang mit existierendem staatlichen Recht zu stehen. Verfassunggebung läßt sich deshalb als (jedenfalls im Hinblick auf das positive staatliche Recht) *originäre Verfassungsrechtserzeugung* charakterisieren.[4]

b) Die Differenzierung zwischen kontinuitätswahrender und Diskontinuität begründender Verfassungsrechtserzeugung

Im Zusammenhang mit der Unterscheidung zwischen derivativer und originärer Schaffung neuen Verfassungsrechts steht die Frage, ob die Verfassungsrechtserzeugung in rechtlicher Kontinuität erfolgt oder rechtliche Diskontinuität begründet.[5] Die Verfassungsrevision hält sich in den Bahnen der bestehenden Verfassung: Das neu geschaffene Verfassungsrecht findet seinen Geltungsgrund in der bisherigen Verfassung, leitet seine Geltung aus dieser ab, während die von der Revision unberührten Teile der Verfassung unverändert fortgelten. Formal betrachtet gilt nach erfolgter Verfassungsänderung somit nicht eine neue, sondern weiterhin dieselbe (obschon inhaltlich modifizierte) Verfassung. Im Hinblick auf deren Geltungsgrund ergeben sich keine Änderungen. Insofern herrscht im Falle einer Verfassungsänderung *formelle Verfassungskontinuität*.[6]

---

[4] Verfassungsänderung wird als derivative und Verfassunggebung als originäre Verfassungsrechtserzeugung charakterisiert von *Tosch*, S. 113 ff; *Steiner*, S. 22 f; *Murswiek*, verfassunggebende Gewalt, S. 163, 189 Fn. 116; *ders.*, Wiedervereinigungsgebot, S. 26; *Böckenförde*, verfassunggebende Gewalt, S. 90 (99); *Kirchhof*, HStR I, § 19 Rdnr. 10 ff; *Isensee*, HStR VII, § 166 Rdnr. 10 u. ö.; *ders.*, Mythos, S. 13; *Alvarez*, S. 76 ff; *Heckel*, HStR VIII, § 197 Rdnr. 49; *ders.*, Einheit, S. 23 f; *Storost*, Staat 29 (1990), 321 (329); *Heckmann*, DVBl. 1991, 847 (854); *Sachs*, JuS 1991, 985 (986); *Ossenbühl*, DVBl. 1992, 468 (471); *Schmitt Glaeser*, S. 30 f; *Sachs/Lücke*, Art. 79 Rdnr. 3. Kritisch dagegen *Stern* I, S. 153, im Zusammenhang mit der Frage, ob die verfassunggebende Gewalt mit dem Inkrafttreten der Verfassung in die verfassungsändernde Gewalt übergehe; dazu unten D. II. 2. c). Andererseits heißt es bei ihm auf S. 148 zur verfassunggebenden Gewalt aber auch: »Sie ist ursprünglich, originär, d.h. unabhängig von bestehender positiver Normsetzung und unmittelbar durch sich selbst.«

[5] Zu Verfassungskontinuität und -diskontinuität siehe *Isensee*, HStR VII, § 166 Rdnr. 10, 14; *ders.*, Mythos, S. 13, 47; *Heckel*, HStR VIII, § 197 Rdnr. 47, 52, 115; *Heckmann*, DVBl. 1991, 847 (848, 851 ff); *Sachs*, JuS 1991, 985 (986); *Ossenbühl*, DVBl. 1992, 468 (470 f); *Alvarez*, S. 79, 114, 184 f; *Haug*, S. 156; *Tosch*, S. 114 f.

[6] So *Haug*, S. 156; *Isensee*, Mythos, S. 13, 47; *Heckel*, HStR VIII, § 197 Rdnr. 52, 115; *Ossenbühl*, DVBl. 1992, 468 (470 f); *Alvarez*, S. 79; *Sachs*, JuS 1991, 985 (986).

Die Verfassunggebung knüpft dagegen nicht an eine bestehende Verfassungsordnung an. Durch Verfassunggebung erzeugtes Recht entbehrt eines positivrechtlichen Zurechnungspunktes; es gilt originär, sei es, weil eine geltende Verfassung nicht (mehr) existiert, sei es, weil sich die verfassunggebenden Kräfte schon über sie hinweggesetzt haben.[7] Im Zuge der Verfassunggebung wird also nicht altes Recht weiterentwickelt oder ergänzt, sondern unabhängig von einer bestehenden Verfassung vollständig neues Verfassungsrecht geschaffen. Für eine Fortgeltung bisherigen Verfassungsrechts ist insofern kein Raum. Vor dem Hintergrund dieser formellen Abgelöstheit des im Wege der Verfassunggebung erzeugten Verfassungsrechts vom bestehenden Recht kann festgehalten werden, daß Verfassunggebung mit einem Bruch der *formellen* Verfassungskontinuität einhergeht und normative *Diskontinuität* begründet.[8]

Ob Verfassungskontinuität oder -diskontinuität vorliegt, kann indes nicht nur auf der Grundlage einer *formellen*, sondern ebenso anhand einer *materiellen* Betrachtungsweise beurteilt werden; denn die Frage, ob nach einer Veränderung des Bestandes an verfassungsrechtlichen Normen noch *dieselbe* Verfassung (= Verfassungskontinuität) oder eine *andere*, eine *neue* Verfassung (= Verfassungsdiskontinuität) vorliegt[9], kann nicht nur unter formellen, sondern auch unter materiellen Aspekten beantwortet werden. Wechselt man in diesem Sinne die Betrachtungsperspektive, ist für die Feststellung von Verfassungskontinuität oder -diskontinuität das Maß der inhaltlichen Verschiedenheit von alter Verfassung und neuem Verfassungsrecht ausschlaggebend: Es kommt darauf an, ob die neue Verfassungsordnung mit der bisherigen noch materiell identisch ist. Auch das Kriterium der materiellen Verfassungsidentität kann demzufolge (zumindest mit) darüber entscheiden, ob Verfassunggebung oder Verfassungsänderung vorliegt.[10]

Die Resultate formeller und inhaltsorientierter Betrachtung können divergieren: Materielle Verfassungsdiskontinuität kann auch im Falle der formellen Anknüpfung an die bestehende Verfassung vorliegen, wenn die Änderungen inhaltlich so weitreichend sind, daß sie die Verfassungsidentität berühren.[11] Umgekehrt

---

[7] Zur Konstellation der Verfassunggebung bei geltender Verfassung, die hier noch außer Betracht bleibt, siehe ausführlich unten D. II.

[8] Vgl. *Heckel*, HStR VIII, § 197 Rdnr. 47, 52, 115; *Alvarez*, S. 114; *Ossenbühl*, DVBl. 1992, 468 (471); *Isensee*, HStR VII, § 166 Rdnr. 10; *Sachs*, JuS 1991, 985 (986); U/C/*Rühmann*, Präambel Rdnr. 26.

[9] Daß dies die Frage ist, auf die sich der Gesichtspunkt der Verfassungskontinuität bzw. -diskontinuität bezieht und die letztlich über die Abgrenzung von Verfassungsänderung und Verfassunggebung entscheidet, klingt an bei *Ossenbühl*, DVBl. 1992, 468 (470); *Maunz*, DÖV 1953, 645; siehe auch *Viehoff*, S. 35; *Würtenberger*, Wiedervereinigung, S. 95 (101).

[10] Vgl. etwa *Heckmann*, DVBl. 1991, 847 (851): »Mit einem Wechsel der Identität ist dagegen Diskontinuität verbunden«; unter dieser Voraussetzung liege Verfassunggebung vor (S. 854). Ähnlich *Quaritsch*, VerwArch 83 (1992), 314 (319f); *Hesse*, HbVerfR, § 1 Rdnr. 24 (vgl. das Zitat unter C. II. 5. b) ee) (2) Fn. 92).

[11] So etwa *Heckmann*, DVBl. 1991, 847 (851), bezogen auf Änderungen des Grundgesetzes im Verfahren der Verfassungsrevision: »Auch innerhalb der Schranken des Art. 79 Abs. 3 GG ist ei-

kann auch der Erlaß einer formell neuen Verfassung jedenfalls dann materiell kontinuitätswahrend sein, wenn sich neue und alte Verfassung inhaltlich nur geringfügig unterschieden und die Verfassungsidentität deshalb unberührt bleibt.[12] Fraglich ist in solchen Divergenzfällen allerdings, ob über das Vorliegen von Verfassungskontinuität oder -diskontinuität und damit von Verfassungsänderung oder Verfassunggebung letztlich das Resultat der formellen oder der materiellen Betrachtung entscheidet.[13] Auf diese Problematik wird an späterer Stelle im Zusammenhang mit der Abgrenzung von Verfassunggebung und Verfassungsänderung zurückzukommen sein.[14]

c) Die Differenzierung zwischen legaler und illegaler Verfassungsrechtserzeugung

Verfassungsänderung und Verfassunggebung unterscheiden sich des weiteren hinsichtlich der Möglichkeit, sie anhand des Kriteriums der Legalität zu beurteilen. Als »legal« wird ein menschliches Verhalten bezeichnet, das mit dem äußere (im Unterschied zu moralisch-sittlichen) Pflichten begründenden menschlichen Gesetz übereinstimmt.[15] Der Begriff Legalität bezeichnet somit die Übereinstimmung einer Maßnahme mit gesetztem Recht, im Fall einer Rechtsnorm also die Konvergenz mit allen höherrangigen Rechtssätzen.[16]

Verfassungsänderungen werden von pouvoirs constitués vollzogen, die kraft einer verfassungsrechtlichen Ermächtigung agieren und zur Beachtung der formellen und ggf. materiellen Vorgaben für die Erzeugung neuen Verfassungsrechts verpflichtet sind. Weil verfassungsändernde Gesetze an den einschlägigen Vorschriften der Verfassung als ranghöheren Rechtsnormen gemessen werden können und mit diesen übereinstimmen müssen, ist die Verfassungsänderung einer

---

ne Änderung denkbar, die sich nicht mehr als kontinuitätswahrende Verfassungsänderung begreifen läßt, die nämlich die Identität des Grundgesetzes berührt. Dann handelt es sich um eine Umgehung der Grundsätze der Verfassunggebung.« Ähnlich *Würtenberger*, Wiedervereinigung, S. 95 (101); *Bryde*, S. 237f. Vgl. auch *Heckel*, HStR VIII, § 197 Rdnr. 13f, der im Zusammenhang mit der »legalen Revolution« in der ehemaligen DDR von einer »Kontinuität der äußeren Form bei Diskontinuität des inneren Gehalts« der Verfassung spricht.

[12] Siehe *Heckmann*, DVBl. 1991, 847 (854), der im Hinblick auf Art. 146 GG n.F. die Auffassung vertritt, daß »die Schwelle zur Verfassunggebung nicht überschritten« und damit Kontinuität gegeben sei, wenn die neue Verfassung »in moderater Fortschreibung der alten Artikel« geschaffen werde; denn: »In Wahrheit bekäme das Grundgesetz nämlich nur einen neuen Namen und einen neuen ›Anstrich‹. Sein Fundament und seine Identität bliebe unberührt.«

[13] Vgl. in diesem Zusammenhang auf der einen Seite *Isensee*, HStR VII, § 166 Rdnr. 10, 14, *Sachs*, JuS 1991, 985 (986), sowie *Moelle*, S. 51f, die streng formal auf die Auswechslung der Geltungsgrundlage des Verfassungsrechts abstellen, und auf der anderen Seite *Heckmann*, DVBl. 1991, 847 (848 mit Fn. 8, 851ff), der den materiellen Aspekt sehr stark betont.

[14] S.u. E. II.

[15] Vgl. *Quaritsch*, Artikel »Legalität, Legitimität«, EvStL I, Sp. 1989, unter Hinweis auf *Kant* und *Fichte*; *Murswiek*, verfassunggebende Gewalt, S. 189.

[16] *Stern* I, S. 149; *Gutmann*, S. 101 Fn. 1; *Zippelius*, AStL, § 16 II (S. 127f).

Beurteilung im Hinblick auf ihre Legalität zugänglich[17]: Durch Verfassungsrevision erzeugtes Verfassungsrecht ist legal, wenn es formell und materiell mit den diesbezüglichen Bestimmungen der geänderten Verfassung im Einklang steht.[18] Werden die verfassungsrechtlichen Revisionsvorschriften dagegen mißachtet, ist die Verfassungsänderung illegal und damit unwirksam.[19]

Verfassunggebung erfolgt demgegenüber unabhängig von jeder positiven staatlichen Rechtsnorm, weil für die verfassunggebende Gewalt kein ihr übergeordnetes gesetztes Recht existiert, das zur Verfassungschöpfung ermächtigen und verbindliche Vorgaben für die Schaffung einer Verfassung enthalten könnte.[20] Höherrangige staatliche Rechtssätze, an denen sich verfassunggeberische Akte messen ließen, gibt es nicht. Da der pouvoir constituant in diesem Sinne »rechtlich nicht gebunden ist, kann er nicht illegal handeln. Umgekehrt ist sein Handeln aber auch nicht legal, sondern es vollzieht sich *jenseits dieser Kategorie.*«[21] Verfassunggebung läßt sich nicht anhand des Kriteriums der Legalität bzw. Illegalität rechtlich bewerten[22], sondern nur im Hinblick auf die Übereinstimmung mit politisch-moralischen Wert- und Gerechtigkeitsvorstellungen beurteilen: Verfassunggebung kann nicht legal oder illegal sein[23], sondern nur als legitim oder illegitim empfunden werden.[24]

---

[17] Dies ist so selbstverständlich, daß es nur selten explizit herausgestellt wird. Andeutungen z.B. bei *Isensee*, Mythos, S.13; *Kirchhof*, HStR I, § 19 Rdnr. 34; *Gutmann*, S.101.

[18] Die Legalität indiziert in diesem Fall gleichzeitig die Legitimität des geänderten Verfassungsrechts; vgl. *Stern* I, S.149 Fn.33; *Ehmke*, S.134; *Zippelius*, AStL, § 16 II (S.127); *Boehl*, Verfassunggebung, S.80; *Hesse*, Grundzüge, Rdnr.197.

[19] Vgl. *Boehl*, Verfassunggebung, S.80, sowie oben C. II. 3. und 5. a).

[20] S.o. B. II. 2. a) und Einleitung zu 5. Zu der nach wie vor außer Betracht bleibenden Frage, ob die verfassunggebende Gewalt durch die Normen einer vorhergehenden Verfassung gebunden werden kann, s.u. D. II. 2. c) und 3. a) aa).

[21] So *Murswiek*, verfassunggebende Gewalt, S.189; Hervorh. v. Verf.

[22] So außer *Murswiek*, a.a.O., auch *Stern* I, S.149; *Isensee*, Mythos, S.13; *Alvarez*, S.132; *Zippelius*, AStL, § 19 I 1 (S.158f); *Bachof*, S.33f; *Badura*, Artikel »Verfassung«, EvStL II, Sp.3744; *Gutmann*, S.101; *Storr*, S.52. Anders wohl *Schneider*, HStR VII, § 158 Rdnr.5, mit Blick auf die seiner Meinung nach bestehende Notwendigkeit verfassungsvorbereitender Normen; dazu unten D. III. 1. d).

[23] Fraglich ist allerdings, ob an dieser Aussage auch mit Blick auf diejenigen Auffassungen festgehalten werden kann, die Verfassunggebung auf eine naturrechtliche oder völkerrechtliche Befugnis zurückführen und infolgedessen vom Bestehen rechtlicher Bindungen des pouvoir constituant ausgehen; zu diesen Auffassungen oben B. II. 2. c) bb) und cc) bzw. 5. a) aa) und b) aa) und bb). Falls die Existenz eines naturrechtlichen Rechts auf Verfassunggebung und damit eine naturrechtliche Gebundenheit der verfassunggebenden Gewalt bejaht wird, können Akte des pouvoir constituant zwar als naturrechtmäßig oder naturrechtswidrig qualifiziert werden. Jedoch wäre es auf der Basis der hier zugrunde gelegten Definition der Legalität, die auf *vom Menschen gesetztes* Recht rekurriert, gleichwohl verfehlt, in diesem Zusammenhang von »legalen« oder »illegalen« Betätigungen des pouvoir constituant zu sprechen. Wird der pouvoir constituant dagegen als völkerrechtlich zur Verfassunggebung berechtigt und zur Beachtung völkerrechtlicher Normen verpflichtet angesehen, ist zu berücksichtigen, daß das Völkerrecht durchaus vom Menschen gesetztes Recht darstellt, weil es als Vertragsrecht oder als von internationalen Organisationen geschaffenes Recht unmittelbar sowie in Gestalt des Völkergewohnheits-

d) Die »Illegalität« revolutionärer verfassunggeberischer Akte

Verfassunggebung vollzieht sich frei von Bindungen an das staatliche Recht und insoweit, wie soeben dargelegt, jenseits der Kategorie der Legalität. Dem zum Trotz werden verfassunggeberische Akte in der Literatur häufig als illegal charakterisiert, und zwar dann, wenn sie sich zu einer bislang geltenden Verfassung in Widerspruch setzen und insofern verfassungswidrig sind.[25] Dazu ist, obwohl es sich strenggenommen um einen Vorgriff auf die späteren Überlegungen zur Verfassunggebung bei noch geltender Verfassung handelt, folgendes zu bemerken: Illegal im Sinne der obigen Definition könnten verfassunggeberische Akte nur dann sein, wenn die Verfassung auch für den pouvoir constituant rechtlich verbindlich wäre und ein Akt der verfassunggebenden Gewalt mit den einschlägigen Normen der Verfassung nicht im Einklang stünde.[26] Anderenfalls, d.h. dann, wenn der pouvoir constituant rechtlich nicht an die Verfassung gebunden wäre[27], ließen sich verfassungswidrige verfassunggeberische Akte hingegen nur in einem untechnischen Sinne als illegal charakterisieren, nämlich aus der – für den pouvoir constituant unmaßgeblichen – Perspektive der bislang geltenden Verfassung.[28] Mit dem Verdikt der Illegalität würde dann primär darauf aufmerksam gemacht, daß mit der Verfassunggebung gegen die alte Verfassung verstoßen, diese gebrochen und letztlich beseitigt wird, kurz: daß ein Umsturz der geltenden Verfassungsordnung erfolgt. Dieses Umsturzelement ist freilich wesentliches Merkmal des *juristischen Revolutionsbegriffs*[29]: Revolution im Rechtssinn läßt sich umschreiben als Beseitigung der bestehenden Rechtsordnung entgegen der Zuständigkeits- und Verfahrensordnung des Ancien régime, also in Widerspruch zu dem alten System.[30] Revolutionstypisch ist demnach ein »rechtlicher Bruch«[31] mit der

---

rechts und der allgemeinen Rechtsgrundsätze zumindest mittelbar vom Menschen ins Werk gesetzt wurde. Insofern ist es nicht ausgeschlossen, verfassunggeberische Akte als »völkerrechtlich legal« oder »völkerrechtlich illegal« zu charakterisieren. Insoweit ist die obige Aussage also zu relativieren: Verfassunggebung kann, bezogen auf das staatliche Recht, nicht legal oder illegal sein, wohl aber mit Blick auf das Völkerrecht. Zur Bedeutung der völkerrechtlichen Bewertung verfassunggeberischer Akte näher unten D. II. 3. b) cc) (2).

[24] So *Stern, Badura, Zippelius*, jeweils a.a.O.; ferner *Ehmke*, S. 87; *Alvarez*, S. 153ff; *Herbst*, S. 102; *M/K/S/Starck*, Präambel Rdnr. 15f.

[25] Vgl. z.B. *Doehring*, AStL, Rdnr. 310: »Unter der Herrschaft des *Grundgesetzes*, so wie es derzeit lautet, ist das Tätigwerden einer von der verfaßten Gewalt (pouvoir constitué) unterscheidbaren *verfassungsgebenden Gewalt* (pouvoir constituant) *nicht* vorgesehen und daher unzulässig und also illegal«; Hervorhebungen dort. Anders hingegen *Bartlsperger*, DVBl. 1990, 1285 (1298ff), der »legal« bzw. »illegal« stets in Anführungszeichen setzt.

[26] S.o. D. I. 2. c).

[27] Zu der Frage, ob der pouvoir constituant an die jeweils geltende Verfassung gebunden sein kann, s.u. D. II. 3. a) aa).

[28] Vgl. in diesem Zusammenhang *Storr*, S. 52; *Murswiek*, verfassunggebende Gewalt, S. 135, 143f (für den Fall des Art. 146 GG a.F.), und S. 182, 212, 235ff; *Isensee*, Wiedervereinigung, S. 63 (66); *Steiner*, S. 178f, 225; *Gutmann*, S. 101.

[29] Dazu ausführlich *Murswiek*, verfassunggebende Gewalt, S. 17ff, m.w.N.

[30] Auf der Grundlage dieses Revolutionsbegriffs ergibt sich auch, was von der Figur der »lega-

vorausgehenden Verfassung[32] in dem Sinne, daß diese aufgehoben und eine neue Verfassung in Kraft gesetzt wird, ohne daß die alte Verfassung dies erlaubt.[33]

Wenn also verfassunggeberische Akte, die von der bisherigen Verfassung regelmäßig verboten[34] und damit aus deren Sicht verfassungswidrig sind[35], als illegal gekennzeichnet werden, soll dadurch in erster Linie der rechtlich revolutionäre Charakter solcher Betätigungen des pouvoir constituant hervorgehoben werden. Da durch die Rede von der Illegalität jedoch allzu leicht der Eindruck erweckt wird, verfassunggeberische Akte seien wie sonstige Rechtsetzungsakte durch höherrangige Rechtsnormen determiniert, sollten derartige Bezeichnungen vermieden werden. Statt dessen bietet es sich an, von »revolutionären verfassunggeberischen Akten« zu sprechen bzw. sprachlich klarzustellen, daß die verfassunggeberische Maßnahme lediglich *aus Sicht der bisherigen Verfassung* illegal ist. Dies kann u.a. dadurch geschehen, daß entsprechende Maßnahmen als »konstitutio-

---

len Revolution« zu halten ist: »Was herkömmlich ›legale Revolution‹ genannt wird, kann auf Grund dieser Voraussetzung entweder nur scheinbar legal oder aber nicht Revolution sein«; so *Murswiek*, verfassunggebende Gewalt, S. 19. Da Legitimität nicht zuletzt durch Legalität vermittelt wird (dazu u.a. *Boehl*, Verfassunggebung, S. 80), ist es gleichwohl naheliegend, daß immer wieder die Legalität revolutionären Handelns behauptet wird: »Wenn daher der Revolutionär regelmäßig Wert auf die Feststellung legt, legal zur Macht gekommen zu sein, ist sie zwar rechtslogisch unzutreffend, sozial-psychologisch aber wichtig, um die Anerkennung der neuen Herrschaft zu erlangen«; so *Stern* I, S. 149 Fn. 35.

[31] Vgl. z. B. *Roellecke*, F.A.Z. Nr. 293 vom 16. Dezember 1999, S. 49: »Revolution ist der Austausch der Legitimationsgrundlagen eines Rechtssystems und insofern ein Bruch mit dem gesamten bisherigen Recht.« Siehe ferner Dreier/*Dreier*, Art. 79 III Rdnr. 14.

[32] Insofern begründet jede Revolution im Rechtssinne Verfassungsdiskontinuität; so auch *Badura*, Artikel »Verfassung«, EvStL II, Sp. 3743 f; *Alvarez*, S. 114.

[33] Zum juristischen Revolutionsbegriff außer *Murswiek*, a.a.O., auch *Steiner*, S. 23, 225; *Zippelius*, AStL, § 19 I (S. 158 ff); *Alvarez*, S. 114 ff; *Isensee*, Wiedervereinigung, S. 63 (66); *Gutmann*, S. 55 f; *Stückrath*, S. 223 ff; Dreier/*Dreier*, Art. 79 III Rdnr. 14; *Heckel*, HStR VIII, § 197 Rdnr. 10; *Henke*, Staat 19 (1980), 181 (208); *Maunz*, DÖV 1953, 645, jeweils m.w.N. Vgl. allgemein zum Revolutionsbegriff auch *P. Schneider*, Artikel »Revolution«, EvStL II, Sp. 2993 ff. Auch die Konturen des juristischen Revolutionsbegriffs sind indes nicht absolut unbestritten. So gibt es Tendenzen, nicht jeden Bruch einer Verfassung, sondern nur die Beseitigung des bisherigen Subjekts der verfassunggebenden Gewalt als revolutionär zu begreifen; in diese Richtung tendierend *Schmitt*, Verfassungslehre, S. 92 (zur Interpretation seiner Äußerung vgl. auf der einen Seite *Steiner*, S. 225, und *Tosch*, S. 115 Fn. 51, sowie auf der anderen Seite *Murswiek*, verfassunggebende Gewalt, S. 173 Fn. 57, S. 19); ähnlich *Quaritsch*, VerwArch 83 (1992), 314 (325), der auf den Wechsel des Inhabers der Staatsgewalt bzw. den Wechsel des Souveräns abstellt.

[34] Zum verfassungsrechtlichen Verbot künftiger verfassunggeberischer Akte näher unten D. II. 1. b) bb) und cc); 2. d) bb); 3. a) aa) (1) (a); III., Einleitung zu 1. u.ö.

[35] In Ausnahmefällen kann eine Betätigung der verfassunggebenden Gewalt dagegen von der alten Verfassung erlaubt und deshalb aus ihrer Sicht legal bzw. – besser – nicht revolutionär sein. Als Beispiel sei auf Art. 146 GG a.F. verwiesen, auf den ausführlich unten D. III. 3. b) cc) (1) einzugehen sein wird. Die neue Verfassung wäre im Falle einer Anwendung des Art. 146 GG a.F. zwar originär, aber nicht revolutionär entstanden; so auch *Steiner*, S. 23 f. Für das Verhältnis von originärer und revolutionärer Verfassungschöpfung folgt daraus laut *Steiner*, S. 24: »Die originäre Verfassunggebung wird meist revolutionäre Verfassunggebung sein, die revolutionäre Verfassunggebung ist immer originär.« Vgl. auch *Zippelius*, AStL, § 9 III 2 (S. 66 f).

nell illegal« oder schlicht als »illegal« (mit Anführungszeichen) bezeichnet werden.[36] Abschließend bleibt allerdings darauf hinzuweisen, daß die regelmäßig zu
verzeichnende konstitutionelle Illegalität verfassunggeberischer Akte im Falle einer (erfolgreichen) Revolution ohne Folgen bleibt[37], weil es gerade ein Charakteristikum der Revolution im Rechtssinne ist, daß sie die alte Rechtsordnung zerstört und eine neue Legalität begründet.[38]

3. Vorläufige Charakterisierung von Verfassung-
gebung und Verfassungsänderung

Vor dem Hintergrund der bisherigen, Verfassunggebung und Verfassungsänderung separat in den Blick nehmenden und eine eventuelle Verfassungsbindung des
pouvoir constituant außer acht lassenden Ausführungen können beide Arten der
Verfassungsrechtserzeugung wie folgt charakterisiert werden:

Verfassunggebung stellt sich bislang als nicht auf eine innerstaatliche Rechtsgrundlage zurückführbarer Akt dar, der sich auf die Schaffung einer neuen Verfassung bezieht. Vollzogen wird dieser Akt der Verfassungschöpfung von der verfassunggebenden Gewalt, die kein verfassungsrechtlich konstituiertes Organ ist und
frei von formellen und materiellen Bindungen positiv-rechtlicher Art agiert. Das
durch Verfassunggebung geschaffene Verfassungsrecht steht nicht in einem Ableitungszusammenhang mit bisherigem Recht, sondern gilt originär. Kennzeichnend ist weiterhin, daß im Falle eines verfassunggeberischen Aktes normative
Diskontinuität eintritt, die rechtliche Kontinuität also unterbrochen wird. Verfassunggebung läßt sich schließlich nur im Hinblick auf ihre Legitimität, nicht
aber hinsichtlich ihrer Legalität bewerten; wohl aber kann sie aus Sicht der vorhergehenden Verfassung betrachtet und dann ggf. als rechtlich revolutionär charakterisiert werden.

Verfassungsänderung erscheint demgegenüber als auf einer verfassungsrechtlichen Ermächtigung beruhende Maßnahme, die auf die Fortschreibung der geltenden Verfassung gerichtet ist. Zuständig für Änderungsvorhaben sind die mit einer
Revisionsbefugnis ausgestatteten Staatsorgane, die zur Beachtung des verfassungsrechtlich vorgeschriebenen Revisionsverfahrens sowie der in der Verfas-

---

[36] Entsprechend wird im weiteren Verlauf dieser Arbeit verfahren, wenn es um die Wider-
rechtlichkeit verfassunggeberischer Akte aus Sicht der bereits bestehenden Verfassung geht. Synonym zu den aufgeführten Bezeichnungen wird »konstitutionell rechtswidrig« oder »aus Sicht
der bisherigen Verfassung rechtswidrig« verwendet, weil der Begriff der Rechtswidrigkeit als
Oberbegriff die Verfassungswidrigkeit als speziellen Fall der Rechtswidrigkeit umfaßt.

[37] Vgl. nur *Storr*, S. 52: »Auf die Legalität oder Illegalität des Tätigwerdens der verfassunggebenden Gewalt aus der Sicht der alten Verfassung kommt es deshalb verfassungsrechtlich nicht
an.«

[38] In diesem Sinne etwa *Badura*, Artikel »Verfassung«, EvStL II, Sp. 3744; *P. Schneider*, Artikel »Revolution«, EvStL II, Sp. 2995; *Zippelius*, AStL, § 19 I 1 (S. 159f); *Murswiek*, verfassunggebende Gewalt, S. 239; *Alvarez*, S. 114; *Stückrath*, S. 223.

sung festgelegten bzw. ihr immanenten inhaltlichen Schranken verpflichtet sind. Die Einhaltung dieser Vorgaben bedingt die Legalität des im Wege der Verfassungsrevision derivativ unter Wahrung der rechtlichen Kontinuität erzeugten Verfassungsrechts und ist Voraussetzung für dessen Geltung.

Die Charakteristika beider Arten der Verfassungsrechterzeugung – reduziert auf Schlagworte und einander tabellenförmig gegenübergestellt – sind somit:

Verfassunggebung	*Verfassungsänderung*
keine innerstaatliche Rechtsgrundlage	verfassungsrechtliche Ermächtigung
keine positiv-rechtlichen Vorgaben im Hinblick auf Subjekt, Verfahren und Inhalt	Subjekt, Verfahren und eventuelle inhaltliche Schranken (verfassungs-)rechtlich bestimmt
originäre Geltung des Verfassungsrechts	derivative Geltung des Verfassungsrechts
normative Diskontinuität	Verfassungskontinuität
Bewertung als legitim oder illegitim, ggf. rechtlich revolutionär	Bewertung als legal oder illegal

II. Die Zuordnung von Verfassunggebung und Verfassungsänderung – Grundlagen

Verfassunggebung und Verfassungsänderung sind in dieser Arbeit bisher isoliert voneinander betrachtet worden, ohne daß die Existenz der jeweils anderen Art der Verfassungsrechterzeugung und die sich daraus ergebenden Implikationen in die Überlegungen einbezogen worden sind. Bei den Darlegungen zur Verfassunggebung ist unberücksichtigt geblieben, daß Verfassungsrecht auch im Rahmen einer geltenden Verfassungsordnung, also durch Verfassungsänderung geschaffen werden kann. Umgekehrt ist bei der Behandlung der Verfassungsänderung außer Betracht geblieben, daß Verfassungsrecht ggf. auch außerhalb des Revisionsverfahrens, nämlich durch neuerliche Verfassunggebung erzeugt werden kann.

Diese Beschränkung des Blickwinkels kann nicht länger aufrechterhalten werden. Es muß nun versucht werden, dem Verhältnis von Verfassunggebung und Verfassungsänderung auf die Spur zu kommen. Die Notwendigkeit einer solchen Klärung läßt sich nicht von der Hand weisen, ist es doch nicht nur möglich, daß Verfassunggebung in einem Zustand der Verfassungslosigkeit erfolgt, sondern ebenso vorstellbar, daß ein verfassunggeberischer Akt stattfindet, obwohl bereits eine Verfassung existiert. Verfassunggebung kann insofern in zwei verschiedenen Konstellationen stattfinden: einerseits in einem »verfassungsrechtlichen Vakuum«, andererseits bei noch intakter bisheriger Verfassung (1). Die zweite Konstellation macht weitere Überlegungen zu der Frage erforderlich, ob neben der Verfassungsänderung weiterhin auch Verfassunggebung zulässig oder zumindest möglich ist. Zu klären ist, welchen Einfluß das Inkrafttreten einer Verfassung auf die verfassunggebende Gewalt hat – eine Frage, zu der ebenfalls unterschiedliche Auffassungen vertreten werden (2). Da die verschiedenen Ansichten zu gegensätzlichen Ergebnissen hinsichtlich der Relation von Verfassunggebung und Verfassungsänderung führen, werden sie sodann einer kritischen Betrachtung zu unterziehen sein (3), deren Resultate die Grundlage für die späteren Überlegungen zum Verhältnis von Verfassunggebung und Verfassungsänderung bilden (III).

1. Grundkonstellationen der Verfassunggebung und Einführung in den Problemkreis der Zuordnung von Verfassunggebung und Verfassungsänderung

a) Die Verfassunggebung im verfassungslosen Zustand

Die bisherigen Ausführungen zur Verfassunggebung sind davon ausgegangen, daß zur Zeit der Verfassungschöpfung ein »verfassungsrechtliches Vakuum« herrscht, sei es, weil zuvor überhaupt keine Verfassung bestanden hat, sei es, weil eine frühere Verfassung ihrer Geltung bereits vor dem Beginn des verfassunggeberischen Aktes verlustig gegangen ist.[39] In einem solchen verfassungslosen Zustand[40] erscheint Verfassunggebung als ausschließlich konstruktiver, allein auf die Hervorbringung einer Verfassung gerichteter Vorgang. Des weiteren stellt sich unter diesen Umständen die Frage nach dem Verhältnis von Verfassunggebung und Verfassungsänderung nicht, da schlichtweg keine Verfassung existiert, die im Wege der Verfassungsrevision geändert werden könnte: ohne (geltende) Verfassung keine Möglichkeit der Verfassungsänderung. Weil Verfassungsrecht somit nur durch Verfassunggebung geschaffen werden kann, bestehen keine Schwierigkeiten hinsichtlich der Abgrenzung verschiedener Arten der Verfassungsrechtserzeugung.

b) Die Verfassunggebung bei noch intakter bisheriger Verfassung

Ein Tätigwerden der verfassunggebenden Gewalt ist aber auch in einer anderen Konstellation als der eines verfassungsrechtlichen Vakuums denkbar, nämlich bei

---

[39] Zu möglichen Gründen für ein solches verfassungsrechtliches Vakuum auch *Herbst*, S. 120.
[40] *Boehl*, Staat 30 (1991), 572 (574, 585), konstatiert beispielsweise für die Zeit nach dem 3. Oktober 1990 das Bestehen eines verfassungslosen Zustandes in den fünf neuen Ländern auf dem Gebiet der ehemaligen DDR mit der Begründung, daß es in den seit dem 3. Oktober 1990 rechtlich existenten neuen Ländern zunächst keine Verfassungen und keine dadurch konstituierte Landesstaatsgewalt gegeben habe. Anders *Röper*, ZG 6 (1991), 149 (151ff), der davon ausgeht, es bestehe »staatsrechtliche Kontinuität und Identität einschließlich der Verfassungen von 1946/47«, weil die nach 1945 in der SBZ gegründeten Länder inklusive ihrer Verfassungen fortexistiert hätten, weshalb jene Verfassungen auch 1990 noch gegolten hätten.

noch intakter bisheriger Verfassung.[41] Verfassunggebung bedeutet dann Ablösung der bislang geltenden durch eine neue Verfassung, ohne daß zwischenzeitlich ein verfassungsloser Zustand eintritt. Es ist diese zweite Konstellation, die Verfassunggebung bei geltender Verfassung, die Überlegungen zum Verhältnis von Verfassunggebung und Verfassungsänderung jedenfalls dann unausweichlich macht, wenn die bisherige Verfassung die Möglichkeit der Verfassungsrevision vorsieht[42]; denn in diesem Fall erscheinen Verfassunggebung und Verfassungsänderung als miteinander konkurrierende Methoden zur Erzeugung neuen Verfassungsrechts. Insbesondere stellt sich die Frage, ob trotz Zulässigkeit der Verfassungsrevision weiterhin auch Verfassunggebung stattfinden darf bzw. kann oder ob diese Art der Verfassungschöpfung nach dem Inkrafttreten einer Verfassung ausgeschlossen ist. Bevor diese Fragen beantwortet werden können, ist zunächst näher auf die Besonderheiten der Verfassunggebung bei intakter Verfassung einzugehen.

aa) Die Ambivalenz der verfassunggebenden Gewalt

Verfassunggebung erweist sich in der zweiten Konstellation als ambivalentes Phänomen[43], das zwar einerseits – konstruktiv – auf die Schaffung einer neuen Verfassung abzielt, andererseits um der Erreichung dieses Zieles willen aber auch – destruktiv – auf die Beseitigung der bestehenden Verfassung gerichtet ist.[44] Verfassunggebung kann insofern nicht nur verfassungsbegründend, sondern gleichzeitig auch verfassungszerstörend wirken.[45] Weil alte *und* neue Verfassung gleichermaßen – wenn auch zeitlich aufeinanderfolgende – Akte der verfassunggebenden Gewalt sind, wandelt sich deren Funktion, nachdem sie eine Verfassung ins Werk gesetzt hat: Die Berufung auf die verfassunggebende Gewalt ist zunächst nötig, um die Entstehung der alten Verfassung zu rechtfertigen und ihre Geltung zu begründen. Nach deren Inkrafttreten wird die verfassunggebende

---

[41] Zu den verschiedenen Konstellationen der Verfassunggebung siehe *Maunz*, DÖV 1953, 645 (646); *Gutmann*, S. 100f; *v. Wedel*, S. 33; *Alvarez*, S. 115, 127f; *Isensee*, Mythos, S. 12f; *Tosch*, S. 18f; *Herbst*, S. 119f.

[42] Von einem »Problemfall« spricht mit Blick auf die »verfassunggebende Gewalt unter der Geltung einer Verfassung« auch *Stückrath*, S. 191.

[43] Zur Ambivalenz der verfassunggebenden Gewalt vgl. *Isensee*, Mythos, S. 30, 32, 71f; *Hofmann*, S. 293f.

[44] Vgl. *Kempen*, NJW 1991, 964 (965): »Wenn (...) eine Verfassung (...) vorhanden ist, bedeutet neue Verfassunggebung zuerst einmal Beseitigung der existierenden, auf Dauer angelegten rechtlichen Ordnung.« *Boehl*, Verfassunggebung, S. 84, spricht in diesem Zusammenhang von dem »revolutionären Aspekt« der verfassunggebenden Gewalt.

[45] Treffend, allerdings nur auf das Volk als Subjekt der verfassunggebenden Gewalt bezogen, *Böckenförde*, verfassunggebende Gewalt, S. 90 (100): »Wenn die verfassunggebende Gewalt des Volkes aus sich die Kraft hat, die rechtliche Verfassung zu legitimieren (...), hat sie ebenso die Kraft, diese Legitimation aufzuheben«; ihm folgend *Alvarez*, S. 115f. Vgl. auch die weiteren Nachweise bei *Boehl*, Verfassunggebung, S. 84 Fn. 56 bis 60.

Gewalt hingegen zu einer aus Sicht der (alten) Verfassung unerwünschten[46], ja potentiell gefährlichen Größe; denn ebenso, wie sie einst der alten Verfassung zur Geltung verholfen hat, vermag sie nun – vorausgesetzt, sie ist nach wie vor existent[47] – jederzeit, sich gegen die alte Verfassung zu richten und eine neue Verfassung zu inaugurieren. Insofern ist die verfassunggebende Gewalt aus Sicht einer bereits geltenden Verfassung eine potentiell destruktive, eine latent bedrohliche Kraft.

bb) Der Antagonismus zwischen dem Geltungsanspruch der vorhandenen Verfassung und der Möglichkeit neuerlicher Verfassunggebung

Weil Verfassunggebung auch verfassungszerstörend wirken kann, konfligiert die Möglichkeit erneuter Betätigungen der verfassunggebenden Gewalt mit dem grundsätzlichen Anspruch einer bestehenden Verfassung auf allumfassende und dauerhafte Geltung.[48] Ist nämlich – außerhalb des Revisionsverfahrens und ohne daß die bisherige Verfassung dies an anderer Stelle erlaubt[49] – die Schaffung einer gänzlich neuen Verfassung beabsichtigt, so läuft dieses Vorhaben dem Geltungsanspruch jener Verfassung selbstredend zuwider, soll sie doch gerade in verfassungswidriger Weise außer Kraft gesetzt werden und *ihre Geltung* zugunsten einer neuen Verfassung *verlieren*.[50]

Anderes gilt dagegen für die Verfassungsrevision, die die Möglichkeit systemimmanenter Weiterentwicklungen der Verfassung eröffnet[51], um ein Obsolet-Werden der Verfassung trotz veränderter tatsächlicher Gegebenheiten vermeiden zu können. Im Verfahren der Verfassungsänderung können zwar mitunter erhebliche Eingriffe in den verfassungsrechtlichen Normenbestand vorgenommen und einzelne, ursprünglich auf langfristige Geltung ausgerichtete Bestimmungen wieder aufgehoben werden. Gleichwohl verbleibt die Verfassungsrevision im Rahmen der geltenden Verfassung und stellt deren grundsätzlichen Anspruch auf

---

[46] Als aus Sicht der geltenden Verfassung unerwünscht können Aktivitäten des pouvoir constituant jedenfalls dann betrachtet werden, wenn nicht auch das beständige »Tragen« der Verfassung als Ausdruck einer Betätigung der verfassunggebenden Gewalt angesehen wird. Dazu schon oben B. II. 3. c) a. E. sowie unten D. II. 2. a) cc) (1) und III. 1. b) aa). Schließt man sich dieser Auffassung an, wird die verfassunggebende Gewalt erst dann zu einer unerwünschten, weil für die Verfassungsgeltung gefährlichen Größe, wenn sie sich von der bisherigen Verfassung abwendet und schließlich gegen deren Fortgeltung richtet.

[47] Dazu näheres unter D. II. 2.

[48] Zum verfassungstypischen Anspruch auf dauerhafte Geltung oben A. III. 3. f) sowie auch schon 2. d) a. E.

[49] Eine solche, ausnahmsweise die Schaffung einer neuen Verfassung erlaubende Bestimmung enthielt Art. 146 GG in seiner alten Fassung. Dazu unten D. III. 3. b) cc) (1).

[50] Deutlich *Steiner*, S. 204; *Alvarez*, S. 112 f, 128; *Murswiek*, verfassunggebende Gewalt, S. 235; *Bartlsperger*, DVBl. 1990, 1285 (1298 f). Vgl. ferner *Böckenförde*, verfassunggebende Gewalt, S. 90 (99 f); *Isensee*, Mythos, S. 30 f; *Herbst*, S. 21 f, 120; *Sachs*, JuS 1991, 985 (987); *Kaufmann*, Staat 36 (1997), 521 (524 f).

[51] S. o. C. I. und besonders II. 2., auch zum folgenden.

dauerhafte Geltung nicht in Frage[52]: Die alte Verfassung gilt, wenn auch in veränderter Gestalt, nach erfolgter Revision fort.[53]

cc) Die mögliche Sperrwirkung einer Revisionsklausel

Da erneute Betätigungen der verfassunggebenden Gewalt mit dem Geltungsanspruch der bestehenden Verfassung kollidieren, können Zweifel aufkommen, ob
überhaupt noch Raum für verfassunggeberische Akte verbleibt, solange eine intakte Verfassung existiert. Zweifel drängen sich insbesondere auch deshalb auf,
weil Verfassungen regelmäßig Bestimmungen zur Verfassungsrevision enthalten,
aufgrund derer systemimmanente Weiterentwicklungen der Verfassung statthaft
sind.[54] Die Schaffung einer völlig neuen Verfassung durch den pouvoir constituant könnte aufgrund der Existenz verfassungsinterner Revisionsmöglichkeiten,
die Weiterentwicklungen der alten Verfassung durch Organe der verfaßten Gewalt zulassen, ausgeschlossen sein. Die Revisionsklausel könnte also im Hinblick
auf künftige verfassunggeberische Akte eine Sperrwirkung entfalten und den
nunmehr einzig gangbaren Weg zur Erzeugung neuen Verfassungsrechts eröffnen.[55] Dafür könnte auch sprechen, daß die Revisionsmöglichkeit gerade dem
Ziel möglichst dauerhafter Verfassungsgeltung dient[56], selbige aber nur dann sichergestellt ist, wenn verfassunggeberische Akte nach dem Inkrafttreten der Verfassung ausgeschlossen sind. Eine Interpretation von Revisionsklauseln dahingehend, daß von ihnen eine Sperrwirkung im Hinblick auf künftige Betätigungen
der verfassunggebenden Gewalt ausgeht, erscheint deswegen im Sinne einer Effektuierung des Geltungsanspruchs der Verfassung als nicht allzu fernliegend.

2. Das Schicksal der verfassunggebenden Gewalt nach dem Akt der Verfassunggebung

Die Meinungen zu der Frage[57], was mit der verfassunggebenden Gewalt nach
dem Inkrafttreten einer Verfassung geschieht bzw. ob trotz vorhandener Verfas-

---

[52] In diesem Sinne betont *Steiner*, S. 203, den Anspruch der Verfassung »auf *prinzipiellen* Bestand und *ausnahmsweise* Änderung«; Hervorhebungen v. Verf. Ebenso BK/*Evers*, Art. 79
Abs. 3 Rdnr. 89; *Kirchhof*, HStR I, § 19 Rdnr. 31.
[53] Vgl. *Viehoff*, S. 35: »Infolgedessen erfährt durch eine Wahrnehmung dieser Funktionen (sc.
der Revisionsmöglichkeit) die Verfassung als solche keine Umgestaltung.«
[54] S. o. C. I. 2. und 3. Die Verfassungsänderung kollidiert im übrigen nicht nur nicht mit dem
Anspruch der Verfassung auf dauerhafte Geltung, sondern dient sogar der Realisierung dieses
Geltungsanspruchs. Durch die Möglichkeit der Verfassungsrevision wird ein gewisses Maß an
Verfassungsflexibilität gewährleistet. Dadurch kann sichergestellt werden, daß die Verfassung
auch längere Zeit nach ihrem Inkrafttreten noch als zeitgemäß empfunden und ihre Geltung
nicht mangels Anpassungsfähigkeit prinzipiell in Frage gestellt wird.
[55] Zur möglichen Sperrwirkung von Revisionsnormen auch *Herbst*, S. 122.
[56] Vgl. die Ausführungen in der vorletzten Fußnote.
[57] *Böckenförde*, verfassunggebende Gewalt, S. 90 (99), formuliert die hier aufgeworfene Frage
wie folgt: »Muß die verfassunggebende Gewalt dann nicht, wenn sie die Verfassung zur Geltung

sung Raum für neuerliche Verfassunggebung bleibt, sind ebenso vielfältig[58] wie
die Formulierungen, in die die unterschiedlichen Ansichten gekleidet werden:
Bald wird von einer *Permanenz* der verfassunggebenden Gewalt ausgegangen, sie
als latent bzw. subsidiär vorhanden, suspendiert bzw. ruhend bezeichnet oder ihre Funktion nicht auf den ursprünglichen Akt der Verfassungschöpfung beschränkt, sondern auf das andauernde Tragen der Verfassung ausgeweitet; bald
wird konstatiert, die verfassunggebende Gewalt erschöpfe sich mit der Geltungsbegründung der Verfassung und sei danach verbraucht bzw. *untergegangen*; und
bald wird angenommen, die verfassunggebende Gewalt gehe mit dem Inkrafttreten der Verfassung in die verfassungsändernde Gewalt über, welche gewissermaßen der *domestizierte* Nachfahre eines nicht mehr lebendigen wilden Ahnen sei.[59]

Je nachdem, welcher Standpunkt eingenommen wird, kommt es zu einer unterschiedlichen Auflösung des Spannungsverhältnisses zwischen dem Geltungsanspruch der Verfassung und der Möglichkeit neuerlicher Betätigungen der verfassunggebenden Gewalt[60]: Wer von einem Untergehen oder einem Aufgehen der
verfassunggebenden in der verfassungsändernden Gewalt ausgeht, löst den Kon-
flikt zugunsten des Geltungsanspruchs der Verfassung auf. Die genau entgegengesetzte Lösung vertritt, wer die Permanenz der verfassunggebenden Gewalt bejaht, weil dies nichts anderes bedeutet, als daß die Verfassungsgeltung unter der
auflösenden Bedingung eines erneuten Tätigwerdens des pouvoir constituant
steht. Eine wichtige Weichenstellung wird in diesem Zusammenhang überdies insofern vorgenommen, als die Frage nach dem Raum für künftige verfassunggeberische Akte entweder unter dem Blickwinkel des rechtlichen Dürfens oder demjenigen des politisch-faktischen Könnens gestellt und beantwortet werden kann.[61]

---

gebracht und legitimiert hat, zum Schweigen gebracht werden, um so die Geltung und den Bestand der Verfassung (...) zu sichern?«

[58] *Storr*, S. 52, meint dagegen: »*Übereinstimmung* besteht darin, daß die verfassunggebende
Gewalt unteilbar, unveräußerlich und *permanent vorhanden* ist«; Hervorhebungen v. Verf. Vor
dem Hintergrund der folgenden Ausführungen mutet dieses pauschale Statement *Storrs* zumindest seltsam an (vgl. aber auch unten D. II. 2. d) aa)). Zu weit geht es allerdings, wenn *Storr*, S. 53
Fn. 75, als Beleg für das permanente Vorhandensein der verfassunggebenden Gewalt *Stern* I,
S. 153, in Anspruch nimmt, der gerade von einer Konstitutionalisierung der verfassunggebenden
Gewalt ausgeht (zur Auffassung *Sterns* näher unten D. II. 2. c)). Der bei *Stern* zu findende und
von *Storr* mutmaßlich in Bezug genommene Satz: »Sie (sc. die verfassunggebende Gewalt) ist
darnach in ›Permanenz‹ vorhanden« *referiert* die Auffassung *Carl Schmitts* und gibt nicht die
Ansicht *Sterns* wieder.

[59] Prägnant zu den in Rede stehenden Alternativen *Tosch*, S. 105: »Die verfassunggebende Gewalt kann fortbestehen, auf die verfassungsändernde Gewalt übergehen oder sich mit dem Erlaß
der Verfassung verbrauchen.«

[60] Zu dieser Spannungslage oben D. II. 1. b) bb).

[61] Bei den bisherigen Ausführungen zu den Schwierigkeiten einer Zuordnung von Verfassunggebung und Verfassungsänderung bei bestehender Verfassung ist aus diesem Grunde bewußt »unsauber« formuliert worden. So bleibt z.B., wenn die Frage gestellt worden ist, ob noch
»Raum für Verfassunggebung« verbleibt oder selbige »ausgeschlossen« ist, offen, ob Verfassunggebung von Rechts wegen zulässig oder verboten sein soll oder ob lediglich die fortwährende po-

Die Frage, welches Schicksal die verfassunggebende Gewalt nach dem Inkrafttreten einer Verfassung ereilt, kann nicht unerörtert bleiben, wenn es gelingen soll, die Differenzierung zwischen Verfassunggebung und Verfassungsänderung auf ein stabiles theoretisches Fundament zu stellen. So können beispielsweise Zuordnungsprobleme überhaupt nur dann akut werden, wenn die Möglichkeit des pouvoir constituant zur Verfassungsrechtserzeugung mit dem Akt der Verfassunggebung nicht verloren geht.[62] Ebenso kann die Relation von Verfassunggebung und Verfassungsänderung nur dann exakt herausgearbeitet werden, wenn Klarheit darüber besteht, ob der pouvoir constituant auch bei geltender Verfassung tätig werden *darf* oder nur *faktisch* dazu in der Lage ist. Bevor eine eigene Auffassung entwickelt werden kann (dazu sub 3), sind im folgenden zunächst die im Schrifttum vertretenen Strömungen näher in den Blick zu nehmen. Dabei ist zu berücksichtigen, daß die verschiedenen Stellungnahmen zum Schicksal der verfassunggebenden Gewalt nach Verfassungsinkrafttreten erheblich von der jeweils zugrunde liegenden Auffassung zum Wesen der Verfassunggebung beeinflußt sind[63]: Je nachdem, ob man Verfassunggebung als Betätigung einer rechtlichen Kompetenz oder als politisch-faktischen Vorgang betrachtet, fallen die Ergebnisse unterschiedlich aus.[64] Und auch die Identifizierung der verfassunggebenden Gewalt mit einem bestimmten Subjekt, speziell mit dem Volk, kann nicht ohne Einfluß auf die Beantwortung der Frage nach dem Fortbestehen oder Untergehen des pouvoir constituant bleiben.[65]

---

litisch-faktische Möglichkeit neuerlicher Verfassunggebung in Frage steht. Im folgenden wird hingegen entsprechend zu differenzieren sein.

[62] Anderenfalls wäre Verfassunggebung überhaupt nur möglich, solange noch keine Verfassung in Kraft getreten ist. Danach wäre Verfassunggebung demgegenüber ausgeschlossen und nurmehr Verfassungsänderung möglich. Abgrenzungsschwierigkeiten bestünden insofern nicht. Zu diesen Zusammenhängen treffend *Murswiek*, verfassunggebende Gewalt, S. 175.

[63] Aus diesem Grunde wird bei der folgenden Darstellung der verschiedenen Ansichten jeweils hervorgehoben, welche prinzipielle Einschätzung der Verfassunggebung ihnen zugrunde liegt.

[64] Wie eng die Auffassung zum Wesen der Verfassunggebung, ihrem Subjekt, rechtlichen Bindungen etc. und die Ansicht zum Schicksal der verfassunggebenden Gewalt nach dem Akt der Verfassunggebung zusammenhängen, zeigt folgende Überlegung: Wer vom Bestehen einer naturrechtlichen Ermächtigung zur Verfassunggebung ausgeht, muß den Vorgang der Verfassungsschöpfung als Rechtsvorgang betrachten, der (natur-)rechtlichen Bindungen im Hinblick auf Subjekt, Verfahren und Verfassungsinhalt unterliegt. Da sich gleichzeitig ein Erlöschen jener naturrechtlichen Befugnis nach einmaliger Betätigung nur schwerlich wird begründen lassen, führt diese Auffassung mit großer Wahrscheinlichkeit zur Bejahung eines permanenten Rechts auf Verfassunggebung. Vgl. zu diesem Zusammenhang *Tosch*, S. 105; *Storr*, S. 53, sowie unten D. II. 2. a) cc) (2) (a) (bb) Fn. 105. Siehe auch unten D. II. 3. a) aa) (1) (b).

[65] In diesem Sinne vor allem *Boehl*, Verfassunggebung, S. 95 f, unter Hinweis auf *Tosch*, S. 105, der diese Aussage allerdings – weniger weitgehend – auf diejenigen Theorien bezieht, die von einem überpositiven Recht des Volkes auf Verfassunggebung ausgehen.

a) Fortbestehen der verfassunggebenden Gewalt

Der Abbé *Sieyes* und *Carl Schmitt* als die wesentlichen historischen Wegbereiter der Lehre von der verfassunggebenden Gewalt vertraten den Standpunkt, von der Geltung einer Verfassung gehe kein Einfluß auf die Existenz der verfassunggebenden Gewalt aus (aa und bb). Der pouvoir constituant ist nach dieser Konzeption jederzeit imstande, eine neue Verfassung hervorzubringen. Diese Auffassung findet auch in neuerer Zeit gewichtige Fürsprecher (cc), wobei die nämliche Fähigkeit der verfassunggebenden Gewalt teils als politisch-faktische Möglichkeit und teils als Ausfluß einer rechtlichen Befugnis betrachtet wird.

aa) Die Auffassung des Abbé Sieyes

Für *Sieyes* verbleibt die Nation stets im Naturzustand und damit beständig in der Lage, ihren pouvoir constituant erneut auszuüben. Die Verfassung steht danach unter dem stetigen Vorbehalt eines abermaligen Tätigwerdens der Nation als pouvoir constituant.[66] Das Fortbestehen der verfassunggebenden Gewalt bereitet *Sieyes* trotzdem keine dogmatischen Schwierigkeiten, weil er die Revisionsgewalt als Teil eines einheitlichen pouvoir constituant betrachtet.[67] Schaffung einer neuen sowie Änderung einer bestehenden Verfassung sind damit gleichermaßen Betätigungen des pouvoir constituant und obliegen folglich demselben Subjekt, nämlich der Nation. Ein Spannungsverhältnis zwischen dem Tätigkeitsbereich der verfassunggebenden Gewalt und dem der verfassungsändernden Gewalt kann also mangels Existenz zweier unterschiedlicher Gewalten gar nicht aufkommen.[68]

bb) Die Auffassung Carl Schmitts

(1) Die Permanenz der verfassunggebenden Gewalt

Schmitt behauptet auf der Grundlage seines Verständnisses vom Wesen der Verfassung[69] ebenfalls ein »ständiges Vorhandensein (Permanenz) der verfassunggebenden Gewalt«.[70] Der Erlaß einer Verfassung könne nicht

---

[66] S. o. B. I. 2. a) sowie *Sieyes* (fr.), S. 182: »D'abord, une nation ne peut ni aliéner, ni s'interdire le droit de vouloir; et quelle que soit sa volonté, elle ne peut pas perdre le droit de la changer dès que son intérêt l'exige.« Zu deutsch (*Sieyes* (dt.), S. 82): »Erstens: Eine Nation kann das Recht zu wollen weder veräußern noch sich untersagen; ihr Wille sei, wie er wolle, sie kann das Recht, denselben zu ändern, sobald es ihr Interesse fordert, nicht verlieren.«

[67] S. o. C. I. 1.

[68] Aus der Tatsache, daß nach dieser Konzeption dem pouvoir constituant die permanente Möglichkeit des Zugriffs auf die Verfassung offensteht, ergibt sich allerdings, daß die einmal gegebene Verfassung bei *Sieyes* bereits der Idee nach keinen Anspruch auf dauerhafte Geltung erheben kann.

[69] Dazu schon oben B. I. 2. b).

[70] *Schmitt*, Verfassungslehre, S. 91.

»die verfassunggebende Gewalt erschöpfen, absorbieren oder konsumieren. Die verfassunggebende Gewalt ist nicht dadurch erledigt und beseitigt, daß sie einmal ausgeübt wurde. Die politische Entscheidung, welche die Verfassung bedeutet, kann nicht gegen ihr Subjekt zurückwirken und dessen politische Existenz aufheben. Neben und über der Verfassung bleibt dieser Wille bestehen.«[71]

Da *Schmitt* verfassunggebende und verfassungsändernde Gewalt jedoch im Gegensatz zu *Sieyes* als »qualitativ verschieden« ansieht[72], ist eine Stellungnahme zum Verhältnis beider Gewalten für ihn unausweichlich. Diese ist freilich in der Annahme, die verfassunggebende Gewalt sei permanent vorhanden, bereits implizit enthalten; denn wenn das Fortbestehen der verfassunggebenden Gewalt nach dem Inkrafttreten der Verfassung[73] bejaht wird, läßt sich das nur dahingehend verstehen, daß die geltende Verfassung kraft eines weiteren Aktes der verfassunggebenden Gewalt jederzeit durch eine andere Verfassung abgelöst werden kann[74], obwohl auch die Möglichkeit der Verfassungs(gesetz)änderung besteht. Damit ist geklärt, daß das oben beschriebene Spannungsverhältnis[75] zugunsten der verfassunggebenden Gewalt aufgelöst wird: Der Geltungsanspruch des aktuellen Verfassungsgesetzes und die Möglichkeit der Verfassungsrevision stehen einer erneuten Betätigung des pouvoir constituant nach Auffassung *Schmitts* nicht entgegen.

(2) Der politische Vorbehalt neuerlicher Verfassunggebung

Im Interesse eines richtigen Verständnisses dieser Aussagen zum Fortbestehen der verfassunggebenden Gewalt und deren Verhältnis zur verfassungsändernden Gewalt ist allerdings zu berücksichtigen, daß *Schmitt* vor dem Hintergrund seiner Unterscheidung zwischen »Verfassung« und »Verfassungsgesetz«[76] argumentiert. Der Bezug dieser Differenzierung zu der hiesigen Thematik wird deutlich,

---

[71] *Schmitt*, Verfassungslehre, S. 77, ähnlich S. 91.

[72] *Schmitt*, Verfassungslehre, S. 26; siehe bereits oben C. I. 2.

[73] Da im Rahmen dieser Arbeit anders als bei *Schmitt* nicht zwischen »Verfassung« und »Verfassungsgesetz« differenziert wird (s.o. B. II. 1.), muß an dieser Stelle auf folgendes hingewiesen werden: Für *Schmitt* gilt das Verfassungsgesetz aufgrund der Verfassung, welche ihrerseits politische Entscheidung der verfassunggebenden Gewalt ist. Wenn die verfassunggebende Gewalt laut *Schmitt* nach dem Erlaß einer *Verfassung* fortbesteht, so ist damit also zugleich festgestellt, daß auch das Inkrafttreten eines *Verfassungsgesetzes* an der weiteren Existenz der verfassunggebenden Gewalt nichts ändert. Näheres dazu alsbald im Text.

[74] *Schmitt* bezeichnet diesen Fall als »Verfassungsbeseitigung« (S. 93, 99). Die Verfassungsbeseitigung führt natürlich auch dazu, daß die aufgrund der bisherigen Verfassung geltenden Verfassungsgesetze obsolet werden. Neben der Verfassungsbeseitigung besteht laut *Schmitt* die Möglichkeit einer »Verfassungsvernichtung«, die er als »Beseitigung der bestehenden Verfassung (…) unter gleichzeitiger Beseitigung der ihr zugrundeliegenden verfassunggebenden Gewalt« definiert (S. 94ff, 99; in diesem Fall ändert sich also auch das Subjekt der verfassunggebenden Gewalt. Das ändert aber nichts daran, daß jederzeit eine verfassunggebende Gewalt existiert, weil nur deren Subjekt wechselt; vgl. dazu auch *Murswiek*, verfassunggebende Gewalt, S. 209.

[75] S.o. D. II. 1. b) bb).

[76] Dazu oben B. I. 2. b).

wenn man sich vergegenwärtigt, daß *Schmitt* die Verfassung als politische Entscheidung der verfassunggebenden Gewalt, d.h. als Ausfluß eines existentiell vorhandenen Willens betrachtet, während das Verfassungsgesetz auf die ausführende rechtliche Normierung jener Entscheidung gerichtet sei. Verfassunggebung ziele auf die Hervorbringung jener politischen Entscheidung, sei also ein *politisch-faktischer*, mit den Mitteln des Rechts nicht faßbarer Vorgang, während im Zuge der Verfassungsrevision als einem *rechtlichen* Verfahren einzelne verfassungsgesetzliche Bestimmungen geändert werden dürften, nicht aber die Verfassung als solche.[77] Verfassung und Verfassunggebung erscheinen danach als politische Phänomene, die die staatliche Rechtsordnung transzendieren, während Verfassungsgesetz und Verfassungsänderung der Sphäre des Rechts zugeordnet werden. Ob trotz Revisionsmöglichkeit Raum für erneute verfassunggeberische Akte verbleibt, ist danach eine Frage des Verhältnisses von Recht und Politik, genauer danach, inwiefern das Recht gegenüber dem Politischen »offen« ist.

Wie das Zusammenspiel von Recht und Politik nach Meinung *Schmitts* geartet ist, wird anhand seiner Thesen zum Verhältnis von Verfassung und Verfassungsgesetz deutlich[78]: Da das Verfassungsgesetz erst aufgrund der in der Verfassung verkörperten politischen Gesamtentscheidung gelte, sei es hinsichtlich Inhalt und Bestand von dieser ihm vorausgehenden Entscheidung abhängig. Mit einer neuen, inhaltlich abweichenden politischen Entscheidung der verfassunggebenden Gewalt werde das bisherige Verfassungsgesetz obsolet und müsse durch ein neues ersetzt werden.[79] *Die rechtliche Geltung des Verfassungsgesetzes hängt danach vom Fortbestehen der ihm zugrunde liegenden politischen Entscheidung ab.*[80] Politik geht für *Schmitt* insofern vor Recht.[81]

Vor diesem Hintergrund erweist sich die der verfassunggebenden Gewalt von *Schmitt* zugesprochene Fähigkeit, die aktuelle Verfassung und damit auch das geltende Verfassungsgesetz ungeachtet seiner Bestimmungen zur Verfassungsrevision jederzeit aufzuheben, als Ausfluß politisch-faktischen Könnens. Rechtlich gesehen darf das Verfassungsgesetz mithin zwar nicht vollständig beseitigt, sondern nur in beschränktem Umfang geändert werden. Die *rechtliche Geltung* des Verfassungsgesetzes steht jedoch unter einem *politischen Vorbehalt*, nämlich unter dem Vorbehalt eines politisch-faktisch möglichen erneuten Tätigwerdens der verfassunggebenden Gewalt. Permanenz der verfassunggebenden Gewalt bedeu-

---

[77] S.o. B. I. 2. b) und C. II. 1. sowie 5. b) aa).

[78] Vgl. *Schmitt*, Verfassungslehre, S. 22, 76, 96, auch zum folgenden; siehe bereits oben B. I. 2. b).

[79] *Schmitt*, Verfassungslehre, S. 76: »Es (sc. das Verfassungsgesetz) steht ganz unter der Voraussetzung und auf der Grundlage der in diesem (sc. dem verfassunggebenden) Willen enthaltenen politischen Gesamtentscheidung.«

[80] Insofern ist dem Verfassungsgesetz die Verfassung übergeordnet. Und diese steht wiederum jederzeit zur Disposition der verfassunggebenden Gewalt, vgl. *Schmitt*, Verfassungslehre, S. 96.

[81] Vgl. *Schmitt Glaeser*, S. 30: »Das Staatsrecht wird hier für die Politik, für das Volk als eine ›natürliche Macht‹, geöffnet, so daß man von einem politischen Staatsrecht sprechen kann.«

tet bei *Schmitt* demnach, daß Verfassunggebung bei bestehender Verfassung politisch-faktisch jederzeit möglich ist, nicht aber, daß sie von Rechts wegen stattfinden darf.

cc) Neuere Stellungnahmen zugunsten eines Fortbestehens der verfassunggebenden Gewalt

Auch im neueren Schrifttum wird die Meinung vertreten, daß die verfassunggebende Gewalt nach dem Erlaß einer Verfassung fortbestehe, Verfassunggebung also trotz Möglichkeit der Verfassungsrevision nicht ausgeschlossen sei. Meinungsunterschiede bestehen dabei hinsichtlich der Frage, ob Verfassunggebung bei bestehender Verfassung lediglich politisch-faktisch möglich oder auch rechtlich erlaubt ist. Damit einher gehen Differenzen im Hinblick auf die Art des jeweils angenommenen Verhältnisses von Verfassunggebung und Verfassungsänderung.

(1) Politisch-faktische Permanenz der verfassunggebenden Gewalt

Einige Autoren gehen wie *Schmitt* von der Prämisse aus, daß es sich bei der Verfassunggebung um einen politisch-faktischen Vorgang handele, der im Gegensatz zur Verfassungsänderung nicht auf einer rechtlichen Ermächtigung beruhe und mit den Mitteln des Rechts nicht faßbar sei. Verfassunggebung ist nach dieser Ansicht als rein tatsächlicher Vorgang ungeachtet des Geltungsanspruchs der bisherigen Verfassung und insbesondere unabhängig von deren Bestimmungen zur Verfassungsrevision immer möglich.[82] Die Verfassungsgeltung wird damit wie bei *Schmitt* unter einen politischen Vorbehalt gestellt.[83] In der dargestellten Weise argumentiert beispielsweise[84] *Henke*, wenn er von der Permanenz der verfas-

---

[82] Daß neuerliche Verfassunggebung bei geltender Verfassung regelmäßig verfassungsrechtlich verboten und deshalb rechtlich revolutionär sein wird, steht dabei auf einem anderen Blatt. Die politisch-faktische Möglichkeit künftiger verfassunggeberischer Akte läßt sich durch rechtliche Verbote ebensowenig ausschließen wie die Möglichkeit von Revolutionen im allgemeinen. Vgl. dazu *Scheuner*, DÖV 1953, 581 (582); *Steiner*, S. 179; *Tosch*, S. 106; *Boehl*, Verfassunggebung, S. 102; *Kirchhof*, HStR I, § 19 Rdnr. 34; *Isensee*, HStR VII, § 166 Rdnr. 66; *Alvarez*, S. 113; *Huber*, ThürVBl. 1994, 1 (2); *Bryde*, S. 224 f. Im Hinblick auf die Möglichkeit revolutionärer Verfassungschöpfung treffend auch die Aussage *Steiners*, S. 212: »Eine Verfassungsbestimmung kann diese nicht ausschließen, sondern nur ihre Chance im Einzelfall vergrößern oder verringern.« Ähnlich *Isensee*, Mythos, S. 37: »Das Verfassungsgesetz verhindert im Ernstfall die Revolution nicht. Aber es kann sie rechtlich ausgrenzen.« Zur rechtlichen Bedeutung einer Revolution auch *Murswiek*, verfassunggebende Gewalt, S. 244, in Anlehnung an *Giese*: »Gelingt sie, ist sie eine Frage des Staatsrechts, mißglückt sie, ist sie eine Frage des Strafrechts.«

[83] Die meisten Anhänger dieser Meinung versäumen es dabei allerdings nicht, auf Verfassungsmechanismen hinzuweisen, die ein erneutes Tätigwerden des pouvoir constituant rechtlich erschweren bzw. praktisch überflüssig machen sollen. Dazu unten D. III. 1. a) und b).

[84] Der Standpunkt *Henkes* wird, jedenfalls sinngemäß, von einigen weiteren Verfassungstheoretikern geteilt. Vgl. etwa *H. Götz*, NJW 1958, 1020 (1021): »Somit hat pouvoir constituant als eine *über* und vor dem Verfassungsgesetz stehende Größe gleichsam *revolutionären Charakter*«;

sunggebenden Gewalt als politisch verstandener Erscheinung[85] und ihrem Vorrang vor geltendem Recht ausgeht:

»Es ist die unleugbare Tatsache, daß die Menschen eines Volkes, einerlei in welcher Gruppierung oder bloß als Masse, immer die Macht haben, bestehende Ordnungen zu zerstören, und daß keine neue Ordnung entstehen kann, wenn sie sich ihr nicht fügen.«[86]

Im Rahmen dieser Auffassung wird, vornehmlich in neuerer Zeit[87], von denjenigen eine spezielle Akzentsetzung vorgenommen, die dem Kriterium der Verfassungslegitimität besonderen Wert beimessen und diesbezüglich nicht (nur) auf den Entstehungsakt abstellen, sondern die Geltung der Verfassung primär mit der fortwährenden Anerkennung von seiten der ihr Unterworfenen begründen.[88] Sie deuten das Fortbestehen der verfassunggebenden Gewalt nach dem Akt der Verfassunggebung nicht nur destruktiv im Sinne einer permanenten Möglichkeit zur Beseitigung der geltenden Verfassungsordnung, sondern erweitern die Funktion der verfassunggebenden Gewalt um ein konstruktives Element, indem sie eine Betätigung derselben auch darin erblicken, daß sie die Verfassung während deren

---

Hervorhebungen v. Verf. Ferner *Badura*, Artikel »Verfassung«, EvStL II, Sp. 3745, der bemerkt, daß die verfassunggebende Gewalt »auch durch den einmaligen Vorgang der Verfassunggebung nicht konsumiert wird«, und dieser Lehre einen »latent revolutionäre(n) Grundzug« bescheinigt; *Storr*, S. 54: »Dieses (sc. das Volk) kann von seiner verfassunggebenden Gewalt jederzeit Gebrauch machen«. Anklänge für eine entsprechende Auffassung auch bei *Würtenberger*, Wiedervereinigung, S. 95 (96): »So gesehen erinnert Art. 146 GG n.F. daran, daß sich die verfassunggebende Gewalt mit Erlaß des Grundgesetzes *nicht erschöpft*, sondern, solange das Grundgesetz von einer lebendigen Überzeugung getragen wird, lediglich *ruht*«; Hervorh. v. Verf. An dieser Stelle ist darauf aufmerksam zu machen, daß identische Formulierungen in dem hiesigen Kontext Verschiedenes meinen können: So äußert *Kriele*, Staatslehre, § 69 (S. 239): »Der pouvoir constituant *erschöpft sich* aber in der Verfassunggebung und hebt sich damit auf« und folgert daraus: »Die demokratische Souveränität *ruht*« (a.a.O., S. 241, Hervorhebungen v. Verf.). Damit *ruht* die verfassunggebende Gewalt bei *Kriele* und bei *Würtenberger*. *Würtenberger* bezeichnet die ruhende verfassunggebende Gewalt jedoch als *nicht erschöpft*, während *Kriele* von der *Erschöpftheit* der ruhenden verfassunggebenden Gewalt ausgeht. Bei der Deutung entsprechender ambivalenter Formulierungen ist also jeweils größte Vorsicht geboten.

[85] Im rechtlichen Sinne ist Verfassunggebung dagegen für *Henke* nichts anderes als Verfassungsänderung; s.o. B. II. 1. Fn. 47.

[86] So *Henke*, Staat 19 (1980), 181 (205), unter Hinweis auf *R. Thoma.*

[87] Ansätze für die im folgenden referierte Auffassung finden sich allerdings schon bei *Smend*, S. 18ff, 75ff, in dessen Ausführungen zur Integrationsfunktion von Verfassungen sowie bei *Schmitt.* Dieser spricht zwar im Hinblick auf die Verfassunggebung von einer »*einmalige(n)* Entscheidung« (S. 21). Wenn er der Verfassung aber gleichzeitig bescheinigt, »kraft eines *existierenden* Willens« zu gelten (S. 9), und äußert, sie setze »einen solchen Willen als *existierend* voraus« (S. 22; alle Hervorhebungen v. Verf.), so legt die Verwendung des Partizip Präsens es nahe, daß dieser Wille während der Dauer der Verfassungsgeltung in irgendeiner Form fortbestehen muß. Und in der Tat geht *Schmitt* vom Fortbestehen dieses Willens »neben und über der Verfassung« aus. Sofern sich dieser Wille dann nicht auf die Schaffung einer neuen Verfassung richtet, muß er doch auf die Fortgeltung der alten gerichtet sein, wie dies die neuere Lehre prononciert ausspricht.

[88] Dazu schon oben B. II. 3. c).

Geltungsdauer »trägt«.[89] Wegen des aus Gründen der Verfassungslegitimität bestehenden ständigen Anerkennungsbedarfs der Verfassung könne die verfassunggebende Gewalt gar nicht anders denn als konstante Größe gedacht werden:

> »Ist die verfassunggebende Gewalt des Volkes als (auch) reale politische Größe und Kraft notwendig, um die Verfassung und ihren Geltungsanspruch zu legitimieren, so kann sie nicht, wenn sie dies getan hat, juristisch in ein Nichts verabschiedet werden; sie ist und bleibt dann als diese Größe und Kraft weiterhin vorhanden.«[90]

Weil es eines »in der Zeit fortdauernden bzw. sich erneuernden seinsmäßigen Getragensein(s) der Grundentscheidungen der Verfassung durch die in der konkreten staatlich geeinten Gemeinschaft lebendigen politischen und rechtlichen Überzeugungen« bedürfe, die Verfassung also auf ständige Anerkennung durch die ihr Unterworfenen angewiesen sei, müsse das Volk als »permanenter Verfassungsträger, nicht nur sporadischer Verfassunggeber« angesehen werden:

> »Die Gründung der Verfassung auf den tragenden Willen des Volkes muß dauernd fortgeführt, erneuert, neu errungen werden, sofern und solange die Verfassung Bestand haben soll.«[91]

Erst dann, wenn die Akzeptanz der Verfassung schwinde, sie ihren Rückhalt in der Bevölkerung verliere und das Volk eine andere Ordnung des Gemeinwesens anstrebe, trete das destruktive Element der verfassunggebenden Gewalt mit ihrer Potenz zur Verfassungsbeseitigung wieder hervor.[92] Permanenz der verfassunggebenden Gewalt bedeutet danach, daß Verfassunggebung bei bestehender Verfassung politisch-faktisch jederzeit möglich ist, aber – gemäß der im Vordringen begriffenen neueren Ansicht – nicht stattfinden wird, solange sich die verfassunggebende Gewalt mit der geltenden Verfassung identifiziert und diese »trägt«.

---

[89] In diese Richtung tendieren neben den in den folgenden Fußnoten Genannten (ungeachtet ihrer sonstigen Einstellung zum Wesen der Verfassunggebung): *Murswiek*, verfassunggebende Gewalt, S. 209; *Alvarez*, S. 156 ff (besonders S. 158); *Hesse*, Grundzüge, Rdnr. 41 ff; *Isensee*, Wiedervereinigung, S. 63 (70f); *Würtenberger*, Wiedervereinigung, S. 95 (96); *Randelzhofer*, Wiedervereinigung, S. 141 (153); *Storost*, Staat 29 (1990), 321 (327); *Heckmann*, DVBl. 1991, 847 (853); *Boehl*, Staat 30 (1991), 572 (577). Siehe auch *Tosch*, S. 105 f, der jenes »Tragen« der Verfassung jedoch nicht als Betätigung der verfassunggebenden Gewalt betrachtet.

[90] So *Böckenförde*, verfassunggebende Gewalt, S. 90 (99); zustimmend *Boehl*, Verfassunggebung, S. 95 f. *Böckenförde* setzt seine Ausführungen folgendermaßen fort: »Es ist eine eigenartige Vorstellung, die notwendige – und als notwendig anerkannte – Legitimation der Verfassung könne auf einen einzigen Punkt, ihre (revolutionäre) Entstehung zusammengezogen werden, von da ab aber gelte die Verfassung gewissermaßen selbsttragend, unabhängig vom Fortbestand dieser Legitimation.« Vgl. zum Ganzen auch *ders.*, HStR I, § 22 Rdnr. 7. Zur Einordnung der Aussagen *Böckenfördes* in den Kontext seiner Theorie zur Verfassunggebung s. o. B. II. 2. d) cc) sowie 4. b) bb).

[91] *Heckel*, HStR VIII, § 197 Rdnr. 58; *Boehl*, Verfassunggebung, S. 95 f.

[92] Vgl. *Heckel*, HStR VIII, § 197 Rdnr. 61 f; *Böckenförde*, verfassunggebende Gewalt, S. 90 (99 f).

(2) Rechtliche Permanenz der verfassunggebenden Gewalt

Auch auf der Grundlage eines rechtlichen Verständnisses der Verfassunggebung wird die Auffassung vertreten, die verfassunggebende Gewalt bestehe nach dem Inkrafttreten einer Verfassung fort und sei trotz des Geltungsanspruchs der Verfassung sowie der Existenz von Revisionsvorschriften nicht an einer erneuten Betätigung gehindert.[93]

(a) Die Rechtsgrundlage für erneute Betätigungen der verfassunggebenden Gewalt

Ein permanentes Recht auf Verfassunggebung kann zum einen völkerrechtlicher und zum anderen naturrechtlicher Provenienz sein.

(aa) Permanentes völkerrechtliches Recht auf Verfassunggebung

Für diejenigen, die vom Bestehen eines aus dem Selbstbestimmungsrecht abgeleiteten völkerrechtlichen Rechts auf Verfassunggebung ausgehen[94], erhebt sich die Frage, ob dieses Recht fortdauernd, also auch bei bestehender Verfassung, zu neuerlicher Verfassungschöpfung ermächtigt. Die Alternative wäre, daß es nach einmaliger Inanspruchnahme durch die verfassunggebende Gewalt erlischt und insofern nicht zur Substitution der bestehenden durch eine andere Verfassung berechtigt.

Näher erörtert wird im Schrifttum regelmäßig nur der Aspekt der Entscheidung über die *staatliche* Existenz und somit die Fragestellung, ob ein Volk mit der Gründung eines eigenen oder dem Beitritt zu einem bereits bestehenden Staat sein Selbstbestimmungsrecht verliert oder weiterhin Inhaber dieses Rechtes bleibt und deshalb auch neue, abweichende Statusentscheidungen zu treffen vermag. Diese Frage wird überwiegend im letzteren Sinne, also zugunsten der Dauerhaftigkeit des Selbstbestimmungsrechtes beantwortet.[95] Konkret auf das Recht

---

[93] Anders als von *Sieyes*, der von einem naturrechtlichen Verständnis ausging (s.o. B. I. 2. a); II. 2. b); D. II. 2. a) aa)), werden Verfassunggebung und Verfassungsänderung von den Anhängern der hier darzustellenden Ansicht freilich für wesensmäßig *verschiedene* Befugnisse gehalten. Abweichend auch in neuerer Zeit auf Grundlage seiner Betrachtungen zur französischen Verfassungstradition *Leisner*, der von einem »einheitliche(n) Begriff einer verfassunggebenden Gewalt« ausgeht (S.3) und die »grundsätzliche Einheit zwischen allen Ausdrucksformen des Pouvoir constituant, also auch zwischen der ›ursprünglichen‹ verfassunggebenden und der ›constitutionalisierten‹, der Revisionsgewalt« betont (S.349) und damit eine ähnliche Auffassung vertritt wie die Anhänger der These von der Konstitutionalisierung der verfassunggebenden Gewalt (zu dieser Auffassung unten D. II. 2. c)); vgl. allgemein zum Ansatz *Leisners* dessen Ausführungen auf S.1ff, 345ff.

[94] Dazu schon oben B. II. 2. c) cc).

[95] »Eine einmal getroffene Statusentscheidung bindet das Selbstbestimmungssubjekt keineswegs für immer«, so *E. Klein*, deutsche Frage, S.69 (ferner S.40f), unter Hinweis auf die Helsinki-Schlußakte (dazu oben B. II. 2. c) cc)), wo es heißt, daß »alle Völker *jederzeit* das Recht (haben), in voller Freiheit, *wann* und wie sie es wünschen,« über ihren politischen Status zu entscheiden; Hervorhebungen v. Verf. Ebenfalls gegen ein Erlöschen des Selbstbestimmungsrechts

zur Verfassunggebung als Ausfluß des völkerrechtlichen Selbstbestimmungsrechts bezogene Aussagen sind demgegenüber rar gesät.[96] Eine entsprechende
Einlassung findet sich bei *Kempen*, der sehr behutsam formuliert: »Das Völkerrecht verbietet nicht, vorhandene Verfassungen durch neue zu ersetzen.«[97] Das
Bestehen eines aus dem völkerrechtlichen Selbstbestimmungsrecht abgeleiteten
Rechts auf Beseitigung der bestehenden Verfassung und Erlaß einer neuen Verfassung wird dagegen, soweit ersichtlich, explizit nirgends angenommen.[98] Fraglich
wäre auch, ob ein solches Recht nur im Verhältnis eines Volkes zu anderen Völkern bzw. Staaten[99] oder auch innerstaatlich, etwa im Verhältnis eines Volkes zu
seinem mehrere Völker umfassenden Staat, gelten sollte.[100] Darüber könnte nur
spekuliert werden, was zu tun nicht der Absicht des Verfassers dieser Arbeit entspricht. Insofern gilt es, sich im folgenden auf den Problemkreis der möglichen

---

nach einmaliger Betätigung und somit für seine »Dauerwirkung« sprechen sich aus: *Veiter*,
Selbstbestimmungsrecht, S. 9 (32f); *Kimminich*, Selbstbestimmungsrecht, S. 37 (41); *E. Klein*,
Selbstbestimmungsrecht, S. 107 (117); *Oeter*, ZaöRV 52 (1992), 741 (754ff); *Tomuschat*,
ZRP 1993, 248 (249). Anders etwa *Doehring*, Völkerrecht, Rdnr. 800, nach dessen Auffassung das
Selbstbestimmungsrecht unter bestimmten Umständen »verbraucht« sein kann.

[96] Daß sich die Stellungnahmen zur Frage der Dauerhaftigkeit des Selbstbestimmungsrechts
im wesentlichen mit dessen externem Aspekt befassen, kann insofern kaum verwundern, als in
der Literatur immer wieder die primäre Bedeutung jenes externen Aspektes hervorgehoben
wird, die sich daraus ergebe, daß die Entscheidung über die Form der staatlichen Existenz logisch
allen weiteren Statusentscheidungen vorgeordnet sei. In diesem Sinne etwa *E. Klein*, deutsche
Frage, S. 43; *Murswiek*, Staat 23 (1984), 523 (527f); *Rumpf*, Selbstbestimmungsrecht, S. 47 (49).

[97] *Kempen*, NJW 1991, 964 (966).

[98] Ein Grund dafür, daß dieser Aspekt nicht weiter verfolgt wird, liegt wohl darin, daß mit der Zurückführung der Verfassunggebung auf eine völkerrechtliche Rechtsgrundlage in erster Linie der Zweck verfolgt
wird, die These von der rechtlichen Ungebundenheit des pouvoir constituant zu widerlegen. So
wird z.B. bei *Alvarez*, S. 97, 108, *Blumenwitz*, ZfP 39 (1992), 1 (6f), aber auch bei *Kempen*,
NJW 1991, 964 (965f), sehr deutlich, daß weniger die abstrakte Charakterisierung des verfassunggeberischen Aktes als Rechtsvorgang denn die Herleitung völkerrechtlicher und damit
überhaupt rechtlicher Bindungen der verfassunggebenden Gewalt im Mittelpunkt des Interesses
steht. Ob es dazu allerdings der Bezugnahme auf eine völkerrechtliche Rechtsgrundlage bedarf,
ist durchaus fraglich. So anerkennt z.B. *Isensee*, Mythos, S. 15, die Existenz völkerrechtlicher
Bindungen der verfassunggebenden Gewalt, obwohl er die Rückführung der Verfassungsgeltung
auf das Völkerrecht ablehnt. Vgl. in diesem Zusammenhang näher unten D. II. 3. b) cc).

[99] Eine solche Wirkung läge jedenfalls in der Konsequenz der überwiegend bejahten »Dauerwirkung« des Selbstbestimmungsrechts in seiner Bezogenheit auf den Aspekt der staatlichen
Existenz.

[100] Damit wäre wiederum das Problemfeld eines völkerrechtlichen Rechts auf Sezession tangiert (s. o. B. II. 2. c) cc) Fn. 102). Denkbar wäre insofern – vorausgesetzt, ein solches Recht besteht – eine Beschränkung dieses Sezessionsrechts, wie sie von *E. Klein*, Selbstbestimmungsrecht,
S. 107 (117), vorgeschlagen wird: »Es (sc. das Selbstbestimmungsrecht) erschöpft sich nicht in einem einmaligen Akt. *Nach außen* behält es seine ganze Kraft. Nur *dem eigenen Staat gegenüber*
ist die Ausübung des Selbstbestimmungsrechts unter sehr strenge Voraussetzungen gestellt«;
Hervorhebungen v. Verf. Analog angewandt auf das Recht zur Verfassunggebung könnte dies
bedeuten, daß das völkerrechtliche Selbstbestimmungsrecht ein Volk nicht beständig zur Beseitigung der vorhandenen Staatsverfassung und Schaffung einer eigenen bzw. neuen Verfassung berechtigt, sondern nur unter ganz besonderen Umständen.

Permanenz einer naturrechtlichen Befugnis zur Verfassunggebung zu konzentrieren.[101]

(bb) Permanentes naturrechtliches Recht auf Verfassunggebung

Vor dem Hintergrund eines naturrechtlichen Verständnisses der Verfassunggebung ist etwa bei *Maunz* von einer »permanente(n) Befugnis des Volkes«[102] die Rede, welche »nicht nur Grundlage für einen einmaligen Akt« sei, »sondern eine fortdauernde Kraft, die immer wieder neues Recht entstehen lassen kann«.[103] Konsequenz laut *Maunz*: »Die staatlichen Rechtsnormen stehen ›jederzeit zur Verfügung des souveränen Volkes‹.«[104] Ferner sei *Randelzhofer* erwähnt, der eine »permanent existierende Befugnis des pouvoir constituant zur Verfassungsgebung« anerkennt, die »durch die jeweils existierende Verfassung rechtlich nicht beseitigt ist«.[105]

In vielerlei Hinsicht entspricht diese naturrechtliche Lehre in ihren Konsequenzen der von einem politisch-faktischen Fortbestehen der verfassunggebenden Gewalt ausgehenden Ansicht: Weil die verfassunggebende Gewalt mit dem Akt der Verfassunggebung nach beiden Auffassungen nicht untergeht, tritt sie in ein Spannungsverhältnis mit dem Geltungsanspruch der aktuellen Verfassung.[106] Dessen Auflösung erfolgt übereinstimmend zugunsten der verfassunggebenden Gewalt, wenn neuerliche Verfassunggebung trotz jenes Geltungsanspruchs und trotz Zulässigkeit der Verfassungsrevision als nicht ausgeschlossen angesehen wird.

---

[101]   Zu weiteren Gründen, die gegen ein Weiterverfolgen der völkerrechtlichen Konzeption an dieser Stelle sprechen, siehe unten D. II. 3. b) cc).

[102]   *Maunz*, DÖV 1953, 645.

[103]   M/D/*Maunz*, Präambel Rdnr. 14. In den zitierten Passagen wird besonders deutlich, daß *Maunz* von einer Doppelnatur der verfassunggebenden Gewalt als politischer Wille *und* rechtliche Befugnis ausgeht; siehe dazu schon oben B. II. 2. c) bb) mit Fn. 75 sowie *Boehl*, Verfassunggebung, S. 86.

[104]   So M/D/*Maunz*, Präambel Rdnr. 12, unter Zitierung *Scheuners*, DÖV 1953, 581 (583). *Maunz* erkennt natürlich die Existenz eines Spannungsverhältnisses »zwischen der bestehenden Rechtsordnung und der Kraft des Volkes, eine neue zu schaffen«, meint aber, diese »Spannungen zwischen rechtsstaatlicher Legalität und demokratischer Folgerichtigkeit« auflösen zu können; so *ders.*, DÖV 1953, 645.

[105]   *Randelzhofer*, Wiedervereinigung, S. 141 (153; ferner S. 154f). Ebenfalls von einer rechtlichen Permanenz der verfassunggebenden Gewalt gehen aus: *Viehoff*, S. 86f; *Murswiek*, verfassunggebende Gewalt, S. 235, 238, 256 u.ö.; *Alvarez*, S. 77, 112f. Nach Auffassung von *Tosch*, S. 105, und – ihm folgend – *Boehl*, Verfassunggebung, S. 95, ist der Fortbestand der verfassunggebenden Gewalt für alle Theorien, die von einer überpositiven Volkssouveränität – verstanden als Recht des Volkes, sich jederzeit frei von Formen eine Verfassung zu geben – ausgehen, sogar zwingend. Ebenso wohl *Storr*, S. 53. Dem kann unter dem Vorbehalt zugestimmt werden, daß sich der Weg einer Beschränkung dieses überpositiven Rechts im Rahmen einer Selbstbindung der verfassunggebenden Gewalt an die Verfassung als nicht gangbar erweist (dazu unten D. II. 3. a) aa) (2)).

[106]   So z.B. *Murswiek*, verfassunggebende Gewalt, S. 235.

(b) Der rechtliche Vorbehalt neuerlicher Verfassunggebung

Wenn die Permanenz des pouvoir constituant naturrechtlich begründet wird, ist die der verfassunggebenden Gewalt zugesprochene Fähigkeit, eine geltende Verfassung zu überspielen und zu beseitigen, jedoch ihrem Wesen nach anders geartet als bei der zuvor unter (1) behandelten Auffassung: Ist dieser zufolge die verfassunggebende Gewalt eine *politisch-seinsmäßige* Größe, die sich in einer entsprechenden Situation[107] rein *faktisch* über die geltende Verfassungsordnung hinwegsetzen kann, so wird Verfassunggebung nach dem hier in Rede stehenden Standpunkt in Ausübung einer *rechtlichen*, im natürlichen bzw. überstaatlichen Recht wurzelnden *Kompetenz* vollzogen. Wenn die verfassunggebende Gewalt in diesem Zusammenhang als »permanente Befugnis« bezeichnet wird, so wird damit folglich nicht nur zum Ausdruck gebracht, daß die geltende Verfassungsordnung unter Umständen rein *faktisch* in revolutionärer Weise beseitigt werden *kann*[108], sondern vielmehr auch, daß sie *von Rechts wegen* beseitigt und durch eine andere Verfassung ersetzt werden *darf*[109], weil die dahingehende Befugnis des pouvoir constituant fortbesteht. Das Recht zur Verfassunggebung überdauert insofern jeden einzelnen Akt der Verfassunggebung und *berechtigt* unabhängig von den Festsetzungen einer geltenden Verfassung immer wieder neu zur Verfassungschöpfung.[110]

---

[107] Im Schrifttum wird des öfteren darauf hingewiesen, daß die verfassunggebende Gewalt situationsgebunden sei, so z.B. von *Heckel*, HStR VIII, § 197 Rdnr. 65ff; *Schneider*, HStR VII, § 158 Rdnr. 25; *Gutmann*, S. 102. Vgl. auch *Murswiek*, verfassunggebende Gewalt, S. 208f; *v. Wedel*, S. 35, 38; *Stückrath*, S. 225.

[108] Daß diese Möglichkeit immer besteht, versteht sich von selbst, weil Revolutionen mit rechtlichen Mitteln letztlich nicht verhindert werden können; vgl. dazu die bereits unter D. II. 2. a) cc) (1) zitierte Sentenz von *Henke*, Staat 19 (1980), 181 (205), sowie die oben D. II. 2. a) cc) (1) Fn. 82 angeführten Nachweise.

[109] Auf die Notwendigkeit, im Hinblick auf die verfassunggebende Gewalt das faktische Können vom rechtlichen Dürfen zu unterscheiden, macht *Murswiek*, verfassunggebende Gewalt, S. 208ff, aufmerksam und belegt, daß die zwei Fragen »Was kann und was darf der Verfassunggeber?« in der Literatur »regelmäßig durcheinandergeworfen« werden. Im Tenor ebenso *Steiner*, S. 179f.

[110] Vgl. *Maunz*, DÖV 1953, 645 (645ff); M/D/*ders.*, Präambel Rdnr. 13f; *Randelzhofer*, Wiedervereinigung, S. 141 (153ff); *Murswiek*, verfassunggebende Gewalt, S. 235, 238, 256 u.ö.; *Alvarez*, S. 112f; ebenso ist wohl *Viehoff*, S. 86f, zu verstehen. *Maunz* geht in der angeführten Kommentierung der Präambel des Grundgesetzes in Rdnr. 13 sogar soweit, die Überwindung des Grundgesetzes durch den vom »Grundgesetz zugelassene(n) und gestützte(n) Wille(n) des verfassungebenden Volkes« als nicht »revolutionär« zu bezeichnen; denn: »Dem Willen des verfassunggebenden Volkes steht es zu, bestehende Rechtsgestaltungen unabhängig von anderen Bindungen zu überwinden. Es handelt dabei *verfassungsgemäß*«; Hervorh. v. Verf. Diese Aussage läßt sich nur so erklären, daß *Maunz* das Grundgesetz im Lichte der von ihm angenommenen überpositiven Kompetenz des Volkes zur Verfassunggebung (quasi naturrechtskonform) auslegt und durch diese Vorgehensweise zur Annahme eines vom Grundgesetz gewährleisteten Rechts auf Verfassunggebung gelangt; denn anderenfalls könnte ein erneuter Akt der Verfassunggebung zwar aus der Perspektive des überpositiven Rechts, nicht aber auch aus der des Grundgesetzes rechtmäßig sein.

Die *rechtliche Geltung* der Verfassung steht nach dieser Ansicht, anders als bei den bisher in Bezug genommenen Meinungen[111], unter einem *rechtlichen Vorbehalt*, nämlich dem Vorbehalt eines rechtlich erlaubten erneuten Tätigwerdens der verfassunggebenden Gewalt. Permanenz der verfassunggebenden Gewalt bedeutet auf der Grundlage eines naturrechtlichen Verständnisses somit, daß Verfassunggebung bei bestehender Verfassung nicht nur ggf. politisch-faktisch möglich, sondern auch rechtlich zulässig ist, also nicht nur stattfinden kann, sondern auch darf.

b) Untergang der verfassunggebenden Gewalt

Eine andere Meinung zum Schicksal der verfassunggebenden Gewalt nach dem Akt der Verfassunggebung vertritt *Tosch*. Indem er einen logischen Bruch in der Argumentation derer nachzuweisen sucht, die von einem politisch-faktischen Fortbestehen der verfassunggebenden Gewalt ausgehen[112], das auch seiner Ansicht nach notwendige »Getragen-Werden« der Verfassung nicht mit der verfassunggebenden Gewalt in Verbindung bringt[113], die Existenz überpositiven Rechts leugnet[114] und sich überdies gegen die Möglichkeit eines Übergangs der verfassunggebenden Gewalt auf den verfassungsändernden Gesetzgeber ausspricht[115], kommt er zu dem Ergebnis:

»Die verfassunggebende Gewalt geht mit dem Abschluß der Verfassunggebung unter.« Sie »aktualisiert sich nur im historischen Akt der Verfassunggebung. Über einer geltenden Verfassung besteht keine verfassunggebende Gewalt.«[116]

Jedoch ist diese Bemerkung keineswegs so absolut zu verstehen, wie es zunächst scheint. Indem *Tosch* von einer »geltenden« Verfassung spricht, relativiert er nämlich bei genauerer Betrachtung seine Aussage. An anderer Stelle in seiner Arbeit wird dies deutlich, wenn es heißt:

---

[111] Zur Erinnerung: Der entsprechende, die Auffassung *Schmitts* zusammenfassende Satz hatte gelautet: Die *rechtliche Geltung* des Verfassungsgesetzes steht jedoch unter einem *politischen Vorbehalt*, nämlich unter dem Vorbehalt eines politisch-faktisch möglichen erneuten Tätigwerdens der verfassunggebenden Gewalt; s.o. D. II. 2. a) bb).

[112] *Tosch*, S. 105 i.V.m. S. 47f, gegen die Ansicht *Schmitts* und der unter D. II. 2. a) cc) (1) Genannten.

[113] *Tosch*, S. 105f.

[114] *Tosch*, S. 105, 81, 28ff, gegen die unter D. II. 2. a) cc) (2) referierte Auffassung.

[115] *Tosch*, S. 107ff; Näheres zu dieser Ansicht sogleich im Text unter D. II. 2. c).

[116] *Tosch*, S. 115. Ähnlich, allerdings widersprüchlich Sachs/*Huber*, Präambel Rdnr. 23f, wo es einerseits heißt: »Mit der Verabschiedung der Verfassung geht er (sc. der Träger der verfassunggebenden Gewalt) seiner Rolle jedoch verlustig. Die von ihm geschaffenen Verfassungsorgane (pouvoirs constitués) treten an seine Stelle«, dann aber andererseits konstatiert wird: »Die verfassungsgebende Gewalt als ›Grenzbegriff des Verfassungsrechts‹ *bleibt jedoch auch im Rahmen der Verfassungsordnung eine rechtliche Größe*, wie sich nicht zuletzt aus Art. 146 ergibt«; Hervorh. v. Verf. Die verfassunggebende Gewalt kann indes nicht gleichzeitig ihrer Rolle verlustig gehen und im Rahmen einer Verfassung bestehen bleiben.

»Revolutionen können durch keine Rechtsnorm ausgeschlossen werden. In diesem Sinne kann die verfassunggebende Gewalt selbstverständlich jederzeit hervortreten, doch wird hier gerade nach ihrem Verbleib während einer *bestehenden* Verfassung gefragt.«[117]

Die Aussagekraft der These vom Untergang der verfassunggebenden Gewalt ist also insofern beschränkt, als sie lediglich besagt, daß für verfassunggeberische Akte bei bestehender Verfassung *rechtlich* kein Raum mehr verbleibt.[118] Eine politisch-faktische Sperrwirkung im Hinblick auf künftige Betätigungen der verfassunggebenden Gewalt geht von der Existenz einer Verfassung mit Revisionsmöglichkeit dagegen auch nach Auffassung *Toschs* nicht aus. Damit steht die Verfassungsgeltung nach dieser Konzeption ebenfalls unter einem *politischen Vorbehalt.*

c) Aufgehen der verfassunggebenden in der verfassungsändernden Gewalt

Schließlich wird eine weitere Auffassung vertreten, die in ihrer Formulierung auf einen Kompromiß zwischen ungezügeltem Fortbestehen und vollständigem Untergehen der verfassunggebenden Gewalt hinausläuft: Die *verfassunggebende* Gewalt erschöpfe sich zwar als solche mit dem Erlaß einer Verfassung, bestehe aber in anderer Gestalt, nämlich als *verfassungsändernde* Gewalt in deren Rahmen fort.[119]

aa) Die Konstitutionalisierung der verfassunggebenden Gewalt durch einen Akt der Selbstbindung

Im Sinne einer Konstitutionalisierung der verfassunggebenden Gewalt argumentiert *Haug*, wenn er dem pouvoir constituant die Tendenz bescheinigt, »sich im Akte der ursprünglichen Verfassungsschöpfung nicht zu verbrauchen, sondern sich gerade in diesem Akte als verfassunggebende Gewalt zu *konstituieren*«[120] und daraus folgert,

---

[117] *Tosch*, S. 106; Hervorh. v. Verf.

[118] Dies ist für *Tosch* wichtig, weil er die Verfassunggebung auf eine Grundnorm zurückführt, im verfassungsrechtlichen Vakuum mithin als rechtlich erlaubt ansieht; vgl. *Tosch*, S. 92 f.

[119] An dieser Stelle muß wiederum darauf aufmerksam gemacht werden, daß die zur Beschreibung der hier vorgestellten Auffassung verwendeten Formulierungen häufig voneinander abweichen, ja sich sogar scheinbar widersprechen, obwohl in der Sache das gleiche gemeint ist. So formuliert *Kriele*, Staatslehre, § 69 (S. 239, 241): »Der pouvoir constituant *erschöpft sich* aber in der Verfassunggebung und hebt sich damit auf«, während sich der pouvoir constituant *Haug* zufolge gerade *nicht verbraucht* (siehe das folgende Zitat im Text). Gemeint ist aber in beiden Fällen, daß die verfassunggebende Gewalt in *anderer Gestalt* fortbesteht, wie im Text sogleich näher darzulegen ist. Deutlich in dieser Hinsicht *Steiner*, S. 222: »Die verfassunggebende Gewalt *erschöpft sich* demnach *nicht* im Erlaß einer Verfassung, sondern erhält durch die Revisionsvorschriften nur ein *bestimmtes Erscheinungsbild*«; alle Hervorhebungen in dieser Fußnote vom Verfasser.

[120] *Haug*, S. 156; Hervorhebung dort.

»daß das Pouvoir constituant im Akte der Verfassungsschöpfung, d.h. durch den Erlaß der Revisionsbestimmungen, die Selbstkonstituierung vornimmt und vom ›Naturzustand‹ in die Rechtsform übertritt. Aus dem Pouvoir constituant wird damit ein Pouvoir constitué, ein Organ des Staates.«[121]

Die Schaffung einer Verfassung, in deren Rahmen Verfassungsänderungen zulässig sind, verursacht danach gewissermaßen eine Domestizierung der verfassunggebenden Gewalt, d.h. eine Metamorphose einer ursprünglich (positiv-)rechtlich ungebundenen und damit »wilden« Gewalt zu einem »gezähmten«, verfassungsrechtlich eingehegten Organ.[122] Diese Transformation vollziehe sich durch einen Akt der *Selbstbeschränkung* der verfassunggebenden Gewalt[123], also dadurch, daß der Verfassunggeber seine verfassungserzeugende Gewalt an Verfassungsnormen binde, indem er sich verpflichte, von seiner Fähigkeit bzw. seinem Recht zur Schaffung neuen Verfassungsrechts nur noch diesen Normen gemäß Gebrauch zu machen.[124] Diese Selbstbindung bewirke eine Verfaßtheit auch des pouvoir constituant[125] und führe dazu, daß verfassungsungebundenes Handeln fortan unzulässig und ausgeschlossen sei.

---

[121]   So *Haug*, S.157.

[122]   Nach *Stern* I, S.154, sind die Bestimmungen über die Verfassungsrevision »geeignet, den pouvoir constituant seines revolutionären und voluntaristischen Charakters zu entkleiden und ihn evolutionär und rechtlich zu formen«. Ähnlich *Häberle*, AöR 112 (1987), 54 (57, 73f, 80f, 84 u.ö.).

[123]   So *Kriele*, VVDStRL 29 (1971), 46 (59). Von einer »*Selbstbindung*« der verfassunggebenden Gewalt sprechen *Steiner*, S. 223, 225ff; *Stern* I, S. 153; *Bartlsperger*, DVBl. 1990, 1285 (1299). *Schneider*, HStR VII, § 158 Rdnr. 17, äußert, niemand könne es der verfassunggebenden Gewalt verwehren, »sich bis zu einem gewissen Grade selbst zu *konstitutionalisieren*«; Hervorh. v. Verf. Vgl. auch BVerfGE 1, 14, Leitsatz 21 lit. a), wo im Hinblick auf eine verfassunggebende Versammlung ausgeführt wird, sie sei im Grundsatz ihrem Wesen nach unabhängig, und es dann heißt: »Sie kann sich nur selbst Schranken auferlegen.«

[124]   Vgl. *Steiner*, S. 202 (ferner S. 225ff): »Die Revisionsvorschriften organisieren nach der Vorstellung und dem Willen der historischen Verfassunggeber in aller Regel abschließend die Ausübung von verfassungserzeugender Gewalt schlechthin und bestimmen für ein Verfassungssystem den allein rechtmäßigen Weg der Erzeugung von Verfassungsnormen in der Zukunft.« *Schneider*, HStR VII, § 158 Rdnr. 24, spricht von der Möglichkeit, daß »sich das Volk ausdrücklich seiner ›Verfassungsmacht‹ begibt und sie dem verfassungsändernden Gesetzgeber überträgt«. *Murswiek*, verfassunggebende Gewalt, S. 178, hebt hervor, daß die Selbstbindung der verfassunggebenden Gewalt in zweierlei Weise interpretiert werden könne: Zum einen in der von *Steiner* angenommenen und im Text wiedergegebenen Weise, daß sich der *Verfassunggeber* verpflichte, künftig nur noch in den von der Revisionsklausel vorgegebenen Formen *tätig* zu werden; zum anderen aber auch dahingehend, daß sich der *Verfassunggeber* verpflichte, überhaupt *nicht mehr tätig* zu werden, sondern Verfassungsänderungen ausschließlich der von ihm verschiedenen *konstituierten Gewalt* zu überlassen.

[125]   Vgl. dazu *Stern* I, S.153f. *Bartlsperger*, DVBl. 1990, 1285 (1299), bezeichnet es als die »Grundidee« des Verfassungsstaates, »auch die verfassunggebende Gewalt verfassungsrechtlich einzubinden und als ›verfaßte‹ Gewalt zu regeln«. *Häberle*, AöR 112 (1987), 54 (57, 67, 89f u.ö.), *ders.*, Verfassungslehre, S.236, sowie *Schneider*, HStR VII, § 158 Rdnr. 29 u.ö., sprechen von einer »Konstitutionalisierung der verfassunggebenden Gewalt«. Ähnlich *Leisner*, S. 3: »gewisse Tendenz zur ›Institutionalisierung‹ der ursprünglichen (...) Verfassunggebung«; auf S. 349 ist bei ihm auch von der »constitutionalisierten« verfassunggebenden Gewalt, der Revisionsgewalt, die

bb) Die »verfaßte verfassunggebende Gewalt« als »pouvoir constituant constitué« bzw. »pouvoir constituant institué«

Vor dem Hintergrund der Konstitutionalisierungsthese verschwimmt der Gegensatz zwischen Verfassunggebung und Verfassungsänderung: Die verfassunggebende scheint in der verfassungsändernden Gewalt aufgegangen, für die Dauer der Verfassungsgeltung in dieser aufgehoben zu sein.[126] Es nimmt daher nicht Wunder, daß »verfassunggebende und verfassungsändernde Gewalt als *qualitativ gleiche Erscheinungsformen der einheitlichen verfassungserzeugenden Befugnis* im vorkonstitutionellen bzw. konstitutionellen Bereich« bezeichnet werden.[127]

Die geschilderte einheitliche Betrachtungsweise der verfassungserzeugenden Gewalt[128] spiegelt sich in besonderen, von der herkömmlichen Terminologie abweichenden Begrifflichkeiten wider. So wird die verfassungsändernde Gewalt

---

Rede. Siehe ferner *Heckmann*, DVBl. 1991, 847 (853f); *Würtenberger*, Wiedervereinigung, S. 95 (95, 100ff); Sachs/*Huber*, Art. 146 Rdnr. 11 mit Fn. 28. *Steiner*, S. 222f, weist treffend darauf hin, daß »die verfassungsändernde Gewalt nur dann als Fortsetzung der verfassunggebenden Gewalt begriffen werden kann, wenn man die Möglichkeit einer Selbstbindung des Volkes bejaht«, daß also der gesamte hier geschilderte Ansatz auf der Prämisse einer Selbstbindung der verfassunggebenden Gewalt beruht; denn auf andere Weise läßt sich keine Verfassungsbindung des pouvoir constituant begründen.

[126] Vgl. *Kriele*, VVDStRL 29 (1971), 46 (59): »Der pouvoir constituant ist aber nunmehr im Grundgesetz aufgehoben: *pouvoir constitué*«; Hervorhebung dort. Ähnlich *ders.*, Staatslehre, § 37 (S. 124f), § 69 (S. 240); *Wipfelder*, BayVBl. 1983, 289 (292). *Stern* I, S. 153, kann auf dieser Grundlage feststellen, der in Art. 79 Abs. 2 GG geschaffene pouvoir constituant institué »ist daher heute der Träger der verfassunggebenden Gewalt«. Er bezeichnet die Verfassungsänderung deshalb auch als »konstituierte Verfassunggebung« (S. 154). *Schneider*, HStR VII, § 158 Rdnr. 36, erwähnt die »›verfaßte‹ verfassunggebende Gewalt«; ebenso *Würtenberger*, Wiedervereinigung, S. 95 (95, 102f u. ö.); ähnlich J/P/*Jarass*, Präambel Rdnr. 2.

[127] So *Steiner*, S. 222; Hervorhebungen dort. Vgl. ferner BK/*Evers*, Art. 79 Abs. 3 Rdnr. 89; *Bartlsperger*, DVBl. 1990, 1285 (1299); *Heckmann*, DVBl. 1991, 847 (848). Auch *Leisner*, S. 3, gelangt vor dem Hintergrund der Situation in Frankreich zu der »Einsicht, daß sie (sc. die ursprüngliche Verfassunggebung) nicht – der Verfassungsänderung gegenüber – etwas ›ganz anderes‹, sondern gerade aus der Analogie mit dieser verständlich ist« und spricht deshalb von der »›Einheit der Verfassunggebung‹«; ähnlich auch S. 349. Weniger weitgehend *Wiederin*, AöR 117 (1992), 410 (413), der bei einem Vergleich »zwischen der Verfassungsänderung des Art. 79 GG und der Verfassunggebung des Art. 146 GG (...) nur graduelle Unterschiede, nicht kategoriale Wesensverschiedenheiten« zu erkennen vermag. Differenzierend ebenfalls *Schneider*, HStR VII, § 158 Rdnr. 44, und *Häberle*, AöR 112 (1987), 54 (92), der von einer »im Verfassungsstaat typischen Annäherung zwischen Verfassungsänderung (Teilrevision) und Verfassunggebung (Totalrevision)« spricht.

[128] Erinnert sei an dieser Stelle daran, daß bereits *Sieyes* von einer einheitlichen verfassungserzeugenden Gewalt ausgegangen ist, jedoch unter umgekehrten Vorzeichen (s. o. C. I. 1. und 3.): Er betrachtete auch nachträgliche Änderungen einer Verfassung als verfassungsunabhängige Betätigungen eines einheitlichen pouvoir constituant, sah also die Befugnis zur Verfassungsänderung als Teilaspekt einer umfassenden verfassunggebenden Gewalt, während die Anhänger der hier referierten Ansicht entgegengesetzt verfahren, wenn sie einem Aufgehen der verfassunggebenden in der verfassungsändernden Gewalt das Wort reden und die verfassungsungebundene Erzeugung neuen Verfassungsrechts für ausgeschlossen halten.

wegen ihres Charakters als »verfaßte verfassunggebende Gewalt«[129] als »pouvoir constituant constitué«[130] bzw. »pouvoir constituant institué«[131] bezeichnet.[132] Die verfassungsändernde Gewalt wird dadurch zum einen von der unverfaßten, vorverfassungsmäßigen verfassunggebenden Gewalt (»pouvoir constituant originaire«[133]) abgegrenzt und zum anderen von den übrigen verfaßten Gewalten (einfache »pouvoirs constitués«) abgehoben.[134]

cc) Die umfassende Verrechtlichung der Verfassungsrechtserzeugung

In der Konsequenz der von einer Konstitutionalisierung und damit verfassungsstaatlichen Integrierung[135] der verfassunggebenden Gewalt ausgehenden Auffassung liegt die Annahme, daß die Verfassung auch in der Verfassungsfrage selbst Geltung beanspruche, und zwar insofern, als nach dem Inkrafttreten einer Verfassung jeder Akt der Erzeugung neuen Verfassungsrechts nach deren Maßgabe zu erfolgen habe.[136] Raum für verfassungsrechtlich ungeregelte verfassunggeberische Maßnahmen verbleibe nicht, was durch die Rede vom Übergehen der verfas-

---

[129] Vgl. *Schneider*, HStR VII, § 158 Rdnr. 36; *Würtenberger*, Wiedervereinigung, S. 95 (95, 102f). *Leisner*, S. 345, spricht vom »›Pouvoir constituant in der Verfassung‹«.

[130] So in Anlehnung an *G. Burdeau* (Darstellung seiner Lehre bei *Henke*, verfassunggebende Gewalt, S. 160ff): *Schneider*, HStR VII, § 158 Rdnr. 36, 39; *Wiederin*, AöR 117 (1992), 410 (415); *Bryde*, S. 52; vM/K/*ders.*, Art. 79 Rdnr. 3. *Steiner*, S. 183, weist darauf hin, daß durch diese Bezeichnung die besonderen Eigenarten der Revisionsgewalt in Erinnerung gerufen würden: »Mit seinem (sc. *Sieyes'*) pouvoir constituant hat sie die verfassungserzeugende Funktion, mit seiner gesetzgebenden Gewalt die Bindung an die Verfassung gemeinsam.«

[131] *Stern* I, S. 152, bevorzugt diese ebenfalls von *Burdeau* stammende Bezeichnung gegenüber der vorgenannten. Ebenso *Blumenwitz*, ZfP 39 (1992), 1 (5, 8).

[132] Kritisch bezüglich der dritten Kategorie des »pouvoir constituant constitué« (bzw. »institué«) neben »pouvoir constituant« und »pouvoir constitué« aber *Isensee*, HStR VII, § 166 Rdnr. 14 Fn. 27. Ähnlich *Heckel*, HStR VIII, § 197 Rdnr. 50 Fn. 47: »(…) erscheint wenig hilfreich und stiftet Verwirrung, da dadurch der Unterschied zwischen der (an die Verfassung gebundenen) verfaßten Gewalt und der (durch diese nicht beschränkbaren) originären verfassunggebenden Gewalt theoretisch verunklart und praktisch aufgelöst wird«.

[133] Siehe *Stern* I, S. 152, 167; *Schneider*, HStR VII, § 158 Rdnr. 39; *Wiederin*, AöR 117 (1992), 410 (415); *Blumenwitz*, ZfP 39 (1992), 1 (5, 8). Zur Terminologie vgl. auch *Leisner*, S. 345: »Aus irgendwelchen unerfindlichen Gründen hat es sich übrigens in Deutschland eingebürgert, nur an diese ›ursprüngliche‹ Gewalt zu denken, wenn man von Pouvoir constituant spricht, obwohl doch bereits der Ausdruck ›Pouvoir‹, der ›verfassungsmäßige Gewalt‹ bedeutet, eine weitere Ausdehnung des Begriffes nahegelegt hätte.«

[134] So stellt *Stern* I, S. 152, heraus, daß die Einsetzung einer besonderen konstituierten verfassungsändernden Gewalt, die er als »pouvoir constituant institué« bezeichnet wissen möchte, die Möglichkeit schaffe, »diese von der einfachen Gesetzgebung abzuheben«.

[135] Vgl. vor allem *Häberle*, AöR 112 (1987), 54 (passim, speziell S. 80).

[136] Dem liegt der schon dargestellte Gedanke zugrunde, daß sich der Verfassunggeber mit dem Akt der Verfassungschöpfung und der Übertragung der Revisionsbefugnis auf verfassungsgebundene Organe im Wege einer Selbstbeschränkung jener Verfassung unterworfen und sich deshalb seiner (rechtlich ungeregelten) Befugnis zur Verfassungserzeugung entäußert habe. Vgl. dazu *Bartlsperger*, DVBl. 1990, 1285 (1299), sowie *Steiner*, S. 205, letzterer im Hinblick auf Nordamerika.

sunggebenden auf die verfassungsändernde Gewalt[137] sinnfällig zum Ausdruck gebracht wird. Von den verfassungsrechtlichen Bestimmungen geht nach diesem Ansatz eine Sperrwirkung im Hinblick auf künftige verfassunggeberische Akte aus: Die Vorschriften über die Verfassungsrevision (und ggf. vorhandene Sondervorschriften[138]) eröffnen den einzigen Weg zur Änderung des verfassungsrechtlichen Normenbestandes. Jedoch besteht auch hier – ebenso wie im Rahmen der von einem Fortbestehen der verfassunggebenden Gewalt ausgehenden Ansicht[139] – die Notwendigkeit, die entsprechenden Aussagen daraufhin zu untersuchen, ob sie sich auf die rechtliche Zulässigkeit oder die politisch-faktische Möglichkeit neuerlicher Verfassunggebung beziehen.[140] In dem hiesigen Zusammenhang ist somit zu klären, ob die behauptete Konstitutionalisierung der verfassunggebenden Gewalt neuerliche Verfassunggebung nur rechtlich unzulässig oder auch politisch-faktisch unmöglich machen soll.

(1) Die verfassungsrechtliche Unzulässigkeit verfassunggeberischer Akte

Ohne Schwierigkeiten ist erkennbar, daß die angenommene Verfaßtheit der verfassunggebenden Gewalt Folgen für das *rechtliche Erlaubt-Sein* künftiger verfassunggeberischer Akte zeitigen soll: Wenn das Inkrafttreten der Verfassung eine Domestizierung der verfassunggebenden Gewalt bewirkt, diese also zu einer verfassungsgebundenen, nämlich der verfassungsändernden Gewalt werden läßt, so bedeutet dies, daß die Verfassungschöpfung in die verfassungsrechtliche Legalität einbezogen wird. Verfassungsrecht darf danach künftig nur noch nach Maßgabe der geltenden Verfassung geschaffen werden. Verfassungsrechtserzeugung, die sich nicht auf eine verfassungsrechtliche Ermächtigung stützen läßt, ist demgegenüber von Verfassungs wegen verboten und deshalb verfassungswidrig. Konstitutionell illegal[141] ist auf der Grundlage der Konstitutionalisierungsthese insbesondere die Schaffung und Inkraftsetzung einer neuen Verfassung unter Mißachtung und letztlich Beseitigung der bisherigen Verfassung, weil derartige Betätigungen der verfassunggebenden Gewalt gegen deren im Wege einer Selbst-

---

[137] Diese Ausdrucksweise findet sich bei *Tosch*, S. 105, 107; *Murswiek*, verfassunggebende Gewalt, S. 163; *Steiner*, S. 222. Ähnlich *Haug*, S. 157 (»übertritt«); *Bryde*, S. 234 (»aufgegangen«).

[138] Gedacht ist an Normen nach dem Vorbild des Art. 146 GG a.F., die die Schaffung einer *neuen* Verfassung betreffen und verfassungsrechtlich erlauben. Zu derartigen Bestimmungen unten D. III. 3. b) cc).

[139] S.o. D. II. 2. a), speziell bb) (2), cc) (1) sowie (2) (b).

[140] So ist bei den Aussagen zum Fortbestehen der verfassunggebenden Gewalt danach zu unterscheiden, ob die Möglichkeit gemeint ist, daß sich der fortbestehende pouvoir constituant politisch-faktisch über die bestehende Verfassung hinwegsetzen kann (politischer Vorbehalt), oder ob zum Ausdruck gebracht werden soll, daß der pouvoir constituant dies auch von Rechts wegen darf (rechtlicher Vorbehalt).

[141] Zur Charakterisierung verfassunggeberischer Akte als »legal« bzw. »illegal« und zur hier verwendeten Terminologie siehe bereits oben D. I. 2. c) und d).

bindung begründete Verpflichtung verstoßen, den verfassungsrechtlichen Revisionsnormen Beachtung zu schenken.[142]

(2) Die politisch-faktisch fortbestehende Möglichkeit verfassunggeberischer Akte

Über die *politisch-faktische Möglichkeit* der Erzeugung neuen Verfassungsrechts außerhalb des verfassungsrechtlichen Revisionsverfahrens ist mit der Annahme einer Konstitutionalisierung der verfassunggebenden Gewalt und eines daraus resultierenden rechtlichen Verbots neuerlicher Verfassunggebung jedoch noch keine Aussage getroffen. Von einem *rechtlichen* Dürfen oder Nicht-Dürfen kann nicht auf ein *faktisches* Können gefolgert werden: Was nach geltendem Recht unerlaubt ist, muß nicht auch rein tatsächlich unmöglich sein. Im Gegenteil: Die Möglichkeit rechtswidrig-revolutionärer Akte ist niemals ausgeschlossen.[143] Und in der Tat kommen auch die Protagonisten einer Konstitutionalisierung der verfassunggebenden Gewalt nicht umhin, die de facto bestehende Möglichkeit einer dem geltenden Verfassungsrecht zuwiderlaufenden und damit revolutionären Verfassungschöpfung hinzunehmen[144] und anzuerkennen.[145] Die These von der

---

[142] Daß die Annahme einer Konstitutionalisierung der verfassunggebenden Gewalt der Begründung des rechtlichen Verboten-Seins künftiger verfassunggeberischer Akte dient, wird besonders bei *Steiner*, S. 202, (»allein rechtmäßigen Weg der Erzeugung von Verfassungsnormen«) sowie bei *Bartlsperger*, DVBl. 1990, 1285 (1299), deutlich. Vgl. auch die Zitate in der übernächsten Fußnote.

[143] Zu der permanenten Möglichkeit eines rechtswidrig-revolutionären Umsturzes der Rechtsordnung bereits oben D. II. 2. a) cc) (1) mit Fn. 82 sowie (2) (b) mit Fn. 108.

[144] Vgl. etwa *Haug*, S. 157: »(...) die Fortbildung der Verfassung vollzieht sich entweder der normativen Regelung gemäß und ist legal, oder sie hält sich außerhalb der normativen Regelung und ist illegal, Gewaltakt, Revolution«; *Steiner*, S. 179 (ähnlich S. 212, 223 mit Fn. 19): »Die rechtswidrig revolutionäre Entstehung wirksamen Verfassungsrechts bleibt dabei stets vorbehalten«; *Stern* I, S. 153: »Revolutionäre Akte sind niemals auszuschließen (...). Sind sie erfolgreich, so bilden sie auch einen verfassungs*rechtlichen* Neuanfang« (Hervorhebung dort); *Kriele*, VVDStRL 29 (1971), 46 (59), im Hinblick auf das Grundgesetz: »Eine neue Verfassung zu schaffen ist tatsächlich möglich, aber nicht *verfassungsrechtlich* vorgesehen. (...) Die *Selbstbeschränkung der verfassunggebenden Gewalt* (...) kann eben nicht legal, sondern nur revolutionär überspielt werden« (Hervorhebungen dort); *ders.*, Staatslehre, § 69 (S. 240): »Sie (sc. die Volkssouveränität) erschöpft sich im Akt der Verfassunggebung und ist alsdann, *bis zu erneuter Verfassunggebung*, in der Verfassung aufgehoben: ›pouvoir constitué‹«; Hervorh. auch *Schneider*, HStR VII, § 158 Rdnr. 24, 40f; *Bartlsperger*, DVBl. 1990, 1285 (1298f); *Wiederin*, AöR 117 (1992), 410 (414f); *Würtenberger*, Wiedervereinigung, S. 95 (103); *Kaufmann*, Staat 36 (1997), 521 (525).

[145] Vor dem Hintergrund der in der vorigen Fußnote zitierten Sentenzen *Krieles* wird auch dessen Aussage in seiner »Einführung in die Staatslehre« verständlich, es gebe »*innerhalb* des Verfassungsstaates« keinen Souverän (Staatslehre, § 31, S. 103; ebenso § 69, S. 240); denn »*innerhalb* des Verfassungsstaates gibt es nur *Kompetenzen*« (§ 69, S. 240; alle Hervorhebungen, auch im folgenden Zitat, dort): Die Möglichkeit einer kompetenzwidrigen bzw. -losen Betätigung der verfassunggebenden Gewalt wird damit nicht verneint, nur findet eine solche eben nicht mehr *innerhalb* des Verfassungsstaates statt, sondern sprengt dessen Rahmen, wie *Kriele* mit folgender Passage (S. 241) zum Ausdruck bringt: »Der *demokratische Souverän* gibt, indem er vom ›pou-

Konstitutionalisierung der verfassunggebenden Gewalt steht damit der faktischen Möglichkeit neuerlicher Verfassunggebung nicht entgegen[146], sondern besagt lediglich, daß von der Warte des Rechts neben dem Verfahren der Verfassungsänderung kein Raum für rechtlich ungeregelte Betätigungen einer außerhalb der Verfassung stehenden verfassunggebenden Gewalt verbleibt.

dd) *Zusammenfassung der Auswirkungen einer Konstitutionalisierung der verfassunggebenden Gewalt*

Wird davon ausgegangen, daß mit dem Inkrafttreten einer Verfassung eine Verfassungsbindung des pouvoir constituant eintritt, darf neues Verfassungsrecht nur noch von der verfassungsändernden Gewalt geschaffen werden, in die sich die verfassunggebende Gewalt verwandelt haben soll. Die angenommene Konstitutionalisierung der verfassunggebenden Gewalt bewirkt demnach, daß Verfassunggebung bei bestehender Verfassung rechtlich verboten ist, hindert aber nicht die politisch-faktische Möglichkeit neuerlicher Verfassunggebung.[147] Die Verfassungsgeltung steht insofern auch nach dieser Auffassung unter einem *politischen Vorbehalt*, nämlich dem Vorbehalt eines politisch-faktisch möglichen, wenngleich rechtlich verbotenen und deshalb revolutionären erneuten Tätigwerdens der verfassunggebenden Gewalt.[148] Das oben beschriebene Spannungsverhält-

---

voir constituant‹ Gebrauch macht, seine Souveränität auf. Er ist *nicht mehr unmittelbar handlungsfähig*. Er ist als politischer Faktor nur latent vorhanden: Er tritt erst wieder in Funktion, wenn der Verfassungsstaat zusammenbricht. Man kann auch sagen: Die demokratische Souveränität ruht, solange der Verfassungsstaat besteht.« Kritisch gegenüber *Krieles* Konstruktion *Böckenförde*, verfassunggebende Gewalt, S. 90 (99), und *Boehl*, Verfassunggebung, S. 96, die bemängeln, daß durch diese Vorgehensweise die Legitimation der Verfassung durch den Volkssouverän auf den Punkt ihres revolutionären Ursprunges zusammengezogen werde.

[146] Darauf weist auch *Boehl*, S. 97f, mit erfreulicher Deutlichkeit hin.

[147] Nach dem Selbstverständnis derjenigen, die von einer Konstitutionalisierung und damit verfassungsstaatlichen Integrierung der verfassunggebenden Gewalt ausgehen, kann es bei einer rechtswissenschaftlichen Beschäftigung mit der Verfassunggebung auch allein auf die *rechtlichen* Aspekte der Verfassungsrechterzeugung ankommen, während die Möglichkeit revolutionärer Verfassungsbeseitigung zu vernachlässigen sei. Als Beispiele zur Verdeutlichung dieses Selbstverständnisses mögen die Äußerungen *Leisners* und *Steiners* dienen: So heißt es bei *Leisner*, S. 346: »Was nicht voraussehbar ist, was normlos oder normwidrig geschieht, dessen Behandlung überläßt der Jurist lieber dem Historiker. Das trifft gerade auf die originäre Verfassunggebung, den Ausgangspunkt einer gegebenen Rechtsordnung, zu. Man kann sie theoretisch behandeln, aber mehr kaum erreichen als einen geschichtlichen Vergleich analoger Vorgänge.« *Steiner*, S. 212, äußert: »Eine solche Form der Rechtsschöpfung (sc. eine rechtswidrig-revolutionäre) bildet jedoch keine Kategorie in einem auf der juristisch-technischen Lehre von der verfassunggebenden Gewalt des Volkes aufbauenden System der Rechtsetzungsmöglichkeiten. Es ist ein rechtstheoretisch unverzichtbarer Unterschied, ob die Erzeugung einer Verfassungsnorm kraft der verfassunggebenden Gewalt des Volkes *von vornherein rechtmäßig* ist oder ob eine *ursprünglich rechtswidrig* erzeugte Verfassungsnorm ›vom Volke anerkannt‹ wird und gewohnheitsrechtliche Geltung erlangt«; Hervorhebungen v. Verf.

[148] Zutreffend in diesem Kontext *Boehl*, Verfassunggebung, S. 102: »Der pouvoir constituant kann diese Selbstbindung – durch Revolution – zerreißen; die Tatsache der Möglichkeit von Re-

nis[149] wird mithin nur in rechtlicher Hinsicht zugunsten der Verfassungsgeltung aufgelöst: Der Geltungsanspruch der aktuellen Verfassung und die Möglichkeit der Verfassungsrevision stehen einer erneuten Betätigung des pouvoir constituant rechtlich, nicht aber politisch-faktisch entgegen. Bezüglich der Sperrwirkung einer Revisionsklausel im Hinblick auf erneute verfassunggeberische Akte folgt daraus, daß sie rein rechtlicher Natur ist: Die in einer Verfassung enthaltene Revisionsklausel eröffnet den – aus Sicht der geltenden Verfassung – einzig »*legalen*« Weg zur Erzeugung neuen Verfassungsrechts, nicht jedoch den einzig *möglichen*.[150]

d) Vergleichende Gegenüberstellung der verschiedenen Ansichten zum Schicksal der verfassunggebenden Gewalt nach dem Verfassungsinkrafttreten

Die Frage, wie sich das Inkrafttreten einer Verfassung auf die verfassunggebende Gewalt auswirkt bzw. ob neben der Verfassungsrevision noch Raum für verfassunggeberische Akte verbleibt, wird unterschiedlich beantwortet. Die Auffassungen unterscheiden sich insofern, als das Augenmerk einerseits hauptsächlich auf die Perspektive des *rechtlichen Dürfens*, andererseits aber allein auf die Perspektive des *faktischen Könnens* gerichtet wird. Umstritten ist insbesondere, inwiefern eine rechtliche Beurteilung verfassunggeberischer Akte überhaupt möglich und am Maßstab welcher Normen sie ggf. vorzunehmen ist. Somit sind drei verschiedene Fragen auseinanderzuhalten:

1. Kann Verfassunggebung *faktisch* auch nach dem Inkrafttreten einer Verfassung mit Revisionsklausel noch stattfinden?
2. Inwiefern läßt sich Verfassunggebung (auch) bei bestehender Verfassung anhand *verbindlicher rechtlicher Maßstäbe* beurteilen und welche Maßstäbe sind dies?
3. *Darf* Verfassunggebung *rechtlich* auch nach dem Inkrafttreten einer Verfassung mit Revisionsklausel noch stattfinden, oder ist der pouvoir constituant *rechtlich* an neuerlicher Verfassungschöpfung *gehindert*?

aa) Konsens hinsichtlich der faktischen Möglichkeit neuerlicher Verfassunggebung

Im Hinblick auf die faktische Möglichkeit neuerlicher Verfassunggebung (Frage 1) besteht Einigkeit: Von keiner Seite wird geleugnet, daß eine geltende Verfassung unter entsprechenden Umständen politisch-faktisch im Zuge einer Revolu-

---

volution kann keine Rechtskonstruktion beseitigen. Bis zu einer Revolution aber bleibt es bei der Selbstbindung an die Verfassung.«

[149] S. o. D. II. 1. b) bb).

[150] Vgl. *Kriele*, Staatslehre, § 37 (S. 124): »Eine Änderung und sogar Aufhebung der Verfassung außerhalb dieser (sc. der in ihr selbst vorgesehenen) Verfahrensregeln ist faktisch möglich, bedeutet aber dann einen Ausbruch aus der Verfassung, also eine neue Revolution (...)«.

tion beseitigt und durch eine neue Konstitution ersetzt werden kann. Dem liegt die Einsicht zugrunde, daß es in praxi zu Situationen kommen kann, in denen sich die politischen Kräfte über die geltende Verfassung hinwegsetzen, und daß diese Möglichkeit mit den Mitteln des Rechts letztlich nicht zu verhindern ist.[151] *Verfassunggebung kann* somit – *politisch-faktisch* betrachtet – *immer stattfinden,* auch dann, wenn bereits eine Verfassung existiert, die den Anspruch auf dauerhafte Geltung erhebt und Änderungen nur im Rahmen eines Revisionsverfahrens zuläßt. Insofern ist das Inkrafttreten einer Verfassung ohne Einfluß auf den pouvoir constituant; die Verfassungsgeltung steht immer unter einem politischen Vorbehalt.

bb) Dissens hinsichtlich Existenz und Inhalt rechtsverbindlicher
Vorgaben für den pouvoir constituant

Zwar herrscht Konsens auch hinsichtlich der Tatsache, daß die Erzeugung neuen Verfassungsrechts bei geltender Verfassung nur nach deren Maßgabe zulässig ist. Soweit eine bestehende Verfassung neuerliche Verfassunggebung verbietet, was regelmäßig der Fall sein wird[152], sind erneute Betätigungen der verfassunggebenden Gewalt folglich verfassungswidrig. Unterschiede zwischen den verschiedenen Anschauungen treten aber zutage, wenn es darum geht, ob dieses verfassungsrechtliche Verbot für den pouvoir constituant verbindlich ist, oder noch allgemeiner: ob neuerliche Verfassunggebung überhaupt durch *für den pouvoir constituant ver-*

---

[151] Wohl aber kann das Recht die Chancen einer Revolution im Einzelfall verringern (vgl. *Steiner,* S. 212, sowie oben D. II. 2. a) cc) (1) Fn. 82), und zwar einerseits, indem es Verfahren zur Verfügung stellt, die eine zeitlich und sachlich angemessene Reaktion auf veränderte Umstände ermöglichen und revolutionären Umtrieben deshalb wahrscheinlich »den Wind aus den Segeln nehmen«. Und andererseits auch dadurch, daß das Recht effektive Mittel zur Bekämpfung revolutionärer Machenschaften bereithält und in letzter Instanz ggf. sogar ein Widerstandsrecht des einzelnen gegenüber den Revolutionären vorsieht. Zur verfassungsrechtlichen Erschwerung verfassunggeberischer Akte und zu Maßnahmen zur Vermeidung revolutionärer Verfassunggebung im einzelnen unten D. III. 1. a) und b).

[152] Vgl. in diesem Kontext bereits oben A. III. 3. f) und 2. d) a.E. zum regelmäßigen Anspruch einer Verfassung auf dauerhafte Geltung, D. II. 1. b) bb) und cc) zum Antagonismus zwischen dem Geltungsanspruch der aktuellen Verfassung und der Möglichkeit neuerlicher Verfassunggebung sowie zur möglichen Sperrwirkung von Revisionsklauseln und oben D. I. 2. c) und d) zum rechtlich revolutionären Charakter bzw. zur konstitutionellen Illegalität von Akten der verfassunggebenden Gewalt bei bestehender Verfassung. Das grundsätzliche verfassungsrechtliche Verbot neuerlicher Betätigungen des pouvoir constituant resultiert darüber hinaus auch aus einigen weiteren typischen Verfassungsmerkmalen, nämlich der Idee einer Herrschaft des Rechts, der herrschaftsbegründenden Funktion der Verfassung bzw. der Nichtexistenz von Rechtstiteln außerhalb der Verfassung; zu diesen Verfassungsmerkmalen s.o. A. III. 3. b) und c). Zur regelmäßigen verfassungsrechtlichen Verbotenheit neuerlicher Verfassunggebung auch *Sachs,* JuS 1991, 985 (987): »Im Gegenteil, die völlige Ablehnung des pouvoir constituant durch die jeweils geltende Verfassungsordnung ist der konstitutionelle Normalfall, weil eine Verfassung ja grundsätzlich dauerhaft Ordnung stiften will.« Teilweise ist sogar davon die Rede, eine geltende Verfassung enthalte ausdrücklich oder implizit ein »Revolutionsverbot«, so z.B. bei *Alvarez,* S. 116; *Isensee,* Mythos, S. 31; *Bryde,* S. 240; *Jellinek,* Grenzen, S. 15; *Dreier,* JZ 1994, 741 (749).

bindliches Recht verboten oder erlaubt sein kann. Damit ist das Problem angesprochen, ob die Frage nach dem rechtlichen Dürfen im Hinblick auf die Verfassunggebung richtig gestellt ist bzw. überhaupt gestellt werden kann (Frage 2). Dies wäre nicht der Fall, wenn es keine für den pouvoir constituant verbindlichen Rechtsnormen gäbe. Nur wer davon ausgeht, daß die verfassunggebende Gewalt in irgendeiner Hinsicht rechtlich gebunden ist, z. B. an Naturrecht oder an die jeweils geltende Verfassung, muß auf die weitere Frage (Frage 3) eingehen, ob nach dem Inkrafttreten einer Verfassung mit Revisionsmöglichkeit noch Verfassunggebung stattfinden *darf*, d. h. *rechtlich erlaubt* ist, oder ob die verfassunggebende Gewalt *rechtlich* an der Schaffung einer neuen Verfassung *gehindert* ist.[153]

(1) Fehlen bzw. Irrelevanz rechtlicher Festlegungen für künftige verfassunggeberische Akte

Diejenigen, die von der politisch-faktischen Permanenz der verfassunggebenden Gewalt überzeugt sind[154], stehen der Existenz für den pouvoir constituant verbindlichen Rechts ablehnend gegenüber, so daß sich die (dritte) Frage nach der rechtlichen Erlaubt- oder Verbotenheit neuerlicher Verfassunggebung für sie nicht stellt. Sie betrachten Verfassunggebung als politisch-faktisches Phänomen, das dem Recht vorausliegt und deshalb – auch nach dem Inkrafttreten einer Verfassung – einer rechtlichen Bewertung unzugänglich ist. Zwar lasse sich nicht leugnen, daß die Schaffung einer neuen Verfassung unter Mißachtung und letztlich Zerstörung der bisherigen Verfassung aus deren Sicht verfassungswidrig sei; jedoch könne daraus insofern keine Aussage über das rechtliche Erlaubtsein eines verfassunggeberischen Aktes abgeleitet werden, als verfassungsrechtliche Festlegungen für die verfassunggebende Gewalt nicht rechtsverbindlich seien.[155] Das

---

[153] Zu dem Umstand, daß Aussagen über das rechtliche Dürfen des Verfassunggebers und analog sein Nicht-Dürfen nur dann möglich sind, wenn man vom Bestehen einer rechtlichen Befugnis zur Verfassunggebung bzw. vom Bestehen der verfassunggebenden Gewalt übergeordneten Rechts ausgeht, vgl. *Murswiek*, verfassunggebende Gewalt, S. 208 f, sowie *Schmitt Glaeser*, S. 30.

[154] Zu dieser Auffassung oben D. II. 2. a) bb) sowie cc) (1).

[155] Zur »Illegalität« verfassunggeberischer Akte und ihrer rechtlichen Irrelevanz vgl. z. B. *Schmitt*, Verfassungslehre, S. 93, und erläuternd dazu *Murswiek*, verfassunggebende Gewalt, S. 174, in der auf S. 173 beginnenden Fußnote 57. Von der Unverbindlichkeit verfassungsrechtlicher Festlegungen für den pouvoir constituant ausgehend auch *Storr*, S. 52; *Henke*, verfassunggebende Gewalt, S. 152 ff; M/K/S/*Starck*, Präambel Rdnr. 14; *Böckenförde*, verfassunggebende Gewalt, S. 90 (99); *Kirchhof*, HStR I, § 19 Rdnr. 15; *Boehl*, Staat 30 (1991), 572 (579); *Möllers*, S. 1 (31); *Wittekindt*, S. 91; *Kesper*, S. 147 Fn. 94. Dieser Einschätzung stimmen ferner auch diejenigen Befürworter einer überstaatlichen Rechtsgrundlage der Verfassunggebung zu, die sich gegen die These einer Konstitutionalisierung des pouvoir constituant wenden, so z. B. *Murswiek*, verfassunggebende Gewalt, S. 182, 212, 235; *Maunz*, DÖV 1953, 645 (646 f); *Alvarez*, S. 86, 115, 128; *Gutmann*, S. 56, 58, 100 f; *Storost*, Staat 29 (1990), 321 (329); ferner *Tosch*, S. 80. Vgl. in diesem Zusammenhang auch BVerfGE 89, 155 (180): »Das Grundgesetz gewährt individuelle Rechte nur im Rahmen der grundgesetzlichen Ordnung, nicht jedoch für das Verfahren oder den Inhalt einer Verfassungsneugebung. Art. 79 Abs. 3 GG bindet die staatliche Entwicklung in Deutschland an

Inkrafttreten einer Verfassung habe deshalb keinerlei Einfluß auf die verfassunggebende Gewalt. Verfassunggebung ist nach dieser Auffassung unter keinem Gesichtspunkt rechtlich erlaubt oder rechtlich verboten, sondern allein eine Frage des politisch-faktisch Möglichen: Verfassunggebung *kann* auch bei bestehender Verfassung immer stattfinden.

(2) Existenz und Relevanz rechtlicher Festlegungen für künftige verfassunggeberische Akte

Von anderer Seite wird die Existenz rechtsverbindlicher Vorgaben für die Ausübung der verfassunggebenden Gewalt grundsätzlich bejaht, so daß der Weg frei ist für eine Beschäftigung mit der (dritten) Frage, ob Verfassunggebung (auch) nach dem Inkrafttreten einer Verfassung rechtlich erlaubt oder aber rechtlich verboten ist. Von den Anhängern dieser Auffassung wird teils auf das überstaatliche Recht rekurriert und neuerliche Verfassunggebung wegen des Bestehens einer diesbezüglichen Befugnis des *pouvoir constituant* als rechtlich erlaubt angesehen. Anderenteils wird Verfassungsrechtserzeugung nur noch nach Maßgabe der jeweils geltenden Verfassung für zulässig gehalten, Verfassunggebung demnach als rechtlich verboten betrachtet.

(a) Rechtliche Erlaubtheit neuerlicher Verfassunggebung kraft überstaatlichen Rechts

Diejenigen, die vom Bestehen eines permanenten (überstaatlichen) Rechts auf Verfassunggebung ausgehen, halten Verfassunggebung nicht nur für jederzeit möglich, sondern auch für rechtlich erlaubt[156]: Der Träger der verfassunggebenden Gewalt (und damit zumeist das Volk) dürfe sich kraft jener Kompetenz jederzeit eine neue Verfassung geben, und zwar auch dann, wenn dieses Vorhaben in Widerspruch zu der bisherigen Konstitution stehe, weil letztere die überpositive Befugnis zur Verfassunggebung nicht einzuschränken oder zu beseitigen vermöge. Das Inkrafttreten einer Verfassung hat danach ebenfalls keinen Einfluß auf die verfassunggebende Gewalt. Insbesondere geht nach dieser Auffassung von einer verfassungsrechtlichen Revisionsklausel wegen der Höherrangigkeit der überstaatlichen Befugnis keine rechtliche Sperrwirkung im Hinblick auf künftige verfassunggeberische Akte aus. Die Verfassungsgeltung steht unter einem rechtlichen Vorbehalt: Verfassunggebung ist rechtlich immer erlaubt, sie kann und *darf* trotz vorhandener Verfassung jederzeit stattfinden.[157]

---

den in ihm bezeichneten Kerngehalt der grundgesetzlichen Ordnung und sucht so die geltende Verfassung gegenüber einer auf eine neue Verfassung gerichteten Entwicklung zu festigen, ohne selbst die verfassungsgebende Gewalt normativ binden zu können.«

[156] S.o. D. II. 2. a) cc) (2).

[157] Weil Verfassunggebung somit jederzeit stattfinden kann *und* darf, stimmen faktische Mög-

(b) Rechtliche Verbotenheit neuerlicher Verfassunggebung kraft verfassungsrechtlicher Anordnung

Wer statt dessen ein Untergehen der verfassunggebenden Gewalt mit dem Akt der Verfassunggebung[158] oder ihr Aufgehen in der verfassungsändernden Gewalt annimmt[159], stellt sich auf den entgegengesetzten Standpunkt: Die geltende Verfassung wird zum alleinigen und (kraft Selbstbindung) auch für die verfassunggebende Gewalt verbindlichen Maßstab für die Beurteilung der Rechtmäßigkeit künftiger Verfassungsrechtserzeugung. Die Schaffung einer neuen Verfassung ist deshalb, sofern nicht ausnahmsweise in der geltenden Verfassung zugelassen, verfassungswidrig und damit rechtlich verboten.[160] Das Inkrafttreten einer Verfassung hat nach dieser Ansicht insofern Einfluß auf die verfassunggebende Gewalt, als diese nicht mehr tätig werden darf. Von der Revisionsklausel geht eine rechtliche Sperrwirkung im Hinblick auf künftige Betätigungen des pouvoir constituant aus. Neues Verfassungsrecht darf nur noch von der verfassungsändernden Gewalt geschaffen werden. Verfassunggebung ist rechtlich verboten, sie *darf nicht* stattfinden, wenn die alte Verfassung dies verbietet; gleichwohl kann sie stattfinden.[161]

e) Die Auswirkungen der verschiedenen Ansichten auf das Verhältnis von Verfassunggebung und Verfassungsänderung

Von der Antwort auf die Frage, wie sich das Inkrafttreten einer Verfassung auf die verfassunggebende Gewalt auswirkt, hängt es ab, in welchem Verhältnis Verfassunggebung und Verfassungsänderung zueinander stehen und inwiefern sich beide Arten der Verfassungsrechtserzeugung voneinander unterscheiden.[162] Von besonderer Relevanz ist dabei, ob eine Rechtsbindung des pouvoir constituant an-

---

lichkeit und rechtliche Befugnis überein. Ein Auseinanderfallen von rechtlichem Dürfen und faktischem Können ist damit denknotwendig ausgeschlossen.

[158] S.o. D. II. 2. b).

[159] S.o. D. II. 2. c).

[160] Lediglich die Begründung dieses Ergebnisses durch die Anhänger der aufgeführten Meinungen unterscheidet sich: Nach dem ersten Ansatz geht die verfassunggebende Gewalt komplett unter, während nach der zweiten Lösung nur nicht mehr als eigenständige »verfassunggebende Gewalt« vorhanden ist. Dieser Unterschied ist freilich gering, da die verfassunggebende Gewalt auch nach der zweiten Auffassung jedenfalls nicht mehr als rechtlich ungebundene Gewalt existiert. Dies hat zur Folge, daß neues Verfassungsrecht nach beiden Ansichten nur noch von verfassungsgebundenen Organen geschaffen werden darf.

[161] Da Verfassunggebung politisch-faktisch stattfinden kann, kommt es auf der Grundlage dieser Auffassung mithin zu einer Divergenz zwischen rechtlichem Dürfen und faktischem Können.

[162] Zur Verdeutlichung der verschiedenen Standpunkte zur politisch-faktischen Möglichkeit und rechtlichen Erlaubtheit erneuter Betätigungen der verfassunggebenden Gewalt seien diese in einer Übersicht dargestellt. Beispiel zum Gebrauch der Übersicht: Nach Auffassung derjenigen, die von einer rechtlichen Permanenz der verfassunggebenden Gewalt ausgehen, *kann* die verfassunggebende Gewalt *immer* und *darf* auch *immer* erneut tätig werden.

genommen wird und – bejahendenfalls – an welche Art von Rechtsnormen dieser gebunden sein soll:

– Wird eine *Konstitutionalisierung* der verfassunggebenden Gewalt unterstellt, darf neues Verfassungsrecht wegen der Verfassungsgebundenheit des pouvoir constituant allein im Wege der Verfassungsänderung und damit verfassungsimmanent erzeugt werden. An neuerlicher originärer Verfassunggebung ist die verfassunggebende Gewalt demgegenüber rechtlich gehindert, sie darf nicht tätig werden, obschon diese Art der Verfassungschöpfung revolutionär möglich ist. Nach dieser Auffassung gibt es nur ein einziges rechtlich zulässiges Verfahren für die Schaffung neuen Verfassungsrechts.

– Wird die Verfassunggebung auf ein *überstaatliches Recht* zurückgeführt, das permanent zur Schaffung einer neuen Verfassung ermächtigt, sind verfassunggeberische Akte auch bei bestehender Verfassung von Rechts wegen erlaubt. Verfassunggebung und Verfassungsänderung erscheinen als zwei konkurrierende *rechtliche* Verfahren für die Erzeugung neuen Verfassungsrechts.[163] Dies bedingt die Notwendigkeit einer Verhältnisbestimmung unter Anwendung juristischer Methoden.[164] Klärungsbedürftig ist im Rahmen dieser Konzeption insbesondere, ob Verfassunggebung ungeachtet anderslautender Verfassungsbestimmungen rechtlich erlaubt ist.[165]

– Hält man schließlich positive wie negative Aussagen zur rechtlichen Erlaubtheit neuerlicher Verfassunggebung für ausgeschlossen, weil *keine für die verfassunggebende Gewalt verbindlichen Rechtsnormen existieren*, und läßt man

Ansicht zum Schicksal der verfassunggebenden Gewalt	Perspektive des faktischen Könnens	Perspektive des rechtlichen Dürfens
politische Permanenz [a) cc) (1)]	kann immer	irrelevant
rechtliche Permanenz [a) cc) (2)]	kann immer	darf immer
Untergehen [b)]	kann immer	darf nicht
Konstitutionalisierung [c)]	kann immer	darf nicht

[163] So *Steiner*, S. 179, bezogen auf die französische Lehre vom pouvoir constituant.

[164] Vgl. *Steiner*, S. 179, 43; *Murswiek*, verfassunggebende Gewalt, S. 208 ff.

[165] Diesbezüglich kann etwa auf den unterschiedlichen Rang der ermächtigenden Rechtsnormen rekurriert werden: Weil das überpositive bzw. überstaatliche Recht gegenüber dem Verfassungsrecht höherrangig ist, kann das naturrechtliche Recht zur Verfassunggebung nicht verfassungsrechtlich beschränkt oder beseitigt werden. Insbesondere *Murswiek* macht in seiner Arbeit zur verfassunggebenden Gewalt immer wieder darauf aufmerksam, daß bei Annahme eines überpositiven Rechts auf Verfassunggebung eine verfassungsrechtliche Beschränkung des pouvoir constituant »rechtlich unmöglich« ist (S. 185); denn die »verfassunggebende Gewalt des Volkes, verstanden als Kompetenz zur Verfassunggebung, steht im Range über dem Verfassungsrecht. Eine verfassungsgesetzliche Normierung, die dieser Norm widerspricht, ist insoweit unwirksam. Die Kompetenz zur Verfassunggebung kann rechtlich nicht eingeschränkt werden, weil sie die höchste Norm innerhalb der Rechtsordnung ist«; so *Murswiek*, verfassunggebende Gewalt, S. 212; vgl. ferner S. 152 und S. 235. Zum Verhältnis von überpositivem und positivem Recht auch *Herzog*, EuGRZ 1990, 483.

es deshalb mit dem Hinweis auf die permanente politisch-faktische Möglichkeit neuerlicher verfassunggeberischer Akte bewenden, erscheint Verfassunggebung als ein gänzlich außerrechtliches Phänomen: weder rechtlich erlaubt oder verboten, noch rechtlich gebunden.[166] Eine rechtliche Abgrenzung von Verfassunggebung und Verfassungsänderung ist bei Zugrundelegung dieser Prämisse nicht nötig bzw. möglich, weil nur die Verfassungsänderung auf einer rechtlichen Befugnis beruht und rechtlich erlaubt ist. Da nach dieser Auffassung insbesondere auch verfassungsrechtliche Festlegungen für den pouvoir constituant unverbindlich sind, stellt sich unter juristischen Gesichtspunkten allenfalls die Frage, wie weit die Änderungsermächtigung reicht, weil alle das Maß zulässiger Verfassungsrevision überschreitenden Vorhaben nur durch neuerliche Verfassunggebung ins Werk gesetzt werden können. Auch muß überlegt werden, inwiefern verfassungsrechtliche Festlegungen trotz ihrer rechtlichen Unbeachtlichkeit für den pouvoir constituant geeignet sein können, neuerlicher Verfassunggebung politisch-faktisch entgegenzuwirken.

3. Rechtsbindung des pouvoir constituant und rechtliche Verbotenheit oder Erlaubtheit neuerlicher Verfassunggebung?

Zwei der drei Fragen, die sich hinsichtlich des Schicksals der verfassunggebenden Gewalt nach dem Inkrafttreten einer Verfassung stellen[167], werden im verfassungstheoretischen Schrifttum uneinheitlich beantwortet. Zum einen handelt es sich um die – logisch vorrangige – Frage, ob es für den pouvoir constituant verbindliches Recht gibt. Zum anderen betreffen die wissenschaftlichen Meinungsverschiedenheiten die – logisch nachgeordnete – Frage, ob neuerliche Betätigungen der verfassunggebenden Gewalt in rechtlich verbindlicher Weise verboten oder erlaubt sind. Die Beantwortung dieser Fragen entscheidet darüber, ob Verfassunggebung ausschließlich aus der Perspektive des faktischen Könnens oder auch aus derjenigen des rechtlichen Dürfens betrachtet werden kann. Sie ist ferner in fundamentaler Weise ausschlaggebend für das Verhältnis von Verfassunggebung und Verfassungsänderung.[168]

Wenn es gelingen soll, die Differenzierung zwischen Verfassunggebung und Verfassungsänderung auf ein tragfähiges theoretisches Fundament zu stellen, und wenn insbesondere geklärt werden soll, ob sich in jeder konkreten Verfassungsordnung verschiedene Arten der Verfassungsrechtserzeugung unterscheiden lassen, worin die Unterschiede bestehen und anhand welcher Kriterien eine entsprechende Differenzierung ggf. zu erfolgen hat, darf die Frage nach Existenz und In-

---

[166] Teilweise wird indes das Bestehen völkerrechtlicher Bindungen bejaht, s.o. B. II. 5. a) aa) und b) bb).

[167] Zu diesen Fragen oben D. II. 2. d).

[168] Vgl. dazu die vorstehenden Ausführungen unter D. II. 2. e). Siehe auch schon oben Einleitung zu D. II. 2.

halt für den pouvoir constituant verbindlicher Rechtsnormen nicht unbeantwortet bleiben. Im folgenden sind deswegen diejenigen Normen näher in den Blick zu nehmen, denen von Teilen des Schrifttums Rechtsverbindlichkeit auch für den pouvoir constituant beigemessen sowie Verbots- oder Erlaubniswirkung hinsichtlich neuerlicher Verfassunggebung bescheinigt wird. Begonnen werden soll mit potentiellen Verbotsvorschriften, wobei die Möglichkeit einer verfassungsrechtlichen Bindung des pouvoir constituant im Mittelpunkt des Interesses stehen wird (a). Sodann ist zu überprüfen, ob Akte des pouvoir constituant auf eine rechtliche Ermächtigungsgrundlage zurückgeführt werden können und insofern rechtlich erlaubt sind (b).

a) Verfassungsbindung des pouvoir constituant und daraus resultierende rechtliche Verbotenheit neuerlicher Verfassunggebung?

Verfassungen enthalten typischerweise ein implizites Verbot neuerlicher Verfassunggebung.[169] Klärungsbedürftig ist, ob ein solches Verbot für den pouvoir constituant im Sinne eines Nicht-Dürfens rechtsverbindlich ist oder ob es diesen ebenso wie andere Verfassungsvorschriften rechtlich nicht zu verpflichten vermag und insofern lediglich deklaratorische Wirkung hat.

aa) Rechtsverbindliches verfassungsrechtliches Verbot neuerlicher verfassunggeberischer Akte kraft Selbstbindung des pouvoir constituant?

Die Annahme eines auch für den pouvoir constituant verbindlichen verfassungsrechtlichen Verbots künftiger verfassunggeberischer Akte setzt voraus, daß dieser rechtlich an die Verfassung gebunden und zu ihrer Einhaltung verpflichtet werden kann.[170] Die Verfassungsgebundenheit des pouvoir constituant ist Bedingung für die Wirksamkeit eines an ihn gerichteten verfassungsrechtlichen Verbots neuerlicher Verfassunggebung.[171] Da die »Verfaßtheit der verfassunggebenden

---

[169] Dazu oben D. II. 2. d) bb) mit weiteren Verweisungen.

[170] Die folgenden Ausführungen beziehen sich auf die in einer *konkreten*, bereits geltenden Verfassung enthaltenen Vorgaben für den pouvoir constituant. Davon zu unterscheiden ist die Frage, ob sich ganz *allgemein aus dem Wesen der Verfassung* Vorgaben für die verfassunggebende Gewalt ableiten lassen; dazu schon oben B. II. 5. b) cc). Auf der Grundlage der hier vertretenen Auffassung zum Wesen der Verfassung (s.o. A. II. 1. bis 4.) bestehen diesbezüglich methodologische Bedenken; denn wenn aufgrund der zeitlichen und räumlichen Kontextabhängigkeit des Phänomens »Verfassung« kein allgemeingültiger Verfassung*begriff* gebildet werden kann, das Wesen der Verfassung also ein relatives ist, lassen sich aus den – jeweils unter Vornahme von subjektiven Wertungen bestimmten – Eigenschaften der »Verfassung« keine objektiv zwingenden Beschränkungen der verfassunggebenden Gewalt ableiten. Derartige Bindungen des pouvoir constituant sind vielmehr immer ein Stück weit vom persönlichen Standpunkt desjenigen abhängig, der ihr Bestehen propagiert. Dies gilt um so mehr, je konkreter und intensiver die aus dem »Begriff« der Verfassung abgeleiteten Bindungen des pouvoir constituant sind.

[171] Zu der Wirksamkeit eines solchen Verbots gegenüber den pouvoirs constitués s.u. D. III. 1. a) aa).

Gewalt« auf einer Selbstverpflichtung, einer rechtlichen Selbstbindung der verfassunggebenden Gewalt an die Verfassung beruhen soll[172], steht und fällt die Annahme eines für den pouvoir constituant verbindlichen Betätigungsverbotes mit der Möglichkeit, die Verfassungsbindung im Wege einer Selbstverpflichtung zu begründen.[173] Die Tragfähigkeit der Selbstbindungslehre ist deshalb im folgenden einer Belastungsprobe zu unterziehen (2). Zuvor soll allerdings beleuchtet werden, welche spezifische Funktion diese Lehre hat und in welchem Zusammenhang sie mit den verschiedenen Auffassungen zum Wesen der Verfassunggebung steht (1).

(1) Die Funktion und der rechtliche Kontext der Selbstbindungslehre

(a) Die Funktion der Selbstbindungslehre

Von einer »Selbstbindung« des pouvoir constituant an die Verfassung[174] ist in der Mehrzahl der Fälle dann die Rede, wenn es gilt, die These vom Übergang der verfassunggebenden auf die verfassungsändernde Gewalt und damit einer Verfassungsbindung des pouvoir constituant zu rechtfertigen.[175] Da der Domestizie-

---

[172] S.o. D. II. 2. c) aa).

[173] Vgl. dazu auch *Steiner*, S. 222 f, wo es heißt, daß »die verfassungsändernde Gewalt nur dann als Fortsetzung der verfassunggebenden Gewalt begriffen werden kann, wenn man die Möglichkeit einer Selbstbindung des Volkes bejaht«.

[174] Inhalt dieser Selbstbindung soll die Verpflichtung der verfassunggebenden Gewalt sein, nur noch unter Beachtung der verfassungsrechtlichen Vorgaben oder aber gar nicht mehr tätig zu werden. Zu diesen zwei Deutungsmöglichkeiten siehe *Murswiek*, verfassunggebende Gewalt, S. 178 f, sowie oben D. II. 2. c) aa) Fn. 124. Intendiert ist in jedem Fall eine (rechtliche) Begrenzung der verfassunggebenden Gewalt; vgl. *Murswiek*, verfassunggebende Gewalt, S. 163 f.

[175] S.o. D. II. 2. c) aa). Der Begriff »Selbstbindung« wird allerdings teilweise auch in anderem Zusammenhang verwendet, z.B. von *Isensee*, Wiedervereinigung, S. 63 (70 f), sowie von *Heckel*, HStR VIII, § 197 Rdnr. 50. So bescheinigt *Heckel*, a.a.O., unter der Überschrift »Die Selbstbindung und Freiheit der verfassunggebenden Gewalt« dem Volk in seiner Rolle als Verfassunggeber die Fähigkeit, »sich selbst an seine Verfassung (zu) binden«. Damit ist aber gerade nicht gemeint, daß das Volk als Träger der verfassunggebenden Gewalt *rechtlich* an die Verfassung gebunden und ihr fortan unterworfen ist, wie die Befürworter einer Domestizierung des pouvoir constituant unterstellen. Vielmehr will *Heckel* mit dieser Formulierung dem Umstand Rechnung tragen, daß das Volk nach seinem (*Heckels*) dynamischen Verständnis der Verfassunggebung (dazu schon oben D. II. 2. a) cc) (1)) die Verfassung während der Dauer ihrer Geltung »trägt« und sich insofern *kraft aktueller Anerkennung an die Verfassung bindet*, solange diese Anerkennung währt. Selbstverständlich kann das Volk demnach, »sofern es die Normentscheidung seiner Vorväter nicht mehr bejaht«, diese Verfassung abwerfen, sprich die »Selbstbindung« wieder aufgeben, ohne rechtlich in irgendeiner Weise darin gehindert zu sein (a.a.O., Rdnr. 85). Dieser unterschiedliche Sprachgebrauch (dazu auch *Boehl*, Verfassunggebung, S. 102 f mit Fn. 195) macht es notwendig, bei Aussagen zum Thema Selbstbindung stets kritisch zu hinterfragen, ob die Begründung einer rechtlichen oder einer nicht-rechtlichen Verpflichtung gemeint ist. Zu Mißverständnissen kann es insbesondere führen, wenn im Rahmen einer einzigen Abhandlung der Begriff »Selbstbindung« in seinen unterschiedlichen Bedeutungsgehalten Verwendung findet. So bejaht etwa *Heckel* im Zuge seiner oben zitierten Aussagen (Rdnr. 50) die Möglichkeit einer Selbstbindung, geißelt in Rdnr. 84 f die Annahme einer Selbstbindung aber zugleich als »Produkt

rung der verfassunggebenden Gewalt sogar von seiten ihrer Befürworter nicht die Wirkung beigemessen wird, neuerliche Verfassunggebung faktisch unmöglich zu machen[176], kann ihre Bedeutung nur im Bereich der *rechtlichen Zulässigkeit* künftiger verfassungsgeberischer Akte liegen. Und in der Tat wird mit dem Argument der Konstitutionalisierung des pouvoir constituant begründet, daß bei geltender Verfassung Verfassungsrecht nur noch nach Maßgabe derselben erzeugt werden dürfe, die Schaffung einer neuen Verfassung im Wege originärer Verfassunggebung also grundsätzlich rechtlich verboten sei.[177]

Daß die Schaffung einer neuen Verfassung unter Mißachtung der alten Verfassung *aus Sicht der letzteren* »illegal« und verboten ist, versteht sich freilich von selbst und wird auch von seiten derjenigen, die dem Gedanken einer Metamorphose der verfassunggebenden zur verfassungsändernden Gewalt ablehnend gegenüberstehen, nicht bestritten.[178] Allein um der Begründung der konstitutionellen »Illegalität« neuerlicher Verfassunggebung willen bedarf es nicht der Konstruktion einer Selbstbeschränkung der verfassunggebenden Gewalt. Der spezifische Sinn der Selbstbindungsargumentation muß also in einem anderen liegen. Er erschließt sich, wenn das Augenmerk nicht auf die Feststellung, sondern auf die *rechtliche Bedeutung* jener »Illegalität« neuerlicher verfassunggeberischer Akte gerichtet wird: Während die konstitutionelle »Illegalität« nach Ansicht der Gegner einer Domestizierung der verfassunggebenden Gewalt *rechtlich ohne Belang* für die Verfassungserzeugung ist[179], weil geltendes Verfassungsrecht für die Ver-

---

juristischen Wirklichkeitsverlusts«, was nur deshalb kein Widerspruch ist, weil er in der ersten Passage über eine Selbstbindung in dem von ihm gemeinten außerrechtlichen Sinne spricht, sich die zweite Textstelle dagegen auf die Annahme einer rechtlichen Selbstbindung bezieht, wie sie der These von der Konstitutionalisierung des pouvoir constituant zugrunde liegt.

[176] S.o. D. II. 2. c) cc) (2).

[177] S.o. D. II. 2. c) cc) (1).

[178] Siehe schon oben D. II. 2. d) bb) (1) und I. 2. c) und d). Anders erstaunlicherweise aus Sicht des Grundgesetzes (und wohl in Widerspruch zu seinen Ausführungen in DÖV 1953, 645ff) M/D/*Maunz*, Präambel Rdnr. 13: »Wer sich bei seinen Handlungen auf den Inhalt der Verfassung stützen kann, handelt nicht ›revolutionär‹. Im Ergebnis wird hier der durch das Grundgesetz zugelassene und gestützte Wille des verfassunggebenden Volkes in Übereinstimmung mit dem Ziel des Grundgesetzes höher eingestuft als der Wortlaut des Grundgesetzes vermuten läßt. Dem Willen des verfassunggebenden Volkes steht es zu, bestehende Rechtsgestaltungen unabhängig von anderen Bindungen zu überwinden. *Es handelt dabei verfassungsgemäß*«; Hervorh. v. Verf. Zu erklären ist diese Aussage nur vor dem Hintergrund der Annahme eines überpositiven Rechts des Volkes auf Verfassunggebung (s.o. D. II. 2. a) cc) (2) (b) Fn. 110).

[179] Mittelbar kann die konstitutionelle Rechtswidrigkeit verfassunggeberischer Akte allerdings durchaus von Bedeutung sein, nämlich z.B. im Hinblick auf die Aktivierung eines ggf. in der Verfassung gewährleisteten Widerstandsrechts. So wird das allen Deutschen in Art. 20 Abs. 4 GG verbriefte Recht zum Widerstand gegen jeden, der es unternimmt, die verfassungsmäßige Ordnung zu beseitigen, nach der Auffassung *Hubers*, ThürVBl. 1994, 1 (2), dann aktuell, wenn die »zulässige, auf eine Verfassungsänderung gerichtete Politik in unzulässige Ursupation umschlägt«, was anhand des Art. 79 Abs. 3 GG zu ermitteln sei. Vgl. in diesem Zusammenhang auch unten D. III. 1. a).

fassunggebung keinen Maßstab bilde[180], vertreten die Konstitutionalisierungsbefürworter die entgegengesetzte Meinung, wenn sie – im Ergebnis[181] – einer Verfassungsbindung der verfassunggebenden Gewalt das Wort reden. Und genau zur Herleitung dieser *Verfassungsbindung* und damit der *Maßstabsqualität des Verfassungsrechts für künftige Akte des pouvoir constituant* bedürfen sie des Selbstbindungsargumentes. Mit seiner Hilfe soll begründet werden, daß das in einer geltenden Verfassung enthaltene Reglement für die verfassunggebende Gewalt nicht etwa rechtlich irrelevant ist, sondern eine auch die verfassunggebende Gewalt rechtlich verpflichtende bzw. rechtlich begrenzende Kraft hat: Das Verfassungsrecht soll deswegen auch für die verfassunggebende Gewalt rechtlich verbindlich sein, weil diese sich selbst rechtlich verpflichtet habe, nur noch den verfassungsrechtlichen Vorgaben gemäß zu agieren. Das Selbstbindungsargument ist notwendig, weil die Verfassung einst von der verfassunggebenden Gewalt hervorgebracht worden ist und eine Verfassungsgebundenheit derselben deshalb prima facie ausgeschlossen erscheint. Mit Hilfe der Figur einer rechtlichen Selbstbindung wird mithin die Rechtsverbindlichkeit des Verfassungsrechts auch gegenüber der verfassunggebenden Gewalt begründet. Es scheint auf diese Weise zu gelingen, die verfassunggebende Gewalt an *positiv-rechtliche* Vorgaben zu binden, was die Möglichkeit eröffnet, verfassungsgeberische Akte auf ihre Rechtmäßigkeit hin zu analysieren und als rechtmäßig oder rechtswidrig zu charakterisieren.

(b) Die Selbstbindungslehre im Kontext eines rechtlichen
Verständnisses der Verfassunggebung

Die Selbstbindungslehre dient der Herleitung einer Verfassungs- und damit Rechtsbindung der verfassunggebenden Gewalt[182], soll es also ermöglichen, deren

---

[180] Deutlich *Murswiek*, verfassunggebende Gewalt, S. 182 (ferner S. 212, 235): »Die Legalität der Verfassunggebung, die verfassungsgesetzlichen Schranken also, die der Verfassunggeber sich selbst auferlegt hat, sind für die Perspektive des pouvoir constituant genauso uninteressant, unverbindlich, wie die verfassungsgesetzlichen Schranken, die von einem anderen Verfassunggeber stammen: Die Rechts- beziehungsweise Machtposition der verfassunggebenden Gewalt beruht eben nicht auf der legalen Ableitung aus der bisher geltenden Verfassung, sondern nach dem Verständnis des Grundgesetzes auf dem überpositiven Recht des Volkes, nach einem anderen Verständnis auf der existentiellen Macht oder Autorität der verfassunggebenden Gewalt.« Zur Unverbindlichkeit verfassungsrechtlicher Festlegungen für die verfassunggebende Gewalt vgl. auch die Nachweise oben D. II. 2. d) bb) (1) Fn. 155.

[181] Die Formulierungen der Vertreter dieser Auffassung weichen hier voneinander ab. Teils wird nicht die »verfassunggebende« Gewalt als an die Verfassung gebunden bezeichnet, sondern betont, daß diese in die verfassungsändernde Gewalt übergehe und dann als solche an die Verfassung gebunden sei, während teilweise auch unmittelbar von einer Verfassungsbindung des pouvoir constituant die Rede ist; siehe im einzelnen oben D. II. 2. c) aa).

[182] Insofern ist teilweise von einer »Verrechtlichung«, »Normativierung« bzw. »Konstitutionalisierung« der verfassunggebenden Gewalt bzw. davon die Rede, diese sei eine »rechtlich vorgeordnete, normierte Gewalt«. In diesem Sinne etwa *Häberle*, AöR 112 (1987), 54 (67, 76 u.ö.); *Schneider*, HStR VII, § 158 Rdnr. 24f, 29.

Tun nicht nur unter dem Gesichtspunkt des faktischen Könnens, sondern auch dem des rechtlichen Dürfens zu analysieren. Sie erweist sich insofern als eine weitere Methode[183], die verfassunggebende Gewalt in den Bereich des Rechtlichen einzubeziehen. Mit den anderen Theorien, die Verfassunggebung als Rechtsvorgang charakterisieren und deshalb gleichfalls von der Möglichkeit einer *rechtlichen* Bewertung verfassunggeberischer Akte ausgehen, weist die Selbstbindungslehre somit eine konzeptionelle Verwandtheit auf. Wie es um den Zusammenhang der verschiedenen auf eine Verrechtlichung der Verfassunggebung hinauslaufenden Auffassungen im einzelnen bestellt ist, möge der folgende Gedankengang verdeutlichen, der an die Unterscheidung zwischen den zwei Grundkonstellationen der Verfassunggebung[184] anknüpft und dabei bald von einem rechtlichen und bald von einem außerrechtlichen Verständnis der Verfassunggebung ausgeht.

(aa) Konstellation 1: Verfassunggebung im verfassungsrechtlichen Vakuum

Der Zustand eines verfassungsrechtlichen Vakuums fällt dadurch auf, daß es keine Verfassung gibt, der sich Anhaltspunkte für den Vorgang der Verfassungserzeugung entnehmen lassen. Soll Verfassunggebung in dieser Konstellation dennoch als auf einer rechtlichen Ermächtigung beruhender und rechtlich begrenzter Vorgang gedeutet werden, so muß vom Bestehen einschlägiger überstaatlicher Rechtssätze, etwa naturrechtlicher oder völkerrechtlicher Provenienz, ausgegangen werden. Am Maßstab dieses überstaatlichen Rechts[185] kann dann die Rechtmäßigkeit verfassunggeberischer Akte untersucht werden.[186] Wird die Existenz einer im überstaatlichen Recht wurzelnden Befugnis zur Verfassunggebung bzw. überstaatlicher Rechtsnormen für das Verfahren der Verfassungschöpfung und den Inhalt der zu schaffenden Verfassung dagegen geleugnet[187], sind verfassunggeberische Akte im verfassungslosen Zustand einer Rechtmäßigkeitsbeurteilung nicht zugänglich. Für diejenigen, die diesen Standpunkt vertreten, ist der Akt der Verfassunggebung ein rein politisch-faktischer Vorgang, der mangels verbindlicher Rechtsmaßstäbe weder legal noch illegal sein kann.[188]

(bb) Konstellation 2: Verfassunggebung bei intakter bisheriger Verfassung

Die Bewertung der Verfassungschöpfung in der zweiten Grundkonstellation ist wiederum nicht unbeeinflußt von dem jeweiligen Standpunkt zur Verfassungge-

---

[183] Andere Methoden zur Verrechtlichung der Verfassunggebung bestehen z.B. darin, selbige auf eine natur- oder völkerrechtliche Befugnis zurückzuführen bzw. sie entsprechenden Bindungen zu unterwerfen.

[184] Dazu oben D. II. 1.

[185] Sofern im folgenden von überstaatlichen Rechtsnormen die Rede ist, sind damit gleichermaßen völkerrechtliche wie naturrechtliche Normen gemeint.

[186] Zu derartigen Auffassungen oben B. II. 2. c); 4. a); 5. a) aa) sowie b) aa) und bb).

[187] S.o. B. II. 2. d); 4. b); 5. a) bb) und cc) sowie b) ee) und ff).

[188] S.o. D. I. 2. c).

bung im verfassungsrechtlichen Vakuum, weshalb weiter zu differenzieren ist. Zum besseren Verständnis seien die im folgenden Text erläuterten Möglichkeiten, die verschiedenen Theorien zur Frage einer Rechtsbindung der verfassunggebenden Gewalt miteinander zu kombinieren, tabellarisch dargestellt[189]:

Konstellation	Ansichten zur Rechtsbindung des pouvoir constitutant		
Verfassungsrechtliches Vakuum	keine		Natur- bzw. Völkerrecht
	1 2 5 6 3 4		
intakte Verfassung	keine	Selbstbindung an die Verfassung	Natur- bzw. Völkerrecht

α) Verfassunggebung in der ersten Konstellation als außerrechtlicher Vorgang

Wird Verfassunggebung in der ersten Konstellation mangels Anerkennung der Maßstabsqualität überstaatlichen Rechts als außerrechtliches Phänomen angesehen, kommen natur- oder völkerrechtliche Normen zwangsläufig auch im Falle einer Neukonstituierung bei noch intakter bisheriger Verfassung nicht als Ermächtigungsgrundlage für verfassunggeberische Akte bzw. als rechtliche Richtlinien für die Verfassungserzeugung in Betracht.[190] Diesbezüglich könnte allenfalls auf die in der noch geltenden Verfassung enthaltenen Bestimmungen abgestellt werden.[191] Zur Begründung der bei einer solchen Vorgehensweise vorausgesetzten Verfassungsbindung der verfassunggebenden Gewalt müßte indes, wie oben dargelegt[192], das Selbstbindungsargument bemüht und für stichhaltig befunden werden. Es erscheint insofern nicht als von vornherein ausgeschlossen, daß hin-

---

[189] Die von einer Rechtsbindung der verfassunggebenden Gewalt ausgehenden Theorien sind in der Tabelle gräulich hinterlegt. Auf die Bezifferung der Kombinationsmöglichkeiten wird im folgenden Text bzw. den folgenden Fußnoten Bezug genommen.

[190] Kombinationsmöglichkeit 5 in der Übersicht an Fußnote 189 ist insofern logisch ausgeschlossen; denn bezüglich der Anwendbarkeit überpositiven inklusive überstaatlichen Rechts muß ein einheitlicher Standpunkt vertreten werden: Entweder man erkennt die Existenz überpositiven Rechts generell an; dann muß es in allen Fällen – und sei es subsidiär gegenüber positivem Recht – anwendbar sein. Oder man lehnt die Anwendung überpositiver Rechtsgrundsätze allgemein ab; dann kann aber nicht von Fall zu Fall über seine Anwendung befunden werden. Die Möglichkeit, die Existenz derartigen Rechts in der ersten Konstellation zu leugnen, bei bestehender Verfassung aber anzunehmen, besteht somit nicht.

[191] Kombinationsmöglichkeit 2 in der Übersicht an Fußnote 189.

[192] S.o. D. II. 3. a) aa) (1) (a).

sichtlich der Beurteilung der Rechtsqualität verfassunggeberischer Entscheidungen differenziert vorgegangen und je nach der Konstellation, in der Verfassunggebung stattfindet, unterschieden wird: Verfassunggebung als außerrechtlicher Vorgang im verfassungsrechtlichen Vakuum, dagegen als – in Gestalt der Verfassungsänderung – rechtlich zugelassener und rechtlich gebundener bzw. – in Gestalt der Verfassunggebung – rechtsverbindlich verbotener Vorgang bei noch intakter Verfassung.[193]

Ob eine solche Differenzierung theoretisch denkbar und überdies sinnvoll sowie konsequent ist, kann hier letztlich offenbleiben.[194] Abgesehen von den allgemeinen Zweifeln, die hinsichtlich der rechtslogischen Möglichkeit einer rechtlichen Selbstbindung der verfassunggebenden Gewalt bestehen[195], begegnet diese Annahme jedenfalls einem besonderen Bedenken: Es betrifft die Frage, ob sich die (im verfassungsrechtlichen Vakuum) als *politisch-faktische* Erscheinung betrachtete verfassunggebende Gewalt mit dem Erlaß einer Verfassung *rechtlich* binden kann, ob also eine rechtliche Bindung einer vorrechtlichen Macht überhaupt denkbar ist.[196] Die überwiegende Mehrzahl derjenigen, die Verfassunggebung in der ersten Konstellation als außerrechtliches, rein existentielles Phänomen begreifen, verneint diese Frage und lehnt darüber hinaus auch aus allgemeinen Erwägungen die Möglichkeit einer rechtlichen Selbstbindung des pouvoir constituant ab.[197] Verfassunggebung wird von den Anhängern dieser Auffassung

---

[193] Zu den verschiedenen Interpretationsmöglichkeiten einer Selbstbindung der verfassunggebenden Gewalt an die Verfassung s.o. D. II. 3. a) aa) (1) (a) Fn. 174.

[194] Zu Zweifeln an der Sinnhaftigkeit einer solchen Auffassung noch unten D. II. 3. a) aa) (1) (b) (cc).

[195] Dazu unten D. II. 3. a) aa) (2).

[196] Gegen diese Möglichkeit *Murswiek*, verfassunggebende Gewalt, S. 175f mit der Begründung, eine rechtliche Bindung, auch als Selbstbindung, komme nicht in Betracht, wenn man die verfassunggebende Gewalt als rein existentielles Phänomen ansehe, ihr also zwar die Fähigkeit zuspreche, (Verfassungs-)Recht zu setzen, eine diesbezügliche rechtliche Grundlage aber für entbehrlich bzw. nicht nachweisbar halte. Denn: »Wenn das positive Verfassungsrecht von dem existierenden verfassunggebenden Willen abhängt, ist dieser Wille in der Lage, sich gegen das positive Recht durchzusetzen. Eine rechtliche Bindung ist unmöglich, weil der verfassunggebende Wille seine rechtsgestaltende Kraft aus der Sphäre der Existenz, nicht aus der Sphäre der Legalität bezieht, und die Existenz als solche nicht reglementierbar ist.« Nur rechtliche Befugnisse seien rechtlich begrenzbar. Auf der Linie von *Murswiek* auch *Hain*, S. 41; *Boehl*, Verfassunggebung, S. 102; *Herbst*, S. 122f; *Schmitt Glaeser*, S. 30; *Stückrath*, S. 194; wohl auch *Linck*, DÖV 1991, 730 (733).

[197] Der Ehrlichkeit halber sei an dieser Stelle darauf hingewiesen, daß auf die Selbstbindungsproblematik in der Literatur meist nur kursorisch eingegangen und die Negierung der Möglichkeit einer rechtlichen Selbstbindung des pouvoir constituant häufig nicht mit einer differenzierten Begründung versehen wird. Es läßt sich insofern kaum verläßlich ermitteln, wer der Selbstbindungsthese aus dem hier angesprochenen Grund und wer ihr aufgrund allgemeiner Zweifel hinsichtlich der Möglichkeit einer rechtlichen Selbstbindung ablehnend gegenübersteht. Unter diesem Vorbehalt kann guten Gewissens auf *Storr*, S. 51f, *Böckenförde*, verfassunggebende Gewalt, S. 90 (105), *Heckel*, HStR VIII, § 197 Rdnr. 84f, und wohl auch *Schmitt Glaeser*, S. 30, 36f, 46, verwiesen werden. Zu denjenigen, die sich intensiver mit der hier in Rede stehenden Thematik auseinandergesetzt und deshalb in der vorangehenden Fußnote Erwähnung gefunden haben, sei bemerkt, daß keiner von ihnen Verfassunggebung im verfassungslosen Zustand als rein exi-

folglich in beiden Konstellationen mangels einschlägiger überpositiver oder positiv-rechtlicher Normen als politisch-faktischer Vorgang betrachtet, der einer Bewertung anhand verbindlicher rechtlicher Maßstäbe nicht zugänglich sei.[198] Im Hinblick auf die Selbstbindungslehre ist vor diesem Hintergrund festzuhalten, daß sie sich mit einem außerrechtlichen Verständnis der im verfassungsrechtlichen Vakuum stattfindenden Verfassunggebung[199] allenfalls bedingt verträgt.

β) Verfassunggebung in der ersten Konstellation als rechtlicher Vorgang

Wer dagegen bereits den primären Akt der Verfassunggebung anhand überstaatlicher Rechtsmaßstäbe hinsichtlich seiner Rechtmäßigkeit analysieren will, der muß konsequenterweise auch die während der Geltung einer noch intakten Verfassung erfolgenden verfassunggeberischen Akte einer solchen Charakterisierung für zugänglich erachten.[200] Dazu kann jedoch prima facie auf zwei verschiedene Rechtssphären abgestellt werden[201], nämlich einerseits wie im verfassungsrechtlichen Vakuum auf das überstaatliche Recht[202] und andererseits auf die in der noch geltenden Verfassung enthaltenen Normen.[203] Dies wirft die Frage nach dem Verhältnis beider Rechtssphären auf. Sofern nicht dargetan wird, daß die überstaatliche Befugnis zur Verfassunggebung nach einmaliger Betätigung erlischt[204], tritt

---

stentielles Phänomen betrachtet: *Murswiek* geht (bezogen auf die Perspektive des Grundgesetzes) von einem überpositiven Recht auf Verfassunggebung aus; *Hain* legt sich, bedingt durch die Aufgabenstellung seiner Arbeit, hinsichtlich der rechtlichen Faßbarkeit verfassunggeberischer Akte nicht fest; *Boehl* geht von einem Sowohl-als-auch-Charakter der Verfassunggebung, d.h. auch vom Bestehen einer Befugnis aus.

[198] Diese Ansicht entspricht Kombinationsmöglichkeit 1 in der Übersicht an Fußnote 189. Es kann auf der Grundlage dieser Auffassung zwar über die »Legalität« einer Neukonstituierung aus Sicht der alten Verfassung sinniert werden, jedoch sind solche Betrachtungen, wie schon mehrfach erwähnt, insofern unerheblich, als einer geltenden Verfassung gerade keine rechtsverbindlichen Vorgaben für die Schaffung künftiger Verfassungen entnommen werden können.

[199] Kombinationsmöglichkeit 2 in der Übersicht an Fußnote 189.

[200] Die gegenteilige Auffassung (Kombinationsmöglichkeit 6 in der Übersicht an Fußnote 189) führte nämlich zu dem merkwürdigen Resultat, daß Verfassunggebung zwar in der ersten, nicht aber in der zweiten Konstellation als ein Vorgang erscheint, der Gegenstand einer rechtlichen Würdigung sein kann. Es müßte dann insbesondere erläutert werden, warum überstaatliches Recht zwar im verfassungsrechtlichen Vakuum, nicht aber im Falle einer bereits geltenden Verfassung als Grundlage und Maßstab für den Akt der Verfassungschöpfung dienen kann.

[201] Siehe bereits oben D. II. 2. e).

[202] Kombinationsmöglichkeit 4 in der Übersicht an Fußnote 189.

[203] Kombinationsmöglichkeit 3 in der Übersicht an Fußnote 189.

[204] *Murswiek*, verfassunggebende Gewalt, S. 175, hebt in diesem Zusammenhang treffend hervor, daß die Annahme einer Selbstbindung der verfassunggebenden Gewalt nur dann einen Sinn hat, wenn von einem Fortbestehen der schon zuvor existierenden Befugnis des pouvoir constituant zur Verfassungschöpfung nach dem Akt der Verfassunggebung ausgegangen wird. *Tosch*, S. 115, nimmt zwar ein Untergehen der verfassunggebenden Gewalt mit dem Akt der Verfassunggebung an und könnte deshalb dahin verstanden werden, daß er von einem Befugniswegfall im obigen Sinne ausgeht. *Tosch* meint damit aber nicht das Erlöschen einer überstaatlichen Befugnis zur Verfassunggebung, weil er die Existenz überstaatlichen Rechts leugnet (S. 105, 81,

diese Befugnis in einen Widerspruch zum positiven Verfassungsrecht: Während das überstaatliche Recht fortwährend zur Verfassunggebung berechtigt[205], spricht die bestehende Verfassung im Interesse der Sicherung ihres Geltungsanspruchs regelmäßig ein rechtliches Verbot neuerlicher verfassunggeberischer Akte aus.[206] Erneute Verfassunggebung erscheint damit gleichzeitig als rechtlich erlaubt und rechtlich verboten: rechtlich erlaubt nach Maßgabe des überstaatlichen Rechts, rechtlich verboten dagegen aus Sicht der aktuellen Verfassung.[207]

Zur Auflösung dieser Konfliktsituation kommt nun das Argument einer *rechtlichen Selbstbindung* der verfassunggebenden Gewalt ins Spiel: Aufgrund der Tatsache, daß sich die verfassunggebende Gewalt mit dem Akt der Verfassunggebung selbst verpflichtet habe, nur noch in den von der Verfassung vorgesehenen Bahnen bzw. überhaupt nicht mehr tätig zu werden[208], sei sie fortan trotz des überstaatlichen Rechts auf Verfassunggebung *rechtlich gehindert*, sich entgegen jener Verpflichtung zu verhalten. Diese These beruht auf der Annahme, mit dem Eingehen einer Selbstbindung begebe sich der pouvoir constituant in rechtswirksamer Weise seiner überpositiven Befugnis zur Verfassunggebung bzw. überführe diese in eine in der Verfassung wurzelnde Kompetenz, so daß im Ergebnis nur noch die Verfassung als Rechtsgrundlage für die Erzeugung neuen Verfassungsrechts in Betracht komme.[209] Die Verfassung wird durch diese Konstruktion zum allein verbindlichen Rechtmäßigkeitsmaßstab für die künftige Verfassungsrechtserzeugung erhoben, neben dem für naturrechtliche Argumentationen oder die Berufung auf ein völkerrechtliches Recht auf Verfassunggebung kein Platz verbleibt.[210] Mit der Figur einer Selbstbindung der verfassunggebenden Gewalt an die Verfassung wird demzufolge ein rechtliches Verbot verfassunggeberischer Akte begründet, das nicht nur überhaupt für den pouvoir constituant verbind-

---

28 ff). Wäre dies anders, entspräche seine Auffassung allerdings Kombinationsmöglichkeit 6 in der Übersicht an Fußnote 189; zur Auffassung *Toschs* im einzelnen schon oben D. II. 2. b).

[205] Vgl. zu dieser Konsequenz der Annahme eines permanenten überpositiven Rechts auf Verfassunggebung oben D. II. 2. a) cc) (2) (b).

[206] S.o. D. II. 2. d) bb) mit weiteren Verweisungen.

[207] In diesem Sinne mit der gebotenen Klarheit *Murswiek*, verfassunggebende Gewalt, S. 176, im Hinblick auf die Argumentation *Steiners*.

[208] Vgl. in diesem Zusammenhang oben D. II. 3. a) aa) (1) (a) Fn. 174.

[209] Deutlich in diesem Zusammenhang wiederum *Murswiek*, verfassunggebende Gewalt, S. 176, bei der Wiedergabe der Auffassung *Steiners*: »Da das Grundgesetz ersichtlichermaßen ausschließlich solche Verfassungsänderungen zulassen will, die im Rahmen des Art. 79 bleiben (...), läßt sich Art. 79 nur so interpretieren, daß die verfassunggebende Gewalt mit dieser Bestimmung ihr vorpositives Recht in positive Schranken gelegt hat.«

[210] Verneint man demgegenüber trotz Annahme eines überstaatlichen Rechts auf Verfassunggebung die Möglichkeit einer Selbstbeschränkung der verfassunggebenden Gewalt, wie z.B. *Maunz*, DÖV 1953, 645 (647), dies tut, muß man nahezu zwangsläufig von der Permanenz dieses Rechtes ausgehen (dies entspräche Kombinationsmöglichkeit 4 in der Übersicht an Fußnote 189), sofern nicht dargetan werden kann, daß es nach einmaliger Betätigung erlischt. Auf diesen Zusammenhang haben bereits *Tosch*, S. 105, und *Boehl*, Verfassunggebung, S. 95, hingewiesen.

lich[211], sondern sogar trotz des Bestehens eines überstaatlichen Rechts auf Verfassunggebung wirksam sein und sich diesem gegenüber durchsetzen soll.[212] Die Entstehung eines Widerspruchs zwischen überstaatlichem Recht und Verfassungsrecht wird auf diese Weise ausgeschlossen.

(cc) Die Funktion der Selbstbindungslehre im Kontext eines rechtlichen Verständnisses der Verfassunggebung

Wie die vorangegangenen Überlegungen deutlich gemacht haben sollten, besteht eine enge Verbindung zwischen der Selbstbindungslehre und solchen Theorien, die Verfassunggebung im verfassungsrechtlichen Vakuum auf eine naturrechtliche oder völkerrechtliche Rechtsgrundlage zurückführen und deshalb als Rechtsvorgang qualifizieren[213]: Die Selbstbindungslehre erscheint quasi als »verfassungsstaatliche Ergänzung« jener Theorien. Sie soll bei bestehender Verfassung nicht nur überhaupt eine rechtliche Bewertung verfassunggeberischer Akte anhand verbindlicher positiv-rechtlicher Normen ermöglichen und dadurch einen Rückgriff auf überstaatliches Recht (weitgehend) entbehrlich machen. Vielmehr wirkt die Annahme einer rechtlichen Selbstbindung des pouvoir constituant auch insofern stabilisierend, als die Verfassungsgeltung nicht jederzeit unter Berufung auf ein permanentes überpositives Recht auf Verfassunggebung infrage gestellt werden kann.[214] Das besondere Verdienst der Selbstbindungslehre, sofern man sich auf die Argumentation ihrer Anhänger einläßt, besteht folglich darin, daß mit ihrer Hilfe einerseits überhaupt eine *Verfassungsbindung der verfassunggebenden Gewalt* hergeleitet werden kann, und daß sie andererseits eine Begründung für die *Resistenz derjenigen verfassungsrechtlichen Bestimmungen*, die neuerliche Betätigungen des pouvoir constituant verbieten, *gegenüber dem* zu neuerlicher Verfassunggebung berechtigenden und gegenüber der Verfassung ranghöheren *überpositiven bzw. überstaatlichen Recht* liefert.

Die letztgenannte Funktion der Selbstbindungslehre entfällt, wenn Verfassunggebung im verfassungslosen Zustand mangels Anerkennung überstaatlichen

---

[211] Schon dies bedarf ja, wie oben D. II. 3) a) aa) (1) (a) gezeigt, einer besonderen Begründung.

[212] Mit Hilfe des Selbstbindungsargumentes wird insofern das Aufeinandertreffen verschiedener rechtlicher Kompetenzen zur Verfassungsrechtserzeugung und damit das Entstehen eines rechtlichen Konkurrenzverhältnisses zwischen verschiedenen Arten der Verfassungsrechtsetzung verhindert, und zwar indem ein Vorrang der einen (verfassungsrechtlichen) gegenüber der anderen (überpositiven) Kompetenz begründet wird. Eine gewisse Eleganz kann man diesem Ansatz schwerlich absprechen.

[213] Kombinationsmöglichkeit 3 in der Übersicht an Fußnote 189.

[214] Eine solche Verfassungsgeltung unter dem ständigen (rechtlichen) Vorbehalt neuerlicher Verfassunggebung ist nämlich das Resultat derjenigen Auffassungen, die vom Bestehen einer überstaatlichen Befugnis zur Verfassungschöpfung ausgehen und dieses Recht auf Verfassunggebung für permanent halten, ohne die Möglichkeit einer Selbstbindung in ihre Überlegungen einzubeziehen; s.o. D. II. 2. a) cc) (2) (b).

Rechts als außerrechtlicher Vorgang eingestuft wird.[215] Es kann dann eo ipso auch bei bestehender Verfassung kein überpositives Recht geben, dem sich eine fortwährende Befugnis zur Verfassunggebung entnehmen ließe. Insofern besteht auch nicht die Notwendigkeit, eine solche Befugnis durch die Annahme einer Selbstbindung des pouvoir constituant im Interesse der Verfassungsstabilität »auszuschalten«. Mit anderen Worten: Wenn mit Blick auf die Konstellation des verfassungslosen Zustandes niemals behauptet wurde, Verfassunggebung vollziehe sich in Ausübung einer rechtlichen Befugnis und sei deshalb rechtlich erlaubt, muß nach dem Inkrafttreten einer Verfassung auch nicht mit besonderem Begründungsaufwand dargelegt werden, warum verfassunggeberische Akte fortan rechtlich nicht mehr erlaubt, sondern – im Gegenteil – verboten sein sollen. Wenn in der ersten Grundkonstellation von einem außerrechtlichen Verständnis der Verfassunggebung ausgegangen wird, ist der Sinn des Selbstbindungsargumentes infolgedessen auf die Herleitung einer Verfassungsbindung des pouvoir constituant reduziert, beschränkt sich also auf den Aspekt einer Verrechtlichung künftiger Betätigungen des pouvoir constituant.

Ungeachtet der ohnehin bestehenden Zweifel im Hinblick auf die Möglichkeit einer rechtsverbindlichen Selbstbeschränkung[216] müßten sich die Befürworter eines solchen Standpunktes die kritische Frage gefallen lassen, welchen Sinn eine unterschiedliche Behandlung beider Konstellationen der Verfassunggebung im Hinblick auf deren Rechtsqualität haben soll und ob sie logisch folgerichtig ist: Warum sollte man bezüglich der zweiten Konstellation Wert darauf legen, eine in Anbetracht der fortbestehenden Möglichkeit revolutionärer Verfassungsablösung[217] letztlich ohnehin nicht durchsetzbare Rechtsbindung des pouvoir constituant zu konstruieren, wenn die verfassunggebende Gewalt im verfassungsrechtlichen Vakuum als vor-rechtliches, rechtlich nicht erfaßbares Phänomen charakterisiert und ihre Gebundenheit an außerrechtliche Normativitäten als ausreichendes Korrektiv betrachtet worden ist? Sehr naheliegend ist die Bejahung einer Selbstbindung der verfassunggebenden Gewalt an die Verfassung in diesem Kontext jedenfalls – anders als für diejenigen, die vom Bestehen eines überpositiven Rechts auf Verfassunggebung ausgehen, dieses jedoch im Interesse der Verfassungsstabilität inaktivieren wollen – nicht.[218]

Festzuhalten ist danach, daß die Annahme einer rechtlichen Selbstbindung der verfassunggebenden Gewalt an die Verfassung dann in gewissem Maße nachvoll-

---

[215] Vgl. Kombinationsmöglichkeit 2 in der Übersicht an Fußnote 189, auch zum folgenden.
[216] Vgl. schon oben D. II. 3. a) aa) (1) (b) (bb) α) zu den Zweifeln, die speziell die Möglichkeit der rechtlichen Bindung einer vorrechtlichen Macht betreffen, sowie unten D. II. 3. a) aa) (2) zu den allgemein hinsichtlich der Möglichkeit einer rechtlichen Selbstbindung bestehenden Zweifeln.
[217] Zu der jederzeitigen Möglichkeit originär-revolutionärer Verfassunggebung s.o. D. II. 2. d) aa) u.ö.
[218] Den Sinn der Annahme einer Selbstbindung des pouvoir constituant für den Fall, daß von einem außerrechtlichen Verständnis der Verfassunggebung ausgegangen wird, stellt auch *Murswiek*, verfassunggebende Gewalt, S. 175f, in Frage.

ziehbar ist, wenn in der Vakuumsituation die Existenz eines permanenten überstaatlichen Rechts auf Verfassunggebung unterstellt wird und dieses Recht nach
dem Inkrafttreten einer Verfassung »unschädlich« gemacht werden soll. In anderen Fällen dürfte die Berufung auf eine rechtliche Selbstbindung des pouvoir constituant dagegen nicht geboten sein und erscheint deshalb als um so fragwürdiger.

(2) Die logische Möglichkeit einer rechtlichen Selbstbindung

Auch unter der Voraussetzung, daß man ihren Anwendungsbereich entsprechend
den vorstehend herausgearbeiteten Erkenntnissen beschränkt[219], verbleiben
Zweifel daran, ob der Annahme einer rechtlichen Selbstbindung der verfassunggebenden Gewalt[220] ein tragfähiges juristisches Fundament zugrunde liegt. Diese
Zweifel erfassen zugleich die Konstitutionalisierungsthese schlechthin, die wiederum Voraussetzung für ein auch gegenüber dem pouvoir constituant verbindliches Verbot neuerlicher Verfassunggebung ist.[221]

(a) Autonom und heteronom auferlegte Pflichten
und ihre Rechtsverbindlichkeit

Zweifel entzünden sich vor allem an der Frage, ob es rechtslogisch überhaupt
möglich ist, daß die verfassunggebende Gewalt sich selbst mit *rechtlicher* Wirkung an die von ihr erlassene Verfassung bindet und durch das Eingehen einer solchen Selbstbindung zu einer verfaßten, rechtlichen Beschränkungen unterworfenen Gewalt transformiert wird. Diese Möglichkeit bestünde nämlich nur dann,
wenn von einer derartigen Selbstbindung eine rechtlich verpflichtende Kraft aus-
ginge, die durch sie begründete Verpflichtung also nicht ohne weiteres durch einen gegenläufigen Akt des Verpflichteten wieder aufhebbar wäre. Rechtlich ver-

---

[219] D.h. auf die Figur einer rechtlichen Selbstbindung der verfassunggebenden Gewalt an die
Verfassung also nur dann zurückgreift, wenn vom Fortbestehen eines überstaatlichen Rechts auf
Verfassunggebung ausgegangen wird (Kombinationsmöglichkeit 3 in der Übersicht an Fußnote
189).

[220] Es sei nochmals darauf hingewiesen, daß der Terminus »Selbstbindung« bei verschiedenen
Autoren in unterschiedlicher Konnotation Verwendung findet, nämlich entweder als Bezeich-
nung für eine *nicht rechtliche* und jederzeit aufhebbare Bindung an bestimmte Regeln (so z.B. bei
Böckenförde, verfassunggebende Gewalt, S. 90 (105)), oder aber als Ausdruck für eine *rechtlich*
wirksame und sanktionierte Bindung (in diesem Sinne verwendet *Murswiek*, verfassunggebende
Gewalt, S. 175ff, den Terminus Selbstbindung). Bisweilen wechselt sogar innerhalb einer einzigen Abhandlung die dem Begriff »Selbstbindung« beigemessene Bedeutung (siehe etwa *Heckel*,
HStR VIII, § 197 Rdnr. 50, 84f; dazu kritisch schon oben D. II. 3. a) aa) (1) (a) Fn. 175). Im folgenden geht es ausschließlich um die Möglichkeit einer *rechtlichen* Selbstbindung, weil die Befürworter einer Konstitutionalisierung der verfassunggebenden Gewalt gerade bestrebt sind, eine
rechtsverbindliche, nicht jederzeit aufhebbare Bindung des pouvoir constituant an die Verfassung nachzuweisen.

[221] Zum Bedingungszusammenhang zwischen verbindlichem Verbot der Verfassunggebung,
Verfassungsbindung des pouvoir constituant und der Annahme einer rechtlichen Selbstbindung
s.o. D. II. 3. a) aa).

bindlich könnte eine qua Selbstbindung begründete Verpflichtung folglich nur dann sein, wenn sie sich für den Gebundenen als rechtlich irreversibel oder jedenfalls nur unter erschwerten Bedingungen aufhebbar erwiese. Zugespitzt auf die verfassunggebende Gewalt und mit den Worten *Murswieks* formuliert, der sich intensiv mit der Frage der rechtslogischen Möglichkeit einer normativen Selbstbindung auseinandergesetzt hat:

>»Die Behauptung, die verfassunggebende Gewalt könne sich selbst rechtlich binden, setzt die Möglichkeit voraus, daß sich jemand kraft autonomer Rechtssetzungsmacht selber rechtliche Pflichten auferlegen und dann nicht wieder aufheben kann.«[222]

Das Bestehen einer solchen Möglichkeit ist schon frühzeitig von verschiedener Seite in Abrede gestellt worden.[223] Stellvertretend sei hier die neuere und überzeugende Argumentation *Murswieks* wiedergegeben:

>»Die autonom auferlegte Pflicht besteht in nichts anderem als dem Wollen des Subjekts, das sich diese Pflicht auferlegt, bleibt also vom Wollen desselben Subjekts abhängig und entfällt bei Willensänderung. Man kann zwar wollen, nie anders zu wollen, aber auch dieses Wollen ist nicht verbindlich und kann sich jederzeit ändern. Verbindlichkeit kann die selbst auferlegte Verpflichtung erst dadurch erhalten, daß sie von dem Willen des sich verpflichtenden Subjekts unabhängig wird: Als Sollen hat sie auch dann noch Bestand, wenn der Wille zur Pflichterfüllung erlischt. Dieses Sollen ist notwendigerweise heteronom: ein fremdes Wollen, nicht eine selbst gesetzte Norm. Rechtliche Verpflichtung ist also immer ein Sollen, das seine Verbindlichkeit von einem heteronomen Rechtserzeuger bezieht.«[224]

Eine solche heteronome Norm, aus der sich die rechtliche Verbindlichkeit einer qua Selbstbeschränkung begründeten Verpflichtung des pouvoir constituant ergebe, lasse sich jedoch nicht auffinden.[225] Konsequenz laut *Murswiek*:

---

[222] So *Murswiek*, verfassunggebende Gewalt, S. 180, wo auch festgestellt wird, daß die in praxi häufig vorkommenden Fälle unproblematisch seien, in denen das sich selbst verpflichtende Subjekt den Tatbestand einer Rechtsnorm erfülle und durch diese an der freiwillig eingegangenen Verpflichtung festgehalten werde. Die rechtliche Verpflichtung ergebe sich dann als Rechtsfolge aus der Erfüllung des Normtatbestandes und beruhe deshalb gar nicht mehr unmittelbar auf der Selbstbindung.

[223] Insbesondere in der Schweiz wird bereits seit langem auf die rechtliche Unmöglichkeit einer Selbstbindung oder Selbstverpflichtung des Normerzeugers hingewiesen. Vgl. dazu *Fleiner/Giacometti*, S. 701; *Haug*, S. 36, sowie die Nachweise daselbst und bei *Steiner*, S. 228 Fn. 56. Auch der Abbé *Sieyes* hat sich bereits ablehnend zu der Möglichkeit einer rechtlichen Selbstbindung der verfassunggebenden Gewalt geäußert. Siehe *Sieyes* (fr.), S. 182: »(…) mais peut-elle en aucun sens s'imposer des devoirs envers elle-même? Qu'est-ce qu'un contrat avec soi-même? Les deux termes étant la même volonté, on voit qu'elle peut toujours se dégager du prétendu engagement.« Zu deutsch (*Sieyes* (dt.), S. 82): »Allein kann sie (sc. die Nation) sich in irgendeinem Sinn Pflichten gegen sich selbst auferlegen? Was ist ein mit sich selbst geschlossener Vertrag? Da hier nur ein Wille existiert, so sieht man, daß eine vorgegebene Verpflichtung stets aufgehoben werden kann.«

[224] So *Murswiek*, verfassunggebende Gewalt, S. 181, m.w.N. *Böckenförde*, verfassunggebende Gewalt, S. 90 (105), verwendet »Selbstbindung« und »Rechtsbindung« konsequenterweise auch als einander entgegengesetzte Begriffe; zu derartigen terminologischen Fragen *Boehl*, Verfassunggebung, S. 103 mit Fn. 195.

»Sofern der pouvoir constituant eine ›Selbstbindung‹ proklamiert, ist er jederzeit in der Lage, diese ›Bindung‹ wieder aufzuheben, indem er sie beispielsweise gar nicht beachtet. Indem er die Bindung bricht, handelt er nicht ›rechtswidrig‹, weil er sich gar nicht rechtswirksam gebunden hat.«[226]

Steiner versucht zwar, diese Argumentation zu widerlegen[227], muß letztlich aber einräumen, daß »die rechtslogische Behandlungsweise des Problems« nicht weiterführt[228], sprich: seine Annahme einer Konstitutionalisierung des pouvoir constituant gerade nicht stützt.[229] Auch *Häberle* erkennt, daß die Berufung auf eine Selbstbindung des pouvoir constituant nicht weiterführt, und verwendet deshalb eine abweichende Argumentation zur Begründung seiner These von der Konstitutionalisierung der verfassunggebenden Gewalt:

»Nur *formal* und äußerlich betrachtet verpflichtet ›sich‹ der Verfassunggeber bzw. das (pluralistische) Volk ›selbst‹: in der Sache und kulturgeschichtlich gesehen votiert es für Inhalte und Verfahren, die weit ›objektiver‹ gegeben und aufgegeben sind als ein ungeschichtlicher Dezisionismus wahrnehmen will.«[230]

---

[225] Vgl. *Murswiek*, verfassunggebende Gewalt, S. 181. Da das Grundgesetz nach Meinung von *Murswiek* vom Bestehen eines überpositiven Rechts auf Verfassunggebung ausgeht, muß er a.a.O. noch darauf hinweisen, daß diese naturrechtliche Kompetenz als heteronome Norm gerade nicht die Verbindlichkeit etwaiger Selbstverpflichtungen des Verfassunggebers anordne. Vgl. auch *Storr*, S. 52.

[226] So *Murswiek*, verfassunggebende Gewalt, S. 181. In diesem Sinne auch *Linck*, DÖV 1991, 730 (733); *Stückrath*, S. 219; *Herbst*, S. 123f. Ein weiteres Argument für die rechtliche Unmöglichkeit einer autonomen Begründung von Rechtspflichten gewinnt *Murswiek*, S. 185, unter Rückgriff auf jene Auffassung, die die Normativität eines Rechtssatzes in der Möglichkeit erblickt, ihn faktisch durchzusetzen: »Wer anders soll denn die Selbstbindung durchsetzen als das sich selbst bindende Subjekt? Das aber bedeutet, daß die Normativität der Bindung allein vom Willen des sich bindenden Subjekts abhängt, also keine ist.« Ähnlich *Alvarez*, S. 132, unter Hinweis auf *Stern* I, S. 148.

[227] Zu seinen und weiteren Argumenten für die Möglichkeit einer Selbstbindung und ihrer Widerlegung vgl. *Murswiek*, verfassunggebende Gewalt, S. 182ff.

[228] So *Steiner*, S. 229f. *Steiner* spricht sich statt dessen dafür aus, zum »sachlichen Kern« des Problems vorzustoßen, nämlich »das Verhältnis des Normerzeugers zu der von ihm gesetzten Norm« zu klären, und zwar zugunsten der »Verfassungssouveränität«. Zu dieser Argumentation treffend die Kritik von *Murswiek*, verfassunggebende Gewalt, S. 186: »Die Konstruktion einer Selbstbindung wird also dem rechtspolitischen Ziel als dogmatisch-juristische Absicherung übergestülpt. Was aber juristisch unmöglich ist, wird nicht dadurch richtig, daß es einem verfassungspolitisch erwünschten Ziel dient.«

[229] *Stern* I, S. 153, der sich ebenfalls als Anhänger der Konstitutionalisierungsthese zu erkennen gibt (s.o. D. II. 2. c) aa) und bb)), scheint gleichfalls gewisse Bedenken an der rechtlichen Haltbarkeit dieser These zu haben. Jedenfalls relativiert er seine eigenen Aussagen zur Verfassungsbindung des pouvoir constituant, wenn er äußert: »Man mag diesen Vorgang als einen Akt der ›Selbstbindung‹ der verfassunggebenden Gewalt *für die Dauer der Geltung* der Verfassung deuten«; Hervorh. v. Verf. Deutlicher hat *Stern* indes schon zuvor eher beiläufig festgehalten, welchen rechtlichen Wert eine Selbstbindung – und damit gleichzeitig seine gesamte, auf der Annahme einer solchen Selbstbindung basierende Konstruktion einer »rechtliche(n) Kanalisierung der politischen Gewalten« (S. 153) – hat: »Immerhin kann der pouvoir constituant Regeln aufstellen, durch die er sich selbst bindet, z.B. Art. 146 GG. Aber diese Bestimmungen bleiben ohne Sanktion. Die verfassunggebende Gewalt kann sich jedoch darüber hinwegsetzen« (S. 148).

Er verschiebt damit den Akzent weg von der Figur einer Selbstverpflichtung hin zu einer heteronomen Bindung: »Die Eingebundenheit in einen bestimmten Entwicklungszustand einer Kultur schafft ›Realien‹ und ›Ideelles‹«, es komme zu einer »intensive(n) ›Verinnerlichung‹ bestimmter Grundwerte«, die von solcher Wirkkraft sei, daß sie »ins Objektive, in kulturelle Determinanten« umschlage.[231] Doch mit dieser Berufung auf *kulturelle* Determinanten gesteht *Häberle* selbst ein, daß die von ihm propagierte (heteronome) Bindung der verfassunggebenden Gewalt jedenfalls nicht im Sinne einer *rechtlichen* Verpflichtetheit zu verstehen ist, sondern ausschließlich dahin, daß wegen der Einbettung jeder Verfassungschöpfung in einen bestimmten kulturgeschichtlichen Kontext die Berücksichtigung der in diesem Kontext aktuellen Grundwerte ob ihrer legitimitätsstiftenden Funktion für den pouvoir constituant politisch angeraten und empfehlenswert erscheint.[232] Die Argumentation *Murswieks*, eine rechtlich verbindliche Selbstbeschränkung der verfassunggebenden Gewalt sei unmöglich, wird damit letztlich auch von seiten der Konstitutionalisierungsbefürworter nicht widerlegt. Es ist deshalb zu konstatieren, daß durch das Eingehen einer Selbstbindung keine rechtlich verbindliche Verpflichtung des sich verpflichtenden Subjektes geschaffen werden kann.[233] Die Begründung einer Verfassungsbindung der verfassunggebenden Gewalt durch einen Akt der Selbstbeschränkung ist infolgedessen ausgeschlossen.

(b) Die Unvereinbarkeit der Selbstbindungsthese mit dem regelmäßig vorausgesetzten überstaatlichen Recht

Unabhängig von den vorstehend dargelegten Einwänden gegen die rechtliche Verbindlichkeit einer Selbstverpflichtung stellt sich die weitere Frage, ob nicht auch jenes überstaatliche Recht auf Verfassunggebung, das mit Hilfe der Selbstbindungskonstruktion gerade inaktiviert bzw. verfassungsrechtlich begrenzt werden soll[234], der Annahme einer Selbstbindung der verfassunggebenden Ge-

---

[230] *Häberle*, AöR 112 (1987), 54 (90); Hervorhebung dort; wortgleich *ders.*, Verfassungslehre, S. 236f. Ähnlich *Würtenberger*, Wiedervereinigung, S. 95 (100), wo es heißt: »Art. 146 GG n.F. verfaßt eine verfassungsstaatlich domestizierte, von der westlichen politischen Kultur geprägte verfassunggebende Gewalt.«

[231] So *Häberle*, a.a.O.

[232] Mit diesem Verständnis der Konstitutionalisierung des pouvoir constituant bleibt *Häberle* im übrigen seinem schon gewürdigten Ansatz einer »kulturwissenschaftlich arbeitende(n) Verfassungslehre« (a.a.O., S. 84) treu; dazu oben B. II. 5. a) aa). Die Aussage, daß neues Verfassungsrecht nur noch »evolutionär« zustande kommen könne, gilt infolgedessen nur, solange die kulturgeschichtliche Entwicklung nicht über den Typus des demokratischen Verfassungsstaates hinweggeht. In diesem Sinne auch *Stückrath*, S. 276f.

[233] So außer *Murswiek*, a.a.O., auch *Storr*, S. 51f; *Stückrath*, S. 219f; *Heckel*, HStR VIII, § 197 Rdnr. 84f; *Linck*, DÖV 1991, 730 (733); *Maunz*, DÖV 1953, 645 (646f); *Böckenförde*, verfassunggebende Gewalt, S. 90 (105); *Randelzhofer*, Wiedervereinigung, S. 141 (153ff); *Boehl*, Verfassunggebung, S. 102; *Hain*, S. 41; *Unruh*, S. 384; *Herbst*, S. 125; *Tosch*, S. 90, 111f; *Fleiner/Giacometti*, S. 701.

walt an die Verfassung entgegensteht. Die Antwort ist vergleichsweise einfach: Wenn ein solches überstaatliches Recht unbeschränkt bestünde[235], wäre eine Selbstbeschränkung der Befugnis des pouvoir constituant zur Verfassunggebung auch deshalb rechtlich unmöglich, weil der Inhaber einer rechtlichen Kompetenz nicht rechtswirksam auf seine Kompetenz verzichten bzw. in Beschränkungen seiner Kompetenz einwilligen kann.[236] Eine Selbstbeschränkung der verfassunggebenden Gewalt im Sinne eines Verzichts auf ihre Befugnis zur Verfassungschöpfung fiele von daher wegen eines Verstoßes gegen höherrangiges Recht ebenso der Nichtigkeit anheim[237] wie ein einfaches Gesetz, das die Kompetenzen des Gesetzgebers zu beschränken trachtete und deswegen gegen die Verfassung verstieße.[238] Weil die verfassunggebende Gewalt auf eine im überstaatlichen Recht wurzelnde Kompetenz zur Verfassunggebung somit rechtlich nicht wirksam verzichten könnte, bliebe sie (vom Standpunkt des überpositiven Rechts aus) befugt, die verfassungsrechtlichen Schranken jederzeit wieder zurückzunehmen.[239] Auch aus diesem Grunde kann eine Selbstverpflichtung des pouvoir constituant, die geltende Verfassung zu beachten, nicht rechtlich verbindlich sein.

(c) Resümee

Die Annahme einer rechtlichen Selbstbindung der verfassunggebenden Gewalt ist aus zwei Gründen unhaltbar. Einerseits kann eine rechtliche Verpflichtung nicht autonom, sondern nur heteronom begründet werden. Andererseits stünde eine Selbstbeschränkung des pouvoir constituant mit dem ranghöheren über-

---

[234] Dazu, daß die Selbstbindungslehre quasi symbiotisch mit der Annahme einer überstaatlichen Rechtsgrundlage der Verfassungserzeugung (Kombinationsmöglichkeit 3 in der Übersicht an Fußnote 189) verbunden ist, s.o. D. II. 3. a) aa) (1) (b) (cc).

[235] Die Unbeschränktheit dieses Rechts ist nach Auffassung von *Murswiek*, verfassunggebende Gewalt, S. 185 Fn. 100, die Hypothese, aufgrund derer eine Selbstbindung der verfassunggebenden Gewalt nur in Betracht kommt.

[236] Die Regel von der Unmöglichkeit eines rechtlich wirksamen Kompetenzverzichts fußt auf dem Gedanken, daß ein Organ, dem kraft einer Rechtsnorm eine bestimmte Kompetenz zur Ausübung zugewiesen ist, über diese Kompetenz nicht disponieren darf, weil es an die entsprechende Rechtsnorm gebunden und ihr insofern untergeordnet ist. Aus diesem Grund ist der rechtliche Verzicht auf eine Kompetenz bzw. auf die Inanspruchnahme dieser Kompetenz generell unmöglich. Vgl. zu dieser Thematik BVerfGE 1, 14 (35); 4, 115 (139); 32, 145 (156); 39, 96 (109); 55, 274 (301); *Rengeling*, HStR IV, § 100 Rdnr. 12; *Stern* II, S. 609; *Murswiek*, Wiedervereinigungsgebot, S. 30; *Friauf*, Entschließungsfreiheit, S. 45 (57f); *Sasse*, JZ 1961, 719 (724). Zulässig ist es indes, von einer Kompetenz faktisch keinen Gebrauch zu machen, es sei denn, es besteht ausnahmsweise eine Pflicht zur Kompetenzausübung.

[237] Dies gilt auf der Grundlage des herrschenden dualistischen Verständnisses hingegen nicht im Hinblick auf die Selbstbeschränkung einer völkerrechtlichen Befugnis zur Verfassunggebung, weil nach diesem Verständnis ein Verstoß gegen Völkerrecht nicht ohne weiteres zur Nichtigkeit des innerstaatlichen Rechts führt. Dazu näher unten D. II. 3. b) cc) (1) (b).

[238] So *Murswiek*, verfassunggebende Gewalt, S. 185 sowie S. 152, 235; vgl. auch *Herbst*, S. 124; *Herzog*, EuGRZ 1990, 483.

[239] Vgl. *Murswiek*, verfassunggebende Gewalt, S. 235.

staatlichen Recht, von dessen Existenz die Selbstbindungsbefürworter regelmäßig ausgehen, nicht im Einklang.[240] Die Selbstbindungslehre ist von daher abzulehnen.[241] Für die in dieser Arbeit verwendete Terminologie folgt daraus: Wenn künftig von einer »Selbstbindung« der verfassunggebenden Gewalt gesprochen wird, ist damit eine »rechtlich unverbindliche Selbstbindung«[242] gemeint.[243] Diese Selbstbindung dauert nur an, solange der pouvoir constituant die Verfassung als für sich verbindlich anerkennt.[244]

Weil Rechtspflichten nicht im Wege einer Selbstbindung begründet werden können, gilt es auch von der Vorstellung Abschied zu nehmen, das Inkrafttreten einer Verfassung könne eine Konstitutionalisierung der verfassunggebenden Gewalt bewirken. Eine solche mag zwar im Interesse einer Stabilisierung der Verfassungsgeltung verfassungspolitisch wünschenswert und auf der Grundlage rechtsstaatlichen Denkens naheliegend sein[245] – an der rechtlichen Unmöglichkeit dieses Anliegens vermag das allerdings nichts zu ändern.[246] Die Annahme einer

---

[240] Auf der Grundlage eines außerrechtlichen Verständnisses der Verfassunggebung in der ersten Konstellation kommen demgegenüber die Zweifel an der Möglichkeit einer rechtlichen Verpflichtung einer vorrechtlichen Macht zum Tragen, s.o. D. II. 3. a) aa) (1) (b) (bb) α).

[241] Siehe die Nachweise in Fußnote 233 unter D. II. 3. a) aa) (2) (a). *Schmitt Glaeser* betrachtet die Möglichkeit einer Selbstbindung zwar nicht als »von vornherein ausgeschlossen« (S. 37), kommt letztlich aber doch zu dem Ergebnis, daß der pouvoir constituant »sich naturgemäß über gegebene Verfassungsregeln und speziell auch über Vorschriften hinwegzusetzen (vermag), die seiner rechtlichen Bändigung und Kanalisierung dienen sollen« (S. 46). Gegen die Möglichkeit einer rechtlichen Selbstbindung wohl auch *Alvarez*, S. 77, 127f, 132. Bezogen auf das Grundgesetz wendet sich auch *Bryde*, S. 234, gegen die Annahme eines Aufgehens der verfassunggebenden in der verfassungsändernden Gewalt.

[242] *Linck*, DÖV 1991, 730 (734), spricht in diesem Zusammenhang von einer »politischen Selbstbindung«.

[243] Ein solcher Gebrauch des Begriffs »Selbstbindung« findet sich z.B. bei *Gutmann*, S. 101; *Boehl*, Verfassunggebung, S. 102; *Heckel*, HStR VIII, § 197 Rdnr. 50. Ferner wohl auch bei *Kaufmann*, Staat 36 (1997), 521 (525), bei dem es einerseits heißt: »Der pouvoir constituant bindet sich (…) an den Grundsatz normativer Beständigkeit der grundlegenden Verfassungsentscheidungen«, andererseits aber betont wird, der Verfassunggeber werde niemals von der Verfassung erfaßt und gebunden.

[244] Vgl. in diesem Kontext auch *Boehl*, Verfassunggebung, S. 102: »Der pouvoir constituant kann diese Selbstbindung – durch Revolution – zerreißen; die Tatsache der Möglichkeit von Revolution kann keine Rechtskonstruktion beseitigen. Bis zu einer Revolution aber bleibt es bei der Selbstbindung an die Verfassung.« Siehe ferner unten D. III. 1. b) aa).

[245] Daß die Vorstellung einer permanenten, rechtlichen Bindungen und insbesondere der Verfassung nicht unterworfenen verfassunggebenden Gewalt nur schwerlich mit rechts- und verfassungsstaatlichem Denken in Einklang zu bringen ist, läßt sich in der Tat kaum bestreiten, da dem Prinzip der Rechtsstaatlichkeit gerade das Ziel einer (weitgehenden) Herrschaft des Rechts und damit einer rechtlichen Gebundenheit der Ausübung politischer Macht zugrunde liegt. So bezeichnet es etwa *Roellecke*, F.A.Z. Nr. 293 vom 16. Dezember 1999, S. 49, als das »grundlegendste Prinzip« des Rechts, daß »Recht immer und überall gelten und sich durchsetzen will«. Für die Ausübung rechtlich ungebundener Macht verbleibt in einem solchen universalistischen Konzept kein Raum, was die Versuche, auch die verfassunggebende Gewalt zu verrechtlichen, verständlich werden läßt. Siehe in diesem Zusammenhang auch *Boehl*, Verfassunggebung, S. 87, 98f, 127ff.

Verfassungsbindung des pouvoir constituant steht und fällt mit seiner Fähigkeit, sich selbst Rechtspflichten aufzuerlegen. Die in einer Verfassung enthaltenen Regelungen für die künftige Erzeugung von Verfassungsrecht sind für die verfassunggebende Gewalt mithin rechtlich unverbindlich.[247] Gegen die Verfassung verstoßende verfassunggeberische Akte können demnach zwar mit dem Verdikt der Verfassungswidrigkeit belegt oder als konstitutionell »illegal« bzw. revolutionär bezeichnet werden. Jedoch gebricht es solchen Charakterisierungen an rechtlicher Relevanz. Sie bleiben ohne unmittelbare rechtliche Wirkung[248], weil der pouvoir constituant weder an die Verfassung noch an sonstiges positives Recht gebunden ist. Es ist somit festzuhalten: *Verfassunggebung kann verfassungsrechtlich nicht in einer für die verfassunggebende Gewalt rechtlich verbindlichen Weise verboten oder reglementiert werden.*

bb) Exkurs: rechtsverbindliches Verbot neuerlicher verfassunggeberischer Akte aufgrund Untergangs eines überstaatlichen Rechts auf Verfassunggebung?

Nur der Vollständigkeit halber soll an dieser Stelle kurz geprüft werden, ob das Verfassungsinkrafttreten insofern ein Verbot neuerlicher Verfassunggebung bewirkt, als die verfassunggebende Gewalt schlicht untergeht. So könnte ein – als bestehend vorausgesetztes[249] – überstaatliches Recht zur Verfassunggebung nach

---

[246] In diesem Sinne auch *Murswiek*, verfassunggebende Gewalt, S. 185f. Wenn demgegenüber behauptet wird, niemand könne es der verfassunggebenden Gewalt verwehren, »sich bis zu einem gewissen Grade selbst zu konstitutionalisieren« (so *Schneider*, HStR VII, § 158 Rdnr. 17) bzw. die Souveränität der verfassunggebenden Gewalt erweise sich am deutlichsten in der Selbstbeschränkung (*Kriele*, Staatslehre, § 19 (S. 65); vgl. in diesem Zusammenhang auch *Steiner*, S. 226f), so läßt sich der Gehalt solcher Äußerungen mit *Murswiek* auf die Aussage reduzieren, »daß wer kann, nicht muß: Wer die tatsächliche Macht hat, etwas zu tun, hat auch die Macht, es nicht zu tun, sonst beruhte die Möglichkeit, es zu tun, nicht auf der eigenen Macht; und wer das Recht hat, etwas zu tun, hat deswegen noch nicht die Pflicht, von diesem Recht Gebrauch zu machen. Tatsächliche Selbstbeschränkung in diesem Sinne ist jedem möglich, auch dem Souverän. Das hat jedoch mit rechtlicher Verpflichtung nichts zu tun«; so *Murswiek*, S. 182, ferner S. 183, 216. Vor dem Hintergrund der Differenzierung zwischen faktischer Möglichkeit und rechtlicher Befugnis, etwas zu tun, müßte der Anfang der Aussage *Murswieks* vollständigkeitshalber lauten: »daß wer kann *oder darf*, nicht muß«. Siehe auch *Herbst*, S. 123.

[247] So auch *Maunz*, DÖV 1953, 645 (646f); *Storr*, S. 51f; *Randelzhofer*, Wiedervereinigung, S. 141 (153); *Alvarez*, S. 128; *Gutmann*, S. 101; *Boehl*, Staat 30 (1991), 572 (578f, 581); *Bryde*, S. 246f; *Böckenförde*, verfassunggebende Gewalt, S. 90 (99); M/K/S/*Starck*, Präambel Rdnr. 14; *Bachof*, S. 34f; *Murswiek*, verfassunggebende Gewalt, S. 182, 212, 235, 258f; *Tosch*, S. 80; *Heckel*, Einheit, S. 23f, 32f; *Sachs*, JuS 1991, 985 (986); *Moelle*, S. 53; *Stückrath*, S. 220, 225; *Lücke*, JöR 47 (1999), 467 (469). Mit Blick auf das Grundgesetz die Unverbindlichkeit des Art. 79 Abs. 3 für die verfassunggebende Gewalt betonend BVerfGE 89, 155 (180); Dreier/*Dreier*, Art. 79 III Rdnr. 11, 48; vM/K/*Bryde*, Art. 79 Rdnr. 3; M/K/S/*Hain*, Art. 79 Rdnr. 31, 34; *Brenner*, Staat 32 (1993), 493 (494).

[248] Zur mittelbaren Bedeutung der Verfassungswidrigkeit verfassunggeberischer Akte s. u. D. III. 1. a).

[249] Zur Frage nach der rechtlichen Erlaubtheit verfassunggeberischer Akte aus der Perspektive überstaatlichen Rechts s. u. D. II. 3. b) bb) und cc).

einmaliger Betätigung erlöschen[250] bzw. sogar die Beseitigung der bestehenden, in Ausübung jener Befugnis geschaffenen Verfassung verbieten. Soweit ersichtlich, wird eine solche Auffassung jedoch nicht vertreten. Der Wegfall einer überstaatlichen Befugnis zur Verfassunggebung ließe sich wohl auch nur unter großem Aufwand überzeugend begründen, ist doch nicht ohne weiteres einzusehen, warum ein solches Recht nicht jederzeit bestehen sollte.[251] Im übrigen ließe sich auch fragen, ob ein Wegfall der rechtlichen Erlaubnis zwangsläufig zu einem rechtlichen Verbot der Verfassunggebung führen muß. Diese Frage bleibt auch bei *Tosch* letztlich unbeantwortet, der annimmt, die verfassunggebende Gewalt gehe mit dem Abschluß der Verfassunggebung unter.[252] Gemeint ist damit aber nicht das Erlöschen einer rechtlichen Befugnis zur Verfassunggebung in dem hier interessierenden Sinne, weil *Tosch* die Existenz überpositiven, zur Verfassunggebung ermächtigenden Rechts leugnet. *Tosch* steht vielmehr in der Tradition *Kelsens* und führt die Verfassungsgeltung auf eine Grundnorm zurück, die er »Einsetzungsnorm« nennt.[253] Was mit dieser nach dem Inkrafttreten einer Verfassung geschieht, wird nicht gesagt. Ausdrucklich vorbehalten bleibt in *Toschs* Konzeption jedenfalls die Möglichkeit revolutionärer verfassunggeberischer Akte[254], wobei an keiner Stelle ganz deutlich wird, ob diese allein von Verfassungs wegen (und damit in für den pouvoir constituant unverbindlicher Weise) verboten oder auch aufgrund des Untergangs der verfassunggebenden Gewalt rechtlich nicht (mehr) erlaubt sein sollen. Wahrscheinlich ist lediglich ersteres gemeint.[255]

b) Bindung des pouvoir constituant an überstaatliches Recht und daraus resultierende rechtliche Erlaubtheit neuerlicher Verfassunggebung?

Nachdem geklärt ist, daß der pouvoir constituant rechtlich nicht daran gehindert

---

[250] Denkbar wäre auch die weniger rigorose These, daß jenes überstaatliche Recht solange nicht zu neuerlicher Verfassunggebung berechtigt, wie eine geltende Verfassung existiert, also erst unter der Bedingung des Wegfalls der bisherigen Verfassung wieder aktuell wird.

[251] Insbesondere wenn man das Volk als naturrechtlich oder kraft des völkerrechtlichen Selbstbestimmungsrechts zur Verfassunggebung berufenes Subjekt ansieht, ist nicht leicht einzusehen, warum das Volk nicht auch das Recht haben soll, eine geltende Verfassung zu beseitigen und durch eine andere zu ersetzen. Dementsprechend wird auch regelmäßig vom Fortbestehen der entsprechenden Befugnis ausgegangen, s.o. D. II. 2. a) cc) (2) (a).

[252] *Tosch*, S. 115; zu seiner Auffassung auch hinsichtlich des folgenden ausführlich oben D. II. 2. b).

[253] *Tosch*, S. 92f.

[254] *Tosch*, S. 106.

[255] Ein auch für die verfassunggebende Gewalt rechtsverbindliches Verbot soll vermutlich nicht die Konsequenz des von *Tosch* angenommenen Untergangs der verfassunggebenden Gewalt sein. *Tosch* spricht nämlich an mehreren Stellen davon, daß sich Verfassunggebung nur »empirisch ex post« bewerten lasse (z.B. S. 98, 106), was darauf hindeutet, daß seine »Einsetzungsnorm« lediglich den Sinn hat, die rechtliche Wirksamkeit eines bereits vollzogenen verfassunggeberischen Aktes zu begründen. Die Grundnorm soll Verfassunggebung also offenbar nicht von vornherein verbieten oder erlauben, sondern nur *nachträglich* rechtfertigen, warum im Wege der Verfassunggebung erzeugtes Verfassungsrecht gilt (vgl. S. 92f, 115f).

ist, sich verfassunggeberisch über eine bestehende Verfassung hinwegzusetzen, gilt es nun, das Augenmerk in die entgegengesetzte Richtung zu wenden. Nachzugehen ist der Frage, ob Verfassunggebung, trotzdem bereits eine Verfassung existiert, rechtsverbindlich im Sinne eines positiven Dürfens erlaubt sein kann. Eine solche Erlaubnis könnte sich – ebenso wie überhaupt rechtliche Bindungen des pouvoir constituant – aus dem überstaatlichen Recht, nämlich aus dem Naturrecht (bb) oder dem Völkerrecht (cc) ergeben. Bevor darauf im einzelnen eingegangen wird, soll kurz geklärt werden, ob eine derartige Erlaubnis in einer geltenden Verfassung enthalten sein kann (aa).

aa) Rechtsverbindliche verfassungsrechtliche Erlaubnis für künftige verfassunggeberische Akte?

Es ist denkbar – und mitunter auch in der Verfassungspraxis zu beobachten –, daß eine geltende Verfassung die Schaffung einer neuen Verfassung erlaubt und dadurch ihre eigene Geltung unter den (rechtlichen) Vorbehalt einer Neukonstituierung des Gemeinwesens stellt.[256] Von einer rechtlichen Befugnis des pouvoir constituant zu neuerlicher Verfassunggebung kann in dieser Konstellation gleichwohl nicht gesprochen werden.

Zum einen muß eine verfassungsrechtliche Bestimmung, die die Schaffung einer neuen Verfassung zuläßt, nicht unbedingt an die verfassunggebende Gewalt adressiert sein. Möglich ist auch, daß in einer solchen Bestimmung ausnahmsweise Organe der verfaßten Gewalt zur Schaffung einer neuen Verfassung (und nicht nur, wie im Regelfall, zur Änderung der bestehenden Verfassung) ermächtigt werden.[257] Eine so auszulegende Verfassungsbestimmung räumt dem pouvoir constituant deswegen keine Befugnis zur Verfassunggebung ein, weil sie sich ausschließlich an pouvoirs constitués richtet und allein diesen gestattet, einen Neukonstituierungsprozeß in Gang zu setzen und an ihm mitzuwirken.

Zum anderen vermag selbst eine dies intendierende Verfassungsnorm kein Recht des pouvoir constituant zur Verfassunggebung zu begründen. Denn wenn eine Verfassung der verfassunggebenden Gewalt ein Recht zur Verfassunggebung einräumen wollte, hieße dies nichts anderes, als daß die verfassunggebende Gewalt in der Verfassung als dem Produkt ihres Tuns sich selbst zu künftiger Verfassunggebung ermächtigte. Eine solche *Selbstermächtigung* kann rechtslogisch ebensowenig ein »Recht« der verfassunggebenden Gewalt auf Verfassunggebung begründen, wie sich der pouvoir constituant durch das Eingehen einer Selbstbindung rechtliche Pflichten auferlegen kann.[258] Es ist rechtlich nicht nur ausge

---

[256] Zu derartigen Ablösungsklauseln näher unten D. III. 3. b).

[257] Auch dazu näheres unten D. III. 3. b) cc) (2) und ee) (2).

[258] So auch *Murswiek*, verfassunggebende Gewalt, S. 212: »Demnach kann es eine verfassungsmäßige Befugnis zur Verfassunggebung ebensowenig geben wie die verfassungsrechtliche Aufhebung oder Einschränkung einer solchen Befugnis.« Vgl. auch *ders.*, S. 189: »Wäre doch eine ›Erlaubnis‹ für das Tätigwerden des pouvoir constituant rechtssystematisch genauso belanglos

schlossen, sich gegenüber sich selbst rechtsverbindlich zu verpflichten[259], sondern ebenso unmöglich, sich selbst ein Recht einzuräumen, weil man in diesem Fall gleichzeitig Berechtigter und Verpflichteter wäre, also ein Fall der sog. Konfusion vorläge.[260] Die verfassunggebende Gewalt kann sich in einer Verfassung von daher in rechtswirksamer Weise kein Recht auf neuerliche Verfassunggebung zugestehen.[261]

Denkbar wäre es dagegen, eine entsprechende Bestimmung als verfassungsrechtliche Fixierung eines bereits bestehenden und dann notwendig überstaatlichen Rechts auf neuerliche Verfassunggebung zu deuten. Die auf künftige Betätigungen des pouvoir constituant bezogenen Aussagen der Verfassung hätten dann allerdings lediglich deklaratorische Bedeutung, sie anerkennten ein der Verfassung vor(aus)gehendes Recht. Ob von der Existenz eines solchen Rechts ausgegangen werden kann, ist Gegenstand der folgenden Überlegungen. Hier reicht die Feststellung, daß eine Verfassungsnorm, die ein überstaatliches Recht positivierte, keine für den pouvoir constituant konstitutive rechtliche Bedeutung hätte.[262] Entsprechendes gilt für einseitige verfassungsrechtliche Charakterisierungen künftiger verfassunggeberischer Akte als rechtmäßig.[263] Eine den pouvoir constituant mit rechtlicher Kraft zur Verfassunggebung ermächtigende verfassungsrechtliche Erlaubnis kann es sonach nicht geben.

---

wie ein ›Verbot‹.« Siehe ferner *ders.*, Wiedervereinigungsgebot, S. 29. Gleichwohl besteht ein gewisser Unterschied zwischen Selbstermächtigung und Selbstverpflichtung: Während letztere vom Andauern des ihr zugrunde liegenden Willens abhängt und bei Willensänderung entfällt (s. o. D. II. 3. a) aa) (2) (a)), stellt sich die Lage für den Fall einer Selbstermächtigung anders dar. Eine Selbstermächtigung ist zwar rechtlich bedeutungslos, und ihr Fortbestehen hängt ebenfalls von einem gleichbleibenden Willen des sich ermächtigenden Subjektes ab. Jedoch – und darin liegt der Unterschied – ist von der Konstanz dieses Willens gerade auszugehen, wenn die verfassunggebende Gewalt als ermächtigendes und zugleich ermächtigtes Subjekt erneut aktiv werden will; denn daß ihr Ermächtigungswille dann, wenn von der Ermächtigung Gebrauch gemacht werden soll, entfallen sollte, wäre widersinnig und ließe sich wohl kaum annehmen.

[259] S. o. D. II. 3. a) aa) (2).
[260] Zur Konfusion und ihrer (zivilrechtlichen) Bedeutung siehe MüKo/*Wenzel*, vor § 362 Rdnr. 4, sowie Soergel/*Zeiss*, vor § 362 Rdnr. 2, wo es heißt: »Endgültige und vollständige Vereinigung von Recht und Verbindlichkeit in derselben Person, Konfusion, (...) bewirkt den Untergang des Schuldverhältnisses, weil niemand sein eigener Schuldner sein kann.« Vgl. auch *Murswiek*, verfassunggebende Gewalt, S. 188f.
[261] Wohl aber kann ein pouvoirs constitués zur Schaffung neuen Verfassungsrechts ermächtigen, wie im vorstehenden Text bereits angedeutet worden ist. Vgl. auch *Murswiek*, verfassunggebende Gewalt, S. 188f, 212, sowie unten D. III. 3. b) bb). Auf einen weiteren Grund für die Unmöglichkeit einer verfassungsrechtlichen Befugnis zu neuerlicher Verfassunggebung sei als Vorgriff auf die noch folgenden Ausführungen schon jetzt hingewiesen: Ein Recht auf Verfassungsschöpfung im Sinne einer rechtlich wirksamen Befugnis kann nur Ermächtigung zu derivativer Verfassungsrechtsetzung sein; denn die Annahme eines Rechts auf originäre Rechtsetzung ist ausgeschlossen. Vgl. in diesem Zusammenhang vor allem unten D. III. 3. c) aa).
[262] Ebenso *Murswiek*, verfassunggebende Gewalt, S. 188f, 212.
[263] Dazu unten D. III. 3. b) cc) (1) und ee) (1).

bb) Naturrechtsbindung des pouvoir constituant und daraus resultierende rechtliche Erlaubtheit neuerlicher Verfassunggebung?

Da eine Verfassung kein Recht auf Verfassunggebung zu schaffen vermag, könnten neuerliche Betätigungen des pouvoir constituant allenfalls aufgrund einer überstaatlichen Befugnis rechtlich erlaubt sein. Als Grundlage einer derartigen Befugnis zur Verfassunggebung sowie rechtlicher Bindungen des pouvoir constituant käme neben dem Völkerrecht (dazu nachfolgend cc) vor allem das Naturrecht in Betracht. Und in der Tat wird Verfassunggebung verschiedentlich als Betätigung einer naturrechtlichen bzw. überpositiven Befugnis angesehen[264] und deshalb als – im Grundsatz[265] – rechtlich erlaubt betrachtet. Insbesondere das Prinzip der Volkssouveränität wird häufig als naturrechtlicher Rechtssatz interpretiert[266], der das Volk zur Schaffung einer Verfassung berechtigen soll – und zwar auch dann, wenn bereits eine Verfassung vorhanden ist.[267]

Ob dem so ist, läßt sich indes mit rechtswissenschaftlichen Methoden nicht ermitteln, weil Naturrecht nicht objektiv erkennbar und intersubjektiv beweisbar ist.[268] Schon seine bloße *Existenz* ist zweifelhaft und wird vielfach geleugnet[269], wobei sich dieser Streit, wie in der Literatur bemerkt worden ist, bereits im Ansatz auf eine »Glaubensfrage« reduziert.[270] Aber selbst wenn man unterstellt, daß es Naturrecht gibt, ist damit noch keine Aussage über seinen *Inhalt* getroffen.[271] Diesbezüglich tritt wiederum das Problem mangelnder Erkenntnissicherheit auf, weil keine Kriterien ersichtlich sind, vermittels derer in methodisch nachprüfbarer Weise Feststellungen über den Inhalt naturrechtlicher »Rechtssätze« getrof-

---

[264]   Zu diesen Auffassungen oben B. II. 2. c) bb); D. II. 2. a) cc) (2) (a) (bb).

[265]   Rechtlich erlaubt ist Verfassunggebung nach der hier in Rede stehenden Auffassung selbstverständlich nur dann, wenn die im Hinblick auf Subjekt und Verfahren der Verfassunggebung sowie Verfassungsinhalt bestehenden naturrechtlichen Vorgaben berücksichtigt werden. Zu diesen Bindungen oben B. II. 4. a), 5. a) aa) und b) aa).

[266]   Zu der ambivalenten Deutung des Grundsatzes der Volkssouveränität bald als naturrechtlicher Rechtssatz und bald als politisch-ethisches Prinzip oder Postulat siehe *Storr*, S. 44 f.

[267]   S. o. D. II. 2. a) cc) (2) zur Annahme einer rechtlichen Permanenz der verfassunggebenden Gewalt. Zum Zusammenhang zwischen dem Prinzip der Volkssouveränität und verfassunggebender Gewalt des Volkes vgl. schon oben A. I. 8. c) mit Fn. 223 sowie *Böckenförde*, HStR I, § 22 Rdnr. 5 ff.

[268]   Vgl. *Boehl*, Verfassunggebung, S. 108; *Murswiek*, verfassunggebende Gewalt, S. 99, 137 f, 210 f; *Henke*, verfassunggebende Gewalt, S. 33 f; *Wiederin*, AöR 117 (1992), 410 (430 f); *Karpen*, JZ 1987, 431 (437 f); *Tosch*, S. 29 ff; *Stückrath*, S. 244 f; *Magiera*, Wiedervereinigung, Bd. 3, S. 141 (148); *Wölfel*, Artikel »Naturrecht«, EvStL II, Sp. 2224 f; *Doehring*, Völkerrecht, Rdnr. 9 ff, 21, jeweils auch zum folgenden.

[269]   Zu naturrechtskritischen Auffassungen vgl. außer den in diesem Abschnitt aufgeführten Nachweisen die Belege bei *Wiederin*, AöR 117 (1992), 410 (430 Fn. 94).

[270]   So *Wiederin*, AöR 117 (1992), 410 (431); *Stückrath*, S. 244 f; ähnlich *Murswiek*, verfassunggebende Gewalt, S. 138; *Doehring*, Völkerrecht, Rdnr. 21.

[271]   Differenzierend hinsichtlich Existenz und Inhalt des Naturrechts auch *Murswiek*, verfassunggebende Gewalt, S. 137 f; *Wiederin*, AöR 117 (1992), 410 (431).

fen werden könnten.[272] Es läßt sich folglich nicht beweisen, daß das Naturrecht
ein bestimmtes Subjekt zur Verfassunggebung berechtigt, ein konkretes Verfahren vorschreibt und Vorgaben für den Verfassungsinhalt macht, geschweige denn,
daß es die Ablösung einer alten Verfassung durch eine neue rechtlich sanktioniert.
Da weder Existenz noch Inhalt des Naturrechts mit wenigstens einem gewissen
Grad an Sicherheit nachgewiesen werden können[273], läßt sich das Vorhandensein
eines permanenten überpositiven Rechts auf Verfassunggebung letztlich nur behaupten.[274] Daß Verfassunggebung (auch bei bestehender Verfassung) rechtlich
erlaubt sei, ist mithin wissenschaftlich nicht weiter nachprüfbar.

Mit dieser Feststellung soll keineswegs negiert werden, daß naturrechtliche
Normen dem staatlichen Recht die Richtung weisen und diesem die erforderliche
Legitimität verleihen können.[275] Ebenso ist zu unterstreichen, daß der Verstoß
insbesondere gegen fundamentale naturrechtliche Normen regelmäßig zu einem
Legitimitätsdefizit staatlicher Rechtssätze führen wird. Und schließlich ist unbe-
streitbar, daß das Naturrecht wichtige Legitimitätsmaßstäbe für die Verfassungschöpfung bereithält. Gleichwohl handelt es sich insofern um *außerrechtliche
Normativitäten*. Als verbindliches Recht im herkömmlichen Sinne kann das Naturrecht ungeachtet seiner Maßstäblichkeit für die Legitimität staatlichen Rechts
nicht angesehen werden.[276]

Denkbar wäre es allerdings, die Annahme einer permanenten naturrechtlichen
Befugnis und damit der rechtlichen Erlaubtheit neuerlicher Verfassunggebung

---

[272] Hinsichtlich des Inhaltes wirkt sich das besagte Erkenntnisproblem freilich noch stärker
aus als bei der Frage nach der Existenz naturrechtlicher Normen; denn im letztgenannten Fall
geht es nur um das Ob solcher Rechtsnormen – eine Frage, die sich mit ja oder nein beantworten
läßt. Demgegenüber können hinsichtlich des Naturrechtsinhaltes mannigfaltige Auffassungen
vertreten werden, was oben B. II. 5. b) aa) bereits angeklungen ist. Restriktiv hinsichtlich des Einsatzes naturrechtlicher Rechtsgrundsätze als Prüfungsmaßstab für verfassungsgerichtliche Entscheidungen deswegen auch BVerfGE 10, 59 (81). *Murswiek*, verfassunggebende Gewalt, S. 138
(ferner S. 99, 223 f), weist vor diesem Hintergrund darauf hin, daß eine Bindung des pouvoir constituant an »das Naturrecht« oder »das überpositive Recht« gar nicht möglich sei. Folge: »Wird
der Verfassunggeber auf konkrete ›Naturrechtssätze‹ verpflichtet, so stellt sich dies für unser Er-
kenntnisvermögen nicht als Bindung an ›das Naturrecht‹ dar, sondern an die Naturrechtsauffas-
sungen derer, die den Verfassunggeber in die Pflicht nehmen.« Zur Vielfalt der Naturrechtslehren
auch *Bydlinski*, S. 253 ff.
[273] *Henke*, verfassunggebende Gewalt, S. 34, bemerkt, mit dem Rückgriff auf natürliches bzw.
überpositives Recht sei »in Wahrheit kein wirklich gültiges und der Vernunft verfügbares Kriterium gefunden«; zur Auffassung *Henkes* auch oben B. II. 2. d) bb).
[274] Deutlich in diesem Zusammenhang wiederum *Henke*, verfassunggebende Gewalt, S. 34:
»Das Verfassungsgesetz unter ein ausschließlich ›überpositives‹ Kriterium stellen, heißt nichts
anderes als es demjenigen auszuliefern, der die Macht hat zu bestimmen, was überpositives Recht
ist.«
[275] In diesem Sinne auch *Bydlinski*, S. 255 f.
[276] Vgl. in diesem Zusammenhang vor allem *Böckenförde*, verfassunggebende Gewalt, S. 90
(110); ähnlich *Karpen*, JZ 1987, 431 (438); *Alvarez*, S. 89; *Boehl*, Verfassunggebung, S. 108 ff;
Murswiek, verfassunggebende Gewalt, S. 99; *Stückrath*, S. 244 f; *Bydlinski*, S. 264 ff; *Unruh*,
S. 384 f; *Doehring*, Völkerrecht, Rdnr. 16; siehe auch schon oben B. II. 5. b) ff).

den weiteren Ausführungen als unerörterte Prämisse zugrunde zu legen.[277] Eine solche Vorgehensweise wäre freilich vor dem Hintergrund des in dieser Arbeit verfochtenen und schon im Zusammenhang mit dem »Verfassungsbegriff« zum Tragen gekommenen Anliegens, die juristischen Aussagen zugrunde liegenden Wertungen und Setzungen als solche kenntlich zu machen und dadurch den Umfang ihrer Nachprüfbarkeit im Interesse einer Rationalisierung rechtswissenschaftlicher Argumentation offenzulegen[278], an die Voraussetzung geknüpft, daß die subjektive Setzung einer nicht weiter nachprüfbaren Prämisse offenbart würde.[279] Von dieser Möglichkeit möchte der Verfasser dieser Arbeit jedoch keinen Gebrauch machen. Denn um das Wesen der Verfassunggebung bestimmen und speziell ihr Verhältnis zur Verfassungsänderung klären zu können, ist die Annahme einer naturrechtlichen Befugnis zur Verfassunggebung keineswegs zwingend. Dies belegen diejenigen Auffassungen, die ohne Berufung auf überpositives Recht auskommen und gleichwohl zu einer plausiblen Deutung des Vorgangs der Verfassungsentstehung gelangen.[280] Insofern ist im Hinblick auf die Zugrundelegung einer unerörterten Prämisse gewissermaßen die Beweislast umgekehrt: Begründungsbedürftig ist nicht, warum *keine* derartige Unterstellung zum Ausgangspunkt der weiteren Überlegungen genommen wird, sondern, im Gegenteil, warum von einer solchen subjektiven Setzung ausgegangen wird, obwohl sie nicht unentbehrlich ist. Dies gilt um so mehr, als die Verfassunggebung durch Fingierung einer naturrechtlichen Grundlage[281] und damit der Geltung von Rechtsregeln in den Bereich normaler Rechtsanwendung bzw. Rechtsetzung einbezogen wird. Dadurch droht ihr exzeptioneller, gerade durch das Nichtbestehen der sonst etablierten rechtlichen Ableitungszusammenhänge gekennzeichneter Charakter verdeckt zu werden.[282] Da sich überzeugende Argumente zugunsten der Heranziehung einer solchen unerörterten Prämisse demgegenüber kaum finden

---

[277] Diesen Weg geht *Steiner* in seiner Arbeit zur verfassunggebenden Gewalt, vgl. *Steiner*, S. 18, 33; dazu schon oben B. II. 2. c) bb).

[278] Zu diesem Anliegen oben A. II. 3. c) bb).

[279] Diesem Erfordernis wird *Steiner*, a.a.O., auch gerecht, weil er ausdrücklich darauf aufmerksam macht, daß die Annahme einer Rechtsqualität der verfassunggebenden Gewalt seiner Arbeit als *unerörterte* und damit subjektiv gesetzte Prämisse zugrunde liegt.

[280] Verwiesen sei in diesem Zusammenhang insbesondere auf die Legitimitätslehre; dazu oben B. II. 2. d) cc); 3. c); 4. b) bb); 5. a) cc) und b) ff) sowie D. II. 2. a) cc) (1).

[281] Daß es sich bei der Berufung auf eine naturrechtliche Befugnis zur Verfassunggebung lediglich um eine Fiktion handelt, betonen *Henke*, Staat 19 (1980), 181 (209), und *Boehl*, Staat 30 (1991), 572 (575).

[282] Vgl. in diesem Zusammenhang insbesondere *Henke*, Staat 7 (1968), 165 (168ff), sowie *Boehl*, Staat 30 (1991), 572 (575). Letzterer bemerkt treffend, in der Situation vor Geltung einer Verfassung »›hört das Recht auf‹ bzw. hat es genaugenommen noch nicht angefangen«, und folgert daraus: »Die juristisch korrekte Bewältigung der Probleme der Verfassunggebung erfordert dagegen gerade die Anerkennung des exzeptionellen Charakters der Situation der Verfassunggebung. Denn normale Rechtsanwendung setzt die Normallage gesicherter Geltung einer Rechtsordnung voraus. Die Fiktion normaler Rechtsanwendung jenseits dieser Normallage müßte von falschen Voraussetzungen zu falschen Folgerungen führen.«

lassen[283], scheidet auch dieser Ansatz als Fundament für die weiteren Überlegungen zum Verhältnis von Verfassunggebung und Verfassungsänderung aus.

Vom Bestehen eines naturrechtlichen Rechts auf Verfassunggebung sowie echter natur*rechtlicher* Bindungen des pouvoir constituant kann mithin nicht ausgegangen werden. Auch von der Zugrundelegung einer unerörterten Prämisse entsprechenden Inhalts wird abgesehen. Verfassunggebung ist infolgedessen jedenfalls nicht kraft überpositiven (Natur-)Rechts rechtlich erlaubt bzw. als erlaubt zu fingieren.

cc) *Völkerrechtsbindung des pouvoir constituant und daraus resultierende rechtliche Erlaubtheit neuerlicher Verfassunggebung?*

Die Schaffung einer neuen Verfassung könnte schließlich unter dem Gesichtspunkt eines völkerrechtlichen Rechts auf Verfassunggebung rechtlich zulässig sein. Ein solches wird bisweilen aus dem Selbstbestimmungsrecht der Völker abgeleitet, indem diesem als Recht zur freien Entscheidung über den eigenen politischen Status auch die Befugnis des Volkes entnommen wird, über die Art und Form der politischen Einheit und damit über die eigene Verfassung zu entscheiden (1). Desgleichen könnten sich aus dem Völkerrecht rechtliche Bindungen des pouvoir constituant ergeben (2).[284]

(1) *Völkerrechtliches Recht auf Verfassunggebung?*

Eine umfassende Auseinandersetzung mit der in Rede stehenden Auffassung kann im Rahmen der vorliegenden Arbeit nicht erfolgen, weil dies eine in die Tiefe gehende Beschäftigung mit dem hinsichtlich seiner Einzelheiten stark umstrittenen Selbstbestimmungsrecht der Völker[285] voraussetzte und damit auch allgemeine Überlegungen zur Rechtssphäre des Völkerrechts unentbehrlich machte. Nur soviel sei bemerkt:

(a) *Zweifel an der völkerrechtlichen Erlaubtheit neuerlicher Verfassunggebung*

Zwar ist die Existenz eines Selbstbestimmungsrechts der Völker als Teil der universalen Völkerrechtsordnung heute allgemein anerkannt[286], jedoch gilt dies für

---

[283] Siehe *Henke*, Staat 7 (1968), 165 (168ff), der sich kritisch mit *Steiners* Methode, den weiteren Ausführungen eine unerörterte Prämisse zugrunde zu legen, auseinandersetzt und dabei verdeutlicht, daß durch eine solche Vorgehensweise wesentliche mit der Verfassunggebung zusammenhängende Fragen unbeantwortet bleiben.

[284] Zu beidem bereits oben B. II. 2. c) cc) und 5. a) aa) sowie b) bb).

[285] Einen Überblick über die zahlreichen im Hinblick auf das völkerrechtliche Selbstbestimmungsrecht bestehenden Probleme bietet der von *Blumenwitz* und *Meissner* herausgegebene Sammelband mit dem Titel »Das Selbstbestimmungsrecht der Völker und die deutsche Frage«, Köln 1984. Ferner *Ipsen*, Völkerrecht, § 29, vor allem Rdnr. 8ff, und § 30, vor allem Rdnr. 4ff.

[286] S. o. B. II. 2. c) cc).

seine innere Dimension nicht uneingeschränkt.[287] Insbesondere die Auslegung des Rechts auf innere Selbstbestimmung im Sinne des Demokratieprinzips[288] stößt nicht selten auf Widerspruch in der Völkerrechtslehre[289] und in der Staatspraxis.[290] Die Existenz einer dem Volk[291] zukommenden völkerrechtlichen Befugnis zur Schaffung einer Verfassung und die Bedingungen, unter denen diese Befugnis zur Verfassunggebung ausgeübt werden darf, sind deswegen nicht ohne Zweifel. Des weiteren ist daran zu erinnern, daß die Frage, ob ein aus dem Selbstbestimmungsrecht resultierendes Recht auf Verfassunggebung auch bei bestehender Verfassung zu neuerlicher Verfassungschöpfung und damit gleichzeitig zur Beseitigung der bisherigen Verfassung berechtigt, in der Literatur explizit nicht beantwortet wird.[292] Vor diesem Hintergrund bleibt offen, ob Verfassunggebung bei bestehender Verfassung[293] tatsächlich uneingeschränkt völkerrechtlich erlaubt sein soll.

(b) Das völkerrechtliche Recht auf Verfassunggebung
im Lichte eines dualistischen Verständnisses von völker-
rechtlicher und staatlicher Rechtsordnung

Selbst wenn eine unbeschränkte völkerrechtliche Befugnis zu neuerlicher Verfassunggebung existierte, wäre zu bedenken, daß Völkerrecht und nationales Recht nach dem in Lehre und Staatspraxis herrschenden (gemäßigt) dualistischen Verständnis, dem hier gefolgt werden soll, *zwei verschiedene Rechtsordnungen* bil-

---

[287] So wird des öfteren betont, primär sei das Selbstbestimmungsrecht nach außen gerichtet und garantiere Freiheit von Beeinflussung durch andere Völker bzw. Staaten; so z.B. *Rumpf*, Selbstbestimmungsrecht, S. 47 (49); *E. Klein*, deutsche Frage, S. 43. Insbesondere im Hinblick auf Betätigungen des Selbstbestimmungsrechts dem eigenen Staat gegenüber und damit im Sinne eines Sezessionsrechts werden Vorbehalte angemeldet; vgl. *E. Klein*, Selbstbestimmungsrecht, S. 107 (113ff, 117); *Oeter*, ZaöRV 52 (1992), 741 (753ff, besonders 763).

[288] In diesem Sinne etwa *Hillgruber/Kempen*, ROW 33 (1989), 323 (325ff), m.w.N.

[289] Kritisch beispielsweise *Murswiek*, Staat 23 (1984), 523 (534); *Doehring*, Selbstbestimmungsrecht, S. 61 (61f).

[290] Vgl. die Nachweise bei *Oeter*, ZaöRV 52 (1992), 741 (760). ·

[291] Problematisch ist im übrigen auch die Frage, was im einzelnen unter »Volk« als Träger des Selbstbestimmungsrechts zu verstehen ist. Diese Frage ist im völkerrechtlichen Schrifttum höchst umstritten; vgl. dazu *Rumpf*, Selbstbestimmungsrecht, S. 47ff; *E. Klein*, deutsche Frage, S. 37ff; *Murswiek*, Staat 23 (1984), 523 (525ff, 538f); *Hillgruber/Kempen*, ROW 33 (1989), 323 (324f); *Alvarez*, S. 101f; *Storr*, S. 135ff. Die Auffassungsunterschiede hängen nicht zuletzt damit zusammen, daß »Völker« nicht zu den allgemein anerkannten Völkerrechtssubjekten (z.B. Staaten, internationale Organisationen) zählen (vgl. aber *E. Klein*, deutsche Frage, S. 41f) und insbesondere unklar ist, ob auch Individuen oder eine Gesamtheit von Individuen Träger völkerrechtlicher Rechte sein können. Ferner wäre die schwierige Frage zu lösen, ob sich ein Volk auch gegenüber seinem eigenen Staat auf das Selbstbestimmungsrecht berufen kann; vgl. dazu *E. Klein*, Selbstbestimmungsrecht, S. 107 (113ff); *Hillgruber/Kempen*, ROW 33 (1989), 323 (325ff); *Oeter*, ZaöRV 52 (1992), 741 (753ff); *Alvarez*, S. 107.

[292] S.o. D. II. 2. a) cc) (2) (a) (aa).

[293] Zu den verschiedenen Konstellationen der Verfassunggebung s.o. D. II. 1.

den.[294] Völkerrecht und innerstaatliches Recht sind nicht Teile einer einheitlichen Rechtsordnung, in der ersteres dem letzteren normhierarchisch übergeordnet ist, sondern grundsätzlich voneinander unabhängig. Sie bestehen nebeneinander und unterscheiden sich vor allem hinsichtlich ihrer Regelungsmaterien, ihrer Struktur, ihres Geltungsgrundes und hinsichtlich der von ihnen erfaßten Rechtssubjekte.[295] Die Autonomie beider Rechtsordnungen hat zur Folge, daß die Geltung des staatlichen Rechts nicht aus derjenigen des Völkerrechts abgeleitet werden kann.[296] Es besteht auch kein Vorrang des Völkerrechts gegenüber dem innerstaatlichen Recht in dem Sinne, daß letzteres im Falle seiner Unvereinbarkeit mit völkerrechtlichen Vorschriften unwirksam ist.[297] Vielmehr bleibt es den Staaten überlassen, ihr Recht völkerrechtskonform auszugestalten. Kommen sie dieser Verpflichtung nicht nach, so zeitigt dies grundsätzlich allein völkerrechtliche Rechtsfolgen.[298]

Vor diesem Hintergrund erscheint es als ausgeschlossen, die Geltung der Verfassung eines Staates auf eine völkerrechtliche Rechtsgrundlage zurückzuführen, hieße dies doch, die Geltung der einen (nationalen) Rechtsordnung mit der Geltung der anderen (völkerrechtlichen) Rechtsordnung zu begründen und damit die grundsätzliche Trennung beider Rechtssysteme aufzuheben. Nach dem dualistischen Ansatz kann ein rechtlicher Ableitungszusammenhang zwischen Völkerrecht und Verfassungsrecht nicht bestehen.[299] Wenn Völkerrecht und nationales Recht als prinzipiell voneinander unabhängige Rechtskreise gedacht werden, hat dies ferner Konsequenzen für die Rechtsfolgen von Völkerrechtsverstößen: Die Mißachtung völkerrechtlicher Vorgaben für die Verfassunggebung[300] führt nicht ipso iure zur innerstaatlichen Nichtigkeit der entsprechenden Verfassung

---

[294] Vgl. dazu und zum folgenden *Doehring*, Völkerrecht, Rdnr. 697, 701ff; *ders.*, AStL, Rdnr. 27; *Kimminich/Hobe*, Völkerrecht, Kap. 6.1.4 (S. 224ff); *Schweitzer*, Rdnr. 31ff, 38; *Schmalz*, Staatsrecht, Rdnr. 890; *Tosch*, S. 92f. Eindeutig auch der Zweite Senat des Bundesverfassungsgerichts in seinem Beschluß vom 14. Oktober 2004 – 2 BvR 1481/04 – unter Gliederungspunkt C. I. 1. b): »Dem Grundgesetz liegt deutlich die klassische Vorstellung zugrunde, daß es sich bei dem Verhältnis des Völkerrechts zum nationalen Recht um ein Verhältnis zweier unterschiedlicher Rechtskreise handelt (...)«.

[295] So *Schweitzer*, Rdnr. 31; *Schmalz*, Staatsrecht, Rdnr. 872ff; auch *E. Klein*, deutsche Frage, S. 92f.

[296] Deutlich *Seidl-Hohenveldern/Stein*, Rdnr. 539.

[297] Diese Auffassung vertreten im übrigen nicht nur die Anhänger der dualistischen Theorie, sondern auch die Befürworter des gemäßigten Monismus; vgl. dazu *Doehring*, Völkerrecht, Rdnr. 698ff; *Seidl-Hohenveldern/Stein*, Rdnr. 545ff.

[298] Dazu und zu der Art völkerrechtlicher Rechtsfolgen (z.B. Retorsion, Repressalie) *Doehring*, Völkerrecht, Rdnr. 29f, 701ff; *Kimminich/Hobe*, Völkerrecht, Kap. 6.1.4 (S. 226ff); *Seidl-Hohenveldern/Stein*, Rdnr. 549ff, 1775ff; *Kunig*, Rdnr. 33, 35, 43f; *Schröder*, Rdnr. 99ff.

[299] Gegen eine Rückführung der Verfassungsgeltung auf das Völkerrecht deshalb *Tosch*, S. 92f, 87, 80f; *Isensee*, Mythos, S. 16.

[300] Zu derartigen Vorgaben oben B. II. 5. a) aa) und b) bb).

oder einzelner ihrer Normen.[301] Umgekehrt gilt, daß die Völkerrechtskonformität der Verfassungschöpfung ausschließlich ein völkerrechtliches Dürfen, nicht aber eine auch innerstaatliche Befugnis zur Folge hat. Vielmehr sind Divergenzen zwischen völkerrechtlicher und staatsrechtlicher Rechtslage denkbar: Verfassunggebung kann völkerrechtlich erlaubt, innerstaatlich aber von der bestehenden Verfassung verboten sein.[302]

Aus den vorstehenden Überlegungen ergibt sich, daß die Existenz eines völkerrechtlichen Rechts auf Verfassunggebung für die hiesige Aufgabenstellung ohne Belang ist. Ein solches Recht bezöge sich nicht auf die innerstaatliche Rechtslage, die im Rahmen der vorliegenden Arbeit allein ausschlaggebend ist. Die Maßstäblichkeit der staatlichen Rechtsordnung ergibt sich daraus, daß das Recht zur Verfassungsrevision auf einer verfassungsrechtlichen und damit innerstaatlichen Ermächtigung beruht. Die Abgrenzung von Verfassungsänderung und Verfassunggebung muß deswegen aus dem Blickwinkel derselben, also der nationalen Rechtsordnung geschehen. Anderenfalls würde die Verfassungsänderung als Rechtsinstitut des nationalen Rechts in Relation zur Verfassunggebung als einer Rechtsfigur des Völkerrechts gesetzt. Damit würde nicht nur die Autonomie beider Rechtsordnungen mißachtet, sondern auch verunklart, daß neues Verfassungsrecht innerstaatlich regelmäßig allein im Wege der Verfassungsrevision erzeugt werden darf[303], während Verfassunggebung aus Sicht des staatlichen Rechts überhaupt *kein Vorgang mit Rechtsqualität* ist.[304]

(2) Völkerrechtliche Bindungen des pouvoir constituant

Ungeachtet der Autonomie von völkerrechtlicher und staatlicher Rechtsordnung unterliegt die verfassunggebende Gewalt bei der Verfassungschöpfung völkerrechtlichen Bindungen.[305] Diese sind freilich *rein völkerrechtlicher Natur* und

---

[301] Dazu allgemein *Doehring*, Völkerrecht, Rdnr. 701; *Seidl-Hohenveldern/Stein*, Rdnr. 545ff, 549ff; *Kimminich/Hobe*, Völkerrecht, Kap. 6.1.3 und 6.1.4 (S. 224ff); *Kunig*, Rdnr. 30, 33, 43.

[302] Das Auftreten einer solchen Divergenz zwischen völkerrechtlicher und staatsrechtlicher Rechtslage kann wegen der grundsätzlichen Trennung beider Rechtskreise in vielen Fällen nicht von vornherein ausgeschlossen werden. Verdeutlichen läßt sich dies am Beispiel der rechtlichen Zulässigkeit des Einsatzes militärischer Streitkräfte: Da sich diese einerseits anhand innerstaatlichen Rechts und andererseits am Maßstab des Völkerrechts beurteilen läßt, kann es zu Abweichungen bei der Beurteilung ihrer Rechtmäßigkeit kommen: Völkerrechtlich zulässige militärische Maßnahmen müssen staatsrechtlich nicht unbedingt erlaubt sein; umgekehrt ist nicht jede verfassungsrechtlich zugelassene Militäraktion notwendigerweise völkerrechtskonform. Zu solchen Divergenzen auch *Doehring*, Völkerrecht, Rdnr. 698.

[303] Zum Sonderfall der erlaubten Verfassungsablösung s.u. D. III. 3. b).

[304] Dies ergibt sich daraus, daß einerseits weder eine Verfassung noch naturrechtliche Normen als rechtliche Ermächtigungsgrundlage für Akte des pouvoir constituant in Betracht kommen, und daß andererseits verfassunggeberische Akte mit Verbindlichkeit auch dem pouvoir constituant gegenüber rechtlich nicht verboten werden können; dazu oben D. II. 3. b) aa) und bb) sowie 3. a).

[305] Vgl. in diesem Zusammenhang auch *Isensee*, Mythos, S. 15f, der zwar dem Völkerrecht die

grundsätzlich ohne Einfluß auf das nationale Recht. Ihre Nichtbeachtung hat regelmäßig ausschließlich völkerrechtliche Rechtsfolgen.[306] Vorgaben für die Verfassungschöpfung können sich zum einen aus *völkerrechtlichen Verträgen* ergeben. Zu erwähnen sind vor allem vertragliche Menschenrechtspakte wie der Internationale Pakt über bürgerliche und politische Rechte, der Internationale Pakt über wirtschaftliche, soziale und kulturelle Rechte sowie die Europäische Menschenrechtskonvention.[307] Ebenso begründet die Mitgliedschaft in internationalen Organisationen wie den Vereinten Nationen oder in der Europäischen Union Verpflichtungen, die sich auch auf das Verfahren der Verfassungschöpfung und den Verfassungsinhalt beziehen können.[308] Allerdings sind derartige Verpflichtungen nur für diejenigen Staaten verbindlich, die den jeweiligen völkerrechtlichen Vertrag unterzeichnet haben. Ferner ist zu berücksichtigen, daß manche völkerrechtlichen Verträge die Möglichkeit zur Kündigung eröffnen[309], so daß sich die Staaten ihren vertraglich begründeten Verpflichtungen auch wieder entziehen können.[310]

Völkerrechtliche Bindungen des pouvoir constituant können zum anderen auch unabhängig von einem Vertragsschluß bestehen. Zu denken ist diesbezüglich insbesondere an zwingende völkergewohnheitsrechtliche Rechtssätze (*ius cogens*).[311] Diese Rechtsnormen, zu denen vor allem ein fundamentaler Grundbestand an Menschenrechten zählt[312], dürfen weder völkervertragsrechtlich abbedungen[313] noch außervertraglich beeinträchtigt werden. Ein Verstoß gegen derartige Normen durch Nichtbeachtung bei der Verfassungschöpfung kann als erga

---

Eigenschaft als Geltungsgrund der Verfassung abspricht, gleichwohl aber die Existenz völkerrechtlicher Bindungen der verfassunggebenden Gewalt anerkennt. *Isensee* macht auf diese Weise deutlich, daß es sich bei den Fragen nach einem evtl. rechtlichen Ursprung der Verfassungsgeltung und nach dem Bestehen rechtlicher Bindungen des pouvoir constituant um zwei voneinander zu trennende Problemfelder handelt. Zur völkerrechtlichen Gebundenheit der verfassunggebenden Gewalt auch schon oben B. II. 5. b) bb).

[306] Vgl die Nachweise in Fn. 298 im vorangegangenen Abschnitt.

[307] Zu diesen Menschenrechtspakten schon oben B. II. 2. c) cc) Fn. 98) sowie 5. b) bb) Fn. 236. Vgl. ferner *Alvarez*, S. 108ff.

[308] Deutlich *Stückrath*, S. 310; *Häberle*, Verfassungslehre, S. 190.

[309] Vgl. beispielsweise Art. 58 EMRK.

[310] Vgl. *Stückrath*, S. 310; *Alvarez*, S. 110f.

[311] Zur Unterscheidung zwischen dispositivem und zwingendem Völkerrecht vgl. *Kimminich/Hobe*, Völkerrecht, Kap. 4.1 (S. 173ff); *Doehring*, Völkerrecht, Rdnr. 298ff, 985ff; *Uerpmann*, JZ 2001, 565 (571).

[312] *Doehring*, Völkerrecht, Rdnr. 21, 703, 974, 986ff; *Kimminich/Hobe*, Völkerrecht, Kap. 4.1 (S. 174); *Alvarez*, S. 108; *Dreier*, DVBl. 1999, 667 (673); *Uerpmann*, JZ 2001, 565 (571f). Genannt werden etwa das Recht auf Leben und Freiheit der Person, das Folterverbot, das Gebot, vor einer Verurteilung ein ordentliches Gerichtsverfahren durchzuführen, sowie das Gebot, niemanden wegen Religion, Rasse oder Geschlecht zu diskriminieren.

[313] Ein gegen zwingende Normen verstoßender völkerrechtlicher Vertrag ist nichtig, vgl. Art. 53, 64 des Wiener Übereinkommens über das Recht der Verträge vom 21. März 1986, BGBl. 1990 II S. 1414.

omnes wirkendes »international crime« bewertet werden, gegen das sich alle Völkerrechtssubjekte mit völkerrechtlichen Mitteln wehren können.[314]

(3) Resümee

Wie sich ergeben hat, ist es in dem hier interessierenden Zusammenhang ohne Bedeutung, ob aus dem völkerrechtlichen Selbstbestimmungsrecht tatsächlich eine Befugnis des Volkes zur Verfassunggebung abgeleitet werden kann. Selbst wenn es eine solche gäbe, wäre die Gültigkeit dieser Erlaubnis auf eine andere als die hier ausschlaggebende staatliche Rechtssphäre beschränkt. Völkerrechtliche Vorgaben für die Verfassungschöpfung bestehen zwar, doch zeitigt ihre Nichtbeachtung allein völkerrechtliche Rechtsfolgen.

c) Ergebnis

Die Substituierung einer bestehenden Verfassung durch eine neue Verfassung kann nicht auf eine wie auch immer geartete rechtliche Ermächtigung zurückgeführt werden. Verfassunggebung ist insofern rechtlich nicht erlaubt.[315] Gleichzeitig sind verfassunggeberische Akte allerdings auch nicht in einer für den pouvoir constituant verbindlichen Weise rechtlich verboten. Zwar stellt die Verfassungsrevision regelmäßig den rechtlich einzig zulässigen Weg zur Schaffung neuen Verfassungsrechts dar, während Verfassunggebung üblicherweise verfassungswidrig und verboten ist. Jedoch eignet einem verfassungsrechtlichen Verbot neuerlicher Verfassunggebung ein nur deklaratorischer Charakter, weil die verfassunggebende Gewalt rechtlich nicht an die Festlegungen einer bestehenden Verfassung gebunden ist.[316] Von der Existenz eines überpositiven Verbots neuerlicher Betätigungen des pouvoir constituant kann ebenfalls nicht ausgegangen werden.

Verfassunggeberische Akte sind demnach weder (mit konstitutiver Wirkung) rechtlich erlaubt noch dem pouvoir constituant in rechtsverbindlicher Weise verboten. Verfassunggebung vollzieht sich nicht in Ausübung einer rechtlichen Ermächtigung, sondern – aus der Perspektive der staatlichen Rechtsordnung betrachtet – als politisch-faktisches Phänomen bar jeglicher rechtlicher Bindung in bezug auf Subjekt, Verfahren der Verfassungschöpfung und Verfassungsinhalt. Einer rechtlichen Bewertung sind Betätigungen der verfassunggebenden Gewalt insofern nicht zugänglich.[317] Wohl aber unterliegt der pouvoir constituant außer-

---

[314] Zu den Rechtsfolgen außervertraglicher Verstöße gegen zwingendes Recht vgl. *Doehring*, Völkerrecht, Rdnr. 301, 975, 983; *Kimminich/Hobe*, Völkerrecht, Kap. 4.1 (S. 174); *Schröder*, Rdnr. 16ff.

[315] Außer Betracht bleibt bei dieser Aussage aus den vorstehend dargelegten Gründen ein etwaiges völkerrechtliches Recht auf Verfassunggebung.

[316] Unbestritten ist dagegen, daß es den Staatsorganen als konstituierten Organen kraft ihrer Verfassungsbindung untersagt ist, an verfassungswidrigen verfassunggeberischen Akten in irgendeiner Weise mitzuwirken; dazu sogleich unter D. III. 1. a) aa).

[317] So auch *Burckhardt*, Organisation, S. 212, m.w.N.; *ders.*, Kommentar, Art. 1 II. 2. (S. 6);

rechtlichen Bindungen, deren Wirkkraft nicht unterschätzt werden darf. Diesbezüglich ist vor allem der Einfluß der zur Zeit der Verfassungschöpfung obwaltenden Legitimitätsvorstellungen zu erwähnen.[318] Zusätzlich besteht die völkerrechtliche Verpflichtung zur Beachtung insbesondere eines Kerngehalts an Menschenrechten.

III. Die Zuordnung von Verfassunggebung und Verfassungsänderung – Entwicklung einer Lösung

Eine Verfassung vermag keine für den pouvoir constituant verbindlichen Regelungen zu treffen. Eine bestehende Verfassung kann künftige verfassunggeberische Akte rechtlich genauso wenig untersagen wie faktisch verhindern. Sobald eine Situation entsteht, die dazu Anlaß gibt, kann der pouvoir constituant politisch-faktisch eine neue Verfassung ins Werk setzen und die bis dato geltende Verfassung aufheben, auch wenn diese ihr eigenes Außerkrafttreten nicht vorsieht.[319] Für die Verfassunggebung als außerrechtlichen Vorgang zählt somit, sofern völkerrechtliche Implikationen außer Betracht bleiben, allein die Perspektive des politisch-faktisch Möglichen. Deshalb ist *Henke* zuzustimmen, wenn er äußert:

»Die eigentümlichen Kategorien der Verfassunggebung sind ›Gelingen‹ oder ›Scheitern‹.«[320]

Auch vor diesem Hintergrund sind verfassungsrechtliche Bestimmungen, welche die künftige Erzeugung von Verfassungsrecht betreffen, d.h. vor allem Revisionsnormen, jedoch nicht ohne Sinn (1).[321] Darüber hinaus hängt es von der Existenz,

---

Haug, S. 89 ff, 156 f, 160; *H. Götz*, NJW 1958, 1020 (1021 f); *Henke*, verfassunggebende Gewalt, S. 11 f, 32, 209; *ders.*, Staat 19 (1980), 181 (198 f, 209); *ders.*, Staat 31 (1992), 264 (269 f, 276 ff); *Storr*, S. 51; *Roellecke*, JZ 1992, 929 (933); *Kaufmann*, Staat 36 (1997), 521 (524); *Magiera*, Wiedervereinigung, S. 141 (144); *Isensee*, Mythos, S. 14 ff, 79; *ders.*, HStR VII, § 166 Rdnr. 46. Weitere Nachweise oben im Abschnitt B. II. 2.

[318] Zur Bindung des pouvoir constituant an die zur Zeit der Verfassungschöpfung aktuellen Legitimitätsvorstellungen siehe vor allem oben B. II. 2. d) cc); 3. c); 4. b) bb); 5. a) cc) sowie b) ff); ferner oben D. II. 2. a) cc) (1). Siehe auch noch unten D. III. 1. a) dd), b) aa) und bb).

[319] Diese Konstellation soll den weiteren Ausführungen zunächst zugrunde gelegt werden, bevor an späterer Stelle (s.u. D. III. 3. b)) auf den Sonderfall verfassungsrechtlicher Ablösungsklauseln eingegangen wird, in dem die Ablösung der bisherigen durch eine neue Verfassung ausnahmsweise erlaubt ist.

[320] So *Henke*, Staat 19 (1980), 181 (209).

[321] Im Schrifttum ist die These von der permanenten politisch-faktischen Möglichkeit neuerlicher Verfassunggebung vielfach mißverstanden worden. So äußert etwa *Stern* I, S. 153, im Zusammenhang mit der entsprechenden Theorie *Schmitts*: »Mit dieser Lehre ist jede Regelung einer Verfassungsänderung in der Verfassung überrollbar. Ihre Schrankenziehung wird sinnlos. Diese Theorie kann so zur Legalisierung jeder Revolution dienen. Sie setzt das Dezisionistische über das Rechtliche.« Diese Aussage ist in doppelter Hinsicht unrichtig. Erstens: Von einer *Legalisierung* der Revolution kann keine Rede sein, weil mit der These von der politisch-faktischen Per-

Art und Ausgestaltung dieser Bestimmungen ab, ob sich Verfassunggebung und Verfassungsänderung in einer konkreten Verfassungsordnung überhaupt voneinander unterscheiden lassen und mit welchem Grad an Eindeutigkeit dies der Fall ist (2, 3 und 4). Im Anschluß an die Begründung dieser These soll versucht werden, die theoretische Differenzierung zwischen Verfassunggebung und Verfassungsänderung unter Zuhilfenahme der Unterscheidung zwischen Begriff und Typus näher zu charakterisieren (5).

1. Die Funktion verfassungsrechtlicher Festlegungen im Hinblick auf künftige Betätigungen der verfassunggebenden Gewalt

Wenn eine Verfassung Bestimmungen über die Verfassungsrevision enthält, was heute fast ausnahmslos der Fall ist, und dadurch die Möglichkeit einer Weiterentwicklung des verfassungsrechtlichen Normenbestandes im Rahmen der geltenden Verfassungsordnung eröffnet, kann dies als sicheres Indiz dafür gewertet werden, daß die Erzeugung neuen Verfassungsrechts auf einem anderen als dem in der Verfassung vorgezeichneten Wege *verfassungsrechtlich verboten* ist.[322] Insofern erhebt eine Verfassung in der Tat Anspruch auf Geltung auch in der Verfassungsfrage selbst.[323] Diesen Anspruch kann eine Verfassung mangels Verbindlichkeit gegenüber der verfassunggebenden Gewalt zwar letztlich nicht durchsetzen.[324] Ein verfassungsrechtliches Verbot neuerlicher Verfassunggebung bleibt aber gleichwohl nicht ohne jeden Einfluß auf den pouvoir constituant, sondern kann künftige verfassunggeberische Akte rechtlich erschweren (a). Darüber hinaus kann eine Verfassung Vorkehrungen treffen, um ein Tätigwerden des pouvoir constituant von Anfang an zu vermeiden bzw. praktisch unnötig zu machen (b). Auf diese Weise wird versucht, die verfassunggebende Gewalt an der bisherigen Verfassung festzuhalten, also trotz fehlender Verfassungsbindung zur Beachtung

---

manenz der verfassunggebenden Gewalt keine Aussage über das rechtliche Erlaubtsein neuerlicher Verfassunggebung verbunden ist. Vielmehr hat auch *Schmitt* eingeräumt, daß neuerliche Verfassunggebung aus der – freilich nicht maßgeblichen – Sicht der geltenden Verfassung verfassungswidrig und damit »illegal« sei; vgl. *Schmitt*, Verfassungslehre, S. 93, sowie oben D. II. 3. a) aa) (1) (a) mit weiterem Verweis. Und zweitens: Richtig ist zwar, daß die Regelungen über die Verfassungsänderung durch Revolution überrollbar sind – eine Möglichkeit, die *Stern* I, S. 153, im übrigen selbst anerkennen muß und die auch im Rahmen seiner eigenen Theorie (dazu oben D. II. 2. c) cc) (2)) nicht ausgeschlossen ist. *Sinnlos* werden sie dadurch jedoch keineswegs, wie sich aus den folgenden Ausführungen (D. III. 1.) ergibt.

[322] Siehe bereits oben D. II. 1. b) bb) und cc); 2. d) bb); 3. a) aa) (1) (a) u.ö. Teilweise ist in diesem Kontext davon die Rede, die Verfassung enthalte ausdrücklich oder implizit ein »Revolutionsverbot«, so z.B. bei *Alvarez*, S. 116; *Isensee*, Mythos, S. 31; *Bryde*, S. 240; *Jellinek*, Grenzen, S. 15; *Dreier*, JZ 1994, 741 (749).

[323] So *Bartlsperger*, DVBl. 1990, 1285 (1299).

[324] Daß Verfassungsnormen kein taugliches Abwehrmittel gegen revolutionäre Umbrüche darstellen und den revolutionären Ernstfall nicht ausschließen können, stellt *Dreier*, JZ 1994, 741 (746), besonders heraus.

der Verfassung zu bewegen (c). Ähnlich wie die Festlegungen einer geltenden Verfassung können sich trotz ihrer rechtlichen Unverbindlichkeit für den pouvoir constituant auch vorkonstitutionelle Normen auswirken. Auf ihre Bedeutung für den Prozeß der Verfassungschöpfung wird abschließend einzugehen sein (d).

a) Die verfassungsrechtliche Erschwerung künftiger verfassunggeberischer Akte

aa) Das Verbot der Mitwirkung von pouvoirs constitués an verfassunggeberischen Akten

Auch wenn ein verfassungsrechtliches Verbot neuerlicher Verfassunggebung *gegenüber der verfassunggebenden Gewalt* rechtlich unverbindlich ist, weil eine Konstitutionalisierung der verfassunggebenden Gewalt jenseits des rechtlich Möglichen liegt[325], behält es doch seine Bedeutung im Hinblick auf die *Organe der verfaßten Gewalt*: Diese dürfen aufgrund ihrer Verfassungsbindung nur den Vorgaben der Verfassung entsprechend agieren.[326] Neues Verfassungsrecht dürfen sie deshalb nur nach Maßgabe der Revisionsklausel erzeugen[327], während ihnen die Mitwirkung an verfassunggeberischen Akten – in welcher Form auch immer – rechtlich verboten ist.[328] Dieses Verbot beruht darauf, daß die vom pouvoir constituant in der Verfassung definierte Legalität der allein verbindliche Handlungsmaßstab für die pouvoirs constitués ist.[329] Auf eine Unterstützung ihrer Aktivitäten durch die verfaßten Gewalten kann die verfassunggebende Gewalt infolgedessen nicht zählen.[330]

bb) Die Verpflichtung der pouvoirs constitués zur Bekämpfung verfassunggeberischer Akte

Es ist das besondere Verdienst *Murswieks*, einen weiteren Wirkungsaspekt verfassungsrechtlicher Verbote verfassunggeberischer Akte herausgearbeitet zu haben: Er interpretiert die der Stabilisierung der Verfassungsgeltung dienenden, gegenüber der verfassunggebenden Gewalt aber rechtlich wirkungslosen Verfassungsbestimmungen nicht nur in dem dargestellten Sinne als »rechtlich verbindliche Normen, die an die pouvoirs constitués gerichtet sind«[331], sondern entnimmt ihnen darüber hinaus die Verpflichtung der verfaßten Gewalten, den pouvoir con-

---

[325] S.o. D. II. 3. a) aa) (2).
[326] S.o. A. III. 3. b) und c). Vgl. ferner *Stückrath*, S. 221.
[327] S.o. C. II. 2. und 5. a).
[328] So insbesondere *Maunz*, DÖV 1953, 645 (646f); *Gutmann*, S. 100f; *Alvarez*, S. 115; *Murswiek*, verfassunggebende Gewalt, S. 190; *Heckmann*, DVBl. 1991, 847 (851). Vgl. auch *Steiner*, S. 214ff, m.w.N.
[329] Vgl. *Murswiek*, verfassunggebende Gewalt, S. 190.
[330] Vgl. aber auch unten E. IV. 2. zur Mitwirkung von besonderen Organen am Prozeß der Verfassunggebung.
[331] *Murswiek*, verfassunggebende Gewalt, S. 212.

stituant so zu behandeln, als sei er an die Verfassung gebunden.[332] *Murswiek* begründet dies damit, daß sich das Handeln des pouvoir constituant zwar jenseits der Kategorie der Legalität bzw. Illegalität vollziehe[333], der Verfassunggeber aber dennoch nicht gehindert sei, sein künftiges Handeln in der Verfassung als »legal« oder »illegal« zu charakterisieren. Für die pouvoirs constitués seien solche Charakterisierungen verbindliche Handlungsanweisungen; sie müßten deshalb alles daran setzen, verfassungswidrige Aktionen des pouvoir constituant zu *unterbinden* bzw. zu *bekämpfen*[334]:

> »Der Verfassunggeber hat in der Verfassung angeordnet, daß die verfaßten Gewalten eine Verfassungsbeseitigung – auch durch das Volk – verhindern sollen.«[335]

Nach der überzeugenden Argumentation *Murswieks* nimmt die Verfassung die Organe der verfaßten Gewalt in die Pflicht, die geltende Verfassungsordnung gegen Bestrebungen zu verteidigen, die deren Überwindung zum Ziel haben.[336] Für das Verfassungssystem des Grundgesetzes bedeutet dies etwa, daß auf Bestrebungen zur Beseitigung der verfassungsmäßigen Ordnung mit den Instrumenten der streitbaren Demokratie zu reagieren wäre[337], und daß darüber hinaus für den Fall des Versagens dieser Instrumente jedem einzelnen Bürger ein Recht zum Widerstand gegen die Umstürzler zustünde (Art. 20 Abs. 4 GG).[338] Damit ist den Verfassungsorganen im Ergebnis nicht nur die Mitwirkung an verfassunggeberischen

---

[332] Vgl. *Murswiek*, verfassunggebende Gewalt, S. 189, 212, 234f, auch zum folgenden.

[333] Siehe bereits oben D. I. 2. c).

[334] So *Murswiek*, verfassunggebende Gewalt, S. 235; *Kirchhof*, HStR I, § 19 Rdnr. 40; wohl auch *Bryde*, S. 227, 251, allerdings mit der Einschränkung, dies gelte nur für die Verhinderung eines revolutionären Umsturzes, nicht aber für die nach *Brydes* Überzeugung nach mögliche Konstellation einer durch vorherige Verfassungsänderung erlaubten Verfassunggebung.

[335] *Murswiek*, verfassunggebende Gewalt, S. 235. Die hier wiedergegebene Argumentation zur Bedeutung eines verfassungsrechtlichen Verbots verfassunggeberischer Akte für die verfassunggebende Gewalt steht bei *Murswiek* zwar im Kontext der Annahme einer überpositiven Befugnis zur Verfassunggebung. Insofern muß *Murswiek* nachweisen, daß die auf eine Beschränkung dieser überpositiven Befugnis gerichteten verfassungsrechtlichen Bestimmungen trotz der Höherrangigkeit jener Befugnis und ihrer u. a. daraus resultierenden rechtlichen Unverbindlichkeit für den pouvoir constituant überhaupt eine rechtliche Bedeutung haben. Und dies gelingt ihm mittels der oben wiedergegebenen Argumentation. Die Stichhaltigkeit seiner Argumentation ist jedoch nicht durch die Annahme eines überpositiven Rechts auf Verfassunggebung bedingt; denn auch wenn der Akt der Verfassunggebung – wie hier – als außerrechtlicher, politisch-faktischer Vorgang betrachtet wird, werden durch die Verfassung rechtliche Pflichten der Staatsorgane begründet, so daß einer Übernahme dieser Konstruktion nichts im Wege steht.

[336] *Kirchhof*, HStR I, § 19 Rdnr. 40, bezeichnet dies treffend als »Stabilisierungsauftrag an die verfaßten Organe«.

[337] Zu erwähnen sind in diesem Zusammenhang insbesondere die Möglichkeit der Grundrechtsverwirkung (Art. 18 GG), des Parteiverbots (Art. 21 Abs. 2 GG), des Vereinsverbots (Art. 9 Abs. 2 GG), des Einsatzes von Kräften der Polizei oder des Bundesgrenzschutzes (Art. 91 GG) und der Einsatz nachrichtendienstlicher Mittel. Zu letzterem und allgemein zur wehrhaften Demokratie des Grundgesetzes ausführlich *Becker*, HStR VII, § 167 Rdnr. 1ff, 49ff; *Denninger*, HbVerfR, § 16 Rdnr. 1ff, 43ff.

[338] Dazu im einzelnen *Dolzer*, HStR VII, § 171 Rdnr. 1ff, 22ff.

Akten nicht erlaubt, sondern sogar die Abwehr entsprechender Bestrebungen zur Aufgabe gemacht.

cc) Die Erschwerung künftiger Verfassunggebung durch Abdrängung in den Bereich der konstitutionellen Illegalität

Wie sich anhand des Mitwirkungsverbotes, der Pflicht der Verfassungsorgane zur Verteidigung der Verfassung und anhand der eventuellen Aktivierung eines verfassungsrechtlichen Widerstandsrechts exemplarisch belegen läßt, bleibt das Ausbrechen verfassunggeberischer Akte aus dem verfassungsrechtlichen Legalitätssystem nicht gänzlich ohne rechtliche Folgen. Zwar zeitigt die Verfassungswidrigkeit bzw. – in der schon oben verwendeten Terminologie[339] – die konstitutionelle Illegalität verfassunggeberischer Akte keine unmittelbaren rechtlichen Konsequenzen für den pouvoir constituant, weil dieser nicht an die Verfassung gebunden ist, sondern durch einen neuerlichen verfassunggeberischen Akt die bestehende Rechtsordnung hinter sich läßt und eine neue Legalität begründet. Eine Verfassung kann neuerliche Verfassunggebung also rechtlich zwar nicht unterbinden. Was sie aber kann, ist derartige Bestrebungen durch das *Abdrängen in die konstitutionelle Illegalität*[340] so weit wie möglich rechtlich zu *erschweren*.[341] Weil dies u. a. dadurch geschieht, daß den Staatsorganen die Gegenwehr zur Pflicht gemacht wird, muß sich die verfassunggebende Gewalt zunächst gegenüber dem von ihr selbst geschaffenen System faktisch durchsetzen, bevor sie eine neue Verfassung zu inaugurieren vermag.[342] Mit den Worten *Böckenfördes*:

---

[339] S. o. D. I. 2. d), auch zum folgenden.

[340] In diesem Sinne *Herzog*, AStL, S. 319; *Kirchhof*, HStR I, § 19 Rdnr. 34, 40; *Schneider*, HStR VII, § 158 Rdnr. 40f; *Kaufmann*, Staat 36 (1997), 521 (525); vgl. auch *Böckenförde*, verfassunggebende Gewalt, S. 90 (101, 105); *Isensee*, HStR VII, § 166 Rdnr. 18, 66ff; *ders.*, Mythos, S. 37; *Murswiek*, verfassunggebende Gewalt, S. 189f, 235ff; *Henke*, verfassunggebende Gewalt, S. 138. Insbesondere vor dem Hintergrund der den Mitgliedern des Parlamentarischen Rates noch überaus präsenten Machtergreifung durch die Nationalsozialisten im Jahre 1933 wurde bei der Schaffung des Grundgesetzes besonderer Wert darauf gelegt, »einer Revolution die Maske der Legalität zu nehmen« und sie dadurch rechtlich zu erschweren; vgl. Abg. Dr. *Dehler*, 36. Sitzung des Hauptausschusses am 12. Januar 1949, Sten. Ber. S. 454, sowie *Henke*, verfassunggebende Gewalt, S. 138, *Kirchhof*, HStR I, § 19 Rdnr. 34, und M/K/S/*Hain*, Art. 79 Rdnr. 30, jeweils m. w. N. Erhellend in diesem Kontext auch die Begründung des Allgemeinen Redaktionsausschusses zu Art. 79 Abs. 3 GG: »Eine revolutionäre Bewegung kann gegebenenfalls auch neues Recht schaffen, aber sie soll nicht imstande sein, eine ihr selbst fehlende Legitimität und Rechtsqualität – z. B. infolge Mangels jedes Rechtsgedankens – zu ersetzen durch Berufung auf ihr äußerlich ›legales‹ Zustandekommen« (zitiert nach M/D/*Maunz/Dürig*, Art. 79 Rdnr. 28).

[341] Deutlich bereits *Maunz*, DÖV 1953, 645 (647): »Aber es (sc. das Grundgesetz) kann doch den offenen Angriffen auf seinen Inhalt und Text *rechtlich Widerstand entgegensetzen*«; Hervorh. v. Verf. Vgl. ferner *Schneider*, HStR VII, § 158 Rdnr. 41: »Die auf revolutionärem Wege ausgeübte verfassunggebende Gewalt wird also nicht nur mißbilligt, sondern mit erheblichen Sanktionen belegt.«

[342] Vgl. *Murswiek*, verfassunggebende Gewalt, S. 190, 238f. In diesem Zusammenhang ist mit *Murswiek* die besondere Bedeutung verfassungsrechtlicher Erschwernisse zu betonen: »Ange-

»Aktionen, die in die Verfassung grundlegend eingreifen, sind damit auf außergewöhnliche Lagen zurückgedrängt und bedürfen einer besonderen Energie, um sich gegenüber dem organisierten, rechtlich und verfahrensmäßig gebundenen Verfassungsleben zur Geltung zu bringen.«[343]

Erst wenn dies gelungen ist, sich die verfassunggebende Gewalt mithin als stärker denn der bisherige Verfassungsapparat erwiesen hat, ist der Weg frei zur originären Schaffung einer neuen Verfassung.[344]

dd) Das Legitimitätsminus konstitutionell illegaler verfassunggeberischer Akte

Erschwert sind künftige verfassunggeberische Akte aufgrund ihrer konstitutionellen Illegalität darüber hinaus auch noch in einer weiteren Hinsicht, nämlich im Hinblick auf die *Legitimität* der jeweils neu geschaffenen Verfassung: Eine Verfassung als rechtliche Grundordnung des Staates[345] bedarf in besonderem Maße der Anerkennung von seiten der ihr Unterworfenen.[346] Dem Kriterium der Verfassungslegitimität kommt deshalb ein hohes Gewicht für den realen Geltungserfolg einer Verfassung zu.[347] Ein legitimationsstiftender Faktor ist dabei im Regelfall das rechtmäßige Zustandekommen einer Rechtsnorm: Legalität vermittelt in einem gewissen Maße Legitimität.[348] Doch diese Legitimationsquelle versiegt und versagt im Falle der Verfassunggebung, wenn letztere in Widerspruch zu der bisherigen Verfassung steht und deshalb aus deren Sicht illegal ist.[349] Legitimation

---

sichts der ungeheuren Eigenstabilität, die jede verfaßte Rechtsordnung auf Grund des von ihr eingesetzten Apparates besitzt, ist die Frage der Legalität oder Illegalität für die Möglichkeit einer verfassunggebenden Entscheidung also von faktisch eminenter Bedeutung.«

[343] So *Böckenförde*, verfassunggebende Gewalt, S. 90 (101, 105); ihm folgend *Stückrath*, S. 221f.

[344] Vgl. *Murswiek*, verfassunggebende Gewalt, S. 189f, 235. Insbesondere sind die Organe der bisherigen Verfassungsordnung in dieser Situation wegen der bereits erfolgten Außerkraftsetzung der alten Verfassung nicht mehr rechtlich dazu verpflichtet, gegen die Neukonstituierung anzugehen, bzw. rechtlich gehindert, an ihr mitzuwirken. Ähnlich *Heckel*, HStR VIII, § 197 Rdnr. 61f. Zum Agieren bisheriger Verfassungsorgane bei der Verfassungschöpfung näher unten E. IV. 2. b) aa) und bb).

[345] Zum Grundordnungscharakter einer Verfassung s.o. A. III. 3. a).

[346] In *besonderem Maße* anerkennungsbedürftig ist eine Verfassung deshalb, weil ihre Beachtung nicht durch eine über der Verfassung stehende positive Rechtsordnung garantiert und nicht durch über den verfaßten Staatsorganen stehende Kräfte erzwungen wird; siehe dazu *Kirchhof*, HStR I, § 19 Rdnr. 11, der insofern von der »Selbstgewährleistung der Verfassung« spricht, sowie *Boehl*, Verfassunggebung, S. 130; *Herbst*, S. 125. Vgl. in diesem Kontext auch D. III. 1. b) aa).

[347] Vgl. *Boehl*, Verfassunggebung, S. 130; *Herbst*, S. 28ff, 100ff; *Schneider*, HStR VII, § 158 Rdnr. 31f; *Heckel*, HStR VIII, § 197 Rdnr. 57ff; *Roellecke*, JZ 1992, 929 (933); *Alvarez*, S. 70, 153ff; *Böckenförde*, verfassunggebende Gewalt, S. 90 (90ff); *Kaufmann*, Staat 36 (1997), 521 (524). Auch dazu sogleich unter D. III. 1. b) aa).

[348] So *Boehl*, Verfassunggebung, S. 80; *Zippelius*, AStL, § 16 II (S. 127); *Stern* I, S. 149 mit Fn. 33 und w.N.; *Hesse*, Grundzüge, Rdnr. 197; *Ehmke*, S. 134; *Badura*, Verfassung, S. 19 (21); *Stückrath*, S. 224.

[349] Vgl. *Kirchhof*, HStR I, § 19 Rdnr. 34; *Böckenförde*, verfassunggebende Gewalt, S. 90 (101, 105); *Boehl*, Verfassunggebung, S. 80f; *Stern* I, S. 148f.

kann der neuen Verfassung von daher nur aus anderen Quellen zufließen[350], was ihre Chance auf umfassende Anerkennung in einem grundsätzlich auf die Legalität staatlichen Handelns bedachten Kulturkreis wenigstens mindern dürfte.

b) Die Vermeidung und Verhinderung künftiger verfassunggeberischer Akte

Eine Verfassung kann ihren eigenen Bestand nicht nur dadurch schützen, daß sie Aktionen des pouvoir constituant in den Bereich der konstitutionellen Illegalität verweist und auf diese Weise *rechtlich erschwert*. Es kann darüber hinaus auch versucht werden, einen künftigen Appell an die verfassunggebende Gewalt von Anfang an zu *vermeiden* und *praktisch zu verhindern* bzw. *unnötig* zu machen.[351]

aa) Der permanente Anerkennungsbedarf der Verfassung

Den gedanklichen Hintergrund für diese Strategie zum Verfassungserhalt bildet der Umstand, daß eine Verfassung wegen der latenten, niemals völlig ausgeschlossenen Gefahr revolutionärer Verfassungsbeseitigung um der Erhaltung ihrer selbst willen auf die fortdauernde Anerkennung durch die Mitglieder des von ihr verfaßten Gemeinwesens angewiesen ist.[352] Warum sie in diesem Sinne beständig um aktuelle Zustimmung werben muß, wird verständlich, wenn man den Erlaß einer Verfassung dahin interpretiert, daß mit ihm eine rechtlich unverbindliche (!) Selbstbindung der verfassunggebenden Gewalt begründet wird[353]: Der pouvoir

---

[350] Vgl. z.B. *Isensee*, HStR VII, § 166 Rdnr. 67: »Wenn die Politik auf die Grenzen der legalen Verfassungsänderung stößt, hat sie sich zu entscheiden zwischen kontinuierlicher Verfassungslegalität und illegalem Neuanfang; dieser aber ist darauf angewiesen, seine Legitimität im politischen Ursprungswillen des Volkes zu suchen.«

[351] Deutlich *Alvarez*, S. 116: »(…) muß man versuchen, eine rechtliche Ordnung zu schaffen, deren grundlegender Charakter und die Besonnenheit und Offenheit ihrer Normen eine neue Verfassunggebung in einer ausgedehnten Zeit unnötig machen«. Ähnlich *Böckenförde*, verfassunggebende Gewalt, S. 90 (100ff); *Heckel*, HStR VIII, § 197 Rdnr. 114: »Revolutionen lassen sich zwar nicht verbieten, (…) aber verhüten, wenn die Verfassung so ausgestaltet (und ausgelegt) wird, daß sich das Volk auch in einer tiefen politischen Umbruchzeit neu mit ihr identifizieren, in ihr integrieren und die revolutionären Kräfte absorbieren kann.«

[352] Vgl. *Kirchhof*, HStR I, § 19 Rdnr. 11; *Schneider*, HStR VII, § 158 Rdnr. 31; *Heckel*, HStR VIII, § 197 Rdnr. 50, 57ff; *Boehl*, Verfassunggebung, S. 130; *Herbst*, S. 110ff; *Alvarez*, S. 70, 153ff; *Böckenförde*, verfassunggebende Gewalt, S. 90 (90ff); *Starck*, Grundgesetz, S. 14, 40f, 46f; *v. Wedel*, S. 23f, 51f; *Dreier*, JZ 1994, 741 (748). Auf die Anerkennung von seiten der Herrschaftsunterworfenen ist freilich nur abzustellen, solange das Volk als legitimer Träger der verfassunggebenden Gewalt anerkannt ist. Sollten sich im Hinblick auf das zur Zeit vorherrschende Legitimitätsideal des demokratischen Verfassungsstaates (dazu oben A. III. 1.) und damit der verfassunggebenden Gewalt des Volkes (vgl. oben A. III. 3. e)) Änderungen ergeben, müßte auf die dann aktuellen Legitimitätsvorstellungen und somit darauf rekurriert werden, ob die Verfassung von dem jeweils als Träger der verfassunggebenden Gewalt anerkannten Subjekt als legitime Herrschaftsordnung akzeptiert wird. Vgl. auch noch unten E. IV. 2. c) bb) (2) Fn. 313 zur Möglichkeit einer Usurpation der verfassunggebenden Gewalt.

[353] In diesem Sinne auch *Boehl*, Verfassunggebung, S. 102, der es als Grundvorstellung der Lehre von der verfassunggebenden Gewalt bezeichnet, daß sich das Volk an die Verfassung bin-

constituant bindet sich insofern an die von ihm geschaffene Verfassung, als er sich verpflichtet, gar nicht mehr bzw. nur noch in den verfassungsrechtlich vorgezeichneten Bahnen aktiv zu werden[354], d.h. die Verfassung zu beachten und ihre Geltung nicht in Frage zu stellen.

Da es einer Selbstbindung jedoch an rechtlicher Verpflichtungskraft gebricht, entfallen die durch sie begründeten Pflichten bei einer Willensänderung des sich verpflichtenden Subjekts. Der Fortbestand der Selbstbindung hängt demzufolge vom Fortbestehen des Bindungswillens ab.[355] Der pouvoir constituant ist von daher nur solange an eine Verfassung gebunden, wie sein Bindungswille anhält[356] bzw. er sich an sie gebunden fühlt.[357] Und gerade um einer entsprechenden Willensänderung des pouvoir constituant vorzubeugen, ist eine Verfassung für die Dauer ihrer Geltung auf Anerkennung angewiesen. Denn das Andauern des Bindungswillens dürfte zuvörderst davon abhängen, daß eine Verfassung von seiten der Mitglieder des von ihr verfaßten Gemeinwesens als legitime Herrschaftsordnung empfunden wird, daß also der sich selbst zur Verfassungstreue verpflichtende pouvoir constituant mit der Verfassung zufrieden ist.[358] Verfassungslegitimität

---

de. Vgl. auch schon *ders.*, Staat 30 (1991), 572 (580): »Die spezifische Form der Selbstbindung des pouvoir constituant ist die Verfassung (im formellen Sinne) bzw. solche staatsrechtlichen Organisationsgesetze, die materiellen Verfassungsrang haben.« Vgl. ferner *Di Fabio*, F.A.Z. Nr. 268 vom 17. November 1999, S. 11: »Verfassungsgebung, und sei es eine sukzessive, ist Selbstbegrenzung politischer Macht.« Siehe auch schon oben D. III. 1. b) aa) sowie II. 3. a) aa) (2) (c).

[354] Zu diesen zwei Möglichkeiten der Auslegung einer Selbstbindung des pouvoir constituant *Murswiek*, verfassunggebende Gewalt, S. 178f.

[355] Deutlich in diesem Sinne *Heckel*, HStR VIII, § 197 Rdnr. 61; *ders.*, Einheit, S. 24f. Zur rechtlichen Unverbindlichkeit von Selbstbindungen bereits oben D. II. 3. a) aa) (2) (a).

[356] Vgl. etwa *Heckel*, HStR VIII, § 197 Rdnr. 50, 61, sowie *Linck*, DÖV 1991, 730 (733), der äußert: »Sofern ein pouvoir constituant eine Selbstbindung eingeht, ist ein ihm folgender pouvoir constituant nicht daran gehindert, diese Vorgabe zu negieren oder zu ändern.« Ob es sich dabei um einen folgenden, also einen *anderen* pouvoir constituant handelt, oder noch *derselbe* pouvoir constituant tätig wird, kann hier dahinstehen, weil mangels Möglichkeit einer normativen Selbstbindung weder der eine noch der andere rechtlich zur Beibehaltung der Selbstbindung verpflichtet wäre.

[357] In einer funktionierenden Verfassungsordnung kann das Bewußtsein darüber, daß die Verfassungsgeltung im Ergebnis auf der Anerkennung der Verfassung durch die ihr Unterworfenen beruht, verblassen. Dies wird dazu führen, daß sich oftmals auch der pouvoir constituant als an die Verfassung gebunden erachtet. Das Andauern seines Bindungswillens kann und wird in einer stabilen Demokratie insofern unbewußt erfolgen. Möglich ist auch, daß sich die verfassunggebende Gewalt gewissermaßen aus Gewohnheit noch an die Verfassung gebunden fühlt, obwohl sie nicht mehr an die Verfassung gebunden sein und diese ablösen will. In dieser Konstellation ist der Punkt, an dem sich die verfassunggebende Gewalt ihrer destruktiven Kraft vollauf bewußt geworden und sie zu deren Gebrauch bereit ist, noch nicht erreicht. Andeutungen in diesem Sinne z. B. bei *Gutmann*, S. 101, wo es heißt: »Eine Bindung des Trägers der verfassunggebenden Gewalt kann man nur dann annehmen, soweit er selbst diese Gesetze (...) noch als verbindlich geltendes Verfassungsrecht ansieht; insoweit kann er sich selbst beschränken.«

[358] Vor diesem Hintergrund ist derjenigen Auffassung beizutreten, die von dem Erfordernis eines ständigen Getragen-Seins der Verfassung durch die verfassunggebende Gewalt ausgeht; zu dieser Ansicht oben B. II. 3. c) und D. II. 2. a) cc) (1).

ist insofern ein Garant für die Beibehaltung der Selbstbindung des pouvoir constituant an die geltende Verfassung.[359]

Wenn eine Verfassung somit in geeigneter Form dafür Sorge trägt, daß sie fortwährend Anerkennung findet, ist nicht zu gewärtigen, daß ein Neukonstituierungsvorhaben in Angriff genommen wird bzw. nennenswerte Unterstützung erfährt. Durch die Ausgestaltung der konkreten Verfassungsordnung kann mithin dazu beigetragen werden, einen künftigen Verfassungsbruch zu verhindern. Die Vermeidung künftiger verfassunggeberischer Akte erweist sich insofern auch als Frage der Verfassungsklugheit.

bb) Die Vermeidung künftiger verfassunggeberischer Akte durch Verfassungslegitimität

Wenn es zu einem Gutteil von der Weisheit des Verfassunggebers abhängt, ob seinem Werk eine langanhaltende Geltung beschieden sein wird, dann sollte an dieser Stelle kurz darüber nachgedacht werden, welche Faktoren zur Verfassungslegitimität und damit Verfassungsstabilität beitragen.[360] Dabei muß man sich vor Augen halten, daß die Frage, unter welchen Bedingungen eine Verfassung als legitim empfunden wird, nicht unabhängig von den zur Zeit und am Ort der Verfassungschöpfung obwaltenden Umständen beantwortet werden kann; denn Legitimitätskriterien sind ihrer Natur nach zeitlich und örtlich relativ.[361] Der Verfassunggeber muß insofern die Zeichen der Zeit erkennen[362] und den in seinem Kulturkreis aktuellen Wertvorstellungen hinreichend Rechnung tragen.[363] Für die Gegenwart kann festgehalten werden, daß sich in weiten Teilen der Welt das Modell des demokratischen Verfassungsstaates als Legitimitätsideal durchgesetzt hat.[364] Im Hinblick auf den Vorgang der Verfassunggebung resultiert daraus das

---

[359] Vgl. *Murswiek*, verfassunggebende Gewalt, S. 235 f; *Schneider*, HStR VII, § 158 Rdnr. 31; *Boehl*, Verfassunggebung, S. 111; *Herbst*, S. 110. Besonders plastisch wird dieser Zusammenhang von Verfassungslegitimität und Fortdauer des Bindungswillens von *Heckel*, HStR VIII, § 197 Rdnr. 61, formuliert: »Wenn der Normwille des Volkes nicht andauert, weil seine Normüberzeugung von der Richtigkeit und Gerechtigkeit der Grundordnung – von ihrer Legitimität – unwiederbringlich entschwunden ist, schmilzt die Verfassung wie das Eis im Frühling dahin.« Umgekehrt bedeutet dies, daß eine Abkehr von der bisherigen Verfassung regelmäßig mit einer Abwendung von den überkommenen Legitimitätsvorstellungen einhergehen wird. Revolution im Rechtssinne ist daher nicht nur Rechtsbruch, sondern auch Bruch mit der bisherigen Legitimationsbasis. So z.B. *Roellecke*, F.A.Z. Nr. 293 vom 16. Dezember 1999, S. 49: »Revolution ist der Austausch der Legitimationsgrundlagen eines Rechtssystems und insofern ein Bruch mit dem gesamten bisherigen Recht.« Vgl. ferner *v. Wedel*, S. 23 f, 51 f.

[360] Vgl. dazu auch die umfassenden Überlegungen von *Herbst*, S. 103 ff.

[361] Herausgestellt wird dies auch von M/K/S/*Starck*, Präambel Rdnr. 16; *Stern* I, S. 149.

[362] *Kirchhof*, HStR I, § 19 Rdnr. 64, betont den Charakter jedes Verfassungsgesetzes als »zeitbedingte Antwort« auf die Anfragen seiner Zeit. Vgl. auch *v. Wedel*, S. 48 f.

[363] Deutlich in diesem Zusammenhang *Schneider*, HStR VII, § 158 Rdnr. 31 f; ferner *Stern* I, S. 149.

[364] S. o. A. III. 1. zum demokratischen Verfassungsstaat; vgl. auch *Storr*, S. 50.

Postulat einer demokratischen Verfassungsentstehung[365], wie sie durch die Anwendung eines der heute gängigen Verfahren gewährleistet ist, die das Volk unmittelbar oder mittelbar an der Verfassungserzeugung beteiligen.[366]

Von größerer Bedeutung für die Verfassungslegitimität als das Verfahren der Verfassungserzeugung ist indes der Verfassungsinhalt. Sein Stellenwert als legitimitätsstiftender Faktor wächst mit zunehmendem Abstand vom Zeitpunkt der Verfassungsentstehung, weshalb der Verfassungsinhalt und seine praktische Bewährung gerade bei älteren Konstitutionen von maßgeblichem Gewicht für die Verfassungslegitimität sind.[367] Der Anerkennung einer Verfassung und damit der Schaffung eines Verfassungskonsenses dienlich sind in materieller Hinsicht vor allem eine demokratische und rechtsstaatliche Staatsorganisation sowie die Existenz von Grundrechten.[368] Insbesondere die Gewährleistung der sog. demokratischen Grundrechte wie Meinungs-, Presse- und Versammlungsfreiheit und die dem Volk eingeräumte Möglichkeit, über Wahlen, Abstimmungen und Volksentscheide an der Ausübung der Staatsgewalt zu partizipieren, tragen dazu bei, die Verfassungsgeltung zu stabilisieren; denn indem das Volk solche ihm eröffneten rechtlichen Einwirkungsmöglichkeiten wahrnimmt, »lebt« es die Verfassung und erneuert im aktualisierten Konsens ihre Legitimation.[369] Eine an den aufgeführten Kriterien orientierte Verfassungsstruktur dient somit der Vermeidung künftiger verfassunggeberischer Akte, weil sie die Verfassungslegitimität erhöht und dadurch einem Nachlassen des Bindungswillens der verfassunggebenden Gewalt entgegenwirkt.

---

[365] Vgl. *Alvarez*, S. 130f, 155ff; *Steiner*, S. 29; *Isensee*, Wiedervereinigung, S. 63 (68f); M/K/S/*Starck*, Präambel Rdnr. 15; *Badura*, Artikel »Verfassung«, EvStL II, Sp. 3745f.

[366] Zu den heute etablierten Formen demokratischer Verfassunggebung siehe *Böckenförde*, verfassunggebende Gewalt, S. 90 (102f); *Boehl*, Verfassunggebung, S. 119ff; *Herbst*, S. 147ff, 154ff; *v. Beyme*, S. 32ff; *Badura*, Artikel »Verfassung«, EvStL II, Sp. 3746; *Stern* I, S. 148; *Häberle*, AöR 112 (1987), 54 (82f). Eingebürgert haben sich zwei Grundtypen, die sich als repräsentative und als plebiszitäre Methode der Verfassungserzeugung kennzeichnen lassen: auf der einen Seite die demokratisch gewählte verfassunggebende Nationalversammlung, die die Verfassung selbst beschließt und verabschiedet, ohne daß es einer Volksabstimmung bedürfte; auf der anderen Seite die berufene oder gewählte verfassungsentwerfende Versammlung (meist als Verfassungsconvent bezeichnet), deren Verfassungsentwurf durch eine Volksabstimmung gebilligt werden muß.

[367] Vgl. *Würtenberger*, Wiedervereinigung, S. 95 (99): »Ein derart breiter und fester Verfassungskonsens ist unter Legitimationsaspekten wertvoller als ein Verfassungsplebiszit als einmalige Äußerung der verfassunggebenden Gewalt.« Ähnlich *Isensee*, Mythos, S. 83ff: »Die gegenwärtige Legitimität hängt nicht ab von den Modalitäten des anfänglichen Zustandekommens der Verfassung.« Seiner Meinung nach ist diesbezüglich nicht der Akt ihres Erlasses, sondern ausschließlich ihr Inhalt maßgeblich. Vgl. ferner *v. Wedel*, S. 57ff; *Alvarez*, S. 157f; *Herbst*, S. 146f; *Ossenbühl*, DVBl. 1992, 468 (471f); *Hesse*, Grundzüge, Rdnr. 41ff.

[368] Vgl. zu solchen Legitimitätsfaktoren vor allem *Schneider*, HStR VII, § 158 Rdnr. 31ff; *Stern* I, S. 149f; *Isensee*, Mythos, S. 85; *Alvarez*, S. 94ff; *Storr*, S. 50.

[369] So *Böckenförde*, verfassunggebende Gewalt, S. 90 (104).

cc) Die Verhinderung künftiger verfassunggeberischer Akte durch Verfassungsflexibilität

Der Verfassunggeber kann darüber hinaus noch in anderer Weise Vorsorge dafür treffen, daß die von ihm geschaffene Verfassung nicht allzu schnell das Zeitliche segnet. Eine Verfassung, die ihrem Wesen nach auf eine möglichst dauerhafte Geltung angelegt ist[370], sieht sich der latenten und mit zunehmendem Alter wachsenden Gefahr ausgesetzt, aufgrund bei ihrer Entstehung nicht absehbarer Entwicklungen obsolet zu werden, d. h. keine angemessenen Antworten auf die aktuellen Fragen der Zeit mehr geben zu können.[371] Um im Hinblick auf dieses Risiko Abhilfe zu schaffen, also ein vorschnelles Veralten und Versagen der Verfassung angesichts neuer Problemstellungen zu verhüten, kann auf zwei verschiedene Rezepte zurückgegriffen werden[372], die jeweils schon für sich genommen ein gewisses Maß an Verfassungsflexibilität sicherstellen[373] und überdies auch miteinander kombiniert werden können:

Zum einen bietet es sich an, eine Verfassung nicht mit Detailregelungen zu überfrachten, sondern darauf zu beschränken, wesentliche Grundzüge des Gemeinwesens festzuschreiben, und dementsprechend die Regelung der Einzelheiten dem einfachen Gesetzgeber zu überlassen.[374] Eine solche als *Rahmenordnung* konzipierte Verfassung[375], die sich bewußt mit der Festlegung grundlegender

---

[370] S. o. A. III. 3. f); siehe auch schon A. III. 2. d) a. E.

[371] Vgl. *Herzog*, AStL, S. 316 f; *Kägi*, Grundordnung, S. 109 ff; *Badura*, Artikel »Verfassung«, EvStL II, Sp. 3755; *Hesse*, Grundzüge, Rdnr. 23, 37; siehe auch oben C. I.

[372] Ebenso *Dreier*, JZ 1994, 741 (748).

[373] Zum Erfordernis einer gewissen Flexibilität von Verfassungen vgl. *Stern* I, S. 100: »Eine Verfassung selbst kann Vorsorge gegen ihren Abbau treffen. Sie darf nicht allzu starr sein; sie muß genügend Elastizität aufweisen, um die Wirklichkeit in sich aufnehmen und verarbeiten zu können.« *Hesse*, Grundzüge, Rdnr. 23, formuliert diese Erkenntnis wie folgt: »Soll die Verfassung die Bewältigung der Vielfalt geschichtlich sich wandelnder Problemlagen ermöglichen, so muß ihr Inhalt notwendig ›in die Zeit hinein offen‹ bleiben«; Hervorhebung dort.

[374] *Stern* I, S. 100, postuliert deshalb im Hinblick auf die Verfassung »genügend Weite und Offenheit in ihren Normierungen«. Auch auf S. 89 äußert er sich deutlich zu der empfehlenswerten Normierungsdichte: »Ordnungs- und Stabilisierungsfunktionen vermag eine Verfassung nur zu erfüllen, wenn sie sich auf das *Wesentliche* zu beschränken weiß«; Hervorhebung dort.

[375] Zur Verfassung als Rahmenordnung vgl. *Böckenförde*, Staatsrecht, S. 11 (17 f); *Wahl*, Staat 20 (1981), 485 (507); *Isensee*, HStR VII, § 162 Rdnr. 43 ff; *Starck*, HStR VII, § 164 Rdnr. 2, 5 ff. Es sei an dieser Stelle angemerkt, daß der Rahmencharakter von Verfassungen in verschiedenem Kontext in Bezug genommen wird: Einerseits dann, wenn das Augenmerk auf die Konzipierung von Verfassungen und damit die Tätigkeit des Verfassunggebers gerichtet und darauf hingewiesen wird, daß eine Verfassung den Staatsorganen ausreichende Handlungsspielräume belassen sollte, anstatt deren Handeln weitgehend zu determinieren. Um diese Dimension des Rahmencharakters von Verfassungen geht es hier. Andererseits wird auf das Bild der Verfassung als Rahmen auch dann zurückgegriffen, wenn den Methoden der Verfassungsinterpretation nachgegangen und zu ermitteln versucht wird, welchen Grad an Konkretheit die verfassungsrechtlichen Normen aufweisen, insbesondere, ob sie bereits Einzelfallentscheidungen enthalten bzw. auf eine Optimierung ihrer Geltungskraft ausgerichtet sind; dazu statt vieler *Starck*, HStR VII, § 164 Rdnr. 5 ff, m. w. N.

Prinzipien begnügt und nicht auch deren Konkretisierungen mitumfaßt[376], hat aller Wahrscheinlichkeit nach eine höhere Lebenserwartung als eine vor Details überbordende Verfassung, weil konkrete Regeln erfahrungsgemäß eher der Überholung anheimfallen als allgemeine, grundlegende Prinzipien.[377] Wenn eine Verfassung in dem beschriebenen Sinne nur einen Rahmen für das staatliche Handeln vorgibt – und auch ein etwa vorhandenes Verfassungsgericht diesen Rahmen nicht über Gebühr einengt[378] –, verbleibt den Staatsorganen und insbesondere dem Gesetzgeber ein ausreichend großer Spielraum, um flexibel auf neue Herausforderungen reagieren zu können.[379] Die Gefahr der Verfassungsveraltung und damit eines Verlusts an Verfassungslegitimität läßt sich auf diese Weise erheblich reduzieren.

Zum anderen kann eine Verfassung künftige Betätigungen der verfassunggebenden Gewalt auch dadurch unnötig machen, daß sie die Möglichkeit schafft, politische Vorhaben, die nach der bisherigen Verfassungslage unzulässig sind und deshalb Anlaß zu einer Neukonstituierung geben könnten, *im Rahmen der geltenden Verfassungsordnung* zu realisieren.[380] Zu diesem Zweck stellen Verfassungen regelmäßig einen Mechanismus zur systemimmanenten Anpassung der Verfassungsordnung an veränderte Gegebenheiten zur Verfügung: die *Verfassungsrevision*.[381] Das Verfahren der Verfassungsänderung erweist sich insofern als Mittel zur Verhinderung neuerlicher Verfassunggebung: Indem der Verfassunggeber die Organe der verfaßten Gewalt zu Veränderungen und Weiterentwicklungen der Verfassung ermächtigt, entscheidet er sich für eine flexible[382] und elastische Verfassung, die wegen ihrer Anpassungsfähigkeit auch unter modifizierten Geltungsbedingungen nicht ohne weiteres obsolet wird.[383] Die Schaffung einer neu-

---

[376]   Eine solche Beschränkung entspricht auch besser der Natur einer Verfassung als rechtlicher Grundordnung des Staates; dazu oben A. III. 3. a).

[377]   In diesem Sinne, allerdings bezogen auf das Notwendig-Werden von Verfassungsänderungen, *Hesse*, Grundzüge, Rdnr. 38; *v. Wedel*, S. 80.

[378]   Dazu etwa *v. Wedel*, S. 80; *Wahl*, Staat 20 (1981), 485 (505); *Böckenförde*, Staat 29 (1990), 1 (24 f); *ders.*, NJW 1976, 2089 (2097, 2099); *Starck*, HStR VII, § 164 Rdnr. 5; *Scheuner*, DÖV 1980, 473 (477 f).

[379]   Vgl. *Isensee*, HStR VII, § 162 Rdnr. 43, 51; *Hesse*, Grundzüge, Rdnr. 22 f. *Starck*, HStR VII, § 164 Rdnr. 2, 26, schreibt dem Rahmencharakter der Verfassung die Wirkung zu, daß »hinreichende Spielräume bestehen, um politisch für notwendig befundene Wandlungen zu bewirken oder auf Wandlungen der Wirklichkeit zu reagieren«.

[380]   *Hesse*, Grundzüge, Rdnr. 38, weist zu Recht darauf hin, daß diese zweite Variante der Verfassungsanpassung erst dann relevant wird, wenn nicht bereits die Weite und Offenheit, also der Rahmencharakter der Verfassung es ermöglicht, den aktuellen Problemen gerecht zu werden.

[381]   Deutlich *Ehmke*, S. 87: »Sinn der Bestimmungen über die Verfassungsänderung ist es gerade, einer potentiell verfassunggebenden Gruppe genügend Spielraum zu gewähren, die Verfassung auf verfassungsmäßigem Wege zu ändern.« Zur Verfassungsänderung bereits oben C. II., besonders 2.

[382]   Zur Unterscheidung zwischen flexiblen und rigiden Verfassungen bereits oben A. III. 2. b) cc) a.E.

[383]   Vgl. *Stern* I, S. 100 (ferner S. 154): »Eine Verfassung darf, um ihre Funktion erfüllen zu können, nicht auf Anpassung und Änderung verzichten. Sie muß also Revisionsmöglichkeiten vorse-

en Verfassung dürfte unter diesen Umständen nicht allzu bald nach dem Inkrafttreten der bestehenden Verfassung erforderlich werden und könnte jedenfalls nicht unter Berufung auf politische Notwendigkeiten betrieben werden.

Das Maß der ermöglichten Verfassungsflexibilität will allerdings gut überlegt sein[384]: Eine zu rigide Verfassung fordert, wenn das bestehende Reglement in bestimmter Hinsicht als nicht mehr zukunftstauglich empfunden wird, zum Verfassungsbruch regelrecht heraus[385], während eine über die Maßen flexible Verfassung sich als sehr zeitgeistanfällig erweisen kann und den Funktionen einer Verfassung kaum mehr gerecht werden dürfte.[386] Um künftige Betätigungen der verfassunggebenden Gewalt praktisch überflüssig zu machen, muß die Verfassung folglich hinreichend flexibel sein, sollte aber gleichzeitig auch ein gewisses Maß an Rigidität nicht vermissen lassen.[387]

*c) Der »Versuchscharakter« den pouvoir constituant
betreffender verfassungsrechtlicher Normen*

Wie die vorangegangenen Ausführungen haben deutlich werden lassen, steht eine Verfassung trotz ihrer Unverbindlichkeit für den pouvoir constituant der latenten Gefahr neuerlicher Verfassunggebung nicht völlig ungeschützt gegenüber. Ei-

---

hen, die unerträgliche Spannungen zwischen Wirklichkeit und Norm verhindern.« Siehe ferner *Badura*, Artikel »Verfassung«, EvStL II, Sp. 3755; *Hesse*, Grundzüge, Rdnr. 23, 37; *Herzog*, AStL, S. 316f; Dreier/*Dreier*, Art. 79 II Rdnr. 1.

[384] Siehe *Hesse*, Grundzüge, Rdnr. 36ff, und *v. Wedel*, S. 79ff, jeweils auch zum folgenden.

[385] Dies insbesondere dann, wenn bestimmte Verfassungsinhalte jeder legalen Änderung entzogen sind und sich ein entsprechender Verfassungsbestandteil als überholt erweist. Vgl. zu dieser, insbesondere von sog. Ewigkeitsklauseln ausgehenden Gefahr *Herzog*, AStL, S. 318f; *Bryde*, S. 224f, 246f. Diese Gefahr wurde bereits von *Haug*, S. 187, im Zusammenhang mit *Schmitts* Lehre von den Grenzen der Verfassungsrevision (dazu oben C. II. 5. b) aa)) hervorgehoben: »Die Fesseln, in die Schmitt den Verfassungsgesetzgeber einspannt, sind die Wegbereiter der Revolution. *›Im tiefsten Grunde läuft also diese Verfassungslehre nicht auf eine besondere Heiligung, sondern auf eine Entwertung der geschriebenen Verfassungen hinaus, denen eine Härte angedichtet wird, an der sie unter Umständen zerspringen müßten.‹«* So *Haug*, a.a.O., unter Zitierung *Thomas*; Hervorhebung dort.

[386] Gedacht ist hier insbesondere daran, daß eine Verfassung ihre Aufgabe als rechtliche Grundordnung des Staates nicht zu erfüllen vermöchte, weil sie um einen wesentlichen Teil ihrer stabilisierenden, auf die Verstetigung des Staates und seiner politischen Entwicklung gerichteten Wirkung gebracht würde. Außerdem würde der Geltungsanspruch der Verfassung gegenüber den verfaßten Gewalten zurückgenommen und deren Verfassungsbindung unterlaufen, wenn die pouvoirs constitués ungehindert über die Verfassung disponieren dürften; die Verfassung liefe dann Gefahr, dem Belieben der änderungsberechtigten Organe ausgesetzt zu sein. Zu diesen Konsequenzen übertriebener Verfassungsflexibilität vgl. vor allem *Kirchhof*, HStR I, § 19 Rdnr. 32f; *Hesse*, Grundzüge, Rdnr. 40; siehe ferner *Gutmann*, S. 102f, zu einem ähnlichen Sachverhalt.

[387] Treffend im Hinblick auf die Folgen einer Verfehlung der notwendigen Balance zwischen Rigidität und Flexibilität *Kirchhof*, HStR I, § 19 Rdnr. 33: »Eine zu starre Verfassung zerbricht an der Entwicklung des Staatswesens, eine zu flexible Verfassung verflüchtigt sich in die Beliebigkeit alltäglicher Politik.«

ne Verfassung kann sowohl zu *repressiven* Mitteln greifen, sich also gegen erneute Betätigungen der verfassunggebenden Gewalt wehren, als auch *präventive* Maßnahmen ergreifen, um künftige Aktivitäten des pouvoir constituant von Anfang an zu verhindern. Sämtlichen verfassungsrechtlichen Methoden zur Verhinderung künftiger Verfassunggebung ist eine wichtige Gemeinsamkeit zu eigen: ihr »Versuchscharakter«. Was es damit auf sich hat, sei am Beispiel der Verfassungsrevision demonstriert.

Mit dem Verfahren der Verfassungsänderung eröffnen Verfassungen einen systemimmanenten Weg zur Reaktion auf veränderte Gegebenheiten. Er dient dazu, Bestrebungen, die auf die Umgestaltung der Verfassungsordnung gerichtet sind, in verfassungsrechtlich bereitgestellte Verfahren einmünden zu lassen, sie rechtlich zu kanalisieren bzw. »aufzufangen« und dadurch revolutionäre, rechtlich ungeregelte Akte des pouvoir constituant entbehrlich zu machen.[388] Eine rechtliche Gewähr dafür, daß dieses Ziel erreicht wird, kann das Rechtsinstitut der Verfassungsrevision nicht bieten, weil verfassungsrechtliche Bestimmungen für den pouvoir constituant rechtlich unverbindlich sind.[389] Mit der Zulassung der Verfassungsrevision wird lediglich der *Versuch* unternommen, Verfassunggebung mit verfassungsrechtlichen Mitteln für die Zukunft auszuschließen.[390] Dieser Versuch ist *rechtlich untauglich*, weil das Ausbleiben weiterer verfassunggeberischer Akte mangels Verfassungsbindung des pouvoir constituant rechtlich nicht garantiert werden kann. Er kann *praktisch* aber gleichwohl erfolgreich sein[391],

---

[388] S.o. C. II. 2.; D. III. 1. b) cc). Daß es generell Aufgabe einer Verfassung sei, »die politischen Kräfte und ihr Handeln zu verfassen und zu kanalisieren«, betont *Karpen*, JZ 1987, 431 (433).

[389] S.o. D. II. 3. a) aa) (2) und (3).

[390] Angedeutet wird dieser »Versuchscharakter« verfassungsrechtlicher Regelungen, die auf die Verhinderung künftiger verfassunggeberischer Akte abzielen, von *Alvarez*, S. 116f, 124; *Böckenförde*, verfassunggebende Gewalt, S. 90 (100); *Murswiek*, verfassunggebende Gewalt, S. 259. Relativ deutlich hingegen *Lücke*, JöR 47 (1999), 467 (469): »Richtig ist nur, daß eine derartige ›Normativierung und Konstitutionalisierung‹ nicht mehr als der (sich u.U. später als untauglich erweisende) Bändigungsversuch einer Gewalt sein kann, die wegen der ihr von Natur aus innewohnenden Freiheit positiv-rechtlich nicht bezwingbar ist.«

[391] Daß verfassungsrechtliche Bestimmungen, die revolutionäre Akte des pouvoir constituant ausschließen sollen, rechtlich untauglich sind, in praxi aber gleichwohl zum Ausbleiben neuerlicher Verfassunggebung führen können, erklärt auch die starke Betonung des praktischen Aspekts in *Häberles* Ausführungen zur Schweizer Verfassung in: AöR 112 (1987), 54 (80f): »Für ›normativ aus dem Nichts‹ i.S. der Theorie von *C. Schmitt* konzipierte Verfassunggebung, für unverfaßte und unverfaßbare verfassunggebende Gewalt des Volkes ist in der Schweiz *praktisch* kein Raum. (...) Dem Schweizer Verfassungsstaat und seiner Wissenschaft ist mit der sog. Totalrevision und ihrer entsprechenden Kommentierung *praktisch* eine *verdeckte Abschaffung* der Ideologie der unbeschränkt gedachten verfassunggebenden Gewalt geglückt«; Hervorhebungen von »praktisch« vom Verfasser, ansonsten dort. Diese Aussagen gelten freilich nur solange, wie die Schweizer mit ihrer Verfassung und deren Anpassungsfähigkeit zufrieden sind und sich nicht von ihr abwenden. An anderer Stelle (a.a.O., S. 84) muß auch *Häberle* dies mittelbar zugeben: »Sobald es zu (Kultur)Revolutionen kommt, die ein Schritt *weg vom* und *gegen* den Verfassungsstaat sind (...), versagt die Verfassungslehre«; Hervorhebungen dort. Vgl. ferner *ders.*, Verfassungslehre, S. 22f, 233f.

wenn es gelingt, die verfassunggebende Gewalt in dem oben beschriebenen Sinne[392] an der bisherigen Verfassung »festzuhalten«[393] und dazu zu bewegen, nicht selbst aktiv zu werden, sondern die verfassungsändernde Gewalt an ihrer Statt handeln zu lassen. Der Kanalisierungsversuch ist mithin dann praktisch geglückt, wenn ein verfassungspolitisches Ziel, das zu neuerlicher Verfassunggebung hätte Anlaß geben können, im Rahmen der geltenden Verfassungsordnung, d.h. systemimmanent realisiert wird.

Ähnlich verhält es sich mit den anderen Methoden zur Verhinderung künftiger verfassunggeberischer Akte. Gleich, ob eine Verfassung neuerlicher Verfassunggebung rechtlichen Widerstand entgegensetzt oder diese auf andere Weise vermeiden bzw. unnötig machen will – immer handelt es sich dabei um den Versuch, verfassungsrechtlich sicherzustellen, daß es nicht zu – politisch-faktisch niemals ausschließbaren – Aktionen der verfassunggebenden Gewalt kommt. Eine Garantie dafür, daß dieser Versuch dauerhaft gelingt, gibt es nicht.

d) Exkurs: die Bedeutung verfassungsvorbereitender Normen für den Prozeß der Verfassunggebung

Im Rahmen der Überlegungen zur Bedeutung verfassungsrechtlicher Bestimmungen für den pouvoir constituant liegt es nahe, auf eine artverwandte Frage einzugehen, die im Zusammenhang mit der Schaffung neuer Verfassungen immer wieder aufgeworfen wird. Gemeint ist die Frage nach dem Stellenwert solcher Normen, die häufig während oder unmittelbar vor dem Beginn der Erarbeitung einer Verfassung erlassen werden, um einen rechtlich geordneten Ablauf der Verfassunggebung sicherzustellen (verfassungsvorbereitende Normen).[394] Derartige Vorschriften werden nicht nur rein tatsächlich regelmäßig verabschiedet, wenn die Schaffung einer neuen Verfassung auf der politischen Tagesordnung steht[395],

---

[392] S.o. D. III. 1. b) aa).

[393] Ob sich die verfassunggebende Gewalt in diesem Sinne an der bisherigen Verfassung »festhalten« läßt, dürfte primär davon abhängen, ob dies als politisch zweckmäßig empfunden wird. Vgl. diesbezüglich z.B. *Steiner*, S.182f, der im Zusammenhang mit der französischen Lehre schreibt: »Ob sich der pouvoir constituant im Einzelfall in den Bahnen der Verfassung bewegt, hängt von der politischen Zweckmäßigkeit des verfassungsrechtlich angebotenen Verfahrens ab.«

[394] Üblich ist z.B. der Erlaß von Regelungen über den Modus der Einsetzung einer verfassunggebenden Versammlung, der Erlaß einer Geschäftsordnung derselben sowie die Schaffung von Vorschriften für die Verabschiedung der Verfassung, z.B. hinsichtlich der dabei zu erzielenden Mehrheiten. Beispiele für weitere derartige verfahrensmäßige Bestimmungen bei *Gutmann*, S.59, sowie *Steiner*, S.118, der dort und im folgenden im Zusammenhang mit Art.41 der Hessischen Verfassung von 1946 ausführlich auf die Bedeutung vorkonstitutioneller Verfahrensnormen eingeht. Vgl. zur verfahrensrechtlichen Bindung der verfassunggebenden Gewalt auch oben B. II. 5. a) aa).

[395] Vgl. dazu *Maunz*, DÖV 1953, 645 (646); *Steiner*, S.118; *Schneider*, HStR VII, § 158 Rdnr.25; *Storr*, S.51. Hinzuweisen ist in diesem Zusammenhang etwa auf die vorläufigen Verfassungen bzw. Organisationsstatute in den Ländern auf dem Gebiet der ehemaligen DDR, in de-

sondern sind nach teilweise vertretener Auffassung sogar unentbehrlich: Sie müßten notwendigerweise erlassen werden, weil Verfassunggebung ohne sie gar nicht möglich sei.[396] Die Unverzichtbarkeit eines normativ-vorverfassungsrechtlichen Regelwerkes und insbesondere verfahrensrechtlicher Bestimmungen für die Schaffung einer neuen Verfassung beruhe einerseits auf dem Umstand, daß »der Zweck jeder Verfassunggebung die Schaffung einer ›Legalordnung‹ ist, die ihrerseits der legalen Organisation ihres Zustandekommens bedarf«.[397] Andererseits sei eine rechtliche Regelung des Verfassunggebungsprozesses, die man als »Vorverfassung« bezeichnen könne[398], auch deshalb unabdingbar, weil eine – auf Grundlage der heute gemeinhin dem Volk zuerkannten verfassunggebenden Gewalt notwendigerweise – demokratische Verfassunggebung ohne rechtliche Organisation undenkbar sei.[399]

aa) Die rechtliche Unverbindlichkeit verfassungsvorbereitender Normen

Unabhängig davon, ob eine derartige normative Basis für Betätigungen der verfassunggebenden Gewalt tatsächlich in jedem Fall zwingend ist[400], kann ange-

---

nen u.a. das Verfahren für die Schaffung endgültiger Verfassungen festgelegt war (dazu *Boehl*, Staat 30 (1991), 572 (589ff)); *Linck*, DÖV 1991, 730 (730ff)), und auf das von der Weimarer Nationalversammlung im Februar 1919 erlassene Gesetz über die vorläufige Reichsgewalt (dazu *Apelt*, S. 64ff; *Menger*, Rdnr. 350).

[396] In diesem Sinne vor allem *Schneider*, HStR VII, § 158 Rdnr. 5, 12, 15, 19ff, 24ff. Weniger weitgehend *Murswiek*, verfassunggebende Gewalt, S. 149; *Storr*, S. 51.

[397] So *Schneider*, HStR VII, § 158 Rdnr. 5.

[398] So *Schneider*, HStR VII, § 158 Rdnr. 21, 25; ähnlich auch *Linck*, DÖV 1991, 730 (730ff), in bezug auf die vorläufigen Verfassungen in den neuen Ländern. Zur Figur der Vorverfassung noch näher unten E. IV. 3. im Zusammenhang mit den verschiedenen Arten verfassungsvorbereitender Normen und deren Bedeutung für die Kategorisierung verfassungsrechtserzeugender Vorgänge.

[399] Vgl. *Schneider*, HStR VII, § 158 Rdnr. 19ff, 24, 26, wo in diesem Zusammenhang auf die Handlungsunfähigkeit des unverfaßten Volkes und das demokratische Postulat der Teilhabe aller maßgeblichen gesellschaftlichen und politischen Kräfte an der Verfassungschöpfung hingewiesen wird. Das von *Schneider* bemühte Argument der Handlungsunfähigkeit des unverfaßten Volkes besagt, daß zielgerichtete Willensäußerungen einer unorganisierten Vielzahl von Menschen nicht möglich seien, weshalb die Lehre von der verfassunggebenden Gewalt des Volkes logisch zirkulär sei. Dieser Zirkel wird von *Isensee*, Mythos, S. 47, wie folgt beschrieben: »Das Volk kann sich nur dann eine Verfassung geben, wenn es handlungsfähig ist. Handlungsfähig ist es aber nur, wenn es organisiert ist, vor allem, wenn es über Repräsentanten verfügt, die in seinem Namen sprechen und handeln können. Organisation und Repräsentationsmodus aber machen das Wesentliche einer Verfassung aus. Das Volk muß also schon vorab verfaßt sein, damit es sich eine neue Verfassung geben kann. Nur ein verfaßtes Volk vermag, eine Verfassung zu schaffen.« Vgl. dazu auch *Heckel*, HStR VIII, § 197 Rdnr. 72ff; *Alvarez*, S. 82f; *Wegge*, S. 221f. Zur vorgeblichen Zirkularität der verfassunggebenden Gewalt des Volkes vgl. außerdem *Roellecke*, JZ 1992, 929 (932); *Schneider*, HStR VII, § 158 Rdnr. 19ff; *Heller*, S. 278; *Steiner*, S. 35f, 44ff; *Storr*, S. 53; *Boehl*, Verfassunggebung, S. 112.

[400] Sicher ist, daß im Hinblick auf die Notwendigkeit einer normativen Grundlage für Betätigungen der verfassunggebenden Gewalt differenziert werden muß: Solange es lediglich um die Beseitigung der bisherigen Verfassung geht, bedarf es keiner rechtlichen Organisation, wie die historische Erfahrung lehrt. Erst wenn es um die Schaffung einer neuen Verfassung geht, stellt

sichts der schon erzielten Ergebnisse nur eines festgestellt werden: Diejenigen Vorschriften, die eine rechtliche Regelung des Vorgangs der Verfassungserzeugung intendieren, sind für die verfassunggebende Gewalt *rechtlich unverbindlich*.

Für verfassungsvorbereitende Normen, die von irgendwelchen vorkonstitutionellen Kräften erlassen werden, ergibt sich dies bereits daraus, daß sie im Range unterhalb des Verfassungsrechts stehen und dessen Erzeugung deshalb nicht regeln können.[401] Durch derartige Normen begründete Bindungen können von der verfassunggebenden Gewalt überspielt werden[402], und zwar indem sie unbeachtet bleiben.[403] Insofern besitzen, wie *Steiner* treffend formuliert, vorkonstitutionelle Kräfte lediglich ein »*Vorschlags*recht« gegenüber der verfassunggebenden Gewalt.[404] Aber auch vom pouvoir constituant im Vorfeld der Verfassungschöpfung selbst erlassene verfassungsvorbereitende Normen sind für ihn rechtlich unverbindlich. Etwas anderes gälte nur dann, wenn sich der pouvoir constituant durch selbstgesetzte Normen rechtlich binden könnte.[405] Eine Selbstbindung ist jedoch, wie sich herausgestellt hat[106], nur scheinbar eine Bindung rechtlicher Art. Sie entbehrt als autonom auferlegte Bindung jedweder rechtlichen Verpflichtungskraft.

Damit steht fest, daß den Modus der Verfassungserzeugung regelnde Bestimmungen welcher Herkunft auch immer für den pouvoir constituant rechtlich unverbindlich sind. Die verfassunggebende Gewalt kann sich stillschweigend über entsprechende Normen hinwegsetzen. Völlig zutreffend ist es demzufolge, wenn *Boehl* gegenüber denjenigen, die versuchen, eine rechtliche Gebundenheit des Verfassunggebers bei der Verfassungschöpfung nachzuweisen, den Vorwurf einer

---

sich die Frage, ob Organisationsnormen zwingend sind. Zu dieser Differenzierung zwischen dem destruktiven und dem konstruktiven Aspekt der Verfassunggebung *Heckel*, HStR VIII, § 197 Rdnr. 75 ff, *ders.*, Einheit, S. 30 f, *Boehl*, Verfassunggebung, S. 84, sowie oben D. II. 1. b) aa) und unten E. IV. 2. c) bb).

[401] So *Steiner*, S. 120 ff; *Boehl*, Verfassunggebung, S. 116; *Tosch*, S. 80; siehe auch BVerfGE 1, 14, Leitsatz 21, wo es heißt, daß es mit der Stellung einer verfassunggebenden Versammlung unvereinbar sei, »daß ihr *von außen* Beschränkungen auferlegt werden« (Hervorh. v. Verf.), was ausdrücklich auch auf das Verfahren der Verfassungschöpfung bezogen wird. Siehe auch oben B. II. 5. mit weiteren Nachweisen in Fn. 180.

[402] Zur Begründung der Aussage, daß das Volk als Träger der verfassunggebenden Gewalt nicht durch vorkonstitutionelle verfahrensordnende Bestimmungen irgendwelcher die Verfassunggebung vorbereitender Kräfte gebunden werden könne, wird zusätzlich auch darauf abgehoben, daß eine solche Bindung dem Grundsatz der Volkssouveränität widerspräche. So z.B. *Boehl*, Staat 30 (1991), 572 (581); *ders.*, Verfassunggebung, S. 116; Anklänge einer solchen Argumentation auch bei *Maunz*, DÖV 1953, 645 (646).

[403] So *Maunz*, DÖV 1953, 645 (646); *Bachof*, S. 34; *Gutmann*, S. 100; *Steiner*, S. 120 ff; *Alvarez*, S. 115, 128; *Boehl*, Staat 30 (1991), 572 (581).

[404] *Steiner*, S. 121; Hervorhebung dort. Eine heteronom begründete rechtliche Bindung der verfassunggebenden Gewalt an vorkonstitutionelle Normen ist also ausgeschlossen.

[405] Zutreffend insoweit *Steiner*, S. 121 f; *Stern* I, S. 148; *Alvarez*, S. 132.

[406] S. o. D. II. 3. a) aa) (2), auch zum folgenden.

»Fiktion von Rechtsbindungen« erhebt und davor warnt, auf diese Weise »nicht-rechtliche Postulate für Recht« auszugeben.[407]

bb) Die schrittweise unverbindliche Selbstbindung des pouvoir constituant im Prozeß der Verfassunggebung

Obwohl von vorkonstitutionellen Kräften sowie von der verfassunggebenden Gewalt selbst aufgestellte Normen für den Vorgang der Verfassungschöpfung gleichermaßen rechtlich unverbindlich sind, ist doch ihr tatsächlicher Stellenwert bei der Verfassungsausarbeitung verschieden. Diesbezügliche Festlegungen des pouvoir constituant als dem agierenden Subjekt sind von politisch größerem Gewicht[408] als die Vorschläge allenfalls mittelbar an der Verfassunggebung beteiligter politisch-gesellschaftlicher Kräfte. Es ist indes auch nicht ausgeschlossen, daß sich die verfassunggebende Gewalt fremdgesetzte Normen oder die Bestimmungen der bisherigen Verfassung zu eigen macht und diese trotz rechtlicher Unverbindlichkeit als *für sich bindend anerkennt*.[409] In diesem Fall stehen derartige Normen den von der verfassunggebenden Gewalt selbst stammenden Regeln hinsichtlich ihrer politischen Wirkkraft in nichts nach, weil sie nachträglich in den Willen des pouvoir constituant aufgenommen worden sind. Stets bleibt es aber dabei, daß dadurch lediglich eine rechtlich unverbindliche Selbstbindung an die entsprechenden Normen begründet wird.

Nicht zuletzt vor diesem Hintergrund wird offenbar, daß sich die verschiedenen Arten von Normen hinsichtlich ihrer Bedeutung für den pouvoir constituant ähneln: Sei es die Anerkennung fremder oder der eigenständige Erlaß verfassungsvorbereitender Vorschriften, oder sei es die Verabschiedung einer Verfassung – in ihrer Wirkung auf den pouvoir constituant gleichen sich diese Maßnahmen insofern, als sie sämtlich eine *rechtlich unverbindliche Selbstbindung* begründen[410], von der sich die verfassunggebende Gewalt jederzeit wieder loszusagen vermag: So, wie sich der pouvoir constituant nicht an irgendwelche Bestimmungen über das Procedere der Verfassunggebung zu halten braucht, weil diese

---

[407] *Boehl*, Verfassunggebung, S. 128; ähnlich bereits *ders.*, Staat 30 (1991), 572 (575). Vgl. auch *Henke*, Staat 19 (1980), 181 (209).

[408] Vgl. z.B. *Linck*, DÖV 1991, 730 (733f), im Zusammenhang mit der Verfassunggebung in den neuen Ländern.

[409] Vgl. *Bachof*, S. 34f, wo vorkonstitutionellen Gesetzen nur dann eine Bedeutung für die Verfassungschöpfung beigemessen wird, »wenn und solange die Träger der verfassunggebenden Gewalt jene Gesetze noch als verbindlich anerkennen«. Siehe ferner *Gutmann*, S. 101; *Murswiek*, verfassunggebende Gewalt, S. 149; *Storr*, S. 51f. Zur Bedeutung verfassungsvorbereitender Normen siehe auch unten E. IV. 3.

[410] Zur Deutung des Akts der Verfassunggebung als Begründung einer unverbindlichen Selbstbindung der verfassunggebenden Gewalt an die Verfassung siehe *Boehl*, Verfassunggebung, S. 102; *ders.*, Staat 30 (1991), 572 (580); siehe auch schon oben D. III. 1. b) aa) sowie II. 3. a) aa) (2) (c).

für ihn rechtlich unverbindlich sind[411], kann er sich auch jederzeit über eine geltende Verfassung hinwegsetzen, weil diese ihn ungeachtet ihres Inhaltes nicht an sich zu binden vermag.[412]

Der Unterschied zwischen der mit der Verfassungsverabschiedung eintretenden Selbstbindung[413] und der mit dem Erlaß bzw. der Anerkennung verfahrensordnender Normen durch die verfassunggebende Gewalt einhergehenden Selbstverpflichtung zur Beachtung dieser Normen ist nur *gradueller Art* und betrifft den Bindungsumfang: Im Stadium vor der Verfassungsverabschiedung wird sich der pouvoir constituant regelmäßig nur im Hinblick auf wenige, besonders wichtige Modalitäten der Verfassungschöpfung festlegen, während mit dem Inkrafttreten der Verfassung eine formell und materiell umfassende Selbstbindung an das verfassungsrechtliche Reglement einsetzt. Der Bindungsgrad wird indessen nicht schlagartig, sondern schrittweise gesteigert[414]: Zunächst bindet sich die verfassunggebende Gewalt an Vorschriften, die das Verfahren der Verfassunggebung regeln[415], anfangs etwa in Gestalt von Normen über die Wahl oder Einsetzung einer verfassunggebenden Versammlung, später dann beispielsweise durch die Festlegung eines Mehrheitserfordernisses für die abschließende Beschlußfassung (z.B. Festlegung eines Zweidrittelquorums).[416] Im Verlauf der Verfassungsberatungen wird die Freiheit des Verfassunggebers von Form- und Verfahrensvorschriften mithin im Wege der Selbstbindung mehr und mehr eingeengt und mit dem Inkrafttreten der Verfassung schließlich gänzlich beseitigt. Entsprechendes gilt hinsichtlich des Verfassungsinhaltes: Mit der Verfassungsverabschiedung geht die zuvor schrittweise eingeschränkte materielle Gestaltungsfreiheit des Verfassunggebers vollständig verloren.[417]

Wenn der pouvoir constituant also vorkonstitutionelle Bestimmungen über die Verfassunggebung als für sich verbindlich anerkennt oder selbst derartige Normen erläßt, wird dadurch die mit der Verfassungsverabschiedung ohnehin einset-

---

[411] S.o. D. III. 1. d) aa).

[412] S.o. D. II. 3. a) aa) (2) und (3).

[413] Im folgenden ist mit dem Terminus »Selbstbindung« immer eine *rechtlich unverbindliche* Selbstbindung gemeint, auch wenn dies aus sprachlichen Gründen nicht in allen Fällen explizit hervorgehoben wird.

[414] Vgl. *Tosch*, S. 103, auch zum folgenden; ferner *Boehl*, Verfassunggebung, S. 127, 226.

[415] So auch *Isensee*, Wiedervereinigung, S. 63 (69).

[416] Vgl. in diesem Zusammenhang *Boehl*, Staat 30 (1990), 572 (591), der auf die Verabschiedung der vorläufigen Verfassung in Brandenburg im Jahre 1990 hinweist. Dort sei das Erfordernis einer Zweidrittelmehrheit für den Beschluß dieser vorläufigen Landesverfassung durch einen vorherigen Beschluß des Landtages über die dafür notwendige Mehrheit statuiert worden. Siehe auch *ders.*, Verfassunggebung, S. 127, 226.

[417] *Tosch*, S. 103, weist darauf hin, daß am Beginn der Verfassungsschöpfung meist eine Bindung an einige elementare Grundsätze, etwa die Demokratie, eintrete, während hinsichtlich anderer materieller Regelungen noch Freiheit bestehe. Diese werde im weiteren Verlauf der Verfassunggebung zunehmend eingeengt und schließlich mit dem Abschluß der Verfassunggebung völlig aufgehoben.

zende Selbstbindung der verfassunggebenden Gewalt partiell antizipiert, nämlich in bestimmter, gegenständlich beschränkter Hinsicht zeitlich vorverlagert.[418] Verfassunggebung erscheint vor diesem Hintergrund nicht als singulärer Akt der bloßen Verfassungsverabschiedung[419], sondern als *prozeßhafter Vorgang*, in dessen Verlauf sich die verfassunggebende Gewalt – auf rechtlich unverbindliche Weise – zunehmend formellen und materiellen Bindungen unterwirft.[420] *Boehl* spricht in diesem Zusammenhang treffend von einer »schrittweise(n) Selbstbindung des Verfassunggebers«.[421]

2. Die Bedeutung der konkreten Verfassungsordnung für die Differenzierung zwischen Verfassunggebung und Verfassungsänderung

Obschon die verfassunggebende Gewalt keinen verfassungsrechtlichen Bindungen unterliegt, sind die Normen einer Verfassung, wie gerade herausgearbeitet worden ist, nicht ohne jeden Einfluß auf den pouvoir constituant. Verfassunggeberische Akte können mit verfassungsrechtlichen Mitteln auf verschiedene Weise vermieden und praktisch unnötig gemacht werden. Zur praktischen Entbehrlichkeit der Verfassunggebung trägt insbesondere das Verfahren der Verfassungsrevision bei, das systemimmanente Weiterentwicklungen der Verfassungsordnung ermöglicht und auf diese Weise revolutionäre Ausbrüche überflüssig macht.[422]

Damit ist eine erste Verknüpfung zwischen Verfassunggebung und Verfassungsänderung sichtbar geworden, die den Grundstein für alle weiteren Deliberationen zum Verhältnis beider Arten der Verfassungsrechtserzeugung bildet: Verfassunggebung ist *praktisch* unnötig, wenn das verfolgte verfassungspolitische Ziel erlaubtermaßen im Wege der Verfassungsrevision realisiert werden darf (a und b). Daraus ergibt sich, daß in einer konkreten Verfassungsordnung *praktisch* um so weniger Raum für neuerliche Verfassunggebung verbleibt, je größer die

---

[418] *Boehl*, Staat 30 (1990), 572 (591), spricht davon, daß durch derartige Maßnahmen der verfassunggebenden Gewalt »lediglich die ursprüngliche Selbstbindung der verfassunggebenden Gewalt um eine Stufe vorverlagert« werde. Ebenso *ders.*, Verfassunggebung, S. 127.

[419] Ein Verständnis der Verfassunggebung als singulärer Akt läßt insofern zwei Dinge unberücksichtigt: zum einen den hier hervorgehobenen prozeßhaften Charakter der Verfassunggebung im Sinne eines zeitlich gestreckten Vorgangs der Verfassungsausarbeitung; zum anderen den dynamischen Aspekt der Verfassunggebung, der sich in dem Erfordernis des ständigen Getragen-Seins der Verfassung durch die ihr Unterworfenen manifestiert; dazu schon oben B. II. 3. c); D. II. 2. a) cc) (1) sowie III. 1. b) aa).

[420] In diesem Sinne vor allem *Tosch*, S. 103; ferner *Boehl*, Verfassunggebung, S. 127; *Alvarez*, S. 82f. Möglich und besser zu erklären ist auf der Grundlage eines solchen Verständnisses vor allem auch ein mehraktiges Verfahren der Verfassunggebung; vgl. dazu *Steiner*, S. 113ff; *Linck*, DÖV 1991, 730 (733). Zur Entstehung einer europäischen Verfassung (im materiellen Sinne) durch einen fortlaufenden Prozeß der Verfassunggebung vgl. *Hobe*, EuR 2003, 1 (3ff, 8f).

[421] *Boehl*, Verfassunggebung, S. 127.

[422] Daß Verfassungen eine Ermächtigung zur Verfassungsänderung enthalten, wird bei den folgenden Darlegungen bis auf weiteres vorausgesetzt.

Reichweite der konkreten Revisionsermächtigung ist, je weniger also die Zulässigkeit der Verfassungsänderung Beschränkungen unterworfen ist (c). Diese Wechselbeziehung bringt es mit sich, daß die Unterscheidung zwischen Verfassunggebung und Verfassungsrevision unter praktischen Gesichtspunkten nicht gleichermaßen auf jede Verfassungsordnung »paßt«; denn eine Differenzierung zwischen Verfassunggebung und Verfassungsänderung als verschiedenen Arten der Verfassungsrechtserzeugung ist in einer Verfassungsordnung mit sehr weitgehender Revisionsermächtigung weniger naheliegend als in einem Staat mit extrem rigider Verfassung (d). Eine andere Frage ist es hingegen, ob in sämtlichen Verfassungsordnungen *theoretisch* zwischen verschiedenen Arten der Verfassungsrechtserzeugung unterschieden werden kann (ebenfalls d).

a) Die Unterscheidung von Verfassunggebung und Verfassungsänderung anhand des Kriteriums der verfassungsrechtlichen Erlaubtheit der Verfassungsrechtserzeugung

Das Recht zur Durchführung von Verfassungsänderungen ist eine von der Verfassung begründete und in ihrem Rahmen verbleibende Zuständigkeit. Sofern den formellen und ggf. materiellen Vorgaben der Revisionsklausel Genüge getan wird, sind Verfassungsänderungen von Verfassungs wegen erlaubt und damit legal.[423] Verfassunggebung ist demgegenüber – und das ist unstreitig[424] – regelmäßig verfassungsrechtlich verboten, also konstitutionell illegal. Für die Abgrenzung von Verfassunggebung und Verfassungsrevision resultiert daraus der Grundsatz[425], daß *Verfassungsänderung* der verfassungsrechtlich *erlaubte* Weg zur Erzeugung neuen Verfassungsrechts ist, während es sich bei der *Verfassunggebung* um eine verfassungsrechtlich *verbotene* Methode der Verfassungsrechtschöpfung handelt.[426] Daraus folgt: *Was verfassungsrechtlich erlaubt ist, kann grundsätzlich nicht Verfassunggebung sein, sondern ist Verfassungsänderung.* Bei der theoretischen Unterscheidung zwischen Verfassunggebung und Verfassungsänderung bietet das Kriterium der verfassungsrechtlichen Erlaubtheit demnach einen wichtigen Orientierungspunkt. »Verfassunggebung« kann vor diesem Hintergrund zunächst[427] als Abbreviatur für die verfassungsrechtlich verbotene, »Verfassungsänderung« dagegen als Abbreviatur für die verfassungsrechtlich erlaubte Schaffung neuen Verfassungsrechts verstanden werden.

---

[423] S.o. C. II. 2.; D. I. 2. c).

[424] Streitig ist nur, ob die Verfassungswidrigkeit verfassunggeberischer Akte für den pouvoir constituant irgendwie von Bedeutung, nämlich ob dieser rechtlich zur Einhaltung der Verfassung verpflichtet ist, s.o. D. II. 3. a) aa) (1) (a).

[425] Zu dem Sonderfall verfassungsrechtlich erlaubter Verfassunggebung unten D. III. 3. b) cc) (1), dd) (3), ee) (1) sowie ff).

[426] So auch *Heckmann*, DVBl. 1991, 847 (851). *Steiner*, S. 179, spricht diesbezüglich, wenngleich in anderem Zusammenhang, vom »Nebeneinander eines legalen und eines rechtswidrig-revolutionären Normerzeugungsverfahrens«.

[427] Vgl. aber unten D. III. 3. b) ff).

b) Die praktische Unnötigkeit neuerlicher Verfassunggebung
bei Zulässigkeit der Verfassungsrevision

Mit Blick auf die Tatsache, daß eine Verfassung verfassunggeberische Akte durch die Zulassung von Verfassungsänderungen praktisch unnötig zu machen sucht[428], lassen sich die vorstehenden Thesen noch in eine andere Richtung erweitern: Was verfassungsrechtlich erlaubtermaßen realisierbar ist, kann im Falle seiner Verwirklichung nicht nur nicht Verfassunggebung sein, sondern *bedarf* zu seiner Umsetzung auch gar *nicht* eines Aktes der *verfassunggebenden* Gewalt. Verfassunggebung ist zwar politisch-faktisch immer möglich, praktisch jedoch dann unnötig, wenn das verfolgte politische Ziel auch durch Verfassungsrevision und damit legal erreicht werden kann.[429] Weil sie sich somit als das wegen seiner Verfassungsmäßigkeit und Systemimmanenz »mildere« Mittel zur Erzeugung neuen Verfassungsrechts erweist, verdrängt die Verfassungsrevision die Verfassunggebung als konstitutionell illegale, mit einer Umwälzung der bestehenden Verfassungsordnung verbundene Alternative der Verfassungsrechtschöpfung: Wo Verfassungsänderung zur Umsetzung eines verfassungspolitischen Anliegens zulässig ist, wird Verfassunggebung aus dem Grund fehlender Erforderlichkeit nicht stattfinden.[430]

c) Die Bedeutung des konkreten Revisionssystems für die praktische
Relation von Verfassunggebung und Verfassungsänderung

Wenn Verfassunggebung zur Realisierung eines bestimmten Vorhabens praktisch unnötig ist, sofern dieses Vorhaben auch im Wege der Verfassungsrevision umgesetzt werden darf, besteht notwendigerweise ein Zusammenhang zwischen der Reichweite der Änderungsermächtigung und dem Raum, der in einer konkreten Verfassungsordnung praktisch für verfassunggeberische Akte verbleibt. Um eines besseren Verständnisses willen sei zunächst anhand dreier fiktiver Beispiele erläutert, inwiefern die Reichweite der Änderungsermächtigung das praktische

---

[428] Siehe zuvor D. III. 1. b) cc) und c).

[429] Vgl. auch in diesem Zusammenhang die bereits zitierte Sentenz *Steiners*, S. 182f: »Ob sich der pouvoir constituant im Einzelfall in den Bahnen der Verfassung bewegt, hängt von der politischen Zweckmäßigkeit des verfassungsrechtlich angebotenen Verfahrens ab.« Siehe ferner *Stückrath*, S. 226, in deren Ausführungen der hier beschriebene praktische Vorrang der legalen Verfassungsrechtserzeugung ebenfalls anklingt.

[430] Daß Weiterentwicklungen der Verfassungsordnung, sofern nur die Revisionsklausel dies zuläßt, regelmäßig im Wege der Verfassungsänderung stattfinden werden, hat ganz praktische Gründe: Mit der Verfassung in ihrer bisherigen Gestalt unvereinbare politische Zielsetzungen sind im Wege der Verfassungsrevision *sehr viel leichter zu realisieren* als durch Verfassunggebung, weil die verschiedenen verfassungsrechtlichen Mechanismen zur rechtlichen Erschwerung verfassunggeberischer Akte (s.o. D. III. 1. a)) in diesem Fall nicht greifen. Anders als im Falle eines neuerlichen Tätigwerdens des pouvoir constituant bedarf es also nicht der Aufwendung besonderer Energie zur Überwindung des bisherigen Systems (dazu oben D. III. 1. a) cc) a.E.).

Verhältnis von Verfassunggebung und Verfassungsrevision beeinflußt (aa), bevor dann allgemeine Aussagen zu der Verhältnisfrage folgen (bb).

aa) Unterschiedliche Revisionsbestimmungen und ihr Einfluß auf das praktische Verhältnis von Verfassunggebung und Verfassungsänderung – drei Beispiele

Beispiel 1: »Alle Bestimmungen dieser Verfassung können im Wege der Gesetzgebung mit der Mehrheit der abgegebenen Stimmen geändert werden.«

Beispiel 2: »Diese Verfassung kann unter der Voraussetzung der Zustimmung von jeweils zwei Dritteln der Mitglieder beider gesetzgebender Kammern geändert werden. Eine Beseitigung des föderalistischen Staatsaufbaus im Wege der Verfassungsrevision ist unstatthaft.«

Beispiel 3: »Diese Verfassung kann mit Ausnahme der Bestimmungen über die Grundrechte, die demokratische und strikt pazifistische Ausgestaltung des Staatswesens geändert werden. Änderungen bedürfen der Zustimmung von vier Fünfteln der Mitglieder beider gesetzgebender Kammern in zwei aufeinanderfolgenden Legislaturperioden.«

Angenommen, in einem bis dato armeelosen, wirtschaftsliberal und föderalistisch verfaßten demokratischen Gemeinwesen greift die Anschauung Platz, aufgrund starker äußerer Bedrohung müßten schnellstmöglich Streitkräfte aufgestellt werden, und es sei zwecks besserer Koordinierung der wirtschaftlichen und staatlichen Tätigkeit erforderlich, zur Planwirtschaft und zur Zentralstaatlichkeit überzugehen sowie das gewählte Parlament durch ein gesetzgebendes Expertengremium zu ersetzen.

In einem Staat, dessen Verfassung nach Maßgabe der Revisionsklausel im *ersten Beispiel* änderbar wäre, dürften diese Vorhaben in legaler Weise realisiert werden, ohne daß rechtliche Hürden materieller Art und über ein Mindestmaß hinausgehende Hemmnisse verfahrensrechtlicher Art dem entgegenstünden. Selbst fundamentale Veränderungen bis hin zur völligen Umkehrung des Verfassungsinhaltes dürften in jenem Staat durch Verfassungsrevision vorgenommen werden.[431] Die verfassungsrechtliche Änderungsermächtigung erwiese sich mithin als so weitreichend, daß Verfassunggebung praktisch vollkommen unnötig wäre. Daraus folgt: Dort, wo eine Verfassung beliebig und einfach geändert werden kann, verbleibt für verfassunggeberische Akte mangels Erforderlichkeit praktisch kein Raum.[432]

Die im *zweiten Beispiel* zugrunde gelegte Revisionsklausel verböte in inhaltlicher Hinsicht lediglich die Einführung zentralstaatlicher Strukturen. Ansonsten

---

[431] Dies jedenfalls dann, wenn keine ungeschriebenen Schranken der Revisionsermächtigung bestünden. Zur Problematik solcher Schranken schon oben C. II. 5. b) sowie unten E. I.

[432] Insofern mag in der Schweiz aufgrund der Zulässigkeit der sog. Totalrevision tatsächlich die Abschaffung der unbeschränkt gedachten verfassunggebenden Gewalt »praktisch« gelungen sein, wie *Häberle*, AöR 112 (1987), 54 (80f), annimmt. Zur Totalrevision näher unten D. III. 3. b) cc) (2) und ee) (2).

dürften die ins Auge gefaßten Maßnahmen im Wege der Verfassungsänderung realisiert werden. Das im Revisionsverfahren in beiden Kammern zu erzielende Quorum von zwei Dritteln der Mitglieder erschwerte die Verfassungsänderung zwar gegenüber der einfachen Gesetzgebung, sollte den erstrebten Veränderungen der Verfassung aber gleichwohl nicht als unüberwindliches Hindernis entgegenstehen. Der verfassungsändernde Gesetzgeber dürfte folglich – mit Ausnahme der Bestimmungen über die Bundesstaatlichkeit – frei über den Verfassungsinhalt disponieren und sähe sich daran auch nicht durch allzu hohe Hürden verfahrensrechtlicher Art gehindert. Verfassunggeberische Akte wären somit auch in dieser Verfassungsordnung praktisch weitgehend, allerdings in geringerem Umfang als im ersten Beispiel, entbehrlich. Allenfalls wenn, wie hier angenommen, just die Abschaffung des föderalen Staatsaufbaus intendiert wäre oder sich das Zweidrittel-Quorum als unüberwindlich erwiese, könnte dies in praxi Anlaß für neuerliche Verfassunggebung bieten.

Ganz anders im *dritten Beispiel*: Die dortige Verfassung stünde einer Durchsetzung der verfolgten Ziele im Wege der Verfassungsrevision inhaltlich fast durchweg entgegen: Der Aufbau einer Armee wäre wegen des strikten Pazifismusgebots nicht zulässig, desgleichen – vorausgesetzt, es existierten entsprechende wirtschaftsbezogene Grundrechte – der Übergang zur Planwirtschaft. Auch die Abschaffung des gewählten Parlamentes wäre unstatthaft, weil das Demokratieprinzip zu den unantastbaren Verfassungsinhalten gehörte. Einzig der Übergang zur Zentralstaatlichkeit dürfte mangels Erstreckung der Unabänderlichkeitsanordnung auf die Bundesstaatlichkeit im Verfahren der Verfassungsänderung bewerkstelligt werden. Mit dem Erfordernis einer in zwei aufeinanderfolgenden Wahlperioden in beiden Kammern zu erzielenden Vierfünftelmehrheit träfe aber auch dieses Anliegen auf ein Hindernis formeller Art, das die gewünschte schnellstmögliche Einführung zentralstaatlicher Strukturen ausschlösse. In Beispiel 3 könnte somit keine der verschiedenen Maßnahmen auf verfassungsmäßige Weise und zugleich zügig in die Tat umgesetzt werden: Die Änderung grundlegender Verfassungsstrukturen wäre generell ausgeschlossen; sonstige Änderungen wären zwar zulässig, aber vom Durchlaufen eines langwierigen und hohe Anforderungen stellenden Verfahrens abhängig. Die Verfassung erwiese sich mithin als derart rigide bzw. ihre Änderungsermächtigung als so restriktiv, daß zur unverzüglichen Verwirklichung der ins Auge gefaßten Vorhaben praktisch kein Weg an einer Neukonstituierung vorbeiführte.

bb) Die Reichweite der Änderungsermächtigung und ihre Konsequenzen für das praktische Verhältnis von Verfassunggebung und Verfassungsrevision

Die Beschäftigung mit den verschiedenen Beispielen hat gezeigt, daß sich das Bestehen eines Konnexitätsverhältnisses zwischen dem Revisionssystem der konkret betrachteten Verfassung und der Relation von Verfassunggebung und Verfassungsänderung in der entsprechenden Verfassungsordnung kaum von der Hand weisen läßt.[433] Dort, wo eine Verfassung inhaltlich nur eingeschränkt und lediglich unter stark erschwerten formellen Bedingungen geändert werden darf, ist das Stattfinden neuerlicher Verfassunggebung praktisch keineswegs ausgeschlossen, sondern – im Gegenteil – nicht ganz unwahrscheinlich. Ein erneuter verfassunggeberischer Akt kann sogar praktisch unvermeidbar sein[434], wenn eine als notwendig erkannte Anpassung der Verfassungsordnung an veränderte Gegebenheiten aufgrund des Fehlens einer geeigneten verfassungsrechtlichen Ermächtigung ausschließlich im Wege einer Neukonstituierung bewerkstelligt werden kann.[435] Ob verfassunggeberische Akte im Rahmen des *praktisch* Wahrscheinlichen liegen oder ihre jederzeite politisch-faktische Möglichkeit nur eine ganz entfernte, theoretische Eventualität darstellt, hängt demnach von der formellen und materiellen Reichweite der Revisionsbefugnis ab: Je größer die Reichweite der Änderungsermächtigung, desto unnötiger und damit unwahrscheinlicher sind in praxi neuerliche Betätigungen der verfassunggebenden Gewalt. Umgekehrt gilt: Je enger die Grenzen, innerhalb derer Verfassungsänderungen erlaubt sind, desto eher wird neuerliche Verfassunggebung praktisch erforderlich sein und desto wahrscheinlicher ist sie.[436]

Für den praktischen Stellenwert, den die Verfassunggebung als politisch-faktisch mögliche, regelmäßig aber verfassungswidrige Art der Verfassungsrechtserzeugung in einer bestimmten Verfassungsordnung hat, folgt daraus, daß er sich nicht abstrakt und ohne Ansehung des Einzelfalles bestimmen läßt, sondern variabel ist: Verfassunggebung kann mal mehr und mal weniger im Rahmen des po-

---

[433] Deutlich *Steiner*, S. 181: »Die Bedeutung, die das Revisionssystem einer konkreten Verfassung bzw. eines Rechtskreises für die Theorie der Verfassungserzeugung schlechthin besitzt, ist in diesem Zusammenhang nicht zu übersehen.« Weiter heißt es bei *Steiner*, »daß die Grundthesen auch einer allgemeinen Verfassungslehre ohne Blick auf die Revisionsregelung der ›heimischen‹ Verfassung als Hintergrund nicht zutreffend gewürdigt werden können«.

[434] Zu dem Umstand, daß eine zu rigide Verfassung verfassunggeberische Akte regelrecht provozieren kann, siehe *Herzog*, AStL, S. 318f; *Bryde*, S. 224f, 246f; *Haug*, S. 187.

[435] Als Beispiel für eine Situation, in der ein bestimmtes politisches Ziel mangels Realisierbarkeit im Verfahren der Verfassungsänderung nur im Wege neuerlicher Verfassunggebung erreicht werden kann, wird bisweilen die Eingliederung Deutschlands in einen europäischen Bundesstaat genannt. Diese dürfe nicht durch Verfassungsänderung erfolgen, »weil die Preisgabe der verfassungsstaatlichen Souveränität jenseits des grundgesetzlichen Regelungshorizonts liegt und an die in Art. 79 Abs. 3 GG umschriebene Staatlichkeit des deutschen Verfassungsstaates rührt, wenn sich dieser als Gliedstaat in einen europäischen Bundesstaat einbringt«; so *Isensee*, HStR VII, § 166 Rdnr. 68; ähnlich *Murswiek*, Wiedervereinigungsgebot, S. 36f; *Stückrath*, S. 251ff.

[436] Graphisch läßt sich der Zusammenhang zwischen der Reichweite der Änderungsklausel und der tendenziellen praktischen Notwendigkeit neuerlicher Verfassunggebung wie folgt darstellen:

Reichweite der Änderungsklausel

gering	groß
groß	gering

praktische Notwendigkeit neuerlicher Verfassunggebung

litisch Wahrscheinlichen liegen, je nachdem, in welchem Umfang und unter welchen Bedingungen Verfassungsänderungen erlaubt sind.[437]

d) Die bedingte Verallgemeinerungsfähigkeit der Differenzierung zwischen Verfassunggebung und Verfassungsänderung

Aufgrund der Tatsache, daß es von der konkreten Verfassung, nämlich der Reichweite ihrer Änderungsermächtigung abhängt, ob und ggf. in welchem Umfang in einer Verfassungsordnung praktisch Raum für neuerliche Betätigungen des pouvoir constituant verbleibt, kann die Unterscheidung zwischen Verfassunggebung und Verfassungsänderung nicht unbesehen als Element einer universal anwendbaren Verfassungslehre schematisch und durchgängig auf sämtliche Verfassungen übertragen werden.

In einem Staat, in dem wegen weit ausgedehnter Revisionsmöglichkeiten in praxi kaum je ein verfassunggeberischer Akt stattfinden wird, besteht sehr viel weniger Anlaß, eine Lehre von der verfassunggebenden Gewalt zu entwickeln bzw. überhaupt zwischen verschiedenen Arten der Verfassungsrechtserzeugung zu differenzieren, als in einem Staat mit relativ rigider Verfassung.[438] Dies beruht darauf, daß die Beschäftigung mit verfassungsunabhängigen Möglichkeiten der Schaffung von Verfassungsrecht primär dann in den Fokus des wissenschaftlichen Interesses rückt, wenn bestimmte Änderungen der Verfassungsordnung verfassungsrechtlich verboten oder doch erheblich erschwert sind. Nur dann drängt sich nämlich die Frage auf, wie derartige Änderungen trotzdem realisiert werden können[439], während es in einem Staat mit leicht änderbarer Verfassung weniger

---

[437] In einer Verfassungsordnung mit sehr weitgehenden Revisionsmöglichkeiten ist der praktische Stellenwert verfassunggeberischer Akte gering. Der für neuerliche Verfassunggebung (Vg.) verbleibende Raum ist im Vergleich zur praktischen Bedeutung der Verfassungsänderung gering:

Verfassungsänderung	Vg.

Anders in einem Staat mit sehr restriktiven Bestimmungen zur Verfassungsänderung: Dort kann nur ein geringerer Teil denkbarer verfassungspolitischer Anliegen im Wege der Verfassungsrevision realisiert werden, weshalb der praktische Raum für verfassunggeberische Maßnahmen ungleich größer ist:

Verfassungsänderung	Verfassunggebung

[438] So in der Tendenz auch *Häberle*, AöR 112 (1987), 54 (80f), der mit Blick auf die Zulässigkeit der sog. Totalrevision in der Schweiz konstatiert, die Lehre von einer unverfaßten und unverfaßbaren verfassunggebenden Gewalt bleibe unter schweizerischen Verhältnissen »allenfalls theoretisches, ›sehr deutsches‹ Gedankenspiel ohne realen Hintergrund«. Vgl. in dem hiesigen Zusammenhang ferner *Haug*, S. 187f; *Hain*, S. 43f; *Steiner*, S. 219. Zur Figur der Totalrevision näher unten D. III. 3. b) cc) (2) und ee) (2).

[439] Vgl. in diesem Zusammenhang auch *Tomuschat*, Verfassungsgewohnheitsrecht, S. 107, wo es heißt: »Darf die von der Verfassung eingesetzte Revisionsgewalt Änderungen nur in be-

naheliegend ist, außer dem Institut der Verfassungsrevision weitere Arten der Verfassungsrechtserzeugung in den Blick zu nehmen.

Aus dem gleichen Grunde ist auch die Übertragung der Differenzierung zwischen Verfassunggebung und Verfassungsänderung auf einen Staat mit flexibler Verfassung unter praktischen Gesichtspunkten sehr viel weniger einleuchtend als auf einen Staat mit sehr restriktiven Revisionsbestimmungen. Will man daher die im deutschen Schrifttum etablierte und im Hinblick auf das grundgesetzliche Revisionssystem (speziell Art. 79 Abs. 3 GG) auch angebrachte Differenzierung zwischen Verfassunggebung und Verfassungsänderung in fremde Verfassungsordnungen »exportieren«, ist Vorsicht angebracht, *weil die nämliche Differenzierung nicht für jede Verfassungsordnung gleichermaßen »paßt«.* Es bedarf aus diesem Grunde in jedem Einzelfall einer Vergewisserung darüber, ob die Übertragung der besagten Unterscheidung auf eine konkrete Verfassungsordnung möglich und sinnvoll ist. Diese Vergewisserung darf allerdings nicht nur unter praktischen, sondern muß auch unter theoretischen Gesichtspunkten vorgenommen werden (aa), wobei die Ergebnisse beider Betrachtungsweisen divergieren können (bb). Sowohl unter theoretischem als auch unter praktischem Blickwinkel sind Verfassungsordnungen denkbar, in denen nicht zwischen verschiedenen Arten der Verfassungsrechtserzeugung unterschieden werden kann, was gegen die Allgemeingültigkeit der Differenzierung zwischen Verfassunggebung und Verfassungsänderung spricht (cc).

aa) Der praktische und der theoretische Aspekt der Differenzierung zwischen Verfassunggebung und Verfassungsänderung

Inwieweit die Differenzierung zwischen Verfassunggebung und Verfassungsänderung auf eine konkrete Verfassungsordnung »paßt«, hängt u.a. davon ab, ob die Unterscheidung zweier verschiedener Arten der Erzeugung neuen Verfassungsrechts in jener Verfassungsordnung einen *praktischen* Sinn hat. Dies ist nur dann der Fall, wenn entweder die Verfassung sich die Differenzierung zwischen Verfassunggebung und Verfassungsänderung zu eigen bzw. zum Anknüpfungspunkt konkreter Rechtsfolgen macht[440], oder aber dann, wenn verfassunggeberische Akte aufgrund der beschränkten Reichweite der Revisionsklausel zumindest nicht außerhalb jeder Wahrscheinlichkeit liegen. Das Maß der praktischen Rele-

---

schränktem sachlichen Umfang beschließen, so braucht man, um das Recht weiterhin als autonome Ordnung begreifen zu können, notgedrungen die Figur eines außerordentlichen pouvoir constituant, der korrigierend eingreift, wenn die regulären Verfahrenswege rechtlich versperrt sind.«

[440] So läßt beispielsweise das Grundgesetz in der Präambel, in Art. 79 und in Art. 146 erkennen, daß ihm die Differenzierung zwischen Verfassunggebung und Verfassungsänderung zugrunde liegt; so auch *Mußwiek,* verfassunggebende Gewalt, S. 168ff, *Hain,* S. 44, 56, bzw. M/K/S/*Hain,* Art. 79 Rdnr. 31, *Unruh,* S. 381, *Merkel,* S. 131, *Wittekindt,* S. 88, sowie vM/K/*Bryde,* Art. 79 Rdnr. 3.

vanz jener Unterscheidung ist dabei in bezug auf die letztgenannte Konstellation abgestuft: Je rigider die in Rede stehende Verfassung[441], desto größer ist die praktische Wahrscheinlichkeit neuerlicher Verfassunggebung und desto relevanter ist die Unterscheidung zwischen Verfassungsänderung als systemimmanenter und Verfassunggebung als extrakonstitutioneller Verfassungsrechtserzeugung in der Realität der konkreten Verfassungsordnung.[442] Die Übertragung dieser Unterscheidung auf eine bestimmte Verfassung liegt unter praktischen Gesichtspunkten also um so näher, je größer der den verfassungsändernden Organen entzogene Bereich ist, und erscheint als um so fernliegender, je weiter die Änderungsermächtigung reicht und damit flexibler die Verfassung ist.

Strikt von praktischen Gesichtspunkten zu trennen ist der verfassungstheoretische Aspekt der Differenzierung zwischen Verfassunggebung und Verfassungsänderung. Für eine theoretische Betrachtungsweise ist nicht der Wahrscheinlichkeitsgrad neuerlicher Verfassunggebung, sondern allein die Frage von Interesse, ob die besagte Differenzierung in einer bestimmten Verfassungsordnung zumindest gedanklich möglich und aus Gründen wissenschaftlicher Erkenntnis zweckmäßig ist. Theoretisch möglich ist eine Differenzierung zwischen Verfassungsänderung als verfassungsrechtlich erlaubter Verfassungsrechtsetzung und Verfassunggebung als verfassungswidriger Verfassungschöpfung nur in einer Verfassungsordnung, in der es überhaupt verfassungsrechtlich erlaubte Verfassungsrechtserzeugung gibt; denn anderenfalls kann Verfassungsrecht allein und ausschließlich contra- bzw. extrakonstitutionell, niemals aber auch in verfassungsmäßiger Weise geschaffen werden. Sofern die nämliche Differenzierung möglich sein soll, müssen also Verfassungsnormen existieren, aus denen sich die grundsätzliche rechtliche Zulässigkeit systemimmanenter Weiterentwicklungen der Verfassungsordnung ergibt. Es reicht insoweit aus, daß die konkret zur Betrachtung stehende Verfassung *irgendein Verfahren* für die Änderung ihrer selbst oder *wie auch immer geartete materielle Grenzen der Verfassungsrevision* anordnet, weil dadurch hinreichend deutlich zum Ausdruck gebracht wird, daß prinzipiell die Möglichkeit verfassungsmäßiger Verfassungsrechtserzeugung besteht. Wenn eine Verfassung diese Voraussetzung erfüllt, kann danach unterschieden werden, ob neues Verfassungsrecht unter Beachtung der entsprechenden Anordnungen und deshalb verfassungsgemäß erzeugt worden ist (= Verfassungsänderung) oder ob es unter Mißachtung der formellen oder materiellen Vorgaben der Verfassung und folglich in verfassungswidriger Weise ins Werk gesetzt worden ist (= Verfassunggebung).[443] Die Anordnung irgendeines Verfahrens oder irgend-

---

[441] Zum Typus der rigiden bzw. der flexiblen Verfassung und dem Umstand, daß eine Verfassung mehr oder weniger rigide bzw. flexibel sein kann, bereits oben A. III. 2. b) cc) a.E.

[442] Dazu oben D. III. 2. c) bzw. d).

[443] Vgl. dazu oben D. III. 2. a), wo die verfassungsrechtliche Erlaubtheit der Verfassungsrechtserzeugung als wichtiger Orientierungspunkt für das Vorliegen von Verfassungsänderung und die Verfassungswidrigkeit als wichtiges Indiz für Verfassunggebung bezeichnet worden ist.

welcher inhaltlicher Schranken für die Verfassungsrechtserzeugung ist insofern Mindestvoraussetzung für die theoretische Unterscheidbarkeit von Verfassunggebung und Verfassungsänderung.[444] Diese ist somit von anderen Voraussetzungen abhängig als die praktische Zweckmäßigkeit der besagten Differenzierung und deshalb gesondert zu beurteilen.

Der Sinn einer theoretischen Trennung von verfassungsrechtlich erlaubter und konstitutionell illegaler, aber faktisch möglicher Erzeugung neuen Verfassungsrechts sowie der darauf aufbauenden Differenzierung zwischen Verfassungsänderung und Verfassunggebung besteht darin, eine gezielte und strukturierende Analyse konkreter Vorgänge verfassungsrechtlicher Normentstehung zu ermöglichen. Die Differenzierung zwischen Verfassunggebung und Verfassungsänderung bietet ein gedankliches Gerüst, ein Schema für die Beurteilung verfassungsrechtserzeugender Akte und verspricht dadurch einen größeren Gewinn an verfassungstheoretischer Erkenntnis, als ihn eine isolierte, nicht vor dem geistigen Hintergrund jener Unterscheidung erfolgende Betrachtung entsprechender Vorgänge mit sich bringen könnte.

bb) Die theoretische Möglichkeit und der praktische Sinn einer
Differenzierung zwischen Verfassunggebung und Verfassungsänderung
sowie deren Abhängigkeit vom jeweiligen Revisionssystem

Wenn die in Deutschland unter der Geltung des Grundgesetzes geläufige Differenzierung zwischen Verfassunggebung und Verfassungsänderung auf die Verfassungsordnung eines anderen Staates übertragen werden soll, ist entsprechend dem soeben Ausgeführten zu überprüfen, ob eine solche Übertragung theoretisch möglich und praktisch sinnvoll ist. Vorrangig muß freilich ersteres geklärt

---

[444] Diese Mindestvoraussetzung ist im übrigen mehr als erfüllt, wenn eine Verfassung ein Verfahren *und* inhaltliche Schranken für Verfassungsrevisionen festlegt. Vgl. in diesem Zusammenhang auch *Hain*, S. 44: »*Zumindest* wenn eine bestimmte Verfassung *besondere* Verfahren *und* inhaltliche Grenzen der Verfassungsänderung anordnet – und dies ist die hier interessierende Rechtslage nach Art. 79 GG –, ist aber (...) ein qualitativer Unterschied zwischen Verfassunggeber und verfassungsänderndem Gesetzgeber anzunehmen (...)«; Hervorhebungen v. Verf. Weil nach hiesiger Auffassung dagegen kein besonderes, sondern *irgendein* Verfahren *oder* irgendwelche inhaltlichen Grenzen bestehen müssen, wenn Verfassunggebung und Verfassungsänderung unterscheidbar sein sollen, scheint die Auffassung *Hains* von der hier vertretenen abzuweichen. Jedoch geht es *Hain* nicht darum, Mindestvoraussetzungen für die Abgrenzbarkeit von Verfassunggebung und Verfassungsänderung festzulegen, sondern darum, mit Blick auf eine konkrete Verfassung, nämlich das Grundgesetz und dessen Revisionssystem, den Unterschied zwischen Verfassunggebung und Verfassungsänderung aufzuzeigen. Deshalb beginnt seine Feststellung mit dem Wort »zumindest«. Generelle und weitergehende Aussagen zu den Voraussetzungen für eine Unterscheidbarkeit verschiedener Kategorien der Verfassungsrechtserzeugung beabsichtigt *Hain* also gar nicht zu treffen. Insofern besteht kein Widerspruch zwischen den Ausführungen *Hains* und der hier vertretenen Ansicht. Nach der hiesigen Auffassung sind Verfassunggebung und Verfassungsänderung erst recht theoretisch unterscheidbar, wenn in der Verfassung *besondere* Verfahren *und* inhaltliche Grenzen für die systemimmanente Verfassungsrechtsetzung angeordnet sind.

werden, weil sich die Frage nach dem praktischen Nutzen nicht stellt, wenn schon theoretisch nicht zwischen Akten der verfassunggebenden und solchen der verfassungsändernden Gewalt unterschieden werden kann. Zunächst muß somit stets analysiert werden, ob die in Rede stehende Verfassung verfassungsrechtlich erlaubte und systemimmanente Verfassungsrechtserzeugung kennt, d.h. ob Verfassungsänderungen irgendwie verfahrensrechtlich geregelt (ggf. sogar formell erschwert) oder materiell beschränkt sind. Allein unter dieser Voraussetzung ist eine theoretische Unterscheidung zwischen Verfassunggebung und Verfassungsrevision möglich. Nur wenn dies der Fall ist, stellt sich die weitere Frage, welches Gewicht eventuelle verfahrensrechtliche Erschwerungen haben und in welchem Umfang inhaltliche Änderungen der Verfassung ausgeschlossen sind, d.h. inwiefern praktisch mit neuerlicher Verfassunggebung zu rechnen ist.[445] Einer Anwendung der besagten Differenzierung steht demnach nichts im Wege, wenn eine Verfassung selbst in erkennbarer Weise zwischen Verfassunggebung und Verfassungsänderung unterscheidet, weil eine solche Unterscheidung in diesem Fall sowohl theoretisch möglich ist als auch praktisch sinnvoll sein wird.[446] Sofern sich einer Verfassung dagegen keine entsprechenden Anhaltspunkte entnehmen lassen, entscheiden die konkret vorhandenen verfassungsrechtlichen Vorschriften für die künftige Erzeugung von Verfassungsrecht über die Möglichkeit einer Differenzierung zwischen Verfassunggebung und Verfassungsänderung.

In einem entsprechend Beispiel 1[447] verfaßten Staat wären Änderungen der Verfassung zwar weder formellen Erschwerungen noch materiellen Beschränkungen unterworfen. Jedoch würde in der Revisionsklausel auf das reguläre Gesetzgebungsverfahren und das Erfordernis einer Mehrheit der abgegebenen Stimmen verwiesen. Damit legte die Verfassung immerhin ein bestimmtes Verfahren für die künftige systemimmanente Verfassungsrechtsetzung fest, so daß *theoretisch* zwischen Verfassunggebung und Verfassungsänderung unterschieden werden könnte[448]: Verfassungsänderung wäre anzunehmen, wenn ein Änderungsgesetz das Gesetzgebungsverfahren ordnungsgemäß durchlaufen hätte; Verfassunggebung läge vor, sofern neues Verfassungsrecht unter Mißachtung der

---

[445] Diese Frage betrifft primär die praktische Wahrscheinlichkeit neuerlicher Verfassunggebung (dazu oben D. III. 2. d) aa)) – aber nicht ausschließlich; denn auch für die theoretische Unterscheidbarkeit von Verfassunggebung und Verfassungsänderung kommt es insofern auf die Reichweite der Revisionsermächtigung an, als von ihr abhängt, mit welchem Grad an Eindeutigkeit sich die verschiedenen Arten der Verfassungsrechtserzeugung voneinander abgrenzen lassen; dazu noch unten D. III. 3. a).

[446] Dafür, daß jene Differenzierung auch von praktischer Bedeutung ist, spricht allein schon der Umstand, daß die Verfassung selbst die entsprechende Unterscheidung trifft. Siehe schon oben D. III. 2. d) aa).

[447] Zu den im folgenden in Bezug genommenen Beispielen oben D. III. 2. c) aa).

[448] Hier wäre im übrigen genau die oben D. III. 2. d) aa) herausgearbeitete Mindestvoraussetzung für die Unterscheidbarkeit von Verfassunggebung und Verfassungsänderung erfüllt: die verfassungsrechtliche Festlegung *irgendeines*, nicht notwendig erschwerten Verfahrens für die systemimmanente Verfassungsrechtsetzung.

verfassungsrechtlichen Vorgaben (z.B. Nichterreichen der erforderlichen Stimmenmehrheit oder generelles Unterbleiben einer formalisierten Abstimmung) ins Werk gesetzt worden wäre.[449] *Praktisch* dürfte es in der in Rede stehenden Verfassungsordnung hingegen aufgrund des überaus hohen Maßes an Verfassungsflexibilität und der geringen verfahrensrechtlichen Anforderungen an verfassungsändernde Gesetze kaum je zu verfassunggeberischen Akten kommen. Alle mit der Verfassung in ihrer bisherigen Gestalt unvereinbaren politischen Vorhaben könnten »bequem«, d.h. ohne den im Falle der Verfassunggebung eintretenden rechtlichen Erschwerungen ausgesetzt zu sein[450], im Wege der Verfassungsrevision realisiert werden. Mit Blick auf eine sehr flexible Verfassung, wie sie in Beispiel 1 gegeben ist, bestehen folglich erhebliche Zweifel, ob die Betonung des theoretisch durchaus bestehenden Unterschiedes zwischen Verfassunggebung und Verfassungsänderung auch unter praktischen Gesichtspunkten sachdienlich ist. Dies gilt um so mehr, wenn die Differenzierung zwischen Verfassunggebung und Verfassungsänderung zum Anknüpfungspunkt für konkrete Rechtsfolgen gemacht werden soll.[451]

---

[449] Dies gälte auch, wenn evtl. bestehende ungeschriebene Schranken der Verfassungsrevision mißachtet worden wären. Zu derartigen Schranken oben C. II. 5. b) sowie unten E. I.

[450] Zu diesen Erschwerungen oben D. III. 1. a).

[451] Die geringere Plausibilität einer Trennung von verfassunggebender und verfassungsändernder Gewalt bei Anwendung auf eine flexible Verfassung wird auch bei *Schmitt,* Verfassungslehre, S.105, deutlich, wenn er seine Lehre von der Unterscheidung zwischen »Verfassung« und »Verfassungsgesetz« (s.o. B. I. 2. b)) sowie die damit korrespondierende Differenzierung zwischen Verfassunggebung und Verfassungsänderung (s.o. C. I. 2.) auf die schweizerische Verfassungsordnung übertragen will. Die Schweizer Bundesverfassung eröffnet nämlich in Art.118ff bzw. jetzt Art.192ff die Möglichkeit der Totalrevision und läßt nach Maßgabe dieser Bestimmung Änderungen der Verfassung in einem plebiszitären Verfahren zu, ohne daß (nach den positiven Revisionsbestimmungen) inhaltliche Beschränkungen bestünden. In diesem Fall müßte *Schmitt* folgerichtig neben der vom Volk unmittelbar ausgeübten verfassungsgesetzändernden Gewalt auch die Existenz einer unbeschränkten verfassunggebenden Gewalt (des Volkes) annehmen; so auch *Steiner,* S.219; *Hain,* S.43. Auf der Grundlage der *Schmitt*schen Lehre müßte somit das Volk als Verfassunggeber zur Vornahme solcher Weiterentwicklungen der Verfassungsordnung berufen sein, die ihm kraft seiner Revisionskompetenz (wegen deren Beschränkung auf Änderungen verfassungs*gesetz*licher Bestimmungen) zu beschließen verwehrt wären. Dem Volk dürfte also im Revisionsverfahren nur die Änderung von Marginalien erlaubt sein, während es grundlegende politische Entscheidungen nur im Wege der Verfassunggebung zu treffen vermöchte – eine Konsequenz, die *Schmitt* jedenfalls ausdrücklich nicht zieht und die auch nur wenig plausibel wäre. Zur Kritik am Allgemeingültigkeitsanspruch der Lehre *Schmitts* und ihrer Übertragung auf die Schweiz vgl. auch *Haug,* S.187f; *Hain,* S.43f; *Steiner,* S.219. In der Theorie ist eine Übertragung der Differenzierung zwischen Verfassunggebung und Verfassungsänderung auf sehr flexible Verfassungen also zwar möglich, und auch in der Schweiz kann theoretisch zwischen Verfassunggebung und Verfassungsänderung unterschieden werden (ebenso offenbar *Alvarez,* S.126; vgl. ferner Aubert/*Wildhaber,* Art. 118 Rdnr. 22, wo im Rahmen einer Typologie der Verfassungsrevision von der Möglichkeit einer »Totalrevision im Sinne der Betätigung eines vorkonstitutionellen ›pouvoir constituant‹ (verfassungsrechtlich ausgeschlossen)« die Rede ist). Wenn aus dieser Differenzierung jedoch konkrete Rechtsfolgen abgeleitet werden – wie bei *Schmitt* z.B. hinsichtlich der Reichweite der Änderungsermächtigung – kann dies allzu leicht zu realitätsfernen und absurden Resultaten führen.

Sofern die Verfassung im ersten Beispiel dagegen nur eine Bestimmung enthielte, die eine Revision der Verfassung durch das Volk allgemein für zulässig erklärte, ohne diesbezügliche Verfahrensregelungen oder inhaltliche Grenzen zu statuieren[452], entfiele auch die theoretische Möglichkeit, zwischen verfassunggebender und verfassungsändernder Gewalt zu trennen. In diesem Fall könnte nämlich nicht mehr zwischen verfassungsmäßiger und verfassungsrechtlich verbotener Verfassungsrechtserzeugung unterschieden werden, weil jede Betätigung der verfassunggebenden Gewalt des Volkes zugleich erlaubte Verfassungsrevision wäre.[453] Es müßte in dieser Konstellation somit von einer Identität von Verfassunggeber und verfassungsändernder Gewalt ausgegangen werden.[454] Ebenso entfiele die theoretische Unterscheidbarkeit von Verfassunggebung und Verfassungsänderung, wenn die Verfassung Bestimmungen über die künftige Schaffung von Verfassungsrecht in Gänze vermissen ließe; denn in diesem Fall gäbe es überhaupt kein verfassungsmäßiges Verfahren zur Verfassungsrechtsetzung, sondern einzig die Möglichkeit verfassungsunabhängiger Verfassungsschöpfung, d.h. neuerlicher Verfassunggebung.[455]

Anders als in Beispiel 1 und seinen Abwandlungen verhielte es sich dagegen in einem Staat, dessen Verfassung über die im zweiten oder im dritten Beispiel angeführte Revisionsklausel verfügte: Dort wäre die Möglichkeit der Verfassungsänderung in der Verfassung vorgesehen und sowohl formellen Erschwerungen als auch materiellen Beschränkungen unterworfen, so daß *theoretisch* ohne weiteres zwischen (verfassungswidriger) Verfassunggebung und (verfassungsmäßiger) Verfassungsänderung differenziert werden könnte. Überdies wäre die nämliche Differenzierung auch unter *praktischen* Gesichtspunkten sinnvoll, weil es wegen

---

[452] Beispiel von *Hain*, S. 44 Fn. 73; vgl. auch schon *Murswiek*, verfassunggebende Gewalt, S. 183f.

[453] Die theoretische Unterscheidbarkeit von Verfassunggebung und Verfassungsänderung entfiele in dem Beispielsfall allerdings nur unter zwei weiteren Voraussetzungen: Zum einen dürften keine ungeschriebenen Schranken der Verfassungsrevision bestehen, weil anderenfalls doch zwischen verfassungsrechtlich erlaubter Revision und verfassungswidriger Verfassunggebung unterschieden werden könnte. Zum anderen entfiele die theoretische Unterscheidbarkeit verschiedener Arten der Verfassungsrechtserzeugung nur dann, wenn ausschließlich das Volk als Träger der verfassunggebenden Gewalt in Betracht käme. Würde ein anderes Subjekt als Verfassunggeber betrachtet, wäre eine Differenzierung zwischen erlaubter Revision durch das Volk und verbotener Verfassunggebung durch das andere Subjekt wieder möglich.

[454] So *Hain*, S. 44 Fn. 73. Vgl. auch *Murswiek*, verfassunggebende Gewalt, S. 183f, der eine Norm, die Änderungen der Verfassungsordnung materiell unbeschränkt zuläßt, gar nicht erst als »echte Revisionsnorm« charakterisieren will, sondern als Vorschrift betrachtet, die die Ausübung der verfassunggebenden Gewalt für legal erklärt.

[455] Diese Konstellation entspricht im übrigen den Annahmen des Abbé *Sieyes*. Ihm war die Vorstellung, die Verfassung selbst könne Bestimmungen über die Verfassungsrevision beinhalten und Organe der verfaßten Gewalt zur Revision ermächtigen, noch fremd. Demnach konnte es kein verfassungsmäßiges Verfahren zur Änderung der Verfassung geben. Folgerichtig betrachtete *Sieyes* auch die nachträgliche Änderung einer bestehenden Verfassung als Betätigung eines einheitlichen pouvoir constituant. Zu diesen Einschätzungen des Abbé *Sieyes* bereits oben A. I. 6. c) Fn. 130 sowie C. I. 1.

der größeren Rigidität der geltenden Verfassung im zweiten Beispiel nicht allzu fernliegend und in Beispiel 3 sogar recht naheliegend wäre[456], daß es künftig zu erneuten Betätigungen der verfassunggebenden Gewalt kommt.

cc) Die Unterscheidung zwischen Verfassunggebung und Verfassungsänderung als nicht allgemeingültige Differenzierung

Zur Beantwortung der Frage, ob in einer konkreten Verfassungsordnung zwischen Verfassunggebung und Verfassungsänderung differenziert werden kann, sind sowohl theoretische als auch praktische Betrachtungen anzustellen, deren Ergebnis nicht notwendig identisch sein muß. Auch hat sich herausgestellt, daß weder theoretisch in jeder beliebigen Verfassungsordnung zwischen Verfassunggebung und Verfassungsänderung unterschieden werden kann, noch eine derartige Differenzierung praktisch immer angebracht ist. Die Frage, ob eine Unterscheidung zwischen Verfassunggebung und Verfassungsänderung möglich und sinnvoll ist, kann somit *nicht in einer allgemeingültigen, für jede Verfassungsordnung verbindlichen Weise beantwortet werden.*[457] Der »Zusammenhang von konkreter Revisionsgestaltung und allgemeiner Theorie der Verfassungserzeugung«[458] steht dieser Möglichkeit unüberwindbar entgegen.

---

[456] Daß sich die Differenzierung zwischen Verfassunggebung und Verfassungsänderung auf eher rigide Verfassungen ohne größere Schwierigkeiten übertragen läßt, beruht nicht zuletzt darauf, daß sie vor dem Hintergrund einer ebenfalls rigiden Verfassung entstanden ist: *Carl Schmitt*, der zur Verbreitung der Unterscheidung zwischen Verfassunggebung und Verfassungsänderung in Deutschland maßgeblich beigetragen hat und dessen Begriffsbildung bis heute nachwirkt, hat die Trennung zwischen verfassunggebender und verfassungsändernder Gewalt in Ansehung der Weimarer Verfassung entwickelt (vgl. *Steiner*, S. 219; *Storr*, S. 47) – einer Verfassung, die er mit Hilfe der Separierung von »Verfassung« und »Verfassungsgesetz« zu einer eher rigiden Verfassung umgedeutet hat und auf die die Unterscheidung zwischen Verfassungsänderung und Verfassunggebung deshalb auch praktisch gut »paßt«. Allerdings darf der enge Bedingungszusammenhang, in dem die verschiedenen Elemente der *Schmittschen* Verfassungslehre stehen, bei derartigen Aussagen nicht übersehen werden: Vermittels der Trennung von »Verfassung« und »Verfassungsgesetz« kann *Schmitt* Verfassunggebung und Verfassungsänderung wegen ihrer verschiedenen Bezugspunkte, nämlich »Verfassung« bzw. »Verfassungsgesetz«, zwanglos voneinander unterscheiden, wobei diese Unterscheidung ihrerseits deshalb sinnvoll und überzeugend erscheint, weil aufgrund der – auf Änderungen des Verfassungsgesetzes – beschränkten Reichweite der Revisionsermächtigung ausreichend große Bereiche bestehen, deren Regelung dem Verfassunggeber vorbehalten ist.

[457] In diesem Sinne bereits *Hain*, S. 44. Ihm folgend *Schmitz*, Integration, S. 456, der betont, bei der Unterscheidung zwischen verfassunggebender und verfassungsändernder Gewalt handele es sich »nur um eine Option. Für die einzelne Verfassung kann die Unterscheidung nur angenommen werden, wenn besondere Vorschriften über beteiligte Organe, Form, Verfahren und/ oder Grenzen der Verfassungsänderung belegen, daß der Verfassunggeber sie aufgegriffen hat.«

[458] So *Steiner*, S. 182; vgl. auch S. 181. Darüber hinaus besteht auch ein enger Zusammenhang zwischen der jeweiligen Theorie der Verfassungserzeugung und dem *historischen Umfeld*, in dem sie entstanden ist. Darauf weist *Storr*, S. 47, zu Recht deutlich hin: »Bei alledem ist stets zu berücksichtigen, daß die meisten Theorien durch einen bestimmten Prozeß der Verfassunggebung vorbelastet sind. Das ist begreiflich, denn die verfassunggebende Gewalt ist ja das vermittelnde Element zwischen Politik und Recht. Die historischen Gegebenheiten zu einer Zeit, als ei-

Die Unterscheidung zwischen Verfassunggebung und Verfassungsänderung kann infolgedessen nicht gedanklich und begrifflich *notwendiger* Bestandteil einer allgemeinen, universell geltenden Verfassungslehre sein.[459] Sie ist nicht einer jeden Verfassungsordnung zwingend und apriorisch vorgegeben[460], sondern eine *nur unter bestimmten Voraussetzungen* mögliche und sinnvolle Differenzierung. Ob diese Voraussetzungen vorliegen, ist bei jeder einzelnen Verfassung gesondert zu untersuchen. Bei der Überprüfung, ob eine Anwendung der Unterscheidung zwischen Verfassunggebung und Verfassungsänderung möglich und sinnvoll ist, muß deshalb stets auf die konkret in Rede stehende Verfassungsordnung rekurriert werden. Dabei sind die theoretische Möglichkeit und der praktische Nutzen jener Unterscheidung separat zu würdigen. Im folgenden soll das Augenmerk allerdings auf die theoretische Betrachtungsweise gerichtet werden, weil die Kriterien für eine Beurteilung der praktischen Relevanz jener Unterscheidung bereits hinreichend dargelegt worden[461] und überdies für den Versuch einer verfassungstheoretischen Grenzziehung zwischen Verfassunggebung und Verfassungsänderung von nur nachrangiger Bedeutung sind.

3. Die theoretische Differenzierung zwischen Verfassunggebung und Verfassungsänderung im Lichte verschiedener Arten verfassungsrechtlicher Evolutionsklauseln[462]

Geht es um die theoretische Anwendbarkeit der Differenzierung zwischen Verfassunggebung und Verfassungsänderung in einer bestimmten Verfassungsordnung, so müssen zwei verschiedene Grundfragen auseinandergehalten werden, nämlich die Abgrenzungsfrage und die Zuordnungsfrage: Wie bereits ausgeführt

---

ne bestimmte Verfassung geschaffen worden ist, wirken sich geradezu naturgemäß auf die verfassungstheoretische Sicht über die verfassunggebende Gewalt aus. Jede Theorie betont daher bestimmte Eigenschaften des pouvoir constituant besonders.« Auf S. 47 f wird diese These von *Storr* auch mit historischen Beispielen belegt.

[459] Dahin wollte aber *Schmitt* die Differenzierung zwischen Verfassunggebung und Verfassungsänderung verstanden wissen, worauf *Steiner*, S. 219, m. w. N., sowie *Hain*, S. 43, hinweisen. Gerade diese Verallgemeinerung jener Differenzierung, ihre Erstreckung auch auf Verfassungen, die sich wesentlich von der Weimarer Verfassung als der Basis der Theoriebildung unterscheiden und auf die *Schmitts* Theoreme deshalb nicht oder jedenfalls nicht uneingeschränkt passen, hat zu berechtigter Kritik an seiner Konzeption Anlaß gegeben, so z.B. von *Haug*, S. 184 ff, besonders S. 187 f; *Steiner*, S. 219; *Hain*, S. 43 f, jeweils m. w. N.

[460] Daß es Verfassungen gibt, bei denen die entsprechende Unterscheidung schon theoretisch von Anfang an ausgeschlossen ist, belegt das bereits erwähnte Beispiel einer Verfassung, deren Revisionsklausel weder irgendwelche verfahrensrechtlichen noch materiellen Bindungen der verfassungsändernden Gewalt statuiert oder der es gänzlich an einer Revisionsmöglichkeit gebricht; dazu oben D. III. 2. d).

[461] S. o. D. III. 2. c) und d) aa).

[462] Als *Evolutionsklauseln* werden im folgenden verfassungsrechtliche Bestimmungen bezeichnet, die *rechtlich zulässige* Weiterentwicklungen der bestehenden Verfassungsordnung und damit evolutionäre, nicht revolutionäre Fortentwicklungen des Verfassungsrechts ermöglichen.

worden ist[463], muß zuerst geklärt werden, ob sich in einer konkreten Verfassungsordnung Verfassunggebung und Verfassungsänderung als zwei verschiedene Arten der Verfassungsrechtserzeugung theoretisch voneinander unterscheiden lassen (*Abgrenzungsfrage*). Nur wenn diese Möglichkeit besteht, kann der weiteren
Frage nachgegangen werden, welcher Kategorie eine in der betreffenden Verfassung enthaltene Norm für die Erzeugung neuen Verfassungsrechts zugeordnet
werden kann, d.h. ob sie Vorschriften für Verfassungsänderungen enthält oder einen Fall der Verfassunggebung betrifft (*Zuordnungsfrage*). Ebenso kann die Zuordnungsfrage dahin formuliert werden, ob ein normgemäß verlaufenes Verfahren der Verfassungsrechtsetzung als Verfassungsrevision oder Verfassunggebung
zu charakterisieren ist.[464]

Im Hinblick auf die vorrangig zu klärende Abgrenzungsfrage gilt nach dem jet-
zigen Stand der Dinge: Eine theoretische Differenzierung zwischen Verfassunggebung und Verfassungsänderung ist möglich, wenn in der konkreten Verfassung
mindestens entweder ein bestimmtes Verfahren für die künftige Schaffung von
Verfassungsrecht festgelegt ist oder wenn die Verfassung die Verfassungsrechtserzeugung materiell determiniert.[465] Offen ist bisher dagegen, *inwieweit* sich
Verfassunggebung und Verfassungsänderung in einer Verfassungsordnung voneinander unterscheiden, welche die genannte Mindestvoraussetzung erfüllt, d.h.
inwiefern – bei grundsätzlicher Unterscheidbarkeit – Gemeinsamkeiten zwischen beiden Arten der Verfassungsrechtserzeugung bestehen und im Hinblick
auf welche Gesichtspunkte Unterschiede vorliegen. Die *Kriterien*, anhand derer

---

[463] S.o. D. III. 2. d) bb).

[464] Durch die Trennung von Abgrenzungs- und Zuordnungsfrage soll das Augenmerk darauf
gerichtet werden, daß ein konkreter Normerzeugungsvorgang in irgendeiner Verfassungsordnung nicht ohne weiteres entweder als Verfassungsänderung oder als Verfassunggebung qualifiziert werden kann; denn damit würde bereits unterstellt, daß die Differenzierung zwischen Akten der verfassunggebenden und solchen der verfassungsändernden Gewalt universal anwendbar
ist, was gerade nicht der Fall ist. Wenn ein konkreter verfassungsrechtserzeugender Vorgang
bzw. die diesem zugrunde liegenden Verfassungsnormen einer der beiden Kategorien der Verfassungsrechtserzeugung, i.e. Verfassunggebung oder Verfassungsänderung, zugeordnet werden
sollen, ist deshalb vorher ein weiterer Gedankenschritt notwendig, nämlich die Klärung der Frage, ob eine Unterscheidung zwischen verschiedenen Arten der Verfassungsrechtserzeugung in
der in Rede stehenden Verfassungsordnung überhaupt möglich ist. Diesen beiden Schritten entspricht die Unterscheidung zwischen Abgrenzungs- und Zuordnungsfrage. Keineswegs geleugnet werden soll mit dieser Trennung, daß eine strikte Separierung gar nicht möglich ist, weil es bei
der Behandlung beider Fragen zwangsläufig zu Überschneidungen kommt. So müssen etwa die
konkreten verfassungsrechtlichen Revisionsbestimmungen schon bei der Beschäftigung mit der
Abgrenzungsfrage einer ausführlichen Betrachtung unterzogen werden (s.o. D. III. 2. d)), sind
gleichzeitig aber auch Hauptanknüpfungspunkt für die Beantwortung der Zuordnungsfrage.
Gleichwohl sind beide Fragen dem Grundsatz nach theoretisch voneinander trennbar. Außerdem ist ein Vorgehen in zwei aufeinanderfolgenden gedanklichen Schritten wichtig, um zu verhindern, daß die Differenzierung zwischen Verfassunggebung und Verfassungsänderung unbesehen einer fremden Verfassungsordnung übergestülpt wird, obwohl sie dieser nicht zugrunde
liegt und auch sonst nicht auf sie »paßt«.

[465] S.o. D. III. 2. d) aa).

zwischen verfassunggeberischen und verfassungsändernden Maßnahmen differenziert und mit deren Hilfe eine Zuordnung konkreter Normerzeugungstatbestände vorgenommen werden kann, bedürfen somit noch einer genaueren Betrachtung. Fraglich ist ferner, ob der Grundsatz, daß bei Festlegung irgendeines Verfahrens oder materieller Vorgaben für die Verfassungsrechtsetzung eine theoretische Differenzierung zwischen Verfassunggebung und Verfassungsänderung möglich ist, *ausnahmslos* Anwendung finden kann.[466]

Zur Schließung dieser Lücken, die eine vollständige Erfassung des Verhältnisses von Verfassunggebung und Verfassungsänderung noch verhindern, sollen nun mehrere, sich hinsichtlich ihrer Vorschriften für die künftige Erzeugung von Verfassungsrecht unterscheidende Verfassungsmodelle[467] daraufhin analysiert werden, ob und wie Verfassunggebung und Verfassungsänderung jeweils theoretisch voneinander unterschieden werden können. Begonnen werden soll dabei mit bereits bekannten Konstellationen: Das Augenmerk ist auf Verfassungsbestimmungen zu richten, die unter bestimmten verfahrensmäßigen Voraussetzungen *Änderungen einer bestehenden Verfassung* in mehr oder weniger großem Umfang zulassen. Diesbezüglich wird zu untersuchen sein, inwiefern die jeweilige Ausgestaltung der Revisionsermächtigung die theoretische Unterscheidbarkeit von Verfassunggebung und Verfassungsänderung beeinflußt (a). Danach rücken bislang nicht behandelte verfassungsrechtliche Gestaltungen in den Blickpunkt, nämlich Verfassungsvorschriften, die die *Schaffung einer neuen Verfassung* für zulässig erklären (b).

a) Verschiedene Typen verfassungsrechtlicher Revisionsklauseln, ihr Einfluß auf die theoretische Unterscheidbarkeit von Verfassunggebung und Verfassungsänderung sowie Art und Anzahl der Unterscheidungskriterien

Für die theoretische Unterscheidbarkeit von Verfassunggebung und Verfassungsänderung in einer konkreten Verfassungsordnung ist es ausreichend, daß die Verfassung irgendein Verfahren oder inhaltliche Beschränkungen für Revisionsvorhaben statuiert.[468] Insofern nicht von Belang ist dagegen, ob ausschließlich formelle oder allein materielle oder sowohl formelle als auch materielle Revisionsvorgaben existieren. Der damit angesprochene Gesichtspunkt rückt allerdings dann in den Vordergrund, wenn es um die Anzahl der Kriterien geht, vermittels derer

---

[466] Es erscheint nämlich nicht als völlig ausgeschlossen, daß unter besonderen Umständen auch in einer Verfassungsordnung, die ein Verfahren oder inhaltliche Richtlinien für künftige Verfassungsrechtsetzung statuiert, nicht zwischen Verfassunggebung und Verfassungsänderung differenziert werden kann; vgl. dazu unten D. III. 3. b) ff).

[467] Daß für die Klärung des Verhältnisses von Verfassunggebung und Verfassungsänderung auf unterschiedliche Verfassungsmodelle abgestellt werden muß, beruht auf dem Zusammenhang zwischen dem jeweiligen Revisionssystem und der allgemeinen Theorie der Verfassungserzeugung; dazu oben D. III. 2. d) cc).

[468] S.o. D. III. 2. d) aa).

sich Verfassunggebung und Verfassungsänderung voneinander abgrenzen lassen.
Davon, ob eine Verfassung nur verfahrensrechtliche Vorgaben enthält oder allein
bzw. auch inhaltliche Grenzen für zulässige Verfassungsrevisionen festlegt, hängt
es ab, *mit welchem Grad an Eindeutigkeit Verfassunggebung und Verfassungsänderung sich voneinander abheben.*[469] Dies soll durch einen Vergleich unterschiedlicher Typen von Revisionsklauseln unter besonderer Berücksichtigung des in ihnen jeweils für zuständig erklärten Organs verdeutlicht werden.[470]

aa) Formelle Erschwerung und materielle Begrenzung der Verfassungsänderung

Wenn Verfassungsänderungen sowohl in verfahrensrechtlicher Hinsicht erschwert als auch in bezug auf ihren Gegenstand materiell begrenzt sind[471], ist eine
theoretische Unterscheidung zwischen Verfassunggebung und Verfassungsänderung ohne weiteres möglich, weil die diesbezüglich bestehende Mindestvoraussetzung mehr als erfüllt ist: Es ist nicht nur irgendein, sondern ein spezielles
Verfahren für den Erlaß verfassungsändernder Gesetze vorgeschrieben, *und es*
bestehen materielle Grenzen der Verfassungsrevision. Somit kann die Verfassungsrechterzeugung daraufhin begutachtet werden, ob sie verfassungsgemäß
erfolgt und deshalb als Verfassungsänderung zu charakterisieren ist oder ob sie
verfassungswidrig ist und folglich als Verfassunggebung eingestuft werden
muß.[472] Die Differenzierung zwischen verfassungsmäßiger und verfassungswidriger Verfassungsrechtsetzung kann dabei vermöge zweier Kriterien vorgenommen werden: einerseits mittels formeller Kriterien, d.h. im Hinblick darauf, ob
das verfassungsrechtlich vorgeschriebene Verfahren eingehalten worden ist
(theoretisch-formelle Differenzierung), andererseits anhand materieller Kriterien, d.h. unter Bezugnahme auf die Frage, ob den inhaltlichen Vorgaben der Verfassung für Revisionsvorhaben Rechnung getragen worden ist (theoretisch-materielle Differenzierung).[473]

---

[469] Die Intensität der formellen Revisionserschwerung und der materiellen Änderungsbe-
grenzung beeinflußt insofern nicht nur die praktische Wahrscheinlichkeit neuerlicher Verfassunggebung (s.o. D. III. 2. d) bb)), sondern ist auch im Rahmen der theoretischen Abgrenzung
beider Arten der Verfassungsrechterzeugung von Interesse.

[470] Die nachfolgend beschriebenen Konstellationen sind zum Teil schon unter D. III. 2. c) angesprochen und unter D. III. 2. d) bb) behandelt worden. Dort ging es allerdings nur darum, ob
Verfassunggebung und Verfassungsänderung überhaupt theoretisch voneinander unterscheidbar
sind, während im folgenden auf Art und Zahl der jeweils verfügbaren Unterscheidungskriterien
eingegangen wird.

[471] Vgl. die Beispiele 2 und 3, oben D. III. 2. c) aa) und auch d) bb).

[472] Zu der hier bis auf weiteres praktizierten Differenzierung zwischen Verfassunggebung und
Verfassungsänderung anhand des Kriteriums der verfassungsrechtlichen Erlaubtheit s.o. D. III.
2. a).

[473] Die in Rede stehende Unterscheidung ist in dieser Konstellation überdies nicht nur von
theoretischem, sondern auch von praktischem Interesse, s.o. D. III. 2. d) bb).

bb) Formelle Erschwerung der Verfassungsänderung ohne materielle Begrenzung

Wenn eine Verfassung Änderungen ihrer selbst zuläßt und formell erschwert, nicht aber inhaltlichen Beschränkungen[474] unterwirft[475], ist eine theoretische Abgrenzung von Verfassunggebung und Verfassungsänderung zwar ebenfalls möglich, weil ein – sogar spezielles – Revisionsverfahren vorgeschrieben ist und insofern zwischen verfassungsmäßiger und verfassungswidriger Verfassungsrechtsetzung differenziert werden kann. Jedoch fehlt es infolge der materiellen Unbegrenztheit der Verfassungsrevision an dem zweiten der beiden Anknüpfungspunkte, die in der zuvor behandelten Konstellation herangezogen werden konnten: Verfassungsänderung und Verfassunggebung unterscheiden sich lediglich in bezug auf die Einhaltung oder Nichteinhaltung der Bestimmungen über das Revisionsverfahren (theoretisch-formelle Differenzierung). Eine theoretisch-materielle Differenzierung ist demgegenüber ausgeschlossen, weil mangels materieller Revisionsschranken jedes beliebige politische Ziel sowohl im Wege der Verfassungsänderung als auch durch Verfassunggebung realisierbar ist. Die Verfassungsmäßigkeit oder Verfassungswidrigkeit eines Normerzeugungsvorgangs läßt sich unter diesen Umständen nicht anhand seines Inhalts beurteilen. Folglich können Verfassunggebung und Verfassungsänderung unter materiellen Gesichtspunkten theoretisch nicht voneinander unterschieden werden.[476]

cc) Materielle Begrenzung der Verfassungsänderung ohne formelle Erschwerung

Das soeben Ausgeführte gilt – mit Einschränkungen – unter umgekehrtem Vorzeichen für eine Verfassung, in der bestimmte Normen der Disposition der Revisionsorgane entzogen sind, die Verfassungsänderungen gegenüber der regulären Gesetzgebung aber nicht rechtlich erschwert.[477] Hier ist eine theoretisch-materielle und damit überhaupt eine theoretische Unterscheidung zwischen Verfassungsänderung und Verfassunggebung möglich, weil die Verfassung inhaltliche

---

[474] Vorausgesetzt sei hier und im folgenden wiederum, daß keine ungeschriebenen Schranken der Verfassungsrevision existieren.

[475] Vgl. die Revisionsklausel in Beispiel 2, oben D. III. 2. c) aa), sofern deren Satz 2 gestrichen würde.

[476] Auch die praktische Relevanz jener Unterscheidung wäre im Vergleich zu einer inhaltlich partiell unabänderlichen Verfassung erheblich gemindert, s.o. D. III. 2. c) aa). Praktisch würde neuerliche Verfassunggebung nämlich nur dann stattfinden, wenn die von der Revisionsklausel statuierten formellen Hürden sich in der politischen Realität als unüberwindbar erwiesen. Anderenfalls dürften und würden Änderungen des verfassungsrechtlichen Normenbestandes mit großer Wahrscheinlichkeit auf dem weniger »dornenreichen«, weil rechtlich leichter begehbaren Weg der Verfassungsrevision ins Werk gesetzt werden. Zu den rechtlichen Widerständen, denen sich Aktionen der verfassunggebenden Gewalt ausgesetzt sehen, s.o. D. III. 1. a).

[477] Vgl. Beispiel 1, oben D. III. 2. c) aa), sofern jene Verfassung eine Unabänderlichkeitsklausel enthielte.

Grenzen für Revisionsvorhaben anordnet, deren Beachtung oder Nichtbeachtung über die Verfassungsmäßigkeit oder Verfassungswidrigkeit der Schaffung neuen Verfassungsrechts entscheidet. Weil ein rechtlich erschwertes Verfahren nicht durchlaufen werden muß, ist eine theoretisch-formelle Differenzierung zwischen verfassungsändernden und verfassunggeberischen Maßnahmen demgegenüber nur möglich, wenn die Verfassung für Revisionsvorhaben wenigstens die Geltung der Regeln für die einfache Gesetzgebung anordnet; denn nur unter der Bedingung, daß überhaupt irgendein Verfahren für Verfassungsänderungen vorgeschrieben ist, kann ein Akt der Verfassungsrechtserzeugung formell im Einklang mit der bisherigen Verfassung stehen oder dieser widersprechen.[478] Sofern eine Verfassung Verfassungsänderungen folglich nur allgemein für zulässig erklärt[479] sowie inhaltlich beschränkt, ohne daß irgendein Revisionsverfahren festgelegt wird, ist eine Differenzierung zwischen verfassunggeberischen und verfassungsändernden Akten anhand formeller Kriterien ausgeschlossen. Unterscheidbar sind beide Arten der Verfassungsrechtserzeugung dann allein mit Hilfe materieller Kriterien.[480]

dd) *Verfassungsänderung ohne formelle Erschwerung und ohne materielle Begrenzung*

Denkbar ist ferner, daß Verfassungsänderungen weder formell erschwert noch inhaltlich beschränkt sind. So kann es zum einen sein, daß eine Verfassung inhaltlich unbeschränkt im Wege der einfachen Gesetzgebung alteriert werden darf.[481] Da für Verfassungsänderungen immerhin ein bestimmtes Verfahren vorgeschrieben wird, ist in dieser Konstellation die Mindestvoraussetzung für die theoretische Unterscheidbarkeit von Verfassunggebung und Verfassungsänderung[482] noch erfüllt. Es kann theoretisch-formell dahingehend differenziert werden, ob neues Verfassungsrecht ordnungsgemäß im Gesetzgebungsverfahren verabschiedet oder unter Verstoß gegen die entsprechenden Verfahrensnormen und mithin in formell verfassungswidriger Weise in Kraft gesetzt worden ist. Eine theoretisch-formelle Differenzierung am Maßstab spezieller, Änderungsvorhaben verfahrensrechtlich erschwerender Normen ist hingegen nicht möglich.[483] Ebenso ist ei-

---

[478] Zu dieser Voraussetzung für eine theoretisch-formelle Abgrenzbarkeit von Verfassunggebung und Verfassungsänderung s.o. D. III. 2 d) aa).

[479] Vgl. insoweit das Beispiel von *Hain*, S. 44 Fn. 73, auf das oben D. III. 2. d) bb) bereits eingegangen worden ist.

[480] Auch hier ist die praktische Relevanz jener Unterscheidung im übrigen beschränkt; denn zu einem neuerlichen verfassunggeberischen Akt käme es höchstwahrscheinlich nur dann, wenn gerade die Abweichung von einem unabänderlichen Verfassungsprinzip intendiert wäre, s.o. D. III. 2. c) aa).

[481] Vgl. Beispiel 1, oben D. III. 2. c) aa) und auch d) bb).

[482] Dazu oben D. III. 2. d) aa).

[483] In formeller Hinsicht verhält es sich mit dieser Konstellation also ebenso wie mit der unter D. III. 3. a) cc) aufgeführten.

ne theoretisch-materielle Differenzierung zwischen Verfassunggebung und Verfassungsänderung wegen der inhaltlichen Unbeschränktheit der Revisionsermächtigung ausgeschlossen.[484] Die Verfassungsmäßigkeit oder Verfassungswidrigkeit verfassungsrechterzeugender Vorgänge und damit ihre Qualität als Verfassungsänderung oder Verfassunggebung kann insofern ausschließlich unter Bezugnahme auf die Vorschriften für das normale Gesetzgebungsverfahren beurteilt werden.[485]

Zum anderen ist es möglich, daß eine Verfassung sogar bezüglich des Verfahrens keinerlei Vorgaben enthält, sondern Verfassungsänderungen nur allgemein für zulässig erklärt.[486] In diesem Fall ist nicht nur eine theoretisch-materielle, sondern auch eine theoretisch-formelle Differenzierung zwischen Verfassunggebung und Verfassungsänderung ausgeschlossen, weil für Änderungsvorhaben überhaupt keine verfahrensrechtlichen Vorgaben bestehen. Eine Abgrenzung zwischen formell verfassungsmäßiger und formell verfassungswidriger Verfassungsrechtsetzung kann daher nicht vorgenommen werden. Eine theoretische Unterscheidung zwischen Verfassunggebung und Verfassungsänderung ist in dieser Konstellation, wie *Hain* bereits festgestellt hat[487], unter keinem der beiden Gesichtspunkte möglich. Entsprechendes gilt schließlich auch dann, wenn sich eine Verfassung jeder Aussage über die Zulässigkeit künftiger Verfassungsrechtsetzung enthält. In diesem Fall gibt es überhaupt kein verfassungsrechtlich erlaubtes Verfahren zur Schaffung neuen Verfassungsrechts und damit auch nicht die theoretische Möglichkeit zur Differenzierung zwischen Verfassunggebung und Verfassungsänderung.[488]

ee) Das für Verfassungsänderungen zuständige Subjekt als zusätzliches Unterscheidungskriterium

Außer auf theoretisch-formelle und theoretisch-materielle Weise kann eine Abgrenzung von Verfassunggebung und Verfassungsänderung auch mit Hilfe des zur Vornahme von Verfassungsänderungen berufenen Subjekts versucht werden.[489] Vielfach, so z.B. in der Bundesrepublik Deutschland, fällt die Verfassungsrevision ebenso wie die Gesetzgebung in den Zuständigkeitsbereich gewählter Repräsentativkörperschaften. In einer solchen Konstellation kann bei der Abgrenzung von

---

[484] Insofern entspricht diese Konstellation der unter D. III. 3. a) bb) behandelten. Auch hier wird das Nichtbestehen ungeschriebener Revisionsschranken vorausgesetzt.

[485] Praktisch wäre eine Unterscheidung zwischen Verfassunggebung und Verfassungsänderung natürlich weitestgehend bedeutungslos, s.o. D. III. 2. c) aa) sowie d) bb).

[486] Siehe schon oben D. III. 2. d) bb).

[487] *Hain*, S. 44 Fn. 73; siehe auch schon oben D. III. 2. d) bb).

[488] S.o. D. III. 2. d) aa) und bb).

[489] Die Frage nach dem zuständigen Subjekt gehört strenggenommen zu den formellen Voraussetzungen der Verfassungsrevision. Wegen der beschränkten Aussagekraft des Subjektkriteriums soll sie gleichwohl separat behandelt werden.

Verfassunggebung und Verfassungsänderung ein Blick auf das jeweils agierende Subjekt nützlich sein: Verfassungsänderungen werden durch spezielle, zumeist vom Volk gewählte Organe der verfaßten Gewalt und nicht unmittelbar durch das Volk vorgenommen. Verfassunggebung wird demgegenüber nicht von pouvoirs constitués, sondern vom unverfaßten pouvoir constituant vollzogen. Eingedenk des heute herrschenden Legitimitätsideals »demokratischer Verfassungsstaat« heißt dies nichts anderes, als daß dem (unverfaßten) Volk die Rolle des Verfassunggebers zukommt. Verfassunggebung und Verfassungsänderung unterscheiden sich insofern in bezug auf das jeweils tätige Subjekt. Wenn somit neues Verfassungsrecht von den für Verfassungsrevisionen zuständigen staatlichen Organen geschaffen wird, spricht dies prima facie für das Vorliegen von Verfassungsänderung[490]; wenn dagegen das Volk selbst über eine Veränderung der Verfassungsordnung entscheidet, kann es sich mangels entsprechender Zuständigkeit nicht um Verfassungsrevision, sondern nur um Verfassunggebung handeln.[491]

Derartige subjektorientierte Schlußfolgerungen bzw. Vermutungen sind dagegen ausgeschlossen, wenn nach den verfassungsrechtlichen Revisionsbestimmungen nicht besondere Repräsentativorgane zuständig sind, sondern dem Volk selbst die Entscheidung in Revisionsangelegenheiten übertragen ist (z.B. Billigung von Änderungsvorhaben durch eine Volksabstimmung). Zwar wird das Volk in diesen Fällen ebenso wie sonstige Revisionsorgane aufgrund einer verfassungsrechtlichen Ermächtigung zur Verfassungsänderung und damit als pouvoir constitué tätig[492], weshalb auch bei einer Revisionszuständigkeit des Volkes eine Differenzierung zwischen Verfassunggebung und Verfassungsänderung nicht grundsätzlich ausgeschlossen ist.[493] Gleichwohl verschwimmt unter diesen Umständen wegen der personellen Identität von unverfaßtem Volk als Träger der verfassunggebenden Gewalt und verfaßtem Volk als Subjekt der Revisionsbefugnis[494] die Trennlinie zwischen Verfassunggebung und Verfassungsänderung.[495]

---

[490] Vgl. aber auch unten E. IV. 2. b) bb) zu der Möglichkeit einer verfassungswidrigen verfassungschöpferischen Betätigung speziell von Revisionsorganen.

[491] Entsprechendes gilt, wenn nicht das Volk, sondern ein anderes, von den bestehenden Verfassungsorganen verschiedenes Subjekt eine neue Verfassung ins Werk setzt.

[492] Dazu *Alvarez*, S. 79f, 123f; *Murswiek*, verfassunggebende Gewalt, S. 184; *Böckenförde*, verfassunggebende Gewalt, S. 90 (105f); vgl. auch *Isensee*, Mythos, S. 46.

[493] Wenn nämlich eine Verfassung ein bestimmtes Verfahren vorsieht, in dem das Volk über Verfassungsänderungen zu entscheiden hat, oder wenn sie materielle Grenzen für Revisionsvorhaben festlegt, kann theoretisch durchaus zwischen (verfassungswidriger) Verfassunggebung und (verfassungsmäßiger) Verfassungsänderung differenziert werden; s. o. D. III. 2. d) aa).

[494] Zur personellen Identität von unverfaßtem und verfaßtem Volk siehe *Murswiek*, verfassunggebende Gewalt, S. 184; *Böckenförde*, verfassunggebende Gewalt, S. 90 (104, 106); *Stern* I, S. 151; *Boehl*, Verfassunggebung, S. 101f; siehe ferner *Alvarez*, S. 79; *Steiner*, S. 175, 220; *Wittekindt*, S. 94f.

[495] Vgl. etwa *Badura*, HStR VII, § 160 Rdnr. 16, wo es heißt, daß die Verfassungsänderung »nur dort der Verfassunggebung praktisch näher kommt, wo sie mit einer plebiszitären Entscheidung (Referendum) verbunden ist«.

Von außen betrachtet besteht zwischen beiden Arten der Verfassungsrechtserzeugung mangels Subjektverschiedenheit kein Unterschied: In jedem Fall agiert das Volk. Anders gewendet: Wenn das Volk selbst über Verfassungsfragen entscheidet, muß nicht notwendig Verfassunggebung stattfinden, sondern kann auch Verfassungsänderung vorliegen. In welcher Funktion das Volk an einem konkreten verfassungschöpferischen Vorgang beteiligt ist, läßt sich ohne genaue Kenntnis der verfassungsrechtlichen Revisionsnormen nicht ermitteln. Eine Abgrenzung von verfassunggeberischen und verfassungsändernden Akten anhand des jeweiligen Subjektes ist in der in Rede stehenden Konstellation folglich nicht ohne weiteres möglich.[496]

Weil mit der Subjektverschiedenheit ein Abgrenzungsindikator entfällt, kann sich die theoretische Differenzierung zwischen Verfassunggebung und Verfassungsänderung in einer Verfassungsordnung mit Revisionszuständigkeit des Volkes besonders schwierig gestalten. In einer solchen Verfassungsordnung kann allenfalls theoretisch materiell und anhand sonstiger formeller Kriterien zwischen verschiedenen Arten der Verfassungsrechtserzeugung differenziert werden. Namentlich dann, wenn die Revisionsbefugnis des Volkes keinen materiellen Beschränkungen unterliegt, ihre Betätigung nicht an ein formell erschwertes Verfahren geknüpft oder sogar in keiner der beiden Hinsichten beschränkt ist, minimiert sich der theoretische Unterschied zwischen Verfassunggebung und Verfassungsänderung. Um die letztgenannte Konstellation herauszugreifen: Wenn das Volk im Wege der Verfassungsrevision mit einfacher Abstimmungsmehrheit beliebig über den Verfassungsinhalt disponieren darf, ist nicht recht zu erkennen, was diese Art der Verfassungsrevision noch von dem unterscheidet, was gemeinhin unter Verfassunggebung verstanden wird. Wenn somit das Volk selbst über Verfassungsänderungen zu entscheiden hat, potenzieren sich die bei großer formeller und/oder materieller Reichweite der Änderungsermächtigung ohnehin bestehenden Schwierigkeiten der theoretischen Abgrenzung von Verfassunggebung und Verfassungsänderung[497], und zwar um so stärker, je größer die formelle und materielle Reichweite der Revisionsermächtigung ist.

ff) Zwischenergebnis

Es ist von der konkreten Ausgestaltung des jeweiligen verfassungsrechtlichen Revisionssystems abhängig, ob und mit welchem Grad an Eindeutigkeit, d.h. anhand wie vieler Kriterien, Verfassunggebung und Verfassungsänderung theoretisch voneinander abgegrenzt werden können (Abgrenzungsfrage). Eine Unterscheidung kann anhand mehrerer Kriterien möglich, nur mittels weniger bzw. ei-

---

[496] Kritisch im Hinblick auf die Beteiligung des Volkes an der Verfassungsrechtsetzung als Kriterium für die Unterscheidung zwischen Verfassunggebung und Verfassungsänderung auch *Alvarez*, S. 79.

[497] Vgl. besonders die unter D. III. 3. a) dd) behandelte Konstellation.

nes einzigen Kriteriums zu bewerkstelligen und somit erschwert oder gar ganz ausgeschlossen sein.

Bei einer Verfassung, die Änderungen ihrer selbst verfahrensrechtlich erschwert und inhaltlich begrenzt, lassen sich Verfassunggebung und Verfassungsänderung mittels formeller und materieller Kriterien auseinanderhalten. Sind Änderungen nur in einer der beiden Hinsichten beschränkt, also allein verfahrensrechtlich erschwert oder ausschließlich materiell begrenzt, ist eine Differenzierung bloß anhand eines der beiden Abgrenzungskriterien möglich und damit als nur theoretisch-formelle oder nur theoretisch-materielle Differenzierung weniger aussagekräftig. Sofern Verfassungsrevisionen weder erschwert noch begrenzt sind, ist eine theoretische Trennung von Verfassunggebung und Verfassungsänderung kaum mehr möglich. Als Anhaltspunkt bleibt lediglich die Orientierung an den Vorschriften für das reguläre Gesetzgebungsverfahren und – wie immer, wenn nicht das Volk revisionsbefugt ist – an dem verfassungsrechtsetzenden Subjekt. Völlig ausgeschlossen ist die nämliche Differenzierung, wenn die Verfassungsrevision gar nicht oder nur rudimentär durch einen Verweis auf ihre allgemeine Zulässigkeit verfassungsrechtlich geregelt ist.[498]

Für die Zuordnungsfrage ergibt sich daraus, daß die Charakterisierung eines verfassungsrechtserzeugenden Vorgangs bzw. der ihm zugrunde liegenden verfassungsrechtlichen Bestimmungen entweder als Verfassunggebung oder als Verfassungsänderung mehr oder weniger eindeutig möglich oder sogar gänzlich ausgeschlossen sein kann.

b) Verschiedene Arten verfassungsrechtlicher Ablösungs-
klauseln, der Versuch ihrer theoretischen Einordnung sowie
Folgerungen für die theoretische Differenzierung zwischen
Verfassunggebung und Verfassungsänderung

Die Palette möglicher verfassungsrechtlicher Gestaltungen, mit denen der Versuch einer rechtlichen Einhegung der verfassunggebenden Gewalt unternommen

---

[498] Etwas anderes gälte allerdings dann, wenn entgegen der hier zugrunde gelegten Annahme (vgl. oben D. III. 3. a) bb) Fn. 474) ungeschriebene Schranken der Verfassungsrevision existierten. In diesem Fall wären Verfassungsänderungen immer, d.h. auch bei Fehlen expliziter Schranken, nur in bestimmtem Umfang zulässig. Es könnte stets unter inhaltlichen Gesichtspunkten zwischen verfassungsrechtlich erlaubter und von Verfassungs wegen verbotener Schaffung neuen Verfassungsrechts unterschieden werden. Die ungeschriebenen Revisionsschranken bildeten insofern einen materiellen Maßstab für die Beurteilung der Erlaubtheit künftiger Verfassungsrechtsetzung. Vor diesem Hintergrund wäre eine theoretisch-materielle Differenzierung zwischen Verfassunggebung und Verfassungsänderung in *jeder* Verfassungsordnung möglich, sofern diese nur einen Weg zur systemimmanenten Verfassungsrechtsetzung eröffnete. Insoweit wäre die Unterscheidung zwischen verfassunggebender und verfassungsändernder Gewalt entgegen den bisher erzielten Ergebnissen (s.o. D. III. 2. d) cc)) doch Bestandteil einer *allgemeinen* Verfassungslehre. Auf die demzufolge auch im Rahmen dieser Arbeit wesentliche Frage nach der Existenz ungeschriebener Schranken der Verfassungsrevision wird unter E. I. einzugehen sein.

wird[499], ist mit den vorstehend behandelten Varianten der Verfassungsrevision längst nicht erschöpft. Sie erweist sich bei genauerem Hinsehen als vielschichtiger: Neben der Verfassungsänderung zählt auch das Institut der *Verfassungsablösung* zum Spektrum des verfassungsrechtlich Möglichen. Dies gibt zu einer kritischen Überprüfung der bisherigen Ergebnisse Anlaß und macht weitere Überlegungen zum Verhältnis von Verfassunggebung und Verfassungsänderung erforderlich.

aa) Die Unterscheidung zwischen Verfassungsänderung
und Verfassungsablösung

Bislang standen Konstellationen im Mittelpunkt der Betrachtung, in denen »Änderungen« einer Verfassung in materiell größerem oder kleinerem Umfang sowie unter mehr oder weniger erschwerten formellen Bedingungen zulässig waren. Nicht alle Verfassungen beschränken sich jedoch darauf, lediglich »Änderungen« ihrer selbst zuzulassen, was zumindest sprachlich eine wesensmäßige Fortgeltung der bestehenden Verfassung impliziert.[500] Es kommt ebenso, wenn auch nicht allzu häufig vor, daß eine Verfassung die Schaffung einer *neuen Verfassung* erlaubt und insofern ihr eigenes Außerkrafttreten rechtlich sanktioniert.[501] Diese als Sonderfall zu bewertende Konstellation, in der eine Neukonstituierung ausnahmsweise nicht verboten[502], sondern verfassungsrechtlich erlaubt ist, soll hier als *Verfassungsablösung* bezeichnet werden.[503]

Verfassungsrechtliche Ablösungstatbestände werfen im Hinblick auf die Unterscheidung zwischen Verfassunggebung und Verfassungsänderung eine Reihe von Fragen auf: Die Zulässigkeit der Verfassungsablösung kann, ebenso wie die der Verfassungsrevision, von der Erfüllung formeller und/oder materieller Bedingungen abhängig gemacht werden; wie dort können entsprechende Vorschriften

---

[499] Zur Interpretation verfassungsrechtlicher Bestimmungen über die künftige Erzeugung von Verfassungsrecht als Versuch, neuerliche Verfassunggebung praktisch unnötig zu machen bzw. zu vermeiden, s. o. D. III. 1. b) und c).

[500] Vgl. die Ausführungen und Nachweise oben C. II. 5. b) ee) (1) Fn. 86 und (2) Fn. 94.

[501] Als Beispiele genannt seien diesbezüglich Art. 146 GG a.F. und Art. 118 ff der Schweizerischen Bundesverfassung von 1874. Auf diese beiden Fälle wird unter D. III. 3. b) cc) näher eingegangen sein.

[502] Daß eine Verfassung neuerliche Verfassunggebung verbietet, ist aufgrund ihres prinzipiellen Anspruchs auf dauerhafte Geltung der Regelfall; s. o. A. III. 3. f) und 2. d) a.E.; D. I. 2. c) und d); II. 1. b) bb) und cc); 2. d) bb); 3. a) aa) (1) (a); III. 1. u.ö.

[503] Zwischen Verfassungsänderung und Verfassungsablösung wird auch differenziert u. a. von *Isensee*, HStR VII, § 166 Rdnr. 13 ff; *ders.*, Wiedervereinigung, S. 63 (64 ff); *Ossenbühl*, DVBl. 1992, 468 (470 f); *Sachs*, JuS 1991, 985 (986 f); *Alvarez*, S. 184 f; *Moelle*, S. 51 f. Allerdings weicht der Sprachgebrauch teils von dem hier verwendeten ab. So ist beispielsweise nach der Terminologie von *Sachs*, JuS 1991, 985 (986), jede Verfassungsablösung zugleich Verfassunggebung, während nach dem hiesigen Verständnis, das allein auf die verfassungsrechtliche Erlaubtheit der Neukonstituierung abstellt, ein solcher Zusammenhang nicht notwendigerweise besteht.

aber auch fehlen.[504] Wenn nun eine Verfassung[505] für den Fall einer Neukonstituierung irgendein Verfahren vorschreibt oder den Inhalt ihrer Nachfolgerin schon
partiell vorgibt, müßte in der entsprechenden Verfassungsordnung nach bisherigem Kenntnisstand eine theoretische Differenzierung zwischen Verfassunggge-
bung und Verfassungsänderung möglich sein. Die diesbezügliche Mindestvoraussetzung[506] ist erfüllt, und ein verfassungschöpferischer Vorgang kann daraufhin
beurteilt werden, ob er den formellen oder materiellen Vorgaben entspricht und
mithin verfassungsmäßig ist oder nicht. Insofern kann anhand der Festlegungen
einer Ablösungsklausel ebenso wie am Maßstab von Revisionsnormen theoretisch-formell bzw. theoretisch-materiell zwischen verfassungsrechtlich erlaubter
und verfassungsrechtlich verbotener Verfassungsrechtserzeugung unterschieden
werden.[507] Bei Zugrundelegung der bisherigen Abgrenzungskriterien müßte die
Verfassungsablösung bei Beachtung der verfassungsrechtlichen Vorgaben wegen
ihrer verfassungsrechtlichen Erlaubtheit als – ggf. spezieller – Fall der Verfassungsänderung charakterisiert werden.[508]

Ob auch im Falle einer Ablösungsklausel verfassungsmäßige Verfassungsrechtserzeugung mit Verfassungsänderung und verfassungswidrige Verfassungsschöpfung mit Verfassunggebung gleichgesetzt werden kann, begegnet indes gewissen Zweifeln. Resultat einer Verfassungsablösung ist nämlich in jedem Fall die
Geltung einer neuen, von der bisherigen Verfassung verschiedenen Konstitution
und insofern *Verfassungsdiskontinuität*[509], was die Verfassungsablösung von den
bisher behandelten Fällen der Verfassungsrevision unterscheidet. Die Annahme
von Verfassungsänderung scheint damit ausgeschlossen zu sein, sofern nicht auch
ein Neukonstituierungsvorgang als »Verfassungsänderung« qualifiziert werden

---

[504] Wenn dies der Fall ist, könnte freilich ebenso wie bei der Verfassungsänderung versucht
werden, das Bestehen ungeschriebener materieller Ablösungsschranken darzutun. Indes wäre
die Begründung solcher Ablösungsschranken nur unter noch größerem Argumentationsauf-
wand möglich als die Herleitung verfassungsimmanenter Grenzen der normalen Verfassungsrevision; denn zum einen ist nicht aus sich heraus verständlich, daß bei einer erlaubten Neukonstituierung auch dann Vorgaben für den Inhalt der neuen Verfassung bestehen sollen, wenn die bisherige Verfassung diesbezüglich schweigt, und zum anderen kann zur Belegung der Existenz
derartiger Schranken auch nicht auf die beschränkte Reichweite einer *Änderungs*ermächtigung
verwiesen werden, weil gerade die vollständige Ersetzung der bestehenden Verfassung zugelassen ist. Sofern also in einer Ablösungsklausel der Inhalt der neuen Verfassung nicht explizit in bestimmter Hinsicht determiniert wird, erscheint es als sehr zweifelhaft, daß bei der Verfassungsablösung materielle Grenzen zu beachten sind.
[505] Vorausgesetzt sei, daß die Verfassung außer dem Ablösungsvorbehalt keine Normen über
die künftige Erzeugung von Verfassungsrecht beinhaltet.
[506] S.o. D. III. 2. d) aa).
[507] Zur theoretisch-formellen und theoretisch-materiellen Differenzierung zwischen Verfassunggebung und Verfassungsänderung oben D. III. 3. a) aa).
[508] Zur Differenzierung zwischen Verfassunggebung und Verfassungsänderung anhand des
Kriteriums der verfassungsrechtlichen Erlaubtheit s.o. D. III. 2. a); d) aa) u.ö.
[509] Dazu oben D. I. 2. b).

könnte, wenn er formell und materiell den Vorgaben der bisherigen Verfassung entspricht. Gibt es also Verfassungsänderung ohne Verfassungsfortgeltung?

Näher könnte wegen des Geltungsverlusts der bisherigen Verfassung die Charakterisierung der Verfassungsablösung als Fall der Verfassunggebung liegen. Jedoch ist die unter Einhaltung der in einem Ablösungsvorbehalt festgelegten Bedingungen erfolgende Neukonstituierung *verfassungsgemäß*, was der Annahme von Verfassunggebung entgegenzustehen scheint, weil diese bisher mit verfassungsrechtlich verbotener Schaffung neuen Verfassungsrechts gleichgesetzt worden ist.[510] Oder sollte es auch verfassungsmäßige Verfassunggebung geben können?[511]

Daß sich die Verfassungsablösung sowohl von der Verfassungsänderung als auch der Verfassunggebung in der jeweils geschilderten Weise unterscheidet, ließe sich auch als Indiz dafür werten, daß sie sich einer Zuordnung zu einer der beiden Kategorien der Verfassungsrechtserzeugung schlechthin entzieht.[512] Die Verfassungsablösung könnte also weder Verfassungsänderung noch Verfassunggebung, sondern Verfassungschöpfung sui generis sein[513] und insofern die mangelnde Verallgemeinerungsfähigkeit der Differenzierung zwischen Verfassunggebung und Verfassungsänderung zusätzlich belegen.

Wie diese, auch nach eingehender Beschäftigung mit Akten der verfassunggebenden wie der verfassungsändernden Gewalt weiterhin bestehenden Unklarheiten bezeugen, kann eine konsistente Theorie der Verfassungsrechtserzeugung und damit eine schlüssige Grenzziehung zwischen Verfassunggebung und Verfassungsänderung nicht ohne die Einbeziehung *atypischer verfassungsrechtlicher Gestaltungen* entwickelt werden. Erst an solchen Grenzfällen, die im Hinblick auf bestimmte Merkmale vom Normalfall der Verfassunggebung bzw. Verfassungsänderung abweichen, erweist sich Leistungsfähigkeit oder auch Modifizierungsbedürftigkeit der zur Abgrenzung herangezogenen Kriterien. Die Figur der Verfassungsablösung nötigt insofern zu einer kritischen Überprüfung und ggf. Verfeinerung der Überlegungen zum Verhältnis von Verfassunggebung und Verfassungsänderung. Es ist wie folgt zu verfahren: Nachdem geklärt ist, welche grundsätzliche Bedeutung eine verfassungsrechtliche Erlaubnis zur Schaffung ei-

---

[510] S. o. D. III. 2. a).

[511] Dies hätte zur Folge, daß in der entsprechenden Verfassungsordnung zwischen verfassungswidriger und insofern »normaler« Verfassunggebung sowie verfassungsmäßiger Verfassunggebung unterschieden werden könnte.

[512] In einer Verfassungsordnung, in der neben der Verfassungsablösung keine Verfassungsänderungen zulässig sind, könnte eine theoretische Unterscheidung zwischen Verfassunggebung und Verfassungsänderung folglich ebenso ausgeschlossen sein wie im Fall einer Verfassung, die gar keine Bestimmungen über die künftige Schaffung von Verfassungsrecht enthält oder sich darauf beschränkt, Verfassungsrevisionen nur allgemein für zulässig zu erklären, ohne ein Verfahren oder inhaltliche Richtlinien festzulegen; dazu oben D. III. 2. d) aa), bb) u. ö.

[513] So offenbar mit Blick auf die Totalrevision in der Schweiz *Wittekindt*, S. 96f. Dazu noch näher unten D. III. 3. b) cc) (2) sowie ee) (2) mit Fn. 637.

ner neuen Verfassung für den pouvoir constituant sowie für die pouvoirs constitués haben kann (bb), ist zwischen zwei verschiedenen Grundtypen der Verfassungsablösung zu differenzieren. Diese sind daraufhin zu untersuchen, inwiefern
sie Gemeinsamkeiten mit den bisher behandelten Fällen von Verfassunggebung
und Verfassungsänderung aufweisen und inwiefern sie sich jeweils von diesen unterscheiden (cc). Da sich dabei herausstellen wird, daß beide Arten der Verfassungsablösung typische Merkmale von Verfassunggebung und Verfassungsänderung in sich vereinen, muß überprüft werden, welche Konsequenzen daraus im
Hinblick auf die theoretische Differenzierung zwischen Verfassunggebung und
Verfassungsänderung – genauer: hinsichtlich der anzuwendenden Unterscheidungskriterien und der Möglichkeit einer Zuordnung der Verfassungsablösung
zu einer der beiden Kategorien – zu ziehen sind (dd). Erst danach können eine abschließende Würdigung der verschiedenen Ablösungstatbestände (ee) sowie eine
endgültige Charakterisierung von Verfassunggebung und Verfassungsänderung
erfolgen (ff).

bb) Der Regelungsgehalt verfassungsrechtlicher Ablösungsvorbehalte

Zur Wirkungsweise verfassungsrechtlicher Ablösungsvorbehalte, also solcher
Bestimmungen, die ausnahmsweise die Schaffung einer neuen Verfassung für
rechtlich zulässig erklären, kann vor dem Hintergrund der bereits gewonnenen
Erkenntnisse zunächst folgendes bemerkt werden: Weil der pouvoir constituant
weder zur Beachtung von Verfassungsnormen verpflichtet ist, noch verfassungsrechtlich eine Befugnis zu neuerlicher Verfassunggebung begründet werden
kann[514], sind alle Anordnungen einer positiven Verfassung für den pouvoir constituant gleichermaßen rechtlich unverbindlich. Eine Ablösungsklausel kann für
die verfassunggebende Gewalt von daher ebensowenig rechtlich konstitutive
Bedeutung haben wie ein verfassungsrechtliches Verbot neuerlicher Verfassunggebung. Insbesondere darf die in einer Ablösungsklausel zum Ausdruck kommende verfassungsrechtliche Erlaubtheit einer Neukonstituierung nicht im Sinne
einer Kompetenz des pouvoir constituant zur Verfassunggebung interpretiert
werden, auf welche dann die Geltung einer künftigen Verfassung zurückgeführt
werden könnte.

Die Zulässigkeit einer Verfassungsablösung kann für die verfassunggebende
Gewalt nur insofern von Belang sein, als eine Neukonstituierung ausnahmsweise
aus Sicht der bisherigen Verfassung nicht verboten, sondern verfassungsrechtlich
erlaubt ist. Dies hat zur Folge, daß die verschiedenen verfassungsrechtlichen Mechanismen zur rechtlichen Erschwerung neuerlicher Verfassunggebung nicht
greifen.[515] Aktionen des pouvoir constituant werden mithin nicht in den Bereich

---

[514] S.o. D. II. 3. a) aa) (2) (c) und b) aa).
[515] Siehe *Murswiek*, verfassunggebende Gewalt, S. 144, und oben D. III. 1. a), auch zum folgenden.

der konstitutionellen Illegalität abgedrängt. Sie stoßen, sofern die Neukonstituierung nach Maßgabe der Ablösungsklausel erfolgt, nicht auf den rechtlich institutionalisierten Widerstand, dem sich verfassungswidrige Akte der verfassunggebenden Gewalt regelmäßig ausgesetzt sehen. Neuerliche Verfassunggebung wird
somit durch einen verfassungsrechtlichen Ablösungsvorbehalt erleichtert.

Eine andere Frage ist es, inwiefern sich die Zulässigkeit der Verfassungsablösung auf die Organe der verfaßten Gewalt auswirkt. Diesbezüglich sind zwei Interpretationen denkbar: auf der einen Seite dahingehend, daß die pouvoirs constitués nicht daran gehindert sind, sich an verfassunggeberischen Bestrebungen zu
beteiligen und auch nicht zu deren Bekämpfung verpflichtet sind.[516] Diese Deutung korrespondiert mit der zuvor beschriebenen Erleichterung einer Betätigung
der verfassunggebenden Gewalt. Auf der anderen Seite erscheint es auch nicht als
ausgeschlossen, die Organe der verfaßten Gewalt selbst als Adressaten einer Ablösungsklausel anzusehen, einen Ablösungsvorbehalt also als verfassungsrechtliche Ermächtigung der pouvoirs constitués zur Schaffung einer neuen Verfassung
zu deuten. In diesem Fall entspräche die Verfassungsablösung in vielerlei Hinsicht der Verfassungsänderung und hätte mit der Verfassunggebung im wesentlichen nur das Ziel der Schaffung einer neuen Verfassung gemein. Wie ein Vergleich
beider Interpretationsmöglichkeiten zeigt, unterscheiden sich diese zuallererst im
Hinblick auf das Subjekt, das zur Verfassungschöpfung berufen ist: einerseits die
verfassunggebende Gewalt, andererseits Organe der verfaßten Gewalt.

cc) Die verschiedenen Arten verfassungsrechtlicher Ablösungsvorbehalte

Nachdem die grundsätzliche Wirkungsweise von Ablösungsbestimmungen verdeutlicht worden ist und sich ergeben hat, daß prinzipiell zwei verschiedene Subjekte als Adressaten derartiger Normen in Betracht kommen, ist nun näher darauf
einzugehen, inwieweit die Figur der Verfassungsablösung jeweils, d.h. auf der
Grundlage der verschiedenen Interpretationsansätze, Züge von Verfassunggebung bzw. Verfassungsänderung trägt und inwiefern sie sich von beiden Arten der
Verfassungsrechtserzeugung unterscheidet. Dies soll mit Hilfe zweier konkreter
Beispiele erfolgen: mittels Art. 146 GG a.F. als Beispiel für einen an die verfassunggebende Gewalt adressierten Ablösungsvorbehalt und anhand der bisherigen schweizerischen Bestimmungen über die Totalrevision (Art. 118ff der Bundesverfassung von 1874) als Muster für eine an pouvoirs constitués gerichtete Ablösungsklausel.

---

[516] Vgl. zu diesen Auswirkungen eines – hier gerade nicht vorliegenden – verfassungsrechtlichen Verbots neuerlicher Verfassunggebung oben D. III. 1. a).

(1) Der pouvoir constituant-bezogene Ablösungsvorbehalt

Eine Verfassung kann in einem Ablösungsvorbehalt zum Ausdruck bringen, daß sie ihren grundsätzlichen Anspruch auf dauerhafte Geltung[517] unter bestimmten, üblicherweise exzeptionellen Umständen zurückzunehmen bereit und einem künftigen Akt der *verfassunggebenden Gewalt* zu weichen gewillt ist. Das bedeutet, daß neuerliche originäre Verfassungschöpfung durch den pouvoir constituant ausnahmsweise nicht verfassungsrechtlich verboten, sondern aus Sicht der bisherigen Verfassung erlaubt ist. Für die Geltung der neuen Verfassung ist die Verfassungsmäßigkeit ihrer Entstehung indes ohne unmittelbare rechtliche Bedeutung, weil zwischen bisheriger Verfassung und neuer Konstitution kein rechtlicher Ableitungszusammenhang besteht.[518]

(a) Art. 146 GG a. F. als Beispiel für einen pouvoir constituant-bezogenen Ablösungsvorbehalt

Als den Geltungsanspruch der bestehenden Verfassung ausnahmsweise zugunsten der verfassunggebenden Gewalt zurücknehmender Ablösungsvorbehalt kann Art. 146 des Grundgesetzes in seiner alten Fassung[519] verstanden werden, der lautete:

»Dieses Grundgesetz verliert seine Gültigkeit an dem Tage, an dem eine Verfassung in Kraft tritt, die von dem deutschen Volke in freier Entscheidung beschlossen worden ist.«

Durch diese Schlußbestimmung des Grundgesetzes sollte dem Umstand Rechnung getragen werden, daß den Deutschen in der sowjetisch besetzten Zone die Mitwirkung an der Schaffung einer freiheitlich-demokratischen Verfassung versagt war. Das Grundgesetz wurde deshalb vom Parlamentarischen Rat als Provisorium konzipiert[520], das im Falle einer – in naher Zukunft erwarteten – Wiedervereinigung der beiden Teile Deutschlands von einer gesamtdeutschen Verfassung abgelöst werden sollte.[521] Der in diesem Sinne beschränkte Geltungshori-

---

[517] Dazu oben A. III. 3. f) und 2. d) a.E.

[518] Zum Merkmal des rechtlichen Ableitungszusammenhangs als Charakteristikum der Verfassungsänderung s.o. C. II. 2. und 3.; D. I. 2. a).

[519] Auf die 1990 erfolgte Neufassung des Art. 146 GG (BGBl. 1990 II S. 889 – Einigungsvertrag) und die dadurch entstandene Auseinandersetzung über den Regelungsgehalt des Art. 146 GG n.F. kann im Rahmen dieser Arbeit nicht eingegangen werden. Es sei diesbezüglich vor allem auf die Darstellungen bei *Isensee*, HStR VII, § 166, *Wiederin*, AöR 117 (1992), 410ff, *Hain*, S. 57ff, *Unruh*, S. 390ff, *Merkel*, S. 23ff, 27ff, und *Stückrath*, S. 97ff, verwiesen.

[520] Zum Provisoriumscharakter des Grundgesetzes bis zur Wiedervereinigung und dem Umstand, daß es gleichwohl Züge einer Vollverfassung trug, vgl. ausführlich *Murswiek*, verfassunggebende Gewalt, S. 25ff, 51ff; ferner *Isensee*, HStR VII, § 166 Rdnr. 2; *Sachs*, JuS 1991, 985.

[521] Das Grundgesetz eröffnete neben Art. 146 a.F. freilich noch einen zweiten Weg zur Herstellung der staatlichen Einheit Deutschlands, nämlich den des Art. 23 a.F., der einen Beitritt der Länder der sowjetisch besetzten Zone bzw. später der DDR zum Geltungsgebiet des Grundgesetzes möglich machte; vgl. *Starck*, JZ 1990, 349 (352ff); *Rauschning*, DVBl. 1990, 393 (401); *Isen-*

zont des Grundgesetzes spiegelt sich in der Bestimmung des Art. 146 GG a. F. wider. Diese Überleitungsnorm[522] wurde überwiegend dahin verstanden, daß sie die Bedingungen festlegte, unter denen die Schaffung einer neuen Verfassung aus der – für die verfassunggebende Gewalt irrelevanten – Sicht des Grundgesetzes legal sei und unter denen das Grundgesetz deshalb seinen Geltungsanspruch zugunsten einer neuen, gesamtdeutschen Verfassung zurücknehme.[523] Das Grundgesetz habe durch diesen Artikel gleichsam zu Protokoll gegeben, unter welchen Umständen es einem künftigen Akt der verfassunggebenden Gewalt zu weichen bereit sei[524], ohne für seine Fortgeltung mit den ihm zu Gebote stehenden Mitteln zu kämpfen.[525] Art. 146 GG a. F. eröffnete damit die Möglichkeit einer verfassungsrechtlich nicht verbotenen, sondern aus Sicht des Grundgesetzes legalen Neukonstituierung.[526]

(b) Vergleich der Verfassungsablösung nach Art. 146 GG a. F. mit den Kategorien Verfassunggebung und Verfassungsänderung

Um die Verfassungsablösung nach Art. 146 GG a. F. besser charakterisieren und um feststellen zu können, inwiefern sich die Verfassungschöpfung auf der Grundlage eines pouvoir constituant-bezogenen Ablösungsvorbehaltes vom Normalfall der Verfassunggebung unterscheidet, ist ein Vergleich vorzunehmen: Die Verfassungsablösung nach Art. 146 GG a. F. ist daraufhin zu untersuchen, inwieweit sie Gemeinsamkeiten und Unterschiede mit dem aufweist, was bislang unter Verfassunggebung und im Gegensatz dazu unter Verfassungsänderung verstanden worden ist. Erst auf dieser Basis kann später entschieden werden, ob sich die in Rede stehende Art der Verfassungsablösung als Verfassunggebung oder Verfassungsänderung charakterisieren läßt oder ob sie weder das eine noch das andere ist, sondern eine eigenständige Kategorie der Verfassungsrechtserzeugung bildet.

---

see, HStR VII, § 166 Rdnr. 9 ff; *Scheuner*, DÖV 1953, 581 (581 f); *Alvarez*, S. 171 ff; *Stückrath*, S. 32 ff; *Blumenwitz*, ZfP 39 (1992), 1 (8 f); M/K/S/*v. Campenhausen*, Art. 146 Rdnr. 2.

[522] So wurde Art. 146 GG a. F. in BVerfGE 5, 85 (131) charakterisiert.

[523] Vgl. *Murswiek*, verfassunggebende Gewalt, S. 101 ff, speziell S. 127, 135; *Schmitt Glaeser*, S. 38; *Alvarez*, S. 184; *Isensee*, Mythos, S. 78 f; *Hain*, S. 56; *Unruh*, S. 388; *Herbst*, S. 270; *Wegge*, S. 219; *Heckel*, HStR VIII, § 197 Rdnr. 95; *H. Götz*, NJW 1958, 1020 (1021); *Scheuner*, DÖV 1953, 581 (582); *Storost*, Staat 29 (1990), 321 (331); *Sachs*, JuS 1991, 985 (987); *Moelle*, S. 50 f; BK/*Evers*, Art. 79 Abs. 3 Rdnr. 85; M/K/S/*v. Campenhausen*, Art. 146 Rdnr. 3; Dreier/*Dreier*, Art. 146 Rdnr. 2, 23.

[524] *Murswiek*, verfassunggebende Gewalt, S. 127: »Art. 146 ist Rechtsnorm, stellt die Tatbestandsvoraussetzungen fest, bei deren Erfüllung als Rechtsfolge das Grundgesetz seinen Geltungsanspruch aufgibt.« Vgl. ferner S. 144.

[525] S. o. D. III. 1. a) zu den verfassungsrechtlichen Abwehrmechanismen, die künftige Betätigungen der verfassunggebenden Gewalt verhindern sollen.

[526] *Isensee*, Mythos, S. 40; *Murswiek*, verfassunggebende Gewalt, S. 135, 144; *Steiner*, S. 23 f; *Wegge*, S. 219; *Sachs*, JuS 1991, 985 (987); *Wiederin*, AöR 117 (1992), 410 (416); M/K/S/*v. Campenhausen*, Art. 146 Rdnr. 3; Dreier/*Dreier*, Art. 146 Rdnr. 23.

Schon auf den ersten Blick sticht eine Eigenheit der Verfassungsablösung nach Art. 146 GG a. F. hervor, durch welche sie sich von den bisher betrachteten Fällen von Verfassunggebung abhebt: Es existiert eine ausdrückliche verfassungsrechtliche Bestimmung, die die Schaffung neuen Verfassungsrechts betrifft. Das kennen wir bisher nur von der Verfassungsänderung. Auch eine nähere Beschäftigung mit dem Normgehalt des Art. 146 GG a. F. läßt einen Unterschied zur Verfassunggebung offenbar werden: Wenn diesem Artikel aufgrund seiner Festlegung, daß die neue Verfassung »von dem deutschen Volke in freier Entscheidung beschlossen« werden müsse, Mindeststandards für die Art und Weise der Verabschiedung einer gesamtdeutschen Verfassung entnommen werden[527], so bedeutet dies, daß es ein zumindest rudimentär *verfassungsrechtlich festgelegtes Verfahren* für den Fall einer einigungsbedingten Neukonstituierung gibt. Insofern besteht ebenfalls eine Ähnlichkeit zwischen der Verfassungsablösung nach dem Muster des Art. 146 GG a. F. und der Verfassungsänderung, weil auch Revisionsvorhaben regelmäßig ein verfassungsrechtlich vorgeschriebenes Verfahren zu durchlaufen haben.[528]

Eine weitere Abweichung vom Normalfall der Verfassunggebung und zugleich Übereinstimmung mit der Verfassungsrevision besteht darin, daß die Schaffung neuen Verfassungsrechts dort wie hier *verfassungsrechtlich legal* ist, sofern das in der Revisions- bzw. Ablösungsklausel vorgeschriebene Verfahren eingehalten wird.[529] Die im Wege der Verfassungsablösung nach Art. 146 GG a. F. geschaffene neue Verfassung ist mit der alten Verfassung durch die »Nabelschnur der Legalität« verbunden[530], sie geht in verfassungsmäßiger Weise aus jener hervor und genießt demnach die »Wohltaten der Legalität«.[531] Wegen der Existenz verfahrensrechtlicher Vorgaben kann zudem *theoretisch-formell*[532] zwischen verfassungs-

---

[527] Vgl. etwa *Murswiek*, verfassunggebende Gewalt, S. 125f, 135; *Scheuner*, DÖV 1953, 581 (582); *Isensee*, HStR VII, § 166 Rdnr. 20f; *Rauschning*, DVBl. 1990, 393 (401f); *Alvarez*, S. 184f; *Unruh*, S. 389. Auch das Bundesverfassungsgericht (E 5, 85 (131f)) hat der erwähnten Festlegung des Art. 146 GG a. F. gewisse Vorgaben für den Prozeß der Verfassungsablösung entnommen: »Dies bedeutet, daß die Entscheidung des deutschen Volkes über eine gesamtdeutsche Verfassung frei von äußerem und innerem Zwang gefällt werden muß, und das heißt allerdings, daß ein gewisser Mindeststandard freiheitlich-demokratischer Garantien auch beim Zustandekommen der neuen gesamtdeutschen Verfassung zu wahren ist.«

[528] S. o. A. III. 2. b) cc); C. II. 2., 5. a); D. III. 3. a) u. ö. Hinsichtlich der Intensität der formellen Anforderungen unterscheiden sich Verfassungsablösung und Verfassungsänderung in der Verfassungsordnung des Grundgesetzes allerdings mehr als nur unerheblich: Bei der Verfassungsänderung nach Art. 79 GG sind hohe formelle Hürden zu überwinden, während Art. 146 GG a. F. solche nach überwiegender Auffassung nur in einem Mindestmaß festlegte (vgl. die Ausführungen in der vorangehenden Fußnote).

[529] Im Hinblick auf die Verfassungsrevision vgl. oben D. I. 2. c); diesbezüglich ist die Legalität indes möglicherweise auch durch die Beachtung *materieller* Vorgaben bedingt.

[530] So bildhaft *Murswiek*, verfassunggebende Gewalt, S. 135; ihm folgend *Schmitt Glaeser*, S. 38. Von einer »normativen Brücke« zwischen altem Grundgesetz und neuer gesamtdeutscher Verfassung spricht Dreier/*Dreier*, Art. 146 Rdnr. 23, 36.

[531] So *Isensee*, HStR VII, § 166 Rdnr. 16; zu diesen Wohltaten bereits oben D. III. 1. a) dd).

[532] Zur theoretisch-formellen Differenzierung zwischen Verfassunggebung und Verfassungsänderung s. o. D. III. 3. a) aa).

mäßiger Verfassungsablösung und verfassungswidriger Schaffung einer neuen Verfassung im Wege »normaler« Verfassunggebung differenziert werden.

Jedoch sind die Gemeinsamkeiten von Verfassungsablösung und Verfassungs-revision damit erschöpft. Dies zeigt zunächst ein Blick auf ihre jeweilige Zielrich-tung: Während eine Revisionsermächtigung nur Änderungen der bisherigen Ver-fassung zuläßt, nicht aber deren Ersetzung durch eine andere Verfassung legali-siert[533], ist auf der Grundlage einer Ablösungsklausel die Schaffung einer ganz neuen Verfassung erlaubt, die an die Stelle der alten tritt und deren Regiment beendet.[534] Verfassungsrevision und Verfassungsablösung unterscheiden sich in-sofern hinsichtlich ihrer Auswirkung auf die bisherige Verfassung: *Fortgeltung* der (geänderten) Verfassung im Fall der Verfassungsrevision, *Substituierung* der bisherigen Konstitution durch eine Verfassung neuen Datums im Fall der Verfas-sungsablösung. In bezug auf diesen Gesichtspunkt gleicht die Verfassungsablö-sung der Verfassunggebung, welche ebenfalls Verfassungsdiskontinuität begrün-det.[535]

Auch im Hinblick auf den rechtlichen Stellenwert der jeweiligen Erlaubnis und der daraus resultierenden Legalität der Verfassungsrechtserzeugung unterschei-den sich Verfassungsänderung und Verfassungsablösung: Im Wege der Verfas-sungsrevision hervorgebrachtes Verfassungsrecht gilt *derivativ*. Seine Geltung beruht darauf, daß es von den zuständigen Organen in Ausübung der verfas-sungsrechtlichen Revisionsbefugnis erzeugt wird und die Verfassung die Geltung solchermaßen geschaffenen Rechts anordnet.[536] Die Legalität der Verfassungs-rechtsetzung ist dabei von *konstitutiver* Bedeutung für die Geltung des neuen Verfassungsrechts, sie ist Geltungsvoraussetzung. Anders verhält es sich demge-genüber bei der Verfassungsablösung nach Art. 146 GG a.F. Zwar ist hier eine Neukonstituierung aus Sicht der bisherigen Verfassung ebenfalls legal, doch geht von dieser Legalität im Hinblick auf die neue Verfassung keine geltungsbegrün-dende Kraft aus. Die Funktion eines pouvoir constituant-bezogenen Ablösungs-vorbehaltes ist darauf beschränkt, den prinzipiellen Geltungsanspruch der *beste-henden Verfassung* unter bestimmten Umständen zurückzunehmen und ihr lega-les *Außerkrafttreten* zu ermöglichen. Das *Inkrafttreten* der *neuen Verfassung* und speziell die Begründung ihrer Geltung liegt dagegen außerhalb seiner Rege-lungsreichweite.[537] Die aus Sicht der alten Verfassung gegebene Legalität neuerli-

---

[533] S.o. C. II. 2. und 5.; D. I. 2. b). Vgl. auch unten E. I. 1.

[534] Vgl. – bezogen auf Art. 146 GG a.F. – etwa *Alvarez*, S. 184f; *Murswiek*, verfassunggebende Gewalt, S. 101, 135, 144.

[535] S.o. D. I. 2. b).

[536] Dazu schon oben C. II. 3. sowie D. I. 2. a).

[537] Sehr erhellend zur Funktion des Art. 146 GG a.F. *Murswiek*, verfassunggebende Gewalt, S. 135: »Art. 146 will dem Verfassunggeber Vorschriften machen: Er legt fest, wer die verfassung-gebende Gewalt ausübt, daß sie in Freiheit ausgeübt werden muß und welches die Grundsätze des Verfahrens sind, in dem sie ausgeübt wird. Die Erfüllung dieser Vorschriften ist ›Rechtmäßig-keitsvoraussetzung‹ für die neue Verfassung. Allerdings ist diese Bindung einseitig: Es handelt

cher Verfassungschöpfung ist daher, sieht man von ihren mittelbaren Vorzügen ab[538], für die Geltung der neuen Verfassung *ohne konstitutive Bedeutung.* Diese bedarf eines eigenständigen, von der bisherigen Verfassung unabhängigen Geltungsgrundes.[539] Sie findet ihn in ihrer Rückführbarkeit auf die verfassunggebende Gewalt und gilt insofern nicht derivativ, sondern *originär.*[540] Auch in dieser Hinsicht entspricht die in Rede stehende Art der Verfassungsablösung der Verfassunggebung.[541]

Im Zusammenhang damit steht eine weitere Divergenz im Vergleich zur Verfassungsrevision: Während Art. 146 GG a.F. für die im Falle einer gesamtdeutschen Verfassungschöpfung agierende verfassunggebende Gewalt *rechtlich unverbindlich* ist und durch das Inaussichtstellen von Vorteilen lediglich versucht, den pouvoir constituant zu verfassungsmäßigem Handeln zu motivieren[542], sind Revisionsorgane aufgrund ihrer *Verfassungsbindung* rechtlich zur Beachtung der verfassungsrechtlichen Änderungsvorschriften verpflichtet. Darüber hinaus läßt sich auch *theoretisch-materiell* kein Unterschied zwischen Verfassungsablösung nach Art. 146 GG a.F. und Verfassunggebung feststellen, weil für eine Neukonstituierung in beiden Fällen keine rechtlichen Schranken inhaltlicher Art existieren. Sowohl im Zuge einer Verfassungsablösung als auch durch Verfassunggebung können sonach beliebige politische Ziele in den Rang von Verfassungsrecht erhoben werden.[543]

---

sich um die Nabelschnur der Legalität, die das Grundgesetz mit der neuen Verfassung verbindet. Ob der neue Verfassunggeber diese Schnur durchschneidet, indem er die Voraussetzungen des Art. 146 nicht beachtet, liegt nicht mehr in der Regelungsgewalt der vom Grundgesetz errichteten Ordnung.« Vgl. auch *H. Götz,* NJW 1958, 1020 (1021); *Isensee,* Mythos, S. 78f; *Sachs,* JuS 1991, 985 (987).

[538] Dazu oben D. III. 3. b) bb).

[539] Vgl. *Mursiwik,* verfassunggebende Gewalt, S. 125f: »(...) der Anwendungsfall des Art. 146 liegt ja außerhalb der Regelungsmacht des Grundgesetzes, betrifft als Fall der originären Verfassunggebung einen Zustand der (Noch-)Nicht-Konstituiertheit, auf den die Regeln der bisherigen Verfassung keine Anwendung finden.«

[540] So für den Fall des Art. 146 GG a.F. *Mursiwik,* verfassunggebende Gewalt, S. 101, 125f, 136, 145 u.ö.; *Isensee,* Mythos, S. 40; *ders.,* HStR VII, § 166 Rdnr. 10, 14; *Hain,* S. 56; *Alvarez,* S. 184f, 189f; *Moelle,* S. 50ff; *Stückrath,* S. 85f.

[541] Von einem Versuch zur rechtlichen Kanalisierung der verfassunggebenden Gewalt, also dem Bemühen, Bestrebungen, die auf eine Umgestaltung der Verfassungsordnung gerichtet sind, in verfassungsrechtlich bereitgestellte Verfahren einmünden zu lassen, kann deshalb in diesem Zusammenhang nur bedingt die Rede sein. Denn im Fall des Art. 146 GG a.F. wird die neue Verfassung gerade nicht auf Grundlage einer verfassungsrechtlichen Ermächtigung in dem dort bestimmten Verfahren geschaffen; sie gilt vielmehr originär, d.h. die Notwendigkeit einer außerverfassungsrechtlichen Geltungsbegründung bleibt im Hinblick auf die neue Verfassung bestehen. Eine abschließende Begründung dieser These kann allerdings erst unten D. III. 3. b) ee) (1) im Zusammenhang mit der Zuordnung der des Art. 146 GG a.F. zu einer der beiden Kategorien der Verfassungsrechtserzeugung erfolgen.

[542] Zum »Versuchscharakter« den pouvoir constituant betreffender verfassungsrechtlicher Normen s.o. D. III. 1. c).

[543] Vielmehr besteht in der grundgesetzlichen Ordnung unter theoretisch-materiellen Aspek-

Schließlich unterscheiden sich die Verfassungsablösung nach Art. 146 GG a.F. und die Verfassungsänderung nach Art. 79 GG potentiell auch in bezug auf ihr jeweiliges *Subjekt*: Für Verfassungsänderungen sind gemäß Art. 79 Abs. 2 GG Bundestag und Bundesrat, d.h. spezielle, vom Volk unmittelbar oder mittelbar eingesetzte Organe zuständig, während bei der Verfassungsablösung nach Art. 146 GG a.F. eine neue Verfassung »von dem deutschen Volke in freier Entscheidung beschlossen« werden muß und damit auch durch Volksentscheid verabschiedet werden kann.[544] Auch in dieser Hinsicht besteht also – die Geltung des demokratischen Legitimitätsideals und damit die Stellung des Volkes als Träger der verfassunggebenden Gewalt vorausgesetzt – eine Parallele zur Verfassunggebung.[545]

Vor dem Hintergrund der vorangegangenen vergleichenden Gegenüberstellung der Verfassungsablösung nach Art. 146 GG a.F. mit Verfassunggebung und Verfassungsänderung kann festgehalten werden, daß die Rechtsfigur der Verfassungsablösung viele Parallelen mit der Verfassunggebung aufweist[546], sich im Hinblick auf einige Punkte jedoch diametral von dieser abhebt und insoweit der Verfassungsänderung nähersteht.[547] Sie ist insofern gewissermaßen zwischen beiden Arten der Verfassungsrechtserzeugung angesiedelt, weil sie typische Merkmale beider Kategorien in sich vereinigt.[548] Die in Rede stehende Art der Verfassungsablösung kann infolgedessen *bei gleichmäßiger Berücksichtigung aller bisher verwendeten Unterscheidungskriterien* nicht eindeutig entweder als Fall der Verfassungsänderung oder als Verfassunggebung charakterisiert werden. Eine derartige Einstufung wäre vielmehr nur unter der Voraussetzung möglich, daß sich nicht alle herangezogenen Kriterien als gleichermaßen zuordnungsrelevant

---

ten ein Gegensatz zwischen Verfassungsablösung und Verfassungsänderung, weil die Reichweite der letzteren gemäß Art. 79 Abs. 3 GG inhaltlich begrenzt ist.

[544] In Art. 146 GG a.F. blieb weitgehend offen, in welchem Verfahren und von welchen Instanzen eine gesamtdeutsche Verfassung zu schaffen sei. Überwiegend wurden sowohl die Durchführung einer Volksabstimmung als auch repräsentative Formen der Verfassungschöpfung für zulässig gehalten; vgl. ausführlich *Murswiek*, verfassunggebende Gewalt, S. 125 ff; ferner *Scheuner*, DÖV 1953, 581 (582); *Isensee*, HStR VII, § 166 Rdnr. 19 ff; *Rauschning*, DVBl. 1990, 393 (401); *Alvarez*, S. 184 f.

[545] Zur subjektorientierten Differenzierung zwischen Verfassunggebung und Verfassungsänderung oben D. III. 3. a) ee).

[546] Nämlich: keine Verfassungsfortgeltung, sondern Ersetzung der alten durch eine neue Verfassung; originäre Geltung der neuen Verfassung, daher keine konstitutive Bedeutung ihres verfassungslegalen Zustandekommens; keine Verfassungsbindung des verfassungschöpfenden Subjekts; fehlende materielle Beschränktheit der Verfassungschöpfung; Subjektstellung des Volkes.

[547] Und zwar im Hinblick auf die Existenz verfassungsrechtlicher Verfahrensvorschriften und die Legalität der Erzeugung neuen Verfassungsrechts, d.h. im Hinblick auf die verfassungsrechtliche Erlaubtheit der Verfassungsablösung.

[548] In diesem Sinne auch *Schmitt Glaeser*, S. 38: »Unter diesen Umständen kann die nach überwiegender Meinung notwendige Trennung zwischen Verfassunggebung und Verfassungsänderung für den Fall des Art. 146 GG *nicht in voller Schärfe* aufrecht erhalten werden. Art. 146 GG begründet eine *Mischform*, wobei im Vorverfahren der Akzent mehr auf Verfassungsänderung, bei der Schaffung der Verfassung selbst dagegen das eigentliche Gewicht auf der Verfassunggebung liegt«; Hervorhebungen dort.

erwiesen, sondern nur eins oder einige von ihnen für eine entsprechende Zuordnung ausschlaggebend wären. Aus diesem Grunde wird zu beleuchten sein, ob einzelne Abgrenzungskriterien von nur nachrangiger Bedeutung sind.[549] Zuvor soll allerdings die zweite Art der Verfassungsablösung einer genaueren Betrachtung unterzogen werden.

(2) Der pouvoirs constitués-bezogene Ablösungsvorbehalt

Eine verfassungsrechtliche Bestimmung, welche die Schaffung einer neuen Verfassung für zulässig erklärt, kann auch anders interpretiert werden als etwa Art. 146 GG a.F. So ist es ebenso denkbar, *Organe der verfaßten Gewalt* als alleinige Adressaten einer Ablösungsklausel anzusehen, den Ablösungsvorbehalt also als verfassungsrechtliche Ermächtigung von pouvoirs constitués zur Schaffung einer neuen Verfassung zu deuten. Dem Ablösungsvorbehalt wird unter diesen Umständen eine über das bisher beschriebene Maß hinausgehende, nämlich nicht lediglich mittelbare Rechtswirkung zugeschrieben: Er legt nicht nur einseitig die Bedingungen fest, unter denen die geltende Verfassung freiwillig zugunsten einer neuen Verfassung abzudanken bereit ist, ohne die Neukonstituierung soweit wie möglich rechtlich zu erschweren; er legalisiert nicht nur die Schaffung einer neuen Verfassung durch den pouvoir constituant mit für diesen deklaratorischer Wirkung, sondern begründet vielmehr – gleich einer Revisionsermächtigung – eine rechtliche Kompetenz verfassungsgebundener Organe zur Verfassungschöpfung.

(a) Die Totalrevision nach Art. 118ff der Schweizer Bundesverfassung von 1874 als Beispiel für einen pouvoirs constitués-bezogenen Ablösungsvorbehalt

Ein Beispiel[550] für einen zur Neukonstituierung ermächtigenden Ablösungsvorbehalt bietet die Bundesverfassung der Schweizerischen Eidgenossenschaft vom

---

[549] S.u. D. III. 3. b) dd).

[550] Weil es eine Frage der Auslegung der konkret in Rede stehenden Ablösungsklausel ist, ob diese als pouvoir constituant-bezogene oder als pouvoirs constitués-bezogene Bestimmung angesehen wird, ist es nicht gänzlich ausgeschlossen, Art. 146 GG a.F. entgegen der in Deutschland herrschenden und vorstehend zugrunde gelegten Auffassung auszulegen und ihn ebenso wie Art. 79 GG als verfassungsrechtliche Ermächtigungsgrundlage für die Schaffung neuen Verfassungsrechts zu deuten, das dann aufgrund seiner Rückführbarkeit auf diese Ermächtigung und der in dieser enthaltenen Geltungsanordnung derivativ gilt. In diesem Sinne scheint Art. 146 GG a.F. etwa von *Wiederin*, AöR 117 (1992), 410 (414f), aufgefaßt zu werden. Er behauptet, Art. 146 GG binde den pouvoir constituant verfassungsrechtlich ein und mache ihn dadurch zu einem pouvoir constitué (S. 414). *Wiederin* bezeichnet die verfassunggebende Gewalt folglich, weil sie durch Art. 146 GG »auch schon implizit rechtlich verfaßt« sei, als »pouvoir constituant constitué« (S. 415) und stellt Art. 146 GG deshalb »als die an ein näher spezifiziertes *Organ* (das wiedervereinigte deutsche Volk) gerichtete *Ermächtigung* dar, in einem *bestimmten Verfahren* (freie Entscheidung) die Verfassung einer ›Totalrevision‹ zu unterziehen« (S. 415; Hervorhebungen v. Verf.). Auf der Basis dieser Interpretation könnte somit auch Art. 146 GG a.F. als Beispiel für ei-

29. Mai 1874 (BV)[551], deren Revision in den Artikeln 118 bis 123 geregelt war.[552] Art. 118 BV sah vor, daß die Bundesverfassung »jederzeit ganz oder teilweise revidiert werden« kann.[553] Die Schweizer Verfassung differenziert dementsprechend zwischen der Totalrevision (Art. 119, 120 BV bzw. jetzt Art. 192 Abs. 1, 193 nBV) und der Partialrevision (Art. 121, 121bis BV bzw. Art. 192 Abs. 1, 194 nBV). Bezüglich der Totalrevision war in Art. 119 BV vorgeschrieben:

>»Die Totalrevision geschieht auf dem Wege der Bundesgesetzgebung.«

Art. 120 Abs. 1 der Bundesverfassung legte fest, daß die Totalrevision von beiden Abteilungen der Bundesversammlung oder von mehr als 100.000 stimmberechtigten Schweizer Bürgern initiiert werden konnte. Nach Maßgabe des Art. 120 Abs. 2 hatten sodann Neuwahlen beider Räte stattzufinden, »um die Totalrevision in die Hand zu nehmen«.[554] Am Abschluß des Verfahrens der Totalrevision hat wiederum eine Volksabstimmung stattzufinden:

>»Die revidierte Bundesverfassung, beziehungsweise der revidierte Teil derselben treten in Kraft, wenn sie von der Mehrheit der an der Abstimmung teilnehmenden Bürger und von der Mehrheit der Kantone angenommen ist« (Art. 123 Abs. 1 BV).[555]

Hinsichtlich der Frage, was unter einer Totalrevision und in Abgrenzung dazu unter Partialrevision genau zu verstehen ist[556], unterscheidet man in der Schweiz

---

nen an Organe der verfaßten Gewalt adressierten Ablösungsvorbehalt verwendet werden. Im folgenden soll jedoch allein das Beispiel Schweiz herangezogen werden. Dieses ist das klarere und eindeutigere Beispiel für die hier interessierende Art der Ablösungsklausel, weil der Regelungsgehalt der Art. 118ff BV insoweit nicht umstritten ist.

[551] Die Bundesverfassung von 1874 ist mittlerweile durch die Bundesverfassung vom 18. April 1999 ersetzt worden; zu deren Entstehung und ihrem Inhalt vgl. *Schweizer*, JöR 48 (2000), 263 (263ff); *Häberle*, FS Maurer, S. 935ff. Da das Revisionssystem nicht grundlegend geändert worden ist und sich die vorliegende Literatur zum Teil auf die bisherige Bundesverfassung bezieht, steht diese im Mittelpunkt der Betrachtung. Dies schließt eine Erwähnung der einschlägigigen Bestimmungen der neuen Bundesverfassung selbstverständlich nicht aus.

[552] Ein ähnliches Beispiel bildet die Möglichkeit zur »Gesamtänderung«, welche die Verfassung Österreichs eröffnet. In Art. 44 Abs. 3 B-VG heißt es: »Jede Gesamtänderung der Bundesverfassung, eine Teiländerung aber nur, wenn dies von einem Drittel der Mitglieder des Nationalrates oder des Bundesrates verlangt wird, ist nach Beendigung des Verfahrens gemäß Art. 42, jedoch vor der Beurkundung durch den Bundespräsidenten, einer Abstimmung des gesamten Bundesvolks zu unterziehen.« Zu diesem Fall, auf den hier nicht näher eingegangen werden kann, vgl. *Alvarez*, S. 120ff.

[553] Ebenso Art. 192 Abs. 1 der neuen Bundesverfassung vom 18. April 1999 (im folgenden: nBV).

[554] Der für die Totalrevision jetzt einschlägige Art. 193 nBV enthält leicht modifizierte Bestimmungen.

[555] Vgl. nunmehr Art. 195 nBV.

[556] Diese Abgrenzung ist in der Schweiz auch von praktischem Interesse, weil für die Totalrevision ein anderes Verfahren als für die Durchführung einer Partialrevision vorgesehen ist; vgl. dazu *Häfelin/Haller*[3], Rdnr. 935ff, sowie jetzt Art. 193 nBV auf der einen und Art. 194 nBV auf der anderen Seite; zur neuen Rechtslage *Häfelin/Haller*, Rdnr. 1767ff; *Thürer/Bellanger*, §79 Rdnr. 5, 18ff, 31ff. Der bisherigen Bundesverfassung selbst ließen sich Anhaltspunkte für den Be-

einen formellen und einen materiellen Aspekt der Verfassungsrevision.[557] Bei der *formellen Totalrevision* werden sämtliche Artikel der alten Verfassung durch eine neue Verfassung ersetzt, wobei unwesentlich ist, ob die neuen Artikel inhaltlich zum Teil mit denen der alten Verfassung identisch sind.[558] Gegenstand einer formellen Partialrevision ist hingegen nicht die Verfassung als ganze, sondern lediglich ein einzelner Artikel oder abgegrenzte Teile der Verfassung. Eine *materielle Totalrevision* ist durch die Änderung eines oder mehrerer Grundprinzipien der Bundesverfassung gekennzeichnet.[559] Eine materielle Partialrevision fällt dagegen dadurch auf, daß unter Beibehaltung der grundsätzlichen Entscheidungen der Verfassung bloß Einzelheiten geändert werden.

Unabhängig von gewissen, mitunter lebhaft diskutierten Streitfragen[560] ist in der Schweiz damit von Verfassungs wegen die Möglichkeit eröffnet, im Wege der formellen Totalrevision die bisherige Bundesverfassung durch eine neue Verfassung zu ersetzen[561], welche ihre Verschiedenheit von der alten Verfassung auch

---

griff der Partialrevision entnehmen, wenn in Abs. 2 des Art. 121, der Verfahrensvorschriften für die Partialrevision statuierte, von »Begehren auf Erlass, Aufhebung oder Abänderung bestimmter Artikel der Bundesverfassung« die Rede war.

[557] Vgl. *Häfelin/Haller*[3], Rdnr. 931 ff; *Fleiner/Giacometti*, S. 704 f; *Aubert/Wildhaber*, Art. 118 Rdnr. 7 ff; *Alvarez*, S. 118 f; *Häberle*, AöR 112 (1987), 54 (77, Fn. 77), jeweils auch zum Wesen von formeller und materieller Totalrevision sowie Partialrevision. Zur neuen Bundesverfassung vgl. *Häfelin/Haller*, Rdnr. 1763 ff; *Thürer/Bellanger*, § 79 Rdnr. 5 ff.

[558] *Aubert/Wildhaber*, Art. 118 Rdnr. 7, bemerkt zur formellen Totalrevision: »Eine Totalrevision liegt vor, wenn sämtliche Artikel der alten Verfassung durch eine neue Verfassungsurkunde ersetzt werden.« Vgl. ferner *Häfelin/Haller*, Rdnr. 1763; *Thürer/Bellanger*, § 79 Rdnr. 6; Ehrenzeller/*Lombardi*, Vorbemerkungen zu Art. 192 – 195 Rdnr. 8.

[559] So *Häfelin/Haller*, Rdnr. 1765; *Thürer/Bellanger*, § 79 Rdnr. 7; Ehrenzeller/*Lombardi*, Vorbemerkungen zu Art. 192 – 195, Rdnr. 9.

[560] Umstritten ist in der Schweiz insbesondere, ob das Verfahren der Totalrevision auch dann Platz greift, wenn eine nur materielle Totalrevision, nicht aber gleichzeitig eine solche im formellen Sinne erfolgen soll; dazu *Häfelin/Haller*[3], Rdnr. 935; *Aubert/Wildhaber*, Art. 118 Rdnr. 9 ff, 14 ff. Zur neuen Bundesverfassung vgl. *Häfelin/Haller*, Rdnr. 1767 f. Ferner ist Gegenstand einer wissenschaftlichen Kontroverse, ob und in welchem Umfang auch bei einer Totalrevision ungeschriebene materielle Beschränkungen der Revisionsgewalt bestehen; siehe dazu *Häfelin/Haller*[3], Rdnr. 25 m.w.N., ferner Rdnr. 925 ff; *Fleiner/Giacometti*, S. 706; *Aubert/Wildhaber*, Art. 118 Rdnr. 23 ff. Zur neuen Bundesverfassung vgl. *Häfelin/Haller*, Rdnr. 28, 1760 f; Ehrenzeller/*Lombardi*, Vorbemerkungen zu Art. 192 – 195 Rdnr. 4 ff, 11 f.

[561] Daß im Wege der formellen Totalrevision eine formell neue Verfassung geschaffen werden darf, wird in der Schweiz nicht immer in aller Klarheit hervorgehoben. Dies mag seinen Grund in der Formulierung des Art. 123 Abs. 1 BV haben, der vom Inkrafttreten der »revidierte(n) Bundesverfassung« sprach; ebenso jetzt Art. 195 nBV. Diese Ausdrucksweise könnte die Deutung nahelegen, daß auch nach einer formellen Totalrevision nicht eine völlig neue Verfassung gilt, sondern weiterhin *die* Bundesverfassung – nur mit komplett neuem Text. Der Sache nach handelt es sich dabei jedoch um eine formell neue Verfassung, wie nicht nur die Verfassungspraxis erkennen läßt (dazu sogleich im Text), sondern auch in der Literatur gelegentlich zum Ausdruck kommt. So ist z.B. bei *Fleiner/Giacometti*, S. 713 f, von der »Aufstellung des Textes der neuen Bundesverfassung« die Rede. Auch ansonsten wird dort die »neue Bundesverfassung« in Bezug genommen; teilweise wird allerdings auch von einer »Ersetzung des bisherigen Textes durch einen neuen Text« gesprochen. Vgl. auch *Aubert/Wildhaber*, Art. 118 Rdnr. 7: »(…) sämtliche Artikel der alten Ver-

durch das Tragen eines neuen Geltungsdatums zum Ausdruck bringt. So wurde beispielsweise die Bundesverfassung von 1848 unter Anwendung des Verfahrens der (formellen) Totalrevision durch die Bundesverfassung von 1874 ersetzt.[562] Ebenso ist die Bundesverfassung von 1999 aus der Bundesverfassung von 1874 hervorgegangen.[563] Die Schweizer Bundesverfassung darf somit in Anwendung der Revisionsbestimmungen (Art. 118 bis 123 BV bzw. jetzt Art. 192 bis 195 nBV) nicht nur im eigentlichen Sinne »geändert«, sondern auch durch eine andere, neue Verfassung substituiert werden. Die Gemeinsamkeit der verschiedenen Ausprägungen der Verfassungsrevision besteht dabei darin, daß zwischen neu geschaffenem Verfassungsrecht und der Bundesverfassung ein *rechtlicher Ableitungszusammenhang* besteht: Die Geltung des gemäß Art. 118 ff BV bzw. Art. 192 ff nBV erzeugten Verfassungsrechts verdankt sich dem Umstand, daß die Bundesverfassung die Geltung der im Revisionsverfahren gesetzten Verfassungsnormen anordnet, ganz gleich, ob es sich um die Änderung einzelner Verfassungsartikel handelt (Partialrevision) oder ob ein Fall der formellen Totalrevision gegeben ist. Das heißt im Klartext: Eine im Wege der formellen Totalrevision hervorgebrachte neue Verfassung, die an die Stelle der bisherigen Bundesverfassung tritt, gilt *nicht originär*, sondern *derivativ*[564]; sie gilt nicht kraft eines Aktes einer verfassungsunabhängigen verfassunggebenden Gewalt, sondern weil die bisherige Verfassung die Geltung einer von pouvoirs constitués im Verfahren der Totalrevision geschaffenen neuen Verfassung anordnet. In dieser Hinsicht unterscheidet sich die Totalrevision gemäß Art. 118 ff BV bzw. Art. 192 ff nBV substantiell vom Tatbestand der Verfassungsablösung nach Art. 146 GG a. F.[565]

---

fassung durch eine neue Verfassungsurkunde ersetzt«; *Wipfelder*, BayVBl. 1983, 289 (295): »Ergebnis einer Gesamtrevision ist eine völlig neue BV mit einem entsprechend neuen Datum.«

[562] Vgl. *Fleiner/Giacometti*, S. 23; *Häfelin/Haller*, Rdnr. 53 ff.

[563] Dazu *Schweizer*, JöR 48 (2000), 263 (263 ff); *Häberle*, FS Maurer, S. 935 ff.

[564] So ausdrücklich *Häfelin/Haller*, Rdnr. 55, im Zusammenhang mit der Totalrevision von 1874: »Die Bundesverfassung von 1874 war gemäss den Revisionsbestimmungen der Bundesverfassung von 1848 ausgearbeitet worden. Es handelte sich bei ihr somit (...) nicht um originäre, sondern um *abgeleitete Verfassunggebung*«; Hervorhebungen dort. In der dritten Auflage hatte es bei *Häfelin/Haller*, Rdnr. 54, noch deutlicher geheißen: »Es handelt sich bei ihr somit (...) um *derivative* (abgeleitete), nicht um originäre *Rechtsetzung*«. Ähnlich *Fleiner/Giacometti*, S. 23: »Diese (sc. die Bundesverfassung vom 29. Mai 1874) ist nach Maßgabe der Revisionsvorschriften der Bundesverfassung vom 12. September 1848 erlassen worden und besitzt somit ihren Rechtsgrund in letzteren.« Vgl. ferner *Siegenthaler*, S. 163: »Der normative Geltungsgrund der Bundesverfassung von 1874 waren die Revisionsvorschriften der Bundesverfassung von 1848, der normative Geltungsgrund der seit 1874 geschaffenen Verfassungsnormen sind die Revisionsvorschriften von 1874 oder 1891.« Anders unter Berufung auf *Häberle*, AöR 112 (1987), »54/48 f« (gemeint dürfte sein: 78 f) *Bartlsperger*, DVBl. 1990, 1285 (1291; ähnlich 1299), wo es heißt, daß »die formelle Neukonstituierung einer Verfassung ohnedies auf die *extrakonstitutionelle* Souveränität des Staatsvolks über die Verfassung zurückgreift« (Hervorh. v. Verf.) und diese Aussage auch auf die Schweiz bezogen wird (»›Totalrevision‹ in dem dort gebrauchten extrakonstitutionellen Sinne«).

[565] Eine detaillierte Gegenüberstellung von Art. 146 GG a. F. und Art. 118 ff BV und damit der verschiedenen Arten von Ablösungsvorbehalten erfolgt unter D. III. 3. b) cc) (3).

(b) Vergleich der formellen Totalrevision nach Art. 118ff BV 1874
mit den Kategorien Verfassunggebung und Verfassungsänderung

Entsprechend der Vorgehensweise im Fall des Art. 146 GG a. F. soll nun analysiert werden, inwiefern die in der Schweiz zulässige Art der Verfassungsablösung Gemeinsamkeiten mit Verfassungsrevision und Verfassunggebung aufweist und hinsichtlich welcher Merkmale Unterschiede bestehen. Es ist augenfällig, daß sich die Schweizer Totalrevision vom Normalfall der Verfassungsänderung dadurch abhebt, daß sie auf die Hervorbringung einer formell neuen Verfassung gerichtet ist, die an die Stelle der alten Konstitution tritt. Das Merkmal der *fehlenden Verfassungsfortgeltung*[566] läßt die Totalrevision in die Nähe der Verfassunggebung rücken. *Theoretisch-materiell* unterscheiden sich Verfassunggebung und Totalrevision ebenfalls nicht voneinander, weil beide keinerlei rechtlichen Beschränkungen inhaltlicher Art[567] unterliegen.[568] Allerdings gilt dies in der Schweiz ebenso für die Partialrevision als den klassischen Fall der Verfassungsänderung[569], so daß die Totalrevision theoretisch-materiell auch nicht in einem Gegensatz zur Verfassungsänderung[570] steht. Im Hinblick auf das für Totalrevisionen zuständige *Subjekt* ergeben sich gegenüber der Verfassungsänderung gleichfalls keine Besonderheiten[571], da dem Volk nach schweizerischer Verfassungslage auch die abschlie-

---

[566] Dazu schon oben D. III. 3. b) cc) (1) (b).

[567] Ob für den Fall einer (formellen und gleichzeitig materiellen) Totalrevision ungeschriebene inhaltliche Schranken bestehen, ist in der Schweiz allerdings umstritten; siehe dazu die Nachweise unter D. III. 3. b) cc) (2) (a) Fn. 560. Hier sei wiederum unterstellt, daß derartige Schranken auch für den Fall einer Totalrevision nicht existieren.

[568] Diese Aussage gilt uneingeschränkt nur für die Bundesverfassung von 1874. In die Bundesverfassung von 1999 ist der Grundsatz aufgenommen worden, daß die zwingenden Bestimmungen des Völkerrechts im Zuge einer Totalrevision (und auch einer Partialrevision) nicht verletzt werden dürfen (Art. 139 Abs. 3, 193 Abs. 4, 194 Abs. 2 nBV). Soweit im folgenden von der materiellen Unbeschränktheit der Totalrevision die Rede ist, bezieht sich dies folglich allein auf die Rechtslage unter der Bundesverfassung von 1874.

[569] Auch die Ermächtigung zur Partialrevision unterliegt keinen ausdrücklichen inhaltlichen Beschränkungen, so daß einzelne Verfassungsbestimmungen grundsätzlich beliebig geändert werden dürfen. Jedoch ist die Befugnis zur Partialrevision trotz des Fehlens expliziter Schranken insofern beschränkt, als die Änderung eines oder mehrerer Grundprinzipien der Bundesverfassung unerlaubt ist, weil derartige Änderungen als Totalrevision zu qualifizieren sind und deshalb nicht im Verfahren der Partialrevision umgesetzt werden dürfen. Vgl. in diesem Zusammenhang die Nachweise in Fußnote 557 unter D. III. 3. b) cc) (2) (a).

[570] D.h. in der Schweiz: in einem Gegensatz zur Partialrevision.

[571] Daß in puncto Subjekt und materielle Schranken kein Unterschied zwischen Verfassungsänderung (Partialrevision), Totalrevision und Verfassunggebung besteht, beruht auf der spezifischen Ausgestaltung des schweizerischen Revisionssystems: Weil das Volk anders als in Deutschland auch über Verfassungsänderungen entscheidet und weil keine materiellen Revisionsschranken bestehen, entfällt die Möglichkeit einer subjektorientierten Differenzierung ebenso wie die einer theoretisch-materiellen Unterscheidung zwischen Verfassunggebung und Verfassungsänderung (vgl. oben D. III. 3. a) bb) und ee) zu entsprechenden Konstellationen). Insofern kann sich auch die Totalrevision nicht von einer der beiden gängigen Arten der Verfassungsrechtserzeugung abheben.

ßende Entscheidung über die Durchführung von Partialrevisionen zusteht (vgl. Art. 123 BV bzw. Art. 195 nBV). Freilich unterscheidet sich die Totalrevision insoweit auch nicht von der Verfassunggebung, zu der ebenfalls – als Träger der verfassunggebenden Gewalt[572] – das Volk berufen ist.

Eine Diskrepanz von Totalrevision und Verfassunggebung ist insofern zu verzeichnen, als die Totalrevision verfassungsrechtlich geregelt und ihr *Verfahren* – ebenso wie das der Verfassungsänderung – in der Verfassung festgelegt ist.[573] Auf eine Verwandtschaft von Totalrevision und Verfassungsänderung (Partialrevision) deutet dabei auch die Tatsache hin, daß beide in einem einheitlichen Abschnitt der Schweizer Bundesverfassung geregelt sind und in Art. 118 BV bzw. jetzt Art. 192 Abs. 1 nBV gleichsam in einem Atemzug genannt werden.[574] Wird das vorgeschriebene Verfahren ordnungsgemäß durchlaufen, ist die Schaffung einer neuen Verfassung im Wege der Totalrevision aus Sicht der bisherigen Bundesverfassung *legal*. Ebenso wie die Verfassungsänderung ist die formelle Totalrevision ein verfassungsmäßiges Verfahren zur Erzeugung neuen Verfassungsrechts, das sich *theoretisch-formell* von der Verfassunggebung als regelmäßig verfassungsrechtlich verbotener Verfassungschöpfung[575] unterscheiden läßt.

Zudem eignet der Totalrevision eine weitere Gemeinsamkeit mit der Verfassungsänderung: In beiden Fällen besteht zwischen bisheriger[576] Verfassung und neu geschaffenem Verfassungsrecht ein *rechtlicher Ableitungszusammenhang*, was bedeutet, daß dieses nicht verfassungsunabhängig-originär, sondern derivativ, d.h. kraft verfassungsrechtlicher Anordnung seiner Geltung gilt.[577] Die Legalität der Verfassungsrechtserzeugung ist infolgedessen nicht nur mittelbar von Bedeutung[578], sondern Voraussetzung für die Geltung des durch Totalrevision

---

[572] Diese Trägerschaft ist nach der hier vertretenen Auffassung allerdings nicht rechtlich begründet, sondern findet ihren Anknüpfungspunkt in dem heute geltenden Legitimitätsideal der Volkssouveränität; dazu oben B. II. 4. b) bb); D. II. 3. c); III. 1. b) aa) sowie 3. a) ee).

[573] Art. 119, 120 und 123 BV bzw. jetzt Art. 193 bis 195 nBV errichten Hürden formeller Art hinsichtlich Initiative, Ausarbeitung des Verfassungsentwurfs und abschließender Entscheidung über die Totalrevision. Die dabei im einzelnen festgelegten Erschwerungen des Gesetzgebungsverfahrens (z.B. Auflösung und Neuwahl der Bundesversammlung, Art. 120 Abs. 2 BV, bzw. Neuwahl beider Räte, Art. 193 Abs. 3 nBV; abschließende Entscheidung des Volkes über die neue Verfassung, Art. 123 Abs. 1 BV bzw. Art. 195 nBV) gehören zu den gängigen Hürden, die auch von normalen »verfassungsändernden« Gesetzen des öfteren überwunden werden müssen (s.o. A. III. 2. b) cc)). Ferner bestehen Ähnlichkeiten mit denjenigen Bestimmungen, die im Falle der Partialrevision als der »klassischen« Verfassungsänderung Anwendung finden (Art. 121, 121bis, 123 BV bzw. jetzt Art. 192 Abs. 2, 194, 195 nBV).

[574] Art. 118 BV und jetzt Art. 192 Abs. 1 nBV: »Die Bundesverfassung kann jederzeit *ganz oder teilweise* revidiert werden«; Hervorh. v. Verf.

[575] S.o. D. III. 2. a).

[576] Für den Fall der Verfassungsänderung ist zu ergänzen: »und auch weiterhin geltender«.

[577] Im Hinblick auf die Verfassungsänderung s.o. D. I. 2. a); in bezug auf die Schweizer Totalrevision s.o. D. III. 3. b) cc) (2) (a).

[578] Vgl. oben D. III. 3. b) bb), ferner cc) (1) (b) im Zusammenhang mit Art. 146 GG a.F.

wie durch Verfassungsänderung geschaffenen Verfassungsrechts.[579] Damit zusammenhängend stimmen Totalrevision und Verfassungsänderung schließlich auch insofern überein, als die Verfassungsrechtsetzung in beiden Fällen von *verfassungsgebundenen pouvoirs constitués* betrieben wird, die zur Einhaltung der in der Verfassung enthaltenen Normen verpflichtet sind.[580]

Angesichts der vorangegangenen Betrachtungen ist zu konstatieren, daß die Totalrevision nach schweizerischem Vorbild ebenso wie die Verfassungsablösung nach Art. 146 GG a. F. auf Grundlage der bisherigen Erkenntnisse nicht eindeutig als Verfassungsänderung oder Verfassunggebung charakterisiert werden kann, weil sie Merkmale beider Kategorien der Verfassungsrechtserzeugung in einer spezifischen Melange miteinander verbindet.[581] Dabei überwiegen die verfassungsänderungsähnlichen Züge[582], während sich zugunsten der Verfassunggebung lediglich ins Feld führen läßt, daß die Totalrevision auf die Schaffung einer neuen Bundesverfassung gerichtet ist und insofern Verfassungsdiskontinuität begründet.[583]

(3) Vergleichende Betrachtung der beiden Arten von Ablösungsvorbehalten

Bevor der Frage nachgegangen wird, ob die Totalrevision nach schweizerischem Vorbild sowie die Verfassungsablösung nach Art. 146 GG a. F. sich trotz ihrer je-

---

[579] Auch dazu oben D. I. 2. a).

[580] Damit erweist sich die Schweizer Totalrevision als besonders weitgehender Versuch, Bestrebungen, die auf die Umgestaltung der Verfassungsordnung gerichtet sind, in verfassungsrechtlich bereitgestellte Verfahren einmünden zu lassen, sie rechtlich zu kanalisieren und »aufzufangen«; so auch *Alvarez*, S. 124. Zu dem Versuchscharakter entsprechender verfassungsrechtlicher Normen siehe oben D. III. 1. c). Verfassunggebung wird dadurch in der Schweiz praktisch noch unnötiger und unwahrscheinlicher als in einer Verfassungsordnung, die nur den klassischen Fall der Verfassungsänderung kennt und deshalb über keine derart weitreichende Ermächtigung zur systemimmanenten Verfassungsrechtsetzung verfügt. Zu der Wechselbeziehung zwischen Reichweite der Revisionsermächtigung und praktischer Relevanz neuerlicher Verfassunggebung oben D. III. 2. b) und c).

[581] Ähnlich *Alvarez*, S. 124: »Man muß anerkennen, daß in diesem Fall die Unterscheidung zwischen verfassunggebender und verfassungsändernder Gewalt zumindest zurückweicht.« Ferner *Heckmann*, DVBl. 1991, 847 (854), wo es heißt, die Totalrevision liege »gleichermaßen auf der Schnittstelle zwischen (›originärer‹) Verfassunggebung und (›derivativer‹) Verfassungsänderung«.

[582] So haben Totalrevision und Verfassungsänderung gemeinsam, daß sie jeweils einen Weg zur legalen Erzeugung neuen Verfassungsrechts eröffnen, der in verfahrensrechtlicher Hinsicht in der bestehenden Verfassung genau vorgezeichnet ist (theoretisch-formeller Aspekt) und von dem die verfassungsgebundenen Rechtsetzungsorgane nicht abweichen dürfen, weil die Beachtung der entsprechenden formellen Vorgaben wegen des Bestehens eines rechtlichen Ableitungszusammenhangs Voraussetzung für die Geltung des neu geschaffenen Verfassungsrechts ist.

[583] Die fehlende (explizite) materielle Beschränkung der Totalrevision und die Zuständigkeit des Volkes haben sich demgegenüber als »neutrale« Merkmale erwiesen, weil zumindest in der Schweiz wegen der Eigenheiten des dortigen Revisionssystems anhand dieser Kriterien keine Unterscheidung von Verfassunggebung und Verfassungsänderung möglich ist. Auch die Totalrevision tendiert folglich aufgrund der Subjektstellung des Volkes und des Fehlens inhaltlicher Revisionsschranken nicht in die eine oder die andere Richtung.

weiligen Eigenheiten als Verfassungsänderung oder Verfassunggebung charakterisieren lassen oder ob sie sich einer solchen Zuordnung entziehen und eine oder gar zwei eigenständige Kategorien der Verfassungsrechtserzeugung bilden, sollen beide Arten von Ablösungsvorbehalten kurz daraufhin untersucht werden, inwiefern sie sich gleichen und voneinander unterscheiden. Dieser Vergleich führt zur Feststellung vieler Gemeinsamkeiten, aber auch eines wesentlichen Unterschiedes:

Die Verfassungsablösung nach deutschem (Art. 146 GG a. F.) und die Totalrevision nach schweizerischem Recht (Art. 118ff BV bzw. Art. 192ff nBV) gleichen sich mit Blick auf das Ziel der Schaffung einer neuen, die bisherige Konstitution ersetzenden Verfassung (Verfassungsdiskontinuität), hinsichtlich der verfassungsrechtlichen Legalität eines normgemäß erfolgenden Neukonstituierungsvorgangs, bezüglich des Nichtbestehens materieller Schranken sowie im Hinblick auf das letztlich zuständige Subjekt.[584] Verfahrensrechtliche Vorgaben für den Neukonstituierungsprozeß bestehen gleichfalls in beiden Fällen, allerdings in unterschiedlichem Umfang.

Der Hauptgegensatz zwischen den verschiedenen Arten verfassungsrechtlicher Ablösungsklauseln betrifft die Geltungsgrundlage der neuen Verfassung: In Gestalt eines pouvoir constituant-bezogenen Ablösungsvorbehaltes (z. B. Art. 146 GG a. F.) formuliert eine Verfassung einseitig die Bedingungen, deren Beachtung neuerliche Betätigungen der verfassunggebenden Gewalt verfassungsrechtlich legal werden läßt. Die von der Warte der bisherigen Verfassung aus zu verzeichnende Legalität ist für den Neukonstituierungsvorgang jedoch rechtlich nur mittelbar von Belang und ohne konstitutive Bedeutung für die Geltung der neuen Verfassung. Diese erlangt kraft eines originären Aktes der nicht verfassungsgebundenen verfassunggebenden Gewalt und damit unabhängig von ihrer Vorgängerin Geltung. Anders im Fall eines pouvoirs constitués-bezogenen Ablösungsvorbehaltes (z. B. Art. 118ff BV 1874): Hier findet kein Austausch der Geltungsgrundlage statt. Die neue Verfassung gilt, weil die bisherige Verfassung die Geltung einer im Wege der Totalrevision von den zuständigen verfassungsgebundenen Organen geschaffenen neuen Verfassung anordnet. Da diese somit nicht originär, sondern derivativ gilt, ist die Einhaltung der in der alten Verfassung niedergelegten prozeduralen Vorschriften über die Totalrevision Voraussetzung für die Geltung der neuen Verfassung.

Damit kann – losgelöst von den bisher verwendeten Beispielen – verallgemeinernd ausgedrückt werden, was die beiden Arten von Ablösungsvorbehalten ihrem Wesen nach ausmacht: Der *pouvoir constituant-bezogene*, den Geltungsanspruch einer Verfassung einseitig zurücknehmende Ablösungsvorbehalt beschreibt die Voraussetzungen, unter denen Betätigungen der verfassunggebenden Gewalt aus Sicht der bisherigen Verfassung verfassungsgemäß sind[585], ohne daß

---

[584]   Auf die Ausführungen in Fn. 568 im vorangegangenen Abschnitt wird hingewiesen.
[585]   Dabei können sich die Bedingungen, unter denen eine Verfassung eine von der verfassung-

die Einhaltung der entsprechenden Vorgaben Bedingung für die (originäre) Geltung der neuen Verfassung ist. Da die Beachtung dieser Vorgaben für die Geltung der neuen Verfassung ohne konstitutive Bedeutung ist, soll der pouvoir constituant-bezogene Ablösungsvorbehalt im folgenden als *deklaratorischer Ablösungsvorbehalt* bezeichnet werden. Für Verfassungsrechtserzeugung auf der Grundlage eines derartigen Ablösungsvorbehaltes wird fortan der Begriff *deklaratorische Verfassungsablösung* verwendet.

Der *pouvoirs constitués-bezogene*, Organe der verfaßten Gewalt zu einer Neukonstituierung ermächtigende Ablösungsvorbehalt eröffnet dagegen einen unter bestimmten Voraussetzungen verfassungsmäßigen Weg zur Schaffung einer neuen Verfassung durch verfassungsgebundene Organe[586], wobei die Erfüllung jener Voraussetzungen Bedingung und insofern konstitutiv für die (derivative) Geltung der neuen Verfassung ist. Er soll deswegen als *konstitutiver Ablösungsvorbehalt*, die auf seiner Grundlage erfolgende Verfassungsrechtserzeugung als *konstitutive Verfassungsablösung* bezeichnet werden.

dd) Die Kriterien für eine Differenzierung zwischen Verfassunggebung und Verfassungsänderung sowie ihr jeweiliges Gewicht

Deklaratorische und konstitutive Verfassungsablösung zeichnen sich dadurch aus, daß sie typische Merkmale von Verfassunggebung und Verfassungsänderung in sich vereinen.[587] So trägt die deklaratorische Verfassungsablösung, obwohl von der verfassunggebenden Gewalt betrieben, einige Züge der Verfassungsänderung. Demgegenüber ähnelt ein auf der Grundlage eines konstitutiven Ablösungsvorbehalts von Organen der verfaßten Gewalt beherrschter Neukonstituierungsprozeß in bestimmter Hinsicht der Verfassunggebung. Eine eindeutige Zuordnung beider Arten der Verfassungsablösung zu einer der gängigen Kategorien der Verfassungsrechtserzeugung ist damit nach dem bisherigen Stand der Dinge nicht möglich – es sei denn, man wollte der Anzahl der Merkmale Entscheidungsrelevanz zusprechen und die deklaratorische Verfassungsablösung aufgrund der zahlenmäßigen Überlegenheit verfassunggebungstypischer Merkmale als Verfassunggebung und die konstitutive Verfassungsablösung wegen ihrer zahlreichen

---

gebende Gewalt betriebene Neukonstituierung als legal ansieht und deshalb der neuen Verfassung widerstandslos zu weichen bereit ist, selbstverständlich von den in Art. 146 GG a. F. festgelegten unterscheiden. So können auch detailliertere Verfahrensvorschriften gemacht oder materielle Vorgaben für die Neukonstituierung aufgestellt werden. Wesentlich ist in jedem Fall die ausschließlich einseitige Wirkung dieser Rechtmäßigkeitsvoraussetzungen.

[586] Auch hier kann die Ausgestaltung des Ablösungsvorbehaltes von dem in der Schweizer Bundesverfassung zu findenden Modell abweichen. Insbesondere ist nicht denknotwendig eine Entscheidungskompetenz des Volkes erforderlich; nicht gänzlich ausgeschlossen ist somit, daß besondere, vom Volk gewählte Organe und nicht das Volk selbst zur Schaffung einer neuen Verfassung ermächtigt werden. Ferner kann die Geltung der neuen Verfassung auch von deren Übereinstimmung mit bestimmten inhaltlichen Vorgaben abhängig gemacht werden.

[587] S. o. D. III. 3. b) cc) (1) (b) und (2) (b).

Übereinstimmungen mit der Verfassungsrevision als Verfassungsänderung charakterisieren. Eine solche Methode der »Mehrheitsentscheidung« ist im Rahmen verfassungstheoretischen Erkenntnisstrebens allerdings fehl am Platze, so daß auf andere Weise versucht werden muß, eine Lösung zu finden.

Entsprechende Bemühungen könnten das Gewicht der einzelnen Merkmale, anhand derer Verfassunggebung und Verfassungsänderung bislang unterschieden worden sind[588], zum Ausgangspunkt nehmen. Eine Zuordnung der Verfassungsablösung zu einer der hergebrachten Kategorien der Verfassungsrechtserzeugung wäre nur dann ausgeschlossen, wenn alle Unterscheidungsmerkmale für die Kategorisierung besonderer Fälle der Verfassungschöpfung *gleichermaßen von Gewicht* wären.[589] Ließe sich dagegen dartun, daß nicht sämtliche, sondern nur eines oder einige dieser Merkmale dafür ausschlaggebend sind, ob ein konkreter Fall der Kategorie der Verfassunggebung oder der Verfassungsänderung zugeordnet werden kann, änderte sich die Lage. Unter diesen Umständen käme eine Zuordnung der verschiedenen Fälle der Verfassungsablösung zu einer der beiden Kategorien der Verfassungsrechtserzeugung durchaus in Betracht.[590] Dies bliebe auch nicht ohne Folgen für die generelle Möglichkeit einer theoretischen Differenzierung zwischen Verfassunggebung und Verfassungsänderung und damit für die Abgrenzungsfrage[591]: Auch in einer Verfassungsordnung, in der die künftige Erzeugung von Verfassungsrecht ausschließlich in einer Ablösungsklausel thematisiert würde, könnte dann möglicherweise zwischen den in Rede stehenden Arten der Verfassungsrechtserzeugung differenziert werden.[592]

Die Möglichkeit eines unterschiedlichen Gewichts der verschiedenen Abgrenzungsmerkmale macht weitere Überlegungen zu der Frage notwendig, ob die bislang aufgestellten Thesen zur Differenzierung zwischen Verfassunggebung und

---

[588] Derartige Merkmale sind insbesondere die verfassungsrechtliche Legalität oder Illegalität sowie die Derivativität oder Originarität der Verfassungsrechtserzeugung und der Gesichtspunkt der Verfassungskontinuität oder -diskontinuität.

[589] Wenn also Verfassungsänderungen zwingend durch die gleichgewichtigen Merkmale Legalität, Derivativität und Verfassungskontinuität gekennzeichnet wären, könnte die konstitutive Verfassungsablösung trotz Legalität und Derivativität mangels Verfassungskontinuität nicht als (besonderer) Fall der Verfassungsänderung qualifiziert werden.

[590] Wenn sich beispielsweise herausstellte, daß das Merkmal der Verfassungskontinuität entgegen der bisherigen Vermutung für Verfassungsänderungen nicht zwingend ist, könnte die konstitutive Verfassungsablösung möglicherweise allein wegen ihrer Legalität und Derivativität als Verfassungsänderung eingestuft werden.

[591] Zum Inhalt der Abgrenzungsfrage und zu der von ihr zu unterscheidenden Zuordnungsfrage s.o. D. III., Einleitung zu 3.

[592] Wenn die Verfassungsablösung dagegen weder als Fall der Verfassunggebung noch als Verfassungsänderung charakterisiert werden könnte, bestünde in der entsprechenden Verfassungsordnung mangels anderer verfassungsrechtlich erlaubter Verfahren zur Verfassungsrechtsetzung nicht die Möglichkeit einer solchen Differenzierung. Es könnte lediglich zwischen erlaubter Verfassungsablösung als eigenständiger Kategorie der Verfassungschöpfung und anderweitiger, verfassungswidriger Schaffung neuen Verfassungsrechts unterschieden werden. Siehe auch oben D. III. 3. b) aa) Fn. 512.

Verfassungsänderung einer Modifizierung zugänglich sind, die eine Einbeziehung der besonderen Konstellation der Verfassungsablösung in das dualistische System der Verfassungsrechtserzeugung erlaubt. Kritisch zu hinterfragen ist insbesondere, ob die bisherige Prämisse aufrechterhalten werden kann, daß Verfassunggebung und Verfassungsänderung anhand des Kriteriums der verfassungsrechtlichen Erlaubtheit voneinander zu unterscheiden sind.[593] Damit steht zugleich die These auf dem Prüfstand, Mindestvoraussetzung für die theoretische Unterscheidbarkeit von Verfassunggebung und Verfassungsänderung sei die Festlegung irgendeines Verfahrens oder irgendwelcher inhaltlichen Vorgaben für die künftige Verfassungsrechtserzeugung.[594]

Gedankliche Grundlage für die Überprüfung und ggf. Berichtigung der bisher verwandten Kriterien zur Abgrenzung von Verfassunggebung und Verfassungsänderung muß die Erkenntnis sein, daß zwischen konkreter Verfassungsgestaltung und allgemeiner Theorie der Verfassungserzeugung ein Zusammenhang besteht.[595] Es ist von der jeweiligen Revisionsermächtigung bzw. Ablösungsklausel abhängig, ob in einer konkreten Verfassungsordnung theoretisch zwischen Verfassunggebung und Verfassungsänderung unterschieden werden kann und – damit korrespondierend – ob sich das jeweils vorgesehene Verfahren der Verfassungsrechtserzeugung einer der beiden Kategorien zuordnen läßt.[596] Um zu ermitteln, ob einigen der bis jetzt herangezogenen Merkmale im Hinblick auf die theoretische Unterscheidbarkeit von Verfassunggebung und Verfassungsänderung ein höherer Stellenwert zukommt als anderen oder ob alle Merkmale gleichermaßen abgrenzungs- und zuordnungsrelevant sind, ist deshalb wie folgt zu verfahren: Es ist der Frage nachzugehen, inwiefern verfassungsrechtliche Normen für die künftige Erzeugung von Verfassungsrecht (Normerzeugungstatbestände) einzelne verfassungsänderungsspezifische Merkmale vermissen lassen können, ohne daß die Möglichkeit einer Differenzierung zwischen Verfassunggebung und Verfassungsänderung in der entsprechenden Verfassungsordnung entfällt.[597] Anders ausgedrückt: Es ist zu begutachten, ob es Eigenschaften gibt, an denen es einem verfassungsrechtlichen Normerzeugungstatbestand[598] nicht man-

---

[593] S.o. D. III. 2. a).

[594] S.o. D. III. 2. d) aa).

[595] Siehe schon oben D. III. 2. d) cc).

[596] S.o. D. III. 2. d), Einleitung zu 3. sowie 3. a) ff), jeweils auch zum folgenden.

[597] Der Grund für diese Vorgehensweise liegt darin, daß nach jetzigem Wissen bei Vorhandensein einer klassischen Revisionsklausel theoretisch zwischen Verfassunggebung und Verfassungsänderung differenziert werden kann. Um auch im Hinblick auf besondere verfassungsrechtliche Konstellationen Gewißheit zu erlangen, ist im Sinne einer Subtraktionsmethode vorzugehen und zu überprüfen, wie sich das Fehlen jeweils eines für die klassische Verfassungsrevision typischen Merkmals auf die Möglichkeit einer Unterscheidung zwischen Verfassunggebung und Verfassungsänderung auswirkt. Dabei wird aus darstellerischen Gründen unterstellt, daß auch die (partielle) materielle Determiniertheit der Verfassungsrechtserzeugung verfassungsänderungstypisch ist; vgl. in diesem Zusammenhang noch unten D. III. 4. a) Fn. 683.

[598] Zum Zwecke der Untersuchung ist zu unterstellen, daß in der jeweiligen Verfassungsord-

geln darf, wenn zwischen zwei *wesensmäßig verschiedenen* Arten der Verfassungsrechtserzeugung soll unterschieden werden können.[599]

(1) Einführung: die Analyse von Revisions- und Ablösungstatbeständen im Hinblick auf das Fehlen eines oder mehrerer verfassungsänderungsspezifischer Merkmale

Zunächst sollen einführungshalber diejenigen Eigenschaften, die bei verfassungsrechtlichen Normen für die künftige Schaffung von Verfassungsrecht fehlen können, kurz aufgeführt werden. Zuvor ist allerdings ins Bewußtsein zu heben, daß *ein* verfassungsänderungsspezifisches Merkmal zwangsläufig bei allen verfassungsrechtlichen Normerzeugungstatbeständen gegeben ist: das Merkmal »Legalität«; denn eine Verfassung wird in entsprechenden Vorschriften niemals Bedingungen für illegale bzw. verfassungswidrige Verfassungsrechtsetzung normieren.[600] Unterscheiden können sich die verfassungsrechtlichen Regelungen somit lediglich in bezug auf die Bedingungen, von deren Erfüllung die Legalität der Verfassungsrechtserzeugung abhängt, und hinsichtlich ihrer sonstigen Ausgestaltung.

(a) Formelle Bindungen und/oder materielle Begrenzungen

Änderungsklauseln können sich im Hinblick auf das Vorhandensein und die Art formeller sowie materieller Revisionsbedingungen unterscheiden.[601] So kann die Anordnung eines besonderen, gegenüber der einfachen Gesetzgebung erschwerten Revisionsverfahrens unterbleiben. Auch können Verfahrensvorschriften in Gänze fehlen. Ferner kann eine Verfassung auf die Statuierung materieller Änderungsgrenzen verzichten. Schließlich ist es möglich, daß weder formelle noch materielle Vorgaben für Revisionsvorhaben festgelegt sind.

---

nung lediglich *ein einziger*, nämlich der zu überprüfende Normerzeugungstatbestand existiert (in Deutschland z.B. Art. 146 GG). Gibt es nämlich mehrere Vorschriften für die Schaffung neuen Verfassungsrechts (z.B. Art. 79 sowie Art. 146 GG) und darunter einen klassischen Revisionstatbestand (in Deutschland Art. 79 GG), ist die Möglichkeit einer Differenzierung zwischen Verfassunggebung und Verfassungsänderung nicht mehr von den Eigenschaften eines einzigen Normerzeugungstatbestandes (z.B. Art. 146 GG) abhängig, sondern davon, ob wenigstens eine der Normen für die Verfassungsrechtsetzung so ausgestaltet ist, daß zwischen Verfassunggebung und Verfassungsänderung unterschieden werden kann. In Deutschland ermöglicht beispielsweise bereits Art. 79 GG als klassische Revisionsnorm eine entsprechende Differenzierung; Art. 146 GG ist insofern nicht mehr von Belang: Da die *Abgrenzungsfrage* angesichts der Existenz des Art. 79 GG schon positiv beantwortet ist, wirft Art. 146 GG nur noch die Frage auf, ob auch er einer der beiden grundsätzlich unterscheidbaren Kategorien der Verfassungsrechtserzeugung *zugeordnet* werden kann.

[599] Damit rückt im folgenden zugleich die oben A. III. 1. aufgeworfene und bisher noch nicht beantwortete Frage wieder in den Blickpunkt, ob einzelne Verfassungsmerkmale insofern obligatorisch sind, als ihr Vorhandensein Voraussetzung für die Möglichkeit einer theoretischen Differenzierung zwischen Verfassunggebung und Verfassungsänderung ist.

[600] Überdies wird immer irgendein Subjekt für zuständig erklärt werden.

[601] Siehe vor allem oben D. III. 3. a), auch zum folgenden.

(b) Das Ziel der Verfassungsfortgeltung

Enthält eine Verfassung eine Ablösungsklausel, die eine Neukonstituierung für verfassungsrechtlich zulässig erklärt, so unterscheidet sich diese Konstellation vom klassischen Fall der Verfassungsänderung durch das Fehlen des Merkmals der Verfassungsfortgeltung. Ziel der Verfassungsablösung ist gerade die Substituierung der bisherigen durch eine neue Verfassung. Ebenso wie das Ziel der Verfassungsfortgeltung können je nach Ausgestaltung des konkreten Ablösungsvorbehaltes auch formelle Vorgaben und/oder materielle Bedingungen für eine erlaubte Verfassungsablösung fehlen.[602]

(c) Der rechtliche Ableitungszusammenhang

Außer dem Ziel der Verfassungsfortgeltung kann bei Normerzeugungstatbeständen, wie die Konstellation des deklaratorischen Ablösungsvorbehaltes zeigt, ein weiteres verfassungsänderungsspezifisches Merkmal fehlen, nämlich das Bestehen eines rechtlichen Ableitungszusammenhangs zwischen bisheriger Verfassung und neuem Verfassungsrecht. Ferner können auch hier formelle und/oder materielle Beschränkungen fehlen.[603]

(2) Die Bedeutung der verschiedenen Merkmale für die Unterscheidbarkeit zweier wesensverschiedener Arten der Verfassungsrechtserzeugung

Nachdem die für Verfassungsänderungen charakteristischen Merkmale, die im Falle konkreter Revisions- und Ablösungsklauseln (Evolutionsklauseln)[604] alternativ oder kumulativ fehlen können, benannt worden sind, ist nun auf ihren jeweiligen Stellenwert einzugehen. Zu überprüfen ist, ob alle Merkmale für die Differenzierung zwischen Verfassunggebung und Verfassungsänderung gleich bedeutsam oder aber von unterschiedlichem Gewicht sind. Dazu ist zu eruieren, ob bereits das Fehlen *eines einzigen* dieser Merkmale in einem verfassungsrechtlichen Normerzeugungstatbestand dazu führt, daß eine theoretische Unterscheidung zwischen Verfassunggebung und Verfassungsänderung – verstanden als wesensverschiedene Arten der Erzeugung neuen Verfassungsrechts – ausgeschlossen ist oder ob nur das

---

[602] Zum Fehlen des Fortgeltungsziels kann insofern das Fehlen eines oder mehrerer der unter D. III. 3. b) dd) (1) (a) behandelten Merkmale additional hinzutreten. Im Fall der Schweizer Totalrevision nach Art. 118ff BV 1874 fehlt beispielsweise neben dem Fortgeltungsziel ein weiteres verfassungsänderungsspezifisches Merkmal, nämlich eine materielle Beschränkung der Revisionsbefugnis. Demgegenüber sind formelle Erschwerungen vorgesehen.

[603] Art. 146 GG a.F. mangelt es z.B. an drei verfassungsänderungsspezifischen Merkmalen: Neben dem Fortgeltungsziel und dem Ableitungszusammenhang fehlt auch eine materielle Beschränkung. Formelle Vorgaben sind dagegen in einem Mindestmaß vorhanden.

[604] Als Oberbegriff für Revisions- und Ablösungsklauseln wird hier, wie bereits erwähnt, der Begriff *Evolutionsklausel* verwendet, weil beide Arten von Bestimmungen rechtlich zulässige und insofern evolutionäre, nicht revolutionäre Weiterentwicklungen der bestehenden Verfassungsordnung ermöglichen.

kumulative Fehlen mehrerer verfassungsänderungsspezifischer Merkmale eine Differenzierung zwischen zwei differierenden Arten der Verfassungsrechtserzeugung unmöglich macht.[605]

(a) Das Merkmal der formellen Bindung und/oder materiellen Begrenzung

Hinsichtlich des Fehlens spezieller verfahrensrechtlicher Anforderungen bzw. formeller Vorschriften schlechthin sowie in bezug auf die Nichtanordnung materieller Beschränkungen für die Verfassungsrechtsetzung besteht bereits Klarheit[606]: Eine theoretische Unterscheidung zwischen Verfassunggebung und Verfassungsänderung ist nach wie vor möglich, wenn entweder nur die formelle Erschwerung bzw. überhaupt Gebundenheit der Verfassungsrechtsetzung oder allein die Beschränkung ihrer materiellen Reichweite entfällt. Demgegenüber besteht keine Differenzierungsmöglichkeit, wenn in der Verfassung weder materielle Schranken noch irgendwelche formellen Vorgaben für die Schaffung neuen Verfassungsrechts festgelegt sind.[607] Das Fehlen eines der besagten Merkmale hindert die theoretische Abgrenzbarkeit von Verfassunggebung und Verfassungsänderung folglich nicht[608], wohl aber das kumulative Fehlen beider Merkmale.[609]

(b) Das Merkmal der Verfassungsfortgeltung

Bislang offen ist hingegen, ob auch in einer Verfassungsordnung zwischen zwei wesensverschiedenen Arten der Verfassungsrechtserzeugung unterschieden werden kann, deren Normerzeugungstatbestand die Fortgeltung der bisherigen Ver-

---

[605] Von der Antwort auf diese Frage hängt es auch ab, ob der entsprechende verfassungsrechtliche Tatbestand einer der beiden überkommenen Gattungen der Verfassungsrechtserzeugung zugerechnet werden kann.

[606] S.o. D. III. 2. d) sowie 3. a).

[607] Graphisch läßt sich dies wie folgt darstellen:

wegfallendes Merkmal	*theoretische Unterscheidung von Verfassunggebung und Verfassungsänderung ist ...*
formelle Erschwerung	möglich
jegliche formelle Vorgaben	möglich
materielle Begrenzung	möglich
formelle Erschwerung und materielle Begrenzung	erschwert
jegliche formelle Vorgaben und materielle Begrenzung	ausgeschlossen

[608] Zum Zwecke der Unterscheidung kann nämlich jeweils an das andere Merkmal angeknüpft werden. D.h. bei Fehlen allein formeller Vorgaben für die Verfassungsrechtsetzung kann immerhin theoretisch-materiell und bei Fehlen ausschließlich materieller Beschränkungen immerhin theoretisch-formell zwischen Verfassunggebung und Verfassungsänderung differenziert werden. Darüber hinaus ermöglichen auch das regelmäßig vorhandene Fortgeltungsziel und das Kriterium des rechtlichen Ableitungszusammenhangs eine theoretische Differenzierung zwischen Verfassunggebung und Verfassungsänderung.

[609] Zum Grund der fehlenden Differenzierungsmöglichkeit vgl. näher unten D. III. 3. c) aa).

fassung nicht vorsieht bzw. verlangt, ansonsten aber alle verfassungsänderungstypischen Merkmale aufweist. Dies ist bei einem konstitutiven Ablösungsvorbehalt der Fall, der die Zulässigkeit einer Neukonstituierung von der Erfüllung formeller *und* materieller Bedingungen abhängig macht.[610] In dieser Konstellation kann eine neue Verfassung daraufhin analysiert werden, ob sie unter Einhaltung der formellen und materiellen verfassungsrechtlichen Vorgaben geschaffen worden ist oder nicht. Ist die Neukonstituierung verfassungskonform, gilt die neue Verfassung vermöge der Anordnung ihrer Geltung durch die bisherige Verfassung und also derivativ. Wird bei der Verfassungschöpfung gegen die bestehende Verfassung verstoßen, bedarf die neue Konstitution einer anderen, von der bisherigen Verfassung unabhängigen Begründung ihrer Geltung: Sie kann nur originär kraft eines Aktes der verfassunggebenden Gewalt gelten.

Trotz Fehlens des Fortgeltungsziels kann in der in Rede stehenden Konstellation zwischen formell und materiell verfassungsmäßiger, derivativer Verfassungsrechtsetzung sowie formell und/oder materiell verfassungswidriger, originärer Verfassungschöpfung unterschieden werden. Insoweit ist auch hier eine Differenzierung zwischen zwei wesensmäßig verschiedenen Arten der Erzeugung neuen Verfassungsrechts möglich, wenngleich der Wesensunterschied wegen des Außerkrafttretens der bisherigen Verfassung geringer ausfällt als üblich.[611] Bei der Möglichkeit zur Differenzierung zwischen zwei wesensmäßig verschiedenen Arten der Verfassungsrechtserzeugung bleibt es auch, wenn es einem verfassungsrechtlichen Normerzeugungstatbestand zusätzlich zum Fortgeltungsziel entweder an formellen oder an materiellen Vorgaben für die Schaffung einer neuen Verfassung gebricht. Lediglich dann, wenn weder irgendein Verfahren für den Neukonstituierungsprozeß vorgeschrieben ist noch materielle Beschränkungen bestehen, kann nicht mehr zwischen zwei unterschiedlichen Arten der Verfassungsrechtserzeugung differenziert werden.[612]

---

[610] Die Betrachtung gerade dieser Konstellation ist angezeigt, weil geklärt werden soll, welche Auswirkungen das Fehlen lediglich *eines einzigen* verfassungsänderungsspezifischen Merkmals, hier des Merkmals der Verfassungsfortgeltung, auf die Möglichkeit einer Differenzierung zwischen Verfassunggebung und Verfassungsänderung hat.

[611] Auch in sprachlicher Hinsicht manifestiert sich die Besonderheit dieser Konstellation. Zwar kann die originäre, verfassungswidrige Verfassungschöpfung ohne weiteres »Verfassunggebung« genannt werden. Demgegenüber paßt die Bezeichnung »Verfassungsänderung« auf die verfassungsmäßige, derivative Schaffung einer *neuen* Verfassung sprachlich nicht einwandfrei. Aus Klarstellungsgründen könnte man deshalb von der »Verfassungsersetzung« als Gegenstück zur Verfassunggebung sprechen. Damit ist freilich noch nicht gesagt, daß die Verfassungsersetzung als Fall der Verfassungsänderung charakterisiert werden kann. Fest steht lediglich, daß in der geschilderten Situation zwischen zwei ihrem Wesen nach verschiedenen Arten der Verfassungsrechtschöpfung unterschieden werden kann, nämlich zwischen Verfassunggebung und der als Verfassungsersetzung bezeichneten Möglichkeit. Vgl. zum Ganzen noch unten D. III. 3. b) ff).

[612] Insofern entspricht die Lage der oben unter D. III. 3. b) dd) (2) (a) dargestellten. Siehe auch oben D. III. 2. d), 3. a) dd) sowie unten D. III. 3. c) aa).

Aus dem Umstand, daß nur das kumulative Entfallen aller drei verfassungsänderungsspezifischen Merkmale, nicht aber das alleinige Fehlen des Fortgeltungsziels eine theoretische Differenzierung zwischen ihrem Wesen nach verschiedenen Arten der Verfassungsrechtserzeugung ausschließt[613], kann gefolgert werden, daß dem Gesichtspunkt der Verfassungsfortgeltung kein höherer Stellenwert für die theoretische Unterscheidbarkeit von Verfassunggebung und Verfassungsänderung zukommt als den anderen genannten Merkmalen.

(c) Das Merkmal des rechtlichen Ableitungszusammenhangs

Nachdem sich herausgestellt hat, daß keines der schon behandelten Merkmale per se zwingend ist, gilt es nun, das Augenmerk auf den Gesichtspunkt des rechtlichen Ableitungszusammenhangs zu richten. Diesbezüglich ist zu klären, ob auch dann theoretisch zwischen zwei wesensverschiedenen Arten der Schaffung neuen Verfassungsrechts differenziert werden kann, wenn die Verfassungsrechtsetzung ausweislich des verfassungsrechtlichen Normerzeugungstatbestandes[614] zwar unter bestimmten formellen und materiellen Konditionen verfassungsrechtlich legal sein, nicht aber derivativ erfolgen soll. Ein derartiges Nichtbestehen eines rechtlichen Ableitungszusammenhangs zwischen alter Verfassung und neuem Verfassungsrecht ist kennzeichnend für einen deklaratorischen Ablösungsvorbehalt.[615] Wenn eine derartige Bestimmung ein Verfahren für die erlaubte Schaffung einer neuen Verfassung festlegt sowie deren inhaltliche Gestalt (partiell) vorzeichnet, kann eine Neukonstituierung einerseits auf verfassungsrechtlich zulässige Weise vorgenommen, andererseits aber auch unter Mißachtung der entsprechenden Vorgaben betrieben werden. Die Verfassungschöpfung kann folglich im Hinblick auf ihre formelle und materielle Verfassungsmäßigkeit bzw. Verfassungswidrigkeit beurteilt werden.

---

[613] Die obige Graphik (D. III. 3. b) dd) (2) (a)) ist insofern um weitere Konstellationen zu ergänzen:

wegfallendes Merkmal	theoretische Unterscheidung von Verfassunggebung und Verfassungsänderung ist ...
Fortgeltungsziel	möglich
Fortgeltungsziel und formelle Erschwerung	möglich
Fortgeltungsziel und jegliche formelle Vorgaben	möglich
Fortgeltungsziel und materielle Begrenzung	möglich
Fortgeltungsziel und formelle Erschwerung sowie materielle Begrenzung	erschwert
Fortgeltungsziel und jegliche formelle Vorgaben sowie materielle Begrenzung	ausgeschlossen

[614] Zu der hier vorausgesetzten Prämisse, daß in einer Verfassungsordnung jeweils nur ein einziger, also der gerade betrachtete Normerzeugungstatbestand existiert, s.o. D. III. 3. b), Einleitung zu dd), Fn. 598.

[615] Anzumerken ist noch, daß in dieser Konstellation zugleich das Ziel der Verfassungsfortgeltung nicht gegeben ist, weil bei fortgeltender bisheriger Verfassung keine originäre Verfassung-

Der Befund, daß auf der Grundlage eines deklaratorischen Ablösungsvorbehaltes zwischen verfassungsmäßiger und verfassungswidriger Verfassungsrechtsetzung differenziert werden kann, darf indes mitnichten ohne weitere Überlegung dahin gedeutet werden, daß in einer entsprechenden Verfassungsordnung eine Unterscheidung zwischen zwei wesensmäßig differierenden Arten der Verfassungsrechtserzeugung möglich ist. Eine solche Interpretation ließe außer acht, daß die Geltung einer im Wege der deklaratorischen Verfassungsablösung ins Werk gesetzten Verfassung eine solche originärer Art ist.[616] Die Besonderheit dieser Konstellation besteht gerade darin, daß die Geltung der neuen Verfassung nicht durch ihr verfassungsmäßiges Zustandekommen bedingt ist, sondern unabhängig von der bisherigen Verfassung, eben originär durch einen Akt der verfassunggebenden Gewalt begründet wird. Die Beachtung der in einem deklaratorischen Ablösungsvorbehalt statuierten Vorgaben ist insofern für die Geltung der neuen Verfassung nicht von konstitutiver rechtlicher Bedeutung, sondern ausschließlich und allenfalls geltungserleichternd.[617] Sieht man von dieser mittelbaren Rechtswirkung ab, unterscheidet sich die im Einklang mit den Vorgaben eines deklaratorischen Ablösungsvorbehaltes erfolgende Verfassungschöpfung in nichts vom Normalfall der Verfassunggebung: Die Verfassung wird, unabhängig von einer rechtlichen Ermächtigungsgrundlage, durch einen Akt der verfassunggebenden Gewalt hervorgebracht. Diese agiert hier wie dort frei von rechtlichen Bindungen, weil auch die Festlegungen eines Ablösungsvorbehaltes für den pouvoir constituant rechtlich unverbindlich sind.[618] Schließlich läßt sich, wie schon erwähnt, die Verfassungsgeltung in beiden Fällen nicht auf eine Rechtsnorm zurückführen.

Auch wenn somit in einer Verfassungsordnung mit deklaratorischem Ablösungsvorbehalt zwischen verfassungsmäßiger Verfassungsablösung und verfassungswidriger Neukonstituierung unterschieden werden kann, handelt es sich trotzdem in beiden Fällen gleichermaßen um *rechtsgrundlose, rechtlich ungebundene und originäre Verfassungschöpfung*. Dies rechtfertigt die Annahme, daß es sich bei deklaratorischer Verfassungsablösung und verfassungswidriger Verfassungschöpfung *wesensmäßig um dieselbe Art der Verfassungsrechtserzeugung* handelt. Die verfassungsrechtliche Erlaubtheit der deklaratorischen Verfassungsablösung erscheint demgegenüber als von nachrangiger Bedeutung, weil sie rechtlich (weitgehend) folgenlos bleibt.[619] Anders gewendet: In einer Verfassungsord-

---

schöpfung denkbar ist (dazu näher unten E. II. 2. b) aa) (2) und (3)). Damit fehlen bei der deklaratorischen Verfassungsablösung zwangsläufig *zwei* verfassungsänderungsspezifische Merkmale.

[616] S.o. D. III. 3. b) cc) (1) (b), auch zum folgenden.

[617] Zur geltungserleichternden Wirkung des verfassungslegalen Zustandekommens neuen Verfassungsrechts s.o. D. III. 3. b) bb).

[618] S.o. D. III. 3. b) bb).

[619] In Anbetracht der in dieser Arbeit postulierten Offenlegung und Begründung von Wertungen (s.o. A. II. 3. c) bb)) ist an dieser Stelle darauf hinzuweisen, daß die Beurteilung der wesensmäßigen Gleichartigkeit oder Verschiedenheit verfassungschöpferischer Vorgänge notwendigerweise bestimmte Wertungen voraussetzt. Jedoch wird die Wertungsabhängigkeit der hier

nung, die ausschließlich einen deklaratorischen Ablösungsvorbehalt aufweist und somit nicht die Möglichkeit derivativer, rechtlich abgeleiteter Verfassungsrechtsetzung eröffnet[620], kann nicht zwischen zwei wesensverschiedenen Arten der Schaffung neuen Verfassungsrechts differenziert werden, weil es einzig und allein originäre Verfassungsrechtserzeugung geben kann. Diese mag verfassungsrechtlich legal oder illegal sein – an ihrem Wesen als *verfassungsunabhängige Verfassungschöpfung* ändert dies nichts.[621] Ohne die Existenz einer verfassungsrechtlichen Ermächtigung zu derivativer Verfassungsrechtsetzung fehlt es insofern an der Grundlage für eine Differenzierung zwischen verschiedenen Kategorien der Verfassungsrechtserzeugung und somit auch zwischen Verfassunggebung und Verfassungsänderung.[622]

---

aufgestellten Thesen – nicht zuletzt in dieser Fußnote – offengelegt. Auch wird die Bewertung von deklaratorischer Verfassungsablösung und verfassungswidriger Verfassunggebung als wesensmäßig gleiche Art der Verfassungsrechtserzeugung im Text mit einer Begründung versehen und nicht etwa den weiteren Ausführungen ohne eine solche zugrunde gelegt.

[620] Diese Situation kann außer in der Konstellation des deklaratorischen Ablösungsvorbehalts auch dann gegeben sein, wenn eine Verfassung die Möglichkeit der Verfassungsrevision nur allgemein anerkennt, ohne diesbezüglich Verfahrensregelungen oder materielle Grenzen zu statuieren, oder wenn sie sich jeder Aussage hinsichtlich der künftigen Erzeugung von Verfassungsrecht enthält, sie also weder eine Revisions- noch eine Ablösungsklausel beinhaltet; denn auch unter diesen Voraussetzungen gibt es nur eine einzige Art der Verfassungsrechtserzeugung, die originäre.

[621] Die theoretische Unterscheidbarkeit von Verfassunggebung und Verfassungsänderung setzt also voraus, daß eine Verfassung selbst einen Weg zur Schaffung neuen Verfassungsrechts *eröffnet* und sich nicht darauf beschränkt, die politisch-faktisch ungeachtet verfassungsrechtlicher Normen bestehende Möglichkeit extrakonstitutioneller Verfassungschöpfung ausdrücklich zu bestätigen und mit lediglich deklaratorischer Wirkung zu legalisieren. Im letzteren Falle gibt es keinen *von der Verfassung begründeten* Weg zur Erzeugung neuen Verfassungsrechts und damit nicht zwei verschiedene, sondern einzig und allein *einen*, unabhängig von der positiven Verfassung bestehenden Weg zur Verfassungschöpfung: den der originären Schaffung von Verfassungsrecht.

[622] In obige Graphik sind mithin weitere Konstellationen aufzunehmen:

wegfallendes Merkmal	*theoretische Unterscheidung von Verfassunggebung und Verfassungsänderung ist …*
Ableitungszusammenhang	ausgeschlossen
Ableitungszusammenhang und formelle Erschwerung	ausgeschlossen
Ableitungszusammenhang und jegliche formelle Vorgaben	ausgeschlossen
Ableitungszusammenhang und materielle Begrenzung	ausgeschlossen
Ableitungszusammenhang und formelle Erschwerung sowie materielle Begrenzung	ausgeschlossen
Ableitungszusammenhang und jegliche formelle Vorgaben sowie materielle Begrenzung	ausgeschlossen
Ableitungszusammenhang und formelle Erschwerung sowie Fortgeltungsziel usw.	ausgeschlossen

Damit steht zugleich fest, daß dem Kriterium des rechtlichen Ableitungszusammenhangs für die theoretische Unterscheidbarkeit verschiedener Arten der Verfassungsrechtserzeugung ein größeres Gewicht zukommt als den anderen, bisher betrachteten Merkmalen: Während diese alternativ in Fortfall geraten können, ohne daß eine Differenzierung zwischen zwei wesensmäßig differierenden Arten der Verfassungsrechtschöpfung unmöglich wird[623], führt bereits das alleinige Entfallen des Merkmals der Derivativität[624] zur Unmöglichkeit eben dieser Unterscheidung.[625] Die verfassungsrechtliche Zulässigkeit derivativer Verfassungsrechtsetzung ist sonach im Hinblick auf die theoretische Unterscheidbarkeit wesensverschiedener Arten der Verfassungsrechtserzeugung obligatorisch, während den anderen verfassungsänderungsspezifischen Merkmalen ein insofern fakultativer Charakter eignet, als ihr singuläres Fehlen für die Abgrenzbarkeit von Verfassunggebung und Verfassungsänderung unschädlich ist.[626]

(3) Die Möglichkeit einer theoretischen Unterscheidung von Verfassunggebung und Verfassungsänderung anhand des Kriteriums der Originarität bzw. Derivativität der Verfassungsrechtserzeugung

Da nunmehr geklärt ist, daß die Existenz einer verfassungsrechtlichen Ermächtigung zur derivativen Verfassungsrechtsetzung von herausragender Bedeutung für die Möglichkeit einer Differenzierung zwischen zwei wesensverschiedenen Arten der Verfassungsrechtserzeugung ist, kann jetzt auch formuliert werden, worin deren Wesensunterschied besteht: Er liegt in dem Umstand begründet, daß Verfassungsrecht auf der einen Seite originär, frei von rechtlichen Bindungen geschaffen wird und seine Geltung rechtlich unbedingt ist, während auf der anderen Seite derivative, rechtlich gebundene und hinsichtlich der Rechtsgeltung bedingte Verfassungsrechtsetzung erfolgt.

Wenn aber die verfassungsrechtliche Zulässigkeit derivativer Verfassungsrechtsetzung Voraussetzung für die theoretische Unterscheidbarkeit zweier wesensverschiedener Arten der Verfassungsrechtserzeugung ist und deren We-

---

[623] Eine Verfassung kann auf die Statuierung formeller Vorgaben oder materieller Beschränkungen der Verfassungsrechtsetzung ebenso verzichten wie auf das Ziel der Verfassungsfortgeltung, ohne daß eine entsprechende Unterscheidung unmöglich wird; siehe zuvor D. III. 3. b) dd) (2) (a) und (b).

[624] Zu dem Umstand, daß gleichzeitig das Merkmal der Verfassungsfortgeltung entfällt, vgl. die Anmerkung in Fußnote 615 in diesem Abschnitt.

[625] Das zusätzliche Fehlen weiterer verfassungsänderungsspezifischer Merkmale, z.B. der Existenz verfahrensrechtlicher Vorgaben oder inhaltlicher Richtlinien für die Verfassungsrechtsetzung, ist demgegenüber ohne eigenständige Bedeutung, weil es ohnehin nur eine einzige Art der Verfassungsrechtserzeugung gibt – die originäre.

[626] Dies erklärt auch, warum das alleinige Fehlen des Fortgeltungsziels (siehe zuvor (b)) eine theoretische Unterscheidbarkeit von Verfassunggebung und Verfassungsänderung nicht hindert: Es bleibt das Kriterium des rechtlichen Ableitungszusammenhanges als Grundlage für eine entsprechende Abgrenzung.

sensverschiedenheit gerade im Merkmal der Originarität oder Derivativität der Schaffung neuen Verfassungsrechts ihren Anknüpfungspunkt findet, so muß der Gesichtspunkt des rechtlichen Ableitungszusammenhangs auch für die Zuordnung konkreter Normerzeugungsvorgänge zu einer der beiden Kategorien der Verfassungsrechtserzeugung den Ausschlag geben. Mit anderen Worten: Wenn jenem Gesichtspunkt für die Unterscheidbarkeit verschiedener Arten der Verfassungsrechtschöpfung und damit für die *Abgrenzungsfrage* ein höherer Stellenwert zukommt als anderen Merkmalen, muß ihm auch bei der Kategorisierung konkreter verfassungsrechtserzeugender Vorgänge, d.h. im Rahmen der *Zuordnungsfrage*[627], ein größeres Gewicht eingeräumt werden. Dies bedeutet, daß das Kriterium der Originarität bzw. Derivativität für die Einstufung eines konkreten verfassungschöpferischen Vorgangs auch dann von entscheidendem Einfluß sein muß, wenn andere Gesichtspunkte für eine gegenteilige Zuordnung sprechen.

Aus diesen Erkenntnissen ergeben sich für die Differenzierung zwischen Verfassunggebung und Verfassungsänderung – verstanden als Differenzierung zwischen zwei wesensmäßig verschiedenen Arten der Verfassungsrechtserzeugung – folgende Hypothesen:

Das Vorhandensein einer verfassungsrechtlichen Ermächtigung zu derivativer Verfassungsrechtsetzung bildet die Voraussetzung für die Möglichkeit einer theoretischen Differenzierung zwischen Verfassunggebung und Verfassungsänderung. Das Wesen der ersteren besteht darin, daß originäre, rechtlich ungebundene Verfassungsrechtserzeugung stattfindet, während das wesentliche Merkmal der Verfassungsänderung darin zu erblicken ist, daß Verfassungsrecht derivativ durch verfassungsgebundene Organe erzeugt wird. Für die Zuordnung konkreter Verfassungsbestimmungen, welche die Erzeugung neuen Verfassungsrechts betreffen, und der in Anwendung dieser Bestimmungen stattfindenden Normerzeugungsvorgänge zu den theoretischen Kategorien der Verfassunggebung bzw. Verfassungsänderung folgt daraus, daß derivative Verfassungsrechtsetzung ungeachtet ihrer sonstigen Eigenheiten als Verfassungsänderung anzusehen ist, während originäre Verfassungschöpfung stets als Verfassunggebung charakterisiert werden muß.

ee) Die Kategorisierung der verschiedenen Arten der Verfassungsablösung im Rahmen der modifizierten Abgrenzungslehre

Ob das modifizierte Verständnis, wonach für die Abgrenzung von Verfassunggebung und Verfassungsänderung nur dem Gesichtspunkt des rechtlichen Ableitungszusammenhangs eine essentielle, den anderen Merkmalen dagegen eine lediglich akzidentielle Bedeutung zukommt, zu angemessenen Ergebnissen führt und insbesondere eine Einbeziehung der besonderen Konstellation der Verfassungsablösung in das dualistische System der Verfassungsrechtserzeugung er-

---

[627] Zur Unterscheidung zwischen Abgrenzungs- und Zuordnungsfrage oben D. III., Einleitung zu 3.

möglicht, bedarf der Überprüfung. Aus diesem Grunde soll unter Bezugnahme auf die bereits vorgenommene Analyse von deklaratorischer und konstitutiver Verfassungsablösung[628] untersucht werden, zu welchen Resultaten die Anwendung der vorstehend entwickelten Abgrenzungslehre führt.

(1) Die deklaratorische Verfassungsablösung
als besonderer Fall der Verfassunggebung

Im Falle einer Neukonstituierung auf der Basis eines deklaratorischen Ablösungsvorbehaltes nach dem Muster des Art. 146 GG a.F. fehlt es am Bestehen eines rechtlichen Ableitungszusammenhangs zwischen alter und neuer Verfassung. Die neue Konstitution gilt nicht derivativ kraft Geltungsanordnung in der bisherigen Verfassung, sondern originär kraft eines Aktes der verfassunggebenden Gewalt.[629] Die deklaratorische Verfassungsablösung ist nach der modifizierten Abgrenzungstheorie deshalb der Kategorie der Verfassunggebung zuzuordnen.[630] Für eine solche Einordnung sprechen neben dem entscheidenden Kriterium der originären Geltung der neuen Verfassung[631] auch die Tatsache, daß die Ablösungsklausel auf die Ersetzung der bisherigen durch eine neue Verfassung ausgerichtet ist (Fehlen des Fortgeltungsziels), sowie – im Fall des Art. 146 GG a.F. –

---

[628] S.o. D. III. 3. b) cc) (1) (b) und (2) (b).

[629] S.o. D. III. 3. b) cc) (1) (b).

[630] Wenn es in einer Verfassung außer einer deklaratorischen Ablösungsklausel keine weiteren und anders strukturierten Vorschriften für die Schaffung neuen Verfassungsrechts, nämlich zur derivativen Verfassungsrechtsetzung ermächtigende Normen gibt, ist mithin eine Differenzierung zwischen der verfassungsrechtlich in Bezug genommenen originären Verfassungsschöpfung (= Verfassunggebung) und einer anderen, wesensmäßig verschiedenen Art der Verfassungsrechtserzeugung (= Verfassungsänderung) ausgeschlossen. Anders verhält es sich, wenn neben einer deklaratorischen Ablösungsklausel noch weitere Normen existieren, die eine Fortentwicklung der bestehenden Verfassungsordnung ermöglichen. So war z.B. in Deutschland unabhängig von Art. 146 GG a.F. beständig die Möglichkeit zur Verfassungsänderung nach Art. 79 GG und damit zur derivativen Verfassungsrechtsetzung gegeben. Insofern konnte unabhängig von Art. 146 GG a.F. zwischen Verfassunggebung und Verfassungsänderung differenziert werden. In bezug auf die Ablösungsklausel des Art. 146 GG a.F. stellte sich folglich allein die Frage nach ihrer Zuordnung zu einer der beiden Kategorien der Verfassungsrechtserzeugung.

[631] Mit Blick auf die originäre, durch einen Akt des *pouvoir constituant* begründete Geltung der neuen Verfassung läßt sich auch besser begründen, warum in dem hiesigen Zusammenhang nur bedingt von einem Versuch zur rechtlichen Kanalisierung der verfassunggebenden Gewalt die Rede sein kann (diese These ist bereits oben D. III. 3. b) cc) (1) (b) Fn. 541 aufgestellt worden): Eine deklaratorische Ablösungsklausel wie Art. 146 GG a.F. hat gar nicht zum Ziel, Verfassunggebung praktisch unnötig zu machen, sondern knüpft im Gegenteil an das Vorliegen eines verfassunggeberischen Aktes an und setzt ihn voraus. Indem eine deklaratorische Ablösungsklausel Bedingungen für die Legalität dieses verfassunggeberischen Aktes statuiert, schafft sie freilich mittelbar einen Anreiz zur Beachtung der in ihr enthaltenen Vorgaben, weil die Verfassunggebung im Falle ihrer Verfassungsmäßigkeit aufgrund der Nichtaktivierung der verfassungsrechtlichen Abwehrmechanismen (dazu oben D. III. 1. a)) erheblich erleichtert wird. Mit dieser Einschränkung kann auch im Hinblick auf eine deklaratorische Ablösungsklausel von einem Versuch der rechtlichen Einhegung der verfassunggebenden Gewalt die Rede sein.

der Umstand, daß materielle Anforderungen an den Inhalt einer neuen Verfassung nicht statuiert werden. Daß die Schaffung einer neuen Verfassung für legal erklärt wird und auch in einem Mindestmaß verfahrensrechtliche Bestimmungen existieren, ist demgegenüber aus den genannten Gründen[632] nicht von entscheidendem Einfluß. Die Angemessenheit des hier durch Anwendung der modifizierten Abgrenzungstheorie erzielten Ergebnisses belegt ein Blick auf das Schrifttum: Die Verfassungsablösung nach Art. 146 GG a.F. wird auch dort überwiegend als besonderer Fall der Verfassunggebung eingestuft: Deklaratorische Verfassungsablösung ist (aus Sicht der bisherigen Verfassung) legale Verfassunggebung.[633]

(2) Die konstitutive Verfassungsablösung
als besonderer Fall der Verfassungsänderung

Findet eine konstitutive Verfassungsablösung nach dem Vorbild der (formellen) Schweizer Totalrevision statt, so ist die Geltung der neuen Verfassung aus der bisherigen Verfassung abgeleitet und damit derivativer Natur. Dieser rechtliche Ableitungszusammenhang weist die konstitutive Verfassungsablösung nach der modifizierten Abgrenzungslehre als einen – wenngleich speziellen – Fall der Verfassungsänderung aus.[634] Auch die Legalität einer Neukonstituierung sowie ihre – jedenfalls in der Schweiz – bis ins Detail gehende verfahrensrechtliche Einbindung lassen eine entsprechende Charakterisierung der konstitutiven Verfassungsablösung angeraten erscheinen. Das Ziel der Schaffung einer neuen Verfassung und damit das Fehlen des Fortgeltungsziels sowie der Mangel an materiellen Schranken vermögen an dieser Einstufung nichts zu ändern. Ihr Fehlen steht ei-

---

[632] S.o. D. III. 3. b) dd) (2) (c).

[633] Deutlich *Murswiek*, verfassunggebende Gewalt, S. 135 u.ö.; *Isensee*, Mythos, S. 40; *Alvarez*, S. 184; *Hain*, S. 56; *Steiner*, S. 23f; Dreier/*Dreier*, Art. 146 Rdnr. 23; *Moelle*, S. 50ff; *Wegge*, S. 219; in diese Richtung tendierend bereits *Scheuner*, DÖV 1952, 581 (582). Ferner *Schmitt Glaeser*, S. 20, 29, 32, 38; BK/*Evers*, Art. 79 Abs. 3 Rdnr. 85.

[634] Weil die konstitutive Verfassungsablösung ihrem Wesen nach derivative Verfassungsrechtsetzung ist, kann Verfassungsrecht daneben auch auf eine wesensmäßig andere Weise, nämlich originär geschaffen werden. In der Schweiz kann somit trotz der verfassungsrechtlich eröffneten Möglichkeit zur Totalrevision theoretisch zwischen Verfassunggebung und Verfassungsänderung als zwei wesensmäßig verschiedenen Arten der Schaffung von Verfassungsrecht unterschieden werden. In diesem Sinne auch Aubert/*Wildhaber*, Art. 118 Rdnr. 22, wo im Rahmen einer Typologie der Verfassungsrevision von der Möglichkeit einer »Totalrevision im Sinne der Betätigung eines vorkonstitutionellen ›pouvoir constituant‹ (verfassungsrechtlich ausgeschlossen)« die Rede ist. Wenn *Häberle*, AöR 112 (1987), 54 (81), demgegenüber mit Blick auf die Schweiz äußert: »Totalrevision oder Teilrevision – tertium non datur!«, ist dies also nur die halbe Wahrheit: Unter *praktischen* Gesichtspunkten hat er recht, weil in der Schweiz wegen der großen Reichweite der Revisionsermächtigung in der Tat »für unverfaßte und unverfaßbare verfassunggebende Gewalt (...) praktisch kein Raum« bleibt (a.a.O., S. 80). *Theoretisch* dagegen – und das ist für die Verfassungstheorie entscheidend – ist Verfassunggebung als originäre Verfassungschöpfung in der Schweiz sehr wohl denkbar. Ebenso *Alvarez*, S. 126: »Durch die (...) Totalrevision können freilich ›revolutionäre Ausbrüche vermieden werden‹. Das garantiert aber nicht, daß in der Zukunft eine Verfassung nicht in einer anderen Weise entstehen kann.«

ner Unterscheidung zwischen zwei wesensverschiedenen Arten der Verfassungsrechtserzeugung nicht entgegen und kann deshalb auch für die Zuordnung der
konstitutiven Verfassungsablösung zu einer der beiden Arten der Verfassungschöpfung nicht von ausschlaggebendem Gewicht sein.[635] Bestätigt wird dieses
Ergebnis dadurch, daß die in der Schweiz zulässige formelle Totalrevision auch
in der Lehre[636] überwiegend[637] als besonderer Fall der Verfassungsänderung qualifiziert wird.[638] Die Besonderheit besteht dabei darin, daß eine Neukonstituie-

---

[635] Siehe bereits oben D. III. 3. b) dd) (3).

[636] Zur herrschenden Lehre in der Schweiz vgl. z.B. Aubert/*Wildhaber*, Art. 118 Rdnr. 20:
»Die Vorstellung der Totalrevision als Betätigung eines nicht normierten, vor- oder überkonsti-
tutionellen ›pouvoir constituant originaire‹ wird zwar heute kaum mehr vertreten. Betont wird
vielmehr die situative Bedingtheit der Totalrevision im Sinne eines ›pouvoir constitué (...)‹«. Vgl.
ferner *Häfelin/Haller*, Rdnr. 55, sowie *Fleiner/Giacometti*, S. 23, 701 ff, aus deren Ausführungen
sich ergibt, daß sie die Totalrevision ebenfalls als verfassungsrechtlich gebundene, derivative Verfassungsrechtserzeugung und damit als Fall der Verfassungsänderung einstufen.

[637] *Häberle*, Verfassungslehre, S. 233 f, sowie AöR 112 (1987), 54 (78 u. ö.), meint dagegen, man
könne die verfassunggebende Gewalt »ein Stück weit von der *Verfahrens*seite her einbinden«
(Hervorhebung dort), weshalb er die Totalrevision als Fall der Verfassunggebung betrachtet:
»Der (...) Begriff ›Totalrevision‹ kann nicht verbergen, daß in der Sache die ›Verfassunggebung‹
gemeint ist.« Die damit einhergehende Kennzeichnung der Totalrevision als konstitutionalisierte
Verfassunggebung ist jedoch irreführend: Verfassunggebung ist, wie gezeigt, niemals konstitutionalisiert, d.h. verfassungsgebunden. Was demgegenüber konstitutionalisiert ist, kann nicht
Verfassunggebung, sondern nur ein Akt der verfaßten Gewalten sein. Daran ändert sich auch
nichts, wenn, wie in der Schweiz, auf konstitutionalisierte Weise eine ganz neue Verfassung erarbeitet werden darf. Konstitutionalisierte Verfassunggebung ist ein Widerspruch in sich! In diesem Sinne bereits *Murswiek*, verfassunggebende Gewalt, S. 212, sowie *H. Götz*, NJW 1958, 1020
(1021): »Sobald eine Verfassung bindende Bestimmungen über die Tätigkeit des pouvoir constituant enthält, ist damit in Wirklichkeit ein pouvoir constitué geschaffen, der wiederum von dem
stets über und begrifflich niemals in der Verfassung stehenden pouvoir constituant überspielt
werden kann.« Zu diesem Zusammenhang noch näher unten E. IV. 1. a).
Noch anders und von einer *dritten* Art der Verfassungsrechtserzeugung ausgehend *Wittekindt*, S. 96 f: »Wird in einem solchen Verfahren eine neue Verfassung an die Stelle der alten gesetzt, so ist dies zwar begrifflich keine Verfassungsänderung mehr, aber angesichts der Identität
des Trägers der verfassungsändernden und der verfassunggebenden Gewalt wird man diesen
Vorgang als legitime, und, da die Revisionsregeln der alten Verfassung beachtet werden, auch legale Verfassungs(neu)gebung im Gewand einer Verfassungsänderung werten können. Bei einer
derartigen Ausgestaltung der Revisionsbestimmungen erscheint es zumindest vertretbar, sie als
›Rechtsform des pouvoir constituant‹ zu verstehen und daneben eine legitime Ausübung der verfassunggebenden Gewalt nicht anzuerkennen. In einem solchen Fall wird die bisherige Zwei-
teilung von originärer, verfassungsungebundener Gewalt und verfaßter verfassungsgebundener
Gewalt durch eine Dreiteilung ersetzt, bei der die legitime Verfassungsersetzung im Wege verfassungsrechtlich normierter Totalrevision als Zwischenform hinzutritt.«

[638] So z.B. von *Alvarez*, S. 123 f; *Isensee*, Mythos, S. 56 (»keine originäre Verfassunggebung«);
Wipfelder, BayVBl. 1983, 289 (295): »Das Volk ist also genau genommen keine verfassungsgebende, sondern nur eine revisionsleitende Gewalt«. Wohl auch *Badura*, Artikel »Verfassung«, EvStL
II, Sp. 3753; *Heckel*, HStR VIII, § 197 Rdnr. 114 f. Anders *Häberle*, AöR 112 (1987), 54 (78 f); zu
seiner Ansicht vgl. die vorige Fußnote. Wie *Häberle* auch *Bartlsperger*, DVBl. 1990, 1285 (1291,
1299). Wohl ebenso, allerdings nicht (nur) auf die Schweiz bezogen, *Schneider*, HStR VII, § 158
Rdnr. 45. Die Frage offenhaltend *Murswiek*, verfassunggebende Gewalt, S. 222 f.

rung von einem oder mehreren *Organen der verfaßten Gewalt* vorgenommen wird.[639]

ff) Die Differenzierung zwischen Verfassunggebung und Verfassungsänderung anhand des Merkmals der Originarität bzw. Derivativität der Verfassungsrechtserzeugung

Wie sich gezeigt hat, führt die Anwendung der oben[640] zunächst hypothesenartig entwickelten modifizierten Abgrenzungslehre auf die beiden Arten der Verfassungsablösung zu überzeugenden Ergebnissen. Ein Verständnis, das den Wesenskern der Verfassungsänderung auf den Aspekt der Derivativität reduziert und das wesensprägende Merkmal der Verfassunggebung in ihrer Originarität erblickt, ermöglicht eine Einbeziehung der Konstellation der Verfassungsablösung in die zweipolige, durch einen Dualismus von Verfassunggebung und Verfassungsänderung gekennzeichnete Grundkonzeption der Verfassungsrechtserzeugung. Der besondere Vorzug einer entsprechenden Interpretation von Verfassunggebung und Verfassungsänderung besteht darin, daß nicht nur die jeweiligen Standardsituationen erfaßt werden können, sondern auch eine Kategorisierung besonderer Fälle der Verfassungschöpfung möglich wird, die vom klassischen Erscheinungsbild der Verfassunggebung bzw. Verfassungsänderung abweichen. Überdies spricht für eine Abgrenzung von Verfassunggebung und Verfassungsänderung anhand des Merkmals der Originarität bzw. Derivativität, daß die in Anwendung dieser Methode gewonnenen Ergebnisse im Fall des Art. 146 GG a.F. der in Deutschland ganz herrschenden und bei der Schweizer Totalrevision immerhin der überwiegend vertretenen Meinung entsprechen. Der in Rede stehende Ansatz soll aus diesen Gründen als Ausgangspunkt für die noch folgenden Überlegungen zum Verhältnis von Verfassunggebung und Verfassungsänderung dienen – was eine weitere Verfeinerung natürlich nicht ausschließt.

Damit ist festzuhalten: Die Verschiedenheit von Verfassunggebung und Verfassungsänderung resultiert zuvörderst aus dem Umstand, daß Verfassunggebung originäre, rechtlich ungebundene und unbedingte, Verfassungsänderung hingegen ihrem Wesen nach derivative, rechtlich gebundene und bedingte Verfassungsrechtserzeugung ist.[641] Neben dem Kriterium des rechtlichen Ableitungszusammenhangs gibt es zwar eine Reihe weiterer Merkmale, die zum Behufe einer theoretischen Differenzierung zwischen Verfassunggebung und Verfassungsänderung herangezogen werden und diese erleichtern können. Ihr singulä-

---

[639] Die Möglichkeit einer Neukonstituierung durch pouvoirs constitués zieht auch *Linck*, DÖV 1991, 730 (733), im Hinblick auf die Verfassungsschöpfung in den neuen Ländern in Erwägung.

[640] S.o. D. III. 3. b) dd) (3).

[641] Im Ergebnis ebenso *Alvarez*, S. 77 f: »Während die Verfassunggebung *immer* originär ist, ist die Verfassungsänderung *immer* derivative Verfassungsschöpfung«; Hervorhebungen v. Verf. Ferner *Tosch*, S. 115; *Steiner*, S. 22 f.

res Fehlen macht eine Unterscheidung zwischen Verfassunggebung und Verfassungsänderung jedoch nicht ohne weiteres unmöglich. Ebensowenig sind sie per se für eine Zuordnung konkreter Normerzeugungsvorgänge zu einer der beiden Kategorien der Verfassungsrechtserzeugung ausschlaggebend.

Die im Hinblick auf Abgrenzungs- sowie Zuordnungsfrage im Rahmen dieser Arbeit bisher aufgestellten Thesen müssen daher zumindest partiell revidiert werden: Mindestvoraussetzung für die theoretische Unterscheidbarkeit von Verfassunggebung und Verfassungsänderung ist nicht allein, daß eine Verfassung irgendein Verfahren für die Änderung ihrer selbst oder wie auch immer geartete materielle Grenzen der Verfassungsrevision anordnet und dadurch die Möglichkeit verfassungsrechtlich erlaubter Verfassungsrechtsetzung eröffnet[642]; denn der Blick auf Verfassungen mit deklaratorischem Ablösungsvorbehalt (und keinen sonstigen Bestimmungen betreffend die Erzeugung neuen Verfassungsrechts) belegt, daß auch bei Erfüllung dieser Bedingung eine Unterscheidung zwischen zwei wesensmäßig verschiedenen Arten der Verfassungsrechtserzeugung ausgeschlossen sein kann.[643] *Voraussetzung für die theoretische Unterscheidbarkeit von Verfassunggebung und Verfassungsänderung ist vielmehr das Vorhandensein einer verfassungsrechtlichen Ermächtigung zur derivativen Verfassungsrechtserzeugung.*[644] Nur unter dieser Bedingung ist eine Unterscheidung zwischen zwei wesensverschiedenen Arten der Verfassungsrechtserzeugung, zwischen derivativer und originärer Schaffung von Verfassungsrecht, möglich.[645]

Auch an der These, die Zuordnung konkreter Normerzeugungsvorgänge zur Kategorie der Verfassunggebung oder Verfassungsänderung habe anhand des Kriteriums der verfassungsrechtlichen Erlaubtheit zu erfolgen[646], kann nicht länger festgehalten werden, da sich herausgestellt hat, daß ein deklaratorischer Ablösungsvorbehalt die Schaffung einer neuen Verfassung zwar legalisiert, die auf seiner Grundlage erfolgende Verfassungschöpfung aber trotzdem nicht als Verfassungsänderung zu charakterisieren ist.[647] Somit sind auch Fälle verfassungsrechtlich erlaubter Verfassunggebung denkbar. Das Kriterium der konstitutionellen Legalität ermöglicht insofern keine verläßliche Unterscheidung von verfassunggeberischen und verfassungsändernden Maßnahmen, sondern kann – wegen

---

[642] So die oben D. III. 2. d) aa) aufgestellte These.

[643] S.o. D. III. 3. b) dd) (2) (c).

[644] Damit besteht nunmehr auch im Hinblick auf die oben A. III. 1. aufgeworfene und bisher noch nicht beantwortete Frage Klarheit, ob einzelne Verfassungsmerkmale insofern obligatorisch sind, als ihr Vorhandensein Voraussetzung für die Möglichkeit einer theoretischen Differenzierung zwischen Verfassunggebung und Verfassungsänderung ist: Dies ist hinsichtlich einer Ermächtigung zur derivativen Verfassungsrechtsetzung der Fall, die ihrerseits Ausprägung der herrschaftsbegründenden und -begrenzenden Funktion der Verfassung ist (dazu oben A. III. 3. b) und c)).

[645] Vgl. zu dieser Mindestvoraussetzung noch näher unten D. III. 3. c) aa).

[646] S.o. D. III. 2. a).

[647] S.o. D. III. 3. b) ee) (1).

des Ausnahmecharakters verfassungsmäßiger verfassunggeberischer Akte – lediglich als Indiz für das Vorliegen von Verfassungsänderung angesehen werden. Statt dessen ist auch im Rahmen der Zuordnungsfrage auf den Gesichtspunkt des rechtlichen Ableitungszusammenhangs zu rekurrieren: *Derivative Verfassungsrechtsetzung ist immer Verfassungsänderung, während Fälle originärer Verfassungschöpfung ungeachtet ihrer sonstigen Eigenheiten der Kategorie der Verfassunggebung zuzuordnen sind.*

Schließlich ist eine weitere Korrektur notwendig: Wenn Verfassungsänderung zunächst als Abbreviatur für verfassungsrechtlich erlaubte und Verfassunggebung als Abbreviatur für verfassungsrechtlich verbotene Erzeugung von Verfassungsrecht bezeichnet worden ist[648], muß diese Aussage dahin abgeändert werden, daß *Verfassungsänderung als Abbreviatur für derivative Verfassungsrechtsetzung und Verfassunggebung als diejenige für originäre Verfassungschöpfung* zu verstehen ist. Das bislang in den Vordergrund gerückte Kriterium der Legalität ist dabei indes keineswegs völlig bedeutungslos: Die Legalität der Schaffung von Verfassungsrecht ist zwingende Voraussetzung für dessen derivative Geltung.[649] Von daher kann die Aussage aufgestellt werden: Verfassungsänderung ist die Abbreviatur für derivative und (deshalb notwendigerweise) legale Verfassungsrechtserzeugung. Verfassungsänderung ist immer legal, Verfassunggebung dagegen nicht ausnahmslos »illegal«.

Die hier vorgenommene, von den Standardsituationen der Verfassungsrechtsetzung abstrahierende und auch atypische Fälle einbeziehende Abgrenzung der beiden hergebrachten Kategorien der Verfassungsrechtserzeugung bewirkt freilich, daß die überkommenen Begrifflichkeiten nicht immer passen.[650] Offenkundig wird dies besonders in der Konstellation der konstitutiven Verfassungsablösung, in der eine neue Verfassung durch ein oder mehrere Organe der verfaßten Gewalt geschaffen wird: Hier findet derivative Verfassungsrechtsetzung statt. Die konstitutive Verfassungsablösung ist deshalb als Verfassungsänderung zu qualifizieren, obwohl – was dieser Terminus bei unvoreingenommener Lesart suggeriert – die bisherige Verfassung nicht fortgilt, sondern durch eine neue Konstitution ersetzt wird. Diese sprachlichen Malaisen, die gewissermaßen als Preis für eine Erstreckung der Differenzierung zwischen Verfassunggebung und Verfassungsänderung auf besondere Konstellationen der Verfassungschöpfung zu entrichten sind, lassen sich mindern, wenn Fälle derivativer Verabschiedung einer neuen Verfassung als *Verfassungsersetzung* bezeichnet werden, wie dies von nun an geschehen soll.

---

[648] S.o. D. III. 2. a) a.E.

[649] Dies klingt an bei *Alvarez*, S.77f, 79; *Steiner*, S.22f; *Isensee*, Mythos, S.13; *Boehl*, Verfassunggebung, S.80. Deutlich auch *Wipfelder*, BayVBl. 1983, 289 (292): »Eine Verfassungsrevision muß also legal sein.« Zum Zusammenhang zwischen Derivativität und Legalität der Rechtsetzung auch noch unten D. III. 3. c) aa).

[650] Dies ist unter D. III. 3. b) dd) (2) (b) Fn.611 bereits angedeutet worden.

c) Ergänzende Überlegungen

Im Verlauf der vorangegangenen Analyse verfassungsrechtlicher Ablösungsvorbehalte sind bereits wesentliche Klärungen im Hinblick auf die theoretische Differenzierung zwischen Verfassunggebung und Verfassungsänderung gelungen. Vor ihrem Hintergrund kann nun der Vollständigkeit halber auf die Frage eingegangen werden, ob es eine oder mehrere Konstellationen gibt, in denen nicht zwischen Verfassunggebung und Verfassungsänderung differenziert werden kann (aa). Danach können schließlich weitere Klarstellungen zur Übertragbarkeit der besagten Differenzierung auf eine konkrete Verfassungsordnung erfolgen (bb).

aa) Einzahl oder Mehrzahl von Konstellationen, in denen eine theoretische Differenzierung zwischen Verfassunggebung und Verfassungsänderung ausgeschlossen ist?

Bis vor kurzem ist davon ausgegangen worden, daß eine theoretische Abgrenzung von Verfassunggebung und Verfassungsänderung undurchführbar ist, wenn eine Verfassung keinerlei verfahrensmäßige Anforderungen *und* keine inhaltlichen Vorgaben für die Erzeugung neuen Verfassungsrechts statuiert.[651] Nunmehr steht fest, daß die nämliche Unterscheidung ausgeschlossen ist, wenn es der konkreten Verfassungsordnung an der Möglichkeit derivativer Verfassungsrechtserzeugung gebricht.[652] Es scheint mithin, als habe sich die frühere These als unrichtig erwiesen. Dies hätte zur Folge, daß sie ad acta zu legen und durch die vorstehend entwickelte Doktrin abzulösen wäre.

Bei genauerer Betrachtung ergibt sich jedoch, daß die neuere These zur Unmöglichkeit einer Differenzierung zwischen Verfassunggebung und Verfassungsänderung die ältere lediglich *präzisiert*, beiden Aussagen nämlich in Wahrheit ein und dieselbe Konstellation zugrunde liegt. Dies beruht darauf, daß rechtliche Gebundenheit der rechtsetzenden Organe und Derivativität der Rechtsgeltung in einem interdependenten Verhältnis zueinander stehen: Recht gilt derivativ, wenn es auf der Grundlage und im Einklang mit den Vorgaben einer rechtlichen Ermächtigungsnorm gesetzt wird, die die Geltung normgemäß geschaffenen Rechts anordnet. Werden die in der Ermächtigung festgelegten Bedingungen bei der Rechtsetzung nicht erfüllt, ist der jeweilige Rechtsakt nichtig.[653] Derivative Gel-

---

[651] S.o. D. III. 2. d) aa) und bb) sowie 3. a) dd) u.ö.

[652] Dabei ist es sowohl vorstellbar, daß Vorschriften über die Schaffung neuen Verfassungsrechts in Gänze fehlen, als auch denkbar, daß sich in der Verfassung nur ein deklaratorischer Ablösungsvorbehalt findet. Siehe im einzelnen oben D. III. 3. b) dd) (2) (c).

[653] Die zur derivativen Rechtsetzung ermächtigenden Bestimmungen haben also gleichzeitig den Charakter sog. Rechtsgeltungsnormen, die beachtet werden müssen, wenn ein intendierter Akt der Rechtsetzung rechtlich erfolgreich sein, die intendierte Rechtsnorm also wirksam zustande kommen soll. Zur Bedeutung derartiger Rechtsgeltungsnormen vgl. *Brinckmann*, DÖV 1970, 406 (406ff); *v. Olshausen*, JZ 1967, 116 (117); *Ipsen*, Rechtsfolgen, S. 74f; *Moench*, S. 99. Zur derivativen Rechtsetzung auch schon oben D. I. 2. a).

tung ist dabei ihrem Wesen nach immer bedingte Geltung.[654] Eine unbedingte Ermächtigung zu derivativer Rechtsetzung gibt es nicht, weil eine derartige Generalermächtigung, welche die Geltung irgendwie zustande gekommenen Rechts beliebigen Inhalts anordnete, dem Wesen des Rechts fremd wäre.[655] In einer ermächtigenden Rechtsnorm[656] ist deshalb immer entweder das Verfahren der Rechtsetzung zumindest in seinen Grundzügen geregelt oder der Inhalt des zu erlassenden Rechtsaktes in gewissem Maße vorgegeben.[657]

Damit wird ein doppelter Bedingungszusammenhang erkennbar: Rechtliche Bindungen bei der Rechtsetzung bestehen deshalb, weil die rechtserzeugenden Organe auf der Grundlage einer Ermächtigung in einer ranghöheren Rechtsnorm tätig werden, welche die Geltung des von diesen Organen gesetzten Rechts von der Erfüllung bestimmter Voraussetzungen abhängig macht.[658] Im Falle einer originären Begründung von Recht brauchen sich die rechtschaffenden Subjekte um der Geltung des von ihnen hervorgebrachten Rechts willen hingegen nicht an die in irgendeiner Rechtsnorm statuierten Vorgaben zu halten und sind insofern rechtlich nicht an diese gebunden. Das Erfordernis derivativer Geltungsbegründung bewirkt mithin – zumindest auch – die Rechtsbindung der rechtsetzenden Organe.[659] Die rechtliche Gebundenheit dieser Organe, d.h. ihre rechtliche Ver-

---

[654] So wohl auch *v. Olshausen*, JZ 1967, 116 (117), der in Anbetracht der Lehre von den Rechtsgeltungsnormen äußert: »Aber stets muß ein Minimum an Bedingungen erfüllt sein, unter denen ein Akt überhaupt als Erzeugung einer verbindlichen Norm gedeutet werden kann; ist dieses Minimum nicht erfüllt, so ist nur eine *Schein*norm entstanden«; Hervorhebung dort.

[655] Deutlich *Brinckmann*, DÖV 1970, 406 (407), der herausstellt, »daß in einem Rechtsstaat positive Rechtsnormen nicht in beliebiger Weise entstehen können, sondern nur unter Beachtung bestimmter Regeln, die selbst Rechtsnormen sind. Diese Rechtsgeltungsnormen geben formelle und materielle Maßstäbe dafür, ob ein Akt, der die Setzung von positivem Recht intendiert, rechtlich Erfolg hatte, ob also durch diesen Akt eine neue positive Rechtsnorm erzeugt worden ist.«

[656] Oder in anderen Rechtsnormen, die mit ihr im Zusammenhang stehen. Im Falle des Grundgesetzes bewirken z.B. die Grundrechte eine materielle Begrenzung der Rechtsetzung.

[657] In diesem Sinne etwa *Schmitt*, Verfassungslehre, S. 102, wo u.a. eine »Kompetenz« als geregelter und umgrenzter Aufgabenkreis bezeichnet wird und es dann zur Revisionsbefugnis heißt, diese sei »wie jede verfassungsgesetzliche Befugnis begrenzt und in diesem Sinne eine echte Kompetenz«. Vgl. ferner *Murswiek*, Wiedervereinigungsgebot, S. 15, 29f, sowie auch das Zitat von *Brinckmann* in der vorletzten Fußnote.

[658] Die entsprechenden Zusammenhänge sind bereits oben im Zusammenhang mit dem Wesen der Verfassungsänderung und den rechtlichen Bindungen der verfassungsändernden Organe aufgezeigt worden (s.o. C. II. 2. und 5. a)): Weil eine Verfassung die Zuständigkeit zur Verfassungsrevision rechtlich begründet und diese ihr unterworfenen Organen anvertraut, kann sie die Revisionskompetenz auch formell und/oder inhaltlich beschränken.

[659] Vgl. dazu auch *Starck*, Vorrang, S. 33 (42), der das Verdienst *Merkls* und *Kelsens* hinsichtlich der rechtssystematischen Erfassung des Vorrangs der Verfassung würdigt und in diesem Zusammenhang ausführt: »Sie haben erkannt, daß die Erzeugung des Rechts durch Recht geregelt wird, und zwar in einem fortlaufenden Prozeß. Die Rechtserzeugungsregeln müssen für das jeweilige rechtserzeugende Organ verbindlich sein. ›So ist die Verfassung, insofern als sie die Voraussetzung für das Auftreten der Gesetzgebung ist, als die Bedingung der Gesetzgebung in ihr vorgezeichnet sind, so daß die Gesetzgebung ›auf Grund‹ der Verfassung funktioniert, die über-

pflichtung zur Beachtung bestimmter Vorgaben, ist indes ihrerseits Voraussetzung für die Derivativität der Rechtserzeugung, weil abgeleitete Rechtsgeltung
notwendig bedingte Rechtsgeltung ist. Derivative Rechtsetzung kann nur dann
vorliegen, wenn eine ermächtigende Rechtsnorm die Geltung eines auf ihrer
Grundlage ergehenden Rechtsaktes von der Erfüllung bestimmter Voraussetzungen abhängig macht und insofern für die zur Rechtsetzung befugten Organe verbindlich ist. Eine die Schaffung neuen Rechts betreffende, für den Rechtsetzungsvorgang aber unverbindliche Bestimmung kann demgegenüber keine Ermächtigungsgrundlage für derivative Rechtsetzung sein, weil die rechtschaffenden
Instanzen in diesem Fall keinen rechtlichen Bindungen unterworfen sind, so daß
es an der notwendigen Bedingtheit der Rechtsgeltung mangelt. Derivativität der
Rechtserzeugung und rechtliche Gebundenheit der rechtschaffenden Organe bedingen sich insofern gegenseitig.

Mit Blick auf diese Erkenntnis erscheint die ältere These, daß eine theoretische
Unterscheidung von Verfassunggebung und Verfassungsänderung ausgeschlossen ist, wenn eine Verfassung sowohl formelle Bestimmungen als auch inhaltliche
Determinanten für die Erzeugung neuen Verfassungsrechts vermissen läßt, in einem anderen Lichte: Weil die Verfassung in diesem Fall keinerlei Bedingungen für
die Geltung neuen Verfassungsrechts aufstellt, kann selbst eine vorhandene, Fälle
künftiger Verfassungsrechtsetzung betreffende Verfassungsbestimmung nicht als
Ermächtigung zu derivativer Verfassungsrechtserzeugung gedeutet werden; denn
die Annahme derivativer Rechtsetzung erfordert, wie gezeigt, die Existenz rechtlicher Geltungsbedingungen.[660] Deswegen kann eine entsprechende Verfassungsbestimmung lediglich als deklaratorischer Hinweis auf die politisch-faktische
Möglichkeit originärer Verfassungsrechtserzeugung verstanden werden.[661] In einer Verfassung, die sich formeller und materieller Festlegungen für die Verfassungsrechtsetzung vollständig enthält, fehlt es mithin an einer Ermächtigung zur
derivativen Erzeugung neuen Verfassungsrechts. Die im Rahmen dieser Arbeit
früher aufgestellte These, daß die theoretische Unterscheidbarkeit von Verfassunggebung und Verfassungsänderung entfällt, wenn eine Verfassung weder verfahrensmäßige Anforderungen noch inhaltliche Vorgaben für die Erzeugung neu-
en Verfassungsrechts statuiert, erweist sich insofern nicht als unrichtig, sondern
als bloß präzisierungsbedürftig: Eine theoretische Unterscheidung zwischen Verfassunggebung und Verfassungsänderung ist nicht allein deshalb undurchführbar,

---

geordnete oder höhere und das Gesetz die untergeordnete oder niedere Rechtserscheinung‹
(Verweis auf *Merkl* und *Kelsen*). Daraus folgt die Kollisionsregel lex superior derogat legi inferiori.«

[660] Ebenso wohl *Murswiek*, verfassunggebende Gewalt, S. 183 f.

[661] So auch *Murswiek*, verfassunggebende Gewalt, S. 183: »Wenn die Verfassungsrevision
durch das Volk an keinerlei Bedingungen geknüpft ist, sagt die Revisionsbestimmung nichts weiter, als daß die Ausübung der verfassunggebenden Gewalt legal ist (...).« Vgl. auch *Hain*, S. 44
Fn. 73.

weil derartige Vorgaben fehlen, sondern weil in Ermangelung formeller und materieller Geltungsbedingungen nicht von der Zulässigkeit derivativer Verfassungsrechtserzeugung ausgegangen werden kann. Es handelt sich folglich bei der früher behandelten Konstellation[662] nicht um eine eigenständige Fallgruppe, sondern um den Unterfall einer übergreifenden Konstellation, die durch das *Fehlen einer Ermächtigung zur derivativen Verfassungsrechtsetzung* gekennzeichnet ist. Allein der letztgenannte Umstand bewirkt, daß die nämliche Differenzierung in einer entsprechenden Verfassungsordnung ausgeschlossen ist.

Als mögliche Konkretisierungen dieser übergreifenden Konstellation sind drei Fälle in Erinnerung zu behalten: Neben dem Tatbestand, daß in einer die Verfassungsrechtsetzung betreffenden Norm diesbezügliche formelle und materielle Vorgaben fehlen, zählen dazu die Gestaltung, daß eine Verfassung ausschließlich eine deklaratorische Ablösungsklausel enthält, sowie schließlich die Situation, daß eine Verfassung überhaupt keine Regelungen für die künftige Erzeugung von Verfassungsrecht beinhaltet. Unter diesen Umständen ist jeweils einzig originäre Verfassungschöpfung möglich und eine Differenzierung zwischen Verfassunggebung und Verfassungsänderung als wesensverschiedenen Arten der Verfassungsrechtserzeugung daher ausgeschlossen.

bb) Die Übertragbarkeit der theoretischen Differenzierung zwischen Verfassunggebung und Verfassungsänderung auf konkrete Verfassungsordnungen

Was die Anwendbarkeit der Differenzierung zwischen Verfassunggebung und Verfassungsänderung in einer konkreten Verfassungsordnung betrifft, so sind prinzipiell die Abgrenzungsfrage und die Zuordnungsfrage voneinander zu unterscheiden.[663] Anfangs muß jeweils geklärt werden, ob sich Verfassunggebung und Verfassungsänderung als differierende Arten der Verfassungsrechtserzeugung in der entsprechenden Verfassungsordnung überhaupt theoretisch voneinander unterscheiden lassen (Abgrenzungsfrage). Weil Verfassunggebung als originäre Verfassungschöpfung wegen ihres politisch-faktischen, rechtlich nicht reglementierbaren Charakters immer möglich ist[664], hängt die Existenz eines zweiten, wesensmäßig andersartigen Modus der Verfassungsrechtserzeugung davon ab, ob die Verfassung einen solchen nicht-originären Weg zur Schaffung neuen Verfassungsrechts eröffnet, wofür die einseitige verfassungsrechtliche Legalisierung verfassunggeberischer Akte nicht ausreicht.[665] Eine theoretische Differenzierung

---

[662] S.o. D. III. 2. d) aa) und bb).

[663] Die bereits oben D. III. 2. d) cc) sowie in der Einleitung zu 3. zu findenden Aussagen werden an dieser Stelle im Lichte der seitdem neu hinzugewonnenen Erkenntnisse vervollständigt.

[664] S.o. D. II. 2. d) aa); 3. c); Einleitung zu III. u.ö.

[665] Dazu, daß eine Verfassung selbst einen Weg zur Erzeugung neuen Verfassungsrechts begründen muß, wenn eine Differenzierung zwischen Verfassunggebung und Verfassungsänderung durchführbar sein soll, und sich nicht darauf beschränken darf, die verfassungsunabhängig

zwischen Verfassunggebung und Verfassungsänderung ist nur in einer Verfassungsordnung möglich, in der eine Ermächtigung zu derivativer Verfassungsrechtsetzung existiert. Anderenfalls besteht allein die Möglichkeit originärer Verfassungschöpfung, was eine Differenzierung zwischen zwei wesensmäßig verschiedenen Arten der Verfassungsrechtserzeugung ausschließt. Die originäre Schaffung neuen Verfassungsrechts mag auch unter diesen Umständen als »Verfassunggebung« bezeichnet werden. Jedoch ist dabei im Bewußtsein zu behalten, daß es in einer entsprechenden Verfassungsordnung außer der originären keine weitere Art der Verfassungsrechtserzeugung, nämlich gerade kein Verfahren der Verfassungsrevision gibt, wie die Verwendung des ersten Teils des Gegensatzpaares Verfassunggebung – Verfassungsänderung suggerieren könnte.

Nur wenn in einer Verfassungsordnung überhaupt die Möglichkeit einer theoretischen Differenzierung zwischen Verfassunggebung und Verfassungsänderung besteht, kann der weiteren Frage nachgegangen werden, welcher Kategorie eine bestimmte, in der konkreten Verfassung enthaltene Evolutionsklausel bzw. ein auf deren Grundlage erfolgender Normerzeugungsvorgang zugeordnet werden kann (Zuordnungsfrage).[666] Dabei wird es sich um Verfassungsänderung handeln, wenn die Charakterisierung gerade jener Klausel ansteht, die zur derivativen Verfassungsrechtsetzung ermächtigt und dadurch erst die Grundlage für die Möglichkeit einer Differenzierung zwischen Verfassunggebung und Verfassungsänderung bildet.[667] Enthält die Verfassung darüber hinaus weitere Bestimmungen, die die künftige Erzeugung von Verfassungsrecht betreffen, erfolgt die Zu-

---

bestehende Möglichkeit neuerlicher Verfassunggebung in Gestalt eines deklaratorischen Ablösungsvorbehalts anzuerkennen, bereits oben D. III. 3. b) dd) (2) (c), (3) sowie ff).

[666] Die Zuordnungsfrage kann sowohl im Hinblick auf eine abstrakte verfassungsrechtliche Bestimmung als auch einen konkreten, auf der Grundlage dieser Bestimmung erfolgten Vorgang der Verfassungsrechtserzeugung gestellt werden. Sofern bereits ein Anwendungsfall der entsprechenden Verfassungsnorm, also ein konkreter Normerzeugungsvorgang vorliegt, wird primär dessen Charakterisierung als Verfassunggebung oder Verfassungsänderung im Mittelpunkt des Interesses stehen. Bei einer bisher nicht praktisch angewandten Evolutionsklausel kann hingegen notwendigerweise nur in abstracto danach gefragt werden, ob sie einen Fall der Verfassungsänderung oder Verfassunggebung betrifft. Im folgenden werden beide Aspekte der Zuordnungsfrage aus sprachlichen Gründen nicht immer gesondert hervorgehoben.

[667] D.h. wenn es um die Charakterisierung derjenigen Bestimmung geht, die bereits im Rahmen der Abgrenzungsfrage daraufhin untersucht wurde, ob sie die Möglichkeit derivativer Verfassungsrechtsetzung eröffnet. Verdeutlicht sei dieser Zusammenhang am Beispiel des Grundgesetzes: Weil Art. 79 GG Organe der verfaßten Gewalt zur Verfassungsrevision und damit zur derivativen Erzeugung von Verfassungsrecht ermächtigt, kann in der grundgesetzlichen Ordnung zwischen Verfassunggebung und Verfassungsänderung unterschieden werden (Abgrenzungsfrage). Wäre diese oder eine entsprechende Bestimmung nicht Bestandteil des Grundgesetzes, entbehrte die deutsche Verfassung der Möglichkeit derivativer Verfassungsrechtsetzung, so daß eine theoretische Differenzierung zwischen zwei unterschiedlichen Arten der Verfassungsrechtserzeugung ausgeschlossen wäre. Im Hinblick auf die Zuordnungsfrage ist folglich ohne weiteres einsichtig, daß Art. 79 GG, dessen Existenz die nämliche Differenzierung überhaupt erst ermöglicht, als Fall der Verfassungsänderung charakterisiert werden muß.

ordnung zu den Kategorien Verfassunggebung oder Verfassungsänderung anhand des Kriteriums des rechtlichen Ableitungszusammenhangs.[668]

4. Der gemischt begrifflich-typologische Charakter von Verfassunggebung und Verfassungsänderung

Wie die Beschäftigung mit den verschiedenen Ausprägungen verfassungsrechtlicher Revisionsklauseln und mit den beiden Arten von Ablösungsvorbehalten hat offenkundig werden lassen, sind Anzahl und Art der eine Differenzierung zwischen Verfassunggebung und Verfassungsänderung ermöglichenden Merkmale in nicht unerheblichem Umfang variabel. So konnte zunächst aufgezeigt werden, daß es von der konkreten Ausgestaltung des verfassungsrechtlichen *Revisions*systems abhängig ist, ob und mit welchem Grad an Eindeutigkeit, d.h. anhand wie vieler Kriterien, Verfassunggebung und Verfassungsänderung in einer bestimmten Verfassungsordnung theoretisch voneinander unterschieden werden können.[669] Daß die Grenzen zwischen Verfassunggebung und Verfassungsänderung verschwimmen können und daß eine klare, eindeutige Zuordnung konkreter verfassungsrechtlicher Evolutionsklauseln bzw. Normerzeugungsvorgänge zu einer der beiden Kategorien der Verfassungsrechtserzeugung nicht immer möglich ist, hat sich noch deutlicher bei der Untersuchung verfassungsrechtlicher *Ablösungs*vorbehalte offenbart.[670] Erinnert sei insbesondere an die Möglichkeit konstitutionell *legaler Verfassunggebung* im Fall eines deklaratorischen Ablösungsvorbehalts. Ebenso zu erwähnen ist die Figur der Verfassungsersetzung, die als besonderer Fall der *Verfassungsänderung* charakterisiert worden ist. Hierbei handelt es sich um die derivative Schaffung einer *neuen Verfassung* auf Grundlage eines in der bisherigen Verfassung enthaltenen konstitutiven Ablösungsvorbehalts.[671] Angesichts dieser Umstände verbietet sich eine streng begriffliche Abgrenzung von Verfassunggebung und Verfassungsänderung anhand eines Canons mehrerer, jeweils zwingender Definitionsmerkmale.

---

[668] Zur Exemplifizierung dieser Aussage sei wiederum das Grundgesetz herangezogen: Weil Art. 79 GG die Möglichkeit derivativer Verfassungsrechtsetzung eröffnet und damit die Grundlage für die theoretische Unterscheidbarkeit von Verfassunggebung und Verfassungsänderung in der grundgesetzlichen Ordnung schafft, stellt sich die Frage, welcher dieser beiden Kategorien der Verfassungsrechtserzeugung Art. 146 GG a.F. als Bestimmung zuzuordnen ist, die *ebenfalls* die künftige Schaffung von Verfassungsrecht betrifft. Es könnte sich theoretisch entweder um eine zusätzliche, tatbestandlich spezielle Ermächtigung zur Verfassungsänderung oder aber um eine bloß deklaratorische Legalisierung eines unter bestimmten Voraussetzungen erfolgenden verfassunggeberischen Aktes, d.h. um einen deklaratorischen Ablösungsvorbehalt handeln. Die Zuordnung zu einer der beiden Kategorien erfolgt dabei primär anhand des Merkmals rechtlicher Ableitungszusammenhang und ergänzend im Wege eines Vergleiches mit den Figuren der Verfassungsänderung bzw. der Verfassunggebung.

[669] S.o. D. III. 3. a) ff).

[670] S.o. D. III. 3. b) aa), dd) und ee).

[671] Zu beiden Fällen oben D. III. 3. b) ee).

a) Die Begründung des gemischt begrifflich-typologischen Charakters der Differenzierung zwischen Verfassunggebung und Verfassungsänderung

Verfassunggebung ist aus Sicht der bisherigen Verfassung in der Regel verfassungswidrig – aber nicht immer, wie das Institut des deklaratorischen Ablösungsvorbehaltes lehrt. Eine Neukonstituierung erfolgt üblicherweise durch Verfassunggebung – aber nicht notwendig in jedem Fall, wie ein Blick auf die Möglichkeit der konstitutiven Verfassungsablösung zeigt. Entsprechende Regelsätze lassen sich auch für die Verfassungsrevision formulieren: Verfassungsänderungen sind meist formell erschwert – es kann aber Ausnahmen geben. Die Ersetzung der alten Verfassung durch eine neue Verfassung ist im Wege der Verfassungsänderung grundsätzlich ausgeschlossen[672] – allerdings nur im Grundsatz, nicht durchgängig, was sich abermals mit der Figur der konstitutiven Verfassungsablösung belegen läßt. Verfassunggebung und Verfassungsänderung können somit anhand der genannten Gesichtspunkte nicht in allen Fällen eindeutig voneinander unterschieden werden: Verfassunggebung ist nicht ausnahmslos konstitutionell illegal, Verfassungsänderung nicht zwingend durch die Fortgeltung der bisherigen Verfassung und das Bestehen besonderer verfahrensrechtlicher Anforderungen gekennzeichnet. Eine streng begrifflich durchgeführte Differenzierung zwischen beiden Arten der Verfassungsrechtserzeugung in dem Sinne, daß das Vorliegen oder Nichtvorliegen eines oder mehrerer der genannten Merkmale für die Charakterisierung konkreter Normerzeugungsvorgänge als Verfassunggebung oder Verfassungsänderung den Ausschlag gibt, scheidet daher aus.[673] Im Hinblick auf die bisher erwähnten Merkmale divergieren Verfassunggebung und Verfassungsänderung gerade nicht notwendigerweise in jedem Fall. Nur in Anbetracht eines einzigen Merkmals besteht zwangsläufig ein Gegensatz: Verfassungsänderung ist *immer derivative* Rechtsetzung, Verfassunggebung *immer originäre* Verfassungsschöpfung, weil gerade der Aspekt des rechtlichen Ableitungszusammenhangs ihren Wesensunterschied begründet, eine theoretische Differenzierung zwischen zwei ihrem Wesen nach verschiedenen Arten der Verfassungsrechtserzeugung anderenfalls also hinfällig wäre.[674]

---

[672] Hingewiesen sei an dieser Stelle darauf, daß sich auch die entgegengesetzte Frage stellt: Kann Verfassunggebung auch dann vorliegen, wenn es nicht um die Schaffung einer in Gänze neuen Verfassung geht, sondern lediglich um die Umgestaltung *einzelner Bestimmungen einer bestehenden und ansonsten fortgeltenden Verfassung* unabhängig vom Verfahren der Verfassungsrevision? Dies bejahend offenbar *Bachof*, S. 36: »Es gibt mancherlei Erscheinungsformen, in denen sich der verfassunggebende Wille des Volkes Geltung verschaffen kann, und auch eine scheinbar verfassungswidrige Revision vermöchte sich in Wirklichkeit als ein vom Willen des Volkes als des Inhabers der verfassunggebenden Gewalt getragener Akt der Verfassunggebung darzustellen.« Zu der Frage, ob auch eine »eventuell nur partielle« Beseitigung der bisherigen Verfassung (*Bachof*, S. 36) tatsächlich Verfassunggebung sein kann, noch unten E. IV. 2. a) aa).

[673] Kritisch hinsichtlich eines begrifflichen Verständnisses der Verfassunggebung auch *Herbst*, S. 23f.

[674] S. o. D. III. 3. b) dd) (2) (c); (3); ff).

Zur methodologischen Charakterisierung der in ihrem Kern fixen und ansonsten variablen Gestalt von Verfassunggebung und Verfassungsänderung kann an frühere, im Zusammenhang mit der Ermittlung des Wesens der »Verfassung« stehende Ausführungen angeknüpft werden: Es handelt sich um die Unterscheidung zwischen Begriff (im strengen Sinne) und Typus.[675] Unverzichtbar und deshalb *begriffliche* Merkmale sind in bezug auf die Verfassunggebung nur die Originarität und im Hinblick auf die Verfassungsänderung allein die Derivativität der Verfassungsrechtserzeugung.[676] Die übrigen Merkmale verfassunggeberischer Akte und, soweit sie nicht bedingt durch deren Derivativität ebenfalls zwingend sind[677], die sonstigen Merkmale der Verfassungsänderung sind demgegenüber *typologischer* Natur und nicht obligatorisch: Sie sind zwar in Fällen der Verfassunggebung bzw. Verfassungsänderung regelmäßig gegeben, müssen aber gerade nicht in jedem Einzelfall allesamt vorliegen.[678] Die Gegensätzlichkeit von Verfassunggebung und Verfassungsänderung ist insofern partiell begrifflicher, zum größeren Teil hingegen typologischer Natur. Beide Arten der Verfassungsrechtserzeugung lassen sich – jeweils unter Berücksichtigung *aller* Abgrenzungskriterien – weder als Begriffe (im strengen Sinne) abschließend definieren noch allein als Typen angemessen beschreiben, weil sie gleichermaßen sowohl begriffliche als auch typologische Züge aufweisen. Verfassunggebung und Verfassungsänderung sind vielmehr als *Mischform zwischen Begriff und Typus, als Phänomene mit »Begriffskern« und »Typushülle«* zu verstehen.[679]

Zum Zwecke der Zuordnung eines konkreten Normerzeugungsvorgangs[680] zu einer der beiden Kategorien der Verfassungsrechtserzeugung ist zunächst anhand des Definitionsmerkmals Bestehen oder Nichtbestehen eines rechtlichen Ableitungszusammenhangs unter den begrifflichen Kern von Verfassungsänderung bzw. Verfassunggebung zu subsumieren. Diese Subsumtion ist für die kategoriale Zuordnung des verfassungsrechtserzeugenden Vorgangs, für seine Charakterisie-

---

[675] Siehe im einzelnen oben A. II. 3. und 4.

[676] Hinsichtlich der Verfassungsänderung muß einschränkend hinzugefügt werden, daß irgendwelche verfahrensrechtlichen Vorgaben *oder* materiell-rechtlichen Bindungen ebenfalls zwingend sind, weil anderenfalls nicht derivative Rechtsetzung stattfände; dazu oben D. III. 3. c) aa). Ebenso ist die Verfassungsrevision immer verfassungsmäßige Verfassungsrechtserzeugung, s.o. D. III. 3. b) ff); vgl. auch unten E. IV. 2. a) aa). Dabei handelt es sich jedoch nur um Konsequenzen des zwingenden Charakters des Merkmals der Derivativität und damit nicht um einen eigenständigen obligatorischen Charakter der Merkmale Legalität und formelle oder materielle Gebundenheit.

[677] Vgl. die Ausführungen in der vorangegangenen Fußnote.

[678] Zu diesem Charakteristikum eines Typus vgl. oben A. II. 3. a) bb) (1). Die begriffsspezifische »Nur dann und immer dann«-Regel (s.o. A. II. 3. a) aa)) findet auf diese Merkmale also keine Anwendung, sondern ist ausschließlich in bezug auf das Kriterium des rechtlichen Ableitungszusammenhangs anwendbar.

[679] Zu solchen Mischformen zwischen Begriff und Typus oben A. II. 3. b) aa) und bb).

[680] Auf die Ausführungen unter D. III. 3. c) bb) Fn. 666 wird hingewiesen.

rung als Verfassunggebung oder Verfassungsänderung ausschlaggebend.[681] Sodann kann das Augenmerk auf das Vorliegen oder Nichtvorliegen der weiteren,
der typischen Merkmale beider Arten der Verfassungsrechtserzeugung gerichtet
werden. Diese haben ausschließlich akzidentiellen Charakter, sind also für die
Kategorisierung per se nicht entscheidend. Sie erlauben eine Beurteilung verfassungsrechtlicher Normerzeugungsvorgänge im Hinblick darauf, ob diese dem
Standardfall oder sogar Idealfall, d.h. dem Normaltypus oder sogar Idealtypus
der Verfassungsänderung oder der Verfassunggebung[682] entsprechen bzw. inwiefern jeweils Abweichungen von diesen Normal- oder Idealtypen[683] zu verzeichnen sind. Ein konkreter verfassungsrechtserzeugender Akt kann mithin unter Bezugnahme auf die spezifische Konfiguration der in Rede stehenden Merkmale
daraufhin analysiert werden, ob er eine größere oder geringere Nähe zu dem
Idealfall bzw. dem typischen Fall der Verfassungsänderung aufweist.[684] Eine nur

---

[681] Vgl. schon oben D. III. 3. b) ee), wo die Verfassungsablösung nach Art. 146 GG a.F. sowie
die Schweizer Totalrevision anhand des Kriteriums der Originarität bzw. Derivativität den Kategorien der Verfassunggebung bzw. Verfassungsänderung zugeordnet worden sind. Siehe ferner
D. III. 3. b) ff).

[682] Im folgenden Text wird aus Gründen sprachlicher Vereinfachung jeweils nur noch der Vergleich mit dem Normal- oder Idealtypus der Verfassungs*änderung* in Bezug genommen. Daß ein
Vergleich mit dem Idealtypus der Verfassung*gebung* ebenso möglich und nötig ist, soll damit
selbstverständlich nicht geleugnet werden.

[683] Zum Wesen des deskriptiven Idealtypus, von dem hier allein die Rede ist und der nicht mit
dem normativen Idealtypus verwechselt werden darf, siehe oben A. II. 3. c) cc) (1) (b). Die Analyse eines konkreten Normerzeugungsvorgangs kann vor dem Hintergrund sowohl des deskriptiven Idealtypus als auch des (deskriptiven) Normaltypus der Verfassungsänderung erfolgen.
Letzterer unterscheidet sich von dem Idealtypus insofern, als dieser nicht notwendig auf streng
empirischer Grundlage gebildet zu sein braucht (zur Typusbildung siehe oben A. II. 3. a) bb) (2)).
Bei der Bildung eines deskriptiven Idealtypus kann in stärkerem Maße von der Realität abstrahiert werden, können einzelne Merkmale gedanklich isoliert und in bestimmter Hinsicht weiter-
gedacht werden, um einen »reinen« Typus als theoretisches Modell zum besseren Verständnis
der Wirklichkeit zu gewinnen.
Im Hinblick auf die Verfassungsänderung kann ein Normaltypus dadurch gebildet werden,
daß die Revisionsklauseln einer ausgewählten Zahl real existierender Verfassungen miteinander
verglichen und häufig auftretende Eigenschaften als typische Merkmale erkannt und festgehalten
werden. Bei der Bildung eines Idealtypus der Verfassungsänderung kann dagegen stärker von der
Realität abgehoben werden. So kann etwa das Merkmal der materiellen Beschränktheit der Revisionsermächtigung, das zwar des öfteren anzutreffen ist, aber wohl auch im Kreise der demokratischen Verfassungsstaaten noch nicht so verbreitet ist, daß es als typisch angesehen werden kann,
zum Bestandteil des Idealtypus erhoben werden. Der Grund für eine solche Vorgehensweise
kann z.b. darin liegen, daß die Gegensätzlichkeit von Verfassunggebung und Verfassungsänderung stärker zum Ausdruck kommt, wenn die Verfassungsrevision nicht nur formell erschwert,
sondern auch materiell begrenzt ist. Aus diesem Grunde ist auch hier, nämlich z.B. oben D. III. 3.
a), wo in die Möglichkeit der theoretisch-formellen sowie der theoretisch-materiellen Differenzierung zwischen Verfassunggebung und Verfassungsrevision eingeführt worden ist, oder oben
D. III. 3. b) dd) mit Fußnote 597 bei der Betrachtung der Kriterien für eine Differenzierung zwischen Verfassunggebung und Verfassungsänderung, bereits mit dem Idealtypus der Verfassungsänderung argumentiert worden.

[684] Daß ein konkreter Sachverhalt dem Typus »mehr oder weniger« entsprechen kann, ist eine

geringe Ähnlichkeit mit dem gängigen oder idealisierten Bild der Verfassungsänderung vermag indessen wegen des akzidentiellen Charakters jener Merkmale an der mittels des begrifflichen Kriteriums des rechtlichen Ableitungszusammenhangs erfolgten Zuordnung eines Normerzeugungsvorgangs zur Kategorie der Verfassungsrevision nichts zu ändern. Die Bedeutung der typischen Merkmale ist bei der hier gegebenen Mischform zwischen Begriff und Typus im Vergleich zu der Konstellation eines reinen Typus insofern gemindert, als ihr ggf. sogar vollständiges Vorliegen für die Zuordnung eines Sachverhaltes dann nicht entscheidend ist, wenn das begriffliche Kriterium des rechtlichen Ableitungszusammenhangs in die entgegengesetzte Richtung weist.[685]

Der Stellenwert der nicht begriffsnotwendigen, weil typologischen Merkmale von Verfassunggebung und Verfassungsänderung darf gleichwohl nicht unterschätzt werden. Der in dem Merkmal Derivativität bzw. Originarität gefundene begriffliche Kern bildet zwar die Keimzelle der Wesensverschiedenheit von Verfassunggebung und Verfassungsänderung; und weil deren Wesensverschiedenheit in dem Gegensatz von originärer und derivativer Rechtsetzung wurzelt, ist einerseits die Zulässigkeit derivativer Verfassungsrechtsetzung Mindestvoraussetzung für die theoretische Unterscheidbarkeit von Verfassunggebung und Verfassungsänderung[686] und gibt andererseits das Kriterium des rechtlichen Ableitungszusammenhangs den Ausschlag für die Zuordnung einer konkreten verfassungsrechtlichen Bestimmung bzw. eines auf ihrer Grundlage stattfindenden Normerzeugungsvorgangs zu einer der beiden Kategorien. Jedoch macht jener Wesenskern nicht allein das Wesen von Verfassunggebung und Verfassungsänderung aus, sondern bildet gewissermaßen nur dessen Fokus. Ihre wesensmäßige Prägung wird der Verfassungsänderung[687] vielmehr erst durch das Zusammenspiel einer Reihe typischer Merkmale mit dem Kernmerkmal der Derivativität verliehen. Das charakteristische Bild der Verfassungsänderung und damit ihre Andersartigkeit im Vergleich zur Verfassunggebung wird durch obligatorische *und* typische Merkmale, durch Wesenskern und Wesensakzidentialia gleichermaßen geprägt und begründet.[688]

---

spezifische Eigenschaft von Typen; s. o. A. II. 3. a) aa) Fn. 275 und bb) (1). Vgl. im Zusammenhang mit der Legitimität von Verfassunggebung auch *Herbst*, S. 24, 88f, 98ff, 188.

[685] Zur Funktion der typischen Merkmale bei der Zuordnung eines Sachverhaltes zu einem reinen Typus, bei der es allein auf das spezifische Zusammenspiel dieser Merkmale, nämlich darauf ankommt, ob typische Merkmale in solcher Zahl und von solchem Gewicht vorliegen, daß der Sachverhalt dem Erscheinungsbild des Typus entspricht, siehe oben A. II. 3. a) bb) (3).

[686] S. o. D. III. 3. b) ff).

[687] Die folgenden Ausführungen gelten mutatis mutandis auch für die Verfassunggebung.

[688] Bestätigt wird diese Aussage durch den Umstand, daß der Terminus »Verfassungsänderung« bzw. die damit verbundene Vorstellung von den charakteristischen Merkmalen dieser Art der Verfassungsrechtsetzung in *atypischen* Fällen als unpassend empfunden wird bzw. nicht zutrifft. So liegt z. B. im Fall der Verfassungsersetzung (s. o. D. III. 3. b) ee) (2)) in der Tat keine »Änderung« der bisherigen Verfassung vor, sondern die Schaffung einer neuen Verfassung, die an die Stelle der bisherigen tritt. Daß hier die Rede von einer »Verfassungsänderung« nicht recht paßt

Eine Konzentration der Betrachtung auf den begrifflichen Kern darf nur in Zweifelsfällen erfolgen, kommt also nur in Frage, wenn ein verfassungsrechtlicher Normerzeugungstatbestand eine größere Anzahl oder besonders wichtige verfassungsänderungstypische Merkmale vermissen läßt. Dies führt nämlich dazu, daß sich die normalerweise multifaktorielle Gegensätzlichkeit von Verfassunggebung und Verfassungsänderung auf nur wenige oder sogar einen einzigen Aspekt reduziert, so daß Abgrenzungs- bzw. Zuordnungsschwierigkeiten auftreten.[689] Nur in derartigen Zweifelsfällen ist im Rahmen der Abgrenzungs- sowie der Zuordnungsfrage eine Fokussierung auf den Wesenskern angebracht. Ansonsten ist eine Würdigung aller, begrifflicher wie typologischer Merkmale vorzunehmen, um die Eigenheiten eines konkreten Normerzeugungstatbestandes bzw. -vorganges vollständig zu erfassen. Bei der Charakterisierung von Normerzeugungsvorgängen sind die typologischen Merkmale mithin insofern von Bedeutung, als ihr Vorliegen oder Nichtvorliegen darüber entscheidet, ob es sich bei der wegen ihrer Derivativität begrifflich als Verfassungsrevision eingestuften Verfassungsrechtsetzung um einen idealtypischen, typischen, weniger typischen oder atypischen Fall der Verfassungsänderung handelt.[690] Ohne eine auch diese typologischen Aspekte einbeziehende Analyse ist eine korrekte Erfassung des spezifischen Wesens konkreter verfassungsrechtserzeugender Vorgänge schwerlich möglich.[691]

---

und unangebracht erscheint, beruht darauf, daß der Terminus Verfassungsänderung sprachlich auf die *typischen* Fälle derivativer Verfassungsrechtserzeugung zugeschnitten ist, in denen die bisherige Verfassung fortgilt, und nicht das im Zweifelsfall entscheidende Kriterium der Derivativität in den Vordergrund stellt. Inhaltlich richtig ist die Charakterisierung der konstitutiven Verfassungsablösung als Verfassungsänderung gleichwohl, wenn Verfassungsänderung als Abbreviatur für derivative Verfassungsrechtsetzung verstanden wird (dazu oben D. III. 3. b) ff)). In sprachlicher Hinsicht sowie im Hinblick auf die durch den Terminus Verfassungsänderung hervorgerufenen Assoziationen Abhilfe schaffen können neue, klarstellende Bezeichnungen. Deshalb ist in dieser Arbeit im Zusammenhang mit dem konstitutiven Ablösungsvorbehalt von »Verfassungsersetzung« die Rede gewesen; s.o. D. III. 3. b) dd) (2) (b) und ff). Zu einem weiteren Fall möglicherweise derivativer Verfassungsrechtserzeugung, auf den die Bezeichnung Verfassungsänderung nicht »paßt«, noch unten D. III. 4. a) b) cc) (1) Fn. 719.

[689] Exemplarisch sind insofern die zunächst als »Mischformen« zwischen Verfassunggebung und Verfassungsänderung charakterisierten Fälle der Verfassungsablösung; zu den Schwierigkeiten ihrer Einordnung als Verfassunggebung oder Verfassungsänderung s.o. D. III. 3. b) cc) (1) (b) und (2) (b).

[690] Somit fällt auch die Charakterisierung der zwei Arten von verfassungsrechtlichen Ablösungsklauseln (s.o. D. III. 3. b) cc) sowie ee)) leichter: Bei der konstitutiven Verfassungsablösung handelt es sich wegen des Bestehens eines rechtlichen Ableitungszusammenhanges (begriffliche Komponente) zwar um Verfassungsänderung, allerdings um einen *atypischen*, weil auf die Schaffung einer neuen Verfassung gerichteten Fall. Umgekehrt ist die deklaratorische Verfassungsablösung eine *atypische* Ausprägung der Verfassunggebung, weil sie aus Sicht der bisherigen Verfassung legal ist.

[691] Bei der Zuordnung einer konkreten Evolutionsklausel zu einer der beiden Kategorien der Verfassungsrechtserzeugung muß somit zwar, was für die Subsumtion unter einen Begriff kennzeichnend ist, eine Entweder-Oder-Entscheidung getroffen werden, je nachdem, ob die Klausel derivative Verfassungsrechtsetzung ermöglicht oder sich auf originäre Verfassungschöpfung be-

b) Die gliedstaatliche Verfassungschöpfung im Bundesstaat im Lichte eines gemischt begrifflich-typologischen Verständnisses der Verfassunggebung: Anwendung und Überprüfung der bisherigen Ergebnisse

Das hier entwickelte gemischt begrifflich-typologische Verständnis von Verfassunggebung[692] und Verfassungsänderung ermöglicht nicht nur eine Einbeziehung atypischer Konstellationen wie etwa des Instituts der Verfassungsablösung in das dualistische System der Verfassungsrechtserzeugung.[693] Es bewährt sich auch dann, wenn nicht die Abgrenzung verschiedener Arten der Verfassungsrechtserzeugung im Rahmen einer *einzigen* Verfassungsordnung in Rede steht, sondern wenn es um das Verhältnis *verschiedener* Verfassungsordnungen zueinander geht. Angesprochen ist damit das in jüngerer Zeit verstärkt diskutierte Problem der Verfassunggebung in den Gliedstaaten[694] eines Bundesstaates.[695]

---

zieht. Zugleich muß aber auch eine Abstufung nach dem Grad an Typizität, d.h. dem Maß an Übereinstimmung zwischen dem abstrakten Typus und dem konkreten Normerzeugungsvorgang erfolgen. Dies bedeutet, daß das typusspezifische Charakteristikum des Mehr oder Weniger selbst im Fall einer Mischung zwischen Typus und Begriff in nicht unerheblichem Umfang erhalten bleibt; zur Abstufbarkeit der Merkmale beim Typus und zum Entweder-oder-Charakter begrifflicher Entscheidungen siehe oben A. II. 3. a) aa) Fn. 275f sowie bb) (1).

[692] *Storr*, S. 48, spricht zwar ebenfalls von einen »Grundtypus« der verfassunggebenden Gewalt. Bei ihm heißt es: »Deshalb sollen die Gemeinsamkeiten aller Lehren, die von rechtswissenschaftlicher Literatur als gesichert anerkannt sind, zu einem ›Grundtypus‹ der verfassunggebenden Gewalt zusammengefaßt werden und als Ansatz der folgenden Untersuchung zugrunde gelegt werden.« Aus diesem Satz ergibt sich aber, daß *Storr* mit dem Ausdruck »Grundtypus« etwas anderes als das hier Dargelegte meint: Ihm geht es nicht darum, Verfassunggebung als ein (auch) durch Merkmale typologischer Art gekennzeichnetes Phänomen zu charakterisieren, sondern darum, sich eine intensive Auseinandersetzung mit den unterschiedlichen Theorien zur Verfassunggebung zu ersparen. Dies erreicht *Storr*, indem er durch Ausblendung der kontroversen und Konzentrierung auf die unstreitigen Punkte gewissermaßen den kleinsten gemeinsamen Nenner aller Auffassungen bildet und diesen als »Grundtypus« bezeichnet. Mit der hier vertretenen, partiell typologischen Charakterisierung der Verfassunggebung hat eine derartige Argumentation nichts zu tun.

[693] S.o. D. III. 3. b) dd), ee) und ff).

[694] Auf die Besonderheiten der Entstehung und Funktionsweise einer Bundesverfassung, i.e. der Verfassung des Zentralstaates, soll hier nicht eingegangen werden. Auch diesbezüglich wird bisweilen darauf hingewiesen, daß die Grenze zwischen Verfassunggebung und Verfassungsänderung verschwimmen könne. In diesem Sinne etwa *Bryde*, S. 53f: »Auch die in Bundesstaaten anzutreffende Bestimmung, daß (bei der Verfassungsänderung, d. Verf.) ein Quorum der Mitgliedstaaten zustimmen muß, nähert den Prozeß der Verfassungsänderung dem der Verfassunggebung, da dieser – zumindest bei einem Zusammenschluß vorher selbständiger Einheiten – ebenfalls typischerweise eine Ratifikation durch die Bundesglieder erfordert.«

[695] Wieder aktuell geworden ist dieses Thema in Deutschland aufgrund der Schaffung von Verfassungen in den neuen Ländern. Neben zahlreichen Aufsätzen sind zu diesem Thema auch Dissertationen von *Boehl* und *Storr* erschienen, auf die im folgenden ausschnittsweise eingegangen werden wird.

aa) Das Problem der Verfassunggebung im Bundesstaat

Anlaß zu tiefergehenden Überlegungen bietet der Umstand, daß bei der Schaffung von Landesverfassungen den in einem Bundesstaat herrschenden besonderen Bedingungen Rechnung getragen werden muß, nämlich dem Vorhandensein einer auch für die Gliedstaaten verbindlichen Bundesverfassung. Wenn die Verfassung des Bundes, wie beispielsweise das Grundgesetz der Bundesrepublik Deutschland in Gestalt des Art. 28 Abs. 1 GG, Vorschriften für den Erlaß von Landesverfassungen enthält[696], unterscheidet sich die Verfassungschöpfung in den Gliedstaaten eines Bundesstaates mehr als nur unerheblich vom Regelfall der Verfassunggebung, und zwar durch die Existenz *verbindlicher*[697] *positiv-rechtlicher Vorgaben für die Verfassungserzeugung*.[698] Wegen dieser positiv-rechtlichen Gebundenheit des verfassungschöpfenden Subjekts[699] kann berechtigterweise die Frage aufgeworfen werden, ob im Kontext der Entstehung von Landesverfassungen überhaupt von »Verfassunggebung« die Rede sein kann.[700]

Eine Lösung kann nur im Zusammenhang mit einer Klärung der zahlreichen, sich in einem Bundesstaat im Hinblick auf das Verhältnis von Bund und Gliedstaaten ergebenden und in der Literatur ausgiebig diskutierten Vorfragen gefunden werden.[701] Diese sollen nicht vertieft behandelt und beantwortet, sondern nur in Kürze vorgestellt werden, um danach zu skizzieren, welche Kriterien nach dem hier verfolgten Ansatz für eine Würdigung der gliedstaatlichen Verfassungschöpfung heranzuziehen sind. Fraglich ist insbesondere folgendes: Sind Landesverfassungen, die im Range unter dem Bundesrecht stehen und insofern nicht höchstrangiges positives Recht bilden, überhaupt »Verfassungen«?[702] Resultiert

---

[696] Unabhängig von Art. 28 Abs. 1 GG ist eine Vielzahl weiterer potentieller Einwirkungen von seiten des Grundgesetzes auf das Landesverfassungsrecht zu verzeichnen, vgl. nur Art. 142, 31, 1 Abs. 3 GG; zu derartigen Einwirkungsmöglichkeiten überblicksartig *Storr*, S. 54; *Boehl*, Staat 30 (1991), 572 (583f), sowie ausführlich *ders.*, Verfassunggebung, S. 183ff.

[697] Durch die Verbindlichkeit dieser Vorgaben unterscheidet sich die hiesige Konstellation von der eines deklaratorischen Ablösungsvorbehaltes bzw. sonstiger verfassungsrechtlicher Festlegungen für die verfassunggebende Gewalt; denn in den letztgenannten Fällen existieren zwar ebenfalls positiv-rechtliche Bestimmungen, die künftige Akte der verfassunggebenden Gewalt betreffen, doch sind diese für den pouvoir constituant gerade *nicht* rechtlich verbindlich.

[698] Vgl. den Problemaufriß bei *Boehl*, Verfassunggebung, S. 164f, ferner S. 184; *Storr*, S. 54, 143.

[699] Ausführlich zu Art und Umfang dieser Bindungen *Boehl*, Verfassunggebung, S. 183ff.

[700] Siehe z.B. *Sacksofsky*, NVwZ 1993, 235 Fn. 18, die im Zusammenhang mit der Schaffung von Landesverfassungen die Frage aufwirft, »ob der Begriff (sc. der verfassunggebenden Gewalt) (...) überhaupt noch paßt«.

[701] Zu diesen Vorfragen prägnant *Boehl*, Verfassunggebung, S. 166ff, m.w.N.

[702] Dies bejahend BVerfGE 36, 342 (360f): »Das Eigentümliche des Bundesstaates ist, daß der Gesamtstaat Staatsqualität und daß die Gliedstaaten Staatsqualität besitzen. Das heißt aber, daß sowohl der Gesamtstaat als auch die Gliedstaaten je ihre eigene, von ihnen selbst bestimmte Verfassung besitzen. Und das wiederum heißt, daß die Gliedstaaten ebenso wie der Gesamtstaat in je eigener Verantwortung ihre Staatsfundamentalnormen artikulieren.« Kritisch dagegen *Storr*, S. 54. Zur Höchstrangigkeit als Verfassungsmerkmal vgl. schon oben A. III. 2. c).

aus der Eigenstaatlichkeit der Länder deren unabgeleitete Verfassungshoheit[703], oder kommt den Ländern aufgrund ihrer bundesstaatlichen Einbindung lediglich eine aus der Bundesverfassung abgeleitete Verfassungsautonomie[704] zu?[705] Gibt es ein eigenes Landesvolk, das als pouvoir constituant in Betracht kommt[706], oder wird bei der Schaffung von Landesverfassungen ein räumlich abgegrenzter Teil des Gesamtvolkes tätig?[707] Gibt es also eine ursprüngliche und unabgeleitete verfassunggebende Gewalt von Landesvölkern[708], oder regt sich bei der Schaffung von Landesverfassungen gerade nicht der pouvoir constituant im Sinne einer originären verfassunggebenden Gewalt, weil dieser durch die Bundesverfassung bedingt und begrenzt ist?[709]

---

[703] In diesem Sinne etwa *Maunz*, HStR IV, § 94 Rdnr. 27; *Boehl*, Staat 30 (1991), 572 (582f).

[704] Die Begriffe Verfassungshoheit und Verfassungsautonomie sind nicht eindeutig definiert und werden deshalb in unterschiedlicher Konnotation verwandt; vgl. dazu *Boehl*, Verfassunggebung, S. 171ff, mit einschlägigen Nachweisen. Im Rahmen dieser Arbeit wird *unabgeleitete* Verfassungshoheit als Gegensatz zu einer aus ranghöherem Recht *abgeleiteten* Verfassungsautonomie verstanden.

[705] Vgl. *Isensee*, HStR IV, § 98 Rdnr. 79: »Als Gliedstaaten sind sie (sc. die Länder) keine originären politischen Einheiten und daher auch nicht fähig, aus eigener Macht Grundentscheidungen in Verfassungsform zu treffen.« Teilweise wird die Staatsqualität der Länder auch generell verneint, was ebenfalls dazu führen soll, daß diesen keine unabgeleitete Verfassungshoheit zukommen könne; vgl. zu diesen Ansichten die Darstellung bei *Storr*, S. 61ff, m.w.N.

[706] So z.B. M/D/*Herzog*, Art. 20 IV Rdnr. 26 und II Rdnr. 101; *Maunz*, HStR IV, § 94 Rdnr. 25, 27; *Boehl*, Staat 30 (1991), 572 (582f); *Häberle*, AöR 112 (1987), 54 (67f); vgl. auch *Böckenförde*, verfassunggebende Gewalt, S. 90 (102, 105f); *Linck*, DÖV 1991, 730 (732f); *Steiner*, S. 151ff; *Grawert*, HStR I, § 14 Rdnr. 25; BVerfGE 1, 14 (61).

[707] Dieser Auffassung ist *Isensee*, HStR IV, § 98 Rdnr. 45, 60f. Gegen Landesvölker als mögliches Subjekt der verfassunggebenden Gewalt auch *Storr*, S. 165. Unentschieden *Boehl*, Verfassunggebung, S. 175ff, 182f, 232.

[708] Dies bejahend etwa *Boehl*, Staat 30 (1991), 572 (582f).

[709] In diesem Sinne z.B. *Isensee*, HStR IV, § 98 Rdnr. 79; *Sachs*, ThürVBl. 1993, 121. Eine Mittelstellung nimmt *Storr*, S. 166f, ein. Er führt zunächst aus, »daß die Länder Verfassungen haben und deshalb auch verfassunggebende Gewalten, die zwar *originär* und vom Bund *anerkannt*, aber nicht rechtlich ungebunden sind« (S. 166; Hervorhebungen, auch im folgenden, vom Verfasser) und spricht deshalb von einer »originäre(n) Verfassungshoheit« der Länder (S. 167). Wegen der bundesstaatlichen Einbindung der Länder bestünden aber Unterschiede zur klassischen Lehre der verfassunggebenden Gewalt: »Die verfassunggebende Gewalt in einem Land ist vielmehr eine Gewalt sui generis, die einige Eigenschaften des pouvoir constituant des Abbé *Sieyes* hat, aber auch wegen der untergeordneten Staatlichkeit des Landes und damit der Abhängigkeit von bundesrechtlichen Rahmenbedingungen mit *abgeleiteter* Gewalt vergleichbar ist« (S. 167). In diese vorerst nur angedeutete Richtung, nämlich in Richtung einer Deutung der Landesverfassungschöpfung als derivative Rechtserzeugung, weisen dann auch die noch folgenden Ausführungen *Storrs*: »Die Existenz einer verfassunggebenden Gewalt in einem Land kann maßgeblich nicht auf vorrechtliche Begebenheiten zurückgeführt werden, sondern ist vom Bund *abhängig*. (...) Die verfassunggebende Gewalt in einem Land ist naturgemäß ›allzuständig‹, freilich nur soweit sie sich im Rahmen der ihr *zugewiesenen* Autonomie hält« (S. 167). Bei *Storr* scheint es also, als sei die verfassunggebende Gewalt eines Landesvolkes originär und derivativ zugleich, was logisch ausgeschlossen ist. Der Rechtfertigung dieses Widerspruchs soll offenbar folgender Satz dienen: »Das ist die Aporie des Bundesstaates« (S. 166; ebenso S. 60).

bb) Die Originarität bzw. Derivativität der Verfassungsrechts-erzeugung als Anknüpfungspunkt für die Charakterisierung der gliedstaatlichen Verfassungschöpfung

Nach der hiesigen Auffassung kommt es für die Einordnung der Genese von Landesverfassungen in das System der Verfassungsrechtserzeugung entscheidend auf die Beantwortung der letztgenannten Vorfrage an, in der die anderen Vorfragen gleichsam kulminieren: Weil Verfassunggebung als Typus-Begriff mit Begriffskern und Typushülle zu verstehen und die Originarität der Verfassungschöpfung als Begriffsmerkmal anzusehen ist, kommt eine Kategorisierung der Landesverfassungschöpfung als Verfassunggebung nur dann in Betracht, wenn es sich dabei um originäre, nicht auf einer bundesverfassungsrechtlichen Ermächtigung beruhende und mithin nicht derivative Verfassungsrechtserzeugung handelt.[710] Die Frage nach der Derivativität oder Originarität der gliedstaatlichen Verfassungschöpfung kann insofern im Zuge der Bemühungen um deren richtige Klassifizierung nicht offengelassen werden[711], auch wenn ihre Beantwortung zugegebenermaßen schwerfällt.

---

[710] S.o. D. III. 3. b) ff); c) bb); 4. a) u.ö.

[711] Anders dagegen der primäre Argumentationsansatz von *Boehl*, Verfassunggebung, S.185: »Für die Frage nach der Verfassunggebung im Land kann es nicht darauf ankommen, *ob es überhaupt* eine bundesstaatliche Einbindung des Landesverfassunggebers gibt. Vielmehr kommt es darauf an, *wie weit* diese Einbindung geht, ob angesichts der bundesverfassungsrechtlichen Bindungen ein substanzieller Bereich landesautonomer Gestaltung verbleibt oder ob der Verfassunggeber im Land in einem solchen Maße bundesrechtlich determiniert ist, daß sich seine Funktion quantitativ oder qualitativ derart von dem unterscheidet, was in Verfassungslehre und Verfassungsrecht als verfassunggebende Gewalt bezeichnet wird, daß die Bezeichnung mit dem gleichen Begriff eher in die Irre führt. Für die Beantwortung der Frage nach der Verfassunggebung in den Ländern ist darum der *Umfang der bundesrechtlichen Einwirkungen* auf die Landesverfassunggebung und der verbleibende Bereich landesautonomer Gestaltung zu bestimmen«; Hervorhebungen v. Verf. Die von *Boehl* daraufhin angestellten Betrachtungen zu der Frage, inwieweit die Schaffung von Landesverfassungen bundesverfassungsrechtlich determiniert ist, gelangen zu folgenden Ergebnissen: »Insbesondere im staatsorganisatorischen und im Grundrechtsbereich kommt die Gestaltungsfreiheit des Landesverfassunggebers der Ungebundenheit des pouvoir constituant nahe, wenn man auch jenseits der Landesebene Übersteigerungen und Mystifikationen der Allmacht und Ungebundenheit des pouvoir constituant gegenüber den realen Bedingungen der Verfassunggebung nicht überzeichnet.« Ein stark reduzierter Gestaltungsspielraum bestehe demgegenüber im Hinblick auf »Strukturnormen, Programmsätze und Staatsziele« (S.223f). Zu Verfahrensvorgaben heißt es: »Gerade in dieser Vielfalt und Freiheit der Verfahrensgestaltung erweist sich die Verfassunggebung im Land als der Verfassunggebung auf nationaler Ebene vergleichbar« (S.231). Schließlich finden sich bei *Boehl* auch einige quasi teleologische Argumente für eine Übertragung der Lehre von der Verfassunggebung auf die Landesverfassungschöpfung: »Ohne den Rückgriff auf überpositive Grundsätze der Verfassunggebung kann auch eine Landesverfassung nicht entstehen. Gerade die positivrechtlich nicht geklärten Verfahrensfragen fordern eine Übertragung der Lehre von der verfassunggebenden Gewalt des Volkes auf die Landesebene. Und gerade für die Länder ist die freiheitssichernde Funktion der Lehre von der verfassunggebenden Gewalt wichtig, nämlich verfahrensbezogene Zumutungen von außerhalb der sich eine Verfassung gebenden Einheit stehenden Mächten abzuwehren.« Sein Ergebnis formuliert *Boehl*, Verfassunggebung, S.233, wie folgt: »Die Beobachtung, daß die Lehre

Die Besonderheit der bundesverfassungsrechtlichen Gebundenheit der verfassungserzeugenden Kräfte spielte dagegen im Rahmen der Untersuchung, ob die Landesverfassungschöpfung als Verfassunggebung charakterisiert werden kann, für sich genommen keine Rolle, weil eine entsprechende Kategorisierung gerade in Zweifelsfällen allein durch Subsumtion unter das Definitionsmerkmal der Originarität zu erfolgen hat.[712] Die Existenz positiv-rechtlicher Vorgaben fiele erst bei der Begutachtung der verfassunggebungstypischen Merkmale ins Gewicht, die zwecks Erfassung des spezifischen Wesens konkreter Normerzeugungsvorgänge unverzichtbar ist. Sie wirkte sich so aus, daß die originäre Schaffung einer Landesverfassung als atypischer Fall der Verfassunggebung angesehen werden müßte. Sofern es sich bei der Landesverfassungschöpfung mithin trotz ihrer durch die bundesstaatliche Sondersituation bedingten positiv-rechtlichen Gebundenheit um originäre Verfassungsrechtserzeugung handelte[713], stünde auf der Grundlage des hier vertretenen Ansatzes fest, daß insoweit Verfassunggebung stattfindet. Ob dies tatsächlich der Fall ist, kann im Rahmen dieser Arbeit freilich nicht geklärt werden und soll zum Zwecke der weiteren, einer Vergewisserung über die Tragfähigkeit der hier entwickelten Auffassung dienenden Darlegungen lediglich unterstellt werden.[714]

---

vom pouvoir constituant auf die Verhältnisse in den Ländern nicht ganz paßt, wäre danach dahingehend zu qualifizieren, daß sie nur bei Beachtung der Besonderheiten im Bundesstaat anwendbar ist. (...) In der Gesamtabwägung erscheint eine vorsichtige und qualifizierte Übertragung der Lehre von der verfassunggebenden Gewalt des Volkes auf die Ebene der Länder als die dem Bundesstaat des Grundgesetzes entsprechende Problemlösung.« Die Frage, ob es sich bei der Landesverfassungschöpfung um einen Vorgang originärer oder derivativer Rechtserzeugung handelt, wird demgegenüber nicht eindeutig beantwortet, vgl. etwa S. 174, 182f, 234; ferner S. 149f.

[712] S. o. D. III. 4. a), auch zum folgenden.

[713] Daß in diesem Falle begründet werden müßte, »warum die originäre Hoheitsgewalt der Gliedstaaten durch Bestimmungen der Bundesverfassung gebunden werden kann«, liegt indes ebenso auf der Hand wie die Tatsache, daß eine entsprechende Begründung nicht leicht zu finden sein dürfte. *Storr*, S. 60, hebt zwar das Erfordernis einer solchen Begründung hervor. Eine befriedigende Erklärung der von ihm angenommenen Originarität der Landesverfassungserzeugung bei gleichzeitiger rechtlicher Gebundenheit gelingt ihm aber nicht (s. o. D. III. 4. b) aa) Fn. 709).

[714] Fraglich ist allerdings, ob diejenigen, die sich gegen eine Zurückführung der Landesverfassungschöpfung auf die verfassunggebende Gewalt des jeweiligen Landesvolkes wenden, überhaupt prinzipiell bestreiten, daß auch in diesem Fall dem Grunde nach originäre Verfassungsrechtserzeugung stattfindet. So findet sich bei *Isensee*, dem Hauptvertreter jener Auffassung, folgende Aussage (HStR IV, § 98 Rdnr. 78): »Die Landesverfassung kann allein aus dem politischen Willen des Landes selbst hervorgehen: als ›seine‹ Verfassung. Hier manifestiert sich das ›Ursprüngliche‹ seiner Staatsgewalt.« Wenn es dann heißt: »Das Landesvolk entscheidet nicht souverän über die Form seiner politischen Existenz. Die Grundentscheidungen sind ihm in den Homogenitätserfordernissen des Art. 28 Abs. 1 GG vorgegeben. Ihm bleibt nur übrig, die Entscheidungen (...) nachzuvollziehen, sich die gesamtstaatlichen Verfassungsprinzipien zu eigen zu machen (...)«, so deutet vieles darauf hin, daß *Isensee* allein wegen dieser inhaltlichen Beschränktheit die Berufung auf eine originäre verfassunggebende Gewalt des Landesvolkes ablehnt, nicht aber darauf, daß er die unabgeleitete Geltung einer entsprechend diesen Vorgaben zustande gekommenen Verfassung negiert. Auch die bereits in D. III. 4. b) aa) Fn. 705 zitierte

cc) Die Konsequenzen des hiesigen Ansatzes für das Problem der gliedstaatlichen Verfassungschöpfung im Bundesstaat

(1) Die Atypizität gliedstaatlicher Verfassungschöpfung

Zweifel an der Zuordnung der Landesverfassungschöpfung zur Kategorie der Verfassunggebung, wie sie etwa in der Feststellung zum Ausdruck kommen, es passe »all das, was normalerweise mit dem Begriff der verfassungsgebenden Gewalt verbunden wird, auf die Gliedstaaten im Bundesstaat nicht so recht«[715], lassen sich vor dem Hintergrund des in dieser Arbeit zugrunde gelegten Verständnisses der Verfassunggebung ohne weiteres erklären und entkräften: Die Qualifizierung als verfassunggeberischer Akt »paßt nicht so recht«, weil unser Verständnis von Verfassunggebung durch die typischen Fälle geprägt ist[716], es sich bei der Landesverfassungschöpfung aber um einen *atypischen Fall der Verfassunggebung* handelt.[717] Diese Atypizität beruht darauf, daß der Landesverfassunggeber aufgrund der föderalen Eingliederung der Länder ausnahmsweise bundesverfassungsrechtlichen Bindungen unterliegt und die Verfassungschöpfung insoweit vom Regelfall der Verfassunggebung abweicht.[718] Diese rechtliche Gebundenheit ändert jedoch aufgrund ihrer Eigenart als nicht begriffliches Merkmal nichts an der Qualifizierung der Landesverfassungschöpfung als Verfassunggebung, weil (und wenn) in dieser Konstellation unabgeleitete, originäre Rechtserzeugung in Gestalt der Schaffung einer neuen Verfassung stattfindet.[719]

Aussage *Isensees*, wonach die Länder nicht fähig seien, »aus eigener Macht Grundentscheidungen in Verfassungsform zu treffen«, läßt sich im Kontext der hier zitierten Sätze anders verstehen: Die Grundentscheidungen, die das Landesvolk nicht zu treffen vermag, sind die in Art. 28 Abs. 1 GG enthaltenen. Im Hinblick auf andere Bereiche könnten insofern auch auf Grundlage der Auffassung *Isensees* möglicherweise sehr wohl eigenständige Grundentscheidungen in Verfassungsform getroffen werden.

[715] So *Sacksofsky*, NVwZ 1993, 235; ähnlich *Boehl*, Verfassunggebung, S. 233: »(...) Lehre vom pouvoir constituant auf die Verhältnisse in den Ländern nicht ganz paßt (...)«.

[716] Diese oben D. III. 4. a) bei der Betonung der nicht zu unterschätzenden Bedeutung der typologischen Merkmale getroffene Aussage wird angesichts des Problemfeldes der Verfassunggebung im Bundesstaat also ebenfalls bestätigt: Als unpassend wird die Figur der Verfassunggebung mit Blick auf die Entstehung von Landesverfassungen primär nicht deshalb empfunden, weil deren originäre Geltung in Frage steht, sondern weil bei der Verfassungschöpfung rechtliche Bindungen bestehen. Die Zweifel an einer entsprechenden Zuordnung entzünden sich also vorrangig an einem Merkmal typologischer, zumindest aber nicht unmittelbar begrifflicher Art.

[717] Insofern ist es nicht unrichtig, wenn *Storr*, S. 167, von einer »verfassunggebende(n) Gewalt sui generis« spricht. Allerdings ist zu betonen, daß es sich nicht um *Verfassungsrechtsetzung sui generis* und damit eine dritte Kategorie der Verfassungsrechtserzeugung handelt, sondern, um in der Ausdrucksweise *Storrs* zu bleiben, um *Verfassunggebung sui generis* und damit eine der zwei hergebrachten Kategorien der Schaffung von Verfassungsrecht.

[718] S. o. D. III. 4. b) aa).

[719] Siehe schon oben D. III. 4. a). Sofern Landesverfassungen dagegen derivativ kraft bundesverfassungsrechtlicher Ermächtigung geschaffen würden und gälten, könnte ihre Erzeugung nicht als Verfassunggebung eingestuft werden. Es handelte sich dann um einen atypischen Fall der – als Abbreviatur für derivative Verfassungsrechtserzeugung aufgefaßten – Verfassungsände-

(2) Das (partiell) typologische Verständnis als Voraussetzung
für die Charakterisierung der Landesverfassungschöpfung
als Sonderfall der Verfassunggebung

Auch eine perspektivisch entgegengesetzte Sichtweise spricht für die hier vorgenommene Deutung: Diejenigen, die die Schaffung gliedstaatlicher Verfassungen in einem Bundesstaat als – wenn auch besonderen Fall der – Verfassunggebung einordnen[720], geben damit zu erkennen, daß Verfassunggebung ihrer Auffassung nach *nicht zwingend* frei von positiv-rechtlichen Bindungen erfolgen muß[721]; denn anderenfalls könnte die gliedstaatliche Verfassungschöpfung ob ihrer rechtlichen Gebundenheit unter keinen Umständen als Verfassunggebung charakterisiert werden. Die hier aufgezeigte Lösung findet sich dadurch insofern bestätigt, als die Anhänger der entsprechenden Auffassung – implizit – ebenfalls von einem nicht obligatorischen bzw. begrifflichen, sondern von einem typologischen Charakter zumindest des Merkmals der rechtlichen Ungebundenheit ausgehen. Der Grundgedanke des hiesigen Ansatzes, die Unterscheidung zwischen zwingenden und nur regelmäßig vorliegenden, ausnahmsweise aber verzichtbaren Merkmalen verfassunggeberischer Akte, liegt somit auch der in Rede stehenden Ansicht zur Verfassunggebung im Bundesstaat unausgesprochen zugrunde.

(3) Die Maßgeblichkeit der konkreten Bundesverfassung für die
verfassungstheoretische Charakterisierung der Landesverfassungschöpfung

Schließlich erfahren die bisher aufgestellten Thesen zur Differenzierung zwischen Verfassunggebung und Verfassungsänderung auch in bezug auf den angenommenen Stellenwert der konkreten Verfassungsordnung bzw. die Möglichkeit der Bildung allgemeingültiger Theoreme Bestätigung, wenn sie auf das Problemfeld der Verfassunggebung im Bundesstaat angewendet werden. So, wie es von der Ausgestaltung der konkreten Verfassung abhängt, ob eine theoretische Unterscheidung zwischen Verfassunggebung und Verfassungsänderung möglich ist[722], sind für die Frage, ob die Schaffung gliedstaatlicher Verfassungen in einem

---

rung, wobei dieser Terminus, wie auch im Fall der Verfassungsersetzung, sprachlich unpassend wäre; siehe schon oben D. III. 4. a) Fn. 688. Die Verfassungsersetzung und die Erzeugung von Landesverfassungen hätten gemeinsam, daß in beiden Fällen in derivativer Weise komplett neue Verfassungen geschaffen würden. Der Unterschied bestünde darin, daß im Fall der Verfassungsersetzung die ermächtigende Verfassung außer Kraft tritt, während bei der Landesverfassungschöpfung die ermächtigende Bundesverfassung auch nach Ausübung der Ermächtigung weiterhin gälte.

[720] So beispielsweise *Boehl*, Staat 30 (1991), 572 (582f); *ders.*, Verfassunggebung, S. 165, 183f, 233; *Storr*, S. 167; *Maunz*, HStR IV, § 94 Rdnr. 25, 27; M/D/*Herzog*, Art. 20 IV Rdnr. 26; *Häberle*, AöR 112 (1987), 54 (67f); *Linck*, DÖV 1991, 730 (732f).

[721] Deutlich in diesem Sinne *Boehl*, Verfassunggebung, S. 184: »Dabei kann nicht schon allein die Tatsache, daß der Landesverfassunggeber sich nicht völlig frei von jeder Bindung entscheiden kann, die Anwendung der Lehre vom pouvoir constituant auf die Landesebene ausschließen.«

[722] S.o. D. III. 2. d); 3. a) ff), b) ff); c) bb).

konkreten Bundesstaat als Verfassunggebung eingestuft werden kann und mit welchem Grad an Eindeutigkeit eine solche Einstufung möglich ist, die Festlegungen der in diesem Bundesstaat geltenden Bundesverfassung von entscheidendem Einfluß.[723] Generalisierende Aussagen über das Wesen der Landesverfassungschöpfung sind demgegenüber ausgeschlossen.

Dies gilt, wie ohne weiteres einleuchtet, zunächst einmal hinsichtlich der Merkmale nicht begrifflicher Art und insbesondere im Hinblick auf das verfassunggebungs*typische* Merkmal der rechtlichen Ungebundenheit des verfassungschöpfenden Subjekts. In welchem Umfang verfahrensrechtliche und/oder materielle Vorgaben für die Schaffung von Landesverfassungen existieren, hängt von der jeweiligen Bundesverfassung ab. Deren Normierungen entscheiden darüber, inwieweit die Genese gliedstaatlicher Verfassungen dem typischen, durch das vollständige Fehlen positiv-rechtlicher Bindungen gekennzeichneten Fall der Verfassunggebung ähnelt oder unähnlich ist.[724] Der mit Blick auf den Standardfall der Verfassunggebung zu ermittelnde Typizitätsgrad der Landesverfassungschöpfung wird insofern durch die konkrete Bundesverfassung bestimmt.

Die Festlegungen der jeweiligen Bundesverfassung sind darüber hinaus aber auch in bezug auf das *begriffliche* Merkmal der Originarität der Rechtserzeugung ausschlaggebend. Dies beruht darauf, daß in der allgemeinen Bundesstaatstheorie

---

[723] Diese Erkenntnis liegt auch dem Ansatz von *Boehl*, Verfassunggebung, zugrunde. Bei ihm heißt es auf S. 170: »Die Frage nach der Verfassunggebung in den Ländern muß (...) angesichts der Einordnung der Länder in den Bundesstaat und der im Staat des Grundgesetzes aufgrund der Normierung und nach Maßgabe des Grundgesetzes bestehenden Staatsqualität der Länder die Verfassungsrechtslage in bezug auf die Rolle der Länder *im konkreten Bundesstaat des Grundgesetzes* und die bundesstaatliche Kompetenzverteilung berücksichtigen. Die Fragen der Landesverfassunggebung ohne Rücksicht auf die grundgesetzliche Rechtslage bestimmen zu wollen, hieße, die Unmaßgeblichkeit der Bundesverfassung für die Verfassunggebung im Land vorauszusetzen, und würde die Antwort im Sinne völliger Ungebundenheit und Souveränität der Länder bzw. Landesvölker vorwegnehmen und damit ein ganz spezifisches, geradezu staatenbündisches Konzept implizieren«; Hervorh. v. Verf. Folgerichtig untersucht *Boehl* sodann die verfassungsrechtlichen Vorgaben und insbesondere rechtlichen Bindungen, die das Grundgesetz für die Landesverfassungserzeugung bereithält (S. 171 ff, 183 ff).

[724] An dieser Stelle wird erneut die für einen Typus prägende Abstufbarkeit seiner Merkmale deutlich: Die Schaffung einer Landesverfassung kann *mehr oder weniger* (bundes-)rechtlichen Bindungen unterworfen sein. Dies ist auch bei *Boehl* erkennbar, wenn er als Teilergebnis festhält, daß einerseits im staatsorganisatorischen und im Grundrechtsbereich eine große, dem typischen Fall der Verfassunggebung nahekommende Gestaltungsfreiheit bei der Landesverfassungschöpfung bestehe, andererseits aber ein stark reduzierter Freiraum zur Eigenbestimmung im Hinblick auf Strukturnormen, Programmsätze und Staatsziele zu verzeichnen sei (S. 223 f), was weniger typisch für Verfassunggebung sei. Im Hinblick auf Verfahrensvorgaben konstatiert *Boehl* schließlich eine große Vielfalt und Freiheit der Verfahrensgestaltung (S. 231), was die Verfassungserzeugung im Land der Verfassunggebung auf nationaler Ebene wiederum ähnlich erscheinen lasse. Weil eine alle genannten Aspekte umfassende Gesamtschau ergebe, daß bei der Landesverfassungschöpfung nicht unerhebliche Freiräume bestünden, entspricht nach Einschätzung *Boehls* die Situation bei der Schaffung von Landesverfassungen dem Gesamtbild nach, wenn auch mit gewissen Abstrichen, dem typischen Fall der Verfassunggebung (S. 232 f).

so vieles ungewiß ist[725], daß die im Zusammenhang mit der Schaffung von Landesverfassungen aufgestellten Thesen annähernd ausnahmslos ergänzend oder sogar primär auf (bundes-)verfassungsrechtliche Argumente gestützt werden müssen.[726] So wird z. B. die Staatsqualität der Länder regelmäßig nicht abstrakt, sondern (auch) unter Berufung auf grundgesetzliche Bestimmungen begründet.[727] Selbiges gilt für die Existenz eines Landesstaatsvolkes, das als pouvoir constituant in Betracht kommen könnte.[728] Eine ausschließlich auf allgemein-bundesstaatstheoretische Erwägungen gestützte Kategorisierung der gliedstaatlichen Verfassungschöpfung als originäre oder derivative Rechtserzeugung dürfte ebenfalls nicht möglich sein. Statt dessen erscheint es eingedenk der offenbar zentralen Bedeutung der einen Bundesstaat konkret ausgestaltenden Verfassung als nicht ausgeschlossen, daß die Konstitutionen verschiedener Bundesstaaten hinsichtlich der Landesverfassungen unterschiedliche Standpunkte einnehmen, nämlich teils von deren originärer Erzeugung und Geltung ausgehen, teils aber eine derivative Schaffung von Landesverfassungen auf Grundlage einer bundesverfassungsrechtlichen Ermächtigung vorsehen.

Wenn aber abstrakte bundesstaatstheoretische Argumentationen nicht verfangen und es von den einschlägigen Normen der konkreten Bundesverfassung abhängt, ob die Hervorbringung gliedstaatlicher Verfassungen einer originären verfassunggebenden Gewalt obliegt oder ob die Landesverfassungen qua Ausübung einer bundesverfassungsrechtlichen Ermächtigung derivativ geschaffen werden sollen, kann dies nur eine Konsequenz haben: Die spezifische Ausgestaltung der jeweiligen Bundesverfassung ist nicht nur dafür verantwortlich, in welchem Maße die Landesverfassungschöpfung dem typischen Fall der Verfassunggebung entspricht, sondern entscheidet auch darüber, ob bei der Entstehung von Landesverfassungen überhaupt Verfassunggebung, d. h. originäre Verfassungsrechtserzeugung stattfindet. Ebenso, wie nur unter bestimmten verfassungsrechtlichen Voraussetzungen theoretisch zwischen Verfassunggebung und Verfassungsänderung differenziert werden kann, ist eine Charakterisierung gliedstaatlicher Verfassungschöpfung als Verfassunggebung nur bedingt und nicht generell möglich,

---

[725] Vgl. zur Übersicht nur die Darstellungen bei *Boehl*, Verfassunggebung, S. 133ff; *Storr*, S. 84ff; *Kimminich*, HStR I, § 26 Rdnr. 1ff. Die Unsicherheiten beruhen insbesondere darauf, daß der allgemein-staatswissenschaftliche Bundesstaatsbegriff »ein deskriptiver, idealtypischer Begriff, eine Abstraktion aus der Vielzahl konkreter Bundesstaaten (ist), der zum Vergleich und zur Erfassung der Besonderheiten, nicht aber zur Ableitung rechtlicher Schlußfolgerungen innerhalb einer konkreten Rechtsordnung taugt«, wie *Boehl*, Verfassunggebung, S. 136, zu Recht feststellt. Das Phänomen Bundesstaat hat also ebenfalls (zumindest auch) typologischen Charakter.

[726] *Boehl*, Verfassunggebung, S. 136, begründet dies treffend damit, daß nur der verfassungsrechtliche Bundesstaatsbegriff ein normativer Begriff sei, aus dem sich Rechtsfolgen ableiten ließen.

[727] Exemplarisch *Storr*, S. 66ff; M/D/*Herzog*, Art. 20 IV Rdnr. 13; *Isensee*, HStR IV, § 98 Rdnr. 64ff; *Boehl*, Verfassunggebung, S. 164 mit Fn. 209.

[728] Vgl. z. B. *Boehl*, Verfassunggebung, S. 175ff; *ders.*, Staat 30 (1991), 572 (582f); M/D/*Herzog*, Art. 20 II Rdnr. 101.

nämlich nur unter der Bedingung, daß die konkrete Bundesverfassung der Idee originärer Landesverfassungschöpfung anhängt.

c) Resümee

Durch ein gemischt begrifflich-typologisches Verständnis von Verfassunggebung und Verfassungsänderung wird eine Einbeziehung atypischer Konstellationen der Verfassungsrechtsetzung in das dualistisch geprägte System der Verfassungsrechtserzeugung ermöglicht. Obligatorisches Begriffsmerkmal ist im Falle der Verfassunggebung die Originarität und bei der Verfassungsänderung die Derivativität der Verfassungsrechtserzeugung. Das charakteristische Erscheinungsbild beider Arten der Verfassungsrechtschöpfung wird durch das Zusammenspiel des jeweiligen Begriffsmerkmals mit einer Reihe weiterer, jeweils typischer Merkmale geprägt, die aber nicht zwingend in jedem Fall vorzuliegen brauchen. Sie ermöglichen eine Beurteilung konkreter Normerzeugungsvorgänge im Hinblick auf deren Grad an Typizität, während für die Zuordnung zur Kategorie der Verfassunggebung oder Verfassungsänderung allein der Gesichtspunkt des rechtlichen Ableitungszusammenhangs ausschlaggebend ist. Dieses Verständnis erlaubt eine Charakterisierung der gliedstaatlichen Verfassungschöpfung als atypische Form der Verfassunggebung, sofern die Geltung der Landesverfassungen in dem konkret in Rede stehenden Bundesstaat originärer Natur ist.

E. Die Konsequenzen der Abgrenzung von Verfassunggebung und Verfassungsänderung anhand des Kriteriums der Originarität bzw. Derivativität

Ziel der bisherigen Überlegungen ist es gewesen, ein theoretisches Fundament für die Differenzierung zwischen Verfassunggebung und Verfassungsänderung zu errichten. Dieses Fundament ist mittlerweile weitgehend fertiggestellt und besteht aus mehreren zentralen Elementen. Wichtigster Stützpfeiler ist die Erkenntnis, daß die nämliche Differenzierung nicht durchweg möglich ist, sondern daß es von der Ausgestaltung der jeweiligen Verfassungsordnung abhängt, ob sich theoretisch zwischen Verfassunggebung und Verfassungsänderung unterscheiden läßt. Zwischen zwei wesensmäßig verschiedenen Arten der Verfassungsrechtserzeugung kann nur unter der Voraussetzung differenziert werden, daß ein Verfahren zur derivativen Verfassungsrechtsetzung zur Verfügung steht.[1] Darüber hinaus hängt es von den konkret vorhandenen verfassungsrechtlichen Vorschriften für künftige Fälle der Verfassungsrechtserzeugung ab, inwieweit, also bezüglich wie vieler und welcher Merkmale, sich Verfassunggebung und Verfassungsänderung in der entsprechenden Verfassungsordnung voneinander unterscheiden. Der Gegensatz kann stärker oder schwächer ausgebildet sein, wie die Vielfalt der in Betracht kommenden verfassungsrechtlichen Gestaltungen bestätigt: Denkbar ist, daß ausschließlich die Möglichkeit der Verfassungsrevision eröffnet ist, wobei im Hinblick auf die konkrete Gestalt der Revisionsklausel wiederum verschiedene Möglichkeiten bestehen.[2] Ferner kann eine Verfassung zusätzlich oder anstelle einer Revisionsklausel einen Ablösungsvorbehalt beinhalten, also Regelungen für die Schaffung einer neuen Verfassung treffen. Dabei kann es sich entweder um einen deklaratorischen oder um einen konstitutiven Ablösungsvorbehalt handeln, wobei hinsichtlich der Ausgestaltung beider Arten von Ablösungsklauseln abermals unterschiedlichste Varianten vorstellbar sind.[3] Trotz dieser großen Variationsbreite und der je nach Verfassungslage mehr oder minder stark ausgeprägten Gegensätzlichkeit von Verfassunggebung und Verfassungsänderung kann vor dem Hintergrund der Differenzierung zwischen begrifflichen und typischen

---

[1] S.o. D. III. 2. d) aa) und cc); 3. a) ff) und b) ff); c) bb) u.ö.
[2] S.o. D. III. 3. a).
[3] S.o. D. III. 3. b), besonders cc) (1) und (2).

Merkmalen jeder verfassungsrechtserzeugende Vorgang theoretisch eindeutig einer der beiden Kategorien zugeordnet werden.[4]

Nachdem damit in der Theorie in vielerlei Hinsicht Klarheit herrscht, gilt es, sich in diesem Abschnitt der vorliegenden Arbeit der praktischen Seite zuzuwenden. Es stellt sich die Frage, woran sich erkennen läßt, ob eine Verfassungsbestimmung zu derivativer Verfassungsrechtsetzung und damit zur Verfassungsänderung ermächtigt oder ob sie einen Fall originärer Verfassunggebung betrifft.[5] Losgelöst von den verfassungsrechtlichen Normerzeugungstatbeständen kann diese Frage auch dahin formuliert werden, anhand welcher Kriterien festgestellt werden kann, ob es sich in einem konkreten Fall der Verfassungsrechtserzeugung um originäre Verfassungschöpfung oder um derivative Verfassungsrechtsetzung handelt. Bevor diese Fragen einer Klärung zugeführt werden können, muß allerdings das theoretische Fundament der Differenzierung zwischen Verfassunggebung und Verfassungsänderung noch in verschiedener Hinsicht komplettiert werden. So ist zunächst auf das bislang nicht abschließend behandelte Problem ungeschriebener materiell-rechlicher Schranken der Verfassungsrevision einzugehen (I); denn falls sich die Nichterweisbarkeit solcher Revisionsschranken herausstellen sollte, verblaßte der Gegensatz zwischen Verfassunggebung und Verfassungsänderung insofern, als in einer Verfassungsordnung ohne explizite Begrenzungen der Revisionsgewalt Verfassungsrecht beliebigen Inhalts derivativ ins Werk gesetzt werden dürfte. Materielle Kriterien wären unter diesen Umständen, anders als in der grundgesetzlichen Verfassungsordnung, zur Abgrenzung von Verfassunggebung und Verfassungsänderung vollkommen ungeeignet.[6] Von der Existenz ungeschriebener Revisionsschranken hängt es demnach auch ab, ob sich Verfassunggebung und Verfassungsänderung generell (auch) anhand des Kriteriums der materiellen Verfassungsfortgeltung oder (allein) mittels formeller Kriterien voneinander abgrenzen lassen. Der damit angesprochenen Frage kann deshalb erst nach einer abschließenden Behandlung der Schrankenproblematik Aufmerksamkeit gewidmet werden (II). Nachdem dann eine nochmalige Überprüfung der erzielten Ergebnisse vorgenommen worden ist und diese gegen ver-

---

[4] S.o. D. III. 4.

[5] Auch wenn im Interesse eines richtigen Verständnisses die Augen nicht davor verschlossen werden dürfen, daß die Verfassunggebung mit dem singulären Akt der Verfassungshervorbringung keineswegs abgeschlossen ist, sondern in Gestalt eines fortdauernden »Tragens« der Verfassung permanent stattfindet (s.o. D. III. 1. b) aa)), ist das Augenmerk bei den folgenden Ausführungen mithin primär auf den eigentlichen Normerzeugungsvorgang bzw. die diesem zugrunde liegenden Verfassungsbestimmungen zu richten.

[6] Da das Grundgesetz in Gestalt des Art. 79 Abs. 3 materielle Beschränkungen der Revisionsgewalt statuiert, lassen sich Verfassunggebung und Verfassungsänderung inhaltlich voneinander unterscheiden: Wird Verfassungsrecht unter Mißachtung der durch Art. 79 Abs. 3 GG geschützten Verfassungsgehalte ins Werk gesetzt, kann es sich nicht um Verfassungsänderung handeln, sondern muß Verfassunggebung vorliegen. Ist die Revisionsbefugnis dagegen materiell völlig unbegrenzt, können Verfassunggebung und Verfassungsänderung zumindest anhand inhaltlicher Kriterien nicht voneinander unterschieden werden. Vgl. auch oben D. III. 3. a) ff) Fn. 498.

meintlich ähnliche Auffassungen abgegrenzt worden sind (III), können endlich Richtlinien für die praktische Handhabung des hier entwickelten theoretischen Konzepts entwickelt werden (IV).

I. Die Problematik ungeschriebener materieller Schranken der Verfassungsrevision

Die vielfach ventilierte Frage nach Existenz und Inhalt ungeschriebener Beschränkungen der verfassungsändernden Gewalt stellt sich, wie bereits ausgeführt[7], insbesondere dann, wenn eine Verfassung zu Änderungen ihrer selbst ermächtigt, ohne bestimmte Verfassungsinhalte der Verfügungsgewalt der änderungsbefugten Organe explizit zu entziehen. Exemplarisch ist insofern Art. 76 der Weimarer Reichsverfassung, dessen Satz 1 lautete:

»Die Verfassung kann im Wege der Gesetzgebung geändert werden.«

Ansonsten enthielt die genannte Bestimmung lediglich verfahrensrechtliche Anordnungen.

1. Einführung: die Reichweite der Änderungsbefugnis und die Bedeutung von Revisionsschranken für das Verhältnis von Verfassunggebung und Verfassungsänderung

Bevor Existenz und Inhalt ungeschriebener Schranken der Verfassungsänderung näher thematisiert werden, ist in das Bewußtsein zu heben, daß *eine* derartige Beschränkung der Revisionsgewalt bereits von vornherein feststeht: Das geltende Verfassungsgesetz darf im Revisionsverfahren lediglich *geändert* werden, so daß den zuständigen Revisionsorganen die Verabschiedung einer formell neuen, die bisherige Konstitution ersetzenden Verfassungsurkunde untersagt ist.[8] Die Kompetenz zur Verfassungsänderung umfaßt nicht das Recht zur Aufhebung oder Beseitigung der Verfassung.[9] Eine formell neue Verfassung, die zum Ausweis ihrer

---

[7] S. o. C. II. 5. b).

[8] Vgl. z. B. *Schmitt*, Verfassungslehre, S. 103, dessen Äußerungen freilich auf der Differenzierung zwischen »Verfassung« und »Verfassungsgesetz« beruhen. Gegenstand von Verfassungs(gesetz)änderungen können nach seiner Auffassung nur »einzelne oder mehrere verfassungsgesetzliche Regelungen« sein, woraus sich ergeben dürfte, daß nicht alle verfassungsgesetzlichen Bestimmungen, d. h. das gesamte Verfassungsgesetz und damit die gesamte formelle Verfassung, im Wege der Verfassungsänderung aufgehoben bzw. ersetzt werden dürfen.

[9] Deutlich mit Blick auf die Niedersächsische Verfassung *Neumann*, Verfassung, Art. 46 Rdnr. 5; vgl. ferner mit Blick auf das Grundgesetz und die durch Art. 79 GG begründete Kompetenz zu dessen Änderung und Ergänzung BK/*Hoffmann*, Art. 79 Abs. 1 u. 2 Rdnr. 1, 6; Sachs/ *Lücke*, Art. 79 Rdnr. 5; *Heckel*, HStR VIII, § 197 Rdnr. 52; *Badura*, HStR VII, § 160 Rdnr. 16 f, wo die Verfassungsänderung als »aufgrund der geltenden Verfassung bestehende und *in deren Rah-*

Verschiedenheit von der bisherigen Verfassung ein neues Geltungsdatum trägt, darf im Wege der Verfassungsänderung nicht ins Werk gesetzt werden.[10] Wenn mithin versucht wird, ungeschriebene Grenzen der Verfassungsänderung zu entwickeln[11], betreffen derartige Bemühungen immer nur die *materielle* Reichweite der in Rede stehenden Revisionsklausel.[12] Infrage steht allein, ob eine *formell fortgeltende Verfassung* in Anwendung einer explizit nicht begrenzten Revisionsermächtigung *inhaltlich beliebig verändert* werden darf oder ob das – wie auch immer zu bestimmende – materielle Wesen der Verfassung durch verfassungsändernde Maßnahmen nicht tangiert werden darf.[13]

Bevor eingehendere Überlegungen angestellt werden, gilt es des weiteren daran zu erinnern, daß die Frage, ob und in welchem Umfang ungeschriebene materielle Revisionsschranken bestehen, aufs engste mit dem Problem der Grenzzie-

---

men verbleibende Befugnis des Gesetzgebers« charakterisiert wird (Hervorhebung v. Verf.). Sofern eine Verfassungsbestimmung hingegen die Schaffung einer formell neuen Verfassung erlaubt, handelt es sich nicht um eine Revisionsnorm, sondern um einen Ablösungsvorbehalt.

[10] Diese Beschränkung der Revisionsbefugnis ist offenbar so selbstverständlich, daß sie nur selten ausdrücklich hervorgehoben wird, so z.B. bei *Neumann*, Verfassung, Art. 78 Rdnr. 3f. Meist klingt sie, wenn überhaupt, lediglich beiläufig an, so z.B. bei *Haug*, S. 156, wenn es dort heißt, die Revisionsbestimmungen »gewährleisten darüber hinaus die *formale* Kontinuität der sich ablösenden Normen verschiedenen Inhalts«; Hervorhebung dort. Diese formale Kontinuität besteht darin, daß die sich ablösenden Normen gleichermaßen Bestandteil einer formal identischen Verfassung waren bzw. werden. Auch die Einlassung *Brydes*, S. 233: »Begrifflich setzt Ändern eine fortbestehende Identität voraus«, woraus er ableitet, »daß den Trägern der Revisionsgewalt zwar ›Ändern‹, nicht aber eine neue Verfassunggebung erlaubt ist«, läßt sich in diesem Sinne deuten, wenn man von der – sicherlich vorrangigen – materiellen Dimension seiner Aussage absieht und auf das Erfordernis der Beibehaltung der formalen Verfassungsidentität rekurriert. Entsprechendes gilt für die folgende Aussage *Murswieks*, Wiedervereinigungsgebot, S. 29: »Änderung heißt nicht Beseitigung oder Ersetzung durch eine völlig neue Verfassung, sondern setzt begrifflich voraus, daß die Identität, die Substanz der bestehenden Verfassung gewahrt bleiben.« Vgl. auch *Ehmke*, S. 90; *Gutmann*, S. 54; *Alvarez*, S. 78; *Badura*, HStR VII, § 160 Rdnr. 17; Sachs/*ders.*, Einführung Rdnr. 3; siehe ferner oben C. II. 2. zum Wesen der Verfassungsänderung.

[11] Zu den entsprechenden Argumentationen bereits oben C. II. 5. b).

[12] Dies wird etwa anhand der Beispiele deutlich, die *Schmitt*, Verfassungslehre, S. 26, 104f, verwendet, um seine These von der auf Änderungen des Verfassungsgesetzes beschränkten Revisionsermächtigung zu untermauern. Vgl. auch die Darlegungen von *Ehmke*, S. 84ff, 101ff, sowie die Betrachtung älterer Verfassungen bei BK/*Evers*, Art. 79 Abs. 3 Rdnr. 1ff, in deren Rahmen immer wieder auf das Problem der *inhaltlichen* Unbegrenztheit der Verfassungsänderung eingegangen wird.

[13] Eine Spezialfrage, auf die hier nicht näher eingegangen werden kann, ist es, ob die zur Verfassungsänderung ermächtigenden Bestimmungen ihrerseits geändert werden dürfen. Zu dieser Frage, die in Deutschland primär im Hinblick auf die Abänderbarkeit des Art. 79 GG diskutiert wird, vgl. einerseits *Murswiek*, Wiedervereinigungsgebot, S. 29ff, der aus Gründen der »Normlogik« zu dem Ergebnis gelangt: »Neben der negativen Kompetenznorm des Art. 79 III GG ist somit auch die positive Kompetenznorm des Art. 79 I 1 i.V.m. 79 II GG jeder Verfassungsänderung entzogen«, sowie andererseits *Schilling*, S. 226ff, Dreier/*Dreier*, Art. 79 I Rdnr. 26, Art. 79 II Rdnr. 19, und AK/*Vissmann*, Art. 79 Rdnr. 36, 40, die sich gegen derartige Änderungsverbote aus Gründen der Normlogik aussprechen.

hung zwischen Verfassungsänderung und Verfassunggebung verbunden ist.[14] So können[15] Verfassungsinhalte, die der Disposition der Revisionsgewalt ausdrücklich oder stillschweigend entzogen sind und deshalb im Wege der Verfassungsänderung nicht angetastet werden dürfen, nur qua Verfassunggebung modifiziert werden. Bezogen auf *ausdrückliche* Revisionsschranken ist gelegentlich sogar davon die Rede, daß der Verfassunggeber die verfassungserzeugende Gewalt insoweit nicht an die pouvoirs constitués weitergegeben, sondern sich den Zugriff auf die in der Verfassung für unabänderlich erklärten Grundsätze selbst vorbehalten habe (»Vorbehalt des Verfassunggebers«).[16] Angesichts der bisherigen Ergebnisse dieser Arbeit kann es sich dabei nicht um einen Vorbehalt rechtlicher Art handeln: Verfassunggebung ist ein politisch-faktisches, an Legitimitätsvorstellungen und nicht an Legalitätsmaßstäben zu messendes Phänomen, das einer rechtlichen Grundlage entbehrt und einer solchen auch nicht bedarf.[17] Wenn mit dem Inkrafttreten einer Verfassung Organe der verfaßten Gewalt das Recht zur Verfassungsänderung erhalten, delegiert die verfassunggebende Gewalt also nicht etwa eine ihr von Rechts wegen zustehende Kompetenz zur Verfassungsrechtsetzung ganz oder – sofern die Revisionsermächtigung beschränkt ist – teilweise an pouvoirs constitués.[18] Eine solche rechtliche Kompetenz hat vor dem Inkrafttreten der Verfassung niemals bestanden. Vielmehr wird mit dem Akt der Verfassunggebung eine rechtliche Befugnis und damit die Möglichkeit zur legalen Verfassungsrechtsetzung überhaupt erst geschaffen.[19] Sofern mithin bestimmte Verfassungsgehalte kraft verfassungsrechtlicher Anordnung der Verfügung der Revisionsorgane entzogen sind, bedeutet dies nur, daß derartige Änderungen *von den verfaßten Gewalten nicht vorgenommen werden dürfen*. Das heißt aber *nicht*, daß die den pouvoirs constitués vorenthaltenen Maßnahmen statt dessen von der *verfassunggebenden Gewalt verwirklicht werden dürfen*, wie die Rede von einem »Vorbehalt des Verfassunggebers« allzu leicht suggerieren kann[20]; denn ein

---

[14] Siehe schon oben C. II. 5. b) ee) (2).

[15] Oben C. II. 5. b) ee) (2) hatte es noch geheißen: »(...) *kann* oder *darf* insofern nur der Verfassunggeber«; Hervorhebung dort nicht. Mittlerweile steht indes fest, daß Verfassunggebung nicht auf eine Rechtsgrundlage zurückführbar ist und insofern nicht unter dem Gesichtspunkt des rechtlichen Dürfens beurteilt werden kann.

[16] So *Heckmann*, DVBl. 1991, 847 (851); vgl. auch M/D/*Maunz/Dürig*, Art. 79 Rdnr. 23; *Huber*, ThürVBl. 1994, 1 (7); Sachs/*ders.*, Art. 146 Rdnr. 11; Sachs/*Lücke*, Art. 79 Rdnr. 2, 20.

[17] S.o. D. II. 3. c).

[18] So klingt es aber bei Sachs/*Lücke*, Art. 79 Rdnr. 2: »Der Schöpfer des (ursprünglichen) GG – der Verfassunggeber – hat die *verfassungsändernde Gewalt* demnach nicht für sich zurückbehalten, sondern sie dem von ihm konstituierten (Verfassungs-)Gesetzgeber überantwortet und bei diesem *monopolisiert*«; Hervorhebungen v. Verf.

[19] Ein ggf. aus dem völkerrechtlichen Selbstbestimmungsrecht abzuleitendes Recht des Volkes auf Verfassunggebung bleibt bei dieser und den folgenden Aussagen außer Betracht; zur Begründung s.o. D. II. 3. b) cc) (1).

[20] Aus diesem Grunde ist oben bei der Vorstellung der verschiedenen Ansichten zum Schicksal der verfassunggebenden Gewalt nach dem Akt der Verfassunggebung ausdrücklich zwischen solchen Auffassungen, nach denen die Verfassungsgeltung unter einem »politischen Vorbehalt«

rechtliches Dürfen außerhalb der verfassungsrechtlich konstituierten Rechtsordnung gibt es nicht. Der Verfassunggeber *darf* gar nichts[21], sondern *kann* allenfalls aktiv werden, wenn die politisch-faktische Situation einen verfassunggeberischen Akt erlaubt oder erfordert.[22]

Entsprechendes müßte auch für *ungeschriebene* Schranken der Verfassungsrevision gelten: Sofern es sie gäbe – ob dies der Fall ist, wird sogleich zu prüfen sein –, gliche ihre Wirkung derjenigen ausdrücklich angeordneter Begrenzungen der verfassungsändernden Gewalt. Auch einem stillschweigend in der Verfassung mitgedachten Verbot bestimmter Verfassungsänderungen könnte mithin kein entsprechendes Recht der verfassunggebenden Gewalt korrespondieren: Das, was den pouvoirs constitués aufgrund ungeschriebener Revisionsschranken zu tun verboten wäre, *dürfte* auch der Verfassunggeber *nicht*.

2. Das Problem der Herleitung ungeschriebener materiell-rechtlicher Schranken der Verfassungsrevision

Auch vor dem Hintergrund der vorangegangenen Klarstellungen bleibt die Grundfrage bestehen, ob es ungeschriebene Grenzen der Verfassungsänderung überhaupt gibt und wie ggf. ihr Inhalt ermittelt werden kann. Scheinbar problemlos vertreten ließe sich der Standpunkt, daß dort, wo eine Verfassung hinsichtlich materieller Bindungen der Revisionsgewalt schweigt, mangels gegenteiliger Anordnung Verfassungsänderungen beliebigen Inhalts zulässig sind. Eine solche positivistisch orientierte, die Existenz ungeschriebener Schranken rundweg ablehnende Auffassung[23] sähe sich aber gewichtigen Bedenken ausgesetzt. Außer dem oftmals anzutreffenden semantischen Argument, daß von einer »Änderung« der Verfassung nur bei Wahrung ihrer Identität bzw. bei Fortgeltung ihrer Grundprinzipien gesprochen werden könne[24], wird zugunsten der grundsätzlichen Existenz solcher Schranken nämlich auch die folgende Überlegung angeführt: Mit der Einrichtung einer Revisionsmöglichkeit könne niemals die Schaffung einer unbeschränkten Ermächtigung der pouvoirs constitués zur Veränderung der vom

---

steht (s.o. D. II. 2. a) bb) (2); cc) (1); b); c) dd)), und solchen, die von einem »rechtlichen Vorbehalt« neuerlicher Verfassunggebung ausgehen (s.o. D. II. 2. a) cc) (2) (b)), unterschieden worden.

[21] So aber *Alvarez*, S. 79 Fn. 274: »Ein gutes Beispiel dafür gibt der Art. 79 Abs. 3 GG. Nur die verfassunggebende Gewalt *darf* über ihn disponieren, nicht aber die verfassungsändernde Gewalt«; Hervorh. v. Verf.

[22] *Steiner*, S. 209, weist überdies darauf hin, daß Änderungssperren in aller Regel auch gar nicht den Sinn hätten, den Entscheidungsspielraum einer außerkonstitutionellen verfassunggebenden Gewalt zu sichern. Vielmehr gehe es um den Schutz bestimmter Norminhalte vor legaler Änderung.

[23] Vgl. zu derartigen Ansätzen die Darstellung bei *Ehmke*, S. 19ff, m.w.N.

[24] Zu diesen und weiteren Formulierungen, mit denen argumentativ das Bestehen ungeschriebener Grenzen der Verfassungsänderung gerechtfertigt wird, oben C. II. 5. b) ee) (1); speziell zu der semantischen Argumentation oben C. II. 5. b) ee) Fn. 86, 94 sowie E. I. 1. Fn. 10.

pouvoir constituant getroffenen Grundentscheidungen intendiert sein[25], weil dann die Verfassungsbindung der Organe der verfaßten Gewalt[26] ausgehöhlt würde und diese sich zum Herrn über den Inhalt der Verfassung[27] aufschwingen könnten.[28] Und in der Tat führte das Fehlen jeglicher materieller Revisionsschranken dazu, daß die Revisionsklausel zum Kern der Verfassung avancierte und deren sonstiger Inhalt dem Belieben der änderungsbefugten Organe ausgesetzt wäre.[29] Die Verfassung beanspruchte nicht mehr Rechtsverbindlichkeit, sondern würde, wie *Kirchhof* treffend hervorhebt, nur stets erneut um die aktuelle Zustimmung der zur Verfassungsänderung befugten Staatsorgane werben.[30] Insofern widerspräche eine materiell unbeschränkte Änderungsermächtigung der Idee der (verfassungsstaatlichen) Verfassung[31] als herrschaftsbegründende und vor allem herrschaftsbegrenzende rechtliche Grundordnung des Staates, die wegen der besonderen Dignität ihres Inhaltes mit dem Anspruch auf dauerhafte Geltung aufwartet und schon deshalb nicht ohne weiteres abänderbar sein kann.[32] Hält man in Anbetracht dieser Argumente die Existenz irgendwelcher Begrenzungen der Revisionsermächtigung für unabdingbar, ergeben sich auf der anderen Seite bei deren Begründung und der Festlegung ihres Inhaltes jedoch erhebliche Kalamitäten.

a) *Die Begründung ungeschriebener Schranken der Verfassungsrevision*

Die juristische Herleitung stillschweigender Revisionsschranken bedarf eines nicht nur geringfügigen Aufwandes an Argumentation. Das Bestehen ungeschriebener Verfassungsinhalte ist keine Selbstverständlichkeit und deshalb besonders zu rechtfertigen. Dies erklärt z.B. *Carl Schmitts* aufwendige Unterscheidung zwi-

---

[25] So weist *Schmitt*, Verfassungslehre, S. 102, darauf hin, daß jede rechtliche Kompetenz notwendigerweise begrenzt sei, weshalb für die Kompetenz zur Verfassungsänderung nichts anderes gelten könne.

[26] Dazu oben A. III. 2. c); 3. c) aa); C. II. 2. u.ö.

[27] Auf diese Konsequenzen einer materiell unbegrenzten Änderungsbefugnis hat deutlich *Schmitt*, Verfassungslehre, S. 19, aufmerksam gemacht: Gäbe es keine derartigen Beschränkungen, »so würde die Bestimmung über Verfassungsänderungen, für die Weimarer Verfassung also Art. 76, der wesentliche Kern und der einzige Inhalt der Verfassung. Die ganze Verfassung wäre nur ein Provisorium und in Wahrheit nur ein Blankettgesetz, welches gemäß den Bestimmungen über Verfassungsänderungen jeweils ausgefüllt würde.« Ähnlich *Hesse*, Grundzüge, Rdnr. 701: »(...) in diesem Falle wird der Änderungsartikel zum Kern der Verfassung: das einzige, was feststeht, ist, daß alles abgeändert oder beseitigt werden kann.«

[28] So *Schmitt*, Verfassungslehre, S. 19f, 25f; *Haug*, S. 149; vgl. auch *Kirchhof*, HStR I, § 19 Rdnr. 31f; *Badura*, HStR VII, § 160 Rdnr. 26; *ders.*, Artikel »Verfassung«, EvStL II, Sp. 3754; *Alvarez*, S. 77f.

[29] Vgl. *Schmitt* und *Hesse*, jeweils a.a.O.

[30] *Kirchhof*, HStR I, § 19 Rdnr. 32.

[31] Zu dem hier zugrunde gelegten Verfassungstypus des demokratischen Verfassungsstaates s.o. A. III. 1.

[32] Zu den erwähnten Charakteristika der Verfassungsidee s.o. A. III. 3. a) bis c) sowie f).

schen »Verfassung« und »Verfassungsgesetz«[33], die im wesentlichen darauf abzielt, die materielle Beschränktheit selbst explizit unbegrenzter verfassungsgesetzlicher Revisionsermächtigungen darzutun[34], oder auch *Horst Ehmkes* Bemühungen, die Notwendigkeit eines materialen Verfassungsverständnisses zu belegen, aus dem Schranken der Verfassungsänderung abzuleiten seien.[35] Indes sind jene Thesen zur Begründung ungeschriebener Revisionsschranken mit guten Gründen nicht ohne Widerspruch geblieben.[36] Auf die Argumente jener Gegenansichten kann hier nicht en détail eingegangen werden. Mit Blick auf die bisherigen Resultate dieser Arbeit sei nur folgendes bemerkt:

aa) Die Begründung mit dem Wesen der Verfassung

Das Argument, die Idee der Verfassung und überhaupt der rechtlichen Verfaßtheit staatlicher Herrschaft verlange das Bestehen irgendwelcher Grenzen der Verfassungsänderung, kann für sich genommen zur Begründung verfassungsimmanenter Beschränkungen der Revisionsgewalt kaum ausreichen. Zwar spricht einiges für die Auffassung, es könne nicht angehen, den pouvoirs constitués mit dem Instrument der Verfassungsänderung das Recht an die Hand zu geben, beliebig über die Grundlagen ihrer eigenen Herrschaft zu verfügen bzw. – im äußersten Fall – die ihnen eingeräumten Befugnisse sogar selbst zu erweitern.[37] Zumindest in bezug auf neuere Verfassungen kann aber auch entgegengesetzt argumentiert werden: Seit geraumer Zeit ist es dem an Verfassungsvergleichung interessierten Publikum geläufig, daß es Verfassungen gibt, die dem verfassungsändernden Gesetzgeber in geringerem oder größerem Umfang *ausdrücklich* inhaltliche Beschränkungen auferlegen.[38] Wenn in einer Verfassung neueren Datums entsprechende Änderungssperren nicht vorgesehen sind, kann dies mithin durchaus als

---

[33] Dazu oben B. I. 2. b); II. 1. ; C. II. 1. und 5. b) aa).

[34] So auch *Herzog*, AStL, S. 318.

[35] Siehe schon oben C. II. 5. b) dd).

[36] Zur Kritik vgl. *Haug*, S. 184ff; *Gutmann*, S. 46ff; *Alvarez*, S. 34f; *Stern* I, S. 71; *Tosch*, S. 40ff, 51; *Bachof*, S. 25f mit Fn. 42; BK/*Evers*, Art. 79 Abs. 3 Rdnr. 86ff; *Doehring*, AStL, Rdnr. 304ff.

[37] Zu dieser Argumentation schon oben E. I., Einleitung zu 2. Weniger überzeugend ist dieser Argumentationsansatz allerdings dann, wenn eine Verfassung das Recht zur Verfassungsrevision unmittelbar dem Volk (als verfaßter Gewalt) überträgt oder das Inkrafttreten einer von anderen Organen initiierten Verfassungsänderung von einem zustimmenden Votum des Volkes abhängig macht. In dieser Konstellation ist nicht recht einzusehen, warum die Existenz irgendwelcher Revisionsschranken unentbehrlich sein soll; denn weshalb sollte das verfaßte Volk, dem die Verfassung keine ausdrücklichen Beschränkungen auferlegt, bei der Verfassungsänderung weniger dürfen, als es im Fall der Verfassunggebung zu tun vermag? Auf entsprechende Kritik ist auch die Anwendung der Lehren *Schmitts* auf die Verfassungslage in der Schweiz gestoßen; dazu schon oben D. III. 2. d) bb) Fn. 451.

[38] Vgl. z.B. Art. 79 Abs. 3 GG; Art. 139 der Italienischen Verfassung; Art. 89 Abs. 5 der Französischen Verfassung; Art. 288 der Portugiesischen Verfassung; Art. 110 Abs. 1 der Griechischen Verfassung. Als weitere Beispiele für Verfassungsvorschriften, denen zufolge die Revisionskompetenz materiell beschränkt ist, werden bei Sachs/*Lücke*, Art. 79 Rdnr. 1 Fn. 3, genannt: Art. 281

bewußter Verzicht des Verfassunggebers auf die Festschreibung von Revisions-schranken interpretiert werden.

Dem Argument, ein solcher Verzicht habe im Hinblick auf die hiesige Frage-stellung keine Auswirkungen, weil eine grenzenlose Änderungsbefugnis dem Wesen einer Verfassung fremd sei und deshalb ungeachtet des Verfassungstextes irgendwelche inhaltlichen Schranken *bestehen müßten*, läßt sich entgegenhalten, daß ihm ein begriffliches Verfassungsverständnis zugrunde liegt. Ein solches Ver-fassungsverständnis ist erheblichen Einwänden ausgesetzt, weil jeder Verfas-sungsbegriff notwendigerweise wertungsabhängig und relativ ist und deswegen nicht als Anknüpfungspunkt für die Herleitung konkreter Rechtsfolgen taugt.[39] Insbesondere die These, bestimmte Verfassungsmerkmale seien per se zwingen-den Charakters, ist alles andere als Ergebnis einer rechtswissenschaftlichen De-duktion.[40] Als vorzugswürdig hat sich ein typologisches Verfassungsverständnis erwiesen, wonach das Wesen der Verfassung durch das spezifische Zusammen-wirken einer Reihe typischer Merkmale geprägt wird, die nicht in jedem konkre-ten Fall sämtlich vorzuliegen brauchen. Danach schließt das Fehlen eines einzel-nen typischen Merkmals die Zuordnung eines konkreten Sachverhalts zum Ty-pus nicht schlechthin aus.[41] Die materielle Beschränktheit der Revisionsbefugnis mag deshalb zwar typisch für eine Verfassung[42] und mit Blick auf die Idee der rechtlichen Verfaßtheit staatlicher Herrschaft angebracht sein; logisch zwingen-des und unverzichtbares Verfassungsmerkmal ist sie aber nicht.[43] Insofern ist es gerade *nicht* per definitionem ausgeschlossen, daß eine »Verfassung« aufgrund ei-ner bewußten Entscheidung des Verfassunggebers im verfassungsrechtlichen Re-visionsverfahren beliebig geändert werden darf.[44]

---

der Verfassung von Guatemala; Art. 134 der Verfassung von Kambodscha; Art. 64 der Verfassung von Kamerun; Art. 136 der Verfassung von Mexiko; Art. 131, 132 IV der Verfassung von Nami-bia; Art. 135 der Russischen Verfassung; Art. 157 der Ukrainischen Verfassung.

[39] S.o. A. II. 3. b) und c), auch zum folgenden.

[40] S.o. A. II. 3. b) cc).

[41] Das Spezifikum eines Typus besteht nämlich gerade darin, daß das Fehlen eines typischen Merkmals durch das Vorliegen anderer typischer Merkmale kompensiert werden kann; s.o. A. II. 3. a) bb) (1). Das Fehlen materieller Änderungsschranken könnte insofern etwa durch besonders strenge Anforderungen für Verfassungsänderungen oder durch andere Kauteln ausge-glichen werden, die einer Preisgabe der Verfassung an die pouvoirs constitués entgegenwirken und mithin im Zusammenhang mit der herrschaftsbegrenzenden Funktion der Verfassung ste-hen.

[42] Ob dies tatsächlich der Fall ist, unterliegt gewissen Zweifeln. Eher wird man davon auszu-gehen haben, daß eine materielle Begrenzung der Revisionsbefugnis (noch) nicht verfassungsty-pisch ist; siehe in diesem Zusammenhang oben D. III. 4. a) Fn. 683.

[43] Dies gilt jedenfalls, solange nicht der Nachweis der begrifflichen Qualität eben dieses Ver-fassungsmerkmals gelingt.

[44] Ob eine derart flexible Verfassung eine »gute« Verfassung ist, steht auf einem anderen Blatt. Zur verfassungspolitischen Bedeutung des Ausmaßes der Verfassungsflexibilität bereits oben D. III. 1. b) cc) a.E.

Aber auch wenn das Fehlen expliziter Änderungsschranken nicht als bewußter Verzicht des Verfassunggebers auf eine inhaltliche Begrenzung der Revisionsgewalt gedeutet wird, unterliegt die Ableitung ungeschriebener Revisionsschranken aus dem Wesen oder aus der Idee der Verfassung Zweifeln. Eine solche Vorgehensweise setzt voraus, daß es ein feststehendes Wesen der Verfassung überhaupt gibt.[45] Das Phänomen »Verfassung« ist jedoch zeitlich sowie räumlich kontextabhängig und deshalb seinem Wesen nach relativ.[46] Per se zwingende Wesenszüge der »Verfassung« sind nicht erkennbar[47], weshalb »Verfassung« in dieser Arbeit als Typus und nicht als Begriff charakterisiert worden ist.[48] Auch in diesem Zusammenhang gilt daher das soeben Festgestellte: Selbst wenn davon ausgegangen wird, daß eine wie auch immer geartete materielle Begrenztheit der Revisionsbefugnis zu den typischen Eigenschaften einer Verfassung gehört, bleibt diese Begrenztheit doch nur typisches Merkmal, aus dem anders als bei einem Verfassungsbegriff nicht gefolgert werden kann, daß es unabhängig vom Verfassungstext ungeschriebene rechtliche Schranken der Verfassungsrevision geben *muß*.[49] Allenfalls ließe sich eine entsprechende Vermutung aufstellen, die aber einer Bestätigung anhand der Normen der konkreten Verfassung bedürfte.[50] Unter Berufung auf das Wesen der Verfassung läßt sich somit die Existenz ungeschriebener rechtlicher Revisionsschranken nicht belegen. Die Idee der Verfaßtheit staatlicher Herrschaft spricht lediglich prima facie für das Bestehen irgendwelcher Schranken der Revisionsbefugnis. Die Existenz rechtlicher Begrenzungen der Revisionsgewalt kann jedoch nicht in logisch zwingender Weise deduktiv aus dem »Wesen« der Verfassung abgeleitet werden.

bb) Die Begründung mit der Figur eines Vorbehalts des Verfassunggebers

Auch die Vorstellung, daß es der Intention des Verfassunggebers entspreche, sich die Entscheidung über bestimmte inhaltliche Grundzüge der Verfassungsordnung selbst vorzubehalten[51], taugt nicht zur Begründung ungeschriebener Revisionsschranken. Zum einen nicht, weil der Verfassunggeber dann die Revisionsgewalt explizit hätte beschränken können, und zum anderen nicht, weil ein sol-

---

[45] Diese Zweifel entsprechen denjenigen, die hinsichtlich der Ableitung bestimmter Beschränkungen der verfassung*gebenden* Gewalt aus dem Wesen der Verfassung zu hegen sind; dazu oben D. II. 3. a) aa) Fn. 170.

[46] S.o. A. II. 1.

[47] Dies erklärt auch die inhaltliche Relativität der aus dem Wesen der Verfassung abgeleiteten Schranken der Verfassungsrevision; dazu unten E. I. 2. b) bb).

[48] S.o. A. II. 3. b) und c), auch zum folgenden.

[49] Bei einem Verfassungsbegriff könnte dagegen wie folgt argumentiert werden: Weil (und wenn) der Verfassungsbegriff u.a. durch die Beschränktheit der Revisionsermächtigung definiert ist, muß eine konkrete Verfassung in bestimmter Hinsicht materiell unabänderlich sein, weil sie sonst nicht »Verfassung« wäre.

[50] Dazu noch näher unten E. I. 2. c).

[51] Zu derartigen Ansichten vgl. die Nachweise unter E. I. 1.

cher Vorbehalt kein entsprechendes Recht der verfassunggebenden Gewalt zu begründen vermöchte. Warum sollte sich der pouvoir constituant eine politisch-faktische Möglichkeit verfassungsrechtlich vorbehalten wollen, die er ohnehin jederzeit hat[52], sich also nicht vorzubehalten braucht? Mit einer Abgrenzung der Verantwortungsbereiche von verfassunggebender Gewalt und verfassungsändernden Organen lassen sich ungeschriebene Schranken der Verfassungsrevision demnach ebenfalls nicht rechtfertigen.

cc) Die Begründung mit dem Gegensatz zwischen Verfassunggebung und Verfassungsänderung

Schließlich kann auch unter Bezugnahme auf die abstrakte Gegensätzlichkeit von Verfassungsänderung und Verfassunggebung nicht nachgewiesen werden, daß die Verfassungsrevision inhaltlichen Beschränkungen unterworfen sein muß.[53] Zwar unterscheiden sich beide Arten der Verfassungsrechtserzeugung in nicht wenigen Verfassungsordnungen dadurch, daß die Verfassungsrevision (ausdrücklichen) inhaltlichen Beschränkungen rechtlicher Art unterliegt, während der pouvoir constituant frei von materiell-rechtlichen Bindungen agieren kann. Auch mag der Begriff der »Änderung« auf materielle Grenzen der Revisionsbefugnis hindeuten.[54] Jedoch beruht die Wesensverschiedenheit von Verfassunggebung und Verfassungsänderung zuallererst auf der Gegensätzlichkeit von originärer und derivativer Rechtsetzung. Nach der hier vertretenen Auffassung ist die Derivativität das einzig zwingende Merkmal der Verfassungsrevision.[55] Alle sonstigen, üblicherweise anzutreffenden Eigenschaften der Verfassungsänderung sind zwar typisch, nicht aber begrifflich notwendig.[56] Infolgedessen kann weder unter Berufung auf häufiges Vorkommen materieller Änderungssperren noch unter Hinweis auf die inhaltliche Undeterminiertheit der Verfassunggebung als gegenüber der Verfassungsrevision wesensverschiedene Art der Verfassungsrechtserzeugung dargetan werden, daß die Existenz materieller Revisionsschranken unabweisbar geboten ist. Auch der Umstand, daß derivative Rechtserzeugung not-

---

[52] Zur politisch-faktisch permanenten Möglichkeit neuerlicher Verfassunggebung s.o. D. II. 2. d) aa); 3. c); Einleitung zu III. u.ö.

[53] So aber vM/K/*Bryde*, Art.79 Rdnr.4: »Aus der Unterscheidung von verfassunggebender und verfassungsändernder Gewalt folgt, daß der verfassungsändernde Gesetzgeber die Identität der Verfassung zu wahren hat.« Ungeschriebene Grenzen der Verfassungsänderung »aus der Theorie der Verfassunggebung« ableiten will auch *Herbst*, S.128ff. Dabei handelt es sich allerdings um außerrechtliche Schranken, nämlich um Legitimitätsaspekte, obwohl *Herbst* sprachlich gelegentlich den gegenteiligen Eindruck erweckt (»Die Verfassungsänderung ist *unzulässig*«, so S.129 Fn.428; »Eine Verfassung, die ein Verfassungsänderungsverfahren vorsieht, *darf* – unabhängig von der Formulierung ausdrücklicher Änderungsschranken in den Revisionsvorschriften – in bestimmten Teilen nicht geändert werden«, so S.133; Hervorhebungen v. Verf.).

[54] Dazu oben E. I. 2. mit Fn.24.

[55] S.o. D. III. 3. b) dd) (2) (c), (3) sowie ff).

[56] S.o. D. III. 4. a).

wendig bestimmten Bedingungen unterworfen ist, ändert daran nichts, weil die
Existenz formeller *oder* materieller Vorgaben für die Rechtsetzung ausreichend
ist.[57] Auch vor dem Hintergrund der hier erarbeiteten Erkenntnisse zur theoretischen Differenzierung zwischen Verfassunggebung und Verfassungsänderung erweist sich damit eine gesicherte dogmatische Herleitung ungeschriebener materiell-rechtlicher Schranken der Verfassungsrevision aus der Gegensätzlichkeit
beider Arten der Verfassungsrechtserzeugung als ausgeschlossen.

b) Die Bestimmung des Inhalts ungeschriebener Schranken der Verfassungsrevision

Mit welchen Unsicherheiten die Konstruktion verfassungsimmanenter Revisionsschranken verbunden ist, wird noch deutlicher, wenn es um die Frage geht,
welchen Inhalt solche Schranken haben sollen, d.h. inwiefern die Reichweite einer Änderungsermächtigung konkret eingeschränkt sein soll.

aa) Der Inhalt der Revisionsschranken bei Schmitt und Ehmke

Carl Schmitt hält mit Blick auf die Weimarer Verfassung folgende grundlegenden
politischen Entscheidungen für im Wege der Verfassungsrevision unantastbar: die
Entscheidung für die Demokratie, die Republik, die Bundesstaatlichkeit, für eine
grundsätzlich parlamentarisch-repräsentative Form der Gesetzgebung und Regierung sowie die Entscheidung für den bürgerlichen Rechtsstaat.[58] Die Begründung dafür, daß die Reichweite der Revisionsermächtigung gerade im Hinblick
auf die genannten Verfassungs(gesetzes)inhalte reduziert sein soll, fällt vergleichsweise knapp aus. Sie beschränkt sich auf die Anführung einiger von
Schmitt für besonders wichtig befundener Verfassungsbestimmungen, in denen
sich seiner Meinung nach die grundlegenden politischen Entscheidungen des Verfassunggebers widerspiegeln.[59]

Horst Ehmke als weiterer Protagonist ungeschriebener Revisionsschranken
leitet aus dem materialen Ganzen der grundgesetzlichen Verfassungsordnung eine solche Fülle von Begrenzungen des verfassungsändernden Gesetzgebers ab,
daß sie hier nicht nochmals aufgezählt werden sollen.[60] Interessant ist in dem hiesigen Zusammenhang primär die Methode ihrer Begründung, die genau der bereits abgelehnten entspricht[61]: *Ehmke* entnimmt die Revisionsschranken u.a. einem »Verständnis der Verfassung als Beschränkung und Rationalisierung der
Macht« bzw. der Verfassungsaufgabe »Anregung und Gewährleistung eines frei-

---

[57] S.o. D. III. 3. c) aa); ferner oben D. III. 2. d) aa), bb); 3. a) dd).
[58] *Schmitt*, Verfassungslehre, S. 23f, 26, 104f.
[59] Vgl. *Schmitt*, Verfassungslehre, S. 23f.
[60] Eine Auswahl der seiner Ansicht nach bestehenden Schranken ist oben unter C. II. 5. b) dd)
aufgeführt.
[61] S.o. E. I. 2. a) aa).

en politischen Lebensprozesses«.[62] Damit werden im Ergebnis aus dem – von *Ehmke* vorausgesetzten und bestimmten – Wesen der Verfassung[63] Rückschlüsse auf die Reichweite der Änderungsermächtigung gezogen.

bb) Der Stellenwert persönlicher Wertungen
bei der Bestimmung des Schrankeninhalts

Beide Beispiele für die inhaltliche Konkretisierung ungeschriebener Schranken der Verfassungsrevision[64] lassen eines deutlich werden: Gleich, ob man bestimmte Verfassungsnormen als Ausdruck grundlegender politischer Entscheidungen apostrophiert und die Verfügung darüber der verfassunggebenden Gewalt vorbehalten möchte oder ob aus gewissen Wesenszügen der Verfassung Grenzen der Revisionsgewalt abgeleitet werden – *um wertungsfreie Deduktionen bzw. auch nur annähernd objektive und rational nachprüfbare Folgerungen handelt es sich dabei nicht.* Immer sind in überaus großem Maße subjektive Wertungen im Spiel[65], sei es, daß sie die Frage betreffen, welche Verfassungsentscheidungen »grundlegend« sind, sei es, daß es darum geht, welche Verfassungsfunktionen für so wichtig gehalten werden, daß sich aus ihnen bestimmte Beschränkungen der Revisionsgewalt entwickeln lassen. *Evers* warnt aus diesem Grunde berechtigterweise davor, daß letztlich

»alle Erwägungen über die Reichweite der der verfassungsändernden Gewalt übertragenen Befugnisse dem Belieben des Interpreten überlassen« bleiben.[66]

---

[62] *Ehmke*, S. 103 ff, 123 ff.

[63] Einzuräumen ist freilich, daß *Ehmke* sein Verfassungsverständnis zuvor offenbart (S. 87 – 89), allerdings in sehr apodiktischer und geraffter Weise.

[64] Die Ansichten *Schmitts* und *Ehmkes* stehen hier exemplarisch für zwei der behandelten Methoden zur Begründung ungeschriebener Revisionsschranken: *Schmitt* entwickelt diese primär aus dem Gegensatz von Verfassunggebung und Verfassungsänderung (aufbauend auf dem Unterschied zwischen Verfassung und Verfassungsgesetz), während *Ehmke* vorrangig auf das Wesen der Verfassung abstellt.

[65] So auch *Herbst*, S. 130. Bestritten werden soll hier nicht, daß rechtswissenschaftliche Deduktionen regelmäßig in gewissem Umfang wertungsabhängig sind. So ist etwa eine gänzlich wertungsfreie Auslegung von Rechtsbegriffen ausgeschlossen; siehe bereits oben A. II. 3. a) aa) mit Fn. 275 und 277. Wenn es in einer Verfassung jedoch an jedem Anhaltspunkt für die Existenz von Revisionsschranken mangelt, gleichwohl aber Grenzen der Verfassungsänderung begründet werden sollen, sind Wertungen in einem viel größeren Umfang erforderlich als im Rahmen »normaler« Rechtsanwendung. Es fehlt die (positiv-)rechtliche Basis, an der die rechtswissenschaftliche Arbeit ansetzen kann und die eine Kontrolle juristischer Deduktionen erst ermöglicht. Vielmehr wird eine solche Basis von den Verfechtern ungeschriebener Schranken in Gestalt stark wertungsabhängiger Prämissen jeweils selbst geschaffen, was diese Vorgehensweise um ein Vielfaches wertungsabhängiger macht als die übliche juristische Argumentationsarbeit.

[66] BK/*Evers*, Art. 79 Abs. 3 Rdnr. 88; ähnlich Dreier/*Dreier*, Art. 79 I Rdnr. 26 Fn. 59. Auch Aubert/*Wildhaber*, Art. 118 Rdnr. 39, betont die Auffälligkeit des Umstandes, »dass praktisch jeder Autor das Ausmass der von ihm behaupteten materiellen *Schranken unterschiedlich* umschreibt«; Hervorhebung dort.

Daß dem so ist, hängt mit dem logisch nicht zwingenden Charakter der einzelnen Verfassungsmerkmale und überhaupt der Relativität des Phänomens Verfassung bzw. mit der weitgehend nicht begrifflichen Verschiedenheit von Verfassunggebung und Verfassungsänderung zusammen: Weil sich das Wesen der Verfassung nicht in allgemeingültiger Weise, sondern nur kontextgebunden bestimmen läßt[67], hängen Art und Reichweite der aus dem Verfassungswesen abgeleiteten Revisionsschranken zwangsläufig davon ab, was derjenige unter »Verfassung« versteht, der die Existenz solcher Beschränkungen behauptet. Vermittels der Konstruktion *Ehmkes* ließe sich mithin ebenso das Bestehen ganz anderer als der von diesem angenommenen Schranken der Verfassungsänderung begründen, sofern nur ein abweichendes Verfassungsverständnis zugrunde gelegt würde. Die besondere Gefahr der geschilderten Methode besteht darin, daß bei der Entwicklung ungeschriebener Änderungsgrenzen nicht auf den Verfassungsnormaltypus bzw. sein begriffliches Pendant, sondern auch auf einen deskriptiven oder sogar normativen Verfassungs*ideal*typus bzw. einen entsprechenden »Verfassungs-idealbegriff« rekurriert werden kann.[68] Dadurch ließe sich die Unabänderlichkeit besonders derjenigen Normen einer bestimmten Verfassung »beweisen«, die nach dem persönlichen Dafürhalten des jeweiligen »Schrankenkonstrukteurs« verfassungs*politisch* besonders erhaltenswert sind. Die Ableitung materieller Schranken der Verfassungsrevision aus dem Wesen der Verfassung bzw. »dem Verfassungsbegriff« erweist sich insofern als unauffällige, aber effektive Möglichkeit, bestimmte politisch-weltanschauliche Anliegen im Wege scheinbar juristisch-neutraler Argumentation zur Geltung zu bringen.[69]

Im Hinblick auf den Stellenwert persönlicher Festsetzungen ähnlich verhält es sich, wenn versucht wird, aus der wesensmäßigen Gegensätzlichkeit von Verfassunggebung und Verfassungsänderung bestimmte Beschränkungen der Revisionsgewalt abzuleiten. Weil diese Gegensätzlichkeit weitgehend typologischer Natur ist, kann mit ihrer Hilfe nicht nur die Existenz ungeschriebener Revisionsschranken nicht nachgewiesen werden.[70] Vielmehr lassen sich auf der Grundlage einer solchen Vorgehensweise erst recht keine gesicherten Aussagen über den Inhalt derartiger Schranken treffen, weil sich aus dem – unrichtigen, aber überle-

---

[67] S.o. A. II. 1. sowie E. I. 2. a) aa).

[68] Zu den verschiedenen Verfassungstypen und den besonders mit dem normativen Verfassungsidealtypus verbundenen Gefahren s.o. A. II. 3. c) cc) (1), besonders (c). Zum »Idealverfassungsbegriff« vgl. oben A. II. 3. c) cc) (2) (b).

[69] Dabei geschieht genau das, was im Zusammenhang mit der Bildung eines Verfassungs*begriffs* als methodisch angreifbar und gefährlich bezeichnet worden ist (s.o. A. II. 3. c)): Aus einem bestimmten Begriff werden konkrete Rechtsfolgen abgeleitet, nachdem dieser Begriff zuvor bereits mit Blick auf die ihm zu entnehmenden Rechtsfolgen gebildet worden ist und obwohl eine Begriffsdefinition anhand zwingender Merkmale eigentlich ausgeschlossen ist. Die Wertungsabhängigkeit entsprechender Aussagen und ihre deshalb nur eingeschränkte juristische Aussagekraft gerät darüber allzu leicht in Vergessenheit.

[70] Vgl. schon oben E. I. 2. a) cc).

gungshalber als richtig unterstellten – Befund, *daß* die Verfassungsänderung im Unterschied zur Verfassunggebung materiell begrenzt sein muß, noch nicht ergibt, *wie* diese Beschränkungen auszusehen haben. Feststehende und überprüfbare Kriterien, anhand derer die Frage nach der konkreten Reichweite von Revisionsschranken beantwortet werden könnte, lassen sich durch eine abstrakte Gegenüberstellung von Verfassunggebung und Verfassungsänderung und die Betonung ihrer Verschiedenheit jedenfalls nicht gewinnen, so daß auch diese Vorgehensweise zu ganz unterschiedlichen Ergebnissen führen kann bzw. sogar muß. Dies erklärt einerseits die große Bandbreite der Formulierungen, die zur Umschreibung des verfassungsänderungsresistenten Bereichs verwendet werden und z.B. dahin gehen, daß die »Identität«, das »Wesen«, die »Kontinuität« oder die »Substanz« der Verfassung in jedem Falle gewahrt bleiben müsse, weshalb die in ihr enthaltenen Grund-, Fundamental- bzw. elementaren Prinzipien im Wege der Verfassungsänderung nicht in Frage gestellt werden dürften.[71] Andererseits rührt auch die auffallende inhaltliche Unbestimmtheit der zur Umschreibung unabänderlicher Verfassungsgehalte verwendeten Begriffe[72] daher, daß die Gegensätzlichkeit von Verfassunggebung und Verfassungsänderung keine definitiven Anhaltspunkte für die Ermittlung des Inhalts konkreter Revisionsschranken bietet. Insofern ist bei der Inhaltsbestimmung der Rückgriff auf andere, von der Differenzierung zwischen Verfassunggebung und Verfassungsänderung unabhängige Gesichtspunkte unabdingbar[73], was wiederum eine – stark wertungsabhängige – Entscheidung darüber notwendig macht, welche dies sind. Dadurch wird einer weiteren Subjektivierung und damit Relativierung der erzielten Ergebnisse Vorschub geleistet.[74]

---

[71]   Nachweise zu den verschiedenen Formulierungen oben C. II. 5. b) ee) (1).

[72]   So läßt z.B. die Feststellung, die »Identität« einer Verfassung dürfe durch verfassungsändernde Gesetze nicht angetastet werden, vollständig offen, was im einzelnen zu den identitätsbestimmenden Merkmalen der Verfassung zählt. Die Bestimmung dieser Merkmale setzt in erheblichem Umfang subjektive Wertungen voraus, was in gewissem Maße zur Beliebigkeit der Resultate entsprechender Betrachtungen führt. Belegen läßt sich diese These auch, wenn man mit *Schmitt* die »*grundlegenden* politischen Entscheidungen« (Hervorh. v. Verf.) für änderungsfest hält. Legt man gleichzeitig die Prämisse zugrunde, daß das Verfassungsgesetz als rechtliche *Grundordnung* des Staates ausschließlich oder doch überwiegend inhaltliche Festlegungen von hoher Dignität und für das Gemeinwesen *grundsätzlicher* Natur enthält, könnte man sogar die Auffassung vertreten, daß wegen dieser *Grundordnungsqualität* der Verfassung nicht nur die von *Schmitt* genannten Entscheidungen, sondern die gesamte oder doch weite Teile der so verstandenen Verfassung dem Zugriff der verfassungsändernden Organe entzogen sein müßten.

[73]   So ist es z.B. denkbar, zum Zweck der inhaltlichen Konkretisierung der mit Hilfe des Gegensatzes von Verfassunggebung und Verfassungsänderung begründeten Revisionsschranken auf das »Wesen der Verfassung« abzustellen. Vgl. auch die Ausführungen in der vorangegangenen Fußnote.

[74]   BK/*Evers*, Art. 79 Abs. 3 Rdnr. 86, macht berechtigterweise darauf aufmerksam, daß bei der Ableitung rechtstheoretischer Folgerungen aus dem Begriff der Verfassunggebung immer die »Gefahr der Hyposta(ti)sierung politischer Ideen« bestehe.

c) Die Herleitung und inhaltliche Konkretisierung ungeschriebener Revisionsschranken durch Auslegung der konkreten Verfassung

In Anbetracht der vorstehenden Überlegungen ist zu konstatieren, daß unter Rückgriff auf das »Wesen« der Verfassung sowie den Gegensatz zwischen Verfassunggebung und Verfassungsänderung keine gesicherten Aussagen zu Existenz und Inhalt von Revisionsschranken möglich sind: Weder ist dergestalt nachweisbar, daß es ungeschriebene Schranken der Verfassungsrevision gibt bzw. geben muß, noch läßt sich auf diese Weise der Inhalt solcher Schranken mit wissenschaftlich fundierten Methoden bestimmen. *Unter Bezugnahme auf abstrakte Grundsätze der Verfassungstheorie kann keine allgemeingültige Lehre vom Bestehen ungeschriebener Schranken der Verfassungsrevision und deren Inhalt entwickelt werden.*[75] *Derartige Grundsätze lassen keine zwingenden Schlüsse zu und bieten dementsprechend keinen sicheren Anhalt für die Ableitung konkreter rechtlicher Folgerungen.*

Die vorstehende Feststellung ist indes keineswegs so zu verstehen, daß die Annahme einer materiellen Beschränktheit der Revisionsgewalt schlechthin ausgeschlossen ist, wenn es an einer Bestimmung fehlt, die bestimmte Verfassungsgehalte explizit der Verfügung der änderungsbefugten Organe entzieht. Vielmehr darf beim Fehlen ausdrücklicher Verfassungsbestimmungen über die inhaltliche Reichweite der Revisionsermächtigung nur *nicht allein* unter Hinweis auf verfassungstheoretische Wesensgemäßheiten vom Bestehen bestimmter ungeschriebener Schranken der Verfassungsänderung ausgegangen werden. Statt dessen ist eine eingehende Analyse der konkret in Rede stehenden Verfassung vonnöten: Weil gesicherte Erkenntnisse hinsichtlich Existenz und Inhalt ungeschriebener Revisionsschranken nicht allein verfassungs*theoretisch*-abstrakt gewonnen werden können, muß das Augenmerk stets auf eine bestimmte Verfassung gerichtet, die Schrankenfrage also verfassungs*rechtlich*-konkret angegangen werden. Wenn eine Verfassung auf die ausdrückliche Statuierung inhaltlicher Beschränkungen der Revisionsorgane verzichtet, ist demnach durch *Auslegung dieser konkreten Verfassung* zu ermitteln, ob es Anhaltspunkte für oder wider das Bestehen und ggf. für den Inhalt verfassungsimmanenter Schranken gibt.[76] Dem Umstand, daß eine

---

[75] Erinnert sei an dieser Stelle daran, daß auch ein etwa bestehender allgemeiner Konsens hinsichtlich der Existenz bestimmter materieller Schranken der Verfassungsrevision nichts daran zu ändern vermag, daß die entsprechenden Aussagen Ergebnis subjektiver Wertungen und nicht (weitgehend) wertneutraler rechtswissenschaftlicher Argumentation sind. Um rechtlich gesicherte und unanfechtbare Erkenntnisse handelt es sich deshalb nicht. Vgl. in diesem Zusammenhang bereits oben A. II. 3. c) bb).

[76] So im Ergebnis auch die Vorgehensweise von *Fleiner/Giacometti*, S. 706: »Auf Grund einer sinngemäßen Auslegung der Bundesverfassung lassen sich aber meines Erachtens einzelne solcher ewiger Normen feststellen.« Ferner auch *Hain* in der 4. Auflage des Grundgesetz-Kommentares M/K/S aus dem Jahre 2001, Art. 79 Rdnr. 37: »(...) bleibt nichts anderes übrig, als die Grenzen der Verfassungsänderung ›positivistisch-rechtstechnisch‹ (...) aus den einzelnen Verfassungsbestimmungen herauszupräparieren, mit denen der Verfassunggeber den unantastbaren

materielle Beschränktheit der Revisionsorgane sowohl von der Verfassungsidee her naheliegt[77] als auch die Verschiedenheit der Verfassungsänderung gegenüber der Verfassunggebung nicht selten mit ausmacht[78], kann allenfalls dadurch Rechnung getragen werden, daß vom Bestehen einer Vermutung zugunsten der Existenz ungeschriebener Revisionsschranken ausgegangen wird. Vorrangig ist jedoch stets die Verfassungsauslegung: Lassen sich durch die Exegese der konkreten Verfassung keine Argumente für die Existenz stillschweigender Revisionsbeschränkungen entdecken, *oder* fehlt es an Anhaltspunkten für die Ermittlung des Inhalts derartiger Beschränkungen, so kann dies nur zu der Annahme führen, daß es in der betrachteten Verfassungsordnung keine ungeschriebenen rechtlichen Grenzen der Verfassungsrevision gibt.[79] Alles andere wäre Spekulation und Unterstellung, nicht juristische Argumentation.

3. Die Bedeutung außerrechtlicher materieller Schranken der Verfassungsrevision

Gemäß den vorangegangenen Überlegungen kann vom Bestehen materiell-rechtlicher Schranken der Verfassungsrevision nur unter der Voraussetzung ausgegangen werden, daß sie entweder in der konkret in Rede stehenden Verfassung ausdrücklich vorgesehen sind oder daß sich durch Auslegung der Verfassung Anhaltspunkte für ihr Vorhandensein und für ihren Inhalt ausfindig machen lassen. Damit ist die Konsequenz verbunden, daß bei Erfüllung keiner der genannten Voraussetzungen die Existenz *rechtlicher* Vorgaben für den Inhalt verfassungsändernder Gesetze verneint werden muß. Infolgedessen sind Fälle denkbar, in denen die Organe der verfaßten Gewalt von Rechts wegen beliebig über den Verfassungsinhalt disponieren dürfen, sofern nur das in der Verfassung vorgesehene Revisionsverfahren eingehalten wird. Gleichwohl heißt dies nicht, daß in einer solchen Verfassungsordnung eine Willkürherrschaft der staatlichen Organe zu befürchten steht.

Auch wenn keine materiell-rechtlichen Grenzen der Verfassungsrevision nachweisbar sind, agieren die für Verfassungsänderungen zuständigen Organe nicht frei von jeder Bindung. So wird es im verfassungstheoretischen bzw. -rechtlichen Schrifttum nicht an Bemühungen zur Herleitung rechtsverbindlicher Grenzen der Verfassungsänderung mangeln. Allein die darauf gestützte Behauptung der

---

Kern der Verfassung umschrieben hat«. Vgl. auch *Herbst*, S. 129f, der die (Legitimitäts-)Grenzen der Verfassungsrevision ebenfalls durch Auslegung der konkreten Verfassung bestimmen will.

[77] S.o. E. I., Einleitung zu 2. sowie 2. a) aa).

[78] S.o. E. I. 2. a) cc).

[79] Daß dies auch dann gilt, wenn es in einer Verfassungsordnung allein an Anhaltspunkten für die Ermittlung des *Inhalts* von Revisionsschranken mangelt, beruht darauf, daß in diesem Fall nicht nur eine rechtswissenschaftliche Bestimmung des Schrankeninhaltes ausgeschlossen ist, sondern die Unmöglichkeit einer gesicherten Inhaltsermittlung darüber hinaus auch überhaupt gegen die *Existenz* derartiger Schranken spricht.

Verfassungswidrigkeit bestimmter Änderungsmaßnahmen kann eine faktische Einengung des den Revisionsorganen rechtlich zustehenden Gestaltungsspielraums bewirken.[80] Darüber hinaus kann gewissen Revisionsschranken möglicherweise gewohnheitsrechtlicher Charakter zukommen.[81] Auch aus dem Völkerrecht können sich Beschränkungen der verfassungsändernden Gewalt ergeben.[82] In jedem Fall müssen sich die Maßnahmen der Revisionsorgane an Legitimitätskriterien messen lassen[83], deren Bedeutung auch in diesem Kontext nicht unterschätzt werden darf.[84] Ihr besonderer Stellenwert resultiert vorrangig aus dem Umstand, daß eine Verfassung um der Sicherung ihrer Geltung willen beständiger Anerkennung bedarf. Sie muß fortdauernd von der verfassunggebenden Gewalt »getragen« werden, weil sich diese mangels rechtlicher Gebundenheit jederzeit von der bisherigen Verfassung lossagen und eine neue Verfassung ins Werk setzen kann. Die Verfassungslegitimität ist insofern ein Garant für die Auf-

---

[80] Gerade in einem demokratischen Staat, in dem die Verfassungsmäßigkeit politischer Vorhaben bereits im Vorfeld ihrer Umsetzung regelmäßig öffentlich diskutiert wird, entfaltet schon die bloße Behauptung der Verfassungswidrigkeit einer bestimmten Maßnahme eine nicht zu unterschätzende Wirkung. Diese kann so weit gehen, daß ein tatsächlich im Einklang mit der Verfassung stehendes Vorhaben allein aufgrund seiner Stigmatisierung als möglicherweise verfassungswidrig nicht in Angriff genommen wird. Eine faktische Einengung des den staatlichen Organen rechtlich zustehenden Gestaltungsspielraums ist um so mehr zu gewärtigen, wenn nicht einfache Gesetzgebungsmaßnahmen oder sonstige Vorhaben, sondern Änderungen der Verfassung auf der politischen Tagesordnung stehen. Wird in einem derartigen Fall die Verfassungswidrigkeit der geplanten Änderung geltend gemacht, ist die entsprechende Behauptung wegen der großen Tragweite des in ihr enthaltenen Vorwurfs – des Verstoßes gegen Verfassungsgehalte, die so grundlegend seien, daß sie selbst von den Revisionsorganen nicht angetastet werden dürften – von überaus großem Gewicht. Selbst wenn sich im Hinblick auf eine konkrete Verfassungsordnung also die Existenz ungeschriebener materiell-*rechtlicher* Schranken der Verfassungsrevision nicht nachweisen läßt, geht doch allein von der Behauptung ihres Bestehens eine die Revisionsorgane inhaltlich beschränkende Wirkung aus. Dabei handelt es sich indes nicht um eine rechtliche, sondern um eine politisch-faktische Beschränkung der pouvoirs constitués. Die Behauptung der Rechtsqualität bestimmter Grundsätze dient somit letztlich der faktischen Durchsetzung ihrer Beachtung, sie ist Argument im politischen Meinungskampf.

[81] Es erscheint nicht von vornherein als ausgeschlossen, daß die Behauptung bestimmter Grenzen der Revisionsermächtigung über einen längeren Zeitraum auf so breite Zustimmung stößt, daß eine Verdichtung der behaupteten Beschränkungen zu Verfassungsgewohnheitsrecht in Betracht kommt. Dies setzt freilich voraus, daß es überhaupt Verfassungsgewohnheitsrecht geben kann. Zu dieser Thematik siehe *Tomuschat*, Verfassungsgewohnheitsrecht, S. 74ff, 81ff, 132ff, 145ff; *Bryde*, S. 433f, 446ff; *Stern* I, S. 109ff; *Badura*, HStR VII, § 160 Rdnr. 9ff; *Isensee*, HStR VII, § 162 Rdnr. 64, jeweils m.w.N.

[82] Vgl. dazu oben D. II. 3. b) cc) (2); völkerrechtliche Vorgaben für die Verfassungsrechtserzeugung gelten gleichermaßen für die verfassunggebende wie für die verfassungsändernde Gewalt.

[83] Im Hinblick auf Akte der verfassunggebenden Gewalt s. o. B. II. 2. d) cc); 3. c); 4. b) bb); 5. a) cc), b) ff).

[84] Zur Bedeutung derartiger außerrechtlicher Normativitäten insbesondere *Boehl*, Verfassunggebung, S. 109ff; *Böckenförde*, verfassunggebende Gewalt, S. 90 (110).

rechterhaltung der – rechtlich unverbindlichen – Selbstbindung des pouvoir constituant an die geltende Verfassung.[85]

Vor diesem Hintergrund müssen die verfassungsändernden Organe trotz materiell-rechtlicher Ungebundenheit darauf bedacht sein, auf die herrschenden Legitimitätsvorstellungen Rücksicht zu nehmen. Ansonsten könnten sie einen Verlust an Zustimmung für die geltende Verfassung auslösen und damit letztlich einen neuerlichen verfassunggeberischen Akt provozieren. Um die verfassunggebende Gewalt an der aktuellen Verfassung festzuhalten sowie zu verhindern, daß sie erneut selbst verfassungschöpferisch aktiv wird, anstatt Anpassungen der Verfassungsordnung von den Organen der verfaßten Gewalt vornehmen zu lassen, sind die Revisionsorgane mithin wenn auch nicht rechtlich verpflichtet, so doch politisch-faktisch gehalten, im Einklang mit den herrschenden Grundüberzeugungen der Bevölkerung zu agieren. Insofern können bestimmte Verfassungsgrundsätze, soweit sich in ihnen nach wie vor aktuelle Legitimitätsvorstellungen angemessen widerspiegeln, im Ergebnis weitgehend verfassungsänderungsresistent sein, auch wenn es an einer entsprechenden rechtlichen Verbürgung fehlt. Angesichts der Bindung der verfassungsändernden Organe an außerrechtliche Normativitäten, die in ihrer Intensität einer rechtlichen Bindung nahekommt[86], läßt sich das nach hiesiger Auffassung mögliche Fehlen materiell-verfassungsrechtlicher Beschränkungen der Revisionsgewalt auch besser mit der (abstrakten) Idee der Verfassung bzw. der Verfaßtheit staatlicher Herrschaft vereinbaren, die sich gerade gegen die Vorstellung bindungslos agierender Organe richtet[87]: Materielle Ungebundenheit besteht trotz fehlender verfassungsrechtlicher Revisionsschranken nicht, nur ist die Art der bestehenden Bindungen anderer, nämlich nicht rechtlicher Natur.[88] Insofern liegt kein unversöhnlicher Widerspruch mit der auf Herrschaftsbeschränkung ausgerichteten abstrakten Idee der Verfassung vor, wenn in einer konkreten Verfassungsordnung keine inhaltlichen Begrenzungen der Revisionsermächtigung aufgefunden werden können.

Zuzugestehen ist allerdings, daß die herrschenden Legitimitätsvorstellungen – wie überhaupt die Beachtung außerrechtlicher Normativitäten – gegenüber der verfassungsändernden Gewalt nicht rechtlich durchgesetzt werden können[89],

---

[85] Zum Ganzen ausführlich oben D. III. 1. b) aa).

[86] Dazu im Zusammenhang mit der Verfassunggebung auch oben B. II. 5. b) ff) a.E., wo die Beachtung außerrechtlicher Normativitäten bei der Verfassungschöpfung als eine Obliegenheit des pouvoir constituant bezeichnet worden ist. In dem hiesigen Kontext könnte man von einer Obliegenheit der Revisionsorgane zum Handeln im Einklang mit den vorherrschenden Legitimitätsvorstellungen sprechen.

[87] S.o. E. I. 2. und auch schon oben A. III. 3. a) bis c).

[88] Im übrigen darf auch nicht übersehen werden, daß wegen der verfahrensrechtlichen Gebundenheit der staatlichen Organe nicht von einer völligen Bindungslosigkeit die Rede sein kann.

[89] Entsprechendes gilt für die Beachtung außerrechtlicher Normativitäten bei der Verfassunggebung, vgl. *Boehl*, Verfassunggebung, S. 109.

was eingedenk der Verfassungsidee einer Herrschaft des Rechts eigentlich naheläge. Eine rechtliche Garantie für die Erhaltung einer legitimen Verfassung kann es in einer Verfassungsordnung, die keine Anhaltspunkte für die Existenz irgendwelcher materiell-rechtlicher Schranken der Verfassungsrevision bietet, nicht geben. Und auch politisch-faktisch kann eine Rücksichtnahme der rechtlich unbeschränkten Revisionsorgane auf die jeweils obwaltenden Legitimitätsvorstellungen nur mittelbar durch den Hinweis auf das latente Drohen eines erneuten Tätigwerdens der verfassunggebenden Gewalt erzwungen werden. Schließlich gibt es auch keine Gewähr dafür, daß nicht eine Abkehr von den aktuellen Legitimitätsidealen der Volkssouveränität, Rechtsstaatlichkeit, Grundrechte etc. hin zu anderen, heute negativ besetzten Vorstellungen stattfindet und in Zukunft etwa eine plutokratische oder absolutistische Herrschaftsordnung als legitim angesehen wird.[90] Auch wenn eine Verfassung also in ihren Grundsätzen heute vollauf den gängigen Vorstellungen von einer legitimen staatlichen Herrschaftsordnung entspricht und insoweit als (politisch-faktisch) änderungsfest erscheint, kann ein künftiger Anschauungswandel die entsprechenden Verfassungsgehalte disponibel werden lassen. Dies bestätigt aber nur die schon sprichwörtlichen Charakter annehmende Sentenz *Böckenfördes*, wonach der Staat (und damit auch die Verfassung) von Voraussetzungen lebt, die er selbst nicht garantieren kann[91] bzw., wie man hinzufügen könnte, die er selbst nur bedingt beeinflussen kann.[92] Dies gilt allzumal für den demokratischen Verfassungsstaat.

---

[90] Vgl. in diesem Zusammenhang *Henke*, Staat 31 (1992), 265 (277): »Was geschieht, ist Zufall, denn es gibt in der Geschichte keine Gewähr für die Durchsetzung des Rechten.«

[91] *Böckenförde*, Säkularisation, S. 42 (60): »Der freiheitliche, säkularisierte Staat lebt von Voraussetzungen, die er selbst nicht garantieren kann.« Vgl. auch schon *ders.*, Rechtsstaat, S. 75: »So gewiß es ist, daß die durch Ausgrenzungen gewährleistete rechtsstaatliche Freiheit der inneren Regulierungskräfte bedarf, um bestehen zu können, der Rechtsstaat baut darauf, daß diese Regulierung sich *von selbst* herstellt, aus der moralischen Substanz der einzelnen und der Homogenität der Gesellschaft. Danach sind seine Institutionen gebaut. Erweist sich dies Zutrauen als Illusion, muß man diese Regulierungskräfte mit Rechtszwang zu garantieren suchen, so ist die *rechtsstaatliche* Freiheit am Ende.« Auf S. 76 heißt es sodann: »Der Rechtsstaat fragt jedoch nicht nach den *Voraussetzungen*, die die rechtsstaatliche Freiheitsordnung allererst möglich machen«; alle Hervorhebungen dort. Vgl. ferner *Starck*, Grundgesetz, S. 46 f. Aufschlußreich in diesem Zusammenhang auch *Šarčević*, JöR 50 (2002), 493 (495 ff, 531), der darlegt, daß diese Voraussetzungen eines demokratischen Verfassungsstaates in Bosnien-Herzegowina gerade nicht erfüllt seien.

[92] Daß der Staat die Voraussetzungen, von denen er abhängt, in gewissem Umfang mitverantwortet und beeinflussen kann, wird von *Kirchhof*, F.A.Z. Nr. 117 vom 22. Mai 1999, S. 8, betont, wo es im Untertitel heißt: »Der Staat lebt von Voraussetzungen, die er selbst mitverantwortet«. Im sodann folgenden Text wird ausgeführt: »Der Verfassungsstaat lebt (...) von Voraussetzungen, die von den Freiheitsberechtigten geschaffen werden, die der Staat aber rechtlich zu regeln, zu stützen, zu entwickeln und zu fördern hat«; siehe auch schon oben D. III. 1. b) bb) und cc) zu den verfassungsrechtlichen Möglichkeiten, künftige verfassunggeberische Akte zu vermeiden oder unnötig zu machen.

II. Das Kriterium der formellen und der materiellen Verfassungsfortgeltung und seine Relevanz

Nachdem Klarheit darüber besteht, daß es echte ungeschriebene materiell-rechtliche Schranken der Verfassungsrevision nicht gibt, kann die Aufmerksamkeit nun erneut dem Problem der Zuordnung konkreter Normerzeugungstatbestände und der auf ihrer Grundlage stattfindenden Normerzeugungsvorgänge[93] zu den theoretischen Kategorien der Verfassunggebung bzw. Verfassungsänderung gewidmet werden. Von besonderem Interesse ist dabei angesichts der Möglichkeit inhaltlich unbegrenzter Revisionsermächtigungen die Frage nach dem Stellenwert des Kriteriums der materiellen Verfassungsfortgeltung.

1. Die Notwendigkeit formeller *und* materieller Betrachtung der Verfassungsfortgeltung

Wie bereits dargelegt worden ist, kann im Hinblick auf die Gesamtheit verfassungsrechtlicher Evolutionsvorschriften[94] zwischen Revisionsklauseln und Ablösungsvorbehalten sowie verschiedenen Unterarten beider Gattungen differenziert werden.[95] Voraussetzung für die theoretische Unterscheidbarkeit von Verfassunggebung und Verfassungsänderung ist, daß die konkret zur Betrachtung stehende Verfassung die Möglichkeit derivativer Verfassungsrechtsetzung eröffnet.[96] Nach dem bisher Ausgeführten ist eine Revisionsklausel auf einzelne Änderungen der ansonsten fortbestehenden Verfassung gerichtet, während ein Ablösungsvorbehalt auf die Schaffung einer die bisherige Konstitution ersetzenden neuen Verfassung zielt.[97] Fortgeltung der alten bzw. Inkraftsetzung einer neuen Verfassung sind dabei bis jetzt in einem *formellen Sinne* verstanden worden: Unabhängig von der inhaltlichen Dimension der erfolgten Veränderung gilt nach einer Verfassungsrevision formell dieselbe Verfassung, während bei der Verfassungsablösung die bestehende Verfassung durch eine andere, formell neue Verfassung ersetzt wird.

An der bis dato praktizierten rein formellen Betrachtungsweise kann mit Blick auf die Überlegungen zur Problematik ungeschriebener materieller Schranken der Verfassungsänderung nicht uneingeschränkt festgehalten werden, weil die

---

[93] Es sei daran erinnert, daß die Zuordnungsfrage sowohl im Hinblick auf abstrakte verfassungsrechtliche Bestimmungen als auch konkrete, auf der Grundlage dieser Bestimmungen erfolgende Vorgänge der Verfassungsrechtserzeugung gestellt werden kann. Beide Aspekte der Zuordnungsfrage können im folgenden allerdings aus sprachlichen Gründen nicht immer gesondert erwähnt werden.

[94] Zur Begrifflichkeit s.o. D. III. 3. b) dd) (2).

[95] S.o. D. III. 3. a) und b) cc), ee).

[96] Vgl. im einzelnen oben D. III. 3. b) ff).

[97] S.o. D. III. 3. b) aa); cc) (1) (b) und (2) (b); dd) (1) (b) und (2) (b) u.ö., auch zum folgenden.

spezifischen Eigenheiten bestimmter verfassungsrechterzeugender Vorgänge ansonsten nicht angemessen erfaßt würden: Zwar mag eine Konzentration auf den Aspekt der formellen Verfassungsfortgeltung vertretbar sein, wenn in einer konkreten Verfassung bestimmte Grundsätze ausdrücklich der Disposition der änderungsbefugten Organe entzogen sind oder wenn sich qua Verfassungsauslegung Hinweise auf Existenz und Inhalt verfassungsimmanenter Grenzen der Verfassungsrevision finden lassen. In diesen Fällen führt nämlich eine *inhaltsorientierte* Analyse verfassungsmäßiger Normerzeugungsvorgänge zumindest dann ebenso zur Annahme von Verfassungskontinuität wie eine ausschließlich *formelle* Betrachtung[98], wenn die materiellen Revisionsschranken die Wahrung des materiellen Kerns der Verfassung, ihrer inhaltlichen Identität sicherstellen.[99] Mit Blick auf das – identische – Ergebnis wäre die Beschränkung auf eine formelle Sichtweise folglich unschädlich.

Anders verhält es sich aber, wenn die verfassungsändernden Organe bar jeder materiell-rechtlichen Bindung agieren dürfen.[100] Unter diesen Umständen steht es den Revisionsorganen rechtlich frei, den bisherigen Verfassungsinhalt in sein Gegenteil zu verkehren. Sie dürfen bei formeller Verfassungskontinuität[101] eine inhaltlich vollständig neue Verfassung schaffen, was materielle Verfassungsdiskontinuität begründet.[102] Dies bedeutet, daß die Resultate formeller und materieller Betrachtung eines konkreten verfassungsrechterzeugenden Vorgangs nicht notwendig übereinstimmen, sondern auch divergieren können.[103] Gerade

---

[98] Zu der Möglichkeit sowohl einer formellen als auch einer materiellen Beurteilung des Gesichtspunktes der Verfassungskontinuität vgl. schon oben D. I. 2. b).

[99] So trägt z.B. das Grundgesetz durch die Unabänderlichstellung wesentlicher Grundsätze in Art. 79 Abs. 3 dafür Sorge, daß seine inhaltliche Identität im Wege der Verfassungsrevision nicht verändert werden darf. Somit ist sichergestellt, daß Verfassungsänderungen sowohl die formelle als auch die materielle Verfassungskontinuität unberührt lassen. Anderer Ansicht offenbar *Heckmann*, DVBl. 1991, 847 (851); dazu gleich in Fn. 103 in diesem Abschnitt.

[100] Auch dann bestehen aber in ihrer Wirkung nicht zu unterschätzende außerrechtliche Normativitäten; s.o. E. I. 3.

[101] Zu dem Umstand, daß im Wege der Verfassungsrevision keine formell neue Verfassung geschaffen werden darf, bereits oben E. I. 1.

[102] Aus der Möglichkeit materiell-rechtlich unbeschränkter Verfassungsrevision ergibt sich mithin auch, daß der theoretische Unterschied zwischen Verfassungsänderung und Verfassungsablösung in solchen Verfassungsordnungen verblaßt, in denen auf beide Weisen Verfassungsrecht beliebigen Inhalts geschaffen werden und die materielle Verfassungskontinuität sogar im Wege der Verfassungsrevision durchbrochen werden darf. Der Gegensatz zwischen Verfassungsablösung und Verfassungsänderung reduziert sich dann insofern auf den formellen Aspekt, als nur im Wege der Verfassungsablösung, nicht aber durch Verfassungsrevision eine formell neue Verfassung mit neuem Geltungsdatum geschaffen werden darf.

[103] Dazu schon oben D. I. 2. b). Eine solche Divergenz könnte im übrigen selbst dann eintreten, wenn sich einer konkreten Verfassung explizit oder durch Auslegung Anhaltspunkte für eine materielle Begrenzung der Revisionsgewalt entnehmen lassen; denn sofern nur die Reichweite dieser Beschränkungen entsprechend gering wäre, ließe sich die Meinung vertreten, auch bei Einhaltung der jeweiligen inhaltlichen Vorgaben sei im Wege der Verfassungsrevision die Schaffung einer materiell neuen Verfassung erlaubt. Mit Blick auf das Grundgesetz in diese Richtung ten-

solche Divergenzfälle können bei Zugrundelegung einer rein formellen Sichtweise nur unzureichend gewürdigt und theoretisch erfaßt werden. Speziell die Konstellation, daß im Wege der Verfassungsrevision beliebige inhaltliche Änderungen bis hin zur Schaffung einer materiell neuen Verfassung zulässig sind, würde im Falle einer Beschränkung auf rein formelle Aspekte nur partiell und unvollständig in den Blick genommen. Deshalb ist jede Verfassungsbestimmung, die die Schaffung neuen Verfassungsrechts betrifft, sowohl in formeller als auch in materieller Hinsicht daraufhin zu analysieren, ob die Fortgeltung der bisherigen oder das Inkraftsetzen einer neuen Verfassung intendiert ist. Entsprechendes gilt für die sich auf ihrer Grundlage vollziehenden Normerzeugungsvorgänge.

2. Die Auswirkungen formeller *und* materieller Betrachtung der Verfassungsfortgeltung

Das Erfordernis einer zwischen formellen und materiellen Aspekten differenzierenden Betrachtung trägt zu einer weiteren Vergrößerung der Bandbreite theoretisch möglicher Gestaltungen bei. Nach deren kurzer Beschreibung (a) ist zu klären, inwiefern der Gesichtspunkt der formellen und der materiellen Verfassungskontinuität bzw. -diskontinuität für die Charakterisierung konkreter Normerzeugungsvorgänge als Verfassunggebung oder Verfassungsänderung relevant ist (b, c).

a) *Überblick über mögliche verfassungsrechtliche Gestaltungen*

Denkbar sind zunächst die soeben angesprochenen Konstellationen[104], daß eine Revisionsklausel in formeller *und* in materieller Hinsicht auf die Fortgeltung der bisherigen Verfassung gerichtet ist[105] oder zwar formell die weitere Geltung der bisherigen Verfassung vorsieht, aus materieller Sicht aber durchaus die Schaffung einer neuen, inhaltlich völlig anders gearteten Verfassung[106] zuläßt.[107] Ein (dekla-

---

[104] dierend etwa *Heckmann*, DVBl. 1991, 847 (851): »Auch innerhalb der Schranken des Art. 79 Abs. 3 GG ist eine Änderung denkbar, die sich nicht mehr als kontinuitätswahrende Verfassungsänderung begreifen läßt, die nämlich die Identität des Grundgesetzes berührt.« Ähnlich *Würtenberger*, Wiedervereinigung, S. 95 (101); *Bryde*, S. 237f.

[104] Die folgenden Konstellationen sind nicht nur teilweise unter E. II. 1. angesprochen, sondern auch oben D. III. 3. a) (Verfassungsrevision) und b) (Verfassungsablösung) bereits in Bezug genommen worden. Die dortigen Aussagen bezogen sich auf verfassungsrechtlich *ausdrücklich angeordnete* Beschränkungen der verfassungschöpferisch tätigen Instanzen, während das Problem ungeschriebener Schranken noch ausgeklammert worden ist. Nunmehr ist hingegen geklärt, daß materiell-rechtlich unbeschränkte Revisionsermächtigungen denkbar sind. Insofern ist im folgenden eine endgültige Systematisierung möglicher verfassungsrechtlicher Konstellationen vorzunehmen, bei der keine Ausklammerungen oder Unterstellungen mehr nötig sind.

[105] Konstellation 1 in der in Fußnote 112 enthaltenen Übersicht.

[106] Konstellation 2 in der in Fußnote 112 enthaltenen Übersicht.

[107] Ferner sind auch Revisionsklauseln vorstellbar, die gleichsam zwischen den erwähnten anzusiedeln sind, nämlich die Verfassungsrevision zwar inhaltlich begrenzen, jedoch nicht in einem

ratorischer[108] oder konstitutiver[109]) Ablösungsvorbehalt kann demgegenüber die Schaffung einer auch materiell neuen Verfassung, d.h. eine formelle *und* materielle Neukonstituierung erlauben[110], oder aber auf die Schaffung einer formell neuen Verfassung beschränkt sein, ohne den wesentlichen Inhalt der bisherigen Verfassung vollständig zur Disposition zu stellen.[111]

b) Der Stellenwert der formellen und der materiellen Sichtweise für die Differenzierung zwischen Verfassunggebung und Verfassungsänderung

Vergegenwärtigt man sich die Vielzahl der genannten Gestaltungsmöglichkeiten, die sich aus verschiedenen Kombinationen der Merkmale formelle/materielle Verfassungs(nicht)fortgeltung und darüber hinaus derivative oder originäre Verfassungsrechtserzeugung ergeben[112], so drängt sich die Frage auf, in welchem Verhältnis die verschiedenen Gesichtspunkte zueinander stehen. Fraglich ist vor

---

solchen Ausmaß, daß die Beibehaltung der materiellen Verfassungsidentität sichergestellt ist. So kann beispielsweise nach Art. 139 der Italienischen Verfassung die republikanische Staatsform nicht Gegenstand einer Verfassungsänderung sein. Vorausgesetzt, darüber hinaus sind der Italienischen Verfassung Revisionsschranken fremd, darf folglich im Wege der Verfassungsrevision trotz ihrer grundsätzlichen materiellen Beschränktheit eine inhaltlich weitestgehend von der bisherigen Verfassung abweichende und daher materiell neue Verfassung geschaffen werden.

[108] Konstellationen 5 und 6 in der in Fußnote 112 enthaltenen Übersicht.

[109] Konstellationen 3 und 4 in der in Fußnote 112 enthaltenen Übersicht. Zur deklaratorischen und zur konstitutiven Verfassungsablösung s.o. D. III. 3. b) cc) und ee).

[110] Konstellationen 4 und 6 in der in Fußnote 112 enthaltenen Übersicht.

[111] Konstellationen 3 und 5 in der in Fußnote 112 enthaltenen Übersicht. Auch hier sind wiederum Mischformen, d.h. Fälle denkbar, in denen zwar inhaltliche Vorgaben für die neue Verfassung aufgestellt werden, diese aber nicht so weit reichen, daß von einer materiellen Identität von alter und neuer Verfassung ausgegangen werden kann.

[112] Übersicht zu den möglichen Gestaltungen:

Verfassungs-bestimmung	formelle Sicht	materielle Sicht	Bezeichnung*
1. Revisionsklausel	Fortgeltung	Fortgeltung	formelle und materielle Verfassungsänderung
2. Revisionsklausel	Fortgeltung	Neukonstituierung	nur formelle Verfassungsänderung
3. konstitutiver Ablösungsvorbehalt	Neukonstituierung	Fortgeltung	nur formelle Verfassungsersetzung
4. konstitutiver Ablösungsvorbehalt	Neukonstituierung	Neukonstituierung	formelle und materielle Verfassungsersetzung
5. deklaratorischer Ablösungsvorbehalt (oder keine Verfassungsbestimmung)	Neukonstituierung	Fortgeltung	nur formelle Verfassunggebung
6. deklaratorischer Ablösungsvorbehalt (oder keine Verfassungsbestimmung)	Neukonstituierung	Neukonstituierung	formelle und materielle Verfassunggebung

* Zu den Bezeichnungen für die verschiedenen Konstellationen unten E. II. 2. c).

allem, welches Gewicht der Aspekt der formellen bzw. materiellen (Nicht-)Fortgeltung der bisherigen Verfassung für die Zuordnung eines konkreten Sachverhaltes zu den Kategorien Verfassunggebung oder Verfassungsänderung hat.[113] Mit anderen Worten: Entscheiden formelle oder materielle Kriterien darüber, ob Verfassunggebung oder Verfassungsänderung vorliegt, oder sind beide gleichermaßen (nicht) zuordnungsrelevant?

Die Antwort ergibt sich aus den bisherigen Resultaten dieser Arbeit zur Differenzierung zwischen Verfassunggebung und Verfassungsänderung: Das einzig zwingende Unterscheidungsmerkmal und damit für die Zuordnungsfrage allein maßgeblich ist die Originarität oder Derivativität der Verfassungsrechtserzeugung.[114] Die Verfassungsfortgeltung ist demgegenüber für sich genommen kein Kriterium, anhand dessen sich konkrete, die künftige Schaffung von Verfassungsrecht betreffende Verfassungsbestimmungen in allen Fällen definitiv einer der beiden Kategorien der Verfassungsrechtserzeugung zuordnen lassen. Mit Blick auf die formelle Verfassungsfortgeltung ist dies bereits oben erkannt worden: Verfassungsänderung kann trotz fehlender formeller Verfassungsfortgeltung vorliegen.[115] Entsprechendes gilt für die materielle Kontinuität der Verfassung. Aufgrund der Tatsache, daß sich rechtliche Grenzen der Revisionsgewalt nicht aus allgemeinen verfassungstheoretischen Erwägungen herleiten lassen, sind durchaus Fälle denkbar, in denen im Wege der Verfassungsänderung ausnahmsweise eine in materieller Hinsicht neue Verfassung hervorgebracht werden darf.[116] *Verfassungsänderung geht damit weder formell noch materiell stets mit Verfassungskontinuität einher. Und Verfassunggebung bewirkt zwar stets formelle, nicht notwendig aber materielle Diskontinuität.*[117] Aus seiner in puncto Zuordnungsfragen fehlenden Entscheidungsrelevanz folgt indes nicht, daß das Merkmal der Verfassungsfortgeltung schlechthin belanglos ist, wenn es um die Charakterisierung konkreter verfassungsrechtserzeugender Vorgänge als Verfassunggebung oder Verfassungsänderung geht.

aa) Die mittelbare Zuordnungsrelevanz allein des formellen Aspekts

Die formelle Sichtweise ist zunächst mittelbar bedeutsam für die Differenzierung zwischen Verfassunggebung und Verfassungsänderung, und zwar insofern, als das begriffliche Unterscheidungskriterium der Derivativität bzw. Originarität der Verfassungsrechtsetzung[118] seinerseits an die *formelle* Kontinuität bzw. Diskontinuität der Grundlage für die Geltung des Verfassungsrechts anknüpft.

---

[113] Zu dieser Frage vgl. auch schon oben D. I. 2. b).
[114] S.o. D. III. 3. b) dd) (2) (c), (3), ff); 4. a).
[115] S.o. D. III. 3. b) dd) (2) (b), (3) sowie ee) (2) und ff).
[116] S.o. E. I. 3. sowie II. 1.
[117] Dazu näher unten E. II. 2. b) aa) (2); ferner IV. 2. a) aa) zur Unmöglichkeit einer nur partiellen formellen Verfassunggebung.
[118] S.o. D. III. 4. a).

(1) Die mittelbare Bedeutung des formellen Aspekts
für die Annahme von Verfassungsänderung

Verfassungsänderung ist als derivative Verfassungsrechtsetzung[119] begriffsnotwendig durch die formelle Kontinuität der verfassungsrechtlichen Geltungsgrundlage gekennzeichnet. Rechtliche Geltungsableitung setzt zwangsläufig den Fortbestand des Geltungssubstrats voraus. Für den *Regelfall* der Verfassungsänderung bedeutet dies: Nur weil und solange die alte Verfassung formell (fort)gilt, gilt auch das im Wege der Verfassungsrevision neu geschaffene Verfassungsrecht, und zwar infolge der Anordnung seiner Geltung durch die alte Verfassung; es partizipiert insofern an der Geltung der bisherigen Verfassung, deren Geltung wird auf die neuen Verfassungsnormen erstreckt. Die Frage nach dem Geltungsgrund des durch Verfassungsänderung erzeugten Verfassungsrechts stellt sich aufgrund der Annahme eines rechtlichen Ableitungszusammenhangs nicht neu, sondern läßt sich durch einen Verweis auf die Geltung der überkommenen Verfassung beantworten.[120]

Für die rechtliche Geltungsableitung ist es demgegenüber irrelevant, ob die Verfassung nach abgeschlossener Revision ihrem materiellen Wesen nach noch dieselbe ist oder nicht. Solange die bisherige Verfassung nur formell fortgilt und sofern die in ihr festgelegten Voraussetzungen für die Zulässigkeit von Verfassungsänderungen erfüllt sind, kann die Geltung des neu geschaffenen Verfassungsrechts auf die vorhandene Revisionsermächtigung zurückgeführt werden.[121] Inhaltliche Gesichtspunkte sind allenfalls insoweit von Belang, als die ihrem Wesen nach formelle Geltungsableitung von der Beachtung bestimmter materieller Verfassungsgrundsätze abhängig gemacht werden kann. Demnach ist zwar nicht die materielle, wohl aber – vermittelt durch den Umstand, daß derivative Rechtsgeltung grundsätzlich den formellen Fortbestand der zur Rechtsetzung ermächtigenden Rechtsnorm voraussetzt[122] – die formelle Fortgeltung der bisherigen Verfassung zwingendes Merkmal der Verfassungsänderung in ihrer klassischen Gestalt.

Für die Konstellation der konstitutiven Verfassungsablösung, die als *Sonderfall* der Verfassungsänderung zu charakterisieren und hier als Verfassungsersetzung

---

[119] S.o. D. III. 3. b) ff).

[120] Vgl. statt vieler *Isensee*, Mythos, S. 13; *ders.*, HStR VII, § 166 Rdnr. 14; *Sachs*, JuS 1991, 985 (986).

[121] Deutlich in diesem Sinne *Sachs*, JuS 1991, 985 (986), der mit Blick auf die inhaltliche Änderung sämtlicher Artikel einer Verfassung ausführt: »Die ursprüngliche Verfassung wäre zwar in ihren Einzelbestandteilen ausgewechselt. Die neuen, geänderten Verfassungsbestimmungen würden aber die Kontinuität der Ausgangsverfassung dadurch bewahren, daß sie nach deren Vorschriften zustandegekommen – von den dafür vorgesehenen Organen in den vorgeschriebenen Formen beschlossen – wären. Auch die totalrevidierte Verfassung ist von der ursprünglichen Verfassung abgeleitet, bezieht aus dieser ihre Legitimation, bleibt Teil desselben Rechtserzeugungssystems.«

[122] Vgl. dazu auch Fn. 124 in diesem Abschnitt sowie unten E. III. 1. c).

bezeichnet worden ist[123], muß im Hinblick auf den formellen Aspekt abweichend konstruiert werden: Weil die bisherige Verfassung bei der Verfassungsablösung gerade nicht formell fortgilt, sondern durch eine neue Konstitution ersetzt wird, ist die Annahme formeller Verfassungskontinuität im üblichen Sinne ausgeschlossen. Statt dessen ist von einer Kontinuität der – gedanklich von der Verfassung unterscheidbaren – Geltungsgrundlage des Verfassungsrechts auszugehen. Diese muß, wenn ein Neukonstituierungsvorgang als derivative Verfassungschöpfung soll qualifiziert werden können, bestehen bleiben, anderenfalls eine rechtliche Geltungsableitung denknotwendig ausgeschlossen ist. Bei der Verfassungsersetzung findet, anders als bei der Verfassunggebung, kein Austausch der Geltungsgrundlage statt, obwohl an die Stelle der bisherigen eine andere Verfassung tritt. Die Geltung der neuen Verfassung wird vielmehr durch die konstitutive Ablösungsklausel in der bisherigen Verfassung vermittelt: Sie beruht letztlich auf einem früheren, nämlich dem verfassunggeberischen Akt, auf den sich auch die Geltung der alten Verfassung gründete.[124]

Daß der Aspekt der materiellen Verfassungskontinuität für die Qualifizierung eines Sachverhaltes als Verfassunggebung oder Verfassungsänderung unmaßgeblich ist, wird bei einer Befassung mit der Figur der konstitutiven Verfassungsablösung noch deutlicher als bei der klassischen Verfassungsänderung. Da die bisherige Verfassung ohnehin formell außer Kraft tritt, spricht grundsätzlich[125] nichts dafür, daß die neue Verfassung mit ihrer Vorgängerin zu einem gewissen Grad inhaltlich übereinstimmen muß.[126] Es liegt auf der Hand, daß es für die Charakterisierung der konstitutiven Verfassungsablösung als Verfassungsänderung allein auf die – durch die Ablösungsklausel vermittelte – formelle Anknüpfung an die Geltungsgrundlage der bisherigen Verfassung ankommen kann.[127]

---

[123] S.o. D. III. 3. b) ee) (2), ff) und auch schon dd) (2) (b) mit Fn. 611.

[124] Es ließe sich im übrigen auch die Meinung hören, daß eine Verfassung, die ihre Substitution im Wege derivativer Verfassungsrechtsetzung erlaubt, im Fall der realisierten Verfassungsablösung nicht gänzlich zu gelten aufhöre, sondern insoweit in Kraft bleibe, als sie durch die Ablösungsklausel und damit mittelbar durch den Verweis auf ihren eigenen Geltungsgrund die Geltung der neuen Verfassung begründe. Vgl. in diesem Zusammenhang noch unten E. III. 1. c).

[125] Vgl. aber die vorangehenden Darlegungen zum Regelfall der Verfassungsänderung, wo ausgeführt worden ist, daß die formelle Ableitung der Geltung des neuen Verfassungsrechts aus der bisherigen Verfassung materiell bedingt sein kann.

[126] Dies beruht auch darauf, daß das Argument der beschränkten Reichweite einer *Änderungs*ermächtigung in dem hiesigen Kontext von Anfang an nicht verwendet werden kann, weil eben nicht nur zur Änderung der bisherigen, sondern zur Neuschaffung einer Verfassung ermächtigt wird. Die Notwendigkeit materieller Verfassungskontinuität kann somit nicht unter Berufung auf die fortbestehende formelle Verfassungskontinuität postuliert werden.

[127] Für diesen Befund spricht auch der Sinn eines konstitutiven Ablösungsvorbehalts: Er ermöglicht die derivative Ersetzung der bisherigen durch eine neue Verfassung und ist somit darauf zugeschnitten, eine rechtsförmliche Anpassung der Verfassungsordnung an solche Gegebenheiten zu ermöglichen, auf die im Wege bloßer Änderung der bisherigen Verfassung nicht angemessen reagiert werden kann. Die Möglichkeit zur Verfassungsablösung wird insofern nur aktuell, wenn ein tiefgreifender Wandel der tatsächlichen Verhältnisse zu verzeichnen ist, der zu seiner

Festzuhalten ist somit, daß lediglich der Gesichtspunkt der formellen Verfassungskontinuität eine durch das Kriterium der Derivativität vermittelte Bedeutung für die Charakterisierung eines Sachverhaltes als Verfassungsänderung hat: Wegen der verfassungsänderungsspezifischen Abgeleitetheit der Verfassungsrechtsgeltung ist *in allen Fällen der Verfassungsänderung eine formelle Kontinuität der verfassungsrechtlichen Geltungsgrundlage* zu verzeichnen. Materielle Gesichtspunkte sind demgegenüber nicht von entscheidender Bedeutung, weil sie auf das Bestehen eines rechtlichen Ableitungszusammenhangs grundsätzlich keinen Einfluß haben. Der *typische* Fall der Verfassungsänderung ist durch die *formelle Fortgeltung der bisherigen Verfassung* und, damit korrespondierend, die *Konstanz der verfassungsrechtlichen Geltungsgrundlage* gekennzeichnet: formelle Kontinuität der Verfassung und des Geltungsgrundes, d.h. der verfassunggeberischen Entscheidung, auf der die Verfassung bereits bisher basierte. Eine *atypische* Ausprägung der Verfassungsänderung, nämlich Verfassungsersetzung, liegt dagegen vor, wenn *formelle Kontinuität allein des Geltungsgrundes, nicht aber der Verfassung* zu verzeichnen ist: Außerkrafttreten der bisherigen Verfassung, aber fortwährende Relevanz des ihr zugrunde liegenden verfassunggeberischen Aktes als Fundament auch der neuen Verfassungsordnung.

(2) Die mittelbare Bedeutung des formellen Aspekts
für die Annahme von Verfassunggebung

Verfassunggebung ist als originäre Verfassungsrechtserzeugung[128] begrifflich durch die formelle Diskontinuität der verfassungsrechtlichen Geltungsgrundlage gekennzeichnet. Originäre, unabgeleitete Geltungsbegründung schließt zwangsläufig den Fortbestand und die weitere Inbezugnahme des Geltungssubstrats der bisherigen Rechtsordnung aus. Die gleichzeitige Annahme von Verfassunggebung und einer Fortgeltung der bisherigen Verfassung bzw. der dieser zugrunde liegenden Geltungsbasis ist demzufolge nicht möglich.[129] Dies bedeutet, daß ein verfassunggeberischer Akt nur vorliegt, falls die alte Verfassung ihrer Geltung verlustig geht und gleichzeitig deren Geltungsgrundlage nicht herangezogen wird, um die Geltung der neuen Verfassung zu begründen. Die Frage nach dem verfassungsrechtlichen Geltungsgrund stellt sich bei der Verfassunggebung damit neu und kann nicht unter Verweis auf eine frühere verfassunggeberische Entscheidung beantwortet werden.

Bewältigung neuer rechtlicher Instrumentarien und nicht nur marginaler Änderungen der existierenden Verfassung bedarf. Diese Funktion verfehlte ein Ablösungsvorbehalt, der für die Schaffung einer neuen Verfassung detaillierte Vorgaben inhaltlicher Art bereithielte und dadurch evtl. notwendige Neuerungen vereitelte. Zu ihrer Durchsetzung wäre ein neuerlicher verfassunggeberischer Akt nötig, den zu vermeiden gerade das Ziel konstitutiver Ablösungsklauseln ist.

[128] S.o. D. III. 3. b) ff).
[129] Dazu auch noch unten E. IV. 2. a) aa).

Ob zwischen altem und neuem Verfassungsrecht ein Ableitungsverhältnis besteht, muß derweil unabhängig von seinem jeweiligen Inhalt ermittelt werden. Materielle Aspekte sind für die Originarität oder Derivativität der Verfassungsgeltung bedeutungslos: Theoretisch liegt, sofern die neue Verfassung nur auf einem eigenständigen Geltungsgrund beruht, auch dann Verfassunggebung vor, wenn die neue Grundordnung der bisherigen Konstitution inhaltlich zu einhundert Prozent entspricht.[130] Originäre Geltung von Verfassungsrecht setzt insofern lediglich formelle, nicht zwingend aber auch materielle Diskontinuität voraus. Allein die *formelle Verfassungsdiskontinuität einschließlich Diskontinuität der verfassungsrechtlichen Geltungsgrundlage* ist somit als Bedingung für die Originarität der Verfassungschöpfung mittelbare Voraussetzung für das Vorliegen von Verfassunggebung.

(3) Die Konsequenzen für die Zuordnung konkreter verfassungsrechtserzeugender Vorgänge zu den Kategorien Verfassunggebung und Verfassungsänderung

Für die Zuordnung konkreter verfassungsrechtserzeugender Vorgänge bzw. der ihnen zugrunde liegenden Normen zu einer der beiden Kategorien der Verfassungsrechtserzeugung kann eingedenk der vorangegangenen Ausführungen folgendes konstatiert werden: *Wenn die bisherige Verfassung nach einem verfassungsrechtserzeugenden Vorgang formell fortgilt, liegt immer Verfassungsänderung vor*, weil formelle Verfassungskontinuität die Annahme von Verfassunggebung ausschließt.[131] In umgekehrter Richtung ist eine derartige Konklusion hingegen nicht durchführbar: Wenn die bisherige Verfassung nach einem verfassungsrechtserzeugenden Vorgang *formell nicht fortgilt*, sondern durch eine neue Konstitution ersetzt wird, kann sowohl Verfassunggebung als auch Verfassungsänderung anzunehmen sein; denn in dieser Situation ist außer originärer Verfassungschöpfung auch vorstellbar, daß allein die alte Verfassung außer Kraft tritt, während deren Geltungsgrundlage fortbesteht und auch der neuen Verfassung zur Geltung verhilft. In dieser Konstellation, bei formeller Kontinuität allein des Geltungsgrundes, nicht aber der Verfassung, ist ein – wenn auch atypischer – Fall der Verfassungsänderung gegeben, nämlich Verfassungsersetzung.[132] Nur wenn mit dem formellen Außerkrafttreten der alten Verfassung zusätzlich eine Auswechslung der Geltungsgrundlage des Verfassungsrechts vollzogen wird, findet

---

[130] So auch *Isensee*, HStR VII, § 166 Rdnr. 14; *Sachs*, JuS 1991, 985 (986); *Moelle*, S. 51 f; abweichend *Heckmann*, DVBl. 1991, 847 (854), auf der Grundlage seines materiell ausgerichteten Ansatzes.

[131] Der Grund dafür besteht darin, daß formelle Verfassungskontinuität zwingend mit der Kontinuität der verfassungsrechtlichen Geltungsgrundlage verbunden ist, Kontinuität des Geltungsgrundes die Annahme von Verfassunggebung aber ausschließt; s.o. E. II. 2. b) aa) (2). Siehe auch unten E. IV. 2. a) aa).

[132] S.o. D. III. 3. b) ee) (2); ff); E. II. 2. b) aa) (1).

Verfassunggebung statt.[133] Als Merksatz für die Zuordnung konkreter Sachverhalte zur Kategorie der Verfassunggebung kann somit notiert werden: *Wenn nach einem verfassungsrechterzeugenden Vorgang weder die bisherige Verfassung formell fortgilt noch das neue Verfassungsrecht auf derselben Geltungsgrundlage beruht wie die bis dahin geltende Verfassung, liegt Verfassunggebung vor.*

bb) Die mittelbare und die typologische Bedeutung des formellen Aspekts

Wie sich ergeben hat, läßt das Merkmal der *formellen Verfassungsfortgeltung* mittelbar einen Schluß auf das Vorliegen von Verfassungsänderung zu: Weil Verfassunggebung originäre Verfassungschöpfung ist, und weil Originarität formelle Diskontinuität der Verfassung einschließlich des verfassungsrechtlichen Geltungsgrundes erfordert, kann immer dann, wenn die bisherige Verfassung formell fortgilt, nicht Verfassunggebung, sondern nur Verfassungsänderung erfolgt sein; denn formelle Verfassungskontinuität geht immer mit Kontinuität der verfassungsrechtlichen Geltungsgrundlage einher und schließt die Annahme von Verfassunggebung aus.

Wenn die Verfassung formell nicht fortgilt, ist ein zwingender, und sei es auch nur mittelbarer Schluß auf das Vorliegen von Verfassunggebung demgegenüber nicht möglich, weil von Verfassunggebung nur unter der zusätzlichen Voraussetzung eines Austausches der verfassungsrechtlichen Geltungsgrundlage ausgegangen werden kann.[134] Dem Merkmal der *formellen Verfassungsdiskontinuität* kommt insofern für die Zuordnung konkreter Sachverhalte zu den Kategorien Verfassunggebung bzw. Verfassungsänderung ein lediglich *indizieller* Charakter zu: Weil formelle Verfassungsdiskontinuität in der ganz überwiegenden Zahl der Fälle mit einem Wechsel der verfassungsrechtlichen Geltungsgrundlage verbunden ist und nur selten bei unveränderter Geltungsgrundlage auftritt, d.h. typisch für Verfassunggebung ist, spricht das formelle Außerkrafttreten einer Verfassung prima facie für eine Charakterisierung des entsprechenden Normerzeugungsvorgangs als Verfassunggebung. Jedoch ist diese *Vermutung* widerlegt, wenn der Beweis der Kontinuität des Geltungsgrundes und damit der derivativen Geltung des neuen Verfassungsrechts gelingt.

Zusätzlich zu dieser Vermutungswirkung und seiner mittelbaren Zuordnungsrelevanz ermöglicht die formelle Betrachtungsweise eine Abstufung zwischen typischen und atypischen Fällen der Verfassungsrevision: Typischerweise fällt die

---

[133] Dies gilt auch dann, wenn eine Verfassung einen deklaratorischen Ablösungsvorbehalt aufweist (dazu oben D. III. 3. b) cc) (3); ee) (1)); denn auch in dieser Konstellation ist wegen der Einseitigkeit der entsprechenden verfassungsrechtlichen Normierungen und ihres nur deklaratorischen Charakters ein formelles Außerkrafttreten der bisherigen Verfassung und auch eine Auswechslung der verfassungsrechtlichen Geltungsgrundlage zu beobachten.

[134] Bei Diskontinuität der verfassungsrechtlichen Geltungsgrundlage liegt demgegenüber immer Verfassunggebung vor. Formelle Verfassungskontinuität ist in dieser Konstellation aus denklogischen Gründen ausgeschlossen.

Verfassungsänderung durch formelle Verfassungsfortgeltung auf. Bei formeller Verfassungsdiskontinuität (aber trotzdem derivativer Verfassungsrechtsetzung) liegt dagegen ein atypischer Fall der Verfassungsänderung vor, weil formelle Verfassungsdiskontinuität verfassunggebungstypisch ist.[135]

cc) Die typologische Bedeutung des materiellen Aspekts

Die vorstehenden Ausführungen zur typologischen Bedeutung des formellen Aspekts gelten sinngemäß auch für die Frage, welcher Stellenwert der materiellen Sichtweise für die Zuordnungsproblematik eignet. Inhaltliche Gesichtspunkte haben auf die Kategorisierung eines verfassungsrechtserzeugenden Vorgangs keinen entscheidenden Einfluß, weil diesbezüglich allein das formelle Kriterium der Derivativität bzw. Originarität der Verfassungsrechtserzeugung maßgeblich ist.[136] Dies bedeutet einerseits, daß selbst dann, wenn eine (formell) neue Verfassung dem Inhalte nach in Gänze der bis dahin geltenden Verfassung nachempfunden ist, Verfassunggebung vorliegen kann.[137] Und andererseits ergibt sich daraus, daß eine vollständige inhaltliche Neuausrichtung einer Verfassung auch im Wege der Verfassungsänderung zulässig sein kann. Bei beiden Konstellationen handelt es sich freilich um Ausnahmefälle. Typischerweise bleibt bei einer Verfassungsänderung der materielle Kern der Verfassung erhalten.[138] Typisch für die Verfassunggebung ist hingegen, daß eine auch inhaltlich neue Grundordnung ins Werk gesetzt wird. Vom Gesichtspunkt der materiellen Verfassungskontinuität bzw. -diskontinuität hängt es demnach mit ab, in welchem Maß ein aufgrund seiner Originarität oder Derivativität begrifflich als Verfassunggebung oder Verfassungsänderung einzustufender Normerzeugungsvorgang dem jeweiligen Typus der Verfassungsrechtserzeugung entspricht, d.h. inwiefern er als typischer oder weniger typischer Fall der Verfassunggebung oder Verfassungsänderung anzusehen ist.

Ähnlich wie in formeller Hinsicht begründet das Ergebnis der materiellen Betrachtungen jeweils eine bestimmte Vermutung: Weil Verfassungsänderungen typischerweise nicht zum Eintreten materieller Verfassungsdiskontinuität führen, spricht die Tatsache einer vollständigen inhaltlichen Neuausrichtung der Verfassungsordnung prima facie für die Annahme von Verfassunggebung. Die Existenz

---

[135] Zur Klassifizierung verfassunggeberischer und verfassungsändernder Akte nach ihrem Grad an Typizität siehe oben D. III. 4. a). Entsprechende Charakterisierungen sind auch im vorigen bereits erfolgt, vgl. z.B. oben E. II. 2. b) aa) (1) und (3).

[136] S.o. E. II. 2. b) aa) (1) und (2).

[137] Vgl. die Nachweise oben E. II. 2. b) aa) (2) Fn. 130.

[138] Dies wird in der Mehrzahl der Fälle deswegen so sein, weil rein tatsächlich keine grundlegende Neugestaltung der Verfassungsordnung intendiert wird, kann aber auch darauf beruhen, daß eine solche Umgestaltung wegen der materiellen Beschränktheit der Revisionsermächtigung rechtlich unzulässig ist. Vgl. in dem letztgenannten Zusammenhang die Ausführungen unter D. III. 3. b) dd) Fn. 597 sowie 4. a) Fn. 683.

von Verfassungsbestimmungen, die minutiöse inhaltliche Bedingungen für die Schaffung neuen Verfassungsrechts statuieren, läßt hingegen vermuten, daß ein entsprechender Normerzeugungsvorgang als Verfassungsänderung einzustufen ist. Auch diese Vermutungen sind jedoch widerlegbar durch den Beweis der Derivativität bzw. Originarität der Verfassungsrechtserzeugung.[139] Wenn sich z.B. einer Verfassung, die eine Evolutionsklausel enthält, weder explizit noch durch Auslegung materielle Vorgaben für die Verfassungsrechtsetzung entnehmen lassen, kann prima facie vermutet werden, daß die entsprechende Bestimmung einen Fall der Verfassunggebung betrifft. Ergibt eine eingehendere Untersuchung dagegen, daß die Erzeugung neuen Verfassungsrechts derivativ erfolgen und die Geltung der bisherigen Verfassung unberührt lassen soll, ist die (auf materieller Sicht beruhende) Vermutung widerlegt. Die entsprechende Norm ist Revisionsklausel, ein normgemäß erfolgender Rechtsetzungsvorgang Verfassungsänderung. Jedoch handelt es sich um einen besonderen, atypischen Fall der Verfassungsrevision, weil keine inhaltlichen Beschränkungen der Revisionsgewalt bestehen und folglich ausnahmsweise die Schaffung einer materiell neuen Verfassung zulässig ist.[140] Wenn eine Verfassung demgegenüber Gebote für den Inhalt künftigen Verfassungsrechts errichtet, kann vermutungshalber davon ausgegangen werden, daß zur Verfassungsänderung ermächtigt wird. Stellt sich jedoch heraus, daß der entsprechenden Evolutionsklausel die Annahme einer originären Geltung des neu geschaffenen Verfassungsrechts zugrunde liegt, betrifft die Klausel entgegen der (materiellen) Vermutung einen Fall der Verfassunggebung und ist als deklaratorischer Ablösungsvorbehalt zu deuten. Weil die bisherige Verfassung die Neukonstituierung inhaltlich zu determinieren sucht, handelt es sich allerdings um einen insofern atypischen Fall der Verfassunggebung.[141]

c) Die Differenzierung zwischen Verfassunggebung und Verfassungsänderung im formellen sowie im materiellen Sinne

Die vorangegangenen Überlegungen haben Gewißheit hinsichtlich des Stellenwertes der formellen und der materiellen Verfassungskontinuität bzw. -diskontinuität für die Kategorisierung konkreter verfassungsrechtserzeugender Vorgänge und für die Einordnung verfassungsrechtlicher Evolutionsklauseln gebracht. Nachfolgend sollen nun alle denkbaren Konstellationen, die sich durch verschie-

---

[139] Möglich ist es insbesondere, daß die auf der Grundlage formeller und materieller Betrachtung jeweils aufgestellten Vermutungen nicht in dieselbe Richtung weisen, sondern sich widersprechen. In diesem Fall geht die formelle Sichtweise insoweit vor, als sich aus dem Merkmal der formellen Verfassungskontinuität zwingend die Derivativität und aus dem Gesichtspunkt der Diskontinuität der verfassungsrechtlichen Geltungsgrundlage zwingend die Originarität der Verfassungsrechtserzeugung ergibt. Vgl. in diesem Zusammenhang näher die Erläuterungen zu Konstellation II der in Fn. 151 enthaltenen Übersicht in eben jener Fußnote.
[140] Vgl. Konstellation 2 in der in Fußnote 112 enthaltenen Übersicht.
[141] Vgl. Konstellation 5 in der in Fußnote 112 enthaltenen Übersicht.

dene Kombinationen der Kriterien formelle/materielle Verfassungskontinuität/ Verfassungsdiskontinuität einschließlich des Merkmals der Derivativität oder Originarität der Verfassungsrechtserzeugung ergeben, mit bestimmten Bezeichnungen versehen werden[142], um sie für den Fortgang dieser Arbeit sprachlich leichter handhabbar zu machen.

Wenn sich eine Verfassungsbestimmung, die durch inhaltliche Vorgaben für die Verfassungsrechtsetzung den Erhalt des materiellen Verfassungskerns sicherstellen soll, als Revisionsklausel erweist, kann von *formeller und materieller Verfassungsänderung* gesprochen werden; denn weil es sich um eine Revisionsklausel handelt, steht die formelle Verfassungsfortgeltung nicht zur Disposition der änderungsbefugten Organe[143], d.h. in formeller Hinsicht sind ausschließlich *Änderungen*, nicht aber die Schaffung einer neuen Verfassungsurkunde erlaubt. Und weil hinreichende inhaltliche Schranken bestehen, darf die Verfassung auch in materieller Hinsicht nur *geändert*, nicht aber aufgehoben oder ersetzt werden.[144] Lassen sich einer Verfassung mit Revisionsklausel dagegen keinerlei inhaltliche Richtlinien für verfassungsändernde Gesetze entnehmen, soll von *nur formeller Verfassungsänderung* die Rede sein.[145] Dies deshalb, weil die Verfassung im Revisionsweg in materieller Hinsicht nicht nur *geändert*, sondern sogar durch eine andere Grundordnung *ersetzt* werden darf (materielle Verfassungsdiskontinuität), während in formeller Hinsicht, wie in der zuvor angeführten Konstellation, ausschließlich Änderungen zulässig sind (formelle Verfassungskontinuität).

Entsprechend sind Bezeichnungen für die übrigen Konstellationen zu bilden: Wenn auf der Grundlage eines deklaratorischen Ablösungsvorbehaltes, der in inhaltlicher Hinsicht auf die Fortgeltung der bisherigen Verfassung zielt[146], eine Neukonstituierung vorgenommen wird, liegt *nur formelle Verfassunggebung* vor, weil mit Blick auf die materielle Seite eben gerade keine neue Verfassung entsteht, d.h. nur formelle, nicht aber materielle Verfassungsdiskontinuität zu verzeichnen ist.[147] Würde dagegen eine inhaltlich stark abweichende Verfassung ge-

---

[142] Diese Bezeichnungen sind bereits in der in Fn. 112 enthaltenen Übersicht im Zusammenhang mit den denkbaren Konstellationen aufgeführt worden. Auf sie wird im folgenden Bezug genommen.

[143] S.o. E. I. 1.

[144] Konstellation 1 in der in Fußnote 112 enthaltenen Übersicht.

[145] Konstellation 2 in der in Fußnote 112 enthaltenen Übersicht. Entsprechendes gilt dann, wenn die Revisionsgewalt zwar in gewisser Hinsicht inhaltlichen Begrenzungen unterliegt, diese aber von ihrer Reichweite her so geartet sind, daß sie die Wahrung der materiellen Verfassungsidentität nicht zu gewährleisten vermögen.

[146] Dieses Beispiel ist zugegebenermaßen ein rein theoretisches.

[147] Konstellation 5 in der in Fußnote 112 enthaltenen Übersicht.

schaffen, bewirkte dies formelle und materielle Verfassungsdiskontinuität. Es fände folglich *formelle und materielle Verfassunggebung* statt.[148] Wenn ein konstitutiver Ablösungsvorbehalt die Beachtung bestimmter inhaltlicher Grundsätze nicht zur Bedingung für die Zulässigkeit einer Neukonstituierung macht, ermöglicht er eine *formelle und materielle Verfassungsersetzung*, weil sowohl in formeller als auch in materieller Hinsicht eine neue Verfassung geschaffen werden darf.[149] Ist die derivative Schaffung einer formell neuen Verfassung dagegen inhaltlich derart determiniert, daß diese in ihrem Kern der bisherigen Konstitution zu entsprechen hat, handelt es sich um *nur formelle Verfassungsersetzung*, weil materiell Verfassungskontinuität besteht.[150]

3. Resümee

Als notwendig erwiesen hat sich eine sowohl an formellen als auch materiellen Gesichtspunkten orientierte Betrachtung verfassungsrechtserzeugender Vorgänge bzw. der diesen zugrunde liegenden Verfassungsnormen. Es ist zwischen verschiedenen Konstellationen zu unterscheiden, die durch eine jeweils spezifische Kombination der Merkmale formelle/materielle Verfassungskontinuität/Verfassungsdiskontinuität sowie Derivativität oder Originarität der Verfassungsrechtserzeugung gekennzeichnet sind. Die Resultate formeller und materieller Betrachtung lassen mit Blick auf die typischen Eigenheiten von Verfassunggebung und Verfassungsänderung jeweils prima facie eine bestimmte Zuordnung konkreter Sachverhalte zu einer der beiden Kategorien der Verfassungsrechtserzeugung vermuten. Für die Kategorisierung maßgeblich ist letztlich jedoch allein der Gesichtspunkt der Derivativität bzw. Originarität der Verfassungsrechtserzeugung. Damit ist mittelbar das Kriterium der formellen Verfassungskontinuität oder zumindest formellen Kontinuität der verfassungsrechtlichen Geltungsgrundlage bzw. der Diskontinuität eben dieser Geltungsgrundlage ausschlaggebend. Anhand des materiellen und teilweise auch des formellen Kriteriums können begrifflich bereits als Verfassunggebung oder Verfassungsänderung charakterisierte Normerzeugungsvorgänge als typische oder weniger typische Fälle der jeweiligen Art der Verfassungsrechtserzeugung eingeordnet werden. Zur Kennzeich-

---

[148] Konstellation 6 in der in Fußnote 112 enthaltenen Übersicht.
[149] Konstellation 4 in der in Fußnote 112 enthaltenen Übersicht.
[150] Konstellation 3 in der in Fußnote 112 enthaltenen Übersicht.

nung der verschiedenen Konstellationen soll im folgenden von formeller und materieller oder nur formeller Verfassunggebung oder Verfassungsänderung bzw.
Verfassungsersetzung die Rede sein.[151]

---

[151] Der Verdeutlichung der Resultate möge die folgende Übersicht dienlich sein:

Art der Verfassungs-kontinuität	typische Folge/Vermutung [entsprechende Konstellation in Fn. 112]	atypische Folge [entsprechende Konstellation in Fn. 112]
I. (nur) formelle Verfassungskontinuität*	immer Verfassungsänderung [= 2: nur formelle Verfassungs*änderung*]	–
II. (nur) materielle Verfassungskontinuität°	Verfassunggebung [= 5: nur formelle Verfassung*gebung*]	Verfassungsänderung in Gestalt der Verfassungsersetzung [= 3: nur formelle Verfassungs*ersetzung*]
III. formelle und materielle Verfassungskontinuität	immer Verfassungsänderung [= 1: formelle und materielle Verfassungs*änderung*]	–
IV. (nur) formelle Verfassungsdiskontinuiät°	Verfassunggebung [= 5: nur formelle Verfassung*gebung*]	Verfassungsersetzung als Sonderfall der Verfassungsänderung [= 3: nur formelle Verfassungs*ersetzung*]
V. (nur) materielle Verfassungsdiskontinuität*	immer Verfassungsänderung [= 2: nur formelle Verfassungs*änderung*]	–
VI. formelle und materielle Verfassungsdiskontinuität	Verfassunggebung [= 6: formelle und materielle Verfassung*gebung*]	Verfassungsersetzung als Sonderfall der Verfassungsänderung [= 4: formelle und materielle Verfassungs*ersetzung*]

* Konstellation I entspricht Konstellation V.
° Konstellation II entspricht hinsichtlich des Ergebnisses formeller und materieller Betrachtung Konstellation IV. Die Schattierung hebt die Konstellationen hervor, in denen die bisherige
Verfassung formell fortgilt.
Die vorstehende Übersicht ist wie folgt zu lesen: In Konstellation I besteht nur formelle Verfassungskontinuität, d.h. die Verfassung gilt nach dem verfassungsrechtserzeugenden Akt formell
fort, hat aber materiell eine neue Gestalt angenommen. In diesem Fall liegt zwangsläufig Verfassungsänderung vor, weil eine formelle Fortgeltung der bisherigen Verfassung zu verzeichnen ist.
Damit entspricht Konstellation I der Konstellation 2 in der in Fußnote 112 enthaltenen Übersicht
und ist als nur formelle Verfassungsänderung zu bezeichnen. In Konstellation II liegt hingegen
nur materielle Verfassungskontinuität vor, was bedeutet, daß formell eine neue Verfassung gilt, die
materiell aber ihrer Vorgängerin entspricht. Wegen der formellen Verfassungsdiskontinuität, die
für verfassunggeberische Akte typisch ist, kann in Konstellation II vermutet werden, daß Verfassunggebung stattfindet. Es handelte sich dann, entsprechend Konstellation 5 in der in Fußnote 112
enthaltenen Übersicht, um nur formelle Verfassunggebung. Es kann in Konstellation II ausnahmsweise aber auch ein atypischer Fall der Verfassungsänderung, nämlich nur formelle Verfassungsersetzung gegeben sein (Konstellation 3 in der in Fußnote 112 enthaltenen Übersicht).

III. Überprüfung der Ergebnisse und Abgrenzung der hiesigen Auffassung zur Konstitutionalisierungsthese

Weil materielle Aspekte für die Frage, ob ein konkreter Fall der Verfassungs-rechtserzeugung als Verfassunggebung oder als Verfassungsänderung zu charak-terisieren ist, nicht entscheidend sind, sondern ausschließlich der Gesichtspunkt der Originarität oder Derivativität der Rechtsetzung und damit allein formelle Kriterien mittelbar den Ausschlag für eine entsprechende Zuordnung geben, muß bei der Betrachtung eines jeden verfassungsrechtserzeugenden Vorgangs das Au-genmerk vorrangig darauf gerichtet werden, ob dieser die formelle Fortgeltung der bisherigen Verfassung unberührt läßt oder aber deren formelles Außerkraft-treten bewirkt. Darüber hinaus gilt es, den Aspekt der Kontinuität bzw. Diskon-tinuität der verfassungsrechtlichen Geltungsgrundlage nicht aus den Augen zu verlieren.

Im Falle einer *Neukonstituierung in formeller Hinsicht*, bei der die bisherige Verfassungsurkunde durch einen neuen Verfassungstext abgelöst wird, kann nach der hier vertretenen Auffassung sowohl Verfassunggebung als auch Verfassungs-ersetzung, also eine besondere, atypische Ausprägung der Verfassungsänderung, vorliegen.[152] Die Annahme eines solchen Sonderfalls der Verfassungsänderung setzt einerseits voraus, daß die bisherige Verfassung in Gestalt eines konstitutiven Ablösungsvorbehalts zur derivativen Schaffung einer neuen Verfassung ermäch-tigt sowie ein diesbezügliches Verfahren und/oder bestimmte inhaltliche Vorga-

---

Der in der Übersicht in bezug auf Konstellation II wiedergegebene Befund basiert auf einer *formellen* Perspektive: Weil (nur) materielle Verfassungskontinuität gleichbedeutend mit for-meller Verfassungsdiskontinuität ist, und weil letztere prima facie für Verfassunggebung spricht, ist es zu der besagten Feststellung gekommen. Eine inhaltsorientierte Betrachtung erbringt aller-dings ein gegenteiliges Ergebnis: Daß die bisherige Verfassung inhaltlich im wesentlichen fort-gilt, spricht prima facie für Verfassungsänderung, weil materielle Verfassungsfortgeltung verfas-sungsänderungstypisch, aber atypisch für verfassunggeberische Akte ist. Die in der Übersicht enthaltene Einordnung müßte mithin auf der Grundlage einer materiellen Betrachtung genau entgegengesetzt erfolgen: Bei (nur) materieller Verfassungskontinuität läge typischerweise Ver-fassungsänderung (freilich in Gestalt der Verfassungsersetzung) vor, ausnahmsweise könnte es sich aber auch um Verfassunggebung handeln. Konstellation II belegt somit, daß die jeweils auf der Grundlage formeller und materieller Betrachtung aufgestellten Vermutungen sich wider-sprechen können. Ausschlaggebend für die Kategorisierung muß indes die formelle Perspektive sein, weil allein der Gesichtspunkt der formellen Verfassungskontinuität bzw. Diskontinuität der verfassungsrechtlichen Geltungsgrundlage mittelbar, nämlich aufgrund seiner Bedeutung für die Frage, ob derivative oder originäre Verfassungsrechtsetzung stattfindet, für die Zuordnung eines Sachverhaltes zu den Kategorien Verfassunggebung bzw. Verfassungsänderung maßgeblich ist. Bei der Aufführung der typischen und atypischen Folgen der sechs in der Übersicht aufge-führten Konstellationen ist deshalb jeweils auf die formelle Perspektive abgestellt worden. Allein aus diesem Grunde erscheinen gewisse Folgerungen (vgl. I, III, V) als zwingend.

[152] S.o. D. III. 3. b) ee) (2), ff); 4. a); E. II. 2. b) und c), jeweils auch zum folgenden. Ebenso wohl *Linck*, DÖV 1991, 730 (733), der die Frage aufwirft, ob die nach Maßgabe übergangsverfas-sungsrechtlicher Bestimmungen erfolgte Schaffung endgültiger Verfassungen in einigen neuen Ländern »ein Akt des pouvoir constituant oder des pouvoir constitué ist«.

ben für eine Neukonstituierung festlegt.[153] Und andererseits muß die formell neue
Verfassung unter Beachtung der entsprechenden verfassungsrechtlichen Festlegungen ins Werk gesetzt werden, weil ihre (derivative) Geltung durch die Befol-
gung dieser Festlegungen bedingt ist.[154] Die Richtigkeit dieser Auffassung soll
nun im Lichte möglicher Gegenargumente überprüft werden (1). Sodann bedarf
es einer Klarstellung, inwiefern sich der hiesige Standpunkt von der Annahme einer Konstitutionalisierung der verfassunggebenden Gewalt unterscheidet (2).

1. Die Möglichkeit einer formellen Neukonstituierung im Wege der Verfassungsänderung (Verfassungsersetzung)

Gegen die These, daß in dem geschilderten Sonderfall trotz formeller Verfassungsdiskontinuität Verfassungsänderung stattfindet, ließe sich der Einwand erheben, daß die aus Sicht der bisherigen Verfassung zu konstatierende *Verfassungsmäßigkeit der Neukonstituierung* für die Zuordnung zu einer der beiden Kategorien der Verfassungsrechtserzeugung irrelevant sei. So könnte angeführt werden,
daß die – möglicherweise rein zufällig zustande gekommene oder durch Praktika-
bilitätsgründe motivierte[155] – Übereinstimmung mit den Vorgaben der bisherigen
Verfassung für die Geltung der neuen Verfassung keine rechtliche Bedeutung habe, weil verfassungsrechtliche Vorgaben für den pouvoir constituant unverbindlich und im Falle neuerlicher Verfassungschöpfung nicht von konstitutiver rechtlicher Bedeutung seien.[156] Die Übereinstimmung mit den Vorschriften der bisherigen Verfassung vermöge daher nichts daran zu ändern, daß hier, wie in jedem
Fall der Substitution einer vorhandenen durch eine neue Verfassung, Verfassunggebung stattfinde. Dies werde, so könnte weiter argumentiert werden, vor allem
deutlich bzw. gelte zumindest dann, wenn nicht besondere Verfassungsorgane,
sondern das Volk selbst über das Inkrafttreten einer neuen Verfassung zu befinden habe; denn da das Volk Träger der verfassunggebenden Gewalt sei[157], müsse
im Falle seiner unmittelbaren Beteiligung an der Verfassungschöpfung davon aus-

---

[153] Zur notwendigen Bedingtheit derivativer Rechtsetzung s.o. D. III. 3. c) aa).

[154] Zur Legalität als Bedingung für derivative Rechtsgeltung s.o. D. III. 3. b) ff).

[155] Gedacht ist hier daran, daß die praktische Durchführung einer Neukonstituierung, d.h. die
Etablierung einer neuen Verfassungsordnung, im Falle ihrer Vereinbarkeit mit der bisherigen
Verfassung keinem rechtlich institutionalisierten Widerstand des bestehenden Verfassungsappa-
rates ausgesetzt und insofern erheblich erleichtert ist; s.o. D. III. 1. a), c); 3. b) cc) (1) (b).

[156] Diese Auffassung ist auch in dieser Arbeit vertreten worden, s.o. D. II. 3. a) aa) (2) und (3)
sowie c).

[157] Vgl. die entsprechenden, unter B. II. 4., speziell b) bb) aufgeführten Ansichten sowie oben
D. III. 1. b) aa) und bb) zu der hier vertretenen Auffassung. Nach der hiesigen Ansicht gibt es
freilich keinen Rechtssatz, nach dem das Volk zwingend Träger der verfassunggebenden Gewalt
ist. Eine entsprechende Zuordnung kann nur den jeweils aktuellen Legitimitätsvorstellungen
entnommen werden; dazu allgemein oben D. II. 3. c).

gegangen werden, daß es als pouvoir constituant tätig werde, die neue Verfassung also auf einem originären Akt der verfassunggebenden Gewalt des Volkes beruhe.

Eine solche Argumentation liefe auf eine vollständige Ablehnung der Möglichkeit einer konstitutiven Verfassungsablösung hinaus. Sie hätte zur Folge, daß jede Verfassungsnorm, die Aussagen über die Schaffung einer formell neuen Verfassung enthält, im Sinne eines deklaratorischen Ablösungsvorbehaltes gedeutet werden müßte, also dahin, daß sie sich auf einen Akt der Verfassungschöpfung durch den pouvoir constituant bezieht, für den Konstituierungsvorgang unverbindlich ist und daß ihre Nichtbeachtung keine unmittelbaren rechtlichen Folgen für die Geltung der neuen Verfassung zeitigt. Die derivative Schaffung einer formell neuen Verfassung erschiene als ausgeschlossen, obwohl die Figur einer derivativen Neukonstituierung nicht nur theoretisch denkbar, sondern auch in der Verfassungspraxis geläufig ist, wie u.a. das Beispiel der Schweizer Totalrevision lehrt.[158] Außerdem lassen sich keine durchschlagenden Argumente für eine Beschränkung der Möglichkeit derivativer Rechtsetzung auf partielle Änderungen einer Verfassung bzw. gegen ihre Erstreckung auf die Konstellation der Verfassungsablösung ausfindig machen.

a) Das Argument der rechtlichen Irrelevanz verfassungsrechtlicher Festlegungen für die verfassunggebende Gewalt

Zwar ist es richtig, daß die Normen einer geltenden Verfassung für die verfassunggebende Gewalt rechtlich nicht verbindlich sind.[159] Dies scheint vordergründig für die angeführte Gegenthese zu sprechen und die Auffassung zu stützen, daß die Verfassungsmäßigkeit eines Neukonstituierungsvorgangs keine konstitutive rechtliche Bedeutung habe und daß die Schaffung einer formell neuen Verfassung ungeachtet ihrer konstitutionellen Legalität als verfassunggeberischer Akt anzusehen sei.

Mit einer solchen Argumentation läßt sich jedoch nicht widerlegen, daß trotz formeller Verfassungsdiskontinuität ausnahmsweise Verfassungsänderung gegeben sein kann; denn die hier aufgestellte These geht gar nicht von der Prämisse aus, daß die Bestimmungen einer bestehenden Verfassung für den pouvoir constituant rechtsverbindlich sein können bzw. daß eine verfassungsmäßige Betätigung der verfassunggebenden Gewalt als Verfassungsänderung eingestuft werden muß. Statt dessen gründet sie sich auf die Annahme, daß eine Verfassung *Organe der verfaßten Gewalt* zur derivativen Schaffung einer formell neuen Verfassung ermächtigen kann. Nur wenn die neue Konstitution von den zuständigen pouvoirs constitués in Ausübung einer solchen Ermächtigung geschaffen wird, ist nach hiesiger Auffassung ein (atypischer) Fall der Verfassungsänderung anzunehmen. Die *verfassunggebende* Gewalt wird bei einer konstitutiven Verfassungsab-

---

[158] Dazu oben D. III. 3. b) cc) (2) (a) und ee) (2).
[159] S.o. D. II. 3. a) aa) (2) und (3) sowie c).

lösung überhaupt *nicht aktiv*.[160] Bei der derivativen Schaffung einer neuen Verfassung agieren allein pouvoirs constitués, deren Bindung an die bisherige Verfassung außer Frage steht.[161]

b) Das Argument der Beteiligung des Volkes an der Verfassungschöpfung

Ebensowenig läßt sich die These, daß auch bei formeller Verfassungsdiskontinuität Verfassungsänderung gegeben sein kann, unter Berufung auf eine eventuell unmittelbare Beteiligung des Volkes an der Verfassungschöpfung falsifizieren. Es wäre unrichtig, jeden Fall der plebiszitären Verfassungsverabschiedung ungeachtet der Bestimmungen der bisherigen Verfassung pauschal als Verfassunggebung zu charakterisieren. Gewiß ist es nicht gerade fernliegend, aus dem Umstand, daß eine formell neue Verfassung vom Volk im Wege eines Referendums in Kraft gesetzt wird, zu folgern, hier agiere das Volk kraft seiner verfassunggebenden Potenz in originär verfassungschöpferischer Weise.[162] Eine solche Sichtweise greift jedoch zu kurz[163], weil das Volk einer Verfassung nicht nur als unverfaßte Größe extrakonstitutionell gegenüberstehen kann, sondern auch zum verfassungsrechtlichen Regelungsgegenstand gemacht, nämlich mit bestimmten Kompetenzen betraut und hinsichtlich der Ausübung dieser Befugnisse beschränkt werden kann. Das Volk ist dann *Teil der verfaßten Gewalt, pouvoir constitué*.[164] Selbst wenn also das Volk als Träger der verfassunggebenden Gewalt identifiziert ist, kann und muß theoretisch zwischen dem Volk in seiner Funktion als pouvoir constituant und dem Volk als verfaßter, an die Verfassung gebundener Gewalt unterschieden werden[165], obschon wegen der personellen Identität von verfaßtem und unverfaßtem Volk eine solche Unterscheidung in praxi schwerfallen mag.

---

[160] Schon gar nicht wirkt sich eine verfassungsrechtliche Ermächtigung zur konstitutiven Verfassungsablösung auf die Existenz und die Betätigungsmöglichkeiten der verfassunggebenden Gewalt aus; s.o. D. II. 2. d) aa); 3. a) aa) (3) und c); Einleitung zu III. u.ö.

[161] Diese Eigenheiten der konstitutiven Verfassungsablösung sind oben D. III. 3. b) ee) (2) deutlich hervorgehoben worden.

[162] Die sich in Anwendung einer konstitutiven Ablösungsklausel vollziehende Schaffung einer formell neuen Verfassung durch das Volk hat in der Tat große Ähnlichkeit mit einem verfassunggeberischen Akt. Außer dem Tätigwerden des Volkes, das zumindest auf Grundlage der heutigen Legitimitätsvorstellungen als Träger der verfassunggebenden Gewalt allein in Betracht kommt, und dem gemeinsamen Zielpunkt, der Schaffung einer formell neuen Verfassung, ist auch in legitimatorischer Hinsicht eine Parallele feststellbar: In beiden Fällen wird die Verfassung durch einen formalisierten Zustimmungsakt der Anerkennung durch das Volk versichert und dadurch unmittelbar auf den Willen des Volkes gegründet.

[163] Daß im Hinblick auf konkrete rechtliche Schlußfolgerungen aus dem Tätig-Werden eines bestimmten Subjektes Vorsicht geboten ist, ist schon oben D. III. 3. a) ee) hervorgehoben worden.

[164] Siehe oben D. III. 3. a) ee), auch zum folgenden.

[165] Deutlich in diesem Sinne *Alvarez*, S. 79f, 123f; *Murswiek*, verfassunggebende Gewalt, S. 184; *Böckenförde*, verfassunggebende Gewalt, S. 90 (106); *Isensee*, Mythos, S. 46; *Wittekindt*, S. 94f.

Eine in diesem Sinne differenzierte Betrachtung ist auch dann unabdingbar, wenn das Volk unmittelbar für die Erzeugung neuen Verfassungsrechts verantwortlich zeichnet; denn wie sich am Beispiel der klassischen Verfassungsänderung aufzeigen läßt, findet gerade nicht in jedem Fall einer maßgeblichen Beteiligung des Volkes an der Verfassungsrechtsetzung zwangsläufig Verfassunggebung statt: Sofern die Berechtigung zur Verfassungsrevision dem Volk übertragen wird[166], ist das Volk als pouvoir constitué angesprochen[167]; es wird Inhaber einer verfassungsrechtlich begründeten und begrenzten Befugnis zur Änderung der geltenden Verfassung und handelt im Falle der Ausübung dieser Befugnis zur derivativen Verfassungsrechtsetzung als Organ der verfaßten Gewalt.[168] Weil das Volk somit einerseits als pouvoir constitué an derivativer Verfassungsrechtsetzung beteiligt sein, andererseits aber auch kraft seiner Stellung als Träger der verfassunggebenden Gewalt originär verfassungsschöpferisch aktiv werden kann, bedarf es in Fällen plebiszitärer Verfassungsrechtserzeugung stets einer genauen Überprüfung, in welcher seiner zwei verschiedenen Betätigungsformen das Volk jeweils agiert hat.

Vorstehendes gilt selbstredend auch für die Konstellation der Verfassungsablösung: Wenn eine formell neue Verfassung durch Plebiszit hervorgebracht wird, kann dies auf einem Tätigwerden des Volkes entweder als pouvoir constituant oder aber als verfassungsgebundenes Organ beruhen.[169] In welcher Rolle das Volk aktiv wird, hängt von der Ausgestaltung der konkreten, bisher geltenden Verfassung ab: Nur wenn die Verfassung das Volk in Gestalt eines konstitutiven Ablösungsvorbehalts zur derivativen Schaffung einer neuen Verfassung ermächtigt, kann es als pouvoir constitué an einem Neukonstituierungsvorgang mitwirken. Anderenfalls, d.h. wenn die Verfassung einen lediglich deklaratorischen Ablösungsvorbehalt oder gar keine Bestimmungen in bezug auf eine künftige Konstitution enthält, ist eine Beteiligung des Volkes an der Verfassungschöpfung nur

---

[166] Wenn eine Verfassung dem Volk eine Revisionskompetenz zugesteht, wird besonders deutlich, daß das Instrument der Verfassungsänderung darauf abzielt, außerkonstitutionelle Betätigungen der verfassunggebenden Gewalt in Zukunft überflüssig zu machen und entsprechende Bestrebungen in verfassungsrechtlich vorgezeichnete Bahnen einmünden zu lassen; denn das Volk braucht nicht in seiner Funktion als Träger der verfassunggebenden Gewalt extrakonstitutionell tätig zu werden, wenn es eine bestimmte Umgestaltung der Verfassungsordnung als zuständiges Revisionsorgan auch im Rahmen der geltenden Verfassungsordnung vornehmen darf; zum Ganzen s.o. D. III. 1. b) cc) und c).

[167] Vgl. *Alvarez*, S.79f; *Murswiek*, verfassunggebende Gewalt, S.184; zur Verfassungsänderung als Befugnis von pouvoirs constitués auch oben C. II. 2.

[168] Als pouvoir constituant bedürfte das Volk hingegen keiner verfassungsrechtlichen Ermächtigung und könnte auch gar nicht in einer Verfassung mit bestimmten Kompetenzen ausgestattet werden; vgl. dazu oben D. II. 3. b) und c), speziell b) aa), sowie *Murswiek*, verfassunggebende Gewalt, S.135, 188f, 212.

[169] Etwas anderes gälte nur, wenn die derivative Schaffung einer formell neuen Verfassung durch pouvoirs constitués, d.h. eine konstitutive Verfassungsablösung, schlechthin ausgeschlossen wäre. Zu dieser, von dem jeweils zuständigen Organ unabhängigen Fragestellung sogleich unter E. III. 1. c).

in seiner Funktion als pouvoir constituant und damit als Träger der verfassunggebenden Gewalt denkbar.

Daß eine formell neue Verfassung unmittelbar vom Volk ins Werk gesetzt wird, ist demnach für sich genommen[170] kein Beleg für die Fehlerhaftigkeit der hier vertretenen Auffassung. Das Volk ist nicht auf ein Tätigwerden als Verfassunggeber festgelegt, sondern darf – bei entsprechender Verfassungslage – auch als pouvoir constitué Verfassungsrecht erzeugen. Wenn das Volk als pouvoir constitué Verfassungsrechtsetzung betreibt, unterscheidet sich diese Konstellation allein in bezug auf das zuständige Subjekt, nicht aber in sonstiger Hinsicht von den Fällen derivativer Verfassungsrechtserzeugung durch besondere, vom Volk eingesetzte Organe. Für die Kategorisierung des jeweiligen Normerzeugungsvorgangs als Verfassungsänderung ist es irrelevant, ob das Volk selbst oder ein besonderes Organ zur Schaffung neuen Verfassungsrechts ermächtigt ist; entscheidend ist insofern ausschließlich die Derivativität der Verfassungsrechtsetzung – ein Kriterium, das unabhängig von den Eigenschaften des jeweils ermächtigten Organs ist.

c) Das Argument der Unmöglichkeit der derivativen Schaffung einer formell neuen Verfassung

Zur Widerlegung der hier vertretenen These, daß trotz formeller Verfassungsdiskontinuität ausnahmsweise Verfassungsänderung anzunehmen sein kann, könnte schließlich dargetan werden, daß die derivative Schaffung einer formell neuen Verfassung durch verfassungsgebundene Organe generell ausgeschlossen ist – ganz gleich, ob ein Ablösungsvorbehalt dem Volk oder besonderen Organen die Hervorbringung einer neuen Verfassung erlaubt. Überzeugende Gründe dafür, daß eine (derivative) Neukonstituierung durch Organe der verfaßten Gewalt ausgeschlossen und einem originären Akt der verfassunggebenden Gewalt vorbehalten sein soll, sind indes nicht ersichtlich.[171]

---

[170] Vgl. die Anmerkung in der vorangegangenen Fußnote.

[171] Unabhängig von den nachfolgenden theoretischen Erwägungen hat eine verfassungsrechtliche Ermächtigung zur derivativen Schaffung einer neuen Verfassung auch einen guten praktischen Sinn: Ein konstitutiver Ablösungsvorbehalt eröffnet um der Vermeidung revolutionärer verfassunggeberischer Akte willen einen verfassungsmäßigen und systemimmanenten Weg zur Anpassung der Verfassungsordnung an veränderte Gegebenheiten. Er überträgt zu diesem Zweck bestimmten Organen der verfaßten Gewalt eine Befugnis zur derivativen Verfassungsrechtserzeugung, und zwar eine Befugnis, die in ihrer Reichweite über eine bloße Revisionsbefugnis hinausgeht. Dies verbürgt rechtliche Kontinuität und damit Stabilität auch dann, wenn punktuelle Änderungen der geltenden Verfassung nicht ausreichen, um den Erfordernissen der Realität Rechnung zu tragen. Gerade in einer Verfassungsordnung, in der mit grundlegenden, im einzelnen aber nicht vorhersehbaren Änderungen der tatsächlichen Verhältnisse zu rechnen ist, kann die Eröffnung einer konstitutiven Ablösungsmöglichkeit sinnvoll erscheinen, um eine rechtliche Kanalisierung potentiell verfassunggeberischer Bestrebungen zu bewerkstelligen. Allgemein zu verfassungsrechtlichen Versuchen, neuerliche Betätigungen der verfassunggebenden Gewalt praktisch unnötig zu machen bzw. zu vermeiden, oben D. III. 1. b) und c); speziell zur Charakterisierung des konstitutiven Ablösungsvorbehaltes als besonders weitgehender Versuch

Unbestritten und allgemein anerkannt ist die Möglichkeit derivativer Verfassungsrechtsetzung insoweit, als nur einzelne Normen einer formell fortgeltenden Verfassung betroffen sind. Das ist der klassische Fall der Verfassungsänderung: partielle inhaltliche Modifizierung der Verfassungsurkunde durch pouvoirs constitués unter Inanspruchnahme einer entsprechenden verfassungsrechtlichen Ermächtigung, welche Grundlage für die derivative Geltung der geänderten oder ergänzten Verfassungsbestimmungen ist.[172] Die konstitutive Verfassungsablösung unterscheidet sich indes in vielerlei Hinsicht nicht vom Regelfall der Verfassungsänderung: Auch bei der Verfassungsersetzung werden verfassungsrechtlich ermächtigte und an die Verfassung gebundene Organe der verfaßten Gewalt aktiv und erzeugen derivativ neues Verfassungsrecht. Hier wie dort können besondere Organe oder das Volk selbst für die Verfassungsrechtsetzung zuständig sein. Der Unterschied gegenüber der typischen Gestalt der Verfassungsänderung besteht lediglich darin, daß die bisherige Verfassung formell nicht fortgilt, sondern durch eine neue Konstitution ersetzt wird. *Verfassungsänderung und Verfassungsersetzung unterscheiden sich insofern lediglich graduell,* und zwar im Hinblick auf die Dimension der formellen Erneuerung: formelle Novation *einzelner* Verfassungsbestimmungen im ersten, formeller Austausch *aller* Verfassungsbestimmungen und damit der gesamten Verfassung im zweiten Fall. Daß die derivative Schaffung einer formell neuen Konstitution theoretisch ausgeschlossen sein soll, während die Möglichkeit der derivativen Geltungsbegründung einzelner Verfassungsnormen ohne ernsthafte Widerrede hingenommen wird, erscheint vor diesem Hintergrund wenig naheliegend.

Auch in konstruktiver Hinsicht ist die Annahme der derivativen Geltung einer formell neuen Verfassung keineswegs unmöglich, obschon die Derivativität wegen des Außerkrafttretens der bisherigen Verfassung schwieriger zu begründen ist als im Normalfall der Verfassungsänderung[173]: Weil rechtliche Geltungsableitung den Fortbestand des Geltungssubstrats voraussetzt, ist bei der konstitutiven Verfassungsablösung von einer Kontinuität der – gedanklich von der Verfassung unterscheidbaren – Geltungsgrundlage des Verfassungsrechts auszugehen. Die Geltung der neuen Verfassung beruht auf demselben verfassunggeberischen Akt wie die Geltung der bisherigen Verfassung, wobei die geltungsbegründende Bezugnahme auf die frühere Entscheidung des pouvoir constituant durch den konstitutiven Ablösungsvorbehalt ermöglicht wird. Die Ablösungsklausel fungiert insofern als geltungsvermittelndes Vehikel. Von einer derivativen Geltung der formell neuen Verfassung kann im Fall der konstitutiven Verfassungsablösung zudem nicht nur wegen ihrer Zurückführung auf einen früheren verfassunggeberischen Akt ausgegangen werden, sondern auch infolge der bei der Geltungsbe-

---

einer rechtlichen Kanalisierung potentiell revolutionärer verfassungspolitischer Bestrebungen s.o. D. III. 3. b) cc) (2) (b) Fn.580 sowie ee) (2) Fn.638.

[172] S.o. C. II. 2. i.V.m. D. I. 2. a).

[173] Siehe bereits oben E. II. 2. b) aa) (1), auch zum folgenden.

gründung zu verzeichnenden Rolle der bisherigen Verfassung. Die Geltung der neuen Konstitution ist insofern aus der alten Verfassung abgeleitet, als diese die Geltung der ihr nachfolgenden Verfassung um den Preis ihres eigenen Außerkrafttretens anordnet, jene Konstitution also für eine juristische Sekunde an ihrer eigenen Geltung und ihrem eigenen Geltungsgrund teilhaben läßt, bevor sie selbst außer Kraft tritt. Sie erspart der neuen Konstitution dadurch die Notwendigkeit einer originären Geltungsbegründung. Angesichts der geltungsvermittelnden Funktion konstitutiver Ablösungsklauseln spricht sogar einiges für die Annahme, daß die bisherige Verfassung bei der Verfassungsersetzung formell insoweit *nicht* außer Kraft tritt, als sie zur Verfassungsablösung ermächtigt und dadurch mittelbar die Grundlage für die Geltung der neuen Verfassung bildet. Der konstitutive Ablösungsvorbehalt müßte insofern – anders als die übrigen Bestimmungen der alten Verfassung – als fortgeltend betrachtet werden und diente gewissermaßen als geltungsbegründendes Scharnier zwischen neuer Verfassung und früherem verfassunggeberischen Akt, der zunächst der alten Konstitution zugrunde lag und nun der neuen Verfassung zur Geltung verhilft.[174]

Unabhängig davon, ob man lediglich von einer Kontinuität der verfassungsrechtlichen Geltungsgrundlage oder auch von einer partiellen Fortgeltung der bisherigen Verfassung ausgeht, erscheint die derivative Schaffung einer formell neuen Verfassung jedenfalls nicht als grundsätzlich ausgeschlossen.[175] Somit bleibt es dabei, daß auch bei formeller Verfassungsdiskontinuität ausnahmsweise ein Fall der Verfassungsänderung vorliegen kann.

2. Die Abgrenzung der hier vertretenen Auffassung von der These einer Konstitutionalisierung der verfassunggebenden Gewalt

Weil es nach den bis dato erzielten Ergebnissen möglich ist, daß eine formell neue Verfassung von pouvoirs constitués derivativ in Geltung gesetzt wird, und weil in dieser Arbeit dafür eingetreten wird, die Hervorbringung einer neuen Verfassung unter den genannten Umständen als Verfassungsänderung (in Gestalt der Verfas-

---

[174] An dieser Stelle muß freilich in Erinnerung gerufen werden, daß bei der Suche nach dem Geltungsgrund des Verfassungsrechts *nicht allein* auf den singulären Akt der Verfassungsrechtserzeugung rekurriert werden darf, weil Verfassungsrecht – ganz gleich, ob durch Verfassunggebung oder Verfassungsänderung entstanden – immer auch der aktuellen Anerkennung von seiten der Verfassungsunterworfenen bedarf. Es muß beständig vom pouvoir constituant getragen werden, wenn es nicht über kurz oder lang seiner Geltung verlustig gehen soll; dazu näher oben D. III. 1. b) aa).

[175] Ebenso die Lehre in der Schweiz, wo die (derivative) Geltung der Bundesverfassung von 1874 (und jetzt auch der Bundesverfassung von 1999) damit begründet wird, daß sie gemäß den in der Bundesverfassung von 1848 (bzw. 1874) enthaltenen Bestimmungen über die Totalrevision geschaffen worden sei; siehe im einzelnen oben D. III. 3. b) cc) (2) (a) mit Nachweisen. Im Ergebnis wie hier offenbar auch *Scheuner*, DÖV 1953, 581 (582, Fn. 8): »Verfehlt ist die in der Staatslehre öfters vertretene Meinung, jede Verfassung sei rechtlich originär.«

sungsersetzung) zu qualifizieren, ist es um der Vermeidung von Mißverständnissen willen angezeigt, kurz zu verdeutlichen, inwiefern sich der hiesige Standpunkt von einer oben bereits abgelehnten Auffassung unterscheidet.[176] Deren Anhänger gehen von einer mit dem Verfassungsinkrafttreten einsetzenden Konstitutionalisierung des pouvoir constituant, einer Metamorphose der verfassunggebenden zur verfassungsändernden Gewalt aus und können somit in dem Vorgang der Schaffung einer formell neuen Verfassung ebenfalls eine Betätigung verfassungsgebundener Organe erblicken.[177] Obwohl jene Auffassung und die im Rahmen dieser Arbeit vertretenen Thesen vorderhand insofern verwandt zu sein scheinen, als beide die Möglichkeit einer *konstituierten Neukonstituierung*, d.h. der *verfassungsgebundenen Schaffung einer formell neuen Verfassung* anerkennen[178], sind sie bezüglich ihrer Prämissen und auch ihrer Konsequenzen grundverschieden.

Die Annahme einer verfassungsrechtlichen Domestizierung der verfassunggebenden Gewalt ist nur dann sinnvoll, wenn der pouvoir constituant als Inhaber einer (überpositiv-)*rechtlichen Befugnis zur Verfassunggebung* betrachtet wird.[179] Dem Nachweis der Inaktivierung dieser vor- bzw. außerverfassungsmäßigen Kompetenz zur Erzeugung von Verfassungsrecht ist die Konstitutionalisierungsthese zu dienen bestimmt: Mit ihrer Hilfe soll dargetan werden, daß Verfassungsrecht während der Geltungsdauer einer Verfassung nur noch nach deren Maßgabe, nämlich im Wege der Verfassungsrevision erzeugt werden darf. Verfassunggebung soll demgegenüber, obschon faktisch nicht unmöglich und kraft überstaatlichen Rechts eigentlich erlaubt, aufgrund der angenommenen Verfassungsbindung des pouvoir constituant rechtlich verboten und ausgeschlossen sein.[180] Die entsprechende Argumentation beruht dabei auf der Vorstellung, die verfassunggebende Gewalt könne sich durch einen Akt der Selbstverpflichtung – mit rechtlicher Wirkung auch gegenüber dem überpositiven Recht – an die von ihr geschaffene Verfassung binden, wodurch sie zu einer verfaßten, der verfassungsändernden Gewalt mutiere. Die im Einklang mit den verfassungsrechtlichen Vorgaben erfolgende Erzeugung von Verfassungsrecht erscheint danach als »verfaßte Verfassunggebung«.

Der hier vertretene Standpunkt unterscheidet sich von dieser Auffassung bereits in bezug auf seine Grundprämisse: Verfassunggebung im verfassungsrechtlichen Vakuum[181] beruht nach hiesiger Ansicht[182] nicht auf einer wie auch immer

---

[176] Zu dieser Auffassung oben D. II. 2. c); zu ihrer Ablehnung II. 3. a) aa) (2).

[177] Voraussetzung dafür ist freilich das Vorhandensein einer entsprechenden verfassungsrechtlichen Ermächtigung, weil neues Verfassungsrecht gemäß der Konstitutionalisierungsthese nur noch nach Maßgabe der geltenden Verfassung geschaffen werden darf; s.o. D. II. 2. c) cc) (1).

[178] Vgl. etwa *Schneider*, HStR VII, § 158 Rdnr. 39, 44f; ferner *Steiner*, S. 224.

[179] S.o. D. II. 3. a) aa) (1) (a) sowie (b) (cc), jeweils auch zum folgenden.

[180] Siehe im einzelnen oben D. II. 2. c) cc); 3. a) aa) (1) (a) und (b).

[181] Zu den zwei Grundkonstellationen der Verfassunggebung oben D. II. 1. a) und b).

[182] Vgl. im einzelnen oben D. II. 3., III.

gearteten rechtlichen Befugnis. Verfassunggebung ist ein Phänomen des politisch-faktischen Könnens, das nicht der Sphäre des rechtlichen Dürfens zugeordnet und anhand rechtlicher Maßstäbe beurteilt werden kann. Verfassunggeberische Akte sind – vorausgesetzt, es kommt zu einer Situation, die zu einer Neukonstituierung Anlaß gibt – politisch-faktisch immer möglich, nicht aber von Rechts wegen erlaubt oder verboten. Auch die Frage, wie sich das Inkrafttreten einer Verfassung auf den pouvoir constituant auswirkt, wird hier anders beantwortet als von den Befürwortern der Konstitutionalisierungsthese. Während letztere dem Eintreten einer Verfassungsbindung der verfassunggebenden Gewalt das Wort reden und diese in der verfassungsändernden Gewalt aufgegangen wähnen, ist die Annahme einer rechtlichen Selbstbindung des pouvoir constituant in dieser Arbeit als zur Begründung einer Verfassungsbindung der verfassunggebenden Gewalt untaugliche Konstruktion enttarnt worden. Verfassungsrechtliche Normierungen sind für den pouvoir constituant rechtlich nicht verbindlich, verfassunggeberische Akte rechtlich nicht determinierbar, geschweige denn mit den Mitteln des Rechts definitiv auszuschließen.[183] Die Vorstellung, der Erlaß einer Verfassung könne eine Metamorphose bzw. Domestizierung der verfassunggebenden Gewalt bewirken und diese zu einer verfassungsgebundenen, der verfassungsändernden Gewalt werden lassen, ist aus den genannten Gründen ebenfalls unrichtig. Das Inkrafttreten einer Verfassung hat keinerlei Auswirkung auf Bestand und Erscheinungsform der verfassunggebenden Gewalt. Diese existiert ungeachtet aller verfassungsrechtlichen Festlegungen als politisch-faktische Größe fort.

Verfassungsänderung und Verfassunggebung können auch nicht als qualitativ gleiche Erscheinungsformen einer einheitlichen verfassungserzeugenden Gewalt angesehen werden, wie dies mit Blick auf die angebliche Verfaßtheit des pouvoir constituant teilweise getan wird[184], sondern sind zwei ihrem Wesen nach verschiedene und strikt voneinander zu trennende Arten der Verfassungsrechtserzeugung[185]: Verfassungsänderung ist derivative Verfassungsrechtsetzung durch verfassungsgebundene pouvoirs constitués, Verfassunggebung hingegen originäre Verfassungschöpfung durch den verfassungsungebunden agierenden pouvoir constituant.[186] Die Lehre von der Einheitlichkeit der verfassungserzeugenden Gewalt ist dabei nicht nur deswegen zurückzuweisen, weil der pouvoir constitu-

---

[183] S.o. D. II. 3. a) aa) (2) (c); c). Eine Verbindung zwischen den Regelungen einer geltenden Verfassung und der verfassunggebenden Gewalt besteht allerdings insofern, als neuerliche verfassunggeberische Akte durch eine bestimmte inhaltliche Verfassungsausgestaltung praktisch unnötig gemacht bzw. vermieden werden können. Eine Verfassung kann mithin den Versuch einer rechtlichen Kanalisierung der verfassunggebenden Gewalt unternehmen; s.o. D. III. 1. b) und c).

[184] So *Steiner*, S. 222; näher oben D. II. 2. c) aa) a.E. sowie bb).

[185] So auch die herrschende Auffassung, siehe die Nachweise unter C. I. 2., 3. sowie II. 2. Ferner *Scheuner*, DÖV 1953, 581 (584).

[186] S.o. D. III. 3. b) ff).

ant rechtlich nicht zur Beachtung einer Verfassung verpflichtet werden kann, sondern auch deshalb, weil es »verfaßte Verfassunggebung«, d.h. eine Mixtur beider Arten der Verfassungsrechtserzeugung, auf Grundlage der in dieser Arbeit erzielten Resultate nicht geben kann.[187] Die originäre Schaffung neuen Verfassungsrechts durch Organe der verfaßten Gewalt ist denknotwendig ebenso ausgeschlossen[188] wie derivative Verfassungsrechtserzeugung durch nicht verfassungsgebundene Organe.[189] Verfassunggebung ist also niemals konstitutionalisiert, während das, was verfassungsgebunden ist, nicht Verfassunggebung, sondern nur ein Akt verfaßter Gewalten sein kann.[190]

Die hier vertretene Meinung und die Auffassung der Konstitutionalisierungsbefürworter entsprechen sich somit zwar im Hinblick darauf, daß es Fälle einer Neukonstituierung durch verfassungsgebundene Organe geben kann. Ansonsten beruhen sie aber auf einer völlig entgegengesetzten Grundanschauung zum Verhältnis von Verfassunggebung und Verfassungsänderung: Dort Verfassungsrechtserzeugung durch die nunmehr verfaßte verfassunggebende Gewalt, durch einen »pouvoir constituant constitué«, zu dem sich der »pouvoir constituant originaire« gewandelt habe, hier – in der Konstellation der konstitutiven Verfassungsablösung – Verfassungsrechtsetzung durch pouvoirs constitués, die zwar vom pouvoir constituant in der Verfassung mit bestimmten Befugnissen betraut worden, aber gleichwohl nicht mit diesem identisch sind. Ergo gilt nach hiesiger Auffassung: *Bei der Verfassungsersetzung findet keine »verfaßte Verfassunggebung« auf der Grundlage einer Konstitutionalisierung der verfassunggebenden Gewalt statt. Vielmehr agieren konstituierte Gewalten anstelle der weiterhin existenten verfassunggebenden Gewalt.* Die Auffassung der Konstitutionalisierungsbefürworter und die hier vertretene Meinung sind insofern grundverschieden und dürfen keinesfalls miteinander verwechselt oder gar als kongruente oder ähnliche Ansichten angesehen werden.

---

[187] Wohl aber ist es möglich, daß ein konkreter Normerzeugungsvorgang Züge sowohl von Verfassunggebung als auch Verfassungsänderung aufweist; zu solchen Mischtatbeständen s.o. D. III. 3. b) ee) und ff). Dies ändert jedoch nichts daran, daß derartige Fälle anhand des Kriteriums der Derivativität bzw. Originarität der Verfassungsrechtsetzung *begrifflich eindeutig* als Verfassunggebung oder Verfassungsänderung qualifiziert werden können. Begrifflich liegt also immer entweder Verfassunggebung oder Verfassungsänderung, nie aber eine Mischform zwischen beiden vor. Eine Vermischung beider Arten der Verfassungsrechtserzeugung ist allein im Hinblick auf die Merkmale typologischer Natur möglich, die eine Charakterisierung des jeweiligen Normerzeugungsvorgangs als mehr oder weniger typischen Fall der Verfassunggebung bzw. Verfassungsänderung zulassen.

[188] Vgl. aber auch unten E. IV. 2., vor allem b) bb), zur Mitwirkung *ehemaliger* Verfassungsorgane an verfassunggeberischen Vorgängen.

[189] S.o. D. III. 3. c) aa).

[190] Siehe bereits oben D. III. 3. b) ee) (2) Fn. 637 sowie unten E. IV. 1. a).

IV. Die Zuordnung konkreter Normerzeugungsvorgänge zu den Kategorien Verfassunggebung und Verfassungsänderung

Voraussetzung für die theoretische Unterscheidbarkeit von Verfassunggebung und Verfassungsänderung in einer konkreten Verfassungsordnung ist das Vorhandensein einer verfassungsrechtlichen Ermächtigung zur derivativen Verfassungsrechtsetzung.[191] Ist diese Voraussetzung erfüllt, gibt es zwei wesensmäßig verschiedene Wege für die künftige Schaffung von Verfassungsrecht: Neues Verfassungsrecht darf einerseits derivativ von der verfassungsändernden Gewalt gesetzt und kann andererseits originär von der verfassunggebenden Gewalt hervorgebracht werden. Weil Verfassungsrecht – und zwar selbst eine völlig neue Verfassung – sowohl vom pouvoir constituant als auch von pouvoirs constitués geschaffen werden kann bzw. darf, muß in einer entsprechenden Verfassungsordnung *jeder verfassungsrechtserzeugende Vorgang* daraufhin untersucht werden, ob er als Verfassunggebung oder Verfassungsänderung zu qualifizieren ist. Fraglich ist indes, anhand welcher Kriterien eine solche Überprüfung vorzunehmen ist, woran man also erkennen kann, ob im Falle eines konkreten Normerzeugungsvorgangs derivative oder originäre Verfassungsrechtsetzung stattfindet. Der Behandlung dieser Fragestellung sind die folgenden Ausführungen gewidmet.

Schwierig ist eine Kategorisierung vor allem bei verfassungsmäßigen Normerzeugungsvorgängen, während die Verfassungswidrigkeit der Verfassungschöpfung dazu führt, daß überhaupt nur Verfassunggebung vorliegen kann. Verfassungswidrig geschaffenes Verfassungsrecht kann niemals derivativ gelten[192], so daß die Annahme von Verfassungsänderung von vornherein ausscheidet.[193] Zunächst soll deshalb auf die allein zu Zweifeln Anlaß gebende Konstellation der *verfassungsmäßigen* Verfassungsrechtsetzung eingegangen und ermittelt werden, welche Erkenntnisse sich durch eine Betrachtung derjenigen Verfassungsbestimmungen gewinnen lassen, die die Verfassungsrechtserzeugung für verfassungsrechtlich zulässig erklären (1). Des weiteren können Zweifel an der Zuordnung eines Normerzeugungsvorgangs zur Kategorie der Verfassunggebung oder Verfassungsänderung aufkommen, wenn besondere Organe an der Verfassungschöpfung beteiligt sind. Hier stellt sich insbesondere die Frage, ob ein Tätigwerden von Organen der überkommenen Verfassungsordnung auf das Vorliegen von Verfassungsänderung schließen läßt oder ob trotz Beteiligung von Verfassungsorganen Verfassunggebung anzunehmen sein kann. Auch auf diesen Problemkreis wird noch einzugehen sein (2), wobei das Organhandeln auf der Grundlage verfassungsvorbereitender Normen einen Schwerpunkt bilden wird (3).

---

[191] S. o. D. III. 3. b) ff).

[192] Zur Legalität als Bedingung für die Derivativität der Verfassungsrechtserzeugung ebenfalls oben D. III. 3. b) ff).

[193] Etwas anderes kann allenfalls dann gelten, wenn eine neue Verfassung auf der Grundlage verfassungsvorbereitender Normen hervorgebracht wird; dazu unten E. IV. 3., vor allem c).

1. Die Zuordnung verfassungsmäßiger Fälle der Verfassungsrechtserzeugung zu den Kategorien Verfassunggebung und Verfassungsänderung

Bei der Zuordnung verfassungsmäßiger Normerzeugungsvorgänge zu einer der beiden Kategorien der Verfassungsrechtserzeugung kommt der Ausgestaltung der bisherigen Verfassung maßgebliche Bedeutung zu. Die Art ihrer Festlegungen entscheidet darüber, ob von einer derivativen oder einer originären Geltung des neu geschaffenen Verfassungsrechts auszugehen ist: Nur sofern die verfassungsrechtlichen Normen für die künftige Erzeugung von Verfassungsrecht als Ermächtigung zu derivativer Verfassungsrechtsetzung zu interpretieren sind, ist die Annahme von Verfassungsänderung möglich. Anderenfalls liegt trotz Vereinbarkeit der Verfassungschöpfung mit jenen Normen ein originärer verfassunggeberischer Akt vor.[194]

Vom Bestehen einer Befugnis zur derivativen Verfassungsrechtserzeugung kann ohne umfängliche Überlegungen ausgegangen werden, wenn ein verfassungsrechtlicher Normerzeugungstatbestand ausschließlich zu einer die *formelle Verfassungsfortgeltung* unberührt lassenden Modifizierung einzelner Verfassungsrechtssätze ermächtigt.[195] Das ist der klassische Fall der Verfassungsänderung. Schwieriger gestaltet es sich dann, wenn die Schaffung einer *formell neuen Verfassung* verfassungsrechtlich erlaubt ist, die bisherige Verfassung also einen Ablösungsvorbehalt beinhaltet. In dieser Konstellation muß der Exegese der entsprechenden Verfassungsbestimmung größtmögliche Aufmerksamkeit gewidmet werden. Nur durch Auslegung kann ermittelt werden, ob eine konkrete Verfassung zur derivativen Schaffung einer neuen Verfassung und damit zur konstitutiven Verfassungsablösung ermächtigt oder ob sie in Gestalt eines deklaratorischen Ablösungsvorbehaltes die originäre Schaffung einer neuen Konstitution für verfassungsrechtlich legal erklärt. Im Mittelpunkt des Interesses steht bei der Auslegungsarbeit notwendigerweise der Gesichtspunkt der intendierten rechtlichen Verbindlichkeit bzw. Unverbindlichkeit der verfassungsrechtlichen Normen für den Neukonstituierungsprozeß (a). Im Anschluß an eine kurze Zusammenfassung, wie bei der Zuordnung konkreter Normerzeugungsvorgänge zu den Kategorien Verfassunggebung und Verfassungsänderung zu verfahren ist (b), kann sodann systematisch zwischen verschiedenen Fällen der verfassungsmäßigen Neukonstituierung unterschieden werden (c).

---

[194] Zu Fällen legaler Verfassunggebung bereits oben D. III. 3. b) ee) (1) sowie ff).

[195] Der Grund dafür besteht darin, daß immer dann, wenn die bisherige Verfassung nach einem verfassungsrechtserzeugenden Vorgang formell fortgelten soll, derivative Verfassungsrechtsetzung stattfinden muß. Wegen der intendierten formellen Verfassungskontinuität ist es ausgeschlossen, die entsprechende Verfassungsbestimmung als auf einen Fall originärer Verfassungschöpfung bezogen anzusehen; s.o. E. II. 2. b) aa) (2) und (3); vgl. ferner unten E. IV. 2. a) aa).

a) Das Kriterium der Verbindlichkeit verfassungsrechtlicher Vorgaben
und seine Bedeutung für die Kategorisierung verfassungsmäßiger
Neukonstituierungsprozesse

Bevor mit der eigentlichen Auslegung konkreter verfassungsrechtlicher Ablösungstatbestände begonnen wird, ist es unerläßlich, sich die Grundbedingung vor
Augen zu führen, von der die Annahme derivativer Rechtserzeugung abhängig
ist: Derivative Verfassungsrechtsetzung und damit Verfassungsänderung kann
nur dann stattfinden, wenn eine Verfassung bestimmte *verfassungsgebundene
Organe* zur Verfassungsrechtserzeugung ermächtigt und die Geltung des von diesen Organen unter Beachtung der einschlägigen verfassungsrechtlichen Vorgaben
geschaffenen Verfassungsrechts anordnet.[196] Sofern die Verfassungschöpfung
demgegenüber nicht von pouvoirs constitués, sondern von verfassungsunabhängig agierenden Subjekten betrieben wird, kann es sich nicht um Verfassungsänderung handeln, da derivative Geltungsbegründung ohne rechtliche Gebundenheit
der rechtsetzenden Instanzen nicht denkbar ist.[197] Weil die Derivativität der
Rechtserzeugung und die rechtliche Gebundenheit der rechtschaffenden Organe
in einem interdependenten Verhältnis stehen und sich gegenseitig bedingen, ist
derivative Verfassungsrechtsetzung indes nicht nur zwangsläufig verfassungsgebunden, sondern muß auch umgekehrt die verfassungsgebundene Schaffung von
Verfassungsrecht immer derivative Verfassungsrechtsetzung sein.[198] Verfassungsgebundene Verfassungsrechtserzeugung kann niemals originäre Verfassungsschöpfung sein, weil originäre Verfassungsrechtserzeugung durch rechtlich gebundene Organe denknotwendig ausgeschlossen ist.[199]

Aus diesen logischen Verknüpfungen ergeben sich Konsequenzen für die Interpretation verfassungsrechtlicher Ablösungstatbestände und die Charakterisierung der auf ihrer Grundlage erfolgenden Normerzeugungsvorgänge: Falls die
Verfassungsauslegung ergibt, daß die verfassungsrechtlichen Vorschriften für die

---

[196] S.o. D. III. 3. c) aa). Dies gilt selbst dann, wenn die Schaffung einer formell neuen Verfassung in Rede steht und wenn die ermächtigten Instanzen auch als Träger der verfassunggebenden
Gewalt agiert haben könnten; s.o. D. III. 3. b) ee) (2) und ff) zur Verfassungsersetzung sowie E.
III. 1. b) zu der Möglichkeit einer personellen Identität des Trägers der verfassunggebenden Gewalt und eines Organs der verfaßten Gewalt.

[197] Vgl. im einzelnen oben D. III. 3. c) aa), auch zum folgenden.

[198] Da Derivativität und Verfassungsgebundenheit sich gegenseitig bedingen, gilt also im Hinblick auf die Verfassungsrechtserzeugung nicht nur der Satz: wenn derivativ, dann verfassungsgebunden, sondern auch die Regel: wenn verfassungsgebunden, dann derivativ. Es gilt somit: verfassungsgebunden (= pouvoirs constitués) = derivativ (= Verfassungsänderung). Im Umkehrschluß ergibt sich daraus: verfassungsungebunden (= pouvoir constituant) = originär (= Verfassunggebung).

[199] Zu der allerdings bestehenden Möglichkeit, daß pouvoirs constitués ihre Verfassungsbindung aufgeben, was ihnen rechtlich zwar verboten, faktisch aber gleichwohl nicht ausgeschlossen ist, und danach in Ausübung der verfassunggebenden Gewalt tätig werden, näher unten E.
IV. 2. b) bb). Vgl. zum Ganzen außer oben D. III. 3. c) aa) auch D. III. 3. b) ee) (2) Fn. 637 sowie E.
III. 2.

Erarbeitung einer künftigen Verfassung *rechtlich verbindlich* sein sollen, können die von Verfassungs wegen mit der Neukonstituierung betrauten Instanzen nur *pouvoirs constitués* sein, weil Verfassungsnormen allein für Organe der verfaßten Gewalt, nicht aber für den pouvoir constituant rechtsverbindlich sind.[200] Aus der intendierten Verfassungsgebundenheit der agierenden Organe ergibt sich weiterhin, daß die Geltung einer verfassungsgemäß ins Werk gesetzten neuen Verfassung *derivativ* sein muß, weil die Annahme einer originären Geltungsbegründung angesichts der Verfassungsgebundenheit der an dem Neukonstituierungsvorgang beteiligten pouvoirs constitués ausscheidet. Der entsprechende Normerzeugungstatbestand ist daher als Ermächtigung zur derivativen Schaffung neuen Verfassungsrechts zu deuten. Daraus läßt sich wiederum folgern, daß die unter Bezugnahme auf diesen Normerzeugungstatbestand erfolgende Hervorbringung einer neuen Verfassung *Verfassungsänderung* in Gestalt der Verfassungsersetzung ist.

Somit ist festzuhalten: Wenn die Auslegung ergibt, daß eine Verfassung verbindliche Regelungen für den Fall einer Neukonstituierung aufstellen will, hat dies für das Verständnis der einschlägigen Verfassungsbestimmung zur Folge, daß sie als pouvoirs constitués-bezogene Ermächtigung zu derivativer Verfassungsrechtserzeugung angesehen werden muß, weil die verfassungsrechtlichen Vorgaben für den Neukonstituierungsprozeß anderenfalls nicht rechtlich verbindlich sein könnten.[201]

Daß verfassungsrechtliche Regelungen ausschließlich für pouvoirs constitués rechtlich verbindlich sind, ist insbesondere bei der verfassungstheoretischen Würdigung solcher Ablösungsklauseln bedeutsam, die ein Tätigwerden des Subjekts zur Voraussetzung für die Verfassungsmäßigkeit einer Neukonstituierung erheben, das nach den vorherrschenden Legitimitätsvorstellungen Träger der verfassunggebenden Gewalt ist. Sinngemäß hat auf diesen Umstand bereits *H. Götz* mit folgender Äußerung aufmerksam gemacht:

»Sobald eine Verfassung bindende Bestimmungen über die Tätigkeit des pouvoir constituant enthält, ist damit in Wirklichkeit ein pouvoir constitué geschaffen, der wiederum von dem stets über und begrifflich niemals in der Verfassung stehenden pouvoir constituant überspielt werden kann.«[202]

Mit anderen Worten: Durch verfassungsrechtliche Bestimmungen, die den Fall einer künftigen Neukonstituierung *verbindlich* regeln sollen, kann der pouvoir

---

[200] S. o. D. II. 3. a) aa) (2) und (3), ferner c).

[201] Wenn man diese Erkenntnis nicht nur auf die Auslegung einer bereits vorhandenen Ablösungsklausel beziehen, sondern allgemeiner, mit Blick auf die generellen verfassungsrechtlichen Gestaltungsmöglichkeiten formulieren möchte, gilt: Wenn eine Verfassung verbindliche Regelungen für den Fall einer Neukonstituierung aufstellen will, muß sie einen pouvoir constitué zu derivativer Verfassungsrechtserzeugung ermächtigen, weil ihre Vorgaben für den Neukonstituierungsvorgang anderenfalls nicht verbindlich wären.

[202] *H. Götz*, NJW 1958, 1020 (1021); vgl. ferner *Murswiek*, Wiedervereinigungsgebot, S. 35.

constituant nicht an die Verfassung gebunden, sondern nur ein *personell mit diesem identischer pouvoir constitué* installiert werden. Ein Beispiel möge dies verdeutlichen: Sofern eine Konstitution die Schaffung einer neuen Verfassung durch das in der entsprechenden Verfassungsordnung als Inhaber der verfassunggebenden Gewalt angesehene Volk für zulässig erklärt und für den Prozeß der Neukonstituierung bestimmte Regeln aufstellt, und wenn diese Regeln bei der Verfassungschöpfung für das Volk *rechtlich verbindlich* sein sollen, dann kann das Volk nicht in seiner Funktion als pouvoir constituant angesprochen sein, weil verfassungsrechtliche Festlegungen für den pouvoir constituant unerheblich sind.[203] Da es allein als pouvoir constitué an die Verfassung gebunden sein kann, muß vielmehr davon ausgegangen werden, daß das Volk zu derivativer Verfassungsrechtsetzung ermächtigt und damit implizit in den Rang einer verfaßten Gewalt erhoben wird. Davon unberührt bleibt seine Rolle als nicht an die Verfassung gebundener pouvoir constituant, weshalb sich das Volk in dieser Erscheinungsform jederzeit über die geltende Verfassung hinwegzusetzen vermag.[204]

Damit ist zu konstatieren: Wenn eine Verfassung beabsichtigt, den Prozeß einer künftigen Neukonstituierung durch verbindliche Vorgaben rechtlich zu determinieren, und dadurch den Versuch einer Konstitutionalisierung der verfassunggebenden Gewalt unternimmt[205], entsteht ein (zusätzlicher) personell mit dem pouvoir constituant identischer pouvoir constitué, der zur derivativen Verfassungsrechtserzeugung ermächtigt ist, während die verfassunggebende Gewalt als originär verfassungschöpferische Kraft unverändert fortbesteht, weil sie sich ihrem Wesen nach einer verfassungsrechtlichen Einbindung entzieht.[206] Verfas-

---

[203] S.o. D. II. 3. a) aa) (2) und (3), ferner c); siehe auch Einleitung zu III. Nicht in Vergessenheit geraten darf freilich die mittelbare rechtliche Bedeutung verfassungsrechtlicher Vorschriften für die verfassunggebende Gewalt; dazu oben D. III. 1. a).

[204] Wenn das Volk also eine neue Verfassung verabschiedet und die entsprechenden Vorgaben der bisherigen Verfassung beachtet, weil es sich an diese gebunden wähnt, handelt es *als pouvoir constitué*. Setzt es sich über das Reglement der bislang geltenden Verfassung hinweg, handelt es *als pouvoir constituant*.

[205] Von dem Versuch einer Konstitutionalisierung der verfassunggebenden Gewalt kann uneingeschränkt nur in der hier behandelten Konstellation des *konstitutiven* Ablösungsvorbehalts gesprochen werden, weil sich der deklaratorische Ablösungsvorbehalt gerade dadurch auszeichnet, daß er nur die Bedingungen für die Verfassungsmäßigkeit eines *originären* verfassunggeberischen Aktes formuliert. Zur Deutung verbindlicher verfassungsrechtlicher Festlegungen als Versuch einer Konstitutionalisierung der verfassunggebenden Gewalt siehe schon oben D. III. 1. c); speziell im Hinblick auf Ablösungsvorbehalte siehe oben D. III. 3. b) cc) (2) (b) Fn. 580 (konstitutiver Ablösungsvorbehalt) sowie 3. b) cc) (1) (b) Fn. 541 und ee) (1) Fn. 631 (deklaratorischer Ablösungsvorbehalt).

[206] In diesem Sinne außer *H. Götz*, a.a.O., auch *Murswiek*, Wiedervereinigungsgebot, S. 35, und BK/*Evers*, Art. 79 Abs. 3 Rdnr. 87, wo aus dem Umstand, daß die verfassunggebende Gewalt als nicht normierbar zu verstehen sei, gefolgert wird, daß »auch die Verfassung sie nicht normieren kann, ohne sie ihres Wesens zu entkleiden«. Deutlich, wenngleich teilweise unrichtig, auch *Wiederin*, AöR 117 (1992), 410 (414), wo es zunächst heißt, daß »alles, was durch sie (sc. die Verfassung) geregelt wird, die Qualität eines verfassungsrechtlich Geregelten erhält«, und dann festgestellt wird: »Indem und soweit die Verfassung den *pouvoir constituant verfassungsrechtlich*

sunggebung ist also, es sei nochmals wiederholt, niemals verfassungsrechtlich gebunden, und was verfassungsrechtlich gebunden ist, kann nicht Verfassunggebung, sondern nur derivative Rechtserzeugung und demnach Verfassungsänderung sein.[207]

b) Die Methode der Zuordnung konkreter Normerzeugungsvorgänge zu den Kategorien Verfassunggebung und Verfassungsänderung

Für die Zuordnung eines konkreten Normerzeugungsvorgangs zu den Kategorien Verfassunggebung bzw. Verfassungsänderung ergibt sich aus den vorangegangenen Überlegungen, daß einerseits durch einen Vergleich des tatsächlichen
Geschehens mit den einschlägigen Vorschriften der bisherigen Verfassung zu ermitteln ist, ob die Verfassungsrechtserzeugung mit diesen Vorschriften im Einklang steht und somit *verfassungsgemäß* ist. Nur unter dieser Voraussetzung
kommt eine Charakterisierung des Normerzeugungsvorgangs als Verfassungsänderung überhaupt in Betracht, ist also nicht von vornherein offenkundig, daß es
sich nur um Verfassunggebung handeln kann.[208]
Andererseits ist zu klären, ob formelle Verfassungskontinuität zu verzeichnen
oder die bisherige Verfassung durch eine *formell neue Verfassung* ersetzt worden
ist; denn solange die alte Verfassung formell fortgilt, kann keine Betätigung der
verfassunggebenden Gewalt stattgefunden haben, weil formelle Verfassungskontinuität die Annahme von Verfassunggebung ausschließt.[209] Insofern kann bei

---

einbindet, *macht sie ihn* zu einem pouvoir constitué«; Hervorhebungen v. Verf. Richtig ist daran,
daß durch den Erlaß verbindlicher verfassungsrechtlicher Regelungen für den Fall einer Neukonstituierung *ein pouvoir constituant geschaffen wird*, und zwar weil, wie *Wiederin* auf S. 415 zu
Recht ausführt, die Verfassung die zur Neukonstituierung berufene Gewalt durch die entsprechenden Regelungen »auch schon implizit rechtlich verfaßt« hat. Unrichtig ist dagegen die Aussage, daß sie ihn, den pouvoir constituant, *zu einem pouvoir constitué macht*, indem sie ihn verfassungsrechtlich einbindet; denn weil der pouvoir constituant nicht verfassungsrechtlich gebunden werden kann, läßt er sich auch nicht zu einem pouvoir constitué machen. *Wiederins* Satz
müßte deshalb richtig lauten: *Indem und soweit die Verfassung den pouvoir constituant verfassungsrechtlich einzubinden versucht, schafft sie einen zur Neukonstituierung befugten pouvoir
constitué. An der Existenz des verfassungsrechtlich ungebundenen pouvoir constituant ändert
sich dadurch nichts.* Vgl. in diesem Kontext auch *Murswiek*, verfassunggebende Gewalt, S. 140f,
149f, 156, der davon ausgeht, daß die verfassunggebende Gewalt ein überpositives Recht des Volkes ist, das Rechtsgeltung erst durch seine Anerkennung von seiten des Grundgesetzes erlangt,
und dann feststellt, der auf diese Weise verrechtlichte pouvoir constituant sei systematisch gesehen oberster pouvoir constitué.
[207] Daß das, was verfassungsrechtlich gebunden ist, nicht Verfassunggebung, sondern nur
Verfassungsänderung sein kann, betonen auch *Boehl*, Verfassunggebung, S. 81, 105, 224; *Murswiek*, verfassunggebende Gewalt, S. 212; *Henke*, Staat 31 (1992), 265 (277); wohl ebenso *Scheuner*, DÖV 1953, 581 (584); *Storr*, S. 51f. Siehe zum Ganzen auch oben D. III. 3. b) ee) (2) Fn. 637
sowie E. III. 2.
[208] Dazu, daß verfassungswidrige Verfassungsrechtserzeugung niemals Verfassungsänderung
sein kann, s.o. E., Einleitung zu IV. unter Bezugnahme auf D. III. 3. b) ff).
[209] S.o. E. IV. 1. in Verbindung mit E. II. 2. b) aa) (2) und (3).

formeller Verfassungskontinuität ohne weiteres von einem Fall der Verfassungsänderung ausgegangen werden. In der Konstellation der verfassungsmäßigen
Schaffung einer formell neuen Verfassung muß hingegen im Wege der Auslegung
erkundet werden, ob die Vorschriften der bislang geltenden Verfassung für den
Vorgang der Verfassungschöpfung *rechtliche Verbindlichkeit* beanspruchen oder
nicht. Vermöge dieses Gesichtspunkts läßt sich erkennen, ob eine Verfassungsbestimmung zu derivativer Verfassungsrechtsetzung ermächtigt oder lediglich von
der Verfassungsmäßigkeit originärer Verfassungschöpfung handelt.[210]

*c) Die Differenzierung zwischen verschiedenen Fällen verfassungs-
mäßiger Neukonstituierung anhand des Kriteriums der rechtlichen
Verbindlichkeit verfassungsrechtlicher Vorgaben*

Anhand des Kriteriums der intendierten rechtlichen Verbindlichkeit bzw. Unverbindlichkeit verfassungsrechtlicher Bestimmungen lassen sich verschiedene Fälle
der verfassungsmäßigen Neukonstituierung voneinander unterscheiden und den
bereits bekannten Kategorien der konstitutiven bzw. deklaratorischen Verfassungsablösung zuordnen.

*aa) Die Vereinbarkeit der Neukonstituierung mit
verbindlichen verfassungsrechtlichen Vorgaben*

Ein Neukonstituierungsvorgang kann zunächst mit Verfassungsnormen vereinbar sein, deren Auslegung ergibt, daß sie für den Prozeß der Verfassungschöpfung
rechtlich verbindlich sein sollen. Diese Normen sind aufgrund der geschilderten
Zusammenhänge dahin zu deuten, daß sie im Sinne eines konstitutiven Ablösungsvorbehalts pouvoirs constitués zur derivativen Schaffung einer formell neu-
en Verfassung ermächtigen.[211] Die verfassungsrechtlichen Vorgaben müssen in
diesem Fall um der (derivativen) Geltung der neuen Verfassung willen eingehalten werden[212], d.h. die Verfassungsmäßigkeit ihres Zustandekommens ist von
konstitutiver rechtlicher Bedeutung für die Geltung der neuen Verfassung, sie ist
Geltungsbedingung. In dieser Konstellation findet Verfassungsänderung in Gestalt der Verfassungsersetzung statt.

---

[210] S.o. E. IV. 1. a).

[211] Zur Figur des konstitutiven Ablösungsvorbehaltes oben D. III. 3. b) cc) (2), (3) sowie ee)
(2).

[212] Dies gilt natürlich nur, solange eine neue Verfassung in Anwendung der konstitutiven Ablösungsklausel und damit auf verfassungsmäßigem Wege geschaffen werden soll. Selbstverständlich ist daneben auch die verfassungswidrige Schaffung einer neuen Verfassung durch einen originären verfassunggeberischen Akt des pouvoir constituant möglich.

bb) Die Vereinbarkeit der Neukonstituierung
mit unverbindlichen verfassungsrechtlichen Vorgaben

Sodann kann die Verfassungsauslegung zu dem Ergebnis führen, daß eine neue Verfassung insofern verfassungsgemäß ins Werk gesetzt wird, als ihre Entstehung mit für den Vorgang der Verfassungschöpfung *rechtlich unverbindlichen* Verfassungsbestimmungen im Einklang steht. Diese Bestimmungen können infolge ihrer Unverbindlichkeit für die rechtschaffenden Instanzen nicht als Ermächtigung zur derivativen Verfassungsrechtserzeugung aufgefaßt werden, sondern sind dahin zu verstehen, daß sie die Bedingungen umschreiben, unter denen die bislang geltende Verfassung einer neuen Verfassung zu weichen gewillt ist, weil sie deren Schaffung als legal anerkennt. Die in einem derartigen deklaratorischen Ablösungsvorbehalt[213] formulierten Anforderungen an einen Neukonstituierungsvorgang beziehen sich auf ein Tätigwerden des pouvoir constituant als originär verfassungschöpfende Kraft, ohne diesem gegenüber eine rechtliche Verpflichtungswirkung entfalten zu können.[214]

cc) Die Unzulässigkeit einer Neukonstituierung
im Verfahren der Verfassungsrevision

Aus Gründen der Klarstellung soll abschließend auf eine weitere Gestaltung eingegangen werden, in der eine Neukonstituierung dem ersten Anschein nach ebenfalls verfassungsmäßig ist. Es handelt sich um die Konstellation, daß eine formell

---

[213] Zu dieser Art des Ablösungsvorbehaltes näher oben D. III. 3. b) cc) (1), (3) sowie ee) (1), ff), Einleitung zu 4.

[214] Entsprechend interpretiert werden die übergangsverfassungsrechtlichen Vorschriften für die Schaffung einer endgültigen südafrikanischen Verfassung von *Lücke*, JöR 47 (1999), 467 (468ff); dazu noch unten E. IV. 3. e). Die Konstellation der deklaratorischen Verfassungsablösung hat offenbar auch *Storr*, S. 51, vor Augen. Bei ihm heißt es: »Findet die neue Verfassunggebung in einem von der alten Rechtsordnung vorgeschriebenen Verfahren statt, heißt das jedoch nicht, daß die verfassunggebende Gewalt daran gebunden ist. Im Gegenteil (...).« Daß sich diese Aussage allein auf die deklaratorische Verfassungsablösung beziehen kann, ergibt sich daraus, daß nur in dieser Konstellation eine neue Verfassung auf verfassungsmäßige und trotzdem verfassungsunabhängige Weise vom pouvoir constituant ins Werk gesetzt wird. Im Fall der konstitutiven Verfassungsablösung findet hingegen keine »Verfassunggebung«, sondern derivative Verfassungsrechtserzeugung durch Organe der verfaßten Gewalt statt. Vorschriften über die Ausübung der verfassunggebenden Gewalt sind insofern immer im Sinne eines deklaratorischen Ablösungsvorbehalts zu interpretieren, es sei denn, sie lassen sich so auslegen, daß durch den Versuch einer rechtlichen Bindung der verfassunggebenden Gewalt ein pouvoir constitué geschaffen und dieser in Gestalt eines konstitutiven Ablösungsvorbehaltes zur Neukonstituierung ermächtigt wird (siehe zuvor unter E. IV. 1. a) a.E.). Vgl. in diesem Zusammenhang auch die (wohl eher materiell zu verstehende) Aussage von *Maunz/Zippelius*, § 6 I 2 (S. 39): »Die elementare verfassunggebende Gewalt läßt sich nicht wirksam an vorgegebene Rechtssätze binden. Faktisch kann diese Gewalt sich gleichwohl in den Bahnen der bisherigen verfassungsrechtlichen Rechtskultur bewegen und deren Grundentscheidungen übernehmen und wird dies häufig tun; auch eine Verfassunggebung dieser Art unterscheidet sich aber dadurch von bloßen Verfassungsrevisionen, daß sie keinen positiv-rechtlichen Bindungen unterliegt.«

neue Verfassung mangels spezieller Vorschriften zur Verfassungsablösung unter
Beobachtung der – insbesondere verfahrensrechtlichen – Bestimmungen über die
Verfassungsrevision verabschiedet wird. Hier scheint es wie in den vorstehend
thematisierten Fällen zum Zwecke der Kategorisierung des Normerzeugungsvorgangs notwendig zu sein, auf den Aspekt der Verbindlichkeit bzw. Unverbindlichkeit der entsprechenden Verfassungsbestimmungen für den Prozeß der
Verfassungschöpfung einzugehen.

Eine formelle Neukonstituierung, die im Wege der Verfassungsrevision in Angriff genommen wird, ist jedoch überhaupt nur scheinbar verfassungsgemäß, weil
eine Revisionsklausel unter keinen Umständen zur Schaffung einer formell neuen
Verfassung berechtigt.[215] In Wahrheit ist der Neukonstituierungsvorgang, sofern
er sich nicht auf eine andere verfassungsrechtliche Ermächtigungsgrundlage zurückführen läßt oder von der Verfassung wenigstens einseitig als verfassungsgemäß anerkannt wird und deshalb einer der bereits behandelten Fallgruppen zuzurechnen ist, *verfassungswidrig*.[216] Die vorstehend behandelten Fragen stellen sich
folglich nicht, weil der Neukonstituierungsvorgang weder verfassungsgemäß ist
noch Bestimmungen existieren, die die Schaffung einer formell neuen Verfassung
in irgendeiner Form legalisieren und insofern verbindlich oder unverbindlich sein
könnten. Die Schaffung einer neuen Verfassung ist in einer entsprechenden Verfassungsordnung allein durch einen aus Sicht der bisherigen Verfassung verfassungswidrigen Akt der verfassunggebenden Gewalt möglich.

Eine neue Konstitution kann somit zum Zwecke der Vortäuschung von Legalität und Kontinuität zwar im Verfahren der Verfassungsrevision verabschiedet
werden. Jedoch ändert diese Vorgehensweise nichts daran, daß die Verfassungschöpfung in Ermangelung einer entsprechenden Ermächtigung bzw. einer einseitigen Anerkennung ihrer Zulässigkeit verfassungswidrig ist. Man könnte in
diesem Zusammenhang von einem verschleierten, quasi als Verfassungsänderung
getarnten Akt der Verfassunggebung sprechen.[217] Ein Neukonstituierungsvorgang kann demgemäß mit einer vorhandenen Verfassung nur dann vereinbar sein,
wenn diese einen konstitutiven oder einen deklaratorischen Ablösungsvorbehalt
aufweist, nicht aber, wenn es ihr an speziellen Bestimmungen über die Schaffung

---

[215] S.o. E. I. 1. Sofern eine Verfassung hingegen die Schaffung einer formell neuen Verfassung
erlaubt, liegt gerade keine Revisions-, sondern eine Ablösungsklausel vor.

[216] Ob bei einer solchen Neukonstituierung im Wege der Verfassungsänderung die evtl. vorhandenen materiellen Grenzen der Verfassungsrevision beachtet worden sind, ist gleichgültig,
weil auch deren Beachtung nichts an der Verfassungswidrigkeit einer im Verfahren der Verfassungsrevision bewerkstelligten formellen Neukonstituierung zu ändern vermöchte.

[217] Daß sich ein ursprünglicher Akt des pouvoir constituant äußerlich in den Formen geregelter Verfassungsrevision vollziehen kann, wird auch von *Bachof*, S. 36, hervorgehoben. Zu einer
solchen Vorgehensweise kann es insbesondere kommen, wenn sich die von der bisherigen Verfassung konstituierten und faktisch noch handlungsfähigen Organe von ihrer Verfassung losge-
sagt haben und in Ausübung der verfassunggebenden Gewalt handeln; dazu unten E. IV. 2. b)
bb).

einer formell neuen Verfassung gebricht und sie allein die Verfassungsrevision zum verfassungsrechtlichen Regelungsgegenstand erhebt.

d) *Anwendungsbeispiel: die Entstehung der Niedersächsischen Verfassung von 1993*

Die vorstehend entwickelten Kriterien für die Kategorisierung konkreter Normerzeugungsvorgänge sollen nun exemplarisch auf die Genese der Niedersächsischen Verfassung vom 19. Mai 1993[218] angewendet werden. Diese trat an die Stelle der Vorläufigen Niedersächsischen Verfassung vom 13. April 1951[219], welche mit dem Inkrafttreten der neuen Verfassung ihre Geltung verlor.[220] Die neue Verfassung wurde im Verfahren der Verfassungsrevision, wie es in der Vorläufigen Niedersächsischen Verfassung von 1951 geregelt war, ins Werk gesetzt[221], d.h. vom Landtag mit Zweidrittelmehrheit verabschiedet.[222]

Für die verfassungstheoretische Einordnung der Verfassungsentstehung bedeutsam ist die Feststellung, daß es sich bei der Verfassung von 1993 um eine formell neue Verfassung handelt.[223] Die bisherige Verfassung wurde durch Art. 78 Abs. 2 NV ausdrücklich außer Kraft gesetzt. Zudem trägt die neue Verfassung zur Manifestation ihrer formellen Eigenständigkeit ein neues Geltungsdatum. Aus der *formellen Verfassungsdiskontinuität* ergibt sich, daß nicht nur ein Fall der Verfassungsänderung (in Gestalt der Verfassungsersetzung) vorliegen kann, sondern auch ein solcher der Verfassunggebung. Für die Zuordnung ausschlaggebend ist unter diesen Umständen, ob die Neukonstituierung verfassungsmäßig war und ob die einschlägigen Bestimmungen der bisherigen Verfassung ggf. rechtliche Verbindlichkeit für den Vorgang der Verfassungschöpfung beanspruchten. Die Aufmerksamkeit ist demzufolge dem Normerzeugungstatbestand des Art. 38 VNV zuzuwenden, der lautete:

---

[218] NdsGVBl. S. 107.

[219] NdsGVBl. Sb. I S. 5.

[220] Vgl. Art. 78 NV: »Diese Verfassung tritt am 1. Juni 1993 in Kraft« (Absatz 1). »Gleichzeitig tritt die Vorläufige Niedersächsische Verfassung vom 13. April 1951 (…) außer Kraft« (Absatz 2).

[221] Dies kommt im Vorspruch der Niedersächsischen Verfassung vom 19. Mai 1993 deutlich zum Ausdruck: »Der Niedersächsische Landtag hat unter Einhaltung der Vorschrift des Artikels 38 der Vorläufigen Niedersächsischen Verfassung die folgende Verfassung beschlossen, die hiermit verkündet wird«.

[222] Näher zum Verfahren der Verfassungsverabschiedung *Starck*, Verfassungsdinge, S. 15; *ders.*, NdsVBl. 1994, 1 (1f); *Berlit*, NVwZ 1994, 11 (12); *Stückrath*, S. 49f.

[223] Anders wohl *Niedobitek*, S. 17: »Die Vorläufige Niedersächsische Verfassung vom 13. April 1951 wurde zwar durch Art. 78 Abs. 2 der Verfassung von 1993 ausdrücklich außer Kraft gesetzt. Dies ist aber gerade ein Beweis für die Verfassungskontinuität, die den alten und den neuen Text verbindet.« Demgegenüber ist darauf hinzuweisen, daß der Nichteintritt eines verfassungsrechtlichen Vakuums keineswegs mit (formeller) Verfassungskontinuität gleichgesetzt werden darf.

»Verfassungsänderungen bedürfen der Änderung oder Ergänzung des Wortlautes der Verfassung. Ein verfassungsänderndes Gesetz wird vom Landtage mit zwei Dritteln der anwesenden Abgeordneten, mindestens jedoch von der Mehrheit der Abgeordneten, beschlossen.«

Bei der zitierten Bestimmung handelt es sich um eine klassische Revisionsermächtigung, die nicht zur Schaffung einer formell neuen Schaffung ermächtigt.[224] Auch eine Interpretation des Art. 38 VNV im Sinne einer Ablösungsklausel ist nach dem Wortlaut der Vorschrift ausgeschlossen, weil im Falle der Verfassungsablösung gerade nicht nur eine »Änderung oder Ergänzung des Wortlautes der Verfassung« stattfindet, sondern eine völlig neue Verfassung geschaffen wird.

Etwas anderes könnte sich daraus ergeben, daß die Verfassung von 1951 nur vorläufig gelten sollte, was außer ihrer Bezeichnung auch ihre Schlußbestimmung (Art. 61 Abs. 2) zum Ausdruck brachte:

»Diese Verfassung tritt ein Jahr nach Ablauf des Tages außer Kraft, an dem das Deutsche Volk in freier Entscheidung eine Verfassung beschließt.«

Durch diese Bestimmung nahm die Vorläufige Niedersächsische Verfassung auf Art. 146 GG a.F. Bezug und verknüpfte für den Fall der Wiedervereinigung ihr eigenes Schicksal mit demjenigen des Grundgesetzes.[225] Auch in Verbindung mit Art. 61 Abs. 2 VNV kann Art. 38 VNV indes nicht als Ablösungsvorbehalt gedeutet werden. Art. 61 Abs. 2 VNV legte keine Bedingungen für die Verfassungsmäßigkeit der Schaffung einer endgültigen Verfassung fest.[226] Er erlaubte nicht das Tätigwerden eines niedersächsischen Verfassungschöpfers, sondern ordnete schlicht das Außerkrafttreten der Verfassung nach einem verfassungschöpferischen Akt des gesamten deutschen Volkes auf Bundesebene an. Einen niedersächsischen Verfassunggeber bzw. niedersächsische Organe, die zur Verfassungsrechtsetzung ermächtigt sein könnten, bekam die Vorschrift damit von vornherein nicht in den Blick. Im übrigen betraf Art. 146 GG a.F. originäre Betätigungen der verfassunggebenden Gewalt. Dies spricht – außer der ersichtlich fehlenden intendierten rechtlichen Verbindlichkeit für den Neukonstituierungsvorgang – entschieden dagegen, daß in der Konstellation des Art. 61 Abs. 2 VNV Organe der verfaßten Gewalt zur Schaffung einer neuen Verfassung ermächtigt sein sollten. Wenn überhaupt, hätte die Vorschrift lediglich Bedingungen für die Verfassungsmäßigkeit neuerlicher Verfassunggebung umschrieben (deklaratorischer Ablösungsvorbehalt). Hinzu kommt schließlich, daß die deutsche Einheit auf dem alternativen Weg des Art. 23 GG a.F. und nicht in Anwendung des Art. 146 GG a.F.

---

[224] So auch die Kommentierung zur Vorläufigen Niedersächsischen Verfassung von *Neumann* aus dem Jahre 1987 (Art. 37 Rdnr. 2): »Der Begriff *Verfassungsänderung* umfaßt nicht eine Aufhebung oder Beseitigung der Verfassung« (Hervorhebung dort). Vgl. ferner oben E. I. 1.

[225] Zum Regelungsgehalt des Art. 146 GG a.F. ausführlich oben D. III. 3. b) cc) (1).

[226] Zu diesem Charakteristikum von konstitutivem wie deklaratorischem Ablösungsvorbehalt oben D. III. 3. b) cc) (1) bis (3).

zustande kam. Aus diesem Grunde wurde Art. 61 Abs. 2 VNV obsolet, weil seine tatbestandlichen Voraussetzungen nicht mehr eintreten konnten.[227]

Vor diesem Hintergrund bleibt es dabei, daß die Vorläufige Niedersächsische Verfassung lediglich über eine klassische Revisionsermächtigung, nicht aber über einen Ablösungsvorbehalt verfügte. Die Verabschiedung der endgültigen Verfassung durch den zur Verfassungsänderung befugten Gesetzgeber war deswegen nur *scheinbar verfassungsmäßig*.[228] Der Landtag hat insoweit keineswegs im Rahmen seiner Funktion als verfassungsändernde Gewalt agiert.[229] Vielmehr beruht die Geltung der neuen Verfassung auf einem *originären verfassunggeberischen Akt*.[230] Die bloße Beachtung des für Verfassungsänderungen geltenden Verfahrens vermag daran ebensowenig etwas zu ändern wie die Tatsache, daß alte und neue niederächsische Verfassung materiell in großem Umfang identisch sind.[231]

2. Die Mitwirkung besonderer Organe an der Verfassungsrechtserzeugung und ihre Bedeutung für die Kategorisierung von Normerzeugungsvorgängen

a) Einführung und Problemaufriß

Weil die intendierte Verbindlichkeit verfassungsrechtlicher Vorschriften für die Verfassungsrechtsetzung von maßgeblichem Gewicht für die Kategorisierung konkreter Normerzeugungsvorgänge ist, könnte man annehmen, daß im Falle einer verfassungsrechtserzeugenden Betätigung von *Organen der bisherigen Verfassung* immer Verfassungsänderung stattfindet; denn diese Organe sind als pouvoirs constitués verfassungsgebunden, was auf eine durchgehend derivative Geltung des von ihnen hervorgebrachten Verfassungsrechts schließen lassen könnte. Derartige Schlüsse aus dem Handeln von Verfassungsorganen auf das Vorliegen derivativer Verfassungsrechtsetzung sind allerdings nicht uneingeschränkt möglich. So ist im vorigen auf das Verbindlichkeitskriterium nur im Zusammenhang mit Fällen *verfassungsmäßiger* Verfassungsrechtserzeugung abgestellt worden.[232] Obwohl die besagten Organe rechtlich lediglich nach Maßgabe der geltenden

---

[227] Ebenso *Starck*, NdsVBl. 1994, 1 (1f).

[228] Interessant ist in diesem Zusammenhang, daß in einem frühen Verfahrensstadium zumindest die CDU einen verfassungsmäßigen Ansatz verfolgte, indem sie grundsätzlich an der Vorläufigen Verfassung festhalten wollte. Ihr Entwurf war bewußt als Änderungsgesetz ausgestaltet; dazu *Berlit*, NVwZ 1994, 11 (12).

[229] So aber *Berlit*, NVwZ 1994, 11 (12); *Starck*, NdsVBl. 1994, 1 (1f); *Niedobitek*, S. 17; *Stückrath*, S. 49.

[230] Wie hier auch *Neumann*, Verfassung, Einleitung (S. 42) sowie Art. 78 Rdnr. 3f. Zur Rolle des Landtages bei der Verfassunggebung noch E. IV. 2. c) bb) (2).

[231] Diese Feststellung findet sich bei *Niedobitek*, S. 17; vgl. ferner *Berlit*, NVwZ 1994, 11 (17). Nach der oben E. II. 2. c) eingeführten Terminologie fand in Niedersachsen im Jahre 1993 folglich »nur formelle Verfassunggebung« statt.

[232] S.o. E., Einleitung zu IV. sowie IV. 1.

Verfassung tätig werden dürfen[233], ist es faktisch keineswegs unmöglich, daß sie sich mit ihrem Verhalten in Widerspruch zu den verfassungsrechtlichen Anordnungen setzen. Die *verfassungswidrige* Schaffung neuen Verfassungsrechts durch Organe der verfaßten Gewalt kann indes gerade nicht als Verfassungsänderung eingestuft werden, weil derivative Rechtsgeltung ein legales Zustandekommen der Rechtsnormen voraussetzt.[234] Vom Vorliegen derivativer Rechtsetzung kann deswegen trotz Existenz verbindlicher Verfassungsvorschriften nur dann ausgegangen werden, wenn diese Vorschriften im Prozeß der Verfassungschöpfung auch tatsächlich Beachtung gefunden haben.[235]

Nachdem damit feststeht, daß das auf die Hervorbringung von Verfassungsrecht gerichtete Handeln von Verfassungsorganen nicht ausnahmslos, sondern nur für den Fall seiner Verfassungsmäßigkeit als Verfassungsänderung charakterisiert werden kann[236], empfiehlt sich eine weitere Frage zur Klärung: Wie ist das Handeln jener Organe dann einzuordnen, wenn eine Kategorisierung als Verfassungsänderung nicht in Betracht kommt?

aa) Die Konstellation der »verfassungswidrigen Verfassungsänderung«

Sofern *formelle Verfassungskontinuität* zu verzeichnen ist, scheidet eine Deutung des verfassungswidrigen Handelns von Verfassungsorganen als Mitwirkung an einem verfassunggeberischen Akt schon deswegen aus, weil die formelle Fortgeltung der bisherigen Verfassung der Annahme von Verfassunggebung entgegensteht.[237] Recht kann nicht originär gelten, solange die bisherige Verfassung formell fortgilt[238], weil eine Verfassung typischerweise abschließend festlegt, auf welche Weise während ihrer Geltungsdauer – derivativ – Recht geschaffen wer-

---

[233] Dazu, daß die Staatsorgane wegen ihrer Verfassungsgebundenheit von Rechts wegen gehindert sind, an verfassunggeberischen, also den Rahmen der bestehenden Verfassungsordnung sprengenden Entscheidungen mitzuwirken, sofern die bisherige Verfassung dies nicht ausnahmsweise gestattet, statt vieler *Maunz*, DÖV 1953, 645 (646); *Gutmann*, S. 100f; *Alvarez*, S. 115. Siehe auch oben D. III. 1. a) aa).

[234] S.o. D. III. 3. b) ff).

[235] Diese Bedingung für die Charakterisierung eines Normerzeugungsvorgangs als Verfassungsänderung ist bereits mehrfach betont worden; s.o. D. III. 3. b) ff), c) aa) sowie E., Einleitungen zu III. und IV.

[236] Erinnert sei aber daran, daß nicht in allen Fällen verfassungsmäßiger Verfassungsrechtsetzung zwangsläufig Verfassungsänderung vorliegt; denn es sind auch Fälle verfassungsmäßiger Verfassunggebung denkbar; dazu oben D. III. 3. b) ee) (1), ff); 4. a). Insofern stellt sich die im folgenden zu behandelnde Frage nach den Möglichkeiten einer Beteiligung von Verfassungsorganen an der Verfassungsrechtserzeugung außerhalb des Verfahrens der Verfassungsänderung nicht allein im Hinblick auf Fälle verfassungswidriger Verfassungschöpfung, sondern schlechthin in bezug auf ihre Beteiligung an *originären* Neukonstituierungsvorgängen.

[237] S.o. E. II. 2. b) aa) (2) und (3) sowie IV. 1.

[238] Dazu, daß es auf materielle Aspekte in dem vorliegenden Zusammenhang nicht ankommt, s.o. E. II. 2. b) aa), speziell (2), sowie cc).

den darf.[239] Im Rahmen eines solchen geschlossenen Systems ist kein Raum für originäre Rechtsetzung. Versuche einer verfassungsunabhängigen Begründung von Recht werden deshalb auf rechtlich institutionalisierten Widerstand stoßen und nach Möglichkeit unterbunden werden.[240] Erst wenn der Widerstand des Verfassungsapparates[241] überwunden ist, besteht Gelegenheit zur originären Begründung und faktischen Etablierung von Recht[242], d.h. zur verfassungsunabhängigen Hervorbringung von Recht, das nicht nur den theoretischen Anspruch auf rechtliche Geltung erhebt, sondern auch realiter Wirkung entfaltet.[243] In diesem Moment hat die bisherige Verfassung jedoch faktisch zu gelten aufgehört. Sie gilt formell nicht länger fort, so daß gerade nicht mehr formelle Verfassungskontinuität, sondern bereits formelle Verfassungsdiskontinuität herrscht. Die Möglichkeit einer originären Begründung der Geltung von Rechtsnormen bei gleichzeitiger Fortgeltung der überkommenen Konstitution ist insofern ausgeschlossen.[244]

---

[239] S.o. A. III. 3. b) und c) aal zur Herrschaftsbegründung und Herrschaftsbeschränkung als typischen Verfassungsmerkmalen. Vgl. ferner oben D. III. 1. a) aa).

[240] Zur verfassungsrechtlichen Erschwerung künftiger verfassunggeberischer Akte oben D. III. 1. a). Hinzuweisen ist in diesem Kontext insbesondere auf die Funktion der Verfassungsgerichtsbarkeit (sofern eine solche in einer konkreten Verfassungsordnung vorhanden ist und sofern die Verfassungsordnung noch derart intakt ist, daß Urteile des Verfassungsgerichts als verbindlich anerkannt werden): Verstoßen die Verfassungsorgane gegen die Verfassung, so werden entsprechende Maßnahmen von der Verfassungsgerichtsbarkeit auf Antrag für verfassungswidrig und nichtig erklärt. Gerade der Verfassungsgerichtsbarkeit obliegt insofern die Aufgabe, die Etablierung verfassungswidriger Strukturen sowie die Entstehung verfassungsunabhängig geltenden Rechts zu verhindern.

[241] Zur Verpflichtung der pouvoirs constitués, verfassungswidrige Betätigungen einer potentiell verfassunggebenden Gewalt zu bekämpfen, s.o. D. III. 1. a) bb). Im Hinblick auf die hier interessierende Kategorisierung des verfassungswidrigen Handelns von Verfassungsorganen sind zwei Konstellationen denkbar: Einerseits ist es möglich, daß sich nur ein Teil der Verfassungsorgane verbotenerweise am Versuch einer außerverfassungsmäßigen Begründung von Recht beteiligt, während sich andere Verfassungsorgane gegen den Verfassungsbruch zur Wehr setzen; hier muß also zunächst der Widerstand dieser Organe gebrochen werden, um Recht originär in Geltung setzen zu können. Andererseits ist es vorstellbar, daß alle Verfassungsorgane einträchtig miteinander auf verfassungswidrige Weise neues Verfassungsrecht hervorbringen wollen; in diesem Fall wird einer originären Verfassungschöpfung wenig entgegenstehen, weil es von Anfang an keinen nennenswerten Widerstand des Verfassungsapparates geben dürfte, es sei denn, die Bürger machen in größerer Zahl von einem ihnen zustehenden verfassungsrechtlichen Widerstandsrecht Gebrauch.

[242] Vgl. bereits oben D. III. 1. a) cc).

[243] Zur Differenzierung zwischen Geltungsanspruch und Geltungskraft (Wirksamkeit) vgl. *Isensee*, Mythos, S. 13f, 74f; *Steiner*, S. 27; ferner *Burckhardt*, Organisation, S. 170ff. Siehe auch oben B. II. 3. c).

[244] Damit ist zugleich offenkundig geworden, daß es »partielle Verfassunggebung« im *formellen* Sinne, also die originäre Begründung einzelner Verfassungsrechtssätze durch einen Akt der verfassunggebenden Gewalt bei gleichzeitiger formeller Fortgeltung der bisherigen Verfassung, nicht geben kann. Auf verfassungswidrige, originäre Weise kann nur eine komplett neue formelle Verfassung geschaffen werden. Nicht ausgeschlossen ist hingegen »partielle *materielle* Verfassunggebung«, d.h. die originäre Begründung einer inhaltlich nur teilweise von der bisherigen

Auf die Hervorbringung von Verfassungsrecht gerichtete, die formelle Verfassungskontinuität aber unberührt lassende verfassungswidrige Betätigungen von Organen der verfaßten Gewalt können aus den genannten Gründen nicht als *verfassunggeberische* Maßnahmen bzw. als Akte der Beteiligung an solchen Maßnahmen angesehen werden. Ebensowenig kommt aufgrund ihrer Verfassungswidrigkeit eine Einstufung als *Verfassungsänderung* in Frage. Gleichwohl heißt dies nicht, daß zusätzlich zu den Kategorien Verfassunggebung und Verfassungsänderung die Anerkennung einer dritten Kategorie der Verfassungsrechterzeugung vonnöten wäre; denn in der Konstellation der »verfassungswidrigen Verfassungsänderung« wird überhaupt kein *geltendes* Verfassungsrecht geschaffen.[245] Durch eine »verfassungswidrige Verfassungsänderung« wird, weil sie als nicht von der Revisionsermächtigung gedeckter »Rechtsakt« nichtig ist[246], weder Verfassungsrecht derivativ in Geltung gesetzt, noch kann eine entsprechende Betätigung von Verfassungsorganen angesichts der formellen Verfassungskontinuität in einen originär rechtschöpfenden Akt der verfassunggebenden Gewalt umgedeutet werden. Solange die bisherige Verfassung formell fortgilt, kann die »verfassungswidrige Verfassungsänderung« nur als fehlgeschlagener Versuch der Hervorbringung neuen Verfassungsrechts bewertet werden.[247]

Verfassung abweichenden, ansonsten aber mit ihr übereinstimmenden neuen Verfassung. Auch in diesem Fall darf die ausschnittsweise materielle Fortgeltung der bisherigen Verfassung aber nicht darüber hinwegtäuschen, daß in formeller Hinsicht eine andere, neue Verfassung gilt, also *formelle* Verfassungs*dis*kontinuität herrscht; denn ohne formelle Verfassungsdiskontinuität könnten auf verfassungswidrige, originäre Weise keine inhaltlich neuen Verfassungsrechtssätze in Geltung gesetzt werden. Ein scheinbar nur partieller, weil auf den Inhalt einzelner Verfassungsrechtssätze beschränkter verfassunggeberischer Akt (»partielle materielle Verfassunggebung«) muß deshalb in Wahrheit als vollwertiger, formelle Verfassungsdiskontinuität begründender Akt der verfassunggebenden Gewalt betrachtet werden (formelle und partielle materielle Verfassunggebung). Durch diesen verfassunggeberischen Akt wird eine formell neue Verfassung in Geltung gesetzt, die teilweise inhaltlich von der bisherigen Verfassung abweicht, ansonsten aber deren Text übernimmt; die inhaltlich unveränderten Verfassungsteile werden dabei durch den verfassunggebenden Akt mit erneuernder Wirkung bestätigt, d.h. sie gelten formell keineswegs kontinuierlich fort, sondern erlangen aufgrund einer neuen Entscheidung des pouvoir constituant wiederum Geltung. Zur Differenzierung zwischen formeller und materieller Verfassunggebung näher oben E. II. 2. c) i.V.m. b).

[245]   Die hier gewählte plakative Bezeichnung für die in Rede stehende Konstellation darf nicht darüber hinwegtäuschen, daß die Verfassung wegen der Verfassungswidrigkeit des entsprechenden »Rechtsaktes« gar nicht wirksam geändert wird, also strenggenommen gerade *keine Verfassungsänderung* vorliegt. Die Verwendung dieser Bezeichnung erscheint dennoch sinnvoll, zum einen aus Gründen sprachlicher Vereinfachung und zum anderen, weil durch sie treffend zum Ausdruck gebracht wird, daß das verfassungswidrige Verhalten der Verfassungsorgane nicht auf die Hervorbringung einer formell neuen Verfassung (Verfassungsablösung) gerichtet ist, sondern lediglich die Schaffung einzelner neuer Verfassungsrechtssätze bei gleichzeitiger formeller Fortgeltung der bisherigen Verfassung zum Ziel hat und deshalb nicht Verfassunggebung sein kann.

[246]   Zur Nichtigkeit kompetenzwidrig erlassener verfassungsändernder Gesetze vgl. *Heckel*, HStR VIII, § 197 Rdnr. 23. Siehe auch oben D. III. 3. c) aa).

[247]   Deutlich *Sachs*, JuS 1991, 985 (986), der mit Blick auf die in Art. 79 Abs. 3 GG statuierten

Sofern allerdings eine faktische Etablierung der verfassungswidrig erlassenen Verfassungsrechtssätze zu beobachten ist und sie als »Recht« anerkannt werden[248], rechtfertigt dies die Annahme, daß ein formeller Geltungsverlust der bisherigen Verfassung eingetreten ist[249], daß also die einstmals »verfassungswidrige Verfassungsänderung« in einen originär verfassungschöpfenden und damit verfassunggeberischen Akt umgeschlagen ist.[250]

Schranken der Verfassungsänderung äußert: »Würden sie überschritten, könnte dies als Verfassungsänderung nicht wirksam sein, sondern wäre im Rahmen des Grundgesetzes nichtig.«

[248] Zu verhindern, daß es soweit kommt, ist u.a. Aufgabe der Verfassungsgerichtsbarkeit, s.o. Fn. 240 in diesem Abschnitt. In einem Staat mit funktionierender Verfassungsgerichtsbarkeit, die – eine entsprechende Klage vorausgesetzt – verfassungswidrige Akte rechtzeitig für nichtig erklärt und dadurch verhindert, daß diese faktisch Geltung und Anerkennung als Recht erlangen, dürfte von einer »verfassungswidrigen Verfassungsänderung« somit regelmäßig keine Gefahr für die Verfassungsgeltung ausgehen.

[249] Für diese These spricht, daß eine formell fortgeltende Verfassung keinen Raum für originäre Rechtsetzung läßt. Daraus läßt sich im Umkehrschluß entnehmen, daß im Falle der faktischen Wirksamkeit und Anerkennung verfassungswidrig erlassener und damit originär begründeter Rechtssätze von einem formellen Geltungsverlust der bisherigen Verfassung und der Geltung einer formell neuen Verfassung ausgegangen werden muß, die inhaltlich, abgesehen von den verfassungswidrig ins Werk gesetzten Rechtssätzen, mit der bisherigen Konstitution übereinstimmt. Vgl. in diesem Zusammenhang die Erläuterungen zur partiellen materiellen Verfassunggebung in Fn. 244 (in diesem Abschnitt).

[250] In diesem Sinne dürfte auch *Bachof*, S. 35f, zu verstehen sein. Bei ihm heißt es: »Setzt sich eine Verfassungsänderung trotz ihrer (formellen oder materiellen) ›Verfassungswidrigkeit‹ durch, erlangt das so zustandegekommene Recht mithin Positivität (...), so ist das neue Recht nunmehr selbst geltendes Verfassungsrecht geworden. Es handelt sich dann nicht mehr um eine *Revision*, sondern um eine (eventuell nur partielle) *Beseitigung* der bisherigen Verfassung; nicht um einen verfassungsgesetzlich geregelten und daher grundsätzlich begrenzten Akt des pouvoir constitué, sondern um einen ursprünglichen Akt des pouvoir constituant, mag sich dieser Akt auch äußerlich vielleicht in den Formen geregelter Verfassungsrevision vollzogen haben. Es gibt mancherlei Erscheinungsformen, in denen sich der verfassunggebende Wille des Volkes Geltung verschaffen kann, und auch eine scheinbar verfassungswidrige Revision vermöchte sich in Wirklichkeit als ein vom Willen des Volkes als des Inhabers der verfassunggebenden Gewalt getragener Akt der Verfassunggebung darzustellen.« Eine solche Deutung einer »verfassungswidrigen Verfassungsänderung« setzt aber, es sei darauf nochmals hingewiesen, die Annahme formeller Verfassungs*dis*kontinuität voraus. *Bachofs* Annahme einer »eventuell nur partielle(n)« Beseitigung der bisherigen Verfassung und damit gleichzeitig der Fortgeltung eines anderen Verfassungsteils ist deswegen nur dann richtig, wenn sie in einem materiellen Sinne verstanden wird, also dahin, daß lediglich ein Teil des Verfassungsinhaltes erneuert wird, die bisherige Verfassung ansonsten aber materiell fortgilt. Zur Erklärung der Mitwirkung von Organen der bisherigen Verfassung an einem solchen verfassunggeberischen Akt noch unten E. IV. 2. b) bb). Vgl. in dem hiesigen Zusammenhang ferner *Steiner*, S. 212; *Haug*, S. 165ff; *Siegenthaler*, S. 159, 162; *Heckel*, HStR VIII, § 197 Rdnr. 24; *Bryde*, S. 20 Fn. 25. Die Möglichkeit einer Rechtsgeltung der durch »verfassungswidrige Verfassungsänderung« hervorgebrachten Bestimmungen unter Berufung auf die dann eintretende »allgemeine Rechtsunsicherheit« verneinend hingegen *Gutmann*, S. 102f.

bb) *Das Handeln von Verfassungsorganen*
bei formeller Verfassungsdiskontinuität

Anders als in der vorstehend behandelten Konstellation verhält es sich bei einer *formellen Neukonstituierung.* In diesem Fall ist mangels formeller Verfassungskontinuität eine Charakterisierung der Verfassungschöpfung als Verfassunggebung nicht von vornherein ausgeschlossen.[251] Es stellt sich deshalb die Frage, ob eine Mitwirkung von Verfassungsorganen an der Schaffung einer formell neuen Verfassung lediglich im Rahmen der konstitutiven Verfassungsablösung als besonderer Art der Verfassungsänderung möglich ist[252] oder ob Organe der bisherigen Verfassung auch in irgendeiner Weise an einem verfassunggeberischen Akt des pouvoir constituant beteiligt sein können.[253]

Zur Klärung dieser Frage ist im folgenden allgemein auf die Beteiligung besonderer, d.h. solcher Organe an der Verfassungschöpfung einzugehen, die personell nicht mit dem Träger der verfassunggebenden Gewalt identisch sind. Abgesehen von der Behandlung der Frage, inwiefern die Mitwirkung bestimmter Organe Aufschluß über den verfassungstheoretischen Charakter des entsprechenden Normerzeugungsvorgangs gibt, soll dabei versucht werden, die spezifische Funktion dieser Organe im Rahmen verfassunggeberischer Prozesse aufzudecken und dadurch einen noch tieferen Einblick in die Eigenheiten der Verfassunggebung zu erlangen, als er bisher erreicht worden ist.[254] Eingangs ist dazu eine systematische Betrachtung verschiedener Konstellationen der Organbeteiligung vorzunehmen (b). Sodann wird zu klären sein, ob und ggf. wie sich ein Wille der verfassunggebenden Gewalt zur Beteiligung bestimmter Organe an der Verfassungschöpfung ermitteln läßt (c). Abschließend soll die besondere Konstellation der verfassungsrechtserzeugenden Betätigung von Organen auf der Grundlage verfassungsvorbereitender Normen zum Untersuchungsgegenstand gemacht werden (3).

---

[251] Zur formellen Verfassungsdiskontinuität als Voraussetzung für die Annahme von Verfassunggebung s.o. E. II. 2. b) aa) (2) und (3).

[252] Dazu oben D. III. 3. b) ee) (2); ff) u.ö.

[253] Letztere Frage stellt sich sowohl im Hinblick auf *verfassungswidrige* verfassunggeberische Akte als auch hinsichtlich *verfassungsmäßiger* Verfassunggebung auf Grundlage eines deklaratorischen Ablösungsvorbehaltes.

[254] Eine Befassung mit dem Themenkreis des Handelns besonderer Organe bei der Verfassungschöpfung ist insbesondere auch deshalb angezeigt, weil eine Beteiligung derartiger Organe in der Verfassungspraxis fast ausnahmslos zu beobachten ist. Vor allem, wenn das Volk als Subjekt der verfassunggebenden Gewalt anerkannt wird, ist eine Mitwirkung besonderer Organe regelmäßig geboten, weil ein unmittelbares Handeln des Volkes in allen Stadien der Verfassungschöpfung höchst unpraktikabel wäre und den Prozeß der Neuverfassung des Gemeinwesens unangemessen in die Länge zu ziehen drohte. Vgl. in diesem Zusammenhang die obigen Ausführungen zur Bedeutung verfassungsvorbereitender Normen (D. III. 1. d)) sowie zur Handlungsunfähigkeit des unverfaßten Volkes (ebendort, Fn. 399).

b) Verschiedene Konstellationen der Beteiligung besonderer Organe an formellen Neukonstituierungsvorgängen

aa) Verfassungsmäßiges Handeln von der bisherigen Verfassung konstituierter Organe

Möglich ist zunächst, daß Organe der verfaßten Gewalt auf der Grundlage einer in der bisherigen Verfassung enthaltenen *Ermächtigung* (konstitutiver Ablösungsvorbehalt) eine neue Konstitution ins Werk setzen. Werden die verfassungsrechtlichen Vorgaben beachtet, liegt ein Fall der Verfassungsänderung in Gestalt der Verfassungsersetzung vor.[255] Eine verfassungsmäßige Betätigung von Organen der bisherigen Verfassung ist gleichfalls gegeben, wenn diese auf der Grundlage eines *deklaratorischen Ablösungsvorbehaltes* agieren.[256] Es handelt sich dann um die ausnahmsweise verfassungsrechtlich erlaubte Mitwirkung von bisherigen pouvoirs constitués an einem Akt der verfassunggebenden Gewalt.[257]

---

[255] S.o. D. III. 3. b) ee) (2) sowie ff).

[256] Zur deklaratorischen Verfassungsablösung vgl. oben D. III. 3. b) cc) (1) sowie ee) (1).

[257] Für das *verfassungsmäßige* Organhandeln auf der Grundlage einer deklaratorischen Ablösungsklausel gelten die im Text folgenden Ausführungen zum *verfassungswidrigen* Handeln von Verfassungsorganen sinngemäß. Auf eine Besonderheit muß allerdings hingewiesen werden: Aus dem Umstand, daß in der Konstellation der deklaratorischen Verfassungsablösung eine neue Verfassung durch einen originären verfassunggeberischen Akt hervorgebracht wird, ergibt sich, daß die erlaubtermaßen an der Verfassungschöpfung mitwirkenden Organe der bisherigen Verfassung *nicht der sonst üblichen Verfassungsbindung unterliegen können*; denn sofern eine neue Verfassung von rechtlich gebundenen Organen geschaffen wird, kann es sich dabei nicht um originäre, sondern einzig um derivative Rechtsetzung handeln. Sollen die Verfassungsorgane bei einem künftigen Neukonstituierungsvorgang zwar mitwirken dürfen, dabei aber rechtlichen Bindungen unterworfen sein, liegt also gerade kein deklaratorischer, sondern ein konstitutiver Ablösungsvorbehalt vor; zu diesen Zusammenhängen zwischen rechtlicher Gebundenheit und Derivativität der Verfassungsrechtserzeugung s.o. D. III. 3. c) aa) sowie E. IV. 1. a). Falls in einem deklaratorischen Ablösungsvorbehalt bestimmte Bedingungen für die Verfassungsmäßigkeit neuerlicher Verfassunggebung festgelegt sind, wird man dies mithin dahin auffassen müssen, daß in der entsprechenden Bestimmung die Voraussetzungen formuliert werden, unter denen die bisherigen Verfassungsorgane insoweit aus ihrer Verfassungsbindung entlassen werden, als dies um der Ermöglichung ihrer legalen Mitwirkung am Vorgang der originären Verfassunggebung willen nötig ist. Als verfassungsgebundene Organe könnten sie hingegen nicht an einem verfassunggeberischen Akt beteiligt sein, es sei denn, sie hätten sich ihrer Verfassungsbindung zuvor bereits auf revolutionäre Weise entledigt; zu dieser Möglichkeit ebenfalls sogleich im Text.

Davon, daß die bisherigen Verfassungsorgane im Falle einer Verfassungsablösung nach Art. 146 GG a.F. nicht in der üblichen Weise verfassungsgebunden gewesen wären, scheint auch das Bundesverfassungsgericht auszugehen. In seiner Entscheidung zum KPD-Verbot, BVerfGE 5, 185 (131f), heißt es: »Die gesamtdeutschen Wahlen dienen aber der Vorbereitung eines Aktes des pouvoir constituant des ganzen deutschen Volkes, der die Beschlußfassung über eine gesamtdeutsche Verfassung zum Gegenstand hat, also gerade darüber entscheiden soll, ob die Ordnung des Grundgesetzes auch für Gesamtdeutschland fortbestehen oder durch eine andere Verfassungsordnung abgelöst werden soll. Die Legitimität der gesamtdeutschen Verfassung kann nicht daran gemessen werden, ob sie in einem Verfahren zustande gekommen ist, das seine Legalität aus der Ordnung des Grundgesetzes herleitet. Vielmehr ist nach der in die Zukunft gerichteten Überleitungsnorm des Art. 146 GG die künftige gesamtdeutsche Verfassung schon dann ord-

bb) *Verfassungswidriges Handeln von der bisherigen*
Verfassung konstituierter Organe

Vorstellbar ist des weiteren, daß von der bisherigen Verfassung konstituierte Organe bei der Schaffung einer neuen Verfassung nicht im Einklang mit den Vorgaben einer grundsätzlich vorhandenen verfassungsrechtlichen Ermächtigung zur Verfassungsablösung oder ganz ohne Bestehen einer solchen Ermächtigung[258] operieren. Sofern auch kein deklaratorischer Ablösungsvorbehalt existiert, ist offensichtlich, daß das Verhalten jener Organe aus Sicht der bislang geltenden Verfassung *verfassungswidrig* ist. Die Annahme von Verfassungsänderung – auch in Gestalt der Verfassungsersetzung – ist deshalb ausgeschlossen.[259] Die bloße Charakterisierung der Beteiligung von Verfassungsorganen an der Schaffung einer formell neuen Verfassung als verfassungswidrig greift jedoch zu kurz, weil sie das Handeln jener Organe ausschließlich aus der Perspektive der alten Verfassung in den Blick bekommt und die hier interessierende Frage unbeantwortet läßt, ob und ggf. wie sich deren Beteiligung als *Mitwirkung an einem Prozeß der Verfassung(neu)gebung* erklären läßt.

Hilfreich ist es in diesem Zusammenhang, sich einer Differenzierung zu erinnern, die schon anläßlich der Ausführungen zum Subjekt der Verfassunggebung

---

nungsgemäß zustande gekommen, wenn sie ›von dem deutschen Volke in freier Entscheidung beschlossen worden ist‹. Dies bedeutet, daß die Entscheidung des deutschen Volkes über eine gesamtdeutsche Verfassung frei von äußerem und innerem Zwang gefällt werden muß, und das heißt allerdings, daß ein gewisser Mindeststandard freiheitlich-demokratischer Garantien auch beim Zustandekommen der neuen gesamtdeutschen Verfassung zu wahren ist. Das in Art. 21 Abs. 2 GG zum Ausdruck kommende Prinzip, daß verfassungswidrige Parteien aus dem politischen Leben ausgeschlossen werden können, sowie der Grundsatz der Bindung aller staatlichen Organe an Entscheidungen des Bundesverfassungsgerichts sind jedoch diesem Mindeststandard nicht zuzurechnen. Es sind freiheitlich-demokratische, für die Dauer geschaffene Verfassungen denkbar und auch tatsächlich existent, die eine Verfassungsgerichtsbarkeit und die rechtliche Möglichkeit eines Parteiverbots nicht kennen. Ist dies aber so, so wäre es nicht gerechtfertigt, in den von Art. 146 GG gemeinten Mindeststandard freiheitlicher Garantien *beim Zustandekommen* der neuen gesamtdeutschen Verfassung die zwar dem Grundgesetz eigentümlichen, aber nicht vom Wesen einer freiheitlichen Ordnung her schlechthin geforderten Grundsätze der Bindung an verfassungsgerichtliche Entscheidungen über den Ausschluß verfassungswidriger Parteien aus dem politischen Leben einzubeziehen«; Hervorhebung dort. Davon ausgehend, daß die Vertreter Westdeutschlands in einer gesamtdeutschen Konstituante nicht an das Grundgesetz gebunden gewesen wären, auch *Blumenwitz*, ZfP 39 (1992), 1 (9). Vgl. ferner M/K/S/*v. Campenhausen*, Art. 146 Rdnr. 3, *Sachs*, JuS 1991, 985 (987), sowie *Murswiek*, verfassunggebende Gewalt, S. 136f, der die Frage, ob die Staatsgewalt der Bundesrepublik auch im Rahmen einer Verfassungsablösung nach Art. 146 GG a. F. an die Vorgaben des Art. 79 Abs. 3 GG gebunden gewesen wäre, verneint.

[258] Eine evtl. vorhandene Revisionsermächtigung bleibt insofern außer Betracht, weil sie den pouvoirs constitués nicht die Schaffung einer formell neuen Verfassung erlaubt; s. o. E. I. 1.

[259] Zur Legalität als Bedingung für die Derivativität der Verfassungsrechtserzeugung und damit für das Vorliegen von Verfassungsänderung siehe oben D. III. 3. b) ff); E., Einleitung zu IV.; E. IV. 1. b) sowie 2. a).

angesprochen worden ist.[260] Dort ist dargelegt worden, daß der pouvoir constituant, in der Regel also das Volk, seine verfassunggebende Gewalt nicht unmittelbar
selbst auszuüben braucht, sondern mit dieser Aufgabe besondere Organe betrauen kann. Um dieser Tatsache Rechnung zu tragen, ist logisch zwischen Innehabung und Ausübung der verfassunggebenden Gewalt zu unterscheiden. In
Anbetracht dieser Differenzierung läßt sich vor allem die verfassungswidrige[261]
Beteiligung von Organen der bisherigen Verfassung an einem Neukonstituierungsvorgang in der Weise interpretieren, daß diese *in Ausübung* der verfassunggebenden Gewalt und damit *anstelle des Inhabers* der verfassunggebenden Gewalt agieren.

(1) Organhandeln in Ausübung der verfassunggebenden Gewalt kraft eines Auftrags des pouvoir constituant

Die Deutung des Organhandelns als Ausübung der verfassunggebenden Gewalt
gründet sich auf die Vorstellung, daß die vordem von der bisherigen Verfassung
kreierten und dieser unterworfenen Organe sich zu dem Zeitpunkt gewissermaßen aus ihrer Verfaßtheit lösen und in den Dienst der verfassunggebenden Gewalt
stellen, in dem sie erkennen, daß der pouvoir constituant von seiner verfassungschaffenden und damit zugleich die bisherige Verfassung beseitigenden Kraft[262]
Gebrauch zu machen im Begriff ist. Die nämlichen Organe verhalten sich dabei
zwar verfassungswidrig, jedoch vermag diese Verfassungswidrigkeit keine rechtlichen Folgen mehr zu zeitigen, wenn die alte Verfassung durch einen neuerlichen
Akt der verfassunggebenden Gewalt außer Kraft gesetzt und durch die Hervorbringung einer Verfassung jüngeren Datums eine »neue Legalität« geschaffen
wird.[263] Für die verfassunggebende Gewalt bedeutet dies, daß sie sich zum Zweck
der Verfassunggebung der bestehenden, von der bisherigen Verfassung installier-

---

[260] S. o. B. II. 4. c).

[261] Entsprechendes gilt für den Fall der *verfassungsmäßigen* Mitwirkung von Verfassungsorganen an einem verfassunggeberischen Vorgang auf der Grundlage eines deklaratorischen Ablösungsvorbehaltes; vgl. dazu die Ausführungen oben E. IV. 2. b) aa) Fn. 257.

[262] Zu dieser Ambivalenz der verfassunggebenden Gewalt oben D. II. 1. b) aa).

[263] Zu diesem Charakteristikum revolutionärer Verfassunggebung oben D. I. 2. d) a.E. Wei-
tergehend, im Sinne einer Pflicht der Verfassungsorgane, nicht länger an der bisherigen Verfassung festzuhalten, offenbar *Heckel*, HStR VIII, § 197 Rdnr. 61: »Hat sich das Volk – wirklich und
nicht nur nach den Propagandaparolen einer revolutionären Minderheit – gegen die Verfassung
erhoben und ihren demokratisch begründeten Geltungsanspruch kraft seiner verfassungsgebenden Gewalt beseitigt, dann können die konstituierten Staatsorgane es nicht ›verfassungsmäßig‹
niederknüppeln und zusammenschießen lassen: Sie *müssen* dann – weil die Staatsgewalt nach
dem Selbstverständnis und der Selbstbegrenzung der demokratischen Verfassungsidee und Ver-
fassungsrealität vom Volke ausgeht (Art. 20 Abs. 2 S. 1 GG) – *für die Überleitung in einen neuen
Verfassungszustand sorgen*, das heißt einen Verfassungsprozeß einleiten, selbst wenn sie einst demokratisch legal und legitim gemäß der vergangenen Verfassung ins Amt gekommen sind, und
wenn diese ihnen *keine* derartigen Ablösungs- und Überleitungskompetenzen verliehen hat«;
Hervorhebungen v. Verf. Vgl. ferner *Murswiek*, verfassunggebende Gewalt, S. 189 f.

ten Organe bedienen kann. Der Vorgang der Verfassungschöpfung wird dadurch insofern erleichtert, als nicht erst neue Organe konstituiert werden müssen, sondern ein Rückgriff auf bereits vorhandene und *faktisch handlungsfähige* – wenngleich unter der bisherigen Verfassung nicht handlungsbefugte – Organe möglich ist.[264] Überdies erweckt eine solche Vorgehensweise den vorteilhaften Anschein rechtlicher Kontinuität.[265] Von einer Ausübung der verfassunggebenden Gewalt durch Organe der bisherigen Verfassung kann freilich nur unter der Voraussetzung ausgegangen werden, daß diesen Organen ein entsprechender *»Auftrag« von seiten des Inhabers der verfassunggebenden Gewalt* erteilt worden ist bzw. noch erteilt wird[266]; denn Organe, die nicht selbst als Träger der verfassunggebenden Gewalt in Betracht kommen, können an einem verfassunggeberischen Akt nur als Delegatare des pouvoir constituant und damit nicht ohne dessen Willen beteiligt sein.

Wenn die Organe des Ancien régime auftrags des pouvoir constituant in Ausübung der verfassunggebenden Gewalt an der Verfassungschöpfung partizipieren, kann von einer rechtlichen Bindung dieser Organe an die bislang geltende Verfassung nicht mehr die Rede sein.[267] Dies beruht darauf, daß sich die verfassunggebende Gewalt mit dem erfolgreichen Versuch der Initiierung eines Neukonstituierungsprozesses, spätestens aber im Moment der Kapitulation der Staatsorgane gegenüber dem Verlangen nach einer Neuverfassung des Gemeinwesens[268] über die bisherige Verfassungsordnung hinweggesetzt und deren Geltung aufgehoben hat.[269] Wird der alten Verfassung dennoch in einigen Punkten Genüge getan, die neue Konstitution also z.B. im Verfahren der Verfassungsrevision verabschiedet, beruht dies nicht mehr auf der rechtlichen Gebundenheit der handelnden Organe und ist überdies auch nur scheinbar verfassungsgemäß, weil die bisherige Verfassung bereits zu gelten aufgehört hat und ein bestimmtes Verhalten allein aus diesem Grunde nicht mehr »verfassungsgemäß« sein kann.[270]

---

[264] Daß die Mitwirkung der vorhandenen Verfassungsorgane an der Erzeugung neuen Verfassungsrechts praktisch höchst bedeutsam ist, unterstreicht auch *Steiner*, S.214f. Vgl. des weiteren *v. Wedel*, S.36; *Stückrath*, S.221; *Herbst*, S.140f.

[265] Vgl. bereits oben E. IV. 1. c) cc).

[266] Zur auftragslosen Ausübung der verfassunggebenden Gewalt siehe E. IV. 2. b) bb) (2), gleich im Anschluß. Zu der Frage, wie ein solcher Auftragswille des pouvoir constituant ermittelt werden kann, siehe unter E. IV. 2. c).

[267] Daß die handelnden Organe darüber hinaus auch nicht an *unterverfassungsmäßige* Rechtssätze gebunden sind, hebt *Steiner*, S.122, hervor.

[268] Daß der Zeitpunkt, von dem an die Bindung der Staatsorgane an die alte Verfassung entfällt und sie die neuen Verfassungsentscheidungen des pouvoir constituant zu vollziehen haben, schwierig zu bestimmen ist, betont auch *Steiner*, S.215f. Vgl. zu dieser Thematik sogleich E. IV. 2. c).

[269] Zu einer möglichen vorläufigen (Fort-)Geltung der bisherigen Verfassung siehe unten E. IV. 3. a) bb). Zum Ende der Geltung der bisherigen Verfassung im Prozeß der Verfassunggebung vgl. ferner oben E. IV. 2. a) aa) sowie unten E. IV. 2. c) aa) und bb).

[270] Dazu, daß außerdem Verfassungsorgane durch eine Revisionsklausel nicht zur Mitwirkung an einem verfassunggeberischen Akt ermächtigt werden können, sowie zur Verfassungs-

Gebunden sind die Organe, welche die verfassunggebende Gewalt ausüben, hingegen an den Willen des pouvoir constituant, in dessen Auftrag sie tätig werden. Dabei handelt es sich gewöhnlich *nicht* um eine Bindung *rechtlicher* Art, weil die verfassunggebende Gewalt als politisch-faktische Kraft anzusehen ist, deren Wille erst dann Rechtsverbindlichkeit erlangt, wenn er in einem oder mehreren Rechtssätzen Niederschlag gefunden hat. Ort dieser Manifestation des Willens der verfassunggebenden Gewalt ist üblicherweise erst die Verfassung, weshalb die Annahme einer Rechts- bzw. Verfassungsbindung der an der Verfassungsausarbeitung beteiligten Organe vor deren Inkrafttreten grundsätzlich ausgeschlossen ist.[271] Vielmehr sind jene Organe politisch-faktisch verpflichtet, den Grundentscheidungen des pouvoir constituant hinreichend Rechnung zu tragen.[272] Anderenfalls riskieren sie die Ablehnung des von ihnen erarbeiteten Verfassungsentwurfs durch die verfassunggebende Gewalt bzw. – schon im Stadium der Verfassungsberatungen und damit vor der Fertigstellung des Verfassungsentwurfs – ihre eigene Ablösung in Gestalt der Einsetzung anderer Organe zur Ausübung der verfassunggebenden Gewalt.[273]

(2) Organhandeln ohne Auftrag der verfassunggebenden Gewalt

Im Bereich des Möglichen liegt es auch, daß sich bis dato verfaßte Organe in dem vorstehend beschriebenen Sinne von »ihrer Verfassung« lossagen[274] und an einem extrakonstitutionellen Neukonstituierungsprozeß beteiligen bzw. ihn selbst in Gang setzen, ohne sich auf einen dahingehenden Auftrag des pouvoir constituant berufen zu können. Diese Konstellation weist Ähnlichkeit mit dem Institut der

---

widrigkeit der Verabschiedung einer formell neuen Verfassung im Verfahren der Verfassungsrevision oben E. I. 1. sowie IV. 1. c) cc).

[271] Zu der ausnahmsweise möglichen *rechtlichen* Bindung der handelnden Organe an den Willen des pouvoir constituant s.u. E. IV. 3. b) und c).

[272] Anders (und nicht auf das Handeln von der bisherigen Verfassung konstituierter Organe bezogen) offenbar *Schmitt*, Verfassungslehre, S. 59, wo es im Hinblick auf die Weimarer Nationalversammlung heißt: »Bis zum Erlaß dieser Verfassungsgesetze war sie an *keine anderen rechtlichen Schranken* gebunden als diejenigen, die sich aus der *politischen* Gesamtentscheidung des deutschen Volkes ergaben«; Hervorh. v. Verf. Wie sich allerdings aus einer politischen Entscheidung rechtliche Schranken ergeben sollen, bleibt unklar, zumal dann, wenn, wie *Schmitt* immer wieder betont, »das Wesen der Verfassung nicht in einem Gesetz oder einer Norm enthalten ist« (S. 23).

[273] Wie hier im Sinne einer politisch-faktischen Gebundenheit der verfassungschaffenden Kräfte *Scheuner*, Verfassung, S. 171 (173), der betont, daß »jede nach einer Revolution oder Staatsveränderung geschaffene Verfassung die Grundlinien ihrer Ordnung bereits durch die Situation vorgeschrieben findet; 1919 in Weimar und 1949 in Bonn war es klar, daß die neue Verfassung für Deutschland demokratisch, rechtsstaatlich, föderal sein mußte. Diese faktische Verbindung der Verfassung darf indes nicht dazu führen, ›vorkonstitutionelle Prinzipien‹, die nicht im Verfassungstext erscheinen, zu normativer Geltung zu erheben.« Vgl. ferner *Apelt*, S. 52, zur Gebundenheit der Weimarer Nationalversammlung an bestimmte, bereits feststehende Grundentscheidungen und zu den möglichen Folgen ihrer Mißachtung.

[274] Dazu auch *Herbst*, S. 141 f.

Geschäftsführung ohne Auftrag auf und könnte deshalb »Verfassungschöpfung ohne Auftrag« genannt werden.[275] Sie ist dadurch gekennzeichnet, daß die nämlichen Organe die verfassunggebende Gewalt für deren Inhaber ausüben wollen, obwohl dieser ihnen (bislang) kein entsprechendes Mandat erteilt hat. Ihr Handeln läßt sich insofern weder auf die bisherige Verfassung zurückführen noch unter Berufung auf den Willen der verfassunggebenden Gewalt rechtfertigen.

Die von solchen Organen ohne Auftrag ergriffenen Maßnahmen haben, ähnlich wie von vorkonstitutionellen Kräften erlassene verfassungsvorbereitende Normen, den Charakter an die verfassunggebende Gewalt gerichteter unverbindlicher *Vorschläge*.[276] Selbiges gilt für das Tätigwerden dieser Organe an sich: Dadurch, daß sie sich über die bisherige Verfassung hinwegsetzen und damit ihre Bereitschaft unterstreichen, einen bevorstehenden neuerlichen verfassunggeberischen Akt anzuerkennen und sich diesem zu unterwerfen, empfehlen sich die Organe der bisherigen Verfassung dem pouvoir constituant für die Mitwirkung an dem Neukonstituierungsprozeß; indem sie sich der verfassunggebenden Gewalt auf diese Weise andienen, schlagen sich die Organe gewissermaßen selbst als für die Betrauung mit dem Auftrag zur Ausübung der verfassunggebenden Gewalt geeignet vor.[277] Gleichzeitig werden der verfassunggebenden Gewalt die bereits eingeleiteten Schritte zur Erarbeitung einer neuen Verfassung oder sogar ein bereits fertiggestellter Verfassungsentwurf als angemessen und unterstützungswürdig präsentiert.

Sofern der pouvoir constituant auf dieses »Angebot« eingeht und die »werbenden Organe« verantwortlich an der Verfassungschöpfung mitwirken läßt, werden diese nachträglich mit einem entsprechenden Auftrag versehen.[278] Sie agieren fortan wie die Organe in der vorstehend behandelten Konstellation in Ausübung der verfassunggebenden Gewalt.[279] Die verfassunggebende Gewalt kann sich aber auch gegen eine Beteiligung jener Organe entscheiden und statt dessen un-

---

[275] Das Bild der Geschäftsführung ohne Auftrag überträgt auch *Isensee*, Mythos, S. 48, auf den Vorgang der Verfassungschöpfung durch Organe, denen vom pouvoir constituant kein entsprechendes Mandat erteilt worden ist.

[276] Im Hinblick auf den Vorschlagscharakter vorkonstitutioneller Normen für den Prozeß der Verfassunggebung siehe oben D. III. 1. d) aa). Vgl. auch *Heckel*, HStR VIII, § 197 Rdnr. 24, sowie *ders.*, Einheit, S. 18, im Zusammenhang mit Änderungen der DDR-Verfassung 1989/90 (dazu noch unten E. IV. 2. d)); vgl. ferner *v. Wedel*, S. 25.

[277] Darüber hinaus werben sie mit einem solchen Verhalten freilich auch für ihre (institutionelle) Fortexistenz im System der neuen Verfassungsordnung.

[278] Dies könnte man als »Verfassungschöpfung mit verspätet erteiltem Auftrag« bezeichnen.

[279] Zu der ebenfalls denkbaren Konstellation einer »genehmigten Verfassungschöpfung ohne Auftrag«, in der die Zustimmung des pouvoir constituant zur Ausübung der verfassunggebenden Gewalt durch bestimmte Organe nicht mehr *während* der Ausarbeitung der neuen Verfassung, sondern erst erteilt wird, *nachdem* diese bereits fertiggestellt ist und faktisch Geltung erlangt hat, in der also die Organe der bisherigen Verfassung eigenmächtig eine neue Verfassung ins Werk setzen und auf spätere Zustimmung der verfassunggebenden Gewalt hoffen, s. u. E. IV. 2. c) bb) (2).

mittelbar selbst verfassungschöpferisch tätig werden[280] oder anderen Instanzen
Aufgaben im Zusammenhang mit der Schaffung einer neuen Verfassung übertragen. In diesem Fall ist der Versuch der bisherigen Verfassungsorgane, sich selbst
für eine Beteiligung am Verfassunggebungsprozeß ins Spiel zu bringen, ebenso
gescheitert wie dann, wenn sich der pouvoir constituant entschließt, an der bisherigen Verfassung festzuhalten. Ihre Aktivitäten sind dann nicht nur – aus Sicht der
bisherigen Verfassung – verfassungswidrig, sondern können sich auch nicht auf
einen dahingehenden Willen der verfassunggebenden Gewalt berufen. Sofern es
aus diesem Grunde im Ergebnis gar nicht zur Schaffung einer neuen Verfassung
kommt[281], werden die Verfassungsorgane die Konsequenzen ihres verfassungswidrigen Tuns tragen müssen.[282] Wird eine neue Verfassung in Kraft gesetzt,
bleibt ihr Verfassungsbruch zwar rechtlich folgenlos[283], jedoch werden die besagten Organe mangels eines entsprechenden Willens der verfassunggebenden Gewalt entweder gar nicht oder jedenfalls nur ohne nennenswerten Einfluß an der
Verfassungschöpfung mitgewirkt haben; auch die Wahrscheinlichkeit, daß ihnen
in der neuen Verfassung substantielle Befugnisse eingeräumt worden sind, ist unter diesen Umständen eher gering.

cc) Handeln neu installierter Organe

Schließlich muß nicht in jedem Fall einer beabsichtigten Neukonstituierung auf
bereits vorhandene Organe zurückgegriffen werden. Es können auch in der bisherigen Verfassungsordnung noch nicht existente Organe neu geschaffen werden,
um die verfassunggebende Gewalt auszuüben. Dies wird insbesondere dann geschehen, wenn das Vertrauen der Bevölkerung zu den alten Verfassungsorganen
derart zerrüttet ist, daß ihre Mitarbeit an einem Neukonstituierungsprozeß ausgeschlossen erscheint, oder wenn sie revolutionsbedingt sogar schon zu existieren
aufgehört haben. Sind neu installierte Organe an der Verfassungschöpfung beteiligt, so ist wie beim Handeln der bislang verfaßten Gewalten zu differenzieren: Sie
können die verfassunggebende Gewalt einerseits kraft eines entsprechenden Auftrages des pouvoir constituant ausüben[284], andererseits aber auch ohne einen sol-

---

[280] Sofern das Volk als Träger der verfassunggebenden Gewalt anerkannt ist, dürfte eine unmittelbare Beteiligung in allen Stadien der Verfassungschöpfung praktisch allerdings ausgeschlossen sein; s.o. D. III. 1. d) mit Fn. 399 sowie E. IV. 2. a) bb) Fn. 254.

[281] Die Schaffung einer neuen Verfassung kann etwa unterbleiben, weil nur die tätig gewordenen Verfassungsorgane die Opportunität einer Neukonstituierung bejahen, der pouvoir constituant hingegen die Fortgeltung der bisherigen Verfassung favorisiert.

[282] Zu denken ist in staatsrechtlicher Hinsicht etwa an den Verlust der Amtsstellung (z.B. Verlust des Abgeordnetenmandats wegen Verfassungswidrigkeit der Partei des Mandatsträgers gemäß § 46 Abs. 1 Nr. 5 BWG oder Amtsenthebung des Bundespräsidenten wegen vorsätzlicher
Verletzung des Grundgesetzes gemäß Art. 61 GG), in strafrechtlicher Hinsicht vor allem an den
Tatbestand des Hochverrats (§ 81 StGB).

[283] S.o. E. IV. 2. b) bb) (1) unter Hinweis auf D. I. 2. d) a.E.

[284] Dies wird insbesondere dann der Fall sein, wenn sich schon die Einsetzung solcher Organe

chen agieren und auf nachträgliche Zustimmung von seiten der verfassunggebenden Gewalt hoffen.[285]

c) Die Schwierigkeit der Ermittlung des (Auftrags-)Willens der verfassunggebenden Gewalt

Wenn gemäß den vorangegangenen Ausführungen danach zu differenzieren ist,
ob besondere Organe die verfassunggebende Gewalt auftrags des pouvoir constituant ausüben oder ohne einen derartigen Auftrag eigenmächtig aktiv werden, so
kann nicht ungeklärt bleiben, wie eine solche »Entscheidung« der verfassunggebenden Gewalt aussieht, in welcher Form also bestimmten Organen ein »Auftrag
zur Ausübung der verfassunggebenden Gewalt« erteilt bzw. dessen Erteilung
verweigert wird. Diese Frage steht im Zusammenhang mit der allgemeineren Fragestellung, wie sich Äußerungen der verfassunggebenden Gewalt manifestieren,
d.h. welche Verhaltensweisen des pouvoir constituant bestimmte Rückschlüsse
auf seinen Willen zulassen. Den Rechtswissenschaftler vollends befriedigende
Antworten dürften sich wegen des politisch-faktischen Charakters verfassunggeberischer Entscheidungen und ihrer daraus resultierenden eingeschränkten Erfaßbarkeit mit den hergebrachten Techniken der Jurisprudenz kaum finden lassen. Trotzdem sind gewisse Fingerzeige möglich:

aa) Die Maßgeblichkeit der Ex-post-Perspektive

Weil die eigentümlichen Kategorien der Verfassunggebung die des Gelingens
oder Scheiterns sind[286], kommt als Betrachtungshorizont für verfassunggeberische Akte nur eine *Ex-post-Perspektive* in Betracht[287]: Scheitert das Bemühen um
eine Neuverfassung des Gemeinwesens, weil sich die (rechtlich) revolutionären
Kräfte gegenüber dem etablierten Verfassungssystem mit seinen Abwehrmechanismen[288] nicht durchzusetzen vermögen, hat gerade kein verfassunggeberischer
Akt, sondern lediglich ein (fehlgeschlagener) Versuch der Verfassunggebung

---

auf den Willen der verfassunggebenden Gewalt zurückführen läßt. Als Beispiel hierfür kann die
zur Verfassungsausarbeitung gewählte Weimarer Nationalversammlung herangezogen werden,
die *Schmitt*, Verfassungslehre, S. 59, folgendermaßen charakterisiert: »Sie war nicht Subjekt oder
Träger der verfassunggebenden Gewalt, sondern nur ihr Beauftragter.«

[285] Die sonstigen unter E. IV. 2. b) bb) (1) und (2) erfolgten Ausführungen gelten, sofern sie
nicht auf der Besonderheit der ehemaligen Verfaßtheit der agierenden Organe beruhen, sinngemäß auch für neu geschaffene Organe, deren Handeln aus Sicht der bisherigen Verfassung ebenfalls grundsätzlich verfassungswidrig ist.

[286] S.o. D., Einleitung zu III., unter Hinweis auf *Henke*, Staat 19 (1980), 181 (209).

[287] Die Notwendigkeit einer Ex-post-Betrachtung verfassunggeberischer Akte betonen auch
Tosch, S. 98, 106, *Möllers*, S. 1 (21, 31), *Isensee*, Mythos, S. 55, sowie (unter bestimmten Aspekten)
H. Götz, NJW 1958, 1020 (1021f). Vgl. auch *Steiner*, S. 212.

[288] Dazu oben D. III. 1. a).

stattgefunden.[289] Nur unter der Bedingung, daß es zum Erlaß einer neuen Verfassung kommt, liegt überhaupt Verfassunggebung vor; denn solange keine formell neue Verfassung gilt, kann von originärer Verfassungsrechtsetzung und damit vom Vorliegen eines verfassunggeberischen Aktes keine Rede sein. Solange die eine Neukonstituierung anstrebenden Kräfte noch keine neue Verfassung bzw. originär geltendes Verfassungsrecht[290] hervorgebracht haben und die bisherige Verfassung fortgilt[291], läßt sich also gar nicht absehen, ob es tatsächlich zu einem Akt der Verfassunggebung kommen oder bei dem Versuch der Gebung einer neuen Verfassung bleiben wird. Eine solche, aus dem Erfordernis der Ex-post-Betrachtung resultierende und bis zum erfolgreichen Abschluß oder endgültigen Scheitern des Neukonstituierungsprozesses während kategoriale Unsicherheit befremdet den Rechtswissenschaftler, erscheint aufgrund des politisch-faktischen Charakters der Verfassunggebung aber als unvermeidbar.

bb) Die Ermittlung des (Auftrags-)Willens der verfassunggebenden Gewalt

Ebenso, wie sich erst nachträglich feststellen läßt, ob es überhaupt zu einem verfassunggeberischen Akt gekommen ist, sind (mehr oder weniger eindeutige) Schlüsse auf den Willen des pouvoir constituant vielfach erst im nachhinein möglich. Diesbezüglich muß allerdings zwischen der destruktiven und der konstruktiven Dimension der Verfassunggebung unterschieden werden.[292] Was ihre *destruktive* Seite angeht, so richtet sich die Verfassunggebung gegen die bestehende Verfassung und zielt auf deren Aufhebung. Kommt es tatsächlich zur Beseitigung

---

[289] Vgl. in diesem Zusammenhang auch *Murswiek*, verfassunggebende Gewalt, S. 209, zur Frage nach dem »Träger des tatsächlichen pouvoir constituant«.

[290] Zu dem Umstand, daß auch einzelne Verfassungsrechtssätze originär nur um den Preis formeller Verfassungsdiskontinuität in Geltung gesetzt werden können, s. o. E. IV. 2. a) aa).

[291] An dieser Stelle klingt wiederum die Ambivalenz der verfassunggebenden Gewalt an (dazu schon oben D. II. 1. b) aa)): Sie ist zum einen – destruktiv – auf die Beseitigung der bisherigen Verfassung gerichtet, zum anderen aber auch – konstruktiv – auf die Schaffung einer neuen Verfassung. Das destruktive Element ist dabei einerseits von logisch vorrangiger Bedeutung: Scheitert der pouvoir constituant darin, sich gegenüber der bestehenden Verfassung durch- und diese außer Kraft zu setzen, wird es nicht zum Inkrafttreten einer neuen Verfassung kommen. Insofern setzt eine konstruktive Betätigung den vorherigen Erfolg der verfassunggebenden Gewalt in deren destruktiver Erscheinungsform voraus. Andererseits reicht allein der destruktive Aspekt für die Annahme von Verfassunggebung nicht aus, weil durch die bloße Beseitigung der bisherigen Verfassung noch kein neues Recht hervorgebracht, also keine originäre Rechtserzeugung vorgenommen wird. Verfassunggebung liegt somit nur dann vor, wenn die bisherige Verfassung ihrer Geltung verlustig geht *und* originär neues Verfassungsrecht etabliert wird. Zu der Möglichkeit, daß die bisherige Verfassung, obwohl der pouvoir constituant ihr gegenüber einen Sieg davongetragen hat, vorläufig bis zum Beginn der Geltung einer neuen Verfassung (fort-)gilt, s. u. E. IV. 3. a) bb).

[292] Dazu bereits oben D. II. 1. b) aa) sowie in der vorangegangenen Fußnote, jeweils auch zum folgenden.

der bis dahin geltenden Verfassung, läßt sich – nachträglich – in der Regel[293] ohne weiteres auf einen entsprechenden Willen des pouvoir constituant schließen, nämlich seinen Willen zur Außerkraftsetzung der bisherigen Verfassung.

Ungleich schwieriger gestaltet sich der Versuch, den Willen der verfassungge-benden Gewalt zu ermitteln, wenn das Augenmerk auf die *konstruktive* Dimen-sion der Verfassunggebung, also auf den Aspekt der Erarbeitung einer neuen Ver-fassung gerichtet wird. Der pouvoir constituant wird in diesem Stadium der Verfassunggebung – anders als bei der revolutionären Verfassungsbeseitigung – zumeist nicht unmittelbar in Erscheinung treten, so daß sein Wille in bezug auf die künftige Verfassung selbst nachträglich nicht so leicht zu erkennen sein wird wie seine destruktive Grundhaltung gegenüber der bisherigen Verfassung.[294] Weil gleichzeitig positive gestalterische Entscheidungen hinsichtlich des Verfahrens der Verfassungschöpfung sowie des Inhalts der zu erarbeitenden Verfassung zu treffen sind[295], stellt sich die Frage nach der Übereinstimmung dieser in praxi regelmäßig von irgendwelchen verfassungschöpferisch tätigen Instanzen getrof-fenen Entscheidungen mit dem Willen des pouvoir constituant freilich um so drängender. Jedoch kann gerade diese Frage mitunter erst einige Zeit nach dem Inkrafttreten einer neuen Verfassung abschließend beantwortet werden.[296] Im einzelnen gilt folgendes:

(1) Die Praxis des Organhandelns ohne eindeutig feststellbaren Auftrag der verfassunggebenden Gewalt

Wie die Schaffung einer neuen Konstitution vonstatten gehen und was ihr Inhalt sein soll, wird sich nur in den wenigsten Fällen einer ausdrücklichen Entschei-dung des pouvoir constituant entnehmen lassen. Ein konkreter, an bestimmte Or-

---

[293]   Etwas anderes gilt aber im Fall einer Usurpation der verfassunggebenden Gewalt durch ir-gendwelche gesellschaftlichen Gruppen; dazu unten E. IV. 2. c) bb) (2) Fn. 313.

[294]   Ebenso *Schmitt*, Verfassungslehre, S. 84: »In kritischen Zeiten wird das Nein, das sich ge-gen eine bestehende Verfassung richtet, nur als Negation klar und entschieden sein, während der positive Wille nicht ebenso sicher ist.«

[295]   Aufgrund der Ambivalenz der verfassunggebenden Gewalt und der daraus folgenden Zweistufigkeit ihrer Betätigungen (vgl. Fn. 291 im vorangegangenen Abschnitt) ist es allerdings auch vorstellbar, daß solche positiven Entscheidungen nach der Beseitigung der bisherigen Ver-fassung nicht getroffen werden, daß es also zu einer negativen, d.h. rein destruktiven »Verfas-sunggebung« kommt, die zwar zur Beseitigung der alten Verfassung führt, nicht aber eine neue Konstitution hervorbringt (und strenggenommen deshalb auch nicht Verfassunggebung ist, vgl. Fn. 291). Zu einem solchen Ausbleiben konstruktiver Verfassunggebung kann es kommen, wenn sich das Volk als Träger der verfassunggebenden Gewalt zwar in der Ablehnung der überkomme-nen Verfassungsordnung einig ist und diese revolutionär hinwegfegt, danach jedoch kein Kon-sens im Hinblick auf die Modalitäten der Erarbeitung und den Inhalt einer neuen Verfassung er-zielt werden kann. In dieser Konstellation folgt auf die Revolution ein anarchischer Zustand.

[296]   Allerdings ist *Schmitt*, Verfassungslehre, S. 84, darin zuzustimmen, daß in der Ablehnung der bestehenden Verfassung bisweilen auch »ohne weiteres und von selbst die Bejahung einer sich gerade darbietenden anderen und gegensätzlichen Existenzform« liegen kann.

gane gerichteter Auftrag zur Ausübung der verfassunggebenden Gewalt wird sich ebenfalls nur selten finden.[297] Um zu klären, ob ein derartiger Auftrag vorliegt oder nicht, könnte daher auf die »öffentliche Meinung« rekurriert werden, die häufig als Gradmesser für den Willen der verfassunggebenden Gewalt betrachtet wird.[298] Jedoch wird sich auch in der – heute besonders wirkmächtig in den Massenmedien zutage tretenden – öffentlichen Meinung nur in Ausnahmefällen eine eindeutige Entscheidung des pouvoir constituant für oder wider die Betrauung bestimmter Organe mit dem Auftrag zur Ausübung der verfassunggebenden Gewalt widerspiegeln. Auch der Umstand, daß das als Träger der verfassunggebenden Gewalt identifizierte Volk bestimmte Organe gewähren läßt, also von einem unmittelbaren Eigenhandeln oder der Inaugurierung anderer verfassungschöpfender Organe absieht, d.h. ein bloßes Unterlassen, kann wegen der nur bedingten Handlungsfähigkeit des unverfaßten Volkes[299] allenfalls als Indiz, nicht aber als Beweis für einen entsprechenden Auftragswillen des Volkes gewertet werden.[300]

Meistens dürften die an der Verfassungschöpfung beteiligten Organe demnach *ohne eindeutig feststellbaren Auftrag* des pouvoir constituant von sich aus aktiv werden und unter Berufung auf den vorgeblichen Willen der verfassunggebenden Gewalt mit Vorbereitungen zum Erlaß einer neuen Verfassung beginnen.[301] Denkbar ist auch, daß sie die Verfassungschöpfung sogar zu Ende führen, ohne daß es zu einer erkennbaren Manifestation des Willens der verfassunggebenden Gewalt gekommen ist. Bei den in diesem Sinne »eigeninitiativ« tätigen Organen kann es sich zum einen um die von der bisherigen Verfassung konstituierten Organe handeln, sofern sie noch existieren und faktisch handlungsfähig sind. Desgleichen ist es möglich, daß sich in der Situation des verfassungsrechtlichen Umbruchs Menschen zusammenfinden, die mit der nicht ohne weiteres nachprüfbaren Behauptung, den pouvoir constituant zu repräsentieren und seinen Willen vertreten zu wollen, neue Organe ins Leben rufen, um sich in Gestalt dieser Organe am Vorgang der Verfassungschöpfung zu beteiligen.

Daß hinter solchen ad hoc gebildeten Institutionen und vielleicht auch hinter Verfassungsorganen, die den Umbruch überdauern konnten, häufig selbster-

---

[297] Zu der Ausnahme, daß sich der diesbezügliche Wille des pouvoir constituant in verfassungsvorbereitenden Normen niedergeschlagen hat, s.u. E. IV. 3.

[298] In diesem Sinne etwa *Schmitt*, Verfassungslehre, S. 83f, 246ff, der die öffentliche Meinung als »die moderne Art der Akklamation« ansieht. Im Hinblick auf die Ermittlung des Willens der verfassunggebenden Gewalt sind seine Äußerungen allerdings zwiespältig. Einerseits warnt er davor, daß des Volkes »Willensäußerungen leicht zu verkennen, zu mißdeuten oder zu fälschen« seien (S. 83), während er andererseits meint: »Auch eine stillschweigende Zustimmung des Volkes ist immer möglich und leicht zu erkennen« (S. 91).

[299] Dazu oben D. III. 1. d) Fn.399 sowie E. IV. 2. a) bb) Fn.254.

[300] Dies hat zur Folge, daß die unter E. IV. 2. b) bb) (2) angesprochene Konstellation der »Verfassungschöpfung mit verspätet erteiltem Auftrag« in der Praxis eher selten vorkommen wird.

[301] Deutlich *Herbst*, S.160f.

mächtigte Eliten stehen werden, wie *Isensee* kritisch anmerkt[302], läßt sich in der Tat schwer leugnen und ist praktisch wohl auch kaum zu vermeiden. Ebenso richtig ist aber *Isensees* darauffolgende Aussage, daß sich die Richtigkeit ihrer Prätention, als das Volk und für das Volk zu agieren, erst *nachträglich* darin entscheidet, ob das solcherart verfaßte Volk seine Verfaßtheit annimmt und mit Leben füllt.[303] Damit unterstreicht *Isensee*, daß hinsichtlich der Frage, ob die bei der Schaffung einer neuen Verfassung agierenden Organe wirklich vermöge eines Auftrags des pouvoir constituant in Ausübung der verfassunggebenden Gewalt handeln oder dies zu tun nur vorspiegeln, *im Zeitpunkt der Verfassungschöpfung regelmäßig kein juristisch präzises Urteil möglich ist.*

(2) Die nachträgliche Genehmigung oder Mißbilligung des eigenmächtigen Organhandelns durch die verfassunggebende Gewalt

Da eine annähernd sichere Aussage über den Willen der verfassunggebenden Gewalt in der Regel erst im nachhinein möglich ist[304], können auch Feststellungen hinsichtlich ihres Willens, bestimmte Organe mit der Ausarbeitung einer neuen Verfassung zu beauftragen, üblicherweise erst nachträglich getroffen werden. Auch unter diesem Gesichtspunkt ist eine Ex-post-Betrachtung nach Abschluß des jeweiligen Neukonstituierungsvorgangs angezeigt. Ob das Handeln bestimmter Organe dem Willen der verfassunggebenden Gewalt entsprochen hat, wird sich, wenn die Verfassung vor ihrem Inkrafttreten nicht ohnehin einer auch auf das Verfahren der Verfassunggebung bezogenen Bestätigung durch das Volk bedarf[305], spätestens anhand der Zustimmung oder Ablehnung zeigen, welche die neue Konstitution als das Produkt der Verfassunggebung in der Bevölkerung erfährt. Durch »bestätigenden Verfassungsvollzug«, also etwa durch die rege Inanspruchnahme des Wahlrechts und sonstiger Mitwirkungsrechte, die Unterstützung verfassungstreuer Parteien, das »Leben von Grundrechten« und sonst erkennbare Arten der Identifizierung mit der geltenden Verfassung, bringt das Volk sein Einverständnis mit dem Inhalt dieser Verfassung zum Ausdruck.[306] Der Um-

---

[302] *Isensee*, Mythos, S. 47.

[303] *Isensee*, Mythos, S. 47. Auf S. 48 charakterisiert *Isensee* das Volk dementsprechend nicht als Handlungssubjekt, sondern als »Referenzsubjekt (...) für die selbstermächtigten Akteure der Verfassungspolitik in der Phase der Normerzeugung«. Vgl. auch *v. Wedel*, S. 24ff, 38ff; *Herbst*, S. 161.

[304] Vgl. auch *Steiner*, S. 81: »Konkrete Gestaltungsvorstellungen des Staatsvolkes treten regelmäßig erst als Reaktion auf vorformulierte Verfassungsinhalte auf.«

[305] Bei einem solchen Verfassungsplebiszit steht natürlich der Inhalt des Verfassungsentwurfs im Vordergrund. Mit seiner Billigung geht jedoch implizit ein positives Votum in bezug auf das Verfahren der Verfassungschöpfung einher. Die Bestätigung des Verfassungsinhalts wirkt insofern auf die Modalitäten des Neukonstituierungsvorgangs zurück (dazu in Kürze auch im Text).

[306] Deutlich *Schmitt*, Verfassungslehre, S. 91: »In der bloßen Beteiligung an dem durch eine Verfassung bestimmten öffentlichen Leben kann z.B. eine konkludente Handlung erblickt werden, durch welche der verfassunggebende Wille des Volkes sich deutlich genug äußert. Das gilt

stand, daß der Verfassungsinhalt auf nachträgliche Zustimmung von seiten der Bevölkerung stößt, deutet indes darauf hin, daß die beteiligten Organe den diesbezüglichen Vorstellungen des Volkes schon während des Vorgangs der Verfassungschöpfung hinreichend Rechnung getragen haben; denn anderenfalls dürfte einer neuen Verfassung wohl kaum innerhalb kürzerer Zeit breite Akzeptanz zuteil werden. Die wohlwollende Auf- bzw. Annahme einer neuen Verfassung durch das Volk läßt somit darauf schließen, daß die verfassungschöpferisch tätigen Organe zumindest im Hinblick auf die Festlegung des Verfassungs*inhalts* mit dem Willen des pouvoir constituant gehandelt haben.

Weil dem Inhalt einer Verfassung jedoch die Rolle des primären Legitimationsfaktors zukommt[307], wirkt eine positive Einschätzung des Verfassungsinhalts gleichsam auf das – möglicherweise defizitäre – Verfahren der Verfassunggebung zurück und kann dessen eventuell bestehende Mängel nachträglich heilen[308]: Wenn das Volk seine neue Verfassung inhaltlich gutheißt, verlieren prozedurale Mängel im Prozeß der Verfassungsentstehung um so stärker an Gewicht, je älter die Verfassung wird, und werden schließlich ganz in Vergessenheit geraten.[309] Sollten bestimmte Organe also ohne den (erkennbaren) Willen des pouvoir constituant an der Verfassungschöpfung beteiligt gewesen sein, dessen Vorstellungen von der inhaltlichen Gestaltung der neuen Verfassung aber gleichwohl entsprochen haben, müßte die insoweit auftragslose Ausübung der verfassunggebenden Gewalt aufgrund der späteren Anerkennung der Verfassung von seiten der Bevölkerung als nachträglich genehmigt gelten.[310] Von einer solchen Konstellation wird man im Falle der Niedersächsischen Verfassung von 1993 auszugehen ha-

---

für die Beteiligung an den Wahlen, die ein bestimmter politischer Zustand mit sich bringt.« Ferner *Isensee*, Mythos, S.47f; *ders.*, HStR VII, § 166 Rdnr.37; M/K/S/*v. Campenhausen*, Art.146 Rdnr.12; *Dreier*, JZ 1994, 741 (748); *Lücke*, JöR 47 (1999), 467 (468f).

[307] Dazu schon oben D. III. 1. b) bb). Vgl. außerdem *Isensee*, Mythos, S.83ff: »Die gegenwärtige Legitimität hängt nicht ab von den Modalitäten des anfänglichen Zustandekommens der Verfassung.« Seiner Meinung nach ist diesbezüglich ausschließlich der Verfassungsinhalt maßgeblich. Vgl. ferner *Alvarez*, S.157f; *Ossenbühl*, DVBl. 1992, 468 (471f); *Würtenberger*, Wiedervereinigung, S.95 (99); *Hesse*, Grundzüge, Rdnr.41ff.

[308] So wird z.B. des öfteren davon ausgegangen, daß dem Grundgesetz ungeachtet eventueller »Geburtsmängel« in den Jahrzehnten seiner rechtlichen Geltung Legitimität tatsächlich zugewachsen sei, und zwar in einem solchen Ausmaß, daß es eine Integrationskraft erlangt habe, wie sie keiner Verfassung zuvor in der deutschen Geschichte eigen gewesen sei. Dazu und zu der sog. Geburtsmakeltheorie vgl. *Isensee*, HStR VII, § 166 Rdnr.36ff, 32ff; *ders.*, Wiedervereinigung, S.63 (77ff); M/K/S/*v. Campenhausen*, Art.146 Rdnr.11f, jeweils m.w.N. Vgl. auch *Hesse*, HbVerfR, § 3 Rdnr.17; *Heckel*, HStR VIII, § 197 Rdnr.42ff.

[309] S.o. D. III. 1. b) bb). Deutlich auch *Alvarez*, S.157: »In einer bestimmten Geltungsepoche macht sich die Geltung einer Verfassung von ihrer ursprünglichen Legitimität unabhängig, sie verselbständigt sich, und es wird weniger nach dem anfänglichen Legitimationsgrund und mehr nach ihrer vorhandenen Anerkennung und Akzeptanz im Volk gefragt.«

[310] Um bei der oben (E. IV. 2. b) bb) (2)) eingeführten Terminologie zu bleiben, müßte hier also von »genehmigter Verfassungschöpfung ohne Auftrag« die Rede sein. Von der »Verfassungschöpfung mit verspätet erteiltem Auftrag« unterscheidet sich diese Konstellation dadurch, daß

ben.[311] Der Landtag, dem die Verabschiedung einer neuen Verfassung im Verfahren nach Art. 38 VNV verwehrt war, konnte hier nur in Ausübung der verfassunggebenden Gewalt des Volkes agieren.[312] Da ein Wille des Volkes zur Ersetzung der Vorläufigen durch eine endgültige Niedersächsische Verfassung in den Jahren 1990 bis 1993 kaum eindeutig zu erkennen gewesen sein dürfte, wird man annehmen müssen, daß eine Billigung der neuen Verfassung durch den pouvoir constituant erst nach deren Inkrafttreten erfolgt ist.

Sollte eine von eigenmächtig, ohne erkennbaren Auftrag des pouvoir constituant tätig gewordenen Organen erarbeitete und verabschiedete Verfassung hingegen auf Ablehnung stoßen, läßt dies deutlich werden, daß jene Organe nicht nur ohne den Willen des Volkes und damit des Trägers der verfassunggebenden Gewalt verfassungschöpferische Ambitionen entwickelt, sondern auch dessen Präferenzen in bezug auf den Verfassungsinhalt mißachtet haben. Die Annahme einer vom Volk nachträglich erteilten Genehmigung der bereits abgeschlossenen »Verfassungschöpfung ohne Auftrag« scheidet in dieser Konstellation aus. Das Handeln jener selbstermächtigten Organe kann nicht als Ausübung der dem Volk zustehenden verfassunggebenden Gewalt betrachtet werden.[313]

---

eine Zustimmung des pouvoir constituant zur Ausübung der verfassunggebenden Gewalt durch bestimmte Organe nicht mehr *während* der Ausarbeitung der neuen Verfassung, sondern erst *nach* deren Inkrafttreten erkennbar wird.

[311] Zu deren Entstehung und zum folgenden oben E. IV. 1. d).

[312] Sprachlich abweichend *Neumann*, Verfassung, Einleitung (S. 42): »*Der Landtag hat als Verfassungsgeber*, als *pouvoir constituant*, die Vorläufige Niedersächsische Verfassung ausdrücklich ›außer Kraft‹ und diese Verfassung ›in Kraft‹ gesetzt« (Hervorhebungen – auch im folgenden Zitat – dort). In Art. 78 Rdnr. 4 heißt es bei *Neumann*, daß der Landtag »sich *als verfassungsgebende Gewalt* selbst einsetzte«. Demgegenüber ist zu bemerken, daß ein Landtag in der Verfassungsordnung der Bundesrepublik Deutschland, die von der Volkssouveränität ausgeht, niemals *Träger* der verfassunggebenden Gewalt sein kann. Denkbar ist allein, daß ein Landtag für sich in Anspruch nimmt, *in Ausübung* der verfassunggebenden Gewalt des Volkes zu agieren. Aus diesem Grunde kann sich ein Landtag auch nicht als verfassunggebende Gewalt »einsetzen«.

[313] Dies hat zur Folge, daß die neue, dem Volk ohne bzw. sogar gegen seinen Willen aufoktroyierte Verfassung faktisch in der Regel entweder gar keine oder zumindest keine längerwährende Geltung erlangen wird, weil es an der Zustimmung des Volkes als Träger der verfassunggebenden Gewalt fehlt. Da es kein von Rechts wegen für verfassungeberische Akte zuständiges Subjekt gibt (s. o. D. II. 3. c)), ist es indessen nicht ausgeschlossen, im Falle einer länger andauernden Geltung der neuen Verfassung davon auszugehen, daß nicht mehr das Volk Träger der verfassunggebenden Gewalt ist, sondern diejenigen gesellschaftlichen Mächte, welche die Verfassung faktisch tragen und gegenüber Anfeindungen womöglich auch mit Gewalt verteidigen, die also eine neuerliche Betätigung der verfassunggebenden Gewalt des Volkes zu verhindern imstande sind (vgl. dazu auch *Murswiek*, verfassunggebende Gewalt, S. 209). Eine solche Usurpation der verfassunggebenden Gewalt durch gesellschaftliche Gruppen und eventuell sogar militante Minderheiten ist politisch-faktisch durchaus möglich und mit rechtlichen Mitteln letztlich nicht zu verhindern (zur Möglichkeit einer Usurpation der verfassunggebenden Gewalt vgl. *Heckel*, HStR VIII, § 197 Rdnr. 64; *Storost*, Staat 29 (1990), 321 (327)). Diese leider nicht nur theoretische Möglichkeit ändert freilich nichts daran, daß ein entsprechender verfassungeberischer Akt wenn auch nicht als rechtswidrig, so vor dem Hintergrund des heute etablierten Legitimitätsideals der verfassunggebenden Gewalt des Volkes und überhaupt des demokratischen Verfas-

d) Anwendungsbeispiel: die Änderungen der DDR-Verfassung in den Jahren 1989/90

Die Ergebnisse der vorangegangenen Überlegungen lassen sich am Beispiel der DDR-Verfassung[314] von 1968/74[315] illustrieren. Diese Verfassung durfte gemäß Art. 106, 63 Abs. 2 Satz 2 durch Gesetz geändert werden, dem mindestens zwei Drittel der gewählten Abgeordneten der Volkskammer zustimmen mußten. Eine dem Art. 79 Abs. 3 GG vergleichbare Bestimmung, die bestimmte Grundsätze dem Zugriff des verfassungsändernden Gesetzgebers entzog, enthielt die DDR-Verfassung nicht.[316] Nach Einsetzen der revolutionären Bewegung im Herbst 1989[317] wurde die Verfassung mehrfach im Verfahren der Verfassungsrevision geändert. U.a. wurden die in Art. 1 Abs. 1 verankerte politische Führungsrolle der SED und die Präambel gestrichen, das Verbot von Privateigentum an bestimmten Gütern aufgehoben und ein demokratisches Wahlrecht eingeführt.[318]

Weil die in Rede stehenden Normerzeugungsakte von der Volkskammer und damit von einem *Organ der bisherigen Verfassung* verabschiedet wurden, scheint Verfassungsänderung vorzuliegen. Eine solche Kategorisierung wäre ohne jeden Zweifel dann zutreffend, wenn formelle Verfassungskontinuität herrschte und die Verfassungsrechtsetzung verfassungsgemäß gewesen wäre. Gerade an der *Verfassungsmäßigkeit* der Verfassungsrechtserzeugung werden jedoch im Schrifttum *Zweifel* geäußert. Es wird vorgebracht, die Volkskammer habe trotz Fehlens expliziter materieller Revisionsschranken keine Befugnis gehabt, die Identität der sozialistischen DDR-Verfassung aufzuheben und diese in eine freiheitlich-pluralistische Verfassung umzuwandeln. Demgemäß seien die »Verfassungsänderungen« als verfassungswidrig einzustufen. In diesem Sinne heißt es etwa bei *Heckel*:

---

sungsstaates doch als *hochgradig illegitim* angesehen werden müßte. Tröstlich kann insofern die Gewißheit sein, daß eine dem Volk aufoktroyierte, von ihm als illegitim empfundene und nur mit Gewalt durchsetzbare Verfassung nach den Erfahrungen der Geschichte eher früher als später ihrer Geltung wieder verlustig gehen wird, weil eine Verfassung auf die Dauer nicht ohne die Zustimmung der ihr Unterworfenen existieren kann. Vgl. in diesem Zusammenhang auch *Herbst*, S. 102.

[314] Es liegt auf der Hand, daß es sich bei der Verfassung der DDR nicht um die Verfassung eines demokratischen Verfassungsstaates handelte. Sie kann deswegen nicht dem in dieser Arbeit im Vordergrund stehenden Verfassungstypus der verfassungsstaatlichen Verfassung zugeordnet werden. Wenn diese »Verfassung« und ihr Untergang hier gleichwohl betrachtet werden, so allein deswegen, weil sie ein gutes Beispiel dafür bietet, wie Organe der überkommenen Verfassungsordnung in Umbruchzeiten nicht selten agieren.

[315] Zu dieser Verfassung und ihrer Entstehung näher *Brunner*, HStR I, § 10 Rdnr. 9 ff.

[316] Vgl. *Würtenberger*, HStR VIII, § 187 Rdnr. 14, m. w. N.

[317] Dazu ausführlich *Fiedler*, HStR VIII, § 184 Rdnr. 18 ff.

[318] Zu den Änderungen der DDR-Verfassung im einzelnen *Würtenberger*, HStR VIII, § 187 Rdnr. 15 ff; *Quaritsch*, VerwArch 83 (1992), 314 (315 f).

»Die Einkleidung in legale Verfassungsänderungen nach der Wende täuscht mithin eine Kontinuität der Geltung der sozialistischen Verfassung vor, obwohl diese revolutionär zerbrochen und durch die Diskontinuität der Verfassung ersetzt worden ist.«[319]

Sofern dieser Standpunkt zugrunde gelegt und von der Verfassungswidrigkeit der Änderungen der DDR-Verfassung ausgegangen wird[320], scheidet die Annahme von Verfassungsrevision in der Tat aus.[321] Gleichzeitig liegt aber auch keine »verfassungswidrige Verfassungsänderung« vor, weil die Volkskammer durchaus neues Verfassungsrecht hervorgebracht hat. Dieses kann seine Geltung allein einem *verfassunggeberischen Akt* verdanken.[322] Da gleichzeitig die von den Änderungsgesetzen nicht tangierten Verfassungsinhalte fortgelten sollten, handelt es sich um einen Fall der *partiellen materiellen Verfassunggebung*, der trotz gegenteiligen Anscheins mit *formeller Verfassungsdiskontinuität* einhergeht. Was die Beteiligung der Volkskammer am Vorgang der Verfassunggebung betrifft, so konnte sich diese jedenfalls bis zu den Neuwahlen am 18. März 1990 nicht auf einen deutlich artikulierten Auftrag des Volkes zur Ausübung der verfassunggebenden Gewalt berufen. Insoweit liegt Organhandeln ohne Auftrag der verfassunggebenden Gewalt vor, das für den pouvoir constituant nur Vorschlagscharakter hatte.[323] Erst im nachhinein, nämlich im Zuge der Neuwahlen im März 1990, wurde das bis dahin eigenmächtige Organhandeln vom Volk als Träger der verfassunggebenden Gewalt bestätigt.[324]

3. Das Organhandeln auf der Grundlage verfassungsvorbereitender Normen

Besonders gelagerten Problemen sehen sich die Bemühungen um eine verfassungstheoretische Würdigung des Handelns besonderer Organe ausgesetzt, wenn sich der Neukonstituierungsvorgang auf der Grundlage vorverfassungs-

---

[319] *Heckel*, HStR VIII, § 197 Rdnr. 24. Ähnlich *ders.*, Einheit, S. 18; *Quaritsch*, VerwArch 83 (1992), 314 (319f); *Würtenberger*, HStR VIII, § 187 Rdnr. 41, 44ff.

[320] Eine nähere Auseinandersetzung mit diesem Standpunkt soll an dieser Stelle nicht erfolgen. Nach der hier vertretenen Auffassung können ungeschriebene Schranken der Verfassungsrevision nicht aus abstrakten verfassungstheoretischen Grundsätzen hergeleitet werden (s. o. E. I. 1.). Zur Überprüfung der Richtigkeit jenes Standpunktes müßte vielmehr die DDR-Verfassung mit der gebotenen Genauigkeit analysiert und ausgelegt werden, was den Rahmen dieser Arbeit sprengte.

[321] Zu der Frage, welchen Sinn die Beachtung der Verfahrensvorschriften für die Verfassungsrevision gleichwohl haben kann, noch unten E. IV. 3. a) bb).

[322] So außer *Heckel*, a.a.O., u.a. auch *Würtenberger*, HStR VIII, § 187 Rdnr. 33, 41; *Boehl*, Verfassunggebung, S. 77; *Isensee*, Mythos, S. 51f.

[323] So konsequent auch *Heckel*, HStR VIII, § 197 Rdnr. 24: »Diese ›Verfassungsänderungen‹ waren ein Angebot – mehr nicht – an das Volk als Inhaber der verfassunggebenden Gewalt, diese neue Verfassungsordnung aus der Hand der unberufenen, revolutionär diskreditierten und zur Verfassunggebung nicht legitimierten ›Volksvertreter‹ anzunehmen und durch einen nachfolgenden Konsens zu bestätigen.« Vgl. auch *ders.*, Einheit, S. 18.

[324] So wiederum *Heckel*, HStR VIII, § 197 Rdnr. 26; *ders.*, Einheit, S. 19.

rechtlicher Normen vollzieht. Solche verfassungsvorbereitenden Vorschriften legen u.a. das Verfahren der Verfassungschöpfung einschließlich der daran beteiligten Organe fest.[325] Sie können von irgendwelchen vorkonstitutionellen Kräften erlassen worden sein[326], aber auch von der verfassunggebenden Gewalt selbst herrühren bzw., obwohl von anderer Seite stammend, von dieser in ihren Willen aufgenommen worden sein.[327] Durch den Erlaß oder die Anerkennung derartiger Bestimmungen, d.h. in den beiden letztgenannten Fällen, bindet sich der pouvoir constituant in rechtlich *unverbindlicher* Weise[328] an ein bestimmtes Reglement für die Verfassungschöpfung und bekundet damit seine Absicht, bei der Schaffung der neuen Verfassung diesem Reglement entsprechend zu verfahren.[329]

Sofern in verfassungsvorbereitenden Normen, die den Willen des pouvoir constituant in bezug auf die Modalitäten der Verfassungschöpfung verkörpern, die Mitwirkung bestimmter Organe vorgesehen ist, sind diese Organe ausnahmsweise[330] imstande, sich auf die Existenz eines ausdrücklichen, sogar *schriftlich fixierten Auftrages des pouvoir constituant zur Ausübung der verfassunggebenden Gewalt* zu berufen.[331] Diese Konstellation des Organhandelns auf der Grundlage verfassungsvorbereitender Normen wirft eine Reihe von Fragen auf, insbesondere danach, ob jene Normen für die agierenden Organe rechtsverbindlich sind oder ebenso wie für den Träger der verfassunggebenden Gewalt nur den Charak-

---

[325] Zu verfassungsvorbereitenden Normen schon oben D. III. 1. d) aa) und bb).

[326] Vgl. etwa *Schneider*, HStR VII, § 158 Rdnr. 25, der darauf hinweist, daß Vorschriften für das Verfahren künftiger Verfassunggebung zumeist von den Inhabern der faktischen Macht erlassen werden.

[327] S.o. D. III. 1. d) bb). Ob sich die verfassunggebende Gewalt bestimmte, nicht von ihr selbst stammende Normen zu eigen gemacht hat, läßt sich freilich häufig nur unter Schwierigkeiten feststellen. Insofern sei auf die vorstehenden Ausführungen zur Ermittlung des (Auftrags-)Willens der verfassunggebenden Gewalt verwiesen.

[328] Zur rechtlichen Unverbindlichkeit verfassungsvorbereitender Normen für den pouvoir constituant, welche sich vor allem aus der Unmöglichkeit der Begründung von Rechtspflichten im Wege einer Selbstverpflichtung ergibt, s.o. D. III. 1. d) aa) i.V.m. III. 3. a) aa) (2).

[329] Vorschriften, die der pouvoir constituant weder selbst erlassen noch sich zu eigen gemacht hat, sind demgegenüber für das Procedere der Verfassunggebung gänzlich unmaßgeblich und deshalb in dem hiesigen Zusammenhang nicht von Belang.

[330] Zum Regelfall des Organhandelns ohne eindeutig feststellbaren Auftrag der verfassunggebenden Gewalt vgl. oben E. IV. 2. c) bb) (1).

[331] Wenn verfassungsvorbereitende Normen nicht ersichtlich von der verfassunggebenden Gewalt selbst herrühren, sondern von anderer Seite stammen, muß freilich jeweils geprüft werden, ob der pouvoir constituant diese Normen tatsächlich in seinen Willen aufgenommen hat oder ob sie lediglich den Willen irgendwelcher gesellschaftlicher Gruppen zum Ausdruck bringen, die nicht selbst Träger der verfassunggebenden Gewalt sind. Im Zeitpunkt der Verfassungschöpfung wird dies in vielen Fällen noch nicht eindeutig möglich sein, so daß auch diesbezüglich auf die Notwendigkeit einer Ex-post-Betrachtung zu verweisen ist. In den entsprechenden Fällen kann erst im nachhinein geklärt werden, welche Bedeutung die Existenz verfassungsvorbereitender Normen für die Würdigung des Organhandelns im Rahmen des verfassungschöpferischen Geschehens hat.

ter politisch-faktisch wirksamer Richtlinien haben[332], und – daran anschließend –, wie sich ein entsprechender Normerzeugungsvorgang verfassungstheoretisch einordnen läßt.

Um diesbezüglich für Gewißheit zu sorgen, ist wie folgt vorzugehen: Nachdem geklärt ist, in welcher Art von Vorschriften die Mitwirkung besonderer Organe an einem Neukonstituierungsvorgang geregelt sein kann (a), ist zunächst zu überlegen, inwiefern verfassungsvorbereitende Normen für die an der Verfassungschöpfung beteiligten Organe verbindlich sein können (b). Danach rückt die Frage in den Mittelpunkt des Interesses, ob die auf Grundlage der in Rede stehenden Vorschriften agierenden Organe tatsächlich in allen Fällen verfassunggebende Gewalt ausüben, d.h. anstelle des pouvoir constituant originär Verfassungsrecht hervorbringen, oder ob ihre Tätigkeit bisweilen derjenigen von pouvoirs constitués so ähnlich ist, daß von einer Ausübung der verfassunggebenden Gewalt im eigentlichen Sinne nicht mehr die Rede sein kann (c). Schließlich werden die Kriterien zu benennen sein, anhand derer sich Feststellungen zur rechtlichen Verbindlichkeit bzw. Unverbindlichkeit von Vorbereitungsnormen gegenüber den verfassungschöpferisch tätigen Organen treffen lassen (d).

a) Die Arten verfassungsvorbereitender Normen

aa) Einfache vorverfassungsrechtliche Bestimmungen

Möglich ist einerseits, daß Organe auf der Grundlage solcher vorverfassungsrechtlicher Bestimmungen an der Verfassungschöpfung mitwirken, die nicht schon Bestandteil der bisherigen Verfassung waren, sondern eigens zur Vorbereitung des verfassunggeberischen Aktes erlassen worden sind und auch nicht den Rang übergangsverfassungsrechtlicher Vorschriften haben. Derartige einfache verfassungsvorbereitende Normen haben gewissermaßen den Charakter einer Geschäftsordnung für die Verfassunggebung.[333]

bb) Übergangsweise geltende Normen der bisherigen Verfassung

Denkbar ist andererseits, daß verfassungsvorbereitende Normen nicht neu erlassen werden, sondern daß Bestimmungen der bisherigen Verfassung als Leitlinie für das Verfahren der Verfassungschöpfung fungieren – was selbstredend voraussetzt, daß die verfassunggebende Gewalt die bislang geltende Verfassung insoweit als (noch) für sich verbindlich anerkennt.[334] Verfassungstheoretisch läßt sich ein

---

[332] Zu erinnern ist daran, daß die handelnden Organe dann, wenn es keine verfassungsvorbereitenden Normen gibt, jedenfalls keinen Bindungen rechtlicher Art unterliegen; s.o. E. IV. 2. b) bb) (1).

[333] Zu einer Differenzierung innerhalb dieser Gruppe der einfachen verfassungsvorbereitenden Normen noch unten E. IV. 3. d) cc) (3) mit Fn. 425.

[334] Wie hier auch *Herbst*, S. 159f: »Selbstverständlich gelten im Fall der Verfassunggebung im Verfassungsstaat die in der ›alten‹ Verfassung vorgesehenen Verfahrensregeln (...) nicht ohne

derartiger Rekurs auf Normen der überkommenen Verfassung (»altverfassungs-rechtliche« Normen) auf zweierlei Weise erklären:

Möglich ist einmal, daß die alte Verfassung bereits revolutionär außer Geltung gesetzt ist, sich die verfassunggebende Gewalt dann aber der Notwendigkeit eines auf den Erlaß der künftigen Verfassung bezogenen Regelwerkes bewußt wird und deshalb darauf besinnt, zumindest Teile der alten Verfassung als für den Vorgang der Verfassungschöpfung verbindlich anzuerkennen. Der pouvoir constituant kann sich bestimmte Regelungen der bisherigen Verfassung somit *nachträglich wieder zu eigen machen* und vorläufig, nämlich bis zum Inkrafttreten einer neuen Verfassung, weiter bzw. wieder angewendet wissen wollen.[335]

Eine andere Erklärung für die Möglichkeit, daß eine Verfassung unabhängig von irgendwelchen besonderen Regelungen[336] übergangsweise bis zum Inkraft-treten einer neuen Verfassung zumindest partiell fortgilt, setzt an bei der Deutung der Verfassunggebung als Prozeß des fortwährenden »Tragens« der Verfassung durch den pouvoir constituant.[337] Ausgangspunkt für diese Erklärung ist die Er-kenntnis, daß jede Verfassung für die verfassunggebende Gewalt rechtlich unver-bindlich ist[338] und nur solange gilt, wie der Bindungswille des pouvoir constitu-ant anhält. Gibt der pouvoir constituant seine Selbstbindung an die Verfassung auf, weil er diese nicht länger als legitime Herrschaftsordnung anerkennt, ist die Grundlage für die Fortgeltung der nämlichen Verfassung zerstört. Angesichts der Abhängigkeit der Verfassungsgeltung vom Bindungswillen der verfassunggeben-den Gewalt muß eine vorhandene Verfassung indes nicht zwangsläufig vollstän-dig beseitigt sein, bevor eine neue Verfassung ins Werk gesetzt werden kann. Es ist durchaus vorstellbar, daß es trotz des grundsätzlichen Ziels einer Neukonstituie-rung dem Willen des pouvoir constituant entspricht, wenigstens Teile der bisheri-gen Verfassung bis zum Inkrafttreten einer neuen Verfassung *kontinuierlich fort-gelten* zu lassen. Der pouvoir constituant kann eine solche Entscheidung treffen, um das Aufkommen eines verfassungslosen, potentiell anarchischen Zustands zu vermeiden und um darüber hinaus bei der Verfassungschöpfung an die herge-brachten Vorschriften für die Erzeugung neuen Verfassungsrechts anknüpfen zu

---

weiteres für das Verfassunggebungsverfahren; *diese ›alten‹ Regeln können zwar bewußt über-nommen werden, wenn sie sich als brauchbar erwiesen haben*, aber ebenso können völlig neue Verfahrensregeln angewendet werden«; Hervorhebung v. Verf. Vgl. in diesem Zusammenhang ferner *v. Wedel*, S. 36, *Isensee*, Mythos, S. 51 f, sowie auch schon oben E. IV. 1. c) cc) zum Erlaß ei-ner neuen Verfassung im Verfahren der Verfassungsrevision.

[335] Die entsprechenden Vorschriften der bisherigen Verfassung gelten dabei nicht kontinuier-lich fort, sondern erlangen, nachdem sie zunächst wie die gesamte bisherige Verfassung außer Kraft getreten waren, erst aufgrund erneuter Anerkennung durch die verfassunggebende Gewalt wiederum – und nur für eine Übergangszeit – Geltung, ohne allerdings für den pouvoir constitu-ant rechtsverbindlich zu sein.

[336] Zu denken ist hier an die Existenz eines (deklaratorischen) Ablösungsvorbehalts.

[337] S. o. D. III. 1. b) aa) i.V.m. B. II. 3. c) sowie D. II. 2. a) cc) (1), jeweils auch zum folgenden.

[338] S. o. D. II. 3. a) aa) (2) und (3) sowie c).

können.[339] Indem er den prinzipiellen Entschluß zur Neukonstituierung faßt, gleichzeitig für eine Übergangszeit aber noch an der überkommenen Verfassung festhält, vollzieht sich freilich eine Änderung seines Bindungswillens, und zwar zuvörderst im Hinblick auf die Bindungsdauer: Der pouvoir constituant »trägt« die Verfassung fortan nicht mehr als auf dauerhafte Geltung ausgerichtete rechtliche Grundordnung des Gemeinwesens, sondern ändert seinen Bindungswillen dahingehend, daß die Verfassung nur noch übergangshalber – und regelmäßig ausschnittsweise – verbindlich sein soll, nämlich bis zu dem Zeitpunkt, in dem eine neue Verfassung ausgearbeitet ist und Geltung erlangt. Ein solches gestuftes Aufgeben des Bindungswillens erscheint auf der Grundlage eines dynamischen Verständnisses der Verfassunggebung ebenso möglich wie ein abruptes, einaktiges Abstandnehmen von der bislang geltenden Verfassung im Zuge revolutionärer Verfassungsbeseitigung.[340]

Unabhängig von der verfassungstheoretischen Konstruktion[341] kann somit eine vorhandene Verfassung von der verfassunggebenden Gewalt vorläufig, und zwar bis zum Inkrafttreten einer neuen Verfassung, ganz oder teilweise[342] sowie

---

[339] Dies geschieht z.B. dann, wenn eine neue Verfassung in Anlehnung an das für Verfassungsrevisionen vorgeschriebene Verfahren verabschiedet wird; dazu schon oben E. IV. 1. c) cc).

[340] Im Ergebnis ebenso *Fiedler*, HStR VIII, § 184 Rdnr. 61, im Zusammenhang mit der Revolution in der DDR: »Die Revolution beschritt den denkbaren Weg des völligen Rechtsbruchs nicht, verhielt sich nur in bezug auf zentrale Forderungen ›illegal‹. Die abgestufte Vorgehensweise bis zum Herbst 1990 widersprach nicht einer allgemeinen staatsrechtlichen Revolutionslehre. Denn für die Modalitäten einer Revolution gibt es keine Regeln. Die Revolution, erfolgreich durchgeführt, entzieht der bisherigen Rechtsordnung ganz oder teilweise die Legitimität, je nach Ausmaß, Richtung und Intensität, kennt folglich eine Fülle von Variationsmöglichkeiten.«

[341] In der Verfassungspraxis wird sich ohnehin selbst im nachhinein vielfach nicht eindeutig feststellen lassen, ob die bisherige Verfassung zunächst außer Kraft gesetzt und dann partiell »reanimiert« oder ohne zwischenzeitlichen Geltungsverlust zu einer Überleitungsnorm erhoben worden ist. In der Theorie ist eine solche Differenzierung gleichwohl möglich und nötig.

[342] Regelmäßig wird es sich nur um eine partielle Fort- oder Wiedergeltung der bisherigen Verfassung handeln, weil ein verfassunggeberischer Akt keinerlei Sinn hätte und überflüssig wäre, wenn auch eine vollständige Weitergeltung der bisherigen Verfassung dem Willen des pouvoir constituant entspräche. Meistenteils dürften die Bestimmungen über die Verfassungsrevision als Richtlinien für den Prozeß der Verfassunggebung herangezogen werden. Da bei einer vollständigen Übernahme des Revisionssystems der alten Verfassung die Schaffung einer formell neuen Verfassung jedoch gerade nicht zulässig wäre (s.o. E. I. 1.), spricht einiges dafür, lediglich die rein verfahrensrechtlichen Regelungen über die Verfassungsrevision, nicht aber deren ausdrückliche oder verfassungsimmanente Beschränkungen (wie etwa das Verbot, im Wege der Verfassungsrevision eine formell neue Verfassung zu erlassen) vorläufig fort- bzw. erneut gelten zu lassen. Möglich ist ferner, daß die verfassunggebende Gewalt die Vorgaben einer deklaratorischen Ablösungsklausel als für den Neukonstituierungsvorgang verbindlich anerkennt, was genau dem Zweck einer solchen Klausel entspräche. Außer den Teilen der alten Verfassung, die die Schaffung von neuem Verfassungsrecht betreffen, können auch sonstige Bestimmungen jener Verfassung in größerem oder kleinerem Umfang vorläufig wieder in den Willen der verfassunggebenden Gewalt aufgenommen werden bzw. dort verbleiben, um die Entstehung anarchischer Zustände während des verfassungsrechtlichen Transformationsprozesses zu vermeiden. Die bisherige Verfassung kann insofern, wenn die verfassunggebende Gewalt dies will, vorläufig als vollwertige Übergangsverfassung gelten, bis eine neue und endgültige Verfassung in Kraft getreten ist.

inhaltlich verändert oder unverändert[343] in ihrer Geltung reaktiviert bzw. in Geltung gehalten werden. Sie wird dadurch in den Stand einer Überleitungsnorm erhoben und gilt nur noch, soweit und solange sie von der verfassunggebenden Gewalt als verbindlich anerkannt wird.[344] Auf dieses Modell wurde im übrigen auch im Zuge der Revolution von 1989/90 in der DDR zurückgegriffen.[345] Damals setzte sich das Volk nicht zuletzt durch scharenweise Republikflucht und Massendemonstrationen, in deren Verlauf die effektive Gewährleistung von Grundrechten und eine grundlegende Umgestaltung der Verfassung gefordert wurden,

---

[343] Die verfassunggebende Gewalt braucht sich nicht darauf zu beschränken, die hergebrachten Verfassungsvorschriften für die Erzeugung neuen Verfassungsrechts oder sonstige Verfassungsbestimmungen *unverändert* in ihren Willen zu übernehmen. Möglich ist auch eine modifizierte Übernahme dieser Bestimmungen, etwa dergestalt, daß zusätzlich zu oder anstelle der in der bisherigen Verfassung vorgesehenen Instanzen *andere Organe* mit der Erzeugung neuen Verfassungsrechts betraut werden. In diesem Fall wird der Inhalt der bisherigen Verfassungsnormen variiert und in veränderter Gestalt von der verfassunggebenden Gewalt als für eine Übergangszeit (weiterhin) verbindlich anerkannt. Ebenso wäre freilich der Erlaß einfacher vorverfassungsrechtlicher Bestimmungen gleichen Inhalts möglich. Vgl. auch *v. Wedel*, S. 36, wo im Zusammenhang mit der alten Verfassung von einem »Entwurf« gesprochen wird, »der nun in Richtung auf die erwünschten Neuerungen verändert werden kann«.

[344] Vor dem Hintergrund dieser Überlegungen läßt sich auch besser verstehen, was geschieht, wenn eine neue Verfassung durch die Revisionsorgane der bisherigen Verfassung unter Beachtung der einschlägigen Verfahrensvorschriften erlassen wird (zu diesem bereits unter einem anderen Aspekt betrachteten Phänomen s.o. E. IV. 1. c) cc)): Die Verabschiedung einer neuen Verfassung im Wege der Verfassungsrevision ist zwar formenmißbräuchlich und aus Sicht der bisherigen Verfassung verfassungswidrig (s.o. E. I. 1.). Entweder steht diese jedoch schon gar nicht mehr vollständig in Geltung, weil sich der pouvoir constituant bereits über sie hinweggesetzt hat und lediglich einzelne ihrer Bestimmungen um der Ermöglichung eines wohlorganisierten Ablaufs der Verfassungschöpfung willen von der verfassunggebenden Gewalt nachträglich und für eine Übergangszeit wieder in Kraft gesetzt worden sind. Oder aber die bisherige Verfassung gilt nach dem Willen des pouvoir constituant zwar kontinuierlich fort, jedoch nur noch – instrumentalisiert zum Zwecke der Schaffung einer neuen Verfassung – als Überleitungsnorm ohne Anspruch auf dauerhafte Geltung und überdies nur noch insoweit, als sie einer formellen Neukonstituierung nicht entgegensteht (vgl. die Anmerkung in der vorletzten Fußnote). So oder so ist folglich das überkommene Verfassungssystem durch eine *erneute Entscheidung des pouvoir constituant* – sei es zur sofortigen Außerkraftsetzung der bisherigen Verfassung, sei es zur Schaffung einer neuen Verfassung bei übergangsweiser Fortgeltung der alten Verfassung – schon zum Einsturz gebracht worden bzw. im Einsturz begriffen, bevor eine neue Verfassung nach den Bestimmungen über die Verfassungsrevision ins Werk gesetzt wird. Während die neue Verfassung somit durch einen originären, rechtliche Diskontinuität begründenden verfassunggeberischen Akt hervorgebracht wird und lediglich der Modus der Verfassungschöpfung seiner äußeren Form nach den Vorgaben der bisherigen Verfassung entspricht, scheint es für den Außenstehenden, als habe sich der Verfassungswechsel nach Maßgabe der *uneingeschränkt weiter geltenden* bisherigen Verfassung und also derivativ in *rechtlicher Kontinuität* vollzogen. Darin liegt der primäre Vorteil einer solchen Vorgehensweise. Dazu schon oben E. IV. 1. c) cc); siehe ferner E. IV. 2. b) bb) (1), auch zu dem weiteren Vorteil, daß die verfassunggebende Gewalt auf faktisch handlungsfähige Organe zurückgreifen kann. Zu der allerdings ebenfalls bestehenden Möglichkeit einer Usurpation der verfassunggebenden Gewalt durch die handelnden Organe s.o. E. IV. 2. c) bb) (2) Fn. 313.

[345] Dazu schon oben E. IV. 2. d).

über das bestehende Verfassungssystem hinweg.[346] Wenn in der Literatur mit Blick auf die DDR-Verfassung von 1968/74 konstatiert wird:

>»Während die dem Sozialismus verpflichteten Vorschriften keine Beachtung mehr fanden bzw. nach und nach aufgehoben wurden, wurden die Verfahrensbestimmungen vollständig und die Organisationsbestimmungen weitestgehend beachtet. So gesehen läßt sich von einem partiellen Außerkrafttreten der alten DDR-Verfassung sprechen«[347],

dann belegt dies, daß jene Verfassung nicht mehr in ihrer ursprünglichen Gestalt, sondern nur noch partiell und mit teils abgewandeltem Inhalt galt. Sie war weitgehend nur noch Organisations- und Verfahrensstatut. Spätestens das Ergebnis der Volkskammerwahl vom 18. März 1990, bei der die eine Wiedervereinigung der beiden Teile Deutschlands befürwortenden Parteien eine überwältigende Mehrheit erzielten[348], unterstrich zudem den zeitlich befristeten Geltungshorizont jener Verfassung.

cc) *Eigens erlassene Normen übergangsverfassungsrechtlicher Art*

Schließlich muß sich der Wille des pouvoir constituant im Hinblick auf das Procedere der Verfassungschöpfung nicht unbedingt in einfachen vorkonstitutionellen Bestimmungen oder in Normen der bisherigen Verfassung manifestieren. Er kann auch in einer eigens erlassenen Übergangsverfassung Ausdruck finden, die u.a. das Verfahren für die Schaffung einer neuen und endgültigen Verfassung inklusive der daran beteiligten Organe festlegt. Von den einfachen verfassungsvorbereitenden Bestimmungen heben sich solche übergangsverfassungsrechtlichen Normen dadurch ab, daß ihnen bereits selbst Verfassungscharakter eignet.[349] Der Unterschied gegenüber der zuvor behandelten Konstellation einer übergangsweisen Geltung von Normen der bisherigen Verfassung liegt darin, daß hier ein auch rein äußerlich von der vorherigen Verfassung abgehobenes neues Regelwerk für die Verfassungschöpfung geschaffen wird.[350]

---

[346] Vgl. *Heckel*, HStR VIII, § 197 Rdnr. 25, der die destruktive Kraft der verfassunggebenden Gewalt des Volkes deutlich hervorhebt und von späteren konstruktiven Betätigungen unterscheidet; ferner *Würtenberger*, HStR VIII, § 187 Rdnr. 4 ff; *Quaritsch*, VerwArch 83 (1992), 314 (317 ff).

[347] So *Würtenberger*, HStR VIII, § 187 Rdnr. 43.

[348] Vgl. näher *Würtenberger*, HStR VIII, § 187 Rdnr. 12, m. w. N.

[349] Siehe aber auch unten E. IV. 3. d) cc) (3) mit Fn. 425.

[350] Allerdings kann der Unterschied zwischen beiden Konstellationen gering sein, weil befristet fort- bzw. wiedergeltende Vorschriften der bisherigen Verfassung ebenso wie eigens zur Vorbereitung der Verfassungschöpfung erlassene Normen mit Verfassungscharakter die Funktion einer Übergangsverfassung einnehmen können. Auch haben beide Konstellationen gemeinsam, daß jeweils verfassungsvorbereitende Verfassungsnormen vom pouvoir constituant erlassen bzw. als verbindlich anerkannt werden, um das Entstehen eines Zustands der Rechts- bzw. Verfassungslosigkeit zu vermeiden.

b) Die Verbindlichkeit verfassungsvorbereitender
Normen für die handelnden Organe

In ihrer *Wirkung auf den pouvoir constituant* gleichen sich die in einfachen verfassungsvorbereitenden, »altverfassungsrechtlichen« und übergangsverfassungsrechtlichen Normen enthaltenen Festlegungen: Indem die verfassunggebende Gewalt solche Normen erläßt oder (weiterhin) als für sich verbindlich anerkennt, verpflichtet sie sich in *rechtlich unverbindlicher* Weise selbst, die besagten Normen im Rahmen ihrer verfassungschöpferischen Tätigkeit zu beachten. Die üblicherweise erst mit dem Verfassungsinkrafttreten einsetzende Selbstbindung des pouvoir constituant wird insofern zeitlich vorverlagert.[351]

Daneben stellt sich die weitere Frage, inwiefern der in verfassungsvorbereitenden Vorschriften zum Ausdruck kommende Wille des Inhabers der verfassunggebenden Gewalt für die *mit der Ausübung der verfassunggebenden Gewalt beauftragten Organe* verbindlich ist.[352] Wenn sich der pouvoir constituant hinsichtlich bestimmter Modalitäten des Neukonstituierungsvorgangs festlegt, sind notwendigerweise auch die von ihm eingesetzten Organe in gewisser Weise an die entsprechenden Vorgaben gebunden. Diese vermögen aus eigener Kraft keine Verfassung hervorzubringen und müssen insofern um der Geltung des von ihnen erarbeiteten Grundgesetzes willen im Einklang mit den Vorstellungen des pouvoir constituant handeln.[353] So eindeutig dies auch sein mag: Offen bleibt, um welche Art der Bindung es sich dabei handelt.

In Betracht käme einerseits eine Bindung *außerrechtlicher* Art, was bedeutete, daß die in Rede stehenden Vorschriften für die agierenden Organe ebenso wie für den Träger der verfassunggebenden Gewalt nur den Charakter politisch-faktisch wirksamer Richtlinien hätten. Die handelnden Organe wären mithin allein aus tatsächlichen Gründen gezwungen, dem Willen des pouvoir constituant Rechnung zu tragen, weil es Organen, die nicht selbst Träger der verfassunggebenden Gewalt sind, an einer vom Willen des pouvoir constituant unabhängigen Möglichkeit zur originären Rechtsetzung gebricht. Für diese Annahme ließe sich anführen, daß die verfassunggebende Gewalt als politisch-faktische, sich einer rechtlichen Erfassung entziehende Kraft identifiziert worden ist[354], und daß des-

---

[351] Zum ganzen schon oben D. III. 1. d).

[352] Zur Differenzierung zwischen Innehabung und Ausübung der verfassunggebenden Gewalt s.o. E. IV. 2. b) bb) sowie auch schon oben B. II. 4. c).

[353] Dazu schon oben E. IV. 2. b) bb) (1), wo auch hervorgehoben worden ist, daß die hiesigen Aussagen auf Organe bezogen sind, die nach den herrschenden Legitimitätsanschauungen nicht selbst als Träger der verfassunggebenden Gewalt in Betracht kommen. Zu der allerdings nicht grundsätzlich ausgeschlossenen Möglichkeit einer Usurpation der verfassunggebenden Gewalt durch irgendwelche Gruppen oder auch Organe, welche dadurch selbst zum (illegitimen) Träger der verfassunggebenden Gewalt würden, s.o. E. IV. 2. c) bb) (2) Fn. 313.

[354] S.o. D. II. 3. c).

halb auch die Organe, derer sich diese bei der Verfassungschöpfung bedient, keinen rechtlichen Bindungen unterworfen sein können.

Andererseits kann der Wille der verfassunggebenden Gewalt für die von ihr eingesetzten Organe durchaus *Rechtsverbindlichkeit* erlangen, und zwar dann, wenn er sich in einem oder mehreren Rechtssätzen – wie etwa den Normen einer Verfassung – niederschlägt.[355] Genau das könnte freilich der Fall sein, wenn sich die Vorstellungen des pouvoir constituant in bezug auf den Prozeß der Verfassunggebung in Gestalt verfassungsvorbereitender Normen bereits zu schriftlich fixierten Bestimmungen verdichtet haben. Derartige vor dem Inkrafttreten der eigentlichen Verfassung vom pouvoir constituant erlassenen bzw. als verbindlich anerkannten Vorschriften könnten demnach ebenso wie die spätere Verfassung für die jeweils handelnden Organe rechtsverbindlich sein.[356] Die unter Bezugnahme auf verfassungsvorbereitende Normen agierenden Organe ähnelten insofern schon den späteren, an die Verfassung gebundenen pouvoirs constitués.[357]

Offensichtlich implausibel ist keine der beiden Alternativen. Hinsichtlich der Rechtsverbindlichkeit verfassungsvorbereitender Normen für die handelnden Organe bestehen deswegen grundsätzlich zwei Möglichkeiten: Zum einen können verfassungsvorbereitende Normen für die in Ausübung der verfassunggebenden Gewalt handelnden Organe ebenso rechtlich unverbindlich sein wie für den Inhaber der verfassunggebenden Gewalt. Zum anderen ist es vorstellbar, daß die besagten Organe, anders als der pouvoir constituant, auch rechtlich zur Beachtung der verfassungsvorbereitenden Normen verpflichtet sind.

c) Die Rechtsverbindlichkeit verfassungsvorbereitender Normen
sowie ihr Einfluß auf die Charakterisierung des Organhandelns
und die Kategorisierung verfassungsrechtserzeugender Vorgänge

Angesichts der verschiedenen Möglichkeiten muß in jedem Einzelfall ermittelt werden, ob verfassungsvorbereitende Normen für die in ihnen in Bezug genommenen Organe rechtlich verbindlich sind oder bloß Richtlinien ohne rechtliche Verpflichtungskraft darstellen. Die Frage, wie dies geschehen kann, soll allerdings

---

[355] Vgl. schon oben E. IV. 2. b) bb) (1) sowie D. III. 1. a) aa) u.ö.

[356] In diesem Sinne offenbar auch *Bachof*, S. 34. Für die verfassunggebende Gewalt bliebe es freilich dabei, daß sie rechtlich nicht an jene Bestimmungen gebunden ist, sondern sich jederzeit über sie hinwegsetzen kann. Eine eventuelle Rechtsverbindlichkeit vorkonstitutioneller Normen wäre also ebenso wie die Rechtsverbindlichkeit der Verfassung relativ: Vorbereitungsnormen wären rechtsverbindlich gegenüber den Organen und den sonst Verfassungsunterworfenen, nicht rechtsverbindlich gegenüber der verfassunggebenden Gewalt.

[357] Gegen die Annahme einer rechtlichen Gebundenheit der an der Verfassungschöpfung mitwirkenden Organe ließe sich insbesondere nicht das Argument der fehlenden rechtlichen Verpflichtungskraft autonom auferlegter Bindungen (dazu oben D. II. 3. a) aa) (2) (a)) ins Feld führen; denn hier läge ein Fall der heteronomen Begründung von Pflichten vor, weil sich die nämlichen Organe gerade nicht selbst bänden, sondern einer Bindung an Vorschriften der verfassunggebenden Gewalt und damit einer übergeordneten Instanz unterlägen.

zugunsten einer eingehenderen Betrachtung rechtsverbindlicher verfassungsvorbereitender Normen und der sich aus deren Rechtsverbindlichkeit ergebenden Konsequenzen zurückgestellt werden.[358] Eine vorverlagerte, schon im Stadium vor dem Verfassungsinkrafttreten einsetzende Rechtsbindung der handelnden Organe bleibt nämlich nicht ohne Folgen für die Kategorisierung entsprechender verfassungschöpferischer Vorgänge.

aa) Die strukturelle Verfassungsähnlichkeit rechtsverbindlicher verfassungsvorbereitender Normen

Falls verfassungsvorbereitende Normen für die an der Verfassungschöpfung mitwirkenden Organe rechtsverbindlich sind, läßt sich zwischen diesen Normen und der späteren Verfassung hinsichtlich der Stellung der jeweils in Bezug genommenen Organe ein bloß *gradueller Unterschied* konstatieren. Die auf der Grundlage verfassungsvorbereitender Normen tätigen Organe unterliegen mutatis mutandis ebenso wie die späteren Verfassungsorgane *rechtlichen Bindungen*. Im Hinblick auf das Ob ihrer rechtlichen Gebundenheit ist keine Divergenz zu verzeichnen. Ihre Stellung kann sich allenfalls in bezug auf das Wie, d.h. den *Umfang* ihrer rechtlichen Gebundenheit unterscheiden. Und auch wenn der Umfang der formellen wie der materiellen Festlegungen des pouvoir constituant je nachdem, ob es sich um rechtsverbindliche verfassungsvorbereitende Normen oder um eine auf dauerhafte Geltung angelegte Verfassung handelt, in der Verfassungspraxis meist verschieden sein dürfte[359], läßt sich doch nicht von der Hand weisen, daß beide Arten von Rechtsvorschriften bezüglich ihrer Struktur und Wirkung in vielerlei Hinsicht übereinstimmen: Sie bringen gleichermaßen den Willen der verfassunggebenden Gewalt zum Ausdruck, der u.a. darauf gerichtet ist, Organe einzurichten und mit bestimmten Aufgaben zu betrauen; die in ihnen enthaltenen Festlegungen sind für den pouvoir constituant gleichermaßen rechtlich unverbindlich und nur solange von Gewicht, wie sein Bindungswille andauert; für die vom pouvoir constituant eingesetzten Organe sind jene Festlegungen demgegenüber gleichermaßen von rechtlicher Verbindlichkeit. Außerdem haben Verfassungen und rechtsverbindliche Vorbereitungsnormen mit der Schrift- bzw. Gesetzesform noch ein weiteres typisches Verfassungsmerkmal gemeinsam.[360]

Angesichts dieser Ähnlichkeiten von rechtsverbindlichen verfassungsvorbereitenden Normen und Normen einer vollgültigen Verfassung, die so groß sind, daß ersteren bisweilen ihrerseits schon partiell – im Sinne einer Vorverfassung – Ver-

---

[358] Auf Kriterien, anhand derer sich Aussagen zur rechtlichen Verbindlichkeit oder Unverbindlichkeit von Vorbereitungsnormen gegenüber den jeweils in Bezug genommenen Organen treffen lassen, wird später unter E. IV. 3. d) eingegangen.

[359] Dazu, daß verfassungsvorbereitende Normen in der Verfassungspraxis üblicherweise noch nicht die Regelungsdichte einer vollgültigen Verfassung erreichen, noch unten E. IV. 3. d) cc) (2).

[360] Zu dieser Verfassungseigenschaft s.o. A. III. 2. a).

fassungscharakter zugesprochen wird[361], ist zu überlegen, ob nicht auch die verfassungschöpferische Tätigkeit von Organen, die auf dem Boden rechtsverbindlicher Vorbereitungsnormen agieren, in ihrem Charakter den Rechtsetzungsakten
von Verfassungsorganen gleicht oder zumindest ähnelt. Im Rahmen einer geltenden Verfassungsordnung darf neues Verfassungsrecht nur nach Maßgabe einer
entsprechenden Ermächtigung von verfassungsgebundenen Organen derivativ
hervorgebracht werden. Weil sich die Verfassungsgebundenheit der zuständigen
Organe und die Derivativität der Verfassungsrechtsetzung gegenseitig beding-
en[362], ist derivative Verfassungsrechtserzeugung stets verfassungsgebundene Verfassungsrechtsetzung sowie – umgekehrt – die verfassungsgebundene Schaffung
von Verfassungsrecht immer derivativ. Verfassungsungebundene Instanzen können ebensowenig derivativ Verfassungsrecht setzen wie verfassungsgebundene
Verfassungsrechtserzeugung begrifflich originär sein kann. Aus diesen Zusammenhängen kann gefolgert werden, daß verfassungsrechtliche Vorschriften für
die Schaffung neuen Verfassungsrechts, sofern sie rechtlich verbindlich sein sollen, immer dahin interpretiert werden müssen, daß sie pouvoirs constitués zu derivativer Verfassungsrechtsetzung ermächtigen.[363]

Für die Verfassungschöpfung auf der Basis rechtsverbindlicher verfassungsvorbereitender Normen ergibt sich daraus im Umkehrschluß: Wenn die in solchen
Normen ausdrücklich mit verfassungschöpferischen Aufgaben betrauten Organe
rechtlich an das in jenen Normen niedergelegte Reglement *gebunden* sein sollen,
dann kann ihre diesbezügliche Tätigkeit einzig *derivative* Verfassungsrechtsetzung sein, weil sie als originär rechtschöpfende Instanzen gerade keinen rechtlichen Bindungen unterworfen wären. Mit anderen Worten: Rechtsverbindlich
sind überhaupt nur solche Vorbereitungsnormen, die zur derivativen Schaffung
einer formell neuen Verfassung ermächtigen. Rechtsverbindliche verfassungsvorbereitende Normen und die in einer vollgültigen Verfassung enthaltenen, auf die
Verfassungsrechtserzeugung bezogenen Bestimmungen gleichen sich also auch
im Hinblick auf ihre Ermächtigungsfunktion und somit dahingehend, daß das
norm- bzw. verfassungsgemäß gesetzte Verfassungsrecht derivativ gilt.[364] Die

---

[361] In diesem Sinne z.B. *Schneider*, HStR VII, § 158 Rdnr. 5, 12, 15, 19ff, 24ff. Zur Verfassungsqualität von Vorbereitungsnormen näher unten E. IV. 3. d) aa) sowie cc) (3).

[362] Vgl. im einzelnen oben D. III. 3. c) aa) sowie E. IV. 1. a), jeweils auch zum folgenden.

[363] Dazu, daß eine entsprechende Konstellation bei der Verfassunggebung in Südafrika vorge-
legen hat, noch unten E. IV. 3. e).

[364] Rechtsverbindliche verfassungsvorbereitende Normen weisen somit eine Ähnlichkeit mit
der Figur des konstitutiven Ablösungsvorbehaltes auf: Beide ermächtigen rechtlich gebundene
Organe zur derivativen Schaffung einer formell neuen Verfassung. Der Unterschied besteht lediglich darin, daß rechtsverbindliche verfassungsvorbereitende Normen nicht in einer bereits
geltenden (Voll-)Verfassung enthalten sind, sondern im Zustand eines verfassungsrechtlichen
Vakuums zur Verfassungschöpfung berechtigen. Ein konstitutiver Ablösungsvorbehalt ist demgegenüber Teil einer geltenden Verfassung und ermächtigt zur Schaffung einer künftigen Verfassung, die ohne den zwischenzeitlichen Eintritt eines verfassungslosen Zustands an die Stelle der
bisherigen Verfassung treten soll. Ein konstitutiver Ablösungsvorbehalt ist insofern gleicherma-

Rechtsstellung der an der Verfassungschöpfung mitwirkenden Organe ähnelt derjenigen der späteren pouvoirs constitués folglich nicht allein in bezug auf deren beiderseitige rechtliche Gebundenheit, sondern überdies auch mit Blick auf den Charakter ihrer verfassungsrechtserzeugenden Tätigkeit als derivative Rechtsetzung.

bb) Die Figur der durch rechtsverbindliche verfassungs-
vorbereitende Normen antizipierten Verfassunggebung

Weil es sich bei der verfassungschöpferischen Tätigkeit von Organen, die auf der Grundlage rechtsverbindlicher verfassungsvorbereitender Normen agieren, um *derivative* Verfassungsrechtserzeugung handelt, kann an der Aussage, jenen Organen werde durch den Erlaß bzw. die Anerkennung derartiger Normen und die darin ausgesprochene Ermächtigung zur Mitwirkung an der Verfassungschöpfung die *verfassunggebende Gewalt zur Ausübung übertragen*[365], nicht uneingeschränkt festgehalten werden. Von einer »Ausübung der verfassunggebenden Gewalt« durch besondere Organe kann strenggenommen nämlich nur dann die Rede sein, wenn eine neue Verfassung von diesen Organen – als handelte der pouvoir constituant selbst – in *originärer* Weise, sprich im Wege der Verfassunggebung ins Werk gesetzt wird.[366] Die auf dem Boden rechtsverbindlicher verfassungsvorbereitender Normen agierenden Organe betreiben jedoch gerade keine originäre Verfassungschöpfung, sondern werden in Ausübung einer Ermächtigung zur derivativen Verfassungsrechtserzeugung aktiv, so daß die durch solcherlei Organe erfolgende Schaffung einer neuen Verfassung nicht als Verfassunggebung im eigentlichen Sinne angesehen werden kann.[367] Wegen ihrer Derivativität muß die Verfassungsrechtsetzung durch rechtlich gebundene Organe vielmehr der Kate-

---

ßen verfassungsrechtliche wie – seiner Funktion nach – verfassungsvorbereitende Norm, eine rechtsverbindliche Vorbereitungsnorm im Rahmen der bisherigen Verfassungsordnung. Ähnliches gilt für den deklaratorischen Ablösungsvorbehalt: Auch er ist Vorbereitungsnorm im Rahmen der bisherigen Verfassungsordnung, ohne allerdings für die im Zuge der Verfassungschöpfung agierenden Organe – auch nicht für die bisherigen pouvoirs constitués – rechtsverbindlich sein zu können; denn andernfalls handelte es sich um einen konstitutiven, zu derivativer Verfassungsrechtsetzung ermächtigenden und nicht um einen deklaratorischen Ablösungsvorbehalt. Die Unterscheidung zwischen rechtsverbindlichen und rechtlich unverbindlichen verfassungsvorbereitenden Normen korrespondiert folglich mit der Differenzierung zwischen konstitutivem und deklaratorischem Ablösungsvorbehalt: Vorbereitungsnormen und Ablösungsvorbehalte entsprechen sich insoweit, als es sich jeweils um rechtlich verbindliche oder unverbindliche Vorschriften für die Schaffung einer neuen Verfassung handelt. Sie unterscheiden sich lediglich in der Hinsicht, daß verfassungsvorbereitende Normen gleichsam im verfassungsrechtlichen Vakuum stehen, während Ablösungsvorbehalte Bestandteil der bisherigen Verfassung sind.

[365] S.o. E. IV. 2. b) bb) sowie Einleitung zu E. IV. 3.

[366] Zur Originarität der Verfassungsrechtserzeugung als Charakteristikum der Verfassunggebung oben D. III. 3. b) ff) sowie 4. a).

[367] Ein verfassunggeberischer Akt liegt dagegen zweifelsohne vor, wenn Organe auf der Basis rechtlich unverbindlicher Normen an der Verfassungschöpfung mitwirken, weil es sich dabei in der Tat um originäre Rechtsetzung handelt.

gorie der Verfassungsänderung zugerechnet werden.[368] Ein verfassunggeberischer, weil originär verfassungsrechtserzeugender Akt[369] kann hingegen in dem Erlaß bzw. der Anerkennung rechtsverbindlicher verfassungsvorbereitender Normen durch den pouvoir constituant erblickt werden[370], also der Normen, die ihrerseits bestimmte Organe zur derivativen Schaffung einer neuen Verfassung ermächtigen.

Da eine neue Verfassung bei der Verfassungschöpfung auf der Grundlage rechtsverbindlicher verfassungsvorbereitender Normen nicht in originärer Weise hervorgebracht wird, ist es strenggenommen unrichtig, in dieser Konstellation von Verfassunggebung zu sprechen. Da immerhin aber diejenigen Normen von der originären verfassunggebenden Gewalt herrühren, durch die bestimmte Organe zur derivativen Verfassungsrechtserzeugung ermächtigt werden, kann zumindest in einem übertragenen Sinne von Verfassunggebung die Rede sein, nämlich im Sinne einer *antizipierten Verfassunggebung*: Indem verfassungsvorbereitende Normen erlassen werden[371], die für die zum Zwecke der Verfassungs-

---

[368] Auch an dieser Stelle erscheint der Terminus »Verfassungsänderung« freilich unpassend, und zwar besonders, sofern den rechtsverbindlichen verfassungsvorbereitenden Normen selbst noch *keine Verfassungsqualität* eignet. Dies ändert aber nichts daran, daß in dem skizzierten Fall mangels Originarität der Verfassungschöpfung keine Verfassunggebung stattfindet, sondern derivative Verfassungsrechtsetzung und damit nach der hiesigen Terminologie Verfassungsänderung; zu dieser Terminologie s.o. D. III. 3. b) ff) u.ö. Zu dem Umstand, daß der Terminus »Verfassungsänderung« auf atypische Fälle der derivativen Verfassungsrechtserzeugung nicht recht paßt, solche sprachlichen Malaisen um der Einbeziehung seltener Ausnahmefälle in eine allgemeine Lehre der Verfassungsrechtserzeugung willen aber hingenommen werden müssen, siehe ebenfalls oben D. III. 3. b) ff); ferner D. III. 3. b) dd) (2) (b) sowie 4. a) Fn. 688. Kommt den verfassungsvorbereitenden Normen dagegen bereits *selbst Verfassungsqualität* zu, ist es semantisch keineswegs ausgeschlossen, den Akt der Verfassungschöpfung als »Verfassungsänderung« zu bezeichnen. Es ist durchaus möglich, daß eine Verfassung von Organen, die rechtlich an verfassungsvorbereitende Normen gebunden sind, in derivativer Weise durch bloße Modifizierungen und Weiterentwicklungen jener Vorbereitungsnormen geschaffen wird. In diesem Sinne bezieht etwa *Linck*, DÖV 1991, 730 (733), die Möglichkeit in seine Überlegungen zur Verfassungschöpfung in den neuen Ländern ein, daß eine endgültige Landesverfassung ggf. durch »Änderungen und Ergänzungen der vorläufigen Verfassung« entstehen könnte.

[369] Zur hiesigen Terminologie, wonach Verfassunggebung die Abbreviatur für originäre Verfassungsrechtserzeugung ist, vgl. die entsprechend geltenden Ausführungen in der vorstehenden Fußnote sowie die dortigen Verweise. Da die Annahme von Verfassunggebung das Stattfinden originärer *Verfassungsrechts*erzeugung voraussetzt, kann die Schaffung oder Anerkennung rechtsverbindlicher verfassungsvorbereitender Normen durch den pouvoir constituant jedoch nur dann als verfassunggeberischer Akt charakterisiert werden, wenn diesen Normen bereits selbst Verfassungsqualität zukommt, nicht aber, wenn sie die Qualität nichtverfassungsrechtlicher Vorschriften haben, weil es sich dann zwar um originäre Rechtsetzung, aber nicht um originäre Verfassungsrechtsetzung handelte. Zur (indes regelmäßig anzunehmenden) Verfassungseigenschaft rechtsverbindlicher verfassungsvorbereitender Vorschriften s.u. E. IV. 3. d) cc) (3).

[370] So im Hinblick auf die vorläufigen Verfassungen der neuen Länder, in denen u.a. das Verfahren zur Verabschiedung endgültiger Verfassungen geregelt war, auch *Linck*, DÖV 1991, 730 (732f).

[371] Entsprechendes gilt für die (fortwährende) Anerkennung verfassungsvorbereitender Normen.

erarbeitung eingesetzten Organe rechtlich verbindlich sind und die Verfassungschöpfung insofern formell und ggf. auch materiell in bestimmtem Ausmaß prä-
judizieren, wird der eigentliche verfassung-geberische Akt durch einen gleichermaßen verfassungsvorbereitenden wie verfassungsdeterminierenden originären
Rechtsetzungsakt des pouvoir constituant in mehr oder minder großem Umfang
vorweggenommen. Die Ausarbeitung und Inkraftsetzung der schlußendlich geltenden neuen Verfassung wird demgegenüber durch besondere, an die entsprechenden Vorgaben des pouvoir constituant gebundene Organe bewerkstelligt,
ohne daß dieser nochmals selbst tätig würde. Der schon früher betonte *Prozeßcharakter der Verfassunggebung*[372] tritt dabei besonders augenscheinlich hervor:
Wenn bereits für die Phase der Verfassungsausarbeitung rechtlich verbindliche
Vorgaben des pouvoir constituant existieren, wird die Verfassung in einem *gestuften Verfahren* der Verfassunggebung ins Werk gesetzt, in welchem der originäre
verfassunggeberische Akt nicht direkt auf die Inkraftsetzung der Verfassung, sondern auf den Erlaß deren Entstehung und ggf. Inhalt verbindlich regelnder
Rechtsvorschriften gerichtet ist.[373] Nach deren Maßgabe wird die Verfassung sodann in einem zweiten Schritt von den zuständigen, rechtlich gebundenen Organen derivativ geschaffen.

Lediglich wenn auf diesen Prozeßcharakter Bedacht genommen und Verfassunggebung in dem geschilderten weiteren Sinne als eine Art Gesamttatbestand
verstanden wird, ist es möglich, die Beteiligung von rechtlich zur Einhaltung verfassungsvorbereitender Normen verpflichteten Organen an der Verfassungschöpfung damit zu erklären, diese übten die verfassunggebende Gewalt für deren
Inhaber aus.[374] Konzentriert man sich dagegen auf den hier herausgearbeiteten begrifflichen Wesenskern der Verfassunggebung, die Originarität der Verfassungsrechtserzeugung[375], was zum Zwecke einer verfassungstheoretischen Würdigung
der Mitwirkung besonderer Organe an Neukonstituierungsvorgängen geboten
ist, so gilt: Das, was prima facie als einheitlicher verfassunggeberischer Akt unter
Beteiligung rechtlich gebundener Organe erscheint, ist in Wahrheit ein aus Elementen originärer und derivativer Rechtsetzung zusammengefügter verfassungschöpferischer Gesamtakt, dessen Bestandteile jeweils einer gesonderten Würdigung bedürfen. Regelmäßig kann nur der Erlaß rechtsverbindlicher verfassungsvorbereitender Normen durch den pouvoir constituant als verfassunggeberischer

---

[372] S.o. D. III. 1. d) bb); E. IV. 3. b).

[373] Dazu, daß diesen verfassungsvorbereitenden Vorschriften ihrerseits Verfassungsrang zukommen muß, damit ihre Schaffung als Verfassunggebung angesehen werden kann, oben Fn. 369
in diesem Abschnitt. Dazu, daß rechtsverbindlichen Vorbereitungsnormen tatsächlich regelmäßig Verfassungsqualität zukommt, unten E. IV. 3. d) cc) (3).

[374] Für eine solche Sichtweise mag sprechen, daß jene Organe in der Tat anstelle des pouvoir
constituant agieren und eine neue Verfassung an seiner Statt ins Werk setzen, ihrer Funktion nach
also das tun, was sonst der pouvoir constituant tun würde. In einem übertragenen Sinne üben sie
also wirklich die verfassunggebende Gewalt für deren Inhaber aus.

[375] S.o. D. III. 3. b) ff) u.ö.

Akt klassifiziert werden, nicht aber die auf Grundlage dieser Normen erfolgende Verfassungserarbeitung und -verabschiedung durch besondere Organe, weil es sich dabei um derivative Verfassungsrechtserzeugung handelt.

cc) Die vorverfassungsrechtliche Verrechtlichung des Prozesses der Verfassungschöpfung und ihre Auswirkungen auf den Träger der verfassunggebenden Gewalt

Wenn es dem pouvoir constituant durch den Erlaß bzw. die Anerkennung verfassungsvorbereitender Rechtssätze möglich ist, bestimmte Organe zu kreieren, diesen eine Befugnis zur derivativen und damit rechtlichen Bindungen unterworfenen Schaffung einer neuen Verfassung zuzuweisen und sie hernach im Rahmen eines solcherart »verrechtlichten« Prozesses der Verfassungschöpfung an seiner Stelle agieren zu lassen, dann erinnert dies stark an die Wirkungen, die von der Inkraftsetzung einer vollgültigen Verfassung ausgehen. Auch mit dem Erlaß einer Verfassung werden Organe konstituiert und mit Kompetenzen, insbesondere zur verfassungsgebundenen, derivativen Verfassungsrechtsetzung, versehen.[376] Neuerliche verfassungschöpferische Betätigungen des pouvoir constituant werden dadurch praktisch unnötig gemacht, weil an seiner Statt pouvoirs constitués tätig werden dürfen.[377] Ferner bleibt in beiden Fällen ein Eigenhandeln der verfassunggebenden Gewalt gleichwohl möglich, weil weder verfassungsvorbereitende Normen noch verfassungsrechtliche Bestimmungen für den pouvoir constituant rechtsverbindlich sind.[378]

In Anbetracht dieser Parallelen läßt sich eine früher gewonnene, auf verfassungsrechtliche Vorschriften für die Verfassungsrechtserzeugung bezogene Erkenntnis[379] auch in dem hiesigen Zusammenhang fruchtbar machen: Durch den Versuch einer Konstitutionalisierung des pouvoir constituant wird ein *zusätzlicher, personell mit diesem identischer pouvoir constitué* geschaffen. Verfassungsrechtliche Vorschriften, die den Fall einer künftigen Neukonstituierung abschließend und rechtlich verbindlich regeln sollen, bleiben gegenüber der verfassunggebenden Gewalt als solcher zwar ohne Wirkung, ermächtigen gleichzeitig jedoch deren Subjekt zur derivativen Verfassungschöpfung und erheben es dadurch implizit in den Stand eines verfassungsgebundenen Organs.[380] Daraus folgt für die

---

[376] S.o. A. III. 3. b) und c) aa); C. II. 2.; D. I. 2. a); III. 1. a) aa).

[377] S.o. D. III. 1. b), speziell cc), sowie c).

[378] S.o. D. II. 3. a) aa) (2) und (3), ferner c); siehe auch Einleitung zu III. sowie D. III. 1. d) aa) und E. IV. 1. a).

[379] Vgl. oben E. IV. 1. a), auch zum folgenden.

[380] Jeder derartige Versuch einer Konstitutionalisierung der verfassunggebenden Gewalt durch den Erlaß verfassungsrechtlicher Normen für künftige Akte der Verfassungschöpfung zeugt von dem – angesichts der starken Überzeugungskraft des Rechtsstaatsgedankens verständlichen – Bestreben, rechtlich ungebundenes Handeln auch bei der Verfassungserzeugung möglichst umfassend zurückzudrängen und auszuschließen. In der Konsequenz dieses Denkens liegt es, die Verfassungsrechtserzeugung nicht erst dann zu verrechtlichen, wenn bereits eine Verfas-

hier in Rede stehende Konstellation: Sofern der pouvoir constituant verfassungsvorbereitende Normen erläßt oder anerkennt, in denen seine unmittelbare Mitwirkung an der Neukonstituierung vorgesehen und geregelt ist, und wenn diese
Normen für den Prozeß der Verfassungschöpfung – auch was seine eigene Beteiligung angeht – rechtlich verbindlich sein sollen, ist ein solches Unterfangen zwar
insofern zum Scheitern verurteilt, als der pouvoir constituant keine rechtliche
Bindung seiner selbst an wie auch immer geartete Vorschriften zu begründen vermag. Jedoch ist es ihm, ohne daß er sich seiner Stellung als pouvoir constituant
und damit seiner Fähigkeit zur originären Verfassungschöpfung begeben könnte,
möglich, sich selbst *zusätzlich als rechtlich gebundenes Organ zu »konstituieren«*
und sich in dieser Funktion eine Befugnis zur derivativen Verfassungsrechtserzeugung zuzusprechen.

Vor diesem Hintergrund kann auch die Fallgestaltung verfassungstheoretisch
gewürdigt werden, daß ausweislich rechtsverbindlicher verfassungsvorbereitender Normen die Aufgabe der Verfassungserzeugung dem Volk selbst, sei es allein
oder im Verbund mit anderen Organen, obliegt[381]: Hier soll das Volk rechtlich dazu verpflichtet sein, bei der Verfassungschöpfung nach Maßgabe jener Normen
zu agieren. Weil das Volk in seiner Eigenschaft als pouvoir constituant jedoch keinen rechtlichen Bindungen unterworfen werden kann, ist davon auszugehen, daß
durch entsprechende Normen ein mit dem pouvoir constituant personell identi-
sches, rechtlich jedoch von ihm verschiedenes »Organ Volk« ins Leben gerufen
und zur derivativen Schaffung einer neuen Verfassung ermächtigt wird. Auf der
Basis rechtsverbindlicher verfassungsvorbereitender Normen agiert das Volk
mithin nicht in Ausübung seiner verfassunggebenden Gewalt, was es ungeachtet
dieser Normen nach wie vor könnte, sondern als rechtlich gebundenes Organ, als
bereits vorverfassungsrechtlich verfaßte Gewalt.[382] Ob in rechtsverbindlichen

---

sung in Geltung steht, sondern schon im Zustand des verfassungsrechtlichen Vakuums möglichst
schnell Rechtsnormen zu schaffen, um die Verfassungschöpfung nicht in rechtlicher Bindungslosigkeit vor sich gehen zu lassen. Die Tendenz zur Verrechtlichung der Verfassungserzeugung
durch Einsetzung rechtsgebundener, zur Verfassungschöpfung ermächtigter Organe macht sich
in Gestalt rechtsverbindlicher verfassungsvorbereitender Normen insofern schon im vor-verfas-
sungsrechtlichen Frühstadium bemerkbar.

[381] Zu einer ähnlichen Konstellation, nämlich zu *Verfassungs*bestimmungen, welche die Rolle
des Volkes bei der Schaffung einer künftigen Verfassung verbindlich regeln sollen, vgl. schon
oben E. IV. 1. a).

[382] Zwischen dem Volk als pouvoir constituant und dem Volk als rechtlich gebundenem Organ kann mithin auch im Stadium vor dem Inkrafttreten der schlußendlich geltenden Verfassung
unterschieden werden. Erklären läßt sich dies damit, daß durch den Erlaß verfassungsvorbereitender Normen die üblicherweise erst mit dem Inkrafttreten der Verfassung eintretende Selbstbindung der verfassunggebenden Gewalt zeitlich vorverlagert wird; dazu oben D. III. 1. d) bb).
Aus dieser Vorverlagerung der Selbstbindung und damit auch der Einsetzung rechtlich gebundener Organe, die anstelle der verfassunggebenden Gewalt handeln, ergibt sich, daß der pouvoir
constituant so, wie er sich später in der Verfassung zusätzlich die Rolle eines pouvoir constitué
zuweisen kann, auch in vorverfassungsrechtlichen Normen sich selbst – oder genauer: das dahinter stehende Subjekt – als rechtsgebundenes Organ »konstituieren« kann. An seinem Fortbe-

verfassungsvorbereitenden Normen das Volk selbst oder irgendwelche besonderen Organe zur Schaffung einer neuen Verfassung ermächtigt werden, macht insofern keinen Unterschied. In beiden Fällen handelt es sich aufgrund der Derivativität der Verfassungsrechtserzeugung nur in einem weiteren Sinne um Verfassunggebung, und zwar um die Konstellation der antizipierten Verfassunggebung.[383]

d) Die Ermittlung der rechtlichen Verbindlichkeit bzw. Unverbindlichkeit verfassungsvorbereitender Normen

Die vorstehenden Überlegungen haben offenkundig werden lassen, daß nicht alle Fälle einer durch verfassungsvorbereitende Normen geregelten Neukonstituierung notwendigerweise gleich gelagert sind. Es ist einerseits möglich, daß in Vorbereitungsnormen die Mitwirkung bestimmter Organe vorgesehen ist, ohne daß diesen eine Kompetenz zur derivativen Verfassungschöpfung zugewiesen wird. Wenn eine neue Verfassung auf der Grundlage solcher, für die agierenden Organe rechtlich nicht verbindlichen verfassungsvorbereitenden Normen[384] ins Werk gesetzt wird, erlangt sie durch einen originären verfassunggeberischen Akt Geltung. Das Organhandeln kann deshalb ohne Schwierigkeit als Ausübung der verfassunggebenden Gewalt qualifiziert werden.[385] Andererseits kann eine neue Verfassung von Organen hervorgebracht werden, die kraft verfassungsvorbereitender Normen zur derivativen Verfassungschöpfung ermächtigt und gleichzeitig rechtlich zur Beachtung des in diesen Normen niedergelegten Reglements verpflichtet sind. Dies hat zur Folge, daß der eigentliche verfassungschöpferische Akt nicht als Verfassunggebung, sondern aufgrund seiner Derivativität als (Sonderfall der) Verfassungsänderung zu charakterisieren ist. Insofern kann von einer Ausübung

---

stand als rechtlich ungebundene Kraft ändert dies hier wie dort nichts, weil jene Organstellung des Trägers der verfassunggebenden Gewalt zu seiner Funktion als rechtlich ungebundener pouvoir constituant additional hinzutritt. Allerdings ist die Gegensätzlichkeit zwischen dem Volk als rechtlich gebundenem Organ und als unverfaßter Größe im vorverfassungsrechtlichen Bereich weniger stark ausgeprägt als im Rahmen einer geltenden Verfassungsordnung, weil die Intensität der rechtlichen Bindungen in jenem Vorverfassungs-Stadium gewöhnlich nur gering sein dürfte. Auch ist es dem Volk als pouvoir constituant faktisch sehr viel leichter möglich, sich über verfassungsvorbereitende Normen als über eine vollgültige Verfassung hinwegzusetzen, weil vor dem Inkrafttreten einer Verfassung regelmäßig noch kein effektives Abwehrinstrumentarium zur Verhinderung (vor-)verfassungswidriger Umtriebe bereitsteht. Die verfassunggebende Gewalt muß insofern geringere Energie aufwenden, um sich gegenüber der von ihr in Gestalt verfassungsvorbereitender Normen selbst errichteten Ordnung durchzusetzen; vgl. in diesem Zusammenhang die Ausführungen unter D. III. 1. a), besonders cc).

[383] Siehe zuvor E. IV. 3. c) bb).

[384] Zu der Unterscheidung zwischen verfassungsvorbereitenden Normen, die für die handelnden Organe rechtsverbindlich sind, und solchen Vorbereitungsnormen, die das Verfahren der Verfassungschöpfung in auch für die beteiligten Organe unverbindlicher Weise umschreiben, oben E. IV. 3. b).

[385] Vgl. dazu oben E. IV. 3. c) bb), auch zum folgenden.

der verfassunggebenden Gewalt durch besondere Organe bestenfalls in einem übertragenen Sinne die Rede sein.

Da das an rechtlich unverbindlichen Vorbereitungsnormen orientierte Organhandeln verfassungstheoretisch anders zu beurteilen ist als dasjenige auf der Grundlage rechtsverbindlicher verfassungsvorbereitender Bestimmungen, stellt sich in jedem einzelnen Fall der »normativ fundierten« Verfassungsrechtserzeugung durch besondere Organe aufs neue die Frage, welche Art von Vorbereitungsnormen konkret vorliegt. Diese Frage ist durch *Auslegung* der entsprechenden Vorschriften zu beantworten.[386] Die verfassungsvorbereitenden Normen müssen eingehend daraufhin untersucht werden, ob sich ihnen entweder direkte Hinweise auf ihren Charakter als rechtliche Ermächtigungsgrundlage für die Verfassungschöpfung entnehmen lassen oder ob sich zumindest Anhaltspunkte dafür finden, daß die jeweils in Bezug genommenen Organe im Rahmen des Neukonstituierungsvorgangs rechtlich zu einem Handeln nach Maßgabe jener Vorbereitungsnormen verpflichtet sein sollen. Nur wenn die Auslegung unter wenigstens einem der beiden Gesichtspunkte positive Ergebnisse zeitigt, handelt es sich um rechtsverbindliche Vorbereitungsnormen und bei der auf ihrer Grundlage stattfindenden Verfassungschöpfung um derivative Verfassungsrechtserzeugung bzw. einen Fall der antizipierten Verfassunggebung. Bleiben die Auslegungsbemühungen hingegen in beiderlei Hinsicht ergebnislos, so steht fest, daß die jeweils betrachteten verfassungsvorbereitenden Normen als außerrechtliche Leitlinien für das Procedere eines originären Neukonstituierungsvorgangs aufzufassen, d.h. auf einen Fall der Verfassunggebung im eigentlichen Sinne bezogen sind.

Ein Teilaspekt, dem im Zuge der Auslegung besondere Aufmerksamkeit gewidmet werden sollte, ist der Gesichtspunkt der eventuellen *Verfassungsqualität* verfassungsvorbereitender Normen. Haben derartige Normen ihrerseits schon Verfassungscharakter, so ist dies ein Indiz für ihre Rechtsverbindlichkeit und damit ein wichtiger Anhaltspunkt für die verfassungstheoretische Einordnung der auf ihrer Grundlage erfolgenden Normerzeugungsvorgänge. Im einzelnen gilt folgendes:

aa) *Indizierung der Rechtsverbindlichkeit bei verfassungs-vorbereitenden Normen mit Verfassungsqualität*

Möglich ist, daß verfassungsvorbereitenden Normen ihrerseits schon Verfassungscharakter eignet. Dies ist dann der Fall, wenn vor der Verabschiedung der eigentlichen Konstitution eine Übergangsverfassung geschaffen wird[387] (1) oder wenn Bestimmungen der bisherigen Verfassung vorläufig mit Verfassungsrang

---

[386] Zur Auslegung konkreter Normerzeugungstatbestände und ihrer Bedeutung für deren verfassungstheoretische Kategorisierung bereits oben E. IV. 1., insbesondere a) sowie b) – dort bezogen auf verfassungsrechtliche Bestimmungen.
[387] S.o. E. IV. 3. a) cc).

fort- bzw. wiedergelten und so die Funktion von Vorbereitungsnormen einnehmen (2).[388] In beiden Konstellationen indiziert die Verfassungsqualität der verfassungsvorbereitenden Normen deren Rechtsverbindlichkeit.

(1) Übergangsverfassungsrechtliche Normen

Wenn eine Übergangsverfassung Vorschriften für die Erarbeitung und Verabschiedung einer endgültigen Verfassung durch bestimmte Organe enthält, deutet dies wegen der Verfassungsqualität übergangs*verfassungs*rechtlicher Normen[389] prima facie auf deren Rechtsverbindlichkeit für die handelnden Organe und damit darauf hin, daß der eigentliche Neukonstituierungsakt als Vorgang derivativer Verfassungsrechtsetzung anzusehen ist. Verfassungsrechtliche Bestimmungen wirken nämlich üblicherweise herrschaftsbegründend und -beschränkend.[390] Falls in verfassungsvorbereitenden Normen mit Verfassungscharakter bestimmte Organe mit Aufgaben bei der Verfassungschöpfung betraut werden, spricht dies deswegen dafür, daß den Organen dadurch eine rechtliche Kompetenz zur Verfassungsrechtsetzung eingeräumt wird, die im Einklang mit den sonst vorhandenen Vorschriften für den Neukonstituierungsvorgang auszuüben ist.[391]

Im Rahmen der hier zugrunde gelegten Typus-Konzeption können aus dem Verfassungscharakter verfassungsvorbereitender Normen jedoch keine zwingenden rechtlichen Schlüsse gezogen werden.[392] Deswegen kann der Umstand, daß in einer Übergangsverfassung bestimmte Organe mit verfassungschöpferischen Funktionen betraut werden, lediglich als ein sich auf Typizitätserwägungen gründendes *Indiz* dafür betrachtet werden, daß rechtsverbindliche verfassungsvorbe-

---

[388] Dazu, insbesondere zu den zwei Möglichkeiten der verfassungstheoretischen Erklärung einer derartigen übergangsweisen (Fort-)Geltung von Verfassungsnormen im Zuge verfassunggeberischer Aktivitäten, oben E. IV. 3. a) bb).

[389] Der Terminus »Übergangsverfassung« bzw. »übergangsverfassungsrechtlich« wird im folgenden als Bezeichnung für verfassungsvorbereitende Normen verwendet, die ihrerseits bereits Verfassungsqualität haben. Zur Methode der Ermittlung dieser Verfassungsqualität von Vorbereitungsnormen näher unter E. IV. 3. d) aa) und cc). Zur Abgrenzung übergangsverfassungsrechtlicher Normen von dem Institut der Minimalverfassung s.u. E. IV. 3. d) cc) (2).

[390] Zur Herrschaftsbegründung und Herrschaftsbeschränkung als typischen Merkmalen einer Verfassung s.o. A. III. 3. b) und c).

[391] In dieser Pflicht zur Einhaltung verfassungsrechtlicher Vorgaben bei der Ausübung verfassungsrechtlicher Befugnisse spiegelt sich die Rechts- bzw. Verfassungsgebundenheit der staatlichen Gewalten wider, die eine wichtige Ausprägung der herrschaftsbeschränkenden Funktion von Verfassungsnormen ist; dazu oben A. III. 3. c) aa).

[392] So ist es nicht ohne weiteres möglich, aus der Verfassungsqualität bestimmter Normen nach Art begrifflicher Deduktion bestimmte zwingende Folgerungen abzuleiten; denn nach dem Typusverständnis ist kein einzelnes Verfassungsmerkmal per se zwingend (s.o. A. II. 3. a) bb) (1) und (3); b) cc); c) aa) (2)). Es erscheint deshalb nicht grundsätzlich als ausgeschlossen, daß verfassungsvorbereitende Normen trotz Verfassungsqualität für die verfassungschöpferisch tätigen Organe weder eine rechtliche Ermächtigung zur derivativen Verfassungschöpfung bereitstellen noch für jene Organe rechtsverbindlich sind. Es handelt sich dann insoweit um unverbindliche Programmsätze (vgl. in diesem Zusammenhang noch unten E. IV. 3. d) cc) (3) a.E.).

reitende Normen vorliegen, die zur derivativen Verfassungsrechtsetzung ermächtigen. Die Überprüfung der Verfassungseigenschaft kann daher nur ein Teilschritt im Rahmen der in jedem Fall notwendigen umfassenden Auslegung verfassungsvorbereitender Normen sein. Nur wenn sich ihnen im Wege der Auslegung zusätzlich Hinweise auf ihren Charakter als rechtliche Ermächtigungsgrundlage bzw. rechtlich verpflichtendes Regelwerk für die Verfassungschöpfung entnehmen lassen, steht mit Gewißheit fest, daß es sich um rechtsverbindliche verfassungsvorbereitende Normen handelt und die darin in Bezug genommenen Organe derivative Verfassungsrechtsetzung betreiben.[393] Anderenfalls muß das auf die Rechtsverbindlichkeit hindeutende Indiz als entkräftet gelten und das Organhandeln trotz übergangsverfassungsrechtlicher Regelung als Verfassunggebung auf der Grundlage rechtlich unverbindlicher Vorbereitungsnormen angesehen werden.[394]

(2) »Altverfassungsrechtliche« Normen

Zur Sicherstellung eines geordneten Ablaufs der Verfassungschöpfung können ferner Vorschriften der bisherigen Verfassung vorläufig weiter (bzw. wieder) gelten.[395] Sofern diesen »altverfassungsrechtlichen« Bestimmungen nach wie vor Verfassungsqualität zukommt[396] und sie deshalb ihrer Funktion nach übergangsverfassungsrechtlichen Bestimmungen entsprechen[397], ist dies ebenfalls ein Indiz

---

[393] Auch *Linck*, DÖV 1991, 730 (733), mißt der Auslegung der konkret zur Betrachtung stehenden verfassungsvorbereitenden Normen offenbar einen großen Stellenwert zu. Er wirft im Zusammenhang mit der Schaffung von Verfassungen in den neuen Ländern zunächst die Frage auf, »ob die endgültige Verfassunggebung (besser: Verfassungschöpfung, d. Verf.) ein Fall der verfassunggebenden oder aber als eine die vorläufigen Verfassungen ändernde Gewalt zu bewerten ist«, d.h. ob die endgültige Verfassungschöpfung »ein Akt des pouvoir constituant oder des pouvoir constitué ist«. Die von ihm bejahte Verfassungsqualität der verfassungsvorbereitenden Normen in den Ländern der ehemaligen DDR (S. 730ff) spricht dabei zwar prima facie dafür, daß eine derivative Schaffung der endgültigen Verfassungen intendiert ist. Durch Auslegung der vorläufigen Verfassungen gelangt *Linck* jedoch zu dem gegenteiligen Ergebnis, der Annahme einer originären Verfassungschöpfung durch einen Akt des pouvoir constituant (S. 733): »Diese Bewertung ergibt sich aus dem insoweit eindeutig erklärten Willen aller Gesetzgeber bei der Schaffung der vorläufigen Verfassungen. Man hat ihnen nur die Qualität vorläufiger, rudimentärer Vorschaltgesetze verliehen, denen die eigentliche Verfassunggebung nachfolgen soll. So ist überall vorgesehen, daß die vorläufigen Verfassungen mit der Verabschiedung der endgültigen Verfassungen außer Kraft treten sollen.«

[394] Zu der Frage, ob es eine insoweit nicht rechtsverbindliche Übergangsverfassung überhaupt geben kann oder ob entsprechenden Vorbereitungsnormen gar keine Verfassungsqualität beizumessen ist, s.u. E. IV. 3. d) cc) (3) a.E.

[395] Zu diesen Fällen oben E. IV. 3. a) bb).

[396] Ob dies der Fall ist, muß in der unter E. IV. 3. d) cc) beschriebenen Weise überprüft werden.

[397] Darauf, daß der Unterschied zwischen der Konstellation einer übergangsweisen Geltung von Normen der bisherigen Verfassung und dem Erlaß übergangsverfassungsrechtlicher Bestimmungen gering sein kann, weil auch die Normen in der ersten Konstellation funktionell Übergangsverfassungscharakter haben können, ist bereits oben E. IV. 3. a) cc) Fn. 350 hingewiesen worden.

dafür, daß es sich um rechtsverbindliche verfassungsvorbereitende Normen handelt, welche zur derivativen Verfassungsrechtsetzung ermächtigen.[398] Auch hier bedarf es einer Überprüfung des indizierten Ergebnisses durch umfassende Auslegung. Nur wenn die Exegese der »altverfassungsrechtlichen« Bestimmungen ergibt, daß diese eine rechtliche Ermächtigung zur Verfassungschöpfung aussprechen bzw. für die agierenden Organe rechtlich verpflichtende Vorgaben enthalten, handelt es sich tatsächlich um rechtsverbindliche Vorbereitungsnormen und bei dem Organhandeln somit um derivative Verfassungsrechtserzeugung. Ansonsten muß das Indiz als entkräftet gelten, kann die Mitwirkung besonderer Organe an der Verfassungschöpfung folglich trotz Fortgeltung »altverfassungsrechtlicher« Normen nur als Ausübung der verfassunggebenden Gewalt charakterisiert werden.

bb) Die rechtliche Unverbindlichkeit verfassungs-
vorbereitender Normen ohne Verfassungsqualität

Außer verfassungsvorbereitenden Normen mit Verfassungsqualität kann es auch Vorbereitungsnormen geben, denen selbst (noch) kein Verfassungscharakter zukommt.[399] Zu dieser Gruppe von Normen ohne Verfassungsqualität zählen insbesondere die eigens erlassenen einfachen vorverfassungsrechtlichen Bestimmungen[400] und ferner aus der bisherigen Verfassungsordnung stammende Vorschriften, sofern ihnen für die Dauer ihrer übergangsweisen Geltung[401] kein Verfassungsrang mehr zukommt.[402] In Umkehrung der Ergebnisse, die in bezug auf Vorbereitungsnormen mit Verfassungsqualität erzielt worden sind, könnte man meinen, daß auch von der fehlenden Verfassungsqualität eine bestimmte Indiz-

---

[398] Die Möglichkeit derivativer Verfassungsrechtserzeugung auf der Grundlage »altverfassungsrechtlicher« Normen zieht offenbar auch *Henke*, Staat 31 (1992), 265 (277), in Betracht: »Bindende Rechtsregeln gibt es für die Verfassunggebung nicht, außer wenn vom bisherigen Recht so viel in Kraft bleibt, daß sie als Verfassungsänderung gelten kann, die sich nach Verfassungsrecht richten muß.«

[399] Zur Methode der Überprüfung der Verfassungseigenschaft von Vorbereitungsnormen siehe unten E. IV. 3. d) cc).

[400] Vgl. dazu oben E. IV. 3. a) aa).

[401] Zur übergangsweisen (Fort-)Geltung von Normen der bisherigen Verfassung im Stadium neuerlicher Verfassungschöpfung oben E. IV. 3. a) bb).

[402] Daß ehemaligen Verfassungsbestimmungen nicht notwendig weiterhin Verfassungsqualität zukommen muß, liegt darin begründet, daß die verfassunggebende Gewalt »altverfassungsrechtliche« Vorschriften auch in veränderter Gestalt in den Rang von Überleitungsnormen erheben kann (s.o. E. IV. 3. a) bb)). So ist es etwa denkbar, daß die bisherigen Verfassungsorgane nunmehr mit einfacher Mehrheit und beliebig über die entsprechenden Normen disponieren dürfen und auch ansonsten materielle Prinzipien für die Tätigkeit dieser Organe sowie andere typische Verfassungsmerkmale in so großer Zahl und von so großem Gewicht fehlen, daß den »altverfassungsrechtlichen« Bestimmungen trotz ihres früheren Verfassungsrangs nicht länger Verfassungsqualität zugesprochen werden kann. Derartige »altverfassungsrechtliche« Bestimmungen gleichen hinsichtlich ihres fehlenden Verfassungscharakters den im Text zuvor erwähnten einfachen vorverfassungsrechtlichen Bestimmungen.

wirkung ausgeht (keine Rechtsverbindlichkeit), eine abschließende Beurteilung aber erst durch umfassende Auslegung möglich ist.

Eine genauere Betrachtung ergibt indessen, daß ein solcher Umkehrschluß fehlgeht. Die mangelnde Verfassungsqualität verfassungsvorbereitender Normen ist nicht nur ein Indiz für deren rechtliche Unverbindlichkeit, sondern läßt einen zwingenden Schluß entsprechenden Inhalts zu. Der Begründung dieser These ist es dienlich, überlegungshalber vom Bestehen zweier verschiedener Arten von Vorbereitungsnormen *ohne* Verfassungsqualität auszugehen, die sich dadurch voneinander abheben, daß jene Normen bald eindeutig rechtlich unverbindlichen Charakters sind (1), bald aber den Vorgang der Verfassungschöpfung erkennbar rechtsverbindlich zu determinieren suchen (2).[403]

(1) Rechtlich unverbindliche Vorbereitungsnormen ohne Verfassungsqualität

Falls aus einer Analyse verfassungsvorbereitender Normen ohne Verfassungscharakter hervorgeht, daß die in Bezug genommenen Organe nicht rechtlich zur Verfassungschöpfung ermächtigt werden, geschweige denn bei der Neukonstituierung rechtlich zu einem Handeln nach Maßgabe der Vorbereitungsnormen verpflichtet sein sollen, ist die Schlußfolgerung eindeutig: Die verfassungsvorbereitenden Normen haben den Charakter rechtlich unverbindlicher Leitlinien für die Verfassungschöpfung[404], weshalb ein normgemäß verlaufender Neukonstituierungsvorgang nicht als derivative Verfassungsrechtsetzung, sondern als Akt originärer Verfassungsrechtserzeugung charakterisiert werden müßte. Unter diesen Umständen hat es den Anschein, als könnten die Ergebnisse hinsichtlich der Vorbereitungsnormen mit Verfassungsqualität spiegelbildlich auf die hiesige Konstellation übertragen werden: Das auf die mangelnde Verfassungsqualität gegründete Indiz wird durch (die notwendige) Auslegung der Vorbereitungsnormen bestätigt.

(2) Rechtlich verbindliche Vorbereitungsnormen ohne Verfassungsqualität?

Anders verhält es sich, wenn im Zuge der Begutachtung konkreter Vorbereitungsnormen ohne Verfassungseigenschaft festgestellt wird, daß jene Normen den Anspruch erheben, den Vorgang der Verfassungserzeugung rechtsverbindlich zu regeln, und bestimmte Organe mit dahingehenden rechtlichen Kompetenzen ausstatten. Hier widerspricht das Auslegungsergebnis der auf das Indiz fehlender Verfassungsqualität gestützten Annahme, jene Normen seien für die agie-

---

[403] Vgl. aber unten E. IV. 3. d) bb) (2) mit Fn. 408.
[404] Möglich ist natürlich, daß diese Normen in anderer, nicht auf die Verfassungschöpfung bezogener Hinsicht einen normativen Geltungsanspruch erheben und von ihnen insoweit eine rechtlich verpflichtende Wirkung ausgeht (vgl. dazu auch E. IV. 3. d) cc) (3) a.E.). Dies wäre jedoch für die hier interessierende Kategorisierung des verfassungschöpferischen Akts als Verfassunggebung oder Verfassungsänderung ohne Belang.

renden Organe rechtlich unverbindlich. Angesichts der bislang angenommenen vorrangigen Bedeutung der umfassenden Auslegung[405] müßte das Indiz als widerlegt gelten; es scheint demnach, als ermächtigten verfassungsvorbereitende Normen, denen es selbst an Verfassungsqualität gebricht, zu derivativer Verfassungsrechtsetzung und als begrenzen sie in rechtsverbindlicher Weise den Spielraum der dabei agierenden Organe.

Die Richtigkeit dieser Annahmen in bezug auf die Widerlegbarkeit von Folgerungen, die aus der mangelnden Verfassungsqualität der zur Beurteilung stehenden Bestimmungen abgeleitet werden, setzt jedoch voraus, daß *in einem verfassungsrechtlichen Vakuum stehende verfassungsvorbereitende Normen ihrem Wesen nach überhaupt Rechtsvorschriften sein können* – und das, obwohl noch keine bzw. keine Verfassung mehr existiert und auch ihnen selbst kein Verfassungsrang zukommt. Damit ist die Frage berührt, ob es in einem demokratischen Verfassungsstaat Recht geben kann, das weder selbst Verfassung ist noch seine Geltung aus einer vorhandenen und ihm im Range vorgehenden Verfassung ableiten kann – eine Frage, die wegen des Wesens der Verfassung als ranghöchster staatlicher Rechtsnorm und ihrer im Rechtssinne herrschaftsbegründenden Funktion[406] zu verneinen sein dürfte.[407] Wenn der Nichtverfassungscharakter verfassungsvorbe-

---

[405] Dazu oben E. IV. 3., Einleitung zu d) sowie d) aa) (1).

[406] Vgl. zu den genannten Verfassungscharakteristika oben A. III. 2. c) und 3. b); ferner B. II. 2. a). An dieser Stelle kann nicht abschließend geklärt werden, ob die genannten Eigenschaften zwingende und somit begrifflich verfestigte Verfassungsmerkmale sind, was vor dem Hintergrund der Typuslehre als Ausnahme zu bewerten und in besonderem Maße begründungsbedürftig wäre (vgl. ausführlich oben A. II. 3. c) (2) sowie A. II. 3. b) aa) und bb)). Ungeachtet dessen spricht viel dafür, daß im verfassungsrechtlichen Vakuum kein Recht existieren kann, es sei denn, es weist selbst wenigstens verfassungsähnliche Züge auf. So ist zumindest in einer durch verfassungsstaatliches bzw. rechtsstaatliches Denken geprägten Rechtskonzeption kein Raum für verfassungsunabhängig geltendes Recht. Zwingend ist außerdem, *daß* es einen höchstrangigen staatlichen Rechtssatz gibt. Wenn es sich dabei um verfassungsvorbereitende Normen handelt, so liegt nichts näher, als eben diesen Normen Verfassungsqualität beizumessen. Im übrigen: Selbst wenn es sich bei der rechtlichen Höchstrangigkeit um ein zwingendes und damit begriffliches Verfassungsmerkmal handeln sollte, bliebe ein weites Anwendungsfeld für die hier vertretene Typus-Konzeption. Da es sich bei der rechtlichen Höchstrangigkeit um ein sehr abstraktes Verfassungsmerkmal handelt, bliebe in jedem Fall offen, ob bestimmte Konkretisierungen der Höchstrangigkeit ebenfalls per se zwingenden oder doch nur fakultativen Charakters sind. Beispielsweise müßte aus dem begrifflich interpretierten Kriterium der rechtlichen Höchstrangigkeit nicht zwingend folgen, daß einer Verfassung auch ein Vorrang mit allen oben beschriebenen Konsequenzen (s.o. A. III. 2. c)) zukommen muß; denn auch unabhängig von einem solchen »Vorrang der Verfassung« könnte durch die Kombination anderer Mechanismen dem Wesen einer Verfassung als ranghöchster staatlicher Rechtsnorm durchaus hinreichend Rechnung getragen werden.

[407] Ebenso offenbar *Bachof*, S. 34f, wenn er mit Blick auf die Verbindlichkeit »vor-konstitutioneller Gesetze« für das Verfahren der Verfassungschöpfung äußert: »Als ungültig oder ›verfassungswidrig‹ wegen Verstoßes gegen derartige Bestimmungen kann eine Verfassungsnorm daher nur erachtet werden, wenn und solange die Träger der verfassunggebenden Gewalt jene Gesetze noch als verbindlich anerkennen, die letzteren also *selbst noch geltendes Verfassungsrecht darstellen*«; Hervorh. v. Verf. Vgl. ferner *Henke*, Staat 19 (1980), 181 (194), der den »Begriff der verfas-

reitender Normen feststeht, ist demgemäß deren rechtliche Unverbindlichkeit nicht nur indiziert, sondern als unleugbare und nicht widerlegungsfähige Tatsache bewiesen.[408]

cc) Die Ermittlung der Verfassungsqualität verfassungsvorbereitender Normen

Die Feststellung, daß verfassungsvorbereitende Normen ohne eigene Verfassungsqualität niemals rechtsverbindlich sein können, lenkt die Aufmerksamkeit auf das Verfahren zur Ermittlung der Verfassungseigenschaft derartiger Normen. Auch die gegenläufige Indizwirkung, die von übergangs- oder »altverfassungsrechtlichen« Normen ausgeht[409], macht diesbezügliche Überlegungen notwendig.

(1) Die Gegenüberstellung von verfassungsvorbereitenden Normen und Verfassungstypus

Ob ein konkretes Gefüge von verfassungsvorbereitenden Normen seinerseits schon »Verfassung« ist, kann angesichts der im Rahmen dieser Arbeit erzielten Resultate zum Wesen der Verfassung[410] nicht schematisch durch Subsumtion unter einen Verfassungsbegriff entschieden werden.[411] Eine diesbezügliche Klärung kann vielmehr nur vermöge einer vergleichenden Gegenüberstellung jener Vorbereitungsnormen mit den allgemein in formeller und materieller Hinsicht verfassungstypischen Merkmalen[412] sowie einer sich anschließenden Bewertung der Frage erfolgen, ob derartige Merkmale in solcher Zahl und Stärke vorhanden sind, daß der zur Beurteilung stehende Sachverhalt im ganzen dem Erscheinungsbild des Verfassungstypus entspricht.[413]

---

sunggebenden Gewalt« auf die »Frage nach dem Ursprung der Verfassung« und damit zugleich »nach dem Ursprung des Staates und des Rechts« überhaupt bezieht.

[408] Die oben E. IV. 3. d) bb) a.E. überlegungshalber in die Betrachtungen einbezogene Konstellation rechtsverbindlicher Vorbereitungsnormen ohne Verfassungsqualität kann es folglich weder theoretisch noch in praxi geben.

[409] S.o. E. IV. 3. d) aa).

[410] S.o. A. II. 3. b) und c) sowie 4.; ferner A. III.

[411] Auch auf eine Selbstkennzeichnung verfassungsvorbereitender Normen als »Übergangsverfassung« o.ä. kann es nicht entscheidend ankommen; denn nicht alles, was sich Übergangsverfassung nennt, muß auch wirklich bereits Verfassungsqualität haben. Wohl aber kann eine entsprechende Selbstkennzeichnung als Indiz für den Verfassungscharakter der entsprechenden Vorbereitungsnormen bewertet werden. Zum Aspekt der Selbstkennzeichnung bestimmter Normen als Verfassung vgl. bereits oben A. II. 2. a) und III. 2. a).

[412] Vorbildlich verfährt insofern *Linck*, DÖV 1991, 730 (730ff), der eine ausführliche Analyse der verfassungsvorbereitenden Normen (vorläufige Organisationsstatute) in den Ländern auf dem Gebiet der ehemaligen DDR im Hinblick darauf vornimmt, in welchem Umfang diese Vorschriften formelle und materielle Verfassungseigenschaften aufweisen.

[413] Siehe im einzelnen oben A. II. 3. a) bb) (3); c) aa) (3). Sofern eine Zuordnung von verfassungsvorbereitenden Normen zum Verfassungstypus mit Blick auf die von deren Verfassungsqualität ausgehende Indizwirkung unternommen wird, dürfen allerdings die Merkmale der

(2) Die Ungeeignetheit des Verfassungsnormaltypus zur Überprüfung der Verfassungsqualität verfassungsvorbereitender Normen

Bei der Prüfung, ob ein Sachverhalt verfassungstypische Merkmale in solcher Zahl und von solchem Gewicht aufweist, daß er dem Verfassungstypus zugeordnet werden kann, wird man im Falle verfassungsvorbereitender Normen zu gewissen Abstrichen bereit sein müssen. Man wird die Verfassungsqualität solcher Normen unter weniger strengen Voraussetzungen bejahen dürfen, als sie für die Zuordnung eines auf umfassende und dauerhafte Geltung angelegten Normensystems mit Grundordnungscharakter[414] zum Verfassungstypus erfüllt sein müssen. Die Ursache dafür liegt darin, daß verfassungsvorbereitende Normen ihrer spezifischen Funktion nach darauf beschränkt sind, dem staatlichen Leben allein in seinen wichtigsten Grundzügen und nur für eine Übergangzeit, nämlich bis zum Inkrafttreten einer vollwertigen Verfassung, eine rechtliche Ordnung zu geben.[415] Außerdem liegt ihre Funktion darin, die Erarbeitung und Verabschiedung einer endgültigen Verfassung vorzubereiten und normativ zu regeln.

Diese Beschränktheit ihres Geltungshorizonts führt dazu, daß verfassungsvorbereitende Normen in materieller Hinsicht vielfach nur ansatzweise einer Vollverfassung ähneln, nämlich insbesondere keine oder nur einige wenige, besonders bedeutsame Prinzipien für das Handeln der Staatsgewalt vorgeben. Auch unter formellen Gesichtspunkten werden sie bestimmte verfassungstypische Eigenheiten des öfteren nicht oder nicht in voller Schärfe aufweisen.[416] Überdies wird ein

---

Herrschaftsbegründung sowie der Herrschaftsbeschränkung in Gestalt der Rechtsbindung aus denklogischen Gründen nicht berücksichtigt werden, weil die Argumentation ansonsten in die Gefahr eines Zirkelschlusses geriete. Das Risiko einer petitio principii läßt sich erkennen, wenn man sich das Ineinandergreifen der verschiedenen Argumentationsstränge vor Augen führt: Daß die verfassungsvorbereitenden Normen bereits Verfassungsqualität haben, ist ein Indiz für ihre Rechtsverbindlichkeit. Weil sie aber rechtsverbindlich sind sowie die Rechtsgrundlage für das Handeln jener Organe bilden, und weil diese Art der rechtlichen Herrschaftsbegründung und -begrenzung verfassungstypisch ist, führt die Rechtsverbindlichkeit der verfassungsvorbereitenden Normen wiederum zur Bejahung ihres Verfassungscharakters. Wenn der Verfassungscharakter verfassungsvorbereitender Normen also mit deren Rechtsverbindlichkeit begründet wird, schließt sich der Zirkel, sofern die Verfassungsqualität ihrerseits als Indiz für die rechtliche Verbindlichkeit jener Normen herangezogen wird. Vermeiden läßt sich ein Zirkelschluß dadurch, daß für die Feststellung der Verfassungseigenschaft verfassungsvorbereitender Normen der Blick auf die übrigen verfassungstypischen Merkmale gerichtet und die Kriterien der Herrschaftsbegründung sowie der Rechtsbindung der staatlichen Organe dabei unberücksichtigt bleiben. Nur wenn diese Betrachtung zu dem Ergebnis gelangt, daß den verfassungsvorbereitenden Normen bereits Verfassungsqualität zukommt, ist dies ein Indiz für die Rechtsbindung der handelnden Organe und die Derivativität der von ihnen betriebenen Verfassungsrechtsetzung.

[414] Zum Charakter der Verfassung als rechtliche Grundordnung des Gemeinwesens s.o. A. III. 3. a).

[415] In diesem Sinne auch *Linck*, DÖV 1991, 730 (731).

[416] Vgl. in diesem Zusammenhang *Linck*, DÖV 1991, 730 (730ff), sowie die auf dessen Vorgehensweise bezogenen Ausführungen in Fn. 412 im vorangegangenen Abschnitt. *Linck* bejaht die Verfassungsqualität der Organisationsstatute auf dem Gebiet der ehemaligen DDR, unterstreicht aber den gegenüber einer Vollverfassung teilweise rudimentären Charakter der vorläufi-

gestuftes Verfahren der Verfassungschöpfung, wie es mit dem Erlaß von Vorbereitungsnormen und insonderheit von übergangsverfassungsrechtlichen Regelungen eingeschlagen wird[417], häufig gerade deshalb gewählt, um zunächst noch keine in jeder Hinsicht vollgültige Verfassung schaffen zu müssen – sei es, weil hinsichtlich grundlegender Fragen noch Dissens herrscht, sei es, weil für die Verfassungsberatungen ausreichend Zeit zur Verfügung stehen soll.[418] Verfassungsvorbereitenden Normen ist es insofern aufgrund ihrer Funktion wesenseigen, daß sie im Hinblick auf bestimmte Merkmale *dem gängigen Typus der Verfassung noch nicht entsprechen.*

Diese besondere Funktion und die sich daraus notwendig ergebende Abweichung von der Gestalt einer Vollverfassung gebieten es, bei der Überprüfung der Verfassungsqualität von verfassungsvorbereitenden Normen nicht undifferenziert danach zu fragen, ob derartige Normen alle oder doch eine Mehrzahl der für eine Vollverfassung typischen Merkmale aufweisen und deshalb *noch* – trotz ihrer diesbezüglichen Defizite – als »Verfassung« angesehen werden können. Die Aufmerksamkeit muß vielmehr darauf gerichtet werden, ob verfassungstypische Merkmale wenigstens in einem Mindestmaß, d. h. in solcher Zahl und Stärke vorliegen, daß den Vorbereitungsnormen *schon* – wegen des Vorhandenseins immerhin einiger Verfassungsmerkmale – Verfassungscharakter zugesprochen werden kann.[419] Eine Bewertung verfassungsvorbereitender Normen am Maßstab des

gen Verfassungen und erklärt diesen mit »ihrer inhaltlichen Begrenzung auf das für die Anfangsphase der Staatlichkeit unabdingbar Nötige« (S. 731). In formeller Hinsicht unterscheiden sich *Linck* zufolge einige der vorläufigen Verfassungen in den neuen Ländern etwa im Hinblick auf das Fehlen eines erhöhten Bestandsschutzes, d. h. durch ihre Abänderbarkeit mit einfacher Mehrheit, von einer vollgültigen Verfassung.

[417] Dazu oben E. IV. 3. c) bb).

[418] Der Sinn eines gestuften Verfahrens der Verfassungschöpfung besteht also oftmals gerade darin, die Entscheidung hinsichtlich bestimmter grundlegender Fragen zu vertagen und dadurch mehr Zeit für die Entwicklung konsensfähiger Lösungen zu gewinnen. Insbesondere kann es ratsam sein, interessierten Bürgern und gesellschaftlichen Gruppen im Rahmen von Anhörungen Gelegenheit zu geben, Vorschläge hinsichtlich der Verfassungsgestaltung zu unterbreiten. Auch wenn vor der Verabschiedung bestimmter Regelungen durch Verfassungsvergleichung in Erfahrung gebracht werden soll, wie bestimmte rechtliche Problemfelder in fremden Verfassungsordnungen behandelt werden und ob sich die entsprechenden Modelle in der dortigen Verfassungspraxis bewährt haben, erscheint ein gestuftes Verfahren der Verfassungschöpfung naheliegend, weil eine derartige Vorgehensweise sehr zeitaufwendig sein kann. Schließlich ist zu bedenken, daß eine vorläufige Verfassung in der Regel in größerem Umfang als eine auf dauerhafte Geltung angelegte Verfassung Gestaltungsspielräume für die handelnden Organe offenhalten wird, was wiederum die Sammlung von Erfahrungen für die Ausgestaltung der endgültigen Verfassung ermöglicht.

[419] Wenn zum Zwecke der Zuordnung eines Sachverhalts zum Verfassungstypus also üblicherweise danach gefragt wird, welchen Standard in formeller und materieller Hinsicht ein Normensystem nicht unterschreiten darf, wenn es noch als »Verfassung« charakterisiert werden soll, muß hier entgegengesetzt die Frage gestellt werden, welchen Mindeststandard es überschreiten muß, um schon als »Verfassung« angesehen werden zu können. In gewisser Weise handelt es sich also um ein Problem der richtigen Betrachtungsperspektive: Bald wird von oben auf eine Untergrenze geschaut und bald von unten ein bestimmtes Mindestniveau in den Blick genommen.

normalen Verfassungstypus erscheint als der Funktion derartiger Normen nicht adäquat, weil es für die Bejahung ihrer Verfassungseigenschaft nicht auf einen hohen Grad an Ähnlichkeit mit den Strukturen einer Vollverfassung ankommen kann.[420] Statt dessen gilt es, Vorbereitungsnormen anhand eines *speziellen*, auf die Betrachtung derartiger Normen zugeschnittenen *Verfassungstypus* zu beurteilen, der im Hinblick auf die notwendige Zahl und Stärke verfassungstypischer Merkmale weniger strenge Anforderungen stellt als der normale Verfassungstypus. Dieser Typus soll in Abgrenzung zum Verfassungsnormaltypus als »Verfassungsminimaltypus« bezeichnet werden[421], weil die von ihm erfaßten Sachverhalte verfassungstypische Merkmale nur in einem Mindestmaß aufweisen.[422]

Eine dem Verfassungsminimaltypus entsprechende, gewissermaßen nur rudimentäre Verfassung hat zwar schon Verfassungsqualität, weil immerhin einige verfassungstypische Eigenschaften gegeben sind, läßt aber gleichzeitig andere typische Verfassungsmerkmale in nicht unerheblicher Größenordnung vermissen.[423] Von einer *Übergangsverfassung* unterscheidet sich eine solche Minimalverfassung dadurch, daß es übergangsverfassungsrechtlichen Bestimmungen, gemessen am Verfassungsnormaltypus, im wesentlichen nur am Anspruch auf dauerhafte Geltung mangelt. Die hier in Rede stehenden Normen entsprechen darüber hinaus auch in weiteren Hinsichten nicht dem Verfassungsnormaltypus, und zwar in derart großem Umfang, daß ihnen anders als übergangsverfassungsrechtlichen Vorschriften mit Blick auf den Verfassungsnormaltypus keine Verfassungsqualität zugesprochen werden kann.[424]

---

[420] Besonders deutlich wird dies in Anbetracht des verfassungstypischen Anspruchs auf dauerhafte Geltung (s.o. A. III. 3. f)). Weil verfassungsvorbereitende Normen und speziell Übergangsverfassungen bzw. »altverfassungsrechtliche« Bestimmungen naturgemäß nur vorübergehend, nämlich bis zum Inkrafttreten einer (endgültigen) Verfassung gelten sollen, kann das in Rede stehende Merkmal für die Zuordnung zum Verfassungstypus nicht von maßgeblichem Gewicht sein.

[421] Der im Schrifttum geläufige Begriff der »Vorverfassung« (so z.B. *Schneider*, HStR VII, § 158 Rdnr. 21, 25) erscheint demgegenüber weniger geeignet, weil er allzu leicht suggerieren könnte, daß einer derartigen *Vor*-Verfassung noch gar keine Verfassungsqualität zukommt, was gerade nicht der Fall ist.

[422] Im Ergebnis ebenso wohl *Linck*, DÖV 1991, 730 (730ff), der den vorläufigen Organisationsstatuten in den neuen Ländern zwar Verfassungsqualität zuspricht, sie wegen ihres gegenüber einer Vollverfassung teilweise rudimentären Charakters jedoch als »*Rumpf*verfassungen« bezeichnet (S. 731).

[423] Dabei hängt es freilich von der Bewertung des jeweiligen Betrachters ab, welchen Umfang diese Defizite im Vergleich zum Verfassungsnormaltypus erreichen dürfen, ohne daß auch eine Einordnung verfassungsvorbereitender Normen als »rudimentäre Verfassung« ausscheidet. Allgemein zur Bedeutung von Wertungen bei der Bildung von Verfassungstypen s.o. A. II. 3. a) bb) (4) i.V.m. b) cc) und dd) sowie c) aa) und bb).

[424] Weil die Grenzziehung zwischen Übergangsverfassung und Minimalverfassung ihrerseits typologisch ist, gibt es freilich keine allgemeingültigen und zwingenden Kriterien für die Differenzierung zwischen beiden Verfassungstypen. Auch sind Wertungen dahingehend notwendig, daß entschieden werden muß, welche verfassungstypischen Merkmale außer dem Anspruch auf dauerhafte Geltung fehlen dürfen, um ein Normensystem mit Blick auf den Verfassungsnormal-

(3) Die regelmäßige Minimalverfassungsqualität rechtsverbindlicher verfassungsvorbereitender Normen

Für verfassungsvorbereitende Normen folgt aus den vorangegangenen Überlegungen: Sie müssen einer Betrachtung dahingehend unterzogen werden, ob sie schon in einem Mindestmaß verfassungstypische Merkmale aufweisen und sich insofern unter Anlegung weniger strenger Maßstäbe zumindest dem Typus der Minimalverfassung zuordnen lassen.[425] Obgleich die Konturen des Verfassungsminimaltypus hier nicht im einzelnen nachgezeichnet werden sollen, läßt sich zur rudimentären Verfassungsqualität von verfassungsvorbereitenden Normen, die erkennbar zur Erarbeitung und Verabschiedung einer Verfassung ermächtigen und für den Prozeß der Verfassungschöpfung Anspruch auf rechtliche Verbindlichkeit erheben, folgendes bemerken: Derartige Normen weisen grundsätzlich mindestens drei verfassungstypische Eigenheiten auf, nämlich eine herrschaftsbegründende Funktion in der Hinsicht, daß bestimmten Organen rechtliche Befugnisse zugewiesen werden (sollen)[426], ferner eine insofern herrschaftsbeschränkende Wirkung, als die in Bezug genommenen Organe rechtlichen Bindungen unterworfen werden (sollen), und schließlich ihre Schriftlichkeit bzw. Gesetzesförmigkeit.[427] Allein in Anbetracht dieser Züge läßt sich eine strukturelle Ähnlichkeit der in Rede stehenden Normen mit einer Verfassung nicht ohne weiteres von der Hand weisen.[428] Bereits aus diesem Grunde wäre es unrichtig und voreilig, solcherlei Normen allein wegen des Fehlens einiger anderer verfassungstypischer Merkmale die Verfassungsqualität vollständig abzusprechen.

Darüber hinaus dürften sich entsprechende Normen nicht selten durch weitere Verfassungseigenheiten auszeichnen: Gewöhnlich wird um einer Effektuierung

---

typus noch als Verfassung qualifizieren zu können, und wann ebendies nicht mehr der Fall ist und allenfalls noch eine Charakterisierung als Minimalverfassung in Betracht kommt. Dessenungeachtet muß bei der Begutachtung der Verfassungsqualität verfassungsvorbereitender Normen in Bedacht genommen werden, daß in jedem Fall weniger strenge Maßstäbe anzulegen sind als bei der Kategorisierung auf Dauer angelegter Normensysteme.

[425] Innerhalb der Gruppe der einfachen vorverfassungsrechtlichen Normen, die weder »altverfassungsrechtlichen« noch übergangsverfassungsrechtlichen Charakters sind (s.o. E. IV. 3. a) aa)), muß also noch zwischen Normen mit Minimalverfassungsqualität und solchen Bestimmungen unterschieden werden, denen überhaupt kein Verfassungsrang zugebilligt werden kann. Entsprechendes gilt für »altverfassungsrechtliche« Normen, denen mit Blick auf den Verfassungsnormaltypus keine Verfassungsqualität mehr zugesprochen werden kann; dazu oben E. IV. 3. d) bb) Fn. 402.

[426] Die Notwendigkeit des obigen Klammerzusatzes ergibt sich daraus, daß die in Rede stehenden Vorbereitungsnormen zwar auf eine rechtliche Ermächtigungswirkung abzielen, diese aber nur unter der Voraussetzung ihrer eigenen Verfassungsqualität entfalten können; s.o. E. IV. 3. d) bb) (2).

[427] Dazu, daß die genannten Eigenschaften auf eine Verwandtschaft von rechtsverbindlichen Vorbereitungsnormen und Verfassung hinweisen, bereits oben E. IV. 3. c) aa). Zur Herrschaftsbegründung und -begrenzung als verfassungstypischen Merkmalen vgl. auch oben A. III. 3. b) sowie c) aa); zur Schriftform bzw. Gesetzesform oben A. III. 2. a).

[428] Auch dazu oben E. IV. 3. c) aa).

der (Rechts-)Verbindlichkeit verfassungsvorbereitender Normen willen die Geltung der Lex-posterior-Regel[429] ausgeschlossen sein, wenn nicht sogar Abweichungen bzw. Änderungen der Vorbereitungsnormen formell erschwert oder vollständig verboten sind.[430] Dabei handelt es sich um formell verfassungstypische Merkmale, was zusätzlich für eine Charakterisierung der hier zur Debatte stehenden Normen als (Minimal-)Verfassung spricht.[431] Ihrem Inhalt nach bezeichnen die besagten Normen zudem die zur Verfassungschöpfung berufenen Organe und regeln deren Zusammenwirken, vor allem durch die Zuweisung aufeinander bezogener Kompetenzen. Insoweit, d.h. zumindest in Ansätzen, haben die in Rede stehenden verfassungsvorbereitenden Normen regelmäßig auch materiell Verfassungscharakter.[432]

Sofern verfassungsvorbereitende Normen den Vorgang der Verfassungschöpfung rechtsverbindlich zu determinieren suchen und zusätzlich zu den Merkmalen der Herrschaftsbegründung und -begrenzung sowie der Schrift- bzw. Gesetzesförmigkeit einige der aufgeführten oder auch andere verfassungstypische Eigenschaften aufweisen, dürfte es mithin gerechtfertigt sein, ihnen unter Bezugnahme auf den Typus der Minimalverfassung schon den Charakter von Verfassungsnormen zuzubilligen. Sie können deshalb der Gruppe der rechtsverbindlichen verfassungsvorbereitenden Normen zugeordnet werden.[433]

Wenn verfassungsvorbereitende Normen hingegen weder eine rechtliche Ermächtigung zur Verfassungschöpfung bereitstellen noch Rechtsverbindlichkeit für die verfassungsrechtserzeugenden Organe beanspruchen, bedeutet dies zwar nicht zwangsläufig, daß ihnen die Verfassungseigenschaft abzusprechen ist; denn nach dem Typusverständnis ist kein Verfassungsmerkmal per se zwingend.[434] Überdies können Verfassungen anerkanntermaßen auch bloße Programmsätze enthalten, ohne daß dies ihrer Verfassungsqualität entgegensteht. Entsprechendes muß auch für verfassungsvorbereitende Normen gelten. Doch wird man ihre Verfassungsqualität jedenfalls dann zu verneinen haben, wenn sie in *keiner* Hinsicht Anspruch auf rechtliche Verbindlichkeit erheben, d.h. weder im Hinblick auf die Schaffung einer neuen Verfassung noch hinsichtlich sonstiger Betätigungen der

---

[429]   Zu dieser Regel und der Verfassungstypizität ihrer Nichtanwendbarkeit oben A. III. 2. b) aa).

[430]   Zu diesen Verfassungsmerkmalen oben A. III. 2. b) cc).

[431]   Auch *Linck*, DÖV 1991, 730 (731 f), begründet die (Rumpf-)Verfassungsqualität der Organisationsstatute in den Ländern der ehemaligen DDR, die angesichts der teilweise bestehenden Möglichkeit, sie mit einfacher Mehrheit zu ändern, durchaus bezweifelt werden kann, u.a. damit, daß die Geltung der Lex-posterior-Regel ausgeschlossen sei, wodurch die normative Kraft jener Statute in verfassungstypischer Weise erhöht werde.

[432]   S.o. A. III. 3. a) zu den materiellen Verfassungsmerkmalen sowie nochmals *Linck*, DÖV 1991, 730 (730f), bezogen auf die vorläufigen Organisationsstatute in den neuen Bundesländern.

[433]   Zur Differenzierung zwischen rechtsverbindlichen und rechtlich unverbindlichen Vorbereitungsnormen und den Auswirkungen dieser Differenzierung auf die verfassungstheoretische Einordnung von Normerzeugungsvorgängen oben E. IV. 3. b) und c).

[434]   S.o. A. II. 3. a) bb) (1) und (3); b) cc); c) aa) (2).

dort in Bezug genommenen Organe. Die Bejahung des Verfassungscharakters bestimmter Normen, ja überhaupt ihrer Rechtsqualität setzt wenigstens in einem Mindestmaß einen normativen Geltungsanspruch voraus.[435]

dd) Fazit

Um festzustellen, ob verfassungsvorbereitende Normen rechtlich verbindlich oder unverbindlich sind, ist eine umfassende analysierende Betrachtung dieser Normen unverzichtbar. Im Rahmen der Auslegung ist zu untersuchen, ob sich Anhaltspunkte für eine rechtliche Ermächtigungsfunktion oder zumindest Anzeichen dafür finden lassen, daß die an der Neukonstituierung mitwirkenden Organe rechtlich zu einem Handeln nach Maßgabe jener Vorschriften verpflichtet sein sollen. Außerdem sollte im Zuge der Auslegung stets überprüft werden, inwieweit die verfassungsvorbereitenden Vorschriften verfassungstypische Merkmale aufweisen. Ergibt eine Begutachtung am Maßstab des Verfassungsnormaltypus, daß den verfassungsvorbereitenden Normen bereits Verfassungsqualität eignet, ist dies ein gewichtiges Indiz für ihre rechtliche Verbindlichkeit gegenüber den verfassungschöpferisch tätigen Organen. Wird den Vorbereitungsnormen die Verfassungseigenschaft mit Blick auf den Verfassungsnormaltypus abgesprochen, ist die Überprüfung am Maßstab des Verfassungsminimaltypus zu wiederholen. Führt auch dieser zweite Prüfdurchgang zur Verneinung des Verfassungscharakters der verfassungsvorbereitenden Normen, steht deren rechtliche Unverbindlichkeit fest, weil Vorbereitungsnormen für den Vorgang der Verfassungschöpfung nur dann rechtsverbindlich sein können, wenn ihnen selbst zumindest in Ansätzen Verfassungscharakter zu eigen ist. Haben die verfassungsvorbereitenden Normen hingegen bereits rudimentären Verfassungscharakter, wird man regelmäßig von ihrer Rechtsverbindlichkeit ausgehen können.

e) Anwendungsbeispiel: die Entstehung der Südafrikanischen Verfassung von 1997

Als Anwendungsbeispiel für das Organhandeln auf der Grundlage verfassungsvorbereitender Normen mag Südafrika dienen, dessen gegenwärtige Verfassung auf eine ungewöhnliche Entstehungsgeschichte zurückblicken kann.[436] Die 1996 verabschiedete Verfassung trat erst am 4. Februar 1997 in Kraft, nachdem das Johannesburger Verfassungsgericht ihre Konformität mit 34 unabänderlichen Ver-

---

[435] Vgl. in diesem Zusammenhang auch *Doehring*, Völkerrecht, Rdnr. 32.
[436] Einen Überblick über den Entstehungsprozeß der Südafrikanischen Verfassung geben *Holzer*, S. 43 ff, *Holle*, S. 35 ff, *Lücke*, JöR 47 (1999), 467 ff, und *Venter*, ZaöRV 57 (1997), 51 (52, 55 ff).

fassungsprinzipien (»constitutional principles«)[437] bestätigt hatte[438], die in der Übergangsverfassung vom 27. April 1994 festgelegt worden waren.[439] In Gestalt dieser Verfassungsprinzipien hatte die Übergangsverfassung den Inhalt der endgültigen Verfassung bereits in seinen Grundzügen vorgegeben. Ebenso waren in ihr die zuständigen Organe[440] und das Verfahren geregelt[441], in dem die Verfassung von 1997 geschaffen werden sollte.[442] Der Übergang von dem alten Apartheidssystem zu einer pluralistischen Demokratie erfolgte mithin in einem mehraktigen Verfahren der Verfassungschöpfung.[443]

In Gestalt der Verfassungsprinzipien und der Verfahrensregelungen für die Schaffung einer endgültigen Konstitution enthielt die Übergangsverfassung aus dem Jahre 1994 verfassungsvorbereitende Normen. Diese sind der Fallgruppe der eigens erlassenen Normen übergangsverfassungsrechtlicher Art zuzuordnen. Die Übergangsverfassung hatte – gemessen am Verfassungsnormaltypus – bereits Verfassungscharakter. Dies ergibt sich daraus, daß sie sich nicht auf einige wenige Regelungen beschränkte, sondern mit Ausnahme des Anspruchs auf dauerhafte Geltung in großem Umfang verfassungstypische Merkmale aufwies.[444] Die Verfassungsqualität der Übergangsverfassung ist ein wichtiges Indiz dafür, daß die in

---

[437] Abgedruckt sind die 34 Verfassungsprinzipien bei *Starck*, Verfassungsvertrag, S. 125 (143 ff).

[438] Die Verfassung wurde am 4. Dezember 1996 vom Südafrikanischen Verfassungsgericht gebilligt (Certification of the Amended Text, CCT 37/96), nachdem das Gericht in einem Urteil vom 6. September 1996 (Certification of the Constitution, CCT 23/96) einige Passagen der neuen Verfassung noch wegen Unvereinbarkeit mit den Verfassungsprinzipien beanstandet hatte. Der Mitwirkung des Verfassungsgerichtes an der Verfassungschöpfung lag Art. 71 Abs. 2 der Übergangsverfassung zugrunde, der lautete: »The new constitutional text passed by the Constitutional Assembly, or any provision thereof, shall not be of any force and effect unless the Constitutional Court has certified that all the provisions of such text comply with the Constitutional Principles referred to in subsection (1) (a).«

[439] Vgl. Art. 71 Abs. 1 der Übergangsverfassung : »A new constitutional text shall – (a) comply with the Constitutional Principles contained in Schedule 4 (...)«. Die Verfassungsprinzipien selbst waren im Anhang (Schedule) 4 der Übergangsverfassung niedergelegt.

[440] Vgl. Art. 68 Abs. 1 der Übergangsverfassung: »The National Assembly and the Senate, sitting jointly for the purposes of this chapter, shall be the Constitutional Assembly.«

[441] Vgl. Art. 68 Abs. 2 der Übergangsverfassung: »The Constitutional Assembly shall draft and adopt a new constitutional text in accordance with this chapter« (sc. Chapter 5, Art. 68 – 74).

[442] Dazu auch *Karpen*, JöR 44 (1996), 609 (622 f); *Pippan*, ZaöRV 55 (1995), 993 (1037); *Heese/Böhnke*, S. 491 (513); *Steenkamp*, Human Rights Quarterly 17 (1995), 101 (102 f); *Lücke*, JöR 47 (1999), 467 (469 f).

[443] Zu den (politischen) Gründen, die für die Wahl dieses außergewöhnlichen Modus der Verfassungschöpfung ausschlaggebend waren, vgl. *de Villiers*, S. 37 (37 ff); *Corder*, Modern Law Review 57 (1994), 491 (491 f, 498, 500 ff, 514 ff); *Behrens/v. Rimscha*, S. 51 ff; *van Wyk*, S. 131 (137 ff, 142 f); *Pippan*, ZaöRV 55 (1995), 993 (1000 ff); *Holle*, S. 37, 45; *Karpen*, JöR 44 (1996), 609 (620 f); *Lücke*, JöR 47 (1999), 467 (467 ff); *Heese/Böhnke*, S. 491 (500 f).

[444] Zur verfassungstypischen Struktur der Übergangsverfassung vgl. *Olivier*, S. 50 (55 ff); *Carpenter*, South African Public Law 1994, S. 222 (229 ff); *Venter*, South African Public Law 1994, 211 (215 ff); *Corder*, Modern Law Review 57 (1994), 491 (511 ff); *Pippan*, ZaöRV 55 (1995), 993 (1004 ff); *Heese/Böhnke*, S. 491 (501 ff).

ihr enthaltenen Vorschriften für die Schaffung einer endgültigen Verfassung nicht nur unverbindliche Richtlinien, sondern für die an der Verfassungschöpfung Beteiligten rechtsverbindlich sein sollten. Die Auslegung der übergangsverfassungsrechtlichen Vorschriften bestätigt dieses Ergebnis. Änderungen der Verfassungsprinzipien und der damit zusammenhängenden Regelungen waren vollständig untersagt, Modifikationen der Verfahrensvorschriften nur mit Zweidrittelmehrheit zulässig.[445] Bereits dies bestätigt die intendierte rechtliche Verbindlichkeit der verfassungsvorbereitenden Normen. Von noch größerem Gewicht ist der Umstand, daß die Übergangsverfassung das Inkrafttreten einer endgültigen Verfassung von der verfassungsgerichtlich bestätigten Übereinstimmung mit den 34 Verfassungsprinzipien abhängig machte. Stärker kann die Rechtsverbindlichkeit verfassungsvorbereitender Normen für die an der Verfassungschöpfung beteiligten Organe kaum zum Ausdruck gebracht werden.

Aus der Rechtsverbindlichkeit der in der Übergangsverfassung enthaltenen Normen ergibt sich, daß die Verfassung von 1997 durch einen Vorgang *derivativer* Verfassungsrechtserzeugung und damit nicht durch Verfassunggebung entstanden ist.[446] Auf einem originären verfassunggeberischen Akt beruht hingegen die Übergangsverfassung von 1994, die von den maßgeblichen politisch-gesellschaftlichen Kräften außerhalb der institutionellen Strukturen des Apartheidssystems ausgehandelt worden war.[447] Die Entstehung der Verfassung von 1997 bildet damit einen Anwendungsfall der durch *rechtsverbindliche verfassungsvorbereitende Normen antizipierten Verfassunggebung*. Der originäre verfassunggeberische Akt war nicht direkt auf die Inkraftsetzung der Verfassung von 1997 gerichtet, sondern ausschließlich auf diejenige der Übergangsverfassung von 1994, welche verbindliche Vorschriften für Kreation und Inhalt der endgültigen Verfassung enthielt. Nach deren Maßgabe wurde sodann in einem zweiten Schritt die

---

[445] Vgl. Art. 74 Abs. 1 und 2 der Übergangsverfassung.

[446] Anders *Lücke*, JöR 47 (1999), 467 (468 ff.) Er bezeichnet die endgültige Verfassung Südafrikas als »das Werk eines *Verfassunggebers*« und führt dann aus: »Obwohl der Verfassunggeber, weil seiner Natur nach originäre, nicht konstituierte Gewalt, die ihm von der Interimsverfassung gemachten *Vorgaben* hätte negieren können, hat er derlei nicht versucht«; beide Hervorhebungen dort. *Lücke* verkennt, daß die endgültige Verfassung nicht in Kraft treten konnte, bevor das Verfassungsgericht ihre Prinzipienkonformität bestätigt hatte. Die Rechtswirksamkeit der endgültigen Verfassung sollte nach den klaren Vorgaben der Übergangsverfassung von der Beachtung der 34 Verfassungsprinzipien abhängen. Diesen Umstand übersieht, wer von der Möglichkeit einer Negierung dieser Vorgaben spricht. Damit wird nicht geleugnet, daß eine endgültige Verfassung auch unter Mißachtung der Übergangsverfassung originär durch den pouvoir constituant hätte ins Werk gesetzt werden können. Vorliegend ist dies jedoch gerade nicht geschehen. Vielmehr wurde die endgültige Verfassung von einem verfassungsrechtlich konstituierten und mit Kompetenzen versehenen Organ verabschiedet, das nicht mit dem pouvoir constituant identisch war und auch kein Mandat zur Ausübung rechtlich ungebundener verfassunggebender Gewalt hatte.

[447] So auch *Starck*, Verfassungsvertrag, S. 125 (135, 137); *Venter*, ZaöRV 57 (1997), 51 (56). Zur Rückführbarkeit der Übergangsverfassung auf das Volk *Holle*, S. 38 f.

Verfassung von 1997 von den zuständigen, rechtlich gebundenen Organen derivativ geschaffen.[448]

4. Ergebnis

Bei der Begutachtung verfassungsrechterzeugender Vorgänge im Hinblick auf ihre Einstufung als Verfassunggebung oder Verfassungsänderung kommt dem Kriterium ihrer Verfassungsmäßigkeit ein großer Stellenwert zu. Nur in Fällen verfassungsmäßiger Verfassungsrechtsetzung kann Verfassungsänderung vorliegen, während verfassungswidrige Verfassungsrechterzeugung niemals Verfassungsänderung, sondern ausschließlich Verfassunggebung sein kann.[449]

In der Konstellation der verfassungsmäßigen Schaffung neuen Verfassungsrechts liegt immer Verfassungsänderung vor, solange formelle Verfassungskontinuität herrscht.[450] Kommt es zur verfassungskonformen Schaffung einer formell neuen Verfassung (Verfassungsablösung), ist der jeweils zugrunde liegende Normerzeugungtatbestand einer intensiven Untersuchung dahin zu unterziehen, ob er eine rechtliche Kompetenz zum derivativen Erlaß einer neuen Verfassung begründet (konstitutiver Ablösungsvorbehalt) oder ob er als deklaratorischer Ablösungsvorbehalt zu interpretieren ist, der die originäre Schaffung einer neuen Konstitution durch die verfassunggebende Gewalt für verfassungsrechtlich legal erklärt. Wichtiger Anhaltspunkt ist dabei das Kriterium der intendierten rechtlichen Verbindlichkeit der verfassungsrechtlichen Vorgaben für den Neukonstituierungsprozeß, weil rechtlichen Bindungen unterworfene Verfassungsrechtsetzung notwendig derivativ ist, während rechtlich undeterminierte Verfassungschöpfung nicht derivative, sondern ausschließlich originäre Verfassungsrechterzeugung sein kann.[451] Aus diesem Bedingungszusammenhang folgt gleichzeitig, daß durch jeden Versuch einer Konstitutionalisierung der verfassunggebenden Gewalt ein (zusätzlicher) pouvoir constitué geschaffen wird, der mit dem pouvoir constituant personell identisch, verfassungstheoretisch jedoch strikt von dem seinem Wesen nach unverändert fortbestehenden pouvoir constituant zu unterscheiden ist und keineswegs an dessen Stelle tritt.

---

[448] Zu diesem Ergebnis tendierend auch *Holle*, S. 45 f: »Es würde den Rahmen dieser Arbeit sprengen, auf den Charakter der Verfassungsprinzipien vertieft einzugehen. An dieser Stelle soll nur die Frage aufgeworfen werden, ob nicht schon der Erlaß der Verfassungsprinzipien und nicht erst die Verabschiedung der endgültigen Verfassung den eigentlichen Akt der Verfassungsgebung, das Umschlagen in die Verfaßtheit des Staates darstellt. Denn die Struktur der endgültigen Verfassung ist durch die Verfassungsprinzipien bereits weitgehend determiniert, was die Annahme rechtfertigen könnte, daß die Verabschiedung der endgültigen Verfassung materiell keine Verfassungsgebung mehr darstellt, sondern nur noch eine große Verfassungsrevision oder -änderung.«

[449] S. o. E., Einleitung zu IV.

[450] S. o. E. IV., Einleitung zu 1. sowie 1. b).

[451] S. o. E. IV. 1. a), auch zum folgenden.

Außer dem Kriterium der Verfassungsmäßigkeit oder Verfassungswidrigkeit der Verfassungsrechtserzeugung kann auch ein Blick auf die jeweils beteiligten Organe bei der Kategorisierung verfassungsrechtlicher Normerzeugungsvorgänge helfen. Aus der Mitwirkung bestimmter Organe kann allerdings nicht zwingend auf eine bestimmte Kategorie der Verfassungsrechtserzeugung geschlossen werden. Handeln Verfassungsorgane auf verfassungsmäßige Weise, kann derivative Verfassungsrechtsetzung und damit Verfassungsänderung vorliegen, daneben aber auch Mitwirkung an einem zulässigen Vorgang deklaratorischer Verfassungsablösung.[452] Ein aus Sicht der bisherigen Verfassung verfassungswidriges Tätigwerden von Verfassungsorganen kann demgegenüber grundsätzlich nicht als derivative Verfassungsrechtserzeugung eingestuft werden. Ebensowenig ist es möglich, verfassungschöpferische Aktivitäten in der Verfassung nicht vorgesehener Organe als Verfassungsänderung zu qualifizieren. In beiden Fällen kann allenfalls – unter der Voraussetzung formeller Verfassungsdiskontinuität – Mitwirkung an einem verfassunggeberischen Akt anzunehmen sein.[453] Eine solche Mitwirkung besonderer, vom pouvoir constituant verschiedener Organe an verfassunggeberischen Prozessen läßt sich in Anbetracht der Differenzierung zwischen Innehabung und Ausübung der verfassunggebenden Gewalt verfassungstheoretisch plausibel erklären.

Die Annahme, die verfassunggebende Gewalt werde von besonderen Organen ausgeübt, setzt einen dahingehenden Auftrag des pouvoir constituant voraus.[454] Korrespondierend mit dem Umstand, daß als Betrachtungshorizont für verfassunggeberische Akte im allgemeinen nur eine Ex-post-Perspektive in Betracht kommt, wird sich ein entsprechender Auftragswille des pouvoir constituant vielfach erst im nachhinein feststellen lassen und möglicherweise sogar bilden. Dem entspricht die praktische Erfahrung, daß Neukonstituierungsprozesse nicht selten von (zumindest anfangs) ohne Auftrag und somit eigenmächtig agierenden Organen initiiert und maßgeblich gestaltet werden.[455] In diesem Fall sind die besagten Organe um einer langfristigen Geltung des von ihnen geschaffenen Verfassungsrechts willen allerdings auf die nachträgliche Billigung ihres Verhaltens durch den pouvoir constituant angewiesen.

Ausnahmsweise kann sich der Wille des pouvoir constituant zur Beauftragung bestimmter Organe mit der Ausübung der verfassunggebenden Gewalt in verfassungsvorbereitenden Normen manifestieren, durch die jenen Organen explizit

---

[452] S.o. E. IV. 2. a) sowie b) aa).

[453] S.o. E. IV. 2. a) sowie b) bb) und cc), auch zum folgenden. Zu der ausnahmsweise bestehenden Möglichkeit verfassungswidriger, aber trotzdem derivativer Verfassungsrechtserzeugung auf der Grundlage rechtsverbindlicher verfassungsvorbereitender Normen s.o. E. IV. 3. c).

[454] S.o. E. IV. 2. b) bb) (1).

[455] Zu Einzelheiten oben E. IV. 2. c), wiederum auch zum folgenden.

verfassungschöpferische Aufgaben zugewiesen werden.[456] Verfassungsvorbereitende Normen können in Gestalt einfacher vorverfassungsrechtlicher, »altverfassungsrechtlicher« und übergangsverfassungsrechtlicher Vorschriften auftreten. Alle Arten von Vorbereitungsnormen entbehren mit Blick auf den pouvoir constituant einer rechtlichen Verpflichtungswirkung. Für die mit verfassungschöpferischen Funktionen betrauten Organe können verfassungsvorbereitende Normen dagegen sowohl rechtsverbindlich als auch rechtlich unverbindlich sein.[457] Wie es um ihre Verbindlichkeit bestellt ist, läßt sich durch Auslegung ermitteln, wobei der Gesichtspunkt der Verfassungsqualität jener Normen einen wichtigen Orientierungspunkt bildet.[458]

Im Falle rechtsverbindlicher verfassungsvorbereitender Normen kann die normgemäße Verfassungsrechtserzeugung durch besondere Organe aufgrund ihrer Derivativität strenggenommen nicht als Verfassunggebung klassifiziert werden. Wenn rechtsverbindliche Vorbereitungsnormen, die den eigentlichen verfassungschöpferischen Akt in bestimmtem Maße formell und materiell determinieren, ihrerseits vom pouvoir constituant originär in Geltung gesetzt werden, kann in diesem Zusammenhang indes von antizipierter Verfassunggebung, d.h. einem gestuften, Akte originärer und derivativer Verfassungsrechtserzeugung kombinierenden Verfahren der Verfassungschöpfung gesprochen werden. An dem Vorgang der eigentlichen Verfassungsausarbeitung und -verabschiedung können nicht nur besondere, vom Träger der verfassunggebenden Gewalt verschiedene, sondern auch personell mit diesem identische Organe beteiligt sein.[459] Haben sich Vorbereitungsnormen hingegen als rechtlich nicht verbindlich erwiesen, agieren die Organe im Rahmen eines originären Verfassungschöpfungsprozesses, weshalb das Organhandeln auch in einem engeren Sinne als Ausübung der verfassunggebenden Gewalt charakterisiert werden kann.

---

[456] Dazu vorstehend E. IV. 3., auch zur verfassungstheoretischen Würdigung des Organhandelns auf der Grundlage verfassungsvorbereitender Normen.

[457] S.o. E. IV. 3. a) bzw. b).

[458] S.o. E. IV. 3. d).

[459] Siehe im einzelnen oben E. IV. 3. c), auch zum folgenden.

Zusammenfassung

A. *Die Verfassung*

1. Weil Produkt der Verfassunggebung und Gegenstand der Verfassungsänderung gleichermaßen die »Verfassung« ist, muß einer näheren Betrachtung der verschiedenen Arten der Verfassungsrechtserzeugung die Beschäftigung mit dem Wesen der »Verfassung« vorangehen.[1]

2. Ein mehrere Länder einbeziehender Blick auf die geschichtliche Entwicklung zeigt, daß jede Verfassung in einem konkreten politisch-sozialen Kontext steht, der seinerseits auf die Gestalt der Verfassung zurückwirkt. Die »Verfassung« erscheint danach als räumlich und zeitlich kontextabhängiges und damit relatives Phänomen.[2]

3. Da eine allgemeinverbindliche Verfassungsdefinition auf Verfassungsebene nicht möglich ist und auch völkerrechtliche Normen keine entsprechende Definition bereithalten, kann das Wesen der »Verfassung« nur empirisch durch eine vergleichende Analyse mehrerer konkreter Anschauungsobjekte bestimmt werden.[3]

4. Welche Merkmale sich als für eine »Verfassung« kennzeichnend erweisen, hängt von der Art und Anzahl der zugrunde gelegten Anschauungsobjekte ab. Zudem beruht jede diesbezügliche Aussage auf einer Würdigung der bei den Anschauungsobjekten vorgefundenen Eigenschaften.[4]

5. Weil es weder für die Auswahl der Anschauungsobjekte noch für die Beurteilung und Gewichtung der einzelnen Merkmale vorgegebene objektive Kriterien gibt, basiert jede Verfassungsdefinition auf subjektiven Festsetzungen und Einschätzungen. Ergebnis von Wertungen und logisch nicht zwingend ist insbesondere die einem Verfassungs*begriff* inhärente Vorstellung, daß bestimmte Merkmale für eine »Verfassung« unverzichtbar seien.[5]

6. Der Wertungsabhängigkeit und damit Relativität aller auf das Phänomen »Verfassung« bezogenen Aussagen kann durch ein typologisches Verfassungsverständnis besser Rechnung getragen werden als durch ein begriffliches Verfassungsverständnis. Ein Verfassungs*typus* gewährleistet vor allem die Erkennbar-

---

[1] S.o. Einleitung zum Hauptteil dieser Arbeit.
[2] S.o. A. I. sowie II. 1.
[3] S.o. A. II. 2. und Einleitung zu 3.
[4] S.o. A. II. 3. b).
[5] S.o. A. II. 3. b) dd).

keit subjektiver Ingerenzen und sorgt angesichts ihm innewohnender besonderer Begründungserfordernisse für das größtmögliche Maß an Rationalität in der wissenschaftlichen Argumentation.[6]

7. Jeder Verfassungstypus ist durch eine Reihe typischer Merkmale gekennzeichnet, die in ihrem spezifischen Zusammenwirken das Erscheinungsbild der »Verfassung« ausmachen. Im Rahmen dieses Merkmalsgefüges ist grundsätzlich kein Merkmal für sich genommen zwingend. Vielmehr kann das Fehlen einer einzelnen verfassungstypischen Eigenschaft durch das Vorliegen anderer verfassungsspezifischer Eigenschaften kompensiert werden, sofern aufgrund des Zusammenspiels dieser Eigenschaften das Gesamtbild einer »Verfassung« gewahrt bleibt. Für die Zuordnung konkreter Sachverhalte zum Verfassungstypus folgt daraus, daß im Zuge einer wertenden Betrachtung untersucht werden muß, ob der Sachverhalt verfassungstypische Eigenschaften in solcher Zahl und Stärke aufweist, daß er im ganzen dem typischen Erscheinungsbild einer »Verfassung« entspricht. Sowohl die bei der Typusbildung als auch der Typusanwendung vorgenommenen Wertungen sind jeweils gesondert zu begründen.[7]

8. Mit einem typologischen Verfassungsverständnis unvereinbar ist es, nach Art begrifflicher Deduktion aus dem Begriff oder »Wesen« der Verfassung ohne weitere Begründung konkrete Rechtsfolgen abzuleiten.[8]

9. In dieser Arbeit ist vom Verfassungstypus des demokratischen Verfassungsstaates auszugehen.[9] Typische formelle Merkmale einer verfassungsstaatlichen Verfassung sind die schriftliche Fixierung des Verfassungsinhaltes in einer einheitlichen Urkunde, die Gesetzesqualität und die Selbstkennzeichnung als »Verfassung«, der Ausschluß der Geltung der Lex-posterior-Regel, das Verbot von Verfassungsdurchbrechungen, die erschwerte Abänderbarkeit sowie der Vorrang der Verfassung.[10]

10. In materieller Hinsicht läßt sich eine Verfassung als herrschaftsbegründende und herrschaftsbeschränkende rechtliche Grundordnung des Staates wie des Gemeinwesens charakterisieren. Sie enthält üblicherweise neben den grundlegenden Rechtsvorschriften über die Organisation und Ausübung der Staatsgewalt Festlegungen hinsichtlich der Staatsziele und der Staatsform sowie der Rechtsposition des einzelnen im Staat – meist und zuvörderst in Gestalt der Gewährleistung von Grundrechten. Typisch für eine verfassungsstaatliche Verfassung ist ferner eine gewaltenteilige und demokratisch-rechtsstaatliche Staatsorganisation sowie ihr prinzipieller Anspruch auf dauerhafte Geltung, der sich aus der besonderen Dignität des Verfassungsinhaltes ableitet.[11]

---

[6] S.o. A. II. 3. c) und 4.
[7] S.o. A. II. 4. sowie auch schon 3. a) bb) und c) aa).
[8] S.o. A. II. 4.
[9] S.o. A. III. 1.
[10] S.o. A. III. 2.
[11] S.o. A. III. 3.

B., C. *Verfassunggebung, Verfassungsänderung*

11. Als ranghöchstes Gesetz hat die Verfassung keine positive staatliche Rechtsnorm mehr über sich, die Regelungen hinsichtlich der Verfassungsentstehung treffen und die Verfassungsgeltung begründen könnte.[12]

12. Ob Verfassunggebung gleichwohl auf eine rechtliche Befugnisnorm zurückgeführt werden kann oder als außerrechtlicher, politisch-faktischer Vorgang angesehen werden muß, ist im Schrifttum umstritten. Ausgehend von den divergierenden Grundauffassungen bestehen weitere Meinungsverschiedenheiten im Hinblick darauf, ob ein bestimmtes Subjekt als Träger der verfassunggebenden Gewalt (pouvoir constituant) zur Verfassungschöpfung berufen ist, ob dabei irgendwelche verfahrensmäßigen oder inhaltlichen Vorgaben zu beachten sind und wie sich die Geltung einer von der verfassunggebenden Gewalt hervorgebrachten Verfassung begründen läßt.[13]

13. Die Verfassungsänderung kann demgegenüber ohne weiteres als auf einer verfassungsrechtlichen Ermächtigung beruhender Rechtsakt qualifiziert werden. Das Recht zur Vornahme von Verfassungsänderungen ist eine von der Verfassung begründete und in ihrem Rahmen verbleibende Zuständigkeit bestimmter Organe der verfaßten Gewalt (pouvoirs constitués). Das im Wege der Verfassungsrevision erzeugte Verfassungsrecht gilt, weil die Verfassung die Geltung des von den zuständigen Organen im vorgeschriebenen Verfahren (ggf. unter Beachtung inhaltlicher Vorgaben) erzeugten Verfassungsrechts anordnet.[14]

14. Charakteristisch für die Verfassungsänderung ist demnach die derivative Geltung des im Revisionsverfahren erzeugten Verfassungsrechts, ferner die (mindestens formelle) Kontinuität der modifizierten Verfassung sowie die Legalität der Verfassungsrechtsetzung. Im Gegensatz dazu stellt sich Verfassunggebung als originäre, normative Diskontinuität begründende und aus Sicht der geltenden Verfassung regelmäßig verfassungswidrige, d.h. rechtlich revolutionäre Art der Verfassungsrechtserzeugung dar.[15]

D. *Die Differenzierung zwischen Verfassunggebung und Verfassungsänderung*

15. Schwierigkeiten bereitet die Differenzierung zwischen Verfassunggebung und Verfassungsänderung in der Konstellation einer noch geltenden Verfassung. Hier erweist sich Verfassunggebung als ambivalentes, nicht nur verfassungsbe-

---

[12] S.o. B. I. 1. sowie II. 2. a).
[13] S.o. B. II. und III.
[14] S.o. C. II.
[15] S.o. D. I. 2.

gründendes, sondern zugleich verfassungszerstörendes Phänomen. Weil neuerliche Verfassunggebung eine aus Sicht der geltenden Verfassung unerwünschte Erscheinung ist, stellt sich die Frage, ob trotz vorhandener Verfassung mit Revisionsmöglichkeit noch Raum für erneute Betätigungen der verfassunggebenden Gewalt bleibt.[16]

16. Die damit angesprochene Frage nach dem Einfluß des Verfassungsinkrafttretens auf die verfassunggebende Gewalt wird in der Literatur in Abhängigkeit von der jeweiligen Grundauffassung zum Wesen der Verfassunggebung unterschiedlich beantwortet: Teilweise wird von einem Fortbestehen der verfassunggebenden Gewalt als solcher ausgegangen, wobei ihre Permanenz bald rechtlicher Art (im Sinne eines fortwährenden rechtlichen Dürfens) und bald politisch-faktischer Natur (im Sinne eines andauernden tatsächlichen Könnens) sein soll. Anderenteils wird einem Untergehen der verfassunggebenden Gewalt das Wort geredet oder angenommen, die verfassunggebende Gewalt mutiere mit dem Verfassungsinkrafttreten kraft eines Akts der Selbstbindung zur verfassungsändernden Gewalt und sei fortan verfassungsgebundenes Organ.[17]

17. Ungeachtet aller Meinungsverschiedenheiten besteht Einigkeit dahingehend, daß neuerliche Verfassunggebung – wenn auch ggf. rechtlich revolutionär – politisch-faktisch immer möglich ist.[18] Die Auffassungsunterschiede konzentrieren sich auf die Frage nach der Existenz rechtsverbindlicher Maßstäbe für die Beurteilung neuerlicher Betätigungen der verfassunggebenden Gewalt und, daran anschließend, insbesondere darauf, ob Aktionen des pouvoir constituant bei bestehender Verfassung rechtlich verboten oder rechtlich erlaubt sind.[19]

18. Da Rechtspflichten nur heteronom, nicht aber autonom im Wege einer Selbstbindung begründet werden können, sind verfassungsrechtliche Vorschriften für die verfassunggebende Gewalt rechtlich unverbindlich. Ein verfassungsrechtliches Verbot neuerlicher Verfassunggebung hat daher für den pouvoir constituant keine unmittelbare rechtliche Bedeutung. Zudem ist die Annahme einer Konstitutionalisierung der verfassunggebenden Gewalt abzulehnen, da sie die Möglichkeit einer rechtlich verbindlichen Selbstverpflichtung voraussetzt.[20]

19. Verfassunggebung ist bei bestehender Verfassung auch nicht von Rechts wegen erlaubt. Als Ermächtigungsgrundlage für den pouvoir constituant kommen weder verfassungsrechtliche noch naturrechtliche bzw. überpositive Normen in Betracht. Erstere vermögen kein Recht auf Verfassunggebung zu begründen, letztere sind sowohl hinsichtlich Existenz als auch Inhalt einer rechtswissenschaftlichen Erfassung unzugänglich. Sie bieten wichtige Maßstäbe für die

---

[16] S.o. D. II. 1.
[17] S.o. D. II. 2. a) bis c).
[18] S.o. D. II. 2. d) aa).
[19] S.o. D. II. 2. d) bb).
[20] S.o. D. II. 3. a).

Beurteilung der Legitimität staatlichen Rechts, ohne aber bereits Teil der staatlichen Rechtsordnung zu sein.[21]

20. Ein eventuelles völkerrechtliches Recht auf Verfassunggebung ist, abgesehen von gewissen Unsicherheiten in der diesbezüglichen Dogmatik, wegen der grundsätzlichen Verschiedenheit von völkerrechtlicher und staatlicher Rechtsordnung für die Differenzierung zwischen Verfassunggebung und Verfassungsänderung – einem innerstaatlichen Rechtsakt – nicht von Belang.[22] Ungeachtet dessen bestehen gewisse völkerrechtliche Bindungen der verfassunggebenden Gewalt.[23]

21. Verfassunggeberische Akte sind dem pouvoir constituant demnach weder rechtlich-konstitutiv erlaubt noch in rechtsverbindlicher Weise verboten. Verfassunggebung vollzieht sich nicht in Ausübung einer rechtlichen Ermächtigung, sondern – aus der Perspektive der staatlichen Rechtsordnung betrachtet – als politisch-faktisches Phänomen bar jeglicher rechtlicher Bindung in bezug auf Subjekt, Verfahren und Verfassungsinhalt. Von nicht zu unterschätzender Bedeutung sind aber außerrechtliche Bindungen, denen der pouvoir constituant unterliegt. Diesbezuglich ist vor allem der Einfluß der zur Zeit der Verfassungschöpfung obwaltenden Legitimitätsvorstellungen hervorzuheben. Zusätzlich besteht die völkerrechtliche Verpflichtung zur Beachtung insbesondere eines Kerngehaltes an Menschenrechten.[24]

22. Trotz ihrer Unverbindlichkeit für den pouvoir constituant behalten die verfassungsrechtlichen Vorschriften für künftige Fälle der Verfassungsrechtserzeugung ihren Sinn. Die Organe der verfaßten Gewalt dürfen an verfassungswidrigen Betätigungen der verfassunggebenden Gewalt nicht mitwirken, sondern sind zu deren Bekämpfung verpflichtet. Konstitutionell illegale verfassunggeberische Akte werden dadurch rechtlich erschwert, die Chancen ihres tatsächlichen Erfolges gemindert.[25]

23. Außer durch repressive Mittel können künftige Aktivitäten des pouvoir constituant auch durch präventive Maßnahmen verhindert werden. Ausgehend von der Erkenntnis, daß eine Verfassung um ihrer Geltung willen beständig vom pouvoir constituant »getragen« und als legitime Herrschaftsordnung anerkannt werden muß, erscheint Verfassungslegitimität als Garant für die Verfassungsfortgeltung. Neuerliche Verfassunggebung kann vermieden werden, wenn eine Verfassung den zur Zeit ihrer Entstehung aktuellen Legitimitätsidealen hinreichend Rechnung trägt und zugleich durch ausreichende Verfassungsflexibilität gewähr-

---

[21] S.o. D. II. 3. b) aa) und bb).
[22] S.o. D. II. 3. b) cc) (1).
[23] S.o. D. II. 3. b) cc) (2).
[24] S.o. D. II. 3. c).
[25] S.o. D. III. 1. a).

leistet wird, daß die Verfassung auch unter veränderten Geltungsbedingungen hinreichende Anerkennung erfährt.[26]

24. Im Interesse ausreichender Verfassungsflexibilität bietet es sich an, die Verfassung als Rahmenordnung zu konzipieren, die sich bewußt mit der Festlegung grundlegender Prinzipien begnügt und deren Konkretisierung dem Gesetzgeber überläßt. Auch ein nicht übermäßig erschwertes Revisionsverfahren sowie das Fehlen weit ausgreifender materieller Änderungsschranken tragen dazu bei, daß eine Verfassung selbst unter modifizierten Geltungsbedingungen nicht ohne weiteres obsolet wird. Ein gewisses Maß an Verfassungsrigidität sollte allerdings nicht unterschritten werden.[27]

25. Allen verfassungsrechtlichen Mechanismen zur Erschwerung und Vermeidung verfassunggeberischer Akte eignet ein »Versuchscharakter« dahingehend, daß Verfassunggebung mit verfassungsrechtlichen Mitteln für die Zukunft ausgeschlossen werden soll. Dieser Versuch ist zwar insofern untauglich, als das Ausbleiben verfassunggeberischer Akte mangels Verfassungsbindung des pouvoir constituant rechtlich nicht erzwungen werden kann. Praktisch kann der Versuch aber gleichwohl erfolgreich sein, wenn es gelingt, die verfassunggebende Gewalt an der bisherigen Verfassung »festzuhalten«, sie also zu veranlassen, nicht selbst aktiv zu werden, sondern Organe der verfaßten Gewalt an ihrer Statt handeln zu lassen.[28]

26. Speziell das Verfahren der Verfassungsrevision dient dazu, auf Umgestaltungen der Verfassungsordnung gerichtete Bestrebungen rechtlich zu kanalisieren bzw. »aufzufangen«, und soll damit revolutionäre Betätigungen der verfassunggebenden Gewalt entbehrlich machen.[29]

27. Einen wichtigen Anhaltspunkt für die Unterscheidung von Verfassunggebung und Verfassungsänderung bietet das Kriterium der verfassungsrechtlichen Erlaubtheit: Verfassungsänderung ist verfassungsmäßige Verfassungsrechtsetzung, Verfassunggebung grundsätzlich verfassungswidrige Verfassungsrechtserzeugung.[30]

28. Verfassunggebung ist praktisch unnötig, wenn das verfolgte verfassungspolitische Ziel erlaubtermaßen im Wege der Verfassungsrevision realisiert werden darf. Insofern verdrängt die Verfassungsänderung als das wegen seiner Verfassungsmäßigkeit »mildere« Mittel zur Erzeugung neuen Verfassungsrechts die Verfassunggebung als rechtlich revolutionäre Alternative der Verfassungsrechtschöpfung.[31]

---

[26] S.o. D. III. 1. b) aa) und bb).
[27] S.o. D. III. 1. b) cc).
[28] S.o. D. III. 1. c).
[29] S.o. D. III. 1. c).
[30] S.o. D. III. 2. a).
[31] S.o. D. III. 2. b).

29. Für den *praktischen* Stellenwert von Verfassunggebung und Verfassungsänderung in einer konkreten Verfassungsordnung ist die Reichweite der jeweiligen Revisionsermächtigung von maßgeblicher Bedeutung: Je enger die inhaltlichen Grenzen, innerhalb derer Verfassungsänderungen erlaubt sind, und je höher
die formellen Anforderungen, denen ein verfassungsänderndes Gesetz genügen
muß, desto eher wird neuerliche Verfassunggebung praktisch erforderlich sein
und desto größer ist ihre Wahrscheinlichkeit.[32]

30. In einem Staat, in dem wegen weit ausgedehnter Revisionsmöglichkeiten in
praxi kaum je ein verfassunggeberischer Akt stattfinden wird, besteht sehr viel
weniger Anlaß, eine Lehre von der verfassunggebenden Gewalt zu entwickeln
bzw. überhaupt zwischen systemimmanenter und extrakonstitutioneller Verfassungsrechtserzeugung zu differenzieren, als in einem Staat mit äußerst rigider
Verfassung.[33]

31. Ebenso wie unter praktischen Aspekten »paßt« die Differenzierung zwischen Verfassunggebung und Verfassungsänderung auch unter *theoretischen*
Gesichtspunkten nicht für jede Verfassungsordnung gleichermaßen. Eine theoretische Differenzierung zwischen Verfassungsänderung als verfassungsrechtlich
erlaubter und Verfassunggebung als verfassungswidriger Verfassungsrechtserzeugung ist nur in einer Verfassungsordnung möglich, in der es überhaupt verfassungsrechtlich erlaubte Verfassungsrechtsetzung gibt. Mindestvoraussetzung für
die theoretische Unterscheidbarkeit von Verfassunggebung und Verfassungsänderung ist die verfassungsrechtliche Anordnung irgendeines Verfahrens oder irgendwelcher inhaltlicher Schranken für die Verfassungsrechtserzeugung.[34]

32. Eine Differenzierung zwischen Verfassunggebung und Verfassungsänderung ist weder unter praktischen Gesichtspunkten stets sinnvoll noch theoretisch
in jeder beliebigen Verfassungsordnung möglich. Die nämliche Differenzierung
kann infolgedessen nicht gedanklich und begrifflich notwendiger Bestandteil einer allgemeinen, universell geltenden Verfassungslehre sein. Sie ist nicht einer jeden Verfassungsordnung zwingend und apriorisch vorgegeben, sondern eine nur
unter bestimmten Voraussetzungen mögliche und angebrachte Differenzierung.[35]

33. Die konkrete Ausgestaltung der verfassungsrechtlichen Vorschriften für
die Schaffung von Verfassungsrecht ist nicht nur dafür ausschlaggebend, ob in einer Verfassungsordnung überhaupt theoretisch zwischen Verfassunggebung und
Verfassungsänderung differenziert werden kann, sondern entscheidet auch darüber, hinsichtlich welcher und wie vieler Eigenschaften sich beide Arten der Verfassungsrechtserzeugung voneinander abheben.[36]

---

[32] S.o. D. III. 2. c).
[33] S.o. D. III. 2. d).
[34] S.o. D. III. 2. d) aa) und bb).
[35] S.o. D. III. 2. d) cc).
[36] S.o. D. III. 3. a).

34. Je nachdem, ob verfassungsrechtlich erlaubte Verfassungsrechtsetzung nur die Einhaltung eines bestimmten Verfahrens oder auch (bzw. allein) die Beachtung inhaltlicher Vorgaben voraussetzt, kann nur theoretisch-formell oder auch (bzw. allein) theoretisch-materiell zwischen verfassungsmäßiger Verfassungsrechtsetzung (Verfassungsänderung) und verfassungswidriger Verfassungschöpfung (Verfassunggebung) unterschieden werden. Zusätzlich kann zum Zwecke der Abgrenzung unter bestimmten Umständen auf das bei der Schaffung von Verfassungsrecht agierende Subjekt abgestellt werden.[37]

35. Einen »Probierstein« für die Richtigkeit aller Thesen zur Differenzierung zwischen Verfassunggebung und Verfassungsänderung bietet die Konstellation der Verfassungsablösung, die dadurch gekennzeichnet ist, daß eine Verfassung ausnahmsweise nicht nur geändert, sondern legal durch eine andere, neue Verfassung ersetzt werden darf. Besonders vordringlich ist zu klären, ob Verfassunggebung ausnahmsweise verfassungsmäßig sein und ob Verfassungsänderung in Ausnahmefällen Verfassungsdiskontinuität herbeiführen kann.[38]

36. Wegen der Unverbindlichkeit aller verfassungsrechtlichen Vorschriften für den pouvoir constituant können Ablösungsklauseln nicht dahin ausgelegt werden, daß sie die verfassunggebende Gewalt rechtlich im Sinne einer Kompetenznorm zur Schaffung einer neuen Verfassung ermächtigen. Auch bei der Verfassungsablösung unterliegt der pouvoir constituant – aus der Perspektive der staatlichen Rechtsordnung – weder formellen noch materiellen Bindungen rechtlicher Art.[39]

37. Der Regelungsgehalt verfassungsrechtlicher Ablösungsbestimmungen ist nicht stets identisch. Es sind zwei verschiedene Arten von Ablösungsvorbehalten denkbar.[40]

38. Möglich ist eine Interpretation dahin, daß in der Ablösungsklausel zum Ausdruck gebracht wird, wann eine künftige Betätigung des pouvoir constituant aus Sicht der geltenden Verfassung legal ist. In einem solchen pouvoir constituant-bezogenen oder »deklaratorischen Ablösungsvorbehalt« statuiert die Verfassung mit lediglich deklaratorischer Wirkung gegenüber dem pouvoir constituant die Bedingungen, unter denen sie einem originären Akt der verfassunggebenden Gewalt zu weichen gewillt ist, ohne diesen rechtlich zu erschweren.[41]

39. In Gestalt eines Ablösungsvorbehaltes kann eine Verfassung aber auch Organe der verfaßten Gewalt zur Schaffung einer neuen Verfassung ermächtigen. Ein solcher pouvoirs constitués-bezogener oder »konstitutiver Ablösungsvorbehalt« begründet, gleich einer Revisionsermächtigung, eine rechtliche Kompetenz verfassungsgebundener Organe zur derivativen Verfassungschöpfung, wobei die

---

[37] S.o. D. III. 3. a) aa) bis ee).
[38] S.o. D. III. 3. b) aa).
[39] S.o. D. III. 3. b) bb).
[40] S.o. D. III. 3. b) cc).
[41] S.o. D. III. 3. b) cc) (1) sowie ee) (1).

Beachtung aller einschlägigen Verfassungsnormen Bedingung und insofern konstitutiv für die Geltung der neuen Verfassung ist.[42]

40. Die deklaratorische Verfassungsablösung ist gewissermaßen zwischen Verfassunggebung und Verfassungsänderung angesiedelt, weil sie typische Merkmale beider Kategorien in sich vereinigt. Ebenso ähnelt die konstitutive Verfassungsablösung in bestimmter Hinsicht der Verfassungsrevision, während unter anderen Gesichtspunkten Parallelen zur Verfassunggebung festzustellen sind. Eine eindeutige Zuordnung beider Arten der Verfassungsablösung entweder zur Kategorie der Verfassunggebung oder zur Kategorie der Verfassungsänderung ist deswegen nur möglich, wenn die zur Unterscheidung von Verfassunggebung und Verfassungsänderung üblicherweise herangezogenen Kriterien von unterschiedlichem Gewicht sind und in Zweifelsfällen nur eines oder einzelne von ihnen über die Zuordnung entscheiden.[43]

41. Der Differenzierung zwischen Verfassunggebung und Verfassungsänderung liegt die Vorstellung von zwei ihrem Wesen nach verschiedenen Arten der Verfassungsrechtserzeugung zugrunde. Die Wesensverschiedenheit resultiert weder aus dem Gegensatz zwischen verfassungsmäßiger und verfassungswidriger Verfassungsrechtsetzung noch aus dem Unterschied zwischen kontinuitätswahrender und Verfassungsdiskontinuität begründender Verfassungschöpfung. Die wesensmäßige Verschiedenheit von Verfassunggebung und Verfassungsänderung beruht allein darauf, daß im erstgenannten Fall Verfassungsrecht originär und frei von rechtlichen Bindungen in Geltung gesetzt wird, während im letzteren Falle derivative Verfassungsrechtsetzung durch rechtlich gebundene Organe stattfindet.[44]

42. Da sich Verfassunggebung und Verfassungsänderung wesensmäßig im Hinblick auf den Geltungsgrund des geschaffenen Verfassungsrechts unterscheiden, kommt dem Kriterium der Derivativität bzw. Originarität der Verfassungsrechtserzeugung ein gegenüber anderen Unterscheidungsmerkmalen gesteigerter Stellenwert zu.[45]

43. Der besondere Stellenwert des Kriteriums der Derivativität äußert sich zum einen darin, daß das Vorhandensein einer verfassungsrechtlichen Ermächtigung zur derivativen Verfassungsrechtserzeugung Voraussetzung dafür ist, daß in einer konkreten Verfassungsordnung theoretisch zwischen Verfassunggebung und Verfassungsänderung als wesensmäßig verschiedenen Arten der Verfassungsrechtserzeugung unterschieden werden kann.[46]

44. Zum anderen ist der Gesichtspunkt des verfassungsrechtlichen Geltungsgrundes auch insofern von herausragender Bedeutung, als derivative Verfassungs-

---

[42] S.o. D. III. 3. b) cc) (2) sowie ee) (2).
[43] S.o. D. III. 3. b) cc) (1) (b) bzw. (2) (b), (3) sowie dd).
[44] S.o. D. III. 3. b) dd) (2) und (3).
[45] S.o. D. III. 3. b) dd) (3).
[46] S.o. D. III. 3. b) dd) (3) sowie ff), auch zu den folgenden Thesen.

rechtsetzung ungeachtet ihrer sonstigen Eigenheiten stets als Verfassungsänderung zu charakterisieren ist, während originäre Verfassungschöpfung immer als
Verfassunggebung angesehen werden muß.

45. Verfassungsänderung ist als Abbreviatur für derivative Verfassungsrechtsetzung und Verfassunggebung als diejenige für originäre Verfassungschöpfung
zu verstehen.

46. Die konstitutive Verfassungsablösung kann wegen der derivativen Geltung der neuen Verfassung als besonderer Fall der Verfassungsänderung (Verfassungsersetzung), die deklaratorische Verfassungsablösung aufgrund der Originarität der Verfassungschöpfung als Sonderfall der Verfassunggebung eingestuft
werden. Die Abweichung gegenüber dem Normalfall der Verfassungsänderung
besteht bei der konstitutiven Verfassungsablösung darin, daß formelle Verfassungsdiskontinuität eintritt, während eine Betätigung der verfassunggebenden
Gewalt in der Konstellation der deklaratorischen Verfassungsablösung ausnahmsweise »legal« ist.[47]

47. Das Kriterium der Verfassungsmäßigkeit bzw. Verfassungswidrigkeit der
Verfassungsrechtserzeugung eignet sich nur bedingt für die Unterscheidung von
Verfassungsänderung und Verfassunggebung. Die legale Entstehung von Verfassungsrecht ist zwar Voraussetzung für dessen derivative Geltung, weshalb Verfassungsänderung immer verfassungsmäßige Verfassungsrechtsetzung ist. Verfassunggebung ist hingegen nicht ausnahmslos »illegal«, weil auch Fälle originärer
und gleichwohl »legaler« Verfassungschöpfung möglich sind (deklaratorische
Verfassungsablösung).[48]

48. Dem Umstand, daß sich Verfassunggebung und Verfassungsänderung zwar
regelmäßig im Hinblick auf eine Vielzahl von Gesichtspunkten unterscheiden,
sich ihre Gegensätzlichkeit im Einzelfall jedoch auf den Aspekt der Originarität
bzw. Derivativität zu reduzieren vermag, kann durch ein gemischt begrifflich-typologisches Verständnis Rechnung getragen werden: Verfassunggebung und Verfassungsänderung sind Phänomene mit »Begriffskern« und »Typushülle«.[49]

49. Einziges begriffliches und damit zwingendes Merkmal der Verfassunggebung ist die Originarität der Verfassungschöpfung, alleiniges Begriffsmerkmal
der Verfassungsänderung die Derivativität der Verfassungsrechtsetzung. Alle anderen Merkmale, bezüglich derer sich verfassunggeberische Akte üblicherweise
von solchen der verfassungsändernden Gewalt unterscheiden, sind lediglich typologischer Natur. Sie sind für die kategoriale Zuordnung konkreter Normerzeugungsvorgänge nicht ausschlaggebend, sondern erlauben lediglich deren Charakterisierung als typischer oder weniger typischer Fall von Verfassunggebung
oder Verfassungsänderung.

---

[47] S.o. D. III. 3. b) ee).
[48] S.o. D. III. 3. b) ff).
[49] S.o. D. III. 4. a), auch zur folgenden These.

E. Die Konsequenzen der Abgrenzung von Verfassunggebung und Verfassungsänderung anhand des Kriteriums der Originarität bzw. Derivativität

50. Wegen der weitgehend nur typologischen Verschiedenheit von Verfassunggebung und Verfassungsänderung kann das Bestehen ungeschriebener materiell-rechtlicher Schranken der Verfassungsrevision nicht damit begründet werden, daß die Verfassungsänderung als gegenüber der materiell undeterminierten Verfassunggebung gegensätzliche Art der Verfassungsrechtserzeugung inhaltlichen Beschränkungen unterliegen müsse. Ebensowenig können aus dem »Wesen der Verfassung« in verfassungstheoretisch-abstrakter Weise bestimmte Grenzen der Revisionsgewalt abgeleitet werden.[50]

51. Sofern nicht ausdrücklich in der Verfassung angeordnet, kann vom Bestehen inhaltlicher Schranken der Verfassungsänderung nur ausgegangen werden, wenn sich durch Verfassungsauslegung konkrete Anhaltspunkte sowohl für das Bestehen als auch für den Inhalt verfassungsimmanenter Begrenzungen der Revisionsgewalt auffinden lassen. Anderenfalls ist die verfassungsändernde ebenso wie die verfassunggebende Gewalt allein außerrechtlichen Normativitäten und dem Völkerrecht verpflichtet.[51]

52. Ob nach einem Akt der Verfassungsrechtserzeugung Verfassungskontinuität herrscht oder Verfassungsdiskontinuität eingetreten ist, kann und muß sowohl unter formellen als auch unter materiellen Gesichtspunkten begutachtet werden. Die Resultate formeller und materieller Betrachtung können divergieren, d.h. formelle Verfassungskontinuität kann mit materieller Verfassungsdiskontinuität einhergehen und umgekehrt.[52]

53. Für die verfassungstheoretische Kategorisierung konkreter Normerzeugungsvorgänge als Verfassunggebung oder Verfassungsänderung ist allein die formelle Perspektive mittelbar bedeutsam, weil das begriffliche Differenzierungskriterium der Derivativität bzw. Originarität der Verfassungsrechtserzeugung seinerseits an die formelle Kontinuität bzw. Diskontinuität der Geltungsgrundlage des Verfassungsrechts anknüpft.[53]

54. Wenn die bisherige Verfassung nach einem Akt der Verfassungsrechtserzeugung formell fortgilt, liegt immer Verfassungsänderung vor, weil formelle Verfassungskontinuität die Annahme von Verfassunggebung ausschließt.[54]

---

[50] S.o. E. I. 1. und 2.
[51] S.o. E. I. 2. c) sowie 3.
[52] S.o. E. II. 1.
[53] S.o. E. II. 2. b) aa).
[54] S.o. E. II. 2. b) aa) (3), auch zum folgenden.

55. Wenn die bisherige Verfassung nach einem verfassungsrechterzeugenden Vorgang formell nicht fortgilt, kann sowohl Verfassunggebung als auch Verfassungsänderung in Gestalt der Verfassungsersetzung anzunehmen sein.

56. Das Vorliegen von Verfassungsänderung trotz formeller Verfassungsdiskontinuität setzt voraus, daß die bisherige Verfassung in Gestalt eines konstitutiven Ablösungsvorbehalts zur derivativen Schaffung einer neuen Verfassung ermächtigt und daß die verfassungsrechtlich statuierten Bedingungen für die Zulässigkeit der Verfassungsablösung erfüllt sind.[55]

57. Wenn nach einem verfassungsrechterzeugenden Vorgang weder die bisherige Verfassung formell fortgilt noch das neue Verfassungsrecht auf derselben Geltungsgrundlage beruht wie die bis dahin geltende Verfassung, liegt Verfassunggebung vor.

58. Wird Verfassungsrecht auf verfassungswidrige Weise in Geltung gesetzt, liegt immer Verfassunggebung und niemals Verfassungsänderung vor, weil verfassungswidrig geschaffenes Verfassungsrecht nicht derivativ gelten kann.[56]

59. Wird auf verfassungsmäßige Weise eine neue Verfassung geschaffen (Verfassungsablösung), kann sowohl Verfassunggebung als auch Verfassungsänderung gegeben sein.[57]

60. Ob im Falle einer verfassungsmäßigen Neukonstituierung Verfassunggebung oder Verfassungsänderung vorliegt, hängt von der Ausgestaltung der bisherigen Verfassung ab. Die Art ihrer Festlegungen, d.h. die Art des in ihr enthaltenen Ablösungsvorbehalts, entscheidet darüber, ob von einer derivativen oder originären Geltung der neuen Verfassung auszugehen ist.

61. Ist die rechtliche Verbindlichkeit der verfassungsrechtlichen Vorschriften für den Neukonstituierungsvorgang intendiert, muß es sich um einen konstitutiven Ablösungsvorbehalt handeln, der pouvoirs constitués zur derivativen Schaffung einer neuen Verfassung ermächtigt; denn anderenfalls könnten die verfassungsrechtlichen Vorgaben für den Neukonstituierungsprozeß nicht rechtlich verbindlich sein.[58]

62. Fehlt es an Anhaltspunkten dafür, daß die verfassungsrechtlichen Ablösungsvorschriften für den Vorgang der Verfassungschöpfung rechtlich verbindlich sein sollen, handelt es sich um einen deklaratorischen Ablösungsvorbehalt.

63. Wenn eine Verfassung beabsichtigt, den Prozeß einer künftigen Neukonstituierung durch verbindliche Vorgaben rechtlich zu determinieren, und dadurch den Versuch einer Konstitutionalisierung der verfassunggebenden Gewalt unternimmt, entsteht ein personell mit dem pouvoir constituant identischer pouvoir constitué, der zur derivativen Verfassungsrechtserzeugung ermächtigt ist, während die verfassunggebende Gewalt als originär verfassungschöpferische

---

[55] Vgl. außer dem vorstehenden Nachweis auch oben E., Einleitung zu III.
[56] S.o. E., Einleitung zu IV. sowie IV. 1. b).
[57] S.o. E. IV. 1., auch zum folgenden.
[58] S.o. E. IV. 1. a), auch zum folgenden.

Kraft unverändert fortbesteht, weil sie sich ihrem Wesen nach einer verfassungsrechtlichen Einbindung entzieht.

64. Aus der Beteiligung bestimmter Organe an der Schaffung neuen Verfassungsrechts kann nicht durchweg auf eine bestimmte Kategorie der Verfassungsrechtserzeugung geschlossen werden.[59]

65. Handeln Verfassungsorgane auf verfassungsmäßige Weise, kann derivative
Verfassungsrechtsetzung und damit Verfassungsänderung vorliegen, daneben
aber auch Mitwirkung an einem zulässigen Vorgang deklaratorischer Verfassungsablösung und somit Verfassunggebung.[60]

66. Ein aus Sicht der bisherigen Verfassung verfassungswidriges Tätigwerden
von Verfassungsorganen kann ebensowenig wie die verfassungschöpferische Betätigung extrakonstitutioneller Organe Verfassungsänderung sein. In Anbetracht
der Differenzierung zwischen Innehabung und Ausübung der verfassunggebenden Gewalt kann das Handeln jener Organe jedoch ggf. als Mitwirkung an einem
verfassunggeberischen Akt charakterisiert werden.[61]

67. Die Ausübung der verfassunggebenden Gewalt durch besondere Organe
setzt einen dahingehenden Auftrag von seiten des Inhabers der verfassunggebenden Gewalt voraus. Korrespondierend damit, daß als Betrachtungshorizont für
verfassunggeberische Akte nur eine Ex-post-Perspektive in Betracht kommt,
wird sich ein entsprechender Auftragswille des pouvoir constituant vielfach erst
im nachhinein feststellen lassen. Nicht auszuschließen ist ein auftragsloses und
damit eigenmächtiges Organhandeln bis hin zu einer Usurpation der verfassunggebenden Gewalt.[62]

68. Zahlreiche Besonderheiten gelten bei der verfassungstheoretischen Würdigung des Organhandelns auf der Grundlage verfassungsvorbereitender Normen,
die das Procedere einer bevorstehenden Neukonstituierung regeln.[63]

69. Verfassungsvorbereitende Normen werden häufig im Vorfeld der Verfas-
sungsberatung und -verabschiedung erlassen, um einen rechtlich geordneten Ablauf der Verfassungschöpfung sicherzustellen.[64]

70. Unabhängig davon, ob verfassungsvorbereitende Normen von irgendwelchen vorkonstitutionellen Kräften herrühren oder auf die verfassunggebende Gewalt selbst zurückgeführt werden können, sind derartige Vorschriften für den
pouvoir constituant rechtlich unverbindlich. Wie Verfassungsnormen sind sie für
den pouvoir constituant nur kraft (rechtlich unverbindlicher) Selbstbindung, d.h.
nur so lange bedeutsam, wie er sie als für sich bindend anerkennt.

---

[59] S.o. E. IV. 2. a).
[60] S.o. E. IV. 2. a) sowie b) aa).
[61] S.o. E. IV. 2. a) sowie b) bb) und cc).
[62] S.o. E. IV. 2. b) bb) (1) und (2) sowie c).
[63] S.o. E. IV. 3.
[64] S.o. D. III. 1. d) sowie E. IV. 3., auch zum folgenden.

71. Ist ein entsprechender Bindungswille vorhanden, wird die üblicherweise erst mit dem Verfassungsinkrafttreten einsetzende Selbstbindung des pouvoir constituant zeitlich vorverlagert. Der Bindungsgrad wird dabei mit zunehmender Nähe zur Verfassungsverabschiedung gesteigert, so daß Verfassunggebung als prozeßhafter Vorgang erscheint, in dessen Verlauf sich die verfassunggebende Gewalt – auf rechtlich unverbindliche Weise – zunehmend formellen und materiellen Bindungen unterwirft.[65]

72. Werden in verfassungsvorbereitenden Normen, die den Willen des pouvoir constituant in bezug auf die Modalitäten des Neukonstituierungsvorgangs verkörpern, schon existente oder neu einzurichtende Organe zur Mitwirkung an der Verfassungschöpfung berufen, existiert ausnahmsweise ein schriftlich fixierter Auftrag des pouvoir constituant zur Ausübung der verfassunggebenden Gewalt.[66]

73. Vorbereitungsnormen können für die mit verfassungschöpferischen Aufgaben betrauten Organe, so wie für den pouvoir constituant selbst, rechtlich unverbindlich sein. Ebenso ist es möglich, daß verfassungsvorbereitende Normen für die an der Verfassungsrechtserzeugung beteiligten Organe rechtsverbindlich sind.[67]

74. Sind verfassungsvorbereitende Normen für die zur Verfassungschöpfung berufenen Organe rechtsverbindlich und wird von diesen Organen auf normgemäße Weise eine neue Verfassung ins Werk gesetzt, handelt es sich dabei um derivative Verfassungsrechtserzeugung. Mangels Originarität der Verfassungschöpfung kann in diesem Zusammenhang strenggenommen nicht von einer Ausübung der verfassunggebenden Gewalt durch besondere Organe die Rede sein.[68]

75. Ein originärer verfassunggeberischer Akt kann hingegen darin liegen, daß der pouvoir constituant rechtsverbindliche Vorbereitungsnormen erläßt oder anerkennt, durch die der eigentliche Akt der Verfassungschöpfung formell und ggf. auch materiell präjudiziert wird. In diesem Fall kann von antizipierter Verfassunggebung gesprochen werden.[69]

76. Im Falle der antizipierten Verfassunggebung tritt der Prozeßcharakter der Verfassunggebung besonders augenscheinlich hervor: Die Verfassung wird in einem gestuften Verfahren ins Werk gesetzt, in welchem der originäre verfassunggeberische Akt nicht direkt auf die Inkraftsetzung der Verfassung gerichtet ist, sondern deren Entstehung und ggf. Inhalt verbindlich regelnde Rechtsvorschriften hervorbringt, nach deren Maßgabe sodann in einem zweiten Schritt die Verfassung von rechtlich gebundenen Organen derivativ geschaffen wird.[70]

---

[65] S.o. D. III. 1. d) bb).
[66] S.o. E. IV. 3.
[67] S.o. E. IV. 3. b).
[68] S.o. E. IV. 3. c) aa) und bb).
[69] S.o. E. IV. 3. c) bb).
[70] S.o. E. IV. 3. c) cc).

Literaturverzeichnis[1]

Achterberg, Norbert: Probleme der *Funktionenlehre*, München 1970

ders.: Die Bedeutung der Gesetzgebungslehre für die Entwicklung einer Allgemeinen Regelungstheorie, in: ZG 1 (1986), S. 221–244

ders.: Artikel »Konkretisierung des Rechts«, in: Ergänzbares Lexikon des Rechts, Neuwied u.a. 1992, Gruppe 2/270

Alexy, Robert: Begriff und Geltung des Rechts, Freiburg, München 2002 (1992)

Alvarez, Alejandro: Die verfassunggebende Gewalt des Volkes unter besonderer Berücksichtigung des deutschen und chilenischen Grundgesetzes, Frankfurt am Main, Berlin, Bern u.a. 1995

Anschütz, Gerhard: Die Verfassung des Deutschen Reichs vom 11. August 1919, 14. Auflage, Berlin 1933

Anzon, Adele: Die »europäische Verfassung« als Rechtsproblem, in: JöR n.F. 49 (2001), S. 103–124

Apelt, Willibalt: Geschichte der Weimarer Verfassung, 2. Auflage, München, Berlin 1964

Aubert, Jean-François/Eichenberger, Kurt/Müller, Jörg Paul/Rhinow, René A./Schindler, Dietrich (Hrsg.): Kommentar zur Bundesverfassung der Schweizer Eidgenossenschaft vom 29. Mai 1874, Loseblattausgabe, Basel, Zürich, Bern 1987ff (zitiert: Aubert/Bearbeiter)

Bachof, Otto: Verfassungswidrige Verfassungsnormen?, Tübingen 1951

Badura, Peter: *Verfassung* und Verfassungsgesetz, in: Festschrift für Ulrich Scheuner zum 70. Geburtstag, hrsg. von Horst Ehmke, Joseph H. Kaiser, Wilhelm A. Kewenig, Karl-Matthias Meessen, Wolfgang Rüfner, Band 1, Berlin 1973, S. 19–39

ders.: Verfassung, *Staat und Gesellschaft* in der Sicht des Bundesverfassungsgerichts, in: Bundesverfassungsgericht und Grundgesetz, hrsg. von Christian Starck, Band 2, Tübingen 1976, S. 1–21

ders.: Richterliches *Prüfungsrecht* und Wirtschaftspolitik, in: Verwaltung im Dienste von Wirtschaft und Gesellschaft, Festschrift für Ludwig Fröhler zum 60. Geburtstag, hrsg. von Peter Oberndorfer und Herbert Schambeck, Berlin 1980, S. 321–347

ders.: Artikel »Verfassung«, in: Herzog, Roman/Kunst, Hermann/Schlaich, Klaus/Schneemelcher, Wilhelm (Hrsg.), Evangelisches Staatslexikon, Band 2, 3. Auflage, Stuttgart 1987

ders.: Arten der Verfassungsrechtssätze, in: Isensee, Josef/Kirchhof, Paul (Hrsg.), Handbuch des Staatsrechts der Bundesrepublik Deutschland, Band 7, Heidelberg 1992, § 159, S. 33–55

ders.: Verfassungsänderung, Verfassungswandel, Verfassungsgewohnheitsrecht, in: Isensee, Josef/Kirchhof, Paul (Hrsg.), Handbuch des Staatsrechts der Bundesrepublik Deutschland, Band 7, Heidelberg 1992, § 160, S. 57–77

---

[1] Bei Publikationen, die mit Kurztitel zitiert worden sind, ist dieser durch *Kursivdruck* gekennzeichnet.

ders.: Die Verfassung im Ganzen der Rechtsordnung und die Verfassungskonkretisierung durch Gesetz, in: Isensee, Josef/Kirchhof, Paul (Hrsg.), Handbuch des Staatsrechts der Bundesrepublik Deutschland, Band 7, Heidelberg 1992, § 163, S. 165–188

ders.: Die parlamentarische Demokratie, in: Isensee, Josef/Kirchhof, Paul (Hrsg.), Handbuch des Staatsrechts der Bundesrepublik Deutschland, Band 1, 2. Auflage, Heidelberg 1995, § 23, S. 953–986

ders.: *Staatsrecht*, 3. Auflage, München 2003

Bartlsperger, Richard: Verfassung und verfassunggebende Gewalt im vereinten Deutschland, in: DVBl. 1990, S. 1285–1301

Battis, Ulrich: Der Verfassungsverstoß und seine Rechtsfolgen, in: Isensee, Josef/Kirchhof, Paul (Hrsg.), Handbuch des Staatsrechts der Bundesrepublik Deutschland, Band 7, Heidelberg 1992, § 165, S. 231–270

Becker, Jürgen: Die wehrhafte Demokratie des Grundgesetzes, in: Isensee, Josef/Kirchhof, Paul (Hrsg.), Handbuch des Staatsrechts der Bundesrepublik Deutschland, Band 7, Heidelberg 1992, § 167, S. 309–359

Behrens, Michael/Rimscha, Robert von: Gute Hoffnung am Kap? Das neue Südafrika, Zürich, Osnabrück 1994

Benda, Ernst: Der soziale Rechtsstaat, in: ders./Maihofer, Werner/Vogel, Hans-Jochen (Hrsg.): Handbuch des Verfassungsrechts der Bundesrepublik Deutschland, Band 1, 2. Auflage, Berlin, New York 1995, § 17, S. 719–797

Berlit, Uwe: Die neue Niedersächsische Verfassung, in: NVwZ 1994, S. 11–17

Beyme, Klaus von: Die verfassunggebende Gewalt des Volkes, Tübingen 1968

Blumenwitz, Dieter: Braucht Deutschland ein neues Grundgesetz? Verfassungsgebende und verfassungsändernde Gewalt nach dem Einigungsvertrag, in: ZfP 39 (1992), S. 1–23

Böckenförde, Ernst-Wolfgang: Entstehung und Wandel des *Rechtsstaats*begriffs, in: Festschrift für Adolf Arndt zum 65. Geburtstag, hrsg. von Horst Ehmke, Carlo Schmid, Hans Scharoun, Frankfurt am Main 1969, S. 53–76

ders.: Die Entstehung des Staates als Vorgang der *Säkularisation*, in: ders., Staat – Gesellschaft – Freiheit, Frankfurt am Main 1976, S. 42–64

ders.: Die Methoden der Verfassungsinterpretation – Bestandsaufnahme und Kritik, in: NJW 1976, S. 2089–2099

ders.: Weichenstellungen der Grundrechtsdogmatik, in: Staat 29 (1990), S. 1–31

ders.: Die Eigenart des *Staatsrechts* und der Staatsrechtswissenschaft, in: ders., Staat, Verfassung, Demokratie, Frankfurt am Main 1991, S. 11–28

ders.: Geschichtliche Entwicklung und Bedeutungswandel der *Verfassung*, in: ders., Staat, Verfassung, Demokratie, Frankfurt am Main 1991, S. 29–52

ders.: Die *verfassunggebende Gewalt* des Volkes – Ein Grenzbegriff des Verfassungsrechts, in: ders., Staat, Verfassung, Demokratie, Frankfurt am Main 1991, S. 90–112

ders.: Demokratie als Verfassungsprinzip, in: Isensee, Josef/Kirchhof, Paul (Hrsg.), Handbuch des Staatsrechts der Bundesrepublik Deutschland, Band 1, 2. Auflage, Heidelberg 1995, § 22, S. 887–952

Boehl, Henner Jörg: Landesverfassunggebung im Bundesstaat, in: Der Staat 30 (1991), S. 572–593

ders.: *Verfassunggebung* im Bundesstaat: ein Beitrag zur Verfassungslehre des Bundesstaates und der konstitutionellen Demokratie, Berlin 1997

Brenner, Michael: Möglichkeiten und Grenzen grundrechtsbezogener Verfassungsänderungen, dargestellt anhand der Neuregelung des Asylrechts, in: Der Staat 32 (1993), S. 493–526

Brinckmann, Hans: Die fingierte Geltung, in: DÖV 1970, S. 406–411

Brunner, Georg: Das Staatsrecht der Deutschen Demokratischen Republik, in: Isensee, Josef/Kirchhof, Paul (Hrsg.), Handbuch des Staatsrechts der Bundesrepublik Deutschland, Band 1, 2. Auflage, Heidelberg 1995, § 10, S. 385–447

Bryde, Brun-Otto: Verfassungsentwicklung, Stabilität und Dynamik im Verfassungsrecht der Bundesrepublik Deutschland, Baden-Baden 1982

Burckhardt, Walther: *Kommentar* der Schweizerischen Bundesverfassung vom 29. Mai 1874, 3. Auflage, Bern 1931

ders.: Die *Organisation* der Rechtsgemeinschaft, 2. Auflage, Zürich 1944

Burdeau, Georges: Zur Auflösung des Verfassungsbegriffs, in: Der Staat 1 (1962), S. 389–404

Bydlinski, Franz: Juristische Methodenlehre und Rechtsbegriff, 2. Auflage, Wien u.a. 1991

Carpenter, Gretchen: *Introduction* to South African Constitutional Law, Durban 1987

dies.: The Republic of South Africa Constitution Act 200 of 1993 – an overview, in: South African Public Law 1994, S. 222–232

Christensen, Ralph: Artikel »Begriff, Begriffsbildung«, in: Ergänzbares Lexikon des Rechts, Neuwied u.a. 1992, Gruppe 2/60

Corder, Hugh: Towards a South African Constitution, in: The Modern Law Review 57 (1994), S. 491–533

Degenhart, Christoph: Staatsrecht I, 20. Auflage, Heidelberg 2004

Denninger, Erhard: Sicherheit/Vielfalt/Solidarität: Ethnisierung der *Verfassung*, in: Preuß, Ulrich K. (Hrsg.), Zum Begriff der Verfassung, Frankfurt am Main 1994, S. 95–129

ders.: »Streitbare Demokratie« und Schutz der Verfassung, in: Benda, Ernst/Maihofer, Werner/Vogel, Hans-Jochen (Hrsg.): Handbuch des Verfassungsrechts der Bundesrepublik Deutschland, Band 1, 2. Auflage, Berlin, New York 1995, § 16, S. 675 – 716

ders./Hoffmann-Riem, Wolfgang/Schneider, Hans-Peter/Stein, Ekkehart (Hrsg.): Kommentar zum Grundgesetz, Reihe Alternativkommentare, 3. Auflage, Neuwied 2001 ff (zitiert: AK/Bearbeiter)

Dietlein, Johannes: Landesgrundrechte im Bundesstaat, in: Jura 1994, S. 57–61

Di Fabio, Udo: Für eine Grundrechtsdebatte ist es Zeit, in: F.A.Z. Nr. 268 vom 17. November 1999, S. 11

Doehring, Karl: Formen und Methoden der Anwendung des *Selbstbestimmungsrecht*s, in: Blumenwitz, Dieter/Meissner, Boris (Hrsg.): Das Selbstbestimmungsrecht der Völker und die deutsche Frage, Köln 1984, S. 61–71

ders.: *Völkerrecht*, 2. Auflage, Heidelberg 2003

ders.: Allgemeine Staatslehre, 3. Auflage, Heidelberg 2004 (zitiert: Doehring, AStL)

Dolzer, Rudolf: Der Widerstandsfall, in: Isensee, Josef/Kirchhof, Paul (Hrsg.), Handbuch des Staatsrechts der Bundesrepublik Deutschland, Band 7, Heidelberg 1992, § 171, S. 455–479

ders./Vogel, Klaus/Graßhof, Karin (Hrsg.): Kommentar zum Bonner Grundgesetz (Bonner Kommentar), Loseblattausgabe, Heidelberg, Stand: Dezember 2005 (zitiert: BK/Bearbeiter)

Dreier, Horst: Grenzen demokratischer Freiheit im Verfassungsstaat, in: JZ 1994, S. 741–752

ders. (Hrsg.): Grundgesetz, Kommentar, Band 2 und 3, Tübingen 1998 und 2000 (zitiert: Dreier/Bearbeiter)

ders.: Kontexte des Grundgesetzes, in: DVBl. 1999, S. 667–679

Drüen, Klaus-Dieter: Typus und Typisierung im Steuerrecht, in: StuW 1997, S. 261–274

Ehmke, Horst: Grenzen der Verfassungsänderung, Berlin 1953

Ehrenzeller, Bernhard/Mastronardi, Philippe/Schweizer, Rainer J./Vallender, Klaus A. (Hrsg.): Die schweizerische Bundesverfassung, Kommentar, Zürich 2002 (zitiert: Ehrenzeller/Bearbeiter)

Elster, John: Die Schaffung von *Verfassung*en: Analyse der allgemeinen Grundlagen, in: Preuß, Ulrich K. (Hrsg.), Zum Begriff der Verfassung, Frankfurt am Main 1994, S. 37–57

Engisch, Karl: Die Idee der *Konkretisierung* in Recht und Rechtswissenschaft unserer Zeit, 2. Auflage, Heidelberg 1968

ders.: *Einführung* in das juristische Denken, 9. Auflage, hrsg. von Thomas Würtenberger und Dirk Otto, Stuttgart, Berlin, Köln 1997

Fastenrath, Ulrich: Gewaltenteilung – Ein Überblick, in: JuS 1986, S. 194–201

Fiedler, Wilfried: Die deutsche Revolution von 1989: Ursachen, Verlauf, Folgen, in: Isensee, Josef/Kirchhof, Paul (Hrsg.), Handbuch des Staatsrechts der Bundesrepublik Deutschland, Band 8, Heidelberg 1995, § 184, S. 3–33

Fleiner, Fritz/Giacometti, Zaccaria: Schweizerisches Bundesstaatsrecht, Zürich 1949

Fleiner-Gerster, Thomas: Allgemeine Staatslehre, Unter Mitarbeit von Peter Hänni, Berlin, Heidelberg, New York 1980

Forsthoff, Ernst: Deutsche Verfassungsgeschichte der Neuzeit, 4. Auflage, Stuttgart, Berlin, Köln, Mainz 1972

Franz, Günther: Staatsverfassungen, Eine Sammlung wichtiger Verfassungen der Vergangenheit und Gegenwart in Urtext und Übersetzung, 2. Auflage, München 1964

Friauf, Karl Heinrich: Grenzen der politischen *Entschließungsfreiheit* des Bundeskanzlers und der Bundesminister, in: Festgabe für Heinrich Herrfahrdt zum 70. Geburtstag, hrsg. von Erich Schwinge, Marburg 1961, S. 45–72

Friedrich, Carl J.: Der Verfassungsstaat der Neuzeit, Berlin, Göttingen, Heidelberg 1953

Frotscher, Werner/Pieroth, Bodo: Verfassungsgeschichte, 2. Auflage, München 1999

Götz, Heinrich: Die Zuständigkeit für normative Entscheidungen über schicksalsbestimmende Fragen in der Bundesrepublik, in: NJW 1958, S. 1020–1025

Grawert, Rolf: Staatsvolk und Staatsangehörigkeit, in: Isensee, Josef/Kirchhof, Paul (Hrsg.), Handbuch des Staatsrechts der Bundesrepublik Deutschland, Band 1, 2. Auflage, Heidelberg 1995, § 14, S. 663–690

Grimm, Dieter: Die *Zukunft* der Verfassung, Frankfurt am Main 1991

ders.: *Verfassung*, Zur Geschichte des Begriffs von der Antike bis zur Gegenwart, siehe: Mohnhaupt, Heinz/Grimm, Dieter

Grosskreutz, Peter: Normwidersprüche im Verfassungsrecht, Jur. Diss., Göttingen 1966

Gutmann, Egbert: Die Konstituante nach dem Grundgesetz für die Bundesrepublik Deutschland, Jur. Diss., Würzburg 1965

Häberle, Peter: Die verfassunggebende Gewalt des Volkes im Verfassungsstaat – eine vergleichende Textstufenanalyse, in: AöR 112 (1987), S. 54–92

ders.: Europäische *Verfassungslehre*, 1. Auflage, Baden-Baden 2001/2002

ders.: Die »total« revidierte Bundesverfassung der Schweiz von 1999/2000, in: Staat, Kirche, Verwaltung, Festschrift für Hartmut Maurer zum 70. Geburtstag, hrsg. v. Max-Emanuel Geis, Dieter Lorenz, München 2001, S. 935–947

Häfelin, Ulrich/Haller, Walter: Schweizerisches Bundesstaatsrecht, Ein Grundriss, 3. Auflage, Zürich 1993 (zitiert: Häfelin/Haller[3])

dies.: Schweizerisches Bundesstaatsrecht, Die neue Bundesverfassung, 5. Auflage, Zürich 2001

Hain, Karl-E.: Die Grundsätze des Grundgesetzes, Eine Untersuchung zu Art. 79 Abs. 3 GG, Baden-Baden 1999

Hartung, Fritz: Deutsche Verfassungsgeschichte vom 15. Jahrhundert bis zur Gegenwart, 9. Auflage, Stuttgart 1969

Haug, Hans: Die Schranken der Verfassungsrevision, Jur. Diss., Zürich 1946

Haverkate, Görg: *Verfassungslehre*, Verfassung als Gegenseitigkeitsordnung, München 1992

ders.: *Normtext* – Begriff – Telos, Zu den Grundtypen des juristischen Argumentierens, Heidelberg 1996

Heckel, Martin: Die Legitimation des Grundgesetzes durch das deutsche Volk, in: Isensee, Josef/Kirchhof, Paul (Hrsg.), Handbuch des Staatsrechts der Bundesrepublik Deutschland, Band 8, Heidelberg 1995, § 197, S. 489–555

ders.: Die deutsche *Einheit* als Verfassungsfrage, Wo war das Volk?, Heidelberg 1995

Heckmann, Dirk: Verfassungsreform als Ideenwettbewerb zwischen Staat und Volk, in: DVBl. 1991, S. 847–855

Heese, Hans Friedrich/Böhnke, Thomas H.: Die Neue Übergangsverfassung der Republik Südafrika, Ende der Apartheid – Aufbruch in die Demokratie, in: Verfassung und Recht in Übersee, Law and Politics in Africa, Asia and Latin America, 1994, S. 491–515

Heller, Hermann: Staatslehre, hrsg. von Gerhart Niemeyer, Leiden 1934

Henke, Wilhelm: Die *verfassunggebende Gewalt* des deutschen Volkes, Stuttgart 1957

ders.: Die verfassunggebende Gewalt des Volkes in Lehre und Wirklichkeit, in: Der Staat 7 (1968), S. 165–182

ders.: Staatsrecht, Politik und verfassunggebende Gewalt, in: Der Staat 19 (1980), S. 181–211

ders.: Das Ende der Revolution und die verfassunggebende Gewalt des Volkes, in: Der Staat 31 (1992), S. 265–280

Henkin, Louis: Revolutionen und *Verfassung*en, in: Preuß, Ulrich K. (Hrsg.), Zum Begriff der Verfassung, Frankfurt am Main 1994, S. 213–247

Hensel, Albert: Die Rangordnung der Rechtsquellen, insbesondere das Verhältnis von Reichs- und Landesgesetzgebung, in: Anschütz, Gerhard/Thoma, Richard (Hrsg.), Handbuch des Deutschen Staatsrechts, Band 2, Tübingen 1932, § 84, S. 313–329

Herbst, Tobias: Legitimation durch Verfassunggebung, Baden-Baden 2003

Herzog, Roman: Allgemeine Staatslehre, Frankfurt am Main 1971 (zitiert: Herzog, AStL)

ders.: Hierarchie der Verfassungsnormen und ihre Funktion beim Schutz der Grundrechte, in: EuGRZ 1990, S. 483–486

Hesse, Konrad: *Grundzüge* des Verfassungsrechts der Bundesrepublik Deutschland, 20. Auflage, Heidelberg 1995

ders.: Verfassung und Verfassungsrecht, in: Benda, Ernst/Maihofer, Werner/Vogel, Hans-Jochen (Hrsg.), Handbuch des Verfassungsrechts der Bundesrepublik Deutschland, Band 1, 2. Auflage, Berlin, New York 1995, § 1, S. 3–17

ders.: Die Verfassungsentwicklung seit 1945, in: Benda, Ernst/Maihofer, Werner/Vogel, Hans-Jochen (Hrsg.), Handbuch des Verfassungsrechts der Bundesrepublik Deutschland, Band 1, 2. Auflage, Berlin, New York 1995, § 3, S. 35–52

Hildebrandt, Gunther: Die Paulskirche, Parlament in der Revolution 1848/49, Berlin 1986

Hillgruber, Christian/Kempen, Bernhard: Das Selbstbestimmungsrecht des deutschen Volkes und der Teso-Beschluß des Bundesverfassungsgerichts, in: Recht in Ost und West 33 (1989), S. 323–332

Hippel, Ernst von: *Gewaltenteilung* im modernen Staate, Köln 1950

ders.: Allgemeine Staatslehre, Berlin, Frankfurt am Main 1963 (zitiert: v. Hippel, AStL)

Hobe, Stephan: Bedingungen, Verfahren und Chancen europäischer Verfassunggebung: Zur Arbeit des Brüsseler Verfassungskonvents, in: EuR 2003, S. 1–16

Hofmann, Hasso: Recht – Politik – Verfassung, Studien zur Geschichte der politischen Philosophie, Frankfurt am Main 1986

Holle, Levin: Das Verfassungsgericht der Republik Südafrika, Baden-Baden 1997

Holzer, Nikolaus: Integration durch Verfassung – das Beispiel der Verfassungsgebung in der Republik Südafrika, Jur. Diss., Mainz 1999

Hood Phillips, O.: Reform of the Constitution, London 1970

ders./Jackson, Paul: O. Hood Phillips' Constitutional and Administrative Law, 7. Auflage, London 1987

Huber, Ernst Rudolf: Deutsche *Verfassungsgeschichte* seit 1789, Band 1, Stuttgart, Berlin u.a. 1957; Band 5, Stuttgart, Berlin u.a. 1978

ders.: Dokumente zur Deutschen Verfassungsgeschichte, Band 1, Stuttgart 1961; Band 2, 3. Auflage, Stuttgart, Berlin u.a. 1986; Band 3, 3. Auflage, Stuttgart, Berlin u.a. 1990

ders.: Das Kaiserreich als Epoche verfassungsstaatlicher Entwicklung, in: Isensee, Josef/ Kirchhof, Paul (Hrsg.), Handbuch des Staatsrechts der Bundesrepublik Deutschland, Band 1, 2. Auflage, Heidelberg 1995, § 2, S. 35–83

Huber, Peter M.: Die Anforderungen der Europäischen Union an die Reform des Grundgesetzes, in: ThürVBl. 1994, S. 1–8

Hufeld, Ulrich: Die Verfassungsdurchbrechung, Rechtsproblem der Deutschen Einheit und der europäischen Einigung, Ein Beitrag zur Dogmatik der Verfassungsänderung, Berlin 1997

Ipsen, Jörn: *Rechtsfolgen* der Verfassungswidrigkeit von Norm und Einzelakt, Baden-Baden 1980

ders.: Staatsrecht I (Staatsorganisationsrecht), 15. Auflage, München 2003

Ipsen, Knut: *Völkerrecht*, 5. Auflage, München 2004

Isensee, Josef: Idee und Gestalt des Föderalismus im Grundgesetz, in: ders./Kirchhof, Paul (Hrsg.), Handbuch des Staatsrechts der Bundesrepublik Deutschland, Band 4, Heidelberg 1990, § 98, S. 517–691

ders.: Staatseinheit und Verfassungskontinuität, in: VVDStRL 49 (1990), S. 39–64

ders.: Das Grundgesetz zwischen Endgültigkeitsanspruch und Ablösungsklausel, in: Stern, Klaus (Hrsg.), Deutsche *Wiedervereinigung*, Band 1, Köln, Berlin, Bonn, München 1991

ders.: Verfassungsrecht als »politisches Recht«, in: ders./Kirchhof, Paul (Hrsg.), Handbuch des Staatsrechts der Bundesrepublik Deutschland, Band 7, Heidelberg 1992, § 162, S. 103–163

ders.: Schlußbestimmung des Grundgesetzes: Artikel 146, in: ders./Kirchhof, Paul (Hrsg.), Handbuch des Staatsrechts der Bundesrepublik Deutschland, Band 7, Heidelberg 1992, § 166, S. 271–306

ders.: Das Volk als Grund der Verfassung – *Mythos* und Relevanz der Lehre von der verfassunggebenden Gewalt, Opladen 1995

ders.: Staat und Verfassung, in: ders./Kirchhof, Paul (Hrsg.), Handbuch des Staatsrechts der Bundesrepublik Deutschland, Band 1, 2. Auflage, Heidelberg 1995, § 13, S. 591–661

ders.: Rechtsstaat – Vorgabe und Aufgabe der Einigung Deutschlands, in: ders./Kirchhof, Paul (Hrsg.), Handbuch des Staatsrechts der Bundesrepublik Deutschland, Band 9, Heidelberg 1997, § 202, S. 3–128

ders. (Hrsg.): *Gewaltenteilung* heute, Symposium aus Anlaß der Vollendung des 65. Lebensjahres von Fitz Ossenbühl, Heidelberg 2000

Jarass, Hans D./Pieroth, Bodo: Grundgesetz für die Bundesrepublik Deutschland, 8. Auflage, München 2006 (zitiert: J/P/Bearbeiter)

Jellinek, Georg: Allgemeine Staatslehre, 3. Auflage, 7. Neudruck, Darmstadt 1960 (zitiert: Jellinek, AStL)

Jellinek, Walter: *Grenzen* der Verfassungsgesetzgebung, Berlin 1931

ders.: Das verfassungsändernde Reichsgesetz, in: Anschütz, Gerhard/Thoma, Richard (Hrsg.), Handbuch des Deutschen Staatsrechts, Band 2, Tübingen 1932, § 73, S. 182–189

Kägi, Oskar Werner: Zur Entstehung, Wandlung und Problematik des *Gewaltenteilungs-* prinzipes, Jur. Diss., Zürich 1937

ders.: Die Verfassung als rechtliche *Grundordnung* des Staates, Zürich 1945

Karpen, Ulrich: Die verfassungsrechtliche Grundordnung des Staates – Grundzüge der Verfassungstheorie und Politischen Philosophie, in: JZ 1987, S. 431–442

ders.: Südafrika auf dem Wege zu einer demokratisch-rechtsstaatlichen Verfassung, in: JöR 44 (1996), S. 609–623

Kastari, Paavo: Über die *Normativität* und den hierarchischen Vorrang der Verfassungen, in: Die moderne Demokratie und ihr Recht, Festschrift für Gerhard Leibholz zum 65. Geburtstag, hrsg. von Karl Dietrich Bracher u.a., Band 2, Tübingen 1966, S. 49–68

Kaufmann, Erich: Die Gleichheit vor dem Gesetz im Sinne des Art. 109 der Reichsverfassung, in: VVDStRL 3 (1927), S. 2–24

Kaufmann, Marcel: Permanente Verfassunggebung und verfassungsrechtliche Selbstbindung im europäischen Staatenverbund, in: Der Staat 36 (1997), S. 521–546

Kelsen, Hans: Reine Rechtslehre, 2. Auflage 1960, unveränderter Neudruck, Wien 1967

Kempen, Bernhard: Grundgesetz oder neue deutsche Verfassung?, in: NJW 1991, S. 964–967

Kesper, Irene: Bundesstaatliche Finanzordnung, Baden-Baden 1998

Kimminich, Otto: Rechtscharakter und Inhalt des *Selbstbestimmungsrecht*s, in: Blumenwitz, Dieter/Meissner, Boris (Hrsg.): Das Selbstbestimmungsrecht der Völker und die deutsche Frage, Köln 1984, S. 37–46

ders.: Der Bundesstaat, in: Isensee, Josef/Kirchhof, Paul (Hrsg.), Handbuch des Staatsrechts der Bundesrepublik Deutschland, Band 1, 2. Auflage, Heidelberg 1995, § 26, S. 1113–1150

ders./Hobe, Stephan: Einführung in das *Völkerrecht*, 8. Auflage, Tübingen, Basel 2004

Kirchhof, Paul: Die Identität der Verfassung in ihren unabänderlichen Inhalten, in: Isensee, Josef/ders. (Hrsg.), Handbuch des Staatsrechts der Bundesrepublik Deutschland, Band 1, 2. Auflage, Heidelberg 1995, § 19, S. 775–814

ders.: Freiheit in der Gemeinsamkeit der Werte, in: F.A.Z. Nr. 117 vom 22. Mai 1999, S. 8

Klein, Eckart: Vereinte Nationen und *Selbstbestimmungsrecht*, in: Blumenwitz, Dieter/Meissner, Boris (Hrsg.): Das Selbstbestimmungsrecht der Völker und die deutsche Frage, Köln 1984, S. 107–122

ders.: Das Selbstbestimmungsrecht der Völker und die *deutsche Frage*, Berlin 1990

Koller, Peter: Theorie des Rechts, Eine Einführung, 2. Auflage, Wien, Köln, Weimar 1997

Kriele, Martin: Das demokratische Prinzip im Grundgesetz, in: VVDStRL 29 (1971), S. 46–84

ders.: Einführung in die *Staatslehre*, 6. Auflage, Stuttgart u.a. 2003

Krüger, Herbert: Allgemeine Staatslehre, Stuttgart 1964

Kühne, Jörg-Detlef: Die Reichsverfassung der Paulskirche, Vorbild und Verwirklichung im späteren deutschen Rechtsleben, Frankfurt am Main 1985

Kunig, Philip: Völkerrecht und staatliches Recht, in: Vitzthum, Wolfgang Graf (Hrsg.), Völkerrecht, 2. Auflage, Berlin, New York 2001

Kyriazis-Gouvelis, Demetrios L.: Der moderne Verfassungsbegriff und seine historischen Wurzeln, Aristoteles – Montesquieu – Menschenrechte, in: JöR 39 (1990), S. 55–66

Laband, Paul: Das Staatsrecht des Deutschen Reiches, Zweiter Band, 5. Auflage, Tübingen 1911

Lange, Ulrich: Teilung und Trennung der Gewalten bei Montesquieu, in: Der Staat 19 (1980), S. 213–234

Larenz, Karl: Methodenlehre der Rechtswissenschaft, 4. Auflage, Berlin, Heidelberg, New York 1979

ders./Canaris, Claus-Wilhelm: Methodenlehre der Rechtswissenschaft, 3., neu bearbeitete Auflage, Berlin, Heidelberg, New York 1995

Leenen, Detlef: Typus und Rechtsfindung, Berlin 1971

Leisner, Walter: Verfassunggebung und Verfassungskontrolle in Frankreich und Deutschland, Jur. Diss., München 1957

Liebs, Detlef: Lateinische Rechtsregeln und Rechtssprichwörter, 4. Auflage, München 1986

Linck, Joachim: Die vorläufigen Verfassungen in den neuen Ländern, in: DÖV 1991, S. 730–737

Lücke, Jörg: Die Entstehung der neuen südafrikanischen Verfassung und deren »Bill of Rights«, in: JöR 47 (1999), S. 467–502

Magiera, Siegfried: Verfassunggebung der Länder als Gliedstaaten der Bundesrepublik Deutschland, in: Stern, Klaus (Hrsg.), Deutsche *Wiedervereinigung*, Band 3, Köln, Berlin, Bonn, München 1992, S. 141–163

Mangoldt, Hermann von/Klein, Friedrich/Starck, Christian (Hrsg.): Kommentar zum Grundgesetz, Bände 1 bis 3, 5. Auflage, München 2005 (zitiert: M/K/S/Bearbeiter)

Martines, Temistocle: Diritto Costituzionale, 9. Auflage, Mailand 1997

Maunz, Theodor: Die verfassunggebende Gewalt im Grundgesetz, in: DÖV 1953, S. 645–648

ders.: Staatlichkeit und Verfassungshoheit der Länder, in: Isensee, Josef/Kirchhof, Paul (Hrsg.), Handbuch des Staatsrechts der Bundesrepublik Deutschland, Band 4, Heidelberg 1990, § 94, S. 427–441

ders./Zippelius, Reinhold: Deutsches Staatsrecht, 30. Auflage, München 1998

ders./Dürig, Günter (Hrsg.): Grundgesetz, Kommentar, Loseblattausgabe, München, Stand: August 2005 (zitiert: M/D/Bearbeiter)

Menger, Christian-Friedrich: Deutsche Verfassungsgeschichte der Neuzeit, 7. Auflage, Heidelberg 1990

Merkel, Karlheinz: Die verfassungsgebende Gewalt des Volkes, Grundlagen und Dogmatik des Artikels 146 GG, Baden-Baden 1996

Meyer, Georg/Anschütz, Gerhard: Lehrbuch des Deutschen Staatsrechts, 7. Auflage, München, Leipzig 1919

Moelle, Henning: Der Verfassungsbeschluß nach Artikel 146 Grundgesetz, Paderborn u.a. 1996

Möllers, Christoph: Verfassunggebende Gewalt – Verfassung – Konstitutionalisierung, Begriffe der Verfassung in Europa, in: Bogdandy, Armin von (Hrsg.), Europäisches Verfassungsrecht, Theoretische und dogmatische Grundzüge, Berlin u.a. 2003, S. 1–57

Moench, Christoph: Verfassungswidriges Gesetz und Normenkontrolle: die Problematik der verfassungsgerichtlichen Sanktion, dargestellt anhand der Rechtsprechung des Bundesverfassungsgerichtes, Baden-Baden 1977

Mohnhaupt, Heinz/Grimm, Dieter: *Verfassung*, Zur Geschichte des Begriffs von der Antike bis zur Gegenwart, Zwei Studien, Berlin 1995

Müller, Friedrich: Juristische Methodik, herausgegeben von Ralph Christensen, 7. Auflage, Berlin 1997

Münch, Ingo von/Kunig, Philip (Hrsg.): Grundgesetz-Kommentar, Band 3, 4./5. neubearbeitete Auflage, München 2003 (zitiert: vM/K/Bearbeiter)

Murswiek, Dietrich: Die *verfassunggebende Gewalt* nach dem Grundgesetz für die Bundesrepublik Deutschland, Berlin 1978

ders.: Offensives und defensives Selbstbestimmungsrecht, Zum Subjekt des Selbstbestimmungsrechts der Völker, in: Der Staat 23 (1984), S. 523–548

ders.: Das *Wiedervereinigungsgebot* des Grundgesetzes und die Grenzen der Verfassungsänderung, Ein Beitrag zur Diskussion um die Verfassungswidrigkeit der wiedervereinigungsbedingten Grundgesetzänderungen, Köln 1999

Nawiasky, Hans: Die Gleichheit vor dem Gesetz im Sinne des Art. 109 der Reichsverfassung, in: VVDStRL 3 (1927), S. 25–43

Neumann, Heinzgeorg: Die *Vorläufige* Niedersächsische *Verfassung*, 2. Auflage, Stuttgart u.a. 1987

ders.: Die Niedersächsische *Verfassung*, Handkommentar, 3. Auflage, Stuttgart u.a. 2000

Niedobitek, Matthias: Neuere Entwicklungen im Verfassungsrecht der deutschen Länder, 2. Auflage, Speyer 1994

Oeter, Stefan: Selbstbestimmungsrecht im Wandel, Überlegungen zur Debatte um Selbstbestimmung, Sezessionsrecht und »vorzeitige« Anerkennung, in: ZaöRV 52 (1992), S. 741–780

Olivier, Pierre: Constitutionalism and the new South African Constitution, in: Villiers, Bertus de (Hrsg.), Birth of a Constitution, Kenwyn 1994, S. 50–74

Olshausen, Henning von: Die Wirksamkeit des Gesetzes und der Geltungsanspruch der Verfassung, in: JZ 1967, S. 116–120

Oppermann, Thomas: Eine Verfassung für die Europäische Union – Der Entwurf des Europäischen Konvents –, 1. Teil, in: DVBl. 2003, S. 1165–1176

ders.: Europäischer Verfassungskonvent und Regierungskonferenz 2002–2004 – Zur »gemischten« Entstehung der Europäischen Verfassung 2004, in: DVBl. 2004, S. 1264–1271

Ossenbühl, Fritz: Probleme der Verfassungsreform in der Bundesrepublik Deutschland, in: DVBl. 1992, S. 468–477

Palandt, Otto: Bürgerliches Gesetzbuch, 65. Auflage, München 2006 (zitiert: Palandt/Bearbeiter)

Pawlowski, Hans-Martin: *Methodenlehre* für Juristen, 3. Auflage, Heidelberg 1999

ders.: *Einführung* in die Juristische Methodenlehre, 2. Auflage, Heidelberg 2000

Pippan, Christian: Südafrikas Verfassungswandel im Zeichen von Demokratie und Rechtsstaatlichkeit, in: ZaöRV 55 (1995), S. 993–1043

Preuß, Ulrich K.: Der Begriff der *Verfassung* und ihre Beziehung zur Politik, in: ders. (Hrsg.), Zum Begriff der Verfassung, Frankfurt am Main 1994, S. 7–33

Quaritsch, Helmut: Artikel »Legalität, Legitimität«, in: Herzog, Roman/Kunst, Hermann/Schlaich, Klaus/Schneemelcher, Wilhelm (Hrsg.), Evangelisches Staatslexikon, Band 1, 3. Auflage, Stuttgart 1987

ders.: Eigenarten und Rechtsfragen der DDR-Revolution, in: VerwArch 83 (1992), S. 314–329

ders.: Wiedervereinigung in Selbstbestimmung – Recht, Realität, Legitimation, in: Isensee, Josef/Kirchhof, Paul (Hrsg.), Handbuch des Staatsrechts der Bundesrepublik Deutschland, Band 8, Heidelberg 1995, § 193, S. 321–401

Randelzhofer, Albrecht: Das Grundgesetz unter Vorbehalt? Zum neuen Art. 146 GG, in: Stern, Klaus (Hrsg.), Deutsche *Wiedervereinigung*, Band 1, Köln, Berlin, Bonn, München 1991

Rauschning, Dietrich: Deutschlands aktuelle Verfassungslage, in: DVBl. 1990, S. 393–404

Rebmann, Kurt/Säcker, Franz Jürgen/Rixecker, Roland (Hrsg.): Münchener Kommentar zum Bürgerlichen Gesetzbuch, Band 2, 4. Auflage, München 2001 (zitiert: MüKo/Bearbeiter)

Rengeling, Hans-Werner: Gesetzgebungszuständigkeit, in: Isensee, Josef/Kirchhof, Paul (Hrsg.), Handbuch des Staatsrechts der Bundesrepublik Deutschland, Band 4, Heidelberg 1990, § 100, S. 723–856

Roellecke, Gerd: Verfassungsgebende Gewalt als Ideologie, in: JZ 1992, S. 929–934

ders.: Am Beispiel Egon Krenz – Über die Schwierigkeit, deutsches Recht zu sprechen, in: F.A.Z. Nr. 293 vom 16. Dezember 1999, S. 49

Röhl, Klaus F.: Allgemeine Rechtslehre, 2. Auflage, Köln, Berlin, Bonn, München 2001

Röper, Erich: Verfassunggebung und Verfassungskontinuität in den östlichen Bundesländern, in: ZG 6 (1991), S. 149–169

Rumpf, Helmut: Das Subjekt des *Selbstbestimmungsrecht*s, in: Blumenwitz, Dieter/Meissner, Boris (Hrsg.): Das Selbstbestimmungsrecht der Völker und die deutsche Frage, Köln 1984, S. 47–59

Sachs, Michael: Normtypen im deutschen Verfassungsrecht, in: ZG 1991, S. 1–26

ders.: Das Grundgesetz im vereinten Deutschland – endgültige Verfassung oder Dauerprovisorium?, in: JuS 1991, S. 985–991

ders.: Die Landesverfassung im Rahmen der bundesstaatlichen Rechts- und Verfassungsordnung, in: ThürVBl. 1993, S. 121–124

ders. (Hrsg.): Grundgesetz, Kommentar, 3. Auflage, München 2003 (zitiert: Sachs/Bearbeiter)

Sacksofsky, Ute: Landesverfassungen und Grundgesetz – am Beispiel der Verfassungen der neuen Bundesländer, in: NVwZ 1993, S. 235–240

Šarčević, Edin: Verfassunggebung und »konstitutives Volk«: Bosnien-Herzegowina zwischen Natur- und Rechtszustand, in: JöR n.F. 50 (2002), S. 493–532

Sasse, Christoph: Koalitionsvereinbarung und Grundgesetz, in: JZ 1961, S. 719–729

Schambeck, Herbert: Der *Verfassungsbegriff* und seine Entwicklung, in: Festschrift für Hans Kelsen zum 90. Geburtstag, hrsg. von Adolf J. Merkl, René Marcic, Alfred Verdroß, Robert Walter, Wien 1971, S. 211–241

Scheuner, Ulrich: Art. 146 GG und das Problem der verfassunggebenden Gewalt, in: DÖV 1953, S. 581–585

ders.: *Verfassung*, in: Staatstheorie und Staatsrecht, Gesammelte Schriften, hrsg. von Joseph Listl und Wolfgang Rüfner, Berlin 1978, S. 171–184

ders.: Die rechtliche Tragweite der *Grundrechte* in der deutschen Verfassungsentwicklung des 19. Jahrhunderts, in: Staatstheorie und Staatsrecht, Gesammelte Schriften, hrsg. von Joseph Listl und Wolfgang Rüfner, Berlin 1978, S. 633–663

ders.: Verfassungsgerichtsbarkeit und Gesetzgebung, in: DÖV 1980, S. 473–480

Schilling, Theodor: Rang und Geltung von Normen in gestuften Rechtsordnungen, Berlin 1994

Schmalz, Dieter: *Methodenlehre* für das juristische Studium, 4. Auflage, Baden-Baden 1998

ders.: Staatsrecht, 4. Auflage, Baden-Baden 2000

Schmidt-Aßmann, Eberhard: Der *Verfassungsbegriff* in der deutschen Staatslehre der Aufklärung und des Historismus, Berlin 1967

ders.: Der Rechtsstaat, in: Isensee, Josef/Kirchhof, Paul (Hrsg.), Handbuch des Staatsrechts der Bundesrepublik Deutschland, Band 1, 2. Auflage, Heidelberg 1995, § 24, S. 987–1043

Schmitt, Carl: *Verfassungslehre*, München und Leipzig 1928, 8. unveränderter Neudruck, Berlin 1993

ders.: Inhalt und Bedeutung des zweiten Hauptteils der Reichsverfassung, in: Anschütz,

Gerhard/Thoma, Richard (Hrsg.), Handbuch des Deutschen Staatsrechts, Band 2, Tübingen 1932, § 101, S. 572–606

Schmitt Glaeser, Walter: Die Stellung der Bundesländer bei der Vereinigung Deutschlands, Berlin 1990

Schmitz, Thomas: *Integration* in der Supranationalen Union, Baden-Baden 2001

ders.: Das europäische Volk und seine Rolle bei einer Verfassunggebung in der Europäischen Union, in: EuR 2003, S. 217–243

Schneider, Hans: Die Reichsverfassung vom 11. August 1919, in: Isensee, Josef/Kirchhof, Paul (Hrsg.), Handbuch des Staatsrechts der Bundesrepublik Deutschland, Band 1, 2. Auflage, Heidelberg 1995, § 3, S. 85–142

Schneider, Hans-Peter: Die verfassunggebende Gewalt, in: Isensee, Josef/Kirchhof, Paul (Hrsg.), Handbuch des Staatsrechts der Bundesrepublik Deutschland, Band 7, Heidelberg 1992, § 158, S. 3–55

ders.: Das parlamentarische System, in: Benda, Ernst/Maihofer, Werner/Vogel, Hans-Jochen (Hrsg.): Handbuch des Verfassungsrechts der Bundesrepublik Deutschland, Band 1, 2. Auflage, Berlin, New York 1995, § 13, S. 537–598

Schneider, Peter: Artikel »Revolution«, in: Herzog, Roman/Kunst, Hermann/Schlaich, Klaus/Schneemelcher, Wilhelm (Hrsg.), Evangelisches Staatslexikon, Band 2, 3. Auflage, Stuttgart 1987

Schröder, Meinhard: Verantwortlichkeit, Völkerstrafrecht, Streitbeilegung und Sanktionen, in: Vitzthum, Wolfgang Graf (Hrsg.), Völkerrecht, 2. Auflage, Berlin, New York 2001

Schuppert, Gunnar Folke: The Constituent Power, in: Starck, Christian (Hrsg.), Main Principles of the German Basic Law, Baden-Baden 1983, S. 37–54

Schweitzer, Michael: Staatsrecht III, 8. Auflage, Heidelberg 2004

Schweizer, Rainer J.: Die erneuerte schweizerische Bundesverfassung vom 18. April 1999, in: JöR 48 (2000), S. 263–280

Seidl-Hohenveldern, Ignaz/Stein, Torsten: Völkerrecht, 10. Auflage, Köln, Berlin, Bonn, München 2000

Siegenthaler, Paul: Die materiellen Schranken der Verfassungsrevision als Problem des positiven Rechts, Berlin 1970

Sieyes, Emmanuel: Qu'est-ce que le Tiers état? Edition critique avec une introduction et des notes par Roberto Zapperi, Genf 1970 (zitiert: Sieyes (fr.))

ders.: Was ist der Dritte Stand?, Deutsche Übersetzung, hrsg. von Otto Dann, Essen 1988 (zitiert: Sieyes (dt.))

Sinemus, Burkhard: Der Grundsatz der Gewaltenteilung in der Rechtsprechung des Bundesverfassungsgerichts, Frankfurt am Main 1982

Smend, Rudolf: Verfassung und Verfassungsrecht, München, Leipzig 1928

Smith, Stanley de: Constitutional and administrative law de Smith, 4. Auflage, hrsg. von Harry Street und Rodney Brazier, Middlesex, New York, Victoria, Markham, Auckland 1981

Soergel, Hans Theodor/Siebert, Wolfgang (Hrsg.): Kommentar zum Bürgerlichen Gesetzbuch, Band 2, 12. Auflage, Stuttgart, Berlin, Köln 1990 (zitiert: Soergel/Bearbeiter)

Starck, Christian: Vom Grund des *Grundgesetze*s, Zürich 1979

ders.: Deutschland auf dem Weg zur staatlichen Einheit, in: JZ 1990, S. 349–358

ders.: Die Verfassungsauslegung, in: Isensee, Josef/Kirchhof, Paul (Hrsg.), Handbuch des Staatsrechts der Bundesrepublik Deutschland, Band 7, Heidelberg 1992, § 164, S. 189–229 *ders.*: Die neue Niedersächsische Verfassung von 1993, in: NdsVBl. 1994, S. 1–9

ders.: Einführung (zum Wesen des demokratischen *Verfassungsstaat*es), in: ders., Der demokratische Verfassungsstaat, Tübingen 1995, S. 1–8

ders.: *Vorrang* der Verfassung und Verfassungsgerichtsbarkeit, in: ders., Der demokratische Verfassungsstaat, Tübingen 1995, S. 33–57

ders.: Entwicklung der *Grundrechte* in Deutschland, in: ders., Der demokratische Verfassungsstaat, Tübingen 1995, S. 145–160

ders.: Über niedersächsische *Verfassungsdinge*, hrsg. vom Präsidenten des Niedersächsischen Landtages, Hannover 1996

ders.: Die Verfassungen der neuen Länder, in: Isensee, Josef/Kirchhof, Paul (Hrsg.), Handbuch des Staatsrechts der Bundesrepublik Deutschland, Band 9, Heidelberg 1997, § 208, S. 353–402

ders.: Rechtsvergleichung im öffentlichen Recht, in: JZ 1997, S. 1021–1030

ders.: Der südafrikanische *Verfassungsvertrag* von 1993, in: Behrends, Okko/ders. (Hrsg.), Gesetz und Vertrag I, 11. Symposion der Kommission »Die Funktion des Gesetzes in Geschichte und Gegenwart« am 10. und 11. Mai 2002, Göttingen 2004, S. 125–150

Steenkamp, Anton J.: The South African Constitution of 1993 and the Bill of Rights: An Evaluation in Light of International Human Rights Norms, in: Human Rights Quarterly 17 (1995), S. 101–126

Steiner, Udo: Verfassunggebung und verfassunggebende Gewalt des Volkes, Berlin 1966

Stern, Klaus: Das Staatsrecht der Bundesrepublik Deutschland, Band 1, 2. Auflage, München 1984; Band 2, München 1980 (zitiert: Stern I bzw. II)

ders.: Idee der Menschenrechte und Positivität der Grundrechte, in: Isensee, Josef/Kirchhof, Paul (Hrsg.), Handbuch des Staatsrechts der Bundesrepublik Deutschland, Band 5, Heidelberg 1992, § 108, S. 3–44

Storost, Ulrich: Das Ende der Übergangszeit, Erinnerung an die verfassunggebende Gewalt, in: Der Staat 29 (1990), S. 321–331

Storr, Stefan: Verfassunggebung in den Ländern – Zur Verfassunggebung unter den Rahmenbedingungen des Grundgesetzes, Stuttgart, München, Hannover u. a. 1995

Stourzh, Gerald: Vom aristotelischen zum liberalen *Verfassungsbegriff*, Staatsformenlehre und Fundamentalgesetze in England und Nordamerika im 17. und 18. Jahrhundert, in: ders., Wege zur Grundrechtsdemokratie: Studien zur Begriffs- und Institutionengeschichte des liberalen Verfassungsstaates, Wien u. a. 1989, S. 1–34

ders.: Vom Widerstandsrecht zur *Verfassungsgerichtsbarkeit*: Zum Problem der Verfassungswidrigkeit im 18. Jahrhundert, in: ders., Wege zur Grundrechtsdemokratie: Studien zur Begriffs- und Institutionengeschichte des liberalen Verfassungsstaates, Wien u. a. 1989, S. 37–74

ders.: Zur Konstitutionalisierung der *Individualrechte* in der Amerikanischen und Französischen Revolution, in: ders., Wege zur Grundrechtsdemokratie: Studien zur Begriffs- und Institutionengeschichte des liberalen Verfassungsstaates, Wien u. a. 1989, S. 155–174

Stückrath, Brigitta: Art. 146 GG: Verfassungsablösung zwischen Legalität und Legitimität, Berlin 1997

Thoma, Richard: Die juristische Bedeutung der grundrechtlichen Sätze der Deutschen Reichsverfassung im allgemeinen, in: Nipperdey, Hans Carl (Hrsg.), Die *Grundrechte* und Grundpflichten der Reichsverfassung, Band 1, Berlin 1929, S. 1–53

ders.: Grundbegriffe und Grundsätze (zu den Funktionen der Staatsgewalt), in: Anschütz, Gerhard/Thoma, Richard (Hrsg.), Handbuch des Deutschen Staatsrechts, Band 2, Tübingen 1932, § 71, S. 108–159

Thürer, Daniel/Aubert, Jean-François/Müller, Jörg Paul (Hrsg.): Verfassungsrecht der Schweiz, Droit constitutionnel Suisse, Zürich 2001 (zitiert: Thürer/Bearbeiter)

Tilch, Horst (Hrsg.): Deutsches Rechtslexikon, Band 2, 2. Auflage, München 1992

Tomuschat, Christian: *Verfassungsgewohnheitsrecht?*, Heidelberg 1972

ders.: Deutschlands aktuelle Verfassungslage, in: VVDStRL 49 (1990), S. 70–100

ders.: Die staatsrechtliche Entscheidung für die internationale Offenheit, in: Isensee, Josef/ Kirchhof, Paul (Hrsg.), Handbuch des Staatsrechts der Bundesrepublik Deutschland, Band 7, Heidelberg 1992, § 172, S. 483–524

ders.: Das Selbstbestimmungsrecht – rocher de bronce internationaler Selbstbehauptung?, in: ZRP 1993, S. 248–249

Tosch, Erich: Die Bindung des verfassungsändernden Gesetzgebers an den Willen des historischen Verfassunggebers, Berlin 1979

Uerpmann, Robert: Internationales Verfassungsrecht, in: JZ 2001, S. 565–573

Umbach, Dieter C./Clemens, Thomas (Hrsg.): Grundgesetz, Mitarbeiterkommentar und Handbuch, Band 1 und Band 2, Heidelberg 2002 (zitiert: U/C/Bearbeiter)

Unruh, Peter: Der Verfassungsbegriff des Grundgesetzes, Eine verfassungstheoretische Rekonstruktion, Tübingen 2002

Vattel, Emer de: Le droit des gens ou principes de la loi naturelle, Deutsche Übersetzung von Wilhelm Euler, Tübingen 1959

Veiter, Theodor: Die Entwicklung des *Selbstbestimmungsrechts*, in: Blumenwitz, Dieter/ Meissner, Boris (Hrsg.): Das Selbstbestimmungsrecht der Völker und die deutsche Frage, Köln 1984, S. 9–36

Venter, Francois: Milestones in the evolution of the new South African Constitution and some of its salient features, in: South African Public Law 1994, S. 211–221

ders.: Aspects of the South African Constitution of 1996: An African Democratic and Social Federal *Rechtsstaat?*, in: ZaöRV 57 (1997), S. 51–159

Viehoff, Felix: Die verfassunggebende Gewalt, Jur. Diss., Münster 1952

Villiers, Bertus de: The Constitutional Principles: Content and Significance, in: ders. (Hrsg.), Birth of a Constitution, Kenwyn 1994, S. 37–49

Wade, E. C. S./Phillips, G. Godfrey: Constitutional and Adminstrative Law, 9. Auflage, London 1977

Wade, H. William R.: Administrative Law, 6. Auflage, Oxford 1988

Wahl, Rainer: Der Vorrang der Verfassung, in: Der Staat 20 (1981), S. 485–516

ders.: Die Entwicklung des deutschen Verfassungsstaates bis 1866, in: Isensee, Josef/Kirchhof, Paul (Hrsg.), Handbuch des Staatsrechts der Bundesrepublik Deutschland, Band 1, 2. Auflage, Heidelberg 1995, § 1, S. 3–34

Walz, Gustav Adolf: Der Begriff der Verfassung, Berlin 1942

Wedel, Henning von: Das Verfahren der demokratischen Verfassunggebung, Dargestellt am Beispiel Deutschlands 1848/49, 1919, 1948/49, Berlin 1976

Wegge, Georg: Zur normativen Bedeutung des Demokratieprinzips nach Art. 79 Abs. 3 GG, Baden-Baden 1996

Wiederin, Ewald: Die Verfassunggebung im wiedervereinigten Deutschland, in: AöR 117 (1992), S. 410–448

Winkler, Günther: Studien zum Verfassungsrecht, Das institutionelle Denken in Rechtstheorie und Rechtsdogmatik, Wien, New York 1991

Wipfelder, Hans-Jürgen: Die Verfassungsänderung im bundesdeutschen, österreichischen, schweizerischen und bayerischen Staatsrecht, in: BayVBl. 1983, S. 289–297

Wittekindt, Christoph: Materiell-rechtliche Schranken von Verfassungsänderungen im deutschen und französischen Verfassungsrecht, Eine verfassungsvergleichende Untersuchung, Frankfurt am Main 2000

Wölfel, Eberhard: Artikel »Naturrecht«, in: Herzog, Roman/Kunst, Hermann/Schlaich, Klaus/Schneemelcher, Wilhelm (Hrsg.), Evangelisches Staatslexikon, Band 2, 3. Auflage, Stuttgart 1987

Wolff, Hans J.: Typen im Recht und in der Rechtswissenschaft, in: Studium Generale 5 (1952), S. 195–205

Würtenberger, Thomas: Art. 146 GG n. F.: Kontinuität oder Diskontinuität im Verfassungsrecht, in: Stern, Klaus (Hrsg.), Deutsche *Wiedervereinigung*, Band 1, Köln, Berlin, Bonn, München 1991, S. 95–109

ders.: Die Verfassung der DDR zwischen Revolution und Beitritt, in: Isensee, Josef/Kirchhof, Paul (Hrsg.), Handbuch des Staatsrechts der Bundesrepublik Deutschland, Band 8, Heidelberg 1995, § 187, S. 101–130

Wyk, Dawid van: Introduction to the South African Constitution, in: ders./Dugard, John/de Villiers, Bertus/Davis, Dennis (Hrsg.), Rights and Constitutionalism – The New South African Legal Order, Kenwyn 1994, S. 131–170

Yardley, D. C. M.: Introduction to British Constitutional Law, 6. Auflage, London 1984

Zippelius, Reinhold: Allgemeine Staatslehre, 14. Auflage, München 2003 (zitiert: Zippelius, AStL)

Zweig, Egon: Die Lehre vom Pouvoir Constituant, ein Beitrag zum Staatsrecht der französischen Revolution, Tübingen 1909

Sachregister

Jus Publicum

Beiträge zum Öffentlichen Recht – Alphabetische Übersicht

Dörr, Oliver: Der europäisierte Rechtsschutzauftrag deutscher Gerichte. 2003.
Band 96.

Durner, Wolfgang: Konflikte räumlicher Planungen. 2005. *Band 119.*

Enders, Christoph: Die Menschenwürde in der Verfassungsordnung. 1997. *Band 27.*

Epping, Volker: Die Außenwirtschaftsfreiheit. 1998. *Band 32.*

Fehling, Michael: Verwaltung zwischen Unparteilichkeit und Gestaltungsaufgabe. 2001.
Band 79.

Felix, Dagmar: Einheit der Rechtsordnung. 1998. *Band 34.*

Fisahn, Andreas: Demokratie und Öffentlichkeitsbeteiligung. 2002. *Band 84.*

Franz, Thorsten: Gewinnerzielung durch kommunale Daseinsvorsorge. 2005.
Band 123.

Frenz, Walter: Selbstverpflichtungen der Wirtschaft. 2001. *Band 75.*

Gaitanides, Charlotte: Das Recht der Europäischen Zentralbank. 2005. *Band 132.*

Gellermann, Martin: Grundrechte im einfachgesetzlichen Gewande. 2000. *Band 61.*

Grigoleit, Klaus Joachim: Bundesverfassungsgericht und deutsche Frage. 2004.
Band 108.

Gröpl, Christoph: Haushaltsrecht und Reform. *2001. Band 67.*

Gröschner, Rolf: Das Überwachungsrechtsverhältnis. 1992. *Band 4.*

Groß, Thomas: Das Kollegialprinzip in der Verwaltungsorganisation. 1999. *Band 45.*

Grzeszick, Bernd: Rechte und Ansprüche. 2002. *Band 92.*

Guckelberger, Annette: Die Verjährung im Öffentlichen Recht. 2004. *Band 111.*

Gurlit, Elke: Verwaltungsvertrag und Gesetz. 2000. *Band 63.*

Häde, Ulrich: Finanzausgleich. 1996. *Band 19.*

Haltern, Ulrich: Europarecht und das Politische. 2005. *Band 136.*

Hase, Friedhelm: Versicherungsprinzip und sozialer Ausgleich. 2000. *Band 64.*

Heckmann, Dirk: Geltungskraft und Geltungsverlust von Rechtsnormen. 1997.
Band 28.

Heitsch, Christian: Die Ausführung der Bundesgesetze durch die Länder. 2001.
Band 77.

Hellermann, Johannes: Örtliche Daseinsvorsorge und gemeindliche Selbstverwaltung. 2000.
Band 54.

Hermes, Georg: Staatliche Infrastrukturverantwortung. 1998. *Band 29.*

Hösch, Ulrich: Eigentum und Freiheit. 2000. *Band 56.*

Hohmann, Harald: Angemessene Außenhandelsfreiheit im Vergleich. 2002. *Band 89.*

Holznagel, Bernd: Rundfunkrecht in Europa. 1996. *Band 18.*

Horn, Hans-Detlef: Die grundrechtsunmittelbare Verwaltung. 1999. *Band 42.*

Huber, Peter-Michael: Konkurrenzschutz im Verwaltungsrecht. 1991. *Band 1.*

Hufeld, Ulrich: Die Vertretung der Behörde. 2003. *Band 102.*

Huster, Stefan: Die ethische Neutralität des Staates. 2002. *Band 90.*

Ibler, Martin: Rechtspflegender Rechtsschutz im Verwaltungsrecht. 1999. *Band 43.*

Jestaedt, Matthias: Grundrechtsentfaltung im Gesetz. 1999. *Band 50.*

Jochum, Heike: Verwaltungsverfahrensrecht und Verwaltungsprozeßrecht. 2004.
Band 116.

Kadelbach, Stefan: Allgemeines Verwaltungsrecht unter europäischem Einfluß. 1999. *Band 36.*

Kämmerer, Jörn Axel: Privatisierung. 2001. *Band 73.*

Kahl, Wolfgang: Die Staatsaufsicht. 2000. *Band 59.*

Kaufmann, Marcel: Untersuchungsgrundsatz und Verwaltungsgerichtsbarkeit. 2002. *Band 91.*

Kersten, Jens: Das Klonen von Menschen. 2004. *Band 115.*

Khan, Daniel-Erasmus: Die deutschen Staatsgrenzen. 2004. *Band 114.*

Kingreen, Thorsten: Das Sozialstaatsprinzip im europäischen Verfassungsbund. 2003. *Band 97.*

Kischel, Uwe: Die Begründung. 2002. *Band 94.*

Koch, Thorsten: Der Grundrechtsschutz des Drittbetroffenen. 2000. *Band 62.*

Korioth, Stefan: Der Finanzausgleich zwischen Bund und Ländern. 1997. *Band 23.*

Kluth, Winfried: Funktionale Selbstverwaltung. 1997. *Band 26.*

Kube, Hanno: Finanzgewalt in der Kompetenzordnung. 2004. *Band 110.*

Kugelmann, Dieter: Die informatorische Rechtsstellung des Bürgers. 2001. *Band 65.*

Langenfeld, Christine: Integration und kulturelle Identität zugewanderter Minderheiten. 2001. *Band 80.*

Lehner, Moris: Einkommensteuerrecht und Sozialhilferecht. 1993. *Band 5.*

Leisner, Anna: Kontinuität als Verfassungsprinzip. 2002. *Band 83.*

Lenze, Anne: Staatsbürgerversicherung und Verfassung. 2005. *Band 133.*

Lepsius, Oliver: Besitz und Sachherrschaft im öffentlichen Recht. 2002. *Band 81.*

Lindner, Josef Franz: Theorie der Grundrechtsdogmatik. 2005. *Band 120.*

Lorz, Ralph Alexander: Interorganrespekt im Verfassungsrecht. 2001. *Band 70.*

Lücke, Jörg: Vorläufige Staatsakte. 1991. *Band 2.*

Luthe, Ernst-Wilhelm: Optimierende Sozialgestaltung. 2001. *Band 69.*

Mager, Ute: Einrichtungsgarantien. 2003. *Band 99.*

Mann, Thomas: Die öffentlich-rechtliche Gesellschaft. 2002. *Band 93.*

Manssen, Gerrit: Privatrechtsgestaltung durch Hoheitsakt. 1994. *Band 9.*

Masing, Johannes: Parlamentarische Untersuchungen privater Sachverhalte. 1998. *Band 30.*

Möstl, Markus: Die staatliche Garantie für die öffentliche Sicherheit und Ordnung. 2002. *Band 87.*

Möllers, Christoph: Gewaltengliederung. 2005. *Band 141.*

Morgenthaler, Gerd: Freiheit durch Gesetz. 1999. *Band 40.*

Morlok, Martin: Selbstverständnis als Rechtskriterium. 1993. *Band 6.*

Müller-Franken, Sebastian: Maßvolles Verwalten. 2004. *Band 105.*

Musil, Andreas: Wettbewerb in der staatlichen Verwaltung. 2005. *Band 134.*

Niedobitek, Matthias: Das Recht der grenzüberschreitenden Verträge. 2001. *Band 66.*

Odendahl, Kerstin: Kulturgüterschutz. 2005. *Band 140.*

Oeter, Stefan: Integration und Subsidiarität im deutschen Bundesstaatsrecht. 1998. *Band 33.*

Ohler, Christoph: Die Kollisionsordnung des Allgemeinen Verwaltungsrechts. 2005. *Band 131.*

Pache, Eckhard: Tatbestandliche Abwägung und Beurteilungsspielraum. 2001. *Band 76.*

Pauly, Walter: Der Methodenwandel im deutschen Spätkonstitutionalismus. 1993. *Band 7.*

Pielow, Johann-Christian: Grundstrukturen öffentlicher Versorgung. 2001. *Band 58.*

Poscher, Ralf: Grundrechte als Abwehrrechte. 2003. *Band 98.*

Puhl, Thomas: Budgetflucht und Haushaltsverfassung. 1996. *Band 15.*

Reinhardt, Michael: Konsistente Jurisdiktion. 1997. *Band 24.*

Remmert, Barbara: Private Dienstleistungen in staatlichen Verwaltungsverfahren. 2003. *Band 95.*

Rixen, Stephan: Sozialrecht als öffentliches Wirtschaftsrecht. 2005. *Band 130.*

Rodi, Michael: Die Subventionsrechtsordnung. 2000. *Band 52.*

Rossen, Helge: Vollzug und Verhandlung. 1999. *Band 39.*

Rozek, Jochen: Die Unterscheidung von Eigentumsbindung und Enteignung. 1998. *Band 31.*

Ruffert, Matthias: Vorrang der Verfassung und Eigenständigkeit des Privatrechts. 2001. *Band 74.*

Sacksofsky, Ute: Umweltschutz durch nicht-steuerliche Abgaben. 2000. *Band 53.*

Šarčević, Edin: Das Bundesstaatsprinzip. 2000. *Band 55.*

Schlette, Volker: Die Verwaltung als Vertragspartner. 2000. *Band 51.*

Schliesky, Utz: Souveränität und Legitimität von Herrschaftsgewalt. 2004. *Band 112.*

Schmehl, Arndt: Das Äquivalenzprinzip im Recht der Staatsfinanzierung. 2004. *Band 113.*

Schmidt, Thorsten I.: Kommunale Kooperation. 2005. *Band 137.*

Schmidt-De Caluwe, Reimund: Der Verwaltungsakt in der Lehre Otto Mayers. 1999. *Band 38.*

Schönberger, Christoph: Unionsbürger. 2006. *Band 145.*

Schroeder, Werner: Das Gemeinschaftrechtssystem. 2002. *Band 86.*

Schulte, Martin: Schlichtes Verwaltungshandeln. 1995. *Band 12.*

Schwartmann, Rolf: Private im Wirtschaftsvölkerrecht. 2005. *Band 122.*

Seiler, Christian: Der souveräne Verfassungsstaat zwischen demokratischer Rückbindung und überstaatlicher Einbindung. 2005. *Band 124.*

Sobota, Katharina: Das Prinzip Rechtsstaat. 1997. *Band 22.*

Sodan, Helge: Freie Berufe als Leistungserbringer im Recht der gesetzlichen Krankenversicherung. 1997. *Band 20.*

Sommermann, Karl-Peter: Staatsziele und Staatszielbestimmungen. 1997. *Band 25.*

Stoll, Peter-Tobias: Sicherheit als Aufgabe von Staat und Gesellschaft. 2003. *Band 101.*

Storr, Stefan: Der Staat als Unternehmer. 2001. *Band 78.*

Stumpf, Christoph A.: Alternative Streitbeilegung im Verwaltungsrecht. 2006. *Band 149.*

Sydow, Gernot: Verwaltungskooperation in der Europäischen Union. 2004. *Band 118.*

Talmon, Stefan: Kollektive Nichtanerkennung illegaler Staaten. 2006. *Band 154.*

Trute, Hans-Heinrich: Die Forschung zwischen grundrechtlicher Freiheit und staatlicher Institutionalisierung. 1994. *Band 10.*

Tschentscher, Axel: Demokratische Legitimation der dritten Gewalt. 2006. *Band 147.*

Uerpmann, Robert: Das öffentliche Interesse. 1999. *Band 47.*

Uhle, Arnd: Freiheitlicher Verfassungsstaat und kulturelle Identität. 2004. *Band 121.*

Unruh, Peter: Der Verfassungsbegriff des Grundgesetzes. 2002. *Band 82.*

Volkmann, Uwe: Solidarität – Programm und Prinzip der Verfassung. 1998. *Band 35.*

Voßkuhle, Andreas: Das Kompensationsprinzip. 1999. *Band 41.*

Wall, Heinrich de: Die Anwendbarkeit privatrechtlicher Vorschriften im Verwaltungsrecht. 1999. *Band 46.*

Walter, Christian: Religionsverfassungsrecht in vergleichender und internationaler Perspektive. 2006. *Band 150.*

Weiß, Wolfgang: Privatisierung und Staatsaufgaben. 2002. *Band 88.*

Welti, Felix: Behinderung und Rehabilitation im sozialen Rechtsstaat. 2005. *Band 139.*

Wernsmann, Rainer: Verhaltenslenkung in einem rationalen Steuersystem. 2005. *Band 135.*

Winterhoff, Christian: Verfassung – Verfassunggebung – Verfassungsänderung. 2007. *Band 155.*

Wittreck, Fabian: Die Verwaltung der Dritten Gewalt. 2006. *Band 143.*

Wolff, Heinrich Amadeus: Ungeschriebenes Verfassungsrecht unter dem Grundgesetz. 2000. *Band 44.*

Ziekow, Jan: Über Freizügigkeit und Aufenthalt. 1997. *Band 21.*

*Einen Gesamtkatalog erhalten Sie gerne vom Verlag
Mohr Siebeck, Postfach 2040, D–72010 Tübingen.
Aktuelle Informationen im Internet unter www.mohr.de*